民法原理
MINFA YUANLI

方志平◎编著

中国政法大学出版社
2025·北京

声　明　1. 版权所有，侵权必究。

　　　　2. 如有缺页、倒装问题，由出版社负责退换。

图书在版编目（CIP）数据

民法原理 / 方志平编著. -- 北京：中国政法大学出版社, 2025. 1. -- ISBN 978-7-5764-1961-0

Ⅰ. D923.01

中国国家版本馆CIP数据核字第20250CR857号

出 版 者	中国政法大学出版社
地　　址	北京市海淀区西土城路25号
邮寄地址	北京100088 信箱 8034 分箱　邮编100088
网　　址	http://www.cuplpress.com（网络实名：中国政法大学出版社）
电　　话	010-58908285(总编室) 58908433（编辑部）58908334(邮购部)
承　　印	北京鑫海金澳胶印有限公司
开　　本	787mm×1092mm　1/16
印　　张	38.75
字　　数	912 千字
版　　次	2025 年1月第1版
印　　次	2025 年1月第1次印刷
定　　价	125.00 元

前　言

《民法原理》一书，侧重点在"原理"二字，全书本着揭示民法底层逻辑的原则，将民法的规则以通俗易懂的方式呈现给读者，力争做到名符其实。本书主要用于备战法考、辅助备战法硕、法学院民法教科书和法律实务工作者跟踪民法新规。

专业知识的学习方法有两种，一是先看书后听课；二是先听课后看书。两种方法各有千秋，但并非平分秋色。课是口头语，书是书面语。口头语更易入耳、入脑、入心，书面语就要费一点劲。拗口的专业术语，经简单粗暴的口头语可以瞬时解释并让听者秒懂，降低后续阅读书面语的难度。听课是被动输入，看书是主动输入；听课相较于看书，略显轻松一些。所以，我推崇先听课后看书，先易后难。当然，听课和看书两者不可偏废，如果只有听课，而没有看书，所获得的法学专业知识就不够扎实。听课是听者与作者实时信息交换，效率高，听者无思考时间；阅读是读者与作者隔离信息交换，读者有思考时间。民法是法律的基础学科，有深厚的理论积累，读者需要在不少的制度板块中进行停留思考，"学而不思则殆"。

法考各个科目的各个板块，不少讲授者为了提高课堂的趣味性，增加了不少"段子"，有的甚至诗兴大发，课堂充满了"段子"或者文采，我很不推崇这种方式。法学是一门实用技术，学习者掌握法学的目的是运用，解决实务中的争议问题，这些问题和段子、诗词毫无关系，法学不是"单口相声"、也不是"诗词歌赋"。法学不是用来陶冶情操的，法学是用来解决问题的。再具体一点说，对法律职业者来讲，法学是用来"谋生"的。"段子"也好，"文采"也罢，与解决问题毫不相干，它们本身就是一种新增信息，会无端占用学习者的大脑。学习者的大脑容量是有限的，法学专业词汇、术语、规则、法言法语，已经足够让学习者"喝一壶"的了，再去讲授"段子"或者"诗词歌赋"，实在是对听课者大脑的一种"强塞"，"塞"进去无意义的信息而挤出来有用的信息，让听课者"记住了""段子"，却偏偏忘记了本该掌握的法学知识。

不论你是纯小白、准小白，还是已经入门民法的学习者，请先跟我对《民法原理》一书的带读。纯小白在听带读的过程中可能会遇到个别不理解的专业词汇，但这不打紧，先听完第一遍，之后再去看书，去思考，去复盘，因为对民法只学习一遍是不够的。不论是为了法考，还是为了实务，它们都强调学习者的民法素养。民法素养的培育，与学习者所投入时间正相关。重复学习，反复复盘，才能真正吃透民法。听了第一次课之后，请仔细阅读本书，从前到后，一字一句阅读完，特别注意书中的"原理"部分，加深理解。

本书还附了我总结的民法三方结构图、民法四方结构图、民法叠加结构图，这些结构图呈现了民法主要板块的知识地图，也体现了民法的特点。一来，参加法考时我们需要用图构方式破题解题。二来，实务中处理民法疑难复杂问题时我们也需要掌握画图思维。在实务中，更加需要倚重画图思维。诸多当事人、跨越超长时空形成的"亦真亦假"、纷繁复杂的民事法律事实，不论是律师向法官讲述自己观点，还是法官向当事人阐明"本院认为"，抑或是当事人向法学专家介绍本案焦点问题，都需要在"一页纸"之内搞定，这就需要依赖"图构"。"图构"复杂的民法案情，法考中、实务中，都可以取得立竿见影的效果，极大地提高沟通的效率，节省沟通的成本。

我一直倡导，对于提升专业技能的课程和书籍，读 1 本书 100 遍的效果远远大于读 100 本书各 1 遍，所以需要"原地多爆炸"，先认识它，再熟悉它，最后灵活运用它。《民法原理》带读课程的全部课时大概 60 个小时，课可以多听几遍，书可以多读几遍，学而时习之，不亦乐乎。祝各位同学学习进步，业务更上一层楼。如果读者在阅读过程中遇到疑问或者愿意提出完善建议，可通过微信号（fzplaw）、新浪微博（法考方志平）、微信订阅号（法考方志平）联系我。

方志平

2025 年 1 月 23 日

目 录

民法破案的 3 个思维 ·· 001

◆ **第一编　总则编** ·· 009
 第一章　民法基础 ··· 011
 第二章　自然人 ·· 027
 第三章　法人和非法人组织 ·· 042
 第四章　民事法律行为 ·· 059
 第五章　代　理 ·· 116
 第六章　诉讼时效 ··· 132

◆ **第二编　物权编** ·· 144
 第一章　什么是物？什么是物权？ ·· 144
 第二章　物权法定原则 ·· 155
 第三章　一物多债之物权优先效力和多物一债之银行的选择 ················ 176
 第四章　物权变动 ··· 194
 第五章　物权的保护和占有的保护 ·· 229
 第六章　业主的建筑物区分所有权 ·· 246
 第七章　共　有 ·· 251
 第八章　担保物权 ··· 256
 第九章　保　证 ·· 304
 第十章　定　金 ·· 330

◆ **第三编　合同编** ·· 332
 第一章　债权总论 ··· 332
 第二章　合同的订立 ··· 344
 第三章　鼓励交易 ··· 353
 第四章　合同的相对性 ·· 355
 第五章　合同履行 ··· 361
 第六章　合同的保全 ··· 374

第七章　合同的变更和转让 ………………………………………… 394

第八章　合同终止 …………………………………………………… 405

第九章　合同责任 …………………………………………………… 429

第十章　买卖合同 …………………………………………………… 449

第十一章　赠与合同 ………………………………………………… 464

第十二章　借款合同 ………………………………………………… 469

第十三章　租赁合同 ………………………………………………… 474

第十四章　保理合同 ………………………………………………… 490

第十五章　承揽合同 ………………………………………………… 493

第十六章　建设工程合同 …………………………………………… 495

第十七章　运输合同、保管合同、仓储合同、委托合同、行纪合同、中介合同 ……… 501

第十八章　物业服务合同 …………………………………………… 506

第十九章　合伙合同 ………………………………………………… 508

第二十章　技术合同 ………………………………………………… 510

◆ **第四编　人格权编** ……………………………………………… 516

◆ **第五编　婚姻家庭编** …………………………………………… 525

◆ **第六编　继承编** ………………………………………………… 539

◆ **第七编　侵权责任编** …………………………………………… 554

◆ **民法结构图** ……………………………………………………… 593

民法破案的 3 个思维

导读：民法是什么？①【三足鼎立】"民告官"，归行政法管，老百姓认为政府侵犯自己的权利，打官司告政府，这属于行政法调整范围。"官告民"，归刑法管，国家司法机关追究犯罪嫌疑人刑事责任，这属于刑法调整范围。"民告民"，归"民法"管，老百姓之间打官司，这属于民法调整范围。②【文义】所谓民法，字面上看，有"民"有"法"，"民"是平民百姓的意思，"法"是法律的意思。③【平等】民法是调整地位平等的平民百姓日常关系的法律，孟德斯鸠说，在民法慈母般的眼里，每个人就是整个国家。④【内容】我们从出生到死亡，上学、网购、买房、买车、出行、结婚、离婚、收养、继承，衣食住行、生老病死，其中产生的权利义务关系，都由民法调整。⑤【权利】《民法典》主要围绕私人权利建构：总则编、物权编、合同编、人格权编、婚姻家庭编、继承编、侵权责任编。总则编讲什么是人、什么是人的行为、什么是代理、什么是诉讼时效。物权编讲什么是所有权、什么是用益物权、什么是担保物权。合同编讲我们签订的各种合同的权利义务内容。人格权编讲我们享有的生命权、健康权、身体权、隐私权、名誉权、肖像权等各种权利。婚姻家庭编讲结婚、离婚和收养问题。继承编讲遗产怎么继承。侵权责任编讲侵犯他人的人身权或财产权需要承担的责任。⑥【破案】民法要解决老百姓日常遇到的纠纷，我们需要掌握民法案例的分析思维，才会觉得有趣，才能学以致用。

一、"物债二分"思维：合同是合同，物权变动是物权变动，各玩各的

1. 【"物"的思维】

（1）【具体】我有1个房屋（民法上叫不动产）、汽车（民法上叫特殊动产）、电脑（民法上叫普通动产）。

（2）【抽象】这些具体的东西被我们抽象为"物"，我们对这些东西享有的占有、使用、收益、处分的权利，被表述为"物权"。

2. 【"债"的思维】

（1）【具体】我的房屋、汽车、电脑拿去卖、出借、出租。

（2）【抽象】这些都是交易，是合同，被我们抽象为"债"，合同当事人基于合同而享有的权利，被表述为"债权"。

3. 【物权和债权】

（1）【具体到抽象：物权】民法世界，先有1个具体的东西，比如房屋、汽车、电脑，这些东西上头有我们的抽象的利益，我们把抽象的需要民法保护的利益叫做民事权利，而且我们把这个权利命名为"物权"。

（2）【具体到抽象：债权】而后，比如有1个房屋、汽车、电脑的交易合同，这个合同上头有我们抽象的利益，我们把抽象的需要民法保护的利益叫做民事权利，而且我们把这个权利命名为"债权"。

4.【物债二分思维】物债二分思维是我们进入民法世界的基本思维。

(1)【合同：债权请求权】

①【合同债权】我们签订了房屋买卖合同，在当事人之间会产生债权债务关系。

②【买方的债权】买方有权请求卖方交付房屋并且办理房屋过户手续，这个权利来自合同，是合同债权。

③【卖方的债权】卖方有权请求买方支付价款，这个权利来自合同，是合同债权。

④【债权请求权】我们把请求别人实施一定行为的权利叫"请求权"，合称债权请求权。

(2)【物权：物权变动】

①【物权】当事人签订了房屋买卖合同不等于买方就马上取得了房屋所有权。

②【买方物权】买方在取得房屋过户登记时才能取得房屋所有权。

③【物权变动】我们把房屋所有权因为"办理过户手续"从卖方转移到买方的现象叫"物权变动"。

④【物权】买方因此取得房屋所有权，我们把这个所有权叫"物权"。

5.【物债二分思维的具体运用】推而广之，凡是有合同的地方，我们就要思考物债二分；凡是有物权的地方，我们也要思考物债二分。

(1)【房屋买卖合同与所有权变动】

①【债】比如房屋买卖合同，我们先要思考这个合同是否有效，是否受法律保护。

②【物】然后我们再思考买方是否获得所有权（物权）。

(2)【抵押合同与抵押权变动】

①【债】比如抵押合同，我们先要思考这个合同是否有效，是否受法律保护。

②【物】然后我们再思考当事人是否取得抵押权（物权）。

(3)【质押合同与质权变动】

①【债】比如质押合同，我们先要思考这个合同是否有效，是否受法律保护。

②【物】然后我们再思考当事人是否取得质权（物权）。

(4)【让与担保合同与让与担保权变动】

①【债】比如让与担保合同，我们先要思考这个合同是否有效，是否受法律保护。

②【物】然后我们再思考当事人是否取得让与担保权。

6.【物债二分思维运用于财产权】民法要保护的权利叫民事权利，包括的范围很广，包括人身权和财产权。

(1)【物债二分思维不运用于人身权】

①【人身权】人身权是围绕人的人格利益和身份利益所体现的权利。比如生命权、健康权、身体权等。

②【人身权不适用物债二分思维】人身不是物，既然人身权领域不存在物，所以物债二分思维不适用于人身权。

(2)【物债二分思维运用于财产权】

①【财产权】"无财产就无人格"，民法上的财产权主要分为物权和债权。

②【财产权适用物债二分思维】在财产权领域，人实施的行为，无非是要获得某个东西（追求的是物权）。通过交易来获得某个东西（合同是工具），我们称为基于合同行为发生的物权变动。比如购房合同与房屋所有权的变动、购车合同与汽车所有权的变动，就需要适用物债二分思维。

秒杀："物债二分"：①【合同找"143"】合同是典型的债，该合同有效需要满足《民法典》第 143 条有效民事法律行为的 3 要件：当事人有相应的民事行为能力、意思表示真实、内容合法。②【物权变动找"基 3"】"基"于法律行为即基于合同发生的物权变动需要具备 3 个要件（特殊情况只需要具备 2 个要件，具体参见物权编介绍）：有权处分、法律行为有效、公示。其中法律行为有效，指的就是"合同 143"。

二、"请求权基础"思维："要钱"的依据

1.【什么是请求权基础？】

（1）【找法条】所谓请求权基础，即甲对乙提出请求的法条依据，即所谓"找法条"。

（2）【律师找法条】实务中，是律师先行，由律师"帮助"法官去寻找适用于本案的法条；法官断后，由法官根据法庭调查、法庭辩论、合议最后得出判决，判决书会列明本案最终适用的法条。

（3）【起诉、答辩、判决】因为在实务中，原告的律师会写好起诉状（起诉状中要求写明诉讼请求和理由，其中理由部分就会写好法条依据）、被告的律师的答辩状（答辩状中会对起诉状提到的问题进行反驳，也会涉及法条依据，可能和原告的法条一致但理解不同，也可能和原告的法条不一致），它们都要先于法官作出的判决书（法院判决书中一定会写法条依据）。

2.【什么是请求权基础思维？】

（1）【请求依据】当事人提出"请求"的依据可以有很多种可能，法律人需要一一检讨和分析。

（2）【请求权竞合】当事人有权选择提出 A 请求，也有权选择提出 B 请求，从权利角度上讲，是"请求权竞合"。

（3）【法条竞合】但是，有权提出 A 请求对应的是一个法条，有权提出 B 请求对应的是另外一个法条，是"法条竞合"，民法上的法条竞合处理方案很简单，一般都是赋予权利人选择权。

（4）【请求权基础思维】请求权基础的思维，是处理民法案件的思维，可以辅助我们锁定案由，快速确定本案应适用的法条。

3.【典型示范】

甲的牛被乙租用，租期内、租期届满后、牛死亡或者牛存在，分别分析甲可向乙提出什么请求？

（1）【单方允诺请求权】行为人基于对方做出的单方允诺，而享有的单方允诺债权请求权。

①【案情】如牛走失，乙发布悬赏广告，拾得并归还者，给予 500 元报酬。

②【单方允诺请求权】丙拾得并且归还，即享有要求乙支付报酬的请求权，我们称之为基于单方允诺发生的债权请求权，单方允诺属于单方法律行为。

(2)【合同请求权】一方基于合同对相对人享有的合同上请求权。【《民法典》第143、119、465条】

①【案情】如乙存在违约行为，比如不支付租金。

②【合同请求权】甲可要求乙承担违约责任。

(3)【缔约过失责任请求权】一方基于对方过错导致合同不成立、未生效、无效、被撤销而请求对方承担缔约过失赔偿责任的请求权。【《民法典》第148、149、500条】

①【案情】如乙欺诈了甲而签订租牛合同，甲以受欺诈为由撤销该合同。

②【缔约过失请求权】甲可要求乙承担缔约过失责任。前提是甲得先撤销该合同，而撤销权属于形成权，可见，有的请求权道路是需要"形成权"规则来配合。

(4)【物权请求权】物权人基于物权受到对方侵害而请求对方实施一定行为而恢复到物权没有被侵害时的圆满状态的请求权。【《民法典》第235条】

①【案情】如租期到了，乙不还牛。

②【物权请求权】甲除了可要求乙承担违约责任即赔钱外（合同请求权），还可要求乙还牛（物权请求权）。前提是牛还在，如牛不在，则属于"履行不能"，只能要求违约责任。

(5)【无因管理请求权】无因管理人无义务而为避免他人利益遭受损失为他人管理事务支出费用可请求对方支付无因管理费用的请求权。【《民法典》第121条】

①【案情】甲、乙之间有合同。

②【不存在无因管理请求权】所谓无因管理，是无法定或约定义务，管理他人事务，由此支出的费用可要求被管理人承担。甲、乙之间的合同，就是"根据"、就是"因"，就"有因"，是有因管理。因此，甲、乙之间不可能成立无因管理关系。

(6)【不当得利请求权】一方没有合法根据获得利益而导致对方遭受损失，受损失的人可请求得益人返还不当得利的请求权。【《民法典》第122条】

①【案情】甲、乙之间有合同。如甲以受欺诈为由撤销该合同，则合同溯及无效。

②【不当得利请求权】既然合同溯及无效，甲、乙之间无合同，则甲可对乙启动缔约过失责任，也可对乙主张返还不当得利。

(7)【侵权责任请求权】一方实施侵权行为侵害对方合法权益，受害人可请求侵权人承担侵权责任的请求权。【《民法典》第120条、1165条、1166条】

①【案情1：只违约不侵权】甲、乙之间有合同，乙如果构成违约不支付租金，"侵犯了"甲的"租金债权"，但是，"侵权责任"的"权"不包括债权，故乙不会对甲构成侵权。

②【案情2：加害给付，既违约又侵权】乙如果把租来的牛打死，则乙既是违约，又是侵权，民法上叫"加害给付"。加害给付中，甲可请求乙承担违约责任，也可请求乙承担侵权责任，因为乙侵犯了甲的"牛"这个"物权"。"物权"属于侵权责任中的"权"，因为侵权责任保护的是"对世权"（物权是典型的对世权）。

秒杀："请求权基础"：①单（单方允诺）。②侵（侵权行为）。③无（'物权'请求权）。④无（无因管理）。⑤不（不当得利）。⑥合（合同）。⑦约（缔约过失）。

三、"选择"思维：条条道路通罗马

1. 【请求权基础思维的作用和局限】

（1）【请求权基础思维的作用】

①【"请求权基础"思维】前述"请求权基础"思维，已经可以为我们解决一部分案件提供思路。

②【用"请求权基础"思维确定案由】我们拿到案件，先运用请求权基础思维进行分析，就能大体知道当事人之间是合同纠纷、侵权纠纷、物权纠纷或者是缔约过失责任纠纷。让我们迅速地将案件定位，以此锁定本案涉及《民法典》哪些编章。至于接下来到底如何处理这个案件，可能需要启动请求权基础思维之外的技术，才能结案。

③【定位法条后用法条】请求权基础思维可以帮助我们从一开始就快速地确定"案由"，即这个案子是什么类型的纠纷，帮助我们找到案件可能涉及的"法条"。一旦我们找到了这个法条，自然就开始检讨法条本身的构成要件了，此时没有人会再去反过头去检讨请求权基础了。

（2）【请求权基础思维的局限】

①【解除合同】当事人之间的关系，并不仅仅限于"我请求你"这一类主张，有时候还会包括"我说了算"这一类主张，比如合同解除、合同抵销等。

②【确认合同无效】还比如主张合同无效等确认某种法律关系的主张，它们与请求权基础思维没有关系。

③【请求权基础思维有局限】换言之，请求权基础思维只能解决部分问题，并不能解决全部的问题。

例：【解除合同并索赔】甲、乙签订房屋买卖合同，甲支付了部分购房款，后乙将该套房屋转卖给了丙并且完成过户手续。甲起诉到法院，主张解除合同并向乙索赔。甲一般会提出3个诉讼请求：第一，解除合同。第二，赔偿损失。第三，诉讼费由乙承担。如何理解请求权基础思维的局限性？①【解除】解除合同是要解除双方的合同关系，让双方从有合同关系的状态变成没有合同关系的状态。所谓"形成"，就是在当事人之间形成新的法律关系。按照民法规定，只要我有约定的或者法定的解除事由，即解除权，我就可以单方面通知你"分手"即解除合同，这样一种权利，就不是请求权，不是我请求与你解除合同，而是我"通知"与你解除合同，这是"形成权"。如果形成权只要发通知到达对方就可以，我们称之为"单纯形成权"。如果该权利需要通过诉讼（法院）或者仲裁（仲裁委）才能实现，我们称之为"形成诉权"，在民诉法上把这种诉讼叫"确认之诉"。②【索赔】赔偿损失是要求对方赔偿损失，这属于请求权，在民法上叫"行使请求权"，在民诉法上把这种诉讼叫"给付之诉"。③【先启动请求权基础思维定位】可见，一个案件，我们先会启动请求权基础思维，确定一下它是否属于合同案件，然后锁定它是否和《民法典》合同编的法条有关。④【再启动"选择"思维结案】再进一步，我们就要查明

解除权、请求权和被告的抗辩或抗辩权等问题，也就是需要启动请求权基础思维之外的技术，才能最后将这个案件解决。所以，我们不能把请求权基础思维过于"神化"，因为在实务中，如果缺了其他技术的加入，光让请求权基础思维单枪匹马，是无法结案的。

2.【"选择"思维】

（1）【为什么取名为"选择"思维】

①【"请求权基础"思维作用有限】"请求权基础"思维具有一定的局限性。比如要处理好最常见的解除合同纠纷，需要运用"请求权基础"思维，还需要结合其他技术。

②【综合运用的"民事法律关系"破案法】学理上我们会把既用到请求权基础思维又用到其他技术的这种综合运用的破案方法称为"民事法律关系"破案法，即通过梳理当事人之间的民事法律关系，来处理他们之间的民事权利和民事义务。

③【"民事法律关系"破案法的问题】虽然"民事法律关系"破案法在学理上常被提及，但是它其实存在"同义反复"的毛病：所谓梳理当事人之间的民事法律关系，不就是处理当事人之间的民事权利和民事义务吗，因为民事法律关系的定义就是当事人之间存在的民事权利义务关系。所以，民事法律关系破案法本质上等于什么都没说，并没有真正地概括出民法破案思维的特点。

④【各种道路】因为民法强调私权利救济，救济路径有很多条，有形成权道路、有请求权道路、有确认无效的道路等，各条道路达到的目的地还不完全相同。民法柔软如水，随意变形。

⑤【选择思维】因此，将民法的破案思维，取名为"选择"思维是符合民法特质的。

（2）【民法上的"选择"思维】

①【选择思维】基于民事法律关系破案法，既会用到请求权基础思维，又会兼而用到其他的思路来描述和解决当事人之间的权利义务争议，就形成了民法上的"选择"思维。

②【选择权】从保护民事权利人角度而言，民法上允许多元道路，权利人可选择主张。

（3）【民诉法的诉讼策略】

①【诉讼策略】在民诉上，如何选择救济方案，就体现为律师给客户提交的"诉讼策略"。

②【选择思维与诉讼策略】因为民法上允许"选择"思维，所以民诉上的诉讼策略分析和选择才能够得以存在。

3.【典型示范】

甲受乙欺诈，从乙处购买了劣质手机。从"选择"思维角度分析，甲有如下 6 种道路。

（1）【"撤"：形成权道路】

①【撤】甲可以到法院或仲裁委请求撤销该合同：因为甲受欺诈，其意思表示不真实，故享有撤销交易的权利。撤销后合同溯及无效，即自始无效。

②【形成权】撤销权属于形成权，有 1 年或 5 年的期间限制，称之为"除斥期间"。

(2)【"撤"+"索要缔约过失":形成权和请求权道路】

①【形成权】甲有权撤销该合同,该撤销权是形成权,有 1 年或 5 年的期间限制,称为"除斥期间"。

②【请求权】甲撤销合同后,合同溯及无效,甲可要求乙承担"缔约过失责任",这是请求权,要适用"诉讼时效"。

③【"选择"思维】由此可见,用请求权基础思维来分析案件,不单单是依赖于请求权本身,有时候还需要借助到"形成权"等其他相关技术。

(3)【"减价":形成权道路】

①【不撤】甲仍然需要这部手机,可选择不撤销该合同。此情形,合同有效,甲可要求乙承担物的瑕疵担保责任。该瑕疵担保责任的情形就包括甲可主张减价权。

②【减价权】所谓减价权,即甲单方要求将手机价格从原来的 100 元减少为 80 元,是由甲"单方说了算"。甲的减价权是形成权,法律没有规定期间限制。甲行使减价权,不需要乙同意。甲将减价的通知送达到乙,减价的意思表示即生效,乙要退多收的 20 元和利息,<u>该利息的起算点从甲的减价通知到达乙时开始计算,而不是从最开始甲多交给乙 20 元时开始计算,因为减价权是通知到达对方时发生效力:减价(从 100 元减到 80 元)+退差价(20 元)+退差价利息(减价通知到达时开始计算 20 元本金所对应的利息)</u>。

③【"选择"思维】由此继续可见,用请求权基础思维来分析案件,不单单是依赖于请求权本身,有时候还需要借助到"形成权"等其他相关技术。

(4)【"索要违约责任":请求权道路】

①【不撤】甲选择不撤销该合同,此情形,合同有效,甲可要求乙承担违约责任。

②【请求权】违约责任的承担方式有继续履行、支付违约金或赔偿损失。本例中,甲可要求乙继续履行(即交付质量好的手机),或要求乙支付违约金,或者要求乙赔偿损失。

(5)【"解除合同":形成权道路】

①【不撤】甲选择不撤销该合同,此情形,合同有效。因为乙构成根本违约,故甲可主张解除合同。

②【形成权】解除权是形成权,形成权有"合理期间"的期间限制,称之为"除斥期间"。

(6)【"解除合同"+"索要违约责任":形成权和请求权道路】

①【不撤】甲选择不撤销该合同,此情形,合同有效,甲可要求解除合同,同时要求乙承担违约责任。

②【形成权】解除权是形成权,适用"除斥期间"。

③【请求权】要求乙承担违约责任是请求权,适用"诉讼时效"。

(7)【总结"选择"思维】

①【是否撤】甲撤销了则合同自始无效。甲没撤销则合同有效。

②【不撤】如果甲不撤销合同,则合同有效,接下来怎么办?要么减价、要么要钱、要么解除合同、要么解除合同还要钱。

③【选择】以上诉讼思路,当事人可以选择提出最有利于自己的诉讼请求,在民事诉

讼中，法官"不告不理"。

④【撤】比如你只诉撤，法官只审撤。撤了后，你其实是可以要对方承担缔约过失责任，即要钱，而你没提诉讼请求，法官不处理。这在民诉法上叫"当事人行使处分权"。但是，接下来你向对方要钱的请求权（缔约过失责任）是需要适用"诉讼时效"的，是有3年权利"保质期"的。

⑤【解除】比如你只诉解除，法官只审解除。解除后，你其实可以要对方承担违约责任，即要钱，而你没有提出该诉讼请求，法官不处理。你向对方要钱的请求权（违约责任）是需要适用诉讼时效的，是有3年权利保质期的。

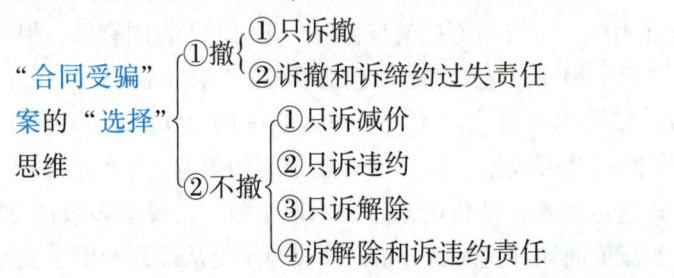

"合同受骗"案的"选择"思维
- ①撤
  - ①只诉撤
  - ②诉撤和诉缔约过失责任
- ②不撤
  - ①只诉减价
  - ②只诉违约
  - ③只诉解除
  - ④诉解除和诉违约责任

第一编　总则编

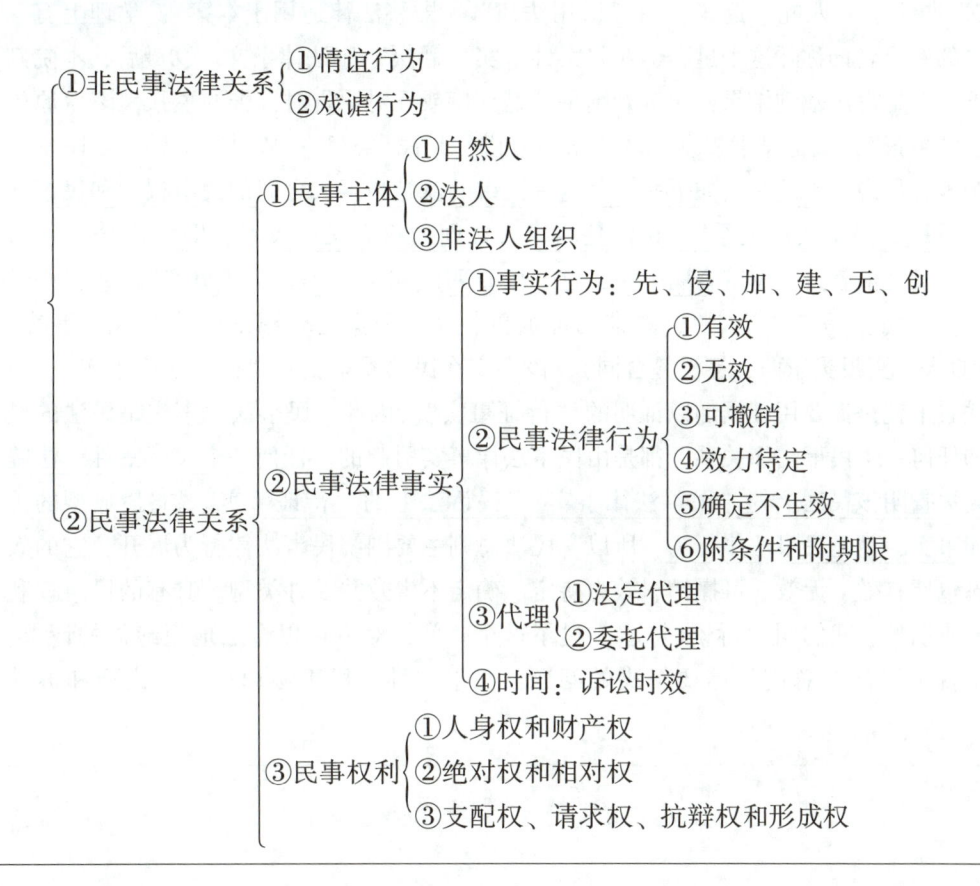

```
                    ┌ ①情谊行为
      ①非民事法律关系┤
      │             └ ②戏谑行为
      │
      │                     ┌ ①自然人
      │             ①民事主体┤ ②法人
      │             │       └ ③非法人组织
      │             │
      │             │                ①事实行为：先、侵、加、建、无、创
      │             │                                  ┌ ①有效
      │             │                                  │ ②无效
      │             │                ②民事法律行为┤ ③可撤销
      │             │                                  │ ④效力待定
      │             ②民事法律事实┤                   │ ⑤确定不生效
      ②民事法律关系┤                                  └ ⑥附条件和附期限
                    │             │                     ┌ ①法定代理
                    │             │                ③代理┤
                    │             │                     └ ②委托代理
                    │             └ ④时间：诉讼时效
                    │
                    │             ┌ ①人身权和财产权
                    └ ③民事权利┤ ②绝对权和相对权
                                  └ ③支配权、请求权、抗辩权和形成权
```

总则编说明：①生活上的关系，有的归民法管，有的不归民法管。②不归民法管的叫"非民事法律关系"；归民法管的叫民事法律关系。民事法律关系是指平等主体之间的民事权利和民事义务关系。③通俗一点讲，比如谈恋爱时为什么可以随时无理由分手，因为"恋爱当事人"之间的恋爱关系不属于"民事法律关系"，不存在"民事权利（我要求你做什么）和民事义务（你应该为我做什么）"。但是婚姻关系中就不可以随时无理由离婚，离婚需要接受法律上的限制，因为婚姻当事人之间存在"民事法律关系"，存在"民事权利和民事义务"。④民事法律关系需要从主体和内容两方面观察，民事法律关系的主体就是民事主体，民事法律关系的内容就是民事权利和民事义务。⑤所以，民法典总则编需要讨论民事法律关系的主体，包括自然人、法人、非法人组织和代理（代理本质上是与主体相关），他们是民事法律关系的参与者。⑥而后要讨论民事法律关系的内容即民事权利和民事义务，因为发生了一定的事实，会导致权利义务关系（民事法律关系）发生。我们把引起民事法律关系发生的原因，叫做"民事法律事实"（如签约或侵权）。⑦任何一个法院的民事判决（同学们可以去裁判文书网随便看一份判决书，也可点击我的微信订阅号法考方志平查到我带读的一个判决原文"方志平带读民事判决：患者起诉枪毙医生案"，有助于理解民法和民诉法），先根据案涉证据，

查明案件事实，该案件事实即"民事法律事实"。⑧而后，法院进行说理，就是将该"事实"与法条"匹配"起来，叫"适用法律"（即将法律适用于本案），学理上有一个拗口的专业名词称呼这个过程，叫将案件事实"涵摄"于法律条文。⑨最后，本院判决如下，就是得出裁判结果，该裁判结果就是支持或反对原告对被告的主张，该"原告对被告的主张"，就是民事权利。从主张一方讲，是民事权利；从对方来讲，是民事义务。⑩也就是说，<u>本院判决如下……，这一段讲的就是当事人之间的民事权利和民事义务，本质是"民事法律关系"，说清楚当事人之间的权利义务关系，即"定分止争"</u>。⑪在这一段之前就是，<u>本院查明……，这一段查明的就是"民事法律事实"</u>。⑫我们通常说，打官司就是打"证据"，看谁的证据更扎实。证据是要用来证明"待证事实"（打没打人、买没买东西、签没签合同），该事实在民法看来就是"民事法律事实"，在民诉法看来就是需要用证据加以证明的"待证事实"。因此，民事法律事实是民法的灵魂，即任何一个民事法律关系，都是由民事法律事实引起的。<u>任何一个民事案件，法院都需要去查明该民法上的"民事法律事实"、民诉法上的"待证事实"</u>。⑬<u>最典型的民事法律事实，就是民事法律行为</u>，所以，民法总则主要围绕民事法律行为展开，它的效力状态包括有效、无效、可撤销、效力待定、确定不生效共 5 种类型。⑭有的民事权利是有保质期的，我们叫"诉讼时效"，过了这个时间，对方可以合法地拒绝你的请求。⑮以上就是民法典总则编需要解决的问题：民事主体、民事法律行为、代理和诉讼时效。

第一章　民法基础

一、非民事法律关系

（一）【情谊行为】好意施惠关系。

1. 【情谊行为】行为人在人际交往时以交流情感、建立友谊等为目标，实施的不具有法律效果意思的行为。

◆ 原理：什么是不具有法律效果意思？<u>所谓法律效果意思即当事人期待并希望其行为具有法律上的约束力</u>。所谓不具有法律效果意思，就是当事人实施的该行为没有法律约束力。通俗地讲，就是他不做某件事情，你也不能去法院告他。

2. 【情谊行为不产生民事法律关系】情谊行为是生活中人的行为，但不是民法上"人的行为"，不是民事法律事实，不在当事人之间产生民事法律关系，因为它不符合《民法典》第2条。

◆ 原理：《民法典》第2条规定民事法律关系是平等主体之间的人身关系和财产关系，具体而言，什么是民事法律关系？①基于特定的事实，在当事人之间形成的权利义务关系。②比如合同法律关系，是基于合同在当事人之间形成的合同上权利义务关系。③比如侵权法律关系，是基于侵权行为在当事人之间形成的关于侵权责任人义务和受害人权利的关系。④比如无因管理法律关系，是基于事实行为在当事人之间形成的管理人要求被管理人支出必要费用的权利义务关系。

例1：【朋友关系】甲单独邀请朋友乙到家中吃饭，乙爽快答应并表示一定赴约。甲为此精心准备，还因炒菜被热油烫伤。但当日乙因其他应酬而未赴约，也未及时告知甲，致使甲准备的饭菜浪费。乙是否需要对甲承担责任？答：①否。②【无合同】甲、乙相约吃饭，但双方之间没有要缔结合同的意思（你不来就要担责），故甲、乙之间不形成合同法律关系。③【无侵权】乙对甲损害的发生无过错（甲损害和乙来不来无关），故甲、乙之间不形成侵权法律关系。④【交友承诺不产生法律关系】类似案情比如相约看演出、相约旅游，失约一方无需承担违约责任，因为当事人之间虽然有"约"，但不存在民法上的合同关系。⑤【朋友八卦不产生法律关系】比如甲预言某股票大涨，乙听信后大量购入，最后实际亏损，不可向甲索赔。还比如甲称祖传配方吃了可以减肥，乙照吃后不但没减肥，还变胖了，乙不可向甲索赔。

例2：【同学关系】某寝室六人约定谁拿奖学金谁请客吃饭，该寝室甲、乙均拿奖，同学之间形成合同法律关系吗？①【可以请也可以不请】不形成合同法律关系。②【请了要向餐馆付餐费】<u>但是，如果甲、乙请大家到丙餐馆吃饭，因费用问题发生分歧，则甲、乙等人与丙餐馆形成合同法律关系，丙餐馆可要求甲、乙等人承担连带责任。</u>

例3：【闺蜜关系】甲男追求乙女未果，不断进行骚扰。乙女请闺蜜丙女同行陪同，丙女答应。乙女和丙女之间形成合同法律关系吗？①【可以陪也可以不陪】不形成民事法律关系，丙女无陪同义务，因此可陪同或不陪同，丙女也不可向乙女主张任何权利。②【陪了后受助人对救助人有注意、保障和救助义务】但是，如果甲男对乙女实施恐吓威胁人身安全的行为，丙女陪同乙女而同居一室，乙女没有警示丙女，且劝阻丙女报警，乙女自己躲在屋内将房门反锁保全性命，丙女不能进入房屋躲避，甲男将丙女残忍杀害，则乙女需要对丙女承担侵权责任，乙、丙之间形成侵权法律关系，因为受助人对救助人有注意、保障和救助义务。

例4：【恋爱关系】甲对女友书面承诺，如我在上海找到工作，则陪你去欧洲旅游。或者甲对女友书面承诺，如你考上研究生，我就娶你。甲和女友之间形成民事法律关系吗？①【可以旅游也可以不旅游；可以结婚也可以不结婚】不形成民事法律关系。②【恋人之间有安全保障义务】但是，如果甲、乙谈恋爱期间吵架，乙女因此要自杀，甲在场而未劝止，则甲、乙之间形成侵权法律关系。③【结婚交付彩礼会产生彩礼返还法律关系】但是，如果甲以缔结婚姻为目的向乙给付彩礼，后甲、乙未结婚，则甲、乙之间形成彩礼返还法律关系。

例5：【志愿活动】甲作为青年志愿者，定期去福利院做帮工。甲和福利院之间形成民事法律关系吗？①【可以做也可以不做】不形成民事法律关系。②【帮工中致人损害要负侵权责任】但是，如甲在帮工期间致乙损害，则会发生帮工侵权法律关系。

例6：【好意搭乘】甲开车回家，乙顺道搭乘，甲、乙之间形成民事法律关系吗？①【可以给搭也可以不给搭】不形成运输合同法律关系。②【提供达成后导致搭车人损害要负侵权责任】但是，如甲违章驾驶导致乙损害，则甲须负侵权赔偿责任，甲、乙之间形成侵权法律关系。

例7：【好意帮忙】甲见老人倒地，将老人扶起，甲与老人之间形成合同关系吗？①【可以扶也可以不扶】不形成合同法律关系。②【扶后救助发生费用形成无因管理关系】但是，如甲将倒地老人扶起并且打车将其送到医院救治支出费用100元，甲和老人之间形成无因管理的法律关系。

秒杀：好意施惠的"允诺"无法律效果（答应请女友吃饭后可以反悔），但好意施惠的"履行"会产生法律效果（请女友到餐馆吃饭要向餐馆付款）。

（二）【戏谑行为】戏言。

表意人基于游戏目的而做出表示，并可预见他人能认识其表示欠缺诚意。（不符合《民法典》第2条）

例：【电视吹牛】某大师带着自己的3层镂空作品，参加电视台节目，说没人能做出更高的。主持人问如果有人做出来了呢？大师说做出来，就把自己之前的作品赠送给他。大师与主持人击掌为誓，并邀请观众做见证。节目播出后，有人做出了5层镂空作品。关于某大师的行为应如何定性？戏谑行为。

二、民事法律关系

（一）【民事法律关系】弄清楚什么是民事法律关系，也就弄清楚了民法的概念。

1.【民事法律关系】民法调整平等主体的自然人、法人和非法人组织之间的人身关系

和财产关系。(《民法典》第 2 条)

◆ **原理**:《民法典》第 2 条规定的人身关系和财产关系中的"关系"是什么意思?①【关系】关系有狭义和广义之分。②【广义的关系】各种关系,朋友关系,同学关系等。③【狭义的关系】限于民事法律关系,第 2 条指的是狭义的关系即民事法律关系。④【民事法律关系】民事法律关系是指当事人之间产生的权利义务关系,即我有权要求你做什么或不做什么的权利,对你来讲就是义务,合称权利义务关系。

例 1:【税务局多收税后退税:不是民事法律关系】税务局多收税,纳税义务人要求退还多收部分,这是民事法律关系吗?①不是。②因为税务局属于行政主体,纳税义务人属于行政相对人,他们不是平等主体,不形成民事法律关系。③他们形成的是行政法律关系,税务局和纳税义务人之间形成的是管理与被管理的关系,法律地位并不平等。

例 2:【税务局购买办公电脑:是民事法律关系】税务局购买办公电脑,税务局与出卖人之间形成买卖合同法律关系,这是民事法律关系吗?①是。②因为此时税务局的身份是民事主体,是机关法人,以机关法人的身份与出卖人平等协商形成了民事法律关系,税务局与出卖人之间不是管理与被管理关系,而是平等关系。

2.【民事法律关系之 1:人身法律关系】与民事主体的人身不可分离、为满足民事主体的人身利益所形成的民事法律关系,包括人格关系和身份关系。

◆ **原理**:什么是民法上的利益?①民法上的利益是具有法律保护效力的利益,即法律上给予确认和保护的利益。②我们把这种民法保护的利益,取了一个名字,叫民事权利。

(1)【人格法律关系】民事主体为实现人格利益而发生的权利义务关系。

①【具体人格权】有具体名字的人格权,包括生命权、身体权、健康权、姓名权、名称权、肖像权、名誉权、荣誉权、隐私权、个人信息权等权利。

②【一般人格权】没有具体名字的人格权,用来兜底处理一些不常见的人格权纠纷的权利,包括人格尊严、人格自由这些一般性人格利益的权利。

例:【骨灰案】保姆未通知子女将老人骨灰火化,子女因此提起诉讼。问:子女在本案中享有什么权利?①子女的生命权、身体权、健康权等等都没有受到侵害,因此子女在本案中,享有的不是那些有具体名字的人格权,即不享有具体人格权。②但是这样的案子诉到法院,法院需要予以处理,毕竟我们觉得子女确实是受害了,法律应该予以保护。③那子女的什么权利受侵害呢?子女的人格尊严受到侵害,我们把这种权利称为一般人格权。④一般人格权的权利人是子女,义务人是一切人,此时形成的是人身关系。⑤当然,在起诉侵犯一般人格权,要求对方承担侵权责任时,侵权责任属于一种债权债务关系,而债权债务关系属于财产关系,而不是人身关系。

(2)【身份法律关系】民事主体基于身份利益而发生的权利义务关系,包括父母子女、兄弟姐妹、祖父母、外祖父母等亲属关系。

3.【民事法律关系之 2:财产法律关系】民事主体之间因财产的归属和流转而形成的,满足民事主体财产利益需要的民事法律关系,包括支配型财产关系和流转型财产关系。

(1)【支配型财产关系】表述的是财产归何人控制的状态,回答财产"是谁的"或

"由谁利用"的问题。如对物的支配，我们称之为物权。如对智力成果的支配，我们称之为知识产权。

（2）【流转型财产关系】反映的是商品交换中的财产关系。如财产因买卖、租赁、借贷、承揽等行为而发生的转移状态。流转型财产关系在民法上被称为债的关系。债的关系还包括侵权之债、不当得利之债、无因管理之债，这些都属于财产关系。

例：【狗咬人】甲被乙家的狗咬伤下嘴唇，要求乙承担赔偿责任。关于甲、乙之间的索赔关系，属于人身关系还是财产关系？答：财产关系。

◆ 原理：为什么侵犯人身权产生的赔偿关系是财产关系而不是人身关系？①索赔什么？索赔金钱。②为什么赔钱？因为侵犯人身权，而侵犯人身权属于侵权之债。③侵权之债是什么？是一种债，是债权债务关系。④债权债务关系是什么？债权债务关系是财产关系。⑤赔偿到位后，甲、乙之间不会发生人身权关系，不会因此就成为夫妻、父母或子女等。

4.【法律关系的聚合：民事法律关系、行政法律关系与刑事法律关系的交叉】同一案件，会发生平等主体、非平等主体之间的法律关系的交叉，我们要各自判断。

例：【交通肇事】甲醉酒后驾车将乙、丙、丁撞死，则会形成如下法律关系：①甲须对乙、丙、丁承担侵权责任（侵权责任是众多民事责任的一种表现形式）。②甲须承担行政责任。③甲须承担刑事责任。④民事主体的财产不足以支付的，优先用于承担民事责任（《民法典》第187条）。

（二）【民事法律关系的原因：民事法律事实】

①自然事实 { ①事件 ②状态

②人的行为 { ①民事法律行为 ②准民事法律行为 ③事实行为

◆ 原理：为什么要强调民事法律事实？①【民事法律事实】所谓民事法律事实，是一种能够产生民事法律关系的事实。②【民事法律关系】民事法律关系指的是当事人之间产生的权利义务关系，即我对你有什么权利，你对我有什么义务。③【特定事实】不是所有的事实都能在当事人之间产生权利义务关系，只有特定的事实才能在当事人之间产生权利义务关系，我们把这种特定的事实叫民事法律事实。④【特定事实分类】接下来就对他们进行了分类，分为自然事实和人的行为这2大类。⑤【狭义的自然事实】这里的自然事实，不是广义的自然界的一切事实，比如非洲狮子猎杀非洲水牛，是自然界的事实，但不是我们这里讲的自然事实。⑥【狭义的人的行为】这里的人的行为，也不是广义的人的一切行为，比如我约请你吃饭的行为，这是情谊行为，不会导致权利义务关系的变化。⑦【狭义到多大程度】既然自然事实和人的行为都是狭义的，那他们狭义到什么程度，就需要民法专门规定，所以就需要强调民事法律事实这个概念了。

1.【自然事实】与人的意志无关的客观现象。可再分为事件和状态。

（1）【事件】客观现象的发生。

例1：【死亡】甲死亡，继承人继承甲的遗产，该继承法律关系的产生是基于死亡这一事件。（《民法典》第1121条）

例2：【地震】地震导致甲房屋倒塌，该所有权的消灭是基于地震这一事件。（《民法

典》第 180 条）

(2)【状态】客观现象的持续。

例 1：【不主张权利状态的持续】甲对乙有 100 万元债权，但一直未提出主张。经过 3 年后，甲才要求乙还款，则乙有权对甲的债权请求权提出诉讼时效届满的抗辩权而拒绝还款。所谓诉讼时效就是权利人在一定期间内不主张权利，将导致该权利不能获得法院支持的制度。不主张权利的状态持续，持续 3 年，则发生了诉讼时效期间届满的法律效果，义务人可拒绝履行义务。（《民法典》第 188 条）

例 2：【下落不明状态的持续】甲离家出走，下落不明满 4 年后，其配偶乙申请法院宣告甲死亡。下落不明状态持续满 4 年，经利害关系人向法院申请，就会发生宣告死亡的法律效果。（《民法典》第 46 条）

2.【人的行为】与人的意志有关的行为。可再分为民事法律行为、准民事法律行为和事实行为。

(1)【民事法律行为】行为人通过<u>意思表示</u>，旨在设立、变更或消灭民事法律关系的行为。因行为人有预期的效果意思，所以，该行为能产生当事人意欲达到的民事法律关系产生、变更和消灭的效果。

◆ **原理 1**：生活中的意思表示与民法上的意思表示有什么区别？①【生活中的意思表示】现实生活中处处都有意思表示，比如表达我爱你，表达我愿意和你交往，但这属于情谊行为，不产生权利义务关系，所以不是民法上的意思表示。当事人很清楚，在表达该意思时就知道，做不到是无须负责的。②【民法上的意思表示】民法上的意思表示是特指，比如淘宝下单买东西，这就是意思表示，要产生法律效果的，如果你不给我发货我是可以索赔的。还比如甲、乙双方签订房屋买卖合同，卖方甲预期的效果意思就是卖房收钱，买方乙预期的效果意思就是收房交钱，这就是民法上的意思表示，具体更详细解释参见"民事法律行为"一章的介绍。

◆ **原理 2**：区分民事法律行为和人的其他行为的意义何在？①【行为能力】民事法律行为，如自然人实施，则皆要启动行为能力制度。②【意思表示】有相应行为能力，才能实施。因为会产生后果，不是所有人都有承担该后果的意思能力。民事法律行为需要具备"意思表示"，没有一定民事行为能力的人（民事行为能力的概念请参见自然人部分），就属于"没脑子"，就无法做出"意思表示"。③【小孩子不能签合同】比如 13 周岁的小孩，购买价值 7 万元的画，该合同效力就存在问题，因为一个 13 周岁的孩子，是无法对这个合同作出意思表示，作出判断的，所以法律为了保护这个孩子的利益，会规定这个合同属于"效力待定"，由孩子的监护人决定是否追认。

①民事法律行为包括单方民事法律行为（1 个意思表示）。②双方民事法律行为（合同双方 2 个意思表示"重合一致"的部分）。③多方民事法律行为（多个意思表示指向同一方向）。④决议。

例 1：【单方民事法律行为】甲将 1 件旧手表抛弃，由 6 周岁的乙拾得。甲的抛弃行为属于什么法律事实？①因其有 1 个抛弃所有权的意思表示，属于单方民事法律行为。②<u>但是，乙的"拾得"行为，叫先占，不属于民事法律行为，是事实行为，乙先占无主物而取得所有权</u>。

例 2：【双方民事法律行为】甲将 1 个手表赠送给乙，乙表示同意。甲有赠与的意思表示，乙有受赠的意思表示，成立赠与合同，有 2 个内容一致的意思表示。甲、乙之间的合同属于什么法律事实？属于双方民事法律行为。

例3：【多方民事法律行为】甲、乙、丙、丁4人达成设立公司协议，开设"湘菜公主"餐饮有限责任公司。该协议属于什么法律事实？4人达成的设立公司协议，有4个意思表示，且指向同一方向，为了共同目标，是多方民事法律行为。

（2）【准民事法律行为】实施这类行为，<u>当事人需要具有相应民事行为能力，但是其行为产生何种法律效果是由法律直接规定，而不是来自当事人主观意愿</u>。因为准民事法律行为也有"意思表示"，但不是民法上狭义的"意思表示"，所以我们将它称为"准"民事法律行为，包括意思通知、事实通知、感情表示。"准"的意思是，像民事法律行为，又不像民事法律行为，总体上不是民事法律行为。

◆ **原理：** 为什么准民事法律行为要适用民事行为能力制度（即行为人需要满足一定的年龄和具有比较好的精神状态）？为什么准民事法律行为的效果取决于法律规定？①【要求意思能力】准民事法律行为中，需要有表意内容，所以需要当事人具有相应的民事行为能力。②【法定后果】但是其发生法律效果不取决于当事人的意愿，而是依法产生法律效果。③【不是意定后果】正是这一点有别于民事法律行为，因为民事法律行为的法律效果是来自当事人的主观意愿，而非法律规定。

①【意思通知】以一定的意愿为表示内容的行为。

例：【履行债务通知会导致诉讼时效中断，该效果是依法发生，而不是依约定发生】甲对乙享有1万元到期债权，3年内某日，甲发微信要求乙偿还。甲微信内容即通知乙履行到期债务，该通知属于"准民事法律行为"。①债权是有"保质期"的，民法称之为"诉讼时效"，即如果债权人在3年内一直不主张权利，会导致诉讼时效届满，债务人可拒绝履行债务。②甲发出该意思通知，是人的行为，须具备民事行为能力。③甲发出意思通知将导致诉讼时效中断（<u>所谓诉讼时效中断即一般情况下权利人在3年内向义务人提出权利主张，则该诉讼时效中断，自中断之日起重新计算3年诉讼时效期间</u>），该法律效果是依据法律直接规定，而非依据当事人主观意愿。（《民法典》第195条）④我通知你的意思是让你还钱，没想要中断诉讼时效，但是无论我想不想中断诉讼时效，它都中断了，这个效果是依法发生的。

②【事实通知】是指以通知对方或者公众一定客观事实为表意内容的行为。

例：【质量瑕疵通知会导致"质量异议期"1次用尽，该效果是依法发生，而不是依约定发生】买受人甲收到出卖人乙网店交付的手机，发现手机屏幕有划痕，故甲在乙的网店留言通知：手机屏幕有划痕，该通知属于"准民事法律行为"。①甲发出该事实通知，是人的行为，须具备行为能力。②甲发出该事实通知后，就会导致甲在买卖合同的质量异议期内对货物质量提出了异议，将会导致质量异议期间"一次用尽"，即卖方不能以质量异议期间届满为由豁免自己合同责任。该法律效果是依据法律的直接规定，而非依据当事人的主观意愿。（《民法典》第621条）

③【感情通知】是指以一定感情为表意内容的行为。

例：【宽恕表示会导致被宽恕人不丧失继承权，该效果是依法发生，而不是依约定发生】乙虐待其父甲情节严重，其后有悔改表现，甲生前表示宽恕，该宽恕属于"准民事法律行为"。①甲发出宽恕的感情通知，是人的行为，须具备行为能力。②甲发出宽恕的感

情通知将导致乙不丧失继承权,该法律效果是依据法律直接规定,而非依据当事人主观意愿。(《民法典》第1125条)

◆ **原理**:什么是民事法律行为的效果?什么是准民事法律行为的效果?①【民事法律行为的效果依照当事人的意思发生:从约定】比如合同约定的内容对当事人具有法律约束力,这是来自当事人的约定。虽然初步看是来自《民法典》合同编的规定,但根本原因还是当事人的自由意志,愿意接受其约束。故该合同效果来自当事人意愿,而不能说来自《民法典》合同编。但是,我们在观察其效力时,又不能脱离《民法典》合同编。总之,我们绝对不能说合同效果是来自《民法典》合同编。②【准民事法律行为的效果是依照法律规定直接发生:从法定】比如催告对方履行债务会发生"诉讼时效中断"的后果,这是来自法律的直接规定。法律直接规定权利人主张权利会导致诉讼时效中断,法律不考虑权利人发出催告通知时是否真的有通过发通知来达到中断诉讼时效的意图。

(3)【事实行为】行为人不具有设立、变更、终止民事法律关系的意图,但依照法律规定客观上能引起民事法律后果的行为。

◆ **原理1**:为什么事实行为不需要行为人具有相应的民事行为能力?为什么未成年人也可以实施事实行为?①事实行为中,行为人是否希望发生法律效果在所不问,都只依法发生相应法律后果。②事实行为属于人的行为,既然是人的行为,在生活观念上都是有意思表示的,但是民法认定这种生活观念的意思表示不属于民法上狭义的意思表示。③既然事实行为不具有民法上的意思表示,不需要考虑行为人脑子够不够用,因此也就不需要考虑从事事实行为的行为人是不是有民事行为能力了。④事实行为的行为人没有效果意思,故其发生的法律效果自然不依据人的主观意愿,而是依据法律的规定。

◆ **原理2**:为什么侵权后需要承担赔偿责任?①甲打了乙5个巴掌,法院判决甲赔乙5元钱,这个赔偿结果是依法确定的,而不考虑甲的内心意思,虽然甲在打乙的时候内心想着1个巴掌1块钱,但是法院判决甲赔5元是依据民法典侵权编作出的判决,而不是依据甲的内心意思作出的判决。②侵权行为是事实行为,不考虑行为人是否有发生法律效果的意思。

①【先占行为】行为人以无主物属于自己所有的意思的占有(又称"自主占有")。比如孩子捕捉野外蜻蜓,这叫先占,孩子可以获得所有权。

例:【天降小陨石】天上掉下来一块小陨石片,落在村民温某的院子里,唐某目睹这一过程,6周岁的潘某拣而拾之,村长说这是国家所有。则小陨石片归谁所有?归潘某所有。①小陨石属于无主物。潘某先占无主物,这个先占行为属于事实行为,而事实行为不适用民事行为能力制度(即将自然人区分为完全民事行为能力人、限制民事行为能力人和无民事行为能力人的制度),故6周岁的潘某可以获得小陨石的所有权。②温某、唐某没有实施任何行为。

◆ **原理**:为什么先占的时候,先占人有"意思表示",却不是法律行为?①很多同学会问为什么先占有意思表示却不是法律行为。②这就是民法解释世界所选择的一种方法。③如果把先占解释为法律行为,那么,孩子先占无主物也可以。但是,民法又说了无民事行为能力人实施的民事法律行为是无效的。④如果你选择了把先占解释为法律行为,那么你就必须要妥当地去解释,为什么一个孩子可以去野外捕捉蜻蜓,怎么把他说圆了。你不能说孩子捕捉蜻蜓的这个行为是无效的,如果这么去解释,等于你用民法"干掉"了生活。所以,如果你选择了将先占解释为民事法律行为,你就必须将孩子先占无主物这个行为是有效的"作为一个例外"。⑤如此一来,这就和孩子作为无民事行为能力人实施民事法律行为一概无效的规定相矛盾。⑥既然将先占解释为事实行为，而事实行为没有意思表示，不需要行为人具有民事行为能力，所以小孩先占无主物，可以取得所有权。

②【侵权行为】行为人因过错侵犯他人权益或行为人虽无过错侵害他人权益但依法应承担侵权责任的行为。(《民法典》第 1165 条、1166 条)

例：【熊孩子坑爹】7 周岁的甲将邻居老太太推的婴儿车连带婴儿从 12 楼抛下去，导致婴儿受害。甲还是个孩子，需要承担侵权责任吗？要。①甲的过错侵权行为，属于事实行为。②法律不考虑甲是否有与婴儿发生侵权关系的效果意思，甲及其监护人均须依法对婴儿承担侵权责任。(《民法典》第 1188 条)

③【加工行为】在他人之物上附加自己的有价值的劳动，使之成为新的财产。

例：【增值加工】甲误将乙的价值 100 元的石头当做自己的进行雕刻，变成了价值 1 万元的石雕，价值增值巨大。石雕归谁所有？甲。①甲是误以为别人的东西是自己的，实施了民法上的"加工行为"，这属于事实行为。②法律不考虑甲是否有取得石雕所有权的效果意思，自该加工行为完成之日，甲取得石雕的所有权，但需要给材料人乙进行补偿。③但是，如果将石头加工成石雕后价值变化不大，比如仅值 105 元，则石雕仍然归乙所有，乙给加工人甲补偿 5 元。(《民法典》第 322 条)

◆ **原理：**如果甲明知是乙的石头（价值为 100 元）还进行加工，加工后石雕价值有巨大增值（比如价值 1 万元）或者没有巨大增值（比如仅值 105 元），怎么办？①【叠加】这一行为构成加工行为，但同时也属于侵权行为。②【物】加工行为描述的是"物"的关系，即"物"到底归谁？加工人贡献大就归加工人；加工人贡献小就归原物主人，这个制度是考量到"物尽其用"，尽量避免损毁物的价值。③【债】侵权行为描述的是"债"的关系，即恶意加工者侵犯了石头主人的所有权，需要承担侵权责任，这是一种债权债务关系，即侵权人需要对受害人实施一定给付行为即给付金钱。④【物债二分思维】最后，这二者并不矛盾，我们叫"物债二分思维"。物权归属按照《民法典》物权编处理；侵权的债权债务关系按照《民法典》侵权责任编处理。

④【建造行为】在土地上建设房屋的行为。

例：【拿地盖房】甲公司取得某地块建设用地使用权，在该土地上建设房屋。房屋所有权归谁？甲公司。①甲公司的建造行为，属于事实行为。②法律不考虑甲公司是否有取得房屋所有权的效果意思，只要甲公司建造行为完成，即取得该房屋的所有权。

⑤【无因管理】无法定或约定义务而管理他人事务，支出必要费用可要求被管理人偿还。(《民法典》第 121 条)

例：【孩子学雷锋】12 周岁的甲将邻居生病的老太太送到医院，垫付医疗费。甲还是个孩子，能否要求老太太支付其垫付的医疗费？能。①甲的无因管理行为，属于事实行为。②法律不考虑甲是否有与老太太发生无因管理法律关系的效果意思，甲均可依法请求老太太支付无因管理发生的必要费用。(《民法典》第 979 条)

⑥【创作行为】行为人进行的独创性表达。

例：【天才画家】7 周岁甲画了一幅画《爸爸在工作》。甲还是个孩子，能成为绘画作品的作者并取得著作权吗？能。①甲的创作行为，属于事实行为。②法律不考虑甲是否有取得该画著作权的效果意思，自该美术作品完成之日起，甲就依法取得著作权。

秒杀 1：事实行为的类型，"先"（先占行为）、"侵"（侵权行为）、"加"（加工行为)、"建"(建造行为)、"无"(无因管理)、"创"(创作行为)。

秒杀2：①【事实行为】这件事任何人都可以做,做了就产生法律后果。②【民事法律行为】一定人才可以做,做了是否产生法律效果还要根据情况判断(比如是否满足年龄条件等)。

(三)【民事法律关系的内容：民事权利】所谓民事权利,指的是民法上保护的利益。

1.【人身权和财产权】根据权利内容区分。

(1)【人身权】人身权的客体是人身利益。①生命权。②身体权。③健康权。④姓名权。⑤名称权。⑥肖像权。⑦名誉权。⑧荣誉权。⑨隐私权。⑩个人信息权。

(2)【财产权】财产权的客体是财产利益。①【物权的客体是物】物权是支配物并具有排他性效力的财产权：物权的实现不需要他人的积极配合。房主所有权的实现,自己居住自己房屋,可以排除他人干扰,并且无需他人积极配合,他人只要不侵犯就可以。②【债权的客体是行为】债权是请求债务人实施一定给付行为的财产权：债权的实现,有赖于债务人的积极配合。欠债还钱,对方配合还钱,债权才能实现。③【知识产权的客体是智力成果】知识产权是以受保护的智力成果为客体的权利。④【股权的客体是股东权益】股权是指通过出资取得的按出资份额享有收益的权利。⑤【继承权的客体是遗产】继承权是按遗嘱或法律的直接规定承受被继承人遗产的权利。⑥【虚拟财产权的客体是虚拟财产】数据、网络等虚拟财产,也依法受保护。

2.【绝对权和相对权】根据权利效力所及相对人范围区分。

(1)【绝对权】①【1对多】又称"对世权",权利效力所及相对人为不特定人的权利。绝对权的义务人是权利人之外的一切人,约束一切人。②【物权、人身权】物权、人身权等均属绝对权。比如你对房屋的所有权,任何人都有不侵犯的义务,义务人是不特定人。

(2)【相对权】①【1对1】又称"对人权",权利效力所及相对人仅为特定人的权利。相对权的效力仅仅及于特定的义务人,约束特定人。②【债权】债权就是典型的相对权。比如你对借款人的10万元借款债权,只能请求借款人还款,义务人是特定人。谁的债谁还,合同具有相对性,就是因为合同在当事人之间产生的是债权,而债权是相对权,这是我们把握合同制度的出发点。

◆ **原理1**：为什么要区分绝对权和相对权？①这涉及世界秩序问题。绝对权在规范所有权秩序；而相对权在规范人的行为自由。②比如我对房屋享有所有权(绝对权),可以对抗一切人,这是一个安定的秩序。③但是你侵占了我的房屋(相对权),我只能对你主张权利,我不能对你的子女、你的学生主张权利,这避免了株连,维护了人的行为自由,谁的责任谁承担。④所以民法上的责任,以自己责任为原则,以连带责任为例外,故连带责任"比较重",必须由法律规定或者当事人约定才可以(《民法典》第178条)。

◆ **原理2**：绝对权为什么可能向相对权转化？①绝对权受到侵害,会向相对权转化,即出现了特定的义务主体。②如房屋所有权是绝对权,义务主体是不特定的人,即我可以住我的房屋,任何人不得干涉。③一旦有人侵犯房屋所有权,则属于绝对权受到侵害,义务主体就特定了,我有权请求义务人赔偿损失。

3.【支配权、请求权、抗辩权和形成权】根据民事权利的作用区分,直接与民诉中诉的分类对接。

(1)【支配权】①【人对客体】对权利客体进行直接支配、并且排他而享受其利益的权利。支配的意思就是不需要外人主动作为，排他的意思就是排除任何他人干扰。合起来就是不特定的他人有消极不作为义务。②【支配】如人格权、身份权、物权、知识产权都属于支配权。

例：【汽车物权】甲对其汽车享有的所有权，为支配权。甲的支配权行使无须他人履行积极的作为义务，仅需要他人履行消极不作为义务即容忍、不行使同样的支配行为即可。(《民法典》第240条)

◆ 原理1：民法上的支配权，在民诉法上如何呈现？支配权体现在民诉法上就是确认之诉，确认物权归谁。

◆ 原理2：绝对权的义务人是不特定人，支配权的义务人也是不特定人，他们有何区别？①没有区别。②支配权也可叫绝对权。③支配权是与请求权、抗辩权、形成权同一阶层的分类。④绝对权是与相对权同一阶层的分类。⑤类似于从夫妻角度叫老公，从家庭角度叫爸爸。老公和爸爸指向的是同一个人，只是叫的人不一样而已。

(2)【请求权】①【人对人】特定人得请求特定他人为一定行为（作为）或不为一定行为（不作为）的权利。其实现需要特定他人的协助。②【请求】如债权请求权（义务阶段是债权请求权，责任阶段还是债权请求权）、如物权请求权（物权是对世权，物权请求权是对人权）。

例1：【债权请求权】甲对乙有合同债权，为债权请求权。请求权人甲对权利客体（债务人乙的给付行为）不能直接支配，其权利的实现有赖于债务人乙的协助。什么是债权请求权？①债权人请求特定债务人实施一定的给付行为。②我们将该给付行为称为"债权的客体"。③因此货币之债的客体（对象）就是请求对方交付钱的行为。④比如甲对乙享有请求支付1万元货款的债权，这是货币之债，它的客体不是1万元，而是请求乙支付1万元的行为。(《民法典》118条)

例2：【物权请求权】物权受到侵害而发生的，又称支配权请求权，因为这是支配权受到侵害，需要以请求权来作为救济手段。比如你的汽车（物权）被人偷走了，你作为物权人，对小偷享有返还原物的请求权（物权请求权）。

◆ 原理1：请求权的义务人是特定他人，相对权的义务人也是特定他人，他们有什么区别？①没有区别。②我们可以把请求权又称为相对权。③各自所处的分类体系不一样。

◆ 原理2：如何理解请求权具有相对性？①请求权只能向特定人主张，不能向其他人主张。②比如父亲欠债父亲还，不能去找儿子要。

◆ 原理3：如何理解请求权具有相容性，没有排他性？①所谓请求权具有相容性，比如一个电脑签订了多个买卖合同，每个买方都对卖方享有请求权，这是具有相容性的。②当然，最后电脑这个所有权（支配权）具有排他性，只有一个人最终可以实际获得电脑所有权。

◆ 原理1：请求权发生的原因有哪些？①法律规定：比如物权请求权、侵权请求权、抚养费请求权。②当事人约定：比如合同请求权。③有的情况下是基础权利受害之后产生请求权，比如你侵占了我的电脑，我请求你返还电脑。④有的情况下基础权利没有受害也可以产生请求权，比如请求对方履行合同的权利。

◆ **原理2：** 民法上的请求权，在民诉法上如何体现？请求权体现在民诉法上就是给付之诉，请求被告实施一定的行为。

（3）【抗辩权】①【承认对方请求权，提出抗辩权】承认对方的请求权，然后提出抗辩权，是一种只能防御，不能进攻的权利。②【延期的抗辩权】能够暂时阻止请求权的抗辩权，叫"延期的抗辩权"，行使该抗辩权则请求权存在但暂时不能实现，比如同时履行抗辩权。③【永久的抗辩权】能够永久阻止请求权的抗辩权，叫"永久的抗辩权"，行使该抗辩权则请求权存在但永久不能获得实现，比如诉讼时效届满的抗辩权。④【典型的抗辩权】如诉讼时效届满的抗辩权、一般保证人的先诉抗辩权、双务合同中的同时履行抗辩权、双务合同中的顺序履行抗辩权、双务合同中的不安抗辩权（所谓双务合同就是指双方互负义务的合同，比如买卖合同，出卖人有交货义务，买受人也有付款义务）。

例1：【是抗辩权】甲要求乙支付货款，乙承认甲的请求权，但是已经过了诉讼时效，所以拒绝付款，乙提出的是什么？诉讼时效届满的抗辩权。

例2：【是否认，不是抗辩权】甲要求乙支付货款，乙提出自己与甲不存在合同关系，乙提出的是什么？①是否认，而不是抗辩权。②因为乙并不承认甲的请求权。

例3：【永久的抗辩权："诉讼时效届满的抗辩权"】甲对乙享有1万元债权，因届期后3年内甲一直未向乙主张，当甲再向乙主张1万元债权时，乙享有诉讼时效届满的抗辩权。抗辩权是针对请求权而言，换言之，如果没有一方提出请求权主张，则不存在他方主张抗辩权问题。（《民法典》第192条）

例4：【延期的抗辩权1：先诉抗辩权】甲向乙借款1万元，丙与乙签订保证合同，对该1万元主债提供一般保证。甲届期无力清偿，乙应先就甲的财产主张还款，穷尽甲的财产仍未受偿部分，才由丙承担责任。如乙先向丙主张保证责任，则一般保证人丙享有先诉抗辩权（<u>即一般保证人可以对债权人抗辩说，你必须先去找主债务人还钱并执行其财产，未受偿部分才能轮到我一般保证人，该抗辩权起到延期请求权的效果</u>）。（《民法典》第687条）

例5：【延期的抗辩权2：双务合同同时履行抗辩权】甲、乙签订买卖合同，约定一手交钱一手交货，甲未交货却要求乙交钱，则乙享有同时履行抗辩权，对抗甲的交钱请求。因为按合同约定，甲、乙双方应同时履行。（《民法典》第525条）

例6：【延期的抗辩权3：双务合同顺序履行抗辩权】甲、乙签订买卖合同，约定甲先交货，乙后付款。甲未交货，却要求乙付款，则乙享有顺序履行抗辩权，对抗甲的交钱请求。因为按合同约定，甲应该先交货。（《民法典》第526条）

例7：【延期的抗辩权4：双务合同不安抗辩权】甲、乙签订买卖合同，约定甲先交货，乙后付款。甲的交货日期到了的时候，乙却出现破产情形，乙要求甲交货，则甲可主张不安抗辩权，对抗乙的交货请求。因为乙的破产情形会导致甲的不安。（《民法典》第527条）

（4）【形成权】①【单方意思】依权利人"单方"意思表示就能使权利发生、变更或者消灭的权利。如撤销权（需要诉讼或仲裁）、解除权（不需要诉讼）、追认权（不需要诉讼）、抵销权（不需要诉讼）。还比如继承编规定，被继承人死亡后，法定继承人没有表态，视为接受继承，这是法律明确规定的以沉默方式行使形成权（接受继承）。②【单纯形成权】当事人只要发函主张就可以，比如解除合同（需要符合法定解除事由），我们把这样的形成权称之为"单纯形成权"。③【形成诉权】当事人必须到法院诉讼或者到仲裁委仲裁，才可以行使，比如撤销合同（需要符合法定撤销事由），我们把这样的形成权称之为"形成诉权"。④【除斥期间】形成权受期间限制，我们称该期间为"除斥期间"，在"除斥期间"内不行使，则形成权消灭。

◆ **原理1**：为什么形成权规则中，可以由1个人说了算？①因为他们都具有天然的正当性。②比如解除合同，解除权人有解除权。比如抵销权，你欠我的，我欠你的，彼此都可单方说了算主张抵销，这都是非常正当的。

◆ **原理2**：支配权一个人说了算，形成权也是一个人说了算，区别何在？①支配权是我的地盘我做主，对其他人不产生影响。②形成权是我决定与你怎么相处，对你会产生影响。

◆ **原理3**：常见的形成权有哪些？此处列举，具体概念在相应章节会涉及。①可撤销合同中的撤销权。②效力待定合同中善意相对人在追认权人追认前的通知撤销权。③赠与人的任意撤销权和法定撤销权。④合同解除权。⑤选择之债中选择权人享有的选择权。⑥法定抵销权。

◆ **原理4**：为什么形成权要适用除斥期间？①甲因乙未按期交付汽车故主张解除汽车买卖合同，解除权为形成权。②只要形成权人甲一方意思表示就足以使权利发生法律效力。③因其对相对人影响特别重大，故只有及时行使，才能使法律关系尽快明确，因此，形成权受期间限制。（《民法典》563、564条）

◆ **原理5**：形成权适用的"除斥期间"和请求权适用的"诉讼时效"有什么区别？①除斥期间是不变期间，因为单方说了算，如果长时间不行使权利，会导致法律关系长久处于不稳定状态。该期间经过，实体权利彻底消灭。②诉讼时效是可变期间，因为是一方请求对方实施行为，只要一方提出了请求，会导致"3年的诉讼时效中断"，再算另外一个3年。如此一来，这样对权利人才比较公平。该期间经过，实体权利不消灭，但是被告提出诉讼时效届满的抗辩权后，原告就不能胜诉。被告如果没有提出诉讼时效届满的抗辩权，原告还是能够胜诉的。

4.【民事权利的救济：公力救济和私力救济】

（1）【公力救济】权利人通过行使诉权，诉请法院依照民事诉讼和强制执行程序保护自己权利的措施。在能够援用公力救济保护民事权利的场合，则排除适用自力救济。

（2）【私力救济】权利人依靠自己的力量救济自己权利的行为，包括自卫行为（正当防卫+紧急避险）和自助行为。①【正当防卫：剥夺侵害人侵害能力】当公共利益、他人或本人的人身或其他利益受到不法侵害时，行为人所采取的一种防卫措施。比如反杀。（《民法典》第181条）②【紧急避险：牺牲小的保大的】为了使公共利益、本人或他人的合法权益免受现实和紧急的损害危险，不得已而采取的致他人损害的行为。比如司马光砸缸救人，牺牲缸，救了人。（《民法典》第182条）③【自助行为：情况紧急自己动手丰衣足食】权利人为保证自己请求权的实现，在情况紧迫而又不能及时请求国家机关予以救助的情况下，对他人的财产或自由施加扣押、拘束或其他相应措施，而为法律或社会公德所认可的行为。如旅馆在客人住宿后不付住宿费，有权扣留客人所携带的行李（所谓情况紧急，即被告不明确。一旦被告明确，即情况不紧急，应该去起诉，而不能实施自助行为）。（《民法典》第1177条）

◆ **原理**：为什么民法上不强调私（自）力救济？①因自力救济容易演变为侵权行为，故只有在来不及援用公力救济而权利被侵犯或者有被侵犯的现实危险时，才允许被例外使用，以弥补公力救济的不足。②自力救济不得超过一定的限度，超出限度的，构成侵权。

5.【**民事权利的反面：民事义务和民事责任**】一方享有民事权利，对方负担民事义务，因违反民事义务启动民事责任。

（1）【**根据发生依据分类：合同责任、侵权责任和其他责任**】①【合同责任】基于合同发生的责任，叫合同责任。②【侵权责任】基于侵权发生的责任，叫侵权责任。③【其他责任】其他责任比如基于不当得利返还发生的责任，叫返还不当得利责任。

（2）【**根据责任内容分类：财产责任和非财产责任**】①【具有财产内容的责任】比如返还原物、赔偿损失。②【不具有财产内容的责任】比如停止侵害、排除妨害、消除危险、恢复名誉、赔礼道歉。

（3）【**根据责任范围分类：有限责任和无限责任**】①【有限责任】以一定财产为限承担责任，叫有限责任：比如股东对公司负债承担有限责任；还比如第三物保人（他物保）对主债务人负债承担有限责任（以担保物价值为限）。②【无限责任】以全部财产承担责任的，叫无限责任：比如合伙人对合伙企业承担的责任是无限责任；还比如保证人（人保）对主债务人负债承担无限责任（保证人的全部身家）。

例1：【第三物保人负有限责任】甲向银行借款，乙提供房屋作为抵押，给银行办理了抵押权登记。甲届期不能还款，乙承担多大范围责任？银行对房屋实现抵押权，反过来就是乙的责任范围最多是这套房屋，所以第三物保人承担的是有限责任。

例2：【保证人负无限责任】甲向银行借款，乙提供保证。甲届期不能还款，乙承担多大范围责任？银行要求乙承担保证责任，乙需要以全部财产来承担保证责任，所以保证人承担的是无限责任。

（4）【**根据责任构成要件是否需要过错分类：过错责任和无过错责任**】①【过错责任】有错才担责，以过错作为构成要件的责任，叫过错责任：比如特定的合同（委托合同、赠与合同等）采用过错责任；比如一般的侵权责任采用过错责任。②【无过错责任】无错也要担责，不以过错作为构成要件的责任，叫无过错责任：比如一般的合同责任是无过错责任；比如特殊的侵权责任采用无过错责任。

（5）【**根据责任主体多少来分类：单独责任、按份责任、连带责任和不真正连带责任**】（《民法典》第176-178条）①【单独责任】即一个人承担责任。②【按份责任】是各个责任人对外对内都是按份额承担责任。每个人承担的责任范围是确定的。③【连带责任】是各个责任人对外不分份额、对内要分份额承担责任，最终内部是按份责任。④【不真正连带责任】是各责任人对外不分份额，对内由某个责任人承担终局全部责任，最终内部只有一个责任人。

◆ **原理**：为什么《民法典》第178条规定"连带责任需要依据法律规定或当事人约定"？①连带责任比较重，需要进行限制，避免殃及无辜，避免连坐。②因此需要由法律明确规定，或者由当事人自己有明确约定。

例1：【约定按份还债】甲、乙、丙三方协议，由甲、乙按照五五开比例负担对丙的债务，甲、乙到期没有履行债务，应对丙承担什么责任？按份责任。丙向甲要一半，向乙要另外一半。

例2：【夫妻共债的连带】老公以自己名义对外借款，用于家庭生活，到期未还，债权人可请求夫妻承担什么责任？连带责任。债权人可向夫妻任何一方主张任何比例的债权。依据来自《民法典》婚姻编。

例3：【租户打飞镖的不真正连带责任】甲房屋出租给乙，乙经甲同意转租给丙，丙在房屋内打飞镖损害了房屋。甲如何救济？①甲可诉乙违约。②甲也可诉丙侵权。③如果甲诉乙违约，乙可全额向丙追偿。④如果甲诉丙侵权，案件结束。

三、民法的基本原则

(一)【平等原则】（《民法典》第4条）

1.【平等地位】自然人民事权利能力一律平等。民事主体在民事法律关系中必须平等协商。

2.【平等保护】不同民事主体参与民事法律关系，适用相同的法律，对民事权利予以平等保护。

(二)【自愿原则】 又称意思自治原则。（《民法典》第5条）

1.【意思自治】(1) 所有权自由。(2) 合同自由。(3) 婚姻自由。(4) 遗嘱自由。

2.【意思自治的限制】(1) 意思自治不是绝对的，而是相对的。(2) 如果违反法律行政法规的强制性规定或者违背公序良俗，那么当事人的意思就是无效的。

◆ **原理：** 什么是有约定从约定？①在民法领域，合同是当事人之间的法律。当事人有特别约定，特别约定优先适用。在没有特别约定时，才会适用到民法。②在刑法和行政法领域，不存在由当事人特别约定的情形，处理问题应直接启动法律规定。③民法领域存在意思自治原则，刑法和行政法领域就不存在民法领域这种程度的意思自治原则。

(三)【公平原则】（《民法典》第6条）

1.【合同中的公平】公平原则在合同编中直接体现为等价交换原则。

2.【侵权中的公平】公平原则在侵权责任编中体现为公平责任。

(四)【诚信原则】（《民法典》第7条）

1.【诚信原则的第1含义：诚实守信】民事主体从事民事活动时，必须将有关事项和真实情况如实告知对方，禁止隐瞒事实真相和欺骗对方当事人。

2.【诚信原则的第2含义：不得滥用权利】民事主体行使自己的民事权利，应适当兼顾社会公共利益和他人利益，<u>不得滥用权利</u>，加害于他人。

例：【坑邻居】甲、乙二人同村，宅基地毗邻。甲的宅基地倚山、地势较低，乙的宅基地在上将其环绕。乙因琐事与甲多次争吵而郁闷难解，便沿二人宅基地的边界线靠己方一侧，建起高5米围墙，使甲在自家院内却有身处监牢之感。<u>乙的行为违背民法的什么原则？</u>①违反了民法的诚信原则。②从受害人甲的角度观察。乙的行为，没有违反甲的本意，因为甲根本没有做出表达，谈不上自愿原则。③乙的行为构成侵权，但不是违反公平原则，甲没有做出选择，谈不上结果公平与否。④乙的行为也不存在违反公共秩序或者公序良俗的情形，所以没有违反公序良俗原则。⑤案涉行为也不存在地位不平等现象，因为构成侵权，双方地位是平等的，所以没有违反平等原则。

◆ **原理**：为什么诚实信用原则被称为民法的"帝王条款"？①因为民法属于私法，强调私权利的保护，张扬我们私人的权利。②在强调私人权利的同时，必然导致私人权利行使中可能存在滥用的情形。③因此，我们需要一把达摩克利斯剑，来限制私人对私权利的滥用，这把利剑就是诚实信用原则。

（五）【公序良俗原则】公共秩序和善良风俗。（《民法典》第8条）（详细内容请参见民事法律行为章节的介绍）

例：【"北雁云依"案】指导案例89号："北雁云依"诉济南市公安局历下区分局燕山派出所公安行政登记案。公民选取或创设姓氏应当符合中华传统文化和伦理观念。仅凭个人喜好和愿望在父姓、母姓之外选取其他姓氏或者创设新的姓氏，不属于"有不违反公序良俗的其他正当理由"。父亲姓吕，母亲姓张，孩子取第三姓是否违反公序良俗？法院认为没有原因为孩子取"第三姓"，案涉取名违反了公序良俗。

四、民法的适用

（一）【适用什么？民法的渊源】处理民事纠纷，应当依照法律；法律没有规定的，可以适用习惯，但是不得违背公序良俗。（《民法典》第10条）

1. 【民法的渊源：法源】所谓法源，就是可以被法院或仲裁机构裁判案件拿来用的规定。

2. 【法律】民法的法源可以是法律，即全国人大或全国人大常委会制定的规范性文件。

3. 【习惯】民法的规定也可以是习惯，但该习惯不得违反公序良俗。该习惯是"法律"而非事实，在民诉法上，"法律"是免证事实，所以，该习惯不需要当事人举证证明。

（二）【如何适用？三段论】法院或者仲裁机构在判决或者裁决民事纠纷时，先查明案件事实，然后根据法律规定或者民法上的习惯，做出判决或者裁决，分配当事人权利义务，这个过程我们叫做"民法的适用"。

1. 【理论：抽象的三段论】

（1）【大前提】大前提就是民法的"法源"，民事法律和民事习惯。

（2）【小前提】小前提就是案件事实，本案中证据支持的事实。

（3）【结论】结合大前提和小前提，得出结论，即法院在判决书中最后写的"判决如下：……"

2. 【实务：务实的三段论】

（1）【小前提】法院先进行法庭调查，查明本案事实，就是查明小前提。因为只有知道发生了什么事，才知道是什么法律关系，只有知道法律关系才能知道适用什么法律。

（2）【大前提】法院根据法庭调查查明的案件事实，然后启动相应的民事法律或民事习惯，即启动大前提。

（3）【结论】根据法庭调查的小前提，法庭说理启动的大前提，法院在判决如下：……。

> 提示：小白请关注我的微信公众号法考方志平，里头有对判决书的分析，比如大家可以阅读2022年12月31日我写的《从民事证据角度看"江歌母亲江秋莲与刘暖曦生命权纠纷案二审判决"》，配合阅读青岛中院的判决原文：法安天下，德润人心。

3.【避免向一般条款的逃避】

（1）【什么是"向一般条款的逃避"】①所谓"向一般条款的逃避"，即法律对某一类案件有具体规定，法官根据这一具体规定可以断案。②与此同时，法官适用公平原则或者诚实信用原则断案，与适用具体规定断案的结果相同。③如果法官在裁判案件时，不适用该具体规定而适用公平原则或诚实信用原则，这构成向一般条款的逃避。

（2）【为何要"避免向一般条款的逃避"】①如果任由法官在判决时，在有具体法条依据可以适用而不适用时，却通过行使自由裁量权适用公平原则或诚实信用原则断案，这会严重降低法律权威。②根据立法法原理，特别法优先于一般法适用。特别法中的法条优先于原则适用。③"避免向一般条款的逃避"即强调法院断案要"适用"具体的法条，不能糊涂官判糊涂案，随意用原则去断案。用具体法条断案，可以做到同案同判；如果用原则断案，就容易发生同案不同判。④当然，如果穷尽规则，即找不到具体的法条可以适用，那只能适用原则来判案了。

第二章 自然人

第一节 能力制度

一、【民事权利能力：形式平等】抽象层面，自然人取得民事权利和承担民事义务的"资格"。

（一）【一般人的民事权利能力】

◆ 原理：为什么要规定民事权利能力制度？①【不区分人和人】宣扬人人平等，不存在奴隶，也不存在主仆、不存在奴才。②【区分人和非人】区分人和非人，狗头上的链子不归狗，因为狗没有民事权利能力，没有取得所有权的资格。还比如人可以取得权利，熊就不可以取得权利，所以我伤害了一只熊，伤害的不是人身，而是财产。③【区分人和鬼】区分阴阳两界，活人具有民事权利能力。死人不具有民事权利能力。

1. 【资格】法律确认的自然人享有民事权利、承担民事义务的资格。
2. 【起止】始于出生，终于死亡。（《民法典》第13条）

例1：【死者无继承资格】甲死亡后遗有个人房屋一套，归甲妻和甲子二人继承，尚未分割。甲妻死亡后，甲妻的遗产，甲是否有权继承？①否。②因为甲已经死亡，不具有民事权利能力，无取得继承权的资格。③甲妻遗产应由甲子继承。

例2：【死者没有人格权但是有"人格利益"】甲捏造事实，侮辱乙过世的父亲丙，声称丙是因为吸毒过量而死。甲是否需要承担侵权责任？①需要。②丙已经死亡，没有民事权利能力，即死者没有取得民事权利的资格，所以死者丙没有名誉权。③但是《民法典》规定死者享有人格利益，比如名誉、荣誉、肖像等，因此乙作为近亲属，可以起诉要求甲承担侵权责任。

例3：【提起诉讼保护死者人格利益的原告限于三代】甲、乙、丙、丁是四代人。甲、乙、丙都已经过世。被告侮辱甲，侵害了甲的名誉。丁可以起诉吗？①不可以。②只有近亲属可以作为原告起诉。③近亲属为：第一顺位是配偶、父母、子女。第二顺位是祖父母、外祖父母、兄弟姐妹、孙子女、外孙子女。④所以，只有3代以内的人可以为保护死者利益提起诉讼。

例4：【提起公益诉讼维护英雄烈士的人格利益原告可以是检察院】甲是英雄烈士，涉及公共利益维护问题，被告侵犯了甲的人格利益，如何处理？①可以由甲的近亲属提起诉讼。②也可以由检察院提起公益诉讼，此时不存在三代近亲属的限制了。因为有的英雄烈士可能没有后代，就启动公益诉讼了。侮辱英雄不仅仅是英雄个人或其近亲属受损，更是国家与民族的伤痛。

(二)【胎儿的民事权利能力】

◆ **原理**：保护胎儿的继承权、保护胎儿受赠财产等利益，为什么不直接规定胎儿具有民事权利能力呢？因为如果直接规定胎儿具有民事权利能力，则会导致"终止妊娠"变成了"杀人"，计划生育变成了"有计划的杀人"。

1. 【活体】胎儿娩出为活体，视为有民事权利能力。如果胎儿娩出后是活的，但是"旋即"死亡（瞬即死亡），则启动"活体"规则，胎儿有民事权利能力。

2. 【死体】胎儿娩出为死体，其民事权利能力自始不存在。（《民法典》第16条）

3. 【代理】涉及遗产继承、接受赠与等于胎儿利益保护，父母在胎儿娩出前作为法定代理人主张相应权利。（《民总解释》第4条）

◆ **原理**：为何要规定胎儿娩出前由父母作为法代主张权利？①因为实务中，胎儿娩出是活体还是死体，是在娩出后才知道的事情。②在怀胎十月期间，如果发生相应的法律关系，得有人去代理胎儿主张权利。③这个代理人就是父母，不是其他人。④胎儿娩出后活体，法律关系主体是胎儿。⑤胎儿娩出后是死体，则法律关系自始不存在，因此取得的利益退回原处。

例1：【胎儿必留份：限制遗嘱自由】爸爸甲死亡，妈妈乙怀孕在身，还有一个儿子丙。爸爸甲的个人遗产如何继承？①妈妈乙一份，儿子丙一份，必须给胎儿留一份。②给胎儿留的这份，叫"必留份"。③如果胎儿娩出时为死体，那么视为它不存在，这个"必留份"就要退回去重新继承，即由妈妈乙和儿子丙一人一半。④如果胎儿娩出后是活的，但是"旋即"死亡，那么这个"必留份"已经是胎儿的财产了，胎儿死亡后，作为胎儿的遗产发生继承。而胎儿的第一顺位继承人是妈妈乙，所以全部由妈妈乙继承。轮不到儿子丙，因为儿子丙属于胎儿的哥哥，是第二顺位继承人。存在第一顺位继承人时，就轮不到第二顺位继承人了。⑤在胎儿娩出之前，胎儿的"必留份"由胎儿的法定代理人即妈妈乙去主张。

例2：【胎儿抚养费】乙违章驾车撞死甲，甲与其妻丙育有1子，且丙有孕在身。双方在协商赔偿事宜期间，胎儿丁出生。乙是否需要支付丁的抚养费？①要。②因为胎儿丁出生，视为其在胎儿时即具有民事权利能力，故肇事的乙须赔偿胎儿的抚养费。③如果胎儿丁出生时为死体，则乙无须支付胎儿抚养费。④如果胎儿丁出生后旋即死亡，仍需向丁赔偿甲的死亡赔偿金，丁死亡后，该笔死亡赔偿金作为胎儿丁的遗产发生继承。⑤胎儿出生前不知道是不是死体，此期间，就由胎儿母亲丙作为法定代理人去主张抚养费。

二、【民事行为能力：实质平等】具体层面，实际参加民事活动取得民事权利和承担民事义务的资格。

（一）【人在实施什么行为时要考虑民事行为能力：民事法律行为】

1. 【情谊行为时不考虑】(1) 人在实施情谊行为时，不会发生民事法律关系，不用考虑人的民事行为能力。(2) 比如一个孩子可以分享香蕉给另外一个孩子吃，他们之间不发生民事法律关系。

2. 【事实行为时不考虑】(1) 人在实施事实行为时，直接依据法律规定产生法律关系，不用考虑人的民事行为能力。(2) 比如一个孩子可以因为创作行为（事实行为）成为作家，对作品享有著作权。

3.【民事法律行为要考虑】（1）人在实施民事法律行为时，要考虑这个人是否具有相应的民事行为能力，然后才能判断是否发生相应的法律效果。（2）民事行为能力，字面上看，"民事行为"，就是民事法律行为；民事行为能力，字面上看，就是实施民事法律行为的能力。（3）比如一个孩子去签订合同，我们认为，合同是双方民事法律行为，是需要做意思表示的，一个孩子是否具有意思表示的能力，要进行判断。简言之，不是所有人都有资格干"人事"。

4.【年龄统一划分主义】（1）一般来说，6岁的玩不过18岁的。（2）因此年龄是坚持统一划分主义，是卡死的，保护弱势群体，不考虑个别情况下有"早熟"的人。

5.【精神个案审查主义】（1）例外来说，6岁的可以把18岁的精神病玩得团团转。（2）因此辨认能力则坚持个案审查制，对应民事诉讼法有宣告某自然人为无民事行为能力人、限制民事行为能力人的特别程序。

◆ 原理：人与人的差别很多，为什么在区分完人、限人和无人时，只考虑年龄和精神状态两个因素？①【民事法律行为】自然人行为能力制度，是与民事法律行为制度彼此配合的制度。也就是说只有在一个人实施民事法律行为时，我们才需要观察其是否具有相应的民事行为能力。②【意思表示】实施民事法律行为时，必须要作出意思表示。③【大脑】而作出意思表示时，必须要有意思能力；是否具有意思能力，不就取决于人的年龄和精神状态吗？所以，从逻辑上形成闭环：因为人在实施民事法律行为的时候需要考虑意思能力，而意思能力就和人的年龄和精神状态有关，所以，我们就按照年龄和精神状态把人做区分：完人、限人、无人。④【民事行为能力与民事法律行为】所以说民事行为能力制度，从字面理解就是人在实施"民事行为"即民事法律行为时才要用到这个制度，故人在实施"事实行为"（比如侵权）时，我们就不考虑民事行为能力了。

(二)【完人=完全民事行为能力人】

1.【"完人"】

(1)【完人】18周岁以上且心智正常的成年人。

(2)【拟制完人】16-18周岁以自己劳动收入为主要生活来源的未成年人。"穷人家的孩子早当家"。(《民法典》第17、18条)

例：【北漂打工】甲16周岁，高中毕业后，去外地打工，靠演出收入作为主要生活来源。甲与乙签订购买汽车合同，该合同效力如何？①有效。②因为甲属于完全民事行为能力人。

问：未成年人都是无人或者限人吗？不一定。"北漂"者是未成年人，但是属于完人。

2.【行为】

(1)【一般行为有效】完全民事行为能力人可以独立实施民事法律行为。该民事法律行为有效需要具备3要件：①民事法律行为主体有民事行为能力；②意思表示真实；③内容不违反法律、行政法规的强制性规定、不违背公序良俗（此部分参照民事法律行为效力的介绍）。(2)【特殊行为依特殊规定】婚姻编对实施缔结婚姻这一双方民事法律行为的主体行为能力有特殊规定，基于特别规定优先于一般规定适用的法理，缔结婚姻的民事法律行为需要具备3要件：①需要男年满22周岁、女年满20岁周岁才行；②还需要双方自愿；③办理结婚登记。

(三)【限人＝限制民事行为能力人】

1.【"限人"】

(1)【意思】不能完全辨认自己行为的成年人，即心智不太正常的成年人。(2)【年龄】8周岁以上的未成年人。(《民法典》第19条)

2.【行为】

(1)【有效：纯受益和相适应】①可以实施纯获得利益的行为。②可以实施与其年龄、智力相适应的民事法律行为。

例：【富二代有房】甲的爷爷与9周岁的甲签订赠与合同，将1套房屋赠与给甲，该合同效力如何？①有效。②因为甲属于限制行为能力人，但可以独立签订纯获得利益的合同。

(2)【效力待定：不相适应】超越年龄的合同效力待定。需要有待于法定代理人追认。

例1：【富二代买手机】14周岁的甲与20周岁的乙签订买卖5000元手机的合同，该合同效力如何？①效力待定。②因为甲属于限制行为能力人，其签订的买卖手机合同与其年龄、智力不相适应。该合同须甲的法定代理人追认。(《民法典》第22条、145条)

例2：【天才小说家】小刘从小就显示出很高的文学天赋，9岁时写了小说《隐形翅膀》，并将该小说的信息网络传播权转让给某网站。小刘的父母反对该转让行为。①问1：谁是小说的作者？小刘。写小说乃创作行为，属于事实行为，而事实行为不适用民事行为能力制度。小刘将小说创作完成，即取得该文字作品著作权。②问2：小说信息网络传播权转让合同效力如何？无效。小刘签订的转让小说信息网络传播权的合同与其年龄智力不相适应，属于效力待定的合同，有待其法定代理人追认。本案中，小刘的父母已经明确反对该转让行为，即没有追认，故该合同无效。

(3)【无效：单方行为】立遗嘱这一单方法律行为无效。立遗嘱这一行为具有身份属性，不能代理，法定代理人也不能实施。

◆ 原理：为什么限制民事行为能力人和无民事行为能力人立的遗嘱无效？①立遗嘱是单方法律行为，即只考虑立遗嘱人一方的意思，不考虑其他人的意思。②单方法律行为的效力状态只有2种，要么有效，要么无效。③双方法律行为的效力状态存在有效、无效、效力待定、可撤销、确定不发生效力共5种形态。④遗嘱属于无相对人的意思表示，遗嘱只存在有效或者无效2种状态。⑤无人、限人立的遗嘱不可能有效，只能是无效的。

(四)【无人＝无民事行为能力人】

1.【"无人"】(1)【意思】完全不能辨认自己行为的成年人，即心智完全不正常的成年人。(2)【年龄】不满8周岁的未成年人。(《民法典》第20条)

2.【行为】(1)【无效】一概无效，包括纯受益的行为也是无效的。(2)【法定代理】①如需有效，需要由法定代理人代为实施。②立遗嘱这一行为具有身份属性，不能代理，法定代理人也不能实施。

例：【骨气妈妈不要公公家的名画】在小张6岁时，爷爷将家中祖传的一幅价值200万元的名画赠与丧父的小张。母亲刘某得知此事后，坚决表示反对。爷爷与小张赠与名画合同效力如何？①无效。②小张是无行为能力人，即使该合同对其属于纯获得利益，也不能签订，需要由法定代理人实施。③该合同无效的原因不是因为其母亲没有追认，而是其一概无效。④如果要受赠名画，需要由小张母亲作为法定代理人，代理小张与爷爷签订赠与合同。(《民法典》第 144 条)

◆ **原理 1**：为什么 6 周岁的孩子不能独立接受红包？①因为即使是纯受益的行为，也是需要做复杂的判断的，无民事行为能力人不能做这个判断。②老百姓的 6 周岁孩子可以得到 200 元红包，市长 6 周岁的孩子可以得到客户的 1 万元红包，这是为什么，孩子是不懂的。

◆ **原理 2**：为什么我们说胎儿可以接受赠与，而 6 周岁的无民事行为能力人反倒不能接受赠与？①【权利能力角度讲胎儿】我们讲胎儿可以接受赠与，是说胎儿具有接受赠与的资格，胎儿具有民事权利能力。具体接受赠与还是需要由法定代理人去实施的，因为胎儿并没有民事行为能力。②【行为能力角度讲 6 周岁】我们讲 6 周岁的无民事行为能力不能接受赠与，是说 6 周岁的人没有民事行为能力，所以赠与无效。无民事行为能力人接受赠与，需要由法定代理人代为实施。

秒杀：
① "完人"：有效。
② "限人" 行为 3 分法 { ① 纯受益或相适应的 "有效"。② 不相适应的 "效力待定"。③ 单方行为 "无效"。}
③ "无人"：无效。

第二节　监护制度

◆ **原理**：为什么民法总则中要规定监护制度？①【民事权利能力】"无限人" 都有民事权利能力，均有取得民事权利的资格。②【民事行为能力】但是 "无限人" 通过民事法律行为即意思表示参加民事活动又受到民事行为能力制度的限制。③【沟通民事权利能力和民事行为能力的桥梁】通过什么制度可以协调民事权利能力和民事行为能力制度内部的矛盾，才能解决 "熊孩子坑爹" 和 "熊爸爸坑孩子" 的问题？答：监护（监督和保护）。

一、谁担任监护人

(一)【法定监护：法律为 "孩子" 设定】

1.【成年 "精神病人" 的监护人：近亲属+其他人+民政部门】（1）配偶。（2）父母、子女。（3）其他近亲属。（4）其他愿意担任监护人个人或组织（经居委会或村委会或民政部门同意）。（5）兜底单位监护人：民政部门。(《民法典》第 28、32 条)

◆ **原理 1**：什么是民法上的近亲属？① "上下左右、上上下下"。②上（父母）、下（子女）、左（配偶）、右（兄弟姐妹）、上上（祖父母、外祖父母）、下下（孙子女、外孙子女）。

◆ **原理 2**：根据什么来判断一个人是否有监护能力？①物质条件和精神状态。②比如妈妈因为故意犯罪而坐牢或者妈妈爱好赌博等，表明妈妈没有监护能力，不能担任监护人。③如果此前担任监护人，此后才没有监护能力，比如此后吸毒等，则启动监护资格撤销程序，撤销其监护资格。

2.【未成年人的监护人：近亲属+其他人+民政部门】（1）【父母】未成年人父母是未成年人的 "当然监护" 人。①【父母的定义】父母包括亲生父母、养父母（办理收养登记）和有抚养关系的继父母。②【夫妻离婚】夫妻离婚，不消灭与孩子的监护关系。(2) 祖父母外祖父母。(3) 成年兄姐。(4) 其他愿意担任监护人的个人或组织：此情形他们无义务担任监护人，但如果想担任监护人则需要经居委会或村委会或民政部门同意（简称行政把关）。(5) 兜底单位监护人：民政部门。（《民法典》第27、32条）

例1：【有抚养关系的继母】甲男、乙女婚后，乙女无生育能力。甲男与乙女共同去福利院收养了一对龙凤胎。乙女将龙凤胎抚养到3周岁时，甲男因病去世，甲男父母与乙女均诉到法院要求成为龙凤胎监护人。乙女是否具有监护资格？①有。②乙女属于有抚养关系的继母，属于民法上的"父母"。（《民法典》第1127条）③故乙女是天然第一顺序监护人，本案不存在继母吸毒等不宜监护情形，故轮不到爷爷奶奶来争当监护人。（《民法典》第27条）

例2：【夫妻离婚约定的是抚养权而非监护权】甲男、乙女离婚，协议确定乙女抚养孩子。①【父母共同对外负侵权责任】孩子对外侵权致人损害，应如何承担责任？乙女作为监护人与孩子作为共同被告，甲男未与孩子共同生活，但仍然是监护人，应承担侵权责任，故甲男、乙女和孩子为共同被告。②【父母共同负担抚养费】甲男是否需要负担孩子的抚养费？需要。乙女"抚养"的意思是乙女作为与孩子直接生活的一方，并非甲男就无须承担监护责任。③【协议约定抚养费：对父母有效对孩子不发生效力】如夫妻离婚，约定某一方无需负担抚养费，该约定对双方当事人有效，但不影响孩子在必要时（比如通货膨胀货币贬值或者孩子生重病）向该"某一方"主张相应抚养费。

◆ **原理1：**夫妻离婚争孩子，争的是监护权还是抚养权？①抚养权。②因为父母是未成年人的"当然监护人"，离婚不会导致父母与孩子的监护关系消灭。③夫妻协议离婚时约定，一旦对方结婚，则抚养权归自己这一方，该约定有效，没有违反公序良俗原则，因为约定的是抚养权，并不影响父母对子女的监护关系，也没有违反结婚自由。

◆ **原理2：**为什么祖父母外祖父母、成年兄姐担任监护人无须经居委会、村委或或民政部门同意（简称行政把关）？因为他们属于其他近亲属，是民法上的近亲属，他们有义务担任监护人。

◆ **原理3：**什么情形下其他愿意担任监护人的个人或组织需要行政把关？①如果事先已经有人把关了，就不需要行政把关了。②比如父母担心自己死了而启动遗嘱监护了、比如父母担心自己疯了而启动协商监护了、比如父母没了家人而启动协商监护了，这些情形就已经有人把关了，就不需要行政把关了。③如果事先没有人把关，那么就要启动行政同意。④比如没有遗嘱监护、没有协商监护，其他人担任监护人需要启动行政把关。

3.【"未成年"、"精神病"人：适用未成年监护规则】父母、祖父母外祖父母、成年兄姐、其他愿意、兜底。

◆ **原理：**一个人既是未成年人，又心智不全，适用什么监护规则？①适用未成年监护规则，因为他是未成年人。②法律对未成年的保护是最周全的。

（二）【遗嘱监护：父母为孩子设定】单方法律行为。

1.【立遗嘱人限于父母】被监护人的父母担任监护人的（是父母同时是监护人），可以通过遗嘱指定监护人。（《民法典》第29条）

◆ **原理：**为什么只有"担任监护人的父母"可以立遗嘱监护，其他人不可以？①因为实务中，我们看到未成年人，首先会问，他爸妈呢？②如果爸妈不在了，就自然会问，爸妈有什么交代吗。③

如果父母不在了，再假如舅舅是孩子监护人，则舅舅不能立遗嘱监护。

例：【凶手"碰瓷"】甲因工钱纠纷将其雇主砍死后寻短见，到国道上被大货车撞死。死亡赔偿金分给甲母、甲妻、甲子。甲母和甲妻因赔偿款分配发生分歧，感情破裂。不料甲妻患艾滋病，<u>去世前希望为孩子确定孩子舅舅为监护人，是否可行？</u>①可以。②因为甲妻作为孩子的母亲，可以通过立遗嘱指定监护人。③假设孩子父亲在世，则孩子妈妈还可以立遗嘱确定孩子舅舅做监护人吗？可以。如果没有争议的话，则孩子舅舅和孩子父亲可作为共同监护人。

◆ **原理**：遗嘱监护的本质是什么？①意思自治为王。因为谁对孩子好只有真爱孩子的才知道。②《民法典》第29条规定的遗嘱监护，本质是对未成年人之法定监护顺序的修改，允许当事人去"架空"未成年人的法定监护制度。

2.【父或母单方遗嘱】父母中一方通过遗嘱指定监护人，另一方在遗嘱生效时有监护能力，有关当事人对监护人的确定有争议的，启动法定监护，父母是当然监护人。

秒杀：没争议，启动共同监护。有争议，启动法定监护。

例：【小翠养母】养父和养母收养小翠，后夫妻离异，小翠跟随养父生活。养父立遗嘱，称：自己死后由自己的父亲即爷爷担任小翠监护人。养父死后，养母表示<u>反对</u>。谁担任小翠的监护人？①养母。②因为养母视为母亲，是小翠的第一顺位法定监护人。③为何此案遗嘱监护转化为法定监护，因为养母对单方遗嘱监护提出了异议，说明当事人对监护人的确定有争议。

3.【被指定人不同意】遗嘱生效时被指定的人不同意担任监护人的，启动法定监护。（《民法总则解释》第7条）〔1〕

（三）【协议监护："家人"为孩子设定】双方法律行为。

1.【监护人之间的协议监护：长辈为孩子】（1）【协议】依法具有监护资格的人<u>之间</u>可以协议确定监护人，应当尊重被监护人的真实意愿。（《民法典》第30条）（2）【多个】可以协议由<u>不同顺序的人共同</u>担任监护人。（3）【乱序】也<u>可以由顺序在后的人</u>担任监护人。

例：【两亲家争孙子】甲男作为上门女婿，与乙结婚。婚后夫妻双方从事活鸭运输业务，因交通意外双亡。留有一子，爷爷奶奶和外公外婆<u>协议确定外公外婆作为监护人，是否可行？</u>①可以。②因为爷爷奶奶和外公外婆都有监护资格，具有监护资格人之间可以协议确定监护人。

2.【父母与他人的监护协议：父母为孩子设定】①协议约定在未成年人的父母丧失监护能力时（比如父母疯了）由他人担任监护人，该约定有效。②协议约定免除具有监护能力的父母的监护职责的，该约定无效。（《民法总则解释》第8条）

例1：【父母与他人有效的监护协议】父母与他人约定，如果父母疯了，由他人担任监护人。该协议有效。

例2：【父母与他人无效的监护协议】父母与他人约定，由他人担任监护人。该协议

---

〔1〕 最高人民法院关于适用《中华人民共和国民法典》总则编若干问题的解释，简称《民法总则解释》。

无效，因为父母是当然监护人，不能免除自己的监护职责。

（四）【指定监护：行政或法院为孩子指定】

1.【指定监护的前提：无父母或父母无监护能力】父母是未成年人的天然第一顺位监护人，不适用指定监护。

◆ 原理：为何孩子有父母时，父母可以和他人协议监护，但不存在指定监护？①父母担心自己疯了，所以事先和他人协议确定监护人，待自己疯了，他人成为孩子监护人。这符合父母是孩子当然监护人原则，父母疯了约等于没有父母，父母没疯就是还有父母，父母是当然监护人。②如果存在父母，父母就是孩子当然监护人，谈不上争议问题，自然不启动指定监护。

例：【孤儿寡母】寡母携子改嫁他人，爷爷是否可以要求启动指定监护程序指定自己为监护人？①否。②因为父母是未成年人天然第一顺位监护人，不存在指定监护问题。（《民法典》第27条）

2.【指定监护的程序：选择制。先行政后法院；或者直接到法院】

（1）【先行政后法院】对父母之外的监护人的确定有争议的，由被监护人住所地的居民委员会、村民委员会或者民政部门指定监护人（以下简称行政指定）。有关当事人对行政指定不服的，可以在接到指定通知之日起30日内向人民法院申请指定监护人（法院指定）。在接到指定通知日起30日后申请法院处理的，法院按照变更监护关系处理（法院变更）。

◆ 原理：对行政指定不服，在30日内启动法院指定与30日外启动法院变更，为何有这种差异？①对行政指定不服，30日内到法院是申请指定监护人。②对行政指定不服，30日后到法院是申请变更监护人。③因为30日就是1个月，算稳定期。④行政指定指定了一个监护人，如果还没有满1个月，认为这个监护人和被监护人没形成稳定关系，意思是这个孩子还没有监护人，行政指定还没生效，所以启动法院指定，法院就要全新的指定一个监护人了。⑤如果已经过了一个月了，认为这个监护人已经和被监护人形成稳定关系，行政指定就生效了，因此，对此不服，所以启动法院变更，法院就按变更监护关系处理。

（2）【直接由法院指定】有关当事人也可以直接向人民法院申请指定监护人。

◆ 原理：为什么指定监护的程序采用选择制而不是行政前置司法断后？①原来民法通则规定行政前置，只有对行政指定不服才能到法院起诉，目的是减少法院负担。②后来发现，居委、村委、民政局在老百姓心目中的公信力并不太高。一般都会对行政指定不服，然后到法院起诉。③所以，立法规定了一个选择机制。

例：甲父母早亡，年届25周岁，但是智力发育不健全。恰逢房屋拆迁，其大舅、二舅、三舅均到村委会要求指定自己作为甲的监护人。村委会不予处理，怎么办？①当事人可以直接向法院申请指定监护人。②不是必须先向村委会申请指定而后对指定不服才可以去法院。即村委会指定并非法院申请指定的前置程序。因为指定监护人会得罪人，而得罪人的事情一般村委会或居委会不愿意做，那么这个事情就应当由法院来做，避免法院和村委会居委会各自踢皮球。

3.【指定监护的规则】（1）【最有利于被监护人原则】指定监护应尊重被监护人的真实意愿，按照最有利于被监护人的原则在依法具有监护资格的人中指定监护人。因此不是呆板地按照祖父母、外祖父母、成年兄姐、其他近亲属等的顺序指定。（2）【多人】可以指定 1 人，也可指定数人。(3)【民政兜底】如果最后无人可指定，则启动兜底监护，由民政部门担任监护人。(4)【指定监护不得擅自变更】监护人被指定后，不得擅自变更；擅自变更的，不免除被指定的监护人的责任。(《民法典》第 31 条)(5)【临时监护】在指定之前，需要临时监护，一般可由居委、村委、民政或有关组织担任临时监护人。

（五）【附条件的委托监护：父母为自己设定】双方法律行为。

1.【给自己找一个"保姆"】

(1)【书面协商】具有完全民事行为能力的成年人，可以与其近亲属、其他愿意担任监护人的个人或者组织事先协商，以书面形式确定自己的监护人。协商确定的监护人在该成年人丧失或者部分丧失民事行为能力时，履行监护职责。该监护人违反监护职责，启动撤销监护资格制度。

例 1：【可以和保姆协商：保姆升级为监护人】70 岁老爷爷甲有一对成年子女，有配偶。甲与照顾自己的保姆签订协议："给你我一半的财产，当我丧失行为能力时，希望你能来照顾我"。如何评价该协议？①协议有效，属于附条件的委托监护。②甲可以自己选择监护人。③该协议不是死亡时才生效，而是丧失行为能力时生效。

例 2：【孤老钱没花完】孤老与一修手机夫妇梁某、祝某因聊天熟识。孤老有 1 套房，拆迁即可获得 600 万元。孤老与祝某发生关系后，梁某、祝某回老家办理离婚手续，孤老与祝某结婚。居委会出面担任监护人代理孤老与祝某离婚，孤老被送至精神病养老院，并不符合老人意愿。老人怎么办可以防患未然？①居委会作为监护人，存在一定的问题，可能未必符合被监护人利益。②老人与自己信任的人签订附条件的委托监护协议，待自己丧失行为能力时，由该人担任监护人。

◆ 原理：附条件的委托监护的本质是什么？①意思自治为王。谁对自己好只有自己最清楚。②《民法典》第 33 条规定的附条件委托监护，本质是对丧失行为能力成年人之法定监护顺序的修改，允许当事人去"架空"丧失行为能力成年人的法定监护制度。

(2)【不能违反公序良俗】附条件的委托监护不能违反公序良俗，否则协议无效。(《民法典》第 33 条)

例：【违反良俗原则无效：不能和情人协商】甲有配偶子女，与婚外第三者乙产生感情，甲与乙协议，如甲丧失行为能力，乙担任监护人。如何评价该协议？①协议无效。②因为该协议违反公序良俗原则，会破坏婚姻制度。③如果允许这么干，就等于可以通过监护协议让两个人"合法"地在一起了。

2.【可以解除协议吗】

(1)【条件成就前任意解除】任何一方在该成年人丧失或部分丧失民事行为能力前可以请求解除协议。

◆ 原理：为什么可以随时解除？因为附条件的委托监护协议，具有很强的人身信任性质，一旦丧失信任，双方都可以任意解除，又称随时解除。

(2)【条件成就后要正当理由才能解除】该成年人丧失或部分丧失民事行为能力后，协议确定的监护人无正当理由不得解除协议。

秒杀：
- ①父母为孩子
  - ①父母当然监护
  - ②父母担心自己要死了可启动遗嘱监护
  - ③父母担心自己要疯了可启动协议监护
  - ④父母已经没了启动家人协议监护
  - ⑤父母已经没了家人协议失败启动指定监护
  - ⑥无人可指定启动兜底监护

  生父母 / 养父母 / 有抚养关系继父母

- ②父母为自己：附条件的委托监护

二、监护人的职责

（一）【监护人履职原则】忠实勤勉，非为被监护人利益，不得处分被监护人的财产，否则需要承担赔偿责任。（《民法典》第34条、35条）

◆ 原理：为什么被监护人会有自己的财产？①【一般没有】一般家庭中，财产是夫妻共有，不是家庭共有，孩子并不是共有人，所以一般情况下孩子是没有自己的个人财产的。父母养孩子，是父母在履行自己的监护职责。②【例外会有】例外情况下，孩子是可能有自己独立的财产的，比如从爷爷那里受赠的、继承的、参加钢琴比赛获得奖励的、童星获得片酬的，这些财产是孩子独立的财产。

例1：【爸爸坑孩子钱购买房屋】甲8周岁，因受赠获得100万元，甲的爸爸乙、妈妈丙"监守自盗"，用该笔钱购买房屋，登记在乙、丙名下。房屋买卖合同效力如何？①有效。②开发商卖房屋时不会去询问你货币怎么来的。③货币谁占有谁所有。④但是甲的爸爸妈妈乙、丙需要对甲承担赔偿责任。⑤因为这样的诉讼一时无法提起，所以该诉讼的时效从法定代理终止时才开始起算3年。

例2：【爸妈坑孩子钱炒股损失】甲8周岁，多次在国际钢琴大赛中获奖，并获得大量奖金。甲的父母乙、丙为了甲的利益，考虑到甲的奖金存放银行增值有限，遂将奖金全部购买了股票，但恰遇股市暴跌，甲的奖金损失过半。乙、丙是否需要对甲承担赔偿责任？①是。②乙、丙行为不是无因管理，因为这属于履行监护职责，属于有因管理。③但乙、丙不能随意处分甲的财产。④如甲主张赔偿，则其诉讼时效起算应从法定代理终止之日起计算3年。

例3：【爸爸坑孩子房屋帮叔叔借款】爸爸将孩子房屋设定抵押，与银行签订抵押合同，并办理抵押权登记，担保叔叔从银行借款。该抵押合同有效吗？①无效。爸爸作为监护人，用孩子房屋办理抵押借款，为了叔叔的利益，而不是为了孩子的利益。因此爸爸代理孩子签订的抵押合同违反强制性规定。②因为抵押合同无效，故银行不能取得抵押权。因为"基于法律行为的物权变动"要求民事法律行为有效。

（二）【监护职责的委托】依约临时代管。

1. 【分出监护职责临时代管】监护人因患病、外出务工等原因在一定期限内不能完全履行监护职责，将全部或部分监护职责委托他人。

2. 【但监护人不变】但受托人不因此成为监护人。（《民总解释》第13条）

例：【父母病了可以托人看孩子】父母病了，将孩子交由舅舅看管，这叫临时代管。

但是舅舅不因此成为监护人。

◆ **原理**：为何父母不能把监护资格委托给他人？①父母是当然监护人。②如果要委托监护资格，请启动收养编，办理收养登记。

（三）【**撤销监护资格**】依法换监护人。

1. 【**先民间申请**】履行监护职责不当导致严重后果，则由有关个人和组织（村委会、居委会、学校、妇联、医院、残联、养老院等）申请法院撤销监护资格。

2. 【**后民政兜底申请**】如未申请，则由民政部门申请法院撤销监护人监护资格。（《民法典》第36条）

◆ **原理**：为什么撤销监护资格的原告是其他个人或组织，不是监护人？因为监护人履职不当，而监护人是被监护人的法定代理人，监护人他自己不可能作为原告来告自己。

3. 【**重新指定监护人**】由法院重新指定监护人，此时已经由法院终局把关，就轮不到居委、村委或民政部门再启动指定监护了。

4. 【**被撤销监护资格的人要付钱**】（1）撤销监护不影响被撤销者本应负担的抚养费、赡养费、扶养费义务（"3费要继续支付"）。（《民法典》第37条）（2）因为虽然法律上撤销了监护资格，但是你还是孩子的爸爸妈妈等，还是有履行支付"3费"的义务。

5. 【**父母子女且不是故意犯罪的才可恢复**】（1）【**身份：父母或子女**】一旦被撤销监护资格，只有被监护人的父母或子女可能恢复监护资格，其他则一概不得恢复。（2）【**故意犯罪永不恢复**】"父母"或"子女"对被监护人（对不起"孩子"）实施故意犯罪（故意而不是过失），则绝对不允许恢复监护资格。（《民法典》第38条）

◆ **例**：【**养父性侵养女**】养父依法收养孤儿为养女，后养父多次性侵养女。群众向公安机关匿名举报，媒体也纷纷曝光此事。法院判决养父构成强奸罪，判决有期徒刑3年。<u>民政部门可以直接取消养父的监护人资格吗？</u>①否。②应该由法院撤销养父监护资格。③撤销养父监护资格后，不影响养父应该承担的给付抚养费义务。④如果养父出狱有悔改表现，即使申请法院恢复其监护资格，法院也不能准许，因为养父对被监护人实施了故意犯罪。

第三节　宣告制度

◆ **原理**：宣告失踪和宣告死亡2个制度的根本价值差异是什么？①【**宣告失踪制度的价值：保护失踪人利益**】在于救济因自然人下落不明而导致的财产关系不稳定状态，而不涉及失踪人的人身关系如婚姻关系，保护失踪人利益。②【**宣告死亡的制度价值：保护生存人利益**】在于维护生者的利益，包括配偶的再婚权、继承人的继承权、债权人的受偿权，保护生存人利益。

一、宣告失踪

（一）【**下落不明满2年**】

自然人下落不明满2年，经利害关系人向失踪人住所地基层法院申请，由法院宣告该自然人为失踪人并为其设立财产代管人。（《民法典》第40条）

(二)【利害关系人】

1.【人身关系"人"】(1)【近亲属】"上下左右、上上下下"。(2)【代位继承人】爸爸早于爷爷过世,爷爷失踪,孙子可以申请爷爷失踪。(3)【丧偶儿媳或丧偶女婿】对公婆或岳父母尽了主要赡养义务,公婆或岳父母失踪,丧偶儿媳或丧偶女婿可以作为申请人。

2.【财产关系"人"】债权人、债务人、合伙人等。(1)【一般不能】一般不能申请宣告失踪。(2)【例外可以】在只有申请宣告失踪才能行使权利、履行义务的情况下可申请宣告失踪。

◆ 原理:为什么财产关系"人"原则上不能申请宣告失踪?①比如假设债务人失踪了,债权人可以起诉债务人,只要知道债务人的身份信息就可以,然后法院启动公告送达诉讼文书,完全可以直接列失踪人为被告,不需要给失踪人找财产代管人。②还比如假设债权人失踪了,债务人是可以直接还钱,找不到债权人可以提存,即交到公证处。

(三)【财产代管人】

1.【确定谁作为财产代管人】(1)【当然说】无限人被宣告失踪,监护人为财产代管人。(2)【愿意说】代管人范围是比较广的,失踪人的财产由其配偶、成年子女、父母或者其他愿意担任财产代管人的人代管。(3)【发生争议由法院指定】代管有争议,没有前款规定的人,或者前款规定的人无代管能力的,由法院指定的人代管。

2.【财产代管人的职责】(1)【履行代管职责妥当】代管人为失踪人利益,比如失踪人欠钱,代管人为了帮助失踪人还钱,将其房屋变价出卖,该变价行为属于有权处分。(2)【履行代管职责不当】代管人不是为了失踪人利益而擅自将代管房屋出卖,该行为属于无权处分。(3)【履行代管职责不当要赔】代管人不能获得报酬,白干活,因此代管人在故意或重大过失导致被宣告失踪人损失,才负赔偿责任。

例:【老婆代管称职否】老婆作为代管人,将被宣告失踪老公与老婆共有房屋出卖,是有权处分还是无权处分?①具体情况具体分析,取决于代管是否适当,即为什么卖房。(《民法典》第43、44条)②为救治公公,适当,则属于有权处分。③为自己,不适当,则属于无权处分。房屋属于共同共有,应该一致决,一旦单独决即构成无权处分。④题干未交代为什么卖房,按不适当处理,属于无权处分。

3.【财产代管人的法律地位】(1)【原告】请求失踪人的债务人偿还债务,列代管人为原告。(2)【被告】债权人请求失踪人偿还债务,列代管人为被告。法院判决代管人从失踪人财产中支付失踪人所欠债务和其他费用。

二、宣告死亡

(一)【4、2、0】

1.【4年】自然人下落不明满4年:一般情况的下落不明如外出打工失联。

2.【2年】自然人下落不明满2年:因为发生意外下落不明如旅游意外游客失联。

3.【0年】自然人因为发生特殊意外下落不明有关部门证明不可能生还:如"普吉岛翻船游客失联"。

4.【宣告死亡】经利害关系人向下落不明人住所地基层法院申请，由法院推定其死亡，宣告结束下落不明人以生前住所地为中心的民事法律关系。(《民法典》第 46 条)

(二)【申请顺序】

1.【第 1 顺位身份关系人：法定继承人】被申请人的配偶、父母、子女和有继承权的丧偶儿媳女婿。

2.【第 2 顺位身份关系人：其他近亲属和代位继承人】①要么第一顺位均死亡或者下落不明。②要么不申请宣告死亡不能保护其合法权益。

例：【代位继承人不得不申请宣告爷爷死亡】爸爸很早以前死亡了，现在爷爷下落不明，爷爷的第一顺位继承人不启动宣告死亡，孙子可以申请宣告爷爷死亡吗？①可以。②因为只有如此，孙子才有机会代位爸爸继承爷爷的遗产。

3.【财产关系人：债权人、债务人、合伙人】①一般不能申请宣告他人死亡。②例外可以申请宣告他人死亡，即不申请宣告死亡不能保护其合法权益的。

(三)【宣告死亡>宣告失踪】

1.【宣告死亡】一方申请宣告失踪，他方申请宣告死亡，则宣告死亡。(《民法典》第 47 条)

例：【婆媳矛盾】甲下落不明 5 年，有 1 套个人所有房屋，由其妻子乙居住。甲父母申请宣告甲死亡，乙不同意。则甲父母是否可宣告甲死亡？①可以。②第一顺位法定继承人宣告死亡并无顺序的限制。③如乙申请宣告失踪，甲父母申请宣告甲死亡，则法院判决宣告死亡。

2.【宣告失踪不是宣告死亡的前提】宣告失踪和宣告死亡彼此独立，各玩各的。宣告失踪不是宣告死亡的前提条件。

(四)【宣告死亡日期】

1.【判决日】一般的宣告死亡，则判决生效日为死亡日。

2.【意外日】因意外而被宣告死亡，则意外日为死亡日。(《民法典》第 48 条)

例：【普吉岛翻船】甲妻去普吉岛旅游，向保险公司购买了旅游意外险，有效期 1 周。因乘坐船舶出海倾覆，甲妻下落不明。甲申请法院宣告甲妻死亡，法院在半年后宣告甲妻死亡。甲持判决书要求保险公司支付保险金，保险公司以死亡日期并非保险期间为由拒绝。则保险公司主张是否成立？①否。②因为甲妻属于意外而宣告死亡，其死亡日期为意外日，而非法院判决日死亡。③甲妻死亡日恰好属于旅游意外险有效期间内，故属于出险，保险公司应该理赔。如果不这样确认，等于投保人拿不到保险金，这是不合理也不公平的。

◆ 原理：为什么因为意外被判决宣告死亡，死亡日期是意外日，而非判决生效日？①更加接近真相。②为了便于将死亡时间落入到"意外保险"的保险期间之内。

(五)【宣告死亡的法律效果】

1.【约等于自然死亡】(1) 遗产发生继承。(2) 婚姻关系消灭。(3) 孩子被单方送养有效。(4) 但是不启动侵权或合同责任。

例：【坐火车人不见】甲、乙为夫妻，长期感情不和。2010 年 5 月 1 日甲乘火车去外地出差，在火车上失踪，没有发现其被害尸体，也没有发现其在何处下车。2016年6月5日法院依照法定程序宣告甲死亡。之后，乙向法院起诉要求铁路公司对甲的死亡进行赔偿。甲被宣告死亡后有何法律效果？①甲的继承人可以继承其财产。②2016年6月5日为甲的死亡日期。③铁路公司无须负合同责任，也无须负侵权责任。因为无证据证明铁路公司有违约行为或侵权行为。

2.【实施的行为"各玩各的"】"活死人"实施民事法律行为效力不受影响（《民法典》第49条）。

例：【活死人深圳卖房】甲在北京被宣告死亡，但在深圳与乙签订卖房合同，房价上涨后，甲以其在北京被宣告死亡为由主张合同无效。该主张是否成立？①否。②因为被宣告死亡人在被宣告死亡期间实施的民事法律行为不受死亡宣告的影响。③"各玩各的"。④发生冲突，以"活死人"的民事法律行为为准，如甲在深圳立遗嘱房屋归好友方志平（这叫"遗赠"），其妻在北京基于宣告死亡法定继承该房屋，后甲真的死亡了，怎么办？房屋归方志平。

（六）【撤销死亡宣告的法律效果】

◆ **原理**："亡者归来"后，要求撤销死亡宣告。对既有法律关系的影响，需要回答哪3个问题？①孩子还是自己的吗？②老婆还是自己的吗？③房子还是自己的吗？

1.【收养关系】撤销死亡宣告后，不得以未经自己同意为由主张收养关系无效。（《民法典》第52条）

2.【婚姻关系】撤销死亡宣告后，婚姻关系自动恢复，但有两种例外情形：（1）【行为异动：行为意思表示】如配偶发生"异动"，则不自行恢复。所谓"异动"，是指配偶再婚、配偶再婚后离婚、配偶再婚后配偶他方自然死亡、配偶再婚后配偶他方宣告死亡。（2）【书面意思：书面意思表示】如配偶书面说明不恢复婚姻关系，则不自行恢复。（《民法典》第51条）

3.【继承关系】撤销死亡宣告后，继承遗产处理方式：（1）【继承人继承：继承人原路退回】已经继承的遗产如果在继承人处，则原路退回。如果是连环一条线的继承，则继承人原路退回。②【第三人从继承人处获得：第三人不退，继承人适当补偿】如果已经由第三人合法取得（受赠或购买），则第三人不退回，由继承人适当补偿。（《民法典》第53条）

4.【恶意宣告他人死亡负赔偿责任】隐瞒真实情况恶意宣告他人死亡，造成他人损害，应对他人承担赔偿责任。

◆ **原理**：宣告死亡后，财产被第三人取得为什么不考虑善意取得？①宣告死亡后，财产由继承人继承。②继承人处分给第三人，这是有权处分。③因此，不考虑善意取得，也不考虑第三人是有偿还是无偿，只要合法就行。④相较于消失4年以上的"亡者"，第三人更无辜。

例：【姐夫宣告死亡小舅子获得汽车】甲出境经商下落不明，2015年9月经其妻乙请求被K县法院宣告死亡，其后乙未再婚，乙是甲唯一的继承人。2016年3月，乙将家里的一辆轿车赠送给了弟弟丙，交付并办理了过户登记。2016年10月，经商失败的甲返回K县，为还债将登记于自己名下的一套夫妻共有住房私自卖给知情的丁；同年12月，甲的死亡宣告被撤销。如何评价本案？①甲、乙的婚姻关系自撤销死亡宣告之日起自行恢复。因为题干没提到配偶是否发生异动，也没提到配偶是否书面反对，故视为这些要件不具备，因此婚姻关系可自撤销死亡宣告之日起自行恢复。②乙有权赠与该轿车。因为轿车一半是遗产由妻子继承，另一半是妻子所有，故轿车为妻子乙所有，乙有权赠与轿车给弟弟丙。③丙可不返还该轿车。因为第三人已经基于合法受赠取得轿车。④甲出卖房屋的行为有效（无权处分的合同有效）。⑤但是，丁是"知情"者，属于恶意。且丁没有取得房屋的过户登记，故其不构成民法上"善意取得"制度的构成要件（善意取得不动产所有权的4个构成要件是：<u>卖方无权处分、买方对卖方无权处分的事实不知情、价格合理、完成房屋过户登记</u>），丁不能善意取得房屋所有权。

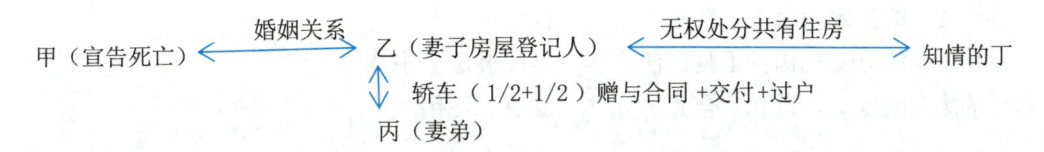

```
                      婚姻关系              无权处分共有住房
甲（宣告死亡）  ←——————→  乙（妻子房屋登记人）  ←——————————→  知情的丁
                              ↕  轿车（1/2+1/2）赠与合同 + 交付 + 过户
                           丙（妻弟）
```

秒杀：撤销死亡宣告的法律后果。①【"不涉及第三人"】能恢复就恢复。②【"涉及第三人"】保护第三人：老婆嫁给第三人、孩子送养给第三人、遗产被第三人合法取得。

第三章　法人和非法人组织

①法人的特征：人格独立、财产独立、责任独立
②法人的种类：营利法人、非营利法人
③法人的能力：权利能力、行为能力
④法人的机构：权力机构、执行机构、代表机构
⑤法人的法定代表人：合同行为、侵权行为
⑥法人的分支机构：不是民法主体，是民诉法上主体
⑦法人的变动：设立、合并、分立、变更、注销

第一节　法人

◆ **原理**：为什么我们在民法中学习法人制度过程中，会发现与我们在公司法中学习法人制度中存在很多重合？①因为法人可分为营利法人和非营利法人。②非营利法人没什么可考性，主要考的是营利法人；实务中，发生纠纷比较多的也是营利法人；学理上，法人制度也是以公司法人为蓝本建构的。③营利法人的主要种类就是公司，所以，我们就会发现营利法人的规则，与公司法的规则基本上是重合的。

一、法人的特征

（一）【人格独立】

1.【法律拟制】法人就是法律拟制的人，是民事主体之一。法人是具有民事权利能力和民事行为能力，依法独立享有民事权利和承担民事义务的组织（《民法典》第57、59条）。

2.【公司是公司，股东是股东】法人享有独立人格，不因其成员变化而受影响。股东变了，公司还是原来那个公司。

◆ **原理**：什么是法人人格独立？①【公司人格独立】股东设立公司，即使股东全死了，公司都是继续存续的。因此公司可以脱离于原股东而继续存在，说明公司具有独立人格。②【合伙人格不独立】2人合伙中死了1个合伙人，就要转化为个人独资企业；3人合伙中死了1个合伙人，就变成了2人合伙。③【个人独资企业人格不独立】个人投资一个个人独资企业做超市，个人死亡，因为没有成员，个人独资企业就要解散了。

（二）【财产独立】

1.【归法人】法人财产属于法人所有，独立于出资人（《民法典》第60条）。

2.【不归出资人】出资人将财产出资给法人，该财产即归法人所有，不再归出资人所有。

◆ **原理**：什么是法人享有独立财产？①【公司】出资人将汽车、房屋、建设用地使用权等出资给公司，这些财产就是公司的了，而不再是出资人的了，出资人由此换得的是股权。②【合伙】合伙人出资汽车给合伙企业，这个汽车不是合伙人的，也不是合伙企业的，因为合伙企业无独立财产，这属于合伙人共同共有的财产。③【个独】个人出资财产给个人独资企业，这个财产也不是个人独资企业的，本质上还是出资人的，因为这个企业就是这个个人的。

例：【法人财产范围】德胜公司注册地在萨摩国并在该国设有总部和分支机构，但主要营业机构位于中国深圳，是一家由台湾地区凯旋集团公司全资设立的法人企业。由于决策失误，德胜公司在中国欠下700万元债务。如何承担该债务？①该债务应以深圳主营机构和萨摩国总部及分支机构的全部财产清偿。②无论德胜公司的全部财产能否清偿，凯旋公司作为股东仅以其出资范围为限承担责任。(《民法典》第60条)

(三)【责任独立】

1.【法人】法人财产独立，因此法人责任独立。

2.【合伙】合伙企业负债，普通合伙人也要承担责任，我们把这种责任叫无限责任。有限合伙人承担有限责任，以出资为限承担责任。

3.【个独】个人独资企业欠钱，投资人就是无限责任，因为个人独资企业财产也是个人的，责任也自然就是个人的了。

◆ **原理**：什么是法人责任独立？①公司负债，由公司承担责任。②如果公司注册资本是1000万，负债1200万，那么公司就破产了，一般来说股东是不承担责任的，因为股东承担的是有限责任。③所以，股东承担有限责任和公司承担独立责任，是一个问题的两个方面。④股东承担有限责任，是指股东以出资为限承担责任。⑤公司承担独立责任，就是公司用公司财产独立承担责任。⑥而这个公司财产，其实就是股东出资到公司的财产，归公司，而不归股东。

二、法人的分类

(一)【法人的学理分类】学理上将法人先根据法人功能将法人区分为公法人和私法人，再将私法人分为社团法人和财团法人。

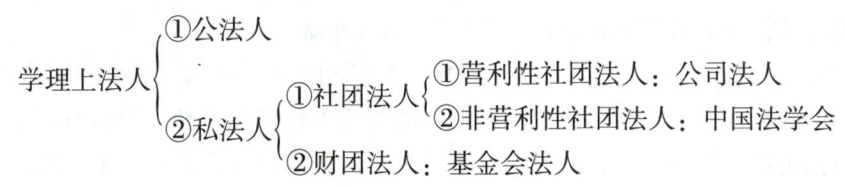

```
            ①公法人
学理上法人 {            ①社团法人 { ①营利性社团法人：公司法人
            ②私法人 {              ②非营利性社团法人：中国法学会
                      ②财团法人：基金会法人
```

1.【公法人】从事公共管理，给民众提供公共服务的，比如政府机关，学理上把这类法人叫公法人。

2.【私法人】不负担公共管理职能的法人，只是从事私人活动的，比如公司法人，学理上把这类法人叫私法人。

(1)【社团法人】①有成员的私法人，学理上叫社团法人，即存在社员。②公司法人是典型的学理上的社团法人，因为公司有社员，即由股东组成。③任何一个公司，必然有成员。④有一个成员，叫一人公司。⑤社团法人根据是否营利，可区分为营利的社团法人(比如公司)和非营利的社团法人(比如中国法学会、全国律协)。

◆ **原理**：学理上的社团法人的底层逻辑是什么？①公民的结社自由。②成员结社，目的是赚钱，叫公司法人。③成员结社，目的是研究法学，叫中国法学会。④因此，社团法人是以人为基础的法人。

（2）【财团法人】①无成员的私法法人，学理上叫财团法人，即不存在社员。②比如李连杰的壹基金法人，就是由财产组成，它是没有成员的。③《民法典》中规定的基金会法人就是学理上的财团法人。

◆ 原理：为什么基金会法人属于学理上的财团法人，为什么它没有成员？①比如李连杰本人捐款，加之向公众募款，组成了基金会法人。②但是，李连杰本人在捐赠财产后，他不因此成为股东，因为这不是投资关系。③投资关系中，股东投资到公司后，就成为股东，享有股东权利，要参加公司经营管理、分红、表决等。④我们平常所说的基金，其实指的是基金管理公司，本质上是公司，以人为基础，是社团法人，且以营利为目的，是营利性社团法人。

（二）【法人的立法分类】《民法典》将法人分类3类，营利法人、非营利法人和特别法人。

1.【营利法人】以取得利润并分配给股东等出资人为目的成立的法人，为营利法人。（《民法典》第76条）

◆ 原理：如何区分营业和营利？①【营业】所谓营业，就是开展经营活动。医院营业，看病我们要交费。餐饮公司营业，吃饭我们要交钱。②【营利】所谓营利，就是营业活动的收益在成员间分配。医院的医生不能分配医疗所得，这些钱只能用于医院本身发展，购买医疗设备、建设科研楼、住院楼等扩大生产、改善员工福利、提升医生收入。餐饮公司股东可以分配餐饮所得。③【营业和营利】医院可以营业，不能营利。公司可以营业，能够营利。

（1）【营利法人的种类】①【有限责任公司】有限责任公司由一个以上五十个以下股东出资设立。公司名字上要显示"有限责任"，股东对公司享有股权，以出资为限对公司负债承担有限责任。②【股份有限公司】设立股份有限公司，应当有一人以上二百人以下为发起人，其中应当有半数以上的发起人在中华人民共和国境内有住所。公司名字上要显示"股份"，股东对公司享有股份，以出资为限对公司负债承担有限责任。③【其他企业法人】全民所有制工业企业法规定的全民所有制企业，它不是依据《公司法》设立的，比如中国烟草总公司，它的名字就简单叫"公司"，霸气外露。

（2）【营利法人的人格否认原则】①【一般情形】营利法人的出资人不得滥用法人独立地位和出资人有限责任损害法人的债权人利益。滥用法人独立地位和出资人有限责任，逃避债务，严重损害法人的债权人利益的，应当对法人债务承担连带责任。（《民法典》第83条）②【特殊情形：1人公司举证责任倒置】只有一个股东的公司，股东不能证明公司财产独立于股东自己的财产的，应当对公司债务承担连带责任。

例：【揭开公司的"面纱"】为了资金周转，甲公司利用其控股地位，向其全资子公司多次无偿调取资金，各个子公司之间如果资金短缺，甲公司就在其所有全资子公司之间统一调度资金使用，且关联公司之间账目不清，甲公司的某全资子公司的债权人乙公司，因到期债权不能获得清偿，<u>乙公司能否要求甲公司及其各子公司承担连带责任？</u>①能。②因为甲公司及其各子公司构成财产混同，甲公司及其各子公司债权人可主张适用法人人格否定制度，要求甲公司及各子公司承担连带责任。

◆ 原理1：什么是法人的独立地位和出资人有限责任？①法人的债务由法人承担，投资人即股东不承担。②所以"有限责任"是指股东出资给到营利法人，法人亏了，用法人全部财产赔偿。赔光了"法人破产"，股东不受影响。③"有限责任"是股东和法人之间的"防火墙"，股东可以借此控制"风险"，仅以出资为限对公司负债承担有限责任。

◆**原理2**：否认法人人格，否认的是什么？①自然人、法人、非法人组织，是民事主体，具有民事权利能力。②所以，否认法人人格，就是否认它的民事权利能力，否认它的主体资格，所以它的债务就要由股东来连带。③说大白话就是，它被否认了，所以，不是法人了，所以要找股东来连带了。

◆**原理3**：什么是纵向法人人格否认？什么是横向法人人格否认？什么是反向法人人格否认？①【纵向】公司负债且穷，股东把公司的钱往家里搬。②【横向】公司负债且穷，股东把A公司的钱往自己的B公司搬（AB公司是关联公司，股东A试图变成大聪明，不往家里搬，变相地往家里搬）。③【反向】股东负债且穷，股东把钱转移给自己的一人公司。观点1：否定1人公司的人格，1人公司对股东负债承担连带责任。观点2：直接执行股东的股权即可。

秒杀：负债，资产，是一条线，就可以抓起来一起告。纵向横向说的是从上到下画图。如果从左到右画图就变成了横向纵向了。

2.【**非营利法人**】为公益目的或者其他非营利目的成立，不向出资人、设立人或者会员分配所取得利润的法人，为非营利法人。(《民法典》第87条)

（1）【**非营利法人的种类**】①【**事业单位法人**】国家出资从事公益事业。比如公立大学、医院、养老院、幼儿园、小学、初中。②【**社会团体法人**】会员加入开展活动实现会员共同意愿。比如各种协会，包括律协、作协、行业协会等。③【**基金会法人**】以一笔财产设立法人从事公益事业。比如中国红十字会、韩红基金会法人、见义勇为基金会法人。④【**社会服务机构法人**】民间资本从事公益事业。比如民办养老院、幼儿园、医院、大学。

◆**原理1**：社团法人和社会团体法人有什么差异？①社团法人是学理上对法人的分类，强调人的集合体，只要有成员的法人，都叫社团法人，可区分为营利性社团法人和非营利性社团法人。②社会团体法人是立法上对法人的分类，强调的是非营利法人，然后他有成员。③学理上的社团法人，要广于立法上社会团体法人，前者包含后者。

◆**原理2**：为什么不能说非营利法人都是公益法人？①大部分非营利法人都是公益法人，比如事业单位法人、基金会法人、社会服务机构法人。②但是也有一部分非营利法人不是公益法人，比如石家庄市新华区排球协会，是非营利法人中的社会团体法人，它的服务于内部会员，而非广大公众。③学理上把服务于内部特定会员的非营利法人，称为互益法人；把服务于不特定人员的非营利法人，称为公益法人。

（2）【**公益法人坚持近似原则**】为公益目的成立的非营利法人终止时，不得向出资人、设立人或者会员分配剩余财产。剩余财产应当按照法人章程的规定或者权力机构的决议用于公益目的；无法按照法人章程的规定或者权力机构的决议处理的，由主管机关主持转给宗旨相同或者相近的法人，并向社会公告。(《民法典》第95条)

例：【众筹钱没花完】甲患白血病，经乙发起公益筹款获得100万元，后甲不治身亡，该100万元应如何处理？①应交由帮助白血病患者宗旨相同或近似的公益法人处理，不能作为甲的遗产。②也不需要退回给捐款者。

3.【特别法人】营利法人和非营利法人之外的法人，包括机关法人、农村集体经济组织法人、城镇农村的合作经济组织法人、基层群众性自治组织法人。（1）机关法人（有独立预算经费的国家各级领导机关）。（2）农村集体经济组织法人（农村集体所有土地的所有人和管理经营农村集体资产的特别法人）。（3）城镇农村的合作经济组织法人（根据《农民专业合作社法》登记或依法设立的特别法人）。（4）基层群众性自治组织法人（居委会和村委会）。（《民法典》第96条）

◆ **原理1**：《民法典》将法人区分为营利法人和非营利法人，已经将法人这个概念的分类穷尽了，怎么还有机关法人？①特别法人中的"机关法人"，显然是不能以营利为目的的，属于"广义"上的非营利法人。②但是《民法典》立法分类所讲的非营利法人，是狭义的非营利法人，是刨除特别法人之外的非营利法人。③可见，非营利法人是特指四大类法人，包括事业单位法人、社会团体法人、基金会法人和社会服务机构法人。

◆ **原理2**：民法上为何要讨论包括高高在上的机关法人这样的特别法人？因为机关法人也可能发生民事关系，也可能欠人工程款、欠人办公用品款等，所以民法上需要规范它进入民事法律关系的地位。

①学理上法人分类看是否"有成员"，区分为社团法人和财团法人。
②立法上法人分类看是否"营利"，区分为营利法人和非营利法人。
③公司法人 { ①有成员，属于学理上的社团法人。
         ②要营利，属于立法上的营利法人。
④基金会法人 { ①没有成员，属于学理上的财团法人。
           ②不营利，属于立法上的非营利法人中的公益法人。
⑤全国律协 { ①有成员，属于学理上的社团法人
         ②不营利，属于立法上的非营利法人中的社会团体法人。

三、法人的能力（《民法典》第57、59条）

（一）【法人民事权利能力与法人民事行为能力一致】

1.【法人民事权利能力】法律赋予法人参加民事法律关系，取得民事权利、承担民事义务的资格。

2.【法人民事行为能力】法律赋予法人独立进行民事活动的能力。法人的民事行为能力和法人的民事权利能力在范围上是一致的。

（二）【法人民事权利能力的限制】

1.【性质上的限制】（1）【自然人专有】基于自然人的天然属性而专属自然人的民事权利能力内容，法人不能享有。如身体权、健康权、隐私权、继承权、抚养请求权、婚姻自主权等。（2）【法人可有】但法人享有名称、名誉、荣誉等，可构成商号、商誉等无形资产，在价值上可以评估，并可以转让，在性质上完全属于财产权，与自然人享有"同名同姓"的权利，却不同质。

例：【精神损害】甲公司在乙公司开设网店恶意差评，损害乙公司名誉权，致乙公司货品销售剧烈下滑，乙公司被迫降低员工工资薪金。乙公司及其员工可否主张甲公司承担

精神损害赔偿责任？①否。②因为乙公司虽然有名誉权，但不具有主张精神损害赔偿的主体资格。

2.【法律上的限制】（1）法人的权利能力范围受到法律的限制。（2）如机关法人不得为保证人（《担保制度解释》第5条第1款），不能拿纳税人的钱为某个特定人做背书。

例：【政府不得为企业背书】甲市政府为招商引资，为担保甲市乙公司与投资方丙公司履行合同，甲市政府与丙公司签订保证合同。该保证合同效力如何？①无效。②因为甲市政府不具有签订保证合同的民事权利能力。

3.【目的事业的限制】（1）当事人超越经营范围订立合同，法院不因此认定合同无效，但违反国家限制经营、特许经营以及法律、行政法规禁止经营规定的除外。（2）一般超越，合同有效；致命超越，合同无效。

例1：【一般超越：饭店却卖蔬菜】甲公司登记经营范围为网络咨询服务，却从事餐饮服务，与乙公司签订了买卖食材的合同。该买卖合同效力如何？①有效。②甲公司超越经营范围签订的合同，须接受行政处罚，但不因此影响买卖合同效力。

例2：【致命超越：咨询却卖黄金】甲公司登记经营范围为网络咨询服务，却从事黄金买卖，与乙公司签订了黄金买卖合同。该买卖合同效力如何？①无效。②甲公司超越经营范围签订合同，但黄金属于国家限制经营的范围且违反国家限制经营的范围，故合同无效。

◆ 原理：为什么公司一般超越经营范围合同还是有效的？①一个公司，成立的目的就是赚钱，因为它是营利法人。②法人有权利能力，自然可以从事营利活动。③你公司本来登记经营范围是卖纸张的，后来你觉得卖水更赚钱，你就签订了很多卖水的合同，这些合同都是有效的。④但是你公司不能去买卖毒品，不能去买卖妇女儿童，否则这些合同都是无效的。

（三）【公司法人的4个阶段与权利能力、行为能力的关系】

1.【设立阶段：没有能力】公司法人在设立阶段尚未出生，因此没有权利能力和行为能力。

2.【设立后：有能力】公司法人办理设立登记后，有权利能力和行为能力。

3.【清算期间：有能力但受限制】（1）公司法人解散或者破产，都要进行清算。解散引起的清算叫解散清算；破产引起的清算叫破产清算。（2）清算期间，法人还没有注销登记，还没有终止。（3）公司法人有权利能力和行为能力，但是受到限制，只能从事与清算有关的活动。

4.【注销登记后：没有能力】（1）民法上，公司法人注销登记后，就消灭了，没有权利能力和行为能力。（2）民诉法上，公司法人注销了，就不能作为原告或被告了。

四、法人的机构

（一）【法人机构的性质】

◆ 原理：为什么法人需要机构？①因为自然人有自己的意思，自然人是不需要机构的。②但是法人是法律拟制的人，没有大脑。所以，法人就需要有自己的机构。③该机构由相应的人组成，在内部形成法人意思，对外由法定代表人代表法人表达意思。

1.【内部意思、外部代表】根据章程或法律规定，对内形成法人意思的自然人团体（如股东会）或者对外代表法人实施民事法律行为的自然人（即法定代表人）。

2.【无独立人格】在民法上，法人机构是法人的组成部分，无独立人格。在民诉法上，法人机构不能成为原告或者被告。

◆ **原理**：如何理解法人机构没有独立人格？①比如公司股东会做出决议侵害某个股东利益，股东作为原告，只能去起诉公司主张决议无效或者可撤销，而不能去起诉股东会。②所以，股东会作为公司的机构，就是没有独立人格的。就好像他受大脑支配打了你，你只能告他，而不能去告他的大脑。

3.【法人机构不变】法人只要存在，法人机构不可变更，但法人机构的具体担任人可以变更。比如法定代表人由 A 变成了 B 发生了变化，但不等于法定代表人这个机构发生了变化。还比如董事、监事等可以换人，但不等于董事会、监事会这些机构发生了变更。

例：【大老板死了不影响法人】王某是甲公司的法定代表人，以甲公司名义向乙公司发出书面要约，愿以 10 万元价格出售甲公司的一块清代翡翠。王某在函件发出后 2 小时意外死亡，乙公司回函表示愿以该价格购买。甲公司新任法定代表人以王某死亡，且未经董事会同意为由拒绝。如何评价缔约过程？①甲公司法定代表人以公司名义对外发出要约，希望与乙公司签订出卖翡翠的合同。②该要约到达乙公司后，发生效力，乙公司具有承诺的资格。③乙公司回函愿意购买，这属于承诺。④甲乙公司合同有效成立，不受王某死亡的影响。合同当事人是甲公司和乙公司，与王某没关系。⑤甲公司内部对法定代表人权限的限制，不得对抗不知情的相对人。

（二）【法人机构的组成】

1.【法人的内部机构】(1)【权力机构】形成法人意思的机构。比如公司法人的股东会、社会团体法人中的会员代表大会。(2)【执行机构】执行法人意思机构的决定事项的机构。比如公司法人的董事会、基金会法人中的理事会。(3)【监督机构】根据法人章程和意思机构的决议对法人执行机构、代表机构实施监督的机构。

2.【法人的对外机构】(1)【法定代表人】"法人代表"，也称法人代表机构，是法人的表示机构，对外代表法人进行意思表示，是法人的对外机构。(2)【公司的法定代表人】公司的法定代表人按照公司章程的规定，由代表公司执行公司事务的董事或者经理担任。(3)【法人代表人是一个机构】法定代表人虽然表现为由 1 个人担任，但在法律性质上，属于法人的机构。(4)【民诉法上，法定代表人参加诉讼】在公司诉讼活动中，由法定代表人代表法人参加诉讼活动，律师必须获得公司法定代表人的授权才能出庭。(5)【民法上，法定代表人参加民事活动】法定代表人以法人名义签订合同，或者执行工作任务导致他人损害，就需要讨论涉及的合同效果和侵权效果问题。

五、法人的法定代表人

（一）【法定代表人的合同行为叫代表行为】

1.【代表行为和代理行为】(1)【老板签约叫代表行为】①【"法代"】虽然法定代表人是一个人，一般公司的法定代表人是董事或者经理，即他们在公司是有职务的。但是，我们仍然把法定代表人视为一个法人的机构，有权对外代表法人。②【"法代"的代表行为】法定代表人对外签订合同，我们叫代表行为，我们启动的是人格吸收主义，就是说法定代表人的人格被法人吸收了，启动《民法典》第61条，由法人承担后果。（2）【员工签约叫代理行为】①【"非法代"】其他人都叫法人的工作人员，这些人在法人也是有职务的，我们把他们视为有职务的人，实务中叫经办人。②【"非法代"的职务代理行为】法人的工作人员对外签订合同，我们叫代理行为，我们启动的是职务代理，就是说工作人员因为职务享有代理权，对外代理公司签订合同，启动民法典第170条，由公司承担后果。

秒杀： 老板签约的行为叫代表行为。员工签约的行为叫代理行为。

2.【法人的法定代表人的代表行为和其他组织负责人的代表行为】（1）【法人的法定代表人的代表行为】公司法人、非营利法人、特别法人的法定代表人都有代表权，我们把他们的行为叫代表行为。（2）【其他组织负责人的代表行为】民诉法解释规定，其他组织，以其主要负责人为代表人。民诉法规定，其他组织包括合伙企业、个人独资企业等非法人组织，还包括法人的分支机构。（3）【《民法典合同编通则解释》的代表行为包括上述两种情形】《民法典合同编通则解释》规定的代表行为，包括法人的法定代表人的代表行为和其他组织负责人的代表行为。因此，<u>以下介绍的法定代表人的代表行为，适用于其他组织负责人实施的代表行为，简言之，下面介绍的"法定代表人"，可以被理解为法人的法定代表人和其他组织的负责人。</u>

3.【法人的法定代表人的有权代表行为由法人负责：人格吸收】【代表行为由法人负责】法定代表人在代表权限范围内以<u>法人名义</u>从事的民事活动，其法律后果由法人承受，该合同约束法人和相对人。（2）【法定代表人个人的人格被法人吸收】在这种情况下，法定代表人个人的人格被法人吸收，我们称这种现象为"人格吸收主义"。（《民法典》第61条规定）

例1：【人格吸收：法代对外签订合同】甲公司法定代表人唐某在公司授权范围内，以甲公司名义与乙公司签订采购办公设备的合同，<u>该合同是否约束唐某？</u>①否。②因为唐某是公司法定代表人，其以公司名义对外签订合同，唐的人格被吸收，应当由公司承担法律后果，唐某不是合同当事人。

例2：【人格吸收：法代对外授权】甲公司法定代表人唐某在其代表权限范围内委托员工小张与乙公司签订买卖合同，该合同是否约束唐某和小张？①否。②唐某对外授权的行为属于代表行为，唐某的人格被吸收，该对外授权应视为甲公司对外授权。即唐某委托员工小张对外与乙公司签约，应视为甲公司委托小张与乙公司签订合同。③小张实施了有权代理行为，其与乙公司签订的合同约束被代理人甲公司和相对人乙公司。④基于合同相对性，本案中，唐某和小张均不是合同当事人。

4.【法定代表人的多重身份：个人、代表甲公司、代表乙公司】（1）【个人身份与法定代表人身份】法定代表人多重身份签订合同，应区分判断，看他是以法定代表人身份签订合同，还是以个人身份签订合同，还是二者兼而有之。（2）【1人存在的3个身份叠加】①【1个人叠加3个身份】比如唐某是甲公司法定代表人，还可能是乙公司法定代表人，他还可能是他自己。他到底是谁，取决于其对外是以谁的名义签订合同。②【看名义，谁的名义谁负责】如以甲公司名义签订合同，则甲公司承担责任；如以乙公司名义签订合同，则乙公司承担责任；如以自己名义签订合同，则唐某自己承担责任。

例1：【法代签字：个人行为】甲公司法定代表人唐某以自己名义在淘宝上购买一台家用打印机，该合同是否约束甲公司？①否。②因为唐某虽然是甲公司法定代表人，但其签订购买打印机合同时是以个人名义，基于合同相对性（所谓合同相对性是指合同只能约束当事人，不能约束其他人），应由唐某承担法律后果，甲公司不是合同当事人。

例2：【法代签字：个人行为和公司行为】甲公司和乙公司签订了《货运代理合同》，第四条约定："乙公司法定代表人对乙公司支付货运代理费承担连带责任。"乙公司法定代表人李红在合同尾部签字。后双方发生纠纷，甲公司起诉乙公司，并要求此时乙公司的法定代表人李蓝承担连带责任。李蓝是否需要承担连带责任？①否。②李红签字在合同上有双重含义，他既代表乙公司签字，该合同由乙公司承担责任；他还代表他自己签字，李红要对乙公司支付货运代理费义务承担约定的连带责任。③基于合同相对性，新任法定代表人李蓝无须承担任何责任。

```
甲公司  ← 合同1：货运代理合同 →  乙公司盖章 +乙公司法定代表人李红签字

        ← 合同2：约定连带 →     乙公司法定代表人李红签字
```

5.【法定代表人的签名与法人的盖章具有同等法律效果】《民法典合同编通则解释》第22条。(1)【或者：签名或者盖章或者按指印】《民法典》第490条规定，当事人采用合同书形式订立合同的，自当事人均签名、盖章或者按指印时合同成立。因此，签名、盖章或者按指印三者居其一即可。实务中常见的签约方式是法定代表人签名加法人盖章，不等于说法律上要求同时具备签名和盖章。(2)【印章：公章或者合同专用章】法人、非法人组织在缔约时的盖章行为所指的章，主要是公章，也包括合同专用章等能够用于订立合同的各种专用章，但不包括财务专用章、发票专用章等不以缔约为目的的专用章。(3)【人章异常情形1：真人假章】①【盖章是对行为人有权的确认】行为人有代表权（法人的法定代表人或其他组织的主要负责人的代表行为）或代理权（员工的代理行为），且签订的合同也体现了法人、非法人组织的意思，法人、非法人组织本应通过盖章行为予以确认。②【用假章确认也是确认】但其为逃避未来可能面临的责任，故意加盖假章，自然不应让其得逞。故即便盖的是假章，也不影响公司承担责任。(4)【人章异常情形2：有人无章】①【有什么人？个人、代表人、代理人】此时要综合考虑合同内容、行为人的身份及职权等因素，来确定行为人究竟是以个人名义签订合同，还是以法定代表人、负责人或代理人的身份签订合同，不能简单地以未加盖公章为由就认定属于个人行为。②【启动代表规则、启动代理规则】在确定是以法定代表人、负责人或代理人的身份签订合同后，再根据其有无代表权或代理权、是否超越代表权或者代理权以及相对人是否善意等因素确定法人、非法人组织应否承担责任。相对人能够证明法定代表人、负责人或者工作人员在订立合同时未超越权限的，法院应当认定合同对法人、非法人组织发生效力。（5）【人章异常情形3：有章无人】①【有权人盖的章，公司负责】合同书上仅有盖章并无行为人的签字，如果能够确定合同是法定代表人、负责人或者工作人员在其权限范围内签订，法院应当认定该合同对法人、非法人组织发生效力。②【无权人盖的假章或真章，公司不负责】如果不能确定章是何人所盖或者是与何人进行缔约接触，当最终确定是假章时，当然不能对法人、非法人组织发生效力；即便认定盖的是真章，因为不能确定行为人，自然也谈不上适用代表或者代理制度的问题，故应当认定合同不成立。

秒杀：看人不看章，签字或盖章的人，是否有代表权、代理权，有的话就由公司负责；没有的话，就启动越权代表、无权代理规则。

6.【越权代表的处理方案：超越法定权限的合理审查说和超越意定权限的推定善意说】

（1）【区分：超越法定权限的越权代表 PK 超越意定权限的越权代表】①【超越法定权限的越权代表】法律、行政法规限制代表权，规定合同应由权力机构或者执行机构决议，法定代表人未取得授权而以法人的名义订立合同，这叫"超越法定权限的越权代表"。②【超越意定权限的越权代表】法人章程或者法人权力机构限制代表权，法定代表人超越该限制而以法人的名义签订合同，这叫"超越意定权限的越权代表"。

◆ **原理**：为什么不存在无权代表的说法？越权代表不是无权代表吗？①根据《民法典》第61条第2款有关"法定代表人以法人名义从事的民事活动，其后果由法人承受"的规定，法定代表人无须另行授权，就可以一般性地代表公司从事民事活动，叫"概括授权"。②即便超越权限对外从事行为，也仅是越权代表，并非无权代表。③正因如此，《民法典》第504条仅有越权代表的规定，而没有无权代表的规定。

（2）【超越法定权限的越权代表：采用合理审查说】法定代表人超越法定权限的越权代表签订的合同，相对人合理审查了，该合同就是表见代表，由公司负责；相对人没合理审查，该合同就是效力待定。①【公司为股东向银行提供关联担保】股东向银行借款，公司为此向银行提供担保而需要签订担保合同，我们把公司为股东而向银行提供的担保叫"关联担保"。②【关联担保依法应经股东会决议】关联担保依法应当经过股东会决议，并且受益股东应该回避不得参与表决。银行作为担保合同相对方，应该合理审查公司是否有股东会决议。银行审查之后仍然没有发现法定代表人是超越权限的，则构成表见代表，公司应该负担保责任。银行没有审查，则构成越权代表，公司可以追认承担担保责任，公司也可以不追认不负担保责任。③【公司为其他人向银行提供非关联担保】股东向银行借款，公司为此向银行提供担保而需要签订担保合同，我们把公司为其他人向银行提供的担保叫"非关联担保"。④【非关联担保依法按章程规定由股东会或董事会决议】关联担保应当依法按章程规定，由股东会或董事会决议。银行作为担保合同相对方，应该合理审查公司是否有股东会决议或者董事会决议。银行审查之后仍然没有发现法定代表人是超越权限的，则成表见代表，公司应该负担保责任。银行没有审查，则构成越权代表，公司可以追认承担担保责任，公司也可以不追认不负担保责任。

```
甲公司股东唐某 ←—借款合同—→ 银行  ⊢审合同    银行 ←—借款合同—→ 方某
                                  ⊢审决议    ↕ 非关联担保合同
甲公司 ←———关联担保合同———              甲公司
```

◆ **原理1**：为什么《民法典》规定公司为本公司股东借款提供担保，必须经过股东会决议？①公司为股东借款提供担保，可能会侵犯其他小股东利益。②假设一下，如果唐某不能归还 100 万，甲公司要向银行代偿 100 万。然后甲公司再向唐某去追偿，此时，基本上是追偿不回来的。因为甲公司之所以要代偿，就是因为唐某"穷"，如果他要有钱早就给银行了。③反过来观察，不就变成了甲公司给了银行 100 万，银行给甲公司股东唐某 100 万。④如此一来，不就侵犯了甲公司的其他股东的利益么。

◆ **原理2**：为什么有的情况下公司签订担保合同不需要经过股东会决议？①金融机构开立保函或者担保公司提供担保。因为这是他们的日常业务。②公司为其全资子公司开展经营活动提供担保。因为母公司为全资子公司借款提供担保本质是自己为自己。③担保合同系由单独或者共同持有公司三分之二以上对担保事项有表决权的股东签字同意。因为本质上已经达到了三分之二以上多数决，再开会就是"形式主义走过场"，没有必要强求了。

◆ **原理3**：为什么超越法定权限的越权代表采用合理审查说？①法律、行政法规限制了法定代表人的权限，而法律、行政法规一经公开，推定大家都知道这种限制。②所以，银行要接受公司提供的担保，就需要依法审查公司是否存在同意担保的决议。

（3）**超越意定权限的越权代表：采用善意推定说** 法定代表人超越意定权限的越权代表签订的合同，推定相对方善意，该合同属于表见代表，由公司负责。如果证明相对方恶意，该合同就是效力待定。

例：【大 BOSS 胡作非为】甲公司章程规定超越 100 万金额的合同需要经过董事会决议，甲公司法定代表人唐某擅自超越公司章定授权范围，以甲公司名义与不知情的乙公司签订 120 万的合同。如何评价该合同效力？①唐某行为属于代表行为，超越章定权限，是越权行为。②但乙公司不知情，故构成"表见代表"，由甲公司承担法律后果。③如果乙公司知情，则不构成表见代表，而属于效力待定的越权代表行为。甲公司追认，甲公司负合同责任。甲公司不追认，有过错的甲公司负缔约过失责任。

◆ **原理**：为什么超越意定权限的越权代表采用善意推定说？①因为意定权限，是法人内部的限制，这种内部限制，外部人未必知情，因此不得对抗善意相对人。②民法上的善意，指的是不知情，善意是需要受保护的。③民法上的善意，都是推定的，为了保护交易安全，都要首先推定构成善意，除非反证推翻。

（4）**效力待定的越权代表处理结果** ①【情形1】如果超越法定权限的代表行为，相对方没有合理审查，则构成效力待定的越权代表。②【情形2】如果超越意定权限的代表行为采用善意推定说，有证据证明相对方恶意，则构成效力待定的越权代表。③【追认】法人追认，法人负合同责任。④【不追认】法人不追认，就不负合同责任；如果法人有过错，要负缔约过失责任。

◆ **原理**：效力待定的越权代表中，法人不追认，为什么不是由法定代表人自己负责？①法定代表人是公司的法定机关，其代表权限来源于法律的明确规定。②法定代表人对外从事的行为，即便是越权行为，也是公司对外从事的行为，本质上属于履职行为，即便越权行为不对公司发生效力，但由法定代表人个人承担责任也缺乏依据。③法定代表人越权代表，此种过错是公司自身的过错，主要表现为对法定代表人的选任监督过错，以及公章管理等方面的过错。

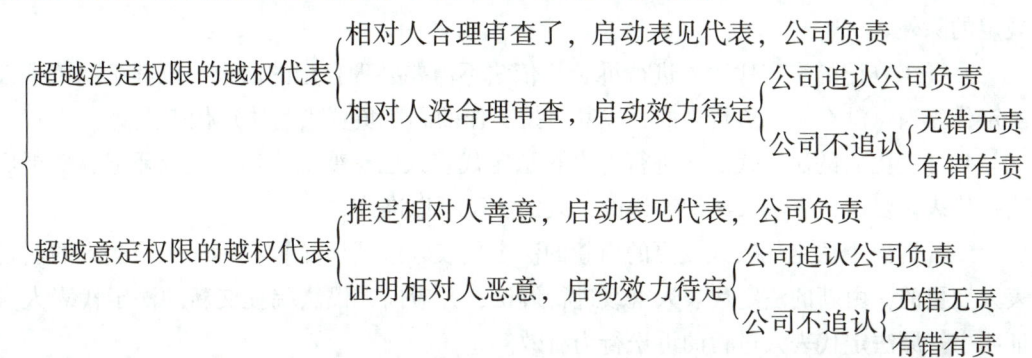

超越法定权限的越权代表
- 相对人合理审查了，启动表见代表，公司负责
- 相对人没合理审查，启动效力待定
  - 公司追认公司负责
  - 公司不追认
    - 无错无责
    - 有错有责

超越意定权限的越权代表
- 推定相对人善意，启动表见代表，公司负责
- 证明相对人恶意，启动效力待定
  - 公司追认公司负责
  - 公司不追认
    - 无错无责
    - 有错有责

（5）【老板不对外，公司对外；公司对外后，可向有过错的老板追偿】①【老板不对外，公司对外】不论是对外承担表见代表的合同责任，还是承担效力待定中追认后的合同责任，还是承担效力待定中不追认后的缔约过失责任，都是由公司对外负责，法定代表人个人不负责。②【公司对外后，可向有过错的老板追偿】公司对外承担责任后，才可以向有过错的老板进行追偿。如果公司怠于追偿，公司的股东可以提起股东代表诉讼，即股东代表公司去起诉老板。

相对人 —主张合同责任或缔约过失责任→ 公司 —追偿→ 老板
公司股东 —股东代表诉讼→

(二)【法定代表人的侵权行为】
1.【公司对外】法定代表人因执行职务造成他人损害的，由法人承担民事责任。
2.【内部追偿】法人承担民事责任后，依照法律或者法人章程的规定，可以向有过错的法定代表人追偿。(《民法典》第62条)

例1：【东哥明大】甲公司法定代表人东哥在明尼苏达大学组织的公司年会上对乙女实施了性骚扰，乙女要求甲公司承担侵权责任，<u>该主张能否成立？</u>①否。②东哥是甲公司法定代表人，但其实施性骚扰的行为并非执行职务行为，故应由东哥而非甲公司承担侵权责任。

例2：【上班撞人】甲公司法定代表人东哥在驾驶汽车去公司上班的路上，撞伤了乙女，乙女要求甲公司承担侵权责任，<u>该主张能否成立？</u>①能。②东哥是甲公司法定代表人，其驾驶汽车去上班，属于执行职务致人损害，应由甲公司而非东哥承担侵权责任。

秒杀：区分法定代表人实施的侵权行为，是否由公司承担侵权责任，关键看法定代表人是否在执行职务过程中致人损害。

（三）【法定代表人的诉讼行为：看登记但更看实际】

1.【法定代表人进行诉讼】法人由其法定代表人进行诉讼。其他组织由其主要负责人进行诉讼。

2.【登记的法定代表人进行诉讼】法人的法定代表人以依法登记的为准，但法律另有规定的除外。

3.【未登记的法定代表人进行诉讼】依法不需要办理登记的法人，以其正职负责人为法定代表人；没有正职负责人的，以其主持工作的副职负责人为法定代表人。

4.【变更后的法定代表人进行诉讼】法定代表人已经变更，但未完成登记，变更后的法定代表人要求代表法人参加诉讼的，人民法院可以准许。

5.【诉讼中法定代表人变更的由新的法定代表人继续诉讼】在诉讼中，法人的法定代表人变更的，由新的法定代表人继续进行诉讼，并应向人民法院提交新的法定代表人身份证明书。原法定代表人进行的诉讼行为有效。

六、法人的分支机构

（一）【分支机构可以签订合同】

1.【实体法上的法人分支机构】(1)【自己名义】民法上，法人分支机构可以在法人授权范围内签订合同，从事经营活动。(2)【法人负责】分支机构从事经营活动产生的民事责任由法人承担；也可以先以该分支机构管理的财产承担，不足以承担的，由法人承担（《民法典》第74条）。(3)【不是民法上主体】民法上主体包括自然人、法人和非法人组织，不包括法人的分支机构。法人的分支机构就好像人的四肢，它不是人本身。

例：【天地会分舵】甲公司是总部设立在深圳，为拓展业务，其在北京依法设立甲分公司并领取营业执照。甲分公司以自己名义与乙公司买卖发电机合同，收货后届期未支付价款。乙公司诉至法院。如何评价分支机构的法律地位？①甲分公司是甲公司的分支机构，虽然没有民事权利能力，不能独立承担责任，但是可以自己名义对外签订合同，由甲公司负责。②甲分公司依法设立并领取营业执照，属于《民诉法》中的"其他组织"，具有诉讼权利能力，故列甲分公司为被告。

◆ 原理：法人机构与法人分支机构有何差异？①任何公司都必须有法定代表人（法人机构）；大公司才会有分公司（法人分支机构）。②法人机构是法人组成部分，强调的是他属于法人的内部治理问题，是每个法人构造必须具有的组成部分，即每个法人都必须有法人机构比如法定代表人。③法人分支机构是法人为扩展业务而设立的部门，强调的是他属于法人的业务拓展方式，不是每个法人都有在全国拓展业务的需要，即不是每个法人都有分支机构比如大公司才有分公司。④法人机构比如财务部门不能对外签订合同，一般会导致合同无效。法人的分支机构在法人授权范围内可以以自己的名义即分支机构名义对外签订合同，从事经营活动。

2.【程序法上的法人分支机构】(1)【依法领取营业执照和登记】民诉法上，依法领取营业执照并且登记的法人分支机构。(2)【当事人】可以作为当事人参加诉讼，即可以做原告，也可以做被告。(3)【是民诉法上主体】具有民事诉讼权利能力。

◆ 原理：为什么法人分支机构不是民法上主体，却是民诉法上主体？①【民法上】法人分支构不是民法主体，因为民法主体包括自然人、法人和非法人组织，不包括法人分支机构。②【民诉法上】符合条件的法人分支机构是民诉法主体，主要是为了便于法院的分工，解决民诉上法院的地域管辖问题。比如中国人民财产保险公司总公司违约，如果大家都只能列总公司（法人）为被告，那么一旦启动被告住所地法院管辖，则案件都会集中到北京市西城区。如果我们可以列分公司（法人分支机构）为被告，这样启动被告住所地法院管辖，案子就停留在下面比如中国人民财产保险公司总公司河南省分公司了。③【总结】法人分支机构在民法上不是"人"（不是民法主体），不具有民事权利能力。在民诉法上是"人"（是民诉法主体），具有民事诉讼权利能力。

（二）【分支机构对外提供担保】

1.【分支机构擅自对外提供担保】公司的分支机构未经公司股东会或者董事会决议以自己的名义对外提供担保。

2.【相对方没做形式审查】相对人没有形式审查决议，不得请求公司或者其分支机构承担担保责任。

3.【相对方做了形式审查】相对方做了形式审查，不知道且不应当知道分支机构对外提供担保未经公司决议程序，可以请求公司或分支机构承担担保责任。

秒杀：分公司对外担保，相对方形式审查"决议"。

七、法人的设立、合并、分立、变更、注销

（一）【法人的设立】

①设立中公司名义 { ①成功，找公司：同一主体
②失败，找不到具体签字人就只能找全体设立人：合伙 } 大公司

②设立人个人名义 { ①成功，可选择找公司或设立个人：隐名间接代理
②失败，找签字人即设立个人：个人对外，后内部追偿 } 小公司

秒杀：①【大公司找"大家"】大公司设立过程比较漫长，要筹备组，一般筹备组以将来公司名义签约，成功找公司，因为同一主体；失败找全体设立人，因为发起人是合伙，这是可以推导出来的。②【小公司找"小人"】小公司设立过程比较快，没筹备组，一般个人名义签约，成功可选择找公司或签字个人即"小人"，因为隐名间接代理；失败找签字个人即"小人"，因为谁签字谁对外负责，内部再分担。③【大大、小小】大公司找"大家"，小公司找"小人"。

1.【设立中法人名义签约】（1）【同一主体说】法人成立的，由法人承受法律后果。（2）【合伙说】法人未成立，由设立人承担承受法律后果，设立人为2人以上的，享有连带债权，承担连带债务。（《民法典》第75条）

例：【创业公司名义】唐某与方某一起创业，以设立中甲公司名义与乙公司签订租赁办公设备的合同。届期未支付租金，乙公司向谁主张租金？①如甲公司成立，由甲公司支付租金；②如甲公司不成立，由唐某、方某就支付租金义务承担连带责任。

◆ 原理：为什么以创业公司名义签订合同，成功由创业公司承担，失败由全体设立人一起负连带？①【对方知情】因为合同是为了设立法人，即为了创业公司利益，在合同签字的就是创业公司，故创业公司是当事人，相对方对此完全知情。②【成功则同一主体说】如果创业公司设立，坚持相对性，由创业公司承担责任。因为"设立中法人"与此后的"法人"是"同一主体"。③【失败则

合伙说】如果创业公司失败，则找不到合同签字相对人，故将全体设立人抓起来承担连带责任，因为发起人被视为合伙人，而合伙人之间对合伙债务要负连带责任。

2.【设立人自己名义签约】（1）【隐名间接代理说】法人成立的，第三人有权选择请求法人或设立人承担民事责任，选择之后不得变更。一般是谁实力强，对方会选择找谁。（2）【个人对外而后内部追偿说】法人未成立，由签字人即设立人承受法律后果。这个人承担责任后，内部再向其他设立人去追偿。

例：【创业者名义】唐某与方某一起创业拟设立甲社会团体法人，以唐某自己名义与乙公司签订租赁办公设备的合同。届期未支付租金，乙公司向谁主张租金？①如甲社会团体法人成立，则乙公司可选择要求甲社会团体法人或者唐某支付租金，选择之后不得变更。②如甲社会团体法人未成立，则乙公司可要求唐某支付租金。不能要求唐某、方某承担连带责任，因为连带责任是比较重的责任，无法律明确规定或者当事人约定，则不能适用连带责任。

◆ 原理：为什么以设立人个人名义签订合同，成功后对方可以选择，失败后对方只能要求签字的设立人承担责任？①【对方不知情】因为在合同上签字的是设立人个人，故该个人是当事人，合同相对方不会知道设立人是为创业而签约。②【成功则隐名间接代理选择说】如果设立成功，相对人有选择权，这突破了合同相对性。本处参照适用的是民法代理中的"隐名间接代理原理"。③【失败则个人对外内部追偿说】如果设立失败，则相对人只能要求签字的设立人个人承担责任。找到了签字的人是天经地义的。因为相对人不知道有背后有多少人，签字的时候只知道签字人，故由签字人承担责任符合相对方合理期待。为什么此时不是由全体人连带，因为在民法上，连带责任比较重，必须法律明文规定，此处法律没明文规定，所以不能是连带。内部再在各个设立人之间分担。

3.【设立登记的登记生效主义】公司法人在设立登记完成时，公司设立。所以公司法人的设立登记是采用登记生效主义，即设立登记是公司设立的法定生效要件。

（二）【法人的合并与分立】（《民法典》第67条）

1.【法人合并】此前法人债务由合并后的1个新法人承担。如甲公司与乙公司合并为丙公司，丁公司是甲公司债权人。丁公司可要求丙公司履行债务。

2.【法人分立】（1）【外部有约定则从约定】法人分立的，分立后的几个新法人与外部债权人有约定如何分担债务，从约定。（2）【外部无约定则连带】法人分立的，分立后的几个新法人与外部债权人无约定如何分担债务，则负连带债务。如甲公司分立为乙公司和丙公司，丁公司是甲公司债权人，因此丁公司可要求乙公司和丙公司承担连带责任。（3）【内部有约定：内部按份，外部连带，各玩各的】法人分立的，分立的几个新法人内部之间约定债务分担，对内有效，内部按份。不得对外，外部还是连带，即外部债权人可要求分立后的几个新法人负连带债务。

◆ 原理：为什么法人合并时不考虑是否有约定，而法人分立时要考虑？①因为法人合并时最后只有1个新法人，谈不上几个新法人的内部约定问题。②因为只有1个新法人，也谈不上几个新法人和外部债权人约定如何分担问题，反正就是这1个新法人负责；至于如何负责，倒是可以约定的，但不可能存在与外部债权人去约定多个新法人内部如何分担的问题。

（三）【法人的变更】

1.【内部效力：意思主义】（1）【意思主义】公司决议做出，将董事长由甲变成乙，决议做出时,即发生效力。(2)【内部董事长已经换人】董事长变成了乙,乙成为公司的法定代表人。

2.【外部效力:登记对抗主义】(1)【登记对抗主义】公司做出变更董事长的决议,新董事长是公司的法定代表人,但是没有去做变更登记,不能对抗善意相对人,我们把这个规则叫登记对抗主义。(2)【相对方善意启动表见代表】原董事长与对方签订的合同,相对方善意的,仍然由公司负责,这叫"表见代表"。(3)【相对方恶意启动效力待定】相对方恶意的,该代表行为效力待定,公司可以追认也可以不追认,公司追认后由公司负责,公司不追认则公司有过错负缔约过失责任。

例:【内部换董事长即刻生效】公司决议将董事长由张三换成李四,过了1个月才办理了变更登记,在这1个月内,张三以公司董事长名义签订合同,是越权代表、还是有权代表或者无权代表?①越权代表。②因为在内部,公司决议生效时,张三已经不是董事长了,不会是有权代表。③虽然没有完成变更登记,但是变更登记采用的是登记对抗主义,不是采用登记生效主义。④相对人是善意不知情,表面上看张三还有代表权,因此启动"表见代表",保护相对人的善意信赖,由公司对合同负责,我们把这个规则叫"表见代表"制度。⑤代表行为制度中不存在无权代表这个概念。

◆ 原理:为什么公司撤换董事长,变更登记前,原董事长签订的合同不是有权代表、也不是无权代表,而是越权代表?①【内部是意思主义】原董事长应不是董事长了,不是法定代表人了,所以不是有权代表。②【外部是登记对抗主义而不是登记生效主义】原董事长没有变更登记,不等于他还是董事长,只是说善意相对方会信赖他还是董事长,构成越权代表的表见代表制度。③【代表行为中不存在无权代表】根据《民法典》第61条第2款有关"法定代表人以法人名义从事的民事活动,其后果由法人承受"的规定,法定代表人无须另行授权,就可以一般性地代表公司从事民事活动。即便超越权限对外从事行为,也仅是越权代表,并非无权代表。

(四)【法人的注销的登记生效主义】

1.【注销时法人消灭】公司法人在办理注销登记后,公司法人消灭,没有民事权利能力和民事行为能力。

2.【注销登记生效主义】公司法人的注销登记采用的是登记生效主义,即只有完成注销登记,公司才算消灭。

◆ 原理:法人的设立登记、变更登记和注销登记有什么差异?①【登记生效主义:设立登记和注销登记】法人的设立登记和注销登记,采用的是登记生效主义。法人的设立登记完成后,法人设立。法人的注销登记完成后,法人消灭。也就是说,法人设立登记是法人设立的生效要件。法人的注销登记是法人消灭的生效要件。②【登记对抗主义:变更登记】法人的变更登记,采用的是登记对抗主义,内部做出决议时就发生效力,对外要完成登记才能发生效力。因此,公司换董事长,内部在决议时就生效了,对外则在变更登记后生效。

第二节 非法人组织

一、【非法人组织的性质】

(一)【民事主体】不具有法人资格,可以该组织名义参加民事活动,但无独立民事责任能力的组织。

（二）【无限责任】非法人组织的财产不足以清偿债务的，其出资人或者设立人承担无限责任。（《民法典》第104条）

秒杀：需要先穷尽非法人组织的财产，不足清偿，才由出资人或设立人承担责任。

◆ 原理：民事主体中，有了承担无限责任的自然人，有了承担有限责任的法人，为什么还需要承担无限责任的非法人组织？①非法人组织中，出资人承担无限责任，所以，其有极高的自律性。②社会中有一些行业，对自律性要求很高，比如律师事务所，一个合伙人把业务搞砸了，全体合伙人来负连带责任，这种"连坐机制"会倒逼该律师事务所谨慎从事，自律性相当之高。③与此相应，这些行业的从业人员，也就会获得很高的社会期待和信赖。④由此，《民法典》需要对这些客观存在的组织给予民事主体地位，规范其从事的民事活动。

二、【非法人组织的种类】

（一）【个人独资企业】

1.【民事主体】依法在中国境内设立，由一个自然人投资，财产为投资人个人所有，投资人以其个人财产对企业债务承担无限责任的经营实体。

2.【无限责任】个人独资企业财产不足以清偿债务的，投资人应当以其个人的其他财产予以清偿。

例：【个人独资企业亏了】甲设立了S个人独资企业。为扩大经营规模，S企业向丙借款200万元届期未还，<u>对此甲应如何承担责任？</u>甲仅于S企业财产不足以清偿债务时以个人其他财产予以清偿。

（二）【合伙企业】

1.【普通合伙】（1）合伙企业是指由各合伙人订立合伙协议，共同出资，共同经营，共享有收益，共担风险，并对企业债务承担无限连带责任的营利性组织。（2）合伙企业对其债务，应先以其全部财产进行清偿。（3）合伙企业不能清偿到期债务的，合伙人承担无限连带责任。

◆ 原理：什么是无限连带责任？①<u>所谓无限，是合伙企业债务要牵连到合伙人。不论欠多少，只要合伙企业还不了，都要由合伙人来还。②所谓连带，是合伙人与合伙人之间是连带的关系。债权人可要求任意合伙人承担任意比例的责任。</u>

例：【合伙亏本】甲企业是由自然人安琚与乙企业（个人独资）各出资50%设立的普通合伙企业，欠丙企业货款50万元，由于经营不善，甲企业全部资产仅剩20万元。现所欠货款到期，<u>相关各方因货款清偿发生纠纷，怎么处理？</u>①欠款应先以甲企业的财产偿还，不足部分由安琚与乙企业承担无限连带责任。②就乙企业对丙企业的应偿债务，乙企业投资人承担无限连带责任。

2.【有限合伙】部分合伙人是普通合伙人，对合伙企业债务承担无限连带责任。部分合伙人是有限合伙人，对合伙企业债务承担有限责任。

（三）【不具有法人资格的专业服务机构】

主要指不具有法人资格的律师事务所、会计师事务所。

第四章　民事法律行为

①3 个单方民事法律行为：抛弃行为、遗嘱行为、行使形成权的行为
②3 个双方民事法律行为：合同行为、婚姻行为、收养行为
③民事法律行为的一般成立要件：当事人、意思表示、内容
④民事法律行为的特别成立要件：实践性行为之"保、定、用（借用）、钱"
⑤民事法律行为的一般生效要件：143
⑥民事法律行为的特别生效要件：附约定条件、附法定条件
⑦有效的民事法律行为：143、无权处分的买卖合同、多重买卖合同
⑧无效的民事法律行为：无、双、恶、公、制（无双二公子）
⑨可撤销的民事法律行为：大失迫欺、大宝315
⑩效力待定的民事法律行为：限人超认识范围的合同、无权代理人签订的合同
⑪确定不生效的民事法律行为：附的约定条件不满足、附的法定条件不满足

第一节　民事法律行为

一、区分情谊行为、事实行为和民事法律行为

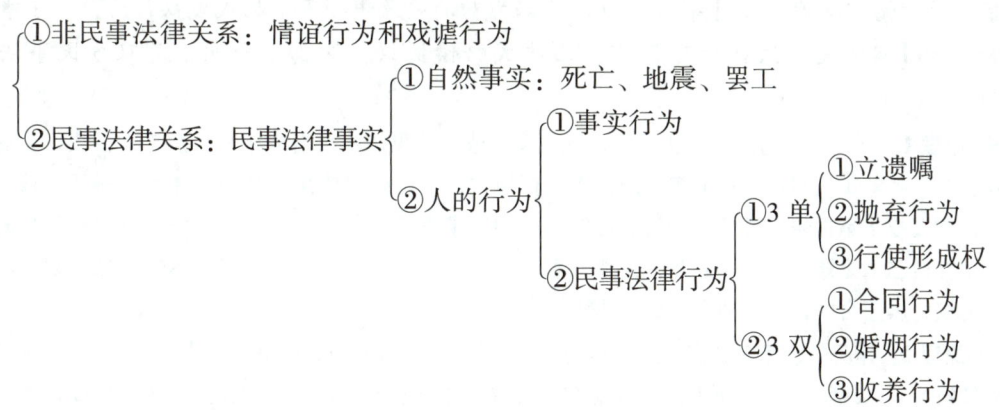

①非民事法律关系：情谊行为和戏谑行为
②民事法律关系：民事法律事实
　　①自然事实：死亡、地震、罢工
　　②人的行为
　　　①事实行为
　　　②民事法律行为
　　　　①3 单：①立遗嘱　②抛弃行为　③行使形成权
　　　　②3 双：①合同行为　②婚姻行为　③收养行为

(一)【情谊行为】

1.【情谊行为不是民事法律事实】情谊行为是"生活中"人的行为，但不属于"民法上"人的行为，因此情谊行为不属于民事法律事实。

2.【情谊行为不会发生法律效果】情谊行为不会引起当事人之间权利义务的变动，我们把这种现象叫做"情谊行为不会发生私法上效果"。

(二)【事实行为】

1.【事实行为是民事法律事实】事实行为是"生活中"人的行为，也属于"民法上"人的行为，因此事实行为属于民事法律事实，它会引起当事人之间权利义务的变动，我们把这种现象叫做"事实行为会发生私法上的效果"。

2.【事实行为依法发生法律效果】但是，事实行为发生私法上效果是基于"法律规定"，而不考虑当事人是否追求这一效果的发生。

◆ **原理**：如何理解事实行为依法发生法律效果，而不考虑当事人意思？①比如侵权行为是一种事实行为，由侵权行为导致侵权法律关系发生，即侵权人和被侵权人之间赔偿的权利义务关系。②其中，侵权赔偿的项目、每个赔偿项目的具体数额都是由法律明确规定的，既然是法律明确规定的，也就谈不上由当事人自己去积极追求这一效果的发生了。

(三)【民事法律行为】

1.【民事法律行为是民事法律事实】民事法律行为是"生活中"人的行为，也属于"民法上"人的行为，因此民事法律行为属于民事法律事实，它会引起当事人之间权利义务的变动，我们把这种现象叫做"民事法律行为会发生私法上的效果"。

2.【依意思表示发生法律效果】但是，民事法律行为发生私法上效果是基于当事人的意思表示，而不是基于法律规定。民事法律行为就是当事人自己的法律。

3.【要有意思表示】所以，我们给民事法律行为进行定义的时候，就特别强调"意思表示"。所谓民事法律行为，就是民事主体通过意思表示设立、变更、终止民事法律关系的行为。

例：【情谊行为、事实行为与民事法律行为】甲考过法考后为表庆祝，故请乙吃饭。乙竭力劝酒导致甲酒精中毒受害，甲因为治疗花去1000元。甲、乙之间达成赔偿协议，乙赔偿甲250元。如何区分情谊行为、事实行为和民事法律行为？①【情谊行为】甲请乙吃饭，属于情谊行为。②【事实行为】乙竭力劝酒导致甲损害，构成侵权行为，属于事实行为。③【双方民事法律行为】甲、乙达成赔偿协议，这属于合同，是双方民事法律行为。

◆ **原理1**：既然侵权行为是事实行为，依法发生法律效果，那么当事人怎么能够在侵权发生后协商赔偿数额呢？①侵权行为是事实行为，事实行为依法发生法律效果。②该法律效果是，侵权人要依法对被侵权人承担侵权责任。③侵权责任是一种民事责任，民事责任具有可协商性，甚至权利人可以放弃自己的索赔权利。④因此，当事人可以就侵权责任的承担进行协商，达成赔偿协议。⑤该赔偿协议，属于合同，是一种双方民事法律行为。

◆ **原理2**：常见的、常考的民事法律行为有哪些种类？①3单（3种单方法律行为）3双（3种双方法律行为）。②第1单：立遗嘱的行为。③第2单：处分权利的行为比如抛弃行为、比如授予代理权的行为。④第3单：行使形成权的行为，比如解除合同的行为、撤销可撤销合同的行为。⑤第1双：合同行为。⑥第2双：婚姻行为。⑦第3双：收养行为。

(四)【事实行为和民事法律行为的差异】

1.【有无意思表示】(1) 事实行为无意思表示。(2) 民事法律行为有意思表示。

2.【是否适用民事行为能力制度】(1) 事实行为不适用行为能力制度。(2) 民事法律行为适用行为能力制度。

3.【是否存在效力类型】(1) 事实行为不存在效力评价，不存在有效或者无效问题。不存在有效侵权或者无效侵权的说法。(2) 民事法律行为则存在效力评价，存在有效、无效、可撤销、效力待定、确定不发生效力的情形，存在有效合同或者无效合同的说法。

（五）民事法律行为是私法自治的工具

1.【私法自治】合同行为、抛弃行为、婚姻行为、遗嘱行为、收养行为以及公司决议，都表达了当事人追求发生一定私法上效果的意思，导致民事法律关系的变动，即在当事人之间形成民事权利义务关系。

2.【提取公因式：意思表示】这些行为中，都有一个共性点即"意思表示"，即当事人积极地追求发生一定私法上效果意思，所以说民事法律行为是私法自治的工具。

3.【有约定从约定】民法上所讲的有约定从约定，本质上就是尊重当事人的意思安排，又称"意思自治为王"。而所谓尊重当事人的意思安排，指的就是尊重民事法律行为中的意思表示，该意思表示对当事人是有法律约束力的。

二、民事法律行为的成立

（一）【一般民事法律行为的成立3要件：事实判断】民事法律行为客观上已经存在。

1.【民事法律行为成立3要件】(1) 有当事人。(2) 有意思表示。(3) 有内容。

例1:【买卖妇女的合同】张某与李某签订买卖妇女的合同，该合同成立了吗？①成立。②有当事人（有民事权利能力）、有一致的意思表示、有内容。③合同成立是事实判断，不是价值判断，一个违法的合同成立了，是指"存在一个合同，且该合同违法"。

例2:【动物与动物的买卖合同】A狗和B狗签订了买卖C狗的合同，该合同成立了吗？①不成立。②无当事人，无意思表示，无内容。

2.【民事法律行为成立3要件之一：意思表示】将欲发生私法上效果的内心意思，表示于外部的行为。

(1)【主观要件之1 目的意思："必备条款"】①表意人的意思内容要完整。②如合同中的当事人、标的和数量（合同的必备条款）。③如遗嘱中的立遗嘱人签名、被继承人、财产（遗嘱的必备条款）。④如协议离婚中当事人、孩子、财产分割（离婚协议的必备条款）。

例:【买水果表态不明】甲在货摊上销售各种水果，乙表示要购买水果，但是没有明确需要购买什么水果。乙是否有意思表示？①没有。②因为内容不完整，乙的表意内容不完整，不具备目的意思，故乙的表态不构成意思表示。

(2)【主观要件之2 效果意思："积极追求"】①表意人追求设立、变更、终止民事法律关系的意图。②如签订合同追求设立合同关系。③如签订离婚协议追求形成终结婚姻关系。

◆ **原理:** 为什么"我爱你一万年"不是意思表示？①谈恋爱，属于情谊行为，不是民事法律事实，只是生活上的事实。②因此，谈不上有意思表示，不属于民事法律行为。

例1:【误以为订书单是签到本】方教授为推广新书《民法原理》在大学开设讲座，在教室门口放置了订书单，对欲购买新书的读者进行登记，由读者签名。A因为迟到，误以为订书单是签到表，在订书单上签名。A是否有意思表示？①没有。②欠缺效果意思，A的表意内容不构成意思表示。③既然如此，只有方教授一个人发出了要约的意思表示，但没有A的承诺的意思表示。④因为合同需要要约与承诺这2个意思表示一致，才能成立。⑤故案涉买卖合同不成立。

例2：【卖房要约的意思表示】唐某向温某发出要约（所谓要约，即希望和对方订立合同的意思表示，从字面理解就是"要"与你签"约"……），欲将坐落在北京市海淀区A小区A楼一单元101号房屋出卖给温某，温某收到后表示同意。如何分析要约的意思表示？①"出卖坐落在北京市海淀区A小区A楼一单元101号房屋"，这是意思表示的内容，属于目的意思。②唐某期待一旦温某同意购买（即温某做出承诺），则买卖合同成立，唐某将受到卖房合同约束，这是意思表示的效果，属于效果意思。③要约的目的意思是要约中所包含的未来合同中的主要条款；要约的效果意思是要约人意欲订立合同的意思，即一经承诺即受合同拘束的意思。

（3）【客观要件之1 表示行为】所谓表示行为是指表意人将目的意思和效果意思表现于外部的行为。意思须发表，让人能知晓。表意人实施法律行为的目的是要与他人发生权利义务关系，如他人不知道表意人的意思，达不到自治自己事务的目的。

例：【如何区分目的意思、效果意思和表示行为】①我要买房。②我要用100万买你位于A地的100平米的B房。③我要把"我要用100万买你位于A地的100平米的B房"这个内容写进合同受其约束。④我在"该合同"（即前述③的全部内容）上已经签字（表示行为）了。上述4个意思各自是什么意思？①什么都不是。②有了目的意思。③有了目的意思和效果意思。④有了目的意思、效果意思和表示行为。

（4）【客观要件之2 表示方式】①【明示方式】使用直接通过口头或文字形式实施的表示行为，如口头、书面、公告等形式。②【默示方式】通过行为推定作出了表示行为，比如向自动售货机扫码付款购买饮料；还比如租赁合同届满，承租人继续交付租金并为出租人接受，便可推知其表示要延展租赁期间。③【沉默】沉默只有在法律有规定、当事人有约定或者符合当事人之间的交易习惯允许时，才可视为意思表示。

◆ **原理：**为什么沉默一般不能作为意思表示的方式？①因为会侵犯人的自由。②比如我对你讲，你的手机100元卖给我吧，然后你听到之后默不作声，继续低头吃饭。③如果此时将你的沉默视为承诺的意思表示，就会侵犯你的自由，即我和你说一句，你必须搭理我，做出明确表态。

例：【合同变更不代表放弃主张违约责任】甲先同意卖1号房给乙，乙同意付全款购买。后甲却将1号房出卖并过户给了丙。甲和乙讲，同小区还有2号房可卖给乙，乙同意购买2号房，并在原合同文本上将房屋信息修改替换。因2号房价格较高，乙需要贷款。后政府出台贷款调控政策导致乙不具备贷款资格。则乙诉求甲承担未能履行1号房买卖合同中的违约责任，能否得到支持？①能。②因为同意变更合同有明示意思表示。③但并无放弃诉卖方违约责任的意思表示。④买方对此"沉默"，不能当做买方放弃诉卖方的违约责任。

（5）【分类之1：无相对人的意思表示】无须向相对人作出意思表示，自己完成即可。①【一般完成时生效】无相对人的意思表示，表示完成时生效。如抛弃动产所有权的

行为，抛弃完成时生效。(《民法典》第138条)

例：【抛弃物品】甲托乙将其旧手表放在分类垃圾箱的"可回收"类垃圾箱中，乙将手表投放垃圾箱后，又将该表捡回。某日，甲见乙戴该表，要求乙返还手表。甲的主张能否成立？①否。②甲托乙抛弃动产所有权的行为，在乙完成抛弃行为时，抛弃即发生法律效力，该手表成为无主物，乙可"先占"取得所有权。③如果乙在没有完成抛弃行为时，将手表占为己有，则因抛弃行为尚未完成，故甲仍然是手表物权人，可要求乙返还手表。

②【法律特别规定】法律对无相对人意思表示的生效时间另有规定的，依照其规定。如遗嘱行为，遗嘱写完就成立，但是法律规定要在立遗嘱人死亡时才生效，因此我们把遗嘱行为又称呼为"死因行为"。(《民法典》第1122条)

例：【遗嘱继承图书】孙某临终前在日记中写道：若离人世，愿将个人藏书给女儿，不给儿子。子女对此皆毫不知情。孙某死亡时，继承人分遗产时，女儿对藏书提出主张。其他法定继承人认为遗嘱没有生效，因为女儿不知情。该主张能否成立？①否。②孙某将个人财产立遗嘱给法定继承人之内的人，这属于遗嘱继承。③遗嘱是无相对人的意思表示，该意思表示无须向遗嘱继承人作出。④该意思表示在立遗嘱人死亡时发生效力。

③【无相对人意思表示解释：探求真实意思】坚持意思主义，要探求表意人内心的真实意思。(《民法典》第142条)

◆ **原理**：为什么对无相对人意思表示的解释要探求真意，而不拘泥表面上的文字？因为既然是无相对人的意思表示，即不用考虑相对人，所以不存在相对人的交易安全和善意信赖保护问题，只要考虑表意人的真实意思就可以了。

例：【古龙送"酒"】小说家古龙颇爱喝酒，平时常用"酒窖"指代其"藏书"。古龙立下遗嘱，将其"酒窖"给小说家金庸。经查，古龙并无酒窖。古龙的遗嘱是否有效？①是。②因为遗嘱属于无相对人意思表示，不能拘泥于字面含义解释该遗嘱，而应探求立遗嘱人的真实意思表示，故金庸有权基于遗赠受赠古龙的"藏书"。

(6)【分类之2：有相对人的意思表示】表意人应向相对人作出意思表示。又可分为对特定的人的意思表示和对不特定人的意思表示。

①【相对人是特定人】对特定人的意思表示是指意思表示的对象是特定的，如要约和承诺。

②【相对人是不特定人】对不特定人的意思表示是指意思表示的对象是不特定的，如悬赏广告。所谓悬赏广告就是指悬赏人以公开方式声明对完成特定行为的人支付报酬的，完成该行为的人可以请求其支付。

例：【悬赏广告】甲手机丢失后发布寻物启事称："拾得者送还手机，本人当面酬谢"。出租司机乙将手机送还甲，要求甲支付适当报酬，甲以出租司机拾得乘客物品有义务归还为由拒绝。甲的理由是否成立？①否。②乙拾得遗失物负有将遗失物归还失主的义务。③但甲发布悬赏广告，自广告意思表示发布时发生效力，故甲应向乙支付报酬。④这体现了"物债"两分思维：即乙向甲归还遗失物是物权返还问题，即使不存在悬赏广告，乙也应当返还拾得的遗失物；甲向乙支付报酬是悬赏广告之债的问题，只要乙完成了特定行为，甲就应支付报酬。

◆ **原理**：悬赏广告是单方允诺？还是要约？①所谓单方允诺，即单方意思表示就发生债的约束力，即悬赏广告发布人一旦发出广告，即受其约束，不考虑对方意思表示。②所谓要约，即希望对方接受自己意思表示，要考虑对方意思表示，待对方承诺后合同才成立。③如果将悬赏广告定性为单方允诺，利在解决下列难题：第一，如果孩子拾得遗失物，虽然孩子没有承诺的行为能力，但是仍然可以主张悬赏报酬；第二，如果大人不知道有悬赏广告而归还拾得物，仍可主张悬赏报酬。弊在于需要增加一个法条即法条明确悬赏广告是一个单方允诺债，单独规定。④如果将悬赏广告定性为要约，利在通过合同编的要约搞定，不需要新增专门规定"一个单方允诺"的法条；弊在需要对前述2情形进行单独解释，即孩子可以主张报酬，以及不知悬赏广告的成年人仍可主张报酬。⑤学说不存在优劣，关键在于我们如何去解释现实生活。基本原则是：结论不能违反日常经验法则。⑥答题选择：悬赏广告是单方允诺。

③【有相对人意思表示解释】（《民法典》第142条）观点1：主观主义，意思主义，侧重保护当事人内心的真实意思。观点2：客观主义，表示主义，侧重保护相对人的信赖。观点3：客观主义为主，主观主义为辅。《民法典合同编通则解释》第1条采用观点3。以词句的通常含义为基础，即以按照字面意思解释为主，即以客观主义为主。结合相关条款、合同的性质和目的、习惯以及诚信原则进行解释，即以主观主义为辅。

④【特殊情形1：误载无害真意解释规则】即使用语有错误，但相对人已经知道表意人真实意思，就应当按照该意思来确定法律行为的内容，该规则强调的是主观主义。

⑤【特殊情形2：合法解释规则】对合同条款有两种以上解释，可能影响该条款效力的，人民法院应当选择有利于该条款有效的解释。

⑥【特殊情形3：对无偿合同采取有利于债务人解释规则】对于无偿合同，应当选择对债务人负担较轻的解释。

3.【不同民事法律行为成立的判断要点】(1)【合同】合同这一双方民事法律行为需要2个意思表示一致。其中，实践性合同还需要交付标的物，这些合同包括：保管合同、定金合同、借用合同和自然人之间的借款合同。实践性合同（交付标的物后合同才成立）是例外，诺成性合同（合同的成立无须交付标的物）是原则。(2)【婚姻】缔结婚姻这一双方民事法律行为需要看是否完成登记手续。(3)【遗嘱】遗嘱这一单方民事法律行为需要1个意思表示，一个完整内容的遗嘱（遗产、立遗嘱人签名、日期）。(4)【单方允诺】单方允诺是否成立要看是否已经发出悬赏广告。

(二)【民事法律行为不成立的法律后果】参照适用无效民事法律行为的后果，即当事人请求返还财产、折价补偿或者赔偿损失。（《民法典》第157条）

◆ **原理**：区分民事法律行为不成立与民事法律行为无效的意义何在？①如果不存在意思表示，就属于民事法律行为不成立，比如公司没有召开股东会即作出决议，该决议不成立，而非决议内容无效。②民事法律行为无效的事由是法定的，是一个合同成立后，存在法定无效事由才会导致无效，这些法定事由仅限于："无民事行为能力人实施的民事法律行为""双方通谋虚伪表示""恶意串通损害他人利益""违反公序良俗""违反法律、行政法规强制性规定"。具体论述请参见"无效民事法律行为"。③区分民事法律行为不成立和民事法律行为无效，具有逻辑意义，实际法律效果是一样的。

四、民事法律行为的生效

(一)【一般民事法律行为生效3要件：价值判断】民事法律行为对当事人具有拘束力。

1.【主体】当事人有相应的行为能力。

(1)【发出】表意人的权利能力和行为能力，以意思表示发出时认定。

例：【"250"还是"520"立遗嘱】甲立遗嘱时，是无民事行为能力（"250"）的成年人。此后甲又恢复了辨别能力，成为完全民事行为能力人（"520"）。甲死亡时，该遗嘱效力如何？①遗嘱无效。②因为甲作出意思表示的时候，不具有完全民事行为能力。（《民法典》第1143条）③反言之，甲立遗嘱时是完全民事行为能力人，此后甲又失去了辨别能力，成为无民事行为能力人。甲后来死亡，其遗嘱仍然有效，因为甲作出意思表示的时候，具有完全民事行为能力。

(2)【死亡】意思表示发出后，表意人死亡、丧失行为能力或行为能力受限制的，其意思表示不因此失去效力。

例：【要约到达对方后要约人死亡】甲向乙发出卖房要约，乙收到后向甲发出同意买房的承诺时，甲已经死亡。该房屋买卖合同效力如何？①有效。②乙有权要求出卖人甲的继承人继续履行合同。③如果甲没有继承人或者继承人放弃继承遗产，则乙有权要求遗产管理人继续履行合同。

2.【意思表示】意思表示真实。意思表示有无欺诈、胁迫、重大误解、乘人之危致显失公平等瑕疵，应以发出时点为准据。

例：【上错菜≠点错菜】唐某去餐馆点基围虾，餐馆下单基围虾，却将邻桌点的对虾给了唐某。唐某认为上错菜了可以白吃，未提示餐馆。唐某吃完对虾后，要求餐馆继续履行上一盘基围虾。本案意思表示是否发生重大误解？①否。②因为唐某点的菜是基围虾，餐馆下单基围虾。③上错菜属于合同履行不当，乃违约问题，而不是意思表示出现瑕疵。④关于对虾问题，唐某构成不当得利。⑤关于基围虾问题，餐馆构成违约。

3.【内容】内容不违反法律、行政法规的强制性规定、不违背公序良俗。（《民法典》第143条）

例：【买卖毒品合同】甲、乙之间签订买卖毒品的合同。①当事人是甲、乙，甲有卖的意思而乙有买的意思，内容是转移"毒品所有权"，故该民事法律行为成立。②甲、乙具有相应的行为能力，意思表示也真实，但是其内容违反法律强制性规定，故该民事法律行为无效。

◆原理：民事法律行为生效要件的对立面是什么情况？(1)【主体瑕疵】①不具有相应的民事行为能力的当事人；①"无人"签订合同一概无效。②"限人"签订合同有的有效（纯受益或与其年龄智力相适应的），有的效力待定（不是纯受益，且与其年龄智力不相适应）。③"无限人"订立遗嘱一概无效。(2)【意思表示瑕疵】②意思表示不真实的情况下，签订的合同：①双方意思表示不真实属于"双方通谋虚伪表示"，则无效；②单方意思表示不真实（如重大误解、受欺诈或受胁迫、被乘人之危导致显失公平），则可撤销。(3)【内容瑕疵】违反强制性规定或公序良俗签订的合同，是无效的。

(二)【附约定生效条件的民事法律行为】

除需要具备上述生效要件外,还需要满足当事人约定的生效条件(《民法典》第158条)。

例:【附生效条件的合同】 甲乙签订房屋租赁合同,特别约定待双方办理房屋租赁合同备案登记时发生效力,后尚未办理备案登记。①租赁合同已经成立。②同时符合一般生效要件。③但要待办理备案登记时才满足当事人约定的生效条件。④再但是,如果当事人签订合同后,没有实际去办理备案登记,双方履行了合同,一方交付房屋,对方支付租金,则合同成立并生效,视为当事人通过履行行为修改了其所附生效条件,学理上称为"履行治愈"。

(三)【附法定生效条件的民事法律行为】

一些特殊的合同,比如探矿权转让合同,在成立之后,还需要经过自然资源部门批准才能生效,这属于附法定生效条件的民事法律行为。

(四)【民事法律行为成立时间与生效时间的存在形态】

1.【成立时间=生效时间】(1)【大多数合同】一般的合同成立就生效了,这是大多数合同的形态。比如淘宝购物,下单后买卖合同成立,同时生效。还比如担保合同,签订之后就生效。(2)【婚姻】婚姻成立要件是双方自愿和办理结婚登记。婚姻成立了就生效了。因此婚姻的成立时间和生效时间是一致的。(3)【同一时间点完成】合同的成立,与合同的生效是不同的,但是不影响他们在同一时间点完成。

2.【成立时间≠生效时间】(1)【附法定生效条件的合同】比如探矿权的转让合同,成立之后,还需要经过自然资源部门批准才能生效。还比如收购金融机构的合同,成立之后,还需要经过银保监部门批准才能生效。这属于法律规定导致了合同成立与合同生效时间点的隔阂。(2)【附约定生效条件的合同】比如约定你过了法考,赠一本签名版的《民法原理》,该赠与合同已经成立,待你过了法考之后生效。这属于人为设置导致了合同成立与合同生效时间点的隔阂。过了法考,该赠与合同生效;没过法考,该赠与合同成立但未生效(不能说该赠与合同无效,因为不存在法定的无效事由)。(3)【附始期的合同】比如签订租赁合同,约定明年1月1日起开始生效。该合同成立但尚未生效,待到明年1月1日起才生效。(4)【立遗嘱】遗嘱写完就是成立的,但是要在立遗嘱人死亡时才生效。因为遗嘱是死因行为,立遗嘱人死亡时遗嘱这一单方法律行为才生效。

◆ **原理:** 如何区分确定不生效和无效?①【确定不生效事由是"外部事由而非内部缺陷"】法律行为成立后,不生效,导致不生效的事由,不是因为该法律行为的致命的内部缺陷,而是因为外部原因,比如成立但生效条件不满足、比如成立但没有经过批准、比如遗嘱成立但立遗嘱人还没死亡等。②【无效事由是"内部缺陷"】法律行为成立后,无效,导致无效的事由,是因为该法律行为的致命的内部缺陷,比如存在无效事由、比如存在可撤销事由、比如效力待定合同中没有被追认、比如立遗嘱人将他人财产进行分配、比如婚姻成立后存在胁迫可撤销事由被撤销后无效。

秒杀: 民事法律行为的成立条件、民事法律行为的生效条件、民事法律行为的一般生效条件、民事法律行为的特别生效条件。

五、民事法律行为的分类

◆ **原理**：有偿民事法律行为与无偿民事法律行为，对应的是有偿合同和无偿合同。比如诺成民事法律行为与实践民事法律行为，对应的是诺成合同和实践合同。要式民事法律行为与不要式民事法律行为，对应的是要式合同和不要式合同。为什么民事法律行为的分类与合同的分类那么像？①因为民事法律行为中的核心要素是意思表示。②"意思表示"是将单方、双方、多方、决议抽取出来的"公因式"。③但是，单方民事法律行为在现实生活中占比毕竟比较少，而多方法律行为和决议也占比不多。就剩下双方民事法律行为（也就是合同）在实务中占比比较大。④所以当我们在对民事法律行为进行分类时，不经意间就成了对合同的分类。

（一）【**根据意思表示数量区分：单方、双方、多方和决议的民事法律行为**】

1.【**"3单"：单方民事法律行为**】仅由一方意思表示就能成立的民事法律行为。

◆ **原理**：为什么一个人可以说了算？①要么该行为仅涉及自己权利的处分，比如抛弃一个手表，比如抛弃一个债权。②要么该行为仅使相对方取得权利而不承担义务，比如授予代理人代理权，比如立遗嘱将财产赠给他人。③要么该行为是依照法律规定享有，比如依照法律规定享有的解除权而解除合同。④要么该行为是依照当事人约定享有，比如依照当事人约定享有的解除权而解除合同。以上种种，皆有其正当性。

(1)【**订立遗嘱的行为**】你订立遗嘱你自己做主，不需要其他人同意。

(2)【**处分权利的行为**】比如，抛弃动产所有权的行为，你抛弃你的手表由你自己做主，不需要其他人同意。还比如，免除债务的行为，你放弃你的债权由你自己做主，不需要其他人同意。再比如，授予代理人代理权限的行为，你把代理权给代理人由你自己做主，不需要代理人同意。

(3)【**行使形成权的行为**】比如，选择之债行使选择权的行为，你选择什么你做主，不需要债务人同意。还比如，抵销债务的行为，彼此欠钱到期你说抵销不需要对方同意。再比如，对效力待定合同进行追认的行为（参见"效力待定民事法律行为"部分）。又比如，解除合同的行为（参见"合同编"）。以及撤销因受胁迫而缔结婚姻的行为（参见"婚姻编"）。

2.【**"3双"：双方民事法律行为**】须双方"意思表示一致"才能成立的民事法律行为。

(1)【**合同行为**】合同行为，所谓"合同"就是"合"在一起的两个意思表示相"同"的地方，就是"合同"。

例：【**赠与须你情我愿**】甲欠乙500元到期未还，丙替好友甲向乙还了500元。丙对甲说："这500元送你了"。甲对丙讲，"我一定会还你500元"。甲向丙付了250元后，双方交恶。甲要求丙退250元，丙要求甲支付另外250元。谁的主张能成立？①丙。②丙向甲发出了赠与的意思表示，甲拒绝，丙的意思与甲的意思"合"在一起，没有相"同"，故双方的赠与合同并未成立。③赠与合同属于双方民事法律行为，故丙有权要求甲支付另外的250元。

(2)【**婚姻行为**】结婚的意思表示和离婚的意思表示，都需要双方意思表示一致，所以是双方民事法律行为。再辅之以婚姻家庭编规定的结婚登记或离婚登记，即产生结婚或离婚的法律效果，在当事人之间形成结婚或离婚的权利义务关系。

（3）【收养行为】收养的意思表示，是收养人和被收养人双方意思表示一致，所以是双方民事法律行为。再辅之以婚姻家庭编规定的收养登记，即产生收养的法律效果，在当事人之间形成收养权利义务关系。

（二）【根据当事人是否要付出对价区分：有偿合同和无偿合同】

1. 【有偿合同】（1）【定义】双方当事人各因给付而取得对价利益的行为。（2）【种类】如买卖合同、租赁合同等。所谓对价或对价利益，是按市场法则判断当事人在交易中各得其所，而不是按观念判断的绝对均等。

2. 【无偿合同】（1）【定义】当事人约定一方当事人履行义务，对方当事人不给予对价利益的行为。（2）【种类】如赠与合同、借用合同等。

◆ 原理：赠与合同是单务合同吗？是单方行为吗？①赠与合同是单务合同。②但赠与合同不是单方行为。③所谓单务合同，就是一方负有义务的合同。赠与合同中，赠与人有赠与的义务，所以赠与合同是单务合同。④但是，单务合同这词的全称是单务"双方法律行为"，因为合同都是双方法律行为。赠与合同是单务合同，这句话的准确表达是，赠与合同是单务的双方法律行为。所以赠与合同是单务合同，是双方法律行为。⑤记住，凡是合同，全部都是双方民事法律行为。

（三）【根据意思表示之外是否需要交付标的物：诺成合同和实践合同】

1. 【诺成行为】当事人一方意思表示一旦经对方同意即可成立的行为，不以标的物的交付为要件。"一诺即成"。

2. 【实践行为】（1）【定义】又称"要物行为"，除当事人意思表示一致之外，还需要交付标的物才能成立的民事法律行为。（2）【种类：保定用钱】保管合同、定金合同、借用合同、自然人之间借款合同均为实践行为，又称实践性合同。

例1：【不能诉出借人交钱】唐某同意出借500元给温某，但未交付借款，温某诉至法院要求唐某交付500元，能否获得支持？否。因为唐某和温某签订的是自然人之间的民间借贷合同，属于实践性合同，唐某尚未交付500元，故借款合同不成立。温某要求唐某交付500元，没有合同依据。

例2：【履行合同不是实践行为】唐某和温某签订买卖A手机的合同，温某却将B手机交付给了唐某。温某交付手机的行为，是否实践行为？①否。②因为所谓实践行为，是除了双方当事人意思表示一致之外，还需要交付标的物才能成立的民事法律行为，即实践行为首先必须得是民事法律行为。③出卖人交付买卖合同项下手机的行为，是履行买卖合同的义务，是一个事实行为，并非民事法律行为。④本案双方签订的买卖合同，属于双方民事法律行为，是诺成行为。

◆ 原理：如何区分签约行为与履约行为？①【签约】签约行为要观察意思表示，属于民事法律行为，是否有效，需要观察行为人是否有相应行为能力、意思表示是否真实、内容是否合法。②【履约】履约行为不需要观察意思表示，属于事实行为，事实行为不存在是否有效问题。如果履约行为不符合约定，构成违约；符合约定，则不构成违约。履约行为不考虑行为能力、不考虑意思表示、也就不存在有效或无效的问题。③【签约是否有效】因此，当我们问某个双方法律行为是否有效时，必然是问的是该签约行为，而不可能是问履约行为。履约行为不存在是否无效问题。有效的签约行为是有效民事法律行为，此后才存在评价履约行为是否符合约定，以此判断是否发生违约责任。④签约行为（民事法律行为），效力问题；履约行为（事实行为），违约问题。⑤合同有效，是判断违约责任的前提。

秒杀1：实践性合同。"保（保管合同）、定（定金合同）、用（借用合同）、钱（自然人之间借款合同）"。

秒杀2：实践性合同不能诉"交付"，可以诉"返还"。

（四）【根据法律行为是否必须采用特定形式作区分：要式行为和不要式行为】

1.【要式行为】（1）【定义】必须依照法律规定的形式实施的行为。（2）【种类】比如立遗嘱，立遗嘱人必须严格依照继承编规定的形式实施方能发生法律效力。比如结婚，婚姻当事人必须到民政部门办理登记方能发生法律效力。

2.【不要式行为】（1）【定义】不拘形式的民事法律行为，即当事人可以自由决定行为的形式，只要该行为意思表示合法，行为即可生效。（2）【种类】比如当事人签订买卖合同，不是必须采用书面形式。

秒杀：不要式为原则，要式为例外。为了鼓励交易，避免形式繁琐。

（五）【德国法的分类：负担行为和处分行为】帮助我们理解中国法"物债两分"的区分原则。

1.【负担行为】（1）以发生债权债务为内容的民事法律行为，又称债权行为。（2）负担行为是令义务人负担一项义务，是物权变动的原因。（3）<u>如房屋买卖合同</u>。

2.【处分行为】（1）直接使权利发生、变更或消灭的民事法律行为，又称物权行为。（2）处分行为是针对一项既存权利的处分，是物权变动的结果。（3）如基于房屋买卖合同而发生的房屋<u>过户登记行为</u>本身被视为一个民事法律行为（物权行为）。

例1：【德国法上的负担行为与处分行为】甲、乙双方签订了房屋买卖合同，后甲将房屋过户给了乙，乙成为房屋所有权人。<u>从负担行为与处分行为角度怎么评价？</u>①甲、乙签订的合同，这是负担行为，是转移房屋所有权的原因。②甲、乙办理房屋过户手续，这是处分行为，是转移房屋所有权的结果，将房屋过户登记行为视为一个单独的民事法律行为。

例2：【德国法上的负担行为与处分行为】甲、乙双方签订了电脑买卖合同，后甲将电脑交付给了乙，乙成为电脑所有权人。<u>从负担行为与处分行为角度怎么评价？</u>①甲、乙签订的合同，这是负担行为，是转移电脑所有权的原因。②甲向乙交付电脑，这是处分行为，是转移电脑所有权的结果，将电脑交付行为视为一个单独的民事法律行为。

3.【负担行为与处分行为有哪些存在形态】（1）既有负担行为也有处分行为，如甲乙签订买卖房屋的合同（该合同是负担行为），同时转移房屋所有权（该所有权转移是处分行为）。（2）仅有处分行为而无负担行为。如所有权抛弃。（3）只有负担行为而无处分行为，比如雇佣。

◆**原理**：为什么区分负担行为与处分行为的功能也是有限的？①负担行为和处分行为不能囊括所有的民事法律行为。比如撤销、解除等形成权的行使行为虽然是民事法律行为，但其标的并不是权利义务本身，因此难以归入负担行为或处分行为的分类中去。②负担行为和处分行为仅仅是从一方当事人来定义的。负担行为是对义务人来说的，如从权利人角度，则是取得行为；处分行为是从处分权人角度来说,如从相对人角度,则相对人不存在所谓"处分"问题。

4.【在同时存在负担行为和处分行为的场合,区分负担行为和处分行为的意义是什么】负担行为不要求行为人有处分权、不要求公示、不要求标的物特定化、没有排他性。处分行为要求行为人有处分权、要求公示、要求标的物特定化、有排他性。

例:【多重买卖】甲将同1个电脑,签订了3个买卖合同,分别卖给乙、丙、丁。最后实际交付电脑给了丁。如何评价其中的负担行为和处分行为?①【负担行为】负担行为就是3个买卖,卖1、卖2、卖3,这3个买卖合同就是3个负担行为,就是让卖方负担交付电脑的义务,这叫"多重买卖",多重买卖本身不影响合同效力即不会导致合同无效。②【处分行为】但是,就电脑所有权转移而言,最后只有1个人可以获得所有权,因为卖方需要交付电脑给某1个买方,取得交付的人就取得电脑所有权。③【诉违约】其他没有买到电脑的人可以诉卖方承担违反合同的违约责任。

◆ 原理:为什么区分负担行为与处分行为有助于理解交易过程?①负担行为使人负担义务,仅具有相对效果。一个人可以承担任意多次义务,虽然他无法履行所有这些义务。②处分行为具有分配属性,其后果改变财物的归属,其效果可以对抗任何人。一个人仅能进行一次处分行为,因为一旦转让权利,就丧失了该项权利,不再具有处分权。③一个人可以多次出卖同一物(负担行为),出卖人对每一个买受人都负有转移物的所有权并交付物的义务,虽然他只有能力履行一次这样的义务。④这种区分对于解释现实生活中的多重买卖交易具有一定的价值。

5.【中国法的"物债二分思维"】(1)【合同:"债"】合同效力根据民事法律行为效力要件来判断。(2)【物权:"物"】因为合同发生的物权变动(物权的设立、变更和消灭)则根据"基于法律行为的物权变动来判断"。

◆ 原理:什么是中国法的物债二分思维?①物债二分的意思就是区分物权变动和债权变动,我们称之为区分原则。②区分原则意思是将合同效力与物权变动进行区分:合同效力依据合同规则来处理,物权变动依据物权规则来处理。

例:甲乙签订房屋(不动产)买卖合同、甲乙签订电脑(动产)买卖合同,甲过户了房屋(或交付了电脑)给乙,乙支付了价款(或未支付价款)。如何从"物债二分"角度观察这一现象?①【"债"】从合同层面观察买卖合同的效力依据《民法典》第143条规定来处理。《民法典》第143条规定有效民事法律行为3要件包括:"当事人有相应民事行为能力、意思表示真实、内容合法"。②【"物"】从物权变动层面观察物权是否变动(买方是否取得房屋或电脑),其规则需要遵循《民法典》物权编第215条(不动产物权变动)、第224条(动产物权变动)规定,看房屋是否办理了过户登记、电脑是否完成了交付,不考虑乙是否支付价款(因为是否支付价款是乙的合同义务履行问题,不涉及物权变动)。③在中国法视野下,没有把房屋过户登记、电脑交付本身视为物权行为(不考虑意思表示),而是这么认为的:从合同角度看,他们是履行合同的行为;从物权角度看,他们是物权变动的"公示"方法。④在中国法视野下,已经交付了电脑、过户了房屋,但是买方尚未付款,物权角度看,所有权已经转移给了买方;从合同角度看,买方构成违约。这就是"物债二分"思维。

秒杀1:【合同效力看"143"】合同是双方民事法律行为,其有效需要具备《民法典》第143条规定的3要件,即当事人具有相应行为能力、意思表示真实、内容合法且不违反法律、行政法规的效力性强制性规定、不违反公序良俗。(简称"143")

秒杀2:【物权变动看"基3"】基于合同发生的物权变动，需要具备3要件，行为人有处分权、法律行为即合同有效、完成公示。可见，合同有效是基于合同发生的物权变动3要件之一。(简称"基3")

秒杀3:【过户和交付】不动产登记、动产交付，在合同上属于合同履行行为（事实行为）；在物权上属于物权"公示"的方法。

第二节　有效民事法律行为

一、典型的有效民事法律行为之1：无权处分的合同和无权出租的合同

（一）【无权处分合同的效力】(《民法典》第597条)

1.【该合同效力不受无权处分的影响】

因出卖人未取得处分权致使标的物所有权不能转移的，买受人可以解除合同并请求出卖人承担违约责任。

```
老婆（所有人）            老公（无权处分人）
                          ↕ 无权处分他人之物的买卖合同
静态财产归属              第三人（购买人）：动态交易安全
```

例:【无权处分合同之买方救济】甲将乙的货物无权处分出卖给丙，后甲收款后未交货，丙如何救济？①【有效】该合同效力不受无权处分影响，因不存在合同无效事由，故合同有效。②无论丙对于甲的无权处分是否知情，只要丙是一个真实的正常的交易相对人，该合同效力都不受无权处分的影响。③因为一个正常的人会对于甲将来从乙处取得货物交付给自己产生合理的信赖，这种交易安全应该获得保护。④【解除和违约责任】丙可请求解除买卖合同并要求甲承担违约责任。

```
乙（所有权人）        甲（无权处分人）
                      ↕ 无权处分他人之物的买卖合同
                      丙（购买人）
```

◆ **原理**：为什么无权处分不影响合同效力？(1)【合同成立阶段】合同成立并生效的法律后果是出卖人负有将权利客体即买卖标的物交付买受人的义务。此阶段，权利客体即买卖标的物的所有权并不发生变化，即买卖标的物的所有权仍为原权利人所有。(2)【合同履行阶段】标的物所有权发生变化是在合同履行阶段，即出卖人将买卖标的物移转给买受人，买受人予以接受。标的物是动产的，应交付，标的物是不动产的，应依法登记。(3)【合同成立阶段才讨论合同效力问题】买卖合同的效力问题发生于合同订立阶段而非合同履行阶段。因为合同成立阶段仅解决转移所有权的义务能否设定问题，而不实际转移所有权，故出卖人对所买卖之物是否有所有权或处分权对出卖人是否承担该转移所有权的义务并无影响。(4)【有权处分或无权处分，是合同履行阶段要解决的问题】出卖人有无处分权，其法律后果体现在买卖合同履行阶段，而非合同成立阶段，故所谓有权处分还

是无权处分，应是合同履行阶段而不是合同订立阶段需要解决的问题。（5）【如果以履行阶段来判断合同效力会导致架空"诺成合同"】以合同履行阶段的处分行为是有权还是无权来判断合同的效力，相当于将实践中大量存在的诺成合同当成了要物合同，将大多数合同的效力置于非常不确定的状态。

2.【追认后成为有权处分的合同】

(1)【追认】如果原权利人追认了无权处分的合同，该合同变成有权处分的合同，可以继续履行。

(2)【有权处分启动"基"3】在该合同履行后，对方要取得货物所有权，需要满足"基于法律行为发生的动产物权变动"的3要件（简称"基3"）

乙（所有权人）　　甲（无权处分人）
追认　　　　　　　↕ 无权处分的合同变成有权处分的合同
　　　　　　　　　丙（购买人）

例：【无权处分合同被追认之"基3"】甲将乙的货物无权处分出卖并交付给丙，后乙对该合同进行追认，则该合同是毫无瑕疵的合同，丙取得货物所有权吗？①丙属于基于法律行为（合同）取得货物所有权。②不论丙是否付款，都不影响丙取得货物所有权。③因为"基3"需要3要件，即甲有权处分（被追认所以属于有权处分）、法律行为有效（合同有效）、完成公示（完成转移）。④故丙属于基于法律行为取得货物所有权。

3.【没有追认则仍然是无权处分合同】

(1)【不追认】如果原权利人不追认无权处分的合同，该合同仍然属于无权处分的合同，合同效力不受无权处分的影响。

(2)【合同未履行：买方不能诉继续履行】如果出卖人还没有主动履行完毕，则买方诉继续履行不能获得法院支持，只能要求解除合同请求无权处分人赔偿。

(3)【合同已经履行：检讨买方是否构成善意取得】如果出卖人已经主动履行完毕，则一旦满足"善意取得"构成要件，则买方能够基于善意取得成为物权人。基于善意取得成为物权人，我们称之为"非基于法律行为发生物权变动"的4要件（简称"非基"之善意取得）

乙（所有权人）　　甲（无权处分人）
不追认　　　　　　↕ 无权处分他人之物的买卖合同
　　　　　　　　　丙（购买人善意取得：善意、价格合理、完成公示）

例：【无权处分合同未被追认之"非基的善意取得"】甲将乙的货物无权处分以市价出卖并交付给不知情的丙，后乙对该合同不追认，则该合同是无权处分的合同，丙是否取得货物所有权？①需要检讨丙是否构成《民法典》第311条规定的"善意取得"，才能判定丙是否取得所有权。②甲是无权处分（要件1）、合同约定价格合理（要件2）、丙善意不知情（不知道甲在无权处分）（要件3）、完成公示（占有转移）（要件4），则丙善意取得货物所有权。③因为"非基的善意取得"需要4要件：甲无权处分、价格合理、购买人丙不知情，丙取得占有，则丙善意取得所有权。

(二)【无权出租的合同有效】

举重以明轻，无权处分他人之物的买卖合同不受无权处分影响，那么无权出租他人之物的租赁合同更加不受无权出租的影响（《民法典》第716条）。

例：【无权出租他人设备】甲将设备出租给乙，乙擅自转租给丙。乙、丙转租合同效力如何？①该转租合同不因乙擅自转租而无效。②因为租赁合同让渡的是使用权，不要求转租人是所有权人。

二、典型的有效民事法律行为之2：多重买卖的合同

(一)【多重买卖合同有效】出卖人就同一标的物签订2个或2个以上合同，属于多重买卖。多重买卖不影响合同效力。后手买方对前1买卖的知情，不构成恶意串通。

例1：【同一出卖人卖自己的】甲将自己的手表卖给乙，又将该表卖给丙。①甲乙买卖合同有效。②甲丙买卖合同有效。无法取得手表所有权的人可要求卖方甲承担违约责任。

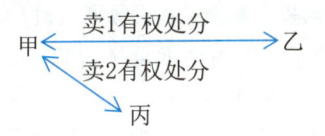

```
         卖1有权处分
    甲 ←──────────→ 乙
         卖2有权处分
          ↘
            丙
```

例2：【同一出卖人卖别人的】甲将乙的手表卖给丙，又将该手表卖给丁。①甲丙买卖合同、甲丁买卖合同，既属于无权出卖他人之物的合同，又属于多重买卖合同。②该2个合同均不因无权出卖他人之物而无效，也不因多重买卖而无效。

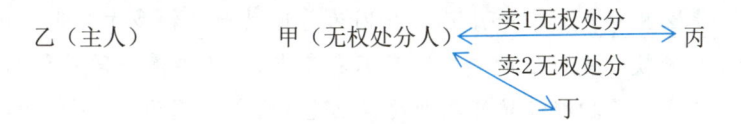

```
                        卖1无权处分
  乙（主人）   甲（无权处分人）←──────────→ 丙
                        卖2无权处分
                          ↘
                            丁
```

例3：【不同出卖人】甲将自己的手表卖给乙，丙以自己名义又将该手表卖给丁。①甲乙买卖合同有效。②丙丁无权处分的买卖合同有效。③丙不是所有权人，故丙、丁合同还属于无权出卖他人之物合同。

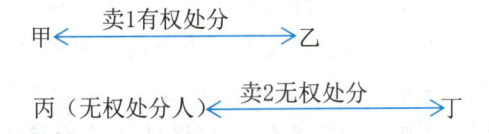

```
         卖1有权处分
    甲 ←──────────→ 乙

                  卖2无权处分
  丙（无权处分人）←──────────→ 丁
```

◆ **原理：** 为什么多重买卖合同有效？①出卖人将同一标的物卖2次甚至3次，固然可恶。②但是，从市场经济角度，第二个买家之所以愿意出价更高，作为理性经济人，他肯定考量到这个东西在他手里可以发挥更大的价值，所以才愿意出更高的价格购买。③如此一来，这个东西就去到了最能实现它价值的地方，这就是市场在配置资源。④因此，法律上确定多重买卖合同有效，底层逻辑

是遵循市场配置资源。⑤当然，出卖人需要面对自己应当承担的违约责任。

(二)【普通动产多重买卖履行排序："交"、"钱"（交钱不在多少，而在先后）、"先"】

1.【多重买卖合同有效】出卖人卖同1电脑给3个人。这3个合同都有效。

2.【交】先看交付，取得交付的人取得电脑所有权。因为物权优先于债权。

3.【钱】都没有交付，再看谁交钱在先，先交钱的人可以请求出卖人交付电脑，继续履行合同。

4.【先】都没有交付，也都没有交钱，最后看合同成立时间先后，合同成立在先的人可以请求出卖人交付电脑，继续履行合同。

5.【诉解除和违约】以上流程中，无法取得电脑所有权的人，可以诉请解除合同，并要求出卖人承担违约责任。

◆ 原理：为什么先看交付？而不是先看付款？①"物权优先于债权"，根据民法原理，"物权具有优先于债权的效力"。②因为根据物权变动规则，先取得交付的人，成为物权人。而先付款的人，只是债权人，可请求出卖人承担违约责任。③动产买卖合同中，我们看谁是物权人，看的是谁取得了占有，买方取得占有，相对于出卖人来讲，就是出卖人完成了交付。④通俗地讲，我们淘宝下单买东西，我们看一个人是不是取得物权，看的是是否收到快递。⑤当我们看到有人在拆快递的时候，我们第一反应即默认这个东西是他的，因为他取得了占有，出卖人完成了公示，即完成了交付。⑥我们不会认为"他在帮我拆快递"，更加不会认为全天下人都在"为我拆快递"。⑦当我们看到别人拆快递时，我们自然而然的反应就是这个快递是他的，这就是因为我们对于"占有"这个公示产生的信赖发生了作用。⑧谁先拿到，谁先形成一种稳定的秩序。

秒杀：普通动产多重买卖的排序方法："交"、"钱"、"先"。

例1：【出卖"手表"=交、钱、先】甲将手表先卖给乙，后卖给丙，再卖给丁，先后签订了3个买卖合同。甲将手表交付给了丁，丙先付了一半钱，乙后付了全款。关于3个合同的履行，怎么排序？①丁>丙>乙。②因为普通动产一物多卖，先看谁先受领交付；③再看谁先行支付价款（支付价款看先后而不看多少）；④再看合同签订的先后。⑤得不到手表的买方可诉卖方承担继续履行之外的其他违约责任。因为3个合同都有效。

例2：【出卖他人"电脑"=交、钱、先】顺风电器租赁公司将一台电脑出租给张某，租期为2年。在租赁期间内，张某谎称电脑是自己的，分别以市价与甲、乙、丙签订了3份电脑买卖合同并收取了三份价款，但张某把电脑实际交付给了乙。3个合同效力如何？①张某非电脑所有权人，其出卖为无权处分，但其与甲、乙、丙签订的合同仍然有效。②张某是合法占有人，其与甲、乙、丙签订的合同有效。③乙接受了张某的交付，取得电脑所有权。④张某不能履行对甲、丙的合同义务，应分别承担违约责任。

例3：【出卖"挖掘机"=取决于是履带式挖掘机还是轮式挖掘机：如果是履带式挖掘机，适用"交、钱、先"规则；如果是轮式挖掘机（属于交通工具，可以上路行驶），适用"交、记、先"规则】甲为出售一台挖掘机分别与乙、丙、丁、戊签订买卖合同，具体情形如下：2016年3月1日，甲胁迫乙订立合同，约定货到付款；4月1日，甲与丙签订合同，丙支付20%的货款；5月1日，甲与丁签订合同，丁支付全部货款；6月1日，甲与戊签订合同，甲将挖掘机交付给戊。上述买受人均要求实际履行合同，就履行顺序产生争议。履行顺序是什么？①戊>丙>丁>乙。②题干未交代登记问题，反推是履带式挖掘机，启动"交、钱、先"排序规则。

◆ **原理**：如果都没受领交付，也都没支付价款，仅看合同先后，会存在什么风险？①因为此时只能看合同成立的先后，成立在先的合同，买方可以要求卖方继续履行。②合同在什么时候签订这个事情需要证据来证明，而书面合同这种证据可以用来说明合同内容，但却无法证明合同签订的真实时间，即可能会"倒签"。比如本来是10月1日签订的合同，当事人可能会重新拟定一份合同，注明是1月1日签订。③如此一来，到底谁优先，决定权将在卖方手里，即卖方来决定和谁配合倒签时间。④当然，如果一旦查明存在倒签时间问题，则属于恶意串通损害他人利益无效。⑤不过，这个事情很难查明。

（三）【**特殊动产多重买卖履行排序**："交"、"记"、"先"】特殊动产：汽车、轮船、飞机。

1. 【多重买卖合同有效】出卖人卖同1汽车给3个人。这3个合同都有效。

2. 【交】先看交付，取得交付的人取得汽车所有权。取得交付的人可诉取得过户的人变更过户手续。

3. 【记】都没有交付，再看谁取得汽车的过户登记，先取得汽车过户登记的人可以请求出卖人交付汽车，继续履行合同。

4. 【先】都没有交付，也都没有过户，最后看合同成立时间先后，合同成立在先的人可以请求出卖人交付汽车，继续履行合同。

5. 【诉解除和违约】以上流程中，无法取得汽车所有权的人，可以诉请解除合同，并要求出卖人承担违约责任。

秒杀：特殊动产多重买卖的排序方法："交"、"记"、"先"。

例：【出卖"汽车"=交、记、先】甲将汽车（船舶、航空器）先卖给乙，后卖给丙，再卖给丁，先后签订了3个买卖合同。甲将汽车交付给了丁，过户给了丙，乙交付了全款。关于3个合同的履行，怎么排序？①丁>丙>乙。②因为汽车（船舶、航空器）属于特殊动产，特殊动产一物多卖，先看谁受领交付。③再看谁取得所有权转移登记手续。④再看合同成立的先后。⑤这里不看付款的先后。⑥受领交付的人，可以请求取得过户的人将汽车所有权过户登记在自己名下。⑦得不到汽车的买方可诉卖方承担继续履行之外的其他违约责任，因为3个合同都有效。

（四）【**一房多租="交"、"记"、"先"**】

1. 【多重租赁合同有效】出卖人把同一房屋租给3个人。这3个合同都有效。

2. 【交】先看交付，取得交付的人取得租赁权。

3. 【记】都没有交付，再看谁将房屋租赁合同做了备案登记，先完成备案登记的人可以请求出租人交付房屋，继续履行合同。

4. 【先】都没有交付，也都没有将房屋租赁合同做备案登记，最后看合同成立时间先后，合同成立在先的人可以请求出租人交付房屋，继续履行合同。

5. 【诉解除和违约】以上流程中，无法取得房屋租赁权的人，可以诉请解除合同，并要求出租人承担违约责任。

秒杀：1房多租的排序方法："交"、"记"、"先"。

例：【1房多租＝交、记、先】甲将同一房屋先出租给乙，后出租给丙，再出租给丁（或者甲将1房先出租给乙，后出租给丙，丙经甲同意转租给丁），存在3个租赁合同。甲将房屋交付给了乙，与丙办理了备案登记手续。关于3个合同的履行，怎么排序？①乙>丙>丁。②因为出租人就同一房屋签订数份租赁合同，承租人均主张履行合同，按照下列顺序确定履行合同的承租人：第一，已经合法占有租赁房屋的；第二，已经办理登记备案手续的；第三，合同成立在先的。③不能取得租赁房屋的承租人有权请求解除合同、赔偿损失。

(五)【城镇建设用地使用权一地多卖＝登记>占有>付款>合同＝"登记"＋"交钱先"】

1.【多重土地买卖合同有效】出卖人卖同1土地使用权给3个人。这3个合同都有效。

2.【登记】先看登记，取得登记的人取得土地使用权。

3.【交】都没有登记，再看谁合法占有投资开发土地，先占有的人可以请求履行土地使用权变更登记等合同义务，继续履行合同。

4.【钱】都没有登记，都没合法占有投资开发土地，先支付土地转让款的人可以请求出让人交付土地和过户土地使用权等合同义务，继续履行合同。

5.【先】都没有登记，都没合法占有投资开发土地，都没付款，合同成立在先的买方可请求继续履行合同。

6.【诉解除和违约】以上流程中，无法取得土地使用权的人，可以诉请解除合同，并要求出租人承担违约责任。

秒杀：1地多卖的排序方法："登记"、"交"、"钱"、"先"。

例：【1地多转＝登记+交、钱、先】甲开发企业将A地使用权先转让给乙，又转让给丙，后又转让给丁，最后再转让给戊，先后签订了4个土地使用权转让合同。甲企业将A地使用权过户给了丁，交付给了丙，乙支付了全部转让款。关于4个合同的履行，怎么排序？①丁>丙>乙>戊。②未能取得土地使用权的受让方有权请求解除合同、赔偿损失。

(六) 一房数卖呢？无具体法律依据，但可参照建设用地使用权多卖处理。

典型有效民事法律行为
①无权处分的合同
②无权出租的合同
③多重买卖的合同
④法人签订一般超越经营范围的合同有效
⑤侵害房屋承租人优先购买权的房屋买卖合同有效

三、【内部有效但不能对抗第三人的民事法律行为】合同约束内部直接当事人，但不能对抗合同之外的第三人。

(一)【经同意转租但期限超出】经同意转租坚持相对性，转租期限不得超过剩余期限，超过部分对出租人不发生效力。(《民法典》第717条)

例：【转租期≤原剩余租期】甲将房屋出租给乙为期3年，1年后经甲同意，乙将房屋转租给丙，转租期间为3年。如何评价转租合同的效力？①转租期超过原租期的部分对出租人不发生效力。②经出租人同意，乙丙转租合同有效。③乙丙转租合同超过原租赁合同期间的部分约束乙丙双方当事人，不约束出租人甲。

```
        出租合同1年
甲 ←——————————→ 乙
                  ↑
                  │转租合同3年（"多出的2年"：
                  │内部有效，不对抗甲）
                  ↓
                  丙
```

（二）【退伙协议内部结算】退伙协议约定债务分担比例，内部有效，但不得对抗合伙债权人。清偿合伙债务超过自己应当承担份额的合伙人，有权向其他合伙人按份追偿。（《民法典》第973条）

例：【退伙分手】甲、乙、丙签订合伙协议，经营餐馆"湘菜公主"，眼见亏损日益严重，甲提出退伙，乙丙同意，三方约定甲负责10万元债务，乙丙向甲出具"甲的合伙债务清偿完毕"的字据。"湘菜公主"对A公司负债30万元。如何评价"字据"？①对甲、乙、丙内部有效。②对"湘菜公主"债权人不发生效力，甲仍需负连带责任。③甲负担30万元后，可向乙追偿15万元，向丙追偿15万元。

```
甲⎫
乙⎬ ←——负债30万—— A公司：找甲、乙、丙连带
丙⎭
```

（三）【离婚协议"净身出户"】离婚协议中约定夫妻共同债务由一方承担，该约定对内有效，但不得对抗夫妻的债权人。（《民法典》第1089条）

例：【离婚出户】甲、乙协议离婚，约定夫妻共同债务全部由甲全部承担。离婚后，夫妻共同债权人丙要求乙承担债务，乙拒绝。乙的主张是否成立？①否。②甲、乙协议离婚约定由甲承担全部夫妻共同债务，对甲、乙有效。③但对债权人丙不发生效力。④乙向丙承担全部债务后，可以全额向甲追偿。

```
甲
│净身出户    债权人：找甲、乙连带
乙 ←————————
```

（四）【企业分立】企业分立，协议约定由一方承担债务，该约定内部有效，但不得对抗企业的债权人。（《民法典》第67条）

例：【企业分立】甲企业分立为乙企业和丙企业，分立协议约定，甲企业债务均由乙企业承担。甲企业债权人丁要求丙企业承担，丙企业拒绝。丙企业的主张是否成立？①否。②分立协议约定对乙企业和丙企业有效，但不得对抗丁企业。③丙企业承担责任后，可全额向乙企业追偿。

```
              乙企业
             ↗      ↘
        甲企业          甲企业债权人丁
             ↘      ↗
              丙企业
```

第三节　无效民事法律行为

```
①主体瑕疵：无民事行为能力人实施的民事法律行为无效
                         ┌ ①虚假意思表示的民事法律行为无效
②意思瑕疵：双方通谋虚伪表示┤
                         └ ②隐藏的民事法律行为效力依法确定
           ┌ ①违反法律、行政法规的强制性规定的民事法律行为无效
③内容瑕疵 ┤ ②违背公序良俗的民事法律行为无效
           └ ③行为人与相对人恶意串通，损害他人合法权益的民事法律行为无效
```

◆ **原理**：《民法典》为什么要将导致民事法律行为无效的事由进行限定？①【法定】"无效事由法定"，类似于刑法的"罪刑法定"、物权的"物权法定"。②【意思自治】因为民事法律行为体现了意思自治，即法律要尊重当事人的意思表示，意思自由。"意思自治"是民法的至高原则，所以，如果宣告一个民事法律行为无效，意味着彻底地否定了意思自治。因此，《民法典》要将无效民事法律行为的无效事由进行限定。③【鼓励交易】如果宣告一个双方民事法律行为（合同）无效，还意味着在摧毁交易，也与民法的另一项至高原则即"鼓励交易"相违背。

一、无效民事法律行为的性质和效果

（一）【无效民事法律行为的性质】

因欠缺民事法律行为生效条件而自始和当然的不发生行为人意思之预期效力的民事法律行为。如无效合同、无效遗嘱。

1.【自始无效】无效民事法律行为一旦被确认无效，将产生溯及力，自始无效，以后也不能转化为有效民事法律行为。

2.【当然无效】法院和仲裁机构不待当事人请求确认民事法律行为无效便可以"依职权主动审查"其是否具有无效因素。如发现民事法律行为属于无效，便主动地确认其无效。当事人诉请确认无效，不适用诉讼时效。

例：【民间借贷】甲参加一个民间借贷诉讼，法官问，出借人资金哪里来的，甲回答说：这是当事人隐私，法官说这不是隐私。*为什么？* 因为当事人把资金来源说清楚，法院才可以弄明白是否从银行套取贷款放贷，如果是则合同无效。法官的提问，是在主动审查合同效力。

（二）【无效民事法律行为的效果】

无法履行、无法解除、不发生约定效果、发生法定效果、解决争议的条款有效。

1.【无法履行】无效民事法律行为不得实际履行,如允许履行,则意味着允许当事人实施不法行为。

例:【买卖毒品合同】甲、乙签订买卖毒品的合同,如果该合同有效,则意味民法典支持买卖毒品,鼓励当事人实施不法行为。

2.【无法解除】无效民事法律行为不得"解除",因为当事人之间本来就不存在有效民事法律行为,故不存在解除问题。

例:【无效婚姻】甲、乙重婚,无效。如果允许甲、乙去离婚,则意味着认为其婚姻有效,因为有效婚姻是离婚的前提。

3.【不发生约定效果】不发生当事人约定的法律效果,即无效民事法律行为的无效,是意思表示无效,而非该行为完全没有任何法律后果。

例:【买卖违章建筑合同无效】甲、乙签订买卖违章建筑合同无效,即双方关于一方转移违章建筑所有权,对方支付价款的约定无效。但是,如果一方已经交了钱,收款方还是要退的,因为合同无效,其取得价款属于不当得利,需要返还不当得利,该返还效果就是依照法律规定发生的效果。

4.【发生法定效果】既然当事人之间不发生约定效果,就只能发生法定效果。合同不成立、无效、被撤销或者确定不发生效力,与合同无效的法律效果一样。(《民法典合同编通则解释》第24、25条)

(1)【返还财产:无须过错】民事法律行为无效,行为人因该行为取得的财产,应当予以返还,这是物权请求权。①【破债权】被告的财产不足以清偿全部债权时,原告能够优先于其他债权人获得财产返还。②【破破产:取回权,不用排队】被告是企业法人,其破产时,原告享有取回权,该财产不是破产财产范围。③【破执行】被告的其他一般债权人在执行待返还的财产时,已经付款的原告可以基于物权请求权对抗一般债权人的执行。

(2)【折价补偿:无须过错】不能返还或者没有必要返还的,应当折价补偿。法院应当以合同被认定无效之日("判决时点")该财产的市场价值为基准判决折价补偿。这是不当得利请求权。①【折价补偿是返还财产的顶替】返还财产性质上属于物权请求权,在财产不能返还或者当事人认为没有必要返还时,则转化为不当得利请求权性质的折价补偿。②【不能同时主张】可见,折价补偿是返还财产的代替,二者只能择一行使,不能同时行使。③【法定抵销】租赁合同无效,出租人要返还多收取的租金,承租人要返还无权占有租赁物期间的使用费,他们构成对待给付,都是金钱之债,可以在对等额度内法定抵销。

例1:【施工合同无效的折价补偿】建设工程施工合同无效,但建设工程经竣工验收合格,施工人有权请求发包人即开发商参照合同约定支付工程价款。

例2:【房屋租赁合同无效的法定抵销】房屋租赁合同无效,出租人有权请求承租人参照合同约定的租金标准支付房屋占有使用费,承租人有权请求出租人返还多付出的租金,这两者可以法定抵销。

(3)【过错赔偿:需要过错】①【单方过错单方赔偿:缔约过失责任请求权】有过错的一方应当赔偿对方由此所受到的损失。如欺诈或者胁迫订立合同被撤销给对方造成损害，有过错的一方除了承担返还财产或折价补偿的法律责任外，还要赔偿给无过错一方造成的损失。②【双方过错双方赔偿：缔约过失责任请求权】各方都有过错的，应当各自承担相应的责任。受害人对损失的发生或者扩大也有过失，法院可以双方的过错程度确定各自应当承担的赔偿责任。

◆ **原理**：既然返还财产或折价补偿了已经考虑到了财产增值、贬值，原告就不会有损害，为何还存在过错赔偿？①买卖小产权房的合同无效，当事人请了律师签订合同，支付了1万元的律师费。②这就是缔约支出的费用，不能被返还财产或折价补偿所覆盖，因此需要过错赔偿。

（4）【违禁品要收缴而不能返还】以违禁品买卖为例，买卖合同标的是法律禁止交易的野生动物及制品，买卖合同显然违反法律、行政法规的强制性规定而无效，此时，双方交易的野生动物及制品及由此产生的违法所得则应根据《野生动物保护法》等法律的规定予以没收，而不是返还给合同当事人。由法院向有关机关提出司法建议。

5.【解决争议的条款有效】合同不生效、无效、被撤销或者终止的，不影响合同中有关解决争议方法的条款的效力。(《民法典》第507条)

例：【违建出租合同无效】甲、乙签订违建房屋出租合同，约定合同发生争议应提交仲裁。该合同无效，是否影响仲裁条款的效力？①否。②当事人发生争议，应去仲裁委员会仲裁，而不能去提起诉讼。③我们称之为"仲裁排斥司法管辖"：当事人约定将争议提交仲裁，即存在仲裁条款，则法院不再管辖此争议。

二、无效民事法律行为的类型："无双二公子"

（一）【无民事行为能力人实施的民事法律行为无效】(《民法典》第144条)

例：【爷爷不能直接赠贵价表给孙子】甲的爷爷将10万元手表赠送给6周岁的甲，该赠与合同效力如何？①无效。②如甲要受赠，必须由甲的监护人代为实施，与甲的爷爷签订赠与合同。③因为无民事行为能力人签订纯受益的赠与合同是无效的。④只有限制民事行为能力人可签订纯受益的赠与合同。⑤简言之，无民事行为能力人实施的一切民事法律行为都是无效的。

（二）双方通谋虚伪表示的民事法律行为无效

1.【什么是双方通谋虚伪表示】行为人与相对人都知道自己所表示的意思并非真意，通谋做出与真意不一致的意思表示。(《民法典》第146条)

（1）【双方通谋虚伪表示无效】行为人与相对人以虚假的意思表示实施的民事法律行为无效。

◆ **原理**：为什么双方通谋虚伪表示的民事法律行为无效？（1）【认定无效符合双方当事人的期待】在以虚假意思表示订立的合同中，合同双方都知道自己所表示的意思并非真意，通谋作出与真意不一致的意思表示，合同双方均不希望合同能够真正发生法律上的效力，均不愿意按照该合同确定双方的权利义务关系。（2）【如果认定有效会违反意思自治】之所以对通过虚假表示实施的民事法律行为的效力予以否定是因为当事人所谓"意思表示"所指向的法律效果并非双方当事人的内心真意，双方对此相互知晓，如果认定其为有效，有悖于意思自治原则，法律认定其无效，反而维护了社会公共秩序。

（2）【隐藏民事法律行为依法处理】以虚假的意思表示隐藏的民事法律行为的效力，

依照有关法律规定处理。①【无效】如果隐藏合同为了规避《民法典》第153条第1款的强制性规定，则隐藏的合同无效】。②【未生效】如果隐藏合同为了规避《民法典》第502条的报批，则隐藏的合同未生效】。③【有效】如果隐藏合同合法，那么按照有效处理。如有违法行为，法院会向行政机关提出司法建议。比如当事人在房屋买卖中利用隐藏的合同规避税收征管，则隐藏的合同有效，法院向税务机关提出司法建议，按照隐藏的合同价格补交税款。④【可撤销】如果隐藏合同本身为可撤销的合同，那么按照可撤销的合同处理。⑤【效力待定】如果隐藏合同是由无权代理人签订，那么按照效力待定的合同处理。

2.【双方通谋虚伪表示情形1：有2个合同】当事人之间存在2个合同，其中1个叫黑合同，另外1个叫白合同，就是实践中常见的"阴阳合同""黑白合同""抽屉协议"等。

例：【房屋买卖合同中的黑白合同】当事人之间就转让同一房屋先后分别签订数份买卖合同，登记备案是一份合同，实际履行是另一份合同，两份合同中关于房屋价款、履行方式等约定内容不一致。如何处理？①当事人备案的合同故意订立虚假价格，可能出于避税目的，也可能是为了提高贷款额度等。②备案合同并非双方的真实意思，应当认定该合同无效。③被隐藏的合同是当事人真实意思表示的合同，如果没有其他无效情形，该合同有效，当事人应当依据该合同约定继续履行。④当事人在房屋买卖中存在规避税收征管、骗取贷款额度等行为的，人民法院在案件审理中应当一并建议相关行政主管部门予以处理。

3.【双方通谋虚伪表示情形2：只有1个合同】当事人之间存在1个合同，看上去是A意思表示，实际上是B意思表示。例如，在名为融资租赁、实为借贷中，看上去这个意思表示是融资租赁，实际上这个意思表示是民间借贷。

例1：【双方通谋虚伪表示之"人情关系"】甲在诸多朋友之间，与乙交情最深，准备赠乙手表。为避免人情困扰，因此与乙假装作成买卖。后甲乙交恶，甲要求乙支付购买款，乙拒绝。<u>甲的主张能否成立？</u>①否。②甲、乙之间买卖合同属于双方通谋虚伪表示，因当事人并无买卖的真实意思表示，故买卖合同无效。③甲、乙之间隐藏的民事法律行为是赠与合同，该赠与合同有效。

例2：【双方通谋虚伪表示之"借款"与隐藏赌债】甲欠乙赌债10万元。乙将该赌债转让给丙。甲再给丙出具一张借条，载明甲向丙借了10万元。<u>丙是否有权要求甲返还借款10万元？</u>①否。②甲、丙之间出具的借条，为双方通谋虚伪表示，借款合同无效。③甲、丙之间隐藏的是赌债。丙收购乙对甲享有的赌债债权，因赌债不受法律保护，故丙不因收购赌债取得债权。甲、乙赌债不受法律保护，丙收购非法债权，也不受法律保护。④本案中，假设乙、丙直接转让赌债且不存在借条等其他安排，即使丙不知情，该转让协议也是无效的，因为非法债权不能交易。

例3：【双方通谋虚伪表示之"融资租赁"与隐藏借款】甲将"太阳"出卖给乙，签订"太阳"买卖合同。乙给甲支付1亿元。后甲又与乙签订租赁合同，将"太阳"从乙处租回。按月向乙支付租金。<u>甲、乙之间是否成立融资租赁合同？</u>①否。②甲、乙之间的

"融资租赁太阳"的合同属于双方通谋虚伪表示,因当事人并无买卖太阳的真实意思表示,且太阳不可买卖,无法转移所有权,故融资租赁太阳的合同无效。③甲、乙之间隐藏的民事法律行为是民间借贷,该民间借贷合同有效。

例4:【双方通谋虚伪表示之"闭合买卖"】甲、乙、丙三方协议,甲将其工厂的煤炭以500元每吨出卖给乙,乙将其转卖给丙,甲再从丙处以1000元每吨买回。特别约定:"煤炭继续由甲占有,由丙直接向甲支付500元每吨,而后甲再向丙支付1000元每吨"。案涉买卖煤炭合同是否有效?①否。②甲、乙、丙三方协议关于煤炭买卖的约定,构成"闭合"连环交易(最高法院取的名字),即甲的煤炭卖得越多,将来要以高价从丙处购回,则甲亏得越多。这不符合通常买卖的商业习惯。三方达成的买卖属于通谋虚伪表示而无效。③背后隐藏的是民间借贷。甲、丙之间隐藏的行为是民间借贷,该民间借贷合同有效。但是超过合同成立时一年期贷款市场报价利率(LPR)4倍的部分无效。

4.【身份行为不适用双方通谋虚伪表示的规则】双方通谋虚伪表示规则仅适用于财产行为,不能适用于身份行为。

例:【不存在"假结婚"】甲为了获得小客车摇号指标(或为了方便办理户口手续),假装与乙结婚,甲、乙双方到婚姻登记处办理了结婚手续。该婚姻是否无效?①否。②甲、乙双方不具有结婚的真实意思,属于双方通谋虚伪表示。③但是,结婚属于身份行为,不适用通谋虚伪表示规则。④因为婚姻行为对社会正常生活秩序影响较大,婚姻登记机关的公信力尤为重要。如果依法经登记机关登记的婚姻轻易地被以意思表示不真实为由主张无效,将使得社会大众对婚姻关系无从信赖,影响社会正常的婚姻家庭秩序。⑤基于对现实因素的考虑,在私法领域,为保护社会大众的信赖,对于婚姻等身份行为应当坚持形式主义,对于经合法登记的身份上的行为不应由于通谋虚伪表示而无效。

5.【《民法典》未规定"单方虚伪表示"】又称真意保留。表意人单方故意隐匿其真意,而表示与其真意不同的意思表示。

(1)【一般采用外观主义】①相对方不知情,应保护相对人的信赖,以表意人表达的外观为准。②因为相对人不知道表意人的内心真实意思,只知道表意人表达的外观。相对人看到的外观即真实,才能保护其交易信赖和交易安全。

例:【外观主义:用假名保证】唐某向温某借款,唐某请来朋友许志强作为担保人,许志强在保证人栏签了名,但并没有署真名,而署的是"许文强",债权人温某对此不知情。债务到期后,唐某下落不明,温某遂将其与担保人一起告上法庭。庭审中,许志强说自己不叫"许文强",所以担保行为无效,不同意承担担保责任。许志强主张是否成立?①否。②在本案中,许志强署假名的行为是一种"真意保留",他不签真名而签假名,说明他内心并不愿意做保证人。③但是,他在并未受到欺诈、胁迫,或是对自己行为的后果有重大错误认识的情形下,愿意在保证人栏签名,对外表明了他愿意承担保证责任,债权人温某对此并不知情。④应坚持外观主义,保证有效,许志强应承担保证责任。

(2)【例外采用意思主义】①相对方知情,则保护表意人的真实意思,以表意人内心的真实意思为准。②既然相对方知道表意人的真实意思,那么就要穿透表意人表达的外观。因为相对方本来就看透了表意人的真实意思,就不需要保护相对方的交易信赖和交易安全。

例：【意思主义：军产房买卖】购房人向老太太购买军产房，签订"房屋买卖合同"后，购房人支付了购房款，约定待房屋具备办理过户手续时再过户。购房人担心老太太在房屋过户前死亡（变成"凶宅"），双方一致同意，由老太太办理公证"遗嘱"："待老太太过世后，房产归购房人继承"。公证遗嘱是否有效？①否。②立遗嘱将财产分配给法定继承人之外的人，属于遗赠（即通过遗嘱来赠与的意思）。③立遗嘱的行为属于单方法律行为。④该遗嘱不是立遗嘱人真实意思表示，属于单方虚伪表示，即真意保留，但是相对方对此知情，因此应按真实意思即买卖来确定当事人的法律关系。⑤其真实意思表示是出卖房屋，故本案案由应属房屋买卖合同纠纷，而非继承纠纷。⑥老太太死亡后，法定继承人继承房屋，同时要继承老太太生前签订的房屋买卖合同，配合买房人办理房屋过户手续。⑦买房人并非基于受遗赠而取得房屋所有权，而是基于买卖合同取得请求卖方配合办理房屋过户手续的债权请求权。

（三）恶意串通损害他人利益的民事法律行为无效（《民法典》第154条）

1.【第1种恶意串通："坑他人"的恶意串通无效（《民法典》第154条）】甲与乙恶意串通签订合同损害丙的利益，该合同无效。该他人必须是特定他人，而不是不特定他人。

◆ **原理：**为什么"坑他人"的恶意串通中的他人，只能是特定他人，而不能是不特定他人？①【不能是不特定他人的利益】因为不特定第三人利益就是社会公共利益。损害不特定第三人利益的行为，完全可以依据违反法律、行政法规的强制性规定或违背公序良俗来认定合同无效。②【只能是特定他人的利益】从司法实践看，关于恶意串通无效的案例中，绝大部分都是损害特定第三人利益无效的案例，很少有恶意串通损害国家或社会公共利益无效的情形。

例1：【构成"坑他人"的恶意串通：恶意串通配合逃债】甲公司对乙公司享有到期债权未获清偿。乙公司将主要财产以明显不合理低价转让给其全资子公司，子公司在明知乙公司欠债的情况下，未实际支付对价，与乙签订买卖合同。乙公司和其子公司合同是否有效？①否。②乙公司和其子公司构成恶意串通，损害债权人利益，故合同无效。（最高法院指导案例33号：瑞士嘉吉国际公司诉福建金石制油有限公司等确认合同无效纠纷案）

```
甲公司 ——1000万债权——→ 乙公司（母公司）
                              ↕ 转让财产合同（关联交易）（"逃债行为"）
                           丙公司（子公司）
```

例2：【不构成"坑他人"的恶意串通：一房屋二卖后手买方的知情是恶意但没有串通损害"他人利益"】张某将A房屋出卖给唐某，又将A房屋出卖给知情的温某，先后签订了2个买卖合同。后张某将房屋过户给了温某。唐某以张某、温某房屋买卖恶意串通损害其利益为由主张该合同无效。唐某主张能否成立？①否。②恶意串通需要双方当事人存在意思沟通，存在主动积极追求损害他人的意思。温某单纯的对第一个买卖的知情，不直接等于恶意串通。③但是，如果唐某有证据证明张某、温某存在恶意串通，则唐某可以主张张某、温某买卖合同无效。

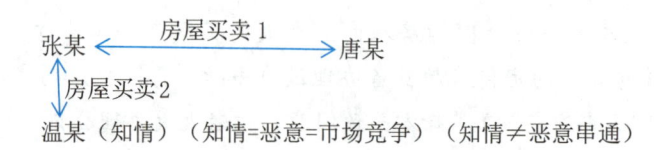

```
              房屋买卖1
        张某 ←――――――→ 唐某
        ↓ 房屋买卖2
        温某（知情）（知情=恶意=市场竞争）（知情≠恶意串通）
```

2.【第 2 种恶意串通："吃里扒外"的恶意串通效力待定（《民法典》第 164 条）（《民法典合同编通则解释》第 23 条）】（1）【不追认】法人、非法人组织如果对该行为不予追认，则不发生有效代理或者代表的后果，法人、非法人组织不承担任何责任。（2）【追认】法人、非法人组织进行追认的，构成有权代表或有权代理。（3）【连带责任：吃里扒外的恶意串通，不论追认还是不追认，都可以主张连带责任】当然，即便法人或非法人组织予以追认，也不影响其基于《民法典》第 164 条第 2 款规定，请求恶意串通的法定代表人、代理人与相对人承担连带责任。

◆ **原理**：为什么要区分"坑他人"的恶意串通和"吃里扒外"的恶意串通？①【"吃里扒外"的恶意串通损害的是公司利益，不是他人利益】因为法定代表人或者负责人是以法人或者非法人组织的名义订立合同，其与相对人恶意串通损害的是"当事人"即法人或者非法人组织的利益，而非"他人"利益。②【如果将"吃里扒外"的恶意串通认定为无效，会二次损害公司利益】在设定了担保的场合，如果判令担保合同因主合同的无效而无效，则不仅使债权人丧失了寻求违约责任救济的可能，也失去了通过担保制度保护自身利益的余地，从而造成"二次伤害"。③【"吃里扒外"型恶意串通的合同效力待定】有鉴于此，从滥用代表权或代理权的角度认定合同效力待定，从而给法人或非法人组织留下不认可合同效力或追认的选择空间。

（四）违反强制性规定的民事法律行为无效（《民法典》第 153 条第 1 款）

1.【《民法典》第 153 条第 1 款强制性规定限于公法上的强制性规定】（1）【有两种强制性规定】①【公法上强制性规定】刑法规定，不能买卖妇女。②【私法上强制性规定】民法规定，房屋承租人不得擅自转租。（2）【《民法典》第 153 条第 1 款的强制性规定限于公法上的强制性规定】①【违反公法上的强制性规定，才属于《民法典》第 153 条第 1 款规定的强制性规定】买卖妇女的合同，违反了刑法上的强制性规定，该公法上的强制性规定属于《民法典》第 153 条第 1 款的强制性规定，故该合同需要适用《民法典》第 153 条第 1 款规定，该合同在当事人之间是无效的。②【违反私法上的强制性规定，不属于《民法典》第 153 条第 1 款规定的强制性规定】房屋承租人未经出租人同意与第三人签订转租合同，违反了私法上的强制性规定，但是该强制性规定不属于《民法典》第 153 条第 1 款的强制性规定，故该合同不能适用《民法典》第 153 条第 1 款规定，该合同在当事人之间是有效的。（3）【公法上强制性规定限于法律、行政法规的强制性规定】①法律是全国人大通过的规范性文件（国家主席令）。②行政法规是国务院发布的规范性文件（国务院总理令）。③这些规定中才存在能够影响民事法律行为效力的"强制性规定"。④不包括地方性法规、行政规章、地方规章的强制性规定。当然，如果地方性法规、行政规章、地方规章的强制性规定是对法律、行政法规的强制性规定的"重复表述"，则它们仍属于《民法典》第 153 条第 1 款规定的公法上强制性规定。

2.【违法无效】法院在评价违反公法上强制性规定的合同的效力时，会主动地适用

《民法典》第153条第1款的规定，认定合同无效。我们把这类合同无效情形，统称为"违法无效"。

3.【违法无效是原则，违法有效是例外】（1）【违法无效是原则】一般情况下，当事人之间签订的合同，如果违反了《民法典》第153条第1款，则该合同是无效的。但是，宣告合同无效毕竟是和民法鼓励交易的目标相违背，所以，我们需要尽量限制合同无效的情形。（2）【违法有效是例外】在例外情况下，即使这类合同违反了《民法典》第153条第1款规定，仍然认为该合同是有效的。

4.【哪些情形属于违法但有效的合同】《民法典合同编通则司法解释》第16条就对这些例外有效的合同类型进行了列举，它们包括：

（1）【比例原则】强制性规定虽然旨在维护社会公共秩序，但是合同的实际履行对社会公共秩序造成的影响显著轻微，认定合同无效将导致案件处理结果有失公平公正。比如公务员经商所签订的合同，该合同是无效的，只是由公务员承担公法上的责任。

◆ **原理**：为什么比例原则可以适用于民商事审判？①"举重以明轻"。②在行为符合犯罪构成的情况下，既然"情节显著轻微危害不大"的行为可以不被认定是犯罪，举重以明轻，在合同违反强制性规定但实际履行给社会公共秩序造成的影响显著轻微的场合，如果认定合同无效可能给案件处理带来不公平、不公正的结果，自然也不宜认定合同无效。

（2）【有效才有交易，国家才能收税】根据强制性规定与当事人利益保护之间的关联性，能够合理认定强制性规定不是为了维护合同当事人的民事权益，而是旨在维护政府的税收、土地出让金等国家利益或者其他民事主体的合法利益，认定合同有效不会影响该规范目的的实现。

例：【阴阳合同避税：承认阴合同效力，国家才能收到税】①在当事人通过"阴阳合同"规避税收征管的场合，"阳合同"因是虚假意思表示当属无效，但"阴合同"不因违反强制性规定而无效。②税收征管方面的强制性规定旨在保护国家利益，且只有承认合同有效，国家的税收利益才能实现。③相反，如果否定合同效力，则依据"阴合同"征收税款也将失去依据，反而不利于国家利益的实现。

（3）【内部如何落实规定，外部不知道】根据强制性规定所规制的对象，能够合理认定强制性规定旨在要求当事人一方加强风险控制、内部管理等，对方无能力或者无义务审查合同是否违反强制性规定，认定合同无效将使其承担不利后果。

例：【强制性规定是规定一方，不是规定双方：银行放贷不能太多，违反这一规定，不影响合同效力，因为借款人不知道银行内部的这个比例】①《商业银行法》将资本充足率不得低于百分之八、流动性资产余额与流动性负债余额的比例不得低于百分之二十五、对同一借款人的贷款余额与商业银行资本余额的比例不得超过百分之十以及国务院银行业监督管理机构对资产负债比例管理的其他规定等作为商业银行发放贷款的条件。②如果某商业银行与借款人签订的贷款合同违反这一强制性规定，不导致合同无效。③因为上述强制性规定旨在规制商业银行加强风险控制、防范金融风险。④借款人对于商业银行是否违反这一强制性规定并无审查能力，也无审查义务，且由借款人承担合同无效的后果对其明显不公平，就应当认定合同有效。

（4）【能补正无效瑕疵但违背诚信不去补正】当事人一方虽然在订立合同时违反强制性规定，但是在合同订立后其已经具备补正违反强制性规定的条件却违背诚信原则不予补正，该合同不因此无效。

例：【西安开发商告自己：说自己没拿到预售许可证，这不诚信，合同有效】①《商品房买卖合同司法解释》规定，出卖人未取得商品房预售许可证明，与买受人订立的商品房预售合同，应当认定无效，但是在起诉前取得商品房预售许可证明的，可以认定有效。②实践中，有的房地产开发企业在订立合同时未取得预售许可证明，但在合同订立后已经具备取得预售许可证明的条件，却因房价暴涨，认为合同无效对其更加有利，于是违反诚信原则不去办理预售许可证明，并以上述规定为依据主张合同无效。③显然，对于房地产开发企业的这些不诚信行为，不能予以支持。④但是，由于司法解释已经明确将起诉前取得预售许可证明作为认定合同有效的条件，就只能通过解释《民法典》第153条第1款予以缓和，从而实现实质的公平正义。

5.【一般情况下合同履行违反强制性规定不会导致合同无效，例外情况下才会导致合同无效】

（1）【一般情况下合同履行违反强制性规定不会导致合同无效】如果双方签订的是一份正常的货物运输合同，只不过承运人在履行该合同时违反了不得超载的强制性规定，则不应认定货物运输合同无效，因为该强制性规定针对的是合同履行行为，原则上不应影响合同效力。

（2）【例外情况下合同履行违反强制性规定会导致合同无效】虽然法律、行政法规的强制性规定针对的是合同的履行行为，但是，当事人在订立合同时知道或者应当知道合同的履行必然会违反强制性规定的，则应认定合同无效。例如，如果当事人在订立合同时就知道或者应当知道承运人只能通过违反不得超载的规定才能履行货物运输合同，则该货物运输合同也应被认定无效。

6.【刑民交叉，犯罪行为与合同效力的关系】行为人须承担刑事责任意味着该行为的社会危害性较大，此时如果认定合同有效，就可能会带来评价上不一致的疑问。

（1）【情形1：内容买卖枪支，买卖合同无效】①如果是合同的内容违反强制性规定导致当事人须承担刑事责任，则合同无效。②比如当事人订立买卖枪支的合同，则所订立的合同应被认定无效，从而实现评价上的一致。

（2）【情形2：欺诈方式缔约，可撤销合同】①如果合同内容并不违反强制性规定，而是当事人在订立合同的过程中实施的其他行为违反强制性规定导致其应承担刑事责任，则各玩各的。②比如当事人一方在订立合同的过程中实施了诈骗行为，则不能简单地认为合同因违反强制性规定而无效。③道理很简单，此时犯罪行为影响的仅仅是当事人一方意思表示的真实性，自应根据《民法典》关于意思表示瑕疵的规定认定合同效力，而不能根据《民法典》第153条第1款认定合同效力。④正因如此，《民间借贷司法解释》才规定，借款人或者出借人的借贷行为涉嫌犯罪，或者已经生效的裁判认定构成犯罪，当事人提起民事诉讼的，民间借贷合同并不当然无效。人民法院应当依据民法典规定，认定民间借贷合同的效力。担保人以借款人或者出借人的借贷行为涉嫌犯罪或者已经生效的裁判认定构成犯罪为由，主张不承担民事责任的，人民法院应当依据民间借贷合同与担保合同的效力、当事人的过错程度，依法确定担保人的民事责任。

（五）违背公序良俗的民事法律行为无效（《民法典》第153条第2款）

1.【公共秩序】公共秩序，是指国家和社会的存在及发展所必需的一般秩序。(1)【国家安全秩序】国家存在及发展所必需的一般秩序，包括国家的政治安全、经济安全、军事安全等。(2)【社会秩序】社会的存在及发展所必需的一般秩序，主要包括社会管理秩序、生产秩序、工作秩序、交通秩序和公共场所秩序等。

例：【居间合同为了促成无效的施工合同，该居间合同扰乱建筑市场秩序，是无效的】①当事人订立、履行合同，应当遵守法律法规，不得扰乱社会秩序，损害社会公共利益。②居间合同约定的居间事项是促成签订违反法律法规强制性规定的无效建设工程施工合同的，该居间合同因扰乱建筑市场秩序，损害社会公共利益，应属无效合同，居间方据此主张居间费用的，法院不予支持。

2.【善良风俗】善良风俗，是指国家和社会的存在及发展所必需的一般道德。一般认为善良风俗应包括以下几种类型：

（1）【违背社会公德：暴利、射幸等】涉及社会公德的善良风俗，如不被法律允许的射幸行为、暴利行为等，都是违背社会公德的行为。

（2）【违背家庭伦理、损害家庭关系：包养等】①【包养】涉及家庭伦理的善良风俗，如包养情妇就是违背家庭伦理的行为。②【禁止生育】如双方离婚后约定禁止一方当事人生育。③【断绝亲子关系】如约定断绝亲子关系。④【禁止再婚】如夫妻在离婚时约定禁止任何一方在离婚后再婚。⑤【限制结婚生育】如订立劳动合同限制劳动者在几年内不得结婚、生育的合同等。⑥【有偿收养】如收养人和送养人在达成收养协议时约定送养人收取一定的报酬。

（3）【违反性道德等非法行为：开设妓院等】①【开设妓院】涉及性道德的善良风俗，如开设妓院就是违背性道德的行为。②【赌债】赌债偿还合同。③【禁止投诉】如在合同中约定，禁止一方投诉另一方的某种违法行为。

（4）【贬损人格尊严、限制人格自由：工伤概不负责等】①【工伤概不负责】涉及人格尊严的善良风俗，如约定"工伤概不负责"就是有损人格尊严的行为。②【不准外出】如在雇佣合同中规定不准雇员外出。③【需要搜身】如规定离开商场、工作场地，需要搜身。④【限制职业选择】如在合同中规定不准另一方选择任何合法的职业。

例：【代孕租赁子宫无效】甲乙婚后久未生子，故甲乙与丙签订代孕合同，由丙给甲乙代孕，该代孕合同效力如何？①无效。②因为代孕合同本质上是租赁子宫，子宫是人的身体，不可租赁，甲乙与丙签订的代孕合同违反公序良俗，故无效。③合同虽然无效，但是当事人之间还是会发生无效合同的法律效果。比如孩子生出来后，丙可要求甲乙承担赔偿责任，该责任性质是"缔约过失责任"。

（5）【违反公平竞争、侵害弱势群体：996等】①【串标】如拍卖或招标中的串通行为，数个企业互相约定共同哄抬价格、操纵市场等。②【996】侵害消费者或者劳动者等弱势群体合法利益的行为，如用人单位与劳动者约定"996工作制"，就是侵害劳动者合法权益的行为。

◆**原理1**：《民法典》第153条第1款的强制性规定是公法上的强制性规定，一般能够覆盖"公序良俗"，如此一来，《民法典》第153条第2款规定的公序良俗不就变成了重复规定了吗？（1）【观点1：重复说。违法必然违背公序良俗，1款和2款是重复的】一种观点认为，法律、行政法规的强制性规定必然与公序良俗有一定的关系，因而合同违反法律、行政法规的强制性规定，也就必然违背公序良俗，故《民法典》第153条第1款与第2款之间存在一定的矛盾和冲突。(2)【观点2：补充说。违法和违反公序良俗是2个问题，第2款是第1款的补充】①【违法不必然违背公序良俗】合同违背公序良俗有一个程度问题，应当以社会主义核心价值观为导向，结合当事人的主观动机和交易目的、政府部门的监管强度、一定期限内当事人从事似交易的频次、行为的社会后果等因素进行综合判断，不能认为合同违反法律、行政法规的强制性规定，必然导致合同违背公序良俗。例如，当事人确因生活需要进行交易，即使违反法律、行政法规的强制性规定，但如果未给社会公共秩序造成重大影响，且不影响国家安全，也不违背善良风俗，人民法院就不应当认定合同无效。②【有的公序良俗通过习惯、地方性法规、行政规章的强制性规定来保护】尽管现代社会的公序良俗大多已经通过法律、行政法规的强制性规定维护，但也不排除有些公序良俗未通过法律、行政法规的强制性规定维护，而是通过习惯或者地方性法规、行政规章的强制性规定维护。③【《民法典》153条第2款的公序良俗无效是对153条第1款违法无效的补充】《民法典》第153条第2款应理解为对该条第1款的补充。④【公序良俗通过强制性规定维护，用153条第1款】如果公序良俗已经通过法律、行政法规的强制性规定来维护，则合同违反法律、行政法规的强制性规定，应适用《民法典》第153条第1款。对公序良俗的保护大多已经通过法律、行政法规的强制性规定实现了，例如，对于绝大多数的破坏公平竞争秩序的行为，《反不正当竞争法》《反垄断法》等均已作出了明确规定。再如，为防止暴利行为，《民法典》第680条第1款规定"禁止高利放贷，借款的利率不得违反国家有关规定"；此外，国务院还专门制定了《制止牟取暴利的暂行规定》（2011年修订）。⑤【公序良俗没通过强制性规定保护，用153条第2款】在公序良俗未通过法律、行政法规的强制性规定予以维护的情况下，合同虽未违反法律、行政法规的强制性规定但违背公序良俗时，才有适用《民法典》第153条第2款的必要。比如，也有不少公序良俗尚未通过法律、行政法规的强制性规定来保护。比如，当事人约定的"天价"违约金，实际上构成暴利行为，法院应该依据职权认定违约金条款无效，无须当事人主张调整。

◆**原理2**：房屋限购政策不是法律、行政法规的强制性规定，属于地方性法规或地方规章，违反限购政策的借名购房协议，不会因为违反《民法典》第153条第1款即"违法无效"，但是，是否会因为违反《民法典》第153条第2款即"违反公序良俗原则"而无效？（1）【借名购房协议】在隐名购房的情形下，出钱人与出名人之间的合同在名称上可能多种多样，有的称为借名购房协议，有的则称为房屋代持协议，还有的称为委托购房协议。（2）【借名购房实际效果呈现：出钱人掌控一切材料】出钱人委托出面签订合同和办理不动产登记等事务，但资金由出钱人提供，所购房屋则通常一直由出钱人占有、使用，甚至交易文书、产权证等也由出钱人持有。（3）【借名购房合同法律性质：委托合同】出钱人委托出名人以出名人的名义购房，名称各异的借名购房协议统一界定为委托合同，有利于正确认定借名购房协议的效力。（4）【物债二分】①【存在合同关系】当事人签订的借名购房协议，如房屋代持协议，在性质上应被认定为委托合同，其中关于房屋权属的约定因违反强行法而应认定不发生物权法上的效力，但原则上不影响其他内容的效力。②【不发生物权变动】在借名购房的情形下，即使当事人约定所购房屋归出钱人所有，在将房屋登记至出钱人之前，出钱人也仅对出名人享有合同债权，而不能请求确认对标的物享有物权。(5)【借名购房协议一般情况下不违反公序良俗】①由于借名购房协议仅约束出钱人和出名人，且不能依据借名购房协议即认定出钱人为不动产物权人，因此借名购房协议并不违反政府限购政策，原则上亦无法对公序良俗造成威胁，自无以违反社会公共利益或者违反公序良俗为由否定其效力的必要。②当然，即使借名购房协议不因违反房屋限购政策而认定无效，出钱人依据有效的借名购房协议请求出名人协助办理过户手续时，也可能会因为存在房屋限购政策而无法得到实际履行，这也是借名购房必然面临的法律风险。(6)【两种情形下借名购房协议会因违反公序良俗原则而无效】①【购房不是为了居住，是为了营利，规避"房住不炒"的政策，就是违反公序良俗，而无效】如果当事人购房不是为了居住，而是以营利为目的，以借名购房的方式规避"房住不炒"的政策，则即使认为当事人之间的借名购房协议不直接发生物权法上的效力，而仅具有合同法上的效力，也将与政府部门的宏观调控政策格格不入，此时人民法院自应依据《民法典》第153条第2款的规定认定借名购房协议无效。②【借名购房协议是购买保障房，违反公序良俗无效】在当事人所购房屋为政策性保障住房时，如果认为借名购房协议仍可发生合同法上的效力，就可能诱发当事人通过借名购房的方式来规避政府对保障性住房进行的管理，从而导致政府提供保障性住房的目的无法实现，此时人民法院也应依据《民法典》第153条第2款的规定认定借名购房协议无效。

秒杀："无双恶公制" ≈ "无双二公子"。①无（"无"）民事行为能力人签订合同+②双（"双"）方通谋虚伪表示+③恶（"二"）意串通+④公（"公"）序良俗+⑤强制（"子"）性规定。

三、部分无效的民事法律行为

（一）【部分无效】民事法律行为部分无效，不影响其他部分效力的，其他部分仍然有效（《民法典》第156条）

例1：【打架私了】甲被乙殴打，住院治疗花费5万元。甲乙约定，乙向甲支付5万元，甲不许报案。如何评价甲乙的约定？①部分有效，部分无效。②乙向甲支付5万元的约定有效。③甲不许报案的约定无效。

例2：【禁婚争孩】甲、乙夫妻协议离婚，约定，甲不得再婚。甲直接抚养孩子，如果甲再婚，抚养权归乙。如何评价甲、乙的约定？①部分有效，部分无效。②甲不得再婚的约定无效，因为限制了结婚自由，违反公序良俗原则。③后来甲再婚，孩子抚养权归乙，该约定有效。

例3：【倒签起租日】甲在5月1日将房屋抵押给银行担保其向银行的借款，办理了抵押权登记，银行取得抵押权。10月1日甲将房屋出租给乙，双方签订了房屋租赁合同。因甲届期无力清偿对银行的借款债务，银行主张拍卖抵押房屋变价实现其抵押权。甲乙将房屋租赁合同的起租日由10月1日修改为4月1日。如何评价甲乙房屋租赁合同效力？①甲乙房屋租赁合同有效。②甲乙修改起租日的约定无效。

（二）【无效的免责条款】造成对方人身伤害的免责条款无效。比如野生动物园在入口处让游客签字约定，如果老虎咬人，动物园一概免责，该条款无效。因故意或者重大过失造成对方财产损失的免责条款无效。

例：【洗浴受害概不负责】甲到乙开办的浴室洗澡，浴室前台提示："贵重物品请放前台保管，否则损坏概不负责"；"小心地滑，摔倒自负"。因浴室清洁工清洁不到位，甲摔倒导致骨折，且损坏了戴在手上的定情信物玉镯。甲对乙提出索赔主张，乙拒绝。本案应如何处理？①"小心地滑，摔倒自负"，属于合同一方当事人免除造成对方人身伤害责任的条款，无效。②"贵重物品请放前台保管，否则损坏概不负责"，如果浴室有过错导致顾客财产损失，则应承担赔偿责任。③关于人身侵权，乙承担全部责任。④关于财产损害，乙承担部分责任，因甲未将玉镯放前台保管对损害的发生有一定过错，甲自负部分责任。

(三)【无效的格式条款】当事人预先拟定，并在订立合同时未与对方协商的条款，属于格式条款。下列格式条款无效：提供格式条款一方不合理地免除或者减轻其责任、加重对方责任、限制对方主要权利的；提供格式条款一方排除对方主要权利的。(《民法典》第497条)

例1：【不合理格式条款：软件安装损害自负无效】甲从乙公司购买杀毒软件后进行安装，在安装过程中，该软件提示，如安装过程中导致系统某文件被删除，乙公司概不负责（格式条款）。果不其然，该软件安装后，删除了甲《民法宝典》的写作初稿。甲要求乙公司承担赔偿责任，乙公司拒绝。乙公司主张是否成立？①否。②软件安装提示属于格式条款。③不合理的免除了提供方的责任，该条款无效。

例2：【不合理格式条款：美容院强制继续消费条款无效】甲与乙公司订立美容服务协议，约定服务期为半年，服务费预收后逐次计扣，乙公司提供的协议格式条款中载明"如甲单方放弃服务，余款不退"（并注明该条款不得更改）（格式条款）。协议订立后，甲依约支付5万元服务费。在接受服务1个月并发生费用8000元后，甲感觉美容效果不明显，单方放弃服务并要求退款，乙公司不同意。甲起诉乙公司要求返还余款。如何评价美容服务协议效力？①"如甲单方放弃服务，余款不退"，属于排除对方主要权利的格式条款，无效。②美容服务协议其他部分有效。③甲有权要求乙公司返还余款。

例3：【合理的格式条款：临时退票扣手续费有效】甲按照8折购买了乙航空公司的机票，起飞前甲临时退票。按照约定，起飞前1小时退票需要按机票价格的30%扣手续费（格式条款）。甲主张应退全款，乙航空公司主张需要按照机票原价格扣除30%作为手续费。如何评价本案？①甲、乙签订客运合同，关于机票退费规则属于格式条款。②起飞前1小时退票需要扣除手续费，属于合理约定，有效。③按照原价扣除30%还是按照折后价扣除30%，双方有分歧，则应按照不利于格式条款提供方航空公司进行解释，即按照折后价扣除30%手续费。

例4：【合理的格式条款：卖手机假一罚十对卖方有约束力】甲经营手机店，店铺贴出告示，"假一罚十"（格式条款）。乙自甲店购买1部手机发现被骗，该手机果然是假手机。乙要求甲赔偿十倍已付价格，甲拒绝。甲的拒赔理由是否成立？①否。②"假一罚十"是格式条款。③但该条款没有排除相对方主要权利，也不是免除提供方责任或加重相对方责任的条款，而是加重了提供方责任的条款，有效。

(四)【租赁合同中超期租赁条款无效】租期超过20年超过部分无效，故最长为20年。

例：【续租超长租期】甲乙签订房屋租赁合同，为期20年，并且约定租期到了自动续期20年。如何评价自动续期条款？①无效。②租赁合同的租赁期限最长不得超过20年，超过部分无效。③当事人在租赁期限未届满，即提前约定自动续期，这变相地违反了该效力性强制性规定，故自动续期20年条款无效。④当事人只有在租赁期限届满后才可以续订租赁期限，续订期间自续订之日起也不得超过20年。

（五）【租赁合同中临时建筑超期使用条款无效】租赁期限超过临时建筑的使用期限，超过部分无效。

例：【售楼处变幼儿园】甲公司开发楼盘，建设了售楼处，该售楼处为临时建筑，使用期限为3年。3年后，甲公司将该售楼处出租给乙开设幼儿园，签订了为期5年的租赁合同。如何评价该租赁合同？①无效。②但甲公司可向乙主张实际使用费。

（六）【定金合同中超额定金条款无效】定金超过主合同标的额20%，超过部分不产生定金效力，即最多为20%。

例：【定金数额的20%规则】甲乙签订商品房买卖合同，房屋价格100万元，甲向乙交付了30万元定金作为签订合同的担保。后甲决定不买房，要求乙退定金。提出什么主张可以获得法院支持？①甲可主张超过合同标的额20%的部分定金不具有定金效力，即甲可要求乙返还10万元。②另外20万元启用定金罚则，不得要求乙返还。所谓"定金罚则"，即交方违约则定金被没收；收方违约则要双倍返还定金。

（七）【争议条款独立有效】合同不生效、无效、被撤销或者终止的，不影响合同中有关解决争议方法的条款的效力。（《民法典》第507条）

◆ 原理：什么是解决争议方法的条款？（1）仲裁条款；（2）选择受诉法院的条款；（3）选择适用法律的条款。

（八）【报批义务条款独立有效】（《民法典》第502条）

1.【报批义务条款单独有效】法律、行政法规规定合同应当办理批准等手续，报批义务条款单独有效。一旦属于需要经过报批才能生效的合同，该合同的变更、解除、转让都是需要报批的。这类合同包括：

（1）【金融企业超过法定比例的股权转让合同】《商业银行法》规定，任何单位和个人购买商业银行股份总额百分之五以上的，应当事先经国务院银行业监督管理机构批准。

（2）【国有资产转让合同】《企业国有资产监督管理暂行条例》规定，所出资企业投资设立的重要子企业的重大事项，需由所出资企业报国有资产监督管理机构批准的，管理办法由国务院国有资产监督管理机构另行制定，报国务院批准。

（3）【探矿权、采矿权转让合同】《矿产资源法》规定，探矿权、采矿权可在以下两种情形下转让：①探矿权人在完成规定的最低勘查投入后，经依法批准，可以将探矿权转让他人。②已取得采矿权的矿山企业，因企业合并、分立、与他人合资、合作经营，或者因企业资产出售以及有其他变更企业资产产权的情形而需要变更采矿权主体的，经依法批准可以将采矿权转让他人采矿。

2.【原告可以诉继续履行报批义务】负有报批义务的当事人未根据合同约定或者法律、行政法规的规定办理申请批准等手续，对方有权请求其履行报批义务。

3.【原告可以诉解除合同和主张对方承担违反报批义务的赔偿责任】守约方有权请求

解除合同，并主张违反报批义务一方承担赔偿责任。

4.【原告起诉主义务不能获得支持】合同获得批准前，当事人一方起诉请求对方履行合同约定的主要义务，经释明后拒绝变更诉讼请求的，法院应当判决驳回其诉讼请求，但是不影响其另行提起诉讼。

例：【探矿权买卖合同】甲公司和乙公司签订探矿权买卖合同，根据法律规定，该合同需要主管部门批准。乙公司违反约定，未向主管部门提出报批申请。甲公司可采取什么法律救济措施？①诉乙公司履行报批义务。②诉解除合同要求乙公司赔偿违反报批义务导致的损失。③但是不能诉乙公司办理探矿权过户义务，因为该合同整体上还没生效。

5.【报批义务人根据合同或判决履行报批义务后，主管机关不批，报批义务人是否负责】

（1）【没错不负责】负有报批义务的当事人已经办理申请批准等手续或者已经履行生效判决确定的报批义务，批准机关决定不予批准，对方请求其承担赔偿责任的，法院不予支持。

（2）【有错要负责】因迟延履行报批义务等可归责于当事人的原因导致合同未获批准，对方请求赔偿因此受到的损失的，法院应当依据《民法典》第157条的规定处理。

秒杀：合同效力体系包括5种情形：有效、无效、可撤销、效力待定、未生效。

第四节 效力待定民事法律行为

一、限制民事行为能力人待追认的合同（保护"孩子"，由法定代理人决定是否追认）（《民法典》第145条）

父母 → "限人"
→ 合同效力待定
→ 相对人

①父母追认：合同有效，孩子是当事人
②父母不追认：合同无效，对任何人都无效
③父母经催告不表示视为不追认：合同无效
④父母追认前：相对人通知撤销，合同无效
⑤父母追认后：合同有效，相对人不能通知撤销

（一）【限人签订的合同】

1.【有效】（1）【纯受益的有效】限制民事行为能力人签订的纯获利益合同有效。(2)【相适应的有效】与其年龄、智力、精神健康状况相适应的合同有效。

2.【效力待定】(1)【其他合同效力待定】限制民事行为能力人签订的其他合同，效力待定。(2)【法定代理人有追认权】所谓待定，就是有待确定，取决于法定代理人是否追认该合同。

例：【熊孩子乱花钱】14周岁的甲与20周岁的乙签订买卖价值3000元手机的合同，该合同效力如何？①限制行为能力人实施的民事法律行为效力要坚持两分法：部分有效；部分效力待定。②纯受益的合同有效。③与甲年龄相适应的合同有效。④本案合同既不是纯受益的合同，也不是与甲年龄相适应的合同，而属于效力待定的合同。

(二)【法定代理人有追认权和拒绝权】

1.【追认权】法定代理人追认，该合同有效，但当事人仍然是限制民事行为能力人，而非法定代理人。

2.【拒绝权】法定代理人不追认，该合同无效。

◆ **原理**：为什么追认权是形成权？①形成权行使后，会导致民事法律关系的变化。②法代追认后，合同有效。③法代不追认，合同无效。④因此，追认权行使后会导致合同关系的变化，所以追认权是形成权。

(三)【相对人催告权和撤销权】

1.【相对人有催告权："想要"】（1）相对人可催告法定代理人在收到通知之日起30日内予以追认。（2）法定代理人未作表示的，视为拒绝追认。

◆ **原理**：为什么催告权不是形成权？①形成权行使后，会导致民事法律关系的变化。②催告权仅仅是让对方（爸爸妈妈）知道"限人"（孩子）签订了一份与孩子年龄不相应的合同。③催告权行使本身不会导致民事法律关系的变化，因此催告权不是形成权。

2.【善意相对人有撤销权："不想要"】（1）在法定代理人追认之前，善意相对人有撤销的权利，该撤销通知即可，无须诉讼。（2）在法定代理人追认之后，该行为有效，故善意相对人无撤销的权利。

◆ **原理**：为什么善意相对人行使撤销权无须诉讼，只需要通知就可以？①追认的通知，符合对方的期待，用通知就足矣。②不追认的通知，虽然不符合对方的期待，但是符合保护未成年人的立法价值，用通知就足矣。③再说限制民事行为能力人签订的合同数量也不多，不用法院把关，也不会产生什么负面影响。

秒杀：①父母认了，合同有效，约束孩子和对方。②父母不认，合同无效。③父母认还是不认之前，善意相对方可通知撤销，撤销之后合同无效。

二、无权代理人签订的合同（保护被代理人，由意定被代理人决定是否追认）

◆ **原理**：为什么代理制度是法人制度的基础？①法人需要员工跑业务，因此要启动代理制度。②分工，即专业的人做专业的事情。③因此，代理人要受人之托忠人之事。代理人更专业，这体现了信赖，代理具有人身信任性质。④单位招聘你就是信任你，因此应聘不能找托。⑤所托好人，有权代理。⑥所托非人，无权代理，辜负了我对你的信任。

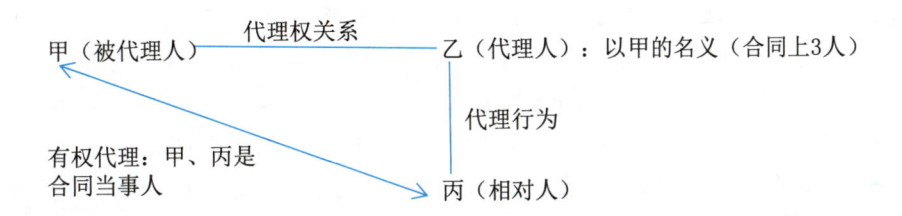

```
甲（被代理人）——代理权关系——乙（代理人）：以甲的名义（合同上3人）
                                        │
                                        │代理行为
有权代理：甲、丙是                       ↓
合同当事人          ←——————————————  丙（相对人）
```

（一）【无权代理人签订的合同效力待定】行为人没有代理权、超越代理权或者代理权终止后，仍然实施代理行为，乃无权代理行为，所签订的合同效力待定。

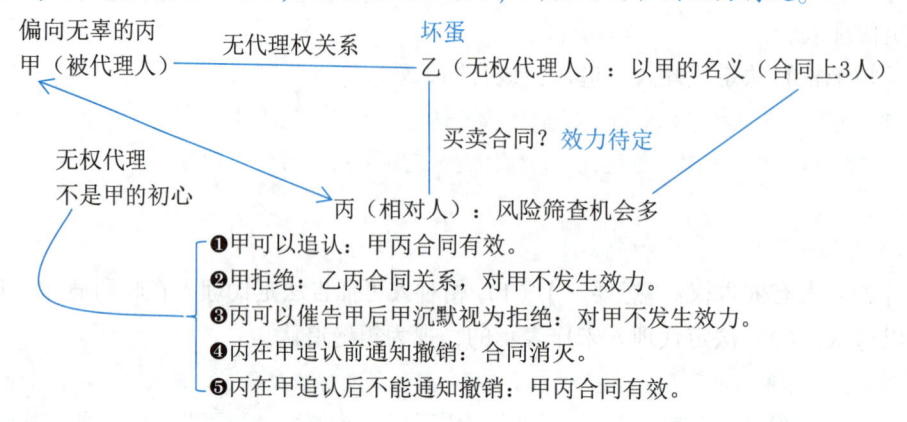

偏向无辜的丙
甲（被代理人） —— 无代理权关系 —— 坏蛋
乙（无权代理人）：以甲的名义（合同上3人）

无权代理
不是甲的初心

买卖合同？效力待定

丙（相对人）：风险筛查机会多

❶甲可以追认：甲丙合同有效。
❷甲拒绝：乙丙合同关系，对甲不发生效力。
❸丙可以催告甲后甲沉默视为拒绝：对甲不发生效力。
❹丙在甲追认前通知撤销：合同消灭。
❺丙在甲追认后不能通知撤销：甲丙合同有效。

◆ **原理**：为什么无权代理的合同是效力待定而不是无效？①因为无权代理签订的合同未必对被代理人不利。②比如老干妈员工擅自以老干妈名义与腾讯签订的广告代言合同，这个合同可能对老干妈有利，所以，老干妈完全可以追认。

例1：【假章坑公司】张某被甲公司辞退怀恨在心，伪造甲公司（无辜）公章，与乙公司签订购买"熊猫"牌香烟的合同。该合同效力如何？①张某实施了无权代理的买卖合同，该合同效力待定。②甲公司追认，则乙公司有权请求甲公司付款。③甲公司不追认，则乙公司有权请求张某（无权代理人）付款，或者乙公司请求张某（无权代理人）赔偿损失。

例2：【反客为主】张某到王某家聊天，王某去厕所时张某帮其接听了刘某打来的电话。刘某欲向王某订购一批货物，请张某转告，张某应允。随后张某感到有利可图，没有向王某转告订购之事，而是自己低价购进了刘某所需货物，以王某名义交货并收取了刘某货款。如何分析张某将货物出卖给刘某的行为？①"行为"一词指向民事法律行为，即出卖货物的行为，换言之即买卖合同，因为合同是最典型的双方民事法律行为。②张某以王某名义与刘某签订买卖合同，但张某并没有代理权，故张某行为构成无权代理，该合同效力待定，也可以说该双方民事法律行为效力待定。

◆ **原理**：在无权代理中，被代理人没有意思表示，为何被代理人与相对人之间的合同还能成立呢？①合同是双方民事法律行为，需要双方意思表示一致才能成立。②无权代理签订的合同中，最后合同是在被代理人B和相对人C之间。③那么被代理人B都没有意思表示，只有相对人C的意思表示，那么这个合同就是不成立的，为什么还能成立并且效力待定呢？④在无权代理签订的合同中，我们不考虑被代理人的意思，因为被代理人本来也没有参与签约过程。⑤在无权代理签订的合同中，我们只考虑代理人是否具有效果归属意思，只要有，那么该无权代理的合同就成立。⑥因为一开始没有考虑被代理人的意思，所以事后就要赋予被代理人追认权，来确定该无权代理合同是否对被代理人有约束力。⑦其底层逻辑仍然是意思自治，要尊重当事人的真实意思。⑧如果我们荒唐地认为，因为被代理人一开始没有与相对人签订合同的意思表示，所以，该合同不成立，那么就不会存在无权代理合同这种现象。⑨我们之所以承认还存在无权代理的合同，就是因为这个合同在签订时本来就不考虑被代理人的意思，只是在事后赋予被代理人追认权，事后保障被代理人真实意思而已。⑩因为不是所有无权代理合同对被代理人都不利，所以把选择权给被代理人就好了。

（二）被代理人有追认权和拒绝权

1.【被代理人追认：无权代理变成了有权代理】

（1）【通过意思表示追认】被代理人通过意思表示进行追认，该行为由被代理人承担法律后果，符合被代理人的初心。

（2）【通过行为追认】被代理人已经开始履行合同义务或者接受相对人履行的，视为对合同的追认。

例：【付款行为视为追认】甲委托张某持有大蒜授权委托书向乙采购大蒜，后张某采购了大蒜和绿豆。甲向乙付了50万大蒜款和50万绿豆款。甲、乙签订的绿豆买卖合同效力如何？①有效。②因甲通过向乙支付50万绿豆货款的行为，表示其已对张某无权代理行为进行了追认。

2.【被代理人拒绝即不追认：由无权代理人负责】

（1）【外部不约束被代理人】该行为对被代理人（无辜）不发生效力。

（2）【内部按照过错分责】该行为应由无权代理人（坏蛋）负责。

①【善意相对人有选择权】善意相对人有权请求无权代理人履行债务（继续履行合同）或者就其受到的损害请求行为人赔偿（赔偿责任），但是赔偿范围不得超过被代理人追认时相对人所能获得的利益。

例：【赔偿范围不超过正常代理下相对方可以获得的利益】张某擅自以甲公司名义与乙公司签订合同，乙公司交货后未收到货款100万元。甲公司不追认，则张某要负责。如甲公司破产，张某最多承担多少责任？①如果正常代理，乙公司根据破产法规定的大概10%的"清偿率"，最多获得10万元。所谓"清偿率"，就是你全部债权可以获得清偿的比率，因为债务人破产了，没那么多钱了，只能给你清偿一部分债权。②那么，张某承担的最多也是10万元。

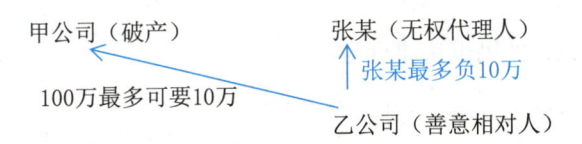

```
甲公司（破产）          张某（无权代理人）
      ←                    ↑ 张某最多负10万
   100万最多可要10万    乙公司（善意相对人）
```

②【恶意相对人负过错责任】恶意相对人知道行为人无权代理，则相对人和无权代理人按照各自过错承担责任。

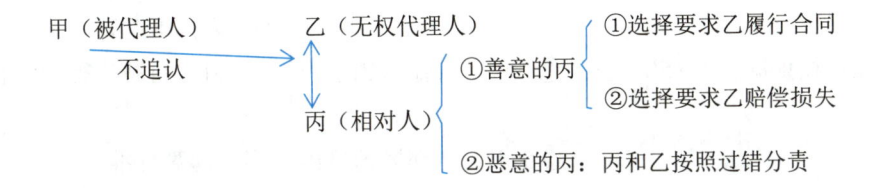

```
甲（被代理人）  乙（无权代理人）    ①选择要求乙履行合同
    不追认   ↓↑              ①善意的丙{
           丙（相对人）           ②选择要求乙赔偿损失
                             ②恶意的丙：丙和乙按照过错分责
```

（三）相对人有催告权和撤销权

1.【相对人有催告权】（1）相对人可催告被代理人自收到通知之日起30日内予以追认。（2）被代理人未作表示的，视为拒绝追认。

2. 【善意相对人有通知撤销权】

(1) 在被代理人追认之前，善意相对人有撤销的权利，该撤销通知即可，无须诉讼。

◆ 原理1：为何善意相对人有通知撤销权，恶意相对人没有呢？①【善意相对人】所谓善意相对人就是不知道无权代理人是无权代理，所以给他一个撤销交易的机会。②【恶意相对人】所谓恶意相对人就是知道无权代理人是无权代理，那么就没有机会撤销了，要等待被代理人是否追认，这也是在恶意相对人的预见范围内，没有损害恶意相对人的期待利益。

◆ 原理2：为何通知就可以撤？而不用去诉讼撤？①因为有正当性。②无权代理，相对于被代理人而言，被代理人也很懵，本来也没想和相对人发生关系。③所以一旦通知撤销后，也不违反被代理人的"合理期待"。④如果被代理人想签合同，可以重新与善意相对人去谈。

(2) 在被代理人追认之后，该行为有效，故善意相对人无撤销的权利。

秒杀：①被代理人认了，合同约束被代理人和相对人。②被代理人不认，合同约束行为人和相对人。③被代理人认还是不认之前，善意相对方可撤销，合同无效。

限人签订的合同 { 孩子是当事人　追认　被代理人是当事人 } 无权代理
　　　　　　　 { 合同无效　　不追认　代理人自己负责 }

5个效力待定 {
①限签订的与其年龄、智力不相适应的合同
②无权代理人签订的合同、越权代表签订的合同
③吃里扒外型恶意串通的合同
④自己代理合同
⑤双方代理合同
}

第五节　可撤销民事法律行为

①种类 {
①重大误解的民事法律行为
②欺诈的民事法律行为 { ①当事人欺诈　②第三人欺诈，对方当事人知情 } { ①可撤　②可不撤 }
③胁迫的民事法律行为：当事人胁迫或第三人胁迫
④乘人之危致显失公平的民事法律行为
}

②撤销权期间："315"规则 {
①90日：重大误解（主观标准起算）
②1年：其他撤销事由 { ①主观标准起算　②受胁迫自胁迫行为终止日起 }
③5年：全部撤销事由，客观起算标准
}

秒杀："大"（重大误解）、"失"（乘人之危导致显失公平）、"迫"（胁迫）、"欺"（欺诈）。

例：【淘宝商家标错价】淘宝商家标错价了，毛衣1件1000元，标成1件10元。1万

人下单了,要求卖方发货。此情形如何处理?谁发生了重大误解?①【出卖人发生了误解】表达的意思是1件10元,内心真实意思是1件1000元。②【买方没有发生误解】内心真实意思是1件10元,表达的意思也是1件10元。③【法律上看,出卖人吃亏了:撤或者不撤】出卖人可主张撤销这个合同,出卖人认为吃亏是祸,所以不想吃亏,这是出卖人自己的选择。撤销这个合同之后,买方可以向出卖人主张"缔约过失责任"(什么是缔约过失责任请参见合同编详细介绍),因为出卖人的过错导致了重大误解的发生。出卖人也可以不撤销这个合同,然后继续履行这个合同,按照1件10元出卖,出卖人认为吃亏是福,这也是出卖人自己的选择。④【缔约过失责任或违约责任】可见,可撤销合同中,撤销权人可以选择撤销或者不撤销这个合同。如果撤销合同将启动缔约过失责任,如果不撤销合同将发生继续履行问题。

◆ **原理1**:为什么会有可撤销的民事法律行为?①一个完全有效的民事法律行为需要满足3个要件,主体有相应的民事行为能力、意思表示真实、内容合法不违反公序良俗。②而可撤销的民事法律行为是主体、内容都没问题,但是意思表示有瑕疵,包括重大误解、受欺诈、受胁迫、被乘人之危导致显失公平。③我们把这种意思表示的瑕疵总结为意思表示不真实或者意思表示不自由,比如重大误解就是意思表示不真实,比如受欺诈、受胁迫、被乘人之危导致显失公平就是意思表示不自由。④无论是意思表示不真实,还是意思表示不自由,影响到的都是表意人的个人权利。⑤因此,由个人去决定要还是不要这个合同。法律不强行干预,由该受到不利益的个人选择撤销(启动缔约过失责任)或不撤销(启动违约责任)这个合同。⑥况且你一方意思表示是否真实、是否自由,法院也不知道,只有你自己最清楚。⑦背后的底层逻辑是:<u>不忘初心,尊重初心</u>。意思自治,即由自己的意思来决定自己的行为,对该行为负责。

◆ **原理2**:可撤销合同的效力如何?①【没撤销:自始有效】可撤销合同在没有被撤销时,从一开始就是有效的,我们把这种现象称为"自始有效"。既然合同是有效的,如果有当事人存在违约行为又没有免责事由,那么就需要承担违约责任。②【撤销:自始无效】可撤销合同在被撤销后,从一开始就是无效的,我们称这种现象叫"自始无效、溯及无效"。既然合同是无效的,如果有当事人对该无效存在过错,那么就需要承担缔约过失责任。

一、重大误解可撤(《民法典》第147条)

(一)【重大误解的学理解释】甲入住乙宾馆,误以为乙宾馆提供的茶叶是无偿的,并予以使用。

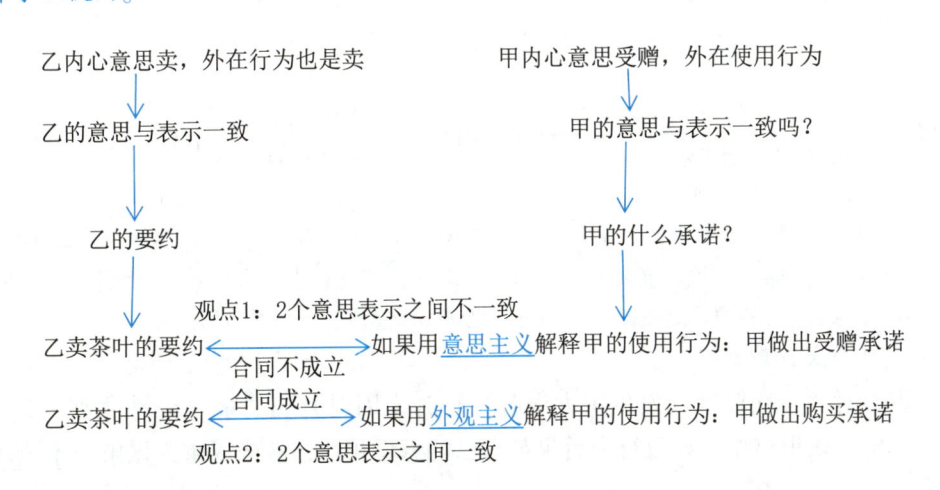

乙内心意思卖,外在行为也是卖　　　　　甲内心意思受赠,外在使用行为

乙的意思与表示一致　　　　　　　　　　甲的意思与表示一致吗?

↓　　　　　　　　　　　　　　　　　　↓

乙的要约　　　　　　　　　　　　　　　甲的什么承诺?

↓　　　　　　　　　　　　　　　　　　↓

　　　　　　　观点1:2个意思表示之间不一致

乙卖茶叶的要约 ←———————→ 如果用<u>意思主义</u>解释甲的使用行为:甲做出受赠承诺
　　　　　　　 合同不成立
　　　　　　　 合同成立
乙卖茶叶的要约 ←———————→ 如果用<u>外观主义</u>解释甲的使用行为:甲做出购买承诺
　　　　　　　观点2:2个意思表示之间一致

◆ 原理：既然重大误解是表意人甲的意思与甲的表示不一致，难道不是合同不成立吗，怎么会是合同成立生效但因重大误解而可撤销呢？(1)【合同】①所谓合同，就是双方民事法律行为，就需要2个意思表示。②乙宾馆的意思表示是要约，甲的意思表示是承诺，这2个意思表示一致了，重合了，重合在一起的相同的部分，我们称之为"合同"，即承诺与要约一致。(2)【外部：甲的意思表示和乙的意思表示这2个意思表示是否一致】①那乙宾馆做出的要约的意思表示，和甲做出的承诺的意思表示是否重合呢？②这就需要先判断一下乙宾馆的意思表示，再判断甲的意思表示，才能得出他们这2个意思表示是否一致的结论，才能判断合同是否成立。③因此，判断合同是否成立，是从对外关系上来看的，要判断的是2个意思表示之间是否一致，即甲的承诺与乙的要约是否一致。(3)【内部1：乙的要约，乙的意思与表示一致】①先来看要约，乙宾馆的意思表示，这时候是从内部来看的，就是乙宾馆自己的内心意思与自己的外在表示行为是否一致。②乙宾馆的内心意思是要卖茶叶，乙宾馆的外在表示行为也是要卖茶叶，所以乙宾馆的内心意思和外在表示是一致的，组合起来就是乙宾馆发出了卖茶叶的意思表示，即卖茶叶的要约。(4)【内部2：甲的承诺，甲的意思与表示一致吗？】①再来看承诺，甲的意思表示，这时候是从内部来看的，就是看甲自己的内心意思与自己的外在表示行为是否一致。②甲的内心意思是要接受赠与，这个是没有争议的。③甲的外在行为是使用了茶叶，对于甲这个使用茶叶的外在行为如何解释，就存在争议了。④如果用"意思主义"来解释甲使用茶叶的外在行为，那么甲使用茶叶的外在行为还是"接受赠与"，因为甲会说自己使用茶叶的外在行为就是接受赠与。如此一来，甲做出了的意思表示即"承诺"是受赠，这与乙宾馆发出的卖茶叶的要约，就不一致了，即要约与承诺不一致，故甲乙之间合同不成立，既然合同不成立，就没有重大误解制度的适用空间了。⑤如果用"外观主义"来解释甲使用茶叶的外在行为，那么甲使用茶叶的外在行为就是购买茶叶，如此一来，甲做出了的意思表示即"承诺"是购买，这与乙宾馆发出的卖茶叶的意思表示即要约，就一致了，即要约与承诺一致，故甲乙之间合同成立生效，但是因为甲的内心意思是受赠，外在表示行为是购买，发生了重大误解，故启动重大误解制度，由甲选择撤销或者不撤销该买卖茶叶的合同。(5)【结论：用外观主义解释误解方的行为，用意思主义来解释误解方为什么有撤销权】①对于误解一方的意思与表示不一致问题，我们先用"外观主义"解释其表示行为，以此确定合同成立并生效。②我们再用"意思主义"来解释其表示行为与内心意思不一致，以此确定误解方构成重大误解，因此享有撤销权。(6)【底层逻辑】①重大误解这个名词本身，隐含的逻辑就是，先按外观主义来确定合同关系，再按意思主义来判断是否发生重大误解。②以上推理，对于受欺诈、受胁迫、被乘人之危导致显失公平，都是同样适用。

（二）【区分"意思表示是否一致"和"意思与表示是否一致"】

$$\text{乙出卖的要约} \xleftarrow[\text{甲乙2个意思表示之间一致}]{\text{合同成立生效但甲可撤销}} \text{甲购买的承诺} \begin{Bmatrix} \text{①甲的内心意思} \\ \text{②甲的外在表示} \end{Bmatrix} \text{不一致}$$

◆ 原理：怎么区分"意思表示是否一致"和"意思与表示是否一致"？①【意思表示是否一致】说的是"2个"意思表示是否一致，描述的是合同是否成立。②【意思与表示是否一致】说的是1个意思表示中内心意思与外在表示是否一致，描述的是该1个意思表示是否有瑕疵。

（三）【属于重大误解的情形】

1.【当事人对"合同要素"发生重大误解】行为人因对合同要素（交易性质、交易对方、交易对象）认识错误，导致行为后果与自己的意思相悖，就构成重大误解。<u>不要求</u>

导致误解方损害结果（《总则编解释》第19条）。

◆ **原理1**：为什么要将重大误解的范围限制为对"合同要素"发生错误或误会？①避免破坏交易。②生活上的误会随处可见，比如你看到淘宝模特穿的衣服很漂亮，你误以为你穿了也会成为模特，所以下单了，后来发现与初心相违背，可否以重大误解为由撤销合同？不能。③如果每个合同都想得非常精确，可能你就不想签订合同了。④很多合同签订就是靠一时冲动，难得糊涂。⑤所以，合同经常由误会产生。合同时常是一个美丽的误会，没有误会，可能就没有合同。⑥买方觉得占了便宜，才会下单；卖方觉得占了便宜，才会出售。⑦合同一旦签订，双方都觉得自己赚了。⑧如果要求满足纯粹的初心，要求消除"一切"误会，撤销合同，就会破坏交易，因此对重大误解要设置很高的门槛。将误解对象限制为"合同要素"：交易性质、交易对方、交易对象。

◆ **原理2**：为何判断是否构成重大误解时不再要求导致误解方的损失？因为需要保护意思表示的真实，故不论是否导致损害结果，只要影响到意思表示的真实，就启动重大误解可撤销。

(1)【交易性质】

①【将A交易误会成B交易：是重大误解】误将A交易，当成B交易，比如误将买卖当成赠与，这属于重大误解。

例：【误将买卖当赠与】甲入住乙宾馆，误以为乙宾馆提供的茶叶是无偿的，并予以使用。如何评价甲乙之间关于使用茶叶形成的合同关系？①【误将买卖当做赠与】甲入住乙宾馆，误以为乙宾馆提供的茶叶是无偿的，并予以使用，甲基于对行为性质的错误认识即误将买卖当做赠与，而实施了相应行为，这构成重大误解。②【误解方可撤销】虽然茶叶已经被使用，甲仍可主张撤销茶叶买卖合同，此后对乙承担缔约过失责任，按"市价"而不是"标价"赔偿茶叶损失。

◆ **原理**：合同撤销后，为什么是按照市价赔偿茶叶损失，而不是按照标价赔偿茶叶损失？①因为合同撤销后，自始无效，就不能按照标价（合同内容）来赔偿了，不能启动违约责任了。②合同撤销后，只能启动缔约过失责任，参照市价来确定赔偿范围。

②【将交易A误会成非交易：不是重大误解】误将A交易，当成一个非交易，比如学生误以为订书单是签到本而签字，这不属于重大误解

◆ **原理**：为什么学生将订书单误以为是签到本不构成重大误解？①【1个交易另1个交易：重大误解】所谓对交易性质的误解，是将A交易误以为B交易，才属于重大误解。②【1个交易1个非交易：欠缺效果意思】将订书单（A交易）误以为签到本（不是交易），这属于欠缺效果意思，即没想到是要做交易，因此合同不成立。③【重大误解的前提】重大误解是以合同成立并生效为前提，一个不成立的合同谈不上重大误解。④【因重大误解签订的合同可撤也可不撤】因重大误解而启动撤销规则，没撤销，该合同一直有效。撤销了，该合同溯及无效。

(2)【交易对方】①【对人的误解是重大误解】本来想和甲签订合同，结果误以为乙是甲，所以和乙签订了合同，这属于误解了交易对方。②【对"行为能力"的误解不是重大误解】对行为能力的误解不适用重大误解制度，而适用民事行为能力制度。对弱势群体的保护优先于对交易安全的维护。③【误将"无权代理"当成"有权代理"不是重大误解】误以为无权代理人是有权代理人，这不适用重大误解制度，而适用无权代理制度。④【误将"无权处分"当成"有权处分"不是重大误解】误以为无权处分人是有权处分，这不适用重大误解制度，而适用无权处分制度。

例：【误把傻瓜当常人】甲要购买电动车，误以为精神病人乙是完全民事行为能力人，并与之签订买卖合同。该合同效力如何？①甲误以为精神病人乙是完全民事行为能力人而与乙签订买卖合同，可分两种情形：精神病人乙为无行为能力人；或者为限制行为能力人。②如果乙是无行为能力人，则该合同无效。③如果乙是限制行为能力人，则该合同效力待定。

(3)【交易对象】①【标的物的品种】如误以轧铝机为轧钢机而购买。②【质量】以临摹画为真迹。误将真品当赝品。③【规格】误以千吨水压机为万吨水压机。④【数量】误将10吨误解为10公斤。⑤【价格】是狭义的，限于"标价错误"。如果误以为是全国最低价而下单，这不构成"价格"误会。

例1：【误会"轨道"：不是房屋买卖合同的交易对象误解】老爷爷去开发商售楼处购房，销售人员说附近有轨道交通19号线。老爷爷"误以为"19号线是地铁，实际上是城铁，故签订购房合同。老爷爷是否构成重大误解？①没有。②因为误解的地铁或城铁，与合同交易对象即房屋是没有关系的，这不是合同要素。

例2：【标价错误：是商品买卖合同的交易对象错误】甲商场标价1000元出卖钻石戒指，本来市价是10 000元，因工作人员失误漏写了一个0。乙见到后随即购买付款取走。甲主张乙补足价款，乙拒绝。甲遂通知乙撤销该合同，要求乙退回戒指。甲是否有权通知撤销该合同？①否。②甲内心意思是卖10 000元，外部表现为1000元，发生了重大误解，甲有撤销该买卖合同的权利。③但是甲需要诉到法院，而不能通知撤销。④乙没有发生重大误解，因为乙内心意思和外部表示都是要以1000元购买钻石戒指。⑤误解方甲自己蠢，撤销合同后，要对购买人乙承担缔约过失责任。

◆原理：什么是基于交易习惯不能行使撤销权？古玩市场对古玩认识错误是重大误解，但基于交易习惯不得主张撤销权，因为古玩交易本身具有风险性，射幸性（碰运气）。

(4)【第三人转达错误视为重大误解】行为人以其意思表示存在第三人转达错误为由请求撤销民事法律行为，启动重大误解规则。(《民法典总则编司法解释》第20条)

乙转达错误10元1个（视为甲误解）
甲（没误解）←──────────────→丙
100元1个

◆原理：为什么第三人转达错误视为重大误解？①【重大误解】因为我国民法中，重大误解制度包括两大类：错误和误解。②【错误】错误是内心没有发生误会，只是表达错误，比如内心是一件衣服卖1000元，但是表达错误，标价为100元，这就是错误导致的重大误解。③【误解】误解是内心发生了误会，比如误将买卖当做赠与，内心就发生了误会了。④【第三人转达错误】第三人转达错误，本质上是错误，属于重大误解的一种情形。

(四)【不属于重大误解的情形】

1.【动机错误不属于重大误解】(1) 动机是形成意思表示的初衷，每个交易都会有动机。(2) 为了维护交易安全，表意人在形成意思表示时所产生的错误不属于重大误解。

例1：【婚房】购房是为了缔结婚姻做婚房。后来，不结婚了，能否以重大误解为由要要求退房吗？①否。②如果开发商需要做无尽的调查，才能签订房屋买卖合同，这样就增加了交易成本,破坏了交易。

例2:【同床异梦】甲误以为妻子没有购买电脑,故自乙处新购电脑一台。回家后发现真相,甲以发生重大误解为由撤销买卖电脑合同,该主张能否成立?①否。②甲的误会属于动机错误,不得适用重大误解制度主张撤销。

◆ 原理:为什么动机错误不是重大误解?①动机错误不得撤销的理由,是基于合理分配危险的考虑。②表意人对意思形成有关的事实,认识是否正确,是自己应承担的风险,不得转嫁给相对人。③如不愿承担该风险,则应设法将该"动机"反映到合同中,将其作为合同生效的约定条件即可。

2.【立遗嘱出现错误不是重大误解可撤】(1)误将他人财产当做自己财产设立遗嘱,这部分是无效的。(2)特别法优先于一般法适用。

例:【误把他人财产当自己财产立遗嘱处分】甲立下遗嘱,误将乙的字画分配给继承人。遗嘱效力如何?①无效。②遗嘱处分他人财产,无论立遗嘱人是有意为之,还是发生重大误解,该部分内容均属无效,不属于可撤销的民事行为。③这属于特别法优先于一般法适用,不能适用总则编规定的重大误解制度,而应适用继承法律规则,该遗嘱无效。④这不是遗嘱,这是做梦。

3.【事实行为出现错误不是重大误解】(1)误将他人财产当做自己的实施了"添附"行为,适用"添附"规则,而不适用重大误解可撤销的规则。(2)添附行为是事实行为,不是民事法律行为,没有意思表示,不启动可撤销规则。

例:【误将邻居地砖当自己的使用】甲装修房屋,误以为乙的地砖为自家所有,并予以使用。如何评价甲使用地砖行为?①甲的行为构成"添附"(附合、混合、加工)中的附合,即将乙的动产和甲不动产附合在一起,无法分割或分割会减损物的价值。②附合行为属于事实行为,并非民事法律行为,不存在意思表示,不构成民法上的重大误解。③应适用附合规则解决(甲为房屋所有权人,需要向乙返还不当得利),而不能适用重大误解规则解决。

(五)【诉讼或者仲裁撤】基于重大误解实施的民事法律行为,行为人有权请求人民法院或者仲裁机构予以撤销。

◆ 原理:基于重大误解的撤销,为什么必须诉讼或者仲裁,而不是通知撤?①因为在民事交易中,"重大误解"是普遍存在的。②如果允许当事人通知撤,没有第三方介入予以监督把关,将会极大地破坏交易秩序。

二、受欺诈可撤(《民法典》第148、149条)

(一)【欺诈的构成要件】

1.【行为人有欺诈的故意】使相对人陷入错误的故意,使相对人因为陷入错误而作出意思表示的故意。

2.【行为人有欺诈的行为】

(1)【欺诈行为与合同要素有关】行为人实施了与"合同要素"相关的欺诈。

①【是合同要素:交易信息】比如房屋买卖合同中,有关房屋的事项,才属于与合同要素相关的事项,比如学区房、凶宅、地铁房等。

②【不是合同要素：行为能力信息】比如限制民事行为能力人与你签订合同时，宣称自己是完全民事行为能力人，骗了你，此时，不启动欺诈规则，应启动行为能力规则来判断合同效力：纯受益或能力相适应的合同有效；其他合同效力待定。

③【不是合同要素：无权代理信息】比如无权代理人在实施无权代理时，宣称自己是有权代理，骗了你，此时，不启动欺诈规则，应启动无权代理规则来判断合同效力：一般情形效力待定；特殊情形表见代理。

④【不是合同要素：无权处分信息】比如无权处分人在实施无权处分时，将他人东西卖给你，宣称东西是自己的，骗了你，此时，不启动欺诈规则，应启动无权处分规则来判断合同效力：合同效力不受无权处分的影响。

◆ 原理：为什么行为能力、无权代理、无权处分信息不属于合同要素，不启动欺诈规则？①民法的逻辑结构导致这个结果。②行为能力制度、无权代理制度、无权处分制度，它们自己的运行规则先启动。③如果都启动受欺诈的可撤销制度，那它们就被彻底架空了，行为能力制度、无权代理制度、无权处分制度就没用了。④因为这些合同要获得签订，大概率都是会存在"欺诈"的，如果对方知道你行为能力真实情况、对方知道你无权代理真实情况、对方知道你卖的是别人的东西，大概率是不会签订合同的。

(2)【2种类型的欺诈行为】①【积极欺诈】提供虚假情况。②【消极欺诈】隐瞒真实情况。

◆ 原理：为什么需要对欺诈设置比较高的门槛？①欺诈是普遍存在的，生活观念上，我们经常受骗。②但是不能泛化欺诈的概念，避免对交易造成破坏，因此需要对欺诈设置一个比较高的门槛。③比如看电视上飘柔洗发水的广告，给我们展示的效果非常好，好到有点假。我们就信了，然后买了这个洗发水，发现没有广告说的那么好的效果，是否可以以受欺诈为由主张撤销合同？不可以，否则没人敢做广告了，广告就会消灭。④因为所有的广告都会稍微有一些夸张，美化，否则，不成其为广告。广告上的人、物、画质，属于美颜中的美颜，这种美化，有夸张的成分。⑤因此需要对欺诈做限缩解释，避免它破坏交易，这也是在捍卫广告业，因为没有广告，可能看不到好的电视剧。

3.【双重因果关系】(1)【受骗陷入错误】受欺诈人因行为人的欺诈行为陷入错误。(2)【再陷入错误的意思表示】受欺诈人基于错误而作出意思表示。

◆ 原理：因为受欺诈的结果也会导致表意人发生"重大误解"，那么欺诈和重大误解的差异是什么？①【欺诈是"欺诈人太狡猾"导致"误会"】欺诈是欺诈人太狡猾，受欺诈人撤销合同后，"欺诈人"负缔约过失责任。②【重大误解是"自己太蠢"导致"误会"】重大误解是误解人自己太笨，重大误解人撤销合同后，"误解人自己"负缔约过失责任。

(二)【积极欺诈：提供虚假情况，不该说却瞎说】一方当事人故意告知对方虚假情况，诱使对方当事人作出错误意思表示。

1.【描述越具体则越构成积极欺诈】以具体、量化的语言文字对商品或服务的性能、成分、功效、原产地、生产者、保质期等作出虚假的意思表示。

(1)【构成积极欺诈】

例1：【构成欺诈：具体的夸大】声称某人体增高器使用1个月后将长高5厘米；声称某矿泉水含有32种微量元素；宣传水果很甜而且含糖量25%；声称某个学习仪器能保证在10天内熟记1000个单词；声称某旅游线路包含20个旅游景点等，而实际上均未达到这些具体数值，则构成欺诈。因为这些具体的数据，会让我们产生信赖，所以构成欺诈。

例2：【构成欺诈：学区房】 甲对外宣传其所卖房屋为学区房，实际上该房屋不是学区房，乙误信而购买。该合同效力如何？①可撤销。②甲属于积极欺诈，受欺诈人乙可请求法院撤销该合同。

（2）【不构成积极欺诈】

例1：【不构成欺诈：不需要说明的问题的虚假表述】 甲店搬迁，对外宣传其所卖服装跳楼价、进货价甩卖，一件15元，实际进货价是一件13元。乙购买一件后知道真相，请求法院撤销买卖合同。乙的主张是否成立？①否。②对不需要说明的问题的虚假表述，不构成欺诈。③还比如招工中，询问受聘人是否近期内准备结婚，受聘人回答永远做单身狗，岂料入职后即奉子成婚，怀孕生产。受聘人的虚假回答不构成欺诈，因为是否准备结婚不是劳动合同签订过程中员工需要披露的信息，故员工可以乱说。

例2：【不构成欺诈：知假买假】 甲知道乙销售的商品是假货，仍然予以购买。甲是否有权请求法院撤销该合同？①否。②甲并未因为乙的欺诈陷入错误认识，并基于该错误认识而做出意思表示。③换言之，甲的意思表示不存在瑕疵，故不得主张受欺诈撤销该合同。

2.【描述得越抽象则越不构成积极欺诈】故意告知抽象的、夸大的信息，不构成积极欺诈。

例：【天山童姥】 甲经营的SPA店，宣传女士做完后，可以返老还童，秒变少女。乙信任该宣传而与甲签订合同办理了会员卡，但是效果并不明显，乙要求退卡，以甲欺诈为由请求法院撤销该合同。乙的主张能否成立？①否。②甲的宣传属于适当夸大，不构成欺诈。③因为这种适当夸大不会产生信赖，当事人的宣传越浮夸、越抽象，越不会产生信赖，故不构成积极欺诈。④保护企业的一种正常的宣传和广告。

（三）【消极欺诈：隐瞒真实情况，该说不说】一方当事人故意隐瞒真实情况，诱使对方当事人作出错误意思表示。

◆ **原理：** 为什么需要限制消极欺诈的范围？①当事人签订合同的信息披露义务不是无限的，否则无法签订一个合同。②比如出卖人把进货价、进货渠道等全部告诉你，你可能就不会去购买了，或者你自己去进货了。③合同当事人对于与合同有关的信息披露，肯定不是无限的，应该是有限的，限于与买方决定是否签约或者以什么价格签约有重大影响的信息。④比如凶宅，应该披露，它会影响到买方是否购买该房屋。

1.【构成消极欺诈】对负有披露义务的信息，当事人未披露，构成消极欺诈。

例1：【装傻】 如不告知汽车曾受过重大撞击的事实（事故车）；不告知动产已经设定抵押担保的事实；不告知明示价格中不包含附加费或服务费的事实等。

例2：【凶宅】 甲的房屋内发生过非正常死亡事件，其将该房屋出卖给乙，未告知乙前述事实，双方签订了买卖合同。该合同效力如何？①可撤销。②出卖人对可能影响合同订立或合同价款的信息具有披露义务，民法保护当事人的"封建迷信"，以贯彻意思自由和意思真实。③甲属于消极欺诈，受欺诈人乙可请求法院撤销该合同。

2.【不构成消极欺诈】对不负有披露义务的信息，当事人未披露，不构成消极欺诈。

◆ 原理：房屋里死人，该信息是否需要向购房人披露？①正常死人不需要；非正常死人就需要。②判断标准就是该信息是否属于与合同要素有关，法律是否规范。比如凶宅、学区房、地铁房等等，这些都属于与合同要素有关。

例1：【通常理解】某旅游地的纪念品商店出售秦始皇兵马俑的复制品，价签标名为"秦始皇兵马俑"（没有披露为"秦始皇兵马俑仿品"），2800元一个。王某购买了一个，次日，王某以其购买的"秦始皇兵马俑"为复制品而非真品属于欺诈为由，要求该商店退货并赔偿。王某主张能否成立？①否。②商店实际出售的是秦始皇兵马俑复制品，标签名为"秦始皇兵马俑"，信息交代不完整。③但是，按照通常理解，真正的秦始皇兵马俑属于文物，且在旅游纪念地商店，一般公众不会因此将商店出售的秦始皇兵马俑理解成真品。故商店未披露"秦始皇兵马俑复制品"，不构成消极欺诈。④培养题感：旅游地的纪念品商店、"秦始皇兵马俑"、2800元一个，指向意思是真正的秦始皇兵马俑不可能这么便宜，根据生活常识推断可知不构成欺诈。

例2：【公知信息】陈老伯考察郊区某新楼盘时，听销售经理介绍周边有"轨道交通19号线"，出行方便，便与开发商订立了商品房预售合同。后经了解，轨道交通19号线属市域铁路，并非地铁，无法使用老年卡，出行成本较高；此外，铁路房的升值空间小于地铁房。陈老伯深感懊悔。开发商是否构成欺诈？①否。②开发商卖的是铁路房，披露的信息是房屋周边有轨道交通19号线，属于披露信息不完整。③但是轨道交通19号线到底是铁路还是地铁，属于公知信息。对公知信息未披露不构成消极欺诈。

（四）【欺诈的判断不要求受欺诈人遭受损害结果】受欺诈人因受欺诈而受益，也不影响其撤销权

◆ 原理：为什么受欺诈不要求受欺诈人遭受损害结果？①当我们被人骗了，第一感受是什么？沮丧、挫败感，觉得自己智商被碾压，非常的郁闷，某种意义上在自责自己怎么这么笨。②所以，即使我被骗了，并且因为被骗受益了，我仍然想撤销这个合同，去除我的智商被骗子碾压的这段历史。③比如对方拿一个瓷瓶，号称明代的，然后被骗了。我就买下来了，后来发现，不是明代，是宋代的。④我是不是被骗了？是。我是不是受益了？是。我可以撤销这个合同吗？可以。⑤因为你欺诈我，侵犯的是我的意思自由。

例：【聪明反被聪明误：欺诈人没有撤销权，受欺诈人才有撤销权】乙公司以国产牛肉为样品，伪称某国进口牛肉，与甲公司签订了买卖合同，后甲公司得知这一事实。此时恰逢某国流行疯牛病，某国进口牛肉滞销，国产牛肉价格上涨。如何评价甲乙签订的买卖合同？①虽然最终的结果是甲以原来比较便宜的价格购买到国产牛肉，即甲因为被骗而受益，但乙公司仍然构成欺诈。②受欺诈人甲有权撤销该合同。③受欺诈人甲也可不撤销合同要求乙公司继续履行合同交付国产牛肉。④欺诈人乙公司不得主张撤销该合同。

（五）【当事人欺诈和第三人欺诈】

1.【当事人欺诈】欺诈人欺诈对方，使对方违背真实意思实施民法法律行为，受欺诈方有权请求撤销该合同。（《民法典》第148条）

◆ 原理：如何区分当事人欺诈和第三人欺诈？①开发商忽悠购房人称所售房屋是学区房，这属于当事人欺诈。②开发商员工执行工作任务忽悠购房人，这属于当事人欺诈。③开发商小舅子忽悠购

房人，开发商知情，这属于第三人欺诈；开发商不知情，这不是欺诈。

2.【第三人欺诈】（1）第三人欺诈一方当事人，对方当事人知情的，受欺诈人有权以受欺诈为由请求撤销合同。（2）对方当事人不知情的，受欺诈人无权以受欺诈为由请求撤销合同。（《民法典》第149条）

```
                    房屋买卖合同
    甲（出卖人）  ←──────────→  乙（买受人：受欺诈人）
              ↖                丙欺诈了乙+甲对此知情=乙可诉丙承担
                 丙（欺诈人）    缔约过失责任
```

◆ **原理**：第三人欺诈情形，为何受欺诈人乙有权诉第三人丙承担缔约过失责任？①【出卖人可能比较穷，第三人反而比较有钱】如果出卖人甲比较穷，乙作为受欺诈人，诉撤销后要求甲还款，但是如果甲比较穷，就会白诉了，赢了官司也无法执行。②【不能诉第三人违约，也不能诉第三人侵权，只能诉第三人承担缔约过失责任】第三人丙不是合同当事人，乙不能诉丙违约。乙对甲享有的缔约信赖利益，不受侵权责任编保护，乙不能诉甲侵权。因此，为了救济乙，乙只能诉第三人丙承担缔约过失责任。

例：【当事人欺诈和第三人欺诈】齐某扮成建筑工人模样，在工地旁摆放一尊廉价购得的旧蟾蜍石雕，冒充新挖出文物等待买主。甲曾以5000元从齐某处买过一尊同款石雕，发现被骗后正在和齐某交涉时，乙过来询问。甲有意让乙也上当，以便要回被骗款项，未等齐某开口便对乙说："我之前从他这买了一个貔貅，转手就赚了，这个你不要我就要了。"乙信以为真，以5000元买下石雕。如何评价所涉民事法律行为的效力？①当事人欺诈：齐某与甲的合同，甲受欺诈，可主张撤销其购买行为（即合同）。②第三人欺诈：齐某与乙的合同，第三人甲实施欺诈，齐某知情，属于第三人欺诈，乙可主张撤销其购买行为（即合同）。③基于合同相对性，购买人乙和购买人甲之间没有合同法律关系。④购买人乙可诉第三欺诈人承担缔约过失责任。

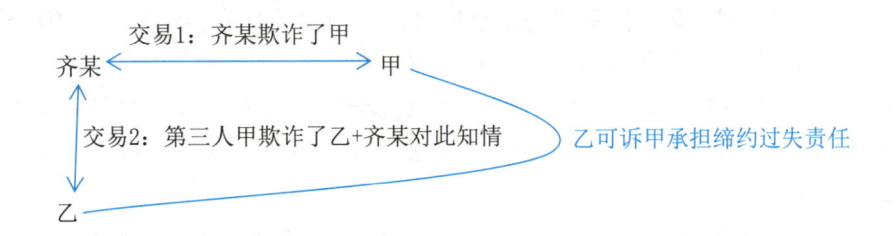

```
              交易1：齐某欺诈了甲
    齐某  ←────────────────→  甲
       ↖                           
          交易2：第三人甲欺诈了乙+齐某对此知情    乙可诉甲承担缔约过失责任
             ↖
              乙
```

（六）【婚姻行为中的欺诈】

1.【结婚中的欺诈】（1）一般欺诈不影响婚姻效力。（2）隐瞒重大疾病则婚姻属于可撤销婚姻（《民法典》第1053条，请求法院撤销的期间是知道或应当知道撤销事由之日起1年）。

◆ **原理**：为什么一般的欺诈不能影响婚姻的效力？男人如果不"欺诈"，可能娶不到老婆。所以法律不处理一般的欺诈，你在找对象时就要自己睁大你的小眼睛了。

例：【欺诈一般不影响婚姻效力】甲向乙承诺，以其外籍华人身份在婚后为乙办理外

105

国绿卡。婚后，乙发现甲是在逃通缉犯。乙以甲欺诈为由撤销婚姻，乙的主张能否成立？①否。②只有隐瞒重大疾病的欺诈才是可撤销婚姻的撤销事由。

2.【离婚中的欺诈】欺诈不影响离婚效力，自办理离婚登记或者法院离婚文书生效时离婚。

三、受胁迫可撤（《民法典》第150条）

（一）【胁迫的构成要件】以给自然人及其近亲属等的人身权利、财产权利以及其他合法权益造成损害，或者以给法人、非法人组织的名誉、荣誉、财产权益等造成损害为要挟，迫使对方基于恐惧心理作出违背真实的意思表示的，可以认定为胁迫行为。

1.【胁迫故意】（1）胁迫人主观上有胁迫的故意。（2）故意实施胁迫行为使他人陷入恐惧，受胁迫人基于恐惧心理作出迎合胁迫人的意思表示。

2.【胁迫行为】（1）胁迫人客观上实施了胁迫的不法行为。（2）对受胁迫人自己或者近亲属进行胁迫。①通过物理行为施加胁迫：比如强按手印。②或者通过心理恐吓施加胁迫：比如威逼杀人。

3.【受胁迫人迎合】受胁迫人因恐惧而迎合胁迫人做出意思表示，受胁迫人全部或者部分迎合胁迫人的意思表示，都构成胁迫。

例1：【部分迎合构成受胁迫】如甲威胁乙不赠与金钱1000元则杀掉乙，乙表示赠与800元，甲是否构成胁迫？①构成。②因为部分迎合也属于迎合。③胁迫不要求胁迫人与受胁迫人意思内容完全一致，只要双方意思方向一致即可。

例2：【不是迎合则不构成受胁迫】如甲威胁乙如不赠与金钱则将乙杀害，乙陷于恐惧，故从丙处购买一把匕首以防身。对于乙从丙处购买匕首的行为，甲是否构成胁迫？①不构成。②因为这不是乙在迎合甲的意思。

（二）【胁迫行为】

1.【"欺诈"式胁迫属于胁迫】

（1）【是合同要素=欺诈】欺诈的信息应该与合同要素有关。比如隐瞒凶宅的事实，凶宅是房屋，房屋是买卖合同标的物，这属于合同要素。

（2）【不是合同要素=胁迫】如果在房屋买卖合同中，虚构事实称自己掌握卖方贪污材料，该贪污材料与本案房屋买卖合同要素无关，这不可能是欺诈。出卖人因此陷入恐惧，故构成胁迫。

例：【欺诈式胁迫】某校长甲欲将一套住房以50万元出售。某报记者乙找到甲，出价40万元，甲拒绝。乙对甲说："我有你贪污的材料，不答应我就举报你。"甲信以为真，以40万元将该房卖与乙。乙实际并无甲贪污的材料。如何评价该房屋买卖合同的效力？①因受胁迫而可撤销。②从乙的角度来看，乙是希望甲陷入恐惧，同时基于恐惧做出意思表示；乙不是希望甲陷入错误，同时基于错误做出意思表示。③从甲的角度来看，甲信以为真做出意思表示是因为怕，而不是因为被骗。乙欠缺欺诈的故意（使他人陷入错误的故意+促使他人作出错误意思表示的故意）。④所谓欺诈，指故意欺骗他人，使其对合同要素内容陷于错误判断，并基于此错误判断而为意思表示。

2. 【举报犯罪与胁迫行为】

(1)【举报犯罪与胁迫所签订的合同无关，是胁迫】首先这表面上看构成"胁迫"，实际上也是胁迫，因为我们认为这种情形属于"胁迫行为具有不法性"，因此属于胁迫。

例：【构成胁迫：举报不相关犯罪以缔约，胁迫行为具有不法性】甲对乙说如不出借 1 万元则举报乙犯罪，乙照办，后查实乙构成犯罪。甲对丙说，如不将藏獒卖给甲，则举报丙犯罪，丙照办，后查实丙不构成犯罪。如何评价甲和乙、甲和丙合同的效力？①乙因受胁迫而可撤销；②丙因受胁迫而可撤销。③举报犯罪行为本身合法，目的是借款或买卖本身也合法，但两者的关联不合法，故属于甲的行为属于胁迫行为。

(2)【举报犯罪与胁迫所签订的合同相关，不是胁迫】首先这表面上看构成"胁迫"，但我们称这种现象为"胁迫行为不具有不法性"，因此不是胁迫。

例：【不构成胁迫：举报相关犯罪以缔约，胁迫行为不具有不法性】甲对乙说，如不赔偿乙撞伤甲的医疗费，则举报乙醉酒驾车。乙照办，甲取得医疗费和慰问金。如何评价甲、乙的协议效力？①有效，甲的行为不是胁迫行为。②举报犯罪行为本身合法，目的是获得赔偿本身也是合法，且两者紧密关联，故甲的行为不属于胁迫行为。③乙本来就需要对甲承担赔偿责任，如果不赔，甲通过起诉也同样可以得到赔偿。所以甲取得赔偿没有损害乙的利益。

3. 【胁迫行为的不法性】

(1)【手段不法，是胁迫】①如"若不出租房屋，即杀害之"。②还如甲威胁乙，如乙不将房屋低价出卖给甲，则甲将揭露乙的隐私，乙不得已将房屋以低价（或者高价）出售给甲，甲的手段不法，构成胁迫。

(2)【目的不法，是胁迫】如"若不出资拐卖儿童，即告发偷税之事"。

(3)【手段和目的的关联不法，是胁迫】①手段合法、目的也合法，但是两者关联不合法。②最典型的为"举报犯罪"达到合同目的。如甲以检举乙贪污受贿行为予以威胁，要求乙将其房屋低价出售，乙无奈只得答应签订合同。甲的检举行为本身合法，目的房屋买卖合同本身也合法，但两者的关联不合法。

(4)【手段和目的的关联合法，不是胁迫】如出租人以向法院起诉为要挟，要求承租人按合同约定及时履行交付租金的义务，则出租人不构成胁迫。

(三)【当事人胁迫和第三人胁迫】

1. 【受胁迫人享有撤销权】一方或者第三人以胁迫手段，使对方在违背真实意思的情况下实施的民事法律行为，受胁迫方有权请求人民法院或者仲裁机构予以撤销。（《民法典》第 150 条）

```
甲（出卖人）  ←房屋买卖合同→  乙（受胁迫人）：因为胁迫侵犯了意思自由
大哥（知情或不知情）              ↓ 诉丙侵权索赔
                                丙：胁迫人、第三人、不是合同当事人
                                小弟
```

◆ 原理：为什么第三人丙胁迫情形，不需要出卖人甲知情？(1)【第三人胁迫】只要丙对乙实施了胁迫，乙就享有撤销权。（2）【不要求甲知情】不要求甲知情，因为胁迫对意思表示自由的侵犯更加严重，民法对于此种情形的受害人给予倾斜保护。

例：【第三人胁迫≈当事人胁迫】甲向乙银行借款，乙银行要求甲提供担保。丙为帮助甲借款，以举报丁偷税漏税相要挟，迫使其为甲借款提供保证，乙银行对此不知情。丁是否有权以其受到胁迫为由撤销保证？①有权撤销。②第三人胁迫≈当事人胁迫。③无论因"胁迫"而受益的人是否知情，均构成胁迫。

2.【受胁迫人可诉第三人承担缔约过失责任】上图中，乙的救济路径如下：（1）乙可诉甲，主张撤销合同，并要求甲承担缔约过失责任。（2）乙也可要求丙承担缔约过失责任。

四、乘人之危致显失公平可撤（《民法典》第151条）

（一）【主观要件】一方当事人利用对方处于危困状态、缺乏判断能力等情形。

1.【利用的故意】乘危人使危难人按照自己意思进行意思表示的故意，危难人被迫使自己的意思表示迎合乘危人的意思。

◆ 原理："乘人之危致显失公平"与胁迫的关系是什么？①【"乘人之危致显失公平"与胁迫的差异】"乘人之危致显失公平"没有积极的胁迫行为，只是利用他方处于困境的消极行为。对方迫于自己的危难处境接受了不利甚至极为苛刻的条件，不得已与"利用"危难境地的一方订立了合同。②【"乘人之危致显失公平"与胁迫的竞合】如表意人处于危难境地而行为人又对其施加他种要挟，则同时构成胁迫和"乘人之危致显失公平"。

2.【利用1：危困状态】因陷入某种暂时性的急迫困境而对于金钱、物的需求极为迫切等。

例：【觊觎邻居古董】甲父罹患重病急需一大笔治疗费，邻居乙觊觎甲的市值10万元的明代青花瓷盘已久，趁甲需要用钱之际，约定用5万元购买该青花瓷盘，双方签订合同。如何评价该合同效力？①甲可以乙乘人之危显失公平为由向法院主张撤销该合同。②乙全部过错，合同无效，故甲仅退5万元即可，不需退利息。

3.【利用2：缺乏判断能力】根据自然人的年龄、智力、知识、经验并结合交易的复杂程度，能够认定其对合同的性质、合同订立的法律后果或者交易中存在的特定风险缺乏应有的认知能力的，就属于缺乏判断能力。

◆ 原理：为什么把缺乏判断能力的主体限于自然人？①自然人才存在缺乏判断能力的可能，法人不存在缺乏判断能力的说法。②因为法人是通过会议决议做判断，是集体智慧，应该自负其责，不能以缺乏判断能力为由转嫁经营风险。

例：【赌石：都有判断能力】潘某去某地旅游，当地玉石资源丰富，且盛行"赌石"活动，买者购买原石后自行剖切，损益自负。潘某花5000元向某商家买了两块原石，切开后发现其中一块为极品玉石，市场估价上百万元。商家深觉不公，要求潘某退还该玉石或补交价款，该主张是否成立？①否。②符合当地交易习惯，不存在乘人之危，更不存在显失公平。

4.【利用3："等情形"】实践中，"草率轻率""意志显著薄弱""无经验""心理依赖"等，均可能造成实质上的"缺乏判断能力"。

例1：【网络贷、校园贷】一段时期泛滥的"网络贷""校园贷"，打着为大学生提供金融服务的幌子，利用学生群体涉世不深，大肆推广所谓的"信用卡进校园"，突破了校园网贷的范畴和底线，造成一些地方"求职贷""培训贷""创业贷"等不良借贷问题突出，以致监管机构不得不几次三番下发通知加以整顿。

例2：【PUA搭讪艺术家】近年来成为恶性文化代名词的PUA（pick-up artists，简称PUA，直译为"搭讪艺术家"），通过言语话术贬低等"打压"策略使对方降低自信心，令异性陷入诱惑并服从其指令，致使情感焦虑中的异性产生认知失调，即产生心理学上所谓的"斯德哥尔摩效应"，从而达到情感操控的目的。当一方通过PUA已然造成相对方心理依赖，甚至达到了可以控制相对方"教唆自杀""鼓励自杀"的地步，因此而形成的民事法律行为当然也可得适用《民法典》第151条规定以显失公平予以撤销。

（二）【客观要件】民事法律行为成立时显失公平。

例1：【明星道具】甲十七岁，以个人积蓄1000元在慈善拍卖会拍得明星乙表演用过的道具，市价约100元。事后，甲觉得道具价值与其价格很不相称，颇为后悔。该合同效力如何？①有效。②判断交易是否公平，不能仅关注交易标的的市场价格，而应该在具体的交易中判断当事人的权利义务是否对等。③本题中的道具虽然市值仅为100元，但甲之所以愿以高价拍得，关键在于其被乙明星使用过，因此本题的情形不构成显失公平。本题也不存在乘人之危情节。故合同有效。

例2：【存款变成理财案：成立时缺乏判断力就可以，此后方知晓是理财不能补正此前缺乏判断力】①一段时期，有一些老年人去银行存款，却在个别工作人员的诱导下购买了理财型保险或其他基金理财产品，待已完成购买甚至到需要支取存款时，才发现所持有的只是保险单或者理财产品合同。②此时就不能以事后存款人已经知晓系购买保险或理财产品而否定行为时"缺乏判断能力"，也不能通过事后认知能力的提升而得到补正。

例3：【对赌协议案：中小投资者"对赌"缺乏判断能力，事后学习不影响缺乏判断能力】①一些中小企业的投资者并不具有专门的风险投资知识，受将来公司"新三板"上市"一夜暴富"思想的引诱，与风险投资机构签订估值调整的"对赌"协议。②评判是否缺乏判断能力须看订立"对赌"协议时行为人能否理性判断"对赌"的后果。至于事后行为人通过学习提升了认知能力，均不影响订立"对赌"协议时缺乏判断能力这一事实。

（三）【对主客观要件的检讨不平均用力】

在主、客观要件事实同时具备的问题上，二者并不是"平均用力"的，换言之，如果一方面的要件事实特别充分，则对另一方面要件事实的要求可以放低标准。

五、撤销权：形成权

（一）【主体】重大误解人、受欺诈人、受胁迫人、被乘危受不利益人。

例：【被第三人骗因此误解】钱某有一副祖传名画，市值百万，高某欲以低价购入，联合艺术品鉴定家李某欺骗钱某说这是赝品价值不超过10万元，钱某信以为真，但并未将画卖给高某，而是以15万元卖给不知情的陈某。如何评价该合同效力？①属于重大误解，钱某可撤销与陈某的买卖合同。②陈某无乘人之危，高某不构成第三人欺诈。

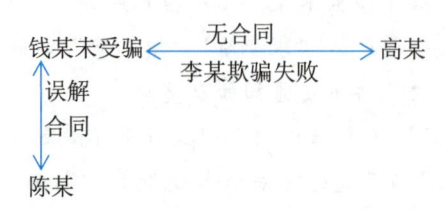

```
          无合同
钱某未受骗 ←――――――→ 高某
    │    李某欺骗失败
  误解
    │
  合同
    │
    ↓
  陈某
```

（二）【"已经亏钱的好人作为原告起诉"：撤销权人在诉讼或仲裁中"主动"提出撤销】撤销权人作为"原告"或仲裁申请人，起诉或仲裁要求撤销合同。

1.【单纯形成权】我们把不需要到法院或仲裁机构行使的形成权，叫<u>单纯形成权</u>，比如解除合同、发出通知就可以。

2.【形成诉权】我们把必须到法院或仲裁机构行使的形成权，叫<u>形成诉权</u>，比如可撤销合同，需要到法院或仲裁机构处理。

3.【可撤销合同中的撤销权属于"形成诉权"】撤销权人在诉讼中作为原告，或者在仲裁中作为仲裁申请人，主动要求撤销合同。我们把该撤销权称之为"形成诉权"。

◆ 原理：为什么可撤销合同中的撤销权是形成诉权？①因为可撤销合同在被撤销之前，一直都是有效的。②一旦撤销权人行使了撤销权，该合同就溯及无效。③撤销权行使后，使得有效合同变成了无效合同，导致法律关系的变化。④而形成权的概念就是单方意思表示导致民事法律关系变化，因此可撤销合同中的撤销权是形成权。⑤在民诉法上，当事人撰写起诉状，提出诉讼请求，以受欺诈为由要求撤销合同，我们把这种诉讼请求取了一个名字：形成之诉或变更之诉。它的意思就是你这个诉讼请求，会在当事人之间形成新的法律关系，从另外一个角度说，就是变更了原来的法律关系，所以叫形成之诉或变更之诉。

4.【可撤销合同中原告诉无效】①原告因为受欺诈而与被告签订合同，享有撤销权，本来该合同是可撤销合同。②但原告却提起了无效之诉，法院应该受理并且审理查明后按照可撤销合同处理，判决撤销合同。③因为当事人是"法盲"，表述不准确，法院可以直接判。

（三）【"尚没拿到钱的坏人作为原告起诉"：撤销权人在诉讼或仲裁中"被动"提出撤销】撤销权人在诉讼中"被告"或在仲裁中作为"被申请人"，可以"抗辩方式"要求撤销合同。

1.【坏人诉履行，好人抗辩有可撤销事由】欺诈人乙诉受欺诈人甲履行合同，甲提出抗辩，说自己被欺诈。甲就是不提撤，不提反诉，因为反诉要预交诉讼费。

2.【法院对被告甲以"抗辩方式"行使的撤销权需要审查】只要当事人以合同具有某项可撤销事由提出抗辩的，法院就应审查合同是否具有该项可撤销事由以及是否超过了撤销权的行使期间，进而对合同效力作出判断。（《九民纪要》第42条规定）

◆ 原理：为什么受欺诈人可以抗辩方式行使撤销权？避免前后2判决矛盾。①因为乙诉甲履行，法院必须要对合同效力进行审查。②如果法院对甲的撤销"抗辩"不审查，进而认定合同有效。③那么，甲就会另案诉撤销合同，并且获得胜诉判决。④基于生效判决作出的前案判决可能需要通过审判监督程序来纠正。这样既不利于一揽子解决纠纷，也不利于维护裁判之间的协调性、统一性。

（四）【期间】可撤销合同中，撤销权是有期间的，我们将这种期间称为除斥期间。

一旦过期,撤销权就消灭。

◆ **原理**:为什么可撤销合同中,需要给撤销权设定除斥期间?①因为可撤销合同在被撤销之前是有效的,但是撤销权人有撤销权,随时可以将这个合同打掉,如此一来,将导致交易处于不稳定状态。②法律限定撤销权人撤销权的期间,目的是尽快使得交易秩序能够稳定下来。

1.【**重大误解的主观起算:90日**】自重大误解人知道或应知道重大误解之日起计算90日。

◆ **原理**:为什么重大误解中,误解人撤销权的除斥期间短于其他事由的期间?因为重大误解中,误解人是因为自己的愚蠢导致误会,自己具有可归责性,所以法律配置比较短的期间。

2.【**受欺诈和被乘人之危的主观起算:1年**】自当事人知道或应当知道撤销事由之日起计算1年。

例:【**过期不候**】甲向首饰店购买钻石戒指2枚,标签标明该钻石为天然钻石,买回后即被人告知实为人造钻石。甲遂多次与首饰店交涉,历时一年零六个月,未果。现甲欲以欺诈为由诉请法院撤销该买卖关系,其主张能否获得支持?①否。②因已超过行使撤销权的1年期间。③但不影响买方要求卖方承担违约责任,该主张是行使合同请求权,适用诉讼时效制度,自知道权利被侵害之日起计算3年诉讼时效期间。

3.【**受胁迫的主观起算:1年**】受胁迫的,自胁迫行为终止之日起1年内。

例:【**受胁迫事由消灭之日起算1年**】甲胁迫乙以市价出卖古董,扬言如果乙不出卖,甲就让乙的女儿见不了明天的太阳,乙被迫就范。2年后,乙的女儿出国留学,胁迫事由消灭,乙能否撤销古董买卖合同?①可以。②2年后,胁迫事由消灭,计算撤销权1年期间。

4.【**最长客观起算:5年**】自民事法律行为发生之日起计算5年。

例:【**受胁迫事由发生之日客观起算最长5年**】甲胁迫乙以市价出卖古董,扬言如果乙不出卖,甲就让乙的女儿见不了明天的太阳,乙被迫就范。5年后,乙的女儿出国留学,胁迫事由消灭,乙能否撤销古董买卖合同?①不可以。②从胁迫发生之日起,客观起算5年,已经超过5年,因此,乙的撤销权已经过了除斥期间,消灭了。

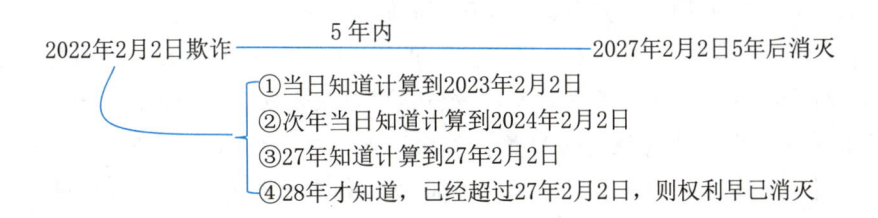

```
                      5年内
2022年2月2日欺诈——————————————————2027年2月2日5年后消灭
         ┌①当日知道计算到2023年2月2日
         ├②次年当日知道计算到2024年2月2日
         ├③27年知道计算到27年2月2日
         └④28年才知道,已经超过27年2月2日,则权利早已消灭
```

秒杀1:①【**2条线走路**】主观起算时间线和客观起算时间线都发挥作用。②【**任一消灭**】任何一个时间线过满则权利消灭。

秒杀2:简化,5年之内看主观起算点。

> **记忆**:大宝315(我家大宝生日是3月15日)。"315"的意思:3是3个月即90日。1即1年。5即5年。

(五)【效果】(《民法典》第 155 条)

1.【撤销前】民事法律行为自始有效。

◆ **原理**：为什么不能说可撤销的合同属于效力待定的合同？①【可撤销的合同】可撤销的合同在被撤销之前，一直都是有效的，所以它不是效力待定的合同。撤销之后，溯及无效。正因为撤销之后，会让"有效变成无效"，所以我们才说撤销权是形成权。②【效力待定的合同】效力待定的合同，在追认之前，效力是处于不确定状态的，追认之后有效，追认之前是不确定状态。

例1：【合同没被撤销，欺诈人可诉继续履行】甲欺诈乙，将国产牛肉冒充为进口牛肉，乙发现被欺诈后，没有行使撤销权。甲可要求乙履行合同吗？①可。②因为可撤销合同在撤销权人行使撤销权之前是有效的。③既然合同是有效的，那么欺诈人可以诉请受欺诈人继续履行。④受欺诈人可以履行，也可以抗辩称自己享有撤销权。

例2：【合同没被撤销，"当胁迫是空气"】甲的弟弟乙，胁迫丙以"市价"将一副古画出卖给甲。甲将该画赠送并交付给丁。丁能否取得该古画所有权？①能。②丙受第三人乙胁迫，将古画卖给甲，丙享有撤销该合同的权利。③题干未交代丙行使撤销权，则"当胁迫是空气"，丙甲合同有效，甲成为古画所有权人。④甲再将该画赠与丁，是有权处分，丁取得古画所有权。

丙（受胁迫）⟷甲 —赠与→ 丁
　　　　　　　　丙撤：甲无权处分
　　　　　　　　丙不撤：甲有权处分
乙：第三人胁迫

2.【撤销后】民事法律行为溯及无效，所谓溯及无效就是溯及一开始就是无效的。既然是无效的，则启动无效民事法律行为的后果。(1)【物】该退东西退东西（物权返还请求权）。(2)【钱】该退钱退钱（不当得利返还请求权）。(3)【损失：缔约过失责任】有过错的一方要赔偿对方损失，这种责任叫缔约过失责任。(4)【金钱之债的计算：法定抵销】退钱是钱，赔损失也是钱，这些钱可以合并计算，即做抵销处理。(5)【退物和退钱：同时履行】一方退物，对方退钱，应该同时履行。

例：【撤销合同后的责任：房、利息、使用费、损失】甲欺诈乙，将凶宅以 100 万卖给乙，乙支付全款后，入住了半年时发现被骗，撤销该合同。应如何分配责任？①【物：房】乙将房屋退给甲。②【钱：使用费】乙向甲支付半年使用费，房屋占用费，这是不当得利。③【钱：本金和利息】甲向乙退 100 万和相应的利息，这是不当得利。④【损失：欺诈人负缔约过失责任】欺诈人甲有过错，受欺诈人乙没有过错。甲需要赔偿乙的损失，本次交易夭折，乙的损失比如缔约费用。⑤【退房和退钱的同时履行；金钱之债可法定抵销】一方退房，一方退钱，同时履行。一方支付使用费，对方退本金利息，都是金钱之债，可以抵销。

甲 ⟷欺诈→ 乙

$$\begin{cases}①甲退100万元本金\\②甲支付相应利息1万元\\③甲赔乙损失的钱10万元\end{cases} \begin{cases}①乙退房\\②乙支付使用费3万元\end{cases}$$

第1步：【金钱之债计算】甲合计要退给乙111万，乙合计要退给甲3万，计算下来甲退108万。

第2步：【同时履行】甲退乙108万，乙退甲房，双方同时履行。

第六节　附条件、附期限的民事法律行为

◆ **原理**：为什么需要一个附条件、附期限的民事法律行为制度？①给当事人提前将未来不确定的风险，通过条件，揉入合同中来。②或者当事人将未来确定的事情，通过期限，揉入合同中来。③"条件"用来化解已经预判的风险。④"期限"用来化解已经确定的风险。

一、附生效条件的民事法律行为

（一）【是否形成一个合同】以将来客观上发生与否不确定的事实，作为民事法律行为生效的条件。（《民法典》第158条）

例：【出国才卖房】甲、乙双方签订房屋买卖合同，约定甲将房屋出卖给乙，但条件是甲出国定居，不在国内居住。如何评价甲、乙买卖合同？①该房屋买卖合同已经成立，但未生效。属于附生效条件的合同。②如甲出国定居，则"生效条件成就"，甲、乙房屋买卖合同生效。③甲不出国定居，则"生效条件不成就"，甲、乙房屋买卖合同不生效。④民法学理上，下列3个词语表达的意思相同：生效条件=延缓条件=停止条件。

（二）【条件不可能发生】民事法律行为所附条件不可能发生，当事人约定为生效条件的，应当认定民事法律行为不发生效力。

例：【太阳从西边升起】甲、乙双方签订房屋买卖合同，约定如果太阳从西边升起，则合同生效。如何评价甲、乙买卖合同？①不生效。②该房屋买卖合同所附条件不可能发生，当事人将不可能发生的条件作为合同生效条件，则该房屋买卖合同不生效。

二、附解除条件的民事法律行为

（一）【是否继续】以将来客观上发生与否不确定的事实，作为民事法律行为失效的条件。（《民法典》第158条）

例：【回国就不出租】甲、乙签订房屋租赁合同，约定出租人甲的儿子一旦留学归国并需要住房，就终止合同。如何评价甲、乙租赁合同？①该租赁合同成立并生效。属于附解除条件的合同。②如甲儿子回国，则"解除条件成就"，甲、乙租赁合同失效。③如甲儿子不回国，则"解除条件不成就"，甲、乙租赁合同继续有效。租户之所以接受这样的合同，一般来说图租金比正常租金低。

（二）【条件不可能发生】民事法律行为所附条件不可能发生，当事人约定为解除条件的，应当认定未附条件。

例：【太阳从西边升起】甲、乙双方签订房屋买卖合同，约定如果太阳从西边升起，则合同失效。如何评价甲、乙买卖合同？①房屋买卖合同继续有效。②该房屋买卖合同所附条件不可能发生，当事人将不可能发生的条件作为合同解除条件，则视为未附条件。

三、条件的拟制

当事人负有必须顺应条件的自然发展而不是加以不正当地干预的义务，即不作为义务。如果违反该义务，则发生条件拟制的法律效果（《民法典》第159条），"愿赌服输，不能人为干预"。

（一）【反着来：拟制条件成就】当事人违反不作为义务，恶意阻止作为条件的事实发生，则拟制条件成就。

例：【喜鹊与买房】如甲、乙约定，如甲家早晨8点有喜鹊停留，则乙购买甲的房屋（民法中尊重封建迷信）。乙后来反悔，便将甲家早晨8点飞来喜鹊赶跑。如何评价乙的行为？乙恶意阻止条件成就，则拟制条件成就，甲、乙房屋买卖合同生效。

（二）【反着来：拟制条件不成就】当事人违反不作为义务，恶意促成作为条件的事实发生，则拟制条件不成就。

例：【辞退与卖房】如甲、乙约定，当甲不在A公司工作时，就把位于A公司附近的自住房产出卖给乙。乙为了尽快得到甲的房产，暗中找到A公司的经理，让其辞退甲，从而使买卖合同生效。如何评价乙的行为？乙恶意促成条件，拟制条件不成就，甲、乙房屋买卖合同不生效。

四、附期限的民事法律行为（《民法典》第160条）

（一）【附始期的民事法律行为】生效期限届至之前，民事法律行为的效力是停止的，在期限到来时，民事法律行为的效力方才发生。

例：签订合同注明"自明年1月1日生效"，该1月1日即合同的生效期限。

（二）【附终期的民事法律行为】民事法律行为效力终止期限，在终止期限届至时，既有的效力便告解除，故也称终期或者解除期限。

例：合同条款中约定"本合同于明年年底终止"，明年年底就是该合同所附的终止期限。

五、区分附条件的民事法律行为和附期限的民事法律行为

（一）【条件】条件是某事实发生与否不确定，发生与否是个问号，将来可能发生也可能不发生。

（二）【期限】期限是某事实发生与否是确定的，发生与否是个句号，将来必然发生。

秒杀：我们只看"到来确定与否"，到来与否不确定，为条件；确定到来，为期限。

例1：【时期不确定，到来也不确定，是附条件】如甲对乙说，如果你将来与丙结婚（"是个问号"），我把藏书送给你。本例，何时结婚，是否结婚均不确定，故属于附条件赠与。

例 2：【时期确定，到来不确定，是附条件】如甲对乙说，你成年之日（"是个问号"），我送你宝马车一辆。本例，虽然乙成年的时期确定，但也可能成年前死亡，则仍然属于附条件赠与。

例 3：【时期不确定，到来确定，是附期限】如甲对乙说，如丙去世（"是个句号"），则送你奔驰车一辆。本例，人终有一死，只是何时不确定，故属于附期限赠与。

例 4：【时期确定，到来确定，是附期限】如甲对乙说，今年国庆节（"是个句号"），我送你戒指一枚。本例，时期确定，也必然会到来，故属于附期限赠与。

例 5：【附解除条件的租赁合同】刘某欠何某 100 万货款届期未还且刘某不知所踪。刘某之子小刘为替父还债，与何某签订书面房屋租赁合同，未约定租期，仅约定："月租金 1 万，用租金抵货款，如刘某出现并还清货款，本合同终止，双方再行结算。"<u>涉案租赁合同是附解除条件的合同还是附终期的合同？</u>①附解除条件的租赁合同。②刘某欠何某 100 万元到期未还，刘某之子并无义务清偿。③刘某之子与何某达成协议清偿，属于债务加入。④刘某之子没有采取直接支付 100 万货款的方式，而是用房屋出租方式履行债务，属于代物清偿，即"以物抵债"，用另一种给付（出租房屋的方式）代替原给付（支付货款）。④刘某之子与何某之间签订的房屋租赁合同，未约定租期，但是根据整体解释（合同的前后条款），可以得知，货款是 100 万元，租金顶货款，即租金为 100 万元。而月租金是 1 万元，故房屋租赁合同的租期是 100 个月。本来这属于附终期的租赁合同。⑤但是，合同还附了另外一个条件："刘某出现并还清货款"，该事实发生与否不确定。如果刘某提前出现并且还清货款，则该租赁合同会提前结束。⑥综合观察，该合同何时提前结束是不确定的，故属于附解除条件的租赁合同，但是其有租赁期限即 100 个月，是定期租赁，不是不定期租赁。

第五章 代 理

◆ **原理**：为什么在《民法典》总则编中突然出现了代理制度？①【法定代理和委托代理】法定代理对接的是自然人民事行为能力制度，委托代理对接的是法人制度。②【法定代理：民事行为能力制度】如果没有法定代理制度，则民事行为能力制度无法落地，"无"人和"限"人无法参与民事法律行为。③【委托代理：法人制度】如果没有委托代理制度，则法人制度无法落地，因为法人的签约活动都是由员工实施，而员工的身份都是代理人。④【代理：民事主体】因此，民法总则中规定的代理制度，本质属于民事主体制度范围，放在民法总则规定，就是顺理成章的事情了。

一、代理的结构

（一）【代理是3方结构】

代理人在代理权限内，以被代理人名义实施的民事法律行为，对被代理人发生效力。（《民法典》第162条）

```
                正当性："专业的人做专业的事情"
                      代理权关系
    甲（被代理人又称"本人"）←——————→ 乙（代理人）（"狐假虎威"）
                  ╲                    ↕
                   ╲效果归属关系        代理行为（签约）
        （合同当事人："狐狸惹祸老虎背锅"）  ↕
                    ╲———————————————→ 丙（相对人）
```

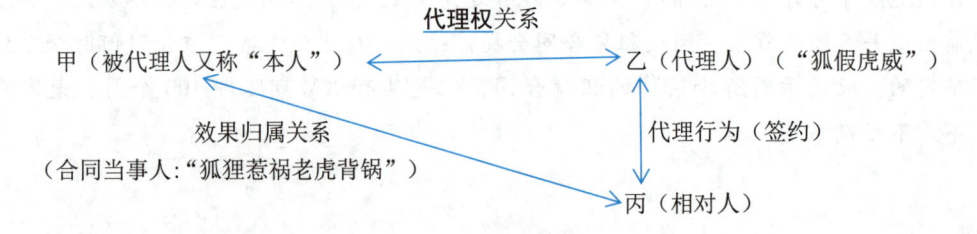

秒杀：乙以甲的名义向丙买东西，甲来付款。

（二）【代表、处分、冒名都是2方结构】

1.【区分1：代理（3方结构）和代表（2方结构）】

（1）【代理是3方结构】代理人在代理时，仍是以自己的意思独立实施行为，只是该行为的法律效果归属于被代理人。

（2）【代表是2方结构】法人代表代表法人时，自己的人格被法人吸收，法人代表的行为就是法人的行为。

（3）【相似之处】两者的相似之处在于行为人均不承担行为的效果，而分别由被代理人和法人承担责任。

2.【区分2：无权代理（3方结构）和无权处分（2方结构）】

（1）【无权代理】擅自以别人的名义卖别人的东西。

例："他人名义"之无权代理】甲擅自以马云名义将马云的手表卖给乙，双方签订买卖合同。如何评价该合同效力？①该合同属于无权代理的合同，效力待定，法律的天平偏向被代理人马云。②因为乙在签约时，对于"马云"的存在是知情的，有机会去审核甲是否有代理权限。③如果甲存在"有代理权的表象"（看上去有代理权），由此，启动"表见代理制度"来保护乙的交易安全。（"表见代理制度"对乙的要求比较高，要求善意不知情、无过错且有理由相信甲有代理权）

    马云 未授权 甲（以马云名义）
           ↕ 无权代理签订合同
          乙（指望表见代理制度来保护乙的交易安全）

（2）【无权处分】擅自以自己的名义卖别人的东西。

例：【"自己名义"之无权处分】甲以自己名义将马云的手表卖给乙，双方签订买卖合同。<u>如何评价该合同效力？</u>①该合同属于无权处分的合同，不因无处分权而无效，法律的天平偏向购买人乙。②因为乙在签约时，对于"马云"的存在是不知情的，没有机会去审核手表到底是马云的还是甲的，只能信赖手表是甲的。③如果乙善意不知情，且价格合理，取得交付，由此，启动"善意取得制度"来保护乙的交易安全。（"善意取得制度"对乙的要求比较低，仅要求善意不知情即可）

    马云（主人）   甲（自己名义）
          ↕ 无权处分签订合同
         乙（指望善意取得制度来保护乙的交易安全）

 ◆ **原理：** 无权代理和无权处分为什么存在这么大的差异？关键就在于行为人对外是打什么旗号。①【无权代理是"狐假虎威"】如果是"狐假虎威"，打被代理人旗号，那么对方知道的信息更多，启动"表见代理"保护交易安全，要求相对方有理由相信无权代理人有代理权（"外观授权的表象"）。②【无权处分是"鸠占鹊巢"】如果是打自己的旗号，那么对方知道的信息更少，启动"善意取得制度"保护交易安全，要求相对方符合善意取得的4个构成要件（"无权处分、善意、取得公示、价格合理"）。

3.【区分3：无权代理（3方结构）和冒名行为（2方结构）】

（1）【无权代理的合同中会显示3个人】

例：【无权代理签订的合同是3方结构】A擅自以B名义签订与C签订合同，这是无权代理签订的合同，合同中会存在3个人，A、B、C。A是无权代理人、B是被代理人、C是相对人。

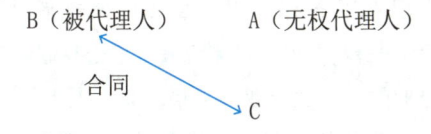

    B（被代理人）   A（无权代理人）
        ↘
      合同   ↘
           C

（2）【冒名签订的合同中会显示2个人】冒名合同类推适用无权代理规则。

例1：【冒名签订的合同是2方结构】A把自己当做B，冒用B的名字与C签订合同，这是冒名签订的合同，合同中会存在2个人，B和C。A签了B的名字与C签订合同。显然，不存在B的意思，该合同绝对不能约束B。但是否能够约束A呢？

$$B（被冒名人）\quad A（冒名人，冒充是B）\xleftarrow{\text{BC之间的合同}} C$$

例2：【冒名购房合同】 在冒名购房中，由于行为人是在未经出名人授权的情况下冒充出名人与他人签订购房合同，应类推适用《民法典》关于无权代理的规定处理由此带来的民事责任和物权归属。①【被冒名人无义务无权利】被冒名人（出名人）既不应承担支付购房款的义务，也不应承担违反付款义务的民事责任，当然也不能享有因购房带来的权利，即使房屋登记在被冒名人（出名人）名下，也不能据此认定房屋归被冒名人（出名人）所有。②【行为人有义务有权利】实际行为人应承担支付购房款的义务，并承担违反该义务的违约责任。相应地，也应认定实际行为人应当享有由此带来的权利，即使房屋登记在被冒名人（出名人）名下，也应认定实际行为人是实际的权利人。

二、代理的关系

（一）【代理的第1层关系：内部关系】代理人和被代理人的身份关系（法定代理）或授权关系（委托代理）。后文详细介绍代理的分类。

（二）【代理的第2层关系：外部关系】代理人对外独立为意思表示实施代理行为。

1.【代理实施民事法律行为】

（1）【民法上代理实施民事法律行为】代理人与第三人的表意关系，代理人实施民事法律行为。①【不能代理身份行为】该民事法律行为不包括身份行为，不能代理结婚、离婚、收养、立遗嘱。②【不能代理事实行为】事实行为不是民事法律行为，不能代理。比如不能代理去面试，面试就是去做题，做题行为是事实行为。

（2）【公法上代理实施的不是民事法律行为】比如诉讼代理、税务代理、专利代理，适用代理规则，但代理人实施的不是民事法律行为。

2.【代理人意思表示瑕疵】代理人进行代理活动时独立进行意思表示，是否存在意思表示瑕疵，应根据代理人来判断，而不考虑被代理人。

例：【看代理人脑子】 甲授权乙出卖房屋，乙以甲名义受丙欺诈而与丙签订房屋买卖合同。该合同是否属于受欺诈而可撤销合同？①是。②被代理人甲未受丙欺诈。③但是代理人乙受丙欺诈，故代理行为属于受欺诈而实施。该合同属于可撤销合同。④原理是坚持"可能出现的意思瑕疵，仅可在做出意思决定的地方寻找"的原则。"代理人是人不是鹦鹉"。⑤当然，撤销权归被代理人甲享有（甲可自己行使或者授权代理人乙行使）。

◆ **原理：** 为什么代理人在实施代理行为时，其意思表示是否有瑕疵，仅考虑代理人，不考虑被代理人？①代理是专业分工，让专业的人去做专业的事情。②代理人是人，不是鹦鹉。代理人在授权范围内是有独立意思的，因为被代理人给予代理人的授权一般都是比较宽泛的，不可能事无巨细。③因此，代理人实施代理行为时，是否存在意思表示瑕疵，观察代理人即可，不用考虑被代理人。④况且，被代理人本身也不参与签约。

（三）【代理的第3层关系：结果关系】被代理人与第三人权利义务关系，即代理行为的权利义务直接由被代理人和第三人承受。

◆ **原理**：为什么代理制度中行为人自己不负责，却要由被代理人负责？①狐狸惹的祸老虎来背锅。②行为人不承受结果，而由他人承受结果，是民法创设的一种特别制度，目的就是使行为结果归属他人，这恰恰是代理制度的价值。③当然，身份行为不允许代理，比如结婚、离婚、收养、遗嘱等。

三、代理的分类

（一）【法定代理：来自"身份"】法律直接规定具有某种身份的人是法定代理人。

1.【法定代理的特点】（1）【概括代理】法定代理人可以被代理人名义实施各种的民事法律行为。（2）【具有义务性】法定代理人行使代理权不得以取得己利为目的，不得任意放弃代理权，也不得怠于行使代理权。

2.【法定代理人的种类】

（1）【监护】监护人是被监护人的法定代理人。

◆ **原理**：监护和法定代理有什么区别？①监护是监督和保护，对被监护人行为的监督和对被监护人利益的保护，即父母对孩子一切活动负责，比如孩子的侵权行为或者孩子的被害结果。②法定代理是父母代理孩子实施民事法律行为，主要是签订合同，因为父母不得代理孩子实施单方法律行为，如不得代理抛弃所有权，因为这不是为被监护人利益；还如不得代理孩子立遗嘱，因为身份行为不得代理。③但是，法定代理还包括宣告失踪中，失踪人的财产代管人也是代理人。因此，监护和法定代理是两组不同概念。④他们在父母与孩子的关系处理上出现了交叉：父母代理孩子实施民事法律行为，是父母众多监护职责中的一个而已。

（2）【夫妻】配偶相互之间是代理人，我们把配偶相互之间的代理行为叫"家事代理"。老公为了家庭日常生活所需比如买菜，以自己名义或妻子名义签订合同，属于家事代理签订的合同，由夫妻双方共同负责。

◆ **原理**：家事代理与一般民事代理有什么差异？①家事代理是夫妻双方因日常家庭事务与第三人进行一定民事法律行为时可以相互代理的制度。家事代理的法律效果是夫或者妻任何一方实施的民事法律行为的效果，由夫和妻"双方共同承担"。②而一般民事代理中，代理人实施的民事法律行为的法律效果原则上"由被代理人承担"，代理人不承担。

（3）【失踪】失踪人的财产代管人是失踪人的法定代理人。

（4）【清算】法人注销登记前成立的清算组是法人的法定代理人。

（二）【委托代理：来自"授权"】委托代理又称意定代理，可以分为民事代理和商事代理（又称职务代理）。委托代理是指被代理人对代理人进行了授权，代理人因被授权而取得代理权。

◆ **原理**：民事代理与商事代理（职务代理）有什么区别？①民事代理要求"一事一授权"，代理权一次用尽。②商事代理一般不用一事一授权，代理权可多次使用。

1.【民事代理："一事一授权"】①代理权来自授权人的单方授权行为，而不是来自双方签订的委托合同。②要区分委托合同（双方民事法律行为）和代理权授予行为（单方民事法律行为）。

◆ **原理**：委托代理，又称意定代理，这个意定指的是代理权来自意思表示。该意定的来源是授权，而该授权可以有4种表现形式，单独的授权书、隐藏在委托合同中的一个条款（授予代理权的单方法律行为）、员工的职务、公司的股东会等决议的授权。只有在隐藏于委托合同中的一个条款这种授权形式中，才同时存在委托合同和代理权授予行为，才需要将它们区分开来。

（1）【**委托合同：双方法律行为，"委托合同"**】委托合同是合同，是双方法律行为，合同内容是受托人受托处理事务。委托合同当事人是委托人和受托人。

例1：【**委托接站：情谊行为**】甲委托乙去车站接朋友，甲乙之间这是委托合同，但乙不会存在代理行为。因为不存在相对人，同时接朋友这个事务本身属于情谊行为，情谊行为不能代理。

例2：【**委托写作：创作行为**】甲委托乙写文章，这是委托合同，不会存在代理行为。因为创作行为是事实行为，事实行为不适用代理制度。

例3：【**委托抛弃：单方法律行为**】甲委托乙抛弃电脑，抛弃是单方行为，单方行为不适用代理。因为不存在相对人，不是三方结构。

例4：【**委托结婚：身份行为不能代理**】甲委托乙为自己办理与丙的结婚手续，这不能代理。因为身份行为不可以代理。另外，继承编中所讲的代书遗嘱，是代替立遗嘱人书写遗嘱，需要两个以上无利害关系人见证。代书遗嘱显然不是代理，代书人没有自己独立的意思，遗嘱本身也不能代理。

例5：【**委托合同+授予代理权+实施代理行为签订合同：双方财产行为**】甲委托乙与丙签订卖房合同，甲乙之间签订了委托合同。甲授予乙代理权。乙以甲名义与丙签订房屋买卖合同，乙实施了代理行为。因此，代理人实施的代理行为，只能是双方法律行为中的财产行为。

秒杀：①委托合同是合同，其委托事务是广泛的，实务中表现是"委托合同"。②代理权授予是单方行为，实务中表现是"授权书"。③代理人只能代理实施双方法律行为中的财产行为。

（2）【**授予代理权行为：单方法律行为，"授权书"**】①授予代理权的行为即授权行为，它是单方法律行为。②由授权人单方意思表示将代理权授予行为人，授权人单方说了算。

例：【**限人代理与限人行为**】甲授权15周岁的乙买电脑，乙以甲的名义向丙购买电脑，双方签订了买卖电脑的合同。乙同时以自己名义在丙处购买了价值3000元的网络游戏充值卡。如何评价本案民事法律行为的效力？①甲授予15周岁的限制民事行为能力人代理权，这属于单方民事法律行为，有效。②乙以甲名义与丙签订电脑买卖合同，这属于有权代理，甲和丙是电脑买卖合同当事人。③乙以自己名义与丙签订网络游戏充值卡合同，这属于与其能力不相适应的合同，效力待定，需要等待乙的法定代理人予以追认。如被追认则乙丙网络游戏充值卡买卖合同有效；如未被追认则乙丙网络游戏充值卡买卖合同无效。

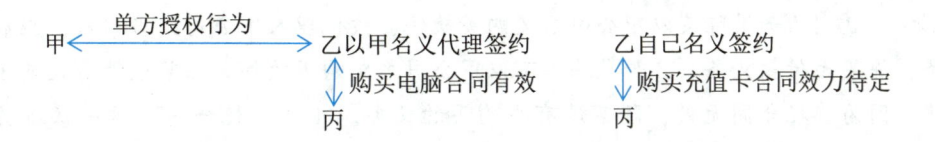

```
        单方授权行为
    甲 ←――――――――→ 乙以甲名义代理签约        乙自己名义签约
                    ↕ 购买电脑合同有效        ↕ 购买充值卡合同效力待定
                    丙                       丙
```

◆ **原理**：为什么可以授予限制民事行为能力人代理权？①由授予人自己承担该限制民事行为能力人缺乏经验的风险，这对后者来讲既无利益也无不利，后果归被代理人承受，故允许授予限制民事行为能力人代理权。②学理通说认为，限制民事行为能力人可以担任代理人，可以被授予代理权；无民事行为能力人不得担任代理人。③我认为，学理上这种区分实际上不是特别有说服力，因为无论是限人还是无人实施有权代理，法律后果都是由被代理人承担，与行为人年龄意思能力无关。④从考试角度，我们按"限人"可以做代理人，"无人"不可以做代理人把握。

（3）【委托合同和单方授予代理权行为之间的 3 种排列组合关系】学理称授予代理权的行为具有独立性。

①情形 1：既有委托合同，又有单方授予代理权的行为
②情形 2：只有委托合同
③情形 3：只有单方授予代理权的行为

◆ **原理1**：委托和代理有什么差异？①【委托】委托是描述委托合同。有的委托合同中会存在授予代理权的意思表示，如此一来就存在委托合同（双方民事法律行为）和授予代理权行为（单方民事法律行为）。有的委托合同中不存在授予代理权的意思表示，如此一来就只存在委托合同（双方民事法律行为）。我们把委托合同存在授予受托人代理权的单方意思表示的现象，称为委托代理，是委托代理的一种表现形式（委托代理＝意定代理＝民事代理＋商事代理）。②【代理】代理是描述代理制度。代理权可能来自授权，授权是单方法律行为。代理权也可能来自法定代理，爸爸妈妈依法代理孩子签订合同。③【委托代理】委托代理一词，等于意定代理，意定代理包括民事代理和商事代理。代理权来自授权，该授权的表现形式可以是授权书、委托合同中的一个条款、职务、公司股东会决议授权等。

◆ **原理2**：单方授予代理权的行为场合，匹配委托合同和不匹配委托合同，有什么差异？①甲单方授予乙代理权，乙有权代理甲即以甲的名义签订合同，效果归属于甲。②如果甲、乙之间存在委托合同，则如乙不去代理，构成违约。③如果甲、乙之间不存在委托合同，则如乙不去代理，不会构成违约。

（4）【当事人之间有委托合同，又有授予代理权的行为，则授予代理权行为具有无因性】①委托合同无效，不因此影响单方授予代理权行为的效力，我们把这种现象称为代理权授予行为的无因性。②它的底层逻辑就是人为的区分看待委托合同这一"双方法律行为"和授予代理权行为这一单方法律行为。

例：【网络天才≠法律天才】甲公司与 15 周岁的网络奇才陈某签订"委托合同"，授权陈某为甲公司购买价值不超过 50 万元的软件。陈某以甲公司名义与乙公司签订了购买 45 万元软件的"合同"。陈某的父母知道后，明确表示反对。<u>如何评价涉案民事法律行为的效力？</u>（1）【甲公司与陈某签订的委托合同】①属于双方法律行为，与陈某年龄不相适应，该合同效力待定。②因陈某父母已经明确表示反对，故该委托合同无效。（2）【甲公司授权陈某购买软件】①属于单方授予代理权的行为，已经发生法律效力，对陈某无任何

不利影响。②因为如果陈某以甲公司名义购买软件,被代理人甲公司是当事人,应履行付款义务,陈某无付款义务。③如果陈某不以甲公司名义购买软件,陈某也没有任何不利法律后果,因为委托合同无效,陈某没有去购买的义务。④"委托合同"这一基础关系无效,但是"单方授予代理权行为"仍然有效的现象,被称为"单方授予代理权行为"具有"无因性"。(3)【陈某以甲公司名义与乙公司签订的购买45万元软件的合同】①有权代理,应由甲公司承担法律后果,履行付款义务。②假设陈某以甲公司名义与乙公司签订了购买100万元软件的合同,则属于无权代理。③甲公司可以追认,则甲公司付款。④甲公司可以不追认,则陈某是合同当事人,而此时陈某父母不追认,则陈某与乙公司签订的购买100万元软件的合同彻底无效。

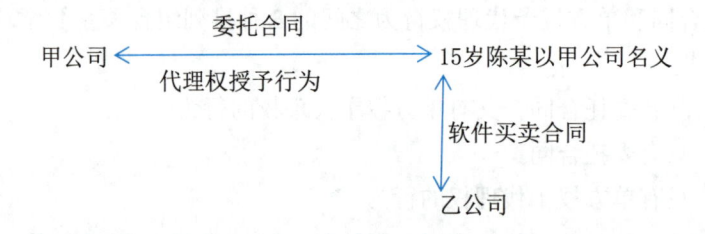

```
                委托合同
    甲公司  ←――――――――→  15岁陈某以甲公司名义
            代理权授予行为
                              ↕  软件买卖合同
                            乙公司
```

2. 【**商事代理：职务代理**】执行公司工作任务的人员,就其职权范围内的事项,以公司的名义实施民事法律行为,对公司发生效力。

◆ **原理**：为什么职务代理人没有"概括授权"？①我国《民法典》第170条更是将职务代理的规定置于"委托代理"名下,表明职务代理属于委托代理,不是法定代理。②从我国《公司法》的规定来看,除规定法定代表人的概括代表权外,并未对职务代理人的概括代理权作出规定。③《公司法》尽管也对经理的权限作出规定,但所规定的权限主要是公司内部的经营管理权限,并不包括概括的对外从事代理行为的权限。④可见,即便从权限内容的角度,也很难说职务代理属于法定代理。⑤更何况从权利来源的角度看,职务代理人的选任及其权限都源于法人的授权。⑥在我国只有法定代表人才具有概括代表权,职务代理人无概括代理权。

(1)【**日常交易看职务**】执行公司工作任务的人员,就其职权范围内的事项,以公司名义实施民事法律行为,对公司发生效力。

例：【内部限制职务代理人实施日常交易的权限,不能对抗善意相对人】公司规定柜台工作人员每次签约的金额不得超过一定的额度,或者一个月内签约总额不得超过固定金额,此类限制,相对人往往难以知晓,因而不负有审查义务,故可以认定其是善意相对人。

(2)【**重大交易看授权**】法律、行政法规规定本来应当由权力机构、执行机构、法定代表人实施的事项,如果需要由工作人员实施,则需要授权。下列情形属于重大事项：

①【**重大交易1：股东会决定才能做,员工做更要授权**】依法应当由公司的权力机构决议的事项。司法实践中,依法应当由权力机构进行决议的最为常见的情形是公司为其股东或实际控制人提供关联担保,依据《公司法》第15条第2款规定,应当由股东会进行决议。法定代表人未经决议程序对外提供的担保构成越权代表,更不用说职务代理人了。

②【**重大交易2：董事会决定才能做,员工做更要授权**】依法应当由公司执行机构决

定的事项。

③【重大交易3：老板才能做，员工做更要授权】依法应当由公司法定代表人实施的事项。

$$\begin{cases}日常交易看职务\begin{cases}职务范围内，公司负合同责任\\超越内部对职权限制\begin{cases}推定相对方是善意的，公司负合同责任\\证明相对方是恶意的，公司负缔约过失责任\end{cases}\end{cases}\\重大交易看授权\begin{cases}有了授权，公司负合同责任\\没有授权\begin{cases}对方合理审查决议但没发现是越权代理，公司负合同责任\\对方没有合理审查，公司负缔约过失责任\end{cases}\end{cases}\end{cases}$$

秒杀：职务代理中，日常交易看职务且推定对方善意，重大交易看授权要求对方合理审查。

◆ **原理**：为什么职务代理中，相对方对职务代理人在实施日常交易时超越内部职务权限、职务代理人在实施重大交易没有授权时知情，还能要求公司承担缔约过失责任？①【公司有选任员工的错误】公司对其工作人员怠于履行选任监督责任，导致相对人不能找公司主张合同责任而遭受损害，相对人可以请求公司承担缔约过失责任。②【最高院观点：要承担缔约过失责任】职务代理有别于民事代理，在职务代理场合，公司在授予代理权外观上存在一定过错，故仍应承担一定的责任，该责任性质属于缔约过失责任。

(3)【公司对外，员工不对外，公司对外负责后可向有故意或重大过失的员工追偿】①【追偿】公司承担合同责任或者缔约过失责任后，有权向存在故意或重大过失的越权代理的职务代理人追偿。②【公司不追员工，股东可提代表诉讼】公司拒不提起追偿诉讼的，其他股东可以依照《公司法》有关股东代表诉讼的规定提起诉讼。

四、代理人的义务

(一)【忠实义务】

1.【忠实义务】代理人应该对被代理人做到忠于职守，不能在代理行为中谋求自己的利益。代理行为的效果归属于被代理人，利益均归属于被代理人。

◆ **原理**：民事案件代理中，律师可以收取风险代理费，这是代理律师为自己谋求利益吗？①不是。②该利益来自委托合同的约定。③该利益不是来自代理行为本身，即不是与案件对方当事人勾兑获得的收益。

2.【被代理人死后的代理】(1)【不知情】代理人不知道并且不应当知道被代理人死亡。(2)【继承人承认】被代理人的继承人予以承认。(3)【从授权】授权中明确代理权在代理事务完成时终止。(4)【托孤忠臣】被代理人死亡前已经实施，为了被代理人的继承人的利益继续代理。(作为被代理人的法人、非法人组织终止的，参照处理)(《民法典》第174条)

例：【死后代理】自然人甲授权乙购买房屋，甲出国旅游期间意外死亡，乙不知其事，仍以甲名义在授权范围内与丙签订了房屋买卖合同。<u>如何评价该合同效力？</u>①属于有权代理，合同约束甲和丙。②因甲死亡，故该合同作为"遗产"发生继承。甲的继承人应履行该合同的义务。③如果甲是被宣告死亡，则法律效果同上。④如果甲被宣告死亡后，又"王者归来"，申请法院撤销了死亡宣告，其法律效果仍然同上。

◆ **原理**：为什么"死人"可以成为合同当事人？①因为根据民法规定，人的民事权利能力始于出生，终于死亡。人已经死亡，没有民事权利能力，故无取得民事权利的资格。②但是，代理制度中存在例外。④立法原理是为了保护信守承诺的代理人。④就像《著作权法》例外规定自然人死亡后仍然享有著作人身权，死亡后 50 年内仍然享有著作财产权。⑤这都是基于特殊的立法政策而做的特殊的并且合理的安排。

（二）【注意义务】

1.【注意义务】代理人应该对被代理人履行注意义务，根据自己的专业能力去实施代理行为。专门办理家事案件的律师，如果去办理商标案件，导致被代理人本来可以赢的官司输了，就违反了注意义务。

2.【违法代理】（1）【代理人知情】代理人知道或者应当知道代理事项违法仍然实施代理行为。如甲将假冒伪劣产品授权乙代为销售，乙知道。（2）【被代理人知情】被代理人知道或者应当知道代理人的代理行为违法未作反对表示的。如甲授权乙销售合法产品，乙将该产品贴上假冒商标进行销售，甲知道后装作不知道。（3）【双方负连带责任】被代理人和代理人应当承担连带责任。

五、直接代理和间接代理

①直接代理：以被代理人名义进行的代理，效果直接归属被代理人（合同有 3 人）

②间接代理：以代理人名义进行的代理 { ①显名间接代理：相对人知情 ②隐名间接代理：相对人不知情 } 效果间接归属被代理人（合同有 2 人）

（一）【直接代理】代理人以被代理人名义实施代理行为，由被代理人承担法律后果（《民法典》第 162 条）

例：【直接代理】甲授权乙购买房屋，乙以甲的名义与丙签订房屋买卖合同。如何评价该合同效力？乙实施有权代理，这是直接代理，合同约束甲、丙。

（二）【间接代理】代理人以自己名义实施代理行为，法律效果取决于对方当事人是否知情而有所差异。

◆ **原理 1**：实务中为什么会出现间接代理？委托人的身份、分量还不够，需要借受托人比如国企的身份，对方才能和你签订合同。由此就出现了委托人自己出面签不成单，借受托人"过桥"就可以签成单的情形。

◆ **原理 2**：①直接代理，是狐假虎威，狐狸以老虎的名义和对方签订合同，对方看中的是狐狸背后的老虎。②间接代理，是反着来，狐狸是委托人，老虎是受托人，老虎直接以自己的名义和对方签订合同，对方看中的是老虎（狐狸吊打老虎）。

1.【显名间接代理≈正常代理】由被代理人承担法律后果（《民法典》第 925 条）

例：【显名间接代理】甲授权乙购买房屋，乙以自己的名义与知情的丙签订房屋买卖合同。如何评价该合同效力？乙实施了间接代理行为，因为第三人丙知情，属于显名间接代理，故该合同直接约束委托人甲和第三人丙。

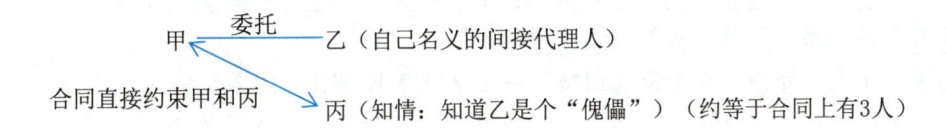

```
         委托
    甲 ─────────→ 乙（自己名义的间接代理人）
      ↘
合同直接约束甲和丙  丙（知情：知道乙是个"傀儡"）（约等于合同上有3人）
```

2.【隐名间接代理：启动受托人披露规则】委托人享有介入权或者第三人享有选择权（《民法典》第926条）

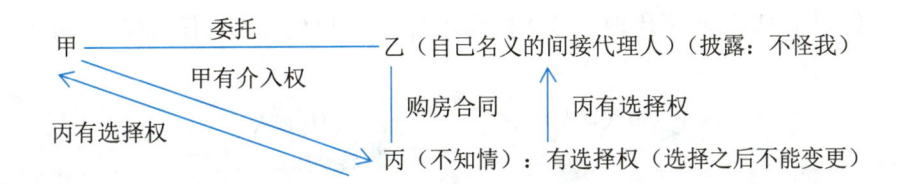

```
         委托
    甲 ─────────→ 乙（自己名义的间接代理人）（披露：不怪我）
     ↖  甲有介入权    ↑
    丙有选择权   购房合同   丙有选择权
     ↙
    丙（不知情）：有选择权（选择之后不能变更）
```

（1）【第三人原因导致交易障碍】①如受托人因第三人原因对委托人不履行义务，受托人应向委托人披露第三人。②委托人因此可行使受托人对第三人的权利。③第三人可对委托人主张其对受托人的抗辩。

（2）【委托人原因导致交易障碍】①如受托人因委托人原因对第三人不履行义务，受托人应当向第三人披露委托人。②第三人因此可以选择受托人或委托人作为相对人主张权利，但是第三人不得变更选定的相对人。③第三人选择委托人主张权利，委托人可对第三人主张其对受托人的抗辩以及受托人对第三人的抗辩。

例：【隐名间接代理】甲授权乙购买房屋，乙以自己的名义与不知情的丙签订房屋买卖合同。如何评价该合同效力？（1）【隐名间代】乙实施了间接代理行为，因为第三人丙不知情，属于隐名间接代理。（2）【如第三人丙不按约定过户房屋】①乙应向甲披露丙。②甲可要求丙过户房屋。③丙可对甲主张丙对乙的抗辩，比如丙没有从乙处收到购房款故拒不办理房屋过户手续。（3）【如委托人甲不按约定付款导致乙不能向丙付款】①乙应该向丙披露甲。②丙可选择要求甲付款，或者选择要求乙付款。丙选择之后不得变更。③假设丙选择要求甲付款，甲可对丙主张2个抗辩：甲乙委托合同中的甲对乙享有的抗辩、和乙丙买卖合同中乙对丙享有的抗辩。④假设丙选择要求乙付款，乙可对丙主张1个抗辩：甲乙委托合同中的乙对甲享有的抗辩。

秒杀：交易发生障碍，受托人披露，第三人有选择权，委托人有介入权。

（三）如何区分无权处分和间接代理？

1.【题干交代了钱某委托方某卖手机】（1）【间接代理】方某以自己名义出卖给唐某，构成间接代理，而不是无权处分。唐某知情则方某则属于显名间接代理，合同约束钱某和唐某；唐某不知情则属于隐名间接代理，启动披露规则。（2）【直接代理】方某以钱某名义出卖给唐某，构成直接代理，合同约束钱某和唐某。

2.【题干没有交代钱某委托方某卖手机】直接一上来就说方某以自己名义卖了钱某手机，这就是无权处分签订的合同了。

3.【总结】(1) 区分无权处分和间接代理的关键，就是看题干是否交代了"委托"关系。(2) 如果有委托关系，那么就从代理角度思考，进一步思考是否间接代理。(3) 如果没有委托关系，就从无权处分角度思考。

秒杀：①无权处分，题干没有铺垫，一上来就是B以自己的名义卖A的东西。②间接代理，题干有铺垫，先说A授权B，然后说B以自己的名义卖A的东西。

六、本代理和复代理（《民法典》第169条）

（一）【本代理】由被代理人选任代理人的代理，即正常代理。

（二）【复代理】又称再代理，即"换代理人"，由原代理人选任新代理人的代理。

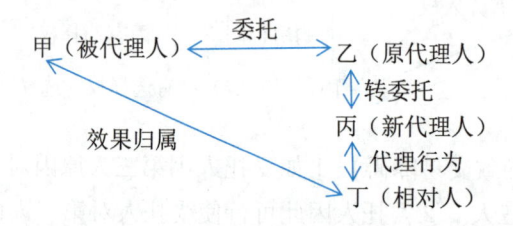

```
甲（被代理人） ←委托→ 乙（原代理人）
                      ↕ 转委托
                      丙（新代理人）
        效果归属        ↕ 代理行为
                      丁（相对人）
```

1.【有效复代理】(1)【经同意的复代理】经被代理人同意。(2)【情况紧急的复代理】因为急病、通讯联络中断、疫情防控等特殊原因，委托代理人自己不能办理代理事项，又不能与被代理人及时取得联系，如不及时转委托第三人处理，会给被代理人利益造成损失或扩大损失的，属于"情况紧急"，可以产生有效复代理。(3)【原代理人负选任责任和指示责任】①【选任责任】原代理人选任新代理人，选任不当，导致被代理人损害，原代理人要承担责任。②【指示责任】原代理人对新代理人进行了指示，导致被代理人损害，原代理人要承担责任。

例：【有效转委托】甲授权乙购买茶叶，经甲同意，乙转委托丙去购买茶叶。丙以甲名义与丁签订茶叶买卖合同。如何评价该合同效力？①乙经被代理人甲同意转委托丙实施代理行为，属于有效复代理。②丙以甲名义与丁签订买卖合同，属于有权代理，该合同当事人是被代理人甲和第四人丁。

◆ 原理：为何要讨论原代理人责任？①因为一般情况下，如果构成一个有效复代理，则原代理人退出了。②如果新代理人在代理过程中未尽忠实、勤勉义务导致被代理人损害，新代理人要承担过错赔偿责任，就不会涉及原代理人的责任。③因此，原代理人承担责任是例外，仅承担选任和指示责任。

2.【无效复代理】(1)【无效复代理】未经被代理人同意且不属于情况紧急为被代理人利益而转委托第三人代理。(2)【是无权代理】无效复代理人实施的代理行为，属于无权代理。

例：【无效转委托】甲授权乙购买茶叶，乙擅自转委托丙去购买茶叶。丙以甲名义与丁签订茶叶买卖合同。如何评价该合同效力？①乙擅自转委托丙实施代理行为，属于无效复代理。②丙相对于甲来讲，属于无权代理。

七、滥用代理权

◆ **原理**：为什么要讨论代理权的滥用？①因为被代理人对代理人的授权，不可能细致到毛细血管，故代理人在代理权限范围内有意思自治空间。②所以代理具有强烈的人身信任性质。③"可以这么干又不能这么干"。

（一）【"吃里扒外"的恶意串通签订的合同效力待定】（《民法典》第164条、《民法典合同编通则解释》第23条）

1.【不追认】法人、非法人组织如果对该行为不予追认，则不发生有效代理或者代表的后果，法人、非法人组织不承担任何责任。

2.【追认】法人、非法人组织予以追认的，构成有权代表或有权代理。

3.【连带责任：吃里扒外的恶意串通，不论追认还是不追认，都可以主张连带责任】即便法人或非法人组织予以追认，也不影响其基于《民法典》第164条第2款之规定，请求恶意串通的法定代表人、代理人与相对人承担连带责任。

例：【员工坑公司吃回扣】甲公司员工唐某受公司委托从乙公司订购一批空气净化机，甲公司对净化机单价未作明确限定（"充分的信任"）。唐某与乙公司私下商定将净化机单价比正常售价提高200元，乙公司给唐某每台100元的回扣（"吃里扒外"）。商定后，唐某以甲公司名义与乙公司签订了买卖合同。如何评价该合同效力？效力待定。①唐某与乙公司恶意串通损害甲公司的利益，应对甲公司承担连带责任。②甲公司未对净化机单价作明确限定，故唐某以甲公司名义签订购买合同，无论以什么价格购买，都是有权代理。③但是有权代理人唐某应该"受人之托、忠人之事"，其与相对人恶意抬高价格采购，属于"吃里扒外型"恶意串通损害被代理人利益。④该合同效力待定。⑤甲公司有权要求唐某和乙公司承担连带责任。

（二）【自己代理】（《民法典》第168条）

1.【自己代理】代理人以被代理人名义与自己签订合同（合同上双方的签字都是1个人的）。

```
                授权                签订合同
甲（被代理人）——————乙（代理人）←—————→乙（相对人）
```

2.【效力待定】（1）被代理人甲同意或追认，合同有效。（2）被代理人甲不同意也没追认，合同无效。

例：【自己代理】甲委托乙买房，乙代理甲与自己签订买房合同，将自己的房屋卖给甲。交易完全由一人操纵。如何评价该合同效力？①这属于自己代理，效力待定。②如甲追认，则合同有效。③如甲不追认，则合同无效。④正确的做法应该是，乙先退出代理关系，以买卖合同当事人身份与甲协商签订合同。⑤实务中还存在另一种变形但实质属于自己代理的情形，即乙找到小乙代理自己，然后乙代理甲，乙和小乙签订合同，仍然属于自己代理，取决于甲是否追认。

3.【有权代理情形下的效力待定】代理人容易"厚己薄人"，因此法律规定有权代理情形下发生的效力待定合同。

◆ **原理**：为什么自己代理是效力待定？①因为需要回避而没有回避，那么就效力待定。②如果随意允许自己代理，就会违反代理的初衷，代理人可能会为自己谋取利益，违反代理人的忠实义务。

（三）【双方代理】（《民法典》第 168 条）

1. 【双方代理】代理人"一手托两家"，代理甲，又代理乙，签订合同（合同上双方的签字都是 1 个人的）。

甲（被代理人）—授权—（代理人）乙 ←签订合同→ 乙（代理人）—授权—丙（被代理人）

2. 【效力待定】（1）【追认有效】甲和乙都追认，合同有效。（2）【不追认无效】欠缺甲或乙的追认，合同无效。

例：【双方代理】甲委托乙买房，丙委托乙卖房，乙遂以代理人身份代理甲与丙签订房屋买卖合同。交易完全由一人操纵。如何评价该合同效力？①这属于双方代理，效力待定。②如甲丙追认，则合同有效。③如甲丙不追认，则合同无效。④正确的做法是，乙作中介，不要做代理人，然后介绍双方签订合同。⑤实务中还存在另一种变形但实质属于双方代理的情形，即乙找到小乙代理丙，然后乙代理甲，乙和小乙签订合同，仍然属于双方代理，取决于甲丙是否追认。

3. 【有权代理情形下的效力待定】因为代理人容易"顾此失彼"，因此法律规定这属于有权代理情形下发生的效力待定合同。

◆ **原理**：为什么双方代理是效力待定？①因为合同并非"双赢"，当事人签订的合同，就内部关系而言，其利益是此消彼长的状态。②所以，合同有点类似"法官"，法官下判，其结果要么是原告占便宜，要么是被告占便宜，不可能下一个双方都占便宜的判决。③代理人不能"吃了原告又吃被告"。

八、无权代理

（一）【狭义无权代理】

1. 狭义无权代理类型图

①狭义无权代理 { ①自始不具有代理权 / ②超越代理权 / ③代理权终止后 / ④数个代理人中有人擅自行使代理权 } 4 种情形下的"无权代理"

②法定代理不存在无权代理，因为是概括代理权，只可能发生代理权的滥用

2. 狭义无权代理效果图

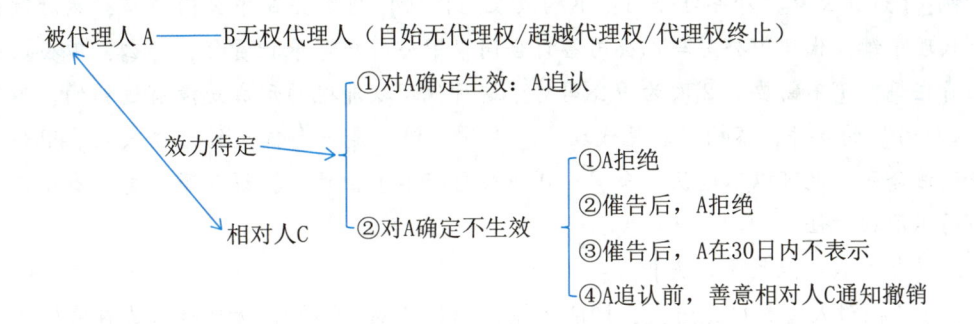

被代理人A ——— B无权代理人（自始无代理权/超越代理权/代理权终止）

效力待定
- ①对A确定生效：A追认
- ②对A确定不生效
  - ①A拒绝
  - ②催告后，A拒绝
  - ③催告后，A在30日内不表示
  - ④A追认前，善意相对人C通知撤销

相对人C

（1）【追认】无权代理变成正常代理。

被代理人A ——追认—— 无权代理人B
正常代理 → 相对人C

（2）【拒绝】①无权代理未被追认，相对方请求无权代理人履行债务或赔偿损失。②由无权代理人就相对人的恶意承担举证责任。③无权代理人不能证明相对方恶意的，应承担全部责任。④无权代理人能够证明相对方恶意的，无权代理人和相对人根据各自过错分担责任。

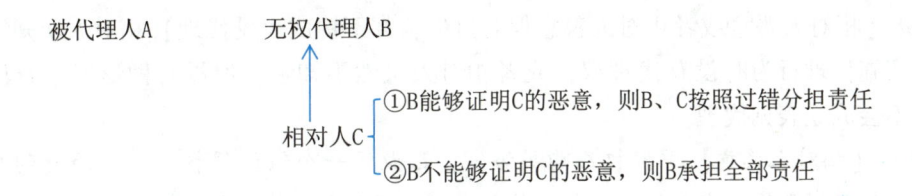

被代理人A　无权代理人B
相对人C
- ①B能够证明C的恶意，则B、C按照过错分担责任
- ②B不能够证明C的恶意，则B承担全部责任

（二）【表见代理】实际上没有代理权，但相对人"表面上看见你有代理权"，这叫表见代理，相对人可要求被代理人承担责任，体现了"外观主义"，保护相对人的交易信赖。（《民法典》第172条）

1.【无权代理人存在代理权外观、本人与因】

（1）【存在代理权外观】一般情况下，是行为人虽然是无权代理人，但是他为何与被代理人存在一定的渊源关系，比如跳槽的员工。比如持有盖了公司公章的空白合同书。

例：【离职后还签单：构成表见代理】甲是某校后勤部主任，经常以学校名义在乙饭店宴请客人。甲自学校离职后，继续以学校名义在乙饭店宴请朋友。乙饭店要求甲学校支付餐费，甲学校拒绝。乙饭店主张是否成立？①成立。②甲自学校离职后，仍以学校名义与乙饭店签订餐饮服务合同，构成无权代理。③乙饭店有理由相信甲有代理权，构成表见代理，该代理行为有效。故乙饭店有权要求被代理人学校支付餐费。

（2）【"本人与因"】对于这种"外观"的存在，比如员工辞职，各种材料都应该上交；但是，公司的管理制度混乱，没有回收。可见，对于"外观"的存在，被代理人是有一定过错的,学理上把被代理人的这种过错叫做"本人与因"。

例:【盗窃公章对外签订合同:不构成表见代理】唐某盗窃甲公司公章,然后做出来一套代理手续,代理甲公司与乙公司签订合同,甲公司拒不承担责任,那么,甲公司需要承担责任吗?①不需要。②因为甲公司对于这种代理权外观的形成是没有过错的,不符合"本人与因"的要件,不构成表见代理。③因此,仍然是一个狭义的无权代理。甲公司可以追认该合同,也可以不追认该合同。④甲公司拒不承担责任,说明甲公司没有追认,故甲公司不承担责任。

2.【相对人善意且无过失】

(1)【相对人善意且无过失,构成表见代理】相对人不知道无权代理人在实施代理行为时没有代理权,而且没有过失,即相对人进行了形式审查。

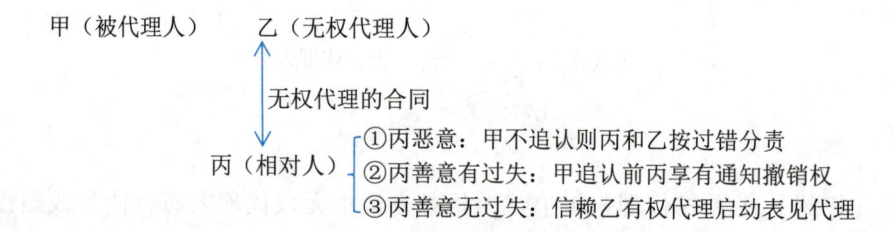

```
甲(被代理人)   乙(无权代理人)
         ↕
      无权代理的合同
               ┌ ①丙恶意:甲不追认则丙和乙按过错分责
         丙(相对人)─┤ ②丙善意有过失:甲追认前丙享有通知撤销权
               └ ③丙善意无过失:信赖乙有权代理启动表见代理
```

例:【相对人善意且无过失】唐某到甲公司谈合同,在甲公司办公室,与甲公司谈判代表钱某签订合同。钱某超越甲公司授权签订了合同,唐某不知情,构成善意,且没有过失,因此构成表见代理,甲公司受该合同约束。

(2)【相对人恶意或者相对人善意但有过失,都不构成表见代理】相对人明知无权代理人在实施代理行为时没有代理权;或者相对人虽然不知道,但没有做形式审查构成过错,都不会成立表见代理。

例1:【相对人恶意】甲授权乙购买浴霸,乙做了一个假的授权书,从丙处购买了暖风机,丙已经察觉授权书是假的,仍然签订合同,丙就是恶意的相对人。

例2:【相对人善意且有过失】甲授权乙出售货物价格不低于100万元,然后乙急于出售,故将100万元涂改成90万元,然后签订合同卖给丙,丙看到涂改痕迹而没有去询问,这就属于善意但有过失了,不启动表见代理。甲追认合同前,丙享有通知撤销权。

3.【举证责任:谁主张谁举证】

(1)【相对人主张存在代理权外观,相对人对此承担举证责任】

例:【老公诉讼和解却由妻子收款:不构成表见代理】甲公司与唐某股权转让纠纷中,一审法院判决唐某胜诉。甲公司不服提起上诉,二审中,甲公司与唐某达成《和解协议》,甲公司向唐某支付2.3亿元,甲公司撤回上诉。后甲公司向唐某支付了8000万元后,就不再支付。然后甲公司与唐某的妻子达成《和解协议补充协议》,唐某妻子以唐某名义和甲公司在其中约定延长付款期限,并约定由唐某妻子收款。后甲公司将1.5亿元支付给了唐某妻子。此事唐某不知情。案涉《调解协议补充协议》是否构成表见代理?①不构成。②甲公司对唐某妻子的无权代理是知情的,没有证据证明唐某妻子存在代理权外观。③从民诉法上,唐某可申请继续执行一审生效判决,扣除已经收取的8000万元。而后甲公司要求唐某妻子返还1.5亿元不当得利。

（2）【被代理人主张相对人恶意，或者主张相对人有过失，被代理人对此承担举证责任】

例：【管章后签约：不构成表见代理】甲公司和乙公司签订建设工程施工合同，约定合同纠纷提交A市仲裁委仲裁。后甲公司欠乙公司8000万元工程款届期未还，双方同意甲公司公章交由乙公司保管。乙公司便用甲公司公章对建设工程施工合同进行了修改，将A市仲裁委修改为B市仲裁委。乙公司的行为是否构成表见代理？①否。②甲公司同意公章交乙公司保管，双方成立无偿保管合同法律关系。③乙公司使用甲公司公章签订合同，擅自以甲公司名义实施代理行为，构成"自始无代理权"的无权代理。④但是，乙公司没有理由相信乙公司自己有代理权，故乙公司的行为不构成表见代理，该修改合同的行为对甲公司不发生效力。⑤修改题干事实，如果乙持该甲公章和不知情的丙公司签订合同，则会启动表见代理了，保护善意相对人丙的合理信赖。

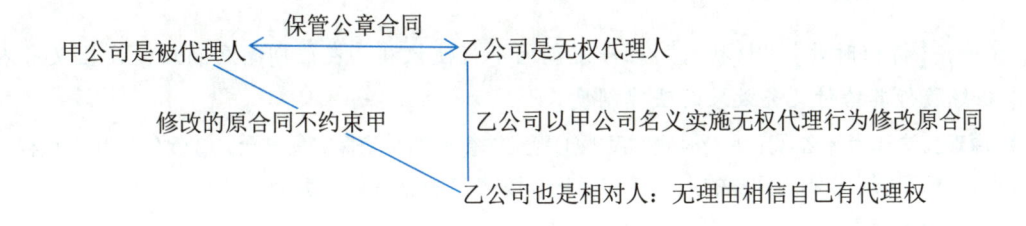

```
                    保管公章合同
甲公司是被代理人 ─────────────→ 乙公司是无权代理人

                                乙公司以甲公司名义实施无权代理行为修改原合同
修改的原合同不约束甲
                                乙公司也是相对人：无理由相信自己有代理权
```

第六章　诉讼时效

案例导读：甲借了乙10万元届期未还，乙碍于情面未向甲主张。3年后，乙向甲索要，甲称乙债权请求权已经过了诉讼时效。该抗辩是什么？①诉讼时效届满之抗辩权。②如甲承诺仍会归还，就不得援引此前享有的诉讼时效届满的抗辩权，这叫"要脸"了就不能反悔。③诉讼时效制度是法院躺赢的最硬的广告：人民法院，诉讼时效。④有些权利有"保质期"，法律"督促权利人行权""不要躺在权利上睡觉"，因为"躺不赢"。

一、诉讼时效的性质

（一）【诉讼时效】"权利人"在一定期间不行使权利，在该期间届满后，发生义务人可以拒绝履行其给付义务效果的法律制度。

◆ **原理**：法律为什么规定诉讼时效制度？①稳定法律秩序，确保交易安全。②促使权利人积极行使权利，"惩罚躺在权利上睡觉的人"。③有利于司法机关确认案件事实。

（二）【3年】

1.【3年】（1）向人民法院请求保护民事权利的诉讼时效期间为3年。（2）法律另有规定的，依照其规定。（《民法典》第188条）

2.【过期变成自然权利】如果适用诉讼时效的权利过了3年期限，被告提出诉讼时效期间届满的抗辩权，那么，原告的请求权不能实现，但原告的请求权没有消灭，我们称之为"实体权利"没有消灭，取名叫"自然权利"。

◆ **原理**：我国法上为何叫诉讼时效，而不像外国法一样叫消灭时效？因为我国法上，过了诉讼时效的权利是"自然权利"，并没有导致权利消灭，故称为诉讼时效更加严谨。

（三）【诉讼时效的适用会激活取得时效】

（1）我国法律没有规定取得时效，只规定了诉讼时效，但他们是一个问题的两个方面。（2）外国规定的取得时效，是指行为人和平、公然、连续地占有一个物，经过一定时间比如10年或20年，即取得该物所有权。（3）我国《民法典》虽然没有规定取得时效制度，但是，因为未登记的动产原物返还请求权要适用诉讼时效，会自然激活取得时效。

例：【原告不能主张返还电脑，则电脑归被告】甲将电脑出借给乙，乙到期未还，甲有权请求乙返还电脑。如果3年过了，乙可以提出诉讼时效届满的抗辩，拒不返还电脑。此时，电脑的所有权归谁？①归乙所有。②不能归甲，也不能归国家。③所以，乙为何取得电脑所有权，因为甲返还电脑请求权适用诉讼时效，同步激活了乙基于"取得时效"取得电脑所有权。

（四）【强制性规定】（《民法典》第197条）

1.【约定无效】诉讼时效的期间、计算方法以及中止、中断的事由由法律规定，当事人约定无效。

例：【商人牛于律师：倒签时间变相约定诉讼时效期间】甲出借10万给乙，约定2016年1月1日还，同时让乙签收"催款通知"，落款时间为2017年12月1日。<u>如何评价催款通知？</u>①无效。②因为这属于当事人变相约定延长诉讼时效期间。

2.【放弃无效】当事人对诉讼时效利益的预先放弃无效。比如当事人约定借款债权不适用诉讼时效期间，该约定无效。

二、不适用诉讼时效的权利

（一）【只有请求权才适用诉讼时效制度，而支配权、形成权、抗辩权不适用诉讼时效制度】

1.【支配权】（1）【有的支配权无期限】有的支配权是没有时间限制的，比如所有权，是无期限的，所有权又叫无期限物权。还比如著作权中的人身权是没有期限的。（2）【有的支配权有期限：存续期间】有的支配权是有时间限制的，比如居住权，比如土地承包经营权。著作权中的财产权保护期是作者生前和死后50年。这个期间我们叫存续期间，过期会导致权利消灭。

2.【形成权】（1）【形成权有除斥期间：存续期间】形成权适用除斥期间，比如撤销权、解除权、追认权、抵销权、选择权，它们都适用除斥期间。（2）【过期会导致权利消灭】到期仍不行使，权利就消灭。

3.【抗辩权】抗辩权是阻却对抗对方请求权的权利，抗辩权本身没有期限的问题。

4.【请求权】（1）【有的请求权不适用诉讼时效】。（2）【有的请求权要适用诉讼时效】。

◆ **原理1**：诉讼时效只适用于请求权这句话对吗？①对。②因为这句话提到了请求权，而请求权是根据权利作用来分类，其他的对应的权利就是支配权、形成权和抗辩权，后者都不适用诉讼时效。③所以，诉讼时效只适用于请求权，这句话就是对的。

◆ **原理2**：请求权都适用诉讼时效这句话对吗？①不对。②因为有的请求权适用诉讼时效，有的请求权不适用诉讼时效。

◆ **原理3**：为什么说诉讼时效制度适用于请求权？①只有请求权才可能适用诉讼时效制度。形成权、抗辩权、支配权本身都是不适用诉讼时效的（支配权请求权有一部分适用诉讼时效，如普通动产"手表"返还原物请求权；有一部分不适用诉讼时效，如房屋返还原物请求权）。②请求权中的部分请求权适用诉讼时效制度，另外一部分请求权不适用诉讼时效制度。

秒杀：存续期间过了会导致权利消灭；诉讼时效过了会导致权利变成自然权利。

（二）【一般的债权请求权都适用诉讼时效，但特殊的债权请求权不适用诉讼时效】（《民法典》第196条）

1.【3费请求权不适用诉讼时效】请求支付抚养费、赡养费或者扶养费债权请求权，不适用诉讼时效，这是立法政策选择，否则如果一个人10年没付抚养费，原告只能要3年的，这不公平。

例：【抚养费债权没有保质期】甲、乙婚后育有一女小甲，小甲3周岁时，甲乙离婚。

自此甲一直未支付抚养费，小甲成年后，请求甲支付抚养费，甲称诉讼时效已经届满，故有权拒绝支付。甲的主张是否成立？①否。②小甲请求其父甲支付抚养费请求权，不适用诉讼时效。③如果甲对小甲实施侵权行为，如侵犯小甲财产权或人身权，则小甲对甲的债权请求权需要适用诉讼时效，诉讼时效期间自法定代理终止之日起算。④如果甲对小甲实施性侵犯，则小甲对甲的请求权需要适用诉讼时效，诉讼时效期间自小甲年满18周岁时起算。

2.【公共维修基金请求权不适用诉讼时效】业主大会请求业主缴付公共维修基金请求权，参见下例"最高院指导案例65号"。

例：【业主应该缴纳维修基金】最高院指导案例65号：①专项维修资金是专门用于物业共用部位、共用设施设备保修期满后的维修和更新、改造的资金，属于全体业主共有。②缴纳专项维修资金是业主为维护建筑物的长期安全使用而应承担的一项法定义务。③业主拒绝缴纳专项维修资金，并以诉讼时效提出抗辩的，法院不予支持。

3.【出资请求权不适用诉讼时效】公司享有要求出资人缴付出资请求权不适用诉讼时效，如果适用诉讼时效，那么投资方就可以一直永远不出资了。

例：【"认缴出资"的风险】甲公司欠乙公司300万元，经查甲公司股东张某欠缴出资100万元。本案各个债权请求权是否适用诉讼时效制度？①【诉1】其他股东要求张某缴付100万元出资，不适用诉讼时效。②【诉2】甲公司要求张某缴付100万元出资，不适用诉讼时效。③【诉3】甲公司债权人乙公司要求张某承担补充责任，不适用诉讼时效。④【诉4】300万元债权本身要在诉讼时效期间内，即适用诉讼时效。

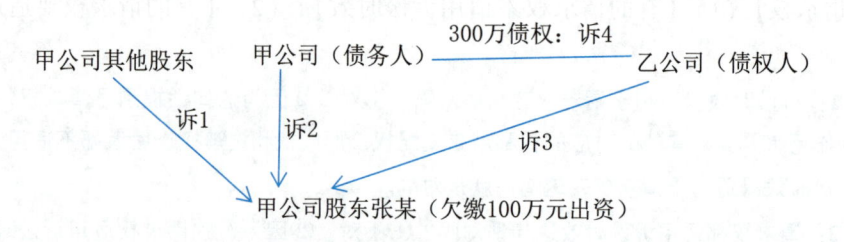

```
甲公司其他股东    甲公司（债务人）  ——300万债权：诉4——  乙公司（债权人）
         诉1        诉2                    诉3
              ↓    ↓                    ↙
              甲公司股东张某（欠缴100万元出资）
```

4.【下列特殊债权请求权不适用诉讼时效】

（1）【储户对银行支付存款本金和利息的请求权】

◆ 原理：为什么储户对银行要求返还本息的请求权不适用诉讼时效？①【债权请求权】"货币谁占有归谁所有"，储户的钱存入银行，钱的所有权归银行。储户对银行享有的不是物权请求权，而是债权请求权，即基于储蓄合同要求银行返还本息。②【储户没有怠于行权】不论是定期储蓄还是不定期储蓄合同，储户都没有怠于行使权利，都是希望获得利息的。③【信用】银行的信用比黄金还珍贵，一旦适用诉讼时效，启动这个制度，那就是明目张胆的"不要脸"。

（2）【债权人对兑付国债、金融债券以及向不特定对象发行的企业债券本息的请求权】

◆ 原理：为什么债权人对国债、金融债券和特殊企业债券本息请求权不适用诉讼时效？①【储户没怠于行权】储户对银行、对国家、对金融机构、对向不特定对象发行债券的企业，不存在怠于行使权利的情形，也就不需要督促行权。②【信用】国家、金融机构、特定企业，他们的信用比黄金还珍贵，一旦适用诉讼时效，启动这个制度，那就是明目张胆的"不要脸"。

(3)【股东对公司分配利润和支付股息的"抽象"请求权】

◆ **原理**：为什么股东对公司分配利润和支付股息的"抽象"请求权不适用诉讼时效？①因为股东要从公司实际分得利润，还需要有分配利润的决议，没有决议，就谈不上具体的分配请求权。②我们把尚无分配利润决议的请求权称为"抽象"请求权，不适用诉讼时效。③我们把有了分配利润决议的请求权称为"具体"请求权，适用诉讼时效，即如果公司有了分配利润决议但没有分配，则受害股东应及时主张权利，否则，要承担诉讼时效届满的风险。

(三)【一般的物权请求权都不适用诉讼时效，但有的物权请求权要适用诉讼时效】

1.【不动产返还原物请求权不适用诉讼时效】

例：【房屋永远在呼叫主人】甲的房屋被乙占用，甲出国3年后回国，请求乙返还房屋。乙以3年诉讼时效届满为由拒绝。乙的主张是否成立？①否。②甲请求乙返还房屋的请求权，不适用诉讼时效制度。

2.【登记的动产返还原物请求权不适用诉讼时效】

例：【登记的机动车永远在呼叫主人】甲名下的汽车出借给乙使用，借期届满后，乙未归还。3年后，甲请求乙返还汽车。乙以3年诉讼时效期间届满为由拒绝返还。乙的主张是否成立？①否。②甲请求乙返还登记机动车请求权不适用诉讼时效制度。

3.【未登记的动产返还原物请求权就要适用诉讼时效】

例：【返还电脑请求权适用诉讼时效】甲的电脑出借给乙使用，借期届满后，乙未归还。3年后，甲请求乙返还电脑。乙以3年诉讼时效期间届满为由拒绝返还。乙的主张是否成立？①是。②甲请求乙返还电脑的请求权适用诉讼时效制度，3年过后，乙可提出诉讼时效届满的抗辩权。

◆ **原理**：为什么未登记的动产返还原物请求权要适用诉讼时效制度？①甲占有乙价值10元的手表，又向乙借款100万元。②如果规定所有的动产物权的权利人请求返还财产均不适用时效，乙对价值10元的手表可以长期请求返还，但对于更大价值的100万元债权，却只能在普通诉讼时效期间的3年内主张。看似法律对价值小的法益保护更重，这属于法益失衡。③一般动产价值小、流动大、易损耗，如果不适用诉讼时效规定，多年后再提起诉讼，因年代久远存在举证困难，会增加诉累，不利于矛盾及时解决。

①返还手表：适用诉讼时效期间
②返还未登记的汽车：适用诉讼时效期间
③返还登记的汽车：不适用诉讼时效期间
④返还房屋：不适用诉讼时效期间

4.【停止侵害、排除妨碍、消除危险请求权不适用诉讼时效】因为侵害、妨碍、危险一直存在，所以不适用诉讼时效制度。

例：【侵害在继续】甲在网络上散布不实信息，侵害了乙的名誉权。3年后，乙请求甲停止侵害，删除不实信息。甲以诉讼时效已经届满为由拒绝。甲的主张是否成立？①否。②因为停止侵害的请求权不适用诉讼时效。

5.【占有保护请求权不适用诉讼时效】甲的占有被乙侵犯，甲返还占有请求权适用1年期间，从侵占发生之日起计算，该1年期间不属于诉讼时效期间，学理上叫"除斥期间"或者"失权期间"。过期不行使,权利就彻底消灭了。

例:【占有返还只保护 1 年】甲的停车位被乙侵占,3 年后,甲要拿回停车位,<u>则提出什么主张能获得法律支持?</u>①如甲提出占有返还,因过了 1 年期间而无法获得支持。因为返还占有的期间是 1 年,自侵占发生之日起计算。②如甲提出返还不动产停车位所有权,则该请求权不适用诉讼时效。故甲提出返还不动产的原物请求权,能够获得法律支持。

(四)【侵害人格权中的赔礼道歉请求权不适用诉讼时效】赔礼道歉不适用诉讼时效,精神损害赔偿适用诉讼时效。

(五)【确认合同无效不适用诉讼时效】

三、诉讼时效届满后(原告"睡过头"了)的法律效果

(一)【对原告的效果:实体权利没有消灭】

1.【原告有起诉权:可以起诉,法院应该受理】(1)【实体权利还在】因为原告实体权利没消灭,还有起诉权。(2)【没审理不知道是否过期】案子没到法院,是否过了诉讼时效期间也不知道。(3)【被告未必会提】即使案子到了法院,被告未必提诉讼时效届满的抗辩权。

2.【原告可能败诉:一旦被告抗辩,原告必输】如果义务人行使诉讼时效届满的抗辩权,法院查实后,会判决驳回原告诉讼请求。

3.【原告可能胜诉:只要被告没抗辩,原告债权是自然债权,原告胜诉】(1)【不是不当得利】如果行使抗辩权会让被告"社死",被告可能就不会行使抗辩权。如果被告没有行使诉讼时效届满的抗辩权,则权利人可以保有该利益,不构成不当得利。被告可以不给,给了就不能要求退。(2)【是"自然债权"】因为学理上将"诉讼时效届满后的债权"称之为"自然债权",该自然债权即权利人获得利益的根据。

例:【自然债权】甲对乙享有 10 万元债权,到期后第 4 年才向乙提出主张诉到法院。<u>如何评价该诉讼?</u>①法院应该裁定予以受理。②如乙提出 10 万元债权诉讼时效已经届满,则法院判决驳回甲的诉讼请求。③如乙没有提该抗辩,则甲可以获得 10 万元。乙不得事后以诉讼时效届满为由主张返还。

(二)【对被告的效果:抗辩权发生】

1.【被告有抗辩权】义务人提出诉讼时效届满的抗辩,又称"不要脸"抗辩。(《民法典》第 192 条)

2.【法院不释明】(1)【立法上法院不能释明】义务人自己决定是否提出,如果在诉讼中,法院不得进行"释明",即法官不得提示让义务人提出该抗辩。(2)【实务中法院有"释明"冲动】实务中法官有"释明"的冲动,因为一旦义务人提出,则本案可以马上判决驳回原告诉讼请求而结案。(《民法典》第 193 条)

3.【一审可以、二审可能、再审不行】(1)【一审可以】义务人应该在一审提出诉讼时效届满的抗辩。(2)【二审可能】在二审时,必须有新证据证明义务人一审没提出时效届满抗辩有新理由。(3)【再审不行】再审时义务人一概不允许提出诉讼时效届满的

抗辩。

例:【"不要脸"抗辩】什么是二审可能提出诉讼时效届满的抗辩权?①甲对乙享有10万元债权到期已经经过了3年。②甲诉乙还款,乙"正要"提出诉讼时效届满的抗辩,甲提出一个"函"证明其曾经在3年内向乙提出了请求,乙就"闭嘴了"。③一审法院判决乙败诉,乙上诉到二审法院,有新证据证明,甲的"函"是伪造的,此时,乙可以在二审中提出诉讼时效已经届满的抗辩。

(三)【诉讼时效期间过期后,起死回生的挽救办法】对于已经过了诉讼时效的请求权,可以通过下列办法进行挽救。

1.【被告同意放弃】义务人如果在诉讼时效届满后,通过意思表示同意履行或者通过行为实际履行债务,则不允许以权利人的权利诉讼时效届满为由抗辩。(《民法典》第192条)

例:【通过意思表示放弃诉讼时效届满的抗辩】甲公司向乙公司催讨一笔已过诉讼时效期限的10万元货款。乙公司书面答复称:"该笔债务已过时效期限,本公司本无义务偿还,但鉴于双方的长期合作关系,可偿还3万元。"甲公司遂向法院起诉,要求偿还10万元。乙公司接到应诉通知后书面回函甲公司称:"既然你公司起诉,则不再偿还任何货款。"如何评价本案的答复和复函?①10万元已经过了诉讼时效,乙的书面答复属于通过意思表示放弃了3万元诉讼时效届满的抗辩,即乙的书面答复意味着乙需偿还甲3万元。②乙对于另外7万元仍可主张诉讼时效届满的抗辩。③乙公司的回函称不再偿还任何货款,属于对已经放弃的3万元诉讼时效届满的反悔,不发生效力。因为义务人已经放弃的诉讼时效抗辩,不能再反悔。

2.【重新达成协议】当事人双方就原债务达成新的协议,债权人主张义务人放弃诉讼时效抗辩权的,人民法院应予支持。(《诉讼时效解释》第19条)

3、【催款通知签名】超过诉讼时效期间,贷款人向借款人发出催收到期贷款通知单,债务人在通知单上签字或者盖章(这是孤证,只能证明签字或盖章本身),能够认定借款人同意履行诉讼时效期间已经届满的义务的(需要证据链),对于贷款人关于借款人放弃诉讼时效抗辩权的主张,人民法院应予支持。(《诉讼时效解释》第19条)

四、诉讼时效期间的起算点

(一)【主观起算点】"一般"的诉讼时效期间自权利人知道或者应当知道权利受到损害("事")以及义务人("人")之日起计算(《民法典》第188条)。

◆ **原理**:为什么要从"人"和"事"两个角度来计算起算点?①因为诉讼时效制度是让权利人不要睡觉太久,所以,起算点应该是权利人的"睡觉点",而睡觉点应该是权利人知道自己有权利并且需要知道向谁主张这个权利,我称之为"双知道"。②只有"双知道"时,才能作为权利人睡觉点的起算点。

1.【知道与应当知道日期不一致,以早到的为起算点】

例:【区分"实际知道"和"应当知道"】合同约定第10日交货,"应当知道权利被侵害"的时间点是固定的,即第10日届满未交货。但是,权利人实际知道的时间点则是不确定的，有3种情况：①"实际知道"早于"应当知道"：义务人第5日就明确告知不交货，即权利人实际知道权利被侵害。则从第6日起算诉讼时效。②"实际知道"晚于"应当知道"：权利人在第15日才实际知道权利被侵害。则从应当知道的次日即第11日起算诉讼时效。③"实际知道"等于"应当知道"，则从第11日起算诉讼时效。④小结：起算点赶早不赶晚，督促权利人尽快行使权利，不要"躺在权利上睡觉"。

合同约定第10日交货：应当知道日是第10日 { ①第5日实际知道出卖人不交货 ②第10日实际知道出卖人不交货 ③第15日实际知道出卖人不交货 }

2.【具体个案中"一般"的诉讼时效期间的起算点："人""事"】

（1）【人身损害赔偿时效起算点】①【一般情形】受伤害之日或伤势确诊之日并且知道谁是侵权人。②【特殊情形】家庭暴力，应从离婚后起算3年诉讼时效期间。因为婚内该请求权还不成立，不应起算诉讼时效。为何该请求权还不成立，根据婚姻编规定，如果没有离婚，对家暴侵权提出索赔，法院不支持。

（2）【"无限人"对法定代理人的请求权时效起算点】①从法定代理终止之日起计算3年。②一般情形是成年之日视为法定代理终止日。③例外情形是符合撤销监护职责情形，撤销监护日视为法定代理终止日。④无限人对法代的"3费"债权不适用诉讼时效，就不存在起算问题。

例：【亲戚坑孩子】"无限人"甲的父母早亡，甲的近亲属担任甲的监护人，却侵犯甲的财产权。"无限人"甲要求监护人索赔请求权，自监护结束起算。为什么？因为如果从侵犯之日起算，对孩子不公平，因为监护人不会自己起诉自己。

（3）【未成年人遭受性侵害之"损害赔偿"请求权时效起算点】①自受害人年满18周岁时计算3年。②未成年人遭受"性"之外的其他人身侵害，则适用"法定代理终止之日"起算规则。

（4）【不当得利时效起算点】知道不当得利事实并且知道谁是不当得利人。

（5）【无因管理时效起算点】①【管理人主张费用和赔偿时效的起算点】管理行为结束并且知道谁是被管理人。②【被管理人主张赔偿时效的起算点】知道损害事实并且知道谁是管理人。

（6）【合同被撤销后返还"财产"和赔偿的时效起算点】合同被撤销之日。

例：【诉讼策略：诉撤还是诉赔还是诉撤和赔？】甲欺诈乙签订买卖手机合同，乙可撤销该合同，要求甲返还手机并赔偿损失。乙可采取什么诉讼策略？①【撤销权启动除斥期间】乙以受欺诈为由撤销该合同的撤销权，是形成权，需要适用除斥期间。"315内撤，支持；315外撤，不支持，但如同时对方构成违约，可诉违约。"②【请求权启动诉讼时效】乙要求甲返还手机并赔偿的权利，其中主张返还手机属于普通动产返还原物请求权，要适用诉讼时效；索要赔偿属于债权请求权，也要适用诉讼时效。③【诉讼策略1：只诉撤不诉请求】如乙诉撤销，未同时诉要求返还手机和赔偿损失，则后头乙如果另行要求返还手机和赔偿损失，则后头请求权的诉讼时效期间，从合同被撤销之日起算。④【诉讼策略2：诉撤和诉请求】如乙诉撤销（形成之诉），并同时诉要求返还手机（给付之诉）和赔偿损失（给付之诉），会导致后两个给付之诉发生诉讼时效中断。当然，因为乙已经提起了诉讼，此时再去计算两个给付之诉的诉讼时效价值就不大了。

甲 ←—欺诈—— 乙 { ①本次只诉"撤"（除斥期间）：撤销日起算下次诉"请求"诉讼时效
②诉"撤"（除斥期间）和诉"请求"（诉讼时效）

（7）【合同责任时效起算点】

①【履行期限明确】从履行期届满时起算诉讼时效。

例：【借条之诉讼时效起算】甲借乙5万，向乙出具借条，约定1周内归还，乙债权的诉讼时效期间何时起算？①借条的诉讼时效从债务履行期届满时起算，而非出具借条之日起计算。②借条出具日并非乙知道或者应当知道权利被侵害时，不能起算诉讼时效。③借条约定1周内归还，是为履行期限明确，推定履行期届满之日起算诉讼时效。因为此时乙知道或者应当知道权利被侵害（且知道债务人），故起算诉讼时效。

②【履行期不明确】如债权人提出履行要求，遭义务人明确拒绝履行，则从义务人拒绝之日起算。如债权人给了明确宽限期，则从宽限期届满起算。如法律推定可以明确履行期，则履行期届满起算。

③【同一债务分期履行】从最后一期届满时起算。（《民法典》第189条）

例：【分期付款买卖合同=同一债务分期履行】甲、乙签订合同买卖机床，约定总价款50万元；甲先交20万元后乙发货；乙安装调试完后甲再交20万元；甲用该机床生产出质量合格产品后，再交剩余10万元。如甲一笔货款均未交纳，乙已经交货，乙要求甲履行付款义务的时效何时起算？①应从最后应交10万元届满时起算。②如果每期单独起算时效，势必造成乙担心债权过期，而频繁主张权利，频繁起诉，浪费了有限的司法资源。

（二）【客观起算点】"最长"的诉讼时效期间自权利受到损害之日起超过20年的，法院不予保护。（《民法典》第188条）

（三）【主观起算点和客观起算点的关系：两条时间线都计算，任何一个届满即届满】

甲 ←—侵权—— 乙 { ①甲第4年知道被乙侵权：4+3届满。
②甲在第21年知道被乙侵权：过了20年已经届满。

例：【主观起算点和客观起算点的关系：以短的为准，即谁先到以谁为准】甲被乙侵权，对乙享有侵权之债权。何时起算侵权之债权的诉讼时效？(1)【假设甲在第4年知道侵权人是乙】①主观起算点的计算结果是：第4年甲知道其权利被害以及侵权人是乙。故此时起算侵权之债诉讼时效，后续再加3年。②客观起算点的计算结果是：自侵权发生之日起算，未超过20年。③综合看来，主观起算点结算结果先到！④故从甲知道侵权人乙时起算侵权之债诉讼时效期间3年。(2)【假设甲在第21年知道侵权人是乙】①主观起算点的计算结果是：第21年甲知道其权利被害以及侵权人是乙，此时计算到第24年。②客观起算点的计算结果是：自侵权发生之日起算，已经超过了20年。③综合看来，客观起算点计算结果先到！④故从侵权发生之日起计算，本案已经超过了最长时效20年。

秒杀：简化：20年之内看主观起算点。

（四）【诉讼时效的延长】最长诉讼时效20年依法可以延长，必须有特殊情况才可以适用。《民法典》第188条最后一句，自权利受到损害之日起超过二十年的，法院不予保护，有特殊情况的，法院可以根据权利人的申请决定延长。

◆ **原理**：为什么最长20年诉讼时效依特殊情况还可以延长？①因为解决一个"国宝追回"的问题。②比如八国联军侵华战争，我们需要追回国宝，就不能说过了20年诉讼时效后我们不能再要回了。③所以，中国的立法不能限制死了自己。

五、诉讼时效期间的结束点

（一）【一般请求权诉讼时效期间】3年。

（二）【特殊请求权诉讼时效期间】4年、5年。

1.【4年】因国际货物买卖合同和技术进出口合同争议提起诉讼或者申请仲裁的期间为4年，自当事人知道或者应当知道其权利受到损害以及义务人之日起计算。

2.【5年】人寿保险的被保险人或者受益人向保险人请求给付保险金的诉讼时效期间为5年，自其知道或者应当知道保险事故发生之日起计算。（双知道＝知道投了保险+知道出险了）

（三）【最长诉讼时效期间】20年。

六、诉讼时效的中止（中止是客观原因被迫"按下暂停键"）

在诉讼时效行将结束往前推6个月内，发生客观障碍导致权利人无法主张权利，则诉讼时效中止，待客观障碍消灭后，再补足6个月。（《民法典》第194条）

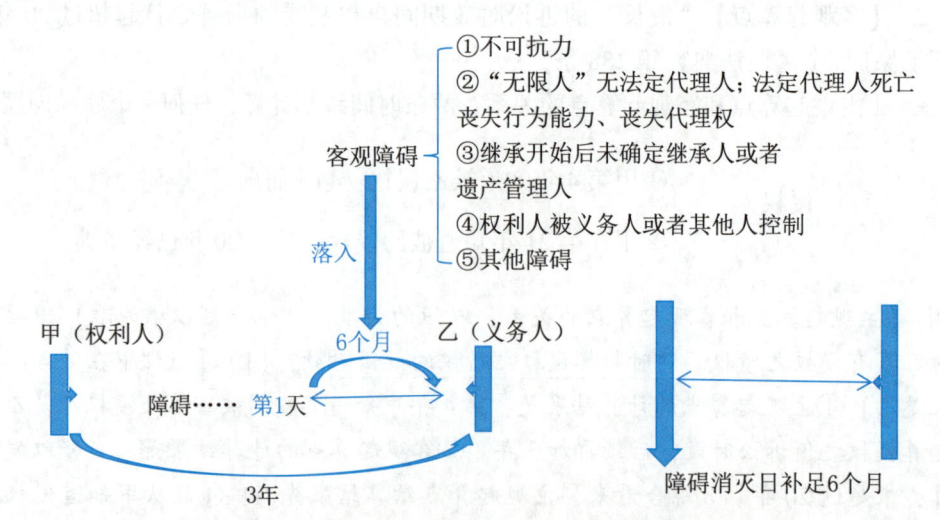

客观障碍
①不可抗力
②"无限人"无法定代理人；法定代理人死亡丧失行为能力、丧失代理权
③继承开始后未确定继承人或者遗产管理人
④权利人被义务人或者其他人控制
⑤其他障碍

落入

甲（权利人） —— 乙（义务人）
6个月
障碍……第1天
3年
障碍消灭日补足6个月

例1：【公司告大老板】义务人和权利人之间存在代表与被代表关系，义务人是权利人法定代表人。权利人欲提起诉讼，需要法定代表人的签字授权或者盖取公章，但法定代表人显然不会允许对自己提起诉讼进行授权或者同意盖章。

例2：【子公司告母公司】义务人和权利人之间存在控股关系，义务人是母公司，权利人是母公司控股的子公司。权利人子公司无法取得控股公司的诉讼授权。

例3：【婚内老婆告老公】甲与李某离婚，李某认为当年甲擅自处分夫妻共有房屋造成了自己的损失，要求侵权赔偿。甲抗辩说，赔偿请求权已过诉讼时效。甲的主张是否成立？①不成立。②因为双方为夫妻共同财产制，夫妻关系存续是侵犯财产权赔偿请求权之诉讼时效期间中止的法定事由。

秒杀："诉讼时效客观障碍"导致权利人不得不睡，就不能罚。

◆ **原理：**为什么最长时效不适用中止制度？①20年最长时效不适用中止、中断规则，20年是卡死的。②如果允许最长时效中止、中断，则不会存在最长时效这一制度。

七、诉讼时效的中断（中断是"人为原因"主动按下清零键）（《民法典》第195条）

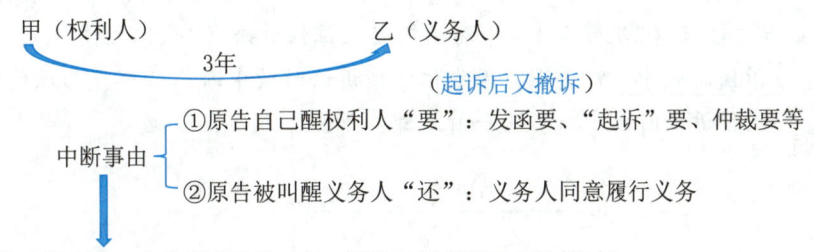

甲（权利人）————3年————乙（义务人）
（起诉后又撤诉）

中断事由
①原告自己醒权利人"要"：发函要、"起诉"要、仲裁要等
②原告被叫醒义务人"还"：义务人同意履行义务

从中断事由、有关程序终结时起，诉讼时效期间重新计算3年

◆ **原理：**为什么权利人主张或者义务人同意会构成诉讼时效中断事由？①因为只要权利人主张一次，或者义务人承诺一次，就意味着双方的法律关系明确一次，秩序就被稳定一次。②所以就发生诉讼时效中断，再重新起算下一个3年周期。③手段宽松、影响宽松、中断容易，尽可能地认定中断时效。

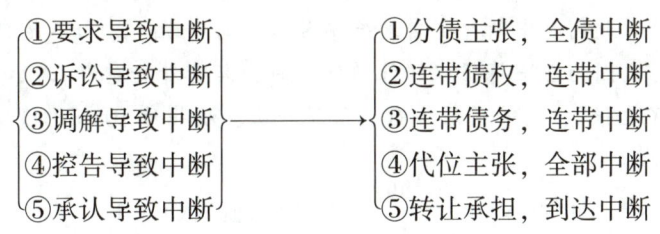

①要求导致中断　　　　①分债主张，全债中断
②诉讼导致中断　　　　②连带债权，连带中断
③调解导致中断　　→　③连带债务，连带中断
④控告导致中断　　　　④代位主张，全部中断
⑤承认导致中断　　　　⑤转让承担，到达中断

（一）【权利人提出要求】

1.【主张权利书到达主义】权利人送交主张权利文书，对方签字、盖章或其他方式证明已送达：法定代表人/主要负责人/负责收信人/被授权主体。2.【微信到达主义】权利人发送信件或数据电文，到达或应到达。3.【银行扣款】金融机构依法从对方账户中扣收欠款本息。4.【省级媒体公告】权利人针对义务人下落不明情况，权利人在国家级媒体刊登主张权利公告/权利人在义务人住所地"省级"有影响媒体刊登主张权利公告。

（二）【义务人同意履行】

1. 分期履行。2. 部分履行（支付利息）。3. 提供担保。4. 请求延期履行。5. 制定清偿债务计划。

（三）【特殊情形下诉讼时效的中断】

1、【分债主张，全债中断】权利人对部分债权主张，全部债权都中断例：【要部分≈要全部】甲对乙有10万元债权届期，甲向乙先要3万元。会导致甲对乙享有的整个10万元债权诉讼时效中断。

2.【连带债权，连带中断】1个权利人主张债权，视为其他债权人也提出了主张。

例：例：【老婆要≈老公要】甲乙夫妻养的宠物狗被丙打死，甲乙为连带债权人。甲向丙提出了索赔请求，就会导致侵权之债诉讼时效中断。

3.【连带债务，连带中断】1个义务人被主张债权，视为其他义务人也被主张债权。

例：【向老婆要≈向老公要】甲乙夫妻养的宠物狗咬伤了丙，甲乙为连带债务人。丙向甲提出了索赔请求，会导致侵权之债诉讼时效中断。

4.【代位主张，全部中断】代位诉讼，代位之债、原债、次债时效都中断，"一箭三雕"

例：【上向下要≈上向中要+中向下要】甲对乙有8万元到期债权（"原债"），乙对丙有到期10万元债权（"次债"）。甲对丙提起代位权诉讼（"代位之债"）。甲的行为会导致哪几个债诉讼时效中断？①甲、丙代位之债诉讼时效中断。②甲、乙原债诉讼时效中断。③乙、丙次债诉讼时效中断。④一箭三雕：下图。

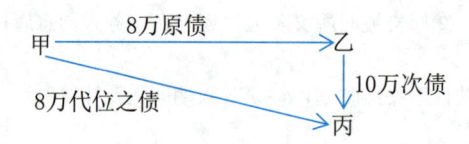

```
          8万原债
    甲 ─────────────→ 乙
      ╲              │
       ╲ 8万代位之债  │10万次债
        ╲            ↓
         ─────────→ 丙
```

5.【转让承担，到达中断】

（1）【债权转让通知到达中断】债权转让通知到达债务人时，该债权诉讼时效中断。

例：【换孙子：债权转让通知】甲对乙有10万元债权，甲将该债权转让给丙，通知债务乙。该债权诉讼时效何时中断？①自通知债务人乙时中断。②而不是自甲与丙签订债权转让协议时中断。③因为当甲将债权转让通知乙时，其言外之意即乙应该向丙还款，此约等于"权利提出了主张"，约等于原告自己醒了一次，故导致10万元债权诉讼时效中断。

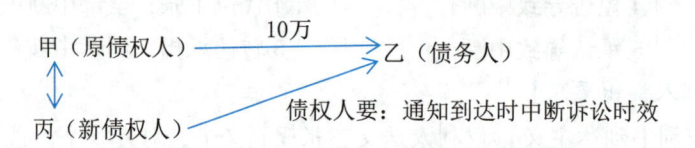

```
    甲（原债权人）────10万────→ 乙（债务人）
         ↕
    丙（新债权人）        债权人要：通知到达时中断诉讼时效
```

（2）【换大爷：债务转移通知到达中断】免责债务承担，构成原债务人对债务承认的，自新债务人愿意履行债务通知到达债权人时，该债权诉讼时效中断。

例：【免责债务承担】甲对乙有10万元债权，经甲同意，乙将债务转移给丙。丙通知甲愿意履行债务。该债权诉讼时效何时中断？自丙承担债务的意思表示到达债权人甲之日起中断。约等于被告叫醒了一次原告。

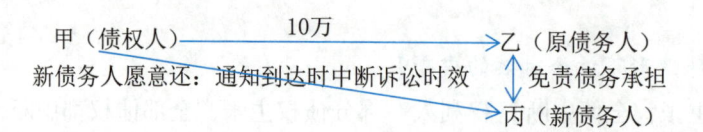

```
    甲（债权人）────10万────→ 乙（原债务人）
                                    │
    新债务人愿意还：通知到达时中断诉讼时效  │免责债务承担
                              ↓
                           丙（新债务人）
```

6. 【已经届满的时效没有中断问题】已经届满的诉讼时效期间不存在中断可能,但是新的诉讼时效期间存在中断问题。

例:【"新旧衔接"】甲对乙 10 万元债权已经经过了 3 年诉讼时效(≈0)。甲向乙提出主张,乙回函同意 1 周内履行。1 周过后乙未履行,甲向乙提出主张。如何评价本案诉讼时效问题?①甲向乙提出主张以及乙回函同意,都不会导致 10 万债权诉讼时效中断,因为它已经届满,不存在中断可能。②乙回函同意 1 周内履行,属于放弃诉讼时效届满之抗辩,故甲乙之间形成新的债权债务关系。③1 周过后甲向乙提出主张,将会导致该新债权债务诉讼时效中断。

```
            中止、中断
    0 ←—————————————→ 3年届满后不中止、不中断
```

秒杀:①诉讼时效开始前,不存在中止中断问题。②诉讼时效期间内才会发生中止中断问题。③诉讼时效届满后,该诉讼时效不存在中止中断问题,但新的债权债务关系会存在中止中断问题。

做题秒杀:看到诉讼时效,想到诉讼时效届满的抗辩权,想到约等于 0。

第二编 物权编

> **物权编说明：** ①【内容】什么是物？什么是物权？物权具有什么效力？物权怎么发生变动？物权遭受侵害时如何予以保护？物权的种类包括什么？所有权、用益物权和担保物权。以上，就是物权编需要解决的问题。②【物】它将回答太阳不是"物"、房屋是不动产、手机是动产。③【物权】物权包括所有权、用益物权、担保物权，具有对世效力，具有优先效力。④【物权变动】因为人死后发生房屋所有权继承，叫"非基于法律行为的物权变动"，简称"非基"；因为房屋买卖合同中过户房屋发生所有权转移，叫"基于法律行为的物权变动"，简称"基"。⑤【物权保护】物权遭受侵害，物权人可主张"物权请求权"来保护自己，即"物在呼叫主人"。占有秩序被侵害，占有人可主张"占有返还请求权"来恢复秩序，即"占有在呼叫秩序"。⑥【所有权】所有权下面要区分讲解，业主的建筑物区分所有权、相邻权、共有权。⑦【用益物权】用益物权下面要区分讲解，农村土地承包经营权、土地经营权、建设用地使用权、宅基地使用权、地役权和居住权。⑧【担保物权】担保物权下面要区分讲解，抵押权、质权、留置权、让与担保权和其他非典型担保。⑨【保证人】因为保证经常和担保物权结合在一起考查，故在物权编介绍保证制度。

第一章 什么是物？什么是物权？

案例导读1：温某请朋友在饭店吃饭，将其从唐某处购买的海螺交给饭店处理，厨师在海螺中发现了大珍珠，问：大珍珠归属于谁？答：温某。

案例导读2：温某将房屋出租给唐某，问：房东牛还是租户牛？答：租赁期限内，租户牛。租期届满后，房东牛。

一、什么是物？

（一）【物的定义】物指的是"人身之外"，能满足人的需要，被人支配或控制的"物质实体"或"自然力"，它是物权的"客体"。

1.【人身之外】

（1）【人身之内是"人身"】如果"物"和人已经结合在一起，视为"人身"。(2)【人身之外是"物"】如果"物"和人身分离，视为"物"。

例1：【人身之内是"人身"】甲开车将乙的"假肢"撞断，侵犯了乙的人身权还是财产权？①人身权。②【人身之内是人身权】因为"假肢"这个"物"已经和人结合为一体，视为"人身"，故甲侵犯了乙的人身权，而不是财产权。

例2：【人身之外是"物"】乙夜晚睡觉将假肢摘下，甲偷走了该假肢，侵犯了乙的人身权还是财产权？①财产权。②【物】因为"假肢"已经从人身上分离，成为了"物"，"物"是"物权"的客体（载体）。③【侵犯物权】甲偷走了假肢，侵犯的是乙的物权，而物权是财产权的一种类型，因此侵犯的是乙的财产权。

2.【物质实体】

（1）【"有体物"】①一般情况下，物权的客体（载体）限于"有体物"，是可以看得见、摸得到的物质实体。②比如我们对房屋、汽车、电脑的所有权，房屋、汽车、电脑都是"有体物"，是可以看得见、摸得到的。

（2）【特定的"权利"】①特殊情况下，物权的客体也可以是"权利"。②比如城市的土地是有体物，土地归国家所有，国家享有对城市土地的所有权。城市土地不能由私人取得土地所有权。为了更好地利用土地，需要从土地所有权中分离出来土地使用权，取名叫"建设用地使用权"。由此开发商竞拍获得一块建设用地使用权，然后用该建设用地使用权去给银行设定"抵押权"担保其对银行负担的借款之债。可见，银行的抵押权（是一种物权）的客体（即物权的对象）就是"建设用地使用权"，是一种"权利"，而不是土地这个"有体物"。

3.【自然力】

（1）【可控的自然力是物】①可控且可利用的自然力才是"物权客体"。②比如电、天然气，他们可以被我们控制，被我们利用，所以我们才能将"电"、"天然气"卖掉，老百姓才能买到"电"、"天然气"。

（2）【不可控的自然力不是物】①虽然可以被我们所利用但是不可控的自然力不是"物权客体"。②比如太阳，太阳可以被我们利用，但是我们不能去"买卖"太阳，因为我们没法先拥有太阳，只有先拥有太阳才能去买卖太阳。

◆ **原理**：我"有"1个股权、我"有"1个债权、我"有"1个知识产权，这些"股权"、"债权"、"知识产权"能算是"所有权的客体"吗？①不可以。②因为他们分别叫股权、债权、知识产权，是与物权（包含所有权）并列的概念。③有一些"权利"可以成为物权的客体（比如建设用地使用权），但是另外一些"权利"就不可以成为物权客体。④区分的办法就是，参见并掌握本书后面介绍的《民法典》规定中国物权的种类就可以，不同种类的物权会有其定义，该定义本身就会告诉我们这个物权的"客体"（对象）到底是什么。⑤【房屋】我"有"一套房屋，这叫所有权（物权的一种）。因为房屋是有体物，可以是物权客体。⑥【债权、股权、知识产权】我"有"一个债权，这叫债权，不叫所有权；我"有"一个股权，这叫股权，不叫所有权；我"有"一个知识产权，这叫知识产权，不叫所有权；因为债权、股权、知识产权都不是所有权的客体。⑦【女友】我"有"一个女友，这叫谈恋爱，不叫所有权。因为女友是人，人身不能是物权的客体。

（二）【物的分类】

1.【不动产和动产】

（1）【不动产】不动产指土地以及土地附着物比如建筑物等。

（2）【动产】动产指不动产以外的物。

（3）【区分不动产和动产的法律意义】①不动产以登记为公示方法（《民法典》第214条）。②动产以占有为公示方法（《民法典》第224条）。

例1：【房屋买卖之物债二分】我们签订房屋买卖合同，这是"债"的思维。如果我们需要取得房屋所有权，因为房屋是不动产，必须让卖方将房屋过户登记给我们，我们才能取得房屋所有权。所谓过户，就是"登记的变化"，是不动产的"公示"方法，这是"物"的思维。

例2：【电脑买卖之物债二分】我们签订电脑买卖合同，这是"债"的思维。如果我们需要取得电脑所有权，因为电脑是动产，必须让卖方将电脑交付给我们，我们才能取得电脑所有权。所谓交付，就是"占有的转移"，就是动产的"公示"方法，这是"物"的思维。

◆ **原理：**什么是公示？为何要公示？①【公示】就是将物权的状态公开表示出来，让大家都知道。②【不动产公示方法：登记】登记是不动产的公示方法，比如房屋的登记，大家通过登记可以知道房屋是谁的。③【动产公示方法：占有】交付是动产的公示方法，比如电脑的交付，交付就会让电脑原来由A控制，后来变成了由B控制，大家从外观上就会知道这台电脑是B的。④【公示的原因】物权具有对世性，物权一旦发生变化，会对不特定第三人产生影响，所以需要公示。

2.【主物与从物】

（1）【主物】在必须结合使用才能发挥经济效益的两个独立的物中，起主要效用的是主物。

（2）【从物】①在两个独立物结合使用中处于附属地位，起辅助和配合作用的是从物。②从物必须是1个独立的物，因此当我们谈论主物和从物的关系时，意味必须有2个物。

例1：【主从关系：主物和从物是2个物】①汽车是主物，备胎是从物。②锁是主物，钥匙是从物。③自划船是主物，船桨是从物。④马是主物，马鞍是从物。⑤电视机是主物，遥控器是从物。

例2：【成分关系：组成部分归于1个物】①门窗是房屋的成分，只有"房屋"这1个物，而没有2个物。②树上的苹果是树的成分，只有"树"这1个物，而没有2个物。③动物腹中的胎儿是动物的成分，只有"动物"这1个物，而没有2个物。④这些都不是主物与从物的关系，他们只是1个物，而没有2个物。

（3）【区分主物和从物的法律意义1：物权变动角度】①【主物所有权转移，从物所有权随之转移】转移主物所有权，则从物所有权亦随之转移（《民法典》第320条）。如汽车是主物，备胎是从物，卖车，自然包括卖备胎。交付汽车，汽车里放了备胎，则汽车和备胎的所有权都转移给买方。②【主物抵押权追及从物】主物被设定抵押权，则抵押权效力追及从物（抵押权概念请参见后头论述）。如甲将汽车抵押登记给了乙，乙的抵押权要追及该车的备胎。③【主物从物"都"交付设立质权】以主物设立质权，从物须交付才设立质权（质权概念请参见后头论述）。如甲将马交付给乙出质，要将马鞍随之交付给乙，乙才对马和马鞍有质权。④【留置主物和从物】留置权人留置主物，须同时占有从物，才能对主物和从物都享有留置权。（留置权概念请参见后头论述）。如修车人留置车辆，如车后备箱无备胎，不得要求交修人再交付备胎以进行追加留置。

秒杀：物权变动角度，从物一般追随主物。

（4）【区分主物和从物的法律意义2：合同交易角度】①【主物解除影响从物】买卖合同标的物（即买卖合同的对象）的主物不符合约定，买方解除合同的，解除合同的效力及于从物。（《民法典》第631条）比如电视机买卖合同中，出卖人甲交付给买受人乙的电视机不符合约定，乙可解除电视机买卖合同，退电视和退遥控器。②【从物解除不影响主物】因买卖合同标的物的从物不符合约定，则不能以此为由解除合同。（《民法典》第631条）比如电视买卖合同中，出卖人甲交付给买受人乙电视机和遥控器，其中遥控器不符合约定，乙不可解除电视机买卖合同。

3.【原物与孳息】

（1）【原物】原物是指依自然属性或法律的规定，能够产生收益的物。①【产生自然孳息的原物】基于自然属性能产生收益的原物，如能结果实的果树、生幼畜的母畜等。②【产生法定孳息的原物】基于法律规定产生收益的原物，如能收租金的出租屋、生息的本金等。

（2）【孳息】孳息是原物产生之物。①【自然孳息，又称天然孳息】依自然属性产生的孳息称自然孳息。有机物的出产物如摘下的苹果、鸡下的蛋、剪下的羊毛、挤出的牛奶。无机物的出产物如矿产品。但是，埋藏物不是孳息，因为埋藏物是由人埋藏的，谁埋归谁。埋藏物是独立的物，不是大自然的"出产物"，因此不是自然孳息。②【法定孳息】依法律规定产生的孳息称法定孳息。如存款的利息、彩票中奖的奖金（射幸孳息）、股票分红的派息。

◆ **原理**：孳息的法律特征是什么？（1）【原物和孳息是2个物】原物与孳息是各自独立的物，没有与原物分离的，不是孳息，而是原物的组成部分。①如树上的苹果是树的成分；树上摘下来的苹果才是树的孳息。②动物腹中的胎儿是动物的成分；动物生下来的小动物才是动物的孳息。③牛黄在牛体内是牛的成分；从牛体内分离出来的牛黄才是牛的孳息。（2）【原物和孳息同时存在】取得孳息的同时原物不消灭，但意外事件或者不可抗力除外。①孳息的取得，不能消灭原物：如将房屋出租，出租人有权按照约定取得租金。租赁关系中，房屋就是原物，获得的租金就是法定孳息。②原物因意外事件或者不可抗力灭失的例外：如母牛生小牛，母牛难产死了，但小牛活着，则小牛还是孳息。当然，此时原物已经不存在，我们不会将小牛称为孳息，而直接就叫"物"，因为孳息是和原物相对应的概念。

（3）【区分原物和孳息的法律意义1：一般规则】①【自然孳息】一般情况下，自然孳息归所有权人。例外情况下，如果既有所有权人又有用益物权人，自然孳息归用益物权人。如采矿权人可以取得原物所生自然孳息、如农民取得耕种土地的收益，这些自然孳息，都归用益物权人，不归所有权人，这些都是所有权人自己认可的"自甘落后"。②【法定孳息】有约定，从约定。无约定，从交易习惯。（《民法典》第321条）

例：【土豪吃饭】2018年3月2日，苏某为了庆祝自己和其他作者合著的新书大卖，邀请其他作者一起前往海河大饭店聚餐。前往饭店前，苏某在海鲜市场张某处购买了一只大海螺。后交给海河大饭店加工，厨师何某剥开发现海螺里有一颗橙色的椭圆形大珍珠。珍珠归谁所有？①苏某。②【成分】珍珠和海螺分离前，属于物的成分，即珍珠是海螺的组成部分。归原物所有人张某。③【成分】张某和苏某签订买卖大海螺合同，买卖合同中，交付转移海螺所有权，买受人苏某取得占有后就是海螺所有权人。④【孳息】珍珠与海螺分离后，是海螺的自然孳息，归原物所有人苏某享有。⑤【非买卖合同】苏某与海河大饭店之间是餐饮服务合同，不是买卖合同，故不能适用买卖合同中的"交付转移孳息"规则。

(4)【区分原物和孳息的法律意义2："买卖合同"中标的物的孳息】①买卖合同中标的物在交付之前，其孳息归卖方。②买卖合同中标的物在交付之后，其孳息归买方。③我们把买卖合同的这种规则叫"交付转移孳息"，但其他合同不适用该规则。其他的合同比如租赁合同就不适用交付转移孳息规则，租金归出租人而不归承租人。（《民法典》第630条）

例：【新房租金归收房人】甲开发商将房屋出卖给乙，交付但尚未办理登记过户手续，乙将房屋装修后出租给丙，该房屋租金归谁？归乙。①【租金】租金是房屋的法定孳息。②【房屋所有权归开发商】因为房屋在开发商名下，故此时房屋所有权人还是开发商。③【孳息归收房人】买方乙尚未取得房屋的过户登记，不是房屋所有权人，但是买方乙可以获得房屋的租金。因为在房屋买卖合同中，房屋交付之后孳息归买方。④【原物归属和孳息归属分离】这么安排就会导致所有权人（开发商）拿不到"孳息"，而债权人（购买人）可以拿到孳息，看上去很别扭，实际上却符合老百姓观念。房屋买卖合同中，购买人一旦占有房屋，就取得房屋的使用权和收益权（出租获得租金就是收益）。

(5)【区分原物和孳息的法律意义3：担保物的孳息】①一般情况下，担保物和孳息的所有权均归担保物所有权人。②例外情况下，在抵押物被法院扣押后（《民法典》第412条）、质物在质押期间（《民法典》第430条）、留置物在留置期间（《民法典》第452条），担保物权人对担保物的孳息有"收取权"，即用收取的孳息充抵债务，充抵后担保物权人才取得孳息的所有权。

例：【质权人收取鹦鹉蛋】甲将名贵鹦鹉出质并交付给了乙，担保其欠乙的10万元借款。出质期间，鹦鹉产下价值1000元的蛋。从物权角度如何评价鹦鹉蛋？①属于天然孳息。②【孳息的所有权】所有权归甲。③【孳息的收取权】收取权归乙，即乙对鹦鹉和鹦鹉蛋的变价款有优先受偿权（所谓优先受偿权即优先于债务人的其他债权人受偿，假设甲对外还欠了丙10万元，则乙要优先于丙受偿），故在债权未受偿前乙无须将鹦鹉蛋交回给甲。④如果乙交回鹦鹉蛋给甲，则乙因为丧失了对质物孳息即鹦鹉蛋的占有，而丧失了对鹦鹉蛋的质权。

◆ 原理：为什么要强调担保物权人对孳息享有的是"收取权"而不是所有权？①【交换价值】担保物权人支配的是物的"交换价值"，所以，担保物权人收取孳息的意思是，担保物权人要对原物和孳息的交换价值优先受偿。②【多退】比如主债权100元，担保物的原物价值99元、孳息价值2元，则债权人即担保物权人需要退1元给担保物所有权人。③【少补】比如主债权100元，担保物的原物和孳息合计99元，则债权人还有1元债权属于普通债权，要求主债务人继续清偿。④【多退少补】简言之，收取权就是"在实现担保物权时要算账、要结算"，然后"多退少补"。⑤【不算账会不公平】如果我们直接认为担保物权人取得对孳息的所有权，就可能导致不公平的结果。比如主债权100元，担保物的原物价值99元、孳息价值2元，如果直接认定后者都归担保物权人（即主债权人）的话，则主债权人就多得了1元，这是不公平的。

(6)【区分原物和孳息的法律意义4：夫妻财产制度中的孳息】①【投资归双方】婚

前个人财产在婚内用于投资所得<u>收益</u>，归双方共有。②【孳息归单方】婚前个人财产在婚内所得孳息和自然增值，归单方所有。

例：【投资与存款】甲婚前存款 10 万元，后甲与乙结婚，情形 1：用 10 万投资办厂收益 90 万元。情形 2：该 10 万元在银行存款获得利息 500 元。如夫妻离婚，则<u>如何分割投资收益与存款收益？</u>①【投资本金和收益】投资办厂中，10 万元本金归甲个人，投资收益 90 万元归夫妻共有。②【存款本金和利息】存款中，10 万元本金归甲个人，500 元孳息也归甲个人。

4. 【物的重要成分和非重要成分】

(1)【物的重要成分：经毁损才能分离】①因附合成为不动产的重要成分，如房屋的栋梁、土地的石墙。②因附合成为动产的重要成分，如用颜料做油画，颜料是油画的重要成分。

(2)【物的非重要成分：无须毁损就可和物分离】如房屋的活动门窗、汽车的发动机。

◆ 原理：物的重要成分和非重要成分的区分标准是什么？①不在于某特定成分是否重要，而在于它与物分离时是否毁损或变更性质。②分离时不毁损也不变更其性质，无论它在我们生活观念中有多么"重要"，都是法律概念中的非重要成分。

(3)【区分同 1 个物的重要成分和非重要成分的法律意义 1：物权角度观察】①【物和重要成分不可分离】如甲误取乙的砖盖房，砖因"附合"成为房屋重要成分，甲取得砖的所有权。砖不能独立于房屋成为乙享有所有权的物，因为不能为了还乙的砖块而将甲的房屋拆除掉，否则会造成社会财富不当减损。②【物和非重要成分可分离】如甲误将乙的轮胎装在甲向丙借用的汽车上，轮胎所有权仍然归乙，因为轮胎并非丙汽车的重要成分，该轮胎可以和汽车分离，故乙可向丙主张返还轮胎。

(4)【区分同 1 个物的重要成分和非重要成分的法律意义 2：合同角度观察】①【重要成分和非重要成分一起卖】无论是重要成分还是非重要成分，在交易中，成分是物的构成部分，是合同标的物，无须特别约定。②【卖房自然包括窗户和电梯】如果卖方交付房屋时将窗户拆除，这构成违约。如电梯，如已安装于房屋内即与该房屋不可分离，是房屋的构成部分，因此买卖房屋合同中出卖人负有交付房屋的义务，自然包括电梯在内。

5. 【货币】货币是<u>一般等价物</u>，是特殊的种类物，具有高度可替代性。

(1)【物权角度观察货币】①【货币的占有人视为货币所有人】物权思维中，货币的占有和所有合二为一，谁占有货币就谁就享有货币所有权。②【交付转移所有权】货币所有权的转移以交付为要件，即使是"借钱"，交付货币后转移的也是货币的所有权，而不是货币的使用权。③【要求还"货币"，对方还的是"钱"就可以】一般情况下，针对货币，原告不能启动返还原物请求权之诉，即不能要求被告按"编号"返还人民币，只能基于合同、不当得利或侵权行为提出请求，由被告返还"任意编号"的人民币。例外情况下，针对附加有收藏价值的货币，原告可启动返还原物请求权之诉。当货币具有收藏价值时，当事人可以选择将其作为一般等价物，也可以选择将其当做特定物，因为收藏价值高于原价值，故原告有权起诉要求被告返还该编号的货币。

例：【存款合同中储户丧失所有权而取得债权】甲将1万元存入乙银行。如何评价甲、乙之间的法律关系？①【物】从物权角度观察，乙银行是1万元的所有权人。②【债】从合同角度观察，甲对乙银行享有到期还本付息的债权请求权。

(2)【合同角度观察货币】①【穷也要还钱】货币之债可能发生履行迟延，但不发生履行不能，债务人不得以履行不能为由免除付款义务（《民法典》第579条）。如欠债还钱，天经地义。即使债务人家里发生地震了、遇到灾害了、生意失败了，债务人都需要履行金钱之债，不得主张"不可抗力"免责。②【不能交房可以赔钱】在其他类型的债发生履行不能时，都可以转化为货币之债来履行。如货物买卖合同中，因货物已经被烧毁，出卖人不能交付货物，即不能继续履行该合同，买受人可请求出卖人支付违约金或者承担赔偿责任。

6.【有价证券】标有票面金额，用于证明持有人或该证券指定的特定主体对特定财产拥有所有权、债权或者股权的凭证。

(1)【股权】设定等额权利的有价证券，如股票。

(2)【物权】设定一定物权的有价证券，如提单、仓单。

(3)【债权】设定一定债权的有价证券，如债券、汇票、本票、支票等。

例：【礼品券案】甲、乙两公司签订协议，约定甲公司向乙公司采购面包券。双方交割完毕，面包券上载明"不记名、不挂失，凭券提货"。甲公司将面包券转让给张某，后张某因未付款等原因被判处合同诈骗罪。面包券全部流入市场。甲公司主张解除与乙公司的协议，能否成立？

```
          转让面包券
  乙公司 ←――――――→ 甲公司
                    ↑
                    ↓ 转让面包券
                   张某
```

否。①【债】面包券为债权凭证，不是物权凭证。②【不得解除】甲、乙之间的协议已经履行完毕，甲公司不得主张解除协议。③【债权转让】面包券上载明"不记名、不挂失，凭券提货"，故乙公司应该对购入该面包券的持券人进行兑付。因为"不记名、凭券提货"的意思就是"看券不看人"。

二、什么是物权?

权利人依法对特定的物（不动产或动产）享有直接支配和排他的权利，包括所有权和他物权（用益物权和担保物权）。

(一) 物权的效力

1.【排他效力】

(1)【物权具有排他效力】①1个物上只能有1个所有权。②1个物上不能存在内容相互冲突的他物权：如不能存在2个内容一样的土地承包经营权；还比如不能存在2个内容一样的抵押权。

(2)【债权具有包容性】1个合同可以出卖多个物。

例：【买卖羊群】甲有10只羊，与乙签订1份买卖合同。乙付款后，甲向乙交付10只羊。如何评价甲、乙之间的法律关系？

$$甲 \xleftrightarrow[\text{物：10个所有权转移}]{\text{债：10只羊1个买卖合同}} 乙$$

①【债权：具有包容性】从合同角度观察，甲、乙签订1份买卖合同，标的物可以是10只羊，双方无须签订10份买卖合同，即债权具有包容性。②【物权：具有排他性】从物权角度观察，甲将10只羊交付给乙，需要分别判断，每1只羊因交付而转移所有权，交付10只羊故转移了10个所有权。即使这10只羊用一辆车交付，但是从法律上观察，仍然认为是1只1只的交付，交付1只羊即转移1个所有权，物权具有排他性。

2.【追及效力】

(1)【"物在呼叫主人"：返还原物请求权】"物在呼叫主人"，物权人可追及物之所在，无论该物在何处，物权人均可主张物权占有人返还。

例：【房屋连环租赁启动房主返还原物请求权】甲的房屋出租给乙，到期后乙不退租，还将房屋转租给丙。甲可否要求丙返还原物？

$$甲 \xleftrightarrow[\text{返还房屋}]{\text{租赁合同到期}} 乙（无权占有人）\updownarrow 转租合同有效 \\ 丙$$

①可以。②【物权】甲是物权人，甲和乙之间的租赁合同中租期已经届满，乙是无权占有人。物权具有对世性，相对于甲而言，丙也是无权占有人，甲可要求丙返还房屋。③【债权】乙、丙转租合同有效，丙相对于乙而言，属于有权占有，乙不能要求丙返还房屋。但是基于债权的占有具有相对性，丙的有权占有只能对抗乙，不能对抗甲。④【诉违约】丙向甲返还房屋后，可向乙主张违约责任。

(2)【担保物权具有物上代位性】担保物消灭，如果产生代位物，担保物权人可对代位物主张担保物权，即优先受偿。这种现象叫担保物权具有"物上代位性"，本质上是担保物权具有追及力，追及担保物的"代位物"。

例：【抵押房屋被拆迁变成拆迁款启动"物上代位性"】甲将其价值120万元的房屋抵押给乙银行办理了抵押权登记手续，担保其欠乙银行的100万元。后甲的房屋被丙公司拆迁，丙公司需要向甲支付拆迁款200万元。乙银行可否对拆迁款中的100万元主张实现抵押权？

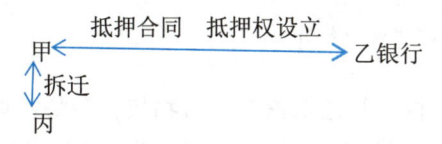

$$甲 \xrightarrow{\text{抵押合同 抵押权设立}} 乙银行 \\ \updownarrow 拆迁 \\ 丙$$

①可。②【情形1：丙尚未向甲支付200万元拆迁款时，乙银行的抵押权能追及拆迁

款请求权】拆迁款请求权是抵押房屋的代位物，抵押权可追及代位物，乙银行可优先请丙公司支付拆迁款100万元，实现抵押权。③【情形2：丙已经向甲支付200万元拆迁款之后，乙银行的抵押权不能追及货币】如果甲将已经收到的200万元用于从丁公司购买房屋且已经付款，则乙银行不可再追及丁公司收到的200万元货币了，因为货币是谁占有谁就所有，如果能追及则对丁公司不公平。乙银行的"抵押权"也不能追及甲新购买之房屋，因为这是另外一个物。在此情形中，乙银行的抵押权因为房屋被拆迁而消灭，乙银行的债权已经变成了没有担保的"普通债权"。银行可以在起诉甲之后拿着生效判决去申请法院执行甲新购买的这套房屋，因为"欠债还钱天经地义"，甲需要用他全部的财产来还债，不过此时银行再也没有优先受偿的法律地位了。另外，乙银行的抵押权是担保物权，是物权，具有对世性，丙擅自向甲支付200万元拆迁款的行为，侵犯了乙银行的抵押权，乙银行可诉丙侵权要求赔偿。

3.【优先效力】

（1）【物权优先于物权】两个以上物权发生冲突，一般而言，公示在先的物权优先于公示在后的物权。

例：【先登记的抵押权>后登记的抵押权】甲将房屋先抵押给工商银行担保其欠工商银行的债务，做了抵押权登记；后又将该房屋抵押给建设银行担保其欠建设银行的债务，也做了抵押权登记。甲届期无力清偿这2笔债务，房屋拍卖后获得变价款，<u>谁优先受偿？</u>

```
        抵押合同   抵押权登记
甲 ←──────────────────────→ 工商银行：老大
↕ 抵押合同   抵押权登记
建设银行：老二
```

①工商银行。②【公示在先是老大】工商银行的抵押权登记在先，是老大。③【公示在后是老二】建设银行的抵押权登记在后，是老二。④【公示先后】公示在先的工商银行抵押权，优先于公示在后的建设银行抵押权。建设银行在办理抵押权登记时明知道工商银行此前已经有了抵押权登记，仍然愿意接受该房屋充当抵押物，这是建设银行"自甘落后"。

（2）【物权优先于债权】同一标的物上既有物权，又有债权，物权优先于债权。

例1：【同1动产上的物权优先于债权：1车两卖中"钥匙人">"合同人"】甲将车出卖给乙，又出卖给丙。后甲实际将车交付给了乙。<u>丙可否要求乙返还车？</u>

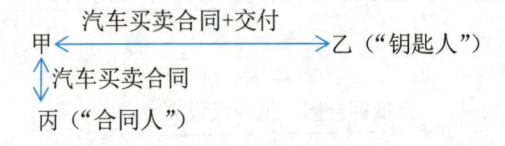

```
        汽车买卖合同+交付
甲 ←──────────────────────→ 乙（"钥匙人"）
↕ 汽车买卖合同
丙（"合同人"）
```

①否。②【钥匙人：物权人】乙对汽车享有物权，我将乙取名为"钥匙人"，意思是乙取得了占有，拿到控制权，拿到了"钥匙"。③【合同人：债权人】丙对汽车享有请求甲履行合同义务即交付汽车的权利，丙属于债权人，我将丙取名为"合同人"，意思是丙

只有一个合同,是合同债权人。④【物权优先于债权:钥匙人>合同人】乙对汽车享有物权,丙对汽车享有针对甲的债权。乙、丙之间没有任何关系,丙的物权优先于乙的债权,故丙不可要求乙返还汽车。⑤【诉违约】丙只能要求甲承担违约责任。

例2:【同1不动产上的物权优先于债权:1房两卖中"过户人">"钥匙人"】甲在11月11日出卖房屋给乙,乙付款后取得交付但没有获得过户;12月12日甲再出卖该房屋给丙,丙尚未付款,但过户完毕。甲乙、甲丙买卖是否都有效?哪个优先?丙可否要求乙返还房屋?

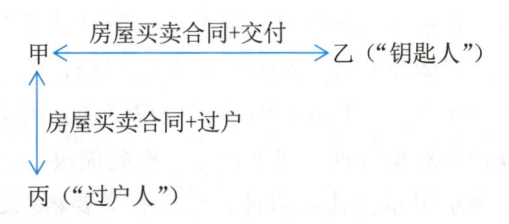

```
          房屋买卖合同+交付
    甲 ←──────────────────→ 乙("钥匙人")
    ↕
    │ 房屋买卖合同+过户
    ↓
    丙("过户人")
```

①【多重买卖合同有效】甲房屋卖给乙"钥匙人",又卖给丙"过户人"。两个合同都有效(《民法典》第119、143条)。②【过户人是物权人;钥匙人是债权人】物债两分角度观察,乙付了款没有取得房屋过户的登记,乙是债权人,不是物权人。丙虽然没有付款但取得过户登记,丙是物权人,取得物权(《民法典》第214条)。③【基于债权的占有具有相对性:可以对抗合同相对人】甲、乙之间形成买卖合同法律关系,乙是债权人。乙对房屋的占有属于有权占有,该占有具有相对性,相对于甲来讲,属于有权占有(《民法典》第465条),甲不能向乙要房屋。④【基于债权的占有具有相对性:不能对抗物权人】甲、丙之间形成买卖合同法律关系,丙因为取得过户登记而成为物权人。乙对房屋的占有相对于甲属于有权占有,但是该占有具有相对性,不能对抗物权人丙。乙、丙之间没有合同,乙相对于丙来讲,属于无权占有(《民法典》第235条)。⑤【物权优先于债权:过户人>钥匙人】丙的物权优先于乙的债权,丙可请求乙返还房屋。乙取得房屋占有却无法取得房屋所有权,只能请求甲承担违约责任(《民法典》第577条)。⑥【三角债启动代位权诉讼】假设甲到期无力赔偿乙,又怠于向丙要购房款,则乙作为债权人,可代位甲以自己名义对丙提起"代位权诉讼",解决"三角债"(《民法典》第535条)。

秒杀:汽车看钥匙,房屋看过户。

4.【从物债二分思维看待物权的效力】

(1)【什么是物债二分思维】①物债二分,即从物权和债权两个角度区分观察当事人之间的法律关系。②物权关注的是物权变动问题。③债权关注的是合同效力问题。

(2)【物权是对世权,债权是对人权】①物权是对世权,受侵权编保护,物权受害可以启动侵权责任。②债权是相对权,受合同编保护,债权受害一般不启动侵权责任。

例【已售电脑被偷案:偷的是物而不是债】甲卖电脑给乙,约定10日内交付。乙已经向甲支付了购买款。交付前,甲的电脑被丙偷了。乙在丙处发现该电脑。试分析当事人之间的法律关系。

```
                    买卖电脑
              甲 ←——————— 乙（债权人）
              ↓
           丙（小偷）
```

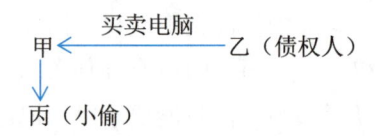

①【债】甲、乙之间形成买卖合同法律关系，乙是债权人，是"对人权"（仅可对特定人提出主张），乙有权请求甲履行合同交付电脑（《民法典》第598条）。②【小偷偷了"物"】甲、丙之间形成物权法律关系，甲是物权人，是"对世权"（可对不特定人提出主张），甲可要求丙返还原物（《民法典》第235条）。③【小偷没偷"债"】乙、丙之间不形成法律关系，乙不可要求丙返还电脑，因为乙的债权是对人权，不是对世权。乙、丙之间没有合同，不成立债权债务关系。丙的行为虽然会导致甲无法向乙交付电脑，表面上看"侵犯了乙的债权"，但是，乙不可诉丙承担侵权责任，因为"债权"不是《民法典》中侵权责任制度所保护的对象（即一般不存在"侵犯债权"这种说法）。因为乙可以向甲主张合同上的保护即要求甲承担违约责任，就没有必要再给乙提供侵权保护的路径（《民法典》第1165条）。④【三角债启动代位权诉讼】假设甲到期无力向乙退款承担违约赔偿责任，电脑在丙处毁损，甲又怠于向丙主张侵权赔偿。则乙作为债权人，可代位甲以乙自己名义对丙提起"代位权诉讼"，解决"三角债"（《民法典》第535条）。

（二）【物权的分类】

1.【意定物权和法定物权】

（1）【意定物权】基于当事人的意思而发生的物权，如抵押权。

（2）【法定物权】非依当事人意思，而是基于法律的直接规定而产生的物权，如留置权、优先权。

2.【自物权（所有权）与他物权（限制物权）】

（1）【自物权】权利人对于自己的物所享有的权利。因其与他人之物无关，故称作自物权。所有权是自物权（《民法典》第240条）。

（2）【他物权】在他人所有的物上设定的物权。他物权是对他人的物享有的权利，其内容是在占有、使用、收益或者处分某一方面对他人之物的支配（《民法典》第241条）。

①【用益物权：使用价值】用益物权人，支配的是物的"使用价值"，如开发商在建设用地上建设房屋，体现了建设用地使用权人开发商追求支配物的使用价值。一句话，开发商"买地"是为了"盖楼"。

②【担保物权：交换价值】担保物权人，支配的是物的"交换价值"，如借款人到期没有还款，银行作为抵押权人可就抵押房屋变价款优先受偿，体现了抵押权人银行追求支配物的交换价值即房屋的变价款。一句话，银行接受房屋抵押是为了将来可以"变价"房屋担保回款。

◆ 原理：为什么把"他物权"又称为"限制物权"？①他物权是对所有权的限制。②所有权对他物权也构成限制。

第二章　物权法定原则

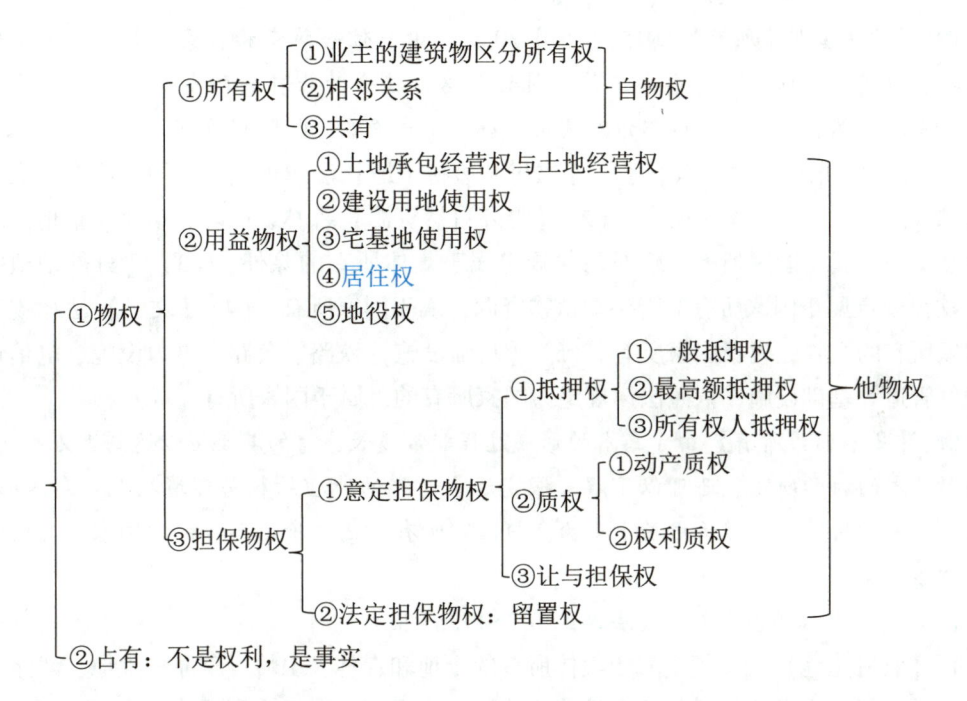

```
                    ┌①业主的建筑物区分所有权
         ┌①所有权──┤②相邻关系              ├自物权
         │          └③共有
         │          ┌①土地承包经营权与土地经营权
         │          │②建设用地使用权
         │②用益物权┤③宅基地使用权
         │          │④居住权
①物权────┤          └⑤地役权                                    ├他物权
         │                       ┌①抵押权┬①一般抵押权
         │                       │        │②最高额抵押权
         │          ┌①意定担保物权        └③所有权人抵押权
         │③担保物权┤        │②质权──┬①动产质权
         │          │        │        └②权利质权
         │          │        └③让与担保权
         │          └②法定担保物权：留置权
②占有：不是权利，是事实
```

案例导读：①【抵押权】我要向银行借款，将房屋抵押给银行，同时约定该抵押权不办理登记也可以设立，该抵押权设立了吗？②【质权】我要向银行借款，将机动车出质给银行，同时机动车不交付给银行，该质权设立了吗？③【所有权】我把房屋卖了且过户了但约定还保留所有权，可否？④以上均不可，因为违反了物权法定原则。

一、物权法定原则（《民法典》第116条）

（一）物权的种类由法律规定。

（二）物权的内容由法律规定。

◆ **原理**：为什么要坚持物权法定？①【对世性】因为物权的效力非常强大，具有对世性，可对抗不特定的第三人。②【维护秩序】如果任由当事人创设法律没有规定的物权或者约定物权的内容，将会对不特定第三人造成不利影响，破坏交易秩序。

二、所有权（4大权能：占有、使用、收益、处分）（《民法典》第240条）

权利人对自己的不动产和动产，依照法律的规定享有占有（控制房屋）、使用（居住房屋）、收益（出租房屋）和处分（出卖房屋）的权利。包括国家所有权、集体所有权、私人所有权。

◆ **原理**：为什么说所有权具有弹力性？①【分出】所有权（自物权）可以分出用益物权（他物

权)、分出担保物权（他物权）。②【恢复】当用益物权、担保物权消灭时，所有权又恢复了其原来的状态，我们把这种现象称之为"所有权具有弹力性"。

(一)【国家所有权】(《民法典》第 247-254 条)

1.【5 种一概归国家所有】(1) 矿藏、水流、海域。(2) 无居民海岛。(3) 城市的土地。(4) 无线电频谱资源。(5) 国防资产。

例：【狗头金归谁所有】2015 年 1 月 30 日，由一位哈萨克族牧民在新疆阿勒泰地区青河县境内发现。据当地史志办工作人员称，这是迄今为止在新疆发现的最大一块狗头金。捡到的天然金块，所有权归谁？狗头金属于矿产资源，归国家所有。

2.【5 种一般归国家所有】(1)【农村城边村土地】法律规定属于国家所有的农村和城市郊区的土地，属于国家所有。(2)【野外自然资源】森林、山岭、草原、荒地、滩涂等自然资源，属于国家所有，但是法律规定属于集体所有的除外。(3)【野外动植物资源】法律规定属于国家所有的野生动植物资源，属于国家所有。(4)【文物】法律规定属于国家所有的文物，属于国家所有。(5)【基础设施】铁路、公路、电力设施、电信设施和油气管道等基础设施，依照法律规定为国家所有的，属于国家所有。

例：【乌木归谁所有】由于乌木的形成过程非常漫长，有的甚至可以达到上万年之久，通过对乌木的科学研究，还可以了解与探究远古时期的地理结构与环境状况。乌木归谁？①乌木有考古价值，参照适用属于文物，归国家所有。②"价值高"的归国家，其他的谁发现归谁。

(二)【集体所有权】(《民法典》第 260-265 条)

1.【农村土地】法律规定属于集体所有的土地和森林、山岭、草原、荒地、滩涂。

2.【农村生产设施】集体所有的建筑物、生产设施、农田水利设施。

3.【农村教育设施】集体所有的教育、科学、文化、卫生、体育等设施。

4.【农村集体房屋】集体所有的其他不动产和动产。

(三)【私人所有权】(《民法典》第 266-270 条)

1.【个人】私人对其合法的收入、房屋、生活用品、生产工具、原材料等不动产和动产享有所有权。

2.【法人】营利法人对其不动产和动产依照法律、行政法规以及章程享有占有、使用、收益和处分的权利。营利法人以外的法人，对其不动产和动产的权利，适用有关法律、行政法规以及章程的规定。

(四)【业主的建筑物区分所有权】(《民法典》第 271 条)

业主对建筑物内的住宅、经营性用房等专有部分享有所有权，对专有部分以外的共有部分享有共有和共同管理的权利。

(五)【相邻权】(《民法典》第 288 条)

不动产的相邻权利人应当按照有利生产、方便生活、团结互助、公平合理的原则，正确处理相邻关系。

1.【用水便利】不动产权利人应当为相邻权利人用水、排水提供必要的便利。

2.【通行便利】不动产权利人对相邻权利人因通行等必须利用其土地的，应当提供必要的便利。

3.【管道便利】不动产权利人因建造、修缮建筑物以及铺设电线、电缆、水管、暖气和燃气管线等必须利用相邻土地、建筑物的，该土地、建筑物的权利人应当提供必要的便利。不动产权利人挖掘土地、建造建筑物、铺设管线以及安装设备等，不得危及相邻不动产的安全。

4.【通风采光】建造建筑物，不得违反国家有关工程建设标准，妨碍相邻建筑物的通风、采光和日照。

5.【环境污染】不动产权利人不得违反国家规定弃置固体废物，排放大气污染物、水污染物、噪声、光、电磁波辐射等有害物质。

例：【买房养鸽】小区一幢楼的楼顶居民唐某，买了房子不住人，而是放养了成群成群的鸽子，致使楼下的居民不敢开窗透风，否则就是满地鸽子毛和臭味，使其他居民无法正常生活。如何评价唐某的行为？唐某行为侵犯了相邻业主的"环保"相邻权。

三、用益物权（支配物的"使用价值"）（《民法典》第323条）

权利人对他人所有的不动产或者动产，依法享有占有、使用和收益的权利。包括土地承包经营权、土地经营权、建设用地使用权、宅基地使用权、居住权和地役权。

◆ 原理：为什么说用益物权人支配的是物的"使用价值"？①【物的价值】物的价值是2种，要么自己使用（使用价值），要么卖掉变现（交换价值）。②【使用价值】用益物权人对物的需求是使用，而不是变现。③【"使用"】比如农民将农村土地承包经营权用于种地、开发商将建设用地使用权用于盖房、居住权人将房屋用来居住，他们都不是为了卖掉变现。④【占有】用益物权人要支配物的使用价值，自然需要占有该物，因此用益物权有一个共性就是以占有为要件。

（一）【土地承包经营权】

土地承包经营权人依法对其承包经营的耕地、林地、草地等享有占有、使用和收益的权利，有权从事种植业、林业、畜牧业等农业生产（《民法典》第330条）。

1.【农村的荒地和耕地的2种处理方式】

（1）【荒地：价高者得】①【4荒】荒山、荒沟、荒丘、荒滩。②【荒地的竞价承包】荒地的承包方式属于非家庭承包，价高者得。荒地的承包方式包括招标、拍卖、公开协商方式。③【本村村民对荒地有优先承包权】荒地的承包主体包括本村村民和外人，但本村村民有优先承包权。④【外人承包荒地需要搞定"村长"和"乡长"】外人如果要成功承包荒地，需要具备如下2个要件：2/3村民代表同意和乡人民政府批准。

例：【外人承包荒地】河西村在第二轮承包过程中将本村耕地全部发包，但仍留有部分荒山，此时本村集体经济组织以外的Z企业欲承包该荒山。如何评价Z企业的承包？①【荒地】Z企业只能通过招标、拍卖、公开协商等方式承包。②【内人优先权】如河西村村民黄某也要承包该荒山，则黄某享有优先承包权。③【对外发包要开会和批准】河西村将荒山发包给Z企业，经2/3以上村民代表同意之外，还需要经过乡政府批准。

（2）【耕地：三权分置】①【耕地的家庭承包】耕地的土地承包经营权承包方式被称为家庭承包，具有社保性质。②【耕地的三权分置】集体土地所有权上分出"农村土地承包经营权",农村土地承包经营权上分出"土地经营权",因此就存在集体土地所有权、农村土地承包经营权、土地经营权这3种形态的物权,被称为"三权分置"。

◆ **原理**:为什么说耕地的"三权分置"是"地主为农民打工"?①【三权】集体土地所有权、农村土地承包经营权和土地经营权。②【分置】先化整为零,从集体土地所有权分出农村土地承包经营权给各个农民。再化零归整,由各个农民手中的农村土地承包经营权再分出土地经营权给某个"农业公司"。农村土地承包经营权是农民的社保、是身份、是资格、是中国社会保持稳定的根基。③【农村土地承包经营权:化整为零】从集体土地所有权分出来农村土地承包经营权,因此农村土地承包经营权是将"土地"分散给本村一个一个农民,这叫"化整为零"。④【土地经营权:化零为整】再从农村土地承包经营权中分出土地经营权,因此土地经营权是从本村一个一个农民手里集合起来给到某一个农业公司,这叫"化零为整"。农业公司种地,给农民"交租",这就是"地主为农民打工"。⑤【社保和收租】耕地的三权分置本质上就是保住农民的农村土地承包经营权,再设计出土地经营权,农民通过土地经营权来"收租"。

2.【耕地的一级市场:集体和农民之间】意思主义(《民法典》第333条)

(1)【农村土地承包经营权设立的意思主义】农村土地承包经营权自农村土地承包经营权合同生效时设立。农村土地承包合同自成立时生效,这是债;与此同时,设立了农村土地承包经营权,这是物。我们把在债的合同生效时就同步发生了物权变动的现象,称为"意思主义"。

(2)【登记造册确认】登记机构应当向土地承包经营权人发放土地承包经营权证、林权证等证书,并登记造册,确认土地承包经营权。该证书是确权证书,不是设权证书。

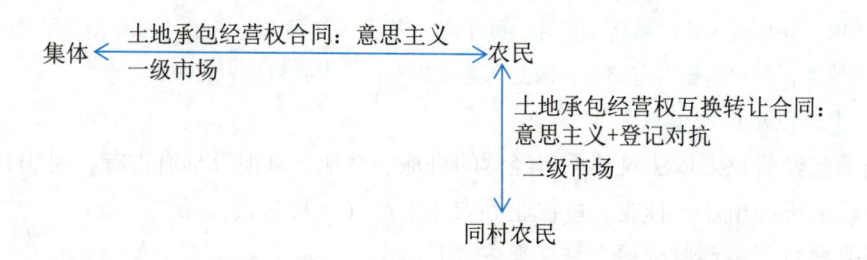

```
            土地承包经营权合同:意思主义
集体 ←─────────────────────→ 农民
            一级市场              │
                                  │ 土地承包经营权互换转让合同:
                                  │ 意思主义+登记对抗
                                  │ 二级市场
                                  ↓
                                同村农民
```

3.【耕地的二级市场:农民1和本村农民2之间】意思主义+登记对抗(《民法典》第335条)

(1)【农村土地承包经营权村内流转的意思主义】土地承包经营权人依照法律规定,有权将土地承包经营权互换、转让。未经依法批准,不得将承包地用于非农建设。比如村民1将农村土地承包经营权转让给村民2,它们之间的农村土地承包经营权转让合同生效时,村民2就同步取得农村土地承包经营权。

(2)【农村土地承包经营权村内流转的登记对抗主义】土地承包经营权互换、转让的,当事人可以向登记机构申请登记;未经登记,不得对抗善意第三人。上例中,村民2自农村土地承包经营权转让合同生效时同步取得农村土地承包经营权,但该权利没有登记,不能对抗善意的村民3。

例1:【集体、村民1、村民2】村民胡某承包了一块农民集体所有的耕地,订立了土地承包经营权合同,未办理确权登记。胡某因常年在外,便与同村村民周某订立土地承包经营权转让合同,将地交周某耕种,未办理变更登记。如何评价案涉土地承包经营权?①【发包的意思主义】耕地的一级市场中,胡某自与集体签订农村土地承包经营合同生效时取得农村土地承包经营权。②【转让的意思主义】耕地的二级市场中,周某自与胡某签订的土地承包经营权转让合同生效时取得农村土地承包经营权。

例 2:【集体、村民 1、村民 2、村民 3】甲村将耕地发包给本村村民乙,签订了农村土地承包经营合同。乙将该农村土地承包经营权转让给本村村民丙,签订了农村土地承包经营合同,没有办理登记。乙又将该农村土地承包经营权转让给本村村民丁,签订了农村土地承包经营合同,办理了登记。如何分析本案 3 个农村土地承包经营合同的效力?①【发包的意思主义】甲村与乙之间的农村土地承包经营权变动采用意思主义,自合同生效时乙取得农村土地承包经营权。②【转让的意思主义和登记对抗主义】乙、丙之间的农村土地承包经营权变动采用意思主义,自合同生效时丙取得农村土地承包经营权。但同时坚持登记对抗主义,因该农村土地承包经营权没有在不动产登记机构登记,故不得对抗善意第三人。③【转让的意思主义和登记对抗主义】乙、丁之间的土地承包经营权变动采用意思主义,自合同生效时丁取得农村土地承包经营权,因其已经办理了登记,故最后丁实际取得土地承包经营权。

秒杀 1:①【熟悉】农民从集体获得农村土地承包经营权采用意思主义。②【熟悉到不熟】农民从本村农民获得农村土地承包经营权采用意思主义和登记对抗。

(二)【土地经营权】

土地经营权人有权在合同约定的期限内占有农村土地,自主开展农业生产经营并取得收益(《民法典》第 339 条)。

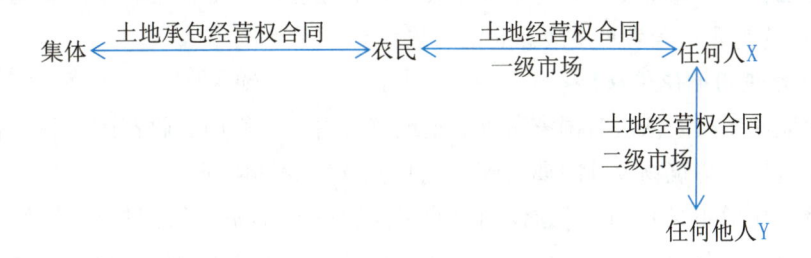

```
集体 ←土地承包经营权合同→ 农民 ←土地经营权合同→ 任何人X
                                  一级市场            ↕
                                              土地经营权合同
                                                二级市场
                                                    ↕
                                                 任何他人Y
```

1.【土地经营权的一级市场:农民和 X 之间】

(1)【土地经营权的流转方式:从农村土地承包经营权中通过出租、入股或其他方式分出土地经营权】农村土地承包经营权人可以自主决定依法采取出租、入股或者其他方式向他人流转土地经营权。农村土地承包经营权人只能是农民。农村土地承包经营权分出土地经营权,土地经营权人可以是任何人。

一句话:看到承包想到农民,没有承包想到大家。

(2)【土地经营权的变动模式:意思主义和 5 年以上登记对抗主义】流转期限为五年以上的土地经营权,自流转合同生效时设立。当事人可以向登记机构申请土地经营权登记;未经登记,不得对抗善意第三人(《民法典》第 341 条)。

例:甲村将土地发包给本村村民乙,乙将土地经营权先转让给丙,后转让给丁,但给丁办理了土地经营权登记。丙和丁都主张土地经营权，如何处理？①丙、丁都是在合同生效时取得土地经营权。②但是丙的土地经营权不能对抗丁的土地经营权，丁的土地经营权可以对抗丙的土地经营权。③土地由丁耕种。④丙向乙主张违约责任。

2.【土地经营权的二级市场：X和Y之间】

（1）【土地经营权的流转：意思主义+5年以上登记对抗】土地经营权人将土地经营权转让给他人，自合同生效时转让成功。如果是5年以上，登记后可对抗第三人，没有登记不得对抗善意第三人。

（2）【土地经营权的融资担保：意思主义+登记对抗】土地经营权人将土地经营权抵押给银行担保其向银行的借款，银行自土地经营权抵押合同生效时取得抵押权，登记之后可以对抗第三人，没登记不得对抗善意第三人。

例：【"农民变地主和地主变农民"】村民甲承包集体的耕地，取得农村土地承包经营权。其在农村土地承包经营权中通过流转方式将土地经营权转让给乙农业公司。乙农业公司将该土地经营权抵押给丙银行融资贷款，没有在不动产登记机构办理登记。如何评价土地承包经营权的交易？①【转让的意思主义】乙农业公司自土地经营权转让合同生效时取得土地经营权。②【抵押的意思主义】丙银行自土地经营权抵押合同生效时取得对土地经营权的抵押权。

秒杀2：在农村土地承包经营权中分出土地经营权时，任何人在一级市场或者二级市场获得土地经营权，都采用意思主义和5年以上登记对抗主义。

对比秒杀1：农民从集体获得农村土地承包经营权采用意思主义（最开始的那1次）。农民从本村农民获得农村土地承包经营权采用意思主义和登记对抗。

记忆方法：最开始那1次只有意思主义，不存在登记对抗主义（农民和集体之间非常熟悉）。其他的变化都是意思主义和登记对抗主义。

（三）【建设用地使用权】

建设用地使用权人依法对国家所有的土地享有占有、使用和收益的权利，有权利用该土地建造建筑物、构筑物及其附属设施（《民法典》第344条）。

1.【登记生效主义】（1）【建设用地使用权的一级市场：登记时设立】设立建设用地使用权的，应当向登记机构申请建设用地使用权登记。建设用地使用权自登记时设立。登记机构应当向建设用地使用权人发放权属证书（《民法典》第349条）。（2）【建设用地使用权的二级市场：登记时变动】建设用地使用权转让、互换、出资或者赠与的，应当向登记机构申请变更登记（《民法典》第355条）。

2.【房地一体主义】（1）【房归地主】建设用地使用权人建造的建筑物、构筑物及其附属设施的所有权属于建设用地使用权人（《民法典》第352条）。（2）【房随地】建设用地使用权转让、互换、出资或者赠与的，附着于该土地上的建筑物、构筑物及其附属设施一并处分（《民法典》第356条）。（3）【地随房】建筑物、构筑物及其附属设施转让、互换、出资或者赠与的，该建筑物、构筑物及其附属设施占用范围内的建设用地使用权一并处分（《民法典》第357条）。（4）【裸地抵押】①建设用地使用权抵押后，该土地上新增（已有的不叫新增）的建筑物不属于抵押财产。该建设用地使用权实现抵押权时，应当将该土地上新增的建筑物与建设用地使用权一并处分。③但是，新增建筑物所得的价款，抵押权人无权优先受偿（《民法典》第 417 条）。

例：【裸地抵押】甲公司用其建设用地使用权作抵押向乙银行贷款 3000 万元。后甲公司在施工开始后进行商品房预售。乙银行抵押权的客体是什么？①【抵押权客体】如乙银行行使抵押权，其权利标的是建设用地使用权，不包括房屋。②【房地一体拍卖】乙银行实现抵押权时可将商品房一并处分，但不能就商品房所得价款优先受偿。

3.【建设用地使用权到期后的处理办法】（1）【住宅用地自动续期】住宅建设用地使用权期间届满的，自动续期。续期费用的缴纳或者减免，依照法律、行政法规的规定办理。（2）【非住宅用地看情况】非住宅建设用地使用权期间届满后的续期，依照法律规定办理。该土地上的房屋及其他不动产的归属，有约定的，按照约定；没有约定或者约定不明确的，依照法律、行政法规的规定办理。（《民法典》第 359 条）

（四）【宅基地使用权】

宅基地使用权人依法对集体所有的土地享有占有和使用的权利，有权依法利用该土地建造住宅及其附属设施。宅基地使用权的取得、行使和转让，适用土地管理的法律和国家有关规定（《民法典》第 362 条）。

（五）【居住权】

居住权人有权按照合同约定或者立遗嘱人所立遗嘱，对他人的住宅享有占有、使用的用益物权，以满足生活居住的需要（《民法典》第 366、371 条）。

1.【登记生效主义】自然人设立居住权，应当向登记机构申请居住权登记。居住权自登记时设立（《民法典》第 368 条）。

例：【"买卖不破居住权"】甲男 75 周岁，前妻亡故后，与 55 周岁乙女结婚生活。甲男与前妻育有三个女儿，其从前妻处继承 1 套房屋。甲男希望自己过世后，乙女可以一直居住该套房屋到其死亡时为止，三个女儿表示同意和理解。甲男立下遗嘱，该套房屋待其死亡后归三个女儿继承。但是，甲男、乙女和三个女儿同时又签订了协议，约定待甲男过世后，乙女对该房享有居住权，进行了居住权登记。甲男过世后，乙女在半年后将其弟弟、弟媳妇一家邀请入此房居住。三个女儿非常愤怒，将房屋换锁出卖并过户登记给了唐某。乙女有何救济办法？①【居住权】乙女享有居住权，具有对世性，居住权不得出租、转让或继承，具有人身性。乙女无权邀请弟弟一家入住。②【居住权对世性】唐某取得房屋过户后，需要法定承受乙女的居住权：房屋是唐某的，但要容忍乙女住到死为止。③【债】唐某可诉卖方承担违约责任，卖方不构成欺诈，因为房屋上负担的居住权已经登记公示，唐某有查询义务而没有查询视为知情。

2.【人身专属性】（1）【无约定则无偿】居住权无偿设立，当事人另有约定除外（《民法典》第 368 条）。（2）【居住权不能转让、继承】居住权不得转让、继承（《民法典》第 369 条）。（3）【无约定则不能出租】设立居住权的住宅不得出租，但是当事人另有约定的除外（《民法典》第 369 条）。（4）【到期或人死消灭】居住权期限届满或者居住权人死亡的，居住权消灭。居住权消灭的，应当及时办理注销登记。（《民法典》第 370 条）。

例1:【有偿设立居住权之"死了钱要花完"】甲男有1套1000万元的房屋,将其出卖并过户给银行,银行取得所有权。银行为甲设定居住权并办理登记,甲向银行每月支付费用,甲就可以继续住在自己的房屋里"花天酒地"(获得现金流),这就是"以房养老花钱如流水"。既然如此,为什么老人不卖了房屋去承租房屋呢?老人可能租不到房,因为人太老了。

例2:【无偿设立居住权之"保姆的幸福生活"】甲给保姆无偿设立居住权,办理了登记。甲死亡后,唯一法定继承人乙主张继承房屋。乙可否要求保姆返还房屋?①不可。②【居住权】保姆享有居住权,是物权,具有对世性。

例3:【农村老人进城养老】甲、乙夫妻在城里购买了一套住房,甲接其农村母亲丙来城里居住,甲担心自己死亡后,妻子乙会将婆婆丙赶走,可以给母亲丙设立一个居住权,母亲住到死亡为止。该居住权不能转让、继承。

(六)【地役权】

地役权人有权按照合同约定,利用他人的不动产,以提高自己的不动产的效益。收钱一方提供的不动产叫供役地,交钱一方的不动产叫需役地(《民法典》第372条)。

1.【地役权设立:意思主义+登记对抗主义】(1)【意思主义】地役权自地役权合同生效时设立。(2)【登记对抗主义】当事人要求登记的,可以向登记机构申请地役权登记;未经登记,不得对抗善意第三人。(《民法典》第374条)

例:【观景大楼之眺望地役权】甲房地产开发公司拍得某市区河畔一块土地,准备以"观景"为理念设计并建造一所高层观景商品住宅楼。但该地前面有制衣厂的平房,为了该住宅楼业主能在房间里欣赏河畔风景,双方约定:制衣厂在30年内不得在该土地上兴建三层高以上建筑;作为补偿,甲每年向制衣厂支付20万元。甲享有的是什么权利?甲享有地役权。

◆**原理:**如何区分地役权(奢侈品)和相邻权(必需品)?①地役权是奢侈品,需要签约,需要掏钱。相邻权是必需品,无须签约,无须掏钱。②比如,甲、乙、丙依次比邻而居。甲为修房向乙提出在其院内堆放建材,乙不允。甲遂向丙提出在其院内堆放,丙要求甲付费200元,并提出不得超过20天,甲同意。修房过程中,甲搬运建材须从乙家门前经过,乙予以阻拦。③【要掏钱的对应地役权】甲堆放建材,对应地役权。乙有权拒绝甲在其院内堆放建材。甲应依约定向丙支付占地费。④【不要掏钱的对应相邻权】甲搬运建材,对应相邻权。乙无权阻拦甲经其门前搬运建材。

2.【"供役地换人,考对抗性"】(《民法典》第383条)

供役地以及供役地上的土地承包经营权、建设用地使用权等部分转让时,转让部分涉及地役权的,地役权对受让人具有约束力。

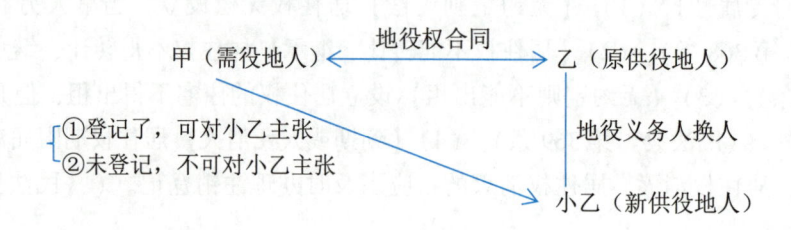

```
         地役权合同
甲(需役地人) ←————————→ 乙(原供役地人)

  ①登记了,可对小乙主张              地役义务人换人
  ②未登记,不可对小乙主张
                        ↘
                         小乙(新供役地人)
```

例：【供役地换人考"对抗性"】甲房地产公司从他人手中购得土地一块，以"观景"为理念设计并建造观景商品住宅楼。该地块前有一学校乙，双方协议约定：乙在 20 年内不得在该处兴建高层建筑，为此甲每年向乙支付 10 万元作为补偿。合同签订后，双方未办理地役权登记。一年后乙学校迁址，将学校土地和房屋全部转让给丙房地产公司，乙未向丙提及其与甲之间的协议约定。丙购得该地块后建高层住宅。甲得知后要求丙立即停止兴建，遭到拒绝便向法院提起诉讼，请求确认乙与丙之间转让土地合同无效，并要求赔偿损失。甲的主张能否获得支持？①不能。②【物】因为甲的地役权未登记，不得对抗善意的丙。③【债】甲只能追究乙的违约责任。

3.【"需役地换人，考从属性"】

（1）【地役权不得单独转让】土地承包经营权、建设用地使用权等转让的，地役权一并转让，但是合同另有约定的除外。（《民法典》第 380 条）

（2）【地役权不得单独抵押】土地经营权、建设用地使用权等抵押的，在实现抵押权时，地役权一并转让。（《民法典》第 381 条）

（3）【"需役地换人，考从属性"】需役地以及需役地上的土地承包经营权、建设用地使用权等部分转让时，转让部分涉及地役权的，受让人同时享有地役权。（《民法典》第 382 条）

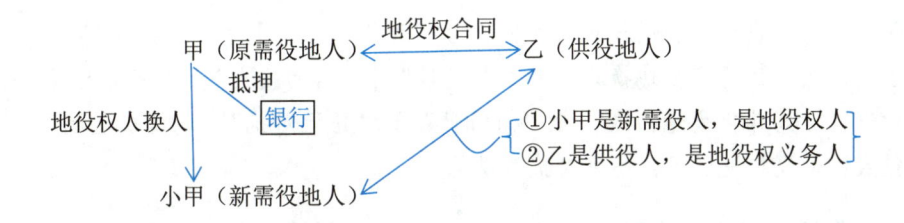

例：【需役地建设用地使用权被抵押】甲乙签订地役权合同，约定甲享有地役权，未办理地役权登记。甲将其建设用地使用权设定抵押，担保其欠银行的贷款，给银行办理了抵押权登记。后甲届期无力清偿贷款，银行申请法院拍卖其建设用地使用权，由小甲购得，过户给了小甲。小甲取得地役权吗？①取得。②【设立意思主义】甲、乙地役权合同采用意思主义，合同生效时，甲取得地役权。③【转让需役地，看从属性】甲的土地属于需役地，由小甲购得，故基于地役权从属性，小甲自动取得地役权。

◆ **原理：**为什么需役地转让，和需役地抵押，用同样的口诀"需役地换人，考从属性"？①因为当我们拿一个东西去抵押、去出质，这个东西将来可能面临的命运就是"被卖"，即抵押权人需要变价抵押物、质权人需要变价质物实现债权。②因此，抵押≈买卖，出质≈买卖。③反过来推理，一个可以买卖的东西，才能被抵押、被出质。这个观念在 2019 的主观案例真题中考到了。④同理，供役地转让与供役地抵押，都是"卖"供役地，因此会用同样的口诀："供役地换人，考对抗性。"

4.【"供役地和需役地均换人，既考对抗性，又考从属性"】（《民法典》第 382、383 条）

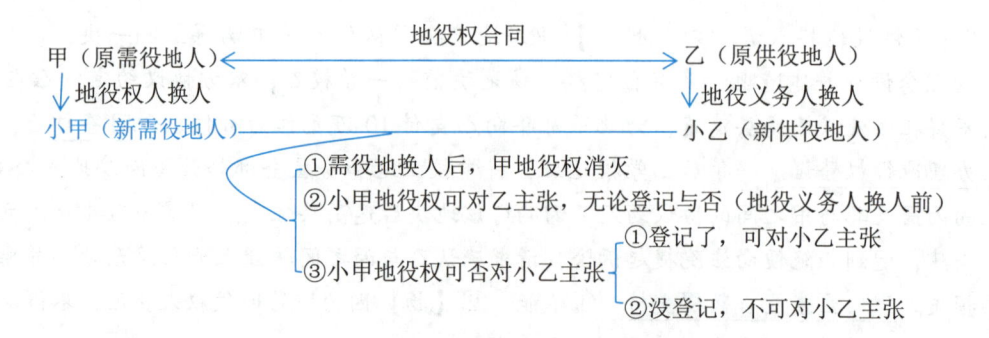

```
甲（原需役地人）  ←── 地役权合同 ──→  乙（原供役地人）
↓ 地役权人换人                        ↓ 地役义务人换人
小甲（新需役地人）─────              小乙（新供役地人）
         ①需役地换人后，甲地役权消灭
         ②小甲地役权可对乙主张，无论登记与否（地役义务人换人前）
                                    ①登记了，可对小乙主张
         ③小甲地役权可否对小乙主张
                                    ②没登记，不可对小乙主张
```

例：【需役地和供役地都换人】2013年2月，A地块使用权人甲公司与B地块使用权人乙公司约定，由甲公司在B地块上修路，甲公司依约向乙公司支付费用。同年4月，甲公司将A地块过户给丙公司，6月，乙公司将B地块过户给不知上述情形的丁公司。<u>如何案涉评价地役权变动？</u>①【当事人之间】2013年2月，甲公司对乙公司的B地块享有地役权。因为直接当事人之间地役权的设立，采用意思主义。②【需役地换人，考从属性】2013年4月，丙公司对乙公司的B地块享有地役权。因为需役地换人，考从属性。丙公司取代甲成为需役地人，自动成为地役权人。③【供役地换人，考对抗性】2013年6月，丙公司的地役权不得对抗丁公司。因为供役地换人，考对抗性。丙公司的地役权没有登记，不得对抗善意第三人丁公司。

秒杀：①【需役地人和供役地人之间，考"意思主义"】"意思主义"：合同生效了就设立了地役权。②【需役地换人，考"从属性"】"自动换人"：新需役人获得需役地，也获得地役权。③【供役地换人，考"对抗性"】"登记对抗"：地役权登记了，可以对抗新供役人；地役权没登记，不可对抗新供役人。

四、担保物权（支配物的"交换价值"）（《民法典》第386条）

担保物权人在债务人不履行到期债务或者发生当事人约定的实现担保物权的情形，依法享有就担保财产<u>优先受偿</u>的权利，但是法律另有规定的除外。担保物权可以分为抵押权、质权、留置权和让与担保权等。

◆ **原理1：**为什么说担保物权人支配的是物的交换价值？①物有2个价值，要么是使用价值即自己用，要么是交换价值即卖掉变现。②你向银行借款100万元，用房屋抵押给银行办理了抵押权登记。你到期不还款，银行要的是使用房屋还是要的是将房屋变价？当然要的是将房屋变价。③所以，担保物权人支配的是物的交换价值。

◆ **原理2：**什么是担保物权的"优先受偿"效力？①【普通债权】甲欠乙100万元，该债权无担保。②【有担保债权】甲又欠银行200万元，该债权由甲的房屋抵押担保。③【债务人穷】甲届期无力清偿对外债务。房屋变价250万元。④【物权优先于债权】银行债权有担保物权保护，故"优先受偿"，银行满足200万，剩余50万元才轮到乙来受偿。一句话，就"房屋"这个担保物而言，银行享有担保物权，担保物权是一种物权，因此银行（物权人）优先于乙（债权人），原理是"物权优先于债权"。⑤【如果债务人富】当然，如果甲财力雄厚，比如甲资产是1000万，足够覆盖银行和乙的债权，债权人的债权都能实现，那么我们再去讨论受担保物权担保的债权人可以优先受偿就没有实际意义。

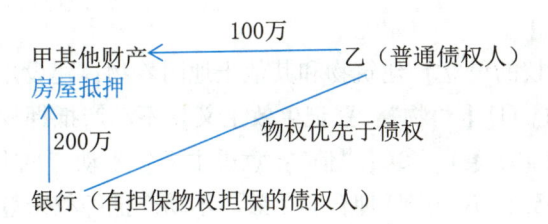

```
                    100万
     甲其他财产 ←――――――― 乙（普通债权人）
     房屋抵押
         ↑
       200万           物权优先于债权
         |
     银行（有担保物权担保的债权人）
```

秒杀：民法上的"优先"，都是排队抢东西。

（一）【抵押权：意定担保物权】（《民法典》第394条）

为担保债务的履行，债务人或者第三人<u>不转移财产的占有</u>（以登记为公示方法，无须转移抵押财产占有），将该财产抵押给债权人的，债务人不履行到期债务或者发生当事人约定的实现抵押权的情形，债权人有权就该财产优先受偿。债务人或者第三人为<u>抵押人</u>，债权人为<u>抵押权人</u>，提供担保的财产为<u>抵押财产</u>。

1.【抵押的分类】

（1）【自物保：单纯自己物保】甲向银行借款100万元，用自己的房屋设定抵押权并登记。

```
            抵押合同关系+抵押权关系
     甲 ←―――――――――――――――→ 银行
                主合同关系
```

（2）【他物保：单纯第三人物保】甲向银行借款100万元，乙用自己的房屋设定抵押权并登记。

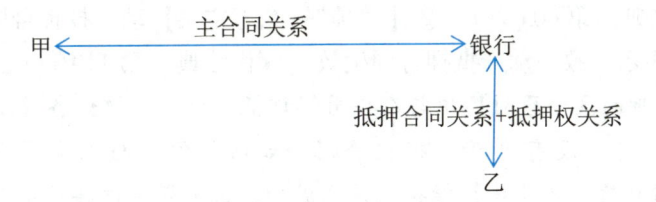

```
              主合同关系
     甲 ←―――――――――――――――→ 银行
                              |
                       抵押合同关系+抵押权关系
                              ↓
                              乙
```

（3）【自物保和他物保：自己物保和第三人物保同时存在】甲向银行借款100万元，甲用自己的房屋、乙用自己的房屋设定抵押权均登记。

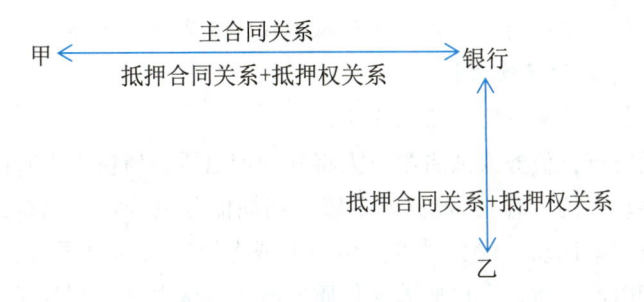

```
                主合同关系
     甲 ←―――――――――――――――→ 银行
          抵押合同关系+抵押权关系     |
                            抵押合同关系+抵押权关系
                                    ↓
                                    乙
```

◆ **原理**：为什么会存在第三种形态的抵押？因为银行"多金"，自然会为放贷设置"苛刻条件"，抵押担保多多益善。

2. 【抵押权的设立】

（1）【不动产抵押权的设立】建筑物和其他土地附着物；建设用地使用权；海域使用权；正在建造的建筑物。①【"物"：登记生效主义】不动产抵押权的设立，采用登记生效主义（《民法典》第 402 条）。②【"债"：意思主义】不动产抵押合同的效力，采用意思主义，即意思表示一致，不动产抵押合同生效。不动产抵押权未登记，不会因此影响不动产抵押合同的效力（《民法典》第 215 条）。

例：【不动产抵押的区分原则】甲与银行签订抵押合同，用房屋为银行设立抵押权担保欠银行债务，没有办理抵押权登记。如何评价甲与银行之间的法律关系？①【债】抵押合同有效。②【物】抵押权没有设立。③【"基3"】甲有权处分、抵押合同有效，如果办理了抵押权登记就完成了公示，抵押权就能够设立。

◆ 原理：抵押合同签订后但是没有办理不动产抵押权登记，那么抵押合同有效的意义何在？①【请求继续履行】《担保制度解释》第 46 条第 1 款，不动产抵押合同生效后未办理抵押登记手续，债权人请求抵押人办理抵押登记手续的，人民法院应予支持。②【不能登记不怪抵押人】第 2 款，抵押财产因不可归责于抵押人自身的原因灭失或者被征收等导致不能办理抵押登记，债权人请求抵押人在约定的担保范围内承担责任的，人民法院不予支持；但是抵押人已经获得保险金、赔偿金或者补偿金等，债权人请求抵押人在其所获金额范围内承担赔偿责任的，人民法院依法予以支持。③【不能登记怪抵押人】第 3 款，因抵押人转让抵押财产或者其他可归责于抵押人自身的原因导致不能办理抵押登记，债权人请求抵押人在约定的担保范围内承担责任的，人民法院依法予以支持，但是不得超过抵押权能够设立时抵押人应当承担的责任范围。

（2）【动产抵押权的设立】①【"物"：意思主义】动产抵押权的设立，采用意思主义（动产抵押权自动产抵押合同生效时设立），登记对抗主义（未经登记，不得对抗善意第三人）（《民法典》第 403 条）。②【"债"：意思主义】动产抵押合同的效力，采用意思主义，即意思表示一致，动产抵押合同生效（《民法典》第 119 条）。

例：【动产抵押的区分原则】甲与乙公司签订抵押合同，把设备或机动车抵押给乙公司担保欠乙公司债务，没有办理抵押权登记。如何评价甲与乙公司之间的法律关系？①【债】抵押合同有效。②【物】抵押权设立成功，但不得对抗善意第三人。不能对抗的意思就是该抵押权效力弱于善意第三人的权利。③【物权优先效力情形1：不能对抗第 2 个已经登记的抵押权人】比如甲又将设备抵押给了丙公司且办理了抵押权登记，则乙公司的抵押权就不可以对抗丙公司。④【物权优先效力情形2：不能对抗后来的质权人】还比如甲又将设备出质给了丁公司，则乙公司的抵押权还不能对抗丁公司。

（二）【质权：意定担保物权】

1. 【动产质权】（《民法典》第 425 条）

为担保债务的履行，债务人或者第三人将其动产出质给债权人占有的（以占有作为公示方法，需要转移动产的占有），债务人不履行到期债务或者发生当事人约定的实现质权的情形，债权人有权就该动产优先受偿。债务人或者第三人为出质人，债权人为质权人，交付的动产为质押财产。质权自出质人交付质押财产时设立（《民法典》第 429 条）。

◆ 原理：出质的动产有什么特点？因为要转移占有，会导致出质人失去控制使用质物的机会，所以这些动产的特点是"闲着也是闲着，融点钱来花花"。

（1）【"现实交付"设立动产质权】出质人将马交付给债权人占有，债权人取得对马的质权。

例：【债权人直接占有质物】甲向乙借款1万元，以马交付给乙设立质权。从物权角度如何评价马？①【现实交付设质】出质人甲将马现实交付给了乙，转移了占有。②【间接占有】甲成为马的间接占有人，是马的所有权人。③【直接占有】乙成为马的直接占有人，是马的质权人。④【他物权>所有权】乙对马的质权优先于甲对马的所有权，因为这是甲"自甘落后"。

例：【债权人指令第三方占有质物】甲欠乙货款，二人商定由甲将一块红木出质并签订质权合同。债权人乙与丙签订委托合同授权丙代自己占有红木。甲将红木交付与丙。从物权角度如何评价红木？①【指令第三人占有】债权人乙指令第三方丙实际占有质物红木，乙是质权人，乃红木的间接占有人，丙虽然是直接占有人但它不是质权人。②【债权人=质权人】因为债权人是乙，不是丙，故乙享有质权。

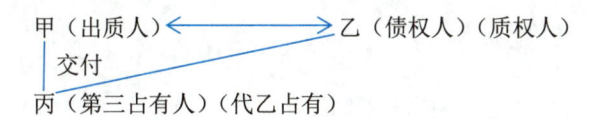

```
甲（出质人）←————————→乙（债权人）（质权人）
  │交付                    ↗
  ↓                      ↗
丙（第三占有人）（代乙占有）
```

（2）【"简易交付"设立动产质权】出质人将马借给债权人占有，后又向债权人借款，用马做质押担保，债权人通过"简易交付"取得对马的质权。

例：【债权人继续占有质物】甲将马先出借给乙，后甲向乙借款1万元，甲、乙约定以马为乙设立质权。从物权角度如何评价马？①【先借用】甲、乙之间先有借用马的合同。②【后主债】后甲、乙之间有借款主合同。③【再设质】再后甲、乙之间约定用马设定质权，该约定生效时，乙取得对马的质权，这是"简易交付"设立动产质权。

```
甲 ←——先出借马给乙——→ （占有人）乙（债权人）（质权人）
    再向乙借款1万元
```

约定设立质权：该约定是一种"观念交付"，是简易交付

（3）【"指示交付"设立动产质权】出质人将马交第三人保管，后又向债权人借款，用马做质押担保，债权人通过"指示交付"（出质人指示第三人向债权人交付质物而不用向自己交付）取得对马的质权。

例：【第三人继续占有质物】甲将马交由丙保管，后甲向乙借款1万元，甲通知丙将马出质给乙。从物权角度如何评价马？①【第三人占有】甲将马交由丙保管，甲对丙有返还马的请求权。②【主债】甲、乙之间有借款主合同关系。③【指示交付】甲通知丙将其对丙的返还请求权让渡给乙，为乙设定质权，这属于"指示交付"设定质权。④【通知到达主义】在通知送达占有人丙时，乙取得对马的质权。保管人丙是直接占有人，质权人乙是间接占有人，所有权人甲是第二阶层的间接占有人。

```
      甲 ←——向乙借款1万元的借款合同——→ 乙（债权人）（质权人）
      │保管合同
      ↓
    丙（保管人）←——指示交付：返还请求权让与（一种观念交付）
```

（4）【"占有改定"不能设立动产质权】出质人向债权人借款，用马做质押担保，约定出质人自己占有马，这叫占有改定，不能设立质权。

例1：【债务人占有质物，不能设定质权】甲向乙借款1万元，用马出质给乙作担保。双方约定甲继续占有该马。<u>从物权角度如何评价马？</u>①【债：主债】甲、乙之间有主借款合同关系。②【物：占有改定不能设质】约定甲继续占有马，这属于"占有改定"，但是占有改定不能设定质权，故乙对马没有质权。

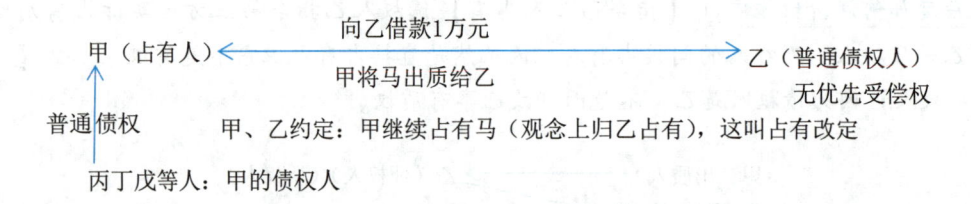

```
                    向乙借款1万元
    甲（占有人）←—————————————————  乙（普通债权人）
      ↑              甲将马出质给乙              无优先受偿权
   普通债权     甲、乙约定：甲继续占有马（观念上归乙占有），这叫占有改定
      │
    丙丁戊等人：甲的债权人
```

◆ **原理1**：为什么"占有改定"不能设立质权？①【无公示】因为质物仍然在出质人手里控制，"债权人"并没有自己控制或通过第三人控制质物，债权人既然没抓手，谈不上将来担保债权的实现了。②【不能坑第三人】如果承认乙在不控制甲的马的情况下，观念上就有质权，就可以对质物进行变价并优先受偿，那么就会损害甲的潜在的其他债权人的利益，比如还存在丙，丙正要让甲用马还钱，乙就跳出来说他"观念"上占有了，乙有质权，这就是坑了丙。乙声称自己是"物权人"，但该"物权"没有公示，就不能具有对世性。

◆ **原理2**：民间借贷中，抵押权一定比质权更受欢迎吗？①未必。②官员放贷，不希望公开，其一旦接受抵押担保，则抵押权因为要登记，等于公示了官员的财产。③官员希望接受动产设质，但是又不想自己占有动产，会有由出质人继续占有即"占有改定"的冲动。

例2：【债务人指令第三方占有质物，不能设定质权】甲向乙借款1万元，用马出质给乙作担保。双方约定，由债务人甲指定的第三方丙占有该马。<u>从物权角度如何评价马？</u>①【债】甲、乙之间有主借款合同关系。②【物：占有改定不能设质】约定由债务人甲指定的第三方丙占有该马，约等于甲自己占有该马，这属于"变相"的占有改定，而占有改定不能设定质权，故乙对马没有质权。

例3：【债权人自愿交回质物给债务人占有，动产质权消灭】甲欠乙50万元，丙以一辆高级轿车为质押并交付给债权人乙，但后经丙要求，乙让丙取回使用，丙又私自将该车以市价卖给丁，并办理了过户登记。丙应对乙的债权承担什么责任？①不承担责任。②乙对轿车的质权因丧失占有而消灭。

◆ **原理**：为什么债权人自愿将质物交回给出质人会导致质权消灭？如果不消灭，岂不是变相的"占有改定"，就会架空"占有改定不能设质"的基本规则，你仔细品一下。

秒杀：我自己有抓手（现实交付）。我让我朋友有抓手（债权人指令第三方占有）。我先有抓手后来继续有抓手（简易交付）。你朋友有抓手让我抓住你朋友（指示交付）。

其他的凡是我没抓手的都不能设立动产质权。

2.【权利质权】(《民法典》第 440 条)

债务人或者第三人有权处分的下列权利出质给债权人：汇票、本票、支票；债券、存款单；仓单、提单；可以转让的基金份额、股权；可以转让的注册商标专用权、专利权、著作权等知识产权中的财产权；现有的以及将有的应收账款；法律、行政法规规定可以出质的其他财产权利。

(1)【有纸的：交付设立权利质权】有权利凭证的汇票、本票、支票、债券、存款单、仓单、提单出质的，质权自权利凭证交付质权人时设立(《民法典》第 441 条)。

(2)【无纸的：登记设立权利质权】①电子的(即无权利凭证)汇票、本票、支票、债券、存款单、仓单、提单出质的，质权自办理出质登记时设立(《民法典》第 441 条)。②以基金份额、股权出质的，质权自办理出质登记时设立(《民法典》第 443 条)。③以注册商标专用权、专利权、著作权等知识产权中的财产权出质的，质权自办理出质登记时设立(《民法典》第 444 条)。④以应收账款出质的，质权自办理出质登记时设立(《民法典》第 445 条)。

例：【应收账款质权登记】指导案例 53 号：福建海峡银行股份有限公司福州五一支行诉长乐亚新污水处理有限公司、福州市政工程有限公司金融借款合同纠纷案。①特许经营权的收益权可以质押，并可作为应收账款进行出质登记。②特许经营权的收益权依其性质不宜折价、拍卖或变卖，质权人主张优先受偿权的，人民法院可以判令出质债权的债务人将收益权的应收账款优先支付质权人。

(三)【留置权：法定担保物权】(《民法典》第 447 条)

债务人不履行到期债务，债权人可以留置已经合法占有的债务人的动产，并有权就该动产优先受偿。

例：【修车不交费】甲将汽车交由乙维修，甲未付维修费，乙扣下汽车。乙扣下汽车是否有依据？①有。②【债】甲、乙签订了承揽合同，乙享有请求甲支付维修费的债权。③【物】甲未付维修费，乙对汽车享有留置权。④【留置权的效力】先给甲 60 日以上宽限期，如甲还不支付维修费，乙可实现留置权，即就汽车拍卖款优先受偿。⑤【法定担保物权】乙的该项留置权无须与甲约定，因为留置权属于法定担保物权。

◆ 原理：为什么留置权的构成条件和行使条件门槛比较高？因为一般发生维修费纠纷，当事人应该寻求法律救济，不能自己"动手"。修车人自己动手扣车，不是正常情况，所以法律才开例外，给当事人配置了留置权。

(四)【让与担保权】(《担保制度解释》第 68 条)

1.【债：让与担保合同】

(1)【让与担保合同有效：符合《民法典》第 143 条】债务人或者第三人(合称"让与人")与债权人约定将财产形式上转移至债权人名下，债务人不履行到期债务，债权人有权对财产折价或者以拍卖、变卖该财产所得价款偿还债务的，人民法院应当认定该约定有效。

例：【让与担保合同有效】甲向乙借款 100 万，约定将甲的房屋转移给乙名下，甲到期不履行债务，乙有权对房屋折价偿还债务。如何评价甲、乙之间的约定？①有效。②属于让与担保合同。

甲 ←——借款合同+让与担保——→ 乙 { ①外观上乙为所有权人　②约定实际上甲才是所有权人　③约定实际上乙是让与担保权人 } 乙2个身份叠加

◆ **原理**：为什么会出现让与担保合同？①【担保】民间借贷中，出借人担心钱收不回来，会要求借款人提供担保。②【传统担保实现起来麻烦】无论是让借款人提供抵押房屋担保，或者动产质权担保，出借人都只能行使抵押权、质权来实现担保物权，此时出借人还是在处分"别人的房屋或者汽车"，行动上不方便。③【让与担保权实现起来方便】聪明的出借人便想出了一个办法，要求借款人把房屋过户到自己名下，将来一旦借款人不还钱，出借人可以卖"自己名下的房屋"来受偿，这样"行权"更加方便。④【有约定从约定】基于民法上意思自治的原则，我们法律就要承认当事人的这种安排，认可当事人的真实意思表示，只要避免产生不公平结果就可以。

(2)【让与担保合同的识别】

①【明确约定叫"让与"担保合同】当事人签订主借款合同的同时，又签订让与担保合同，并且明确其合同叫让与担保合同，用于担保主合同债务的履行。该合同属于让与担保合同（2016法考主观）。

②【名为买卖合同实际上是让与担保合同】当事人签订主借款合同的同时，又签订"买卖合同"，用来担保主合同债务的履行。"买卖合同"因属于双方通谋虚伪表示而无效，因为当事人没有要签订买卖合同的真实意思表示，实际上隐藏的是让与担保合同（2015法考客观）。

③【名为"以物抵债"协议实际上是让与担保合同】当事人签订主借款合同的同时，又签订"以物抵债"协议，用来担保主合同债务的履行，该协议不是"以物抵债协议"，而是让与担保合同。因为，根据《民法典合同编通则解释》第27条规定，只有在债务履行期届满后，当事人签订的用其他方式来履行原来债务的协议，才是以物抵债协议，比如欠人钱到期还不了，约定用车抵债，该协议就是以物抵债协议。根据《民法典合同编通则解释》第28条规定，在债务履行期届满前，当事人签订的"以物抵债"协议，本质上是为了担保，属于让与担保合同。可见，签订主借款合同的同时签订"以物抵债协议"，意味着债务履行期还没到，该协议不是以物抵债协议，而是让与担保合同。（2019法考主观）。

(3)【"流让条款无效"】（《担保制度解释》第68条第2款）

①【"让与担保合同"中的"流让条款"无效】债务人或者第三人与债权人约定将财产形式上转移至债权人名下，债务人不履行到期债务，财产归债权人所有的，法院应当认定该约定无效，但是不影响当事人有关提供担保的意思表示的效力。方志平将这个条款取名为"流让条款"。因为抵押合同中有"流押条款"、质押合同中有"流质条款"，下文会予以介绍。

例：【流让条款无效】甲向乙借款100万，约定将甲的房屋转移给乙名下，甲到期不履行债务，房屋所有权直接归乙所有。如何评价甲、乙之间的约定？无效，但让与担保合同其他条款有效。

②【"让与担保合同"中变相的"流让条款"无效】债务人或者第三人与债权人约定将财产形式上转移至债权人名下，债务人履行回购义务，如果不履行回购义务，财产直接归债权人所有，法院应当认定该约定无效，但是不影响当事人有关提供担保的意思表示的效力。

例：【流让条款无效】甲向乙借款100万元，约定将甲的房屋转移给乙名下，甲将来以110万元价格从乙名下将房屋回购，如甲不回购，房屋直接归乙所有。如何评价甲、乙之间的约定？无效，但让与担保合同其他条款有效。

③【抵押合同中的"流押条款"无效】抵押权人在债务履行期届满前，不得与抵押人约定债务人不履行到期债务时抵押财产归债权人所有（《民法典》第401条）。

例1：【缔约时签订的流押条款无效】甲向银行借款100万元，用价值200万元的房屋抵押，办理了抵押权登记。抵押合同约定，如甲届期不还款，房屋直接归银行所有。该约定是否有效？①这属于流押条款，无效。②借款合同签订时，借款人处于被动地位，会轻易答应这种不公平的约定，故无效。

例2：【借款到期后签订的折价协议实现抵押权条款有效】甲向银行借款100万元，用价值200万元房屋抵押，办理了抵押权登记。债务届期甲无力还款，甲与银行协议约定用抵押房屋折价。该折价约定是否有效？①这属于折价方式实现抵押权，有效。②借款合同到期，出借人处于被动地位，双方协议用抵押房屋来折价，抵顶借款债务，"多退少补"，即多出100万元退给甲。结果公平，故有效。③抵押权的实现方式有3种，折价、拍卖、变卖，因此，当事人在主债务到期后约定折价用抵押物抵债当然是合法有效的。

④【质押合同中的"流质条款"无效】质权人在债务履行期届满前，不得与出质人约定债务人不履行到期债务时质押财产归债权人所有（《民法典》第428条）。

例：【流质条款无效】甲向乙借款1万元，用牛出质，交付了牛。质权合同约定，如甲届期不还款，牛直接归乙所有。该约定是否有效？这属于流质条款，无效。

◆ 原理1：为什么方志平要把"让与担保合同"中约定"到期不还款，则让与物归债权人所有"的这个条款取名为"流让条款"（谐音"流浪条款"）？①【已有通用名词】因为在抵押合同中有类似条款，叫"流押条款"；在质押合同中也有类似条款，叫"流质条款"。"流押条款"和"流质条款"是学术界和实务界的通用名词，大家提到这个名词就知道指的是什么意思。②【缺名字引发的问题】唯独让与担保合同是担保制度司法解释新承认的合同，它也有一个与"流押条款"和"流质条款"相类似的条款。因为没有自己的名字，所以经常会有人提问：让与担保和流押条款是什么关系？让与担保这个词，从债的角度看要讨论让与担保合同；从物的角度看要讨论让与担保权的设立。③【取名字的好处】如果我们将让与担保合同中这个条款取名为"流让条款"，我们就不会再去问让与担保和流押条款的关系了，因为他们不是同一个位阶的概念。让与担保要从让与担保合同（债）和让与担保权（物）两个角度来观察。让与担保合同中的"流让条款"与抵押合同中的"流押条款"、质押合同中的"流质条款"才是同一位阶的概念，他们都是无效的，但是不影响让与担保合同、抵押合同和质押合同中其他条款的效力。规则一致，名称对标，就可以避免概念之间的混淆和混用。希望能够通过《民法原理》这本书将"流让条款"这个名字推广出去，让大家慢慢接受熟悉成为通用名词，便于统一认识，方便司法实务。

◆ **原理2**：为什么"流让条款"无效？①【流让条款】到期不还款，让与担保物直接归对方所有，该"流让条款"对让与人不公平。因为人们在借款时，处于急需被动状态，会"自愿"签订各种对自己不公平的条款。担保物权在于支配物的交换价值，因此，不能跳过"变价"环节，而约定担保物的所有权归债权人。②【流押条款】在抵押合同中，当事人约定，债务人到期不履行债务，抵押物所有权归债权人，该属于"流押条款"。该条款无效，不影响抵押合同其他条款的效力。③【流质条款】在质押合同中，当事人约定，债务人到期不履行债务，质物所有权归债权人，这属于"流质条款"。该条款无效，不影响质押合同其他条款的效力。④【3流条款】它们具有一个共同的原理：债务人在发生债务关系的当时是被动的，容易头脑发热签订各种对自己不公平的条款，虽然表面上符合意思自治，实质上是不符合本心的。因此法律否定这种条款，是从更深层次尊重了意思自治。

◆ **原理3**：为什么履行期届满前的"以物抵债协议"不能按照以物抵债协议处理？①【避免架空"3流条款无效"的规则】履行期尚未到，如果允许当事人签订"以物抵债"协议，到期不还款，抵债物直接归债权人所有，这就是变相的"流让条款"了。如此一来，就会彻底架空"流押条款无效"、"流质条款无效"、"流让条款无效"规则。当事人都会在债务没到期时，约定，届期不还债，则用房屋抵债，债主可以取得房屋所有权等。②【避免不公平结果】在签订借款合同时，当事人之间不签订抵押合同、质权合同、让与担保合同，而是签订"以物抵债协议"，换个法子想做到"流押条款"、"流质条款"、"流让条款"有效的目的，加之借款人因为着急，容易就范，接受出借人提出的合同名字和内容，由此架空"流押条款无效"、"流质条款无效"、"流让条款无效"的规则。魔高一尺道高一丈，最高院认为，不论你们签订的协议叫什么名字，只要你的协议内容是"流押条款"、"流质条款"、"流让条款"，该条款一概无效。

2.【物：让与担保权】

（1）【基于让与担保合同发生的物权变动：让与担保权】让与担保合同中，当事人已经完成财产权利变动的公示，债务人不履行到期债务，债权人请求参照民法典关于担保物权的有关规定就该财产优先受偿的，法院应予支持。

例：【汽车让与担保合同和汽车让与担保权】自然人甲与乙订立借款合同，其中约定甲将自己的一辆汽车作为担保物让与给乙。借款合同订立后，甲向乙交付了汽车并办理了车辆的登记过户手续。乙向甲提供了约定的50万元借款。一个月后，乙与丙公司签订买卖合同，将该汽车卖给对前述事实不知情的丙公司并实际交付给了丙公司，但未办理登记过户手续，丙公司仅支付了一半购车款。甲与乙关于将汽车让与给债权人乙作为债务履行担保的约定效力如何？乙对汽车享有什么权利？①有效。②【让与担保合同】甲、乙之间的合同属于让与担保合同。③【让与担保权】乙享有的不是所有权，而是让与担保权。④【让与担保权人无权处分】乙将汽车卖给丙构成无权处分，丙善意不知情，构成善意取得，丙取得汽车所有权。⑤【算账】乙将汽车出卖，属于侵权，也构成不当得利。甲可要求乙赔偿或者返还不当得利，假设是45万元。乙对甲享有借款之债，假设本金和利息合计55万元。两相抵销，乙可向甲主张10万元。

```
            借款合同+汽车让与担保合同+汽车让与担保权
    甲  ←――――――――――――――――――――――――→  乙（不是汽车所有权人）
                                          ↕ 无权处分的买卖合同
                                          丙（善意取得）
```

◆ **原理1**：让与担保权、抵押权、质权到底有什么区别？①【公示清晰】抵押权、质权，他们是从所有权中分出来的。所有权是所有权，抵押权是抵押权，质权是质权，是什么就公示什么，这属于公示清晰。②【公示错误】让与担保权，也是从所有权中"分"出来的。实际上是让与担保权，但表现出来却是"所有权"。这属于公示错误，本来你只是让与担保权人，但你被公示出来的却是房屋所有权人（"房主"）、汽车所有权人（"车主"）、股权人（"股东"）。

```
┌ 所有权人甲 ←——→ 抵押权人乙（抵押合同+抵押权登记+公示乙是抵押权人）
│ 所有权人甲 ←——→ 质权人乙（质押合同+转移占有+公示乙是质权人）
│ 所有权人甲 ←——→ 让与担保权人乙（让与担保合同+公示+公示乙是所有权人）
└ 所有权是甲的 ←——→ 因此乙擅自出卖抵押物、质物、让与担保物都是无权处分
```

◆ **原理2**：为什么说让与担保权设立中，公示"错误"正是其优点？①【公示"错误"】让与担保合同有效，让与人给对方设立了让与担保权，对方表面上是房主、车主、股东，实际上是房屋让与担保权人、汽车让与担保权人、股权让与担保权人。②【债权人自己动手】一旦债务人到期不履行债务，让与担保权人就可以行使让与担保权，"自己动手实现让与担保权"、"变卖拍卖"、"折价"自己名下的房屋、汽车和股权。③【债权人自己动手更快更爽】这样实现债权的方式可以给让与担保权人避免很多麻烦，所以"行权爽"。这也是民间借贷中盛行让与担保权的原因。④【债权人追求公示"错误"】如果公示清晰，公示为让与担保权人，那么，让与担保权的优势也没有了，和"抵押权人"就一样了，行权将很麻烦。

（2）【让与担保权的实现：多退少补】债务人履行债务后请求返还财产，或者请求对财产折价或者以拍卖、变卖所得的价款清偿债务的，法院应予支持。

例：【房屋让与担保合同和房屋让与担保权】甲向乙借款，同时签订房屋买卖合同，担保该借款。甲将房屋已经过户给了乙。甲届期无力清偿借款，经查，甲尚欠丙借款未还。如何评价乙对房屋享有的权利？①乙对甲享有民间借贷之债权。②甲将房屋过户给乙的目的不是买卖，而是作为借款的担保。③乙享有的不是房屋所有权。④乙享有的是让与担保权。⑤就房屋变价款，乙优先于丙受偿。⑥如果乙的借款债权是100万元，房屋价款是120万元，则20万元退回给甲，由甲还给丙。⑦如果乙的借款债权是100万元，房屋价款是80万元，则乙对甲还享有无担保的普通债权20万元，该债权与丙的债权属于同一法律地位。

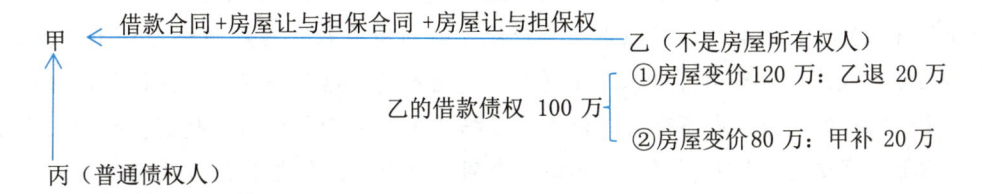

```
甲 ←—借款合同+房屋让与担保合同+房屋让与担保权—— 乙（不是房屋所有权人）
↑                    乙的借款债权 100万    ┌①房屋变价120万：乙退20万
│                                         └②房屋变价80万：甲补20万
丙（普通债权人）
```

秒杀1：三流条款
①抵押合同　流押条款无效　抵押权公示正确
②质押合同　流质条款无效　质权公示正确
③让与担保合同　流让条款无效　让与担保权公示错误

秒杀2："债"
①让与担保合同
②名为买卖合同实际为让与担保合同
③债务履行期届满前的以物抵债协议实际为让与担保合同

秒杀3："物"
①有权处分+房屋让与担保合同+房屋过户公示=房屋让与担保权
②有权处分+汽车让与担保合同+汽车交付公示=汽车让与担保权
③有权处分+股权让与担保合同+股权过户公示=股权让与担保权
④让与担保权人擅自处分让与担保物都是<u>无权处分</u>

五、违反物权法定原则的法律效力（"物债二分"思维）

（一）【不发生物权效力】

1.【不能创设新的物权类型】

（1）【不动产】当事人可以在不动产上设立抵押权、让与担保权，但当事人不能在不动产上设立质权、留置权。

（2）【动产】当事人可以在动产上设立抵押权、质权、让与担保权。当事人可以在动产上依法成立留置权。

2.【不能增添或减免已有物权的权能】

（1）【不发生物权效力】当事人不能约定限制所有人对其所有物的处分权，否则该约定不发生物权效力。

（2）【再卖是有权处分】所谓不发生物权效力，就是说，所有权人对该物再行出卖，还是有权处分，而不是无权处分。

例：【连环赠与之毕业纪念册】甲将其父去世时留下的毕业纪念册赠与其父之母校，赠与合同中约定该纪念册只能用于收藏和陈列，不得转让。但该大学在接受乙的捐款时，将该纪念册馈赠给乙。<u>如何评价甲与其父母校的约定？</u>①【物】从物权角度观察，不发生物权效力，该约定限制了母校所有权的处分权能。因此母校赠与纪念册是<u>有权处分</u>。②【债】从合同角度观察，发生合同效力，该约定属于受赠人负担的合同义务。③【物：再处分是有权处分】本案中，母校取得毕业纪念册的所有权，再赠与给乙属于有权处分，乙受领交付后成为纪念册所有权人。④【债：受赠人违反赠与合同的义务】但是母校违反了其受赠合同中的义务，即不得转赠他人。根据"附义务赠与合同"规则，受赠人违反该义务，赠与人有法定撤销权，可以撤销赠与合同。故甲可撤销与其父母校的赠与。一旦撤销，则甲的赠与溯及无效，因此母校再转赠给乙就无效，而乙是无偿受让，不得主张善意取得纪念册所有权。⑤本案中，未交代甲撤销了该赠与合同，故原赠与和转赠与两份合同都是正常有效的。

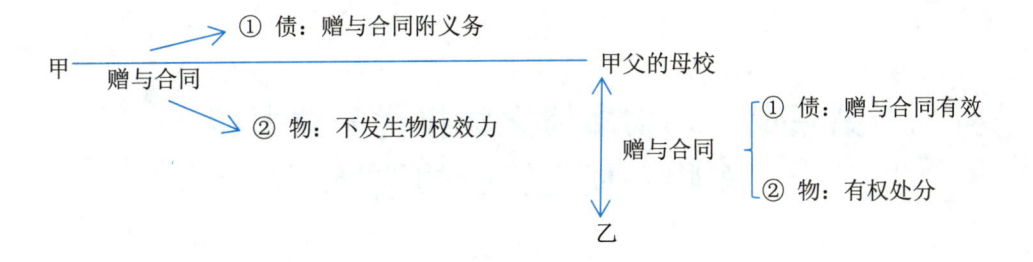

```
         ┌──→ ①债：赠与合同附义务
甲 ──赠与合同────────────── 甲父的母校       ┌─ ①债：赠与合同有效
         └──→ ②物：不发生物权效力  ↑赠与合同 ┤
                                  ↓         └─ ②物：有权处分
                                  乙
```

3. 【不能依据约定的公示方法产生物权的变动】

例：【**交付房屋不能设定抵押权**】甲公司向乙银行借款500万元，以其闲置的一处办公用房作担保。乙银行正好缺乏办公场所，于是与甲公司商定，由甲公司以此办公用房为乙银行设立担保物权。随后，甲公司向乙银行交付了办公用房。借款到期后，甲公司未能偿还，乙银行主张对办公用房行使优先受偿的权利。乙银行主张是否成立？①否。②因乙银行与甲公司之间的约定不能设定担保物权。③甲、乙之间有借款合同，甲、乙之间还有抵押合同，这两个合同不是同一双务合同，故甲不还款，乙银行不得依据双务合同抗辩权扣押房屋。④房屋是不动产，也不能适用质权或者留置权。⑤乙银行可以诉甲还款，获得胜诉判决后，申请执行法院强制执行甲名下的房屋，但没有优先受偿的效力。

```
         借款合同      ┌──→ ①债：抵押合同有效
甲 ─────────────────────────────────── 乙银行
              抵押合同 └──→ ②物：交付不能设立不动产抵押权
```

（二）【发生债权效力】 当事人之间合同义务如无其他无效事由，则有法律拘束力。

例：【**约定不动产代持**】甲以房产抵押给银行担保借款1200万元，后甲不能还款，银行拍卖房屋。甲要保住房屋，故甲丙达成备忘录："约定让丙参与竞买，甲付钱，房屋产权归甲公司。"丙竞买成功，甲将房屋过户给了丙。<u>如何评价备忘录的法律效力？</u>①【物】从物权角度观察，在法院依据竞买结果制作裁决书后，甲公司将房产过户给了丙公司，丙公司是房产所有人。故备忘录约定甲有房屋所有权不产生物权效力。②【债】从合同角度观察，备忘录没有违背法律、行政法规的强制性规定，具有债权效力，丙公司对甲公司负有合同义务，即依约履行将房产过户给甲公司的义务。

```
        ┌──→ ①债：协议有效                 竞拍
甲 ──备忘录─────────────────── 丙 ──────→ 甲房屋（银行实现抵押权）
        └──→ ②物：不发生物权效力
```

第三章 一物多债之物权优先效力和多物一债之银行的选择

第一节 一物多债之物权优先效力

案例导读1：房屋先抵押给工商银行，后抵押给建设银行，"抢"房屋的变价款，如何排队？答：工商银行优先。

案例导读2：汽车先抵押登记给温某，后出质给唐某，再交给张某维修而没有支付维修费，温某、唐某和张某"抢"汽车的变价款，如何排队？答：张某优先于温某、温某优先于唐某。

一、物权与债权的关系

（一）【一般情况下：物权>债权】

1.【一般情形1：所有权>债权】

（1）【不动产一物两卖："过户人"＞"钥匙人"】

例：【一房两卖】甲将房屋卖给乙，后又卖给丙，先后签订了2份买卖合同。房屋交付给了乙（简称"钥匙人"），过户给了丙（简称"过户人"）。乙付款了，丙没有付款。<u>谁优先？</u>①【物】丙取得过户就是物权人，丙没有付款不影响物权变动，因为付款不是物权变动的构成要件。基于法律行为的物权变动需要3要件：有权处分、合同有效、完成公示。②【债】乙是债权人，物权人丙优先于债权人乙，可要求乙返还房屋。乙只能诉甲承担违约责任。

```
甲 ——买卖房屋合同 + 交付——→ 乙（"钥匙人"：债权人）
↓ 买卖房屋合同+登记
丙（"过户人"：物权人）
```

（2）【动产一物两卖："钥匙人"＞"过户人"】

例：【一车两卖】甲将汽车卖给乙，后又卖给丙，先后签订了2份买卖合同。汽车交付给了乙（简称"钥匙人"），过户给了丙（简称"过户人"）。乙没有付款，丙付款了。<u>谁优先？</u>①【物】乙是物权人，基于法律行为的物权变动需要3要件：有权处分、合同有效、完成公示。②【债】丙是债权人，乙优先于丙，可要求丙配合办理汽车过户手续。丙只能诉甲承担违约责任。

```
甲 ←——买卖汽车合同   +交付——→ 乙（"钥匙人"：物权人）
 ↓  买卖汽车合同 +登记
丙（"过户人"：债权人）
```

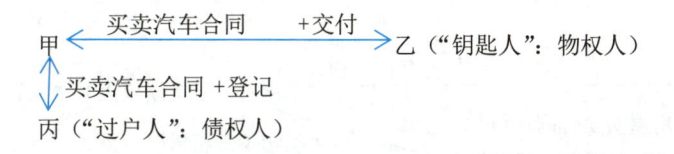

2. 【一般情形2：担保物权>债权】

例：【银行有担保物权保障的债权>普通债权】甲欠银行100万元履行期届满，用房屋设定抵押并办理了抵押权登记。甲欠乙100万元履行期届满。甲除价值120万元的房屋外别无其他财产，则银行和乙的权利顺位如何？①银行的债权就房屋享有抵押权担保，乙的债权属于普通债权，银行的债权要优先于乙的普通债权。②120万元先留给银行，剩余20万元给乙，乙的另外80万元债权不能受偿。

```
甲 ←——主合同  抵押合同 120万价值的房屋抵押权登记——→ 银行（100万）（担保物权）
 ↓
乙（100万）（普通债权）
```

◆ **原理**：为什么一般情况下物权会优先于债权？①【物：公示公信】根据物权的公示（所谓物权公示原则即物权的变动应该公开表示出来即不动产要登记、动产要交付）和公信原则（所谓公信原则，即公示出来的物权状态即使错误也要保护交易安全和信赖），不动产经过登记或动产经过交付转移了占有，就发生物权转移，产生对抗第三人债权的效力。②【债：平等】如未经过登记或交付，就还停留在债权阶段，债权人之间地位平等，一般不发生某一债权优先于其他债权的问题。

（二）【例外情况下：债权>物权】

1. 【例外情形1：预告登记的债权>物权】预告登记后，未经预告登记的权利人同意，处分该不动产的，不发生物权效力（《民法典》第221条）。

例：【预告大】甲企业将房屋出卖给乙，办理了预告登记，即对乙请求甲办理房屋过户的债权请求权进行了登记。后甲企业将房屋抵押给丙，并且办理了抵押权登记。乙请求甲依据合同办理所有权的过户登记手续，丙请求实现房屋抵押权。<u>谁优先？</u>①乙。②因为未经预告登记权利人乙同意，甲企业再给丙设定抵押权，即使办理了抵押权登记，也不发生物权变动的效力，即抵押权视为未设立。

```
甲 ←——房屋买卖合同 + 预告登记——→ 乙（预告登记的债权人）"大"
 ↓ 抵押合同+抵押权登记
丙（不是抵押权人）
```

2. 【例外情形2：租赁债权>所有权】"买卖不破租赁"：租赁物在承租人按照租赁合同占有期限内发生所有权变动的，不影响租赁合同的效力（《民法典》第725条）。

例：【"买卖不破租赁"】甲将房屋出租给乙并转移占有，租赁期间，甲将房屋出卖给丙且完成所有权过户登记手续。<u>丙可否要求乙返还房屋？</u>①否。②乙的租赁权要优先于丙的所有权，因为"买卖不破租赁"。租赁物在承租人依据租赁合同占有期间发生所有权变动的，不影响租赁合同的效力。

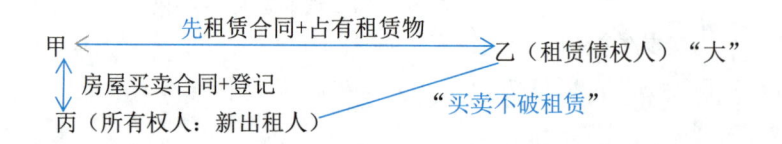

```
甲 ←——先租赁合同+占有租赁物——— 乙（租赁债权人）"大"
↕ 房屋买卖合同+登记
丙（所有权人：新出租人）    "买卖不破租赁"
```

3.【例外情形3：租赁债权>抵押权】"抵押不破租赁"：抵押权设立前，抵押财产已经出租并转移占有的，原租赁关系不受该抵押权的影响（《民法典》第403条）。

例：【"抵押不破租赁"】甲将房屋出租给乙并转移占有，租赁期间，甲将房屋抵押给丙银行担保其欠银行的借款，办理了抵押权登记。借款届期后，银行申请法院拍卖抵押房屋，由丙购得。丙可否要求乙返还房屋？①否。②乙的租赁权要优先于丙的所有权，因为"抵押不破租赁"。③当然，在乙的租期届满后，丙可要求乙返还房屋。

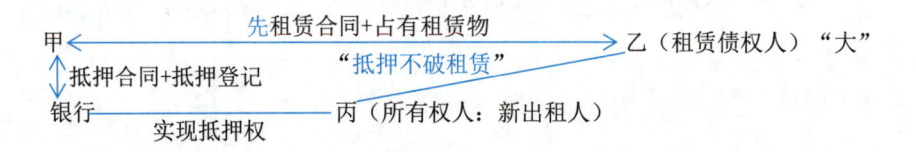

```
甲 ←——先租赁合同+占有租赁物——— 乙（租赁债权人）"大"
↕ 抵押合同+抵押登记     "抵押不破租赁"
银行——实现抵押权——丙（所有权人：新出租人）
```

二、物权与物权的关系

（一）【他物权>所有权】

例：【按揭买房】甲与开发商签订房屋买卖合同，甲依约向开发商交付了首付20万元，与此同时，甲申请向银行办理贷款，拟借80万元。甲和银行签订了借款合同，银行给甲开具了"批贷函"。此后，开发商将房屋过户给了甲，甲将房屋抵押给了银行办理抵押登记手续，银行将80万元贷款按照贷款合同约定直接付给了开发商。如何评价本案的物权关系？①开发商将房屋过户给甲，基于房屋买卖合同而发生不动产物权变动，甲成为房屋所有权人。②甲将房屋抵押给银行并且办理了抵押权登记，银行成为房屋抵押权人。③如果甲届期无力向银行还贷，银行的抵押权要优先于甲的所有权，银行有权就甲的房屋变价款优先受偿。因为这是甲自愿选择的结果。④所以，他物权要优先于所有权。

```
甲（所有权人：自物权人）←——房屋买卖合同+所有权过户登记——→开发商
↕ 抵押合同+抵押权登记
银行（抵押权人：他物权人）
```

◆ **原理：**为什么他物权要优先于自物权（所有权）？①所有权人通过抵押合同和抵押权登记，给银行设定了抵押权（他物权）。②集体通过农村土地承包经营合同给农民设定了土地承包经营权（他物权）。③政府通过建设用地使用权出让合同和建设用地使用权登记，给开发商设定了建设用地使用权（他物权）。④以上都是所有权人即自物权人自愿"自甘落后"的结果，且他们由此实现了自己的所有权，因此他物权都要优先于自物权。

(二)【他物权与他物权】

1.【"留老大",除非自甘落后:动产抵押权或者动产质权　PK　动产留置权】

(1)【"留老大"】同一动产上已经设立抵押权或者质权,该动产又被留置的,留置权人优先受偿。(《民法典》第456条)。

例1:【留老大,大于抵押权】甲的车抵押给乙担保其欠乙的借款,办理了抵押权登记,后甲将该车交给丙维修,没有支付维修费。甲届期无力还债,关于该车的变价款,如何安排受偿顺序?丙的留置权优先于乙的抵押权。

```
                借款合同+抵押合同+
                抵押权登记
    甲 ←——————————————————→ 乙(抵押权人:他物权人)
     ↑
     │ 维修合同+法定留置权
     ↓
    丙(留置权人:他物权人)后来居上"留老大"
```

例2:【留老大,大于质权】甲的车出质给乙担保其欠乙的借款,交付给了乙。后乙将该车交给丙维修,没有支付维修费。甲届期无力还债,关于该车的变价款,如何安排受偿顺序?丙的留置权优先于乙的质权。

```
         借款合同+质押合同+出质交付
    甲 ←——————————————————→ 乙(质权人:他物权人)
                              ↕ 维修合同+法定留置权
                              丙(留置权人:他物权人)后来居上"留老大"
```

◆ 原理:为什么留置权能够后来居上具有优先地位("留老大")?①【劳动贡献:"共有物"】留置物中一般都凝结了留置权人的劳动价值,或由留置权人提供的材料而成,在一定意义上,可将留置物视为"共有物",归留置权人和留置物所有权人共有。如果赋予抵押权、质权优先于留置权的地位,就意味着留置权人代留置物所有权人向抵押权人或质权人承担了物上责任,这显然是不合理的。②【"汗水债权"】留置权保护的是"工资"债权,"汗水"债权,金额不高但是可以活命,生存权大于约定担保物权,因此留置权优先。

(2)【"自甘落后"】留置权人无权处分留置物,将留置物出质给不知情他人,他人善意取得质权,则质权人优先于留置权人受偿(《民法典》第311条)。

例:【"自甘落后"】:甲的表出质给乙担保其欠乙的借款,交付给了乙,乙将该表交丙维修。丙擅自将该表出质给不知情的丁担保其欠丁的借款。各个债务人届期均未履行债务,关于该表的变价款,如何安排受偿顺序?①丁的质权优先于丙的留置权。②丙的留置权优先于乙的质权。

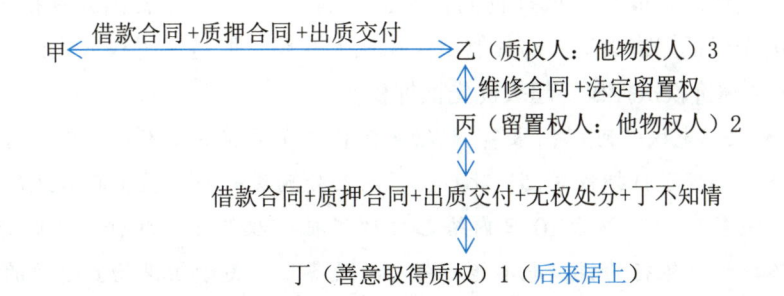

```
           借款合同+质押合同+出质交付
    甲 ←——————————————————→ 乙(质权人:他物权人)3
                              ↕ 维修合同+法定留置权
                              丙(留置权人:他物权人)2
                              ↕
              借款合同+质押合同+出质交付+无权处分+丁不知情
                              ↕
                              丁(善意取得质权)1(后来居上)
```

◆ **原理**：留置权以占有留置物为前提，既然留置权人丙已经将留置物无权处分出质交付给了质权人丁，留置权人丙不就丧失占有了吗？为何还有留置权？①【出质后仍有返还请求权】丙将留置物出质给丁，双方签订了质押合同，一旦丙向丁还款，丁的质权就消灭，所以丙可要求丁返还该物。②【间接占有】丙对丁有返还请求权，这种占有状态我们称之为"间接占有"。③【没丧失占有】所以，丙没有丧失占有，是间接占有人，而丁是直接占有人。

2.【"正常经营"：动产抵押权 PK 动产所有权】

以动产抵押的，不得对抗正常经营活动中已经支付合理价款并取得抵押财产的买受人（《民法典》第404条）（又称动产抵押权对"正常经营"不具有追及力）。

例：【"正常经营"】4S店将车辆抵押给了小贷公司并且办理了抵押权登记。后4S店将车辆卖给了甲，甲提车并且付款。小贷公司可以主张抵押权吗？①不可以。②正常经营中，登记的动产抵押权不得对抗购买人，即甲的所有权要破掉动产抵押权。③小贷公司可要求4S店用所得款项清偿债务。

```
                借款合同+抵押合同+抵押权 登记
4S 店 ←————————————————————————————→ 小贷公司（公示在先 的抵押权人）
  ↕ 买卖合同+交付（转移所有权）+支付合理价格
  甲（所有权人：正常经营的买方）（公示在后 的所有权人）（后来居上）
```

◆ **原理1**：为何要牺牲公示在先的动产抵押权，而保护正常经营的购买方？①【保护交易信赖】正常交易中，我们去4S店买车，通常情况下就是签订合同、提车、付款，后续办理所有权转移登记。②【降低交易调查成本】一般不会去审查这个车是否办理了抵押权登记，如果允许这样登记的抵押权追及购车人，那么购车人就非常不公平。③【鼓励交易】4S店之所以要抵押借款，就是为了购进更多的车，而购进更多的车是为了销售，如果抵押权可以追及正常购车人，那就没人买车了。如此一来，4S店抵押借款也就没有意义了。

◆ **原理2**：为何需要限定正常经营的范围？①【是正常经营】出卖人正常经营活动，是指出卖人的经营活动属于其营业执照明确记载的经营范围，且出卖人持续销售同类商品。②【不是正常经营】购买商品的数量明显超过一般买受人；购买出卖人的生产设备；订立买卖合同的目的在于担保出卖人或者第三人履行债务；买受人与出卖人存在直接或者间接的控制关系（此处在后续动产抵押权部分详细讲解）。③【牺牲公示公信原则要提高门槛】毕竟此前的动产抵押权办理了登记，产生了公示公信效力，要破坏这种效力，所以要提高门槛：买方取得占有、买方支付合理价格、卖方是在营业执照范围内销售（数量不多、不是设备等）。

3.【"价款优先"：动产抵押权或者动产质权 PK 动产价款优先权】

动产抵押担保的主债权是抵押物的价款，标的物交付后10日内办理抵押权登记的，该抵押权人优先于抵押物买受人的其他担保物权人受偿，但是留置权人除外（《民法典》第416条）（又称价款抵押权、超级优先抵押权）。

例1：【价款优先权"可以插队"：鼓励赊销】甲企业将其现有动产以及将有的动产全部抵押给银行，办理了抵押权登记。此后，甲从乙处购买一套价值100万元的设备，甲尚未付款，乙将设备交付给甲后10日内给乙办理了抵押权登记，担保该100万元设备款。甲企业到期不能还欠银行的钱，也不能还欠乙的设备款。关于担保物变价款的分配，如何安排受偿顺序？①【价款优先权】乙企业享有的是价款优先权：因为乙企业抵押权担保的是抵押物的价款。②【动产浮动抵押权】银行享有的是动产浮动抵押权（抵押时动产不确定是多少）：一旦设立动产浮动抵押权，后续企业从外头购进的设备，就"自动落入"银行动产浮动抵押权的追及范围。③【价款优先】乙的价款优先权优先于银行抵押权。

甲 —— 借款合同+抵押合同+登记动产浮动抵押权 ——→ 银行（公示在先浮动抵押权）
↓ 买卖合同+赊销+抵押合同+交付后10日内给乙办理抵押权登记
乙（公示在后价款优先权）（后来居上）"插队"

例2：【价款优先权"可以插队"：鼓励借款】甲企业将其现有动产以及将有的动产全部抵押给银行，办理了抵押权登记。此后，甲从乙处购买一套价值100万元的设备，该笔货款从丙处借款，乙将设备交付给甲后10日内，甲给丙办理了抵押权登记，担保该100万元借款。甲企业到期不能还欠银行的钱，也不能还欠丙的借款。就设备变价款，如何安排受偿顺序？①【价款优先权】丙享有的是价款优先权：因为丙企业抵押权担保的是抵押物的价款（甲借丙款用来购买设备）。②【动产浮动抵押权】银行享有的是动产浮动抵押权（抵押时动产不确定是多少）。③【价款优先】丙的价款优先权优先于银行抵押权。

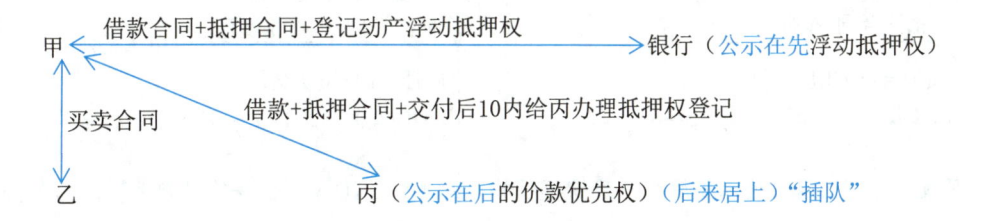

甲 ←—— 借款合同+抵押合同+登记动产浮动抵押权 —— 银行（公示在先浮动抵押权）
↑ 买卖合同   借款+抵押合同+交付后10内给丙办理抵押权登记
乙   丙（公示在后的价款优先权）（后来居上）"插队"

◆ **原理**：为何对于抵押物价款的债权担保赋予"价款优先"效力？①【企业借款在先：负债经营】甲企业一般会向银行借款，用现在有的和将来有的动产给银行设立动产浮动抵押权。中小企业穷，融资难，找担保品更难，所以只能就浮动的动产为银行设定动产浮动抵押权。②【自动落入规则】只要企业后续从外头购进任何设备或产品，将自动落入银行动产浮动抵押权范围。③【鼓励赊销】如果没有价款优先权，卖方乙将产品卖给甲这种企业，做赊销的话，乙的货款债权就会落后于银行。为了鼓励赊销，让卖方乙放心，就告诉卖方乙在满足条件时有价款优先权，优先于银行此前已经登记的动产浮动抵押权。④【鼓励借款】如果没有价款优先权，出借人丙将钱借给甲这种企业，让甲去购买设备或产品，丙的借款债权就会落后于银行。为了鼓励借款，让出借人丙放心，就告诉出借人丙在满足条件时有价款优先权，优先于银行此前已经登记设立的动产浮动抵押权。

4.【"公示先后，债权比例"】

（1）【"公示先后"】根据公示的先后来进行排序，抵押权的公示方法是"登记"、质权的公示方法是"交付"（占有转移）。

①【押1和押2：同种类担保物权的竞合】(《民法典》第414条)

例1：【一物是不动产，设立了多个抵押】一房多抵，先抵押给工商银行，又抵押给建设银行。关于担保物变价款的分配，如何排序？①先登记的抵押权优于后登记的抵押权。②按照"公示先后"来排序。

例 2：【一物是动产，设立了多个抵押】一设备多抵，先抵押给甲没有登记；后又抵押登记给乙。关于担保物变价款的分配，如何排序？①乙的抵押权优先于甲的抵押权。②按照"公示先后"来排序，乙的抵押权登记"公示"在先。

②【押 1 和质 1：不同种类担保物权的竞合】(《民法典》第 415 条)

例 1：【一物质和押】一车，先出质给甲并交付，后抵押给乙并登记。关于担保物变价款的分配，如何排序？①甲的质权优先于乙的抵押权。②按照"公示先后"来排序，甲取得交付，甲的质权有占有"公示"在先。乙的抵押权登记公示在后。

```
A ←—质押合同+出质交付—→ 甲（公示在先 1）
  ↕ 抵押合同+抵押权登记
  乙（公示在后 2）
```

例 2：【一物押和质】一车，先抵押给甲并登记，后出质给乙。关于担保物变价款的分配，如何排序？①按照"公示先后"来排序，甲的抵押权优先于乙的质权，因为甲的抵押权登记"公示"在先。②假设先抵押给甲但未登记，还是按照"公示先后"来排序，乙的质权优先于甲的抵押权，因为乙的质权有"占有公示"，而甲的抵押权却没有公示。

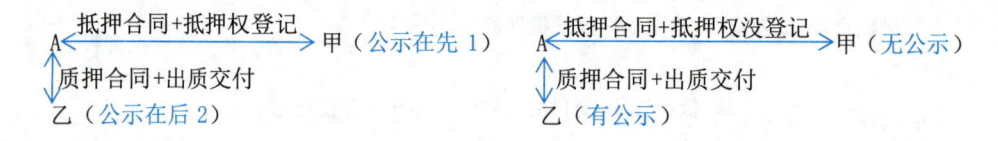

```
A ←—抵押合同+抵押权登记—→ 甲（公示在先 1）    A ←—抵押合同+抵押权没登记—→ 甲（无公示）
  ↕ 质押合同+出质交付                          ↕ 质押合同+出质交付
  乙（公示在后 2）                              乙（有公示）
```

◆ **原理**：为什么用"公示先后"来确定担保物权的顺位？①【先公开的是老大】因为公开了，你就是老大，符合物权的公示公信原则。②【抵押权登记在先则"押大"】比如你抵押公开在先，质在后，抵押权人是老大，质权人自甘风险，甘愿做老二。②【质权人占有在先则"质大"】比如你抵押合同在先但没公开，质在后，因为质虽然在后但它有出质转移占有的公开，所以，质权人是老大。

(2)【"债权比例"】如果都没有公示，比如两个动产抵押权都没有登记，那么按照债权比例来排序，分配抵押物的变价款。

例：【车押 1 和车押 2】甲车先抵押给乙，后抵押给丙，都签订了抵押合同但没有办理抵押权登记。关于担保物变价款的分配，如何排序？①按照乙的债权和丙的债权比例来分配。②因为大家都没有公示，而债权又具有平等性，故按比例分配。

```
甲 ←—抵押合同+无抵押权登记—→ 乙（动产抵押权人 无公示）
  ↕ 抵押合同+无抵押权登记
  丙（动产抵押权人 无公示）
```

5.【思维步骤："留老大"、"正常经营"、"价款优先"、"公示先后、债权比例"】

(1)【第 1 步：有修车吗？秒杀：后来居上】①修车的人"留老大"。②除非他自己自甘落后，比如修车人将车出质给他人。

(2)【第2步：有"正常经营"吗？秒杀：后来居上】车辆抵押后，抵押人将车辆出卖，则属于正常经营活动，购车人已经取得交付并且支付合理价款，构成"正常经营"的买方，因此取得车辆所有权，原来附着在该车上的抵押权消灭。

(3)【第3步，有赊销货物或者借款买货物吗？秒杀：后来居上】卖方或者出借方，10日内成为货物抵押权人并登记，则他们的"价款优先"，可以"插队"。

◆ **原理1**：为何第2步要先于第3步思考？①【价款优先和其他担保物权之间的内部PK】因为第3步讲的是登记动产抵押权，优先于其他担保物权。②【担保物权和所有权的外部PK】而第2步讲的是即使登记动产抵押权，也不能追及正常经营的购买方。③因此，从逻辑上，应该先思考动产是否有正常经营（外部：所有权大还是抵押权大），而后思考动产是否存在价款抵押权（内部：哪个抵押权更大）。

◆ **原理2**：第1步、第2步、第3步的思考是限于对动产的观察吗？①是。②因为动产才有留置权问题、动产才有正常经营问题、动产才有价款优先问题。

(4)【第4步："公示先后、债权比例"】同物押1和押2，或者同物押1和质2，都是看"公示先后"。

◆ **原理1**：为什么第3步要先于第4步思考？①因为第3步是"插队"，是"公示先后"的例外。②第4步是一般情况，即根据公示先后来判定物权的优先效力。③所以，从逻辑上讲，应该先思考是否有例外，而后思考一般。

◆ **原理2**：第4步的"公示先后"思考的是动产和不动产吗？①是。②动产设定多个担保物权或者不动产上设定多个担保物权，都存在"公示先后"的适用问题。③"公示先后"是处理担保物权竞合的最基本规定，它用于解决动产和不动产担保权的顺位问题。

6.【综合试题示范】

例1：【押、质、留】甲向乙借款5万元，并以一台机器作抵押，办理了抵押权登记。随后，甲又将该机器质押给丙。丙在占有该机器期间，将其交给丁修理，因拖欠修理费而被丁留置。如何排序？①第1步，留老大，不存在"自甘落后"情形。故丁最大。②第2、3步，不存在"正常经营"和"超级优先"。③第4步，公示先后，债权比例，乙抵押权登记公示在先，而丙的质权占有公示在后。乙>丙。④结论：丁>乙>丙。

```
          借款合同+抵押合同+抵押登记
甲 ───────────────────────────→ 乙（抵押权人：公示在先1）
↕ 质押合同+交付
                    维修合同+法定留置权
丙（质权人：公示在后2）←─────────────────→ 丁（留置权人：留老大）
```

例2：【押、押、质、留】同升公司以一套价值100万元的设备作为抵押，向甲借款10万元，未办理抵押登记手续。同升公司又向乙借款80万元，以该套设备作为抵押，并办理了抵押登记手续。同升公司欠丙货款20万元，将该套设备出质给丙。丙不小心损坏了该套设备送丁修理，因欠丁5万元修理费，该套设备被丁留置。甲、乙、丙、丁对该套设备享有的担保物权如何排序？①第1步，留老大，不存在"自甘落后"情形。故丁最大。②第2、3步，不存在"正常经营"和"超级优先"。③第4步，公示先后，债权比例。乙抵押权登记公示在先，丙质权占有公示在后，甲抵押权未登记没有公示。因此乙>

丙>甲。④结论：丁>乙>丙>甲。

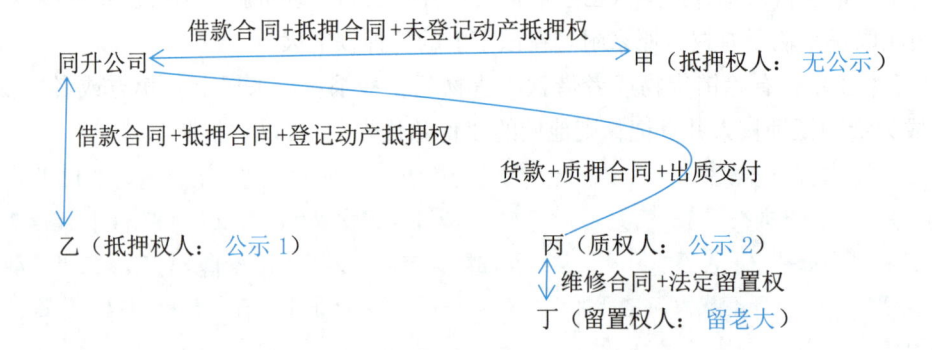

```
                    借款合同+抵押合同+未登记动产抵押权
同升公司  ←──────────────────────────  甲（抵押权人： 无公示）
  ↑
  │  借款合同+抵押合同+登记动产抵押权
  │                              货款+质押合同+出质交付
  ↓
乙（抵押权人： 公示 1）           丙（质权人： 公示 2）
                                  ↕ 维修合同+法定留置权
                                  丁（留置权人： 留老大）
```

秒杀
- ①【留老大，除非自甘落后】修车人老大（公示先后的例外）
- ②【正常经营】后来的买方所有权>此前抵押权（公示先后的例外）
- ③【价款优先】赊销出卖人或借款出借人可以"插队"（公示先后的例外）
- ④【公示先后】一般（抵押权的公示方法是登记、质权的公示方法是占有）
- ⑤【债权比例】平等（未登记的多个动产抵押权平等）

第二节　多物一债之银行的选择

案例导读：借款人届期不向银行还钱，但是有"自物保"、"人保 1"、"人保 2"、"他物保 1"、"他物保 2"，银行实现债权，将面临甜蜜的烦恼，即如何选择？答：①有约定，从约定。②无约定，自物优先、银行乱选。

一、什么是银行面临的甜蜜的烦恼？存在多个担保，债权人（银行）面临甜蜜的烦恼，怎么选择。

（一）【自物保】
1. 借款人向银行借款，由自己提供房屋，与银行签订抵押合同并且办理抵押权登记。
2. 银行取得抵押权，这种担保是主债务人自己提供的，我们称之为"自物保"。

（二）【人保】
1. 借款人向银行借款，由第三人提供保证，与银行签订保证合同。
2. 银行取得保证债权，这种担保是第三人提供的保证，我们称之为"人保"。人保只能由第三人提供，而不能由主债务人自己提供，因为我们不能自己给自己提供保证。

（三）【他物保】
1. 借款人向银行借款，由第三人提供房屋，与银行签订抵押合同并且办理抵押权登记。
2. 银行取得抵押权，这种担保是第三人提供的物保，我们称之为"他物保"，学理上还有一个形象的称呼叫"物上保证人"。

(四)【混合担保】

1.【自物保和人保】

(1) 借款人向银行借款,由自己提供房屋,与银行签订抵押合同并且办理抵押权登记。

(2) 由第三人提供保证,与银行签订保证合同。

(3) 借款人自己提供了自物保,第三人提供了人保。

(4) 既有人保,又有物保,我们把这种现象叫"混合担保"。

2.【他物保和人保】

(1) 借款人向银行借款,由第三人提供房屋,与银行签订抵押合同并且办理抵押权登记。

(2) 由第三人提供保证,与银行签订保证合同。

(3) 第三人提供了他物保,第三人提供了人保。

(4) 既有人保,又有物保,我们把这种现象叫"混合担保"。

◆ 原理:他物保和人保都是第三人提供的担保,他们有什么差异和联系?①【人保:砸人】保证人砸进去全部责任财产。债权人可就保证人全部的财产主张实现债权,我们将这些财产称呼为"责任财产"。②【他物保:砸物】他物保人"砸进去"特定物。债权人仅可就特定财产即担保物的变价款优先受偿。③【联系:很多规则相通】《担保制度解释》第 20 条规定,比如主债务变更、主债权转让、代偿后的追偿权和法定代位权、共同保证规则、债务加入对保证责任无影响,以上"人保"的这些规则也适用于他物保。具体是什么意思请参见本书在保证一章的介绍。

(五)【代偿】

1.【代偿】借款人到期不还款,由第三担保人(他物保人或者保证人)向银行还款,我们把这种行为叫"代偿行为"。

2.【可追】第三担保人"代偿"后,取得了对借款人(主债务人)的追偿权,可以向借款人追偿。因为第三担保人是"代人受过",不能白替主债务人还钱,故对主债务人有追偿权。

例:【银行面临的甜蜜的烦恼】甲向银行借款,甲用自己的房屋为银行设立了抵押权,乙和丙分别以自己房屋设立了抵押权,丁和戊向银行出具了承担连带保证责任的函。甲届期无力向银行还款,银行要求担保人承担担保责任,应如何主张?①【自物优先】银行须先找甲的自物保。②【银行乱选】此后银行可乱找乙、丙、丁、戊承担担保责任。③【外部可追】担保人代偿后全额追主债务人:乙或丙代偿后可全额追主债务人甲。丁或戊代偿后可全额追主债务人甲。④【内部分担与否】担保人代偿后,对主债务人不能追偿的部分,在担保人之间,启动"面对面可分担"、"背对背不可分担"规则,即担保人之间对内部分担有意思联络,则分担;担保人之间对内部分担没有意思联络,则不分担。

民法原理

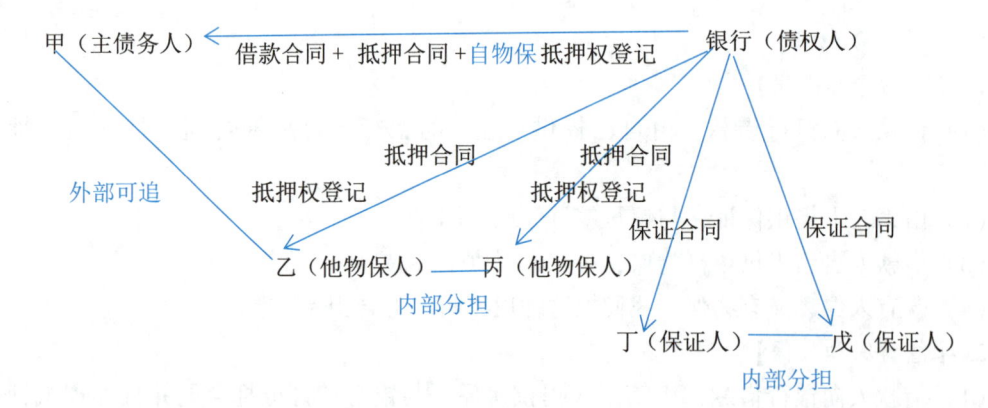

```
甲（主债务人） ←——借款合同 + 抵押合同 + 自物保 抵押权登记—— 银行（债权人）
                            抵押合同        抵押合同
   外部可追              抵押权登记       抵押权登记        保证合同    保证合同
        ↓      乙（他物保人）——丙（他物保人）         丁（保证人）——戊（保证人）
                    内部分担                               内部分担
```

二、有约定从约定

（一）【自物保和人保：当事人约定自物保不优先】

例：【自物保和人保：当事人约定自物保不优先】 甲向银行借款，用自己的房屋为银行设定抵押权并办理了登记手续。保证人乙提供保证，明确约定甲届期无力清偿时，银行可选择要求甲承担抵押责任，也可选择要求保证人乙承担责任。该约定有效吗？①有效。②如保证人乙承担责任，则其可取代银行地位，主张实现抵押权。③这叫担保人的"法定代位权"，即担保人代偿后可法定取代主债权人对主债务人的地位。参见《担保制度解释》第18条第1款。

```
           借款合同+抵押合同+自己房屋抵押登记
    甲 ←————————————————————————————— 银行：选择找保证人
                                        约定自物保不优先
         乙代偿后可对甲房屋有抵押权      ↓
                                     乙（保证人：代偿后有法定代位权）
```

（二）【自物保和他物保：当事人约定自物保不优先】

例：【自物保和他物保：当事人约定自物保不优先】 甲把设备先抵押给银行，担保乙公司向银行100万元借款，未抵押登记，合同约定即使乙公司向银行提供物的担保，银行仍可选择要求实现该设备的抵押权。乙公司将自有房产抵押给银行也担保该100万元借款，办了抵押登记。乙公司届期不能清偿贷款。银行如何主张担保物权？①可以选择就设备主张实现抵押权。②因为当事人有明确约定，故此处不能适用主债务人物保优先规则即"自物优先规则"。③甲承担责任后，可取代银行地位，主张对乙的房屋实现抵押权。④这叫担保人的"法定代位权"，即担保人代偿后可法定取代主债权人对主债务人的地位。参见《担保制度解释》第18条第1款。

```
           借款合同+抵押合同+自己不动产抵押登记
    乙 ←————————————————————————————— 银行：选择找他物保人
                                        约定自物保不优先
         甲代偿后可对乙不动产有抵押权     ↓
                                     甲（他物保人：代偿后有法定代位权）
```

（三）【他物保和他物保：当事人约定按份共同抵押】（《担保制度解释》第20条）

例：【他物保和他物保：当事人约定按份共同抵押】 甲向银行借款100万元，乙将房屋抵押给银行担保其中的40万元，丙将房屋抵押给银行担保其中的60万元，均办理了抵押权登记。甲届期无力清偿，银行如何主张抵押权？①可找乙房要40万元，乙代偿后追甲40万元。②可找丙房要60万元，丙代偿后可追甲60万元。③乙、丙之间不发生"内部追偿"关系，因为他们本来是按自己份额承担责任。

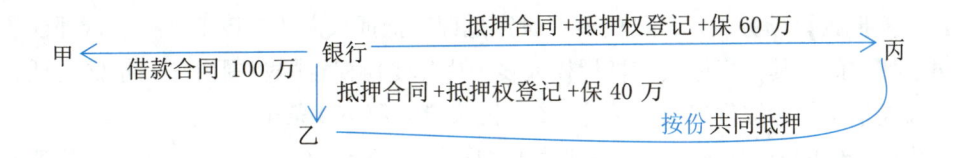

```
                    抵押合同+抵押权登记+保60万
        甲 ←借款合同 100万— 银行 ─────────────────→ 丙
                        ↓ 抵押合同+抵押权登记+保40万
                        乙 ──────按份共同抵押──────
```

（四）【人保和人保：当事人约定按份共同保证】（《民法典》第699条）

例：【人保和人保：当事人约定按份共同保证】甲向银行借款100万元，乙和丙向银行提供保证，乙和银行的保证合同、丙和银行的保证合同，均明确约定，乙保证责任份额为40万元，丙保证责任份额为60万元。甲届期无力清偿，银行如何主张保证债权？①可向乙要40万元，乙代偿后可追甲40万元。②可向丙要60万元，丙代偿后可追甲60万元。③乙、丙之间不发生"内部追偿"关系，因为他们本来是按自己份额承担责任。

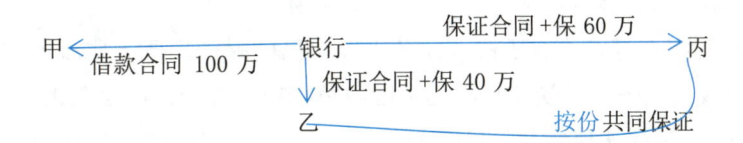

```
                        保证合同+保60万
        甲 ←借款合同 100万— 银行 ─────────────→ 丙
                        ↓ 保证合同+保40万
                        乙 ──────按份共同保证──────
```

三、自物保优先

（一）【自物保和人保：自物保优先】

债权既有主债务人自己的物的担保，又有人的担保，无约定时，债权人应先就该物的担保实现债权。（《民法典》第392条）

例：【混合担保：自物优先】陈某向贺某借款20万元，借期2年。张某为该借款合同提供保证担保，担保条款约定，张某在陈某不能履行债务时承担保证责任，但未约定保证期间。陈某同时以自己的房屋提供抵押担保并办理了登记。如果贺某打算放弃对陈某的抵押权，并将这一情况通知了张某，张某表示反对。如何评价贺某的放弃行为？①抛弃是单方法律行为，无须张某同意。②贺某放弃抵押权，则张某在贺某放弃权利的范围内免除保证责任，因为自物保优先，债权人应先找主债务人的自物保实现债权。

```
        陈某 ─借款合同20万+抵押合同+房屋抵押登记 优先→ 贺某：放弃自物保
                    ↓保证合同
                    张某：相应免责
```

◆ 原理：如何理解债权人放弃"自物保"后，其他担保人在债权人丧失优先受偿权益范围内免责？①【80万房屋保100万主债】甲欠银行100万元，用自有价值80万元房屋设定抵押，乙提供保证。②【放弃 80 万房屋】如银行放弃抵押价值 80 万元，则乙免责 80 万元，剩余部分继续承担保证责任。③【如放弃 200 万房屋】如房屋已经升值为 200 万元，银行还放弃抵押，则银行"丧失优先受偿权益"的范围是 200 万元，而主债权是 100 万元，故保证人（免责 200 万元）不需要承担保证责任。④【结论：放弃多少免多少】。

（二）【自物保和他物保：自物保优先】

1.【抵押权】债务人以自己的财产设定抵押，抵押权人放弃该抵押权、抵押权顺位或者变更抵押权的，其他担保人在抵押权人丧失优先受偿权益的范围内免除担保责任，但是其他担保人承诺仍然提供担保的除外。（《民法典》第 409 条第 2 款）

例：【自物保和他物保，自物保优先】甲向银行借款 100 万元，用自有房屋设定抵押并办理了抵押权登记。乙用房屋为银行设定抵押也办理了抵押权登记。甲届期无力还款，<u>银行如何主张抵押权？</u>①银行先就甲的房屋实现抵押权。②债权尚未受偿部分，就乙的房屋实现抵押权。

```
            借款合同+抵押合同+自己房屋抵押登记  优先
     甲 ←────────────────────────────────── 银行
                                            │
                          抵押合同+房屋抵押登记
                                            ↓
                                            乙
```

2.【质权】质权人可以放弃质权。债务人以自己的财产出质，质权人放弃该质权的，其他担保人在质权人丧失优先受偿权益的范围内免除担保责任，但是其他担保人承诺仍然提供担保的除外。（《民法典》第 435 条）

（三）【自物保、人保和他物保：自物保优先】

例：【自物保、人保和他物保，自物保优先】甲向银行借款 100 万元，用自有房屋设定抵押并办理了抵押权登记。乙用房屋为银行设定抵押也办理了抵押权登记。丙为银行提供了连带保证。甲届期无力还款，<u>银行如何主张抵押权？</u>①银行先就甲房屋实现抵押权。②债权尚未受偿部分，可选择找乙的房屋实现抵押权或者丙承担保证责任。

```
            借款合同+抵押合同+自己房屋抵押登记 优先    选 保证合同
     甲 ←────────────────────────────────── 银行 ──────────→ 丙（保证人）
                                            │选
                          抵押合同+抵押登记    │
                                            ↓
                                          乙（他物保人）
```

◆ 原理：为什么要坚持"自物保"优先适用？①【一了百了】债权人先主张自物保，受偿债权后当事人法律关系消灭，主债消灭、保证人责任消灭、他物保也消灭。让终局责任人即主债务人直接还钱是最简单的，能够解放自己、解放银行、解放第三担保人，即全部解放。②【避免诉累】反面推理，如果允许债权人先找保证人或他物保人（统称第三担保人），则第三担保人代偿后，还要去向主债务人追偿，这增加了诉累。

四、债权人可选择

（一）【自物优先和"人""物"可选：混合担保】

债权既有他人提供物的担保，又有人的担保，债权人可选择主张物的担保或者人的担

保实现债权。(《民法典》第 392 条)

例:【混合担保的自物优先和"人""物"可选】甲公司将 1 台挖掘机出租给乙公司,为担保乙公司依约支付租金,乙公司自己用房屋给甲公司设定抵押并办理了抵押权登记,丙公司担任连带保证人,丁公司以机器设备设置抵押。乙公司欠付 10 万元租金。甲公司如何主张权利?①甲公司应先就乙公司的房屋实现抵押权。②此后未受偿部分,甲公司可要求丙承担保证责任,甲公司也可要求丁承担抵押担保责任。

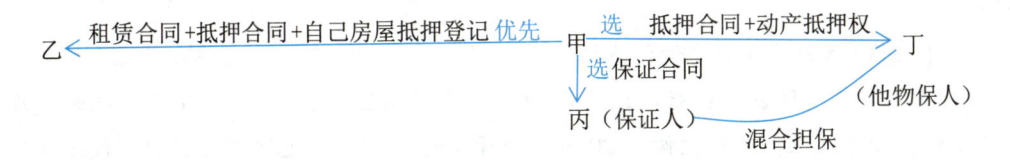

```
         租赁合同+抵押合同+自己房屋抵押登记 优先      选   抵押合同+动产抵押权
   乙 ←────────────────────────────── 甲 ─────────────────────── 丁
                                      ↓选 保证合同
                                      丙(保证人)              (他物保人)
                                              混合担保
```

(二)【自物优先和"人""人"可选:法定"拟制"连带共同保证】

两个以上保证人未约定主债权份额,为共同保证。债权人可要求任一保证人承担全部保证责任。(《民法典》第 699 条和《担保制度解释》第 20 条)

例:【自物优先和"人""人"可选】甲向银行借款 100 万元,甲用房屋给银行办理了抵押权登记,丙、丁分别向乙银行出具承担连带保证责任的担保函,没有约定保证份额。甲届期无力还款,银行如何主张担保权?①乙银行应先就甲的房屋实现抵押权。②此后可以要求丙或者丁承担全部保证责任。

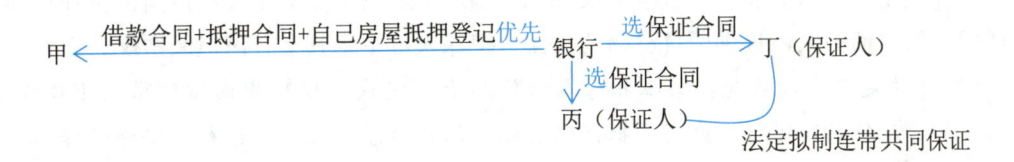

```
         借款合同+抵押合同+自己房屋抵押登记 优先      选 保证合同
   甲 ←────────────────────────────── 银行 ─────────────────── 丁(保证人)
                                       ↓选 保证合同
                                       丙(保证人)
                                            法定拟制连带共同保证
```

(三)【自物优先和"物""物"可选:法定连带共同抵押】

两个以上抵押人担保同一债权,未约定担保份额,为共同抵押。债权人可要求任一抵押人承担全部抵押责任。(《担保制度解释》第 20 条)

例:【"物""物"可选】甲对乙享有债权 500 万元,乙提供房屋抵押并办理了抵押权登记。此后在丙和丁的房屋上设定了抵押权,均办理了抵押权登记,且均未限定抵押物的担保金额。其后,甲将其中 200 万元债权转让给戊,并通知了乙。乙到期清偿了对甲的 300 万元债务,但未能清偿对戊的 200 万元债务。戊如何实现抵押权?①【自物保优先】戊先就乙的房屋实现抵押权。②【"物""物"可选】戊可就任一房屋行使抵押权,再就任一房屋行使抵押权弥补不足。戊可同时就两房屋行使抵押权,各实现任意比例债权。

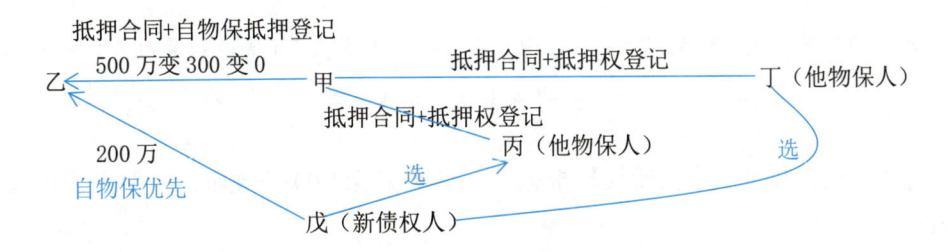

```
         抵押合同+自物保抵押登记                抵押合同+抵押权登记
         500 万变 300 变 0                                        丁(他物保人)
   乙 ──────────────────────── 甲
                                  抵押合同+抵押权登记
         200 万                                丙(他物保人)        选
         自物保优先         戊(新债权人)    选
```

五、第三担保人代偿后有法定的追偿权和代位权

（一）【追偿权】

1.【法定追偿之债】根据《担保制度解释》第18条规定，担保人承担担保责任或赔偿责任后，在承担责任范围内有权向主债务人追偿。

2.【追偿之债劣后于主债权】根据《民法典》第700条规定，担保人追偿权劣后于主债权。

例：【主债权>担保人的追偿之债权】甲向银行借款100万元，乙作为保证人提供了连带保证。甲届期没有还款，银行找到乙承担保证责任，乙"代偿了"20万。此时发现甲有20万元，如何处理？①乙代偿了20万，属于部分代偿，但也可以追偿，"代多少追多少"，乙可向甲追偿20万元。②银行还可找甲要剩余的80万元。③优先满足银行，甲的20万都给银行。

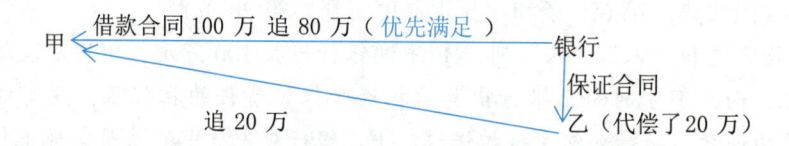

```
          借款合同 100 万  追 80 万（优先满足）
甲 ←──────────────────────────────── 银行
                                    保证合同
          追 20 万                  乙（代偿了20万）
```

（二）【代位权】

1.【法定代位权】根据《担保制度解释》第18条规定，担保人承担担保责任或赔偿责任后，如主债务人还提供了自己物的担保，担保人可主张其享有该担保物权。

例：【约定不自物优先：第三担保人代偿后有法定代位权】甲向银行借款100万元，用自己的房屋抵押给银行，办理了抵押权登记。乙作为保证人，向银行提供连带保证，明确约定"不自物优先"，银行可选择要求乙承担保证责任。甲到期没有还款，银行要求乙承担保证责任。乙代偿后，能否对甲的房屋主张抵押权？①可以。②【追偿之债】乙代偿后，既可选择以追偿债权人身份向甲追偿。③【法定代位权】乙代偿后，也可选择以法定代位权身份即代替银行的位置向甲主张债权同时主张抵押权。

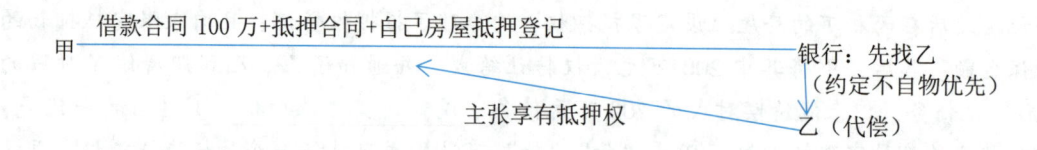

```
     借款合同 100 万+抵押合同+自己房屋抵押登记
甲 ←──────────────────────────────── 银行：先找乙
                                       （约定不自物优先）
          主张享有抵押权                乙（代偿）
```

◆ **原理**：既然第三担保人代偿后，可以向主债务人追偿，为什么还要规定"代位权"？①【追偿之债是普通债权】乙代偿后，可以向甲追偿，这是普通债权。②【法定代位取得担保物权】乙代偿后，可以取代银行，银行原来对甲的房屋享有抵押权，因此，乙也因此对甲的房屋享有抵押权，这样乙对甲的债权就变成了有担保物权保障的债权了。③【破解"觅保"难题】这么规定，更加有利于保护第三担保人的合法权益，鼓励第三担保人提供担保，帮助中小企业解决"觅保"难问题。

2.【法定代位权劣后于主债权】根据《民法典》第700条规定，担保人代位权劣后于主债权。

六、第三担保人内部分担："面对面"可分担、"背对背"不分担

（一）【面对面：内部分担】（《担保制度解释》第 13 条）

1.【面对面】两个以上第三担保人之间有意思联络，则代偿后向主债务人追偿不能部分，由担保人之间内部分担。

2.【4 种面对面】四种情形视为担保人之间有意思联络

（1）担保人之间约定相互追偿和分担份额。

（2）担保人之间约定相互追偿但未约定分担份额。

（3）担保人之间约定连带共同担保。

◆ 原理：如何区分《担保制度解释》第 13 条说的"约定的连带共同担保"和《民法典》第 699 条说的"连带共同担保"？①【意定连带共同担保】第三担保人明确约定彼此是连带共同担保，这种连带是由当事人约定产生，而不是由法律规定产生，我们将这种连带共同担保称为"意定连带共同担保"。这一情形下，担保人之间内部要分担。②【法定连带共同担保】法律规定也会产生"连带共同担保"，来自《民法典》第 699 条，"没有约定保证份额的，债权人可以请求任何一个保证人在其保证范围内承担保证责任。"我们把这条规定的"连带共同担保"称为法定连带共同担保，因为并非担保人之间明确约定为连带。所以，法定连带共同担保人之间内部是否分担，仍然要启动《担保制度解释》第 13 条，如果担保人属于面对面，则可分担；如果担保人属于背对背，则不分担。

（4）担保人在同一份合同书上签名。

◆ 原理：为什么在同一合同书上签字、盖章或按指印的，可以认定构成约定的连带共同担保？①在同一页纸上签字、盖章或按指印，说明各个担保人彼此知情，具有"连带"的意思联络和沟通，所以认定彼此之间内部可分担。②如果在不同的纸上签字、盖章或按指印，说明彼此之间不认识，也没有意思联络和沟通，所以认定彼此之间内部不分担。

3.【2 种分担方法】

（1）【直接分担】担保人之间约定相互追偿和分担份额，因为有约定要从约定。

例：【有约定分担比例从约定：直接分担】甲向银行借款 100 万元，乙、丙提供连带共同保证，约定乙、丙之间可以分担，各自分担一半。甲到期不能还款，如何处理？①银行可要求乙或丙承担 100 万。②如果乙承担了 100 万，可以直接要求丙分担 50 万。③如果丙承担了 100 万，可以直接要求乙分担 50 万。④担保人内部分担，有约定从约定，因此都不以先向主债务人甲追偿为前提。

```
         借款100万
     甲 ←────── 银行
                │  保证合同
         保证合同│
                ↓
         乙 ←──────────→ 丙
            内部直接分担
```

（2）【先追后分担：穷尽追偿主债务人后才内部分担】①担保人之间约定相互追偿但未约定分担份额。②担保人之间约定连带共同担保。③担保人在同一份合同书上签名。

例：【无约定分担比例：先穷尽主债务人后再内部分担】甲向银行借款 100 万元，乙、丙提供连带共同保证，约定乙、丙是连带关系。甲到期不能还款，如何处理？①【银行可

选】银行可要求乙或丙承担100万。③【先追后分担】如果乙承担了100万,应该先向甲去追偿,追不到的部分,才能要求丙分担。假设追到了20万,还剩余80万,则可向丙要求分担40万。④如果丙承担了100万,也如上处理。

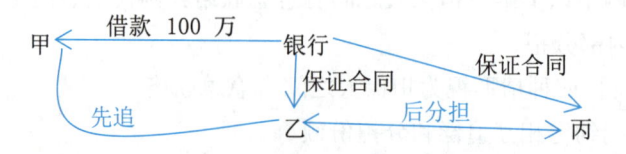

```
       借款 100 万      银行
   甲 ──────────→   ↙    ↘
                保证合同    保证合同
                  ↓          ↘
       先追            后分担
   甲 ←────── 乙 ──────────→ 丙
```

(二)【背对背:内部不分担】(《担保制度解释》第13条)

两个以上第三人担保人之间无意思联络,则代偿后可向主债务人追偿,但担保人内部不分担。

例:【担保人之间无意思联络:内部不分担】甲对乙有到期债权,丙提供房屋抵押,丁提供保证,丙、丁互不知情。乙到期不履行债务,甲实现抵押权后,丙先向主债务人乙追偿,追偿不到的,可以要求丁分担吗?①不能。②【背对背】因为丙、丁提供担保时没有意思联络。

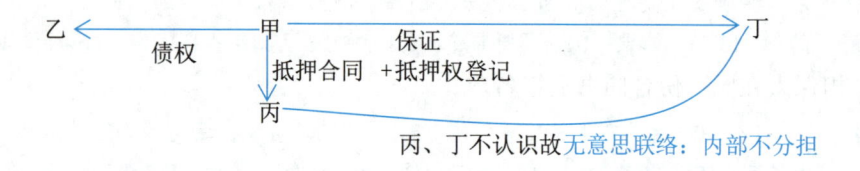

```
                    甲           保证
   乙 ←──────────         ──────────→ 丁
         债权      抵押合同 +抵押权登记        ↑
                    丙  ──────────────────┘

            丙、丁不认识故无意思联络:内部不分担
```

◆ **原理**:为何"背对背"的担保人之间不分担?①【从属性】担保的从属性,一旦有担保人代偿,则主债消灭,会导致其他担保人责任消灭。②【符合各自预期】符合提供担保人的合理预期,他们本来就做好了自己兜底的准备。③【不能是连带责任】外部观察,债权人可以选择任一担保人承担全部责任。内部观察,如果允许无意思联络的担保人之间内部分担。如此一来,就变成了"对外连带、内部按份",合并起来就是无意思联络的担保人之间属于"连带责任"。④【连带责任比较重】连带责任比较重,需要法律明确规定或当事人约定(《民法典》第178条)。既然是无意思联络,自然是没有当事人约定。同时也没有任何法条明确规定。⑤因此,"背对背",不分担。

(三)【第三担保人"收购债权"是代偿而不是"债权转让",仍适用《担保制度解释》第13条】(《担保制度解释》第14条)

第三担保人受让债权的,属于代偿行为,其能否要求其他担保人分担,取决于是否有意思联络,依照《担保制度解释》第13条处理。

例:【担保人不配购买主债权】甲向银行借款100万元,由乙和丙提供连带保证,乙、丙彼此不知情。甲到期不能还款,乙拿出100万从银行购买该债权,此后乙主张自己取代银行的地位,向丙追偿全部100万元。乙的主张能否成立?①否。②【拟制代偿】乙购买主债权的行为,视为是代偿行为。③【启动面对面和背对背规则】乙代偿后,能否要求丙分担,要看乙、丙提供担保时是否有意思联络。④【背对背不分担】本案中,乙、丙之间不知情,属于无意思联络,因此乙代偿后只能向甲追偿,不得要求丙分担,更不能向丙主张100万。

```
甲 ←——— 银行
    100万  ↖
追          保证合同
↓ 100万   收购合同视为代偿行为         保证合同
           内部不分担
    乙 ————————————————————— 丙
```

◆ **原理**：为什么《担保制度解释》第 14 条将第三担保人收购主债权的行为视为代偿行为？①如果我们将乙（第三担保人）收购行为视为收购行为，那么，乙就取代了银行之后就可以向丙追偿全部的 100 万元。②如此一来，就会彻底的架空《担保制度解释》第 13 条规定的根据担保人之间是否有意思联络来确定他们内部能否追偿的规则。③所以，《担保制度解释》第 14 条，是第 13 条的"护航法条"。

七、银行面临甜蜜的烦恼的体系

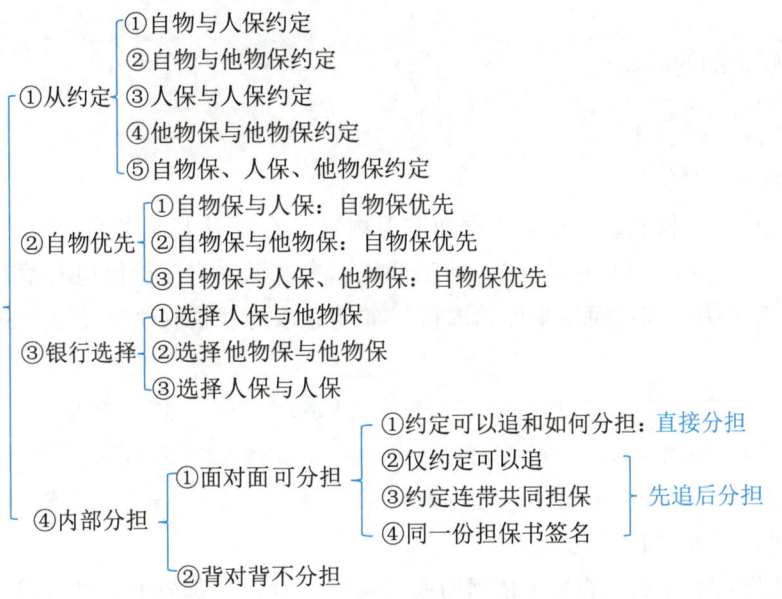

```
           ┌ ①自物与人保约定
           │ ②自物与他物保约定
①从约定 ──┤ ③人保与人保约定
           │ ④他物保与他物保约定
           └ ⑤自物保、人保、他物保约定

           ┌ ①自物保与人保：自物保优先
②自物优先 ┤ ②自物保与他物保：自物保优先
           └ ③自物保与人保、他物保：自物保优先

           ┌ ①选择人保与他物保
③银行选择 ┤ ②选择他物保与他物保
           └ ③选择人保与人保

           ┌                  ┌ ①约定可以追和如何分担  直接分担
           │                  │ ②仅约定可以追
④内部分担 ┤ ①面对面可分担 ┤ ③约定连带共同担保    先追后分担
           │                  └ ④同一份担保书签名
           └ ②背对背不分担
```

终极秒杀：①从约定。②自物优先。③银行选择。④面对面可分担、背对背不分担。

第四章 物权变动

案例导读：人生一世，衣食住行。穿的衣服和吃的东西是"普通动产"，住的房屋是"不动产"，开的汽车是"特殊动产"。动产变成谁的了？不动产变成谁的了？特殊动产变成谁的了？是因为"投胎"来的吗（比如继承：非基于法律行为物权变动）？还是"淘宝"来的（比如买卖：基于法律行为物权变动）？这是本章需要讨论的问题，即"物权变动"。

第一节 物权变动基础

一、物权变动的概念

（一）【物权的设立】

1.【原始取得物权】

非依他人既存的权利或意思为依据而取得物权。（1）【基于事实行为而发生原始取得】如劳动生产（木材制作成椅子）、合法建设、先占无主物（拾得他人抛弃的旧书桌）等。（2）【基于法律规定而发生原始取得】如善意取得、收取孳息（存款的利息）、征收等。

◆ **原理**：为什么原始取得属于非基于他人权利或他人意思的取得？①比如劳动取得，此前不存在他人，谈不上他人的权利或意思。②比如母鸡生蛋，也不存在他人的权利或意思。比如国家征收税，不存在他人的意思。③比如善意取得，不基于原物权人的意思，而是基于法律的规定取得。

2.【继受取得物权】

基于他人既存的权利或意思为依据而取得物权。（1）【移转的继受取得】就他人的物权依其原状而取得（实质上是物权主体的变更）。如基于有效的买卖合同受让房屋所有权、继承取得物权、受遗赠取得物权以及因企业合并而取得物权。（2）【创设的继受取得】对既存的物权进行内容上的限制而产生新的物权。如在国家所有的土地上设立建设用地使用权、在他人动产上设立抵押权或者质权。

◆ **原理**：为什么继受取得是基于他人权利或他人意思的取得？①比如基于买卖合同的取得，就是基于出卖人的意思而取得。②比如基于继承的取得，就是基于死者的权利而取得；如果是遗嘱继承的话，还要基于死者的遗嘱即意思而取得。

秒杀：①善意取得是原始取得。②继承取得是继受取得（"继""继"）。

（二）【物权的变更】

1.【物权内容的变更】如抵押权所担保的主债权的部分实现。

2.【物权客体的变更】如火灾毁损房屋引起物权客体变更。

（三）【物权的消灭】

1. 【物权绝对消灭】如所有权因标的物灭失而消灭。

2. 【物权相对消灭】如房屋所有权人因为买卖而发生变化，相对于出卖人而言意味着物权的消灭，相对于买受人而言意味着物权的取得。

二、物权变动的原则

（一）【公示原则】公示原则在于使人"知"，公开了才能排他。

1. 【公示原则】物权的变动要以法定的公示方式进行才能发生相应法律效果的原则。可由外部辨认的表征，就是物权变动的公示方法。

2. 【不动产物权变动的公示方法：登记】不动产物权变动以登记为公示方法。如在房屋上设定抵押权，如果不以一定的方式表现出该抵押权的存在，那么，不知该抵押权存在的购买该房屋的第三人就可能蒙受损害。

3. 【动产物权变动的公示方法：交付】动产物权的变动以交付为公示方法。所谓交付，就是我交给你，表现出来的状态是转移占有。占有，本身就是一种公示。交付就是换一个人占有，因此，交付是动产物权变动的公示方法。

◆ 原理：物权变动为什么要坚持公示原则？①【对世性】物权具有绝对排他的效力，可以对抗一切人，又称对世权。②【公示】物权一旦发生变化，只有公开表示出来，让外人知情，才能透明法律关系，避免第三人遭受损害，维护交易安全。③【谁的快递谁收】比如我们在"淘宝"购物，收到快递（交付即占有转移）时，所有权才由商家转归买家。

（二）【公信原则】公信原则在于使人"信"，即使登记错误，也"将错就错"，以保护当事人信赖利益。

1. 【公信原则】（1）【信赖】物权变动依法定方式公示的，就具有使一般人信赖它是正确的效力。（2）【错了也可信赖】即使公示的物权状态与真实的物权状态不符，对于因为信赖公示出来的物权而从事物权交易的人，法律仍然承认这个人获得与真实物权状态相同的法律效果。（3）【公示有权利推定效力】一般推定占有动产的人是所有权人，一般推定不动产登记的所有人是所有权人。

2. 【适用限制："内外有别"】公信原则不适用于内部关系，仅适用于外部关系。内部关系是指登记名义人与真实权利人之间的法律关系。外部关系是指登记名义人与第三人之间的法律关系。

（1）【公信原则不适用于内部关系】在登记名义人与真实权利人的法律关系之间，真实权利人可以提供证据证明自己是物权人或者债权人，此时不能仅根据权利的外观推定登记名义人是物权人或者没有变更登记的义务。

例1：【共有房屋离婚分割："错了就要改"】夫妻共有房屋，登记在单方名下，这属于登记错误。在内部关系上，如果离婚，仍然要分割该套房屋，因为该房屋是归夫妻共同共有。

例2：【房屋代持协议：委托合同】甲出钱，乙出名，签订房屋代持协议，约定由乙与开发商签订房屋买卖合同，后乙取得房屋所有权登记。在甲、乙内部关系上，甲虽然不可以起诉确认其为物权人，但是可以起诉请求乙变更登记，将房屋过户到甲名下。乙不得以自己为登记所有权人为由抗辩拒绝配合给甲办理所有权变更登记。

(2)【公信原则适用于外部关系】在登记名义人与第三人进行物权交易时，第三人可取得物权，真实权利人只能要求登记名义人损害赔偿。因真实权利人声称的物权没有以客观外在的形式向社会公开，不能得到法律的保护，并且第三人受公信原则的保护。

例1：【老公背着老婆卖房："可将错就错"】夫妻共有房屋，登记在老公一方名下，这属于登记错误。在对外关系上，如果老公"背着"老婆无权处分将夫妻共有的房屋出卖给不知情的第三人，第三人支付了合理价格并且完成过户登记，第三人可以主张善意取得房屋所有权。

例2：【房屋代持协议：受托人处分房屋是有权处分】甲出钱，乙出名，签订房屋代持协议，约定由乙与开发商签订房屋买卖合同，后乙取得房屋所有权登记。乙将房屋出卖并过户给丙，这属于有权处分，丙可取得房屋所有权。

◆ **原理：**为什么要坚持公信原则？①公信原则赋予物权的公示以绝对的效力，保护信赖物权公示的善意第三人，维护交易的安全与交易效率。②物权变动的公信原则，与商法中的外观主义有异曲同工之妙，都是在维护交易安全时坚持外观主义。不涉及交易安全时，还是要实事求是。

秒杀：有交易就要公示。有交易才有公信。

三、物权变动的原因

(一)【基于法律行为的物权变动】
行为人有权处分，相对人基于有效法律行为，完成公示，而产生的物权变动。

◆ **原理：**为什么将物权变动区分为基于法律行为的物权变动和非基于法律行为的物权变动？①对于我们个人来讲，所有的财产追根溯源，都是基于法律行为而取得的。②对于国家来讲，非基于法律行为取得物权更加常见。

1.【基于法律行为的物权变动的3种情形】
(1)【基于单方法律行为导致物权变动】如抛弃电脑。(2)【基于双方法律行为导致物权变动】如买卖合同、抵押合同、赠与合同。(3)【基于多方法律行为导致物权变动】设立公司之出资行为，股东将其建设用地使用权让渡给公司。

2.【基于法律行为的物权变动的3个要件】方志平将其取名为"基3"。
(1)【有权处分】基于法律行为发生物权变动，行为人必须有处分权。

例：【有权处分与无权处分】甲电脑出借给乙使用，乙擅自将该电脑以自己名义以市价出卖给不知情的丙并完成交付。如何评价乙、丙的交易？①【追认："基3"】如果甲追认乙、丙合同，则乙、丙合同正常有效，乙属有权处分，丙属于基于法律行为取得电脑物权，是继受取得。②【不追认："非基"之善意取得】如果甲不追认乙、丙合同，乙、丙合同仍然有效，但乙属于无权处分，则丙是基于善意取得取得电脑物权，属于非基于法律行为取得物权，是原始取得。③【债】从债的角度观察，无权处分的合同是否被追认，合同都是有效的。④【物："基3"和"非基"之善意取得的重要差异，对第三人的要求不同】从物的角度观察，如果是被追认的合同，是有权处分，我们就不要求丙善意、价格合理，完成公示丙就可以取得所有权。如果是没被追认的合同，是无权处分，我们就要求丙善意、价格合理和完成公示才可以取得所有权。

```
           借用合同                    ①甲追认变成有权处分，乙、丙之间启动"基3"
    甲 ←——————→ 乙的无权处分合同有效
                                      ②甲不追认无权处分，乙、丙之间启动善意取得
```

（2）【法律行为有效：《民法典》第143条】只有法律行为有效，才可能发生"基于法律行为的物权变动"。如果法律行为无效，则不能发生"基于法律行为的物权变动"。

例：【傻瓜扔东西：抛弃行为无效】完全不能辨认自己行为的精神病人甲将自己的手表丢向路边，被乙拾得。如何评价手表的物权状态？①【抛弃】抛弃属于单方法律行为，行为人必须具有完全民事行为能力。②【无人】甲是无民事行为能力人。③【无人行为一概无效】甲的抛弃行为因不具备民事行为能力而无效。④【遗失物】故手表属于遗失物，而非无主物。⑤【返还】拾得遗失物人需要"物归原主"，遗失物不适用先占制度，故乙不能依据先占取得手表所有权。⑥【返还原物请求权】甲是物权人，有权要求无权占有人乙返还原物。⑦【法定代理】该权利由甲的法定代理人代为实施。

◆ **原理：**什么是"学理上"的物权行为无因性理论？①【物权行为】所谓物权行为，就是物权变动中动产的交付行为、不动产的登记行为。②【无因】所谓无因，字面意思是"没有原因"。指的是在基于法律行为的物权变动中，物权变动中动产的交付行为、不动产的登记行为是独立的，不会因为原因行为（即法律行为比如合同行为）的无效而受到任何影响。③【德国法上的无因性理论】德国法上的无因性理论认为，当事人签订的房屋买卖合同被宣告无效、被撤销而溯及无效情况下，如果房屋已经完成了过户登记，则买方直接取得房屋所有权，不受合同无效的影响。因为出卖人将房屋过户给买方，这个过户登记行为本身就是物权行为，它是独立于合同的。"合同无效不影响物权变动"，说的就是"物权行为无因性理论"。可见，根据"物权行为无因性理论"来保护交易安全，无须考虑第三人主观上是善意还是恶意，一概直接让第三人取得房屋所有权。③【我国法不承认无因性理论】我国法律不承认物权行为无因性理论，因此，法律行为一旦无效，则绝不能发生"基于法律行为的物权变动"，只可能发生"非基于法律行为的物权变动"，即"善意取得"。我国法通过《民法典》第311条规定的善意取得制度来保护交易安全，效果杠杠的，无须照搬照抄德国法的规则。

（3）【完成公示】①基于法律行为的不动产物权变动必须完成登记。②基于法律行为的动产物权变动必须完成交付。③除非法律另有规定：比如保留所有权买卖中，当事人约定，虽然标的物交付给了买受人，但是仍由出卖人保留所有权。

例：【房屋买卖合同与房屋所有权变动】甲、乙签订房屋买卖合同，乙已经付款，取得房屋占有。谁是房屋所有权人？①【登记人】甲是房屋所有权人。②【钥匙人】因乙没有取得过户登记，未完成公示，故乙不是房屋所有权人。乙只是债权人，可基于合同请求甲履行合同义务即配合办理房屋过户登记手续。③【有权占有】乙基于房屋买卖合同而占有房屋，属于基于债权的占有，具有相对性，可以对抗出卖人甲。既然乙对房屋的占有相对于甲属于有权占有，故甲不得要求乙返还房屋。

甲（登记人） ←房屋买卖合同+已经付款 +已经交付→ 乙（钥匙人：有权占有）

◆ **原理**：如何用"物债二分思维"来分析快递小哥送错快递？①【送错了快递】对门的快递送到你家了，启动物债二分思维来分析。②【对门"有债权无物权"】对门有合同，法律行为有效。但是有物权变动吗，没有，因为没有交付给对门，尚未完成"公示"。所以快递的物权不归对门，商家没有完成交付，对门可诉商家违约。③【你家"有物没物权没债权"】你家有快递，完成公示。但你有合同吗，没有，既然没有法律行为，就不会发生"基于法律行为的物权变动"。所以快递的物权也不归你，你得把快递退回给商家。你买没买东西你自己当然心里有数。④【卖方启动指示交付】你退给商家，商家再交给对门，这样比较麻烦。可以怎么办？商家可以指示你交付给到对门。

（二）【非基于法律行为的物权变动】

基于事实行为或者事件，直接根据法律的规定而发生物权变动。

1.【非基于法律行为的物权变动的情形】（1）建造物权。（2）文书物权。（3）善意取得。（4）继承物权。（5）先占物权。（6）遗失物物权。（7）添附物权等。

2.【非基于法律行为的物权变动要件】非基于法律行为的物权变动一般不要求登记或交付，但也有例外，看下文介绍。

秒杀
①区分"基"和"非基" { ①【基】基3：有权处分+法律行为有效+完成公示
　　　　　　　　　② 【非基】善意取得、继承等
②"基"中再区分"债"和"物" { ①【债】合同有效，《民法典》第143条
　　　　　　　　　② 【物】物权变动，房屋过户和汽车交付
③【套娃："基3"中有143】基于法律行为物权变动要检讨《民法典》第143条

第二节　非基于法律行为的物权变动

一、建造、文书、继承物权

（一）【建造物权】

因合法建造、拆除房屋等事实行为设立或者消灭物权的，自事实行为成就时发生效力（《民法典》第231条）。

例：【建造物权】甲公司在其建设用地使用权上建设房屋，该房屋所有权归谁？①甲。②甲基于事实行为取得房屋所有权，属于原始取得，不是继受取得。③拆除房屋也同理，房屋被拆除了，物没了，物权消灭了。即使房本还在，房屋所有权自拆除时消灭，房屋所有权不是注销登记时消灭，因为这不是基于法律行为的物权变动，不采用登记生效主义。

（二）【文书物权】

自法律文书或者人民政府的征收决定等生效时发生物权变动的效力（《民法典》第229条）。

1.【文书物权的文书限于：诉讼中的"形成文书"和执行中拍卖裁定书】

所谓文书物权中的文书，是指2种：诉讼中的"形成"文书（诉讼程序中的判决书或

调解书生效日）和执行中的裁定书（执行程序中的拍卖成交裁定书、变卖成交裁定书或者以物抵债裁定书送达日）。

(1)【分割共有物的生效判决书】

例：【离婚分割房屋】甲、乙离婚，乙离婚后发现甲曾在婚内私自购买两处房产登记在自己名下，要求再次分割并要求甲承担损害赔偿责任。法院判决乙分得房产。乙何时取得房屋所有权？①【形成文书】共有物分割请求权属于形成权，不是请求权，因此产生的文书属于形成文书。②【文书物权】乙在判决书生效之日即取得房屋所有权，而不是在房屋过户之日才取得房屋所有权。

(2)【行使可撤销合同中的撤销权所产生的生效判决书】

例：【因欺诈可撤】甲受乙欺诈将手表出卖给乙，完成交付。后甲诉到法院请求撤销手表买卖合同，法院支持了甲的诉讼请求。甲何时取得手表所有权？判决书生效时甲即取得手表所有权。

(3)【行使债权人撤销权所形成的生效判决书】

例：【撤销打掉逃债的合同】甲对乙享有100万元到期债权，乙无力清偿。乙将其价值100万元的房屋赠与丙并完成过户。甲诉到法院请求撤销乙、丙房屋赠与合同，法院支持了甲的诉讼请求。乙何时取得房屋所有权？判决书生效时乙即取得房屋所有权，民法上形象地将此称为"入库规则"，即逃债的财产要复位归于逃债人名下。

```
甲 ——100万债权——> 乙
                    ↕ 赠与合同+过户+100万价值房屋
                    丙
```

2.【文书物权的文书不包括：诉讼中的确认文书和给付文书】

(1)【文书物权的文书不包括诉讼中的确认文书】因为确认文书（确认判决书或确认调解书）是对事实的确认，其物权变动的时间点不是文书生效时，而是确认的事实本身发生之时就明确了物权归属。

例：【确认房屋所有权】哥哥购买回迁房办理过户，弟弟主张对房屋有部分所有权。后弟弟起诉至法院，法院判决确认哥哥是房屋所有权人。哥哥何时成为房屋所有权人？①【原来不清楚：权属争议】因物权的归属、内容发生争议的，利害关系人可以请求确认权利。②【现在清楚了：确认之诉】弟弟提出确认之诉，法院确认房屋归哥哥。③【溯及时】哥哥是在当初过户时取得所有权，而不是在法院判决生效时才取得房屋所有权。

◆ 原理：确认房屋所有权之诉的实务意义何在？①甲、乙之间打确认房屋所有权之诉，确定了房屋归甲所有，判决生效时就完成了物权变动。此时虽然登记在乙名下，但是房屋所有权仍然是甲的。②甲持判决去办理更正登记就可以，而不用去提起行政诉讼。③所以，不动产登记有权利正确性的推定作用，但不能绝对化。登记具有相对证明力，不具有绝对证明力。

(2)【文书物权的文书不包括诉讼中的给付文书】因为给付文书（给付判决书或给付调解书）有待败诉方主动履行或者执行法院根据胜诉方申请强制执行，其物权变动的时间点不是文书生效时，而是当事人实际过户不动产或交付动产时。

例：【继续履行交货】甲卖手机给乙，乙交了款，甲不交货。乙诉至法院请求甲继续履行，法院支持了乙的诉讼请求。乙何时取得手机所有权？①该判决为给付判决。②【不是判决生效时】给付判决生效时，乙不能取得手机所有权。③【而是履行判决或执行判决时】待甲依照生效判决向乙履行交付手机义务时或者法院依据乙提出的执行申请强制执行后，乙才取得所有权。

（三）继承物权（《民法典》第 230 条）

1.【继承开始时发生继承物权变动】(1)【不需公示】不动产无需登记、动产无需交付，因为这是非基于法律行为的物权变动。(2)【限定继承】继承人以继承遗产实际价值为限清偿被继承人生前所负债务。

例：【继承物权、概括继承和限定继承】郑某开办公司资金不足，其父将 3 间祖屋以 25 万元卖给即将回国定居的郭某，但其父还未来得及办理过户手续即去世。郑某不知其父卖房一事，继承了这笔房款及房屋，并办理了登记手续。随后，郑某以 3 间祖屋作抵押向陈某借款 10 万元，将房产证交给了陈某，但没有办理抵押权登记。如何评价本案物权变动关系？①【物】郑父与郭某属于基于法律行为的物权变动，没有过户，物权没有变动。②【债】根据区分原则，该买卖合同有效，不因郑父死亡而无效。③【非基】郑父死亡后，郑某继承房屋，属于非基于法律行为物权变动。④【概括继承】郑某继承遗产，也得继承其父生前债务，叫做"概括继承"。⑤【限定继承】郑某以继承房屋为限，承担其父生前负债，叫做"限定继承"。故郑某要继承其父的合同债务，负有配合郭某办理房屋过户手续的义务。⑥【物】郑某将该房屋设定抵押，但没有为陈某办理抵押权登记，故陈某不享有抵押权。⑦【债】根据区分原则，郑某和陈某的抵押合同有效，郑某须对陈某负违约责任。

```
                    房屋买卖合同+没过户房屋
郑某父亲  ─────────────────────────→  郭某（买卖合同债权人）
   ↕ 继承物权+继承房款+过户登记
郑某      ─────────────────────────→  陈某（抵押合同债权人）
          抵押合同+交付房本+没有做抵押登记
```

2.【各继承人共有遗产，对外负连带债务】

例1：【兄弟继承父亲房屋，对外负侵权连带之债】甲死亡后，其子乙、丙法定继承甲的房屋。因房屋年久失修，房檐掉落导致丁损害。丁提出索赔请求。谁应承担责任？①【法定连带】乙、丙承担连带侵权责任。②【物】甲死亡后，乙、丙成为房屋共有人。③【共有物致人损害】房檐掉落致人损害，属于物件致人损害，由房屋所有人、使用人或者管理人承担侵权责任。④【共有物负连带侵权之债】乙、丙是房屋共同共有人，须对丁承担连带侵权责任。因为是继承房屋后发生的债务，与死者无关，是生者自己的债务，故乙、丙不能主张以继承遗产为限对丁承担责任。

例2：【兄弟继承父亲房屋，对外负合同连带之债】上例中，修改案情，该房屋是甲生前从戊处购买，甲取得房屋过户，但尚未支付价款。甲死亡后，其法定继承人乙、丙是房屋共有人，需要对购房款债务负连带责任吗？要。因为继承人在继承遗产的限度内要继承负债。

(四)【宣示登记】

建造、文书、继承的不动产物权中首次取得物权无须登记，再次处分物权需要先完成首次登记，才能进行下一步的物权变动，我们把这个首次登记叫做宣示登记。

1.【物：应宣示登记】(1)【取得时无须登记】建造、文书、继承不动产物权中，刚开始取得不动产物权时无须登记，因为这是非基于法律行为的物权变动。(2)【再处分时先做初次登记再做第二次登记】取得不动产物权后再出卖，需要先办理初次登记，再二次登记过户给买方，买方才能取得不动产物权。因为对于买方来讲，是基于买卖即基于法律行为的物权变动。(3)【宣示登记】我们把"初次"登记称呼为"宣示登记"(《民法典》第232条)。

2.【债：合同有效】没有宣示登记，物权人处分不动产，属于有权处分，该合同有效。

例：【死人名字改成活人名字】甲有一套房屋，甲死亡后，由乙继承。乙尚未取得房屋所有权登记，便与丙签订房屋买卖合同。如何评价乙、丙房屋买卖合同？①【继承】甲死亡后，乙基于继承取得物权，不需要以登记为前提。②【债：有效】乙没有办理宣示登记，但与丙签订房屋买卖合同是有权处分，该合同有效。③【物：两次登记】房屋应该办理两次登记，先由甲过户给乙（宣示登记），后由乙过户给丙（过户登记）。

二、先占、添附物权

(一)【先占物权：基于事实行为取得物权】

以所有的意思，先于他人占有无主的动产而取得所有权。

1.【事实行为】先占的性质属于事实行为，无须行为人具备行为能力。

2.【原始取得】因先占而取得物权属于原始取得物权。

例：【潘某在长江边捡到石头】潘某与刘某相约出游，潘某在长江边拾得一块奇石，爱不释手，拟带回家。刘某说，《民法典》物权编规定河流属于国家所有，这一行为可能属于侵占国家财产。潘某能否取得奇石的所有权？①能。②【物】石头为独立物、无主物，不属于国家所有。③【物权】潘某基于先占行为取得物权。

(二)【添附物权（加工、附合、混合）：基于事实行为取得物权】

1.【加工】(1)【什么是加工】一方使用他人财产加工改造为具有更高价值的新的财产。如误将他人的奇石雕刻成印章。(2)【原物的价值大：加工物归原物所有人】加工物的所有权原则上归原物的所有人，并给加工人以补偿。(3)【加工的价值大：加工物归加工人】当加工增加的价值远大于材料的价值时，加工物可以归加工人所有，但应当给原物的所有人以补偿。

例：【在他人纸张上作画】甲误将乙纸归自己所有，在纸上作画，价值万元。如何评价画的权利归属？物债两分。①【物】物权角度观察，甲对乙纸进行了加工，是事实行为，加工后物的价值远超过原物价值，故甲取得画的所有权，给乙补偿纸钱。如果乙非要纸呢？不行。②【著作权】著作权角度观察，甲进行了创作，也是事实行为，甲成为作者，自绘画完成时自动取得该画的著作权。

◆ **原理**：如何区分"添附制度"中的加工和"加工承揽合同"的加工？①【物】添附制度中的加工，是事实行为，当事人无加工合意，故启动物权法定原则，根据物权规则来判定物权归属。②【债】加工承揽合同中的加工，是民事法律行为，当事人有合意，故启动合同自由原则，根据合同规则来判定物权归属，有约定从约定，无约定则加工材料或成果的物权原来是谁的加工后仍然归谁。

2.【附合】(1)【什么是附合】不同所有人的财产紧密结合在一起而形成的新的财产，虽未达到混合程度但非经拆毁不能达到原来的状态。(2)【动产与动产的附合】物权归价值较高的原所有人。(3)【动产与不动产的附合】物权归不动产所有人。(4)【不动产与不动产的附合】物权归价值较高的原所有人，价值相当则双方共有。

例1：【动产与动产的附合：油漆和汽车】甲不慎将乙的油漆用于自己的汽车，油漆和汽车不可分离。如何评价物权归属？物债两分。①【物】甲取得汽车所有权，油漆属于汽车的重要成分，不是单独的物。②【债】乙有权要求甲予以补偿或赔偿，请求权基础可以是不当得利或者侵权责任。

例2：【动产与不动产的附合：砖和房屋】甲不慎将乙的砖砌在自己的房屋里，砖和房屋不可分离。如何评价物权归属？物债两分。①【物】甲取得房屋所有权，砖属于房屋的重要成分，不是单独的物。②【债】乙有权请求甲予以补偿或赔偿，请求权基础可以是不当得利或者侵权责任。

例3：【不动产与不动产的附合：共有墙加盖房屋】甲、乙共同继承2个平房，一直由甲居住。甲未经乙同意，接平房右墙加盖1房，并将3个房屋均登记于自己名下，不久又将其全部以市价卖给了不知情的丙并过户。如何评价物权归属？①【继承物权】2平房属于遗产，发生继承物权变动，由甲、乙共同共有。②【附合：添附物权】加盖1房的价值，高于其附合的那面共有的墙的价值，故加盖的1个房屋归甲单独所有。③【建造物权】另外，甲的行为也属于建造行为，基于该建造行为取得加盖房屋所有权。④【债：补偿】该房屋利用共有部分的墙，甲需要给乙一半的补偿。⑤【卖自己的房是"基3"】甲将全部房屋出卖，其中就加盖房屋属于有权处分，丙正常取得所有权。⑥【卖共有的房是"非基"之善意取得】就继承的2套房屋属于无权处分，丙善意取得所有权。

3.【混合】(1)【什么是混合】不同所有人的不同动产互相渗合，难以分开并形成新财产。如甲油与乙油混合，石灰与石灰的混合、咖啡与糖的混合、酒与酒的混合、煤气与煤气混合，均难以分割。(2)【价值均等则共有】各动产所有人原则上按照混合时各自原物的价值共有混合物的所有权。(3)【有主从关系则归主】被混合的动产有可被视为主物的，由该主物的所有人取得混合物的所有权。例如咖啡和糖混合的，咖啡可被视为主物。

4.【添附中的"物债二分"】(1)【物】因加工、附合、混合而产生的物的归属，有约定的，按照约定；没有约定或者约定不明确的，依照法律规定；法律没有规定的，按照充分发挥物的效用以及保护无过错当事人的原则确定。(2)【债：赔偿或补偿】因一方当事人的过错或者确定物的归属造成另一方当事人损害的，应当给予赔偿或者补偿（《民法典》第322条）。构成侵权的添附，属于侵权之债；不构成侵权的添附，属于不当得利之债。

◆ **原理1**：如何区分添附和侵权？①添附制度和侵权制度是物债两分思维的另一个体现。②【物】添附制度着重解决的是物权归属，目标是保存价值（附合与混合）、鼓励创造价值（加工），平衡所有权取得人与丧失人之间的利益（不当得利或侵权之债）。③【债】如果符合侵权的构成要件，加害人有过错，有侵权行为，受害人有损害结果，存在因果关系，就会构成侵权。侵权制度着重解决的是填补受害人损失问题，丧失所有权的人，可要求过错添附一方承担侵权责任。④【添附行为可能构成侵权也可能不构成侵权】无过错的添附行为，不构成侵权，物债二分，一方得物权，对方可主张不当得利之债的补偿。有过错的添附行为，构成侵权，物债二分，一方得物权，对方可主张侵权之债的赔偿。

◆ **原理2**：如何区分添附和"强迫得利"？①【从约定】房屋租赁合同中，承租人经出租人同意装饰装修，租赁期间届满时，承租人请求出租人补偿附合装饰装修费用的，不予支持。但当事人另有约定的除外。②【怪租户】如甲将房屋出租给乙，为期2年，乙经甲同意装修了房屋，铺地板，贴壁纸。租赁期满后，对于构成附合部分（地板、墙纸）的现存价值部分，乙不能对甲主张不当得利返还。③【不能强迫得利】因为装修具有极强的个人性，租赁期间届满时，因乙装修而附合于甲房屋的地板、壁纸之残存价值在客观上构成不当得利，但这本身是违反甲的经济计划和主观偏好的，对甲不具有实际价值，<u>该不当得利就属于"强迫得利"</u>，故乙不得主张要求甲返还不当得利。

5.【添附与担保物权的物上代位性】

（1）【抵押物"被添附没了"：抵押权追及补偿金请求权】抵押物因附合、混合或者加工使抵押物的所有权为第三人所有的，抵押权的效力及于补偿金请求权（《担保制度解释》第41条第1款）。

例：【油漆抵押后"被别人汽车给添附走了"】甲的油漆抵押给了乙，乙对油漆有抵押权。后甲的油漆被丙用于丙的汽车。<u>乙的抵押权效力如何？</u>①丙取得汽车所有权，油漆成为该汽车的重要成分。②甲对丙有补偿金请求权。③乙原来对油漆有抵押权，现在甲对丙的补偿金请求权是"油漆"的"代位物"，基于抵押权的物上代位性，乙对该补偿金请求权享有优先受偿权，这种现象被我们叫做"担保物权具有物上代位性"。

（2）【抵押物"添附了别人的物"：抵押权<u>追及的价值范围</u>限于原抵押物】抵押物所有人为复合物、混合物或者加工物的所有人的，抵押权的效力及于附合物、混合物或者加工物。但是添附导致抵押财产价值增加的，抵押权的效力不及于增加的价值部分（《担保制度解释》第41条第2款）。

例：【汽车抵押后"涂了别人的油漆"】甲的汽车抵押给了乙，乙对汽车享有抵押权。后甲误将丙的油漆用于甲的汽车。<u>乙的抵押权效力如何？</u>①甲取得汽车所有权，油漆成为该汽车的重要成分。②乙的抵押权可追及汽车，包括车身的油漆。③丙可要求甲返还不当得利或者主张侵权赔偿。

（3）【抵押物和他人物成为共有物：抵押权追及共有物的份额】第三人与抵押物所有人为附合物、混合物或者加工物的共有人的，抵押权的效力及于抵押人对共有物享有的份额（《担保制度解释》第41条第3款）。

例：【油漆抵押后"与别人油漆混合了"】甲的油漆抵押给了乙，乙对油漆有抵押权。后甲的油漆与丙的同品牌油漆混合无法分离。<u>乙的抵押权效力如何？</u>①甲、丙按份共有油漆所有权，未约定共同共有，视为按份共有，份额无法确定，视为等额享有。②乙对甲油漆的抵押权效力要追及甲的份额。

总结：①抵押物被添附没了：追"钱"（三金的请求权：补偿金的请求权、保险金的请求权、赔偿金的请求权）。②抵押物添附增加了别人的物：追"物"。③抵押物和他人物添附成为按份共有：追"份额"。

秒杀：①抵押人得到什么，我抵押权追什么。②追"钱"、追"物"、追"份额"。

三、善意取得物权

（一）【善意取得所有权】

无权处分他人动产或不动产（无权处分）、受让人受让时善意不知情（善意）、受让人已经取得不动产过户登记或者受领动产交付（取得）、以合理价格受让（价格合理）（《民法典》第311条）。

例：【善意取得】乙擅自将借用甲的手表，以市价出卖给不知情的丙，完成了交付。如何评价甲、乙、丙的法律关系？

```
                  诉违约、侵权、不当得利
甲（物-债：静态财产归属）──────────────→ 乙（背叛者：无权处分人）
                                          ⇅ 债：无权处分的合同有效
                                          丙（物：动态财产安全，善意取得）
```

①乙、丙合同是无权处分的合同，有效。但丙构成善意取得手表所有权，属于非基于法律行为发生物权变动，是原始取得，不是继受取得。②基于一物一权主义，一个物上只能有一个所有权人，甲不再是所有权人。③甲由物权人降格为债权人，有权要求乙承担违约责任、侵权责任或者返还不当得利。

◆ 原理1：为什么需要善意取得制度？①甲代表的是静态财产归属，是不特定人的代表。②丙代表的是动态的交易安全，也是不特定人的代表。③善意取得制度牺牲了甲，成全了丙。④因为在市场交易中，交易创造财富，故丙的动态交易安全价值位序高于甲的静态财产归属价值。⑤丙基于对公示状态的信赖，即乙占有手表的信赖而与乙签订合同，占有的公示会产生公信力。⑥丙对此毫无过错，也无办法涤除该公示错误造成的风险。⑦而甲却有机会涤除这种风险，即当初出借手表选择借用人时可以选择一个比乙更靠谱的人比如方志平。⑧所以善意取得制度要解决的问题是：当有人背叛时，风险由谁承担。

◆ 原理2：为什么善意取得是原始取得而不是继受取得？因为善意取得人取得物权，不是基于原权利人的本意，所以是原始取得，而不是继受取得。

1.【行为人无权处分】

（1）【无权处分行为的种类：出卖、互易、抵债、出资】

例：【无权处分】甲被乙胁迫将手机卖给乙。乙将手机卖给支付合理价款的不知情的丙并交付。甲后来依法撤销了与乙的买卖合同。丙是否取得手机所有权？①取得。②【不满足"基3"】甲、乙买卖合同被撤销后溯及无效，故甲、乙之间基于法律行为物权变动失败，乙不是手机所有权人。③【满足"非基"】乙将手机出卖给丙，属于无权处分。丙符合善意取得的4个要件：乙无权处分、丙不知情、丙取得占有和价格合理。

◆ **原理**：如何区分无权代理和无权处分？①【有铺垫有委托则思考代理】有委托两个字，则一般涉及代理问题：自己名义指向间接代理；他人名义指向直接代理。②【无铺垫无委托则思考名义】无委托两个字，则根据名义来区分：以自己名义处分他人财产，是无权处分；以他人名义处分他人财产，是无权代理。③【合同效力】无权代理的合同是效力待定的。无权处分的合同是有效的。④【无权代理的追认，不同于无权处分的追认】虽然他们都有"追认"规则，但是追认效果不同。无权代理的追认解决谁是当事人（债：合同相对性问题），追认了被代理人是合同当事人，没追认则无权代理人是当事人。无权处分的追认解决是"基3"还是"非基"之善意取得（物：物权变动），追认了启动"基3"，没追认启动"非基"之善意取得。⑤【物债二分】无权代理聚焦的是债的问题。无权处分聚焦的是债的问题和物权变动问题，侧重物的问题。

（2）【无权处分"委托物"才启动善意取得。无权处分"脱离物"不启动善意取得】

①【无权处分"委托物"适用善意取得制度】委托物，是指基于原物权人的意思，而交由行为人控制的物，比如行为人占有租赁物、保管物、运输物、承揽物、试用买卖物、质物。无权处分人无权处分"委托物"，才存在检讨善意取得制度的适用问题。

②【无权处分"脱离物"不适用善意取得制度】脱离物，是指非基于原物权人的意思，而由行为人控制的物，比如行为人占有遗失物、漂流物、埋藏物、隐藏物、盗赃物。无权处分人无权处分"脱离物"，不存在检讨善意取得制度的适用问题，它们的物权变动不依据《民法典》第311条，而是依据其他法条处理，比如无权处分遗失物，购买人是否能够取得物权，要启动《民法典》第312条，而不是启动《民法典》第311条的善意取得制度。

③【货币不适用善意取得制度】货币占有即所有，不发生无权处分问题，故不可能适用善意取得制度。

④【禁止流通物不适用善意取得制度】毒品、武器等禁止流通物不能交易，因此也不能适用善意取得制度。

◆ **原理**：为何禁止流通物不能适用善意取得制度？①【不能买卖】法律禁止或限制流转的物，如爆炸物、枪支弹药、麻醉品、毒品、盗窃物、赃物等。因这些物的交易本身违法就无效，故不适用善意取得。②【更加不能无权处分买卖】举轻明重，既然都不能买卖，更加不能无权处分的买卖了。

例1：【盗赃物、货币都不适用善意取得】甲遗失其为乙保管的迪亚手表，为偿还乙，甲窃取丙的美茄手表和4000元现金。甲将美茄手表交乙，因美茄手表比迪亚手表便宜1000元，甲又从4000元中补偿乙1000元。乙不知甲盗窃情节。乙将美茄手表赠与丁，又用该1000元的一半支付某自来水公司水费，另一半购得某商场一件衬衣。<u>如何评价案涉美茄手表和货币物权</u>？

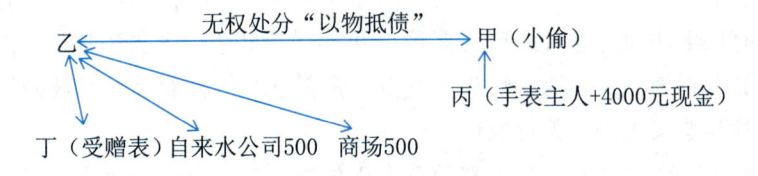

```
                    无权处分"以物抵债"
         乙 ←―――――――――――――――――→ 甲（小偷）
         ↑↖↖                        ↑
         ↑ ↖↖                       丙（手表主人+4000元现金）
       丁（受赠表）自来水公司500  商场500
```

①【债】甲遗失乙的迪亚手表，需要承担赔偿责任。②【以物抵债】甲却用偷来的

美茹手表偿还，这属于无权处分，也属于以物抵债，即乙取得美茹手表时已经支付了合理的对价。③【以物抵债是无权处分，但盗赃物不启动善意取得】乙不知道美茹手表是偷来的，乙构成善意，且乙已经取得占有。表面上乙"符合"善意取得的4个构成要件，但因美茹手表是盗赃物，不适用善意取得制度，故乙未取得美茹手表所有权。④【无权处分赠与】乙赠美茹手表给丁，丁不能取得所有权。"盗赃物"美茹手表一直在呼叫主人丙，丙有权请求丁返还手表。⑤【货币不适用善意取得】谁占有即谁所有，故自来水公司和商场各取得的 500 元不用返还。

例2：【脱离物适用留置权的善意取得】甲手机被乙偷，乙把手机给丙维修。丙修好乙不付费，丙留置。丙对手机是否有留置权？有。①【物】甲手机被偷，手机属于"脱离物"。丙对于"脱离物"享有留置权。②【债】基于合同相对性，丙只能要求乙履行合同义务支付维修费。③【利害关系第三人代为履行】甲属于对该维修合同的支付维修费义务有利害关系（甲的手机）的第三人，可以代为支付维修费，消灭丙留置权，取回手机。

(3)【无权处分行为既存在无权处分的瑕疵，又存在无效瑕疵，则不得启动善意取得；无权处分行为既存在无权处分的瑕疵，又存在可撤销瑕疵，则不一定能启动善意取得】(《物权编解释（一）》第20条)。

①【"无效"瑕疵1：无权处分的合同存在无效事由】无权处分行为既有无权处分的瑕疵，又有民事法律行为无效的瑕疵（无效事由："无双二公子"），该行为无效，购买人不得主张善意取得。

例：【"小侄子"的"无权处分"】甲将手表交由7周岁的小侄子乙保管，乙擅自将手机以市价出卖给不知情的丙，完成了交付。丙是否善意取得手表所有权？①否。②【瑕疵1：无权处分】乙出卖手表的行为瑕疵1：手表为甲所有，乙构成无权处分。③【瑕疵2："无人行为无效"】乙出卖手表的行为瑕疵2：7周岁的乙属于无民事行为能力人。④【无效】无民事行为能力人的行为无效。行为能力制度是保护特殊利益群体，而无权出卖他人之物规则是保护交易安全，对未成年人或缺乏辨认能力的成年人利益保护，其位阶高于对交易安全的保护。⑤故丙不能主张善意取得手表所有权。甲是手表的物权人，丙是债权人，可请求乙返还价款。

```
                  保管
甲（原物权人）──────────乙（无行为能力人）
                              ↑ 无权处分的买卖合同
                              丙（不"知情"购买人）
```

②【"可撤销"瑕疵2：无权处分的合同存在可撤销事由】无权处分行为既有无权处分的瑕疵，又有民事法律行为可撤销的瑕疵（可撤销事由："大失迫欺"），如果因此被撤销，该无权处分行为溯及无效，购买人不得主张善意取得；如果没有被撤销，该无权处分继续有效，检讨购买人是否善意取得。

例：【"善意"的"胁迫"人】甲的手表出借给乙，乙受丙的胁迫，以市价出卖给不知情的丙并完成交付。乙以受胁迫为由主张撤销该合同。丙能否主张善意取得手表所有权?①否。②【瑕疵1：无权处分】乙出卖手表的行为的瑕疵1：手表是甲的，乙构成无权处分，而丙不知情，丙构成"善意"。③【瑕疵2：受"胁迫"】乙出卖手表的行为的瑕疵2：乙受丙胁迫签订合同，受胁迫方乙可主张撤销该交易。④【可撤、也可不撤】一旦撤销，则丙不可主张善意取得手表所有权。如乙不主张撤销，则丙可主张善意取得手表所有权。

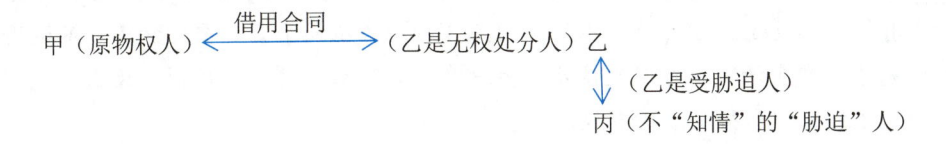

```
                   借用合同
  甲（原物权人）←――――――→（乙是无权处分人）乙
                                           ↕（乙是受胁迫人）
                                    丙（不"知情"的"胁迫"人）
```

(4)【有权处分，不能适用善意取得制度】①【连环交易中的有权处分】"上家"无权处分，"中家"基于善意取得而取得物权后再处分，这个再处分就是有权处分，不是无权处分。②【宣告死亡中的有权处分】原物主被宣告死亡，继承人继承房屋，出卖给第三人。后来死亡宣告被撤销，不能要求第三人返还，因为第三人已经合法取得。继承人出卖房屋给第三人，是有权处分，第三人不是善意取得，是合法取得。③【包销中的有权处分】开发商与销售商签订包销房屋合同，后来开发商违反约定卖了其中一套，该行为属于有权处分，不适用善意取得。

例：【连环交易中，先无权处分，后有权处分】甲、乙外出游玩，向丙借相机一部，用毕甲将相机带回家。丁到甲家见此相机，执意要以3000元买下，甲见此价高于市价，便隐瞒实情表示同意并将相机交付与丁。不久，丁因手头拮据又向乙以2000元兜售该相机。乙见此相机眼熟，便向丁询问，丁如实相告，乙遂将之买下。此时，谁拥有该相机的所有权？①乙。②【"非基"之善意取得】甲无权处分相机给丁，丁善意取得相机所有权（"过桥人丁"）。③【"基3"】丁再卖相机属于有权处分，无论卖多便宜，无论怎么卖，都可以。故乙虽然是恶意，即使价格为0，乙仍可主张正常取得相机所有权。乙是基于法律行为取得物权，是继受取得，不是原始取得。

```
              借用合同+交付          无权处分+价格合理+交付+善意丁
  丙（原物权人）←―――――――→ 甲乙  甲―――――――――――――――――→丁：善意取得
                                                              ↕有权处分
                                                           乙：知情
```

2.【第三人全程善意】从签约时点到公示时点（不动产登记或动产交付）这一期间，要求第三人全程都是善意的、不知情的。

(1)【善意的推定】推定购买人是善意的，由物主举证购买人构成恶意。

(2)【恶意的拟制】因为物主证明购买人恶意是不容易的，如存在下列情形，则直接认定不动产购买人是恶意的：①登记簿上存在有效的异议登记；②预告登记有效期内，未经预告登记的权利人同意；③登记簿上已经记载司法机关或者行政机关依法裁定、决定查封或者以其他形式限制不动产权利的有关事项；④受让人知道登记簿上记载的权利主体错误；⑤受让人知道他人已经依法享有不动产物权。⑥真实权利人有证据证明不动产受让人应当知道转让人无处分权的,应当认定受让人具有重大过失。

例:【知情是恶意,不符合善意取得】甲被法院宣告失踪,其妻乙被指定为甲的财产代管人。3个月后,乙将登记在自己名下的夫妻共有房屋出售给丙,交付并办理了过户登记。在此过程中,乙向丙出示了甲被宣告失踪的判决书,并将房屋属于夫妻二人共有的事实告知丙。1年后,甲重新出现,并经法院撤销了失踪宣告。现甲要求丙返还房屋。<u>丙能否主张善意取得?</u>①否。②【物:不符合"非基"之善意取得】丙不能善意取得房屋所有权,甲有权请求返还。③【物:不符合"基3"】房屋属于家庭重大资产,不适用家事代理(即基于日常生活夫妻可以直接互为代理单方处理家庭财产)规则,故乙不属于有权处分,丙也不能正常取得房屋所有权。

秒杀:①【物】善意取得是物权变动,必须要求善意。②【债】无权处分的合同有效,购买人知道无权处分这件事情本身说明购买人是恶意的,但不直接等于购买人与出卖人构成恶意串通。

3.【取得】不动产须登记,动产须交付。
(1)【不动产登记】。
(2)【动产交付】现实交付、简易交付、指示交付。
①【简易交付】转让动产法律行为生效时为动产交付之时,此时发生物权变动。

例:【简易交付的善意取得:先借用后无权处分的买卖】甲将自乙处借来的手表,转借给不知情的丙使用,此后甲、丙达成转让协议,约定价格合理。<u>丙是否取得手表所有权?</u>①取得。②【先无权出借】甲将借自乙的手表,转借给丙使用,该转借合同有效。③【后无权处分+简易交付】甲再与丙达成转让协议,这属于简易交付,同时甲构成无权处分,丙不知情,且价格合理,丙通过简易交付取得占有,故丙善意取得手表所有权。

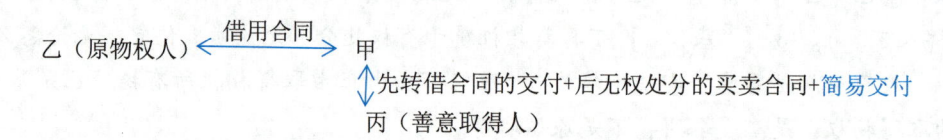

```
乙(原物权人) ←借用合同→ 甲
                        ↕ 先转借合同的交付+后无权处分的买卖合同+简易交付
                        丙(善意取得人)
```

②【指示交付】转让人与受让人之间有关转让返还原物请求权的协议生效时,发生物权变动。

例:【指示交付的善意取得:3+1】甲电脑出租给乙,乙出借给丙保管。乙将其对丙的"返还原物请求权"转让给不知情的丁,价格合理。<u>丁是否取得电脑所有权?</u>

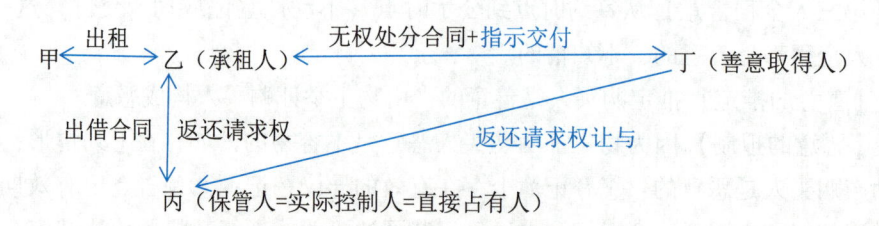

```
     出租            无权处分合同+指示交付
甲 ←——→ 乙(承租人) ←————————————————→ 丁(善意取得人)
          ↕出借合同 返还请求权         返还请求权让与
          丙(保管人=实际控制人=直接占有人)
```

①取得。②【先无权出借】乙将电脑出借给丙保管,该保管合同有效。③【再无权处分+指示交付】乙对丙并无返还原物请求权,但有外观表象,其将"返还原物请求权"

转让给不知情的丁，构成无权处分，且丁通过指示交付方式取得占有，故丁可主张善意取得电脑所有权。

◆ **原理**：为什么指示交付可以适用善意取得？①【3+1】原物主甲，无权处分人乙，现实控制人是丙，买受人是丁。②【1个距离】买受人丁离现实控制人丙只有1个距离。③【2个距离】而原物主甲离现实控制人丙有2个距离。④【1个距离的公示更强】买受人丁对物的占有公示更强，适用善意取得。

③【占有改定不能适用善意取得】

例1：【无权处分+占有改定】甲借用乙的手表，然后甲将该手表卖给丙，甲、丙约定甲再借用该表，为期1个月。如何评价案涉手表的物权变动？①乙是手表主人，甲是借用之债权人。②甲无权处分手表给丙，约定甲继续借用，这属于"无权处分+占有改定"，故丙不得主张善意取得手表的所有权。

```
                 借用合同+实际交付
乙（原物权人）  ←――――――――――→  甲（无权处分人+一直占有）
                                            ↑
                                            │
                                无权处分的买卖+借用合同+占有改定
                                            │
                                            ↓
                                 丙（买方：占有改定不能善意取得）
```

◆ **原理**：为什么占有改定不能适用善意取得？(1)【"公示平等的相同距离"】①【3人】原物主乙，无权处分人甲，现实控制人甲，买受人丙。②【买方1个距离】买受人丙离现实控制人甲有1个距离。③【原物权人1个距离】原物主乙离现实控制人甲也是1个距离。④【公示平等】各自占有"公示"平等，不能厚此薄彼，只保护买受人丙的占有而不保护物权人乙的"占有"。乙离"物"1个距离，丙离"物"也是1个距离，公示状态都一样，没理由牺牲甲而成全丙。(2)【"违反常理不公平"】①如果甲在这种情况下可以"让"丙善意取得，那么，任何通过借用、保管、承租、运输等方式占有他人之物的人，都可以到期不退，理由是"丙通过占有改定善意取得了"，如此一来，"占有改定"就会破坏一切动产的占有秩序了。②这会引起极大的不公平，也不符合常理。

例2：【双占有改定：有权处分+占有改定；无权处分+占有改定】甲将手表以市价转让给乙，甲、乙约定甲继续借用手表，为期1个月。甲占有手表期间，又将该表以市价转让给不知情的丙，甲、丙约定甲继续借用该手表，为期1个月。如何评价案涉手表的物权变动？①【有权处分+占有改定：符合"基3"】甲、乙买卖合同，乃基于法律行为的物权变动，乙经占有改定而取得交付，成为手表物权人。②【无权处分+占有改定：不符合"非基"之善意取得】甲、丙买卖合同，属于无权处分行为，甲、丙约定甲继续占有手表，属于占有改定，而占有改定不适用善意取得制度，故丙不能取得手表所有权。

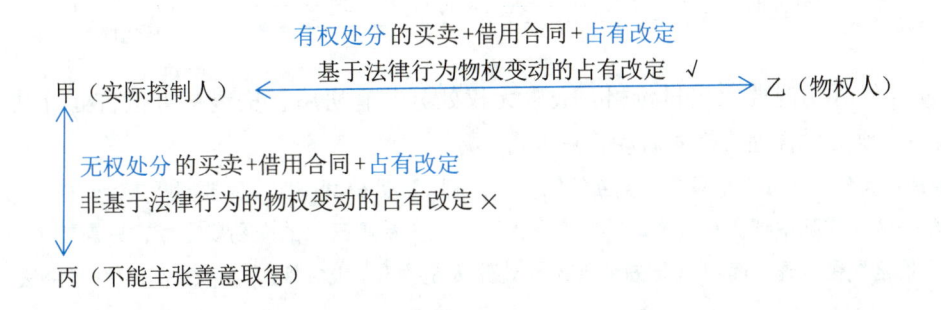

```
                  有权处分的买卖+借用合同+占有改定
                  基于法律行为物权变动的占有改定  √
甲（实际控制人）  ←――――――――――――――――――→  乙（物权人）
        ↑
        │
        │  无权处分的买卖+借用合同+占有改定
        │  非基于法律行为的物权变动的占有改定 ×
        ↓
丙（不能主张善意取得）
```

④【特殊动产善意取得的公示方法是交付而不是登记】

例：【汽车的善意取得】甲公司将汽车出卖给乙，交付但未过户。乙将汽车交给甲公司维修时，甲公司将该车以市价出卖给不知情的丙，完成交付，但未过户。<u>丙是否取得汽车所有权</u>？取得。丙构成善意取得。

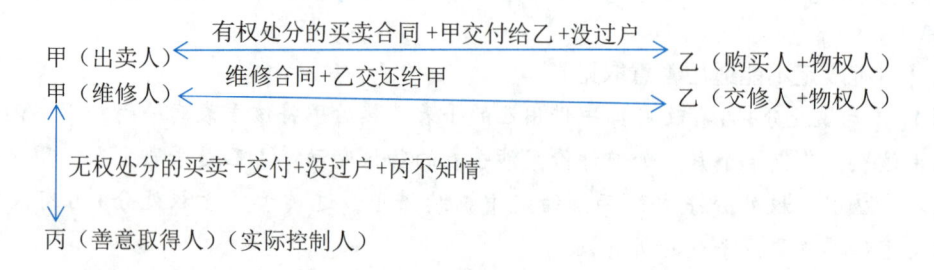

```
                  有权处分的买卖合同+甲交付给乙+没过户
甲（出卖人） ←─────────────────────────────→ 乙（购买人+物权人）
                  维修合同+乙交还给甲
甲（维修人） ←─────────────────────────────→ 乙（交修人+物权人）
    ↑
    │ 无权处分的买卖+交付+没过户+丙不知情
    ↓
丙（善意取得人）（实际控制人）
```

4.【价格合理】

（1）【一般情况要求<u>签约</u>价格≥市价的7折】①无偿行为不符合善意取得构成要件。②不合理的低价行为也不符合善意取得构成要件。③因为第三购买人这样的无偿或低价交易不值得用牺牲原物权人的合法权益为代价来进行保护。④一般情况下，签约价格合理即可，无须实际支付价款。

例：【抵债价格合理】甲有一块价值1万元的玉石。甲与乙订立了买卖该玉石的合同，约定价金11 000元。由于乙没有带钱，甲未将该玉石交付与乙，约定3日后乙到甲的住处付钱取玉石。随后甲又向乙提出，再借用玉石把玩几天，乙表示同意。隔天，知情的丙找到甲，提出愿以12 000元购买该玉石，甲同意并当场将玉石交给丙。丙在回家路上遇到债主丁，向丙催要9000元欠款甚急，丙无奈，将玉石交付与丁抵偿债务。<u>如何评价丙、丁与玉石所有权的关系</u>？①【有权处分+占有改定："基3"】甲、乙买卖玉石合同中，未现实交付，但甲、乙约定甲再借用，这是"占有改定"，自该借用约定生效时玉石所有权归乙。②【无权处分：不符合"非基"的善意取得】甲再将玉石出卖给知情的丙，丙不构成善意取得。③【无权处分抵债，符合非基的善意取得】丙将该玉石交给不知情丁抵债，价格合理，丁善意取得玉石所有权。

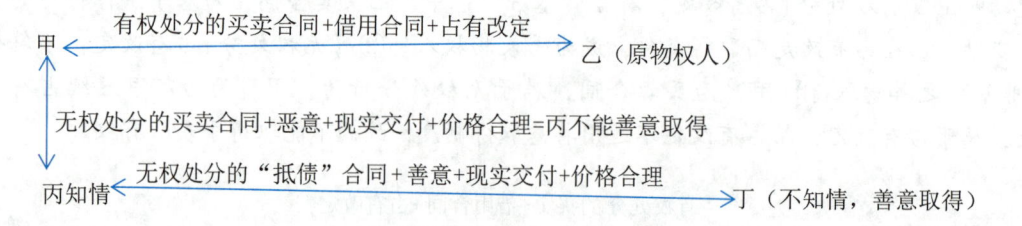

```
         有权处分的买卖合同+借用合同+占有改定
甲 ←──────────────────────────────────→ 乙（原物权人）

    无权处分的买卖合同+恶意+现实交付+价格合理=丙不能善意取得

         无权处分的"抵债"合同+善意+现实交付+价格合理
丙知情 ←──────────────────────────────────→ 丁（不知情，善意取得）
```

（2）【例外情况要求支付价格：夫妻无权处分共有房屋】夫妻一方擅自处分共有房屋，购买人须支付合理价格才启动善意取得。

◆ **原理**：为什么一般情形只需要判断签约价格，而夫妻处分共有房屋时要判断支付价格？①【不保障无权处分人实际拿到钱】善意取得制度是为了保护交易第三人的交易安全，它只需要考虑第三人的交易价格是否合理，而不需要去考虑无权处分人是否实际收到钱，无权处分人没有合法利益，不需要保护。交易的签约价格合理为原权利人向无权处分人追偿提供了良好基础。②【夫妻之间要保障夫妻离婚时共有财产分割】但是在夫妻处分共有房屋时，要考虑夫或妻作为无权处分一方要实际收到房款，便于夫妻离婚时分割财产。房屋是家庭重大资产，所以需要判断支付价格，而不仅仅是签约价格。

5.【构成善意取得的法律效果：物债二分】

(1)【债：原权利人由物权人降格为债权人】原权利人可要求无权处分人承担合同责任、侵权责任或者返还不当得利。

(2)【物：善意取得人取得无负担的物权】善意取得人取得一个干干净净的物权，原标的物上的权利负担消灭了（《民法典》第313条）。

例：【无权处分已经抵押出去的设备】甲的设备抵押给乙，没有办理抵押权登记。甲将该设备交给丙保管，丙将该设备无权处分给善意不知情的丁，价格合理且完成了交付。丁是否取得所有权？乙的抵押权能否追及丁？①丁善意取得所有权。②因为善意取得是无权利负担的取得，故乙的抵押权消灭。③丁对乙的抵押权不知情，怪乙自己没登记抵押权。

```
        抵押合同+动产抵押权设立+没有登记
甲 ─────────────────────────────→ 乙（未登记动产抵押权人）
↕ 保管合同                          │ 乙的抵押权消灭
丙 ─────────────────────────────→ 丁（善意取得所有权）
        无权处分合同+善意+完成交付+价格合理
```

(二)【善意取得担保物权】

善意取得担保物权是"参照"而非"按照"善意取得所有权规则来处理，故其构成要件可以有所差异（《民法典》第311条第3款）。

◆ 原理：为什么担保物权可以善意取得？①举重明轻。②善意取得所有权，牺牲了原所有权人利益，因此对原物权人伤害更大。③既然可以善意取得所有权，那更可以善意取得担保物权。

1.【善意取得抵押权】(1)【不用价格合理】因为抵押合同是无偿合同。(2)【动产抵押权善意取得采用意思主义】动产抵押权善意取得不需要以公示为前提，不需要交付或登记。

例：【善意取得对设备的抵押权】甲把设备借给乙用。乙擅自将设备抵押给不知情丙，未办理抵押权登记。丙是否取得抵押权？①取得。②【"非基"之善意取得抵押权】因为抵押权的"天性"即不转移占有。丙仍可主张善意取得抵押权。③【动产抵押权未登记没有对抗效力】但该抵押权未登记不得对抗善意第三人。如后乙又将设备以市价出卖给不知情丁并交付，则丁善意取得所有权。丙的抵押权不得对抗丁（参见《担保制度解释》第54条）

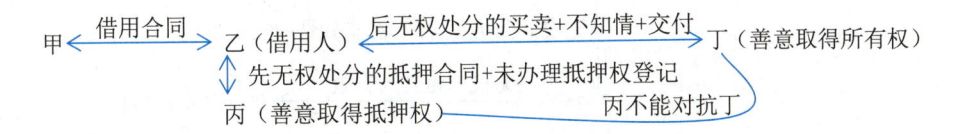

```
     借用合同        后无权处分的买卖+不知情+交付
甲 ────────→ 乙（借用人）─────────────────────→ 丁（善意取得所有权）
              ↕ 先无权处分的抵押合同+未办理抵押权登记
              丙（善意取得抵押权）    丙不能对抗丁
```

2.【善意取得质权】(1)【不用价格合理】因为质押合同是无偿合同。(2)【动产质权善意取得需要交付】第三人要善意取得动产质权，必须以交付为前提。交付包括：现实交付、简易交付和指示交付，不包括占有改定。

例：【善意取得对牛的质权】甲牛出质给乙，乙以所有权名义自居将牛出质给不知情的丙，完成交付。丙是否取得对牛的质权？①【物】丙善意取得对牛的质权。②【债】如丙的过错导致牛死亡，则甲可诉乙违约要求赔偿。甲可也诉丙侵权要求赔偿，因为丙作为质权人有妥善保管质物的法定义务。如果乙赔偿了，此后乙可向丙追偿。

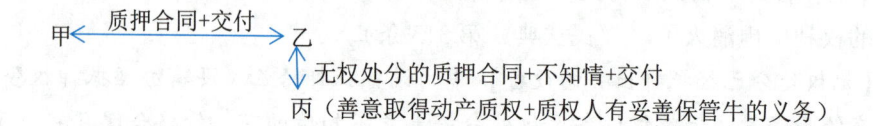

```
甲 ←—质押合同+交付—→ 乙
                    ↓ 无权处分的质押合同+不知情+交付
                    丙（善意取得动产质权+质权人有妥善保管牛的义务）
```

3.【善意取得留置权】无须"无权处分"要件，因为将他人汽车交修理厂维修，谈不上是无权处分。(1)【盗赃物启动留置权善意取得】偷来的车拿去修，维修人取得留置权。(2)【遗失物启动留置权善意取得】捡到的手表拿去修，修表人取得留置权。(3)【受托寄存行李启动留置权善意取得】借来的东西拿去寄存，寄存处取得留置权。(4)【借用物启动留置权善意取得】借来山地自行车拿去修，修车人取得留置权。

例：【借来山地自行车拿去修】甲借用乙的山地自行车，刚出门就因莽撞骑行造成自行车链条断裂，甲将自行车交给丙修理，约定修理费100元。乙得知后立刻通知甲解除借用关系并告知丙，同时要求丙不得将自行车交给甲。丙向甲核实，甲承认。自行车修好后，甲、乙均请求丙返还。如何评价自行车的物权关系？①【所有权】乙是所有权人，具有对世性。②【他物权>所有权】但丙善意取得留置权，在没有收到维修费之前，丙享有留置权。③【债】根据合同相对性，丙只能要求维修合同的相对方甲支付维修费，不得要求乙支付维修费。④【利害关系第三人代为履行】但是乙属于有法律上利害关系人，有权主动向丙支付维修费以消灭丙的留置权，丙不得拒绝。

(三)【债权不适用善意取得】

1.【可善意取得物权、股权】善意取得制度包括善意取得所有权、善意取得他物权、善意取得股权。

2.【不可善意取得债权】但不包括善意取得债权，比如不能善意取得租赁权。

例：【无权出租不启动善意取得租赁权】甲公司将自己所有的10台机器出租给了乙公司，乙公司未经其同意，将其低价出售给知情的丙公司，丙公司又将其出租给丁公司。丁公司对上述交易过程完全不了解。如何评价机器的物权关系？

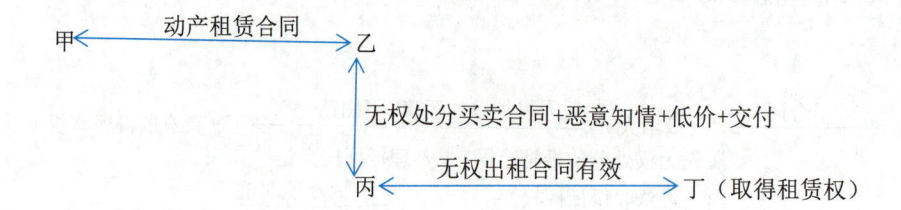

```
甲 ←—动产租赁合同—→ 乙
                    ↓ 无权处分买卖合同+恶意知情+低价+交付
                    丙 ←—无权出租合同有效—→ 丁（取得租赁权）
```

①【物：不能善意取得】乙公司无权处分甲公司的机器给知情的丙公司，丙公司不构成善意取得。机器仍然是归甲公司所有。②【债：无权出租合同有效】丙公司将机器出租给不知情的丁公司，属于无权出租他人动产，该合同有效，<u>丁公司基于有效租赁合同取得租赁权（债权）</u>；丁公司不是基于善意取得制度而取得租赁权（债权），因为债权不适用善意取得制度。③【基于债权的占有具有相对性】丁公司对设备的占有，相对于丙公司来讲是有权占有，有丙、丁公司租赁合同为依据，丁取得租赁权，基于合同取得。丁公司对设备的占有，是基于债权的占有，具有相对性，不得对抗设备所有权人甲，甲公司所有权具有对世性，是绝对权。④【物权具有对世性】甲公司有权要求无权占有人丁公司返还设备，并且无须补偿其任何损失。当然，这里需要注意和后头的"占有制度"衔接思考："如果甲要求丁返还，丁退了就不用赔，因为丁是善意无权占有人，他一开始不知情。如果甲要求丁返还，丁没有退就要赔，因为丁这个时候就知情了，是恶意无权占有人，需要赔偿"。本题的题意是甲提出要求丁返还，丁退了故不用赔，案情只交代到这里。⑤【债】丁公司有权请求丙公司承担违约责任。

四、遗失物物权

(一)【物债二分观察拾得遗失物制度体系】

1.【物】

(1)【不能归拾得人】拾得遗失物，应当返还权利人。<u>因为遗失人仅仅是丧失占有，而非丧失权利</u>（《民法典》第314条）。(2)【要么归原物主】所有权人或者其他权利人有权追回遗失物（《民法典》第314条）。(3)【要么归国家】遗失物自发布招领公告之日起<u>1年</u>内无人认领的，归国家所有。这是基于法律规定的取得，属于原始取得（《民法典》第318条）。(4)【要么归购买遗失物的人】拾得人无权处分遗失物，权利人在知道购买人之日起2年内没向购买人要，或者2年后才向购买人要（"晚了"），购买遗失物的人取得所有权（《民法典》第312条）。

2.【债】

(1)【拾得人的债权：拾得人构成无因管理，可主张必要费用】权利人领取遗失物时，应当向拾得人或者有关部门支付保管遗失物等支出的必要费用（《民法典》第317条）。

(2)【拾得人的债权：如有悬赏广告，拾得人可主张悬赏广告之债，索要悬赏报酬】①一般情况下拾得人返还遗失物不得主张报酬。拾得人不得以失主不给报酬为由拒绝归还遗失物。②但是，如果权利人悬赏寻找遗失物的，返还遗失物的拾得人可主张悬赏广告之报酬，这属于单方允诺之债。③再但是，如果拾得人侵占遗失物，则不得主张费用，也不得主张悬赏报酬。

例：【拾得手链不还还弄丢】甲遗失手链1条，被乙拾得。为找回手链，甲张贴了悬赏500元的寻物告示。后经人指证手链为乙拾得，甲要求乙返还，乙索要500元报酬，甲不同意，双方数次交涉无果。后乙在桥边玩耍时手链掉入河中被冲走。<u>如何评价甲、乙之间的法律关系？</u>①【物】乙拾得甲的手链，负有返还义务，手链所有权归甲。②【债】

甲张贴悬赏广告，应负担支付报酬的债务。③【物债二分】物权关系和债权关系应区分处理，两分看待。甲有权要求乙返还；乙有权在返还后请求甲支付报酬。④【过错责任】乙保管遗失物期间因重大过失导致遗失物毁损，故甲有权要求乙赔偿。⑤【不得主张悬赏广告的报酬】因乙没有返还手链，故不得主张悬赏广告的报酬。

（3）【拾得人的债务：保管不当应负侵权之债】①【妥善保管】拾得人在遗失物送交有关部门前，有关部门在遗失物被领取前，应当妥善保管遗失物。②【过错侵权责任】因故意或者重大过失致使遗失物毁损、灭失的，应当承担民事责任（《民法典》第316条）。

例：【拾得戒指误以为是假的而抛弃需要负侵权责任】甲拾得一枚戒指，误以为是假的给扔了，失主乙调监控查出是拾得人甲抛弃之后不知所踪，因此要求拾得人甲赔偿，法院判决赔偿5万元。为什么法院这么判？因为拾得人乙构成重大过失，属于侵权行为，要负侵权责任。

（4）【拾得人的债务：无权处分出卖遗失物应负侵权之债或返还不当得利】（《民法典》第312条）

3.【拾得漂流物、发现埋藏物或隐藏物】参照适用拾得遗失物的有关规定（《民法典》第319条）。

(二)【物债二分观察买卖遗失物的制度体系】（《民法典》第312条）

1.【债：无权处分遗失物合同有效】拾得人将遗失物转让给他人，属于无权处分的买卖合同，该合同有效。

2.【债：权利人可选择"要钱"】权利人有权向无处分权人请求损害赔偿。

例：【百年老宅有银元】甲将一套房屋转让给乙，乙再转让给丙，相继办理了房屋过户登记。丙翻建房屋时在地下挖出银元，经查为甲的祖父埋藏，甲是其祖父唯一继承人。丙将银元以市价卖给不知情的丁，双方钱物交割完毕。现甲、乙均向丙和丁主张权利。如何评价本案银元的物权关系？

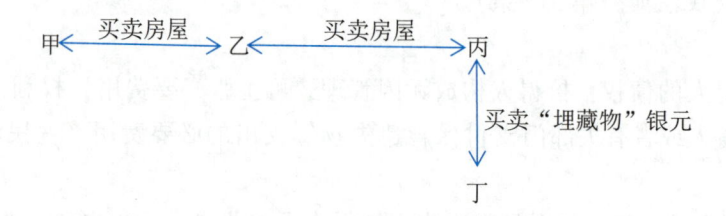

```
甲 —买卖房屋→ 乙 —买卖房屋→ 丙
                              ↓
                          买卖"埋藏物"银元
                              ↓
                              丁
```

①【房屋买卖】甲、乙签订房屋买卖合同。②【房屋转卖】乙、丙签订房屋买卖合同。③【银元是埋藏物】房屋地下挖出银元，银元是埋藏物，既不是房屋的成分，也不是房屋的孳息，更不是房屋的从物。④【银元归埋藏人】甲乙、乙丙的房屋买卖中，不包括银元。银元归物主即谁埋的归谁，故归甲祖父。⑤【银元归埋藏人的继承人】甲祖父死亡，银元作为遗产，发生继承物权变动，故银元归甲。⑥【埋藏物买卖】丙将甲的银元出卖给不知情的丁，构成无权处分他人之埋藏物，参照适用无权处分他人遗失物规则。⑦【债】故甲有权请求丙承担损害赔偿责任。⑧【物】甲也有权要求丁返还银元，因丁乃私下交易，故甲无须向丁支付丁所付费用。⑨【埋藏物买卖合同有效】丁可要求丙承担违约责任，因

为丙丁无权处分埋藏物合同有效。⑩【2年规则】甲在知道埋藏物受让人丁后2年没主张返还，埋藏物归丁。

3.【物：权利人可选择"要物"】(1) 自知道或者应当知道受让人之日起（不是从合同签订之日起）2年内向受让人请求返还原物。(2) 2年之内，既然权利人可以追回，按照逻辑推导，购买遗失物的人不能取得所有权。(3) 2年之后，购买遗失物的人取得所有权，但这不是基于善意取得的取得，而是基于法律规定的取得。

◆ 原理：为什么购买遗失物不启动善意取得？①【善意取得是即时取得】善意取得又称"即时取得"，满足善意取得构成要件，在完成交付或登记时，就发生物权变动了，不需要等待。②【取得遗失物却要等待】而购买遗失物的人要取得所有权，要么是因为权利人没"要物"、要么是因为权利人"要物"要晚了（2年后提出），所以这不是"即时取得"。③【结论】因此我们可以下结论：遗失物买卖不适用善意取得制度。购买遗失物的人是否能取得所有权，取决于原物所有人在知道购买人之后的2年内是否采取要求返还遗失物的行动。

(1)【有偿回复】受让人通过拍卖或者向具有经营资格的经营者购得该遗失物的，权利人请求返还原物时应当支付受让人所付的费用。权利人向受让人支付所付费用后，有权向无处分权人追偿。

(2)【无偿回复】受让人不是通过拍卖，也不是他通过具有经营资格的经营者购得遗失物，则权利人请求返还原物时，无须支付受让人所付的费用。

例：【扔错手表】甲扔掉旧西装，同时错将其西装口袋里的名贵手表也扔了。乙拾得西服和手表，乙将该手表以市价卖给不知情的丙并交付。如何评价手表的物权归属？①归甲。②【抛弃西装】甲扔掉西装，构成抛弃，属于单方法律行为，抛弃行为完成时甲对西装的所有权消灭。③【先占西装】西装为无主物，乙因先占而取得西装所有权。④【物】手表不是西装的成分，也不是西装的从物，更不是西装的孳息，而是一个独立的物。⑤【抛弃手表的行为发生重大误解】甲错将手表扔了，因重大误解发生抛弃行为，参照适用重大误解可撤的规则，该抛弃行为因被撤销而溯及无效。⑥【不满足"基"】抛弃发生物权变动，属于基于法律行为的物权变动，需要法律行为有效。既然抛弃行为无效，故甲对手表的所有权没有消灭。⑦【手表是遗失物】手表不是无主物，而是遗失物。⑧【返还遗失物】甲可在知道购买人丙之日2年内请求丙返还手表。⑨【无需付费】甲无需支付丙购买手表的费用。

◆ 原理1：购买遗失物的人不能主张善意取得的原因是什么？①【立法站遗失人】遗失物进入流通后，购买人是否买到，不是取决于其是否善意、价格合理、交付，而是取决于权利人是否在知道购买人之日起2年（注意不是遗失物买卖合同签订之日起计算）内要求购买人返还遗失物。②【遗失人选择不要】如果权利人没提要求，则购买人获得遗失物所有权。③【遗失人选择要】如果权利人提要求，则购买人不能获得遗失物所有权。④【立法站遗失人不站购买人】立法是站遗失人，主动权完全在遗失人。而善意取得制度是站购买第三人的，只要构成善意取得，就要牺牲遗失人。⑤【为何站遗失人】因为遗失人没有过错。并且遗失物买卖价格一般不太合理，购买人不值得保护。以及遗失物买卖比较罕见。

◆ 原理2：为什么购买盗赃物的人不能主张善意取得？①【举轻明重】既然遗失物制度偏袒失主的原因是失主对丢东西没错，那么盗赃物主人对东西被偷、被抢更加没错，举轻以明重，盗赃物场合更加要保护主人，盗赃物主人的法律地位至少不能比遗失物主人的法律地位更差。②【立法更应站被偷、被抢的人】盗赃物进入流通环节，更加不应该适用善意取得制度，盗赃物主人的法律地位至少不能劣于遗失物主人的法律地位。至少应该适用该 2 年规则，被偷人可以要回来，从知道购买盗赃物人之日起 2 年计算。

秒杀：①权利人要求拾得人返还遗失物适用 3 年诉讼时效。②权利人要求购买遗失物的人返还遗失物适用 2 年期间。③遗失物要么归原物主、要么归国家、要么归购买遗失物的第三人、绝无可能归拾得人。

秒杀：非基于法律行为发生的物权变动事由，"建文善意继承先拾添"。"建"（建造）、"文"（文书）、"善意"（善意取得）、"继承"、"先"（先占）、"十"（拾得遗失物）、"天"（添附）。

第三节　基于法律行为的物权变动

①物债二分 ┤①合同效力：143
　　　　　　└②物权变动"基3"：行为人有处分权、法律行为有效、完成公示

②登记生效 ┤①不动产物权变动：登记
　　　　　　│②无权利凭证的权利质权：登记（应收账款设质）
　　　　　　│③股权、知识产权（财产权）出质：登记
　　　　　　└④居住权设立：登记

③意思主义+登记对抗主义 ┤①土地承包经营权（初次意思主义）和土地经营权
　　　　　　　　　　　　│②地役权
　　　　　　　　　　　　└③动产抵押权

④交付变动物权 ┤①动产物权变动：交付 ┤①现实交付
　　　　　　　　│　　　　　　　　　　　└②观念交付：简易交付、占有改定、指示交付
　　　　　　　　└②有权利凭证的权利质权：交付（汇本支票、债权、存仓提单）

⑤一物多卖 ┤①普通动产多卖中的交付："交" > "钱" > "先"
　　　　　　│②特殊动产多卖中的交付："交" > "记" > "先"
　　　　　　└③建设用地使用权多卖："登记" > "交" > "钱" > "先"

一、物权变动原因与物权变动结果的关系

（一）【物债二分的区分关系：物权变动的原因（合同）和物权变动的结果（物权变动）】

1.【合同有效，但物权没变动】

例：【合同有效，物权没变动】甲、乙签订不动产抵押合同，未办理不动产抵押权登记；甲、乙签订动产质押合同，未交付动产。如何评价甲、乙之间的法律关系？①【原因：债】甲、乙签订的不动产抵押合同或动产质押合同为债权合同，是设立抵押权和质权

的原因。②【债：相对性】合同生效,发生合同之债。债具有相对性,没有排他效果。③【物：要公示】只有在办理不动产抵押权登记时,或者在交付出质的动产时,抵押权或者质权才设立。

2.【物权没变动,但合同有效】

例1:【不动产买卖合同,不动产没过户】乙买甲一套房屋,已经支付1/3价款,双方约定余款待过户手续办理完毕后付清。后甲反悔,要求解除合同,乙不同意,起诉要求甲继续履行合同,转移房屋所有权。<u>如何评价该合同效力</u>?合同有效,甲应继续履行合同。

例2:【动产买卖合同,动产没交付】甲与乙签订相机买卖合同,相机尚未交付,也未付款。后甲又就出卖该相机与丙签订买卖合同。<u>如何评价案涉2个合同的效力</u>?该2合同均有效。

秒杀:物债二分。①区分房屋买卖合同(债)与房屋过户(物)。②区分手表买卖合同(债)与手表交付(物)。③区分房屋抵押合同(债)与房屋抵押权登记(物)。④区分手表质押合同(债)与手表出质交付(物)。质押合同中一旦交付质物即履行完毕。

(二)【物债二分的牵连关系:"基3"中的民事法律行为无效,物权必然没变动】

例:【被骗卖古董】甲被乙欺诈,将价值10万元的古董以1万元出卖,双方签订了买卖合同,完成了交付。甲主张撤销合同。<u>如何评价古董的物权归属</u>?①【原因:债】甲、乙签订买卖合同,是古董所有权变动的原因。②【结果:物】甲基于合同向乙交付古董,属于古董所有权变动的结果。③【原因无效】甲受欺诈而撤销合同后,合同溯及无效,故物权没变动。④【基3失败】古董所有权复归甲所有,一物一权即一个古董只能有一个所有权人,乙不是所有权人。⑤【返还原物】合同无效,乙又不是所有权人,因此乙对古董的占有既无合同依据,又无所有权依据,故甲有权请求乙返还古董。

二、登记

(一)【登记生效主义:只有登记后才能发生物权变动,叫作"基3"】(《民法典》第214条)

1.【不动产物权变动必须登记:"基3"】

(1)一般情形,不动产所有权变动、不动产抵押权变动都需要登记。(2)例外情形,法律规定不动产物权变动不用登记,从法律规定,比如国家对不动产的所有权无需登记。

例1:【一房卖3次】1月1日,甲将房屋与乙签订买卖合同并交付,乙支付了全部房款,但未办理产权变更登记。2月1日,甲与又不知情的丙签订买卖合同并办理了产权变更登记。3月1日,甲与不知情的丁签订了房屋买卖合同。<u>如何评价本案法律关系</u>?

```
甲 ──卖1──→ 乙(钥匙人)(债权人)
  ──卖2──→ 丙(过户人)(物权人)
  ──卖3──→ 丁(合同人)(债权人)
```

①【债:一房多卖,钥匙人、过户人、合同人】卖1是有权处分卖给"钥匙人",卖

2还是有权处分卖给"过户人",卖3变成无权处分卖给"合同人"。这3个合同都是有效的。②【物:基3】房屋是不动产,所有权变动以登记为要件,因此过户人丙是不动产物权人,钥匙人乙和合同人丁是债权人。③【物:返还原物】过户人丙可要求无权占有人乙返还原物,乙对房屋的占有具有相对性,只能对抗出卖人甲,不能对抗所有权人丙,因为丙的物权具有对世性。④【债:违约责任】钥匙人乙和合同人丁可分别要求卖方甲承担违约责任。

例2:【一房卖2次+连环买卖】甲继承了一套房屋,在办理产权登记前将房屋出卖并交付给乙,办理产权登记后又将该房屋出卖给丙并办理了所有权移转登记。丙受丁胁迫将房屋出卖给丁,并完成了移转登记。丁旋即将房屋出卖并移转登记于戊。<u>如何评价本案物权关系</u>?

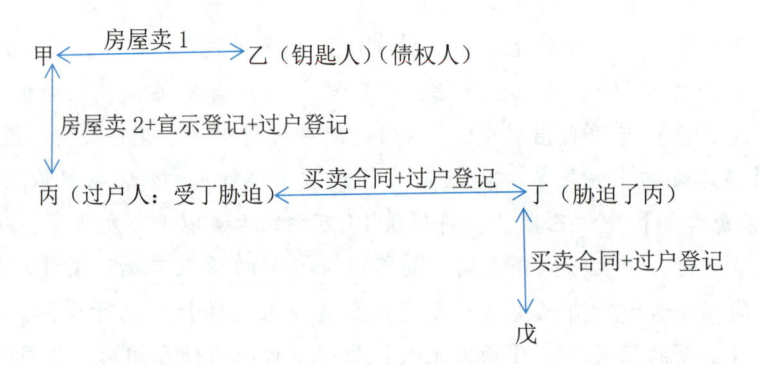

```
甲  ──房屋卖1──>  乙(钥匙人)(债权人)
│
│房屋卖2+宣示登记+过户登记
↓
丙(过户人:受丁胁迫) <──买卖合同+过户登记──  丁(胁迫了丙)
                                              │
                                              │买卖合同+过户登记
                                              ↓
                                              戊
```

①【继承物权】甲继承房屋,属于"继承物权变动",被继承人死亡时,甲取得房屋所有权。②【宣示登记】在办理产权登记前甲出卖房屋给乙并交付,即甲在办理"宣示登记"前处分房屋,合同有效,但不发生物权变动。乙不是房屋所有权人,仅是合同债权人。③【物:"基3"】甲在办理产权登记后即在办理"宣示登记"后处分房屋给丙并且过户,故发生物权效力,丙是房屋所有权人。④【债:多重买卖】甲把房屋卖给钥匙人乙,又把房屋卖给过户人丙,构成多重买卖。乙可要求甲承担违约责任。⑤【撤:"基3"失败】丙受丁胁迫将房屋出卖给丁,并且办理转移登记。如果丙以受胁迫为由撤销丙、丁合同,则该合同溯及无效,基于法律行为物权变动失败,丁不是房屋所有权人。丁出卖房屋属于无权处分,过户给了戊,如果戊符合善意取得构成要件(善意+价格合理)则戊构成善意取得,是原始取得。⑥【不撤:"基3"成功】如果受胁迫的丙没有撤销丙、丁的合同,则该合同有效,丁正常取得房屋所有权。丁出卖房屋属于有权处分,过户给了戊,属于基于法律行为物权变动,戊正常取得房屋所有权,是继受取得。⑦【撤还是不撤,题干没交代,视为不撤】题干没有交代丙是否以受胁迫为由撤销合同,则根据做题规则,视为不存在,"当胁迫是空气",故戊会正常取得房屋所有权。

2.【部分权利设立权利质权必须登记:"基3"】(1)【"电子"权利设立质权必须登记】以没有权利凭证的汇票、本票、支票、债券、存款单、仓单、提单出质的,质权自办理出质登记时设立(《民法典》第441条)。(2)【股权设立质权必须登记】以基金份额、股权出质的,质权自办理出质登记时设立(《民法典》第443条)。(3)【知识产权的财产权设立质权必须登记】以注册商标专用权、专利权、著作权等知识产权中的财产权出质的，质权自办理出质登记时设立（《民法典》第444条）。(4)【应收账款设立质权必须登记】以应收账款出质的，质权自办理出质登记时设立（《民法典》第445条）。

3.【设立居住权必须登记："基3"】设立居住权的，应当向登记机构申请居住权登记。居住权自登记时设立（《民法典》第368条）。

(二)【意思主义和登记对抗主义，叫作基2；交付主义和登记对抗主义，叫作基3】

1.【意思主义和登记对抗主义：动产保留所有权买卖、地役权、土地承包经营权、土地经营权，他们是"基2"】

◆ 原理：什么是"基2"？①【意思主义】以上这些物权变动，采用意思主义，即合同生效时物权就发生了变动，不以公示为生效要件。②【"基2"】因此，这些基于法律行为的物权变动，只需要两个要件：合同有效、有权处分。简称基2。

(1)【意思主义和登记对抗主义情形1：动产保留所有权买卖】①【保留所有权变动的意思主义】当事人可以在买卖合同中约定买受人未履行支付价款或者其他义务的，标的物的所有权属于出卖人。②【保留所有权变动的登记对抗主义】出卖人对标的物保留的所有权，未经登记，不得对抗善意第三人（《民法典》第641条）。

例：【没登记的保留所有权没有对抗效力】甲企业将设备出卖并交付给乙，约定在乙未付全款前保留所有权，但没有登记。乙将该设备无权处分：出卖给不知情的丙、或者出质给不知情的丙、或者抵押给不知情的丙且办理了登记手续。甲的所有权可对抗丙吗？①不可。②【意思主义】甲与乙约定保留所有权，意思表示一致时甲是所有权人。虽然乙取得占有，但不是所有权人。③【登记对抗主义：没登记没有对抗效力】甲的所有权不能对抗善意取得所有权、质权或抵押权的丙。

(2)【意思主义和登记对抗主义情形2：地役权】①【"直接当事人之间地役权设立的意思主义"】需役地人和供役地人之间地役权设立是坚持意思主义（《民法典》第374条）。②【"供役地换人，考对抗性"】供役地换人，则采用登记对抗主义，地役权登记了，可以对抗购买供役地的人；地役权没登记，则不可以对抗购买供役地的人（《民法典》第383条）。

(3)【意思主义和登记对抗主义情形3：土地承包经营权】①【"一级市场"初次设立农村土地承包经营权是意思主义】集体和农民1之间农村土地承包经营权的设立是意思主义。②【"本村二级市场"是意思主义和登记对抗主义】农民1和本村农民2之间农村土地承包经营权的流转是意思主义和登记对抗主义。

(4)【意思主义和登记对抗主义情形4：土地经营权】①【"一级市场"是意思主义和登记对抗主义】农民和X之间，意思主义和5年以上登记对抗主义（《民法典》第341条）。②【二级市场是意思主义和登记对抗主义】X和Y之间，意思主义和5年以上登记对抗主义。土地经营权融资担保，X或Y与银行，意思主义和登记对抗主义。

(5)【意思主义和登记对抗主义情形5：动产抵押权】

①【动产抵押权"设立"的意思主义】以动产抵押的，抵押权自抵押合同生效时设立；未经登记，不得对抗善意第三人（《民法典》第403条）。

例：【动产抵押权"设立"的意思主义】甲借银行1200万，乙公司以其价值200万的现有的以及将有的生产设备、原材料、半成品、产品为甲公司贷款设定抵押，没有办理抵押登记。银行是否取得抵押权？①取得。②动产抵押权自抵押合同生效时设立。

◆ **原理**：动产抵押采取"意思主义和登记对抗主义"的理由是什么？①【动产太多】在现实生活中，人们用一些生活用品或者价值不是很高的财产（诸如：家具、牲畜、电器产品等）抵押十分常见。当事人采用不转移占有的方式，往往是基于双方的信任。如果对于这些抵押也一概要求登记，将造成交易成本的扩大。我国幅员辽阔，偏远地区办理登记更为麻烦。②【没法都登记】实践中对于债权额较小的抵押担保如果要求强制登记，当事人可能不选用抵押的方式。比如采用质押，但这就必须转移占有，从而不利于发挥物的效用，有违物尽其用原则。或者干脆拒绝交易，从而阻碍社会发展。

②【动产抵押权"设立"的登记对抗主义】以动产抵押的，抵押权自抵押合同生效时设立；未经登记，不得对抗善意第三人（《民法典》第403条）。

例1：【登记的动产抵押权>未登记的动产抵押权】甲将车抵押给工商银行担保其债务，办理了抵押权登记。后又将该车抵押给担保公司担保其债务，未办理抵押权登记。甲届期无力清偿债务，工商银行和担保公司的抵押权怎么排序？①工商银行的抵押权优先。②因为工商银行的抵押权登记了，是1个抵押权人。③担保公司的抵押权未登记，是半个抵押权人。

例2：【未登记的抵押权>普通债权】甲、乙二人按照3∶7的份额共有一辆货车，为担保丙的债务，甲、乙将货车抵押给债权人丁，但未办理抵押登记。后该货车在运输过程中将戊撞伤。如何分析本案涉及法律关系？①【物：按份共有】就货车而言，甲、乙是按份共有。②【债：对外连带，对内按份】戊可以要求甲、乙承担连带侵权责任，因为共有物对外致人损害，由按份共有人负连带侵权责任。内部是按份责任，如甲对丁承担了全部担保责任，则有权向乙追偿。甲、乙对戊损害负连带侵权责任，如戊免除甲的损害赔偿责任，则乙只承担自己的那部分责任。③【未登记动产抵押权人>债权人】丁有未登记抵押权，属于半个物权人。丁的抵押权要优先于戊的债权。

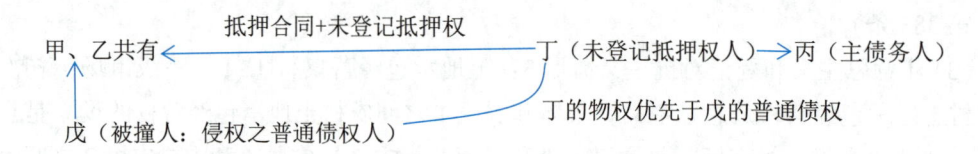

```
                    抵押合同+未登记抵押权
    甲、乙共有 ←──────────────────── 丁（未登记抵押权人）──→ 丙（主债务人）
         ↑
    戊（被撞人：侵权之普通债权人）        丁的物权优先于戊的普通债权
```

秒杀：登记的押1>未登记的押2>普通债权人。

2.【交付主义和登记对抗主义：特殊动产所有权转移，这是"基3"】

（1）【汽车买卖情形1：交付+过户，购买人是1个所有权人】①买卖汽车合同中，购车人取得交付，并且办理了过户登记。②购车人因为取得交付成为所有权人。③购车人因为办理登记取得对抗一切第三人的效力。④我称此种情形下的购车人为"1个所有权人"。

例：【汽车买卖情形1：交付+过户＝1个所有权人】甲企业将汽车卖给乙，交付并且办理了过户，乙已经付款或乙没有付款。如何评价汽车所有权变动？①乙是汽车所有权人。②甲、乙签订买卖合同，属于基于法律行为的物权变动，汽车已经完成交付，故乙是汽车所有权人。③且已经过户给了乙，故乙的所有权可以对抗一切第三人，因为物权是对世权。④付款与否，属于合同义务问题，与所有权转移没有关系。如果当事人约定了"保留所有权买卖"，买卖双方明确约定只有在买方付完全款才转移所有权，才从该约定。

（2）【汽车买卖情形2：交付+付款+未过户，"半个所有权人"，可以对抗债权第三人，不能对抗物权第三人】①买卖汽车合同中，购车人取得交付，支付了合理价款，但没有办理过户登记。②购车人因为取得交付成为所有权人。③购车人因为支付了合理价款可以对抗债权第三人，简言之，可以"破执行"。④购车人因为没有办理登记不能对抗物权第三人。⑤我称此种情形下的购车人为"半个所有权人"（《物权编解释（一）》第6条和《民法典》第225条）。

例1：【汽车买卖情形2之一：交付+付款+未过户，"半个所有权人"可以对抗债权第三人，也就是可以破"执行"】4S店，卖车给A（购车人），A取得占有（转移车辆物权故A是物权人），支付价款（所以4S店虽然没有了车但收到了钱），但A没有取得过户登记。4S店欠"银行"贷款到期未还。银行是4S店金钱之债的债权人，起诉还款，拿到胜诉判决。银行申请执行4S店名下的车，但是实际这个车是A的（钥匙人+付款人）。问：如何抢车？

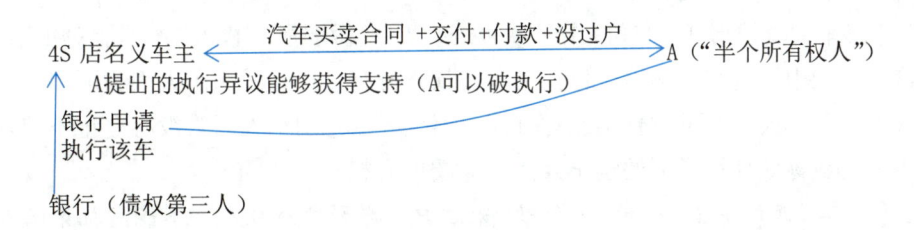

```
                        汽车买卖合同 +交付+付款+没过户
4S 店名义车主 ←─────────────────────────────→ A（"半个所有权人"）
      ↑      A提出的执行异议能够获得支持（A可以破执行）
银行申请
执行该车

银行（债权第三人）
```

①【对抗执行】根据《物权编解释（一）》第6条规定，银行属于债权第三人，购车人A对车辆的所有权（半个所有权人），要优先于银行。②【执行错误】因此，这属于"执行错误"，应启动民诉"钱、房、房"规则来纠正执行的错误：A可以先提出执行异议，执行异议被裁定驳回后，可再提出案外人执行异议之诉（详情可参见本人编写的《民诉原理》）。

◆ 原理：为什么取得占有且已经付款但未过户的买方，可以作为半个所有权人优先于债权人即"破执行"？①因为买方已经付了钱，故卖方的债权人可以强制执行卖方名下的银行账户，已经可以保护卖方债权人利益。②如果此时还允许卖方债权人可以强制执行虽然登记在卖方名下但实际上是买方付款购买的机动车，则对买方来讲是极其不公平的。③必须注意，取得交付的买方，必须支付合理价款，才能"破执行"，否则，会导致债务人4S店将"车挪一个位置、换一个地方放"就能轻松破掉对"动产的执行"，这会动摇民诉中对汽车的执行程序。

例2：【汽车买卖情形2之二：交付+付款+未过户："半个所有权人"不可以对抗物权第三人】4S店，卖车给A（购车人），A取得占有（转移车辆物权故A是物权人），支付价款（所以4S店虽然没有了车但收到了钱），但A没有取得过户登记。如果4S店将名下的机动车无权处分抵押给了不知情的小贷公司，并且办理了抵押权登记，小贷公司善意取得抵押权。问：如何抢车？

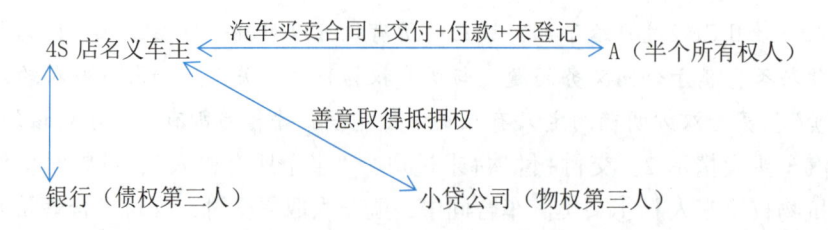

```
4S店名义车主  ←汽车买卖合同+交付+付款+未登记→  A（半个所有权人）
        ↕                善意取得抵押权              ↙
    银行（债权第三人）                     小贷公司（物权第三人）
```

①【不能对抗物权第三人】相对于A来讲，小贷公司就是物权第三人。A的所有权没登记，不能对抗物权第三人（小贷公司）。②排队顺序就是：小贷公司（一个抵押权人）优先于A（半个所有权人），A（半个所有权人）优先于银行（普通债权人）。③A花了钱却没得到车，可以告4S店侵权（4S店无权处分是侵犯了A的所有权）或者违约（4S店没有履行与A的买卖车辆合同的过户义务）。[1]

秒杀：1个抵押权人（登记抵押权人）＞半个所有权人（交付+付款+未登记）＞债权人。

方妈终极1问：如果购车的A的所有权没登记，而小贷公司善意取得的动产抵押权也没登记，怎么办？没有法条规定。学理上，应优先保护A，虽然A没有登记的公示，但是有交付的公示，所以A优先。

(3)【汽车买卖情形3：交付+未付款+未过户，"微弱所有权人"，不能对抗第三人】①买卖汽车合同中，购车人取得交付，没有付款，没有过户。②购车人因为取得交付成为所有权人。③购车人因为没付款不能对抗债权第三人。④购车人因为没有登记不能对抗物权第三人。⑤我称此种情形下的购车人为"微弱所有权人"。

例：【汽车买卖情形3：交付+未付款+未过户，微弱所有权人，不能对抗第三人】4S店将汽车卖给A，交付未过户，A也未付款。后4S店欠银行借贷10万元，银行诉到法院获得胜诉判决，银行申请执行法院执行4S店名下的机动车。问：如何抢车？

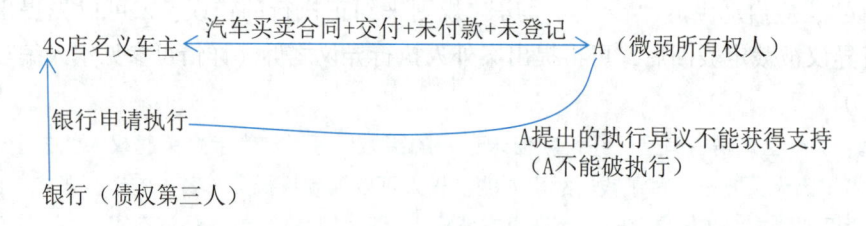

```
4S店名义车主  ←汽车买卖合同+交付+未付款+未登记→  A（微弱所有权人）
        ↕  银行申请执行                           ↙
                                      A提出的执行异议不能获得支持
    银行（债权第三人）                    （A不能破执行）
```

①否。②因为乙虽然取得交付，但未过户，也未付款，故乙的所有权不得对抗善意债权第三人丙。③乙没有足以排除强制执行的实体权利。

◆ **原理**：为什么提车但未付款且未过户的人不能提执行异议？①【避免"挪车"架空执行】实践中，车主欠债，然后债主申请执行车主名下的车时，车主就让别人把车开走，换一个人控制，"拟"一个买卖合同。然后由买方提执行异议，这是不允许的。②【要求付款】因此才有了《物权编解释（一）》第6条规定，要求购买车的人不但要占有车，还必须支付合理价款，才可以提执行

---

[1] 本题不涉及"正常经营"，因为正常经营是先抵押后买卖，正常经营的买卖可以破掉动产抵押权。本题是先买卖后无权处分设定抵押，后设立的抵押权优先。

异议。③【换人提执行异议也没用】车主换人控制车必须是真实交易并且要有支付真金白银,避免车主用"换一个人控制车"的方式来提执行异议而"变相的逃避"执行。

(4)【汽车买卖情形4：未交付+过户；未交付+未过户；只要没交付，就必然是债权人，因为汽车所有权变动采用交付主义，只要没交付，就不用考虑是否登记了】①汽车买卖合同中，购车人没有取得交付，可能已经取得过户登记或者没有取得过户登记。②购车人因为没有取得交付，不是所有权人。③购车人不论取得过户登记，还是没有取得过户登记，都是债权人。

◆ **原理**：购车人虽然没有取得交付，但是取得过户登记，该登记为什么不能对抗第三人？①汽车没有交付给购车人，购车人就不是汽车所有权人。②既然购车人不是汽车所有权人，就谈不上"购车人的所有权"能不能对抗第三人的问题。③所以，在特殊动产所有权变动中，所谓登记后可以产生对抗效力，是以交付为前提。④因此我将此处论述的大标题取名：交付主义+登记对抗主义。这个取名就隐含了交付是讨论登记对抗的前提。

例：【汽车买卖情形4：未交付（过户或没过户），债权人】甲企业将汽车出卖给乙，签订了合同，未交付汽车也未过户（或者已经过户），乙已经支付了价款。如何评价乙的法律地位？①【物】乙不是汽车所有权人，因为汽车未交付。②【债】乙是合同债权人，可请求甲企业继续履行合同。③【钥匙人>过户人】如甲再将车卖给丙且交付，属于有权处分，丙是所有权人，可以要求乙配合办理过户变更登记手续。

方妈按逻辑顺序检讨一句话：①交付了吗，交付后取得所有权，比较弱，不能破执行；②交付后，付款了吗，付款后破执行；③交付后，登记了吗，登记了可以对抗一切人。

买车
- ①交付：购车人是所有权人
  - ①交付+登记：物在呼叫主人
  - ②交付+付款+未登记：可以破执行
  - ③交付+未付款+未登记：不能破执行
- ②没交付：购车人是债权人

存在登记对抗主义："保留"、一辆"车"、去"抵押"、买3块"地"来"承包"、"经营"和"役使"。

(三)【不动产登记的种类】

1.【更正登记】(1)【存在错误】权利人、利害关系人认为不动产登记簿记载的事项错误的，可以申请更正登记。(2)【更正错误】不动产登记簿记载的权利人书面同意更正或者有证据证明登记确有错误的，登记机构应当予以更正（《民法典》第220条）。

2.【异议登记】(1)【有争议提异议】①不动产登记簿记载的权利人不同意更正的，利害关系人可以申请异议登记（《民法典》第220条）。②当然也可以直接提起确认之诉，但是先提异议登记紧接着提确认之诉更稳妥，避免"赢了官司输了房子"，因为如果没有异议登记光打确认之诉，在诉讼期间被告可能将房屋处分给善意第三人，该善意第三人会构成善意取得。(2)【15日内起诉】①登记机构予以异议登记，申请人自异议登记之日起15日内不提起诉讼的，异议登记失效。②异议登记失效后仍可诉请确认物权归属，异议登记失效不影响法院对案件的实体审理。(3)【异议登记破善意】①异议登记期间内，卖方仍然可以卖房，但买方自担风险。②如果异议成功，则买方构成恶意，不得主张善意取得。③如果异议失败，则买方能够正常取得房屋。(4)【异议不当要赔偿】异议登记不当，造成权利人损害的，权利人可以向申请人请求损害赔偿。

例：【异议登记不当要赔偿】某房屋登记的所有人为甲，乙认为自己是共有人，于是向登记机构申请更正登记。甲不同意，乙又于3月15日进行了异议登记。3月20日，丙打算买甲的房屋，但是到登记机构查询发现甲的房屋存有异议登记，遂放弃购买。乙申请异议登记后，发现自己的证据不足，遂对此事置之不理。<u>如何评价本案异议登记？</u>①【15日内起诉】异议登记于3月31日失效。②【异议不当要赔偿】甲有权向乙请求赔偿损失。③甲无权向登记机构请求赔偿损失。④【债：异议不影响买卖】如果丙和甲签订买卖合同，该合同有效。④【物：取得】如果甲将房屋过户给了丙，丙是否取得房屋所有权，将取决于乙的异议是否成功。如果乙异议登记失效，则丙可以取得房屋所有权。⑤【物：不取得】如果乙的异议成立，丙不可以取得房屋所有权。因为甲构成无权处分，房屋上有异议登记，故丙不构成善意，不能主张善意取得房屋所有权。一句话，异议登记会破掉善意取得。

3.【预告登记】(1)【"拿号"】当事人签订买卖房屋的协议或者签订其他不动产物权的协议，为保障将来实现物权，按照约定可以向登记机构申请预告登记。(2)【物债二分】预告登记后，未经预告登记的权利人同意，处分该不动产的，不发生物权效力。(3)【转正】预告登记后，债权消灭或者自<u>能够进行不动产登记之日起 90 日</u>内未申请登记的，预告登记失效（《民法典》第221条）。

三、交付主义

(一)【交付主义：动产所有权转移，这是"基3"】

1.【交付转移动产所有权】<u>动产物权的设立和转让，自交付时发生效力，但是法律另有规定的除外</u>（《民法典》第224条）。(1)【从约定交付地点】买卖合同中，出卖人应当按照约定的地点交付标的物。(2)【无约定交付地点+需要运输+货交第一承运人】无约定交付地点或约定不明确，则标的物需要运输的，出卖人应当将标的物交付给第一承运人以运交给买受人。(3)【无约定交付地点+不需要运输+共知货物地+无共知货物地则出卖人签约时营业地】标的物不需要运输，出卖人和买受人订立合同时知道标的物在某一地点的，出卖人应当在该地点交付标的物；不知道标的物在某一地点的，应当在出卖人订立合同时的营业地交付标的物（《民法典》第603条）。

例1：【孩子怕鸽子，没接住】甲带领5岁的儿子丙在乙经营的农庄吃饭时，丙十分喜爱乙饲养的鸽子，甲对乙表示为丙买一只，微信付款后，乙将甲买的鸽子交给甲，甲让乙交给丙，乙交给丙时，丙因胆小手一缩，鸽子飞了。问：此时鸽子归谁所有？归乙。

例2：【货交第一承运人】甲、乙公司签订大蒜买卖合同，约定由卖方乙公司代办托运，货交承运人丙公司后即视为完成交付。则大蒜运至丙公司时，所有权归谁？①甲公司。②双方约定了货交承运人丙公司后视为完成交付，货交丙公司，视为交付给了买方甲公司。③所谓"代办托运",是指由出卖人代理买受人与承运人订立运送合同,买受人承担运费的交付方式,此时出卖人将货物交给承运人即算完成交付。

◆ **原理**:如何理解《民法典》第224条规定的"法律另有规定的除外"?①【占有改定:没现实交付但已经转移所有权】占有改定本身是法律另有规定的表现形式。《民法典》第228条,动产物权转让时,当事人又约定由出让人继续占有该动产的,物权自该约定生效时发生效力。占有改定的本质是未现实交付但物权已经转移,允许当事人对动产公示方法进行约定。②【保留所有权的买卖:已经现实交付但没转移所有权】保留买卖也是法律另有规定的一种表现形式。《民法典》第641条第1款,当事人可以在买卖合同中约定买受人未履行支付价款或者其他义务的,标的物的所有权属于出卖人。第2款,出卖人对标的物保留的所有权,未经登记,不得对抗善意第三人。保留所有权买卖的本质是已经交付了,但是当事人约定不转移所有权,允许当事人对动产所有权的转移进行约定。③【法律另有规定允许当事人对"交付"方式进行约定】要么约定:没实际交付也转移所有权,比如占有改定、指示交付。要么约定:实际交付了但不转移所有权,比如动产保留所有权买卖。这些都是法律的例外规定的允许当事人约定的情形。

2.【买卖合同中交付转移不动产孳息或动产孳息】(1)【交付前归出卖人】标的物在交付之前产生的孳息,归出卖人所有。(2)【交付后归买受人】交付之后产生的孳息,归买受人所有。(3)【约定优先】但是,当事人另有约定的除外(《民法典》第630条)。

例1:【房屋的租金归属看交付】甲企业将房屋出卖给乙,交付但未过户,乙尚未支付全部购房款。乙收房后将房屋进行装修,出租给丙。<u>房屋租金归谁?</u>①房屋是不动产,基于法律行为的物权变动坚持登记生效主义。②房屋未过户,故甲仍是房屋所有权人。③乙对房屋的占有,有买卖合同为依据,相对于甲是有权占有。④甲、乙之间形成买卖合同,交付后,房屋孳息转归买受人乙。⑤乙、丙租赁合同有效,租金是房屋的法定孳息,租金归出租人乙所有。

例2:【牛生的小牛归属看交付】甲将牛出卖并交付给乙,乙尚未支付价款。乙占有牛期间,牛产下小牛。<u>小牛归谁?</u>①乙。②小牛是牛的孳息。③甲、乙签订买卖合同,买卖合同中,交付标的物之后的孳息,归买方所有。④假设甲将牛出借给乙,乙占有牛期间,牛产下小牛,则小牛归甲。⑤<u>只有买卖合同中才适用交付转移孳息规则,非买卖合同不适用这一规则</u>。⑥因此,借鸡生蛋在民法上是不成立的。

秒杀:动产1交3转,交付后转移所有权、孳息和风险。

◆ **原理**:为什么说民法的世界只有动产和不动产?①因为动产和不动产的交易规则完全不同。②不动产的物权变动是登记生效主义,无论是所有权还是抵押权。③动产的物权变动是交付为公示的一般规则,允许约定"交付方式"。

(二)【交付主义:动产质权和有权利凭证的权利质权】

1.【动产质权:交付主义】自出质人交付质押财产时设立。(1)【以实际为准】约定交牛出质,实际交鸡出质,则鸡是质物。(2)【从物需交付才出质】约定交车出质,实际交了车没交备胎,则车是质物。

2.【"3票3单1券"权利质权:交付主义】以汇票、本票、支票、存款单、仓单、提单、债券出质的,质权自权利凭证交付质权人时设立。

（三）【交付方式的种类：现实交付和观念交付】

1.【现实交付】动产的物权人基于意思表示自愿将其对于动产的占有现实的移转给受让人而产生物权变动。

例：【被偷不是交付】甲将画卖给乙，签订了买卖合同，尚未交付。第2天，乙教唆甲8岁的儿子从甲手中将画偷来，交给了乙。画的所有权归谁？①甲。②【物债二分】甲、乙签订买卖合同有效，但画未交付，故甲是所有权人。③【物】乙教唆甲8岁的儿子侵权，应负侵权责任，甲有权要求乙返还画。④【债】当然，乙可基于有效的买卖合同要求甲承担继续履行等违约责任，因为甲负有合同义务。

2.【观念交付】当事人意思表示达成时视为完成交付，并非现实转移动产的控制。观念交付与现实交付具有相同的法律效果，比如观念交付后孳息归买方、风险归买方。观念交付有三种形态：简易交付、占有改定、指示交付。

（1）【简易交付：现行以债权人身份占有，后续以物权人身份占有】动产物权设立和转让前，权利人已经占有该动产的，物权自民事法律行为生效时发生效力（《民法典》第226条）。

甲（出租人+出卖人+债权人）⟵租赁合同 +买卖合同+简易交付⟶乙（租户+买方+物权人）

"先租用后买卖"="买方一直占有"=买方由债权人升级为物权人=东西归买方。

◆ 原理：为什么简易交付可以化解人际关系的尴尬？小孩把别人家的东西玩坏了，大人就说，孩子妈妈喜欢这个东西，要掏钱买下来。

例1：【租户变主人】甲租用乙的相机，后甲、乙达成买卖协议，甲买下该相机。如何评价相机的物权变动？①这属于简易交付。②自甲、乙买卖协议生效时，甲就是物权人，由原来的租赁权人（债权人）升级为物权人。③如果此后相机在甲手中意外灭失，则应由甲承担风险，因为买卖合同中，交付之后风险归买方承担，此处的交付，包括观念交付之"简易交付"。所谓甲承担风险，即在相机灭失时，甲仍需要向乙支付价款。

例2：【小偷变主人】甲偷来乙的相机，后甲、乙达成买卖协议，甲买下该相机。如何评价相机的物权变动？①这属于简易交付。②自甲、乙买卖协议生效时，甲就是物权人，由原来的小偷变成了主人。

例3：【保留所有权买卖中的简易交付】甲公司借用乙公司的一套设备，在使用过程中不慎损坏一关键部件，于是甲公司提出买下该套设备，乙公司同意出售。双方还口头约定在甲公司支付价款前，乙公司保留该套设备的所有权。不料在支付价款前，甲公司生产车间失火，造成包括该套设备在内的车间所有财物被烧毁。如何评价本案中的交付？①甲借用乙的设备，双方成立借用合同法律关系。②甲购买乙的设备，双方成立买卖合同关系。③先借用后买卖，这属于简易交付。④本来，交付之后，风险归甲、孳息归甲、所有权也归甲。⑤但是当事人约定甲未付全款则乙保留所有权，保留动产所有权买卖无须采用书面形式。⑥我们要区分处理：所有权归乙，但风险和孳息因简易交付而转移归甲。⑦设备被烧毁，故甲仍需要向乙支付原定价款。

（2）【占有改定：先以物权人身份占有，后以债权人身份占有】动产物权转让时，当事人又约定由出让人继续占有该动产的，物权自该约定生效时发生效力（《民法典》第228条）。

买卖合同+租赁合同+占有改定
甲（出卖人+承租人+债权人）←――――――――――――→乙（购买人+出租人+物权人）

"先买卖后租用"="卖方一直占有"=卖方由物权人降格为债权人=东西归买方。

◆ **原理**：为什么叫"占有改定"？①比如毕业生卖二手车，先卖，后再借用几天直到离校。②出卖人原来对动产的占有是基于所有权的占有，后来对动产的占有变成了基于债权的占有，"占有改定"。③优点在于可"盘活资产"，卖掉这个东西拿到钱，还可以用这东西。

例1：【已经占有改定】甲在商场购买一台电脑，对售货员说：先替我保管，我明天来拿。后商场被宣告破产。甲能否要回电脑？①能。②【物】因为此时电脑已经交付给甲，只是甲要求商场代为保管，这是"占有改定"。甲对电脑享有物权，不能列入商场的破产财产去清偿商场的债权人，因为电脑归甲所有，并非归商场所有，故甲可以主张破产法上的取回权，取回电脑。民法上叫原物返还请求权，破产法上叫取回权，它们是一个意思。

例2：【没有占有改定】甲在商场购买一台电脑，约定由商场送货上门。货未送出之前商场被宣告破产。甲能否要回电脑？①不能。②【债】因为按约定，商场送货上门时电脑才算交付，在交付之前甲只对商场享有债权，却没有对电脑享有物权，甲只能作为破产债权人的身份参与分配破产财产。

例3：【连环交易：先简易交付，后占有改定】庞某有1辆名牌自行车，在借给黄某使用期间，达成转让协议，黄某以8000元的价格购买该自行车。次日，黄某又将该自行车以9000元的价格转卖给了洪某，但约定由黄某继续使用1个月。如何评价自行车的物权变动？①【简易交付】庞某黄某借用期间，达成转移协议，乃"先借用后买卖"，黄某因"简易交付"成为所有权人。②【占有改定】黄某再卖给洪某，属于有权处分，约定黄某继续借用，乃"先买卖后借用"，洪某因"占有改定"而取得所有权。洪某在其与黄某约定由黄某继续使用时成为所有权人，而非黄某使用1个月后才是所有权人。

借用合同+买卖合同+简易交付
庞某←――――――――――――→黄某
　　　　　　　　　　　　　　↕ 买卖合同+借用合同+占有改定
　　　　　　　　　　　　　　洪某

秒杀：如何快速地记住简易交付与占有改定？①简易交付是买方一直在控制，"交易真的结束了，是句号"。②占有改定是卖方一直在控制，"交易尚未结束，是逗号"。

（3）【指示交付："间接占有人换人"】动产物权设立和转让前，第三人占有该动产的，负有交付义务的人可以通过转让请求第三人返还原物的权利代替交付（《民法典》第227条）。①【指示交付转移所有权，采用意思主义】双方合意时=指示交付完成。双方达成以返还请求权代替现实交付的合意时生效。②【指示交付设立质权，采用通知主义】通知第三占有人时=指示交付完成。通知第三人占有人时，指示交付完成，设立质权。

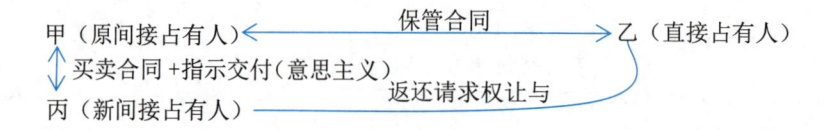

```
甲（原间接占有人） ←——保管合同——→ 乙（直接占有人）
  ↕ 买卖合同+指示交付（意思主义）         ↗
丙（新间接占有人）      返还请求权让与
```

指示交付转移所有权采用意思主义：卖方是原间接占有人而买方是新间接占有人，这叫间接占有人换人。

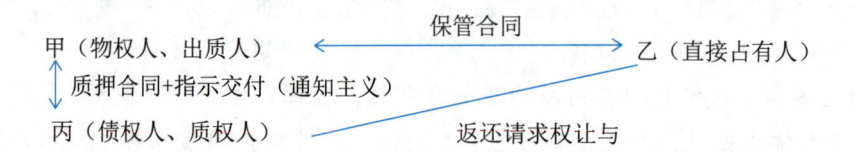

```
甲（物权人、出质人） ←——保管合同——→ 乙（直接占有人）
  ↕ 质押合同+指示交付（通知主义）          ↗
丙（债权人、质权人）    返还请求权让与
```

指示交付设立质权采用通知主义：出质人是第一阶层间接占有人，而质权人是第二阶层间接占有人，这约等于"间接占有人换人"。

例1：【深圳的交给深圳】北京的甲将相机出借给深圳的乙。甲要将相机卖给深圳的丙。甲将对乙的返还请求权让与给丙。<u>如何评价相机的物权变动？</u>丙因"指示交付"而取得相机所有权，甲丙达成指示交付意思表示时，指示交付完成。

例2：【对小偷也可指示交付】北京的甲相机被深圳的乙偷走。甲要将相机卖给深圳的丙。甲将对乙的返还请求权让与给丙。<u>如何评价相机的物权变动？</u>丙因"指示交付"而取得相机所有权，甲丙达成指示交付意思表示时，指示交付完成。

第五章　物权的保护和占有的保护

案例导读：①【物权】我住我的房屋，因为我对房屋有物权。②【物权请求权】你侵犯我的房屋，我可以要求你返还房屋，因为我对房屋的物权受到侵害，因此对你享有物权请求权。③【物权与物权请求权】因此，物权请求权是在物权受到侵犯时才发生，就像有了光照，人才会有影子。物权被侵犯，物权请求权跟着。④【物权的保护】请求你返还原物、请求你排除妨碍、请求你消除危险。⑤【占有的保护】不论小偷、强盗、合同人、钥匙人、过户人，只要是占有物的控制人，这种占有秩序均受占有保护。

物权的保护 { ①返还原物请求权　②排除妨害请求权　③消除危险请求权 }

占有保护 { ①权利人与无权占有人使用关系　②权利人与无权占有人返还关系　③权利人与无权占有人赔偿关系　④占有人与侵占人返还占有关系 }

第一节　物权的保护

一、保护物权的两种方法

（一）【债：债权请求权】

侵害物权，造成权利人损害的，权利人可以依法请求损害赔偿（《民法典》第238条）。

（二）【物：物权请求权】

物权的圆满状态受到妨害或有被妨害的危险时，物权人为恢复其物权的圆满状态，请求妨害人为或不为一定行为的权利。(《民法典》第235条的返还原物请求权、第236条的排除妨碍或消除危险请求权、第237条的修理、重作、更换或恢复原状请求权)

例：【物权请求权】物权人在其权利的实现上遇有某种妨害时，有权请求造成妨害事由发生的人排除此等妨害，称为物权请求权。如何评价物权请求权？①物权请求权是独立于物权的一种行为请求权。②不能与物权分离而单独存在。③可以适用债权的有关规定。④不是必须依诉讼的方式进行。

◆ **原理**：如何区分物权、物权请求权和债权请求权？①【物权】我有1套房屋，自己占有、居住、出租、出卖，都不需要别人去配合，这是"物权"，义务主体是不特定人，具有对世性。②【物权请求权："要东西"】我有1套房屋，被他人侵占，我的物权圆满状态受到侵犯，我可以对他人主张物权请求权，要求特定的他人返还房屋，这是"物权请求权"，义务主体是特定人，义务内容是恢复物权圆满状态，基于保护物权而产生的物权请求权，具有对人性。③【债权请求权："要钱"】我有1套房屋,被他人侵占,在返还房屋之余,我有权要求他人赔偿占用期间造成我的损失;我有1套房屋,被他人侵占并且损坏,在返还房屋之余,我有权要求他人赔偿毁损的损失,这是"债权请求权",即"赔钱",义务主体是特定人,义务内容是"钱"。

二、返还原物请求权(《民法典》第235条)

(一)【原告:"权利人"】

1.【返还原物请求权的原告1:除抵押权人之外的物权人】

所有权人、用益物权人、质权人、留置权人,这些人的物权都包含"占有"权能。因为抵押权人不占有抵押物,故抵押权人不享有返还原物请求权。

例:【所有权人返还原物】甲的房屋出租给乙,租期届满乙不退房,甲可否要求乙返还房屋?可以。

2.【返还原物请求权的原告2:管理人】

破产管理人、遗产管理人、宣告失踪的财产代管人,虽然他们不是物权人,但属"权利人",可作为原告行使他人的返还原物请求权。

例:【财产代管人返还原物】甲的房屋出租给乙,租期届满乙不退房,甲被宣告失踪,丙是财产代管人,丙可否要求乙返还房屋?可以。

3.【债权人不是返还原物请求权的原告;债权人如果是占有人可以是返还占有的原告】

(1)【债权人不能主张《民法典》第235条的返还原物】债权人不是物权人,所以不能主张《民法典》第235条规定的返还原物。

例:【承租人不得主张235】甲房屋出租给乙,丙侵占该房屋,谁可依据《民法典》第235条要求丙返还原物?①甲。②甲是房屋所有权人,是物权人,可以主张《民法典》第235条规定的返还原物。③乙是租赁权人,是债权人,不可主张《民法典》的第235条规定的返还原物。

(2)【债权人如果是占有人,可主张第462条的返还占有】债权人的占有秩序被破坏,可以主张《民法典》第462条规定的返还占有。

例:【承租人可主张462】甲房屋出租给乙,丙侵占该房屋,谁可依据《民法典》第462条规定要求丙返还占有?甲的占有秩序(间接占有)、乙的占有秩序(直接占有)都被丙破坏了,故都可依据《民法典》第462条规定要求丙返还占有。

4.【综合示例:质权人占有质物被人强行拿走】

甲向乙借款5000元,并将自己的一台笔记本电脑出质给乙。乙在出质期间将电脑无偿借给丙使用。丁因丙欠钱不还,趁丙不注意时拿走电脑并向丙声称要以其抵债。如何评价本案的物权保护和占有保护?

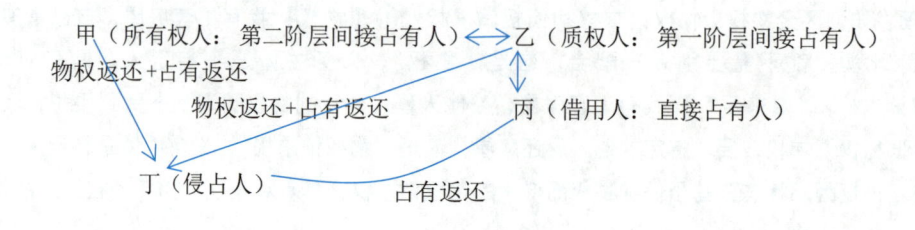

甲(所有权人:第二阶层间接占有人)⟷乙(质权人:第一阶层间接占有人)
物权返还+占有返还
　　　　　物权返还+占有返还　　　丙(借用人:直接占有人)
丁(侵占人)　　　　占有返还

①甲、乙之间有民间借贷主合同法律关系。②【物权人】甲将自己电脑出质并交付给乙，属于"自物保"，乙取得电脑质权。③【借用人】乙将电脑出借给丙使用，丙基于借用合同对电脑有权占有。④【侵占人】丁强行将丙占有的电脑取走，主张抵债，但丙、丁之间并无"以物抵债"的协议，丁也不构成"自助行为"，故丁对电脑的占有属于无权占有。⑤【侵犯了物权】丁侵犯了甲的所有权、乙的质权，甲有权基于所有权请求丁返还电脑，乙有权基于质权根据《民法典》第235条规定请求丁返还电脑。⑥【没有侵犯债权】丙的借用权是债权，债权不属于侵权责任保护对象。丙不可根据《民法典》第235条关于物权的规定请求返还电脑。⑦【侵犯了占有】从占有秩序被破坏的角度全面分析。丁破坏了丙的直接占有、破坏了乙的间接占有、破坏了甲的间接占有，故甲、乙、丙均可对丁启动《民法典》第462条规定的"占有返还"。⑧【如何区分侵犯物权和侵犯占有】小白请参见占有一章的介绍。

秒杀： 物权人启动235条"返还原物"。占有人启动462条"返还占有"。

（二）【被告："现时"、"无权"、"占有"人】

1.【"现时"】对现时占有人才可主张返还原物，对非现时占有人不可主张返还原物。

例1：【交修人是现时占有人】甲电脑借给乙使用，乙届期未还。乙将电脑交给丙维修（或者将电脑转借给丙），乙是现时占有人吗？①是。②因为乙是现时"间接占有人"，即丙修好后或借用完毕后，还是要将电脑返还给乙。③丙要不要返还，取决于丙是否享有留置权。

例2：【出卖人不是现时占有人】甲电脑借给乙使用，乙届期未还。乙将电脑出卖并交付给丙，乙是现时占有人吗？①不是。②因为乙是基于买卖而将电脑交付给了丙，既然是出卖，故乙不会指望将卖出去的东西再拿回来。故乙不是现时占有人，丙才是现时占有人。

例3：【遗失物返还】张某遗失的名表被李某拾得。1年后，李某将该表卖给了王某。再过1年，王某将该表卖给了郑某。郑某将该表交给不知情的朱某维修，因郑某不付维修费与朱某发生争执，张某方知原委。如何评价表的物权变动？

张某 —拾得→ 李某 ←买卖→ 王某（不是现时无权占有人）
⇕买卖
郑某 ←维修合同→ 朱某

①李某拾得遗失物，不是手表所有权人。②【卖了】李某将表卖给王某，属于无权处分，但李某不是"现时"无权占有人，因为李某已经彻底丧失了占有。③【再卖】王某将表卖给郑某，王某也属于无权处分，但王某不是"现时"无权占有人，因为王某已经彻底丧失了占有。④【交修】买到手表的郑某将表交给朱某维修，郑某对手表没有彻底丧失占有，成为手表的无权间接占有人。⑤【留置权】朱某对遗失物取得留置权，对手表占有是有权占有。⑥【物：返还】综上，张某不可请求李某、王某返还手表；但可要求无权间接占有人郑某返还手表；不可要求朱某返还手表，因朱某有留置权，属于有权占有。

⑦【债:付费】基于合同相对性，朱某不可向张某要维修费，但张某可以主动把维修费给朱某，因为张某有法律上的利害关系第三人可以代为清偿。

2.【"无权"】对无权占有人才可主张原物返还，对有权占有人不得主张原物返还。

例1：【房东与租户】甲将房屋出租给乙，租期内，<u>甲是否有权要求乙返还房屋？</u>①否。②甲是所有权人，具有对世性。③乙是债权人，享有对房屋的租赁权。④乙对房屋的占有，具有租赁合同的依据，属于基于债权的占有，具有相对性，可对所有权人甲主张有权占有。故甲无权请求乙返还房屋。⑤如果租赁期间届满，则甲有权要求乙返还房屋。

例2：【过户人与钥匙人】甲将1套房屋出卖给乙，已经移转占有，没有办理房屋所有权移转登记。现甲死亡，该房屋由其子丙继承。丙在继承房屋后又将该房屋出卖给丁，并办理了房屋所有权移转登记。<u>如何评价房屋物权变动？</u>

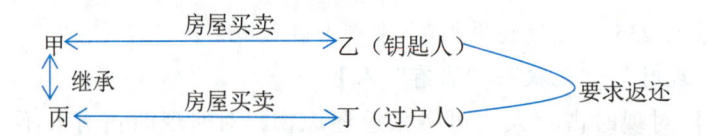

①【债：钥匙人】甲把房屋卖给钥匙人乙，乙对房屋占有相对于甲来讲是有权占有，依据是房屋买卖合同。②【物债：继承物权和概括继承】甲死亡，遗产发生继承，房屋归丙所有；但是丙也要继承债务，即取代甲成为甲乙买卖合同的出卖人，故乙对房屋占有相对于丙也是有权占有。③【物：过户人】丙将房屋出卖给过户人丁，丁成为物权人，具有对世性。④【过户人>钥匙人】乙对房屋的占有是基于债权，具有相对性，相对于甲和丙是有权占有，但对于过户人丁则属于无权占有。因乙和丁之间无合同关系，丁是物权人，乙是债权人，故丁可要求乙返还房屋。乙再诉丙承担违约责任。

3.【"占有"】对无权直接"占有"人和无权间接"占有"人可主张返还原物，对占有辅助人不得主张返还原物。

（1）【原告可对无权"直接占有"人可主张返还原物：物权>债权】

例：【弟弟是物权人，姐姐是债权人】蔡永父母在共同遗嘱中表示，二人共有的某处房产由蔡永继承。蔡永父母去世前，该房由蔡永之姐蔡花借用，借用期未明确。2012年上半年，蔡永父母先后去世，蔡永一直未办理该房屋所有权变更登记，也未要求蔡花腾退。2015年下半年，蔡永因结婚要求蔡花腾退，蔡花拒绝搬出。<u>如何评价房屋的物权变动关系？</u>

①【物：继承物权】蔡永基于继承取得房屋所有权，成为物权人。②【债：借用合同】蔡花基于借用合同成为房屋借用人，属于债权人。③【合同漏洞】未约定借用期间，属于合同漏洞，需要根据合同规则予以填补，权利人可以随时请求义务人返还，给合理准

备期间。义务人可随时返还。④【概括继承】蔡永继承父母遗产，也要继承父母生前与姐姐蔡花签订的借用合同。⑤【合同漏洞填补】即蔡永和蔡花之间存在一个借用合同，但不是永久借用。⑥【物：物权请求权】蔡永有权请求蔡花返还房屋，主张物权请求权，该请求权不适用诉讼时效，因不动产返还原物请求权不适用诉讼时效制度。

(2)【原告可对无权"间接占有人"可主张返还原物："指示交付"】

例：【父亲卖房给钥匙人，钥匙人将房屋出租给"超级钥匙人"，儿子卖房给过户人】王某与丁某约定：王某将一栋房屋出售给丁某，房价20万元。丁某支付房屋价款后，王某交付了房屋，但没有办理产权移转登记。丁某接收房屋作了装修后出租给叶某，租期为2年。租期内王某因病去世，全部遗产由其子小王继承。小王于在租期内将该房屋卖给杜某，并办理了所有权移转登记。杜某是否有权要求丁某、叶某返还房屋？

```
王某 ←房屋买卖→ 丁某（钥匙人） ←房屋出租→ 叶某（超级钥匙人）
↕继承              ↕可返还原物                    不可返还原物：买卖不破租赁
小王 ←房屋买卖→ 杜某（过户人）
```

①有权要求丁某返还房屋，无权要求叶某返还房屋。②【债：钥匙人】王某卖房给钥匙人丁，丁是债权人，不是物权人。③【债：承租人是超级钥匙人】丁某将房屋出租给叶某，属于出租他人所有之房屋，因为房屋仍然是王某的。但是叶某占有房屋相对于丁某而言是有权占有，相对于王某而言，也是有权占有，因为这属于"占有连续"（叶某和王某之间；叶某和小王之间）。④【结论】王某不得要求丁某、叶某返还房屋。⑤【继承物权不破租赁】王某死亡后，发生继承，小王是房屋所有权人，也要法定承受其父亲王某合同债务，即给丁某配合过户。⑥【物：基3】小王将房屋卖给过户人杜某，属于有权处分，杜某成为房屋所有权人。⑦【"买卖不破租赁"】无论是王某房屋由小王继承、还是小王房屋过户给杜某，都是在叶某租赁期间发生，基于"所有权变动不破租赁"原理，叶某作为承租人（我称之为"超级钥匙人"），可对王某、小王和杜某主张有权占有，因为杜某取代小王成为出租人。⑧【过户人＞钥匙人】杜某是过户人，乃所有权人，而丁某是钥匙人，乃债权人，故杜某可要求丁某返还房屋，此即要求"现时无权间接占有人返还房屋"：即将来房屋租赁期间届满，叶某应将房屋直接退给杜某即可。⑨【租金交付】以杜某取得房屋过户点为准：此前租金给丁某；此后租金给杜某。

(3)【原告不能对占有连续的直接占有人主张返还原物：占有连续】

例：房东将房屋出租，经房东同意，承租人将房屋转租，房东是物权人，与次承租人无合同关系，能要求次承租人返还房屋吗？不能。①因为占有连续。②【物】房东是物权人，具有对世性。次承租人是债权人，只可对抗承租人，不能对抗物权人。按照这个推理，房东可要求次承租人返还房屋，但是这个结论就和房东允许承租人转租相矛盾。③【物债】这种矛盾怎么办？一方面，房东的物权具有对世性。另一方面，要坚持合同相对性，房东和次承租人没有合同关系。④【占有连续】你房东不能让我次承租人返还房屋。因为，承租人对房屋的占有相对于房东来讲是有权占有，次承租人对房屋的占有相对于承租人来讲也是有权占有。因此，这个链条串起来了，所以我次承租人可以对房东主张有权占有，我们把这种占有取了一个名字，叫"占有连续"。当以后再去解释这种现象时，就不需要啰嗦那么多，我们就可以直接扔出来"占有连续"，这就是所谓的法言法语。⑤【占有连续被中断】"蛋壳公寓案"中，房东解除与承租人的房屋合同后，占有连续被中断，则次承租人对房屋的占有就不连续，房东可要求次承租人返还房屋。

(4)【原告不能对占有辅助人主张返还原物：占有辅助人不是占有人】

例：【快递小哥骑他人电动车】快递小哥在为京东公司送快递过程中，因为自己的电动车亏电走不动，故借快递小妹电动车送快递，此后未向快递小妹归还。快递小妹是否有权要求快递小哥归还？①否。②只能要求京东公司返还原物。③因为快递小哥乃执行工作任务占有他人电动车，属于"占有辅助人"，而非占有人，京东公司才属于现时无权占有人。

(三)【对象：原物和孳息】

1.【原物在】原物须存在，权利人才能主张返还原物。

2.【原物不在】如果原物已经毁损灭失，则权利人不能主张返还原物请求权。(1) 权利人可要求恶意无权占有人（明知自己无权占有）赔偿损失。(2) 权利人不可要求善意无权占有人（不知自己无权占有）赔偿损失。

例：【爹借牛子继承】高某向周某借用一头耕牛，在借用期间高某意外死亡，其子小高不知耕牛非属高某所有而继承。不久耕牛产下一头小牛。期满后周某要求小高归还耕牛及小牛，但此时小牛已因小高管理不善而死亡。如何评价牛和小牛的物权关系？

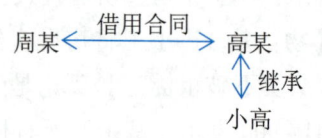

```
           借用合同
    周某 ←————————→ 高某
                    ↕ 继承
                    小高
```

①【物】周某是耕牛的所有权人。②【物：孳息】小牛是耕牛的孳息，归周某所有，而不归高某所有。因为周某和高某签订的是借用合同，而非买卖合同，故不适用"交付转移孳息"规则。③【物：返还】期满后，周某有权要求小高归还耕牛。④【原物不在】但是小牛已经死亡，故不能要求小高归还小牛。⑤【善意不赔】因小高不知自己对耕牛和小牛是无权占有，乃善意无权占有人，故周某不得要求小高赔偿小牛的损失。

```
       借期内        善意无权占有
  1月1日————6月1日——————————7月1日讨牛被拒——————恶意无权占有
```

三、排除妨害请求权

(一)【行为妨害】通过行为造成妨碍状态的人是行为妨碍人。

(二)【状态妨害】妨碍状态的出现虽然与某人的行为无关，但是有责任排除这种妨碍的人是状态妨碍人。

例：【区分行为妨碍人和状态妨碍人】张某在夜里把散发臭味的垃圾倒在甲使用的土地上，这些垃圾给乙使用土地造成了无法忍受的状态。谁是妨碍人？①【行为妨碍人】张某是行为妨碍人。②【状态妨碍人】甲是状态妨碍人，他有责任清除这些垃圾。甲先清除再找张某索赔。③【不适用诉讼时效】请求排除妨碍不受诉讼时效的限制。

第二节　占有保护

一、区分所有权中的"占有"和占有制度中的"占有"

（一）【所有权中的"占有"：权能】
所有权具有四大权能，占有、使用、收益、处分。其中的占有是指有权占有，其保护的是物的归属。

（二）【占有制度中的"占有"：事实】
"占有制度"中的"占有"是一项事实，不考虑占有人是否有权占有，其保护的是现有秩序的平和，避免"丛林法则"，禁止私人用暴力手段破坏占有。

例：【发现了小偷应该去打官司】我们发现了小偷偷走我们的手表，小偷对手表的占有显然属于非法占有，如果知道小偷的具体身份信息，就应该通过法律途径（和解、调解、诉讼）要回手表，而不能用私人力量抢回手表，即不能破坏"非法占有"。如果不知道小偷身份信息，则可以启用民法上的"自助行为"，暂时控制小偷直到知道小偷的身份信息为止，一旦知晓，则属于民诉法上的"被告明确"，此时就应转而求助公力救济。

（三）【身份竞合各玩各的：所有权的占有与占有制度的占有】

例1：【身兼二职情形1：甲既是所有权人，又是直接占有人】甲的手机被乙抢夺，乙侵犯了甲的所有权（侵犯了物权），也侵犯了甲的"占有"事实（破坏了占有秩序）。甲有何救济路径？①救济路径1：甲以所有权人身份向乙主张返还手机，该请求权有3年诉讼时效的限制，从知道或应当知道权利被侵权以及知道侵权人乙开始起算（主观起算点）。②救济路径2：甲以占有人身份请求乙返还占有，该请求权有1年时间限制，从侵占发生之日起计算（客观起算点）。

例2：【身兼二职情形2：甲既是所有权人，又是间接占有；乙是债权人，还是直接占有人】甲的手机借给乙，丙从乙手里抢走了手机。甲、乙各有何救济路径？（1）甲的救济路径：甲是手机所有权人（所有权权能）也是手机占有人（事实）。①甲的救济路径1：甲以所有权人身份向丙主张返还手机，该请求权有3年诉讼时效的限制。②甲的救济路径2：甲以"间接占有"被侵犯为由向丙主张占有返还，该请求权有1年时间限制。（2）乙的救济路径：乙不是手机所有权人（所有权权能），但是手机的占有人（事实）。①乙不可以主张所有权的返还。②乙可以主张占有返还。

秒杀：物在呼叫主人。占有在呼叫秩序。

二、占有的概念

(一)【占有：对物事实上的控制与支配，占有是一种事实状态】

1.【占有的体素：占有人对物有事实上管领力】(1)【空间要求】在空间上，人与物在场合上有一定的结合关系，足以认定该物为某人事实上所管领。如居住房屋，对房屋的控制。如堆放建材在工地，对建材的控制。停放汽车在路边，出国数日，对汽车得控制。以上，均成立占有。(2)【时间要求】在时间上，人与物在时间上须有相当的继续性，足以认为该物为某人事实上所管领。如果过于短暂，则不成立占有。如在饭店用酒杯餐具、如在公园坐卧长椅、如在图书馆取阅杂志等。以上，均不成立占有。

2.【占有的心素：占有的意思】(1)【取得占有的意思】如野外捕捉蜻蜓、拾得遗失物、窃取他人财物，均有占有的意思。(2)【维持占有的意思】占有意思体现于物的支配状态，体素为心素的表现。甲睡卧在公园草地，小鸟停留其身边，甲因欠缺占有的意思，未取得该鸟的占有。如甲捕捉该鸟，放于口袋，继续睡觉，甲的占有不因此而受影响。(3)【自然占有的意思】占有的意思不是民事法律行为上的意思，而是一种自然意思。无限人也可是占有人。占有的取得不是基于民事法律行为的意思，故不发生意思表示瑕疵撤销的问题。如甲误以为乙所有的手机为己有而占有，其后发现事实真相，甲不得对乙表示撤销占有。即甲相对于乙而言仍然构成善意无权占有，不得免除甲的侵犯他人占有的责任。

例：【占有心素+占有体素】甲用图书在教室占座，乙见之想看，取之看后想拿走，后实际拿出教室。甲何时丧失占有？乙实际拿出教室取得控制之时，乙取得占有，甲丧失占有。

(二)【占有概念的限缩：占有辅助人不是"占有人"】

1.【什么是占有辅助人？】所有权人基于内部从属关系，指示他人占有，受指示人是占有辅助人，该占有为辅助占有。

例：【我只是一个打工的】①车主雇用司机开车，车主是汽车占有人，司机是占有辅助人。②公司职员对公司物品的占有，公司是占有人，公司职员为辅助占有人。③渔船所有人雇人捕鱼，先占的无主物应归雇主所有，受雇人不能取得所有权，因为受雇人不是先占人，而是占有辅助人。

2.【占有辅助人法律地位】占有辅助人不是占有人，故占有辅助人既不是原告，也不是被告。(1)【占有辅助人不是被告】民事主体可向占有人主张返还占有，不得向占有辅助人主张返还占有。(2)【占有辅助人不是原告】占有辅助人不得主张占有保护，占有人才可以主张占有保护。

例1：【占有辅助人不是被告：多交货】甲向乙多发货，乙让雇员丙销售货物，甲可否要求丙返还占有？①否。②就多发的货物，乙是无权占有人，丙是占有辅助人。③甲可向乙返还占有，不得向丙主张返还占有。

例2：【占有辅助人不是原告：错发货】甲让雇员乙销售货物，乙错发货给丙，乙可否要求丙返还占有？①否。②甲是占有人，乙是占有辅助人。③甲可要求丙返还原物，乙不可向丙返还占有。

(三)【占有概念的扩大之一"间接占有":间接占有人是"占有人"】

1.【直接占有人】所有权人直接对物有事实上的管领力,所有权人是直接占有。

2.【间接占有人】所有权人不直接占有其物,基于一定法律关系将物交由他人占有,他人为直接占有人,所有权人为间接占有人。

例:【转租中的第一阶层间接占有和第二阶层间接占有】所有权人甲将房屋出租给乙,乙经甲同意将房屋转租给丙。如何评价占有关系?①【租赁合同】租赁合同中,承租人乙为直接占有人,出租人甲为间接占有人。②【转租合同】转租合同中,次承租人是直接占有人,承租人是间接占有人。③【间占和直占】综合观察租赁合同和转租合同,则次承租人为直接占有人,承租人为第一阶层间接占有人,出租人为第二阶层间接占有人。④推定最高阶层的间接占有人甲为自主占有。

```
                出租合同              转租合同
甲(第2阶层间占)←──────→乙(第1阶层间占)←──────→丙(直占)
```

(四)【占有概念的扩大之二:占有的法定继承或占有依据的法定承受,不考虑占有的心素和体素,推定构成占有】

1.【占有的法定继承】为了保护继承人利益,被继承人死亡时,继承人就取得被继承人生前的占有。继承人是否有占有的意思和是否具有管领控制的事实,不再考虑。

例:【手镯占有的法定继承】甲的手镯委托乙交给丙。乙在路上发生车祸死亡,未交到丙处。路人丁顺手牵羊占为己有。乙有唯一继承人戊。如何评价手镯的占有关系?

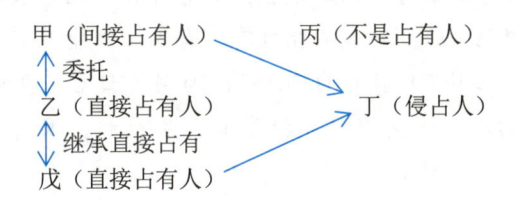

```
甲(间接占有人)        丙(不是占有人)
 ↕ 委托
乙(直接占有人)         丁(侵占人)
 ↕ 继承直接占有
戊(直接占有人)
```

①【委托】甲是手镯所有权人,委托乙交给丙,乙占有手镯期间,甲是间接占有人,乙为直接占有人。②【占有继承】乙死亡,其财产包括占有发生继承。戊基于继承成为手镯的直接占有人。到此,甲为间接占有人,戊是直接占有人。丙不是占有人。③【继承人主张直接占有被侵犯】戊基于直接占有被侵犯向丁主张占有原物返还。④【所有权人、又是间接占有人】甲基于所有权向丁主张原物返还、基于间接占有被侵犯向丁主张占有原物返还。⑤丁属于恶意、自主、无权占有人。

2.【占有依据的法定承受】承租人在房屋租赁限内死亡的,与其生前共同居住的人或者共同经营人可以按照原租赁合同租赁该房屋(《民法典》第732条)。共同居住人或共同经营人因此成为占有人,可主张占有保护。

例:【老公租别墅期间死亡,配偶法定承受租赁合同】别墅承租人甲在租赁期间车祸死亡,其配偶乙搬回娘家居住,半年后返回别墅发现丙占用别墅。原来甲曾向丙借款10万元用于个人,并在借条中承诺不能还款时该别墅由丙使用。出租人丁同意丙使用别墅,将房屋备用钥匙交给丙。*如何评价占有关系？*

```
丙（债主） ——债权债务关系—— 甲（个债） ←——租赁别墅合同——→ 丁（出租人）
                              ↓法定承受租赁合同
                              乙（直接占有人）
```

①【承租人是直接占有人】丁将别墅出租给甲，丁是间接占有人，甲是直接占有人。②【租赁合同法定承受：租户自动换人】甲死亡，乙是与甲生前共同生活的人，故乙法定承受租赁合同，因此成为承租人，也成为直接占有人。③【新租户可主张占有保护】乙可主张占有保护，要求丙返还别墅。④【新租户法定承受租赁也要负担债务】乙在继承甲遗产价值限度内，要法定承受甲与丙的借款合同关系，依照合同关系处理。⑤【不符合自助行为要件】如乙不履行还款义务，丙可要求乙承担违约责任，本案不存在情况紧急来不及公力救济的情形，不能启动自助行为，丙不得以侵犯占有的方式实现合同权利，应该去通过公力救济解决。

三、占有的推定

（一）【占有的权利推定】

动产的占有人在法律上推定是动产的权利人。权利的推定属于消极性的，占有人不得利用此项推定作为其行使权利的依据。只要存在相反的证据证明，就可以推翻此种推定。

例：【戒指是谁的】甲、乙就乙手中的一枚宝石戒指的归属发生争议。甲称该戒指是其在2015年10月1日外出旅游时让乙保管，属甲所有，现要求乙返还。乙称该戒指为自己所有，拒绝返还。甲无法证明对该戒指拥有所有权，但能够证明在2015年10月1日前一直合法占有该戒指，乙则拒绝提供自2015年10月1日后从甲处合法取得戒指的任何证据。戒指归谁所有？①应当认定甲对戒指享有合法权利，因其证明了自己的先前占有。②不归乙、不归共有、不归国家。

◆ 原理：占有权利推定的法律价值是什么？①【动产所有权难证明】通常情况下，我们可以证明房屋、机动车等有登记作为公示方法的财产归属，但是我们很难找到证据去证明自己占有的动产归我们自己所有。②【需要推定】如果没有占有权利推定规则，则会导致动产所有权人"人人自危"。

（二）【占有的事实推定】

根据证据规则，欲主张根据"取得时效"取得所有权人的人，必须证明其持续占有的事实状态。为免却占有人对此事实状态举证的困难，故须对占有人进行事实推定。推定占有人对物的占有是以所有的意思、和平、公然、善意、无过失、继续占有。占有人无须举证，他人如欲推翻，则须举证。占有人可请求登记为不动产所有权人或者主张为动产所有权人。

◆ 原理：占有的权利推定和占有的事实推定的关系是什么？①【权利推定】对占有，先"权利推定"，推定为有权占有，该推定可能被推翻。②【事实推定】如果是事后证明了是无权占有，则启动"事实推定"，继续推定为善意、和平、自主、公然、继续、无过失的占有。该推定也可能被推翻。

四、占有的价值

(一)【物】

对于具有占有内容的物权,通过占有保护,"学理"上能获得更快捷的保护途径。

例:【强行以物抵债】甲欠乙款届期未偿,乙强取甲物抵债。甲可主张什么保护?①基于物权的原物返还。②基于占有的原物返还。③基于侵权的返还财产。④基于不当得利的返还财产。⑤设若乙的强取过程被摄像头录像,则基于占有的原物返还最快捷,"曲线救国",保护了物权,证明了乙的侵占即可。⑥其他的返还请求中,甲都需要证明自己是所有权人,这个在实践中很不好证明。

(二)【债】

对于基于债权的占有,通过保护占有,以保护债权。使本来没有物权请求权的债权人获得占有的保护。

例:【租户的保护】甲将不动产或动产出租给乙,乙占有租赁物期间,丙侵占租赁物。如何评价占有关系?①甲、乙之间形成租赁合同法律关系,甲对租赁物是间接占有人,是所有权人;乙则是直接占有人,是债权人。②丙侵犯了甲的所有权和间接占有,故甲基于所有权可要求丙返还原物,甲也可基于占有要求丙返还占有。③丙侵犯了乙的占有,乙可基于直接占有被侵犯要求返还占有。

(三)【事实】

对于"非法"的占有,通过占有保护,换取临时的平和,有了缓冲的过程。避免社会因一个小问题演化成不可收拾的混乱局面。

例1:【连环盗窃的占有保护】甲偷一物,乙再从甲处偷该物,丙再从乙处偷该物。如何评价占有制度在本案可以发挥的作用?①【占有保护】在丙行为发生之前,甲可基于占有要求乙原物返还。②【占有保护】在丙的行为发生之后,乙可基于占有要求丙返还原物。③【非法占有也保护】"甲或乙非法的占有"也受占有"保护",法律保护它们的目的不是为了让甲或乙取得物权,而是为了恢复秩序,待真正权利人前来主张权利。

例2:【违章建筑的占有保护】某小区徐某未获得规划许可证和施工许可证便在自住房前扩建一个门面房,挤占小区人行通道。小区其他业主多次要求徐某拆除未果后,将该门面房强行拆除,毁坏了徐某自住房屋的墙砖。如何评价该拆除行为?①【占有保护】门面房是违章建筑,不存在所有权。故企业业主侵犯了徐某对门面房的占有,而非所有权。②【所有权保护】毁坏徐某自住房屋的墙砖,则侵犯了徐某的房屋所有权。

五、占有的分类

(一)【自主占有和他主占有】

1.【自主占有:"为自己管东西"】占有人将占有物据为已有的意思而对该物进行占有。具有据为已有的意思的人并不限于所有权人,非所有人占有他人的财产具有此种意思,也属于自主占有。如所有人的占有通常为自主占有，小偷的占有、侵占遗失物的拾得人的占有、不知买卖合同无效的买受人的占有均为自主占有。

2.【他主占有："为别人管东西"】占有人非以所有人的意思而进行占有。凡根据债权或他物权而对物进行占有的人，其占有应为他主占有。如承租人、保管人、质权人、留置权人的占有均为他主占有。

(二)【直接占有和间接占有】

(1)【直接占有】直接对物进行事实上的管领和控制。如质权人、承租人、保管人、借用人的占有为直接占有。直接占有都是他主占有，因为当我们在谈直接占有时，必然是存在间接占有。

(2)【间接占有】虽未直接占有某物，但依据一定的法律关系对于直接占有人享有返还占有请求权，从而对该物构成间接管领和控制。如出质人、出租人、寄托人为间接占有人。间接占有需要具备3要件：占有媒介关系、他主占有的意思、返还请求权。①【占有媒介关系】基于合同产生的占有媒介关系，如承揽合同、租赁合同、运输合同等。基于法律规定产生的占有媒介关系，如法定代理人管理未成年子女的特有财产；基于法律上公权力行为产生的占有媒介关系，如法院扣押标的物。②【他主占有的意思】在占有媒介关系上，直接占有其物者须有为他人占有的意思。一旦直接占有人改变他主占有的意思，而变为自主占有时，间接占有就消灭。如拾得人对遗失物无他主占有的意思，则失主对该遗失物丧失了控制，不是占有人，不是直接占有人，也不是间接占有人。如拾得人对遗失物有他主占有的意思，等待失主，则失主对该遗失物没有丧失控制，还是间接占有人。③【返还请求权】间接占有人对直接占有人有请求返还占有物的权利。

◆ 原理1：如何区分间接占有和占有辅助？①【间接占有人是占有人】间接占有人具有占有人身份。比如，出租人对租赁物占有是间接占有人。②【占有辅助人不是占有人】占有辅助人不具有占有身份。比如，员工对公司汽车占有是占有辅助人。

◆ 原理2：交付与占有是什么关系？交付是占有的转移。①【转移直接占有】交付既可以通过转移直接占有完成，如现实交付和简易交付（原间接占有消灭）。②【转移或创设间接占有】交付也可通过移转（如指示交付即间接占有人换人）间接占有完成，也可通过创设（如占有改定即给物权人新设一个间接占有）间接占有完成。

(三)【有权占有和无权占有】

1.【有权占有】有本权的占有。凡是具有占有的物权、债权、监护权等权利，均为有权占有。如所有权人、建设用地使用权人、留置权人、质权人的占有为有权占有（本权为物权）；借用人、承租人、保管人、运输人、买受人的占有也是有权占有（本权为债权）。替孩子保管财产的父母对财产的占有属于有权占有（本权为监护权）。

2.【无权占有】欠缺本权的占有。如遗失物拾得人的占有、小偷对赃物的占有、无效买卖合同中买受人对标的物的占有、租赁期届满后承租人对租赁物的占有都是无权占有。

(四)【善意无权占有（"善意占有"）和恶意无权占有（"恶意占有"）】

1.【善意无权占有】占有人不知道也不应当知道缺乏占有的本权而占有，即无权占有人的主观状态为不知情且无怀疑。如小偷甲将偷来的手表出卖给"不知情"的乙，乙的占有为善意无权占有。

◆ **原理**：如何区分善意占有与善意取得？①【善意占有】善意占有的全称是善意无权占有，所以善意占有是无权占有下的分类。②【善意取得】善意取得是购买人已经取得标的物物权，善意取得人对物的占有必然属于有权占有，故不存在善意占有或恶意占有的问题，因为只有对无权占有才区分善意占有与恶意占有。③【它们没关系】一句话，善意取得占有标的物，是有权占有，不是无权占有，所以不是善意占有。

（1）【善意自主无权占有：不负责】不知手表属于盗赃物而购买，购买人属于善意自主无权占有人，手表毁损，购买人不负责。

（2）【善意他主无权占有：要负责】不知手表属于盗赃物而接受出质，接受出质者属于善意他主占有人，手表毁损，接受出质者负过错责任，因其作为"质权人"，应知自己有妥善保管"质物"的义务。

◆ **原理**：为什么善意占有需要区分善意自主占有和善意他主占有？①【善意自主无权占有】善意自主占有者是将该物当做自己的占有，责任更轻。②【善意他主无权占有】善意他主占有者是将该物当作别人的占有，责任更重。因为虽然他不知道自己是无权占有，但是他知道自己是替别人占有。比如盗赃物不适用质权的善意取得，"质权人"不能对赃表善意取得质权，故属于无权占有，但其对该表属于赃物不知情，乃善意无权占有。但他应该清楚的知道自己是代替别人占有，因为他是"质权人"，故应该负有妥善保管该物的义务。

2.【恶意无权占有】占有人明知无占有的权利，或者虽非明知但仍有所怀疑所形成的占有。如小偷甲将偷来的手表出卖给"知情"的乙，乙对手表的占有即为恶意无权占有。（1）【恶意自主无权占有：要负责】知道手表属于赃物而购买，购买人属于恶意自主无权占有，手表毁损，购买人要负责。（2）【恶意他主无权占有：要负责】知道手表属于赃物而接受出质，接受出质者属于恶意他主占有人，手表毁损，接受出质者要负责。

3.【善意无权占有和恶意无权占有的转化：一念之间】（1）【善意无权占有到恶意无权占有】。（2）恶意无权占有到善意无权占有。

例1：【善意到恶意：骑错车被告知后不改错】如甲骑错了乙的车，甲对该车占有状态为善意无权占有。如果乙告诉甲骑错了，甲仍拒绝返还，继续骑车，甲对该车占有状态为恶意无权占有。

例2：【恶意到善意：借用过期后被继承】如甲借用乙表，借用期间届满未还，甲属于恶意无权占有人；甲死亡后，其子小甲误将该表为甲所有而继承，小甲即为善意无权占有人。如乙要求小甲归还，小甲拒绝，则小甲由善意无权占有人，转变成了恶意无权占有人。

秒杀：①"善意受保护、恶意受惩罚"。②善意无权占有人在占有物期间该物发生毁损，不承担责任。③恶意无权占有人在占有物期间该物发生毁损，要承担责任。

（五）【占有分类的综合判断】

例1：【遗失相机的占有分类】甲遗失一部相机，乙拾得后放在办公桌抽屉内，并张贴了招领启事。丙盗走该相机，卖给了不知情的丁，丁出质于不知情的戊。如何评价不同阶段不同主体对相机的占有？

```
        拾得        偷窃        买卖
   甲 ←――――→ 乙 ←――――→ 丙 ←――――→ 不知情丁
                                        ↕ 出质
                                        不知情戊
```

①【拾得人】乙对相机的占有属于无权占有、他主占有。②【小偷】丙对相机的占有属于自主占有、无权占有、恶意占有。③【购买盗赃物的人】丁对相机的占有属于自主占有、无权占有，善意占有，直接占有。④【接受盗赃物出质的人】戊对相机的占有属于他主占有、无权占有、善意占有、直接占有。（每个阶段都得分类）

例2：【遗失手机的占有分类】甲拾得乙的手机，以市价卖给不知情的丙并交付。丙把手机交给丁维修。修好后丙拒付部分维修费，丁将手机扣下。如何评价不同阶段不同主体对手机的占有？

```
       拾得       买卖
   乙 ←――――→ 甲 ←――――→ 不知情丙
                         ↕ 交修
                         丁
```

①【拾得人】甲对手机的占有属于无权占有、自主占有。②【购买遗失物的人】丙对手机的占有属于自主占有、无权占有、善意占有、间接占有。③【维修遗失物的人】丁对相机享有留置权，其对相机的占有为有权占有、他主占有、直接占有。

六、占有的保护

(一)【权利人与无权占有人之间的关系】

1.【使用致害的赔偿关系】（1）恶意无权占有人，使用致害应负赔偿责任。（2）善意无权占有人，使用致害不负赔偿责任（《民法典》第459条）。

2.【返还和必要费用关系】（1）权利人可请求无权占有人（不论善意还是恶意）返还原物和孳息。（2）善意无权占有人可主张必要费用。（3）恶意无权占有人不得主张必要费用（《民法典》第460条）。

3.【毁损的赔偿关系】（1）善意无权占有人返还"代位物"如现有保险金、赔偿金或补偿金。（2）恶意无权占有人返还代位物如现有保险金、赔偿金或补偿金，如权利人的损害未获得足够弥补，恶意无权占有人还应向权利人赔偿损失（《民法典》第461条）。

例：【骑错车】丙找甲借自行车，甲的自行车与乙的很相像，均放于楼下车棚。丙错认乙车为甲车，遂把乙车骑走。甲告知丙骑错车，丙未理睬。某日，丙骑车购物，将车放在商店楼下，因墙体倒塌将车砸坏。如何评价本案占有关系？

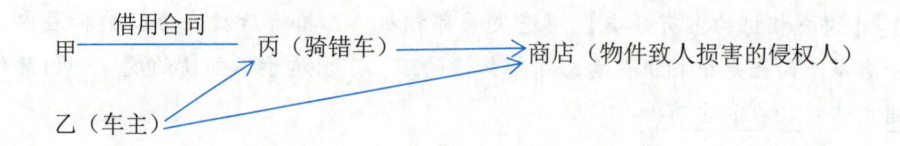

```
          借用合同
   甲 ――――――――――→ 丙（骑错车）――――→ 商店（物件致人损害的侵权人）
                  ↗              ↗
   乙（车主）――――                
```

①【债】甲、丙有借用合同，乙、丙无借用合同。②【骑错车的人】丙将乙车骑走，无合同依据，丙对乙车的占有，属于无权占有、善意占有、他主占有、直接占有，此期间修车的必要费用（如还没骑就发现车链条坏了，丙予以维修），丙可要求乙偿还。③【善意变恶意】甲告知丙骑错车后，丙对乙车的占有，由善意无权占有，变成了恶意无权占有。此后车的毁损，丙都应向乙承担赔偿责任。④【物件致人损害】丙承担责任后，可向商店追偿（商店属于"物件致人损害"）。⑤【占有返还请求权】乙车放楼下，乙对其车构成直接占有，丙将该车骑走，无论丙是否知情，均破坏了乙的占有，乙对丙均有返还占有请求权。

秒杀：①"善意受保护，恶意受惩罚"。②善意无权占有还是恶意无权占有的判断时间点，应分别情况判断："使用致害时"、"必要费用发生时"和"毁损发生时"。

（二）【占有人与侵占人之间的关系：占有人返还原物的请求权，自侵占发生之日起1年内未行使的，该请求权消灭】（《民法典》第462条）

1. 【1年期间的起算】

（1）从侵占发生之日起1年内行使。（2）如果是连续侵占，则自第1次侵占发生之日起计算。

◆ **原理**：为什么规定1年期间？①【占有被侵占之初】甲占有物被乙侵占之时，属于甲的旧支配事实的"干扰期"，为维护原有社会秩序，特赋予该占有人"自力救济权"，积极排除妨害，立即恢复原有的事实支配。②【占有被侵占1年】经过上述阶段，甲的旧支配事实进入"衰弱期"，与此同时，乙的新支配事实进入"逐渐平稳期"，于是法律不允许甲以自力救济手段恢复其占有，以免危害社会秩序平和。但是，甲的旧的支配事实没有消灭，法律给了1年期间，加以保护，赋予占有人以"物上请求权"，即占有被侵夺的请求权以恢复占有。③【占有被侵占1年后】再过了1年的阶段后，甲的旧支配事实过了衰弱期，"消灭了"；乙的新的支配事实落地了、确定了、"生根发芽了"，形成另一个社会秩序，法律对乙的占有加以保护。

2. 【原告：一切占有人】

（1）可以是合法占有人，也可以是非法占有人。（2）可以是直接占有人，也可以是间接占有人。

例：【间接占有人是否被侵占，要看直接占有人是否被"侵占"】①如甲把汽车出租给乙，被丙偷走。丙的行为侵犯了乙的直接占有，并侵犯了甲的间接占有。还侵犯了甲的所有权。②如甲把汽车出租给乙，被丙买、租（租期内）、借（借期内）走。丙的行为没有侵犯乙的直接占有，也就没有侵犯甲的间接占有。

3. 【被告：现在占有人】

（1）侵占人。（2）侵占人的后手。

例：【螳螂捕蝉黄雀在后】甲、乙是邻居。乙出国2年，甲将乙的停车位占为己用。期间，甲将该停车位出租给丙，租期1年。期满后丙表示不再续租，但仍继续使用该停车位。如何评价停车位的物权关系和占有关系？

乙（主人） ←侵占→ 甲（第1次侵占人） ←出租+侵占→ 丙（第2次侵占人）

①【不动产所有权】停车位属于不动产，所有权归乙。②【直接占有】乙虽然出国，但仍直接占有停车位。③【恶意无权占有】甲将乙停车位占为己用，属于恶意、无权、自主占有人。④【车主的救济】乙可基于所有权要求甲返还停车位，也可基于占有被破坏要求甲返还占有。⑤【无权出租他人车位】甲将停车位出租给丙，该租赁合同属于无权出租他人不动产，租赁合同有效，因租赁合同不要求出租人是所有权人。⑥【无权出租他人车位的合同有效】租赁期间内，丙对该停车位占有，相对于甲是有权占有，故甲不可对丙要求返还占有。租赁期间届满后，丙不退停车位，破坏了甲对停车位的间接占有，故甲有权对丙主张占有返还。⑦【物权>债权】但是丙对该停车位的占有，相对于乙来讲是无权占有，无论丙是否知情，乙均可基于所有权要求丙返还原物。⑧【占有秩序被破坏超过1年】再但是，因为乙的占有被破坏太久，超过1年（自甲侵占乙的停车位起计算），故乙不得对丙主张返还占有。

4.【现占有人有两个抗辩】

(1)【善意取得"物权"的抗辩】。(2)【本权之诉的抗辩】。

例1：【善意取得"物权"的抗辩：原物权人、侵占人、善意取得人】甲借用乙的手机到期不还，甲侵占了乙的占有。甲无权处分该手机以市价出卖并交付了丙，丙构成善意取得。乙可否要求丙返还占有？①否。②丙属于侵占人甲的后手，但是丙构成善意取得，故乙不得对丙主张占有返还。

例2：【本权之诉的抗辩：房东和租户】租赁期间届满承租人不返还租赁物时，出租人强行取回。如何评价双方的法律关系？①出租人侵占了租户的占有，租户对出租人提起占有返还之诉。②出租人可对租户提出本权之诉即所有权返还之诉。③故租户不得对出租人主张占有返还。

(三)【区分基于物权的返还原物和基于占有的返还原物】

1.【235】基于物权而对无权占有人的返还原物：原告是抵押权人之外的含有占有权能的物权人、宣告失踪的财产代管人、破产管理人、遗产管理人。

2.【462】基于占有而对破坏占有人的返还原物：原告是一切"占有"人，可以是基于物权的占有、基于债权的占有和非法占有。

◆ **原理**：基于物权的返还原物请求权和占有返还请求权的区别是什么？(1)【基础不同】①基于物权的返还原物请求权，其基础是物权的绝对性、支配性、排他性而衍生出来的一种请求权，作用主要是使物权效力得到维护。②占有物返还请求权是基于占有事实，如租用、借用等事实，其作用仅仅在于恢复占有人对物的占有，维护社会稳定的秩序，并不涉及占有物的权利归属问题。(2)【证据不同】①原物返还请求权要证明东西所有权是你的，比如说手机的购买凭证、发票、手机里的内容等。②占有返还请求权，只要证明他人是从你手里"拿"走的，比如监控、人证。(3)【期间不同】①不动产和登记的动产返还原物不适用诉讼时效，未登记的动产返还原物适用3年诉讼时效。②占有返还原物适用1年期间。

秒杀：①原物在呼叫主人（房屋永远在呼叫主人+登记的机动车永远在呼叫主人+其他动产在呼叫主人但有3年诉讼时效）。②占有在呼叫1年内的秩序。

例：【返还原物的竞合关系】甲的电脑被乙偷。甲是所有人，乙是现时无权占有人。

如何评价返还原物关系？ ①甲可基于所有权，向乙主张"返还原物"。②甲可以直接占有被侵占为由向乙主张"返还原物"。

秒杀：如何区分"返还原物"与"占有返还请求权"？①考试中措辞使用"返还原物"，其指向基于物权的返还原物。考试中如果没有特别说明，其措辞使用返还具体的物，均指向基于物权的返还原物（如2013年第9题返还"遗失"的手表；2012第56题D返还房屋；2011第57题返还房屋；2007第57题返还电脑；2007年第94题返还房屋；2007第95题返还房屋。②考试中措辞使用"占有返还请求权"，其指向占有返还。

第六章　业主的建筑物区分所有权

案例导读：邻居在我家房屋层高范围内安装空调外机，他们家吹冷风，我们家进热风，这合法吗？建筑物外墙部分归业主共有，但是安装空调外机须在自家房屋层高范围内。如果超出自己房屋层高范围，构成侵权。

一、业主的建筑物区分所有权（专有权+共有权+管理权）

业主对建筑物内的住宅、经营性用房等专有部分享有所有权，对专有部分以外的共有部分享有共有和共同管理的权利（《民法典》第271条）。

二、专有权

业主对其建筑物专有部分享有占有、使用、收益和处分的权利。业主行使权利不得危及建筑物的安全，不得损害其他业主的合法权益（《民法典》第272条）。

（一）【专有部分】

地板、天花板和四壁形成的空间。合同明示归业主专有的车位、车库、绿地、露台。

（二）【专有部分使用方面的延展】

业主基于对住宅、经营性用房等专有部分特定使用功能的合理需要，无偿利用屋顶以及与其专有部分相对应的<u>外墙面等共有</u>部分的，不应认定为侵权，比如在自己房屋对应的外墙面安装空调外机。

（三）【专有部分使用方面的限制】

业主不得违反法律、法规以及管理规约，将住宅改变为经营性用房。业主将住宅改变为经营性用房的，除遵守法律、法规以及管理规约外，应当经有利害关系的业主<u>一致</u>同意（《民法典》第279条）。

1. 本栋建筑物内的其他业主，属于有利害关系的业主。

2. 本栋建筑物之外的业主，主张与自己有利害关系的，应证明其房屋价值、生活质量受到或者可能受到不利影响。

例：【住宅变茶馆】蒋某是C市某住宅小区6栋3单元502号房业主，该小区业主田某将其位于一楼的住宅用于开办茶馆，蒋某认为此举不妥，交涉无果后向法院起诉，要求田某停止开办。<u>什么情形下蒋某主张可以获得支持？</u>①如蒋某是同一栋住宅楼的业主，法院应支持其请求。②如蒋某能证明因田某开办茶馆而影响其房屋价值，法院应支持其请求。③如蒋某能证明因田某开办茶馆而影响其生活质量，法院应支持其请求。④另外，从田某角度观察，田某必须证明其开办茶馆得到全体有利害关系业主一致同意，才可以开茶馆。

三、共有权

业主对建筑物专有部分以外的共有部分，享有权利，承担义务；不得以放弃权利而不履行义务。

(一)【全小区共有："进了小区你的肉眼可以看到的"】

1.【地、路、绿、物业用房】(1) 建筑区划内的土地，依法由业主共同享有建设用地使用权，但属于业主专有的整栋建筑物的规划占地或者城镇公共道路、绿地占地除外。(2) 建筑区划内的道路，属于业主共有，但是属于城镇公共道路的除外。(3) 建筑区划内的绿地，属于业主共有，但是属于城镇公共绿地或者明示属于个人的除外。(4) 建筑区划内的其他公共场所、公用设施和物业服务用房，属于业主共有（《民法典》第274条）。

2.【维修资金】(1) 建筑物及其附属设施的维修资金，属于业主共有。(2) 经业主共同决定，可以用于电梯、屋顶、外墙、无障碍设施等共有部分的维修、更新和改造。维修资金的筹集、使用情况应当公布。(3) 紧急情况下需要维修建筑物及其附属设施的，业主大会或者业主委员会可以依法申请使用建筑物及其附属设施的维修资金（《民法典》第281条）。

3.【共有部分收益】建设单位、物业服务企业或者其他管理人等利用业主的共有部分产生的收入，在扣除合理成本之后，属于业主共有（《民法典》第282条）。

4.【费用共同分担】建筑物及其附属设施的费用分摊、收益分配等事项，有约定的，按照约定；没有约定或者约定不明确的，按照业主专有部分面积所占比例确定（《民法典》第283条）。

◆ 原理：业主建筑物区分所有权中的共有权与共有制度中的共有权有何区别？①专有权、共有权、管理权一体转让。②业主卖房，其他业主无优先购买权。③业主卖房，不能保留共有权和管理权。

(二)【全楼共有："进了楼你的肉眼可以看到的"】

1.【想到的】建筑物的基础、承重结构、外墙、屋顶等基本结构部分。

2.【走到的】通道、楼梯、大堂等公共通行部分。

3.【看到的】消防、公共照明等附属设施、设备，避难层、设备层或者设备间等结构部分。

4.【其他的】其他不属于业主专有部分，也不属于市政公用部分或者其他权利人所有的场所及设施等。

(三)【两户共有：楼板，承重墙之外的隔墙】

例：【双方共有墙壁】甲房与乙房为同一小区且相邻，甲在和乙共用的墙壁里做壁橱，掏得过深，只剩下很薄的一层，不知情的乙轻微碰撞就使墙塌了。乙要求甲将墙壁恢复原状，并赔偿损失。甲认为墙壁是他房屋的一部分，他已经出钱买了房子，就有权掏墙壁。且甲认为因乙自己的碰撞导致墙壁塌，故拒绝了乙的请求。甲的主张是否成立？①否。②甲和乙的房屋毗连，共用一墙壁，此墙壁应该属于部分区分所有人的共有部分。③双方对墙壁都享有一定的权利，但同时必须履行一定的义务，即在行使自己权利的同时，不得损害他人的合法权益。④甲应承担修复墙壁和赔偿损失的责任。

(四)【改变共有部分用途：双2/3参与表决+双3/4赞成票】

改变共有部分的用途或者利用共有部分从事经营活动，应当由专有部分面积占比三分之二以上的业主且人数占比三分之二以上的业主参与表决。且应当经参与表决专有部分面积四分之三以上的业主且参与表决人数四分之三以上的业主同意（《民法典》第278条）。

例：【共有用途改变】甲、乙、丙、丁分别购买了某住宅楼（共四层）的一至四层住宅，并各自办理了房产证。如何评价房屋所有权？①甲、乙、丙、丁各自对房屋享有的是业主建筑物区分所有权。②若甲出卖其住宅，乙、丙、丁无优先购买权。③甲、乙、丙、丁有权分享该住宅楼的外墙广告收入。④一层住户甲对三、四层间楼板不享有民事权利。⑤如四层住户丁欲在楼顶建一花圃，应当由专有部分面积占比三分之二以上的业主且人数占比三分之二以上的业主参与表决。且应当经参与表决专有部分面积四分之三以上的业主且参与表决人数四分之三以上的业主同意。

四、车位

(一)【车位】

1.【归开发商】建筑区划内，规划用于停放汽车的车位、车库的归属，由当事人通过出售、附赠或者出租等方式约定（《民法典》第275条）。（1）建筑区划内，规划用于停放汽车的车位、车库应当首先满足业主的需要（《民法典》第276条）。（2）建设单位按照"配置比例"（车位、车库与房屋套数的比例）将车位、车库，以出售、附赠或者出租等方式处分给业主的，符合"应当首先满足业主的需要"的规定。

例：【车位归属】蒋某是C市某住宅小区6栋3单元502号房业主，小区地下停车场设有车位500个，开发商销售了300个，另200个用于出租。蒋某购房时未买车位，现因购车需使用车位。如何评价车位所有权归属？①500个归开发商所有。②开发商出卖了300个，故该300个停车位所有权分别归购买车位的业主。③如业主出售车位，蒋某等无车位业主没有优先购买权。④如业主出售房屋，其所购车位并不需要一同转让，因为房屋和停车位分别属于2个独立的不动产，停车位不是房屋的从物。⑤开发商享有200个停车位所有权，所以题干才提到其出租了200个停车位。⑥开发商出租车位，应优先满足蒋某等无车位业主的需要。

2.【归业主】占用业主共有的道路或者其他场地用于停放汽车的车位，属于业主共有（《民法典》第275条）。

(二)【人防车位】

1.【权利归属】（1）【所有权归国家】人防车位所有权归国家。（2）【使用权归投资者】平时由投资者使用管理，收益归投资者所有（《人民防空法》第5条）。

2.【权利性质】（1）【让渡使用权】人防车位可以出租，不能出卖；可以转移使用权，不能转移所有权。（2）【出租优先满足业主需要】出租时，应优先满足业主需要。

例：【人防车位"买卖"】开发商与业主签订人防车位使用权转让合同，该合同效力如何？①如开发商明确告知该车位属于人防工程，则该协议有效，视为租赁合同，但租期不得超过20年。②如果开发商未告知该车位属于人防工程，则构成欺诈，业主可以受欺诈为由主张撤销该合同，要求开发商返还购买车位款项及利息。

五、管理权（《民法典》第278条）

（一）【一般事项：双2/3参加表决+双1/2投同意票】

1. 制定和修改业主大会议事规则。
2. 制定和修改管理规约。
3. 选举业主委员会或者更换业主委员会成员。
4. 选聘和解聘物业服务企业或者其他管理人。
5. 使用建筑物及其附属设施的维修资金。
6. 有关共有和共同管理权利的其他重大事项。

例：【双参会和双表决】一共30户，每户建筑面积是1平方米。如何计算双参会和双投票？①【双参会】参会需要双2/3。人头比2/3（20户）和面积比2/3（20平方米），即20户（20平方米面积）参加会议，该会议是有效会议。②【双表决】参加会议的20户中会做出表决，人头比1/2和面积比1/2，即双10表决同意通过一般事项。③【结论】10户（10平方米）决定一般事项。所谓户？登记业主是一户。取得交付尚未过户也是一户。夫妻共有房屋算一户。

（二）【重大事项：双2/3参加表决+双3/4投同意票】

1. 筹集建筑物及其附属设施的维修资金。
2. 改建、重建建筑物及其附属设施。
3. 改变共有部分的用途或者利用共有部分从事经营活动。

秒杀：①筹集维修资金是重大事项；使用维修资金是一般事项。②"赚钱如登天，花钱如流水。"

（三）【决议效力】

1. 业主大会或者业主委员会的决定，对业主具有约束力（《民法典》第280条）。
2. 业主大会或者业主委员会作出的决定侵害业主合法权益的，受侵害的业主可以请求人民法院予以撤销（《民法典》第280条）。

（四）【小区内部诉讼】

1.【针对"损公肥私"行为："业主大会或业委会"起诉或者当事人投诉】（《民法典》第286条）(1)【"业委会或业主大会"到法院起诉】业主大会或业主委员会有权依照法律、法规以及管理规约，作为原告起诉，请求行为人停止侵害、排除妨碍、消除危险、恢复原状、赔偿损失：①任意弃置垃圾。②排放污染物或者噪声。③违反规定饲养动物。④违章搭建。⑤侵占通道。⑥拒付物业费。⑦损害房屋承重结构，损害或者违章使用电力、燃气、消防设施，在建筑物内放置危险、放射性物品等危及建筑物安全或者妨碍建筑物正常使用。⑧违反规定破坏、改变建筑物外墙面的形状、颜色等损害建筑物外观。⑨违反规定进行房屋装饰装修。⑩违章加建、改建，侵占、挖掘公共通道、道路、场地或者其他共有部分。

（2）【当事人到行政投诉】行为人拒不履行相关义务的，有关当事人可以向有关行政主管部门投诉，有关行政主管部门应当依法处理。

2. 【针对"个人侵害个人"行为：谁受害谁起诉】受害业主作为原告起诉：业主对建设单位、物业服务企业或者其他管理人以及其他业主侵害自己合法权益的行为，有权请求其承担民事责任（《民法典》第287条）。

例：【公对公和私对私】蒋某是C市某住宅小区6栋3单元502号房业主，对小区其他业主的下列行为，<u>应因分别由谁提起诉讼？</u>①针对5栋某业主任意弃置垃圾、7栋某业主违反规定饲养动物、8栋顶楼某业主违章搭建楼顶花房，业主委员会有权提起诉讼。②针对楼上邻居因不当装修损坏蒋某家天花板，蒋某有权提起诉讼。

第七章 共 有

案例导读：①【按份共有】你出20万，我出10万，买一辆货车做物流，这是按份共有，关于这辆车，你说了算，因为你是达到了按份共有的三分之二份额。②【共同共有】咱俩结婚后买了一辆货车做物流，关于这辆车，我们说了算，因为"百年修得同船渡、千年修得共枕眠"，咱们是共同共有。③【共有是普世的】放眼望去，我们看到的财产，要么是归国家所有、集体所有、公司所有，剩余的绝大部分都是家庭的，一般都是共同共有。

一、按份共有

按份共有人对共有的不动产或者动产按照其份额享有所有权（《民法典》第298条）。

（一）【拟制按份共有】

共有人对共有的不动产或者动产没有约定为按份共有或者共同共有，或者约定不明确的，除共有人具有家庭关系等外，视为按份共有。(《民法典》第308条)

◆ **原理**：为什么拟制为按份共有？只要没有基础关系，就是赤裸裸的金钱关系，是资本多数决。

（二）【拟制等额享有】

按份共有人对共有的不动产或者动产享有的份额，没有约定或者约定不明确的，按照出资额确定；不能确定出资额的，视为等额享有（《民法典》第309条）。

◆ **原理**：为什么拟制为等额享有？因为除了这么拟制，已经别无他法。

（三）【按份共有人对份额的优先购买权】

按份共有人可以转让其享有的共有的不动产或者动产份额。其他共有人在同等条件下享有优先购买的权利（《民法典》第305条）。其他共有人没有"同意权"。

1.【"对外转让"】（1）【限于"对外"】只有对外转让，才启动其他按份共有人份额优先购买权。如果对内转让，则其他按份共有人不得主张份额优先购买权。（2）【限于"转让"】只有对外转让，才启动其他按份共有人份额优先购买权。如果是对外赠与或者发生继承，则其他按份共有人不得主张份额优先购买权。

2.【行使】（1）【同等条件】根据转让价格、价款履行方式及期限等因素确定。(2)【通知同等条件】按份共有人转让其享有的共有的不动产或者动产份额的，应当将转让条件及时通知其他共有人。（3）【合理期限内行使】其他共有人应当在合理期限内行使优先购买权（《民法典》第306条）。合理期限是多长？①从约定。②通知载明行使期间。③通知未载明行使期间或载明的期间短于15日则为通知送达之日起15日。④未通知则为其他按份共有人知道或应知道最终确定的同等条件之日起15日。⑤未通知且无法确定其他按份共有人知道或应当知道最终确定的同等条件则为共有份额权属转移之日起6个月。（《物权编解释（一）》第11条）

秒杀：从约定、大于 15 日、15 日、6 个月。

3. **【比例】**（1）**【协商】**两个以上其他共有人主张行使优先购买权的，协商确定各自的购买比例。（2）**【同比例增持】**协商不成的，按照转让时各自的共有份额比例行使优先购买权（《民法典》第 306 条）。

◆ **原理**：为什么协商失败则同比例增持？①为了保持表决权的稳定。②比如 A、B、C 的比例是 4：3：3，假设 A 要退出，其有 40%份额，B、C 都想购买，则先协商。③如果协商失败，B、C 同比例增持，一个人分得 20%。④如此一来，B、C 的表决权保持稳定，有利于物尽其用。

4. **【除外】**（1）过了权利行使期限。（2）不满足同等条件。（3）按份共有人不得以优先购买权受侵害为由仅诉请份额转让合同无效或诉撤销份额转让合同。

◆ **原理**：为什么不能仅诉无效或仅诉撤销？无效事由："无双二公子"。可撤事由："大失迫欺"。如果你不购买，就视为没有侵犯你的优先购买权，就谈不上去宣告人家的合同无效或者撤销了。

例：【按份共有商铺卖给内人和卖给外人】甲、乙、丙、丁按份共有某商铺，各自份额均为 25%。因经营理念发生分歧，甲与丙商定将其份额以 100 万元转让给丙，通知了乙、丁；乙与第三人戊约定将其份额以 120 万元转让给戊，未通知甲、丙、丁。<u>如何评价本案优先购买权？</u>①甲、乙、丙、丁按份共有不动产。②**【内转】**甲转让份额给丙，属于内部转让，其他按份共有人乙、丁对该份额不得主张优先购买权。③**【外转】**乙转让份额给戊，属于外部转让，其他按份共有人甲、丙、丁对该份额有优先购买权。④**【协商不成同比例增持】**如果甲、丙均对乙的份额主张优先购买权，双方可协商确定各自购买的份额，如双方协商不成，则按各自共有份额比例行使优先购买权。因为各自比例都是 1/4，故 1 人购买 1 半。⑤甲、丙、丁不得以优先购买权受害为由请求认定乙、戊之间的份额转让合同无效。

总结优先购买权：①按份共有人的份额优先购买权。②房屋租赁承租人的优先购买权。③单位转让职务技术成果，完成人有优先受让权。④农村耕地流转时，本村农民有优先权。⑤农村荒地发包时，本村农民有优先承包权。⑥有限公司股东对外转让股权时其他股东享有优先购买权。

二、共同共有

共同共有人对共有的不动产或者动产共同享有所有权（《民法典》第 299 条）。如夫妻共有、家庭共有、遗产分割前各继承人对遗产的共同共有、合伙财产。

◆ **原理**：按份共有和共同共有的区分价值是什么？①甲、乙谈恋爱，按 30%和 70%的比例出资购买房屋，登记在甲一人名下。后甲、乙分手，该房屋为按份共有，按照 30%和 70%的比例分割房屋。②甲、乙结婚，婚内男方收入和女方收入各出 70%和 30%购买房屋，登记在甲一人名下。后甲、乙离婚，该房屋为共同共有，法院可以按照五五开分割房屋，也可以照顾女方按照男方 45%、女方 55%分割房屋。

秒杀：法定共同共有，"夫妻"是"合伙"，"家庭"有"继承"。

三、共有物的管理：处分、保存、改良、费用负担

(一)【共有物的处分】（《民法典》第301条）

1.【处分】(1)【事实上处分】如加盖房屋、装修房屋、拆除房屋重建、宰牛杀羊。(2)【法律上处分】如买卖、互易、赠与、抵押、质押、设立用益物权。

2.【按份共有物的处分】(1)【三分之二多数决】应当经占份额2/3以上（包括本数2/3）的按份共有人同意。(2)【重大修缮】对共有物做重大修缮，参照处分共有物规则来处理。

例1：【按份共有物的处分：举重以明轻】甲、乙、丙、丁共有1套房屋，各占1/4，对共有房屋的管理没有进行约定。甲、乙、丙未经丁同意，以全体共有人的名义将该房屋出租给戊。如何评价该房屋租赁合同？①甲、乙、丙、丁按份共有不动产。②甲、乙、丙份额占到3/4，大于2/3，故可随便处分该按份共有房屋。③为承租人设立租赁权的行为属于"负担行为"，不是"处分行为"。租赁权是债权，承租人戊享有债权。④将所有权转移给买方的行为属于"处分行为"，买方取得所有权。⑤占2/3以上份额的人有权出卖房屋，根据"举重以明轻"规则（即比较严重的出卖行为只要2/3，而出租行为比较轻，故2/3比例就够了），占2/3份额的人自然有权出租房屋。⑥本案房屋租赁合同有效。

例2：【区分对共有物的处分与对共有份额的处分】红光、金辉、绿叶和彩虹公司分别出资50万、20万、20万、10万元建造一栋楼房，约定建成后按投资比例使用，但对楼房管理和所有权归属未作约定。如何评价该房屋的共有权属状态？①4公司对该楼所有权属于按份共有。②任一公司有权将其份额对外转让，但其他按份共有人享有同等条件下的优先购买权。③红光公司投资占50%，未达到2/3，故无权决定该楼的重大修缮事宜。

◆**原理：**如何区分按份共有中处分共有物的2/3多数决和处分共有份额的随便决？①【按份共有物】2/3多数决的对象是"按份共有物"（马变马肉），而不是按份共有物的"份额"。②【按份共有份额】随便决的对象是份额（马份额的1/5），份额独自处分，要激活其他按份共有人的优先购买权。③做题时，请看清楚按份共有人处分的到底是份额，还是共有物。

3.【共同共有物的处分】(1) 一般共有：坚持一致决。(2) 夫妻共有的特殊规则：①夫妻小额财产的处分无须一致决。②夫妻大额财产的处分仍须一致决。③违反一致决，则需要检讨购买人是否构成善意取得。

例：【夫妻财产的处分】甲、乙夫妻，甲在早市买15元菜，处分夫妻小额财产，无须乙同意。甲在房市卖夫妻共有房屋，应经乙同意。未经乙同意则构成无权处分，需要检讨买方是否构成善意取得。

(二)【共有物的保存】

1.【保存行为】保存行为是保全共有物的物质上或者权利上利益的行为，如共有物的修缮。

2.【单独进行】无论是按份共有人还是共同共有人均可单独进行。

例：【修轮胎】甲乙按份共有1车，或者甲乙共同共有1车，车胎爆裂，甲或乙均可将车交修，换轮胎，这属于保存行为，任何一个共有人均可单独实施。

（三）【共有物的改良】

1.【改良行为】改良行为是在不改变共有物性质的前提下，对共有物进行的加工、修理等行为，以增加共有物的效用或者价值。

2.【参照处分行为处理】按份共有人须 2/3 多数决，共同共有是一致决。

例：【换轮胎】甲乙按份共有 1 车，或者甲乙共同共有 1 车，有人提出要将原有普通轮胎，更换为防爆轮胎，这属于改良行为，按份共有中需要 2/3 以上多数决，共同共有中需要一致决。

（四）【共有物的管理费用及其他负担】

1.【从约定】共有人对共有物的管理费用以及其他负担，有约定的，按照其约定。

2.【按份负担或共同负担】没有约定或者约定不明确的，按份共有人按照其份额负担，共同共有人共同负担（《民法典》第 302 条）。

例：【共有物费用负担】甲、乙、丙、丁共有 1 套房屋，各占 1/4，对共有房屋的管理没有进行约定。对该楼发生的管理费用，如何分担？按投资比例承担。

四、共有物的连带（《民法典》第 307 条）

（一）【对外关系：连带】

因共有的不动产或者动产产生的债权债务，在对外关系上，共有人享有连带债权、承担连带债务。

例：【狗咬狗】甲、乙夫妻共有的宠物狗，被丙、丁夫妻共有的宠物狗咬伤。如何评价他们之间的法律关系？①属于动物致人损害，动物致人财产或人身损害都是"致人损害"。②丙、丁夫妻共有物对外致人损害，负连带债务。③甲、乙夫妻共有物受害，享有连带债权。

（二）【内部关系：按份】

1. 按份共有人按照份额享有债权、承担债务。偿还债务超过自己应当承担份额的按份共有人，有权向其他共有人追偿。

2. 共同共有人共同享有债权、承担债务。

例：【共同共有之继承共有、遗产分割前对外负连带的合同债务】甲公司将挖掘机以 48 万元的价格出卖给并交付给王某，王某首期付款 20 万元，尾款 28 万元待收到挖掘机后支付。王某取得挖掘机后死亡。王某临终立遗嘱，其遗产由其子大王和小王继承，遗嘱还指定小王为遗嘱执行人。王某死后，如何评价甲公司与王某的买卖合同？（1）【物：共同共有物】从物权角度观察：①挖掘机买卖合同有效，挖掘机是普通动产，已经交付，故王某取得挖掘机的所有权。②王某死亡后，发生继承物权变动，大王和小王是挖掘机所有权人。③遗产尚未分割前，大王和小王共同共有该挖掘机所有权。（2）【债：连带之债】从合同角度观察：①挖掘机买卖合同不因王某死亡而消灭。②大王和小王继承了王某的遗产，就要法定承受其生前所负债务，即挖掘机买卖合同。③故甲公司无权解除合同，大王和小王也无权解除合同。④大王和小王应就支付尾款 28 万元的合同义务，对甲公司负连带责任。

五、共有物的分割

(一)【可否分割】

1.【约定不得分割有效,但有重大理由仍可分割】共有人约定不得分割共有的不动产或者动产,以维持共有关系的,应当按照约定,但是共有人有重大理由需要分割的,可以请求分割(《民法典》第303条)。

2.【无约定可否分割】(1)【按份共有随时分割】按份共有人可以随时请求分割。(2)【共同共有基础丧失或有重大理由时请求分割】共同共有人在共有的基础丧失或者有重大理由需要分割时可以请求分割。①【"蚂蚁搬家"】婚姻存续期间,一方有隐藏、转移、变卖、毁损、挥霍夫妻共同财产或者伪造夫妻共同债务等严重损害夫妻共同财产利益行为,另一方可以向法院请求分割共同财产。②【"你妈是你妈"】婚姻存续期间,一方负有法定扶养义务的人患重大疾病需要医治,另一方不同意支付相关医疗费用,则一方有权请求法院分割共同财产。

◆ 原理:为什么"蚂蚁搬家"和"你妈是你妈"这个规则这么特别?①因为在婚内允许夫妻双方分割财产这个本身是自相矛盾的,因为妻子分得的,丈夫也有份,这属于婚姻存续期间获得财产。同理,丈夫分得的,妻子也有份。②故婚内可以分割财产本身是自相矛盾的,故只有特殊的2种例外才可以适用"婚内"分割夫妻共同财产。

(二)【怎么分割】(《民法典》第304条)

1.【从约定】协商确定分割方式。

2.【无约定】(1)【实物分割】共有的不动产或者动产可以分割并且不会因分割减损价值的,应当对实物予以分割。(2)【折价分割】难以分割或者因分割会减损价值的,应当对折价的价款予以分割。(3)【变价分割】难以分割或者因分割会减损价值的,应当对拍卖、变卖取得的价款予以分割。

3.【分负担】分到瑕疵大家分担:共有人分割所得的不动产或者动产有瑕疵的,其他共有人应当分担损失。

例:【协商55开变64开】张某与李某共有一台机器,各占50%份额。双方共同将机器转卖获得10万元,约定张某和李某分别享有6万元和4万元。同时约定该10万元暂存李某账户,由其在3个月后返还给张某6万元。后该账户全部款项均被李某债权人王某申请法院查封并执行,致李某不能按期返还张某款项。张某有权请求李某返还多少元?①6万元。②【五五开】张某李某各占50%按份共有机器。③【约定六四开】协商后按照60%和40%予以分割,该协议对当事人具有法律约束力。④【违约】李某不能按期返还,构成违约,故张某有权请求李某返还6万元。

秒杀:共有乃普世;人多有分歧;物要尽其用。

第八章 担保物权

案例导读：甲向银行借款，用甲或小甲房屋抵押，用乙或小乙汽车抵押或者出质，用丙或小丙保函担保，甲届期无力清偿债务，银行主张实现担保物权或者主张保证债权，应该怎么办？①从约定；②自物优先；③银行可选择；④担保人代偿后内部启动"面对面可分担、背对背不分担"。

第一节 担保物权基础

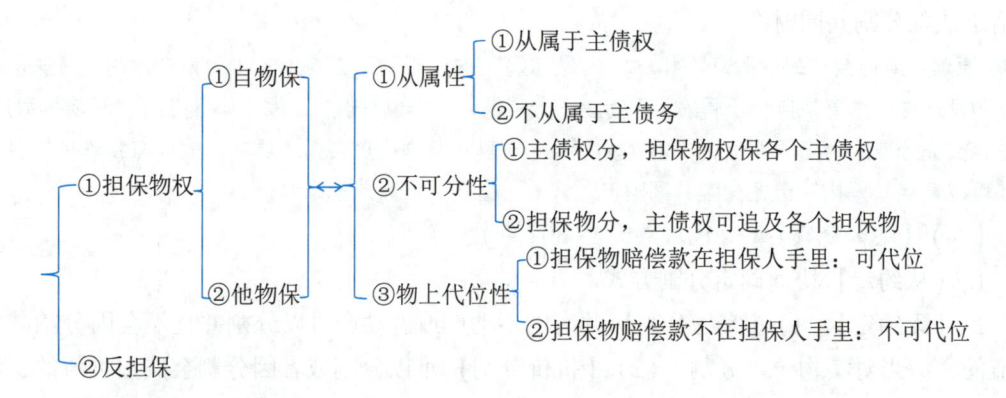

```
                          ┌─①从属性──┬─①从属于主债权
                          │          └─②不从属于主债务
           ┌─①自物保──┤
           │          │─②不可分性─┬─①主债权分，担保物权保各个主债权
①担保物权─┤          │            └─②担保物分，主债权可追及各个担保物
           │          └─③物上代位性┬─①担保物赔偿款在担保人手里：可代位
           └─②他物保              └─②担保物赔偿款不在担保人手里：不可代位
②反担保
```

一、担保物权的概念

担保物权人在债务人不履行到期债务或者发生当事人约定的实现担保物权的情形，依法享有就担保财产<u>优先受偿</u>的权利，但是法律另有规定的除外（《民法典》第386条）。

（一）【区分1：普通债权和有物的担保的债权】

1.【普通债权】各普通债权人的债权平等，没有优先效力，我称之为"普通债权"。

2.【有物的担保的债权】有物的担保的债权，就该物的变价款而言，要优先受偿，具有优先效力。我称之为"更牛的债权"。

例：【更牛的债权与普通债权】自然人甲欠银行100万元，有房屋抵押担保且办理了抵押权登记，又欠乙20万元。银行和乙都是甲的债权人，其法律地位有何差异？①银行的债权是更牛的债权。②乙的债权就是普通债权。③如果房屋变价是90万元，银行债权就担保物变价后还有未受偿的债权10万元，也降格为普通债权。

（二）【区分2：自物保和他物保】

1.【自物保】主债务人自己向债权人提供的物保。

2.【他物保】第三人向债权人提供的物保。

例：【自物保和他物保】自然人甲欠银行100万元，用房屋对该债权提供了抵押担保且办理抵押权登记,如果房屋是甲提供或者房屋是第三人小甲提供,有何差异?①【自物保】甲是主债务人,将房屋抵押给乙银行并登记,我们称之为"自物保",甲的房屋从其责任财产中特定化了,乙银行就房屋变价款优先于甲的其他普通债权人。②【他物保】如果是第三人小甲将房屋抵押给乙银行并登记,我们称之为"他物保",小甲的房屋从其责任财产中特定化了,乙银行就房屋变价款优先于小甲的其他普通债权人。

(三)【区分责任财产和物保财产】

1.【责任财产:人保的无限责任】某人用全部财产来偿还其债务,我们称该财产为"责任财产",是无限责任。

2.【物保财产:物保的有限责任】某人用特定财产来提供担保设定抵押、质押等,我们称该财产为"物保财产",是有限责任。物保财产从责任财产中被"特定化",成为特别的"专物",用于清偿被担保的债务。物保财产变价后,还有尚未清偿的债务,该债务转化成无担保债务,继续由债务人清偿。

例1:【责任财产和物保财产】自然人甲欠银行100万元,欠马云20万元。甲的房屋抵押给了银行并且办理了抵押权登记。甲还有1辆汽车价值10万元。银行的法务会提出什么建议?①【责任财产在先,物保财产在后】先欠汽车,因为反正房屋是专门给银行"留着"的。②这叫"端着碗里的,先吃锅里的"。

例2:【责任财产和物保财产】自然人甲向乙银行借款100万元,甲用房屋为乙银行设定抵押权并且办理了登记。甲届期无力清偿债务,经查,甲的账户有20万元,房屋价值80万元,甲尚欠丙20万元。债权人如何实现债权?①【责任财产】甲应以其财产对外清偿债务,该财产被称之为"责任财产"。②【物保财产】甲的房屋被"特定化",专门用于担保乙银行债权,乙银行就房屋享有优先于丙的权利,因为乙银行是有担保物权保护的债权人,而丙是普通债权人。③【责任财产平等分配】甲的账户20万元属于甲责任财产,对外清偿甲所有债权,故乙银行和丙平等受偿,民诉中对应的程序是"参与分配",即如丙先起诉甲获得胜诉,则在执行程序中,拿到胜诉判决的乙银行可申请参加分配甲的20万元,丙拿10万,乙银行拿10万。我们称之"债权具有平等性"。乙银行和丙各有10万元未受偿,变为普通债权,也可能是永远无法实现的债权。④【物保财产断后】实务中,乙银行的律师会建议先起诉甲,执行甲的账户,通过起诉和执行获取优势在先地位,如果丙尚未起诉获得胜诉判决,是不能"参与分配"甲账户的10万元的。回过来乙银行再主张抵押权,因为房屋是特定化责任财产,专门为担保乙银行。我们称之为"端着碗里的,先吃锅里的"。

(四)【区分担保人和担保物权人】

1.【担保人】(1)【人保】提供担保的人,叫担保人。提供保证的人,叫保证人。(2)【物保】提供担保物的人,叫物保人。(3)【混合担保】保证人和物保人合称担保人。

◆ 原理:为什么主债务人不一定是物保人?①因为可能存在自物保,也可能存在他物保。②自物保时,债务人一定是担保人。③他物保时,第三人是担保人。

2.【担保物权人】(1)【一般情形:债权人和担保物权人同一】享有担保物权的人,叫担保物权人。担保物权是为保障债权实现而存在,因此,一般来说,担保物权人就是主债权人。银行是中国最大的债权人，也就是中国最大的抵押权人。(2)【例外情形：债权人和担保物权人表面上分开，即担保物权的代持】允许担保物权代持，即主债权人是A，但是A委托B来代为持有担保物权（《担保制度解释》第4条）。

例：【爸爸是债权人，儿子是抵押权人】甲向乙借款100万元，用房屋为乙设定抵押，双方同意将抵押权登记在乙的儿子丙名下。是否设立抵押权？①设立了。②乙是债权人，也是抵押权人，只不过其抵押权委托丙代持，具有法律效力。

二、担保物权的从属性

(一)【担保物权从属于主债权】

1.【范围上的从属性：担保范围≤主债权额度】

(1)【担保范围从主合同】担保物权的担保范围包括主债权及其利息、违约金、损害赔偿金、保管担保财产和实现担保物权的费用。当事人另有约定的，按照其约定（《民法典》第389条）。

(2)【可以约定少，不能约定多】担保合同可以约定担保范围小于主债，但不得约定大于主债。比如担保合同约定，如担保人不主动承担担保责任则需要负违约责任，该条款无效。因为这会导致担保人承担的责任超出主债的范围。如果担保人多还，这属于"瞎代偿"，就多代偿部分不可向主债务人追偿，但可要求债权人返还不当得利（《担保制度解释》第3条）。

例：【担保范围的从属性】甲欠银行债务本金利息等合计100万元，用房屋为银行设定抵押权并办理了登记手续。甲和银行抵押合同约定，如甲届期不配合银行实现抵押权，导致银行提起诉讼索要，则甲需要承担违反抵押合同的违约责任，违约金为20万元（"抵押合同自己的违约金"），故房屋抵押担保100万元和20万元，合计120万元。<u>如何评价抵押合同约定的违约金条款效力？</u>①该条款无效。②因为违反了担保范围的从属性。③该条款无效不影响其他部分效力，故担保责任仍然为主债务范围即100万元。④可见，所谓"当事人另有约定，按照约定"的准确意思是：当事人可以将主债务100万元做"降低"的约定如约定为80万元，不能做"提高"的约定如约定为120万元。⑤民法学理上，称之为"单向强制性规定"，或半强制性规定。

◆ 原理：为什么担保合同单独约定的违约责任条款无效？①【无效】实务中，债权人担心第三担保人不主动承担担保责任，因此在担保合同中约定违约条款，一旦第三担保人不主动承担担保责任，债权人可要求第三担保人额外承担违约责任。此类条款都是无效的。②【从属性】因为担保人代偿后可追主债务人，如果担保人承担的责任大于主债务人，则其代偿越多，可向主债务人追偿越多，这会加重主债务人的责任，这对主债务人不公平。③【瞎代偿】所以我们制定了担保人代偿的范围不大于主债务这个规则，如果担保人明知道自己的代偿不应超过主债范围，还去代偿，就叫"瞎代偿"，这部分不能去向主债务人追偿。④【不当得利】但是这部分可向债权人主张不当得利返还，因为担保人代偿超过主债务范围的部分，属于基于"无效约定"发生，故债权人应返还不当得利。（《担保制度解释》第3条）。

(3)【主债务人破产：主债停止计息，担保债务也停止计息】主债务人破产（其财产不是自己的而是全体债主的）则主债权"停止计息"，担保人债务也"停止计息"（《担保制度解释》第 22 条)。

2.【效力上的从属性:主合同无效会导致担保合同无效】

(1)【担保合同】设立担保物权,应当依照本法和其他法律的规定订立担保合同。担保合同包括抵押合同、质押合同和其他具有担保功能的合同。

(2)【主合同无效导致担保合同无效】担保合同是主债权债务合同的从合同。主债权债务合同无效的,担保合同无效,但是法律另有规定的除外(《民法典》第 388 条)。

例:【房屋买卖合同无效不会导致抵押合同无效】李某从开发商签订购房合同,购得价值 300 万元房屋,在支付购房款和相关税费后办理了房屋过户登记。后李某以该房屋作为抵押在银行借款 150 万元,办理了抵押权登记。因李某在购房合同签订过程中存在欺诈行为,开发商以李某欺诈为由撤销合同,法院判决李某归还房屋,开发商退回购房款。因李某届期无力清偿欠银行债务,银行要求拍卖房产实现抵押权。但开发商认为自己是房屋所有权人,银行的抵押权无效。银行和开发商之间谁的主张成立?①银行。②【债】合同角度观察:房屋买卖合同无效,不会影响李某和银行之间的抵押合同,因为抵押合同不是房屋买卖合同的从合同,而是李某与银行之间借款合同的从合同。如果李某和银行借款合同无效,才会导致抵押合同无效。③【物】物权角度观察:房屋买卖合同无效,具有溯及力,即一开始房屋就不是李某的,而是开发商的。故李某将他人房屋抵押给银行,构成无权处分,但银行可主张善意取得抵押权。

(3)【仅担保合同无效的 2 等分】①【债权人银行有过错,担保人没有过错,担保人不负责】债权人有过错而担保人无过错的,担保人不承担赔偿责任。②【债权人银行没有过错,担保人有过错,担保人负责】担保人有过错而债权人无过错的,担保人对债务人不能清偿的部分承担赔偿责任。③【债权人银行和担保人都有过错,启动 2 等分】债权人与担保人均有过错的,担保人(第三担保人)承担的赔偿责任不应超过债务人不能清偿部分的二分之一(《担保制度解释》第 17 条第 1 款)。

(4)【主合同导致担保合同无效的 3 等分】①【担保人没有过错,不承担赔偿责任】主合同无效导致第三人提供的担保合同无效,担保人无过错的,不承担赔偿责任。②【担保人有过错则 3 等分】主合同无效导致第三人提供的担保合同无效,担保人有过错的,其承担的赔偿责任不应超过债务人不能清偿部分的三分之一(《担保制度解释》第 17 条第 2 款)。

秒杀:先穷尽主债务人;谁错谁负责;2 人错则 2 等分;3 人错则 3 等分。

3.【消灭上的从属性】(《民法典》第 393 条)

(1)【主债权全部消灭的,担保物权消灭】如房屋抵押担保欠银行的 100 万元,100 万元债务消灭,则抵押权消灭。

(2)【若主债权部分消灭,基于担保物权的不可分性,担保物权并不消灭,仅内容和范围相应缩减】如房屋抵押担保欠银行的 100 万元,已经还"月供"10 万元,但是抵押权仍然存在。

(3)【借新还旧中的规则:不能破坏担保人的合理期待】(《担保制度解释》第 16 条)

①【旧贷担保人无责任】因为旧贷消灭,故旧贷的担保人责任消灭,旧贷的担保人就

解套。

例：【借新还旧】甲向银行借款，乙提供房屋抵押担保办理了抵押权登记。后甲向银行新借款还此前借款，乙的担保债务是否存在？不存在。旧贷因为清偿而消灭，故担保旧贷的抵押权消灭。如乙对新贷款提供担保，则乙要承担抵押责任。

②【新贷担保人有无责任？<u>保护担保人合理期待</u>】如果新贷担保人和旧贷担保人是同一人，则视为知情，所以担保继续。如果新贷担保人和旧贷担保人不是同一人，则看新贷担保人对"借新还旧"是否知情，如果知情则担保继续，如果不知情则新贷担保人无责。

例1：【同1担保人：马某提供担保】方妈向银行借款1000万元，马某提供保证。后方妈到期不能还款，向银行再借1200万元，马某继续提供保证。马某对1200万元还承担保证责任吗？①承担。②因为新贷和旧贷是同1个担保人，所以马某要对1200万元承担保证责任。③符合马某的合理期待，因为马某清楚地知道旧贷和新贷的存在。

例2：【不同担保人：马某先提供担保，李某后提供担保】方妈向银行借款1000万元，马某提供保证。后方妈到期不能还款，向银行再借1200万元，李某提供保证。马某的保证责任还在吗？李某要承担保证责任吗？（1）马某的保证责任已经消灭，因为旧债消灭。（2）李某是否对新贷承担保证责任，要区分处理：①如果方妈明确告诉李某，这1200万元是为了去还1000万元，则李某对1200万元要承担保证责任。②如果方妈没有告知李某借新还旧这件事情，则李某对1200万元不承担责任。③因为需要保护李某的合理期待。

③【同一担保财产担保旧贷和新贷，担保物权登记没有注销，就没注销】旧贷担保物权登记未注销，旧贷担保人同意继续为新贷提供担保，在订立新贷款合同前又将该担保财产为他人设立担保物权，则新贷债权人担保物权仍然优先。

例：【没注销就没注销】方妈向银行借款1000万元，马某用设备为银行设定抵押权并办理登记。后方妈届期不能还款，方妈要向银行借款1200万元还旧贷，马某同意用该设备继续提供抵押担保，没有注销此前的抵押权登记，也没有办理抵押权变更登记。如马某将该设备抵押给A公司。银行和A公司对设备都享有抵押权，谁优先？①银行的抵押权优先。②银行的旧贷消灭，担保旧贷的抵押权消灭。同一设备又担保新贷，因为旧贷的抵押权没有注销登记，则视为新贷的抵押权登记时点仍然是原来的登记时间，根据公示先后原则，银行在先登记的抵押权，优先于A公司在后登记的抵押权。

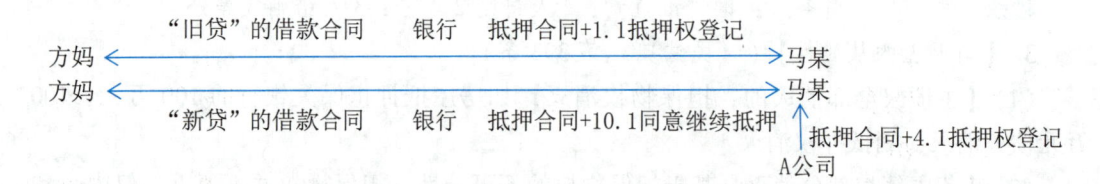

```
              "旧贷"的借款合同      银行    抵押合同+1.1抵押权登记
方妈 ◄──────────────────────────────────────────────────► 马某
方妈 ◄──────────────────────────────────────────────────► 马某
              "新贷"的借款合同      银行    抵押合同+10.1同意继续抵押
                                                        ▲
                                                抵押合同+4.1抵押权登记
                                                A公司
```

秒杀：1月1日"旧贷押1"；4月1日"另押2"；10月1日"新贷新押3"。排队：押3>押2。

◆ **原理**：为什么A公司4月1日登记的抵押权，要落后于10月1日银行享有的抵押权？解决银行担心的"空窗期问题"。如果新贷的抵押权按新贷时间计算，则银行就会落后于A公司，银行就不愿意"借新还旧",因为一旦旧贷消灭,旧贷的抵押权也消灭,银行就处于落后地位了,会落后于A公司抵押权。为了让银行放心的"借新还旧",不用担心,所以让旧贷的抵押权和新贷的抵押权时间点同一。

4.【移转上的从属性】

(1)【卖债权送担保】债权人转让债权的,受让人取得与债权有关的从权利,但是该从权利专属于债权人自身的除外。

(2)【不用公示】受让人取得从权利不因该从权利未履行转移登记手续或者未转移占有而受到影响(《民法典》第547条)。

例:【主债权人换人,抵押权人换人,质权人换人】甲向银行借款100万元,乙以房屋为银行设置了抵押权并登记。丙出质为银行设定了质权。后银行将该100万元债权转让给资产公司。资产公司是否取得抵押权和质权?

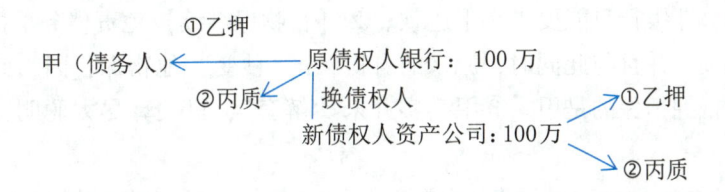

```
                    ①乙押
                                         ①乙押
甲(债务人)←——原债权人银行:100万
                    ②丙质    换债权人
                           新债权人资产公司:100万
                                         ②丙质
```

①取得。②债权转让,抵押权和质权随之转移。③即使房屋未变更抵押权登记,但资产公司因取得100万元债权而享有抵押权。④即使质物未转移占有,但资产公司因取得100万元债权而享有质权。

◆ 原理:为什么抵押权随主债权转让?"保谁不是保"。①【卖债权送担保】抵押权是从属于主合同的从权利,根据"从随主"规则,债权转让的,除法律另有规定或者当事人另有约定外,担保该债权的抵押权一并转让。债权人换人,不影响债务人的还债能力,对抵押人、质押人无不利影响。②【"非基"不用登记】受让人向抵押人主张行使抵押权,抵押人以受让人不是抵押合同的当事人、未办理变更登记等为由提出抗辩,人民法院不予支持。③【"非基"依法变动】债权受让人取得的抵押权是基于法律的明确规定,并非基于新的抵押合同。

秒杀:"卖债权送担保"、债权人换人担保物权人自动换人、没有破坏担保人合理期待。

(二)【担保物权不从属于主债务】

1.【换主债务人,他物保人相应免责】第三人提供担保,未经其书面同意,债权人允许债务人转移全部或者部分债务的,担保人不再承担相应的担保责任(《民法典》第391条、《担保制度解释》第39条第2款)。换主债务人对于第三担保人很重要,会破坏第三担保人的合理期待。

例:【换主债务人,他物保人相应免责】甲欠乙100万元,丙提供房屋抵押并办理登记手续。甲经乙同意将债务转移给小甲,丙对此并不知情。如何评价本案债务转移对抵押权的影响?①甲和小甲之间达成免责债务承担协议,经债权人乙同意,该协议对乙发生效力,即乙只能要求小甲还款。②免责债务承担,未经丙同意,则丙不再承担抵押责任。

2.【换主债务人,自物保人继续担保】主债务被分割或者部分转让的,抵押人(自已物保）仍以其抵押物担保数个债务人履行债务（《担保制度解释》第39条第2款）。

例：【换主债务人，自物保人继续担保】 甲向银行贷款100万元，以自己房屋为银行设定抵押并办理登记。银行同意甲将债务转移给小甲。如何评价本案债务转移对抵押权的影响？

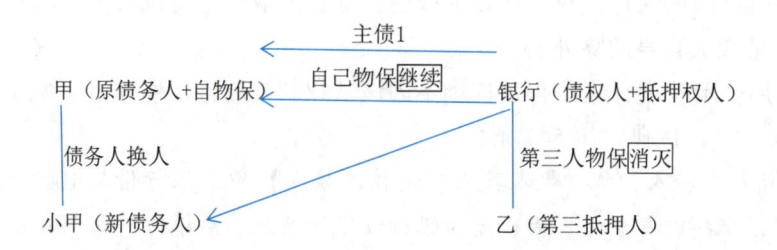

```
                       主债1
                    ←─────────
        自己物保 继续
甲（原债务人+自物保）─────────银行（债权人+抵押权人）
                    ╲
债务人换人            ╲          第三人物保 消灭
                      ╲
小甲（新债务人）─────────乙（第三抵押人）
```

①【换主债务人】甲和小甲之间达成免责债务承担协议，经债权人银行同意，该协议对银行发生效力，即银行只能要求小甲还款。②【自物保继续】免责债务承担中，自物保人的担保责任继续，并且与此同时，原来的自物保，"秒变"他物保，因为此时主债务人是小甲，而提供抵押担保的是甲。③甲其实并未"解套"，机关算尽太聪明，聪明反被聪明误。

◆ **原理**：为什么自物保继续？主债务人存在身份叠加。债务人自己提供物的担保的，债务人同意主债务被分割或部分转移时，因为债务人同时是担保人，所以债务人同意主债务被分割或部分转移，意味着担保人同意主债务被分割或部分转移，让该担保继续，没有违背其合理期待。

3.【换主债务人，保证人相应免责】债权人未经保证人书面同意，允许债务人转移全部或者部分债务，保证人对未经其同意转移的债务不再承担保证责任，但是债权人和保证人另有约定的除外（《民法典》第697条第2款）。

例：【换主债务人，保证人相应免责】 甲公司将1台挖掘机出租给乙公司，为担保乙公司依约支付租金，丙公司担任保证人。乙公司欠付10万元租金时，经甲同意将6万元租金债务转让给丁公司，丙公司对此不知情。如何评价本案债务转移对保证的影响？①乙将10万元租金债务中的6万元转移给丁公司，经债权人甲同意，故6万元债务转移属于免责债务承担。②免责债务承担中，未经保证人同意，则保证人相应免责，即转多少免多少。③故保证人丙公司仅就4万元主债承担保证责任，对已经转移给丁公司的6万元债务不承担保证责任。

三、担保物权的不可分性

(一)【"主债权"分了：债权分了，债权人可对担保物主张担保物权】

1.【债权部分受偿】主债权未受全部清偿，担保物权人主张就担保财产的全部行使担保物权的，法院应予支持（《担保制度解释》第38条第1款）。

例：【还月供：启动担保物权的不可分性】 甲向银行借款100万，用房屋抵押担保并办理了登记。甲按期还月供合计10万元，仍有90万元无力清偿。银行可否就整个房屋主张担保物权？①可。②【不可分性】主债权还有90万元未受偿，基于担保物权的不可分性，银行可就整个房屋变价款主张担保物权，实现90万主债权。

2. 【债权部分转让】主债权被分割或者部分转让，各债权人主张就其享有的债权份额行使担保物权的，法院应予支持（《担保制度解释》第 39 条第 1 款）。

例：【部分卖债权：启动担保物权的从属性和不可分性】甲向银行借款 100 万元，用房屋抵押担保并办理了登记。银行将 80 万元债权卖给资产公司，通知了甲。甲届期无力清偿债务，银行和资产公司可否对房屋主张担保物权？①可。②【从属性】银行转让 80 万元债权给资产公司，基于担保物权从属性，资产公司成为 80 万元债权人，同时成为抵押权人。银行就剩余 20 万元主张抵押权。③【不可分性】基于担保物权不可分性，资产公司和银行各自债权均可对抵押房屋主张实现抵押权。

（二）【"担保物"分了：担保物分了，债权人可对各担保物主张担保物权】（《担保制度解释》第 38 条的第 2 款）

1. 【担保物分了：不可分性】各担保物归担保义务人所有情形，债权人可就各担保物主张担保物权。

例：【拆下轮胎：启动不可分性】甲向银行借款 10 万元，将汽车抵押给银行并办理了抵押权登记。甲届期无力清偿债务，且将轮胎从汽车上拆下。银行可否对轮胎主张实现抵押权？①可。②汽车抵押登记给了银行，银行对汽车整体享有抵押权。③甲将汽车上轮胎拆下，基于担保物权不可分性，银行可对该轮胎可主张实现抵押权。

2. 【担保物卖了：可分】部分担保物归他人所有情形，债权仅可就剩余担保物主张担保物权。

例：【拆下轮胎出卖：启动物上代位性】甲向银行借款 10 万元，将汽车抵押给银行并办理了抵押权登记。甲届期无力清偿债务，将轮胎从汽车拆下，以市价卖给丙并完成交付。银行可否对轮胎主张实现抵押权？①否。②汽车抵押登记给了银行，银行对汽车整体享有抵押权。③但甲已将轮胎出卖并交付给了丙，丙取得轮胎所有权，故银行不得就轮胎主张实现抵押权。④基于物上代位性，银行就甲对丙的轮胎款请求权可主张优先受偿。

秒杀：无论是债权分了，还是担保物分了，都不影响担保物权。

四、担保物权的物上代位性（《民法典》第 390 条）

（一）【有"物上代位性"：3 金请求权】担保物没了，变成了保险金请求权、赔偿金请求权、补偿金请求权，担保物权追及该"3 金"请求权。

1. 【主债到期】担保期间，担保财产毁损、灭失或者被征收等，担保物权人可以就获得的保险金、赔偿金或者补偿金等优先受偿。

2. 【主债没到期】被担保债权的履行期未届满的，也可以提存该保险金、赔偿金或者补偿金等。

例 1：【"人鬼情未了"】甲向银行借款 100 万元，用房屋给银行设定抵押并办理了抵押权登记。后房屋被乙公司拆迁，甲可对乙公司主张拆迁款 120 万元。甲届期无力向银行还款，银行如何主张抵押权？①房屋被抵押，补偿款是抵押房屋的代位物。②基于担保物权的"物上代位性"，银行可就甲对乙公司的拆迁补偿请求权主张抵押权。

例 2：【"汽车变保险金"】甲向乙借款 20 万元，以其价值 10 万元的房屋、5 万元的汽车作为抵押担保,以1万元的音响设备作质押担保,同时还由丙为其提供保证担保。其间汽车遇车祸损毁,获保险赔偿金3万元。如果上述担保均有效,丙应对借款本金在多大数额内承担保证责任?①6万。②甲向乙借款20万,甲自己提供自物保有房屋、汽车、音响,丙提供人保。③根据自物优先规则,保证人责任是20万主债权减去房屋、汽车、音响价值。④根据物上代位性规则,汽车由5万变成了3万,故保证人责任是20-10-3-1=6万。

例3:【"保险金请求权"】甲消费乙银行信用卡5万元届期无力还款,甲用铺面房设定抵押并登记。该房屋向保险公司投保了火灾损失险,后甲铺面房被邻居戊恶意烧毁,甲因此取得保险赔偿请求权。甲将该请求权转让给丙,丙的债权人丁申请冻结保险赔偿请求权。乙银行如何实现其抵押权?铺面房被烧毁,有3个法律效果:(1)甲基于保险合同可向保险公司主张保险金请求权:①甲对保险公司的保险金请求权是铺面房的代位物,乙银行抵押权可追及该请求权。②甲将该请求权转让给丙,乙银行抵押权可追及该请求权之所在。③乙银行的抵押权"物上代位性"不受司法冻结的影响,因为本案属于先抵押,后冻结。(2)甲基于所有权受害可请求戊支付赔偿金。乙银行抵押权可追及甲对戊的侵权赔偿请求权。(3)乙银行可以抵押权受害为由要求戊承担侵权责任。

(二)【无"物上代位性":货币谁占有谁所有】

1.【不能"物上"代位"三金"】担保物没了,变成了保险金、赔偿金、补偿金,货币谁占有就谁所有,担保物所有权人把"三金"花了,担保物权消灭。

例:【"钱已经花了":不能"物上"代位货币】甲向银行借款100万元,用房屋给银行设定抵押并办理了抵押权登记。后房屋被乙公司拆迁,甲从乙公司获得拆迁款120万元,甲将该120万元付给了丙以归还欠丙的债务。甲届期无力向银行还款,银行如何主张抵押权?①房屋被抵押,补偿款乃房屋的代位物。②【不能代位货币】该120万元已经被甲花掉,货币坚持谁占有即谁所有规则,故银行抵押权不可追及丙。③【抵押权人诉侵权】乙公司明知被拆迁房屋有抵押权,而直接将120万元付给了甲,构成对银行抵押权的侵权,须负侵权赔偿责任。银行可要求乙公司承担侵犯抵押权的侵权责任。④【主债权人诉主债】银行也可要求甲按照借款合同还款。⑤【不真正连带之债】乙公司的侵权债务,和甲的合同债务,属于"不真正连带责任"。连带体现在:银行可找乙公司,也可选择找甲;"不真正"体现在:甲是终局责任,如果乙公司赔了银行,则有权向甲全额追偿。

2.【能"物上"代位"三金"的请求权】担保物权物上代位于"保险金请求权"、"赔偿金请求权"、"补偿金请求权"上。如果给付义务人接到抵押权人要求向其给付的通知后仍然向抵押人给付的,抵押权人仍然可请求给付义务人向其给付保险金、赔偿金或者补偿金(《担保制度解释》第42条)。

◆ 原理:为什么抵押权人不能代位"三金"(保险金、赔偿金、补偿金),只能追"三金的请求权"("保险金请求权"、"赔偿金请求权"、"补偿金请求权")?①假设你的房屋抵押给了银行,房屋要被拆迁公司拆迁,你将可以拿到一笔"补偿款"。②在你实际上拿到了拆迁款后,银行抵押权无法追及货币,因为你控制了货币,银行对货币无法主张优先受偿。因为你账户上的钱变成了你的一般责任财产,对这个一般责任财产,你的一般债权人"方妈"也可以主张受偿,比如方妈起诉了你,查封了你的账户，那么这个钱就会被"方妈"拿走。抵押权是担保物权，有优先受偿性。如果没有优先受偿性，就谈不上抵押权。③如果你还没拿到货币，那么你对拆迁公司有补偿款请求权，银行抵押权可以追及这个请求权，所以银行就可以就它优先受偿。就是说你还欠了"方妈"钱，此时，银行的抵押权优先于方妈的债权，即拆迁公司这笔补偿款要先给银行。④账户上的钱，是债务人的一般责任财产，除非设定了"金钱质"。所谓金钱质，就是双方明确约定有钱的某一个账户出质给银行，银行就该账户的钱优先受偿。⑤在一般情况下，债务人账户上的钱是债务人一般责任财产，对全体债权人负责，在民法上由全体债权人平等受偿，债务人账户上的钱不能成为担保物权追及的对象。⑥但是在民诉法上，存在"首封是老大规则"，即第一个查封的债权人，可以优先受偿。

秒杀：抵押权人不能代位钱（因为货币谁占有谁所有），可以代位"3金"请求权（抵押人享有保险金、赔偿金、补偿金请求权）。

五、反担保（《民法典》第387条）

（一）【反担保】

反担保是对担保的"担保"，核心要旨是担保"担保人"追偿权的实现。实践中是担保公司的常用工具，以处理"代偿"后追偿失败的风险。

甲（主债务人）　　　　　　银行（主债权人）
反担保形式1：甲自物保　　↕约定抵销：保证债权和存款债权
丙（反担保形式2：丙保证或物保）　乙（保证人：代偿后向甲追）

例：【反担保的方式和逻辑】甲向银行借款100万元，担保公司提供担保（人保）。为控制代偿风险，担保公司要求甲向自己提供担保，我们称之为反担保。反担保的形式有哪些？原理是什么？①【反担保的形式1：自物保】可以是甲自己提供的物保。不能是主债务人甲自己提供的"保证"，因为保证自己债务履行，无任何实际意义。保证一定是第三人提供，才有实际意义。②【反担保的形式2：人保或他物保】第三人提供的物保。第三人提供的保证。③【银行偏好担保公司的"保函"】为什么银行不直接接受上述"反担保"，而更愿意接受"担保公司提供的保证"？因为担保公司的保函更像"硬通货"，即"保函是担保之王"。④【约定抵销】担保公司和银行签订保证合同（"保函"）时，双方会约定，如果主债务人届期无力还款，银行可以直接从担保公司存在本行账户划扣款项。这属于"约定抵销"，即担保公司基于"存款合同"对银行有存款债权；银行基于"保函"对担保公司有保证债权。⑤【直接划账】一旦主债务人甲不还款，银行可以直接划扣担保公司账户，不用去打官司。⑥【担保人代偿后追偿不到的风险】担保公司一旦代偿，就是致命的，因为主债务人无力向银行还款，担保公司才需代偿。既然主债务人面对银行很穷，它面对担保公司也就不可能"富"，故担保公司追偿必然失败。为了处理该"代偿后追偿失败的风险"，担保公司都会要求主债务人提供反担保，担保"追偿之债"的实现。⑦【反担保要保障担保人代偿后的追偿权】说白了，"反担保"就是银行将未来打官司要钱的麻烦事转给了担保公司。

（二）【反担保：一灭全死】民法伟大的平衡之术。

1.【一灭全死：担保消灭上的从属性】主债消灭，保证从债消灭，保证人的追偿之债消灭，反担保消灭。

例：甲公司向银行借款 100 万元，由乙公司提供保证。应乙公司要求，甲公司将对丙公司的 100 万元债权出质给乙公司作为反担保。如甲公司向银行还了款，乙公司的债权质权还在吗？不在，已经消灭，因为"一灭全死"。

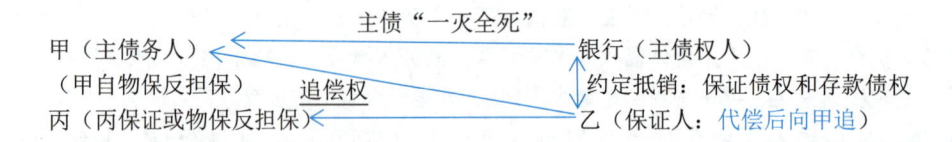

```
                    主债"一灭全死"
甲（主债务人）←──────────────── 银行（主债权人）
（甲自物保反担保）   追偿权      约定抵销：保证债权和存款债权
丙（丙保证或物保反担保）←──── 乙（保证人：代偿后向甲追）
```

2.【**债的相对性：反担保人和主债权人银行没关系**】担保人担保的主债是借款合同之债，反担保担保的主债是法定追偿之债，反担保人丙与银行没有法律关系。

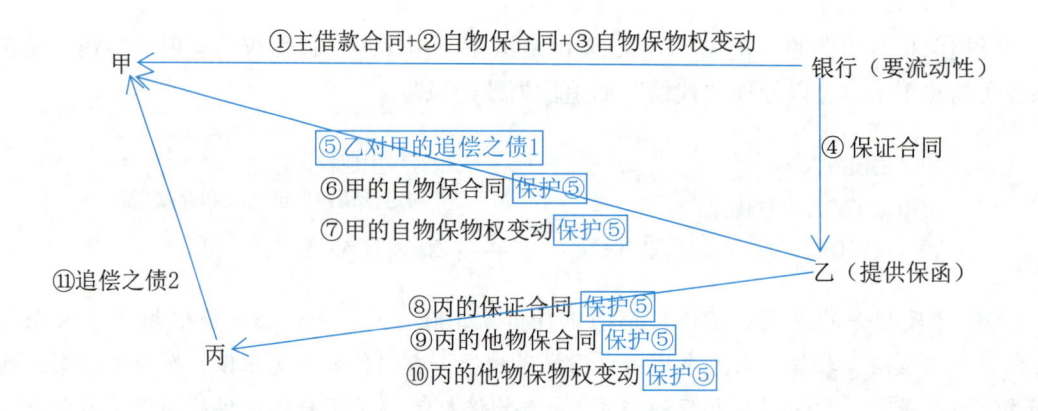

```
        ①主借款合同+②自物保合同+③自物保物权变动
甲 ←──────────────────────────────── 银行（要流动性）

    ⑤乙对甲的追偿之债1
    ⑥甲的自物保合同 保护⑤
    ⑦甲的自物保物权变动 保护⑤              ④保证合同
                                         乙（提供保函）
⑪追偿之债2
    ⑧丙的保证合同 保护⑤
    ⑨丙的他物保合同 保护⑤
丙 ←
    ⑩丙的他物保物权变动 保护⑤
```

物债二分思维解图：①【**主债：一灭全死**】甲、银行借款主合同法律关系。如甲正常还贷，则其他法律关系全部消灭，称之为"一灭全死"。②【**自物保的合同**】甲、银行自物保合同法律关系。③【**自物保的担保物权**】甲、银行自物保物权变动法律关系。根据自物优先原理，银行应先就甲物保实现债权，未受偿部分找第三担保人乙。④【**从债**】乙、银行保证合同法律关系。⑤【**法定追偿之债1**】乙代偿后向甲追偿的法定追偿之债法律关系。我们知道，一旦第三担保人代偿，则必然面临追偿不能的风险，因为主债务人甲"穷"，并且会一直"穷下去"。⑥【**反担保形式1：自物保的合同**】甲提供自物保合同法律关系保护⑤。⑦【**反担保形式1：自物保的合同**】甲提供自物保物权变动法律关系保护⑤。根据自物优先原理，乙（反担保权人）必须先就甲的自物保实现反担保权利，未受偿部分再找第三反担保人丙。⑧【**反担保形式2：人保**】丙提供人保合同法律关系保护⑤。⑨【**反担保形式3：他物保的合同**】丙提供他物保合同法律关系保护⑤。⑩【**反担保形式3：他物保的担保物权**】丙提供他物保物权变动法律关系保护⑤。丙属于第三反担保人，第三反担保人替主债务人甲还乙对甲的追偿之债，称之为"代偿行为"。丙会是谁呢？一般会是甲民营企业的大 BOSS。如此一来，"担保公司乙的风险顺利的转给了民营企业的大 BOSS。"⑪【**第三反担保人的追偿之债2**】丙保护⑤，向保证人乙代偿后，向主债务人甲去追偿的法律关系。能追回来吗？一般不能。大 BOSS 丙，做的民营企业甲破产，大 BOSS

自己的房屋也搭进去了。

民法智慧：区分一个人是不是土豪，问他房屋抵押在哪里？①抵押在银行：普通人。②抵押在担保公司：土豪。

(三)【反担保合同效力不从属主合同】(《担保制度解释》第 19 条)

1.【担保合同效力】(1) 主合同无效，会导致担保合同无效。(2) 担保合同无效，不会导致反担保合同无效。(3) 无论是主合同无效导致担保合同无效，还是担保合同自己无效，如果担保人没有过错，不需要承担赔偿责任。如果担保人有过错，要承担缔约过失责任，启动二等分或三等分。(《担保制度解释》第 17 条)

2.【担保人无代偿就没有追偿：反担保消灭】如果担保人无过错，就不需要承担缔约过失赔偿责任，也就没有代偿。没有代偿就谈不上向主债务人追偿，没有追偿就没有反担保，此时反担保消灭。

3.【担保人有过错就要代偿：代偿后可追偿，反担保继续担保该追偿之债】如果担保人有过错，启动"3 等分"，即担保人承担的责任上限是主债务人不能清偿部分的三分之一，担保人承担了缔约过失赔偿责任，这就是代偿，代偿后可向主债务人追偿，既然有追偿之债，反担保就继续担保该追偿之债。

秒杀："反担保" 3 句话：①一灭全死。②反担保人与主债权人银行无关系。③主合同无效，不会因此导致反担保合同无效。

第二节　抵押权

一、抵押财产

(一)【能抵押的财产】(《民法典》第 395 条)

1.【不动产】(1) 建筑物和其他土地附着物。(2) 建设用地使用权。(3) 海域使用权。

2.【动产】(1) 生产设备、原材料、半成品、产品。(2) 正在建造的建筑物、船舶、航空器。(3) 交通运输工具。

3.【其他财产】(1) 法律、行政法规未禁止抵押的其他财产。(2) 抵押人可以将前述所列财产一并抵押。

秒杀：能卖就能抵押。

(二)【不能抵押的财产】(《民法典》第 399 条)

1.【不动产】(1) 土地所有权。(2) 宅基地、自留地、自留山等集体所有土地的使用权，但是法律规定可以抵押的除外。

2.【动产：公益设施】(1) 学校、幼儿园、医疗机构等为公益目的成立的非营利法人的教育设施、医疗卫生设施和其他公益设施。(2) 例外：公益设施可用来担保购买公益设施所欠债务。

◆ 原理：为什么以上财产不能拿去抵押？①因为它们不能买卖，而抵押约等于买卖。②可以卖的东西才能拿去抵押，因为抵押意味着将来可能要卖。比如我们用房屋抵押，向银行借款，如果到期无力还款，银行指望卖抵押房屋后就变价款优先受偿。

(三)【特殊财产的特别处理】

1.【争议财产】(《担保制度解释》第 37 条第 1 款)

当事人以所有权、使用权不明或者有争议的财产抵押，构成无权处分，启动善意取得，参照适用《民法典》第 311 条处理。

2.【查扣财产】(《担保制度解释》第 37 条第 2、3 款)

(1)【债：抵押合同不因此无效】抵押人以抵押权设立时财产被查封或者扣押为由主张抵押合同无效的，法院不予支持。

(2)【物：解除查扣后可行使抵押权】当事人以依法被查封或者扣押的财产抵押，抵押权人请求行使抵押权，经审查查封或者扣押措施已经解除的，法院应予支持。

3.【违章建筑】(《担保制度解释》第 49 条)

(1)【先有违章建筑，后签订的抵押合同无效】以违法的建筑物抵押的，抵押合同无效，但是一审法庭辩论终结前已经办理合法手续的除外。抵押合同无效的法律后果，依照《担保制度解释》第十七条的有关规定处理（按过错分担）。

(2)【先有土地使用权抵押，后有违章建筑，此前抵押合同有效】当事人以建设用地使用权依法设立抵押，抵押人以土地上存在违法的建筑物为由主张抵押合同无效的，法院不予支持。

4.【划拨用地】(《担保制度解释》第 50 条)

(1)【划拨用地上的建筑物抵押】①【债：抵押合同不因此无效】抵押人以划拨建设用地上的建筑物抵押，当事人以该建设用地使用权不能抵押或者未办理批准手续为由主张抵押合同无效或者不生效的，法院不予支持。②【物：抵押权设立】抵押权依法实现时，拍卖、变卖建筑物所得的价款，应当优先用于补缴建设用地使用权出让金。

(2)【划拨用地使用权抵押】①【债：抵押合同不因此无效】当事人以划拨方式取得的建设用地使用权抵押，抵押人以未办理批准手续为由主张抵押合同无效或者不生效的，法院不予支持。②【物：抵押权设立】已经依法办理抵押登记，抵押权人主张行使抵押权的，法院应予支持。抵押权依法实现时所得的价款，应当优先用于补缴建设用地使用权出让金。

5.【从物】(《担保制度解释》第 40 条)

(1)【此前的从物是抵押物】从物产生于抵押权依法设立前，抵押权人主张抵押权的效力及于从物的，法院应予支持，但是当事人另有约定的除外。

(2)【此后的从物不是抵押物但可一并处分】从物产生于抵押权依法设立后，抵押权人主张抵押权的效力及于从物的，法院不予支持，但是在抵押权实现时可以一并处分。

6.【添附物】(《担保制度解释》第 41 条)

(1)【追"钱"】抵押权依法设立后，抵押财产被添附，添附物归第三人所有，抵押权人主张抵押权效力及于补偿金的，法院应予支持。所谓追"钱"，即"三金的请求权"：补偿金的请求权、保险金的请求权、赔偿金的请求权。

(2)【追"物"】抵押权依法设立后，抵押财产被添附，抵押人对添附物享有所有权，抵押权人主张抵押权的效力及于添附物的，法院应予支持，但是添附导致抵押财产价值增加的，抵押权的效力不及于增加的价值部分。

(3)【追"份额"】抵押权依法设立后，抵押人与第三人因添附成为添附物的共有人，抵押权人主张抵押权的效力及于抵押人对共有物享有的份额的，法院应予支持。

秒杀：你抵押人得到什么，我抵押权人就追什么。追钱、追物、追份额。抵押物的代位物在呼叫抵押权人。

二、抵押权的设立

（一）【不动产抵押：物债二分、债的意思主义和物的登记生效主义】

1.【债：意思主义，不动产抵押合同意思表示一致时生效】(《民法典》第119条)。

(1)【能继续履行】不动产抵押合同生效后未办理抵押登记手续，债权人请求抵押人办理抵押登记手续的，法院应予支持(《担保制度解释》第46条第1款)。

(2)【不能继续履行】①【不怪抵押人：抵押人没责任，但获得的钱赔给债权人】抵押财产因不可归责于抵押人自身的原因灭失或者被征收等导致不能办理抵押登记，债权人请求抵押人在约定的担保范围内承担责任的，法院不予支持；但是抵押人已经获得保险金、赔偿金或者补偿金等，债权人请求抵押人在其所获金额范围内承担赔偿责任的，法院依法予以支持（是一种有限责任，符合当事人的本意。此时无优先受偿权，因为抵押权未设立）(《担保制度解释》第46条第2款)。②【怪抵押人：抵押人有责任，不超过正常抵押设立时的责任范围】因抵押人转让抵押财产或者其他可归责于抵押人自身的原因导致不能办理抵押登记，债权人请求抵押人在约定的担保范围内承担责任的，法院依法予以支持，但是不得超过抵押权能够设立时抵押人应当承担的责任范围（是物的有限责任，砸进去的是物）(《担保制度解释》第46条第3款)。

◆ **原理：**为什么说《担保制度解释》第46条第2、3款讨论的是他物保？①如果是自物保，抵押人也就是主债务人，此时讨论债权人可要求抵押人承担责任没有实际意义，因为债权人本来就可以要求主债务人（即抵押人）承担责任。②所以，第46条第2、3款规定的是第三抵押人的责任。

例：【房屋抵押未登记】甲向乙借款100万元，丙与乙签订房屋抵押合同，房屋价值80万元。后丙拒不办理抵押权登记。乙如何主张债权？①乙须先要求甲还款，如果甲还款50万元，则乙可要求丙承担另外50万元。②如果甲还款10万元，则乙尚有90万元未受偿，可向丙主张，但不得超过房屋价值80万元，故乙可向丙主张80万元。③先穷尽主债务人，剩余部分找他物保人负责，他物保人的责任范围超过抵押物价值。

2.【物：登记生效主义，不动产抵押权在登记时设立】不动产抵押应当办理抵押登记。抵押权自登记时设立(《民法典》第402条)。

例：【房屋抵押权已经登记】甲向银行借款100万元，用房屋抵押给银行办理了抵押权登记。如何评价抵押权变动？"基3"：甲有权处分房屋、抵押合同有效、办理了不动产抵押权登记，故银行基于法律行为取得不动产抵押权。

3. 【不动产抵押权的预告登记】

(1)【没有所有权登记，抵押权的预告登记就不能转正】当事人办理抵押预告登记后，预告登记权利人请求就抵押财产优先受偿，经审查存在尚未办理建筑物所有权首次登记、预告登记的财产与办理建筑物所有权首次登记时的财产不一致、抵押预告登记已经失效等情形，导致不具备办理抵押登记条件的，法院不予支持。(《担保制度解释》第 52 条第 1 款第 1 句)

(2)【抵押权的预告登记转正后，预告日是抵押权设立日】经审查已经办理建筑物所有权首次登记，且不存在预告登记失效等情形的，法院应予支持，并应当认定抵押权自预告登记之日起设立。(《担保制度解释》第 52 条第 1 款第 2 句)

◆ 原理：为何存在抵押权预告登记？实务中，银行都是在房屋没完全建好就放贷，放贷之前需要签抵押合同，然后对抵押权做预告登记。

(二)【动产抵押：物债二分、债的意思主义、物的意思主义和登记对抗主义】

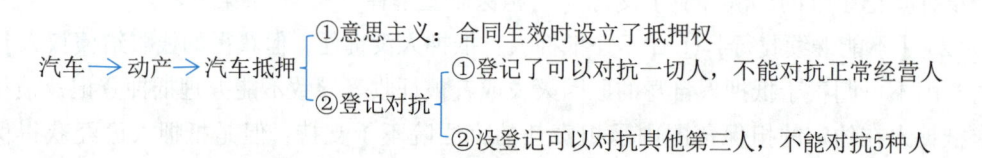

汽车 → 动产 → 汽车抵押 ① 意思主义：合同生效时设立了抵押权
② 登记对抗 ① 登记了可以对抗一切人，不能对抗正常经营人
② 没登记可以对抗其他第三人，不能对抗 5 种人

1.【债：意思主义】动产抵押合同意思表示一致时生效(《民法典》第 119 条)。

2.【物：意思主义和登记对抗主义】(1)【意思主义】动产抵押合同与动产抵押权同时设立(《民法典》第 403 条)，我们称之为"基 2"。(2)【登记对抗主义】未登记动产抵押权不可对抗善意第三人。

3.【"买执保租破""破"未登记动产抵押权：未登记动产抵押权不能对抗善意第三人】哪些人属于"善意第三人"？"买"、"执"、"保"、"租"、"破"(《担保制度解释》第 54 条)。

(1)【"买"：未登记动产抵押权不得对抗善意购买且取得占有的第三人】甲车押给乙未办理抵押登记，甲将该车出卖给不知情的丙且丙取得占有，乙的抵押权优先于丙吗？①否。②因为丙是所有权人，它是 1 个物权人(所有权人)，要优先于半个物权人乙(未登记抵押权人)。③如果没登记的动产抵押权可以对抗丙，那么，因为抵押合同可以"倒签"，这样会架空一切"动产买卖"，破坏动产买卖交易秩序。

(2)【"执"：未登记动产抵押权不得对抗执行中申请执行人】甲车押给乙未办理抵押登记，甲欠丙的钱到期未还，丙起诉且获得胜诉判决，丙申请执行甲名下的车，乙的抵押权优先于丙吗？①否。②避免抵押合同倒签时间坑执行中的债权人，毕竟抵押权没登记，单纯的抵押合同容易倒签时间。③一旦倒签时间的抵押合同，可以对抗执行债权人，那么，我们对动产的执行就会被彻底架空。

(3)【"保"：未登记动产抵押权不得对抗诉讼保全中原告】甲车押给乙未办理抵押登记，甲欠丙的钱到期未还，丙起诉甲并且申请法院保全了该车，乙的抵押权优先于丙吗？①否。②避免抵押合同倒签时间坑诉讼保全的债权人，毕竟抵押权没登记，单纯的抵押合同容易倒签时间。③一旦倒签时间的抵押合同,可以对抗保全债权人,那么,我们对动产的保全就会被彻底架空。

（4）【"租"：未登记动产抵押权不得对抗善意承租占有的第三人】甲车押给乙未办理抵押登记,甲将该车出租给不知情丙且交付,乙的抵押权优先于丙吗？①否。②丙可以继续租用汽车。③因为"租住早",租赁权人是超级钥匙人。④避免抵押合同倒签时间坑承租人,毕竟抵押权没登记,单纯的抵押合同容易倒签时间。一旦倒签时间的抵押合同可以对抗租赁权,那么就会彻底的架空"买卖不破租赁"的规则。

（5）【"破"：未登记动产抵押权不得对抗破产中的债权人】甲车押给乙未办理抵押登记,甲破产,甲还有其他破产债权人丙等,乙的抵押权优先于丙吗？①否。②乙没有"别除权"。③避免抵押合同倒签时间坑全体债权人,毕竟抵押权没登记,单纯的抵押合同容易倒签时间。④"举轻明重",执行程序中,未登记抵押权不得对抗执行债权,而破产程序是一种特殊的"概括执行"程序,故未登记抵押权更加不能对抗破产债权人。未登记抵押权所担保的主债权,应该和其他破产债权人平等受偿。⑤否则,如果认定未登记抵押权可以对抗破产债权人,则未登记抵押权会底架空破产程序中对动产的清算。

秒杀：未登记的动产抵押权,不能对抗"买执保租破"（买只包租婆）的第三人,可以对抗其他第三人。

◆ **原理1**：为什么"买执保租破"可以"破"未登记的动产抵押权？①【正面观察："公示优先"】未登记的动产抵押权没有公示。购买的人取得占有,有占有公示。执行的债权人有"执行"程序这一"公法"上的公示。保全的债权人有"保全"程序这一"公法"上的公示。承租人有取得占有的这一"公示"方法。破产债权人有"破产"程序这一"公法"上的公示。因此,有公示的当然要优先于"没公示"的未登记动产抵押权。②【反面观察：避免架空】如果支持未登记动产抵押权可以对抗上述第三人,则会架空动产买卖合同、动产执行程序、动产保全程序、动产租赁合同和破产企业对动产的清理。

◆ **原理2**：未登记的动产抵押权不能对抗这么多善意第三人,那有什么用？①可以对抗知情的第三人。②可以对抗普通债权人,因为物权优先于债权,比如车押没登记（未登记动产抵押权）,车撞人要负侵权责任（普通债权）,抵押权人优先于被撞人。③所以,如果要破未登记的动产抵押权,普通债权人只需要"找律师"提出保全、执行,将普通债权"升级"为保全债权人、执行债权人,可以了。

◆ **原理3**：为何未登记动产抵押权才会讨论登记对抗第三人问题、而登记的动产抵押权就不讨论对抗第三人问题？①【登记的动产抵押权】登记的动产抵押权、登记的不动产抵押权、所有权、动产质权,他们都是物权,是对世权,是很猛的,可以对抗全世界除他自己之外的一切人,这个时候就不用考虑是否能对抗第三人的问题。只不过登记的动产抵押权会被正常经营破掉,这是例外,需要特别规定,民法典也做了特别规定。②【未登记动产抵押权】从逻辑上讲,既然动产抵押权采用意思主义,没登记的动产抵押权也是抵押权,也是物权,按道理也应该具有对世性,即可以对抗除他自己之外的一切人。但是,毕竟未登记的动产抵押权是没有公示的,违反了物权公示的一般原理,所以我们对它的对世性进行了一定的限制,也就有了合理性基础。因此,未登记的动产抵押权不能对抗善意第三人,这些善意第三人是："买执保租破"。

4.【"正常经营""破"已经登记的动产抵押权：已经登记的动产抵押权不得对抗

"正常经营"中的购买人】

（1）【"正常经营""破"3种登记的动产担保物权】①【"正常经营""破"登记的动产抵押权，更加破未登记的动产抵押权】动产抵押权登记后不得对抗正常经营活动中已支付合理价款并取得抵押财产的买受人（《民法典》第404条）。举重以明轻，既然正常经营可以破掉登记的动产抵押权，更加可以破未登记的动产抵押权。②【"正常经营""破"登记保留买卖中出卖人登记的所有权、"正常经营""破"融资租赁合同中出租人登记的所有权】买受人在出卖人正常经营活动中通过支付合理对价取得已被设立担保物权的动产，担保物权人请求就该动产优先受偿的，法院不予支持（《担保制度解释》第56条）。③【正常经营破"3种"担保物权人】担保物权人，是指已经办理登记的抵押权人、所有权保留买卖的出卖人、融资租赁合同的出租人。

例：【"正常经营""破"登记动产抵押权】甲（4S店）车押1给乙登记了，后甲将该车卖给丙，丙支付市价且取得占有，乙的抵押权可以追及该车吗？甲先抵押车辆给乙办理了抵押权登记，乙享有抵押权。甲后出卖车辆给丙，是有权处分。甲是4S店，该买卖属于正常经营的买卖，购买人丙支付合理价格且取得占有，故丙取得所有权。"正常经营"可以"破"已经登记的抵押权，因此，丙的所有权要优先于乙的抵押权，乙不得对丙的车主张抵押权。

◆ 原理：为什么"正常经营"可以"破"掉登记的动产抵押权？①【融资的目的是销售产品赚钱】企业将动产抵押出去，目的是融资借款，融资借款的目的是扩大经营将动产销售出去。如果已经抵押出去的动产，后续不能拿去销售，那当初拿这些动产去抵押做融资的目的就无法实现。②【抵押融资，出售赚钱】为了鼓励融资，允许企业拿动产去做抵押；为了鼓励交易，允许企业将动产拿去销售。③【牺牲抵押权，成全购买人】牺牲了抵押权，成全了交易，因此这个交易必须限定为"正常经营"的交易。

（2）【是正常经营：营业执照、持续销售】【营业执照范围内的销售是正常经营】出卖人正常经营活动，是指出卖人的经营活动属于其营业执照明确记载的经营范围，且出卖人持续销售同类商品。

例：4S店抵押车又卖车，卖车属于正常经营，购买人取得汽车所有权，可以破掉抵押权。4S店抵押沙发后来卖沙发，卖沙发不属于正常经营，购买人取得沙发所有权，但是要被抵押权追及。

（3）【不是正常经营】①【买太多，不是正常买卖】购买商品的数量明显超过一般买受人。②【买生产设备，不是正常买卖】购买出卖人的生产设备。生产设备抵押后再卖，就是想开溜，要跑路。③【签订让与担保合同，不是正常买卖】订立买卖合同的目的在于担保出卖人或者第三人履行债务。按照签订的合同是"让与担保合同"处理，如果成功设立了让与担保权，该让与担保权与动产抵押权的排序启动公示先后。④【妈妈公司卖给儿子公司，不是正常买卖】买受人与出卖人存在直接或者间接的控制关系（妈妈公司卖给儿子公司，不是买卖，是自己卖给自己，产品没卖掉）。⑤【买受人粗心大意没查询抵押权登记，不是正常买卖】买受人应当查询抵押登记而未查询的其他情形（《担保制度解释》第56条）。

秒杀：买太多不是正常经营的购买。买生产设备不是正常经营的买卖。让与担保不是正常经营的买卖。买卖双方是母子公司不是正常经营的买卖。买方应查抵押登记未查不是正常经营的买卖。

◆ **原理**：为什么要区分正常经营和非正常经营？①【广义的正常经营】老百姓理解的正常经营就是做买卖都是正常经营，只要不是做买卖妇女儿童等违法勾当，就都是正常经营，这是我们的一般理解。②【狭义的正常经营】但是《民法典》第404条的"正常经营"不能这么理解。所以《担保制度解释》第56条才对正常经营做限缩解释，必须满足什么条件才是正常经营。它是要解决登记动产抵押权和买受人权利冲突问题。③【限缩解释正常经营】因为登记的动产抵押权是物权，具有对世性，但是"正常经营"的购买人却可以阻断抵押权，这是开了一个口子。所以我们必须对已经开的"口子"继续收紧一下，对正常经营进行限缩解释。如果一切经营都叫第404条的"正常经营"，那么银行都不会接受企业提供的产品抵押了，会导致企业融资更加困难。所以我们不能反过来，说第404条的正常经营就是日常生活的正常经营。

5.【3种担保物权"共用"同一规则】动产抵押权、保留买卖中保留的所有权、融资租赁合同中出租人的所有权，这3项权利都属于"担保物权"，它们适用同一规则（《担保制度解释》第56条第2款）。(1)【未经登记的以上3种担保物权人，不得对抗5种特殊权利人，"买执保租破"】。(2)【已经登记的以上3种担保物权人，不得对抗正常经营的购买人】。

总结1：3种物权人，未经登记不得对抗5种特殊权利人"买执保租破"。"买执保租破""破"未登记的动产抵押权、保留所有权、融资租赁所有权。我将未登记的上述3个担保物权叫作"半个"。简化："买执保租破""破"半个。

总结2：3种物权人，已经登记不得对抗"正常经营"的购买人。"正常经营""破"登记的动产抵押权、登记的保留所有权、登记的融资租赁物所有权。我将已经登记的上述3个担保物权叫作"1个"。简化："正常经营""破"1个。

秒杀：登记的动产抵押权看是否存在"正常经营"。没登记的动产抵押权看是否存在"买执保租破"。

做题步骤：(1)【动产】看到汽车，条件反射是动产。(2)【动产抵押权的"基2"】看到汽车抵押，条件反射是动产抵押，意思主义即合同生效时设立了抵押权。(3)【登记对抗】再看是否登记。①【登记了，看是否存在正常经营】如果登记了，则看是否存在正常经营，"正常经营""破"1个。②【没登记，看是否存在"买执保租破"】如果没登记，则看是否存在5种特殊权利人即"买执保租破"，"买执保租破""破"半个。

三、抵押与抵押

（一）【不动产抵押权："公示先后"】

1.【一房2押："公示先后"】(1)【公示先后】同一房屋向两个以上债权人抵押的，拍卖、变卖抵押财产所得的价款依照登记的时间先后确定清偿顺序（《民法典》第414条）。

(2)【同日登记仍然是公示先后】同一天登记的不动产抵押权，也是按照"公示先后"即登记时间先后确定顺位，因为互联网可以让登记时间精确到秒，所以可以区分出谁先谁后。

例：【房屋再次抵押】房屋押 1 合同签订在先，但抵押权登记在后；房屋押 2 合同签订在后，但抵押权登记在先。如何排序？①押 2>押 1。②"公示先后"。

2.【房地一体抵押："公示先后"】(1)【以建筑物抵押的，该建筑物占用范围内的建设用地使用权一并抵押】当事人以正在建造的建筑物抵押，抵押权的效力范围限于已办理抵押登记的部分。当事人按照担保合同的约定，主张抵押权的效力及于续建部分、新增建筑物以及规划中尚未建造的建筑物的，法院不予支持（《担保制度解释》第 51 条第 2 款）。(2)【以建设用地使用权抵押的，该土地上已有建筑物一并抵押】当事人仅以建设用地使用权抵押，债权人主张抵押权的效力及于土地上已有的建筑物以及正在建造的建筑物已完成部分的，法院应予支持。债权人主张抵押权的效力及于正在建造的建筑物的续建部分以及新增建筑物的，法院不予支持（《担保制度解释》第 52 条第 1 款）。(3)【抵押人未依据前述规定一并抵押的，未抵押的财产视为一并抵押】抵押人将建设用地使用权、土地上的建筑物或者正在建造的建筑物分别抵押给不同债权人的，法院应当根据抵押登记的时间先后确定清偿顺序（《担保制度解释》第 52 条第 3 款）。

例：【房地分别抵押】房屋押 1 合同签订在先，但抵押权登记在后；该房屋所占建设用地使用权押 2 合同签订在后，但抵押权登记在先。如何排序？①无论押 1 还是押 2，他们抵押对象都是建设用地使用权和房屋，一体抵押。②押 2>押 1。

(二)【动产抵押权："公示先后、债权比例"】

1.【一车 2 押："公示先后，债权比例"】(1)【公示先后】①抵押权已经登记的，按照登记的时间先后确定清偿顺序。②抵押权已经登记的先于未登记的受偿。(2)【债权比例】抵押权未登记的，按照债权比例清偿（《民法典》第 414 条）。

例：【汽车再次抵押】汽车押 1 合同签订在先，但抵押权登记在后；汽车押 2 合同签订在后，但抵押权登记在先。如何排序？①押 2>押 1。②如果汽车押 1 登记和汽车押 2 登记在同一天，则按公示先后处理。③如果汽车押 1 没登记，汽车押 2 登记了，则押 2>押 1。④如果抵押权都没登记，按债权比例受偿。

2.【动产浮动抵押与普通抵押："公示先后，债权比例"】

例：【浮动抵押与一般抵押】甲企业将全部设备为乙债权人设立了动产浮动抵押，并且办理了登记。后甲企业又将其中的设备 A 抵押给丙并且办理了抵押权登记，就 A 设备而言，谁优先？乙（动产浮动抵押权人）优先于丙（一般抵押权人）。因为乙的动产浮动抵押权登记在先。

秒杀：无论动产抵押还是不动产抵押，谁公示在先谁老大。

(三)【价款优先：10 日内登记可以插队】

1.【动产抵押的价款优先权：10 日内登记"后来居上"】动产抵押担保的主债权是抵押物的价款，标的物交付后 10 日内办理抵押登记的，该抵押权人优先于抵押物买受人的其他担保物权人受偿，但是留置权人除外（《民法典》第 416 条）。

例：【动产抵押的价款优先权："别人的东西不能落入动产浮动抵押"】甲企业将其全部设备设定浮动抵押并办理登记给了债权人乙。后甲企业从丙企业购入设备 A，签订买卖合同，丙企业交付设备A给甲企业后10日内办理抵押权登记担保丙企业出卖设备A的价款债权，就设备A而言，谁优先？①丙企业（价款抵押权人）优先于乙（动产浮动抵押权人）。②从本质上讲，这个东西不是买方的，是卖方的。③否则相当于用别人的"钱"来做担保，对别人不公平。

```
         动产浮动抵押给债权人
    甲 ←────────────────────→ 乙
         购入设备A给丙做抵押权登记
    甲 ←────────────────────→ 丙（价款优先，后来居上）
```

2.【保留买卖与融资租赁的"价款优先权"：10日内登记"后来居上"】担保人在设立动产浮动抵押并办理抵押登记后又购入或者以融资租赁方式承租新的动产，下列权利人为担保价款债权或者租金的实现而订立担保合同，并在该动产交付后十日内办理登记，主张其权利优先于在先设立的浮动抵押权的，人民法院应予支持：第一，在该动产上设立抵押权或者保留所有权的出卖人；第二，为价款支付提供融资而在该动产上设立抵押权的债权人；第三，以融资租赁方式出租该动产的出租人（《担保制度解释》第57条第1款）。

例1：【保留买卖，卖方大】甲企业将其全部设备设定浮动抵押并办理登记给了债权人乙。后甲企业从丙企业购入设备A，签订保留所有权买卖合同。丙企业将设备A交付给甲企业后10日内办理了保留所有权登记，就设备A而言，谁优先？出卖人丙企业优先于乙。

```
         动产浮动抵押给债权人
    甲 ←────────────────────→ 乙
         购入设备A给丙办理保留所有权
    甲 ←────────────────────→ 丙出卖方（价款优先，后来居上）
```

例2：【融资租赁，出租人大】甲企业将其全部设备设定浮动抵押并办理登记给了债权人乙。后甲企业从丙企业租入设备A，签订融资租赁合同。丙企业将设备A出租交付给甲企业后10日内办理了融资租赁登记，就设备A而言，谁优先？出租人丙企业优先于乙。

```
         动产浮动抵押给债权人
    甲 ←────────────────────→ 乙
         承租设备A给丙办理所有权
    甲 ←────────────────────→ 丙融资公司（价款优先，后来居上）
```

例3：【多个价款优先排序：公示先后】甲企业向乙企业借款100万元，用于从丙企业购买A设备支付首付，甲、丙企业约定丙企业保留所有权，设备交付给甲后的第1日给乙企业办理了抵押权登记，第3日给丙企业办理了保留所有权登记。乙和丙谁优先？乙优先。

```
        借款 抵押权价款优先登记第1日
   甲 ←——————————————————————→ 乙（价款优先：老大）
   ↑
   ↓  保留所有权价款优先登记第3日
   丙（价款优先：老二）
```

秒杀：3个价款优先权，动产抵押权登记的价款优先、保留所有权买卖登记的价款优先、融资租赁登记出租人所有权的价款优先。

（四）【"顺位换人，内外有别"：抵押权人变更顺位对内有效但不得对其他抵押权人产生不利影响】

抵押权人可以放弃抵押权或者抵押权的顺位。抵押权人与抵押人可以协议变更抵押权顺位以及被担保的债权数额等内容。但是，抵押权的变更未经其他抵押权人书面同意的，不得对其他抵押权人产生不利影响（《民法典》第409条）。

例：【抵押权换顺位】黄河公司以其房屋作抵押，先后向甲银行借款100万元，乙银行借款300万元，丙银行借款500万元，并依次办理了抵押权登记。后丙银行与甲银行商定交换各自抵押权的顺位，并办理了变更登记，但乙银行并不知情。因黄河公司无力偿还三家银行的到期债务，银行拍卖其房屋，仅得价款600万元。三家银行如何分配该600万元？

```
黄河公司   押1   甲银行100万元      押3 丙银行100万元
           押2   乙银行300万元      押2 乙银行300万元
           押3   丙银行500万元      押3 丙银行400万元
                                    押1 甲银行100万元
```

①甲银行得不到清偿、乙银行300万元、丙银行300万元。②此前排队是甲银行100万元，乙银行300万元，丙银行500万元。③甲银行、丙银行换位置，允许出现对乙银行有利的影响，不允许出现对乙银行不利的影响。换位后丙银行100万元，乙银行300万元，丙银行400万元，甲银行100万元。④算下来丙银行100万元满足，乙银行300万元满足，丙银行200万元满足，甲银行没有。合计丙银行300万元，乙银行300万元，甲0。⑤这样对乙银行才算公平，因为乙银行就是看房屋只抵押担保了100万元才放心放贷并接受房屋抵押。

联想：银行排队办业务。①1号办理1个业务；2号办理2个业务；3号办理1000个业务。②1号和3号换位置，2号说：可以，别影响我。③所以，3号办1个业务，2号办2个业务，3号办剩余的999个业务，1号办1个业务。

四、抵押与买卖：抵押物被卖

（一）【物债二分角度看抵押物转让】

```
                 抵押合同
   甲（抵押人）←——————————→ 乙（抵押权人）
   ↑
   ↓ 买卖合同：有权处分+通知抵押权人乙+无须经抵押权人乙同意
   丙（购买人）
```

1.【债：抵押物的买卖合同有效】（1）【有权处分】①抵押期间，抵押人可以转让抵押财产。②抵押人转让抵押财产属于有权处分。（2）【抵押权人有知情权没有同意权】①应及时通知抵押权人。②无需经过抵押权人同意（《民法典》第406条）。

2.【物：公示禁转约定则不发生物权变动；没公示禁转约定则发生物权变动】（1）【禁转约定】当事人约定禁止或限制转让抵押财产。（2）【公示禁转约定，不发生所有权变动】当事人约定禁止或者限制转让抵押财产且已经将约定登记，抵押人违反约定转让抵押财产，抵押权人请求确认转让合同无效的，法院不予支持；抵押财产已经交付或者登记，抵押权人主张转让不发生物权效力的，法院应予支持，但是因受让人代替债务人清偿债务导致抵押权消灭的除外（《担保制度解释》第43条第2款）。（3）【没公示禁转约定，发生所有权变动】当事人约定禁止或者限制转让抵押财产但是未将约定登记，抵押人违反约定转让抵押财产，抵押权人请求确认转让合同无效的，法院不予支持；抵押财产已经交付或者登记，抵押权人请求确认转让不发生物权效力的，法院不予支持，但是抵押权人有证据证明受让人知道的除外；抵押权人请求抵押人承担违约责任的，法院依法予以支持（《担保制度解释》第43条第1款）。

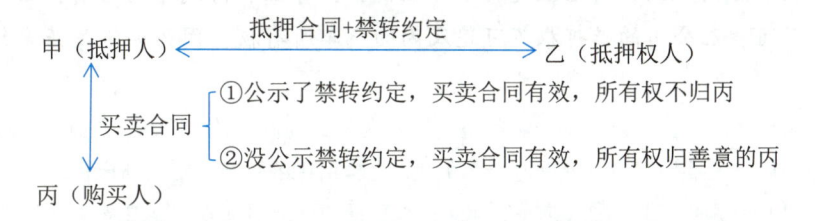

```
              抵押合同+禁转约定
甲（抵押人） ←──────────────→ 乙（抵押权人）
    ↕         ┌①公示了禁转约定，买卖合同有效，所有权不归丙
  买卖合同    │
    ↕         └②没公示禁转约定，买卖合同有效，所有权归善意的丙
丙（购买人）
```

秒杀：①抵押物的买卖合同有效。②公示禁转约定则不发生所有权变动。③没公示禁转约定则发生所有权变动。

（二）【抵押房屋的转让：抵押权追及房屋之所在】

抵押期间，抵押人可以转让抵押财产。当事人另有约定的，按照其约定。抵押财产转让的，抵押权不受影响（《民法典》第406条第1款"睡眠法条"）。

例：【房屋在呼叫抵押权人银行】甲向银行借款100万元，用房屋抵押给银行并办理了抵押权登记手续。抵押期间，甲将房屋出卖给乙，签订了买卖合同，未经银行同意。如何评价甲、乙买卖合同的效力？①甲出卖抵押房屋，应通知银行。②未通知银行，不会导致甲、乙买卖合同无效。③甲出卖抵押房屋，属于有权处分。④如果乙已经取得房屋过户，则银行抵押权不受影响，即可追及乙的房屋。⑤购房人乙秒变他物保人。

```
              抵押
甲（主债务人）←──────→ A银行
↕ 买卖并过户：乙取得房屋所有权，该房屋上负担有银行的抵押权
乙（购买人）（秒变他物保人）
```

（三）【抵押汽车的转让：抵押权追及汽车之所在，但不能追及"正常经营"的买方】

1.【一般情况：登记的汽车抵押权追及汽车之所在】动产抵押权已经登记的，抵押人将该动产出卖，则该动产抵押权可以追及该动产（《民法典》第403条）。

例：【一般情况：抵押汽车在呼叫抵押权人】甲公司向乙公司借款 100 万元，用汽车抵押给乙公司，办理了抵押权登记。抵押期间，甲公司将该车转让给丙公司，双方签订了买卖合同。丙公司尚未支付价款或者支付价款不合理或者丙公司支付了合理价款但尚未取得汽车占有。甲公司届期无力向乙公司还款，乙公司可否主张抵押权？①可。②汽车是动产，乙公司对汽车抵押权已经登记，可以对抗购买汽车的一般买受人。③丙公司属于一般买受人。

2.【例外情况：登记的汽车抵押权不能追及"正常经营"的买方】

（1）【正常经营破登记动产抵押权】动产抵押权已经登记的，抵押人将该动产出卖，则该动产抵押权不得对抗"正常经营"（已支付合理价款并取得抵押财产）的买受人（《民法典》第 404 条）。

（2）【正常经营】出卖人正常经营活动，是指出卖人的经营活动属于其营业执照明确记载的经营范围，且出卖人持续销售同类商品（《担保制度解释》第 56 条第 2 款）。

例：【例外情况：抵押汽车不再呼叫抵押权人】甲汽车销售公司向乙公司借款 100 万元，用汽车抵押给乙公司，办理了抵押权登记。抵押期间，甲公司将该车转让给丙公司，双方签订了买卖合同。丙公司已经支付了合理价款，并且取得汽车的占有，乙公司可否主张抵押权？不可，乙公司的抵押权不可追及丙的汽车所有权，因为丙满足正常经营的构成要件。

◆ 原理：为什么说《民法典》第 404 条是《民法典》第 406 条的特别规定？①【406 一般规定】《民法典》第 406 条说抵押权追及抵押财产之所在，这里所讲的财产包括不动产和动产，所以这是一般规定。②【404 特别规定】《民法典》第 404 条说登记的动产抵押权不能追及正常经营中的抵押物之所在，这里的抵押物限于动产，还限于正常经营的购买人。③【序号在先反而是特别规定】所以是《民法典》第 404 条虽然序号先于 406 条，但第 404 条是特别规定，第 406 条是一般规定。

五、抵押与赠与或继承：抵押物依法被继承或者赠与的，抵押权不受影响

例：【赠与物或继承物在呼叫抵押权人】甲向银行借款 100 万元，用汽车抵押给银行并办理了抵押权登记（或者未办理抵押权登记）。甲将汽车赠与给乙并完成交付，或者甲死亡后，由法定继承人乙继承汽车。如银行债务届期未受偿，其可否对汽车主张抵押权？①可以。②因为甲、乙之间要么是赠与，要么是继承，不存在交易关系，故抵押权人可追及抵押物之所在。

六、抵押与租赁："公示先后"

（一）【租大：租赁占有公示在先，"带租拍卖"】

抵押权设立前，抵押财产已经出租并转移占有的，原租赁关系不受该抵押权的影响，我们称之为"抵押不破租赁"（《民法典》第 405 条）。第一，要求租赁双在先：租赁合同在先；租赁占有在先。第二，要求抵押权设立在后。

例：【租大：租赁占有公示在先】甲将房屋出租给了唐某，签订租赁合同且已经交付房屋给唐某。后甲又将该房屋抵押登记给了银行。甲届期无力清偿欠银行债务，银行主张

实现抵押权拍卖房屋。如何评价甲和唐某的租赁关系？

```
              先房屋租赁合同+占有租赁物
        甲 ←─────────────────────→ 唐某（租大）
        ↕ 后抵押
        银行（押小）
```

①【房屋承租人有优先购买权】唐某作为房屋承租人，享有优先购买权。②【带租拍卖】如果唐某不购买，房屋被其他人购买，则唐某可以继续租住该房屋到租期结束。③【租赁占有公示在先】因为唐某签订的租赁合同时间和占有房屋时间都早于银行设定抵押权的时间。

◆ **原理1**：为什么要求"租赁合同"和"对租赁物的占有"都早于抵押，租赁才优先？①【倒签】如果光看租赁合同时间，则承租人和出租人可以倒签时间来"坑"抵押权人。比如实际租赁合同签订是10月1日，当事人将时间提前到1月1日，这属于"倒签时间"。②【避免倒签】所以立法增加要求承租人必须实际占有租赁物的时间早于抵押时间，以此避免倒签时间坑抵押权人现象。③【占有不能倒签】毕竟穿越"合同"比较容易做到，做假可以很真实，甚至可以倒签100年前的租赁合同。但穿越"占有房屋"是很难做到的。

◆ **原理2**：为什么我们把"抵押不破租赁"表述为实务中的"带租拍卖"？①【先租】先将房屋出租，给承租人设立了租赁权。②【后押】再将房屋抵押，给银行办理了抵押权登记。③【带租拍卖】因为抵押权实现不影响租赁权，即"抵押不破租赁"，其实质就是拍卖抵押物时，购买人需要法定承受租赁关系，这就是实务中的"带租拍卖"。

（二）【押大：抵押权公示早于租赁，"以租养贷"】

先办理了房屋抵押权登记，后将房屋出租设立了租赁权，抵押权人实现抵押权时，购买抵押物的人无须法定承受租赁关系。

例：【押大：抵押权登记公示在先】甲将房屋出租给了唐某，签订租赁合同但尚未交付房屋给唐某。后甲又将该房屋抵押给了银行并办理了抵押权登记。甲届期无力清偿欠银行债务，银行主张实现抵押权拍卖房屋。如何评价甲和唐某的租赁关系？

```
              2抵押合同+3抵押权登记
        甲 ←─────────────────────→ 银行（抵押权人：押大）
        ↕ 1租赁合同出租+没有交付租赁物
        唐某（租赁权人：租小）
```

①【房屋承租人有优先购买权】唐某作为房屋承租人，享有优先购买权。保护房屋承租人优先购买权，实质上是抵押权人银行乐意看见的，无非是一个人来抢着买房屋，银行要的是钱，才不管谁来买房呢（又称"鲶鱼效应"）。②【不用带租拍卖】如果唐某不购买，房屋被其他人购买，则购买人可要求唐某返还房屋，因为唐某签订租赁合同时间早但是实际居住房屋晚，要保护抵押权人。③【承租人诉出租人违约】唐某可诉甲承担违反租赁合同的违约责任。

◆ **原理**：为什么把抵押权优先于租赁权的情形描述为实务中的"以租养贷"？①【先押】先将房屋抵押给银行，办理了抵押权登记，如果房主是贷款购房，意味着房主需要向银行还月供。②【后

279

租】然后房主将该房屋出租，为租户设立了租赁权，同时向租户收取租金。③【以租养贷】这就是实务中的"以租养贷"，租户为房东打工，房东为银行打工。

秒杀：租大还是押大？①谁公示在先谁大。②抵押权的公示方法是登记，租赁权的"公示"方法是"占有"。

七、抵押与查封：公示先后

(一)【先押一般押大】

已经设定抵押的财产被采取查封、扣押等财产保全或者执行措施的，不影响抵押权的效力。

1.【不动产抵押权先押后封：押大】不动产抵押权已经登记，后查封，则登记抵押权优先。

例：【押>封】甲用房屋抵押给银行担保其欠银行的100万元，办理了抵押权登记。甲同时欠温某100万元，温某已经申请法院查封了甲的房屋。后房屋变价款160万元。如何分配该变价款？①银行抵押权优先，故银行获得100万元。"银行坐享其成、求之不得。"②温某是查封债权人，获得60万元，温某另外40万元成为"普通债权"。

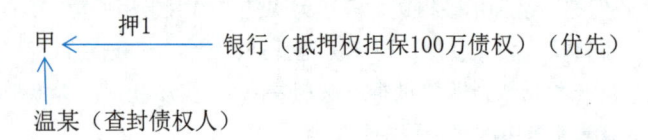

甲 ← 押1 ── 银行（抵押权担保100万债权）（优先）
↑
温某（查封债权人）

2.【动产抵押权先押后封区分处理】(1)【先抵押登记，押大】动产抵押权已经登记，后查封，则登记抵押权优先。(2)【没抵押登记，封大】动产抵押权没登记，后查封，则查封债权优先，因为未登记动产抵押权不能对抗查封债权人。

秒杀：先登记不动产或动产抵押权后查封，则先登记抵押权优先。未登记动产抵押权，抵押物被查封，则查封大。

(二)【先封则封大】

1.【先封后押】抵押人以抵押权设立时财产被查封或者扣押为由主张抵押合同无效的，法院不予支持。因为查封的财产将来有解封的可能，所以不能直接宣告查封财产的抵押合同无效。

2、【先封后押：封大】当事人以依法被查封或者扣押的财产抵押，抵押权人请求行使抵押权，经审查查封或者扣押措施已经解除的，法院应予支持（《担保制度解释》第37条第2款）。

秒杀：如果把抵押权登记理解成公示方法，把抵押物的"查封"也视为公示方法。抵押与查封，各玩各的，谁"公示先"谁大。

八、抵押权人的保全请求权

◆ **原理**：为什么需要讨论抵押权人的保全请求权？因为抵押物不转移占有，仍由抵押人占有，在抵押人实施有损抵押物价值行为时，抵押权人可主张抵押权保全请求权。

(一)【请求抵押人"停止行为"】

抵押财产价值尚未减少的，抵押人的行为足以使抵押财产价值减少的，抵押权人有权请求抵押人停止行为。

(二)【请求债务人"补足担保"】

抵押财产价值已经减少的，抵押权人有权要求恢复抵押财产的价值，或者提供与减少的价值相应的担保。

(三)【请求债务人"加速到期"】

抵押财产价值已经减少，抵押人不恢复抵押财产的价值也不提供担保的，抵押权人有权要求债务人提前清偿债务（《民法典》第408条）。

例：【抵押权人的保全请求权：抵押人让出抵押房屋坑银行】甲以自有房屋向乙银行抵押借款，办理了抵押登记。丙因甲欠钱不还，强行进入该房屋居住。借款到期后，甲无力偿还债务。该房屋由于丙的非法居住，难以拍卖，甲怠于行使对丙的返还请求权。乙银行可以行使哪些权利？①请求甲行使对丙的返还请求权，防止抵押财产价值的减少。②如甲仍然不行使对丙的返还请求权，则银行有权要求甲提供相应担保。

九、抵押权实现

(一)【"裸地抵押"】(《民法典》第417条)

1. 【抵押权不追及新增建筑物】建设用地使用权抵押后，该土地上新增的建筑物不属于抵押财产。"新增建筑物"包括正在建造的建筑物的续建部分以及全新增加的建筑物（《担保制度解释》第51条第2款）。

2. 【一并变价但抵押权不得对新增建筑物变价款主张优先受偿】该建设用地使用权实现抵押权时，应当将该土地上新增的建筑物与建设用地使用权一并处分，但是新增建筑物所得的价款，抵押权人无权优先受偿。

(二) 孳息归属 (《民法典》第321条、412条)

1. 【一般情况：孳息所有权归抵押人】孳息的所有权归抵押物所有权人（《民法典》第321条）。

2. 【例外情况：孳息收取权归抵押权人】债务人不履行到期债务或者发生当事人约定的实现抵押权的情形，致使抵押财产被人民法院依法扣押的，自扣押之日起抵押权人有权收取该抵押财产的天然孳息或者法定孳息，但是抵押权人未通知应当清偿法定孳息的义务人的除外（《民法典》第412条）。

例：【抵押物孳息归谁？】甲将房屋抵押给乙银行担保借款，办理了抵押权登记。甲将房屋出租给丙，丙的租金支付给谁？①甲。②【一般情况：抵押房屋租金归抵押人，"以租养贷"】甲是房屋所有权人，租金是房屋法定孳息，归房屋所有权人甲。此即"租户为房东打工；房东为银行打工"。③【例外情况：抵押房屋租金"收取权"归抵押权人】如甲届期无力清偿乙银行债务，乙银行申请法院查封了甲的房屋，自查封之日起，丙的租金给谁？乙银行通知丙之日起，丙将租金交付给乙银行，乙银行作为抵押权人对该租金享有的是"收取权"，不是所有权，即乙银行是要"房屋和租金"来变价受偿其主债权。

（三）【抵押权期间】

◆ 原理：抵押权期间和保证期间有何差异？抵押权期间要坚持物权法定。保证期间要从保证合同约定。

1.【主债权诉讼时效期间】（1）抵押权人应当在主债权诉讼时效期间行使抵押权；未行使的，法院不予保护（《民法典》第419条）。不予保护的意思就是抵押权消灭了，即无法行使抵押权。（2）主债权诉讼时效期间届满后，抵押权人主张行使抵押权的，法院不予支持；抵押人以主债权诉讼时效期间届满为由，主张不承担担保责任的，法院应予支持（《担保制度解释》第44条第1款第1句）。

例1：【自物保主债时效届满】甲向乙借款100万，甲用自己房屋给乙设定抵押权并且办理了抵押权登记。甲主债诉讼时效届满，甲可请求涂销抵押权登记吗？可以。

例2：【他物保主债时效届满】甲向乙借款100万元，丙用房屋为乙设定抵押权并且办理了抵押权登记。甲主债诉讼时效届满，丙可请求涂销抵押权登记吗？可以。

◆ 原理：为什么抵押权期间是在主债权诉讼时效期间？①【自物保】如果是自物保，主债过了时效，则主债务人可对银行主张"诉讼时效届满的抗辩"而不还钱，假设银行还可以找主债务人主张自物保，这会自相矛盾。②【他物保】如果是他物保，主债过了时效，则主债务人可对银行主张"不要脸抗辩"而不还钱，假设银行还可以主张他物保，则他物保人代偿后可追主债务人，这会变相剥夺主债务人的"诉讼时效届满的"抗辩权机会。抵押合同当事人是第三人和银行，一旦主债时效过了，银行可以轻松找到个第三人来"过桥"，由此彻底架空诉讼时效制度。

实务：主债已经过了诉讼时效，主债权人不起诉主债务人，也不对他物保人提出主张，如此一来，他物保人的房屋一直处于负担抵押权登记状态，如何涂销该抵押权登记？①第一步，发函请求债权人配合办理涂销抵押权登记。②第二步，如无效果，他物保人再向法院提起确认之诉，确认担保责任消灭。

2.【执行时效期间】（1）执行时效届满后，抵押权人主张行使抵押权，法院不予支持。

（2）主债权诉讼时效期间届满前，债权人仅对债务人提起诉讼，经人民法院判决或者调解后未在民事诉讼法规定的申请执行时效期间内对债务人申请强制执行，其向抵押人主张行使抵押权的，法院不予支持（《担保制度解释》第44条第1款第2句）。

◆ 原理：留置权、质权有期间吗？《担保制度解释》第44条第2款、第3款。①【占有类，无期间】交付作为公示方法的留置权、动产质权、交付权利凭证的权利质权，无期间。第三物保人代偿后可以向主债务人追偿。因为留置权人、质权人在控制留置物、质物，视为在主张权利。②【登记类，有期间】登记作为公示方法的权利质权，有期间，为主债权诉讼时效期间。

秒杀：①登记为公示方法的担保物权有期间，是主债权诉讼时效期间。②交付为公示方法的担保物权无期间。

（四）【抵押权的实现方式】

1.【从约定：折价、拍卖、变卖】（1）债务人不履行到期债务或者发生当事人约定的实现抵押权的情形，抵押权人可以与抵押人协议以抵押财产折价或者以拍卖、变卖该抵押财产所得的价款优先受偿。（2）抵押财产折价或者变卖的，应当参照市场价格。协议损害其他债权人利益的，其他债权人可以请求法院撤销该协议（《民法典》第410条）。

2.【去法院走特别程序：抵押权人通过担保物权实现的特别程序，申请法院实现担保物权】抵押权人与抵押人未就抵押权实现方式达成协议的，抵押权人可以启动特别程序，申请法院实现担保物权，拍卖、变卖抵押财产。(《担保制度解释》第 45 条第 2 款)

3.【去法院走诉讼程序：抵押权人通过诉讼程序，诉到法院要求实现担保物权，必须列债务人和担保人为共同被告】债权人以诉讼方式行使担保物权的，应当以债务人和担保人作为共同被告（《担保制度解释》第 45 条第 3 款）。

（五）【多退少补】

抵押财产折价或者拍卖、变卖后，其价款超过债权数额的部分归抵押人所有。抵押财产折价或者拍卖、变卖后，其价款不足清偿债务，则由债务人继续清偿（《民法典》第 413 条）。

十、特殊抵押之 1：动产浮动抵押

（一）【动产浮动抵押】

企业、个体工商户、农业生产经营者（主体只能是商人，不能是自然人）可以将现有的以及将有的生产设备、原材料、半成品、产品抵押，债务人不履行到期债务或者发生当事人约定的实现抵押权的情形，债权人有权就抵押财产确定时的动产优先受偿（《民法典》第 396 条、《担保制度解释》第 53 条）。

◆ **原理**：为什么动产浮动抵押属于特殊抵押？①因为物权需要坚持物权客体特定主义，即物权的客体需要特定化，比如房屋所有权，抵押权等需要将房屋特定化，才能存在物权。②而动产浮动抵押中，其抵押物是浮动的，不是特定化的，从这个角度上讲，它属于特殊抵押。

（二）【动产浮动抵押物的结晶：确定抵押物范围】

1.【结晶时点】(1) 债务履行期限届满，债权未实现；(2) 抵押人被宣告破产或者解散；(3) 当事人约定的实现抵押权的情形；(4) 严重影响债权实现的其他情形。

2.【结晶效果】因为浮动的动产已经特定化，所以动产浮动抵押就转化成了一般抵押。

◆ **原理**：为什么价款优先权可以"破"动产浮动抵押权？①【后进动产自动落入动产浮动抵押权的范围】因为动产浮动抵押制度的"浮动性"，A 企业将动产给银行设定了动产浮动抵押权，则 A 企业购进的任何财产，都会自动纳入银行"动产浮动抵押权"的范围。如此一来，A 企业要赊销或者借款购进的财产，也会被银行追及。②【穿透：新进入的财产并不是抵押人自己的】本质上，A 企业赊销或借款购入的财产，虽然从交付来看（基3：基于法律行为发生动产物权变动 3 要件，法律行为有效，卖方有处分权，完成交付），A 企业是所有权人。但从生活观念来看，这个财产"并非"A 企业的。③【价款优先】所以，应该让借款债权人或赊销的卖方具有价款优先的抵押权（交付后 10 日内办理抵押权登记），优先于银行登记的动产浮动抵押权。

十一、特殊抵押之 2：最高额抵押

（一）【最高额 X：什么是最高额抵押权】

为担保债务的履行，债务人或者第三人对一定期间内将要连续发生的债权提供担保财产的，债务人不履行到期债务或者发生当事人约定的实现抵押权的情形，抵押权人有权在

最高债权额限度内就该担保财产优先受偿（《民法典》第 420 条第 1 款）。（最高额质权参照最高额抵押权规则处理）

例：【约定 X 与实际发生值谁低】甲与银行签订最高额抵押合同，将建设用地使用权抵押给银行办理了抵押权登记，约定受抵押权担保的债权最高额是 1000 万元。再约定签约日起 1 年届满则结算实际发生债权值。最高额抵押如何运行？①如实际发生 800 万元，则抵押权担保 800 万；②如实际发生 1000 万元，则抵押权担保 1000 万元；③如实际发生 1200 万元，则抵押权担保 1000 万元（另外 200 万即属于"普通债权"，无担保的普通债权）。

```
甲 ←——最高额抵押合同+不动产抵押权登记+最高额1000万——→ 银行
甲 ←——借款合同1000万+实际放贷800万或者1000万或者1200万——→ 银行
```

◆ **原理 1**：为什么需要最高额抵押制度？①【授信额度】开发商开发房地产项目拟以建设用地使用权向银行抵押并借款，银行给予 20 亿元的授信额度，愿意出借 20 亿元。但开发商也不知道所开发的项目实际需要借款多少，所以和银行预估一个借款额度比如 20 亿元。②【分别抵押登记很麻烦】开发项目时盖地基需要借用 1000 万元，盖 1 楼需要 2000 万元，盖 2 楼需要 3000 万元……以此类推，每放一次借款都要办理相应的抵押权登记，这样一来，手续比较麻烦。如果银行一次性放贷 20 亿元，一来开发商用不着，有利息压力，银行也担心开发商将借款挪用。③【最高额抵押权做一次登记】为了解决这些问题，故有必要用最高额抵押制度解决双方担忧和避免多次做抵押登记的麻烦。④【不符合担保物权的从属性】这样做违反了担保的从属性，所以显得很特殊。

◆ **原理 2**：在最高额抵押合同签订时，哪两个数值是明确的？①【抵押物担保的主债最高额：最高额】当事人会明确约定受抵押物担保的最高债权值（称"最高额"）。②【确定实际发生债权值的时间：债权确定日】当事人会明确约定什么时候计算实际发生债权值，称为"债权确定日"。这实际上违反了担保物权的从属性，即主债权实际发生多少还不知道，却有了担保物权。③【计算结果】到了债权确定日，将约定的"最高额"与"实际发生值"作对比，"低的"数值是受抵押物保护的债权，属于有抵押权担保的债权。

◆ **原理 3**：最高额抵押和动产浮动抵押有什么区别和联系？①【最高额抵押：债权不确定】签订合同时，最高额抵押是受抵押物担保债权为 X（"债权"不确定）。动产、不动产和权利都可以设定最高额抵押。动产和权利可以设定最高额质。②【动产浮动抵押：担保物不确定】签订合同时，动产浮动抵押是抵押物为 X（"担保物"不确定）。③【结晶规则】最高额抵押中有债权的结晶规则。动产浮动抵押有抵押物的结晶规则。

（二）【1+X：最高额抵押权担保已经发生的债权和将来发生的债权】

最高额抵押权设立前已经存在的债权，经当事人同意，可以转入最高额抵押担保的债权范围（《民法典》第 420 条第 2 款）。将已经确定的债权纳入最高额抵押担保对象，这违背了最高额抵押自己的定义，因为最高额抵押担保的是未来不确定的债权，所以这个例外显得很特别，经常考。

例：【1（已经发生债权额）+X（未来发生的债权额）】甲与银行签订最高额抵押合同，将建设用地使用权抵押给银行办理了抵押权登记，约定受抵押权担保的债权最高额是

1000万元，同时约定将已经发生的 500 万元债权纳入最高额抵押担保的债权范围。在签约日起满 1 年结算实际发生债权值。最高额抵押如何运行？①当事人可将在最高额抵押合同签订之前已经发生的债权纳入到"实际发生债权值"内。②约定最高额为 1000 万，此前已经发生债 1 是 500 万，将来发生债 2 是 X。约定 1 年内确定债 2 的 X 数值。③如果债 2 的 X 是 400 万，则抵押担保 900 万。④如债 2 的 X 是 600 万，则抵押担保的是 1000 万（另外 100 万属于普通债权）。

最高院指导案例 95 号裁判要点：【公示多少，优先多少】当事人另行达成协议（"抽屉条款"）将最高额抵押权设立前已经存在的债权转入该最高额抵押担保的债权范围，只要转入的债权数额仍在该最高额抵押担保的最高债权额限度内，即使未对该最高额抵押权办理变更登记手续，该最高额抵押权的效力仍然及于被转入的债权，但不得对第三人产生不利影响。如何理解该裁判规则？①内外有别，不能坑别人。②未办理变更登记，内部有物权效力，不限于债权效力。③押 1 最高额 X，如果押 1 要成为 1+X，但没变登记，则对外还是 X。但是内部是 1+X。

秒杀：公示多少，优先多少。

（三）【1+2+3+X：最高额抵押权设立后，中途卖债权，最高额抵押权不随之转移】

最高额抵押担保的债权确定前，部分债权转让的，最高额抵押权不得转让，但是当事人另有约定的除外（《民法典》第 421 条）。

```
        债务人 ←── 债权人（最高额抵押权人）
                    ↑
                   中途签订债权转让协议
                   新债权人（无最高额抵押权担保）（中途卖债权，卖的是普通债权）
```

例：【转让已经发生的债权额 1+2+3，最高额抵押权不随之转移】甲和银行签订最高额抵押合同，债权最高额 100 万元，中途发生了 20 万元。银行中途将 20 万元债权转让给资产公司。如何评价该转让？①【中途卖债权，担保物权没有从属性】最高额抵押中，债权确定其之前中途卖 20 万元，则买的人傻，买的是普通债权 20 万元。最高额抵押继续停留在原地，保护以 100 万元为上限的实际发生的债权。②【确定后卖债权，担保物权有从属性】在债权确定日，决算剩余债权时，最高额抵押已经转变为普通抵押。此时债权转让，抵押权具有从属性，随之转移，启动"卖债权送担保物"规则。

◆ **原理**：最高额抵押中，为什么中途转让部分债权，最高额抵押权不随之转移？①【可以中途卖债权】在最高额抵押权担保的债权确定之前，因债权处于变动不居的状态，可以消灭也可以产生，因此，部分债权转让自然也没有问题。②【一般情况下：最高额抵押权保"整体"】但是，由于最高额抵押权并不从属于一定期间将要连续发生的债权中的某个债权，而是从属于导致债权连续发生的基础性法律关系，即从属于"总约"而非"个约"。所以，除非当事人有特别约定，否则部分债权的转让，并不导致最高额抵押权转让。③【例外情况下：有约定从约定】最高额抵押权人可以将部分债权转让给第三人，同时与受让人约定，被转让的部分债权依然受最高额抵押权的担保。如此一来，原本只属于 1 人所有的最高额抵押权成为二人共有，实际上发生了最高额抵押权部分转让的效果。

秒杀：①最高额抵押中，中途卖债权，不送担保物（"违反了担保物权的从属性和不可分性"）。②债权确定后，最高额抵押转变为了普通抵押，卖债权，送担保物。

（四）【1+2+3+X→1+2+3+Y：修改最高额抵押权的内容，内外有别】

最高额抵押担保的债权确定前，抵押权人与抵押人可以通过协议变更债权确定的期间、债权范围以及最高债权额，但是变更的内容不得对其他抵押权人产生不利影响（《民法典》第422条）。

例：【押1是最高额抵押；押2是普通抵押】甲房价值1500万，押1给银行设立最高额抵押权，约定担保主债权最高额为1000万。后甲房押2给乙公司设立普通抵押担保主债权500万。假设甲和银行约定将受抵押担保的主债权额提到1500万，该约定效力如何？①该约定在甲和银行之间内部有效，但外部对乙公司不发生效力。②乙公司的500万，仍然可就（1500—1000）的部分优先受偿。

```
                 改变：内部有效
债务人甲公司 ←——————————→ 债权人银行：最高额抵押权人（押1）
                 不得对抗
                           债权人乙公司：一般抵押权人（押2）
```

秒杀：内外有别，不能坑别人，与排队买车票是一样的道理。

（五）【1+2+3+X→10：债权结晶日，最高额抵押实际发生债权值的确定】（《民法典》第423条）

1.【一般结晶日】（1）约定的债权确定期间届满。（2）没有约定债权确定期间或者约定不明确，抵押权人或者抵押人自最高额抵押权设立之日起满2年后请求确定债权。（3）新的债权不可能发生。（4）法律规定债权确定的其他情形。

2.【提前结晶日】（1）【物不行了】抵押权人知道或者应当知道抵押财产被查封、扣押。①自物保的抵押物被查封、扣押。②他物保的抵押物被查封、扣押。（2）【人不行了】债务人（"开发商"）、抵押人（"他物保人"）被宣告破产或者解散。①自物保的债务人被宣告破产或解散。②他物保的抵押人被宣告破产或解散。

◆ 原理1：【物不行了】为什么自银行知道抵押物被查封扣押后，要提前确定最高额抵押中的实际发生债权值？

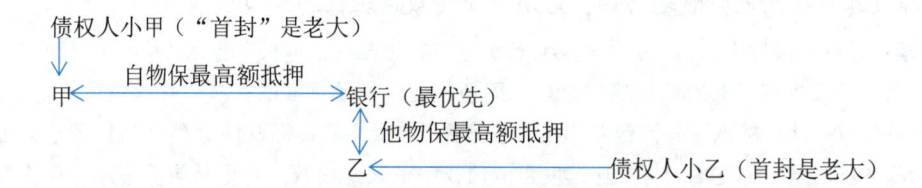

```
债权人小甲（"首封"是老大）
│
↓        自物保最高额抵押
甲 ←——————————————————→ 银行（最优先）
                          ↕ 他物保最高额抵押
                          乙 ←——————————— 债权人小乙（首封是老大）
```

①【查封债权人】甲向银行借款，甲或乙用建设用地使用权设定最高额抵押并登记，一旦建设用地使用权被查封，意味着背后有一个查封债权人，即甲的债权人小甲；或乙的债权人小乙。②【查封债权人："首封是老大"】因为已经被查封、扣押的东西不能去"买卖"，因此，此后银行继续给甲放贷就不能被抵押所担保。一旦发生抵押物被查封扣押状况，银行不会再放贷了，否则都会成为"普通债权"。如果银行新增贷款不是普通债权，

那么就会违反民诉法上的"首封是老大"的规则。③【物不行了】简言之，一旦物不行了，银行会自觉停止放贷，否则新增放贷是"普通债权"。如果银行新增贷款还能受到最高额抵押权担保，则会架空查封制度。

◆ **原理2**：【人不行了】为什么在自物保债务人或他物保抵押人被宣告破产或解散清算时，要提前确定最高额抵押中的实际发生债权值？

```
                    自物保最高额抵押
    甲（破产）◀────────────────────── 银行
                                他物保最高额抵押
    甲债务人 ◀────────────── 银行 ──────────────▶ 乙（破产）
```

①【受理破产后不能个别清偿】甲向银行借款，甲或乙用建设用地使用权设定最高额抵押并登记，一旦甲或乙被宣告破产或解散清算（"穷"），则甲背后会有一个债权人小甲，乙背后会有一个债权人小乙。②【受理破产后的债务是普通债权】既然甲或乙已经要"死了"，银行如果再给甲新增贷款，就是"普通债权"，要与小甲、小乙平等受偿，不能主张获得抵押权担保。③【人不行了】简言之，一旦人不行了，银行会自觉停止放贷，否则新增放贷是"普通债权"。如果银行新增贷款还能受到最高额抵押权担保，则会架空破产制度。

秒杀：①【查封破后面的最高额抵押】物不行，要提前确定实际债权额（如果不提前结晶会架空查封制度）。②【破产"破"后面的额最高额抵押】人不行，要提前确定实际债权额（如果不提前结晶会架空破产制度。）③【提前结晶】最高额抵押的债权确定日提前到来，称为"提前结晶"。

十二、特殊抵押之3：所有权人抵押权（民法世界最大的脑洞）

同一财产向两个以上债权人抵押的，顺序在先的抵押权与该财产的所有权归属一人时，该财产的所有权人可以以其抵押权对抗顺序在后的抵押权。

例：【父欠子债押1，父欠朋友债押2】甲欠其子小甲10万元，用房屋抵押办理了抵押登记。甲又欠朋友乙10万元，也随后用房屋抵押办理了抵押登记。甲死亡后，小甲是甲的唯一继承人。如何评价案涉抵押权？

```
                    押1担保10万元
    甲（爸爸死亡）◀──────────────── 小甲（儿子）：所有权人抵押权是第1顺位
        ▲
        │ 押2担保10万元
    乙（朋友）：公示在后的抵押权人是第2顺位
```

（1）【物】①【所有权人抵押权】甲死亡后，发生继承物权变动，甲的全部遗产包括房屋归小甲继承，小甲成为房屋所有权人，小甲同时又对该房屋享有抵押权，这就是所有权人抵押权。②【所有权人抵押权不消灭】因为房屋上还有乙的抵押权，故小甲对自己的房屋享有的抵押权并不消灭。如果小甲的抵押权消灭，小甲在先的抵押权登记就没意义了，这对小甲不公平。

（2）【债】①【债权人和债务人发生了混同】甲对小甲负债，甲死亡后，因为小甲继承了甲的房屋,故小甲要取代甲成为债务人。换言之,甲欠小甲 10 万元,债权人和债务人发生"混同",主债本来应该消灭。②【债权人和债务人发生了混同,但消灭债】因为甲还对乙有负债,故小甲对父亲的 10 万元债权不消灭。

(3)【计算】①【房屋价值10万元都归儿子】如果房屋价值 10 万元,则小甲实现所有权人抵押权,其对父亲甲的 10 万元债权获得满足。因为小甲并未实际继承房屋所有权,故无须清偿父亲甲生前负债。因此,乙的抵押权因为"抵押物"没了而消灭,乙的债权为"普通债权",无法实现。②【房屋价值12万元,10万元归儿子,2万元归朋友】如果房屋价值 12 万元,则小甲实现抵押权,其对父亲甲的 10 万元债权获得满足。房屋剩余的 2 万元,由乙行使抵押权,乙还有 8 万元未实现,乃"普通债权",无法实现。因为小甲并未继承父亲甲的房屋,故乙不得要求小甲清偿 8 万元。③【公示在先的所有权人抵押权优先】房屋价值 10 万元,儿子全得。房屋价值 12 万元,儿子得 10 万元,朋友得 2 万元,朋友未受偿的 8 万元是无担保的普通债权。

第三节　质权

一、质权的设立

(一)【动产质权设立:物债二分】

1.【债:意思主义】动产质押合同,签订时生效(《民法典》第 119、427 条)。

2.【物:交付主义】动产质权变动,交付时设立,启动"基3"。(1)可以现实交付、简易交付、指示交付设立动产质权。(2)可以指令第三方占有设定"流动质押"(《担保制度解释》第 55 条)。(3)不能占有改定设立动产质权。(《民法典》第 429 条)。

例:【流动质押】甲企业向乙银行借款 100 万,用购买来的货物给乙银行设定质权,交付给银行指定的第三方仓库占有。甲企业还了一部分主债,则甲企业可以从第三方仓库提货出卖相应价值的货物。实务中把这种质押叫"流动质押"。

秒杀:流动质押。①债权人委托第三方控制,设立成功。②出质人自己控制,则设立失败,因为这是"变相的"占有改定。

(二)【转质权的设立:承诺转质和责任转质】

1.【承诺转质】

(1)【承诺转质设立的转质权】①质权人经出质人同意,将质物转质给第三人,第三人取得转质权。②转质权优先于原质权。③转质权担保的债权额度不得超过原质权担保的债权额度,超过部分无优先受偿效力。

例:【承诺转质牛】甲将价值 10 万的牛出质给乙,担保其欠乙的 8 万元主债权。乙经甲同意,乙以质权人名义将该牛转质给丙,担保乙欠丙的 10 万元主债权。甲、乙无力清偿各自到期债务,就牛的 10 万元变价款,如何分配?

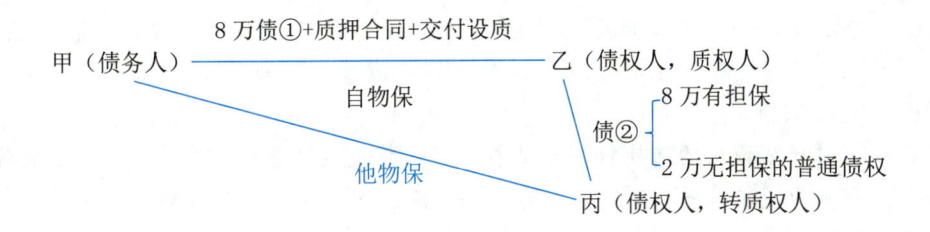

```
                    8万债①+质押合同+交付设质
    甲（债务人）─────────────────── 乙（债权人，质权人）
                    自物保                     ┌ 8万有担保
                                          债②┤
                    他物保                     └ 2万无担保的普通债权
                           ─── 丙（债权人，转质权人）
```

①【承诺转质】乙经甲同意转质给丙，属于承诺转质，丙取得转质权。②【转质权优先于原质权】但转质担保的债权额度不得超过原质权额度。丙可就8万元优先受偿，且优先于乙的原质权，剩余2万元还给甲。甲的合理期待是：砸进去牛的8万元，而不是全部的牛。③【甲、乙抵销】就8万元而言，甲欠乙的，乙欠丙的。甲替乙还欠丙的8万元，约等于是"他物保人"代偿后可向乙追偿，如此一来，甲、乙债权债务抵销，结算完毕。④【乙、丙债务】丙对乙尚有2万元无担保债权。

◆ **原理**：为什么承诺转质中，转质权优先于原质权？①【他物保】乙将甲的牛而不是乙自己的牛转质给丙做担保，这相当于甲是"他物保人"。②【他物保人代偿】丙实现质权后，即他物保人甲"代偿"了8万元。③【抵销】甲代偿后可向乙追偿8万元，而甲恰好又欠乙8万元，彼此抵销。④【转质权优先于原质权】故转质权优先于原质权，会简化法律关系。

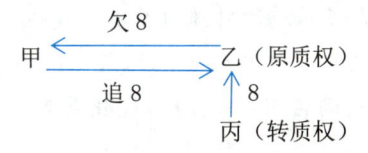

```
              欠 8
        甲 ←──────── 乙（原质权）
           ────────→  ↑
              追 8    │ 8
                     丙（转质权）
```

解图：丙变卖甲的牛还债，这是第三人甲代乙偿还了欠丙的钱，约等于甲提供了他物保，甲用这种方式清偿了欠乙的钱，如此一来，甲、乙和乙、丙债消灭，888。

（2）【承诺转质设立的转质权不同于善意取得质权】①【承诺转质产生的转质权】承诺转质取得转质权中，质权人明明白白告诉接受转质的人，牛不是自己的，是出质人的，接受出质的人必然是恶意知情的。②【善意取得质权】善意取得质权中，无权处分人把牛当自己的出质，接受出质的人是善意不知情的。③【差异】差异在于担保的主债权范围不同：转质权担保的主债权不超过原质权担保的主债权范围。善意取得的质权需要担保全部的主债权。

例：【善意取得牛的质权】甲牛出质给乙，乙以所有权名义自居将牛出质给不知情的丙，完成交付。丙是否取得牛的质权？①丙善意取得牛的质权。②<u>丙作为质权人，有妥善保管质物的义务，保管不善要负赔偿责任</u>。丙自己心里有数自己是"他主占有"。③如丙的<u>过错导致牛死亡</u>，则甲可诉乙赔偿；甲可也诉丙要求赔偿。④牛担保丙的全部债权。

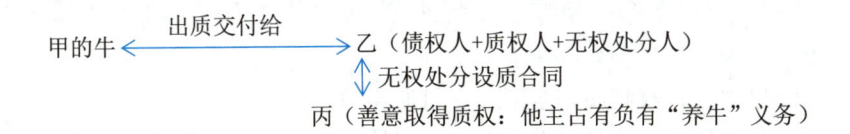

```
              出质交付给
    甲的牛 ←──────────→ 乙（债权人+质权人+无权处分人）
                          ↕  无权处分设质合同
                        丙（善意取得质权：他主占有负有"养牛"义务）
```

◆ **原理**：为什么说"转质"场合，第三人一定是知情的？①A 牛出质给B，B 转质给C。所谓B

转质给 C，是说，B 对 C 说，牛不是我的，我要转质给你，故 C 必然知道来龙去脉，这个牛是谁的。②所以，转质的下家必然是恶意，绝无善意取得质权的可能。他要取得转质权，必须去问一声 A，经 A 同意，叫承诺转质。

秒杀：①【转质设立的转质权】以质权人名义将他人之物去设质，叫转质。看物主同意与否，同意则为承诺转质，不同意则为责任转质。②【无权处分启动善意取得产生的质权】以所有权人名义将他人之物去设质，叫无权处分，看是否满足善意取得要件，满足则接收人构成善意取得质权。

2.【责任转质】

（1）【责任转质设立的转质权】①质权人未经出质人同意，将质物转质给第三人，质权人以"自己负责"的立场将质物转质，故质权人对质物灭失负绝对责任，即使因不可抗力导致质物灭失，也要负责。②因为质权人转质时，明明白白告诉第三人这个质物是出质人的，第三人必然构成恶意。③是否设立转质权，法律没有规定。学理上承认取得转质权，但是该转质权具有从属性。④质权人在质权存续期间，未经出质人同意转质，造成质押财产毁损、灭失的，应当承担赔偿责任（《民法典》第 434 条）。

例：【责任转质牛】甲牛出质给乙，乙未经甲同意，以质权人名义将牛出质给丙，完成交付。丙是否取得牛的质权？①未经甲同意，属于"责任转质"，乙对牛的死亡负绝对赔偿责任。②丙取得转质权，责任转质的转质权具有从属性，即转质权行使的条件包括原质权行使条件满足（原主债到期）且转质权自己的行使条件满足（主债到期）。③无论是承诺转质，还是责任转质，如果丙占有牛期间因过错导致损害，甲均可要求丙承担赔偿责任。

（2）【责任转质设立的转质权不同于承诺转质设立的转质权】①【责任转质的转质权具有从属性，从属于原质权】转质权优先受偿的范围以原质权为限；原质权消灭，转质权也消灭；转质权人行使转质权以原质权具备行使条件为前提；转质人对出质人承担绝对无过错责任，即使质物因不可抗力灭失，转质人也需要对出质人承担赔偿责任。②【承诺转质的转质权与原质权"互不干涉"】转质权优先受偿的范围不受原质权的限制；原质权消灭，转质权不因此受影响；转质权不以原质权具备行使条件为前提；转质人对质物毁损灭失承担过错责任。

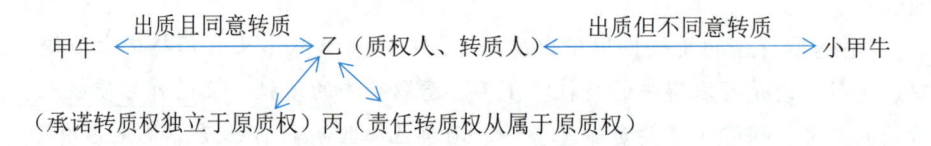

```
                出质且同意转质              出质但不同意转质
    甲牛 ←──────────────→ 乙（质权人、转质人）←──────────────→ 小甲牛
                              ↓↓
              （承诺转质权独立于原质权）丙（责任转质权从属于原质权）
```

◆ **原理**：为什么责任转质设立的转质权从属于原质权？①出质人不知道质物被"责任"转质，所以不能让出质人受损。②不能违背出质人的合理期待，一切效果都应在出质人预期范围内。

（三）【权利质权设立：物债二分】

1.【债：意思主义】权利质押合同，签订时生效。

2.【物：一般交付主义或登记生效主义、例外意思主义】权利质权变动，要么交付时设立，要么登记时设立，要么意思主义。

(1)【一般情形1：有纸的权利采用交付主义，交付时设立权利质权】有纸的"三票三单一券"（汇票、本票、支票；存单、提单、仓单；债券），交纸设立权利质权（《民法典》第441条）。①【汇票出质】质押签章，交付汇票，汇票质权自交付时设立（《担保制度解释》第58条）。②【仓单出质】背书记载质押字样，交付仓单，仓单质权自交付时设立（《担保制度解释》第59条）。同一批仓储货物发生质权竞合如何处理？公示先后、债权比例。《担保制度解释》第59条第2款，"出质人既以仓单出质，又以仓储物设立担保，按照公示的先后确定清偿顺序；难以确定先后的，按照债权比例清偿。"第3款，"保管人为同一货物签发多份仓单，出质人在多份仓单上设立多个质权，按照公示的先后确定清偿顺序；难以确定先后的，按照债权比例受偿。"

(2)【一般情形2：无纸的登记生效主义，登记时设立权利质权】①无纸的"三票三单一券"出质的（《民法典》第441条）。②以基金份额、股权出质的（《民法典》第443条）。③以注册商标专用权、专利权、著作权等知识产权中的财产权出质的（《民法典》第444条）。④以应收账款出质的（《民法典》第445条）。

(3)【例外情形：意思主义，普通债权设质，债权出质合同生效时设立】因为债权出质，约等于债权转让，而债权转让采用意思主义。

3.【应收账款设质的特别规则】（《担保制度解释》第61条）

(1)【现有应收账款设质】①【确认真实性后禁反言：质权人向债务人核实要留痕】现有的应收账款债务人向质权人确认应收账款真实性后不得反悔。现有的应收账款债务人没确认应收账款真实性，质权人应举证证明办理出质登记时应收账款真实存在，只证明办理了出质登记没用（《担保制度解释》第61条第1、2款）。②【通知次债务人后冻结清偿规则：次债务人接到通知后应停止向原债权人清偿的行为，保护质权人的合理期待】现有应收账款的债务人接到质权人要求向其履行的通知前，已经向应收账款债权人履行了债务，债务消灭。现有应收账款的债务人接到质权人要求向其履行的通知后，仍然向应收账款债权人履行的，债务不消灭（《担保制度解释》第61条第3款）。③【次债务人援引债务人对原债权人的抗辩或抵销规则："欠多少还多少"】次债务人对原债权人的抗辩或抵销，可以对新债权人（债权质权人）主张。

例1：【通知次债务人后冻结清偿规则：次债务人接到通知后应停止向原债权人清偿的行为，保护质权人的合理期待】乙对丙享有10万元债权，乙将该债权向甲出质，借款5万元。次债务人丙在得到债权出质的通知后，向乙还款3万元，丙尚欠乙7万元。如何评价次债务人丙的还款行为？

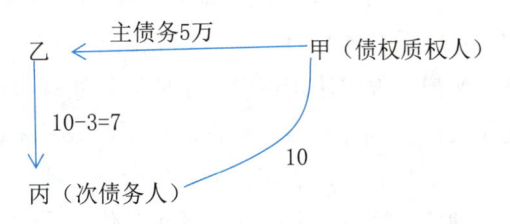

①【债权出质】甲对乙享有主债权5万元，该5万元债权有"债权质权"担保，即

"乙对丙的10万元债权"是担保物。②【通知冻结清偿行为】丙的还款行为对甲不发生效力，甲仍然就"乙对丙的10万元债权"享有质权。假设乙欠甲的5万元债权长期不归还导致本金和利息合计变成了10万元，则甲可直接要求丙支付10万元。丙再要求乙返还3万元不当得利。③【质押率：担保物的不可分性保护质权人的合理期待】<u>如果允许次债务人随便清偿</u>，就会破坏债权质权人的合理期待，比如本案，如果乙当初用7万元向甲出质，按照甲把握的"质押率"（"质押率"=债权额/质物价值=5/10=50%），则甲只会愿意出借3.5万元给乙。甲对于"质押率"的商业期待，应该得到法律的保护。

例2：【次债务人援引债务人对原债权人的抗辩或抵销规则："欠多少还多少"，维护次债务人的合理期待】乙对丙享有10万元债权，乙将该债权出质给甲，借款9万元，通知了次债务人丙。<u>出质前，丙对乙享有2万元到期债权。则如丙提出抗辩，甲可向次债务认丙行使质权的最大金额是多少？</u>

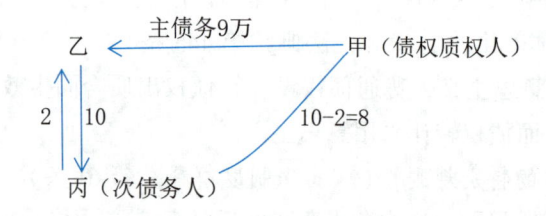

```
        主债务9万
     乙 ←————————— 甲（债权质权人）
     ↑↓
    2 10          10-2=8
     ↓
     丙（次债务人）
```

①8万元。②【债权出质】乙将对丙的10万元债权出质给甲，担保甲的9万元主债权。③【债权出质≈债权转让】这相当于乙将该10万元债权转让给甲，相对于丙来讲，属于债权人换人。④【债权转让，"病"跟着走】丙对原债权人乙的抗辩（或抵销），也可以向新债权人甲主张。丙可对原债权人乙主张抵销2万元，自然可以向新债权人甲主张抵销2万元。故甲最多可向丙主张8万元（10-2），甲的剩余1万元成为"普通债权"，继续向乙主张。⑤【次债务人原来欠多少，现在就还多少】如果<u>不允许次债务人提出其本来享有的抵销或抗辩</u>，就会破坏次债务人的合理期待和原有法律地位。甲接受乙对次债务人丙享有的债权出质，约等于是甲向乙收购了该债权。如果该债权有病，则甲收购到有病的债权，该病包括"次债务人丙对原债权人乙的抵销或抗辩"。⑥【如果丙在收到出质通知后才对乙享有2万元债权，则丙不可以主张抵销】如果通知后还可以抵销，则会架空甲的债权质权。因为乙、丙此后发生的债权可以做出来。

秒杀：债权出质时通知了次债务人，次债务人"不能轻举妄动还款"，但可以"主张其本有的抗辩或抵销"。

（2）【将有应收账款设质】①【将有应收账款】<u>以基础设施和公用事业项目收益权、提供服务或者劳务产生的债权以及其他将有</u>的应收账款出质。②【有特定账户则追账户】当事人为应收账款设立特定账户，发生法定或者约定的质权实现事由时，质权人有权请求就该特定账户内的款项优先受偿。③【特定账户内款项不够或者未设立特定账户则追收益权】<u>特定账户内的款项不足以清偿债务或者未设立特定账户，质权人有权请求折价或者拍卖、变卖项目收益权等</u>将有的应收账款，并以所得的价款优先受偿（《担保制度解释》第61条第4款）。

二、出质人的权利

◆ **原理**：出质人的权利有什么特点？出质人已经将质物交付给了质权人占有，对质物是间接占有，质权人对质物是直接占有。所以，质权人有妥善保管的义务，质权人在债务到期时有及时处置质物的义务，质权人的义务，就是出质人的权利。

（一）【请求质权人赔偿】

1.【质权人用坏了质物要赔】质权人在质权存续期间，未经出质人同意，擅自使用、处分质押财产，造成出质人损害的，应当承担赔偿责任（《民法典》第431条）。

2.【质权人管坏了质物要赔】质权人负有妥善保管质押财产的义务，因保管不善致使质押财产毁损、灭失的，应当承担赔偿责任。质权人的行为可能使质押财产毁损、灭失的，出质人可以请求质权人将质押财产提存，或者请求提前清偿债务并返还质押财产（《民法典》第432条）。

（二）【请求质权人行权】

1.【质权人应及时行权】出质人可以请求质权人在债务履行期届满后及时行使质权；质权人不行使的，出质人可以请求人民法院拍卖、变卖质押财产。

2.【质权人怠于行权导致出质人损害应负赔偿责任】出质人请求质权人及时行使质权，因质权人怠于行使权利给出质人造成损害的，由质权人承担赔偿责任（《民法典》第437条）。

◆ **原理**：为什么出质人可以请求质权人及时行权？因为质物由质权人控制，如果质权人不及时行权拍卖变卖质物，则可能导致质物错过变价最好时机。

三、质权人的权利

◆ **原理**：质权人的权利有什么特点？质权人的最终目标是担保主债，因此，在质物非因自己原因毁损时可要求出质人保全，可收取质物的孳息，可优先受偿。

（一）【请求出质人保全质权】

1.【请求出质人提供相应担保】因不可归责于质权人的事由可能使质押财产毁损或者价值明显减少，足以危害质权人权利的，质权人有权请求出质人提供相应的担保。

2.【出质人不提供担保，请求出质人提前还债或提存】出质人不提供的，质权人可以拍卖、变卖质押财产，并与出质人协议将拍卖、变卖所得的价款提前清偿债务或者提存（《民法典》第433条）。

（二）【质权人收取质物孳息的权利】质权人有权收取质押财产的孳息，但是合同另有约定的除外（《民法典》第430条）。

例：【质权人有权收取鹦鹉蛋】2016年3月3日，甲向乙借款10万元，约定还款日期为2017年3月3日。借款当日，甲将自己饲养的市值5万元的名贵宠物鹦鹉质押交付给乙，作为债务到期不履行的担保；另外，第三人丙提供了连带责任保证。2016年5月5日，鹦鹉产蛋一枚，市值2000元。如何评价乙的质权？①【动产质权人有权收取质物的孳息】乙对鹦鹉享有质权，鹦鹉蛋是鹦鹉的自然孳息，质权人有权收取孳息，故乙可以控制鹦鹉蛋，无须交由甲处置。假设乙将鹦鹉蛋交给甲，则属于质权人自愿丧失对质物的占有，故乙无权对鹦鹉蛋主张质权，否则会架空"占有改定不得设质的规定"。②【动产质权人有妥善保管质物的义务】假设因乙照管不善，2016年10月1日鹦鹉死亡，则乙需承担赔偿责任。③【出质人有请求质权人及时行权的权利】假设到了2017年4月4日，甲未偿还借款，乙未实现质权，则甲可请求乙及时行使质权。④【自物保优先】假设乙放弃该质权，则丙可在乙丧失质权的范围内免除相应的保证责任，因为混合担保中，"自物优先"。

(三)【权利质权中，特殊情形下"加速到期"实现质权】

1.【权利到期日早于主债到期日】汇票、本票、支票、债券、存款单、仓单、提单的兑现日期或者提货日期先于主债权到期的，质权人可以兑现或者提货，并与出质人协议将兑现的价款或者提取的货物提前清偿债务或者提存（《民法典》第442条）。

2.【基金份额、股权转让所得价款】基金份额、股权出质后，不得转让，但是出质人与质权人协商同意的除外。出质人转让基金份额、股权所得的价款，应当向质权人提前清偿债务或者提存（《民法典》第443条）。

3.【知识产权财产权转让或许可他人使用所得价款】知识产权中的财产权出质后，出质人不得转让或者许可他人使用，但是出质人与质权人协商同意的除外。出质人转让或者许可他人使用出质的知识产权中的财产权所得的价款，应当向质权人提前清偿债务或者提存（《民法典》第444条）。

4.【应收账款转让所得价款】应收账款出质后，不得转让，但是出质人与质权人协商同意的除外。出质人转让应收账款所得的价款，应当向质权人提前清偿债务或者提存（《民法典》第445条）。

例：【出卖高速公路收费权】甲将高速公路收费权出质给乙，担保其欠乙的货款债务。经乙同意，甲将该收费权转让给丙。乙的质权如何实现？甲从丙处获得的价款，向乙提前清偿债务或者提存。

(四)【质权人有优先受偿权】

债务人不履行到期债务或者发生当事人约定的实现质权的情形，质权人可以与出质人协议以质押财产折价，也可以就拍卖、变卖质押财产所得的价款优先受偿。质押财产折价或者变卖的，应当参照市场价格（《民法典》第436条）。质押财产折价或者拍卖、变卖后，其价款超过债权数额的部分归出质人所有，不足部分由债务人清偿（《民法典》第438条）。

第四节 留置权

一、留置权是法定担保物权，依法设立

(一)【留置权正常取得】

债权人合法占有债务人的动产，债权人债权届期未获得清偿，债权人可依法留置该动产，有权就该动产优先受偿（《民法典》第 447 条）。

例：【车主与修车人】唐某将自己的车交由修理厂维修，未付维修费，要求修理厂交车。修理厂可主张什么法律救济措施？①留置权或者双务合同同时履行抗辩权。定作人未向承揽人支付报酬或者材料费等价款的，承揽人对完成的工作成果享有留置权或者有权拒绝交付（即双务合同同时履行抗辩权）。②【留置权能彻底解决问题】主张留置权，会彻底解决问题，遵守留置权实现规则，先给债务人 60 日以上宽限期，债务人还不履行债务，则留置权人可就留置物变价优先受偿。③【双务合同同时履行抗辩权只能暂时解决修车人不交车的问题】抗辩权只是针对交修人提出的提车请求，解决了修理厂不交车不构成违约的问题，但并没有解决修车人主张的修车费问题。

秒杀：留置权能彻底解决问题，同时履行抗辩权不能彻底解决问题。

（二）【留置权善意取得】

债权人合法占有债务人交来的他人动产，债权人债权届期未获得清偿，债权人可依法留置该动产（《担保制度解释》第 62 条）。

例：【租户与修车人】唐某将从张某处租来的汽车交由修理厂维修，未付维修费，要求修理厂交车。修理厂可主张什么法律救济措施？①修理厂可善意取得留置权。②修理厂可主张同时履行抗辩权拒绝交车。

二、民事留置权需要同一法律关系，商事留置权不需要同一法律关系（《民法典》第 448 条）

（一）【民事留置权需要同一法律关系】

个人与个人之间、个人与企业之间，检讨是否构成"民事留置"，民事留置的标的物与担保的主债权需要具备"同一法律关系"。

例 1：【交修人与修车人：民事留置要求同一法律关系，本案不具备】甲公司车被乙盗走，乙将该车出租给不知该车来历的自然人丙，丙在使用过程中因汽车故障送到丁公司修理。丁公司以丙上次来修另一辆汽车时未付维修费为由扣留该汽车。丁公司是否有权扣留汽车并享有留置权？①否。②【民事留置】丙是自然人，丁公司是公司，检讨是否成立民事留置。③【民事留置要求同一法律关系，本案不具备】丁公司留置的动产，应当与债权属于同一法律关系。本案中，上次修车费债权与本次留置的汽车不属于同一法律关系，上次维修费债权可另案起诉。题干虽然没有提及本次维修是否支付了维修费，但是，它问的是上次修车人本次扣车理由是上次维修费没付，题干所交代的案情足以对此作答，即不能留置。

例 2：【房东与租户：民事留置要求同一法律关系，本案不具备】自然人甲将房屋出租给自然人乙，乙届期未支付租金，甲以乙未付租金为由扣留乙的家具。甲是否有权扣留乙的家具并享有留置权？①否。②【民事留置】甲、乙都是自然人，检讨是否成立民事留置。③【民事留置要求同一法律关系，本案不具备】租金债权与租户家具不属于同一法律关系，甲不能留置乙的家具，甲的租金债权可另案起诉。

例 3：【悬赏人与拾得人：民事留置要求同一法律关系，本案不具备】自然人甲的手机丢失，发布悬赏广告，拾得并归还者奖励 500 元。自然人乙拾得后要求甲先付 500 元，否则不归还。甲要求乙归还，乙拒绝。乙是否有权扣留甲的手机并享有留置权？①否。②【民事留置】甲、乙都是自然人，检讨是否成立民事留置。③【民事留置要求同一法律关系，本案不具备】悬赏广告之债权与遗失物返还不属于同一法律关系，乙的悬赏广告债权可另案起诉。

（二）【商事留置权不需要同一法律关系】

单位与单位之间，检讨是否构成"商事留置"。

1.【商事留置权担保主营业务债权，可以"乱留"债务人的财产，不能"乱留"第三人的财产】商事留置的债务人的标的物不需要与主营债权是同一法律关系。商事留置的第三人的标的物需要与主营债权需要是同一法律关系。

例1：【加工承揽与样品：商事留置权担保主营债权可"乱留"债务人的财产】甲学校委托乙服装厂加工校服 500 套，甲学校向乙服装厂提供了样品。加工完毕后，甲学校不付加工费。乙服装厂是否有权主张留置样品？①有。②【商事留置】甲学校、乙服装厂，检讨是否成立商事留置权。③【商事留置权担保主营债权可以"乱留"债务人的财产】虽然乙服装厂留置的样品与乙服装厂的主营债权不属于同一法律关系。但是商事留置可以"乱留"，乙服装厂对债务人甲学校提供的样品有留置权。

例2：【货款债权与零件】甲公司对乙公司享有日常经营的货款债权 10 万元，乙公司将电脑零件卖给甲公司交付了但尚未收到甲公司 10 万元货款。乙公司届期未向甲公司还货款，甲公司是否有权留置电脑零件？①有。②【商事留置】甲公司、乙公司，检讨是否成立商事留置权。③【商事留置权担保主营债权可以"乱留"债务人的财产】甲对乙日常经营的货款债权，留置的电脑零件与此无关，不属于同一法律关系。但是商事留置可以"乱留"，甲公司对债务人乙提供的电脑零件有留置权。

2.【商事留置权担保非主营债权，一概不能"乱留"】商事留置的标的物与非主营债权需要具备同一法律关系（《担保制度解释》第 62 条）。

例：【民间借贷和汽车】湘菜公主餐饮公司对乙公司享有民间借贷债权 10 万元，乙公司在湘菜公主餐饮公司举办年会，车辆停靠在湘菜公主餐饮公司管理的停车场，湘菜公主餐饮公司是否有权留置乙公司的汽车？①否。②【商事留置】甲公司、乙公司，检讨是否成立商事留置权。③【商事留置权担保非主营债权一概不能"乱留"】民间借贷债权不是湘菜公主餐饮公司的主营业务债权，所以不能乱留，该债权与湘菜公主餐饮公司保管的汽车不是同一法律关系，故不可以留置乙公司的汽车。

秒杀：商事留置中主营债权可以"乱留"债务人提供的财产，其他一概不能"乱留"，约等于民事留置。

三、留置权须遵守的规则

（一）【比例留置】

留置财产为可分物的，留置财产的价值应当相当于债务的金额（《民法典》第 450 条）。

例1：【可以比例留置：留置电脑】甲将10台电脑交乙维修，维修费1000元，每台电脑价值1万元，如甲届期不付维修费，乙如何主张留置权？①乙可留置1台电脑，不得主张留置10台电脑。②因为电脑与电脑是可分的。

例2：【不可以比例留置：留置狗】甲将狗交乙看病，医疗费500元，如甲届期不付医疗费，乙如何主张留置权？①乙可留置整条狗，不能只留置狗头。②因为狗是不可分物。

（二）【妥善保管】

留置权人负有妥善保管留置财产的义务；因保管不善致使留置财产毁损、灭失的，应当承担赔偿责任（《民法典》第451条）。

（三）【收取孳息】

留置权人有权收取留置财产的孳息（《民法典》第452条）。

例：【留置小狗】甲将狗交乙保管，期间狗生小狗，甲不交保管费。乙可否留置狗和小狗？可以。

（四）【及时行权】

债务人可以请求留置权人在债务履行期届满后行使留置权。留置权人不行使的，债务人可以请求人民法院拍卖、变卖留置财产（《民法典》第454条）。

（五）【二次效力：对留置权人比较苛刻】

1.【第一次效力：先继续占有留置物，要给债务人60日以上宽限期】留置权人与债务人应当约定留置财产后的债务履行期限；没有约定或者约定不明确的，留置权人应当给债务人六十日以上履行债务的期限，但是鲜活易腐等不易保管的动产除外（《民法典》第453条）。

2.【第二次效力：宽限期届满后还未履行债务，留置权人才可以实现留置权】债务人逾期未履行的，留置权人可以与债务人协议以留置财产折价，也可以就拍卖、变卖留置财产所得的价款优先受偿。留置财产折价或者变卖的，应当参照市场价格（《民法典》第453条）。

◆ 原理：留置权二次效力与商事留置"乱留"在实务中有何妙用？①【主营债权、占有债务人动产】开发商欠施工方工程款，导致施工方无法向农民工支付工资。开发商有一批钢材在施工方合法控制。②【直接处分不是在行使留置权】如果施工方直接将该批钢材出卖，这涉嫌犯罪。③【催告后再处分是在行使留置权】如果施工方向开发商发函，给60日以上宽限期，然后没消息，就可以变卖钢材，并不违法。施工方在依法行使留置权，开发商和施工方都是单位，施工方主张工程款是它的主营业务债权，留置的是债务人开发商的财产，因此可以"乱留"，不要求钢材与工程款有同一法律关系。

3.【多退少补】留置财产折价或者拍卖、变卖后，其价款超过债权数额的部分归债务人所有，不足部分由债务人清偿（《民法典》第455条）。

四、留置权消灭的原因（《民法典》第457条）

（一）【留置权人自愿丧失占有】

留置权人自愿丧失占有，留置权消灭。

例：【留置权人自愿丧失占有：放虎归山】甲将车交乙维修，未付维修费，乙将车让甲开走。乙可否对汽车主张留置权？否。

（二）【留置权人被迫丧失占有】

留置权人被迫丧失占有，可基于留置权主张返还原物，获得返还后留置权恢复，不能返还则留置权消灭。

例：【留置权人被迫丧失占有：电脑先"被修"、后"被留置"、再"被偷"】王某租用李某的电脑时出了故障，遂将电脑交给甲公司维修。王某和李某就维修费的承担发生争执。甲公司因未收到修理费而将电脑留置，并告知王某如7天内不交费，将变卖电脑抵债。李某听闻后，于当日潜入甲公司偷回电脑。如何评价甲公司的留置权？①甲公司曾对电脑有留置权。②【留置权第1次效力：60日宽限期】甲公司声称7天内不交费就变卖电脑抵债，不具有法律效力，因为违反了物权法定原则，留置权的第一次效力是必须给60日以上宽限期，除非当事人另有约定。③【留置权人被迫丧失占有】李某将电脑偷走，甲公司被迫丧失占有，甲公司可基于留置权请求李某返还电脑。甲公司也可基于占有请求李某返还电脑。只要李某返还电脑，则甲公司对电脑享有留置权。

（三）【留置权人接受替换担保】

留置权人接受债务人另行提供担保的，留置权消灭。

例：【留置权人接受替换担保：房屋替换汽车】甲将车交乙维修，未付维修费，乙主张留置该车。甲称用其房屋抵押给乙，以取车。乙可否拒绝？①可。②债务人另行提供担保，需要留置权人接受。③如果留置权人不接受，留置权继续存在。

第五节　非典型担保

一、以租赁权设立担保，合同有效，担保物权没设立（《担保制度解释》第63条）

（一）【债】

债权人与担保人订立担保合同，约定以法律、行政法规尚未规定可以担保的财产权利设立担保，该合同有效。

（二）【物】

当事人未在法定的登记机构依法进行登记，未设立担保物权。

例：【商铺租赁权质押】方志平与马某签订为期20年的租赁合同，方志平交付了全部的租金给马某。到第10年的时候，方志平要向银行借款100万元，用租赁使用权"出质"给银行，在商铺大厦的物业中心做了"登记"，房东马某对此表示同意。后方志平届期不能还银行的100万元，银行怎么救济？①【租赁权出质】方志平为期10年的租赁权可以给小方，这本质上是"转租"，银行可要求小方将租金交给自己。②【合同有效，没有物权效力】对10年的租用权变现，就是把10年的租赁权卖掉，可见租赁权有交换价值。当事人的约定有债的效力，没有物权效力。③【债是普通债权】如果方志平还欠了李某的钱，那么，银行不得优先于李某，他们都属于普通债权人，地位平等。

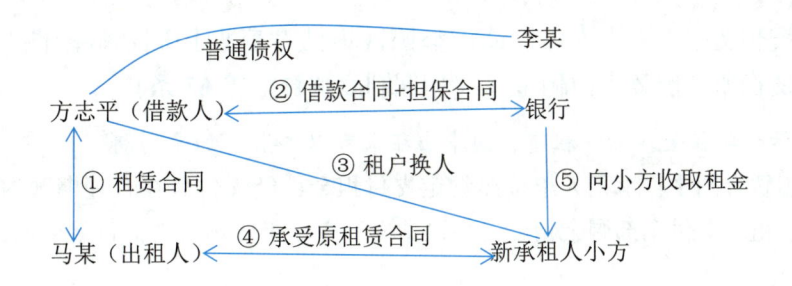

```
              普通债权              李某
    ┌─────────────────────────────────┐
    │  方志平(借款人) ← ②借款合同+担保合同 → 银行
    │       │                              │
    │  ①租赁合同    ③租户换人      ⑤向小方收取租金
    │       ↓                              ↓
    │   马某(出租人) ← ④承受原租赁合同 → 新承租人小方
```

◆ **原理**：为什么不能将商铺租赁权成功设立担保物权？①【借款人、出借人、出租人三方协议】实务中，一般是由贷款人银行、借款人方志平、与商铺出租人马某3方签订协议：以商户的商铺租赁权作为优先清偿贷款人债务的担保，在商铺出租人马某处办理质押登记，并限制商铺承租人将商铺租赁权以任何形式进行转让、转租或重复质押。商铺租赁权的价值由银行进行评估、出租人进行确认。如果商户到期不能归还贷款，由出租人处置该商铺租赁权，所得价款用于优先清偿商户的欠款。②【债】当事人关于商铺租赁权质押的约定因其并未违反法律、行政法规的强制性规定，依法应当认定为有效。不存在"无双二公子"的情形。③【物】出租人并不是法定的登记机构，其登记不具有对世效力。票据等权利可以设定权利质权，"租赁权"不能设定权利质权。根据物权法定原则，能够产生对抗效力和优先效力的登记，是法定登记机构所进行的登记。

二、所有权保留买卖中，出卖人可以参照民诉法"实现担保物权案件"规定拍卖、变卖标的物（《担保制度解释》第64条）

（一）【所有权保留买卖中出卖人有取回权】

在买方未按照约定支付价款经催告后在合理期限内仍未支付、买方未按照约定完成特定条件、买方将标的物出卖、出质或者作出其他不当处分时，出卖人有权取回标的物，因为该标的所有权是出卖人的。

（二）【诉讼取回：出卖人可以到法院走民诉法普通程序"取回标的物"】

在所有权保留买卖中，出卖人**依法**有权取回标的物，但是与买受人**协商**不成，可以起诉到法院主张取回权，买受人以抗辩或者反诉的方式主张拍卖、变卖标的物，并在扣除买受人未支付的价款以及必要费用后返还剩余款项的，人民法院应当一并处理。

（三）【特别程序拍卖变卖：出卖人可以到法院走民诉法"实现担保物权案件"的特别程序"拍卖、变卖标的物"】

在所有权保留买卖中，出卖人**依法**有权取回标的物，但是与买受人**协商**不成，当事人请求参照民事诉讼法"实现担保物权案件"的有关规定，拍卖、变卖标的物的，人民法院应予准许。

◆ **原理**：为什么将保留所有权买卖视为一种担保？①【"保留"】动产保留买卖是一种特殊的存在，任何一个买卖中，卖方都是不希望被卖掉的东西退回来，淘宝商家是不希望发生7日无理由退货的。②【登记"保留"的所有权，目的是担保回款】在保留买卖中，卖方将保留的动产所有权登记为自己的，又要出卖该动产。它到底是卖不卖？它当然要卖。之所以将所有权保留登记为自己所有，目的是担保回款。③【担保物权】因此我们将保留所有权买卖视为一种担保，出卖人登记的所有权可以走民诉法实现担保物权特别程序寻求救济。

秒杀：诉讼程序取回标的物；实现担保物权的特别程序拍卖、变卖标的物。

三、融资租赁中，当事人可以请求参照民诉法"实现担保物权案件"规定以拍卖、变卖租赁物所得价款支付租金（《担保制度解释》第 65 条）

（一）【诉讼要租金：融资租赁合同中出租人可以主张"加速到期"】

在融资租赁合同中，承租人未按照约定支付租金，经催告后在合理期限内仍不支付，出租人请求承租人支付全部剩余租金，并以拍卖、变卖租赁物所得的价款受偿的，人民法院应予支持。

（二）【诉讼要租赁物：融资租赁合同中出租人可解除合同并收回租赁物】

出租人请求解除融资租赁合同并收回租赁物，承租人以抗辩或者反诉的方式主张返还租赁物价值超过欠付租金以及其他费用的，人民法院应当一并处理。当事人对租赁物的价值有争议的，应当按照下列规则确定租赁物的价值：第一，融资租赁合同有约定的，按照其约定；第二，融资租赁合同未约定或者约定不明的，根据约定的租赁物折旧以及合同到期后租赁物的残值来确定；第三，根据前两项规定的方法仍然难以确定，或者当事人认为根据前两项规定的方法确定的价值严重偏离租赁物实际价值的，根据当事人的申请委托有资质的机构评估。

（三）【特别程序拍卖变卖：融资租赁合同中当事人可以到法院走民诉法"实现担保物权案件"的特别程序"以拍卖、变卖标的物所得价款支付租金"】

当事人请求参照民事诉讼法"实现担保物权案件"的有关规定，以拍卖、变卖租赁物所得价款支付租金的，人民法院应予准许。

◆ **原理**：为什么将融资租赁视为一种担保？①【出租的目的】融资租赁公司是非银行金融机构，一般要的是租金而不是回收租赁物。②【登记的融资租赁物所有权，目的是担保回款】融资公司将出租的动产所有权登记在自己名下，目的是担保回款。③【担保物权】因此我们将融资租赁视为一种担保，出租人登记的所有权可以走民诉法实现担保物权特别程序寻求救济。

秒杀：融资租赁公司诉讼要租金或租赁物；实现担保物权的特别程序以拍卖、变卖标的物的价款支付租金。

复盘：如何理解所有权保留买卖、融资租赁等合同中，出卖人、出租人的所有权未经登记不得对抗善意第三人？①【保留买卖出卖人的所有权、融资租赁出租人的所有权、动产抵押合同中债权人的抵押权】《担保制度解释》第 67 条，"在所有权保留买卖、融资租赁等合同中，出卖人、出租人的所有权未经登记不得对抗的'善意第三人'的范围及其效力，参照本解释第 54 条的规定处理。"②【"买""执""保""租""破"可以"破"未登记的"出卖人的所有权、出租人的所有权、债权人的动产抵押权"】《担保制度解释》第 54 条，"动产抵押合同订立后未办理抵押登记，动产抵押权的效力按照下列情形分别处理：（一）抵押人转让抵押财产，受让人占有抵押财产后，抵押权人向受让人请求行使抵押权的，人民法院不予支持，但是抵押权人能够举证证明受让人知道或者应当知道已经订立抵押合同的除外；（二）抵押人将抵押财产出租给他人并移转占有，抵押权人行使抵押权的，租赁关系不受影响，但是抵押权人能够举证证明承租人知道或者应当知道已经订立抵押合同的除外；（三）抵押人的其他债权人向人民法院申请保全或者执行抵押财产，人民法院已经作出财产保全裁定或者采取执行措施，抵押权人主张对抵押财产优先受偿的，人民法院不予支持；（四）抵押人破产，抵押权人主张对抵押财产优先受偿的，人民法院不予支持。"

秒杀复盘： 5种特殊权利人（"买执保租破"），可以"破"3个担保物权人（未登记的保留所有权、融资租赁物所有权、动产抵押权）。

四、让与担保合同和让与担保权

（一）【一般规定：让与担保合同和让与担保权】（《担保制度解释》第68条）

1.【让与担保合同看"143"】债务人或者第三人与债权人约定将财产形式上转移至债权人名下，债务人不履行到期债务，债权人有权对财产折价或者以拍卖、变卖该财产所得价款偿还债务的，人民法院应当认定该约定有效。

2.【让与担保权看"基3"】一般财产的让与担保合同有效后，当事人已经完成财产权利变动的公示，债务人不履行到期债务，债权人请求参照民法典关于担保物权的有关规定就该财产优先受偿的，人民法院应予支持。

3.【让与担保合同中"流让条款"无效情形1："流让"无效，让与担保合同其他部分有效，完成公示的设立让与担保权】（1）【流让条款无效】一般财产的让与担保合同中，债务人或者第三人与债权人约定将财产形式上转移至债权人名下，债务人不履行到期债务，财产归债权人所有的，人民法院应当认定该约定无效。（2）【让与担保合同其他条款有效】但是不影响当事人有关提供担保的意思表示的效力。（3）【完成公示设立了让与担保权】当事人已经完成财产权利变动的公示，债务人不履行到期债务，债权人请求对该财产享有所有权的，人民法院不予支持；债权人请求参照民法典关于担保物权的规定对财产折价或者以拍卖、变卖该财产所得的价款优先受偿的，人民法院应予支持；债务人履行债务后请求返还财产，或者请求对财产折价或者以拍卖、变卖所得的价款清偿债务的，人民法院应予支持。

4.【让与担保合同中"流让条款"无效情形2："回购型流让条款无效"，让与担保合同其他部分有效，完成公示的设立让与担保权】①【"回购型流让条款无效"】债务人与债权人约定将财产转移至债权人名下，在一定期间后再由债务人或者其指定的第三人以交易本金加上溢价款回购，债务人到期不履行回购义务，财产归债权人所有的，人民法院应当认定该约定无效。（2）【让与担保合同其他条款有效】但是不影响当事人有关提供担保的意思表示的效力。（3）【完成公示设立了让与担保权】当事人已经完成财产权利变动的公示，债务人不履行到期债务，债权人请求对该财产享有所有权的，人民法院不予支持；债权人请求参照民法典关于担保物权的规定对财产折价或者以拍卖、变卖该财产所得的价款优先受偿的，人民法院应予支持；债务人履行债务后请求返还财产，或者请求对财产折价或者以拍卖、变卖所得的价款清偿债务的，人民法院应予支持。（4）【回购对象自始不存在】买卖合同是双方通谋虚伪表示，无效。隐藏的是借贷合同，依法处理。

秒杀： ①让与担保合同看"143"。②让与担保权看"基3"。③"流让条款"无效。

例：【让与担保合同和让与担保权】甲向乙借款100万元，同时约定甲将房屋转让给乙，如甲不还款，则需要回购房屋。甲、乙之间关于房屋的约定是什么？让与担保合同。如果甲把房屋已经过户给乙，则乙取得对房屋的让与担保权，而不是房屋所有权。

(二)【特别规定：股权让与担保合同和股权让与担保权】(《担保制度解释》第69条)

1.【股权让与担保合同看"143"】股东和债权人约定将股东转移到债权人名下，担保债务履行的，该协议属于股权让与担保合同。

2.【股权让与担保权看"基3"】股东已经将股权转移到了债权人名下，债权人对股权享有股权让与担保权，而不是享有股权。既然债权人的身份不是股东，自然不承担出资义务，该出资义务应该由股东自己去履行。

例：【股权让与担保合同和股权让与担保权】甲向乙借款100万元，将其对丙公司的股权转让给乙作担保，股权变更到乙名下。丙公司欠丁公司到期债务10万元无力清偿。经查甲未履行对丙公司的出资义务。丁可否请求甲和乙承担连带责任？①不可以。②【是让与担保权人】名义股东乙不是丙公司股东，而是"让与担保权人"。甲届期不履行对乙的100万元债务，乙就"股权变价款"享有优先受偿权。③【不是股东】公司或者公司的债权人以股东未履行或者未全面履行出资义务、抽逃出资等为由，请求作为名义股东的债权人（股权让与担保权人）与股东承担连带责任的，人民法院不予支持。

3.【法院认定到底是股权转让还是股权让与担保的考察因素】法院在认定某一交易是股权转让还是将股权转移至债权人名下的方式为债务履行提供担保，需要综合考察下列因素：（1）是否存在被担保的主债权债务关系；（2）是否存在股权回购条款；（3）股东是否享有并行使股东权利。

秒杀：①股权让与担保合同看"143"。②股权让与担保权看"基3"。③股权让与担保权人不是股东，不负出资义务。

五、保证金账户出质设立金钱质权（《担保制度解释》第70条）

(一)【保证金账户出质设立金钱质权】
债务人或者第三人为担保债务的履行，设立专门的保证金账户并由债权人实际控制，或者将其资金存入债权人设立的保证金账户，债权人有权主张就账户内的款项优先受偿。

(二)【保证金账户出质设立金钱质权，保证金账户内款项浮动，不影响该金钱质权】
当事人不得以保证金账户内的款项浮动为由，否认实际控制该账户的债权人对账户内的款项享有优先受偿权。

例：【金钱质权的保证金账户内款项浮动不影响金钱质权的设立】最高法院指导案例54号：中国农业发展银行安徽省分行诉张大标、安徽长江融资担保集团有限公司执行异议之诉纠纷案：当事人依约为出质的金钱开立保证金专门账户，且质权人取得对该专门账户的占有控制权，符合金钱特定化和移交占有的要求，即使该账户内资金余额发生浮动，也不影响该金钱质权的设立。

(三)【以在银行账户下设立的保证金分户出质设立金钱质权】
在银行账户下设立的保证金分户，由银行实际控制，设立了金钱质权。

(四)【当事人约定的保证金不是为了担保债务履行而设立，不设立金钱质】

当事人约定的保证金并非为担保债务的履行设立，债权人不能主张就保证金优先受偿。当事人有权依照法律的规定或者按照当事人的约定主张权利。

秒杀：金钱质权的设立看"基3"，保证金账户交债权人控制做担保，设立金钱质权。

第九章 保 证

案例导读：甲向银行借款1000万，乙向银行提供了保证。问：当事人之间是什么法律关系？答：①【主】甲和银行之间属于主债权债务法律关系。②【从】乙和银行之间属于从合同法律关系即保证合同法律关系。③乙和甲之间属于"父子关系"，甲得叫乙一声爹。④"物保"和"人保"是龙凤胎，故放在担保物权介绍保证更加符合逻辑体系。

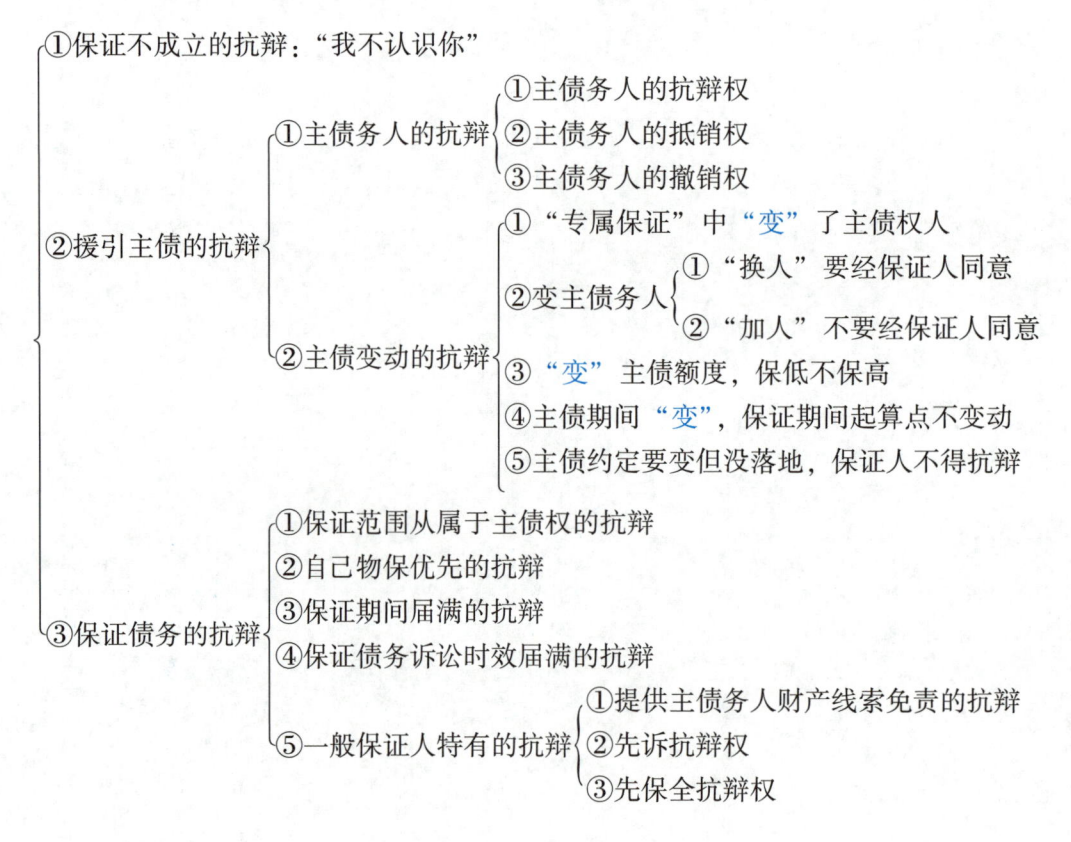

```
①保证不成立的抗辩："我不认识你"

              ┌①主债务人的抗辩┬①主债务人的抗辩权
              │              ├②主债务人的抵销权
              │              └③主债务人的撤销权
②援引主债的抗辩┤
              │              ┌①"专属保证"中"变"了主债权人
              │              │              ┌①"换人"要经保证人同意
              └②主债变动的抗辩┤②变主债务人  │
                             │              └②"加人"不要经保证人同意
                             ├③"变"主债额度，保低不保高
                             ├④主债期间"变"，保证期间起算点不变动
                             └⑤主债约定要变但没落地，保证人不得抗辩

              ┌①保证范围从属于主债权的抗辩
              │②自己物保优先的抗辩
              │③保证期间届满的抗辩
③保证债务的抗辩┤④保证债务诉讼时效届满的抗辩
              │              ┌①提供主债务人财产线索免责的抗辩
              └⑤一般保证人特有的抗辩┤②先诉抗辩权
                             └③先保全抗辩权
```

一、保证合同

（一）【保证合同的性质：或有债务】

1.【保证合同当事人】（1）保证合同的当事人是保证人和主债权人 ①【主合同】主合同的当事人是主债务人和主债权人。②【从合同】保证合同的当事人是保证人和主债权人。③【3方结构】保证会涉及3方结构，即主债权人、主债务人和保证人。其中主债权人存在身份叠加，既是主债权人，又是保证债权人。我们把主债务人叫被保证人。我们把保证人叫保证人。但是，保证合同的当事人是保证人和主债权人，不是保证人和主债务人。（2）【从合同、无偿合同、单务合同、诺成合同、双方民事法律行为】①【从合同】

保证合同是为担保主合同而签订的合同，故保证合同是从合同。②【无偿合同】保证债权人不需要支付对价，故保证合同是无偿合同。③【单务合同】保证人只有义务没有权利，故保证合同是单务合同。④【诺成合同】保证合同当事人意思表示一致时合同成立，故保证合同是诺成合同。⑤【双方民事法律行为】保证合同是合同，合同是双方法律行为，故保证合同属于双方民事法律行为。

```
                     主合同
甲（主债务人）←──────→（主债权人）银行（保证债权人）
                              ↕ 保证从合同：无偿、单务、诺成、从合同
                        乙（保证人：保证债务人）
```

例：【保证的3方结构】甲向银行借款10万元，乙提供保证。如何评价案涉法律关系？①【主】甲和银行之间是主合同法律关系。②【从】乙和银行之间是保证合同法律关系。乙是保证人，银行是保证债权人。③【无偿】银行无须支付对价，故保证合同是无偿合同。④【单务】只有保证人负担义务，银行无须负担义务，故保证合同是单务合同，即单方负有义务的合同。⑤【诺成】乙和银行意思表示一致保证合同即成立，故保证合同属于诺成合同。⑥【双方民事法律行为】保证要求乙有保证的要约，银行有保证的承诺，需要2个意思表示，故保证合同属于双方民事法律行为。

2.【或有债务】保证合同是为保障债权的实现，保证人和债权人约定，当债务人不履行到期债务或者发生当事人约定的情形时，保证人履行债务或者承担责任的合同（《民法典》第681条）。

◆ **原理**：为什么保证债务被称为"或有债务"？①【主债到期】甲向银行借款期满时，有2种结果。②【结果1：还主债】要么甲还款，则主债消灭，保证债务消灭，保证人不承担任何债务。③【结果2：不还主债】要么甲不还款，则主债未受偿，保证债务被激活，保证人要承担保证债务。④【或有债务】保证债务又被称为"或有债务"，或许有、或许没有的债务。⑤【保证人本意是不想"保"】保证人之所以愿意与债权人签订保证合同，是基于对主债务人的还款能力考量，亦即保证人对于主债务人的财力是非常敏感的。任何一个保证人如果一开始就知道自己注定要承担责任，则都不会愿意出具"保函"的，因为任何一个理性人都不会往火坑里跳。

3.【区分人保和物保】（1）【人保：无限责任】人保（保证）是将自己全部财产"砸进去"担保主债务。（2）【物保：有限责任】物保是将特定财产"砸进去"担保主债务。（3）【参照适用规则】保证和第三人物保，都是对外送东西，第三人物保可参照适用保证规则：《担保制度解释》第20条，"人民法院在审理第三人提供的物的担保纠纷案件时，可以适用民法典第695条第1款（主债额度变化从低）、第696条第1款（债权转让通知他物保人）、第697条第2款（债务加入不影响他物保）、第699条（2个他物保按份或连带）、第700条（他物保人代偿后取代债权人）、第701条（他物保人可主张主债务人抗辩）、第702条（他物保人可主张主债务人的抵销权或撤销权）等关于保证合同的规定。"

秒杀："砸"人进去是人保。"砸"物进去是物保，债务人自己的叫自物保，别人的叫他物保。

4. 【保证人代偿后取得法定追偿权和法定代位权】

(1)【保证人代偿：担保人"购买债权"是代偿而不是"购买"】同一债务有两个以上第三人提供担保，担保人受让债权的，法院应当认定该行为是承担担保责任。受让债权的担保人作为债权人请求其他担保人承担担保责任的，法院不予支持；该担保人请求其他担保人分担相应份额的，依照《担保制度解释》第13条的规定处理。

◆ **原理**：为什么我们将担保人购买主债权一概视为代偿，为什么担保人不配购买债权？甲向银行借款10万元，乙提供保证，丙提供保证。乙可以向银行购买该债权吗？①不可以。②【不是购买而是代偿】保证人是债务人，债务人"购买"债权的本质，是承担担保责任，即代偿。③【避免架空《担保制度解释》第13条】如果认为保证人购买债权不是代偿而是受让债权，那么保证人购买后取代债权人位置，就可以向另外一个担保人主张全部责任，让另外一个担保人兜底。如此一来，任何一个担保人都可以先"购买"主债权，而后再全额去追另外一个担保人。这样就会彻底地架空《担保制度解释》第13条的规定，该规定限定了在什么情形下担保人之间才可以内部追偿，什么情形下担保人之间不可以内部追偿。

秒杀：①担保人买债权视为代偿。②代偿后能不能向其他担保人要求分担？启动《担保制度解释》第13条（面对面可分担、背对背不分担）。

(2)【保证人代偿之后享有法定追偿权：可追主债务人，这是普通债权】承担了担保责任或者赔偿责任的担保人，有权在其承担责任的范围内向债务人追偿（《担保制度解释》第18条第1款）。

(3)【保证人代偿之后享有法定代位权：取代主债权人地位，如果主债务人提供了自物保，可以主张该担保物权，这是有担保物权保障的债权】同一债权既有债务人自己提供的物的担保，又有第三人提供的担保，承担了担保责任或者赔偿责任的第三人，有权主张行使债权人对债务人享有的担保物权（《担保制度解释》第18条第2款）。

(二)【保证合同的主体：保证人资格】

◆ **原理**：为什么要讨论保证人资格？①【大家都有民事权利能力】自然人、法人、非法人组织都有民事权利能力。②【保证约等于对外"送钱"】保证合同是无偿合同，本质上是为特定人"做嫁衣"而对外"送钱"。③【有的主体不能只为特定人服务】有的民事主体生来就不能只为特定人服务，而需要为不特定人服务。所以需要特别检讨某民事主体是否具备保证人资格，避免"慷他人之慨"。

1. 【机关法人没有保证人资格】机关法人不得为保证人，但是经国务院批准为使用外国政府或者国际经济组织贷款进行转贷的除外（《民法典》第683条第1款）。

◆ **原理**：为什么机关法人不得担任保证人？①【保证是"送钱"】因为保证人是将其责任财产投入与主债务人责任财产一起，对债权人债权负责。②【国家的钱不能送】机关法人的国有财产，不得为其他个人或单位借款做"保证"背书。并且，一旦拍卖政府大楼，政府将停摆。③【不能送钱就不能做保证人】机关法人本质上是没有可以为特定人作保证的财产，自然不具备担任保证人的资格。

2. 【公益法人没有保证人资格】以公益为目的的非营利法人、非法人组织不得为保证人（《民法典》第683条第2款）。

3. 【公司法人对外保证一般需要决议，例外不需要决议】《担保制度解释》第8条，

"有下列情形之一，公司以其未依照公司法关于公司对外担保的规定作出决议为由主张不承担担保责任的，人民法院不予支持：（一）金融机构开立保函或者担保公司提供担保（日常业务）；（二）公司为其全资子公司（1人公司）开展经营活动提供担保；（三）担保合同系由单独或者共同持有公司三分之二以上对担保事项有表决权的股东签字同意。"

秒杀：银行保函、担保公司保函、母公司为子公司、2/3股东签字，无须公司决议就可以提供保证。

4.【上市公司对外保证需要公开披露担保事项已经开会表决过】《担保制度解释》第9条第1款，"相对人根据上市公司公开披露的关于担保事项已经董事会或者股东大会决议通过的信息，与上市公司订立担保合同，相对人主张担保合同对上市公司发生效力，并由上市公司承担担保责任的，人民法院应予支持。"第2款，"相对人未根据上市公司公开披露的关于担保事项已经董事会或者股东大会决议通过的信息，与上市公司订立担保合同，上市公司主张担保合同对其不发生效力，且不承担担保责任或者赔偿责任的，人民法院应予支持。"第3款，"相对人与上市公司已公开披露的控股子公司订立的担保合同，或者相对人与股票在国务院批准的其他全国性证券交易场所交易的公司订立的担保合同，适用前两款规定。"

秒杀：我查阅上市公司公开披露信息，就可以放心接受上市公司提供的保证。

5.【一人公司为股东提供保证，不需要决议，一旦财产混同则举证责任倒置给股东】《担保制度解释》第10条，"一人有限责任公司为其股东提供担保，公司以违反公司法关于公司对外担保决议程序的规定为由主张不承担担保责任的，人民法院不予支持。公司因承担担保责任导致无法清偿其他债务，提供担保时的股东不能证明公司财产独立于自己的财产，其他债权人请求该股东承担连带责任的，人民法院应予支持。"

秒杀：一人公司不用决议就可以为股东提供保证，如果财产混同则举证责任倒置给股东。

6.【公司分支机构对外提供保证，需要经过总公司决议】《担保制度解释》第11条第1款，"公司的分支机构未经公司股东（大）会或者董事会决议以自己的名义对外提供担保，相对人请求公司或者其分支机构承担担保责任的，人民法院不予支持，但是相对人不知道且不应当知道分支机构对外提供担保未经公司决议程序的除外。"第4款，"公司的分支机构对外提供担保，相对人非善意，请求公司承担赔偿责任的，参照本解释第17条（'2等分或3等分规则'）的有关规定处理。"

秒杀：公司分支机构对外担保，相对人审查总公司决议，有决议则担保有效，无决议则担保无效。

(三)【保证合同的签订】(《民法典》第685条)

1.【单独合同】保证合同可以是在主合同之外单独订立的书面合同。

2.【保证条款】保证合同可以是主合同中的保证条款，我们将保证条款视为保证合同。

3.【签字形式】主合同中无保证条款，但保证人在主合同上以保证人身份签字或盖章，我们将保证人签字视为保证合同。

4.【单方书面担保书形式】第三人单方以书面形式向债权人出具保证书,债权人接收且未提出异议的,保证合同成立。

例:【保证的各种签约方式】甲向乙借款 5 万元,乙要求甲提供担保,甲分别找到友人丙、丁、戊、己。丙在甲向乙出具的借据上签署"保证人丙";丁向乙出具字据称"如甲到期不向乙还款,本人愿代还 3 万元";戊向乙出具字据称"如甲到期不向乙还款,由本人负责";如果己向乙出具字据称"如甲到期不向乙还款,由本人以某处私房抵债"。哪些构成保证?①【丙、丁、戊是保证人】丙是采用签字形式的保证人。丁是保证人。戊是保证人。②【己是他物保人】己只投入私房来作担保,属于投入特定财产进来做担保,这是他物保合同,不是保证合同。因为只有投入自己全部财产进来做担保,才是保证。

◆ 原理:为何督促还款函不是保证?督促还款函,没有保证的意思,故督促人并不负责,实务中又称"安慰函",它不属于保证。

(四)【保证合同的从属性:范围、效力、消灭、管辖都具有从属性】

1.【保证范围上的从属性】保证的范围包括主债权及其利息、违约金、损害赔偿金和实现债权的费用。当事人另有约定的,按照其约定(《民法典》第 691 条)。

(1)【保证债务不能大于主债】当事人对担保责任的承担约定专门的违约责任,或者约定的担保责任范围超出债务人应当承担的责任范围,担保人有权主张仅在债务人应当承担的责任范围内承担责任(《担保制度解释》第 3 条第 1 款)。

(2)【保证人多代偿不可追债务人,可要求债权人退】担保人承担的责任超出债务人应当承担的责任范围,担保人向债务人追偿,债务人有权主张仅在其应当承担的责任范围内承担责任。担保人有权请求债权人返还超出部分(《担保制度解释》第 3 条第 2 款)。

(3)【主债务人破产,主债止息,担保债务也停止计息】

法院受理债务人破产案件后,债权人请求担保人承担担保责任,担保人有权主张担保债务自法院受理破产申请之日起停止计息(《担保制度解释》第 22 条)。

2.【主合同解除后的保证责任】主合同解除后,担保人对债务人应当承担的民事责任仍应当承担担保责任,但是担保合同另有约定的除外(《民法典》第 566 条)。

例:【主合同解除后保证责任继续】甲将一批钢材出卖给乙,由丙提供保证,在乙不付款时由丙承担保证责任。后乙收到钢材却未付款,经催告仍未支付,甲解除买卖合同。甲能否要求丙承担保证责任?①可以。②【主债】甲解除合同后,可要求乙承担违约责任。③【从债】丙对该违约责任负有保证责任。

3.【保证合同无效后的责任】

(1)【主合同无效导致保证合同无效:担保人无错无责,担保人有错则"3 等分"】主合同无效导致保证合同无效,按各自过错承担责任(《民法典》第 682 条)。①【担保人无错无责】担保人无过错,不承担赔偿责任。②【担保人有错则"3 等分"】担保人有过错则其承担的赔偿责任不超过主债务人不能清偿部分的 1/3(《担保制度解释》第 17 条第 2 款)。

◆ 原理:为什么担保人有错启动"3 等分"?甲主债务人,乙主债权人,丙保证人。甲、乙主合同无效,导致乙、丙保证合同无效。对于主合同无效事由,保证人要么没有错,要么有部分错。保证人如果有部分错,另外主合同还有2个当事人,合计3人,所以"3等分"。

(2)【保证合同不成立、无效、被撤销、确定不发生效力:担保人无错无责,担保人有错则"2等分"】主合同有效,担保合同不成立、无效、被撤销、确定不发生效力,担保人根据过错承担责任。①【担保人无错无责】债权人有错而担保人无错,担保人不承担赔偿责任。②【担保人全错全责】担保人有错而债权人无错,担保人对债务人不能清偿部分承担担保责任。③【担保人和债权人都有错则"2等分"】债权人和担保人都有错,则担保人承担赔偿责任不超过主债务人不能清偿部分的1/2(《担保制度解释》第17条第1款)。

◆ **原理**:为什么担保人有部分错启动"2等分"?甲主债务人,乙主债权人,丙保证人。甲、乙主合同有效,它们都没有过错。乙、丙保证合同无效,如果乙全错乙负责,丙全错丙负责,乙、丙都有错就是2个人有错,因此启动"2等分"。

秒杀:①3人错"3等分"。②2人错"2等分"。

4.【独立保函】

(1)【独立保函】当事人在担保合同中约定担保合同的效力独立于主合同,或者约定担保人对主合同无效的法律后果承担担保责任,存在"该独立条款"的保函,我们称之为"独立保函"。独立保函是很危险的事情,可能会导致鼓励犯罪。

(2)【一般的独立保函无效】一般主体签发的"独立保函"无效,即"独立条款"无效,保证合同其他部分仍然有效,遵循保证合同效力上的从属性,从属于主合同(《担保制度解释》第2条第1款)。

(3)【银行的独立保函有效】银行或非银行金融机构签发的"独立保函"有效,即"独立条款"有效,保证合同不具有效力上从属性,主合同无效,保证合同效力不因此受影响(《担保制度解释》第2条第2款)。

秒杀:一般保函的独立条款无效,银行保函的独立条款有效。

5.【保证合同消灭上的从属性:新贷还旧贷与保证责任】

(1)【旧贷消灭,旧贷的保证也消灭】新贷还旧贷,旧贷消灭,旧贷的保证人不承担保证责任(《担保制度解释》第16条第1款第1句)。

例:【旧贷消灭,旧贷的保证也消灭】甲向银行借款100万元届期无力清偿,乙是保证人。后银行又借款100万元给甲,以清偿前一笔借款。甲届期无力清偿新贷100万元,乙是否承担保证责任?①否。②【旧贷消灭,保证也消灭】旧贷消灭,基于保证的消灭上的从属性,乙的保证责任消灭。③【新贷无保证】乙不是新贷的保证人,故无保证责任。

(2)【新贷发生,新贷保证人对"借新还旧"不知情不负责,知情要负责】①【不知情不负责】新贷还旧贷,对新贷提供保证的人,对于"借新还旧"不知情的,新贷保证人不负保证责任。②【知情要负责】如果旧贷和新贷的保证人同一,视为新贷保证人对"借新还旧"知情,新贷保证人要负保证责任(《担保制度解释》第16条第1款)。

例1:【新贷保证人对"借新还旧"不知情不负责】甲向银行借款100万元届期无力清偿,故甲再向银行借款100万元,以清偿前一笔借款。乙为新贷提供保证,但乙对于甲"借新还旧"并不知情。甲届期无力还新贷,乙是否要承担保证责任?①否。②【不知情不负责】甲"借新还旧"一事，甲和银行均未向保证人披露，属于"变相加重"了保证人的责任，因为甲一开始就无偿债能力，这破坏了保证人的合理期待，故乙不承担保证责任。

例2：【新贷保证人对"借新还旧"知情要负责，新贷旧贷的保证人同一则视为知情要负责】甲向银行借款100万元届期无力清偿，乙提供保证。后甲又向银行借款100万元清偿此前的100万元，乙继续提供保证，后甲无力清偿新的100万借款，乙是否承担保证责任？①是。②【视为知情要负责】新贷与旧贷的担保人相同，视为担保人对"借新还旧"知情，应负责。

◆ **原理**：为什么新贷保证人对"借新还旧"不知情不负责，知情要负责？①【保证人的合理期待】新贷保证人提供保证，本意是不想承担责任的，还是指望债务人自己去还债。②【架空"或有债务"】如果债务人借款后，直接用于还旧贷，会导致债务人"瞬间"就无还债能力，新贷保证人"瞬间"就变成了确定的债务人，不再是"或有债务人"，这严重破坏了保证人的合理期待。所以，新贷保证人要启动不知情不负责、知情才负责的规则。

秒杀：①旧贷消灭，旧贷的保证也消灭（保证消灭上的从属性）。②新贷保证人对借新还旧不知情不负责，知情要负责（保护保证人的合理期待）。

6.【保证合同诉讼管辖上的从属性】

(1)【仲裁排斥诉讼：无论主、从合同，仲裁都排斥司法管辖】主合同或者担保合同约定了仲裁条款的，法院对约定仲裁条款的合同当事人之间的纠纷无管辖权（《担保制度解释》第21条第1款）。

(2)【无仲裁则启动诉讼管辖情形1"从随主"：如果告主债务人和担保人，按主合同确定管辖法院】债权人一并起诉债务人和担保人的，应当根据主合同确定管辖法院（《担保制度解释》第21条第2款）。

(3)【无仲裁则启动诉讼管辖情形2"从"：如果告连带保证人，按从合同确定管辖法院】如果可以单独诉了连带保证人，则按照保证合同确定管辖法院（《担保制度解释》第21条第3款）。

秒杀：①【仲裁大于管辖】无论主从合同，仲裁都排斥司法管辖。②【诉2个被告：从随主】诉主债务人和担保人，按主合同确定管辖法院。③【诉连带保证人：从】诉连带保证人根据保证合同确定管辖法院。

(五)【保证方式：不同的保证方式，决定了债权人怎么去找主债务人和保证人。】

1.【一般保证的表现方式】(1)【一般保证的表现方式1：主债务人不能履行】当事人在保证合同中约定，债务人不能履行债务时，由保证人承担保证责任的，为一般保证（《民法典》第687条）。(2)【一般保证的表现方式2：主债务人先承担】当事人在保证合同中约定了保证人在债务人不能履行债务或者无力偿还债务时才承担保证责任等类似内容，具有债务人应当先承担责任的意思表示的，法院应当将其认定为一般保证（《担保制度解释》第25条第1款）。(3)【一般保证的表现方式3：法律拟制为一般保证】当事人在保证合同中对保证方式没有约定或者约定不明确的，按照一般保证承担保证责任（《民法典》第686条）。

2.【一般保证人的先诉抗辩权】

(1)【一般情形:一般保证人有先诉抗辩权,必须先穷尽主债务人财产才轮到一般保证人负责】一般保证的保证人在主合同纠纷未经审判或者仲裁,并就债务人财产依法强制执行仍不能履行债务前,有权拒绝向债权人承担保证责任。

◆ 原理:既然一般保证人享有先诉抗辩权,那么债权人可以对一般保证人提起诉讼吗?①【诉主债务人】债权人可以告主债务人,法院判决不用明确一般保证人的先诉抗辩权。②【诉主债务人和一般保证人】可以告主债务人和一般保证人,法院判决要明确一般保证人的先诉抗辩权。③【诉一般保证人】债权人未就主合同纠纷提起诉讼或者申请仲裁,仅起诉一般保证人的,法院应当裁定驳回起诉(《担保制度解释》第 26 条第 1 款)。④【实务方案:一起告】早晚都是告,为什么不一起告?实务中一般会一起提起诉讼,让一个律师搞定,管辖法院按主合同来确定。

(2)【例外情形:一般保证人无先诉抗辩权,这些情形约等于已经穷尽了主债务人,此时一般保证成了连带保证】(《民法典》第 687 条第 2 款)①【执行】债务人下落不明,且无财产可供执行,约等于穷尽了主债务人。②【破产】法院已经受理债务人破产案件,约等于穷尽了主债务人。③【太穷】债权人有证据证明债务人的财产不足以履行全部债务或者丧失履行债务能力,约等于穷尽了主债务人。④【放弃】保证人书面表示放弃本款规定的权利,一般保证人主动承担责任。

◆ 原理:什么情况下一般保证人会主动放弃"先诉抗辩权"?①【主债务人太穷】如果主债务人很穷,主债权人打官司告了,官司跨度越久,会导致主债权利息水涨船高,最后还是轮到一般保证人承担责任。②【早死早超生】一般保证人与其拖延后承担更重责任,还不如放弃先诉抗辩权,主动提前承担较轻责任。我把这种现象叫作"早死早超生"。

秒杀:"没有先诉抗辩权的一般保证人"就成了连带保证人。

3.【连带保证的表现方式】(《民法典》第 687 条)(1)【连带保证的表现方式 1:主债务人<u>不履行</u>】连带责任保证的债务人不履行到期债务或者发生当事人约定的情形时,债权人可以请求债务人履行债务,也可以请求保证人在其保证范围内承担保证责任。(2)【连带保证的表现方式 2:主债务人不用先承担】当事人在保证合同中约定了保证人在债务人<u>不履行</u>债务或者<u>未偿还</u>债务时即承担保证责任、无条件承担保证责任等类似内容,<u>不具有债务人应当先</u>承担责任的意思表示的,人民法院应当将其认定为连带责任保证(《担保制度解释》第 25 条第 2 款)。(3)【连带保证的表现方式 3:直接约定连带】当事人在保证合同中约定保证人和债务人对债务承担连带责任的,为连带责任保证。

◆ 原理:债务加入中,加入人和原债务人是连带责任;连带保证中,保证人和主债务人也是连带责任,"债务加入"和"连带保证"有什么区别?①【债务加入】债务加入人和原债务人是 2 个主债务人。②【保证】保证中,一个是主债务人,另一个是保证人。保证人还受"保证期间"的保障,要启动保证规则。③【拟制为保证】难以认定是债务加入还是保证,推定为保证,因为保证人的责任要更轻一些(《担保制度解释》第 36 条第 3 款)。

秒杀:①约定"不能""无力",则为一般保证。②约定"不履行"、"未偿还"、"无条件",则为连带保证。③<u>无任何约定则是一般保证</u>。

（六）【共同保证：不同的共同保证，决定了债权人怎么去找多个保证人。按份共同保证中，债权人不能乱找；连带共同保证中，债权人可以乱找】

◆ 原理：如何区分保证方式与共同保证？①【保证方式】保证方式分为一般保证和连带责任保证，他们描述的是债权人怎么去找保证人和主债务人。②【共同保证】共同保证分为按份共同保证和连带共同保证，他们描述的是债权人怎么去找这个保证人和那个保证人。

1.【按份共同保证：从约定】同一债务有两个以上保证人的，保证人应当按照保证合同约定的保证份额，承担保证责任（《民法典》第699条）。

2.【连带共同保证：有法定拟制的连带共同保证，从法定。有约定的连带共同保证，从约定】

（1）【法定拟制的连带共同保证：从法定】①【对外连带】同一债务有两个以上保证人，没有约定保证份额的，债权人可以要求任何<u>一个保证人在其保证范围内</u>承担保证责任（《民法典》第699条）。②【对内启动"面对面"与"背对背"规则】法定拟制连带共同保证人代偿后，可以追主债务人，追偿不到的部分在各个保证人内部之间是否需要分担，要启动《担保制度解释》第13条，看是各个保证人之间"面对面"还是"背对背"。

◆ 原理：如何区分《民法典》第699条规定的"连带共同保证"和《担保制度解释》第13条规定的"连带共同担保"？（《担保制度解释》第13条第1、2、3款）①【699从法定】《民法典》第699条讲的是法定"拟制"的连带共同保证，从法定。外部，债权人可以选择要求保证人A或者B承担责任。内部，保证人A和保证人B之间能否分担，要看《担保制度解释》第13条，启动"面对面可分担、背对背不分担"。②【13从约定】《担保制度解释》第13条讲的是意定连带共同保证，从约定。外部，债权人可以选择要求保证人A或者保证人B承担责任。内部，保证人A和保证人B约定可以分担，属于"面对面可分担"的情形。说的是担保人穷尽主债务人财产后，就未受偿部分，内部之间的分担规则即。担保人之间约定连带共同保证，则属于"面对面可分担"。

秒杀：①《民法典》第699条，法定拟制的连带共同保证，从法定。②《担保制度解释》第13条，意定的连带共同保证，从约定。

（2）【意定的连带共同保证：从约定】①【对外连带】外部，债权人可以选择要求保证人A或者保证人B承担责任。②【对内】内部，保证人A和保证人B约定可以分担，属于"面对面可分担"的情形。

甲（主债务人）← 银行　　　　　甲（主债务人）← 银行
　　　　　　　　↓　　　　　　　　　　　　　　↓
乙（一般保证）　丙（一般保证）　　丁（连带保证）　戊（连带保证）

◆ 原理1：什么是连带共同一般保证？上图左边。①【外部1：先观察连带共同保证】乙、丙约定连带共同保证，担保甲的债务，银行可以选择要求乙或丙承担保证责任。②【外部2：再观察一般保证】乙、丙的保证方式都是一般保证人，在穷尽甲的财产后，乙、丙才承担保证责任。③【保证人内部：面对面可分担】最后乙或丙代偿后可追主债务人，不能追偿的部分，乙或丙内部"面对面可分担"。

◆ 原理2：什么是连带共同连带保证？上图右边。①【外部1：先观察连带共同保证】丁、戊约定连带共同保证，担保甲的债务，银行可以选择要求丁、戊承担保证责任。②【外部2：再观察连带保证】丁、戊的保证方式都是连带保证人，银行可以选择要求甲、丁、戊承担责任。③【保证人内部：面对面可分担】最后丁或戊代偿后可追主债务人，不能追偿的部分，丁或戊内部"面对面可分担"。

（七）【最高额保证：约定在最高债权额限度内就一定期间连续发生的债权提供保证，参照适用物权编最高额抵押权的有关规定】(《民法典》第 690 条)

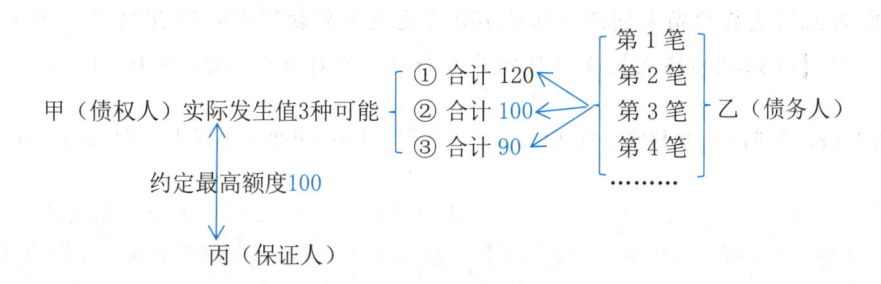

```
                               ┌ 第1笔
                   ┌ ① 合计 120 ┤ 第2笔
甲（债权人）实际发生值3种可能 ┤ ② 合计 100 ┤ 第3笔  乙（债务人）
         │         └ ③ 合计 90  ┤ 第4笔
         │                      └ ……
   约定最高额度100
         ↓
      丙（保证人）
```

1.【最高额保证合同有 2 个明确数值：担保的主债最高额、确定实际发生的主债额的时间点】(1)【担保的主债最高额】保证人担保的主债权最高额。(2)【确定实际发生的主债额的时间点】确定实际发生主债权额度的时点。(3)【计算最高额保证人保证范围：以低的为准】最高额与实际额比对，低的属于保证人担保范围。最高限额是 100 元，如实际发生 90 元，则丙保 90 元。如实际发生 100 元，则丙保 100 元。如实际发生 120 元，则丙保 100 元，另外 20 元属于无保证担保的债权。

2.【最高额保证的保证期间有 2 个法定起算时点：有约定从约定，无约定从法定】

(1)【法定起算时点的一般情形："债权确定日"】债权确定日之时各笔借款全部到期，自债权确定日开始计算保证期间（《担保制度解释》第 30 条第 2 款）。

例：【法定起算时点的一般情形："债权确定日"】银行授予 A 公司在 2021 年度全年 1000 万元的最高贷款额度，只要未还余额不超过最高额度可循环使用，约定债权确定日（结晶日）为 2021 年 12 月 31 日。担保公司提供最高额保证。A 公司在 2021 年 2 月 1 日从银行获得短期贷款 300 万元，贷款期限为半年，到期日是 2021 年 8 月 1 日。A 公司在 2021 年 4 月 1 日从银行获得短期贷款 700 万元，贷款期限为半年，到期日是 2021 年 10 月 1 日。到 2021 年 10 月 1 日时，A 公司未还款，则担保公司的保证期间何时起算？①【保证期间起算点】在债权确定日即 2021 年 12 月 31 日时，这两笔贷款都到期了，因此从债权确定之日即 2021 年 12 月 31 日起算担保公司的保证期间。②【保证期间终点】保证期间为 6 个月，则计算到 2022 年 6 月 1 日。

贷款1（8.1到期）　　贷款2（10.1到期）　　债权确定日（12.31：起算保证期间）

(2)【法定起算时点的例外情形："最后到期债权的到期日"】债权确定日之时有的借款到期，有的借款没到期，自最后到期的那笔借款的到期日开始计算保证期间（《担保制度解释》第 30 条第 2 款）。

例：【法定起算时点的例外情形："最后到期债权的到期日"】银行授予 A 公司在 2021 年度全年 1000 万元的最高贷款额度，只要未还余额不超过最高额度可循环使用，约定债权确定日（结晶日）为 2021 年 12 月 31 日。担保公司提供最高额保证。A 公司在 2021 年 2 月 1 日从银行获得短期贷款 300 万元，贷款期限为半年，到期日是 2021 年 8 月 1 日。A 公司在 2021 年 4 月 1 日从银行获得中长期贷款 700 万元，贷款期限为 3 年，到期日是 2024 年 4 月 1 日。在 2021 年 8 月 1 日，A 公司未还款，则担保公司的保证期间何时起算？①【保证期间起算点】在债权确定日即 2021 年 12 月 31 日时，300 万元这笔贷款到期了，但 700 万元这笔贷款尚未到期，则从 700 万元这笔贷款到期时即 2024 年 4 月 1 日起算保证期间。②【保证期间终点】保证期间为 6 个月，则计算到 2024 年 10 月 1 日。

贷款 1（8.1 到期）　　债权确定日（12.31）　　贷款 2（第 3 年的 4.1 到期：起算保证期间）

◆ **原理**：为什么一般情形从债权确定日开始计算保证期间？而例外情形从最后债权的实际到期日开始计算保证期间？①【一般情况是理所应当】一般情况下，债权确定日就是确定实际发生了多少笔贷款的时间，从这个时候计算保证人的保证期间，是理所当然的。②【例外情况是别无选择】例外情况下，债权确定日的时候，第 1 笔贷款已经到期，第 2 笔贷款还没到期，如果从债权确定日开始计算保证期间，可能会导致第 2 笔贷款还没到期但保证期间却届满的荒唐现象。因此，例外情况下，要从最后债权的实际到期日计算最高额保证的保证期间。

秒杀：债权确定日与最后一笔债权到期日相比，谁更晚，就以更晚的那个日子作为最高额保证的保证期间的起算点。

二、保证人不承担责任抗辩之"主债的抗辩"

（一）【主债的抗辩 1："你"欠多少"我"保多少，保证人可援引主债务人对抗主债权人的抗辩权或抗辩事由】

1.【保证人可援引 1：主债务人的抗辩权】保证人可以主张债务人对债权人的抗辩。债务人放弃抗辩的，保证人仍有权向债权人主张抗辩（《民法典》第 701 条）。

例 1：【主债务过了诉讼时效：保证人可以主张主债务≈0】甲向乙借 10 万元，该债务已过诉讼时效，丙曾为该借款提供了保证。乙要求丙承担保证责任，<u>丙可否拒绝？</u>可。

例 2：【明知主债时效已过仍提供保证：保证人瞎保要负责】甲向乙借 10 万元，该债务已过诉讼时效，丙仍为该借款提供保证。乙要求丙承担保证责任，<u>丙可否拒绝？</u>①不可。②【瞎保】丙明知主债务人不用还钱，依然提供保证，应自担风险。③【瞎保不能追】丙代偿后不得向主债务人甲追偿。

2.【保证人可援引 2：主债务人的抵销权或者撤销权】债务人对债权人享有抵销权或者撤销权的，保证人可以在相应范围内拒绝承担保证责任（《民法典》第 702 条）。

例 1：【保证人可援引主债务人的抵销权】甲向乙借款 10 万元，丙为保证人；乙欠甲 2 万元到期货款。甲届期无力向乙还款，乙要求丙承担保证责任，<u>丙可否主张抵销 2 万元？</u>①可。②抵销权是形成权，自抵销通知到达对方时发生效力。

例 2：【保证人可援引主债务人的撤销权】甲受乙欺诈签订买卖汽车合同，分期付款，丙为甲的付款义务提供保证。甲届期未付款，乙要求丙承担保证责任，<u>丙可否拒绝？</u>①可。②撤销权是形成权，有期间限制。只要主债务人甲的撤销权在"除斥期间"内，尚未消灭，保证人丙就可以在相应范围内拒绝承担保证责任。

3.【保证人可援引而没有援引：保证人"瞎代偿"，不能追主债务人】保证人知情且放弃主债务人的上述抗辩权或抗辩事由，仍然承担保证责任，这属于"瞎代偿"，不得对主债务人进行追偿。

◆ **原理1**：为何保证人"瞎代偿"后不能向主债务人追偿？①【"瞎代偿"】比如主债务时效届满，保证人明知而不援引，却向债权人承担保证责任。②【"瞎代偿"可追主债务人会架空诉讼时效制度】假设保证人可以去追偿主债务人，就会彻底架空诉讼时效制度。因为债权人和保证人签订保证合同，无须主债务人介入。如此一来，任何一个过了诉讼时效的债权，主债权人都可以随便找一个人来作保，充当"过桥人"，先由保证人担责，再让保证人去追偿主债务人。③【主债权人得利依据是自然债权】保证人"瞎代偿"，应自己负责，不能去向主债务人追偿。主债权人并非不当得利，是正当得利，得利依据是"自然债权"。

◆ **原理2**：既然主债务过了诉讼时效，保证人"瞎代偿"也不能追主债务人，实务中保证人为什么还会去"瞎代偿"呢？虽然主债过了诉讼时效，但是保证人为了"商誉"，继续从银行接到担保业务，会有"瞎代偿"的冲动。

4.【保证人不可援引：专属于主债务人的抗辩，保证人不得援引】专属于主债务人身份的抗辩，保证人不能援引。

例：【继承人"限定继承"：以继承遗产为限负担死者生前债务】甲向乙借款10万元，丙提供保证。后甲死亡，全部遗产为4万元，其唯一继承人小甲继承了遗产。乙要求丙承担保证责任，保证人丙主张其仅还4万元，<u>丙的主张是否成立？</u>①否。②【继承人专有抗辩：限定继承】小甲可以限定继承为由抗辩仅承担4万元。该抗辩具有专属性，丙不可援引。③【保证人不可援引继承人专有的抗辩】反之，如果允许保证人援引次抗辩，则全部的保证人都会巴不得主债务人早点死，并且最好花光全部的钱再早点死。

秒杀：保证具有从属性，你欠多少，我保多少。

（二）【主债的抗辩2：主债有所变动，保证人可主张相应抗辩】

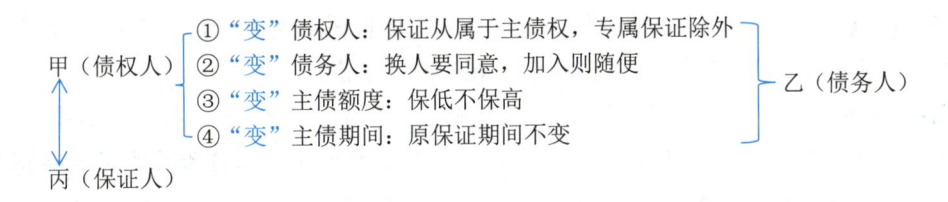

```
                  ①"变"债权人：保证从属于主债权，专属保证除外
甲（债权人）      ②"变"债务人：换人要同意，加入则随便           乙（债务人）
    ↕             ③"变"主债额度：保低不保高
丙（保证人）      ④"变"主债期间：原保证期间不变
```

1.【"变"主债权人：一般情况下保证继续，例外情况下保证不继续】

（1）【一般情况下保证继续：卖"债权"通知"担保物"便送"担保物"】债权人转让全部或者部分债权，未通知保证人的，该转让对保证人不发生效力。通知保证人的，该转让对保证人发生效力（《民法典》第696条第1款）。

例：【卖"债权"通知"担保物"便送"担保物"】甲向银行借款10万元，乙提供了连带保证。银行将该债权转让给资产公司。甲届期无力清偿，<u>资产公司可否要求乙承担保证责任？</u>①【通知了保证人】银行将债权转让通知乙后，资产公司可要求乙承担保证责任。②【没通知保证人】银行未将债权转让通知乙，资产公司不得要求保证人乙承担保责任，因为需要保护保证人的合理期待。

（2）【例外情况下保证不继续：专属保证】保证人与债权人约定禁止债权转让，债权人未经保证人书面同意转让债权的，保证人对受让人不再承担保证责任（《民法典》第696条第2款）。

例：【专属保证】甲向乙借款10万元，丙提供了保证。丙提供保证时与乙约定禁止乙转让债权。如乙将债权转让给丁，通知了甲和丙。甲届期无力清偿，丁可否要求丙承担保证责任？①否。②【债权转让】乙的债权转让给了丁，通知了债务人甲，债权转让成功。③【专属保证】本案保证人禁止"卖债权"，属于专属保证，因此"债权卖了"，但"担保物"不随之转移。

2.【"变"主债务人：免责债务承担需要保证人同意，并存债务承担不需要保证人同意】

（1）【主债务人"换人"：免责债务承担，未经保证人同意，保证人相应免责】债权人未经保证人书面同意，允许债务人转移全部或者部分债务，保证人对未经其同意转移的债务不再承担保证责任，但是债权人和保证人另有约定的除外（《民法典》第697条第1款）。

例：【主债务人"换人"】甲欠乙10万元，丙提供连带保证。甲经乙同意把债务转移给小甲，丙对此不知情。如何评价丙的保证责任？免责债务承担，未经保证人丙同意，保证人丙免责。

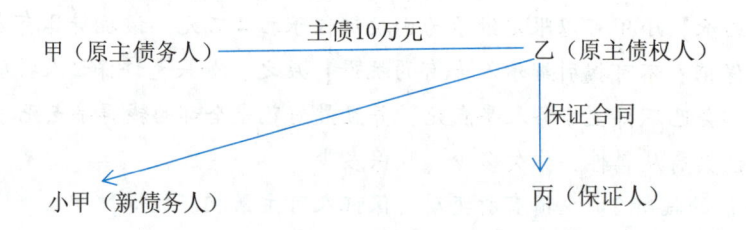

```
甲（原主债务人） ——主债10万元—— 乙（原主债权人）
                                    │保证合同
       ↓                             ↓
小甲（新债务人）                   丙（保证人）
```

（2）【主债务人"加人"：债务加入，保证人保证责任不受影响】第三人加入债务的，保证人的保证责任不受影响（《民法典》第697条第2款）。

例：【主债务人"加人"】甲欠乙10万元，丙提供连带保证。后丁向乙提供字据，签名同意与甲一起向乙负担还款义务。届期甲、丁无力还款，乙可否要求丙承担保证责任？①可。主债务人"加人"，对保证人有益无害。②避免保证人过于矫情的狡辩："万万没想到"你增加了一个债务人，"太瞧不起我了"，所以我不承担保证责任。

3.【"变主债额度"：保低不保高】

（1）【保低：主债额度降低，保证人保低】债权人和债务人未经保证人书面同意，协商变更主债权债务合同内容，减轻债务的，保证人仍对变更后的债务承担保证责任。如主债由100元变成50元，则保证人保50元，而不是保证责任消灭（《民法典》第695条第1款）。

（2）【不保高：主债额度提高，保证人不保高，继续保低】债权人和债务人未经保证人书面同意，协商变更主债权债务合同内容，加重债务的，保证人对加重的部分不承担保证责任。如主债由 100 元变成 150 元，则保证人保 100 元，而不是保证责任消灭，更不是保 150 元（《民法典》第 695 条第 1 款）。

◆ **原理**：为什么需要明确主债额度变化，保证人不因此免责，而是"保低不保高"？①【保证人的共性：后悔】保证人有一个共同特点：签名之后就后悔。②【主债变化是客观需要】主借款合同签订之后，发生金额的变化，是客观需要。此时，再去征求保证人的同意，保证人必然是反对的，他们会借此机会解套，拒不同意，逃脱保证责任。③【立法站银行】因此，立法上站在保护债权人角度，剥夺了保证人的同意权，剥夺了保证人开溜的机会，总体上还是向着银行的立场。

4.【"变"主债履行期限：保证期间起算点不受影响】债权人和债务人变更主债权债务合同的履行期限，未经保证人书面同意的，保证期间不受影响（《民法典》第 695 条第 2 款）[1]。

例：【"变"主债履行期限未经保证人同意，当"变化"是"空气"】甲向乙借款 10 万元，为期 2 年。丙提供保证，未约定保证期间（方志平：法律拟制为主债履行期届满后 6 个月）。如果甲、乙协议将 2 年期借款变更为 1 年或者 3 年，则丙的保证期间何时起算？①【经保证人同意则从新】如丙同意"变"主债履行期限为 1 年或 3 年，则从主债新的履行期限 1 年或 3 年届满时起算 6 个月保证期间。②【未经保证人同意则从旧】如丙不同意"变"主债履行期限为 1 年或 3 年，则仍从主债原来的履行期限 2 年届满时起算 6 个月保证期间。

◆ **原理 1**：如果主债期间由 2 年变长为 3 年，保证期间起算点推后了，看上去这对保证人是不利的。如果主债期间由 2 年变短为 1 年，保证期间起算点提早了，看上去这对保证人是有利的。既然看上去对保证人有利，为什么还强调主债履行期从 2 年变短为 1 年，也需要保证人同意呢？①【保证期间起算是什么意思】保证期间起算，就是保证人负有保证债务的开始点。保证人何时负有保证债务最划算？主债务人现金流充裕时，因为主债务人有钱还债，保证人就不用负责了。那么，主债务人现金流何时最充裕？这是一个未知数，可能是原来的 2 年履行债务期内，也可能是变更后的 1 年债务履行期内，也可能是变更后的 3 年债务履行期内。②【主债履行期限变长或者变短，对保证人都可能有利或不利】如果主债务人现金流在变更后的 1 年债务履行期内最充裕，此时起算保证期间，对保证人最划算。如果主债务人在原 2 年债务履行期内最充裕，此时起算保证期间，对保证人最划算。如果主债务人在变更后的 3 年债务履行期内最充裕，此时起算保证期间，对保证人最划算。③【保证人自己最清楚哪个对自己最有利】保证人之所以同意提供保证，是经过事前分析的，其算准了原债权期限届满时债务人有钱才愿意提供保证。保证人内心指望原债权履行期届满时主债务人有钱了，自己的保证债务就没有了。因此，保证人不能任由主债权人和主债务人双方去随意修改主债务履行期限。④【要保护保证人合理期待】比如主债 2 年变 1 年，恰恰是主债务人揭不开锅的时候，他穷，那么保证人就必须代偿。如果主债履行期是原来的 2 年，如果 2 年到了，主债务人恰好又缓过来了，有钱了，我保证人就不需要承担责任了，因为主债务人有钱了，他的债务到期，他自己有能力还了。因此未经过我保证人同意，你们修改主债期间，对我保证人来讲都是空气。我保证期间仍然是按照原本来的主债履行期届满开始起算，这个才是我保证人的合理期待。

◆ **原理 2**：主债履行期间延长，抵押人责任为什么不会受影响？①【抵押权期间不与主债履行期挂钩】因为抵押权行使期间与主债诉讼时效期间同步，不是与主债履行期间同步。②【抵押权期间

---

[1] 关于保证期间的定义和意义请阅读本书后文分析。

与主债诉讼时效挂钩】抵押权行使期间本质上是一个变量，一旦主债履行期延长，则主债诉讼时效期间起算点延后，抵押权行使期间与此同步。主债时效期间就是抵押权行使期间，因此你变，我也跟着变。

5.【主债约定变化但"没落地"：保证人继续承担保证责任】债权人与债务人协议变动主合同内容，但并未实际履行的，保证人仍应当承担保证责任。

例：【主债约定变化但"没落地"，当"约定"是空气】甲与银行签订借款合同，约定向银行10万元，为期1年，丙提供连带保证。甲、乙银行未经丙同意将借款合同的10万元提高为15万元，后乙实际只给甲放贷了10万元。丙是否承担保证责任？①丙对10万元主债承担保证责任。②如实际放贷15万元，则丙对低的承担保证责任，即对10万元承担保证责任。

秒杀：发生了破坏保证人合理期待的"主债变化"，保证人可以拒绝承担相应责任。

三、保证人不承担责任抗辩之"保证债务的抗辩"

（一）【保证债务的抗辩1：保证额度的抗辩】

1.【保证额度从属于主债务】保证的范围包括主债权及其利息、违约金、损害赔偿金和实现债权的费用。当事人另有约定的，按照其约定（《民法典》第691条）。

2.【保证额度超过主债权范围的，应缩减至主债权范围】当事人对担保责任的承担约定专门的违约责任，或者约定的担保责任范围超出债务人应当承担的责任范围，担保人主张仅在债务人应当承担的责任范围内承担责任的，人民法院应予支持（《担保制度解释》第3条第1款）。

◆ 原理：为什么保证担保范围不得超过主债额度？①【从属性】担保人承担的担保责任范围不能大于主债务，是担保从属性的必然要求。②【违反从属性】当事人约定的担保责任的范围大于主债务的，如针对担保责任约定专门的违约责任、担保责任的数额高于主债务、担保责任约定的利息高于主债务利息、担保责任的履行期先于主债务履行期届满，等等，均应当认定大于主债务部分的约定无效，从而使担保责任缩减至主债务的范围。

（二）【保证债务的抗辩2：主债务人自己物保优先的抗辩】

1.【自物保优先】混合担保中，既有人保又有物保，无约定或约定不明确，如果是债务人自己提供物的担保的，即"自物保"，债权人应当先就该物的担保主张实现债权（《民法典》第392条）。

2.【保证人主张自物保优先的抗辩】如债权人放弃自物保，则保证人相应免除保证责任，故保证人有主债务人"自己物保优先"的抗辩（《民法典》第409条第2款、第435条）。

（三）【保证债务的抗辩3：一般保证人的3个特殊抗辩】

1.【一般保证提供财产线索免责权：金牌小密探，"先穷尽主债务人"】一般保证的保证人在主债务履行期限届满后，向债权人提供债务人可供执行财产的真实情况，债权人放弃或者怠于行使权利致使该财产不能被执行的，保证人在其提供可供执行财产的价值范围内不再承担保证责任（《民法典》第698条）。

2.【一般保证人的先诉抗辩权：先执行抗辩，"先穷尽主债务人"】一般保证的保证人在主合同纠纷未经审判或者仲裁，并就债务人财产依法强制执行仍不能履行债务前，有权拒绝向债权人承担保证责任（《民法典》第686条）（《担保制度解释》第26条）。

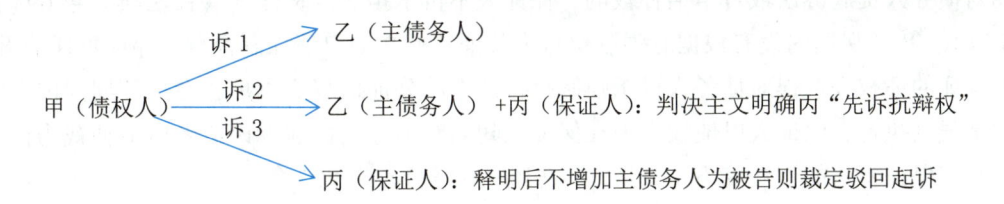

```
                  诉1 ──→ 乙（主债务人）
                  
甲（债权人） ─── 诉2 ──→ 乙（主债务人）+ 丙（保证人）：判决主文明确丙"先诉抗辩权"
                  
                  诉3 ──→ 丙（保证人）：释明后不增加主债务人为被告则裁定驳回起诉
```

（1）【情形1"诉1"：只起诉主债务人】一般保证中，债权人以债务人为被告提起诉讼的，法院应予受理（《担保制度解释》第26条第1款）。

（2）【情形2"诉2"：仅起诉一般保证人，法院释明后不听，法院裁定驳回起诉】债权人未就主合同纠纷提起诉讼或者申请仲裁，仅起诉一般保证人的，法院释明后不增列主债务人为被告，应当裁定驳回起诉（结合《民诉法解释》和《担保制度解释》第26条第1款处理）。

（3）【情形3"诉3"：起诉主债务人和一般保证人】一般保证中，债权人一并起诉债务人和保证人的，人民法院可以受理，但是在作出判决时，除有民法典第687条第2款但书规定的情形（"一般保证人不得主张先诉抗辩权的情形"）外，应当在判决书主文中明确，保证人仅对债务人财产依法强制执行后仍不能履行的部分承担保证责任（《担保制度解释》第26条第2款）。

3.【一般保证人的先保全抗辩权】债权人未对债务人的财产申请保全，或者保全的债务人的财产足以清偿债务，债权人申请对一般保证人的财产进行保全的，法院不予准许（《担保制度解释》第26条第3款）。

（四）【保证债务的抗辩4：保证期间届满的抗辩，保证期间内，主债权人没有做其应当做的事情，在保证期间届满后，保证人不承担保证责任】

◆ 原理：为什么保证期间又叫"或有期间"？①【看主债务人】因为主债履行期到了，保证人是否承担保证责任是不确定的，因为主债务人可能履行债务，也可能不履行债务。②【主债务人履行了主债】如果主债务人履行了债务，则保证债务消灭。③【主债务人没履行主债】如果主债务人没有履行债务，则开始起算保证债务的保证期间。保证期间本质是对保证人的一种保护，是对主债权人的一种约束。④【一般保证的保证期间内，债权人的任务：起诉或仲裁主债务人】如果在一般保证的保证期间内，主债权人没有起诉或仲裁主债务人，则一般保证人的保证责任消灭。⑤【连带保证的保证期间内，债权人的任务：向连带保证人主张】如果在连带保证的保证期间内，主债权人没有向连带保证人提出主张，则连带保证人的保证责任消灭。⑥【债权人在保证期间内完成任务，保证期间一次用尽】如果在一般保证的保证期间内，主债权人起诉或仲裁了主债务人，则"保证期间一次用尽"，不再发挥作用。如果在连带保证的保证期间内，主债权人向连带保证人"要了"，则"保证期间一次用尽"，不再发挥作用。⑦【保证期间是或有期间】从这个意义上讲，保证期间叫"或有期间"，即可能被一次用尽，也可能没有被一次用尽。保证债务也叫"或有债务"，即可能有保证债务，也可能没有保证债务。

1.【保证期间"过期不候"】

(1)【一般保证的保证期间内债权人的任务：债权人必须在保证期间内"告"主债务人】①【保期内没有起诉或仲裁主债务人，保证责任消灭】一般保证的债权人未在保证期间对债务人提起诉讼或者申请仲裁的，保证人不再承担保证责任（《民法典》第693条第1款）。②【保期内没有根据有强制执行力公证债权文书申请强制执行，保证责任消灭】一般保证的债权人取得对债务人赋予强制执行效力的公证债权文书后，在保证期间内向法院申请强制执行，保证人以债权人未在保证期间内对债务人提起诉讼或者申请仲裁为由主张不承担保证责任的，法院不予支持（《担保制度解释》第27条）。

◆ 原理1：为什么一般保证中，银行必须在保证期间内"告"主债务人？①因为如果不告，保证责任就会消灭。②为什么让保证责任消灭？因为一般保证人是补充责任，所以要逼银行尽早起诉主债务人，多要钱，剩余要不到的，才由一般保证人承担补充责任。

◆ 原理2：为什么一般保证中，债权人容易发生误会而让保证人"脱保"？①债权人起诉主债务人，是3年诉讼时效期间，这对债权人找主债务人来讲，是没有问题的。②但是如果真的按照3年内起诉主债务人来操作，可能会导致超过了法定的6个月保证期间，一般保证人就会脱保。③所以，一般保证中，债权人要避免保证人脱保，必须在6个月内起诉主债务人，而不是还慢腾腾的按3年诉讼时效来起诉。一旦起诉主债务人，会导致保证期间一次用尽，同时中断主债时效。

秒杀：保期内告了主债务人就可以。申请强制执行公证债权文书约等于告了主债务人。

(2)【连带保证的保证期间内债权人的任务：债权人必须在保证期间内向连带保证人提出"要"求】连带责任保证的债权人未在保证期间请求保证人承担保证责任的，保证人不再承担保证责任（《民法典》第693条第2款）。

◆ 原理：为什么连带保证中，银行必须在保证期间内向连带保证人"要"？①因为连带保证中，连带保证人没有先诉抗辩权，债权人本来可以直接向连带保证人主张。②如果不向连带保证人主张，则一旦保证期间届满，则连带保证责任消灭。

(3)【保证期间届满，债权人没有完成任务，保证责任消灭】①【保证责任消灭】债权人在保证期间内未"依法行事"的，保证责任消灭。②【消灭的保证责任不能"起死回生"】保证责任消灭后，债权人书面通知保证人要求承担保证责任，保证人在通知书上签字、盖章或者按指印，债权人请求保证人继续承担保证责任的，法院不予支持，但是债权人有证据证明成立了新的保证合同的除外（《担保制度解释》第34条第2款）。

秒杀1：①保证期间制度是利好保证人的制度。②此期间内，一般保证中，银行告了主债务人了吗？连带保证中，银行向连带保证人要了吗？银行没按规定行动就会导致保证人脱保。③这个规则对银行不利，所以实务中银行一旦行动必然会抓主债务人和保证人。

秒杀2：过期则保证责任消灭，消灭后保证人在通知书签字也白签。

◆ 原理：为什么保证期间"过期不候"？①【无偿】保证责任是无偿的，保证期间对保证人是一种保护，对债权人是一种限制。②【督促】督促债权人此期间内不要睡觉，否则"过期不候"，保证人保证责任消灭。③【限制债权人】保证期间是"银行的紧箍咒"。④【保证人自愿履行不能反悔】但是，主债权人在保证期间内未做应该做的事情，保证人在保证期间届满后自愿承担保证责任，能否反悔？不可以。

(4)【保证合同无效，保证期间条款独立生效，债权人仍然应该完成自己的任务】①【保证期间条款独立】保证合同无效，保证期间条款独立，不受保证合同无效的影响。②【债权人没有在保证期间内完成任务，如果保证人要负缔约过失责任，该责任也消灭】保证合同无效，债权人未在约定或者法定的保证期间内依法行使权利，保证人主张不承担赔偿责任的，法院应予支持（《担保制度解释》第33条）。

◆ 原理：为什么保证合同都无效了，保证期间还起作用？①【缔约过失责任】无效的保证合同不等于保证人没有责任，保证人有过错，需要承担缔约过失责任。②【无偿】因为保证是无偿的，所以保证人的责任不能太久，立法上就把保证期间条款拆分出来。③【保证期间条款独立】这很特别，违反了一般的逻辑，需要法条特别规定予以明确。类似情形还有，合同无效但仲裁条款独立，这是为了便于解决纠纷而采取的一种违反逻辑的特别安排。因为法律的生命不在于逻辑，而在于经验。

复盘：3个条款独立于合同，报批义务条款、仲裁条款、保证期间条款。

2.【保证期间"一次用尽"】

(1)【一般保证中，债权人"告了"主债务人，保证期间"一次用尽"】①【"告了"则管用】一般保证的债权人对主债务人起诉或仲裁，保证期间退出。②【"告了又撤诉"视为"没告"故不管用】一般保证的债权人在保证期间内对债务人提起诉讼或者申请仲裁后，又撤回起诉或者仲裁申请，债权人在保证期间届满前未再行提起诉讼或者申请仲裁，保证人主张不再承担保证责任的，法院应予支持（《担保制度解释》第31条第1款）。

(2)【连带保证中，债权人向连带保证人"要了"，保证期间"一次用尽"】①【"要了"则管用】连带保证的债权人对保证人提出主张，保证期间退出。②【"告了又撤诉"但诉状已到则继续管用】连带责任保证的债权人在保证期间内对保证人提起诉讼或者申请仲裁后，又撤回起诉或者仲裁申请，起诉状副本或者仲裁申请书副本已经送达保证人的，法院应当认定债权人已经在保证期间内向保证人行使了权利（《担保解释》第31条第2款）。

秒杀：①一般保证期间内银行要"告"借款人，告了又撤诉等于没有告。②连带保证期间内银行向保证人"要"，如果起诉了又撤诉只要起诉状副本到了就可以。

3.【共同保证中各个保证人的保证期间"各玩各的"】

(1)【外部"各玩各的"：债权人可以找没过保证期间的保证人，不能找过了保证期间的保证人】同一债务有两个以上保证人，债权人以其已经在保证期间内依法向部分保证人行使权利为由，主张已经在保证期间内向其他保证人行使权利的，法院不予支持（《担保制度解释》第29条第1款）。

例：【外部"各玩各的"：不能找过期的，能找没过期的】甲向银行借款100万元，乙、丙分别向银行提供连带保证，乙的保证期间为6个月，丙的保证期间为1年。借款期满后8个月，银行要求乙和丙承担保证责任。乙、丙是否要承担保证责任？①乙不承担，因为乙的保证期间已经届满，保证责任消灭。②丙承担，因为丙的保证期间尚未届满，保证责任不消灭。

(2)【内部"各玩各的":有分担关系的1个保证人脱保,其他保证人在不能分担范围内免责】同一债务有两个以上保证人,保证人之间相互有追偿权,债权人未在保证期间内依法向部分保证人行使权利,导致其他保证人在承担保证责任后丧失追偿权,其他保证人主张在其不能追偿的范围内免除保证责任的,法院应予支持(《担保制度解释》第29条第2款)。

例:【内部"各玩各的":有分担关系的1保证人脱保,其他保证人相应免责】甲向银行借款100万元,乙、丙在同一份担保书中向银行提供连带保证,乙的保证期间为6个月,丙的保证期间为1年。借款期满后8个月,银行要求乙和丙承担保证责任。乙、丙是否要承担保证责任?①乙不承担保证责任。②丙只承担1半的保证责任。乙、丙属于"面对面"的担保,它们之间内部存在分担关系,乙脱保,丙在不能要求乙分担的范围内免责。

秒杀:①保证期间"各玩各的"。②外部"各玩各的":向A保证人要了不等于向B保证人要了。③内部"各玩各的":有分担关系的保证人A和保证人B,如果A脱保,B相应免责。

4.【保证期间是"不变期间"】

(1)【保证期间的起算点不变】①【保证期间起算点1:主债履行期届满起算】无论是一般保证还是连带保证,没有约定或者约定不明确的,保证期间为主债务履行期限届满之日起6个月(《民法典》第692条第2款)。②【保证期间起算点2:宽限期届满起算】债权人与债务人对主债务履行期限没有约定或者约定不明确的,保证期间自债权人请求债务人履行债务的宽限期届满之日起计算(《民法典》第692条第3款)。

◆ 原理:为什么保证期间都要从主债履行期间届满时起算?①【或有债务】因为保证债务属于"或有"债务。②【主债没到期】在主债履行期未到,保证债务尚未发生。③【主债到期】在主债履行期到了,如主债务人履行了,则保证债务即消灭。如主债务人未履行,保证债务才发生。

(2)【保证期间的期间段不变】①【无约定则为6个月】无论是一般保证还是连带保证,保证期间段从约定。无约定或约定不明确,则为6个月。②【视为无约定也为6个月】约定的保证期间早于主债务履行期限或者与主债务履行期限同时届满的,视为没有约定,则保证期间为6个月。③【约定不明也为6个月】保证合同约定保证人承担保证责任直至主债务本息还清时为止等类似内容的,视为约定不明,保证期间为主债务履行期限届满之日起6个月(《担保制度解释》第32条)。

```
                主债期间
    甲(债权人)←─────→乙(债务人)

                    主债期间届满时起算保证期间6个月
        甲(债权人)←──────────────────────→丙(保证人)
```

例:【主债履行期变化未经保证人同意,当这种变化是空气】甲公司与乙公司达成还款计划书,约定在2012年7月30日归还100万元,8月30日归还200万元,9月30日归还300万元。丙公司对三笔还款提供连带保证。后甲公司同意乙公司将三笔还款均顺延3个月,丙公司对此不知情。乙公司一直未还款,甲公司仅于2013年3月15日要求丙公司承担保证责任。如何评价丙公司的保证责任？

甲（主债务人） ← 乙（主债权人）
2012.7.30的100万元　+6个月=2013.1.30 ×
2012.8.30的100万元　+6个月=2013.3.2 ×　　2013.3.15 主张权利
2012.9.30的300万元　+6个月=2013.3.30 √
　　　　　　　　　　丙（连带保证人）

①【3主3从】甲公司有3笔主债权。丙公司提供了3个连带保证，保证期间均自主债履行期届满起算后6个月。②【主债履行期变化"是空气"】甲公司同意3笔主债权展期，未经保证人丙同意，该展期对于保证人是空气。保证人丙的保证期间仍然按原来的处理：100万的保证期间2012年7月30日+6个月，在2013年1月31日届满。200万的保证期间是2012年8月30日+6个月，在2013年3月1日届满。300万的保证期间是2012年9月30日+6个月，在2013年4月1日届满。③【主债1和主债2过了保证期间，主债3没过保证期间】债权人甲公司一直"睡觉"，仅在2013年3月15日要求连带保证人丙承担责任。100万元的主债1和200万元的主债2的保证期间"过期不候"，300万元的主债3的保证期间"一次用尽"。⑦丙仅对9月30日的300万元承担保证责任。

5.【保证期间具有强制性】

（1）【保证期间不中止、中断或者延长】保证期间是确定保证人承担保证责任的期间，不发生中止、中断和延长（《民法典》第692条第1款）。

（2）【法院依职权审查是否已经届满：法官要帮保证人】法院在审理保证合同纠纷案件时，应当将保证期间是否届满、债权人是否在保证期间内依法行使权利等事实作为案件基本事实予以查明（《担保制度解释》第34条第1款）。

（五）【保证债务的抗辩5：债权人在保证期间内"完成任务"，保证期间一次用尽，如果债权人躺在保证债权上"睡觉"，过了保证债务诉讼时效，保证人可以提出保证债务诉讼时效届满的抗辩权，不承担保证责任】

◆ 原理：为什么保证人还可以主张保证债务诉讼时效届满的抗辩权？①【保证债务是债务】保证合同产生保证债务，保证债务虽然是从债务，但是也是一个债务。②【保证债权是请求权】保证债权人可请求保证债务人承担保证责任，这属于债权请求权，需要适用诉讼时效。③【保证债权适用诉讼时效】"保证期间一次用尽"之后，如果主债权人一直找主债务人，而没有去找保证人，则一旦过了保证债务3年时效期间，保证人可以保证债务时效届满为由拒不承担保证责任。

1.【一般保证债务诉讼时效起算点："先诉抗辩权消灭之时"】

（1）【一般保证债务诉讼时效起算点1：先诉抗辩权消灭之时】一般保证的债权人在保证期间届满前对债务人提起诉讼或者申请仲裁的，从保证人拒绝承担保证责任的权利消灭之日起，开始计算保证债务的诉讼时效（《民法典》第694条1款）。

例：【一般保证期间退出和一般保证债务诉讼时效起算之间存在"空窗期"】甲是债权人、乙是主债务人，丙是一般保证人。如何评价保证期间与保证债务诉讼时效？①【保证期间届满后保证债务消灭】如果甲在保证期间内没有"告"主债务人乙，则保证责任消灭，无须讨论一般保证债务的诉讼时效问题。②【保证期间一次用尽后启动保证债务诉讼时效，两者之间存在空窗期】如果甲在保证期间内告了主债务人乙，则保证期间1次用尽，一般保证期间退出。一般保证期间退出和一般保证债务诉讼时效介入之间，有一段空窗期，此期间存在的目的就是为了确认主债务人能履行多少主债务，剩余多少由一般保证人补充承担。③【一般保证债务诉讼时效届满的抗辩权】一般保证债务诉讼时效起算点是固定的点，即主债务人被强制执行完毕。在一般保证债务3年时效期间内债权人没向一般保证人提出要求或者起诉，则3年时效届满后，一般保证人可以提出"诉讼时效届满的抗辩"即保证债务诉讼时效届满的抗辩，不承担保证责任。

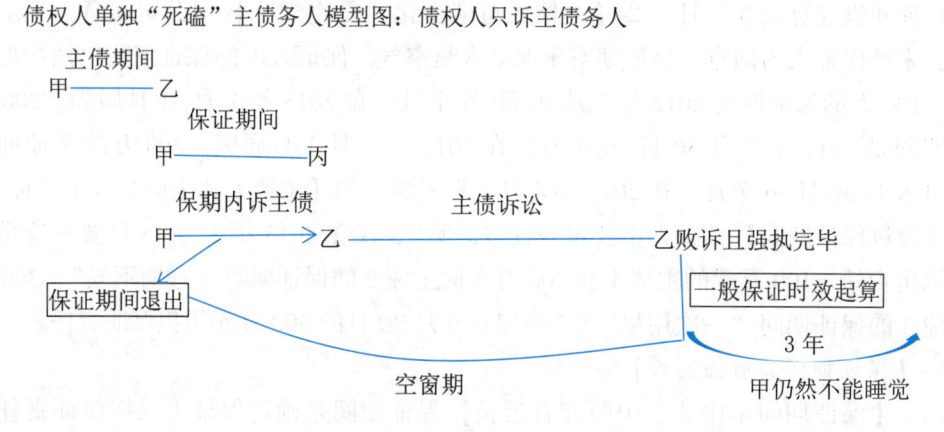

债权人单独"死磕"主债务人模型图：债权人只诉主债务人

主债期间
甲————乙
　　保证期间
　　甲————丙

保期内诉主债　　主债诉讼
甲→乙————乙败诉且强执完毕
保证期间退出　　　　　一般保证时效起算
　　　空窗期　　　　　3年
　　　　　　　　　　　甲仍然不能睡觉

◆ 原理：在什么情况下，一般保证人有机会提出保证债务诉讼时效届满的抗辩，拒不承担保证责任？①【银行死磕主债务人：只诉主债务人，即上图】银行在保证期间内"告了"，且一直死磕主债务人，强制执行完毕后，躺在保证债权上"睡觉"3年，之后才向一般保证人要钱，此时，一般保证人才可以提出保证债务的"诉讼时效届满的抗辩"。如果银行在此3年内向一般保证人要了，则会导致保证债务诉讼时效中断，重新计算下一个3年。②【银行不会死磕主债务人：会诉主债务人和一般保证人，即不存在上图】实务中，银行不可能只告主债务人，一定会把主债务人和一般保证人抓起来一起告，如此一来，一般保证人就没有提出保证债务诉讼时效届满抗辩的机会。③【银行一起起诉主债务人和一般保证人，导致第694条第1款成为睡眠法条】简言之，上图，描述的是一种很傻的银行。聪明的银行自然是会将主债务人和一般保证人一并起诉的，一般保证人没有提出保证债务诉讼时效届满的机会，就会让《民法典》第694条第1款成为睡眠法条。

(2)【一般保证债务诉讼时效起算点2：先诉抗辩权消灭之时的特殊形态之一，强制执行主债务人未果时】一般保证中，债权人依据生效法律文书对债务人的财产依法申请强制执行，保证债务诉讼时效的起算时间按照下列规则确定：第一，法院作出终结本次执行程序裁定，或者依照《民事诉讼法》第268条第3项（作为被执行人的公民死亡，无遗产可供执行，又无义务承担人）、第5项（作为被执行人的公民因生活困难无力偿还借款，无收入来源，又丧失劳动能力）的规定作出终结执行裁定的，自裁定送达债权人之日起开始计算；第二，法院自收到申请执行书之日起1年内未作出前项裁定的，自法院收到申请执行书满1年之日起开始计算，但是保证人有证据证明债务人仍有财产可供执行的除外（《担保制度解释》第28条第1款）。

(3)【一般保证债务诉讼时效起算点3：先诉抗辩权消灭之时的特殊形态之二，债权人知道一般保证"变性"成连带保证之时】一般保证的债权人在保证期间届满前对债务人提起诉讼或者申请仲裁，债权人举证证明存在民法典第六百八十七条第二款但书规定情形的（法院受理主债务人破产等情形时一般保证人没有先诉抗辩权），保证债务的诉讼时效自债权人知道或者应当知道该情形之日起开始计算（《担保制度解释》第 28 条第 2 款）。

2.【连带保证债务诉讼时效起算点：主债权人对保证人提出主张之日】连带责任保证的债权人在保证期间届满前请求保证人承担保证责任的，从债权人请求保证人承担保证责任之日起，开始计算保证债务的诉讼时效（《民法典》第 694 条第 2 款）。

例：【连带保证的保证期间退出与连带保证债务诉讼时效的起算之间"无缝对接"】甲是债权人，乙是主债务人，丙是连带保证人。如何评价保证期间与保证债务诉讼时效？①【保证期间届满保证债务消灭】如果甲在保证期间没向连带保证人丙"要"，则保证责任消灭，无须讨论连带保证债务的诉讼时效问题。②【保证期间一次用尽，保证期间退出，连带保证债务诉讼时效同步开始起算】如果甲在保证期间内向连带保证人丙要了，则连带保证期间 1 次用尽，连带保证期间退出，同时开始计算连带保证债务的诉讼时效。连带保证期间退出和连带保证债务诉讼时效起算之间，没有空窗期，实现了无缝对接。③【连带保证债务诉讼时效的起算点是"浮动点"】连带保证债务诉讼时效的起算点是保证期间内的一个浮动点。甲在保证期间内什么时候向连带保证人丙要了，什么时候起算连带保证债务诉讼时效。

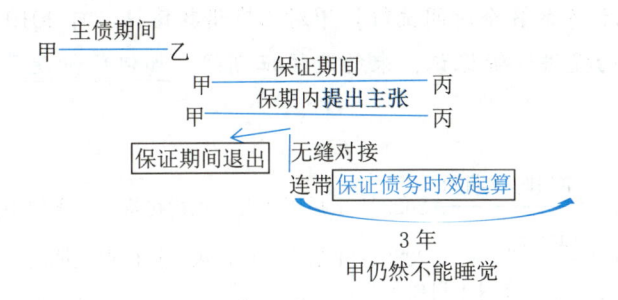

◆ 原理：在什么情况下，连带保证人有机会提出保证债务诉讼时效届满的抗辩，拒不承担保证责任？①【债权人在保证期间内向连带保证人主张，没有起诉主张】银行在保证期间内"要了"，向保证人主张，保证人未履行。银行作罢，在 3 年内未向连带保证人要，连带保证债务诉讼时效届满。如果债权人再找连带保证人要，则连带保证人可以连带保证诉讼时效届满为由抗辩，不承担保证责任。②【债权人在保证期间内直接起诉连带保证人】银行会直接诉连带保证人，或者在 3 年内向连带保证人发函"继续要"以中断连带保证债务的 3 年时效。③【债权人在保证期间内直接起诉连带保证人导致《民法典》第 694 条第 2 款成为睡眠法条】简言之，上图，描述的是另一种傻银行。聪明的银行自然是会在保证期间内直接将主债务人和连带保证人一并起诉，就会让《民法典》第 694 条第 2 款成为睡眠法条。

3.【保证人享有的 3 个与时间相关的抗辩】（1）主债时效届满的抗辩。主债务时效届满了？届满了则保证人可以"援引"主债的诉讼时效届满抗辩权。（2）保证期间届满的抗辩。②一般保证期间内，银行告主债务人了吗？没告则保证人"脱保"。连带保证期间内，银行向保证人要了吗？没要则保证人"脱保"。(3) 保证债务时效届满的抗辩。银行在保证期间内完成了任务，保证期间"一次用尽"，银行在保证债务 3 年时效内睡觉，则保证人可以主张保证债务的"不要脸"抗辩。

例 1：【一般保证人的 3 个时间抗辩】 甲对乙有借款债权，自 2019 年 1 月 1 日到 2020 年 1 月 1 日到期，丙提供一般保证，未约定保证期间。如何评价一般保证人的 3 个时间抗辩？

① 2020.1.1 —主债时效期间→ 2023.1.1 后甲才"告"，乙、丙可提出"主债不要脸抗辩"
② 2020.1.1 —保证期间→ 2020.7.1 后甲才"告"，丙可提出保证期间"过期不候"
③ 2020.1.1 —死磕主债务人→ 2020.7.1 —赢到执行→ 2024.5.1 起算一般保证债务时效+3年= 2027.5.1 后甲才向丙"要"，丙可提出一般保证债务"不要脸抗辩"。

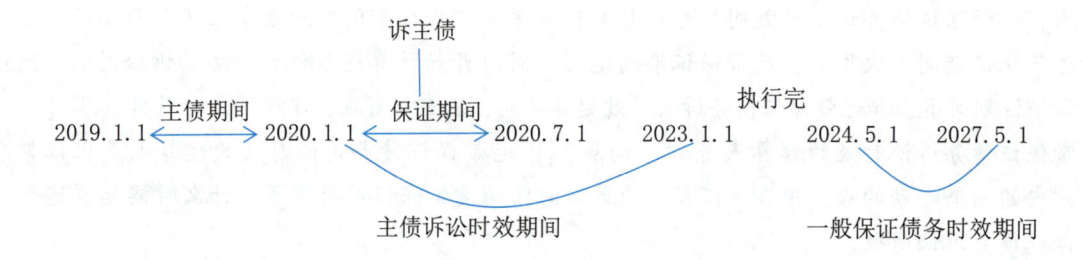

```
                        诉主债                    执行完
         主债期间        保证期间
2019.1.1 ←→ 2020.1.1 ←→ 2020.7.1    2023.1.1    2024.5.1    2027.5.1
              主债诉讼时效期间                一般保证债务时效期间
```

例 2：【连带保证人的 3 个时间抗辩】 甲对乙有借款债权，自 2019 年 1 月 1 日到 2020 年 1 月 1 日到期，丙提供连带保证，未约定保证期间。如何评价连带保证人的 3 个时间抗辩？

① 2020.1.1 —主债时效期间→ 2023.1.1 后甲才要，乙丙可提出"主债不要脸抗辩"
② 2020.1.1 —保证期间→ 2020.7.1 后甲才要，丙可提出保证期间"过期不候"
③ 2020.1.1 —5月1日要了→ 2020.7.1。5月1日起连带保证债务时效+3年= 2023.5.1 后甲才继续向丙"要"，丙可提出连带保证债务"不要脸抗辩"。

```
                    向连带保证人要
                连带保证债务诉讼时效期间 3 年
         主债期间        保证期间
2019.1.1 ←→ 2020.1.1 ←→ 2020.7.1    2023.1.1
              主债诉讼时效期间
```

【做题判断 1：过了保证期间，无须看保证债务时效】 保证期间届满，债权人没完成任务，保证债务消灭，保证人"脱保"，自然无须计算保证债务诉讼时效。

【做题判断 2：计算保证债务时效，无须回头看保证期间】 既然已经开始计算保证债务诉讼时效了,说明此前债权人必然在保证期间内完成了任务,导致了保证期间一次用尽,才会存在保证债务,才存在开始计算保证债务诉讼时效的问题。

四、保证人代偿后的追偿权

(一)【担保人购买主债权的行为,拟制为代偿行为】

1、【外部:担保人购买主债权,视为代偿】同一债务有两个以上第三人提供担保,担保人受让债权的,法院应当认定该行为系承担担保责任。

2.【内部:担保人购买主债权后,能否找其他担保人分担,启动"面对面可分担,背对背不分担"规则】受让债权的担保人作为债权人请求其他担保人承担担保责任的,法院不予支持;该担保人请求其他担保人分担相应份额的,依照本解释第13条的规定处理(《担保制度解释》第14条)。

秒杀:①担保人购买债权视为代偿行为。②代偿后能否要求其他担保人分担,启动担保制度解释第13条"面对面可分担,背对背不分担"。

(二)【保证人代偿后,享有法定代位权,取代债权人地位向主债务人主张权利】

1.【保证人代偿后法定取代债权人】保证人承担保证责任后,除当事人另有约定外,有权在其承担保证责任的范围内向债务人追偿,享有债权人对债务人的权利,但是不得损害债权人的利益(《民法典》第700条)。

2.【保证人代偿后法定取代债权人,可找"自物保",保证人依法成为了担保物权人】承担了担保责任或者赔偿责任的担保人,在其承担责任的范围内向债务人追偿的,法院应予支持。同一债权既有债务人自己提供的物的担保,又有第三人提供的担保,承担了担保责任或者赔偿责任的第三人,主张行使债权人对债务人享有的担保物权的,法院应予支持(《担保制度解释》第18条)。

(三)【保证人代偿后,享有对主债务人的法定追偿权】

1.【代偿多少追偿多少,部分代部分追,全部代全部追】保证人部分代偿,可以向主债务人部分追偿,保证人的追偿权劣后于主债权人对主债务人剩余的债权。保证人全部代偿,可以向主债务人全部追偿。

例:【部分代部分追:代偿了20万元的18万元,可以追18万元】张某从甲银行分支机构乙支行借款20万元,李某提供连带保证。李某和甲银行又特别约定,如保证人不履行保证责任,债权人有权直接从保证人在甲银行及其支行处开立的任何账户内扣收。届期,张某、李某均未还款,甲银行直接从李某在甲银行下属的丙支行账户内扣划了18万元存款用于偿还张某的借款。如何评价甲银行划扣行为?

①【存款债权】李某对银行有 18 万元存款债权。②【保证债权】银行对李某有 20 万元保证债权。③【约定抵销】银行和李某约定抵销，故银行可划扣李某 18 万元。如果没有该约定抵销，则银行必须起诉李某获得胜诉判决才能申请法院强制执行李某账户。实务中，银行都会做这个约定，故在银行业务中，"保证"是秒杀"抵押"的担保方式，"保证才是担保之王"，银行实现保证债权，连律师费都省了。④【部分代部分追】李某代偿了 18 万元，可向主债务人张某追偿 18 万元。⑤【保证人追偿权劣后于主债权】银行未受偿 2 万元，可向主债务人张某要，也可向连带保证人李某要。主债务人"钱不够"比如只有 1 万元则先满足银行。

2.【保证人"部分瞎代偿"，多出部分不能追主债务人】担保人承担的责任超出债务人应当承担的责任范围，担保人向债务人追偿，债务人主张仅在其应当承担的责任范围内承担责任的，法院应予支持；担保人请求债权人返还超出部分的，法院依法予以支持（《担保制度解释》第 3 条第 2 款）。

例：【"部分瞎代偿"，多出部分不能追主债务人】甲公司从乙公司采购 10 袋菊花茶，约定："在乙公司交付菊花茶后，甲公司应付货款 10 万元。"丙公司提供保证，未约定保证方式。乙公司交付的菊花茶中有 2 袋经过硫磺熏蒸，无法饮用，价值 2 万元，另外 8 袋合格。乙公司要求甲公司付款未果，便要求丙公司付款 10 万元。如何评价丙的保证责任？

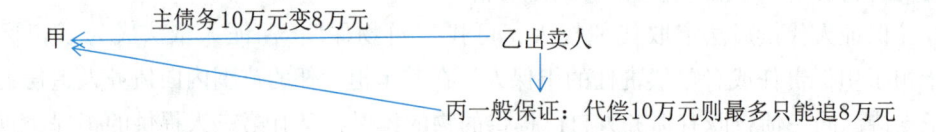

甲 ← 主债务 10 万元变 8 万元 —— 乙出卖人
↓
丙一般保证：代偿 10 万元则最多只能追 8 万元

①丙是一般保证人。②【一般保证人可放弃自己的先诉抗辩权】丙可放弃自己的先诉抗辩权，主动承担保证责任。③【正常代，正常追】如丙代偿 8 万元，可向甲追偿 8 万元。④【部分瞎代，瞎代部分不能追】如丙代偿 10 万元，则只可向甲追偿 8 万元。

3.【保证人"全部瞎保、全部瞎代偿"，全部不能追主债务人】保证人知道或者应当知道主债权诉讼时效期间届满仍然提供保证或者承担保证责任，又以诉讼时效期间届满为由拒绝承担保证责任或者请求返还财产的，法院不予支持；保证人承担保证责任后向债务人追偿的，法院不予支持，但是债务人放弃诉讼时效抗辩的除外（《担保制度解释》第 35 条）。

（四）【主债务人破产情形下保证人的追偿权】

1.【主债务人破产，主债权人申报了破产债权，又向保证人主张：要么同时要，要么先后要】

（1）【情形 1：同时要，主债务人破产，主债权人向主债务人和保证人同时要，担保人全部代偿才能追偿】主债务人破产，债权人可申报破产债权，也可请求担保人承担担保责任。担保人只有全部代偿后才可以取代债权人地位以追偿权申报（《担保制度解释》第 23 条）。

◆ 原理：为什么《担保制度解释》第 23 条规定担保人在清偿债权人全部债权前不得代替债权人在破产程序中受偿？③【部分代偿】主债权 100 万元，主债务人破产了，主债权人申报 100 万元债权。保证人代偿 10 万元，这属于部分代偿。②【不能多吃多拿多要】如果允许保证人部分代偿之后去申报，则保证人申报 10 万。主债权人申报 100 万，保证人申报 10 万，合计申报了 110 万，这对主债务人的其他破产债权人不公平。农村婚宴办酒席，说好一家一人，别人家来了一人，你却带了孩子一起来吃。别人一张嘴，你两张嘴，这不公平。③【1 个债权在 1 个破产程序中只能申报 1 次】所以主债务人破产时，主债权人申报了债权，保证人只有全部代偿才能取代主债权人去申报债权。这也避免了复杂的计算。

（2）【情形 2：先后要，主债务人破产，主债权人先后要，先找主债务人，后找担保人代偿，则担保人代偿后不得追偿】主债务人破产，主债权人申报破产债权，未受偿部分继续请求担保人代偿，担保人代偿后，不得向破产清算终结、不得向和解协议或重整计划执行完毕后的债务人追偿（《担保制度解释》第 23 条）。

2.【主债务人破产，主债权人没有申报破产债权，担保人享有预先追偿权，并以预先追偿权去申报】

（1）【主债务人破产，主债权人没申报，保证人可以预先追偿权去申报】主债务人破产，主债权人未申报债权，担保人有预先追偿权。主债权人未通知担保人导致担保人不能行使预先追偿权，则担保人相应免责（《担保制度解释》第 24 条）。

例：【担保人以预先追偿权申报】甲欠银行 100 万未到期，甲进入破产程序，则"加速到期"，主债务视为到期。但是银行没有去申报破产债权。保证人乙和保证人丙怎么办？

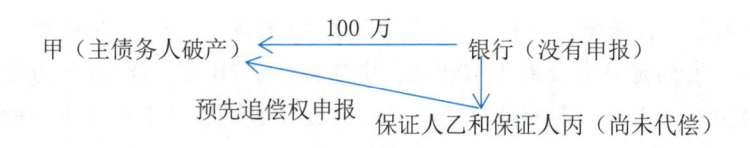

```
                    100 万
甲（主债务人破产） ←──────── 银行（没有申报）
        ↑                           │
        │                           ↓
   预先追偿权申报    保证人乙和保证人丙（尚未代偿）
```

①乙、丙可以作为 1 个债权去申报，即申报 100 万元。②假设根据"破产受偿率"，乙、丙获得 10 万元，这 10 万元要给银行，还要再给银行 90 万元。

◆ 原理：为什么赋予保证人"未代先追"的法律地位？①【主债权人消极怠工】一旦主债务人破产，主债权人不积极主动申报破产债权，去分配破产债务人财产，"干等"保证人"垫背"。②【破产分财产不等人】待保证人代偿后，去追主债务人，"破产的主债务人财产已经分光了"。③【保证人用预先追偿权申报】故要赋予保证人"未代先追"权，如果债权人不配合导致保证人丧失"未代先追"权，则保证人可相应免责。

（2）【主债务人破产，因主债权人过错，损害了保证人的预先追偿权，保证人相应免责】债权人知道或者应当知道债务人破产，既未申报债权也未通知担保人，致使担保人不能预先行使追偿权的，担保人就该债权在破产程序中可能受偿的范围内免除担保责任，但是担保人因自身过错未行使追偿权的除外（《担保制度解释》第 24 条）。

秒杀：债权人坑担保人导致不能预先追偿，则担保人相应免责。

第十章 定 金

一、定金合同（"定"不是"订"，一方交的钱是否定金？看实质不看名字）

（一）【定金合同是实践性合同】

1.【交付定金时合同成立】当事人可以约定一方向对方给付定金作为债权的担保。定金合同自实际交付定金时成立（《民法典》第586条第1款）。

例：【不可诉交付定金】甲乙签订了买卖手机合同，约定乙交付100元定金担保合同履行。后乙未交付定金，收到手机后未付购买款。甲能否诉乙交付定金？①否。②定金未交付，故定金合同不成立。③甲、乙买卖合同成立并生效，甲可诉乙承担买卖合同的违约责任。

2.【交付定金数额变化视为变更定金数额】实际交付的定金数额多于或者少于约定数额的，视为变更约定的定金数额（《民法典》第586条第2款）。

例：【约定数额与实际交付数额不一致：以实际交付数额为准】甲乙签订了买卖合同，约定乙交付100元定金担保合同履行。后乙交付了50元定金。如乙未履约，甲可否没收50元定金？①可。②约定定金数额为100元，实际交付了50元，故50元为定金数额。

（二）【20%规则：定金的数额超过主合同标的额的20%，定金缩减到20%】

定金的数额由当事人约定。但是，不得超过主合同标的额的百分之二十，超过部分不产生定金的效力（《民法典》第586条第2款）。

例：【20%定金】甲乙签订买卖合同，标的额为1000万元，乙依约向甲交付了300万元定金。如何评价定金合同？①200万元具有定金效力，②100万元作为不当得利返还给乙。

（三）正常履约后定金应当抵作价款或者收回（《民法典》第587条）。

二、立约定金

（一）收方不签约，应当双倍返还定金。

（二）交方不签约，无权要求返还定金。

（三）什么叫"不签约"？当事人约定以交付定金作为订立合同的担保，一方拒绝订立合同或者在磋商订立合同时违背诚信原则导致未能订立合同（《民法典合同编通则解释》第67条第2款）。

三、成约定金

（一）【交付定金：一箭双雕】

交付定金，定金合同成立，同步满足了主合同的生效要件。

（二）【没交付定金：各玩各的】

未交付定金，定金合同不成立，主合同如果实际履行且对方接受则主合同仍然生效（《民法典合同编通则解释》第 67 条第 3 款）。

例：【定金不成买卖成】甲、乙约定：甲将 100 吨汽油卖给乙，合同签订后 3 天交货，交货后 10 天内付货款。还约定，合同签订后乙应向甲支付 10 万元定金，合同在支付定金时生效。合同订立后，乙未交付定金，甲按期向乙交付了货物，乙到期未付款。如何评价案涉合同效力？①本案定金属于成约定金。②【定金是实践性合同】乙未交付定金，故定金合同不成立，甲无权请求乙交付定金。③【主合同因"履行治愈"】虽然未交付定金，但主合同一方已经交货，对方收货，故汽油买卖合同成立并生效。甲有权请求乙支付购油款。

四、解约定金

（一）收方解除合同，双倍退定金。

（二）交方解除合同，定金被没收。

五、违约定金

（一）【违约定金优先】

当事人约定了定金性质，未约定定金类型或者约定不明，法院应当推定为违约定金。当事人有相反证据足以推翻的除外。

（二）【违约定金罚则】

1. 【收方违约，应当双倍返还定金】收受定金的一方不履行债务或者履行债务不符合约定，致使不能实现合同目的的，应当双倍返还定金（《民法典》第 587 条）。

2. 【交方违约，无权要求返还定金】给付定金的一方不履行债务或者履行债务不符合约定，致使不能实现合同目的的，无权请求返还定金（《民法典》第 587 条）。

3. 【双方违约，区分是否根本违约】（1）双方都存在根本违约情形，不适用定金罚则。(2) 一方根本违约，对方轻微违约，轻微违约一方可以主张适用定金罚则。

4. 【部分违约，比例适用定金罚则；部分违约构成根本违约，全部适用定金罚则】一方部分履行合同，对方同意接受并有权主张按照未履行部分所占比例适用定金罚则，无权按照合同整体适用定金罚则。如果部分未履行导致不能实现全部合同目的，则有权按照合同整体适用定金罚则。

5. 【不可抗力，不启动定金罚则】因不可抗力导致合同不能履行，非违约方不能主张适用定金罚则。

（三）【违约定金和违约金只能 2 选 1】

当事人既约定违约金，又约定定金的，一方违约时，对方可以选择适用违约金或者定金条款（《民法典》第 588 条第 1 款）。

（四）【违约定金和损害赔偿可以并用但最高不超过损失】

定金不足以弥补一方违约造成的损失的，对方可以请求赔偿超过定金数额的损失（《民法典》第 588 条第 2 款）。

第三编 合同编

合同编说明：①【合同的订立】合同是双方民事法律行为，有2个意思表示，即要约和承诺，这是合同的订立过程。②【合同的相对性】合同仅约束当事人，这叫合同相对性。③【双务合同履行抗辩权】合同履行过程中，一方"违约"却主张自己不违约，这叫双务合同履行抗辩权。④【债权人撤销权】合同履行过程中，一方无力还债还转移财产，债权人可以诉讼撤销该"逃债"行为，这叫债权人撤销权。⑤【债权人代位权】合同履行过程中，一方无力还债还不去对外收自己的债，债权人可以代替去主张，这叫债权人代位权。⑥【合同转让】合同履行过程中发生了债权转让或债务承担，这叫合同的转让。⑦【合同终止】合同关系终止，包括解除、清偿、抵销、提存、混同、免除。⑧【合同终止事由之一：合同解除】合同提前结束，这叫合同的解除。⑨【违约责任】违约方需要对自己的违约行为承担违约责任，这叫违约责任。以上就是合同编总则需要解决的问题。⑩【各种有名合同】合同编分则解决的就是各个具体的有名字的合同的规则：买卖合同、赠与合同、借款合同、租赁合同、融资租赁合同、保理合同、承揽合同、建设工程合同、委托合同、物业合同、合伙合同、技术合同等。

第一章 债权总论

案例导读：①【合同之债】甲雇请乙做家务，约定劳务酬劳200元，这是什么债？合同之债。②【无因管理之债】甲患病昏迷在外，乙送甲去医院救治，支出医药费200元，这是什么债？无因管理之债。③【不当得利之债】甲将车出卖给乙，乙因重大误解撤销买卖合同要求退购车款，这是什么债？不当得利之债。④【侵权之债】甲开车不慎撞伤路人乙，这是什么债？侵权之债。⑤【债权】乙对甲的权利叫债权，其法律效果的共通性在于：一方当事人向他方当事人请求特定行为（称为给付）。特定人之间请求为特定行为的法律关系，即债的关系。⑥《民法典》合同编规定了<u>合同之债、单方允诺之债、缔约过失之债和准合同（无因管理之债和不当得利之债）</u>，《民法典》侵权责任编规定了<u>侵权之债</u>。

一、债、债权、债务

（一）【债】债是特定当事人之间请求为<u>一定给付</u>的民事法律关系。

1.【债的标的：债的客体，给付行为】（1）【作为】交付财物、支付金钱、转移权利、提供劳务、提交工作成果。（2）【不作为】不泄露商业秘密、不从事与对方相竞争的业务。

2.【债的标的物：债的作用对象，给付物】（1）【有的债有标的物】如买卖房屋合同，卖方交付的房屋是标的物，买方支付的货币是标的物。（2）【有的债没有标的物】如演出合同。（3）【任何债都有给付】无论是否存在标的物，但他们都有标的，都有给付行为。

（二）【债权】债权人享有的请求债务人为特定行为的权利

1.【债权是请求权】债权人有权请求债务人为一定行为，但无权直接支配属于债务人所有的财产。

◆ 原理：债权是请求权，为什么不能说请求权是债权？①请求权是债权的上位概念。②债权请求权是最典型的请求权，除此之外，还有其他类型的请求权，比如物权请求权、知识产权请求权等，这些属于支配权受害而产生的请求权，称之为"支配权请求权"。

2、【债权是相对权、对人权】债权人只能向特定的当事人请求给付，债务人也只对特定的债权人负给付义务，但法律另有规定或当事人另有约定的除外。

3、【意定之债权具有任意性】当事人可在不违反法律禁止性规定的情况下任意设定债的关系。

4、【债权具有平等性】当数个债权人对同一债务人先后发生数个债权时，因债权没有公示性，故各个债权具有同等的效力。

◆ 原理：如何理解债权的平等性？区分适用。①【坚持债权的平等性】比如，《破产法》中，债务人破产时，债务人的全体债权人就债务人破产财产平等受偿，此处坚持了债权的平等性。还比如《民诉法》中，自然人欠多个债还不了，各债权人拿到胜诉判决，一个债权人申请法院强制执行债务人财产，其他债权人可持生效判决申请"参与分配"。②【破除债的平等性】比如，一物多卖中，关于继续履行的违约责任债权请求权，是有先后顺序的。还比如，《民诉法》中，上述情形，其他债权人如果没有拿到生效判决，其债权实现要劣后于已经胜诉的债权人。

5、【债权具有相容性】在同一标的物上可以成立数个债权，各债权之间互不排斥，可以相容。如甲欠乙1元，甲欠丙1元，乙可以向甲要1元，不能排斥丙向甲要1元。换言之，所谓债权请求权不具有排他性。

（三）【债务】必须为一定行为（作为或不作为）的民法上义务。

1.【主给付义务】债所固有、必备，并用也决定债的类型的给付义务。如买卖合同中，出卖人的主给付义务是移转标的物所有权，买受人的主给付义务是支付价金。

2.【从给付义务】不能决定债的类型，仅在确保债权人的利益能获得最大程度满足的给付义务。如买卖合同中，出卖人交付商品使用说明书。

3.【附随义务】在合同履行过程中基于诚实信用原则而发生的、旨在更好地实现当事人利益的义务。如照顾（餐馆照顾客人人身和财产安全）、保管（出卖人在交付标的物前妥善保管该物）、协助（花店在出售新鲜花枝的时候会包装好花束以便顾客携带）、通知（出售锅炉的店家应当告知购买者使用锅炉的注意事项）、保密（工程技术人员不得泄露公司开发新产品的秘密）、保护义务（医生手术时不得把纱布遗留病人体内）。

例：【在"湘菜公主"饭店吃饭】去饭店吃饭，当事人之间签订了餐饮服务合同。如何评价饭店在该合同中的义务？①【主给付义务】提供饭菜是主给付义务。②【从给付义务】开具发票提供给顾客是从给付义务。饭店开具发票是法定义务，否则涉嫌偷税漏税，但是开出发票后有义务交给顾客，该义务是从给付义务。③【附随义务】保护顾客人身财产安全是附随义务。

4.【不真正义务】违反该义务会导致违反义务一方的损失，不会导致对方享有请求权。如守约方有避免损失扩大的义务，如果未履行该义务，就扩大部分损失自己负责（《民法典》第591条）。

二、债的发生原因

（一）【无因管理】没有法定或者约定的义务，为避免他人利益受损失而进行管理的人，有权请求受益人偿还由此支出的必要费用（《民法典》第121条）。

1.【管理的意思】（1）【为他人管理的意思】①【有为他人管理的意思】如果欠缺为他人管理意思，不成立无因管理。如甲与乙结婚后，乙生育一子丙，甲抚养丙5年后才得知丙是乙和丁所生，甲不成立无因管理，因为甲没有为他人管理的意思。②【既有为他人的意思又有为自己的意思，是无因管理】如甲见邻居家中失火恐殃及自己家，遂用自备的灭火器救火，甲成立无因管理。③【"客观抽象判断"：管理意思不能太遥远】如甲见邻居着火而施救受损，邻居将房屋出租给了租户，且投保了火灾保险，则甲与房东、与租户之间成立无因管理之债，但不会与保险公司成立无因管理之债。④【"幻想管理"：为他人的意思但管理的是自己的事务，不是无因管理】误将自己的事务当做别人的事务管理，不成立无因管理。类似于学生说为司法部而读书，想的是为司法部，其实读的是自己的书，仍然属于为自己而读书。（2）【符合被管理人真实意思】①【符合被管理人真实意思】构成无因管理，不能对管理人要求太高。②【不符合被管理人真实意思】不构成无因管理。③【不符合被管理人真实意思但为维护公序良俗】构成无因管理。如救跳水自杀者，自杀者被救，救人者因此弄丢了价值5万元的手表，救人者构成无因管理，可要求自杀者支付必要费用，这属于没死成还欠了债。

2.【管理的方法】（1）【适当管理】管理人管理他人事务，应当采取有利于受益人的方法。如适当管理后无效果，不影响成立无因管理（《民法典》第981条）。（2）【及时通知和等候指示】管理人管理他人事务，能够通知受益人的，应当及时通知受益人。管理的事务不需要紧急处理的，应当等待受益人的指示（《民法典》第982条）。

例：【管理失败也是雷锋】如张某外出，台风将至。邻居李某担心张某年久失修的房子被风刮倒，祸及自家，就雇人用几根木料支撑住张某的房子，但张某的房子仍然不敌台风而倒塌。李某的行为构成无因管理吗？虽然"失败"，李某仍然构成无因管理。

3.【构成无因管理】（1）【管理人的必要费用和所遭受损失的请求权】①管理人可以请求受益人偿还因管理行为而支出的必要费用。②管理人因管理行为受到损失的，可以请求受益人给予适当补偿。（《民法典》第979条）（2）【受益人的知情权和取得管理成果权】①管理结束后，管理人应当向受益人报告管理事务的情况。②管理人管理事务所取得的财产，应当及时转交给受益人。（《民法典》第983条）

例：【老人倒了】甲见老人倒了，扶之，可否基于无因管理之债要求老人给5元钱？

①否。这是情谊行为，无损失，也无费用支出，谈何无因管理之债。②除非送老人就医支出打车费、挂号费等，才可主张无因管理之债。

4.【不构成无因管理】(1)【不是无因管理但参照无因管理处理】管理人的管理行为不符合无因管理构成要件，但是受益人主张享有管理利益的，受益人应当在其获得的利益范围内向管理人承担无因管理之债的责任（《民法典》第980条）。如误将别人家的牛当自己家的牛养了，不是无因管理，但可要求受益人承担无因管理之债的责任，返还饲料费用。(2)【无因管理经追认转化为委托合同】管理人管理事务经受益人事后追认的，从管理事务开始时起，适用委托合同的有关规定，但是管理人另有意思表示的除外（《民法典》第984条）。

5.【无因管理的法律性质：事实行为】不适用意思表示和民事法律行为的规定，故小孩也可成为无因管理人。

例：【孩子可以做无因管理人】丙（15周岁）租车将在体育课上昏倒的同学送往医院救治，丙构成无因管理。

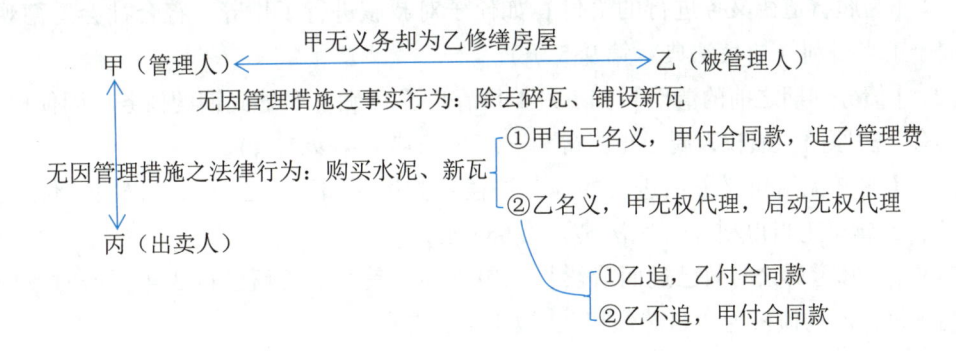

```
                   甲无义务却为乙修缮房屋
甲（管理人）←——————————————————→ 乙（被管理人）
       ↕       无因管理措施之事实行为：除去碎瓦、铺设新瓦
                                    ①甲自己名义，甲付合同款，追乙管理费
       无因管理措施之法律行为：购买水泥、新瓦
                                    ②乙名义，甲无权代理，启动无权代理
丙（出卖人）
                                          ①乙追，乙付合同款
                                          ②乙不追，甲付合同款
```

◆ 原理：如何区分无因管理的法律性质与无因管理的措施？①【性质：事实行为】无因管理的法律性质是事实行为，指的是无因管理之债是法定之债，与当事人意思表示无关，即只要你这样做了，就能要钱，和你当时实施无因管理行为时想不想要钱无关。②【措施：各种行为】无因管理的措施，可能是事实行为，如为他人饲养牲畜；也可能是民事法律行为，如为饲养他人牲畜而对外签订合同购买饲料。③【债】无论采取什么措施，管理人和受益人之间，产生的是无因管理之债。④【措施1：自己名义签约】如果管理人以自己名义对外签订购买饲料合同，根据合同相对性原理，管理人是合同当事人，应支付购买饲料款。管理人转而再向受益人主张无因管理所支出的"必要费用"。⑤【措施2：被管理人名义签约属于无权代理】如果管理人以受益人名义对外签订购买饲料合同，这属于无权代理所签订的合同，如受益人追认该合同，则受益人为当事人，应付购买饲料款；如受益人不追认该合同，则无权代理人管理人自负其责，应向卖方付购买饲料款，此后再向受益人主张无因管理所支出的"必要费用"。

(二)【不当得利】

一方没有法律根据而取得利益，对方遭受损失，两者之间有因果关系，受损方有权请求得益方返还不当利益（《民法典》第122条）。

1.【构成不当得利】

(1)【直接当事人之间返还不当得利】①【善意不当得利人限于返还现存利益】得利

人不知道且不应当知道取得的利益没有法律根据，取得的利益已经不存在的，不承担返还该利益的义务（《民法典》第 986 条）。如 A 公司送奶员误将甲家订的牛奶放入乙家，乙不知情将该牛奶扔掉，乙作为善意不当得利人，现存利益已经不存在，故无须返还牛奶。甲有权向 A 公司索赔。② 【恶意不当得利人返还利益和赔偿损失】得利人知道或者应当知道取得的利益没有法律根据的，受损失的人可以请求得利人返还其取得的利益并依法赔偿损失（《民法典》第 987 条）。如乙借用甲牛，借期届满未还，某日牛被雷劈死。乙作为恶意不当得利人，须向甲承担赔偿责任。

（2）【间接当事人之间返还不当得利：要求无偿受让之第三人返还不当得利】得利人已经将获得的利益无偿转让给第三人的，受损失的人可以请求第三人在相应范围内承担返还责任（《民法典》第 988 条）。如甲受乙欺诈将手机卖给乙，乙将手机赠给丙。甲向法院提出撤销买卖合同，法院支持了甲的诉讼请求，甲可要求乙返还不当得利，也可要求丙返还不当得利。

2.【不构成不当得利】

（1）【为履行道德义务进行的给付】如侄子对叔叔进行了供养，符合社会道德观念，叔叔属于正当得利（《民法典》第 985 条）。

（2）【债务到期之前的清偿】如 1 月 1 日清偿了 10 月 1 日才到期的债务，因债权人的受领具有合法原因，债权人属于正当得利（《民法典》第 985 条）。

（3）【明知无给付义务而进行的债务清偿】如甲明知不欠乙款，却仍向乙付款，乃"赠与"，乙属于正当得利（《民法典》第 985 条）。

（4）【不知道诉讼时效已过而清偿】如甲不知道其对乙负债已过 3 年诉讼时效期间，而向乙支付，乙的债权为"自然债权"，属于正当得利。

（5）【基于不法原因而给付：给付原因违反强行法或公序良俗】如甲因赌博输给了乙 10 万元，该 10 万元不是不当得利，乙无须返还甲，该 10 万元应依法由国家收缴。如甲尚未支付该 10 万元给乙，乙不得主张，因为这属于非法之债。

（6）【强迫得利：利益变动是受损人积极追求的结果】如乙将车停在甲餐馆，甲工作人员给乙洗车要求乙付费。乙属于"被迫"得利，该利益变动是甲餐馆积极追求的结果，故不成立不当得利，"洗了也白洗"，避免发生强迫交易。

（7）【反射利益：一方获益，无人受损】如甲在乙房附近投资兴建商业广场，乙的房屋因此价值大增，乙获得利益但未导致甲损失，故乙对甲而言不成立不当得利，我们将乙取得的利益叫"反射利益"。

3.【学理上区分两种不当得利】

（1）【给付型不当得利】受益人受领他人基于给付行为而移转的财产或利益，因欠缺给付目的而发生的不当得利。如甲向乙借款 10 万元，1 年后根据约定偿还本息 15 万元。超过一年期贷款市场报价利率（LPR）4 倍的部分无效，成立不当得利。

（2）【非给付型不当得利】基于给付以外的事由而发生的不当得利，包括人的行为和自然事件。①【受益者的事实行为】甲久别归家，误把乙的鸡当成自家的吃掉。②【受益者的民事法律行为】如无权出租他人之物获得租金。③【受损者行为】如甲在乙银行的存款账户因银行电脑故障多出 1 万元。④【第三人行为】如甲误将乙的肥料施予丙的农田中。⑤【自然事件】如甲家水塘的鱼跳入乙家水塘。

三、债的分类

（一）【根据债的依据，区分为意定之债与法定之债】

1. 【法定之债】债的发生及其内容均由法律规定的债。法定之债主要包括侵权之债、不当得利之债、无因管理之债和缔约过失之债。

2. 【意定之债】债的发生及其内容完全由当事人决定。意定之债主要包括合同之债和单方允诺之债。

◆ 原理：《民法典》规定了合同之债的成立、效力、履行、保全、转让、终止，为何没有规定其他债的这些规则？①其他债不存在有效、无效的问题，但也存在成立、履行、保全、转让、终止的问题。②参照适用合同之债的相关规则适用即可。正因此，我国《民法典》没有规定债法总则，确实更加简便。合同编总则不但是合同之债的总则，也是其他债的总则。

（二）【根据债的内容，区分为劳务之债与财物之债】

1. 【劳务之债】债务人以提供一定劳务为标的的债。如运送之债、雇佣之债、服务之债、演出之债、授课之债、委托之债等。

（1）【方式性劳务之债】债务人仅须按照一定的方式向债权人提供特定的劳务活动，但并不要求该劳务活动必然产生债权人所追求的效果。如在医疗合同中，医生仅须提供相应的医疗服务，即使未治愈患者，也不负违约责任。还比如律师代理打官司也不能保证一定胜诉。

（2）【结果性劳务之债】债务人不仅需要向债权人提供特定的劳务活动，而且该劳务合同必须产生债权人期待的效果。如在运输合同中，承运人必须将旅客运送至特定地点，如未运到目的地，须负违约责任。如春运要的是回家，而不是坐火车的过程。如开锁要的是进屋，而不是欣赏漫长的开锁过程。

2. 【财物之债】债务人以给付一定财物为标的的债。如买卖、赠与、租赁、借用。

秒杀：劳务之债之间不能法定抵销。劳务之债与财物之债也不能法定抵销。财物之债与财物之债可以法定抵销。

（三）【对财物之债，区分为特定之债与种类之债】

1. 【特定之债：特定物之债】以依当事人的意思具体指定的物即特定物为标的的债。特定物是不可替代物，一般包括两种：（1）世界上独一无二的物，如徐悲鸿的奔马图。（2）经过特定化了的种类物，如商场内的自行车经过顾客的选择后，选中的一辆就成了特定物。

例：【画被烧了】甲、乙签订买卖齐白石的一幅画的合同，在交付前，画被烧毁，因画是特定物，买方乙不能要求甲承担继续履行的违约责任，只能要求甲承担其他方式的违约责任。

2. 【种类之债：种类物之债】以不特定的种类物为标的的债。种类物是可替代物，如商场内的自行车。最常见的种类物就是货币。

例：【米被偷了】甲、乙签订买卖100斤大米的合同，假设大米被盗，因大米是种类物，买方乙有权要求卖方甲承担继续履行的违约责任，即继续提供100斤大米。

(四)【根据债的标的能否选择，区分为简单之债与选择之债】

1.【简单之债】债的标的只有一个，当事人只能就该种标的履行的债。

例：【还钱】甲向乙借款2万元。合同上写的就是到期还款，没有别的履行方式，无可选择，此为简单之债。

2.【选择之债】债的标的为两个以上，当事人可以从中选择其一来履行的债。如对商品实行"三包"制度，当出售的商品质量不合格时，买受人与出卖人之间就发生选择之债，或修理、或更换、或退货，当事人须从中选择一种履行。选择权属于形成权。

(1)【选择权归债务人】标的有多项而债务人只需履行其中一项的，债务人享有选择权；但是，法律另有规定、当事人另有约定或者另有交易习惯的除外（《民法典》第515条第1款）。

◆ 原理：为何没有例外情况就视为债务人有选择权？既然是债务人选择的，自然他能履行的，让债务人选择是有利于促进债的履行的。

例1：【法律规定权利人选择违约责任1】当事人一方不履行合同义务或者履行合同义务不符合约定的，应当承担继续履行、采取补救措施或者赔偿损失等违约责任（《民法典》第577条）。当事人一方不履行合同义务或者履行合同义务不符合约定的，在履行义务或者采取补救措施后，对方还有其他损失的，应当赔偿损失（《民法典》第583条）。

例2：【法律规定权利人选择违约责任2】履行不符合约定的，应当按照当事人的约定承担违约责任。对违约责任没有约定或者约定不明确，依据《民法典》第510条的规定仍不能确定的，受损害方（债权人）根据标的的性质以及损失的大小，可以合理选择请求对方承担修理、重作、更换、退货、减少价款或者报酬等违约责任（《民法典》第582条）。

例3：【交易习惯由权利人选择】甲坐公交车，买票乘车，与公交公司签订了运输合同。公交公司负有将甲安全运送到目的地的义务。公交车有很多站，将乘客运输到某个站即是标的，甲选择在哪一站下车，选择请求公交公司将自己运输到某个站，是在行使选择权。

例4：【无约定则债务人选择交付什么柴油】甲方因急需柴油，与乙厂签订了一份买卖合同。双方商定，乙方在1个月内筹集0号或10号柴油10吨供给甲厂，每吨单价为1200元；合同生效后，甲方按合同约定支付了2000元定金。乙厂也在合同生效后第25天，依约定向某厂发运了0号柴油10吨。因当时气温下降，0号柴油无法投入使用。故甲厂要求乙厂改供10号柴油，或者退货。乙厂认为其所供0号柴油符合国家质量标准和合同规定，既不应换货，也无货可换；同时要求甲厂依约支付货款。甲厂要求乙厂换货或退货的理由能否成立？①不能成立。②【选择之债】乙厂可以筹集0号或10号柴油供给甲厂，这属于选择之债。③【债务人有选择权】当事人未约定选择权归谁，则选择权归债务人乙厂。④【债务人已经做出了选择】乙厂享有选择权且已履行了义务，甲厂接受了乙厂的履行,故甲厂的理由不能成立。

(2)【选择权人转归对方】享有选择权的当事人在约定期限内或者履行期限届满(选择权是形成权,该期间是除斥期间)未作选择,经催告后在合理期限内仍未选择的,选择权转移至对方(《民法典》第515条第2款)。

◆ 原理:为何经催告不选择时选择权转归对方?选择之债只有选择后变成简单之债才能得到实际履行。如果你不选择,又不履行,对方无法追究你违约责任,这不公平。

(3)【通知选择,不得变更】①【单方意思表示无须对方承诺】当事人行使选择权应当及时通知对方,通知到达对方时,债务标的确定。②【通知后变成简单之债】确定的债务标的不得变更,但是经对方同意的除外(《民法典》第516条第1款)。③【优先选择可以履行的标的】可选择的债务标的之中发生不能履行情形的,享有选择权的当事人不得选择不能履行的标的,但是该不能履行的情形是由对方致使的除外(《民法典》第516条第2款)。

(五)【根据同一个债的主体人数,区分为单一之债与多数人之债】

1.【单一之债:1对1】同一个债的双方主体都仅为一人的债。如甲公司和乙运输公司订立的货物买卖合同所产生的债。还如张三和李四签订的租赁合同所产生的债等都是单一之债。

2.【多数人之债:1对2、2对1或者2对2】同一个债的双方主体均为二人以上或其中一方主体为二人以上的债。可分为按份之债、连带之债、不真正连带之债和补充之债。

秒杀:①简单之债指的是没有选择所以简单。②单一之债指的是双方当事人都是一个人(1人)。

(六)【按份之债、连带之债、不真正连带之债和补充之债】

1.【按份之债:按份债务和按份债权】(1)【按份债务】债务人为二人以上,标的可分,按照份额各自负担债务的,为按份债务(《民法典》第517条)。(2)【按份债权】债权人为二人以上,标的可分,按照份额各自享有债权的,为按份债权(《民法典》第517条)。

2.【连带之债:连带债务】债务人为二人以上,债权人可以请求部分或者全部债务人履行全部债务的,为连带债务(《民法典》第518条)。

(1)【连带债务人的内部关系:公平处理】

①【连带债务人内部关系1:等额公平追偿】连带债务人之间的份额难以确定的,视为份额相同。实际承担债务超过自己份额的连带债务人,有权就超出部分在其他连带债务人未履行的份额范围内向其追偿。其他连带债务人对债权人的抗辩,可以向该债务人主张(《民法典》第519条)。

例:【内部:等额追偿】甲和乙作为一方,与丙签订买卖房屋合同,甲、乙负有支付100万元购房款的义务,房屋过户在甲和乙名下。丙有权要求甲或乙付款100万元,甲支付100万元后,可向乙追偿多少?50万元。

②【连带债务人内部关系2:追偿权劣后于债权人求偿权】连带债务人清偿后,取代债权人地位,可向其他连带债务人追偿,但该追偿权不得损害债权人利益(《民法典》第

519条)。

例:【内部:债务人的追偿不得损害债权人利益】甲和乙对丙负连带债务100万元。甲和乙内部各负50万元。如果甲还了90万元,甲多付了40万元可向连带债务人乙追。丙只收到90万元,另外的10万元可向乙要。如果乙只有10万元,先满足谁?债权人丙。

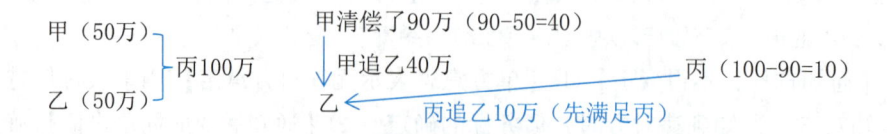

```
甲(50万) ┐        甲清偿了90万(90-50=40)
         ├丙100万    甲追乙40万              丙(100-90=10)
乙(50万) ┘           ↓
                     乙 ← 丙追乙10万(先满足丙)
```

③【连带债务人内部关系3:风险公平分担】被追偿的连带债务人<u>不能履行其应分担份额的,其他连带债务人应当在相应范围内按比例分担</u>(《民法典》第519条)。如此安排,有利于鼓励连带债务人积极还债,<u>让先还的人不吃亏</u>。

例:【内部:风险共担,让先还的人不吃亏】甲、乙、丙对丁负连带债务300万元。甲、乙、丙内部各负100万元。甲已经偿还了300万元,甲可向乙、丙各追100万元。甲向乙追时,恰逢乙破产,甲只向乙追到了10万元,剩余90万元的风险怎么分担?①甲、丙各分担45万元。②故甲可向丙追偿100万元和45万元(90/2=45万元),合计145万元。

```
甲(100)┐         甲清偿了300        甲清偿了300
       │         甲追乙100           甲只追到乙10  (亏90风险)
乙(100)├丁300    乙                  乙
       │         甲追丙100           甲追丙(100+90/2风险由甲丙均担)
丙(100)┘         丙                  丙
```

(2)【连带债务人的外部关系:公平处理】(《民法典》第520条)

①【连带债务人外部关系1:1个债务人履行,全体债务人沾光】部分连带债务人<u>履行</u>、抵销债务或者提存标的物的,其他债务人对债权人的债务在相应范围内消灭。

例:【外部:1个债务人履行,全体债务人沾光】甲和乙对丙负有连带债务100万元,甲向丙还了20万元。丙还可向乙主张100万元吗?①不可以。②100万元债务,已经履行了20万元,剩余债务就是80万元了。因此,丙只能向乙主张80万元。③如果乙向丙还了这80万元,则可向甲追偿30万元,因为甲、乙内部各负责50万元。④底层逻辑是债权人已经获得了履行,得到保护了。

②【连带债务人外部关系2:1个债务人被免除,全体债务人沾光】部分连带债务人的债务被债权人<u>免除</u>的,在该连带债务人应当承担的份额范围内,其他债务人对债权人的债务消灭。

例:【外部:1个债务人被免除,全体债务人沾光】甲和乙对丙负有100万元连带债务,甲和丙是父子关系,丙免除了甲的债务。丙可要求乙承担多少债务?①50万元。②100万元债务,被免除了50万元,剩余债务就是50万元了(也是连带的50万)。③底层逻辑是保护债权人,尊重债权人的意思。④丙可以找乙要50万,其实也可以找甲要50万,但是如果甲承担了50万，还是可以全部找乙要。内部看乙负责全部的50万，这是个别免除的终极效果。⑤但是乙也没亏，因为就算丙不免除甲的50万元，乙最终还是出50万元，只不过乙会生气：为什么丙是甲的爸爸而不是自己的爸爸。

③【连带债务人外部关系3：1个债务人混同只消灭自己的】部分连带债务人的债务与债权人的债权同归于一人的，在扣除该债务人应当承担的份额后，债权人对其他债务人的债权继续存在。

例3：【外部：1个债务人混同只消灭自己的】甲和乙对丙负有100万元连带债务，甲和丙是父子关系，甲死亡后有一套价值100万元的房屋，全部归丙继承。丙还可要求乙履行债务吗？①可。要求乙履行50万元债务。②因为甲和乙内部份额是各50万元债务，甲死亡（甲是债务人），丙继承（丙是债权人又继承了甲的债务），混同了50万元债务，该50万元债务消灭，仅消灭甲的债务。乙还需要负担50万元债务。③底层逻辑是保护债权人。

◆ **原理：** 连带债务外部关系中，为什么1人履行、1人被免除都是全体债务人沾光，而1人混同却只消灭自己的？①因为1人履行，债权人实际获得履行了。②1人被免除，债权人本意放弃了这部分权利。③他们都是符合债权人利益的。④而如果发生1个债务人和债权人混同，仅仅这部分债务消灭，其他债务并没有消灭，这样有利于保障债权人的利益。

秒杀： 怎么公平怎么来。"还了"多少算多少，"免了"多少算多少，"混同了"多少算多少。

3、【连带之债：连带债权】债权人为两人以上，部分或者全部债权人均可以请求债务人履行债务的，为连带债权（《民法典》第518条）。

（1）【内部关系：公平处理，等额享有收益，多得应分享】连带债权人之间的份额难以确定的，视为份额相同。实际受领债权的连带债权人，应当按比例向其他连带债权人返还（《民法典》第521条）。

例：【内部：实际得到多少分享多少】甲、乙对丙享有连带债权10万元，丙向甲支付了2万元后破产。乙向甲追要1万元，能否支持？①能。②实际得到多少都不能独吞，连带债权人内部应分享。

秒杀： 连带债权人内部永远是按份的，不能独吞。

（2）【外部关系：公平处理】（《民法典》第521条）

①【连带债权人外部关系1：1个债权人获得，全体债权人获得】向部分连带债权人履行债务，其他连带债权人的债权相应消灭。

例：【外部：1个债权人获得，全体债权人获得】甲和乙对丙享有连带债权10万元，丙向甲履行了2万元，甲收到了2万元，视为全体债权人收到了2万元，债务人丙还负有8万元的债务。乙还能要求丙还10万元吗？①不能。②因为债务人丙还了2万元，就消灭了2万元的债务，剩余债务就是8万元。③底层逻辑是债权人已经得到了部分清偿，得到保护了。

②【连带债权人外部关系2：1个债权人免除，免除他自己的】部分连带债权人免除债务人债务的，在扣除该连带债权人的份额后，不影响其他连带债权人的债权。

例：【外部：1个债权人免除，只免除他自己的】甲和乙对丙享有连带债权10万元，甲、丙是父子关系，甲免除丙的债务，乙还能向丙主张债权吗？①能。主张5万元。②甲、乙内部享有的债权各是5万元，甲只能抛弃自己的5万元债权，不能抛弃别人的，故乙有5万元债权。③底层逻辑是不能损害债权人利益。

③【连带债权人外部关系3：1个债权人混同，混同他自己的】连带债权中部分连带债权人与债务人同归于一人的，在扣除该债权人所享有的份额后，其他债权人对债务人的债权继续存在。

例：【外部：1个债权人混同，混同他自己的】甲和乙对丙享有连带债权10万元，丙、甲是父子关系，丙死亡后，遗产全部归甲继承。乙还能向丙的继承人甲主张债权吗？①能。主张5万元。②甲、乙内部享有的债权各是5万元，甲（儿子）作为债权人，丙（爸爸）作为债务人，甲的5万元债权债务发生了混同，只混同甲自己的，不能混同别人的，故不影响乙的5万元债权。乙诉甲要50万元。③底层逻辑是不能损害债权人利益。

秒杀：怎么公平怎么来。"还了"多少算多少，"免了"多少算多少，"混同了"多少算多少。

（3）【连带债务比较重】由法律规定或者当事人约定。常见的法定连带之债如下：

①滥用代理权中的连带责任：代理人和相对人恶意串通损害被代理人利益，对被代理人负连带责任。②违法代理中的连带：代理人明知代理事项违法仍代理，代理人和被代理人对外负连带；被代理人明知代理人行为违法仍沉默，代理人和被代理人对外负连带。③有意思联络教唆帮助的连带责任：教唆人、被教唆人，负连带责任；帮助人、实际加害人负连带责任。④无意思联络的连带责任：原因力1独当一面、原因力2独当一面，负连带责任。⑤有意思联络共同加害的连带责任：加害人1、加害人2……，负连带责任。⑥个人合伙的连带。⑦夫妻共债的连带。⑧公司分立为新公司对外负连带。⑨继承共有物对死者负债的连带。⑩共有物对外债务的连带。

◆ 原理：为什么连带债务需要法律规定或当事人约定？①因为A的债务，要由B去连带负责，这本质上是"连坐"，会限制B的自由。②因此必须要有合理的理由，否则这样对B是不公平的。③所以，连带债权债务必须依法确定或依当事人约定。

4.【不真正连带之债】

（1）【外部：债权人选择主张】多个债务人就基于不同发生原因而偶然产生的同一内容的给付，各负全部履行的义务，因债务人之一的履行而使全体债务人的债务均归于消灭的债务。

（2）【内部：不是按份分担而是由一方兜底】不真正连带债务人之间不存在内部分摊关系，但存在终局责任人。

```
            选择
         ┌──────→ B（不真正连带债务人1）
A（债权人）         │ 全额追偿
         └──────→ C（不真正连带债务人2：终局责任人）
            选择
```

（3）【侵权和侵权的不真正连带】①【产品责任】生产者，销售者不真正连带，但有终局责任人。如甲从乙商场购买丙厂生产的热水器爆炸导致损害，甲可诉乙或丙。如查明是丙导致缺陷，则乙可全额向丙追偿，丙是终局责任人。②【医疗产品责任】医院、医疗产品厂家不真正连带，但有终局责任人。如甲从乙医院购买丙厂生产的医疗器械，因缺陷导致损害，甲可诉乙或丙。如查明是丙导致缺陷，则乙可全额向丙追偿，丙是终局责任人。③【第三人过错致环境污染责任】污染者、第三人不真正连带，但有终局责任人。如小偷破坏中石油地下管道偷油，导致原油泄漏污染农田，农民可诉小偷或中石油，中石油赔偿后可全额向小偷追偿，小偷是终局责任人。④【第三人过错致动物损害责任】动物人、第三人不真正连带，但有终局责任人。如乙挑逗丙的狗咬到了甲，甲可诉乙或丙，丙赔偿后可全额向乙追偿，乙是终局责任人。

（4）【合同和合同的不真正连带】①【连带保证合同和主债务合同】主债务100万，连带保证人和主债务人不真正连带，债权人可诉主债务人或连带保证人，连带保证人代偿后可全额向主债务人追偿，因此终局责任人是主债务人。②【运输合同和保险合同】甲货物交乙运输，甲将货物投保。乙撞树致货损。甲可诉乙承担合同责任，也可诉保险公司承担合同责任，保险公司赔偿后可全额向乙追偿，乙为终局责任人。

（5）【合同和侵权的不真正连带】①【违约和侵权】如甲托乙运输鲜鱼，丙交通肇事全责致损。甲可诉乙承担违约责任，也可诉丙承担侵权责任，乙承担责任后可向丙全额追偿，为终局责任人。②【合同和侵权】甲财产向乙保险公司投保，丙毁损该财产。甲可诉保险公司承担保险责任，也可诉丙承担侵权责任，保险公司赔偿后取得代位求偿权，可以全额向丙追偿，丙是终局责任人。

5.【补充之债】当存在多个责任人时，在第一责任人的财产不足以承担其应负的民事责任时，负补充责任的人对不足部分承担的责任。

1.【补充范围】先穷尽第一责任人财产，后补充责任责任人承担补充责任，但补充责任有一定的承担范围。(1)【有的是补充全部】如监护人对被监护人对外侵权所负的补充责任。(2)【有的是补充部分】如会计师事务所在出具虚假验资证明的情况下，仅在其证明资金的范围内承担赔偿责任。

2.【可否追偿】(1)【有的可以追偿】如一般保证人，代偿后可全额追主债务人。还如"安保义务人"，赔偿后可向第三人追偿。(2)【有的不能追偿】个人独资企业财产不足以清偿债务的，投资人应当以其个人的其他财产予以清偿。这里规定的也是一种补充责任，但个人独资企业的财产也是投资人的个人财产，投资人以其他财产清偿个人独资企业的债务后，实际上根本就无法行使追偿权。

3.【常考补充责任情形】(1)【一般保证】先执行主债务人财产后，才轮到一般保证人承担补充责任，称"先诉抗辩权"。(2)【违反安保义务的侵权责任】第三人在安保义务场所侵权，第三人负侵权责任，安保义务场所承担过错补充责任。(3)【教育机构违反安保义务的侵权责任】第三人在教育机构所在场所侵权，第三人负侵权责任，教育机构承担过错补充责任。(4)【出资不足股东对公司债务的责任】公司对公司债务负责，出资不足股东在"未出资本息范围内"承担补充责任。

秒杀："二宝叫股东出资不足"。一般"保"证、安"保"义务、"教"机构、股东出资不足。

第二章　合同的订立

导读：①【要约】我爱你，你爱我吗？这是要约。②【承诺】我也爱你，这是承诺。③【新要约】我爱你1年，这是新要约，因其实质性地改变了要约的内容。④【拒绝要约】我不爱你，这是拒绝要约。⑤【限于财产关系】以上是类比，其实合同仅限于财产关系。婚姻、收养、监护等有关身份关系的协议，适用《民法典》其他编或者其他法律的规定；没有规定的，可以根据其性质参照适用《民法典》合同编规定（《民法典》第464条第2款）。

一、要约：希望和他人订立合同的意思表示

（一）【要约的构成】（《民法典》第472条）

1.【目的意思】内容具体确定：当事人、标的和数量。2.【效果意思】表明经受要约人承诺，要约人即受该意思表示约束。

例：【效果意思】甲对乙声称"正在考虑卖掉家中祖传的一套家具，价值10万元"，甲有效果意思吗？①【没有效果意思】甲并没有决定订立合同，故无效果意思。②【有效果意思】如甲向乙提出"要卖掉家中祖传的一套家具，价值10万元"，则表明甲已经决定订立合同，且在该意思表示中已表明如果乙同意购买，则甲要受到乙承诺的拘束。

（二）【要约的撤回】（《民法典》第475条）

撤回要约的通知应当同时或先于要约达到相对人，才能够"撤回"一个尚未生效的要约。

例：【要约函1和撤回要约函2】甲对乙发出要约函1，马上发撤回要约函2，函2同时或先于函1到达对方。如何评价甲的要约？①不成立，而非失效。②【要约没到达】因为要约函1尚未到达对方，还未生效，就不存在失效问题。③【撤回要约】要约函1被撤回了，故要约不成立。

（三）【要约的撤销】（《民法典》第476、477条）

1.【撤销通知在对方承诺前到达】要约人对已经到达对方的要约发出撤销通知，该通知在对方做出承诺前到达对方，要约失效。

例：【要约函1、撤销要约函2、承诺函3】甲对乙发出要约函1，到达了乙。乙在作出承诺函3之前，甲向乙发出了撤销要约函2。如何评价甲的要约？①失效。②【要约到达了】要约到达了乙，要约生效。③【要约被撤销】在乙作出承诺前，要约被依法撤销了，故要约失效。

2.【不可撤销情形1】要约人以确定承诺期限或者以其他形式表明要约不可撤销。

例：【有承诺期限的要约不可撤销】甲对乙发出了出卖手机的要约，请乙在一周内做出回复。乙作出承诺前，甲能否撤销该要约？①不能。②1周属于要约有效期，又称承诺期限，甲不得撤销要约。

3. 【不可撤销情形2】受要约人有理由认为要约是不可撤销的，并已经为履行合同作了合理准备工作。

（四）【要约的失效】

要约生效后依法失效。要约失效的情形有：要约人依法撤销、对方拒绝要约、对方过期后作出承诺、对方按期作出承诺但对要约内容作了实质性变更（《民法典》第488条）。

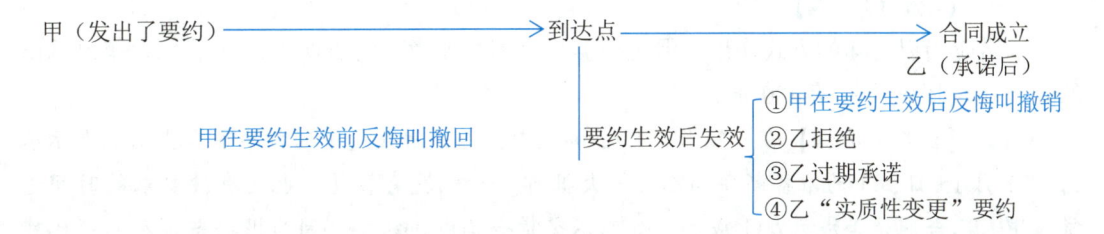

甲（发出了要约）——————→到达点——————————→合同成立
　　　　　　　　　　　　　　　　　　　　　　　　乙（承诺后）
　　　　　　　　　　　　　　　　　　　　　　①甲在要约生效后反悔叫撤销
　　　　甲在要约生效前反悔叫撤回　　要约生效后失效　②乙拒绝
　　　　　　　　　　　　　　　　　　　　　　③乙过期承诺
　　　　　　　　　　　　　　　　　　　　　　④乙"实质性变更"要约

例：【承诺对要约进行实质性变更导致要约失效】甲于6月10日向乙发出要约订购一批红木，要求乙在6月15日前答复。6月12日，甲欲改向丙订购红木，遂向乙发出撤销要约的信件，在6月14日到达乙。而6月13日，甲收到乙的回复，乙表示红木缺货，问甲能否用杉木代替。<u>甲的要约失效时间是？</u>①6月13日。②【要约明确有效期：不可撤销】6月15日属于要约有效期，故此前该要约不能被撤销。③【承诺是新要约：原要约失效】6月13日相对方乙在要约有效期内做出了承诺，但承诺内容实质性变更了要约内容，故属于"新要约"，这会导致甲的要约失效。

二、要约邀请

（一）【要约邀请】

希望他人向自己发出要约的意思表示。拍卖公告、招标公告、招股说明书、债券募集办法、基金招募说明书、<u>商业广告</u>和宣传、寄送的价目表等<u>为要约邀请</u>（《民法典》第473条第1款）。

（二）【要约邀请构成要约】

<u>商业广告和宣传的内容符合要约规定的，构成要约</u>（《民法典》第473条第2款）。如商品房的销售广告和宣传资料为要约邀请，但是出卖人就商品房开发规划范围内的房屋及相关设施所作的说明和允诺具体确定，并对商品房买卖合同的订立以及房屋价格的确定有重大影响的，应当视为要约。该说明和允诺即使未载入商品房买卖合同，亦应当视为合同内容，当事人违反的，应当承担违约责任。

例：【楼书宣传有健身房】甲房产开发公司在交给购房人张某的某小区平面图和项目说明书中都标明有一个健身馆。张某看中小区健身方便，决定购买一套商品房并与甲公司签订了购房合同。张某收房时发现小区没有健身馆。<u>张某可主张哪些法律救济措施？</u>①【要约邀请符合要约条件，是要约】楼书内容具体确定对张某是否购房以及购房价格有重大影响，属于要约，进入合同内容。②【救济路径1：欺诈可撤，撤销后启动缔约过失责任】甲公司明知做不到却提前宣传，构成欺诈，张某可以受欺诈为由撤销合同，撤销后

合同溯及无效，故张某可要求甲公司承担缔约过失责任。③【救济路径2：根本违约可解除，解除后启动违约责任】甲公司未按合同约定配套健身馆，导致张某购房目的落空，张某可解除合同，要求甲公司承担违约责任。路径2中原告的举证责任要求更高，要证明自己的合同目的落空比较困难，不是所有的购房人都冲着健身馆来购房。

三、承诺：承诺是受要约人同意要约的意思表示。

（一）【承诺的方式】

承诺应当以通知的方式作出，但是根据交易习惯或者要约表明可以通过行为作出承诺的除外（《民法典》第480条）。

例1：【沉默＝承诺】在一项长期供酒协议中，乙惯常接受甲的订单不需要明确表示承诺。11月15日，甲为准备新年向乙订一大批货。乙既没有答复，也没有按要求的时间进货。甲、乙合同是否成立？①成立，如乙不交货会构成违约。②因为根据当事人间业已建立的习惯做法，乙的沉默视同对甲的订单的承诺，这种拟制是公平的。

例2：【沉默≠承诺】甲和乙之间的供酒合同12月31日到期，甲要求乙提出续展合同的条件。乙在其要约中规定"最晚在11月底以前，如果我方未收到你方的答复，我方将推定你方同意按上述条件续展合同。"甲发现乙所建议的条件均不可接受，因此未予答复。甲乙之间新的合同是否成立？①不成立。②当事人间未能达成新的合同，此前的合同到期失效。③如果将本案沉默拟制为同意，则是不公平的。④懒得理你而已，并非同意。

（二）【承诺的内容】

原则上承诺的内容应该和要约一致，就像要约在"照镜子"，称之为"镜像规则"。

1. 【大变：承诺对要约作出实质性变更，视为新要约】承诺的内容应当与要约的内容一致。受要约人对要约的内容作出实质性变更的，为新要约。有关合同标的、数量、质量、价款或者报酬、履行期限、履行地点和方式、违约责任和解决争议方法等的变更，是对要约内容的实质性变更（《民法典》第488条）。

2. 【小变：承诺对要约作出非实质性变更，仍然是承诺】承诺对要约的内容作出非实质性变更的，除要约人及时表示反对或者要约表明承诺不得对要约的内容作出任何变更外，该承诺有效，合同的内容以承诺的内容为准（《民法典》第489条）。

例：【讨价还价】甲欲5000元卖手机给乙，乙说4800元才买，甲说4900元才卖，乙说4850元才买，甲说好。谁是要约人，谁是承诺人？①【要约】甲说5000元卖手机给乙，这是甲的要约。②【新要约】乙说4800元才买，乙的承诺构成对甲的要约的实质性变更，故属于乙的新要约。③【新要约】甲说4900元才卖，甲的承诺对乙的新要约做出了实质性变更，故属于甲的新要约。④【新要约】乙说4850元才买，乙的承诺对甲的新要约做了实质性变更，故属于乙的新要约。⑤【承诺】甲说好，甲对乙的新要约做出了承诺。⑥以4850元成交之合同，乙是要约人，甲是承诺人。

秒杀：最后说"好"的人是承诺人，对方是要约人。

（三）【承诺迟延到达的效力】

1. 【承诺人自己的错：承诺晚了≈新要约】受要约人超过承诺期限发出承诺，或者在承诺期限内发出承诺，按照通常情形不能及时到达要约人的，为新要约；但是，要约人及时通知受要约人该承诺有效的除外（《民法典》第486条）。

2.【非承诺人自己的错：承诺晚了≈承诺】受要约人在承诺期限内发出承诺，按照通常情形能够及时到达要约人，但是因其他原因致使承诺到达要约人时超过承诺期限的，除要约人及时通知受要约人因承诺超过期限不接受该承诺外，该承诺有效（《民法典》第487条）。

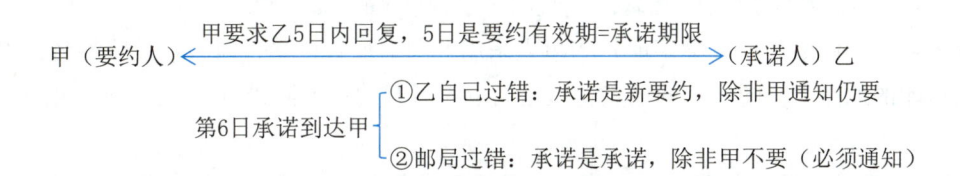

```
                甲要求乙5日内回复，5日是要约有效期=承诺期限
甲（要约人）←——————————————————————————→（承诺人）乙
                        ①乙自己过错：承诺是新要约，除非甲通知仍要
            第6日承诺到达甲
                        ②邮局过错：承诺是承诺，除非甲不要（必须通知）
```

四、合同成立

（一）【合同成立的时间：承诺生效时合同成立】（《民法典》第490、491条）

1.【用合同书签约的合同成立时间】（1）【双方签字时】当事人采用合同书形式订立合同的，自当事人均签名、盖章或者按指印时合同成立。（2）【提前履行时】在签名、盖章或者按指印之前，当事人一方已经履行主要义务，对方接受时，该合同成立。

2.【书面形式签约的合同成立时间】（1）【书面时】法律、行政法规规定或者当事人约定合同应当采用书面形式订立。（2）【提前履行时】当事人未采用书面形式但是一方已经履行主要义务，对方接受时，该合同成立。

3.【确认书签约的合同成立时间：签订确认书时】当事人采用信件、数据电文等形式订立合同要求签订确认书的，签订确认书时合同成立（《民法典》第491条第1款）。

秒杀：①合同书是正式严谨的很多页纸（合同）。②书面形式普通的几页纸（合同）。③确认书是对合同的确认的"纸"。

4.【网购合同成立时间：订单提交时】当事人一方通过互联网等信息网络发布的商品或者服务信息符合要约条件的，对方选择该商品或者服务并提交订单成功时合同成立，但是当事人另有约定的除外（《民法典》第491条第2款）。

5.【以竞价方式订立合同成立时间】（《民法典合同编通则解释》第4条）

（1）【招标方式：中标通知书到达中标人时】采取招标方式订立合同，当事人请求确认合同自中标通知书到达中标人时成立的，法院应予支持。合同成立后，当事人拒绝签订书面合同的，法院应当依据招标文件、投标文件和中标通知书等确定合同内容。

（2）【拍卖方式：拍卖师落锤或电子交易系统确认成交时】采取现场拍卖、网络拍卖等公开竞价方式订立合同，当事人请求确认合同自拍卖师落槌、电子交易系统确认成交时成立的，法院应予支持。合同成立后，当事人拒绝签订成交确认书的，法院应当依据拍卖公告、竞买人的报价等确定合同内容。

（3）【产权交易所等机构主持拍卖、挂牌交易：公开文件确定了合同成立具备的条件成立时】产权交易所等机构主持拍卖、挂牌交易，其公布的拍卖公告、交易规则等文件公开确定了合同成立需要具备的条件，当事人请求确认合同自该条件具备时成立的，法院应予支持。

(二)【合同成立的地点：承诺生效的地点】(《民法典》第492条)。

1.【约定优先】合同约定的签订地与实际签字或者盖章地点不符的，法院应当认定约定的签订地为合同签订地。

◆ 原理：约定签订地的实务价值是什么？如果约定了协议管辖，其中约定合同签订地法院管辖，那么约定的签订地再匹配约定的协议管辖，就可以卡死合同纠纷的管辖法院。

2.【无约定，则最后一方签字地】当事人采用合同书形式订立合同的，最后签名、盖章或者按指印的地点为合同成立的地点，但是当事人另有约定的除外(《民法典》第493条)。

例：【手印地是最后地】张某和李某采用书面形式签订一份买卖合同，双方在甲地谈妥合同的主要条款，张某先于乙地在合同上签字，李某后于丙地在合同上摁了手印，合同在丁地履行。该合同签订地是哪里？丙地。

3.【无约定，则电子签约中收件人主营业地，无主营业地则收件人经常居住地】采用数据电文形式订立合同的，收件人的主营业地为合同成立的地点；没有主营业地的，其住所地为合同成立的地点。当事人另有约定的，按照其约定(《民法典》第492条第2款)。

五、格式条款

当事人为了重复使用而预先拟定，并在订立合同时未与对方协商的条款(《民法典》第496条第1款)。

(一)【格式条款的判断规则】

1.【不能排除格式条款情形1】当事人仅以合同系依据合同示范文本制作或者双方已经明确约定合同条款不属于格式条款为由主张该条款不是格式条款的，法院不予支持。

◆ 原理：为什么要强调根据合同示范文本制作的合同也可能是格式条款？①因为合同示范文本是别人预先拟定的，一方当事人拿来用。②虽然不是当事人预先拟定，但只要没有和对方协商，就是格式条款。

2.【不能排除格式条款情形2】从事经营活动的当事人一方仅以未实际重复使用为由主张其预先拟定且未与对方协商的合同条款不是格式条款的，法院不予支持。

◆ 原理：为什么要强调没有实际重复使用，只用过一次也可能是格式条款？重复使用是格式条款使用人的目的，并不需要详细考量格式条款实际使用次数，只要格式条款提供方具有重复使用的目的就满足"为了重复使用"的构成要件。加之未与对方协商，就会构成格式条款。

(二)【格式条款的订入规则】(《民法典》第496条第2款)

1.【公平拟定】采用格式条款订立合同的，提供格式条款的一方应当遵循公平原则确定当事人之间的权利和义务。

2.【主动的提示义务】提供格式条款的一方在合同订立时采用通常足以引起对方注意的文字、符号、字体等明显标识，提示对方注意免除或者减轻其责任、排除或者限制对方权利等与对方有重大利害关系的异常条款。

3. 【被动的说明义务】提供格式条款的一方按照对方的要求，就与对方有重大利害关系的异常条款的概念、内容及其法律后果以书面或者口头形式向对方作出通常能够理解的解释说明。

4. 【提供方负举证责任】提供格式条款的一方对其已经尽到提示义务或者说明义务承担举证责任。对于通过互联网等信息网络订立的电子合同，提供格式条款的一方仅以采取了设置勾选、弹窗等方式为由主张其已经履行提示义务或者说明义务的，法院不予支持。

5. 【没有履行提示或说明义务：该条款不订入合同】提供格式条款的一方未履行提示或者说明义务，致使对方没有注意或者理解与其有重大利害关系的条款的，对方可以主张该条款不成为合同的组成部分。

(三)【格式条款无效规则】(《民法典》第497条)

1. 【"无双二公子"】存在无效民事法律行为事由。
2. 【免除人身损害责任】免除造成对方人身损害的责任。
3. 【免除故意或者重大过失导致的财产损害责任】免除因故意或者重大过失造成对方财产损失的责任。
4. 【内容不公平】提供格式条款一方不合理地免除或者减轻其责任、加重对方责任、限制对方主要权利、排除对方主要权利。

(四)【格式条款解释规则】(《民法典》第498条)

1. 【通常解释】对格式条款的理解发生争议的，应当按照通常理解予以解释。
2. 【不利解释】对格式条款有两种以上解释的，应当作出不利于提供格式条款一方的解释。
3. 【优先解释】格式条款和非格式条款不一致的，应当采用非格式条款。

六、合同分类

(一)【预约合同和本约合同】

1. 【预约合同】当事人约定在将来一定期限内订立合同的认购书、订购书、预订书、意向书等，构成预约合同（《民法典》第495条第1款）。当事人一方不履行预约合同约定的订立合同义务的，对方可以请求其承担预约合同的违约责任（《民法典》第495条第2款）。

(1)【是预约合同】①【约定要订立本约】当事人以认购书、订购书、预订书等形式约定在将来一定期限内订立合同，能够确定将来所要订立合同的主体、标的等内容的，法院应当认定预约合同成立。②【立约定金担保的是预约】为担保在将来一定期限内订立合同交付了定金，能够确定将来所要订立合同的主体、标的等内容的，法院应当认定预约合同成立。立约定金担保的主合同不是本约合同，而是预约合同。立约定金实质上就是预约合同的违约定金。

(2)【不是预约合同】①【未约定要订立本约】当事人通过签订意向书或者备忘录等方式，仅表达交易的意向，未约定在将来一定期限内订立合同，一方主张预约合同成立的，法院不予支持。②【约定要订立的本约内容不完整】虽然有约定但是难以确定将来所要订立合同的主体、标的等内容，一方主张预约合同成立的，法院不予支持。③【实践性合同，交付标的物之前签订的合同不是预约】比如自然人之间借款合同的借款意向不是预约。④【要式合同中，采取书面形式之前的合同不是预约】比如《民法典》第491条第1款规定，"当事人采用信件、数据电文等形式订立合同要求签订确认书的，签订确认书时合同成立。"这里的确认书仅是合同成立的要件，欠缺确认书这一形式要件，即导致合同不成立，而非成立预约合同但不成立本约合同。

(3)【违反预约合同的表现形式】①【拒绝订立本约】预约合同生效后，当事人一方拒绝订立本约合同。②【违背诚信磋商导致未能订立本约】当事人一方在磋商订立本约合同时违背诚信原则导致未能订立本约合同的。法院认定当事人一方在磋商订立本约合同时是否违背诚信原则，应当综合考虑该当事人在磋商时提出的条件是否明显背离预约合同约定的内容以及是否已尽合理努力进行协商等因素。

◆ 原理：既然预约当事人保留了将来是否签订本约的决策权，将来可以签订本约，也可以不签订本约，何来违反预约？①【没谈】直接不谈导致不订立本约，这是违反预约。②【谈了但不诚信】谈了，但是谈得不诚信导致不订立本约，这也是违反预约。预约当事人负有诚信磋商义务，判断标准是谈判的合同条件与预约内容是否明显背离。

(4)【违反预约合同的违约责任：赔偿损失】①【只能索赔，不能要求继续履行】预约合同生效后，当事人一方不履行订立本约合同的义务，对方请求其赔偿因此造成的损失的，法院依法予以支持。②【损失额度从约定，无约定从法定，看预约合同内容成熟度】损失赔偿，当事人有约定的，按照约定；没有约定的，法院应当综合考虑预约合同在内容上的完备程度以及订立本约合同的条件的成就程度等因素酌定。

◆ 原理1：一方违反预约合同，对方为什么不可以请求继续履行预约，强制签订本约？①预约当事人保留了最终交易决策权，因此不能强制签订本约。②强制缔约会架空预约和本约的区分。③强制执行法的草案不存在强制执行签订本约。④可以通过损害赔偿制裁不诚信的人，不需要通过强制缔约这种方式。

◆ 原理2：一方违反预约合同，对方索赔的额度为什么不是本约的信赖利益而是预约的履行利益？因为本约的信赖利益可以通过本约的缔约过失责任落实，体现不出来预约的价值，所以应该赔偿的是预约的履行利益。预约的履行利益，与预约合同内容的成熟度相关，"谈得越好，赔的越多"。

2.【本约合同】

(1)【没有保留最终交易决策权，就是本约合同】当事人订立的认购书、订购书、预订书等已就合同标的、数量、价款或者报酬等主要内容达成合意，符合合同成立条件，未明确约定在将来一定期限内另行订立合同，法院应当认定本约合同成立。

例：甲、乙签订房屋买卖合同，此后为了便于过户房屋，还签订了"网签合同"。房屋买卖合同是预约吗？①不是预约而是本约。②房屋买卖合同已就双方需要协商一致的全部内容达成合意，并未给将来订立书面合同或者网签合同保留进一步磋商的机会。③后续的网签合同只是履行房屋买卖合同必须完成的手续，性质上应为当事人的法定义务。

◆ 原理：中标通知书发出后30日内有签订书面合同的义务，为什么中标通知书是本约不是预约？①发出中标通知书后签订书面合同是义务，中标通知书没有保留最终交易决策权，因此中标通知书就是本约，不是预约。②书面合同只是将招投标文件确立的内容以合同书的方式重新表达，当事人对此并未保留再次磋商的机会。

(2)【保留最终交易决策权，但实际履行且对方接受，也是本约合同】虽然有约定在将来一定期限内另行订立合同，但是当事人一方已实施履行行为且对方接受的，法院应当认定本约合同成立。

秒杀：是预约合同还是本约合同，看是否保留最终决策权。

(二)【有名合同与无名合同：是否在《民法典》合同编有名字】

1.【有名合同：非诉律师的作用，"架空合同编"】由法律赋予其特定名称及具体规则的合同。对于有名合同的内容，法律通常设有一些规定，但这些规定大多为任意性规范，当事人可以通过约定来改变法律的规定。(1)【转移所有权】买卖合同、供用电水气热力合同、借款合同、赠与合同。比如买卖合同的一交3转（所有权、孳息、风险），也适用于其他转移所有权的合同。(2)【转移使用权】租赁合同、融资租赁合同、学理上的借用合同。(3)【交付工作成果】承揽合同、建设工程合同，更加注重结果。(4)【提供劳务】运输合同、保管合同、仓储合同、委托合同、行纪合同、中介合同、物业服务合同，更加注重过程。(5)【提供技术】技术开发（交付工作成果）、技术转让（转移"无形财产所有权"）、技术许可（转移"无形财产使用权"）、技术咨询（完成劳务）、技术服务（完成劳务）。(6)【其他】保证合同（担保类）、保理合同（金融类）、合伙合同（投资类）。

2.【无名合同：合同自由】《民法典》或者其他法律没有明文规定的合同，适用本编通则的规定，并可以参照适用本编或者其他法律最相类似合同的规定（《民法典》第467条第1款）。比如借用合同、金融合同、旅游合同、餐饮合同等。借用合同是转移使用权的合同，是无偿的，可参照租赁合同来处理，适用通则规定。

方志平记忆19种有名合同：①买电保保保。②承建租租借。③仓委赠技纪。④运输中合物。

(三)【有偿合同与无偿合同：是否有对价】

1.【有偿合同】当事人一方给予对方某种利益，对方要得到该利益必须为此支付相应代价的合同。如买卖合同、租赁合同、承揽合同、运输合同、仓储合同等。

2.【无偿合同】一方给付对方某种利益，对方取得该利益时并不支付相应代价的合同。如赠与合同、借用合同、保证合同等。实践中，无偿合同数量比较少。

3.【有的合同既可以是有偿的，也可以是无偿的】(1)自然人之间的借款合同。(2)保管合同。(3)委托合同。

秒杀：有偿合同中义务人责任比较重。无偿合同中义务人责任比较轻。

(四)【双务合同与单务合同：是否互负义务】

1.【双务合同：有同时履行抗辩权、先履行抗辩权和不安抗辩权规则】当事人双方互负对待给付义务的合同，即双方当事人互享债权，互负债务，一方的权利正好是对方的义务，彼此形成对价关系。如买卖合同中，卖方有获得价款的权利，而买方正好有支付价款的义务；反过来，买方有取得货物的权利，而卖方正好有交付货物并转移货物所有权的义务。

2.【单务合同：没有履行抗辩权规则】合同双方当事人中仅有一方负担义务而另一方只享有权利的合同。如在借用合同中，只有借用人负有按约定使用并按期归还借用物的义务。还如在赠与合同中，赠与人负担交付赠与物的义务，而受赠人只享有接受赠与物的权利，不负担任何义务。

(五)【一时性合同和继续性合同：义务是否持续】

1.【一时性合同】一次完成的合同叫一时性合同，比如买卖合同。一时性合同解除后可恢复原状，我们称一时性合同的解除具有溯及力。

2.【继续性合同】义务持续的合同叫继续性合同，比如租赁合同。继续性合同就不能恢复原状，因为时光无法倒流，我们称继续性合同的解除没有溯及力。

第三章 鼓励交易

一、尽量让合同成立

（一）【履行治愈情形1：缺书面但已履行，合同成立】

法律、行政法规规定或者当事人约定合同应当采用书面形式订立，当事人未采用书面形式但是一方已经履行主要义务，对方接受时，该合同成立（《民法典》第490条第2款）。

（二）【履行治愈情形2：合同书缺签字但已履行，合同成立】

当事人采用合同书形式订立合同的，自当事人均签名、盖章或者按指印时合同成立。在签名、盖章或者按指印之前，当事人一方已经履行主要义务，对方接受时，该合同成立（《民法典》第490条第1款）。

例：【借款合同未盖章】甲公司与乙公司签订借款合同，甲公司未盖公章，但乙公司已付款，且该款用于甲公司项目建设，甲公司应否负责？应负责。

（三）【履行治愈情形3：缺形式但有行为隐含订立合同意愿，合同成立】

1. 当事人订立合同，可以采取要约、承诺方式或者其他方式。

2. 当事人未以书面形式或者口头形式订立合同，但从双方从事的民事行为能够推定双方有订立合同意愿的，属于当事人采用"其他形式"订立的合同。

（四）【缺内容但有"人"有"物"有"数"，合同成立】

当事人对合同是否成立存在争议，人民法院能够确定当事人名称或者姓名、标的和数量的，一般应当认定合同成立。

二、尽量让合同有效

（一）【未办理批准手续的合同未生效但报批义务条款独立生效】

1. 依照法律、行政法规的规定，合同应当办理批准等手续的，依照其规定。未办理批准等手续影响合同生效的，不影响合同中履行报批等义务条款以及相关条款的效力。应当办理申请批准等手续的当事人未履行义务的，对方可以请求其承担违反该义务的责任（《民法典》第502条第2款）。

2. 依照法律、行政法规的规定，合同的变更、转让、解除等情形应当办理批准等手续的，适用前款规定（《民法典》第502条第3款）。

（二）【超越法人目的事业限制的合同有效：致命超越无效，一般超越有效】

当事人超越经营范围订立的合同的效力，应当依照总则编和合同编的规定确定，不得仅以超越经营范围确认合同无效。

（三）【未取得预售许可证明的商品房预售合同无效，但起诉前弥补的，合同有效】

出卖人未取得商品房预售许可证明，与买受人订立的商品房预售合同，应当认定无效，但是在起诉前取得商品房预售许可证明的，可以认定有效。

（四）【商品房预售合同未备案不是无效事由】

1. 当事人以商品房预售合同未按照法律、行政法规规定办理登记备案手续为由，请求确认合同无效的，不予支持。

2. 【履行治愈情形4：】当事人约定以办理登记备案手续为商品房预售合同生效条件的，从其约定，但当事人一方已经履行主要义务，对方接受的除外。

（五）【租赁合同无须出租人是所有权人】

租赁合同是出租人将租赁物交付承租人使用、收益，承租人支付租金的合同。

（六）【备案不是房屋租赁合同有效前提】

1. 当事人未依照法律、行政法规规定办理租赁合同登记备案手续的，不影响合同的效力（《民法典》第706条）。

2. 【履行治愈情形5：】当事人约定以办理登记备案手续为房屋租赁合同生效条件的，从其约定。但当事人一方已经履行主要义务，对方接受的除外。

例：【约定公证为生效条件】甲与乙签订商铺租赁合同，约定待办理公证后合同生效。双方未办理合同公证，甲交付商铺后，乙支付了第1个月的租金。甲乙合同是否生效？生效。

（七）【违建房屋的租赁合同无效，但一审辩论终结前变成合法建筑，租赁合同有效】

出租人就未取得建设工程规划许可证或者未按照建设工程规划许可证的规定建设的房屋，与承租人订立的租赁合同无效。但在一审法庭辩论终结前取得建设工程规划许可证或者经主管部门批准建设的，人民法院应当认定有效。

（八）【违法的临时建筑房屋租赁合同无效，但一审辩论终结前变成合法建筑，租赁合同有效】

出租人就未经批准或者未按照批准内容建设的临时建筑，与承租人订立的租赁合同无效。但在一审法庭辩论终结前经主管部门批准建设的，人民法院应当认定有效。

（九）【租赁期限超过临时建筑的使用期限，超过部分无效。但在一审法庭辩论终结前经主管部门批准延长则有效】

租赁期限超过临时建筑的使用期限，超过部分无效。但在一审法庭辩论终结前经主管部门批准延长使用期限的，法院应当认定延长使用期限内的租赁期间有效。

第四章　合同的相对性

导读：①【向第三人履行的合同】我们约定，你陪他喝酒，你不陪得对我负责，不用对他负责。②【由第三人履行的合同】我们约定，我让他陪你喝酒，他不陪他不用负责，我得对你负责。③【谁的债谁还】老爹欠债，儿子不还；上家害中家，中家害下家，连环交易各自算账。④【合同相对性】以上规则有个共同的名字叫："合同相对性"。

第一节　合同坚持相对性

一、合同当事人才对合同负责

依法成立的合同，仅对当事人具有法律约束力，但是法律另有规定的除外（《民法典》第 465 条）。

（一）【当事人才有资格变更合同内容】当事人协商一致，可以变更合同（《民法典》第 543 条）。

例：【非当事人不得变更合同】甲公司、乙公司签订《协议一》合作开发房地产，后甲公司的两个股东丙公司、丁公司与乙公司签订《协议二》变更，修改了《协议一》的内容。如何评价《协议一》和《协议二》的效力？①各自有效。②【合同相对性】《协议一》继续有效，因为丙公司、丁公司不是《协议一》的当事人，故不能去变更《协议一》。③【符合《民法典》第 143 条】但是《协议二》本身不存在无效事由，故《协议二》对丙公司、丁公司和乙公司发生法律效力。

（二）【当事人才须负违约责任】违约方向对方当事人负违约责任（《民法典》第 577 条）。

例：【公益赠与合同】神牛公司在 H 省电视台主办的赈灾义演募捐现场举牌表示向 S 省红十字会捐款 100 万元，并指明此款专用于 S 省 B 中学的校舍重建。事后，神牛公司仅支付 50 万元。谁有权请求神牛公司继续支付 50 万元？S 省红十字会。

二、因第三人原因导致违约

当事人一方因第三人的原因造成违约的，违约当事人应当依法向对方承担违约责任。违约当事人一方和第三人之间的纠纷，依照法律规定或者按照约定处理（《民法典》第 593 条）。

◆ **原理**：什么是依照法律规定处理？比如甲开车撞了明星乙，乙无法参加演出构成对丙演出公司的违约。丙公司诉明星乙违约，明星乙诉甲侵权，该侵权责任即依据法律规定而来。

例：【连环交易的违约责任】甲卖 1000 部手机给乙，单价 1000。乙转卖给丙，单价

1100，指明由甲直接交付给丙。但甲未按约定期间交货。<u>如何评价甲、乙、丙间违约责任的承担？</u>①【上家和中家】甲、乙之间的合同，如甲迟延向丙交货，则乙有权要求甲承担迟延交货责任。②【中家和下家】乙、丙之间的合同，如甲迟延向丙交货，则丙有权要求乙承担迟延交货责任。③【上家和下家：合同相对性】上家甲和下家丙之间不存在合同法律关系，无违约责任问题。

秒杀：①连环交易必考合同相对性：如转卖、转租、转赠、转承揽、转保管。②上家和中家固定违约责任。③中家和下家固定违约责任。④上家和下家没有合同关系，"各玩各的。"

三、向第三人履行（又称利益第三人合同）

（一）【**不真正利益第三人合同：坚持相对性，第三人无权请求债务人承担违约责任，债权人才有权请求债务人承担违约责任**】

当事人约定由债务人向第三人履行债务，债务人未向第三人履行债务或者履行债务不符合约定的，应当向债权人承担违约责任（《民法典》第522条第1款）。

例：【不真正利益第三人合同，第三人只有接收权，没有请求权："商家告物流公司"】商家和物流公司签订快递合同，约定物流公司将快递送交给买家。经查，物流公司没有将快递送给买家。谁向物流公司主张违约责任？商家告物流公司。

（二）【**真正利益第三人合同，突破相对性，第三人请求债务人承担违约责任**】

法律规定或者当事人约定第三人可以<u>直接请求</u>债务人向其履行债务，<u>第三人未在合理期限内明确拒绝</u>，债务人未向第三人履行债务或者履行债务不符合约定的，<u>第三人可以请求债务人承担违约责任</u>。（《民法典》第522条第2款）

例：【真正利益第三人有请求权：保险合同受益人】甲向保险公司投保，以乙为被保险人，经乙同意指定丙为受益人。如乙死亡，则丙可获得100万元保险金。如乙死亡，<u>丙可否要求保险公司支付100万元保险金？</u>可以。因为这是"利益"第三人合同。

1.【真正利益第三人有请求权】真正利益第三人请求债务人向自己履行债务的，法院应予支持。

2.【真正利益第三人有拒绝权】债务人按照约定向真正利益第三人履行债务，真正利益第三人拒绝受领，债权人有权请求债务人向自己履行债务，但是债务人已经采取提存等方式消灭债务的除外。真正利益第三人拒绝受领或者受领迟延，债务人有权请求债权人赔偿因此造成的损失的。

3.【真正第三人没有撤销权、解除权】真正利益第三人不能请求行使撤销权、解除权等民事权利。债权人享有撤销权、解除权，合同依法被撤销或者被解除，债务人有权请求债权人返还财产。

◆ **原理**：为什么真正利益第三人没有撤销权、解除权？①不是债权转让。②因为一旦合同被撤销或者解除，即打掉了合同，打掉合同是否有利？是否应该打掉合同？由债权人决定。③第三人取得的仅仅是基于合同产生的请求权，撤销权、解除权等决定合同地位的权利并未由第三人取得，仍应由债权人行使。

四、由第三人履行

当事人约定由第三人向债权人履行债务，第三人不履行债务或者履行债务不符合约定的，债务人应当向债权人承担违约责任（《民法典》第523条）。

例：【第三人不听话】甲、乙双方约定，由丙每月代乙向甲偿还债务500元，期限2年。丙履行5个月后，以自己并不对甲负有债务为由拒绝继续履行。甲遂向法院起诉，要求乙、丙承担违约责任。甲的主张能否获得法院支持？乙承担违约责任。第三人丙无须承担违约责任。

五、经出租人同意转租，原租赁合同和次租赁合同各自独立

承租人经出租人同意，可以将租赁物转租给第三人。承租人转租的，承租人与出租人之间的租赁合同继续有效；第三人造成租赁物损失的，承租人应当赔偿损失（《民法典》第716条第1款）。

例：【一房多租与转租】孙某与李某签订房屋租赁合同，李某承租后与陈某签订了转租合同，孙某表示同意。但是，孙某在与李某签订租赁合同之前，已经把该房租给了王某并已交付。李某、陈某、王某均要求继续租赁该房屋。如何评价3个租赁合同关系？①【1房3租】孙某租1给了钥匙人王某，租2给了合同人李某，然后孙某同意李某转租3给次承租人陈某。②【交、记、先】根据先看交付，再看备案，再看合同先后，因为王某占有租赁房屋在先，故王某有权继续租赁该房屋。③【没租到的诉违约】租2和转租3只能借助继续履行之外的其他违约责任方式解决，李某有权要求孙某承担违约责任，陈某有权要求李某承担违约责任。④【合同相对性】次承租人陈某不能要求出租人孙某承担违约责任。

六、承揽人将工作交给第三人完成，成果不合格，承揽人与委托人的合同、承揽人与第三人的合同，各自独立

（一）【辅助工作可随意转承揽】

承揽人可以将其承揽的辅助工作交由第三人完成。承揽人将其承揽的辅助工作交由第三人完成的，应当就该第三人完成的工作成果向定作人负责（《民法典》第773条）。

（二）【主要工作经同意转承揽，未经同意转承揽，启动定作人解除权】

承揽人将其承揽的主要工作交由第三人完成的，应当就该第三人完成的工作成果向定作人负责；未经定作人同意的，定作人也可以解除合同（《民法典》第772条第2款）。

例：【擅自转承揽】甲乙签订合同，由乙为甲作汽车方向盘的电镀，乙擅自将该工作交给丙完成，乙丙签订了合同。后工作成果不合格。如何评价当事人之间的违约责任？①【承揽合同】甲可向乙主张违约责任。②【合同相对性】甲不能向丙主张违约责任，因无合同关系。③【转承揽合同】乙可向丙主张违约责任。

第二节 合同相对性的突破

◆ **原理**：为什么合同相对性的突破需要法定化？因为合同相对性的突破是对意思自治的破坏，会干扰人的行为自由。

一、债权人代位权诉讼（《民法典》第535条）

例：【三角债】甲对乙有10万元债权到期，乙对丙有8万元债权到期，乙怠于向丙主张，<u>如何评价甲、乙、丙三方关系？</u>①【三角债】从双方关系观察，甲、乙有债权债务关系，乙、丙有债权债务关系，一般情形下，坚持相对性，甲与丙无债权债务关系。②【有人懒】从三方关系观察，债权人甲，债务人乙，相对人丙。乙的懈怠行为导致其"<u>应该增加的财产没有增加</u>"且损害了甲的债权。③【代位权诉讼】为了尽快解决"三角债"，《民法典》合同编规定，甲作为债权人享有"代位权"，向法院提起债权人代位权诉讼，即甲以自己名义诉相对人丙直接清偿，债务人乙应当作为第三人。④【上家找下家：突破相对性】上家甲和下家丙本来没有关系，但是基于"债权人代位权诉讼"，甲和丙会发生关系，这属于"法律明文规定"的突破合同相对性。

二、债权人撤销权诉讼（《民法典》第538条）

例：【逃债】甲对乙有10万元到期债权，乙无力清偿，乙将其对公司的股权（对房屋的所有权）等财产赠与给丙或者以明显不合理低价转让给知情的丙，<u>如何评价甲、乙、丙三方关系？</u>①【三角债】从双方关系观察，甲乙有债权债务关系，乙丙有债权债务关系，一般情形下，坚持相对性，甲与丙无债权债务关系。②【有人坏】从三方关系观察，债权人甲，债务人乙，第三人丙。乙的"逃债行为"导致其"<u>不应该减少的财产减少了</u>"且损害了甲的债权。③【撤销权诉讼】为了保全甲的债权，《民法典》合同编规定，甲作为债权人享有"撤销权"，向法院提起债权人撤销权诉讼，即甲以自己名义撤销乙的赠与行为或转移财产行为，丙作为第三人。④【上家撤中下家：突破合同相对性】上家甲和下家丙本来没有关系，但是基于"债权人撤销权诉讼"，甲和丙会发生关系，这属于"法律明文规定"的突破合同相对性。

三、法定承受

（一）【所有权变动不破租赁】

<u>租赁物</u>在承租人按照租赁合同占有期限内发生所有权变动的，不影响租赁合同的效力（《民法典》第725条）。

例：【买卖不破租赁：换出租人】甲将房屋出租给乙并交付给乙占有，租赁期间，甲将房屋出卖给丙并且过户，<u>如何评价甲、乙、丙三方关系？</u>①【先租赁后买卖】从双方关系观察，甲、乙租赁关系，乙是债权人即租赁权人（超级钥匙人）。甲、丙买卖关系，丙是物权人。②【买卖不破租赁】从三方关系观察，为了保护租赁权人利益，《民法典》合

同编规定，丙要法定承受甲、乙的租赁关系，故乙相对于丙而言属于有权占有，有权租住到房屋租期结束。③【承租人和购房人：突破相对性】甲和乙、甲和丙有法律关系，乙和丙本来无关系，因为"买卖不破租赁"导致乙和丙发生了租赁关系，这属于"法律明文规定"的突破合同相对性。

（二）【房屋租赁的法定承受】

承租人在房屋租赁期限内死亡的，与其生前共同居住的人或者共同经营人可以按照原租赁合同租赁该房屋（《民法典》第732条）。

例1：【民宅】甲将房屋出租给乙，乙和其好友丙共同居住该房屋内。租赁期间乙死亡，丙可否继续住到租期结束？可以。

例2：【商住】甲将房屋出租给乙开餐馆，乙和丙合伙经营。租赁期间内乙死亡，丙可否继续租用该房屋到租期结束？可以。

（三）【法人合并、分立，债权债务法定承受】

法人合并的，其权利和义务由合并后的法人享有和承担。法人分立的，其权利和义务由分立后的法人享有连带债权，承担连带债务，但是债权人和债务人另有约定的除外（《民法典》第67条）。

例1：【合并】甲公司与乙公司合并为丙公司，丙公司是否需要对甲、乙公司对外负债承担责任？要。

例2：【分立】甲公司分立为乙公司和丙公司，乙、丙公司是否需要对甲公司对外负债承担责任？要。

（四）【财产保险代位追偿】

因第三者对保险标的的损害而造成保险事故的，保险人自向被保险人赔偿保险金之日起，在赔偿金额范围内代位行使被保险人对第三者请求赔偿的权利。

例1：【保险代位侵权责任】甲车向保险公司投保了车辆损失保险，乙纵火烧毁了甲车。保险公司向甲履行了保险赔偿责任之后，可否要求乙赔偿？①可以。②保险公司对乙享有代位求偿权，保险公司取代甲的地位，故保险公司与乙之间的诉讼按照侵权法律关系来确定管辖法院（被告住所地和侵权行为地法院都可管辖）。

例2：【保险代位合同责任】甲设备向保险公司投保了火灾损失险，该设备由乙提供物业服务，甲乙签订了物业服务合同。因乙过错导致失火设备被烧毁。保险公司向甲履行了保险赔偿责任之后，可否要求乙赔偿？①可以。②保险公司对乙享有代位求偿权，保险公司取代甲的地位，故保险公司与乙之间的诉讼按照合同法律关系来确定管辖法院（被告住所地和合同履行地法院都可管辖）。

（五）【财产保险从物主义】

保险标的转让的，保险标的的受让人承继被保险人的权利和义务。保险标的已交付受让人，但尚未依法办理所有权变更登记，承担保险标的毁损灭失风险的受让人承继被保险人的权利和义务。

例：【保险车辆买卖】甲将车卖给乙交付了但未过户，此前甲将车辆向保险公司投保，如车辆出险，乙可否依据保险合同要求保险公司赔偿？可以。

(六)【概括继承和限定继承】

继承遗产应当清偿被继承人的债务、缴纳所欠税款，清偿债务、缴纳税款以所得遗产实际价值为限。超过遗产实际价值部分，继承人自愿偿还的不在此限。继承人放弃继承的，对被继承人的债务和所欠税款可以不负偿还责任（《民法典》第 1161 条）。

例：【人死了，钱没花完，债没还完】甲死亡后留有遗产 100 万元，欠乙到期债务 80 万元。丙是甲唯一继承人。乙可否要求丙还债？①丙如果放弃继承，则无需还债。②【概括继承】丙如果继承遗产，则需要向乙还 80 万元。

四、建设工程施工合同

(一)【工程质量纠纷，发包人找全部人"要质量"，突破相对性】

因建设工程质量发生争议的，发包人可以以总承包人、分包人和实际施工人为共同被告提起诉讼。

例：【楼盖烂了】甲开发商将工程发包给乙施工，乙将工程非法转包给丙（或者违法分包给丙），工程质量有问题。甲可诉谁？①乙和丙为共同被告。②【发包合同】甲、乙有工程合同。③【转包合同或分包合同】乙、丙有无效转包合同或无效分包合同。丙乃"实际施工人"。④【发包人找实际施工人"要质量"：突破相对性】甲、丙无法律关系，但是法律明文规定，甲可诉丙，此乃突破合同相对性。

(二)【工程价款纠纷，实际施工人找"欠付款"的发包人"要钱"，突破相对性】

实际施工人以发包人为被告主张权利的，法院应当追加转包人或者违法分包人为本案第三人，在查明发包人欠付转包人或者违法分包人建设工程价款的数额后，判决发包人在欠付建设工程价款范围内对实际施工人承担责任。

例：【欠工程款】甲开发商将工程发包给乙施工，乙将工程非法转包给丙（或者违法分包给丙），工程竣工验收合格。乙欠丙工程款，甲欠乙工程款。丙如何主张权利？①丙可以列甲为被告，法院应追加乙为第三人。②【转包合同或分包合同】乙、丙为无效转包合同或无效分包合同，但工程竣工验收合格，实际施工人丙可主张工程款。③甲在欠付乙的工程价款范围内对实际施工人丙负责。④【实际施工人找发包人"要钱"：突破相对性】甲、丙无法律关系，但是法律明文规定，丙可诉甲，此乃突破合同相对性。

第五章 合同履行

导读：①【合同漏洞】合同有漏洞，怎么办？答：三步走填补漏洞。②【双务合同履行抗辩权】有人要流氓，怎么办？答：三个抗辩权。③【诚信履行】履行有缺陷，怎么办？三种应对法。

①漏洞填补 ├ ①第1步：有约定从约定，当事人内部消化解决漏洞
　　　　　　├ ②第2步：启动合同编分则解决漏洞
　　　　　　└ ③第3步：启动合同编通则解决漏洞

②双务抗辩 ├ ①双方：同时履行抗辩权
　　　　　　├ ②后方：先履行抗辩权
　　　　　　└ ③先方：不安抗辩权

③履行瑕疵 ├ ①提前履行
　　　　　　├ ②部分履行
　　　　　　└ ③多出履行

第一节　合同履行漏洞填补3步走

一、第1步：有约定从约定，当事人内部消化解决漏洞

合同生效后，当事人就质量、价款或者报酬、履行地点等内容没有约定或者约定不明确的，可以协议<u>补充</u>；不能达成补充协议的，按照合同<u>相关条款或者交易习惯</u>确定（《民法典》第510条）。

二、第2步：启动法律规定即合同编分则填补漏洞（特别规定优先于一般规定）

（一）【买卖合同】

1.【在哪里交货】（1）出卖人应当按照约定的地点交付标的物。（2）当事人没有约定交付地点或者约定不明确：①标的物需要运输的，出卖人应当将标的物交付给<u>第一承运人</u>以运交给买受人。②标的物不需要运输，出卖人和买受人订立合同时知道标的物在某一地点的，出卖人应当在<u>该地点</u>交付标的物；不知道标的物在某一地点的，应当在<u>出卖人订立合同时的营业地交付</u>标的物。（《民法典》第603条）（1交3转）

例：<u>【买卖合同交货地点漏洞填补】</u>甲把电脑卖给乙，未约定交付地点。<u>如何填补交付地点的漏洞？</u>①甲、乙协商。②协商不成，依照交易习惯或通过合同解释确定。③仍无法确定的，则启动《民法典》合同编分则规定，看电脑是否需要运输。④如电脑需要运

输,则货交第一承运人即可。⑤如电脑不需要运输,则甲乙签订合同时知道电脑在何地,该地为交付地点;甲乙签订合同时不知道电脑在何地,交付地点为出卖人甲订立合同时营业地。

2.【在哪里付钱】(1) 买受人应当按照约定的地点支付价款。(2) 对支付地点没有约定或者约定不明确,买受人应当在出卖人的营业地支付,但是约定支付价款以交付标的物或者交付提取标的物单证为条件的,在交付标的物或者交付提取标的物单证的所在地支付。(《民法典》第 627 条)

3.【何时交货何时付款】(1) 买受人应当按照约定的时间支付价款。(2) 对支付时间没有约定或者约定不明确,买受人应当在收到标的物或者提取标的物单证的同时支付。(《民法典》第 628 条)

(二)【借款合同】

1.【什么时候还本金?随时】借款人应当按照约定的期限返还借款。对借款期限没有约定或者约定不明确,借款人可以随时返还;贷款人可以催告借款人在合理期限内返还(《民法典》第 675 条)。

2.【什么时候还利息?按年】借款人应当按照约定的期限支付利息。对支付利息的期限没有约定或者约定不明确,借款期间不满 1 年的,应当在返还借款时一并支付;借款期间 1 年以上的,应当在每届满 1 年时支付,剩余期间不满 1 年的,应当在返还借款时一并支付(《民法典》第 674 条)。

例:【借款合同本金和利息支付期限漏洞填补】甲把 20 万元借给乙,约定年利率 20%。但未约定还款期限,也未约定乙支付利息的期限。如何填补本金和利息支付期限的漏洞?(1) 乙返还本金的期限确定:①甲、乙协商。②协商不成,依照交易习惯或通过合同解释确定。③仍无法确定的,适用《民法典》合同编分则规定,"随时",乙可以随时返还,甲可催告乙在合理期限内返还。(2) 乙返还利息的期限确定:①甲、乙协商。②协商不成,依照交易习惯或通过合同解释确定。③仍无法确定的,适用《民法典》合同编分则规定,"按年",借期不满 1 年的,乙应当返还本金时一并支付利息;借期 1 年以上的,乙应当在借期每届满 1 年时支付利息,剩余借期不满 1 年时,乙应当在返还借款时一并支付利息。④支付利息不适用"随时"规则。

(三)【租赁合同】

什么时候支付租金?按年。承租人应当按照约定的期限支付租金。对支付期限没有约定或者约定不明确,租赁期间不满 1 年的,应当在租赁期间届满时支付;租赁期间 1 年以上的,应当在每届满 1 年时支付,剩余期间不满 1 年的,应当在租赁期间届满时支付(《民法典》第 721 条)。

例:【租赁合同租金支付期限漏洞填补】甲将房屋出租给乙 5 年 3 个月,但未约定乙支付租金的期限。如何填补乙支付租金的期限的漏洞?①甲、乙协商。②协商不成,依照交易习惯或通过合同解释确定。③仍无法确定的,则适用《民法典》合同编,"按年",租期每届满 1 年支付租金,剩余租赁期间不满 1 年,应在租赁期间届满支付。④支付租金不适用"随时"规则。

三、第3步：启动法律规定即合同编通则填补漏洞（一般规定落后于特别规定）

（一）【**价款或报酬的确定**】订立合同时履行地的市场价格履行（《民法典》第511条第2项）。

例：【**怎么算钱**】甲把钢坯卖给乙，价格另行协商确定，未约定交付地点。现交付日期已到，甲乙仍未就价格达成一致。<u>如何确定价格？</u>①合同成立（价格条款是漏洞，可以通过填补来确定）。②按订立合同时履行地市场价格确定。③合同履行地又是漏洞，则适用《民法典》合同编分则，看是否需要运输。④需要运输则货交第一承运人地为交付地点。⑤不需要运输，则双方知道货物在何地，该地为履行地。⑥不需要运输，双方不知道货物在何地，则订立合同时出卖人营业地为履行地。

（二）【**履行地点的确定**】（《民法典》第511条第3项）

1.【"**送钱上门**"】给付货币的，在接受货币一方所在地履行。以支付金钱为内容的债，债权人可以请求债务人以实际履行地的法定货币履行。

2.【"**不动产地**"】交付不动产的，在不动产所在地履行。

3.【"**上门提货**"】其他标的，在履行义务一方所在地履行。

（三）履行期限的确定（《民法典》第511条第4项）

1. 债务人可以随时履行。

2. 债权人也可以随时要求履行，但是应当给对方必要的准备时间。

（四）履行费用的确定（《民法典》第511条第6项）

1. 由履行义务一方负担。

2. 因债权人原因增加的履行费用，由债权人负担。

（五）电子商务交付时间（《民法典》第512条）

1.【**实物：签收时间为交付时间**】通过互联网等信息网络订立的电子合同的标的为交付商品并采用快递物流方式交付的，收货人的签收时间为交付时间。

2.【**充值：凭证载明时间为交付时间**】电子合同的标的为提供服务的，生成的电子凭证或者实物凭证中载明的时间为交付时间；前述凭证没有载明时间或者载明时间与实际提供服务时间不一致的，实际提供服务的时间为交付时间。

3.【**电子快递：到达特定系统**】电子合同的标的采用在线传输方式交付的，合同标的进入对方当事人指定的特定系统并且能够检索识别的时间为交付时间。

第二节 双务合同履行抗辩权

导读：为什么需要抗辩权？对方提请求，我不满足，我虽然表面上看构成"违约"，但我不违约，因为我有抗辩权。底层逻辑是，避免"恶人先告状"。

一、双务合同之同时履行抗辩权：双方享有

当事人<u>互负</u>债务，没有先后履行顺序的，应当同时履行。一方在对方履行之前有权拒

绝其履行请求。一方在对方履行债务不符合约定时，有权拒绝其相应的履行请求（《民法典》第525条）。

(一)【同时履行抗辩权的适用条件】

1.【要求是同一双务合同】同一双务合同中，原告的义务和被告的义务彼此对抗。

例：【2个借用合同】甲于2月3日向乙借用一台彩电，乙于2月6日向甲借用了一部手机。到期后，甲未向乙归还彩电，乙因此也拒绝向甲归还手机。如何评价甲、乙法律关系？①【借用彩电的合同】甲、乙有借用彩电合同关系。②【借用手机的合同】甲、乙有借用手机合同关系。③【2个单务合同】这是2个独立的单务合同，借用合同属于实践性合同，交付借用物合同才成立。借用合同成立后，接下来就是借用人要归还借用物，这是借用合同的义务。所以说借用合同是单务合同，只有一个义务，即借用人归还借用物。③【2个独立的归还义务】借用到期后，乙有权要求甲退彩电，甲有权要求乙退手机。④【不是同一双务合同】双方均不得主张同时履行抗辩权，因为不是同一双务合同。⑤【不是同一法律关系】也不得主张留置权，因为不满足民事留置需要同一法律关系的要件。⑥【2个案子】如甲、乙都僵持，则会启动2个官司。

$$甲 \xleftarrow{借用合同1：甲要归还彩电给乙} 乙$$
$$甲 \xleftarrow{借用合同2：乙要归还手机给甲} 乙$$

2.【要求互负债务有对价关系】原告的义务和被告的义务分量要对等。(1)【主要PK主要】你缺了主要债务，我也可缺主要债务。(2)【非主要PK非主要】你缺了非主要债务，我也可缺非主要债务。(3)【非主要导致目的落空PK主要】你缺了非主要债务导致我目的落空，这就是缺了主要债务；我也可缺主要债务。(4)【当事人约定非主要是主要PK主要】你缺的非主要债务被我们约定升级为主要债务，这就是缺了主要债务；我也可缺主要债务。

秒杀：遇见最"美"的自己，你缺啥，我也可以缺啥，学理上叫"对待关系"或者比例原则。

例1：【分量对等：一手交钱，一手交车】合同约定，甲向乙购买汽车，1月1日一手交钱一手交车。直到1月30日双方均未履行义务。如何评价甲、乙之间的关系？①【没付款不能请求人家交车】如甲请求乙交车，乙可以甲未付款为由行使同时履行抗辩权。②【没交车不能请求人家付款】如乙请求甲付款，甲可以乙未交车为由行使同时履行抗辩权。③【半斤对八两】你不做多少，我也不做多少。合同义务的分量要对等。

例2：【分量不对等：一方交房屋使用说明书，对方交购房款】合同约定，甲向乙交房屋和使用说明书，乙向甲交购房款，双方应同时履行。甲交了房屋但没交房屋使用说明书，乙能否拒绝付款？①不能。②甲交房屋与乙付款是分量对等的义务。③甲交房屋使用说明书与乙付款是分量不对等的义务。④甲交了房屋没交房屋使用说明书，乙不能主张同时履行抗辩权。

3.【合同无效时也存在双务合同同时履行抗辩权】(《九民纪要》第 36 条)

(1)【原告诉无效】基于合同有给付行为的原告请求确认合同无效,但并未提出返还原物或者折价补偿、赔偿损失等请求的,人民法院应当向其释明,告知其一并提出相应诉讼请求。

(2)【被告诉返还】原告请求确认合同无效并要求被告返还原物或者赔偿损失,被告基于合同也有给付行为的,人民法院同样应当向被告释明,告知其也可以提出返还请求。

(3)【合同无效同时返还】法院经审理认定合同无效的,除了要在判决书"本院认为"部分对同时返还作出认定外,还应当在判项中作出明确表述,避免因判令单方返还而出现不公平的结果。

秒杀:房屋买卖合同无效,你退房,我退钱。你诉无效要求退房,法院要判我退房同时你也要退钱。

(二)【同时履行抗辩权的法律效果】

1.【我表面上看是"违约"了但实际上不是违约】违反义务但不构成违约,因为我不履行不能怪我。

例:【同时履行抗辩权和留置权】王某客车被负全责的唐某大货车撞坏,客车送往丁厂维修,需要付费 3 万元。王某以事故责任在货车方为由拒付修理费,丁厂则拒绝交车。丁厂可否拒绝交车?①可。②【债:同时履行抗辩权】王某与丁厂形成承揽合同,是同一双务合同,未约定履行时间,双方应同时履行,一方支付报酬,对方交付工作成果。维修人丁厂可主张行使同时履行抗辩权,不交车不是违约。③【物:行使留置权】丁厂可主张留置权,彻底解决纠纷,给 60 日以上宽限期,如王某还不支付维修费,则丁厂可实现留置权,就车的变价款优先受偿。

2.【只有本诉,启动"对待给付判决"】(《民法典合同编通则解释》第 31 条第 2 款)

(1)【只有本诉】当事人一方起诉请求对方履行债务,被告主张双方同时履行的抗辩且抗辩成立,被告未提起反诉。

(2)【既判力主体是原告和被告】①对待给付判决先回应被告的同时履行抗辩权。②对待给付判决后回应原告的诉讼请求。③因此,法院应当判决被告在原告履行债务的同时履行自己的债务。

◆ 原理:为什么判决被告在原告履行债务的同时……而不是判决原告在被告履行债务的同时……①因为对待给付判决需要先回应被告的同时履行抗辩权,其内容就是原告要履行自己的债务。②对待给付判决还需要后回应原告的诉讼请求,其内容是被告在原告履行债务的同时履行债务。③被告没有反诉原告履行,所以不能判决原告在被告履行债务的同时……④这么规定是对民诉法上的处分原则和不告不理的尊重。

(3)【执行力的主体是原告,不是被告】①对待给付判决中,判决(执行依据)没附条件,而是开始执行附条件。②执行立案层面,原告可以持对待给付判决申请执行立案。③执行措施层面,执行法院在原告履行自己债务后,才能对被告采取强制执行措施。④因此,法条原文表述为:法院在对待给付判决的判项中要明确原告申请强制执行的,法院应当在原告履行自己的债务后对被告采取执行行为。因此，原告可以申请执行。

◆ **原理1**：为什么执行力的主体不包括被告？因为被告没有反诉，自然不能持对待给付判决去申请执行。

◆ **原理2**：对待给付调解书，原告没履行对待给付义务，被告可以申请执行吗？可以。双方达成调解协议的情况下，即使被告未提起反诉，但因含有对待给付内容的调解书系经双方博弈后达成合意的结果，应认为双方互为债权人。在任何一方不履行其义务的情况下，另外一方均可向法院申请强制执行。

例：【只有本诉的"对待给付判决"】合同约定，甲应履行交款义务，乙应履行交车义务，双方应同时履行。甲、乙到期都没履行，甲起诉乙履行，乙提出同时履行抗辩权。法院如何判决？①【对待给付判决】判决被告乙在原告甲履行债务的同时履行自己的债务。②【执行立案】原告甲可以申请执行，被告乙不可以申请执行。③【执行措施】原告甲先履行债务后，法院才对被告乙采取强制执行措施。

3.【有本诉，也有反诉，启动"同时履行判决"】（《民法典合同编通则解释》第31条第2款）

（1）【有本诉，也有反诉】当事人一方起诉请求对方履行债务，被告主张双方同时履行的抗辩且抗辩成立。被告提起反诉要求原告履行债务。

（2）【既判力主体是原告和被告】①同时履行判决要回应原告的诉讼请求。②同时履行判决也要回应被告的诉讼请求。③因此，法院应当判决双方同时履行自己的债务。

（3）【执行力的主体是原告和被告】①同时履行判决中，判决（执行依据）没附条件，而是开始执行附条件。②执行立案层面，原告、被告都可以持同时履行判决申请执行立案。③执行措施层面，执行法院在申请执行一方履行自己债务后，执行法院才能对另一方采取强制执行措施。④因此，法条原文表述为：法院在同时履行判决的判项中要明确任何一方申请强制执行的，法院应当在该当事人履行自己的债务后对对方采取执行行为。

例：【有本诉，也有反诉，启动"同时履行判决"】合同约定，甲应履行交款义务，乙应履行交车义务，双方应同时履行。甲、乙到期都没履行，甲起诉乙履行，乙反诉甲履行。法院如何判决？①【同时履行判决】判决甲、乙双方同时履行。②【执行立案】甲或乙任何一方都可以申请执行。③【执行措施】申请执行一方先履行债务后，法院才能对对方采取强制执行措施。

秒杀：对待给付判决，1个诉，对原告有执行力。同时履行判决，2个诉，对原告和被告都有执行力。

4.【负担有同时履行抗辩权的债权是"有病"的债权：新债权人买到这个"病"，新债务人可以主张这个"病"】

（1）【债权转让，换债权人，新债权人买到这个"病"】

例：【换人去提车：没交钱不能提车】甲将车出卖给乙，价款180万元，双方约定一手交车一手交钱。乙将其对甲请求交车并转移所有权的债权转让给丙。乙未付款，丙请求甲交车，甲可否拒绝？

```
甲（出卖人） ←——甲交车，乙付款，同时履行——→ 乙（原来的提车债权人）
                                              ↕ 债权转让：换人提车
                                              丙（新的提车债权人：买到"病"）
```

①可以。②【有病的债权】乙对甲的提车债权请求权"有病"，因为甲对原债权人乙有同时履行抗辩权。③【买到债权】丙收购该债权，取代乙成为新债权人，自然收购到该"病"（买了1个寂寞，因此收购债权是1个坑）。④【买到债权的毛病】新债权人丙请求甲交车时，债务人甲对丙也可主张同时履行抗辩权，拒绝丙的提车请求。

(2)【免责债务承担，换债务人，新债务人可以主张这个"病"】

例：【换人去交钱：没拿到车可以不交钱】甲将车卖给乙，价款180万元，双方约定一手交车一手交钱。乙将其付款义务转由丙承担，甲同意。甲未向乙交车，要求丙付款，<u>丙可否拒绝？</u>

```
甲（出卖人） ←——甲交车，乙付款，同时履行——→ 乙（原来的付款债务人）
                                              ↕ 债务转移：换人付款
                                              丙（新的付款债务人：主张"病"）
```

①可以。②【有病的债权】甲对乙的付款债权请求权"有病"，因为乙对甲的付款请求权享有同时履行抗辩。③【有病的债权一直有病】丙取代乙成为新债务人，新债务人可以援引原债务人对债权人的抗辩，即可对债权人甲主张该"病"。④【新债务人可以主张这个病】甲要求丙付款时，丙可对甲主张同时履行抗辩权，拒绝甲的付款请求。

(3)【"有病"的债权主动提出抵销会受阻，"没病"的债权主动提出抵销不受阻】<u>①没"东西"，主动抵销受阻。②有"东西"，主动抵销不受阻。</u>

例：【没"东西"，主动抵销受阻；有"东西"，主动抵销不受阻】甲把车以180万元卖给乙，双方约定付款和交车同时履行。甲没交车，要求乙交180万元，乙享有同时履行抗辩权。甲请求乙付款的债权附有同时履行抗辩权，属于有"毛病"的债权。另案中甲向乙借款180万元，乙对甲有180万元借款债权。甲对乙的180万元购车款债权，乙对甲的180万元民间借贷债权，<u>谁可以主张抵销？</u>

```
甲（出卖人） ←——甲向乙要180万，乙向甲要车，同时履行——→ 乙（买受人）
甲（借款人：债务人） ←——乙向甲要180万—— 乙（出借人：债权人）
```

①【甲没东西：主动抵销会受阻】甲对乙"没东西"，即甲对乙享有180万元债权的前提是甲要交车，甲未交车，则其请求乙付购车款的债权就是"有病"。甲主动提出抵销会受阻。②【乙有东西：主动抵销】乙对甲"有东西"，即乙对甲享有180万元民间借贷债权，乙用该180万抵销其应向甲交付的购车款，这约定于乙"用民间借贷债权"去"支付购车款"。接下来风险归乙，乙成为请求甲交车的债权请求权人。乙主动抵销不受阻。

二、双务合同之先履行抗辩权："后方"（后履行义务一方）享有

（一）【先履行抗辩权的适用条件】

1.【先履行抗辩权：又称"顺序履行抗辩权"】

当事人互负债务，有先后履行顺序，应当先履行债务一方未履行的，后履行一方有权拒绝其履行请求。先履行一方履行债务不符合约定的，后履行一方有权拒绝其相应的履行请求（《民法典》第526条）。

（1）【"后方"债务没到期，是主张债务没到期的抗辩，不是主张先履行抗辩权】

例：【"后方"债务没到期，是主张抗辩】合同约定，甲应在1月1日履行交款义务，乙应在5月1日履行交车义务。甲未按时交款，4月1日甲诉乙交车，乙不交车是否在行使先履行抗辩权？①不是。②【债务未到期的抗辩】"后方"债务没到期，其主张的是债务没到期的抗辩。因为债务没到期，乙在4月1日没交车，本身不构成违约行为。不需要用顺序履行抗辩权来解释其"违约行为"的正当性。

甲（先方：1月1日交款）——甲未交款却在4月1日起诉→乙（后方：5月1日交车）
"后方"乙提出：债务在4月1日未到期的"抗辩"，不是顺序履行抗辩权

（2）【"后方"债务已经到期，是主张先履行抗辩权】

例：【"后方"债务已经到期，是主张先履行抗辩权】合同约定，甲应在1月1日履行交款义务，乙应在5月1日履行交车义务。甲未按时交款，却在10月1日时诉乙交车，乙不交车是否构成违约？①不构成。②乙享有先履行抗辩权。③【先方违约】甲在1月1日到10月1日期间迟延交款是违约行为。④【后方没违约】乙在5月1日到10月1日期间迟延交车不是违约行为，因为乙有先履行抗辩权。

甲（先方：1月1日交款）——甲未交款却在10月1日起诉→乙（后方：5月1日交车）
甲（先方是违约：1月1日到10月1日迟延履行是违约）
乙（后方不是违约：5月1日到10月1日迟延履行不是违约）

◆ 原理1：为何有先履行抗辩权？①【"恶人先告状"】就怕流氓有文化，避免恶人先告状。②【约定了先后】根据合同约定，甲应在1月1日履行交款义务，乙应在5月1日履行交车义务。③【"先方"耍流氓】甲到期没交款，5月1日时甲诉乙交车，理由是："我在1月1日没交款，我是流氓，你不要学我，按合同约定你要在5月1日交车"。如果不给乙"先履行抗辩权"，乙确实会构成违约。④【"后方"乾坤大挪移】以毒攻毒】因此，先履行抗辩权就是为了解决这种尴尬境地，单纯按看合同约定，后履行一方确实"违约"，但我们认为不是违约，因为后履行一方享有先履行抗辩权。

◆ 原理2：原告1月1日义务，被告3月1日义务，原告在4月1日起诉，此时双方的义务都到期，此时看上去双方都要履行，为何被告提的不属于同时履行抗辩权，而仍然是先履行抗辩权？先履行抗辩权不能转化为同时履行抗辩权。

2.【对义务进行排队，确定谁是后方】按照时间先后对义务进行排队，将已经履行完

毕的义务抹掉，剩余义务继续排队。

例：【抹掉已经履行的义务，对剩余义务进行排队】甲与乙公司签订的房屋买卖合同约定："乙公司收到首期房款后，向甲交付房屋和房屋使用说明书；收到二期房款后，将房屋过户给甲。"甲交纳首期房款后，乙公司交付房屋但未立即交付房屋使用说明书。甲以此为由行使先履行抗辩权而拒不支付二期房款。<u>甲的理由是否成立？</u>

<u>义务1甲交首付>义务2乙交付房屋和使用说明书>义务3甲交付二期款>义务4乙过户房屋。</u>

①否。②【双务合同】甲乙签订的买卖合同是双务合同。③【义务排队：1、2、3、4】甲交首付款=义务1。乙交付房屋和房屋使用说明书=义务2。甲交二期房款=义务3。乙过户房屋给甲=义务4。④<u>抹掉已经履行的义务</u>甲交纳了首付款，义务1死了。⑤【<u>剩余义务继续排队：2、3、4</u>】剩余义务2、3、4排队，义务2在义务3之前。⑥【<u>义务2在义务3前面</u>】乙交付房屋但未立即交付房屋使用说明书，即义务2中有部分未履行，交付房屋使用说明书义务相对于买卖合同而言属于"从给付义务"，不是"主给付义务"。⑦【<u>义务2履行不当，义务3的义务人只可能启动先履行抗辩权</u>】换言之，先方有从给付义务没有履行，现在先方乙要求甲支付二期房款，后方甲是否可以行使顺序履行抗辩权？不可以。⑧【<u>义务2和义务3分量不对等故不符合启动先履行抗辩权的条件</u>】因为先方未交付房屋使用说明书是未履行从给付义务，后方支付二期款是主给付义务，义务不对应和不对等，故甲不能行使顺序履行抗辩权。⑨【<u>先方才能不安</u>】甲也不可能行使"不安抗辩权"，因为甲付二期款是后方，后方绝不可能行使只有"先方"才可能有的"不安抗辩权"。⑩【<u>没有根本违约故不能解除</u>】甲也不可主张解除合同，因为乙未履行从给付义务不会导致甲合同目的落空。⑪【<u>有违约行为必然有违约责任</u>】甲应支付二期款，同时有权请求乙承担未按期交付房屋使用说明书的违约责任。

秒杀：①双务合同对义务进行排队，义务1，义务2，义务3，义务4。②"抹掉"已经履行的义务，对"剩余"的义务继续排队。

（二）【先履行抗辩权的法律效果】

1. 【法院判决驳回原告诉讼请求】当事人一方起诉请求对方履行债务，被告主张原告应先履行的抗辩且抗辩成立的，法院应当驳回原告的诉讼请求。

2. 【原告履行债务后可另行起诉】原告履行债务后另行提起诉讼，这属于基于新发生的事实提起诉讼，不违反"一事不再理"原则，也不违反判决的既判力规则，因为判决既判力具有时间范围，只能约束判决发生时的事实。

3. 【坚持比例原则】先履行一方履行债务不符合约定的，后履行一方有权拒绝其<u>相应</u><u>的</u>履行要求。

例：【交部分购书款只能拿到部分书】甲、乙订立一份价款为10万元的图书买卖合同，约定甲先支付书款，乙2个月后交付图书。甲由于资金周转困难只交付了6万元。甲称余款尽快支付，对此乙并不同意。2个月后甲要求乙交付图书，遭乙拒绝。<u>乙有权拒绝</u><u>交付多少图书？</u>①乙有权拒绝交付与4万元书款价值相当的部分图书。②【双务合同】甲乙签订了双务合同。③【付款一方是先方】甲是先付款一方，乙是后交图书一方。付款属于买卖合同主给付义务。④【后方可按比例主张先履行抗辩权】先方甲只付了6万元，未付4万元。后方乙可行使部分顺序履行抗辩权。

三、双务合同之不安抗辩权："先方"（先履行义务一方）享有

（一）【不安抗辩权的适用条件：先方"不安"】（《民法典》第527条）

1.【要有"真凭实据"：会让"先方""不安"的情形】应当先履行债务的当事人，有证据证明对方有下列情形之一的，可以中止履行：（1）经营状况严重恶化；（2）转移财产、抽逃资金，以逃避债务；（3）丧失商业信誉；（4）有丧失或者可能丧失履行债务能力的其他情形（如债务人列入失信名单）。

例：【"真凭实据"是"不安"情形】甲从"长春长生"公司采购狂犬病疫苗，约定甲5月1日付款，"长春长生"公司在10月1日交付疫苗。4月1日时，"长春长生"被爆其在市面上销售的狂犬病疫苗是"假的"，经市场监督管理局查证属实。5月1日，"长春长生"要求甲付款，甲拒绝。甲是否有权拒绝？①有权。②【不安抗辩权】甲可行使不安抗辩权，拒不付款。③【避免先方变成破产债权人】如果甲按合同约定时间付款，很可能成为破产债权人。如果说债权人是孙子，那么破产债权人就是孙子的孙子，又称土行孙。为了避免逼甲跳火坑，法律给予甲不安抗辩权。

2.【不能"道听途说"：不会让"先方""不安"的情形】当事人没有证据，"道听途说"而暂停履行，构成违约，应当承担违约责任。

例：【"道听途说"不是"不安"情形】甲与乙公司签订购房合同，约定甲5月1日先交款，乙公司10月1日过户房屋给甲。经查，此前2月1日甲在与乙公司的全资子公司丙公司签订另一个购房合同后，丙公司在3月1日将房屋抵押并登记给了丁公司。5月1日乙公司请求甲付款，甲以乙公司的子公司丙公司有"违约记录"为由拒绝付款。甲主张是否成立？①否。②【儿子坏不代表老子坏】乙的全资子公司丙公司对甲违约，不代表乙公司必然会对甲违约。③【没有不安】故甲不得主张不安抗辩权。如甲5月1日未付款，应向乙公司承担违约责任。

◆ 原理：为什么不安抗辩权需要先方有"真凭实据"证明后方存在令先方"不安"情形？①因为不安抗辩权制度与同时履行抗辩权、顺序履行抗辩权有本质差异，即不安抗辩权是"先发制人"，如果随便让先方启动"不安抗辩权"，会破坏合同交易，任何一个交易都可能被破坏。②同时履行抗辩权和顺序履行抗辩权具有"天然的正当性"，而"不安抗辩权"是"先发制人"，具有"天然的破坏性"。

秒杀：①同时履行抗辩权、后方的先抗辩权，具有天然的正当性。②不安抗辩权有天然的破坏性。

（二）【不安抗辩权行使的法律效果】

1.【不安抗辩权向前走，能一次性解决争议】（1）【先暂停履行】"先方"行使"不安抗辩权"后，中止履行，应及时通知"后方"。（2）【要么恢复履行，要么解除合同】①【"继续"：恢复履行】"先方"中止履行后，"后方"提供适当担保的，"先方"应恢复履行。②【"分手"：解除合同和诉违约责任】"先方"中止履行后，"后方"在合理期

限内未恢复履行能力并且未提供适当担保的，视为以自己的行为表明不履行合同主要义务，中止履行的一方可以解除合同并可以请求对方承担违约责任（《民法典》第 528 条）。

2.【抗辩权只能用来防御，不能用来攻击】（1）【可以用来"防御"】"先方"行使不安抗辩权，暂停履行义务，不是违约。（2）【不能用来"攻击"】如果"后方"主张不安抗辩权，没有履行自己的义务，却请求"后方"履行义务，则"后方"有顺序履行抗辩权。

例：【"先方"换人："换不安抗辩权人"】2011 年 5 月 6 日，甲公司与乙公司签约，约定甲公司于 6 月 1 日付款，乙公司 6 月 15 日交付"连升"牌自动扶梯。合同签订后 10 日，乙公司销售他人的"连升"牌自动扶梯发生重大安全事故，质监局介入调查。合同签订后 20 日，甲、乙、丙公司三方合意，由丙公司承担付款义务。丙公司 6 月 1 日未付款。如何评价本案付款义务和交付扶梯义务？

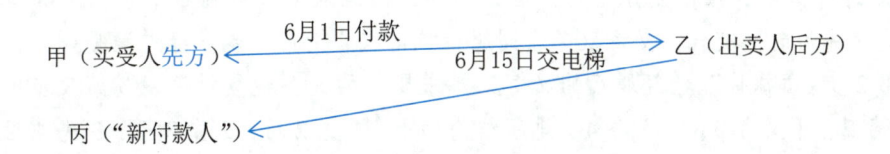

```
                6月1日付款
甲（买受人先方）←─────────────→ 乙（出卖人后方）
                6月15日交电梯

丙（"新付款人"）
```

①【双务合同】甲、乙签订扶梯买卖合同，是双务合同。②【付款方是"先方"】甲 6 月 1 日付款，是"先方"。乙 6 月 15 日交货，是后方。③【新付款方是"先方"】甲、乙、丙三方合议，丙取代甲成为付款义务人，属于免责债务承担。丙取代甲成为"先方"，丙仅承担义务，并不享有请求乙交付扶梯的债权请求权。④【"后方"让"先方"不安】后方乙的产品发生在重大安全事故，被"质监局调查"，会导致先方不安，故甲的不安抗辩权，换成了丙成为不安抗辩权人。⑤【新付款方有不安抗辩权】乙要求丙在 6 月 1 日付款，丙有不安抗辩权暂停付款。⑥【"后方"履行期已到启动先履行抗辩权】如甲要求乙在 6 月 15 日交付扶梯，则乙可主张先履行抗辩权。这说明，不安抗辩权仅对攻击（乙请求丙付款）的防御，它本身不具有攻击性，不得主张请求后方履行义务。

四、合同多选题之"母题"：解除权、抗辩权与违约责任

例：【合同多选题之母题：解除权、抗辩权与违约责任】热电厂从煤矿购煤 200 吨，约定交货期限为 2017 年 9 月 30 日，付款期限为 2017 年 10 月 31 日。9 月底，煤矿交付 200 吨煤，热电厂经检验发现煤的含硫量远远超过约定标准，根据政府规定不能在该厂区燃烧。如何评价本案法律争点？【"选择思维"即"条条道路通罗马"，属于合同客观案例中最常见的考法】

```
                10月31日付款 9月30日交货
热电厂（买受人后方）←─────────────→ 煤矿（出卖人先方）
```

（1）【双务合同抗辩权角度（防御）：前提是煤矿提出了付款请求】①【双务合同】热电厂和煤矿签订了买卖合同，为双务合同。②【热电厂付款是后方】煤矿在 9 月 30 日前交煤，煤矿是先方。热电厂在 10 月 31 日前付款，热电厂是后方。③【先方未适当履行

义务】煤矿交的煤不能烧,先方没交煤。④【后方行使先履行抗辩权】如煤矿在10月31日要求热电厂付款,则热电厂作为后方可主张先履行抗辩权拒付购煤款。

(2)【合同解除角度(攻击):无论煤矿是否提出付款请求】煤矿交付的煤不能燃烧,意味煤矿存在根本违约,热电厂享有法定解除权,解除买卖合同,同时要求煤矿承担违约责任。

(3)【违约责任角度(攻击):无论煤矿是否提出付款请求】煤矿交付的煤不能燃烧,意味煤矿存在根本违约,热电厂享有法定解除权,解除权为形成权,乃单方意思表示,故热电厂可以不行使该解除权,仅要求煤矿承担继续履行等违约责任如要求煤矿继续交付合格的200吨煤,并赔偿因此导致热电厂的损失。

秒杀1:【统一规则】①同一双务合同(2005-55ABCD)。②对等义务(2015-10D),比例原则(2009-10B)。③防御而非攻击(2011-14B)。

秒杀2:【做题步骤】先方不安,后方顺序,同时双方。看到题干合同义务有时间交代尤其是有先后时间交代,必考双务合同履行抗辩权。①第1步:标志谁是先方,谁是后方。②第2步:"抹掉"已经履行的义务,对未履行的义务继续排序。③第3步:甲义务1、乙义务2、甲义务3、乙义务4。排序结论如下:1先2后;2先3后;3先4后。④第4步,"先方"启动不安抗辩权。"后方"启动顺序履行抗辩权。同时方启动同时履行抗辩权。

秒杀3:【"有病规则"】有抗辩负担(包括同时履行抗辩权、先履行抗辩权、不安抗辩权)的债权,属于有"病"的债权:①换债权人,新债权人"买到病"。②换债务人,新债务人"主张病"。③有抗辩负担的债权就是有病的债权,无论是换债务人,还是换债权人,永远是有病的债权,抗辩的负担一直存在。

第三节 履行瑕疵

一、提前履行无害则不可拒绝

(一)【提前履行】(《民法典》第530条)

1.【一般要接收,例外不接收】债权人可以拒绝债务人提前履行债务,但是提前履行不损害债权人利益的除外。

2、【新增费用由债务人负担】债务人提前履行债务给债权人增加的费用,由债务人负担。

例:【提前交货】合同约定甲公司应当在8月30日向乙公司交付一批货物。8月1日,甲公司把货物运送到乙公司。乙公司如何应对?①【不要】乙公司有权拒绝接收货物。②【要】乙公司有权接收货物并要求对方支付增加的费用。③但无论如何,乙公司都不可要求甲公司承担违约责任,因为现在还不知道在8月30日甲公司是否构成违约。

(二)【提前还款】借款人提前偿还借款的,除当事人另有约定外,应当按照实际借款的期间计算利息(《民法典》第677条)。

二、部分履行无害则不可拒绝（《民法典》第 531 条）

（一）【一般要接收，例外不接收】
债权人可以拒绝债务人部分履行债务，但是部分履行不损害债权人利益的除外。

（二）【新增费用由债务人负担】
债务人部分履行债务给债权人增加的费用，由债务人负担。

三、多出履行，买方可拒也可收（《民法典》第 629 条）

（一）【可以要也可以不要】
出卖人多交标的物的，买受人可以接收或者拒绝接收多交的部分。

（二）【要就补钱，不要就通知】
买受人接收多交部分的，按照约定的价格支付价款；买受人拒绝接收多交部分的，应当及时通知出卖人。

第六章　合同的保全

案例导读：①【欠债后仍有自由】我向银行借款 100 万元用于购房，在"双 11"我还有必要做剁手党吗？答：没有必要。②【代位权诉讼】届期我无力还款，他欠我的 100 万元我也没心思要了，反正要了也白要，何必"为他人做嫁衣"，银行是否能追究我的责任？③【撤销权诉讼】届期我无力还款，我善心大发，把房屋捐出用于希望工程，获得慈善大使称号，"慷他人之慨"，银行是否能追究我的责任？④【债的保全】答：前者"消极行为"启动"债权人代位权诉讼"；后者"积极行为"启动"债权人撤销权诉讼"。

第一节　债的保障的体系思维

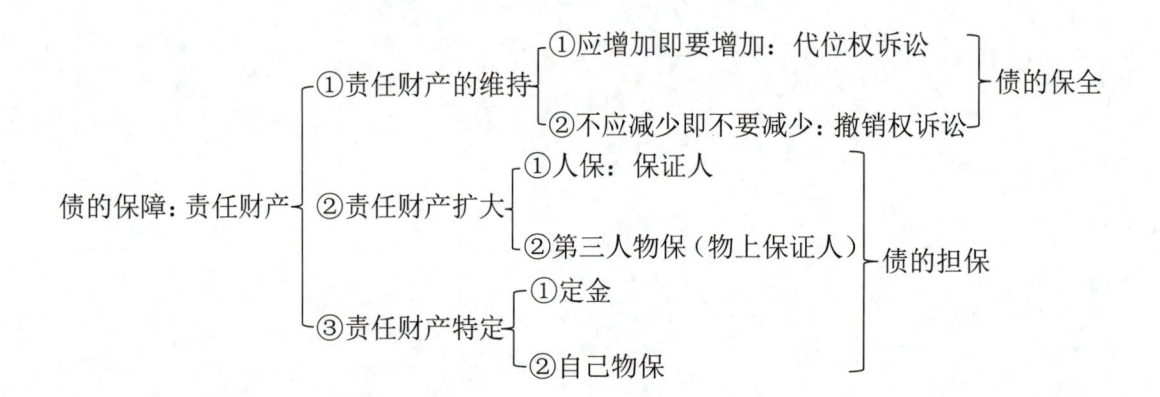

债的保障：责任财产
- ①责任财产的维持
  - ①应增加即要增加：代位权诉讼　　　　　债的保全
  - ②不应减少即不要减少：撤销权诉讼
- ②责任财产扩大
  - ①人保：保证人
  - ②第三人物保（物上保证人）　　　　　债的担保
- ③责任财产特定
  - ①定金
  - ②自己物保

一、责任财产：谁的债谁还

民事法律责任分为财产责任与非财产责任。行为人在承担财产责任时所用的物权、知识产权或者债权等，即为"责任财产"。

二、责任财产的"维持"：债的保全

(一)【应增加的即要增加：代位权诉讼】（《民法典》第 535 条）

因债务人怠于行使其对相对人的权利，对债权人造成损害的，债权人可以向法院请求以自己的名义代位行使债务人对相对人的权利。代位权是债权的一种法定权能，无论当事人是否约定，债权人都享受此权利。债权人代位权诉讼是"天生"的 3 方结构：债权人甲、债务人乙、相对人丙。债务人乙就是懒人（懈怠）。

(二)【不应减少的即不要减少：撤销权诉讼】（《民法典》第 538 条）

债权人撤销权又称"撤销诉权"或"废罢诉权"，是指当债务人所为的减少其财产的行为危害债权实现时，债权人为保全债权得请求法院予以撤销该行为的权利。债权人撤销

权诉讼是"天生"的3方结构：债权人甲、债务人乙、第三人丙。债务人乙就是坏人（逃债）。

三、责任财产的"扩大"

（一）【人保：保证】（《民法典》第681条）

保证人是指与债权人约定，为主合同债务提供担保，当债务人不能履行债务时，由其按照约定履行债务或者承担责任的一方当事人。保证是"天生"的3方结构：债权人甲、主债务人乙、保证人丙。

例：【代位和保证的交叉】甲对乙有10万元到期债权，乙对丙有8万元到期债权。丙对乙欠甲的10万元债权提供了连带保证。乙无力向甲清偿又急于向丙主张，如何评价丙的法律地位？

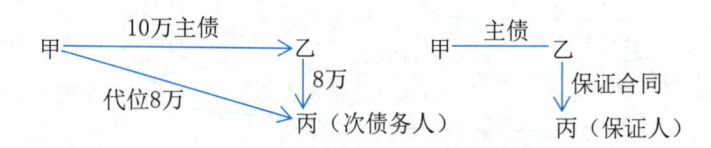

①【债权人代位权：丙是次债务人】从债权人代位权角度，甲是10万元债权人，乙是8万元债权人，丙是相对人，甲可对丙提起代位权诉讼，要求丙还8万元，甲的剩余2万元继续向乙要。②【保证：丙是保证人】从保证人角度，甲是10万元债权人，丙是连带保证人，甲可要求丙还10万元，丙代偿后可向乙追偿10万元，但是乙对丙有8万元债权，对等额度抵销掉8万元，故丙可向乙追偿2万元。③【2个三方结构叠加】甲、乙、丙有2个三方结构思维，甲乙丙有代位权的三方结构，甲乙丙还有保证的三方结构。甲会选择第二条路径，即要求丙承担保证责任。

（二）【物上保证人：他物保，即第三人提供的物保】（《民法典》第386条）

物上保证人（也称物上担保人），是指为债务人顺利建立债权债务关系而提供担保物的第三人。债务人不能如期清偿债务，物上保证人提供的担保物便会作为担保物权实现的标的予以折价、变价或拍卖。他物保是"天生"的3方结构：债权人甲、主债务人乙、他物保人丙。

四、责任财产的"特定"

（一）【定金】（《民法典》第586条）

定金是在合同订立或在履行之前支付的一定数额的金钱或替代物作为担保的担保方式。如甲、乙的主合同是买卖房屋，甲、乙的从合同是定金合同。

（二）自物保（《民法典》第392条）

以债务人的特定财产作为抵偿债权的标的，在债务人不履行其债务时，债权人可以将财产变价，从中优先受偿的制度。如甲、乙主合同是借款合同，甲、乙从合同是抵押合同。

第二节 债权人代位权

一、债权人代位权

因债务人怠于行使其债权或者与该债权有关的从权利，影响债权人的到期债权实现的，债权人可以向法院请求以自己的名义代位行使债务人对相对人的权利，但是该权利专属于债务人自身的除外（《民法典》第535条第1款）。

（一）【原债权：如果债权人的债权已经到期怎么办？到期债权启动"代位权诉讼"的直接清偿规则】

1.【直接清偿】突破相对性，甲直接打到丙和丁，法院判决丙、丁向甲清偿。

```
甲（债权人） ──原债权到期──→ 乙（债务人）
           ──代位权诉讼──→   ↓次债权   次债权的从权利比如保证或抵押权
           ──代位权诉讼────→ 丙（次债务人）       丁（担保人）
```

◆ **原理**：为什么要求甲对乙的原债权要到期？没到期都不可以向债务人要，更谈何向相对人要。

2.【不要求原债权经过法律文书确认】债务人的相对人仅以债权人提起代位权诉讼时债权人与债务人之间的债权债务关系未经生效法律文书确认为由，主张债权人提起的诉讼不符合代位权行使条件的，法院不予支持（《民法典合同编通则解释》第40条第2款）。

◆ **原理1**：为什么代位权诉讼不要求原债权经过法律文书确认？债权人本来就有选择权，可选择诉原债，也可选择诉代位之债。既然如此，就说明如果诉代位之债，原债数额可以不经过法律文书确认。

◆ **原理2**：为什么债权人可以选择诉原债，也可以选择诉代位之债？如果剥夺债权人选择权，则债权人要做充分调查，成本就太高了。

（二）【如果债权人的债权还没到期怎么办？没到期债权启动"保存行为"的入库规则】

债权人的债权到期前，债务人的债权或者与该债权有关的从权利存在诉讼时效期间即将届满或者未及时申报破产债权等情形，影响债权人的债权实现的，债权人可以代位向债务人的相对人请求其向债务人履行、向破产管理人申报或者作出其他必要的行为（《民法典》第536条）。

例：【可以提出保存行为】甲对乙享有债权100万元，尚未到期。乙对丙享有100万元债权的诉讼时效期间快要届满（或者丙进入了破产程序而乙未申报破产债权去"瓜分"破产债务人丙的财产）。甲对丙可采取什么救济措施？①【中断次债时效】甲可代位向丙主张债权，请求丙向乙履行债务以中断次债的诉讼时效。②【向次债务人管理人申报次债权】或者甲可代位向破产管理人申报破产债权。

（三）【什么叫相对人？本书为行文方便有的地方把相对人称"次债务人"】

1.【情形1：相对人是次债务人】甲是债权人，乙是债务人，丙是次债务人，丙是相对人。

2.【情形2：相对人是次债务人的担保人】甲是债权人，乙是债务人，丙是次债务人，丁是对丙的债务提供担保的人，丁是相对人。

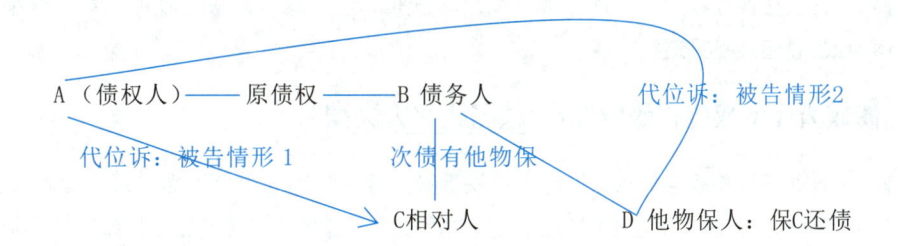

```
A（债权人）———原债权———B 债务人        代位诉：被告情形2

代位诉：被告情形1       次债有他物保

              C 相对人           D 他物保人：保C还债
```

（四）【什么叫债务人对相对人的权利？"次债"包括金钱债权或者其他财产权利】

1.【"次债"包括其他财产权】代位要房屋过户、代位要物上请求权、代位要保险合同权利、代位要"以物抵债协议"。

◆ 原理：为什么次债不限于"金钱之债"？①理论和实务通识均认为代位权中的客体为具有直接的财产给付内容即可，除纯粹的财产权利外，其他具有财产性质的权利也可作为代位权标的。②最高院认为，金钱之债可以代位，而具有人身性的权利不能代位。它们之间存在中间状态，是否能够代位，就游离于立法之外，因此需要认定其他财产权利也可以被代位。

2.【"次债"是否包括形成权，存在观点分歧】学理和实务都存在观点分歧，最高院没有给出回应。本书认为，包括形成权。

例：【能代位解除合同】甲对乙享有到期的民间借贷债权，乙和开发商签订了房屋买卖合同。乙付款后，房屋没竣工无法登记，不能强制执行该房屋，乙也没有解除该合同。乙无力清偿对甲的债务，甲能否代位解除合同？能。甲可以代位解除购房合同并要求开发商退款。

◆ 原理：为什么对能否代位形成权存在争议？①因为次债合同是否解除、是否撤销，涉及商业判断，解除或撤销未必是利益最大化选择。②所以最高院认为，如果有证据证明解除、撤销后的收益，小于维持合同的收益，就不能代位解除或撤销。

（五）【债务人对相对人的权利形成时间点，可以在原债权之前，也可以在原债权之后；可以"向前"代位，也可以"向后"代位】

例：【可以"向前"代位也可以"向后"代位】甲对乙享有10万元债权，5月1日到期。乙对丙享有10万元债权，1月1日到期（或者6月1日到期）。乙届期无力向甲还款，又怠于向丙主张。7月1日，甲可对丙提起代位权诉讼吗？

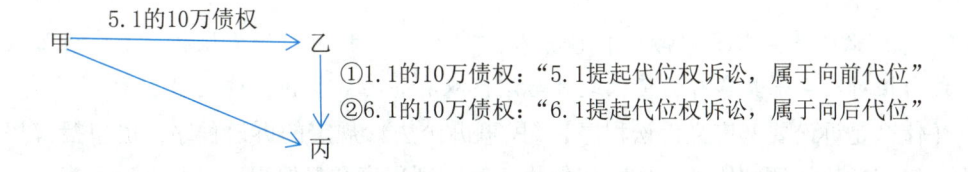

```
         5.1的10万债权
甲 ——————————————→ 乙        ①1.1的10万债权："5.1提起代位权诉讼，属于向前代位"
                    ↓        ②6.1的10万债权："6.1提起代位权诉讼，属于向后代位"
                    丙
```

①可以。②【次债到期即可】无论乙对丙的权利何时到期，只要甲对丙提起代位权诉讼时，乙对丙有权利即可。③【向前代位：先次债后原债】甲5月1日的债权，乙对丙1月1日到期债权，甲在5月1日对丙提起代位权诉讼，属于"向前"代位。④【向后代

位：先原债后次债】甲5月1日的债权，乙对丙6月1日到期债权，甲在6月1日对丙提起代位权诉讼，属于"向后"代位。

◆ **原理**：为什么允许债权人"向前"或"向后"代位？因为这没有破坏秩序，本来就是次债务人丙需要还的钱，"还谁不是还"。

二、债权人代位权的积极要件："债务人又穷又懒"

◆ **原理**：为什么要严格限定债权人提起代位权诉讼的要件？①【欠债不影响谈恋爱】乙欠甲10万元后，乙、丙谈恋爱，丙欠了乙10万元，乙没向丙要。②【债务人恋爱自由】如果任由甲对丙提起代位权诉讼，将会严重干扰乙"谈恋爱"的行为自由。③【代位干扰债务人自由】可见，代位权制度会严重的干扰债务人的行为自由，因此必须严格限制其适用条件。④【债务人又穷又懒：没有恋爱自由】2个条件：债务人乙又"穷"（穷得只剩下一个权利）、又"懒"（懒得去要这个权利）。⑤【三角债】代位权诉讼是法定的解决三角债的方式之一。

（一）【什么叫债务人很"穷"】债务人怠于行使自己权利的消极行为，已影响债权人的到期债权实现。

例1：【方志平】甲对方志平有到期债权10万元，方志平对乙享有到期债权10万元，方志平届期无力向甲清偿，又怠于向乙主张。<u>甲怎么办？</u>甲可对乙提起代位权诉讼。

例2：【马云】甲对马云有到期债权10万元，马云对乙享有到期债权10万元，马云怠于向乙主张。<u>甲可否对乙提起代位权诉讼？</u>否。因为马云很有钱，不穷！

1.【"穷"的情形1：执行不了】债权人甲对债务人乙的执行款拿不到，这就足够证明债务人乙穷了。

2.【"穷"的情形2：参照"一般保证人变性为连带保证人的情形"】债务人下落不明，且无财产可供执行；人民法院已经受理债务人破产案件；债权人有证据证明债务人的财产不足以履行全部债务或者丧失履行债务能力。

3.【"穷"的情形3：参照"不安抗辩权中债务人的情形"】债务人经营状况严重恶化；转移财产、抽逃资金，以逃避债务；丧失商业信誉；有丧失或者可能丧失履行债务能力的其他情形。

4.【"穷"的情形4：先诉原债的人保或他物保，再代位诉相对人】甲对乙有原债权，对丙有人保或他物保，乙对丁有次债权。甲应先诉丙，此后才知道债务人乙是不是"穷"。

秒杀：春江水暖鸭先知，债务人乙穷还是不穷，甲作为债权人最清楚，应从宽认定债务人"穷还是不穷"。

（二）【什么叫债务人很"懒"】债务人"怠于"向相对人行使权利，不以诉讼或者仲裁方式向相对人主张其享有的债权或者与该债权有关的从权利，构成"怠于"。

1.【什么是诉讼要？广义诉讼程序】《民事诉讼法》规定的诉讼程序，也包括《民事诉讼法》规定的确认调解协议、实现担保物权等特别程序和督促程序等非诉讼程序。

2.【没起诉就是怠于】债务人乙对丙起诉又撤诉，等于没起诉，属于怠于。此时，债权人甲可以对丙提起代位权诉讼

3.【没申请执行判决不是怠于】债务人"去了诉讼法院，没去执行法院"，债务人

"怠于"申请执行，是怠于吗？不是，债权人不走代位权诉讼，应启动代位申请执行。

4.【没申请执行公证债权文书不是怠于】债务人去公证处取得对次债务人的公证债权文书，没有去申请执行是怠于吗？不是，债权人不走代位权诉讼，应启动代位申请执行。

例：【发函要，假装勤快，还是懒，构成"怠于"】甲对乙有10万元到期债权，乙对丙有10万元到期债权，乙届期无力向甲还款，多次向丙发出催告函，要求丙还款未果。甲可否对丙提起代位权诉讼？①可。②【债务人穷】乙届期无力向甲还款，乙"很穷"。③【债务人懒】乙只是向丙发出催告函，没有起诉或者仲裁（如果乙丙合同纠纷有仲裁条款则仲裁），就是"怠于"，这是"懒"。④【债务人又穷又懒】债务人乙"又穷又懒"，故甲可对丙提起代位权诉讼。

◆ **原理：** 为什么债务人向相对人单纯发函仍然构成"怠于"？①如果债务人向相对人单纯发函就可以"破掉"债权人的代位权诉讼，则代位权诉讼几乎没有发生的可能。②实务中，债务人都会说："我催告了但是钱还是收不回来，不能怪我……喊破喉咙也没用"。

秒杀1： 债务人诉或裁相对人了吗？表述1：没有诉或没有裁，债务人是"懒人"。表述2：没有采取法律措施，债务人是"懒人"。

秒杀2： 债务人又"穷"又"懒"，启动债权人代位权诉讼。

三、债权人代位权的消极要件："次债"不是专属于债务人自身的权利

（一）【"次债"不能是"抚养费、赡养费或者扶养费请求权"】

例1：【儿子欠债】甲对乙有债权，乙对其父丙有抚养费债权。甲可否对丙说："从今天开始，我是你儿子，请把抚养费给我"？①否。②乙对丙的抚养费债权具有人身性，不可被代位。

例2：【父亲欠债】甲对乙有债权，乙对其子丙有赡养费债权。甲可否对丙说："从今天开始，我是你老爹，请把赡养费给我"？①否。②乙对丙的赡养费债权具有人身性，不可被代位。

例3：【老婆欠个债】甲对乙有债权（乙的个人债务），乙对其老公丙有扶养费债权。甲可否对丙说："从今天开始，我是你老婆，请把扶养费给我"？①否。②乙对丙的扶养费债权具有人身性，不可被代位。

（二）【"次债"不能是人身损害赔偿请求权】

例：【欠债被撞：次债权有人身性不能被代位】王乙以12万元价格卖6间房并过户给了曹某。曹某付了5万，约定半年后再付剩余7万。2019年5月到期时曹某"因生意亏损，已无支付能力"。曹某在2019年4月外出时遭遇车祸受伤，肇事司机孙某是曹某好友，曹某一直未向孙某提出车祸损害的赔偿请求。如王乙要求以自己名义代位请求孙某支付车祸致人损害的赔偿金，其主张能否得到支持？①不能。②【次债权有人身性】人身赔偿金是专属曹某自身债权，王乙不能行使代位权。③【次债权有人身性不能被代位】"撞债务人不等于撞债权人"，如果允许代位，则会导致撞人者孙某向王乙"购买"1个撞债务人的权利，会助长侵权。可以脑洞小开一下，将孙某修改为"王思聪"：谁欠钱就打谁，赔款直接给债权人。

（三）【"次债"不能是劳动报酬请求权，"次债"可以是超过债务人及其所扶养家属的生活必需费用的部分】

生存权>债权，"打工卖命养家"。债权>奢侈权，"不能高薪养老赖"。

例：【员工欠债】甲对乙有债权，乙对公司有工资债权。甲可否对公司说："从今天开始，我是你员工，请把工资发给我"？①否。②乙对公司的劳动报酬债权具有人身性，不可被代位。

（四）【"次债"不能是请求支付基本养老保险金、失业保险金、最低生活保障金等保障当事人基本生活的权利】

生存权>债权。丧葬补助金、抚恤金以及病残津贴，与基本养老金具有同质性，不能被代位。

（五）【兜底：其他专属于债务人自身的权利：不能代位精神损害赔偿请求权、不能代位工伤保险待遇、不能代位家人生活费和必需品、不能代位继承】

精神损害、工伤保险待遇，本质上是人身伤害赔偿。家人生活费和必需品，不能被执行，就不能被代位。谁家死人谁继承，不能被代位。

◆ **原理：**可以代位人寿保险金吗？最高院认为，不能代位保障基本生活的保险；能代位投资型保险。可以代位退休金吗？最高院认为，应当比照劳动报酬请求权，区分处理，不能代位基本生活保障的退休金，可以代位奢侈退休金。可以代位安置费请求权吗？最高院认为，不能代位保障基本生活的安置费请求权，能代位其他巨额安置费请求权。

秒杀：生存权>债权>奢侈权。专属的"次债"，不能卖的就不能被代位，本该给谁就给谁。

四、债权人代位权诉讼

（一）【代位权诉讼与次债的仲裁条款】（《民法典合同编通则解释》第 36 条）

1.【次债仲裁条款不能破代位权诉讼】如果次债仲裁破代位权诉讼，架空了代位权诉讼。代位权只能通过诉讼行使，目的就是破次债仲裁。直接清偿规则鼓励原告积极起诉。2个有错的人的仲裁，不能约束没错的债权人，这符合公平原则。

例：【次债仲裁条款不能破代位】甲公司对乙公司有20万元到期借款债权，乙公司对丙公司有20万元货款到期债权，乙公司曾向丙公司发出催收通知书。乙公司和丙公司之间的供货合同约定，若因合同履行发生争议，由A仲裁委员会仲裁。乙公司无力向甲公司还款，甲公司向丙公司提起代位权诉讼，丙公司提出2项抗辩：乙已经向丙公司催告了，以及乙公司和丙公司之间有仲裁条款。丙公司抗辩是否成立？①否。②【债务人懒】乙公司向丙公司催告，但未申请仲裁，属于"怠于"。③【次债仲裁不能破代位】乙、丙公司仲裁条款具有相对性，只能约束乙、丙，不能约束甲、丙。故不能影响甲公司对丙公司提起代位权诉讼。④【避免架空代位】如果允许乙、丙的仲裁条款可以破代位权诉讼，则仲裁将彻底架空代位权诉讼。因为根据仲裁规则，乙、丙之间在任何时候都可以达成仲裁协议解决他们的纠纷，仲裁条款具有相对性。

```
甲（债权人）————→乙（债务人）
                    ↕ 仲裁具有相对性：不能破代位
代位权诉讼       →丙（次债务人）
```

◆ **原理**：为什么次债的仲裁不能"破"代位权诉讼？①【**仲裁条款具有相对性**】仲裁条款有相对性，不能约束债权人，只可以约束债务人和次债务人。②【**代位权诉讼不是债权转让**】代位权诉讼不是债权转让，债权人不是受让债务人对次债务人的债权，故不受债务人和次债务人仲裁条款的约束。③【**任何债权都有代位权能**】代位权是债权人债权的固有权能。

2. 【**次债仲裁可能导致代位权诉讼中止**】代位权诉讼首次开庭前，债务人或相对人可就次债申请仲裁，代位权诉讼可以中止。诉讼中止，次债仲裁继续，本质就是让仲裁员给法官打工，因为次债额度经仲裁，该事实属于相对免证事实。

◆ **原理**：为什么限制在首次开庭前？借鉴当事人诉讼在首次开庭前没提仲裁，叫提晚了，继续诉讼。如果代位权诉讼庭审都结束了，意味着次债金额也审理清楚了，不需要仲裁员给法官打工了。

问：原债仲裁条款能"破"代位权诉讼吗？不能。如果债务人对原债金额没争议，债权人正常对相对人提代位权诉讼。如果债务人对原债金额有争议，债权人仲裁原债，代位权诉讼中止审理等待。

（二）【**代位权诉讼的管辖**】（《民法典合同编通则解释》第35条）

1. 【**先看专属管辖：代位权诉讼不能破专属管辖**】"次债"属于专属管辖的，代位权诉讼也启动专属管辖。

例：【**代位要房屋租金：房屋所在地法院管辖**】甲对乙有到期10万货款债权，乙对丙有到期房屋租金债权10万，乙怠于主张且无力对甲清偿。甲要对丙提起代位权诉讼，哪个法院管辖？由房屋所在地法院专属管辖。

◆ **原理**：为什么代位权诉讼不能"破"次债的专属管辖？代位权诉讼的实质是处理债务人和相对人的关系，如果破专属管辖，就会架空专属管辖。方便取证和执行，避免外国法院非法审判（工程在中国，开发商卷款跑去美国了）。

2. 【**再看被告住所地：一般地域管辖**】债权人对债务人的相对人提起代位权诉讼的，由被告住所地人民法院管辖。"直接清偿"，向谁要钱，就去谁那里起诉。

3. 【**代位权诉讼破协议管辖**】债务人或者相对人以双方之间的债权债务关系订有管辖协议为由提出异议的，法院不予支持。最高院认为，原债和次债的协议管辖都作废。

◆ **原理1**：为什么管辖协议作废？①因为管辖协议存在于债务人与其相对人之间，与债权人提起的代位权诉讼无关联，不能约束非合同主体的债权人。②发生代位权诉讼，债权人没错，债务人怠于有错，次债务人不积极还债也有错，不能让2个有错的人的协议管辖去约束一个没错的债权人。③代位权是法定权利，不是约定权利。④代位权不是代理权，代位权人是自己名义去起诉，不是以债务人名义去起诉，次债的管辖协议不适用。

◆ **原理2**：为什么次债的仲裁条款和管辖协议都不能对抗代位权诉讼，而次债的专属管辖不作废？次债的协议管辖和仲裁条款是意定的，次债的专属管辖是法定的。

秒杀：代位要房屋租金，去房屋那。代位要工程款，去工程那。代位要其他的钱，向谁要，去谁那。

（三）【代位权诉讼当事人列明】

1.【原告是债权人，被告是相对人，法院应当追加债务人为第三人】债权人以债务人的相对人为被告向人民法院提起代位权诉讼，未将债务人列为第三人的，法院应当追加债务人为第三人。

◆ 原理：为什么是"应当"追加，而不是"可以"追加？①债务人到庭才能查清原债、次债事实。②债务人到庭来掏钱，支付必要费用。③直接清偿会影响债务人的权利和义务，所以债务人得到庭。④即使次债已经有了判决书，代位之诉中仍然要追加债务人为第三人。

2.【2个原告，一般按比例清偿，例外"首封是老大"】两个以上债权人以债务人的同一相对人为被告提起代位权诉讼的，法院可以合并审理。债务人对相对人享有的债权不足以清偿其对两个以上债权人负担的债务的，法院应当按照债权人享有的债权比例确定相对人的履行份额，但是法律另有规定的除外。

(1)【首封是老大情形1：两个债权人都提了代位权诉讼】

```
    A 债权人      B 债务人              （债权人）a
代位诉1：谁先保全谁牛              代位诉2：谁先保全谁牛
                      C相对人
```

(2)【首封是老大情形2：一个债权人提代位权诉讼，另一个债权人提直接诉讼】

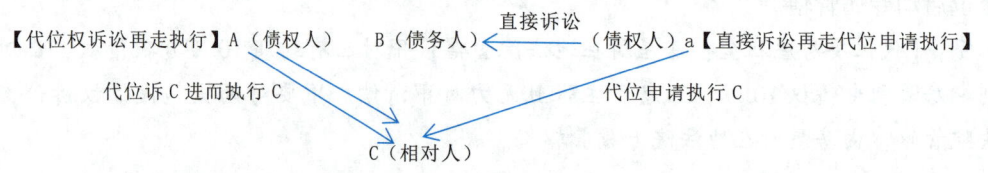

```
                              直接诉讼
【代位权诉讼再走执行】A（债权人）   B（债务人）  （债权人）a 【直接诉讼再走代位申请执行】
代位诉C进而执行C                              代位申请执行C
                    C（相对人）
```

【问：A的执行牛？还是a的代位申请执行牛？答：首封是老大】

（四）【代位权诉讼成本】

1.【诉讼费用：输的人负担】由败诉的相对人负担。

2.【必要费用："懒人"债务人负担】支付律师代理费、差旅费。调查取证必须支出的费用。为财产保全所支出的费用。债权人代为受领次债务人的给付所支出的费用。

◆ 原理：为什么代位权诉讼中由"懒人"债务人负担律师费？①谁打官司谁请律师谁掏律师费，这是打官司的常态。②因此我打官司请律师你掏律师费，这不是打官司的常态。③本来应该债务人自己去打官司要钱，既然你债务人如此懒惰，那么，我债权人来打本来应该由你债务人打的官司，当然你来掏钱请律师，这是鼓励大家提起代位权诉讼，尽快解决三角债。

秒杀：向谁要钱谁被告，被告输了被告负诉讼费用，"懒人"即债务人负担律师费。

（五）【代位权诉讼涉及的合并审理和诉讼中止】

1.【同一法院管辖，合并审理；不同法院管辖，诉讼中止】(1)【合并审理】《民事诉讼法司法解释》规定，基于同一事实发生的纠纷，当事人分别向同一人民法院起诉的，人民法院可以合并审理。(2)【诉讼中止】《民事诉讼法》规定，本案必须以另一案的审理结果为依据，而另一案尚未审结的，本案应当中止诉讼。

2.【诉讼中止情形1：原债全部额度是代位权诉讼的先决条件】债权人先诉原债，后诉代位权，代位权诉讼中止（《民法典合同编通则解释》第38条）。

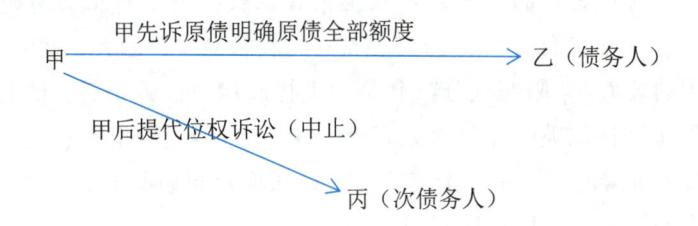

```
甲 ——甲先诉原债明确原债全部额度——→ 乙（债务人）

甲 ——甲后提代位权诉讼（中止）——→ 丙（次债务人）
```

3.【**诉讼中止情形2：仲裁次债全部额度是代位权诉讼的先决条件**】债权人先诉代位权，债务人或相对人在代位权诉讼开庭前仲裁次债额度，代位权诉讼中止（《民法典合同编通则解释》第36条）。

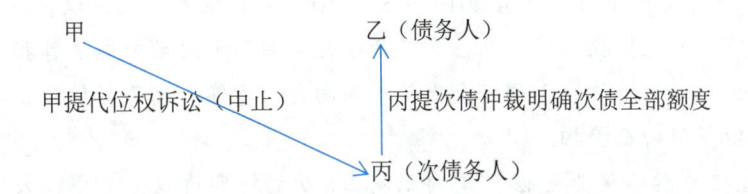

```
甲                     乙（债务人）
   甲提代位权诉讼（中止）    ↓ 丙提次债仲裁明确次债全部额度
                       丙（次债务人）
```

4.【**诉讼中止情形3：代位权诉讼是次债剩余额度的先决条件**】债权人先诉代位权，债务人后诉相对人次债，次债之诉中止（《民法典合同编通则解释》第39条）。代位之诉对次债余额之诉具有"预决效力"，次债余额是相对免证事实。

◆ **原理**：为何代位之诉后，还允许"懒惰"的债务人对相对人诉次债余额？因为代位之诉是诉讼，不是保全，债权人并没有保全债务人的次债权，所以还是应该允许债务人去诉次债务人次债额。

```
甲                     乙（债务人）
                       ↓ 乙提次债剩余额度的诉讼
   甲提代位权诉讼        丙（次债务人）
```

秒杀：哪个诉讼应该中止？诉讼A是诉讼B的先决条件，则诉讼B中止。

（六）【**代位权诉讼效果**】

1.【**"一箭三雕"**】代位之诉之后，原债和次债的诉讼时效全部中断。

例：【3个诉讼时效中断】甲对乙有10万元到期债权，乙对丙有10万元到期债权。乙届期无力向甲还款又"怠于"向丙主张。甲对丙提起代位权诉讼，<u>会导致哪3个债权诉讼时效中断？</u>①甲对乙的原债权。②乙对丙的次债权。③甲对丙的代位之债权。④一旦甲向丙起诉要，即约等于甲向乙要了，乙向丙要了，故"一箭三雕"。

2.【**对相对人的效力："三个抗辩"**】原债的抗辩、次债的抗辩、代位之债的抗辩（如诉讼时效届满的抗辩、数额抗辩、管辖法院抗辩）。

例：【3个抗辩】甲公司对乙公司享有10万元债权，乙公司对丙公司享有5万元债权。如甲公司对丙公司提起代位权诉讼，则针对甲公司，<u>丙公司有权提出哪些角度的抗辩？</u>①【原债的抗辩】有权主张乙公司对甲公司的抗辩，这属于"原债的抗辩"，即相对人对债务人的抗辩，可以向债权人主张），比如甲的10万元债权诉讼时效届满。②【次债的抗辩】有权主张丙公司对乙公司的抗辩,这属于"次债的抗辩",比如乙的5万元债权诉讼时效届满。③【代位之债的抗辩】有权主张代位权行使中对甲公司的抗辩,这属于"代位之债的抗辩",比如甲向丙主张10万元则丙可提出额度的抗辩,仅负责5万元。

3.【对债务人的效力:"限制处分"】债权人提起代位权诉讼后,债务人无正当理由减免相对人的债务("代位破放弃")或者延长相对人的履行期限("代位破延长"),相对人以此向债权人抗辩的,法院不予支持(《民法典合同编通则解释》第41条)。

4.【对债权人的效力:"直接清偿"】

(1)【直接清偿】法院认定代位权成立的,由债务人的相对人向债权人履行义务,债权人接受履行后,债权人与债务人、债务人与相对人之间相应的权利义务终止(《民法典》第537条)。

例1:【直接清偿】甲对乙享有2019年8月10日到期的6万元债权,到期后乙无力清偿。乙对丙享有5万元债权,清偿期已届满7个月,但乙未对丙采取法律措施。甲对丙提起了代位权诉讼,<u>如何清偿?</u>①甲可直接请求丙向自己清偿。②甲行使代位权的诉讼费用由丙承担,其他费用由乙承担。

例2:【直接清偿≈优先受偿】甲对乙有60万元到期债权,老甲、大甲、中甲、小甲、小小甲对乙各有60万元到期债权,乙对丙有60万元到期债权,乙到期无力偿债且怠于向丙主张。甲对丙提起了代位权诉讼,<u>丙如何清偿?</u>

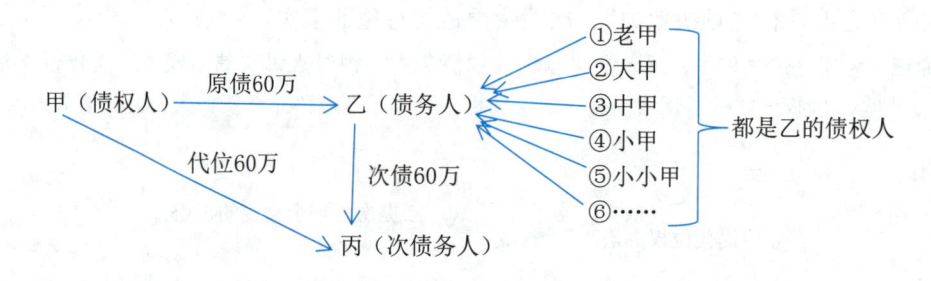

①【直接清偿】丙直接给甲60万元,则甲乙之间、乙丙之间债权债务关系消灭,这叫"直接清偿规则"。②【直接清偿打破平等】如甲没有提起代位权诉讼,则乙对丙的60万元债权属于乙的"责任财产",应用于清偿其所有债权人即甲、老甲、大甲、中甲、小甲、小小甲,平均每人分得10万元。③【直接清偿具有优先性质】可见,谁提起代位权诉讼,基于"直接清偿规则",就"变相地获得了优先受偿效力"。

◆ 原理:为什么代位权诉讼提起后债权人有优先受偿的效力?①【次债权比较隐蔽难以发现】因为代位权要提起来是非常困难的,债权人很难发现次债务人的存在。②【鼓励打官司解决三角债】既然这么艰难,干脆"直接清偿"得了,谁先告谁优先,尽快了结"三角债"。

(2)【代位额度】原债、次债和代位之债中的最小值,即为代位之诉中可得支持的数额

例1:【原债>次债,只能代位次债额度】甲对乙有10万元,乙对丙有5万元。如果符合代位权构成要件,即乙"又穷又懒",<u>甲可对丙代位多少额度?</u>①5万元。②未获偿5万元继续找乙要。

例2：【原债<次债，只能代位原债额度】甲对乙有5万元，乙对丙有10万元。如果符合代位权构成要件，即乙"又穷又懒"，<u>甲可对丙代位多少额度？</u>①5万元。②乙可在另案起诉向丙要5万元。

代位权诉讼的条件反射词汇：①债务人"资产已不足偿债"。②债务人"一直"没有向次债务人"追偿"。③欠钱"到期无力偿还"。④"对债务人未采取法律措施"。⑤"届期未偿，债务人怠于向次债务人主张债权"。⑥"怠于向某公司主张权利"。⑦"约定仲裁条款"。

◆ **原理：**如何区分债权人代位权、代位追偿权、物上代位性？①【代位权解决三角债：甲（债权人）、乙（债务人）、丙（次债务人）】债权人代位权是债权的固有权能，无须约定，满足构成要件即可启动，描述的是"三角债"关系。②【代位追偿权先有代偿后有追偿：甲（债权人）、乙（债务人）、丙（保证人或连带债务人或保险公司）】代位追偿权是债务人丙清偿完毕后，取代债权人甲地位，享有向债务人乙追偿的权利。丙可能是保证债务人（保证人代偿后有对主债务人乙追偿的权利），也可能是连带债务人之一（实际承担债务超过自己份额的连带债务人丙，有权就超出部分在其他连带债务人乙未履行的份额范围内向其追偿，并相应地享有债权人甲的权利），也可能是保险公司（保险公司向被保险人赔偿后，法定取代被保险人地位，向导致保险事故的肇事者代位追偿）。③【物上代位性是担保物权的特性：甲（债权人）、担保物】物上代位性是担保物毁损灭失产生的代位物，担保物权人可就该代位物主张优先受偿。

第三节　债权人撤销权

一、债权人撤销权

债务人**无偿**转移财产，或者债务人以**明显不合理低价**转让或收购财产，影响债权人的债权实现的，债权人可以请求**法院撤销**债务人的行为（《民法典》第538条"无偿行为逃债"、第539条"有偿行为逃债"）。

◆ **原理：**债权人撤销权诉讼到底具有什么权能？①【逃债第1阶段：形成之诉】如果债务人逃债进入第一阶段，则债权人撤销权诉讼只需要撤销债务人逃债行为，使该行为归于无效即可，这体现了"形成权权能"（又称变更权权能），此诉被称作"形成之诉"（又称变更之诉）。②【逃债第2阶段：形成之诉和给付之诉】如果债务人逃债进入第二阶段，则债权人撤销权诉讼不但需要撤销债务人逃债行为，还需要将转移出去的财产回转，这体现了"形成权权能"和"请求权权能"，则此诉中既有"形成之诉"（又称变更之诉），又有"给付之诉"。③【逃债第3阶段：三撤】启动民诉上的"三撤"（参见《民诉原理》）。④【诉的分类】诉的分类是对诉讼请求的分类，针对逃债第1阶段，债权人提1个诉讼请求就够啦. 针对逃债第2阶段，债权人至少要提2个诉讼请求。债权人撤销权诉讼，到底有什么权能，取决于债务人逃债到了哪个阶段以及债权人提出了什么诉讼请求。

（一）【逃债第1阶段】债务人作出"逃债"的意思表示但尚未转走财产

例：【形成权权能】王某对曹某有80万元债权已经到期，曹某无力清偿。曹某对赵某有一笔可主张的到期货款8万元，因曹某和赵某是亲戚，曹某书面表示不再要求赵某支付该货款。<u>王某怎么办？</u>①【打掉抛弃行为】王某可以曹某为被告提起债权人撤销权诉讼，请求法院撤销曹某放弃债权的行为。②【形成之诉】债权人撤销权诉讼具有形成功能（变更功能），即将曹某放弃行为由有效变成无效。

（二）【逃债第2阶段】债务人不但作出"逃债"的意思表示并且转移了财产

例：【形成权权能与请求权权能】王某对曹某有80万元债权已经到期，曹某无力清偿。曹某将其全部财产即价值80万元的1套房屋赠与给赵某，曹某和赵某签订了赠与合同，且办理了房屋过户手续。王某怎么办？①【打掉逃债合同】王某可以曹某为被告提起债权人撤销权诉讼，请求法院撤销曹某与赵某的赠与合同，债权人撤销权诉讼具有形成功能（变更功能），将曹某与赵某签订的赠与合同由有效变为无效。②【财产入库】王某可请求赵某将房屋回转过户到曹某名下（"入库规则"），债权人撤销权诉讼具有请求权权能。（最高院指导案例118号：债权人撤销权诉讼的生效判决撤销了债务人与受让人的财产转让合同，并判令受让人向债务人返还财产，受让人未履行返还义务的，债权人可以债务人、受让人为被执行人申请强制执行。）

（三）【逃债第3阶段】

债务人通过一个生效的裁判文书"逃债"，则《民法典》的债权人撤销权诉讼已经行不通，因为债权人撤销权诉讼只能撤销"逃债"的民事法律行为，不能撤销一个判决。应启动民诉法上的第三人撤销之诉，通过这个诉讼程序打掉被债务人用来"逃债"的生效判决。

例：【逃债的第3阶段：利用判决逃债】老公欠甲1亿元，将价值2亿元股权转让给老婆，签订股权转让协议。老公给老婆打了收条，收到股权款（实际没收到）。老婆诉老公要求过户股权，诉讼中老公"自认"有合同、收到钱、没过户股权，法院判决老公过户股权给老婆。这叫"利用判决逃债"，则债主甲能提起债权人撤销权诉讼吗？不能提起民法上的债权人撤销权诉讼，只能提起民诉法上的第三人撤销之诉，撤销法院错误的生效判决。

秒杀：民法"向后撤"，打掉逃债的"合同"。破产"向前撤"，打掉个别清偿行为。民诉打"三撤"，打掉逃债的"判决"。

二、债权人撤销权诉讼的构成要件："债务人又穷又坏"

◆ 原理：为什么要严格限定债权人撤销权诉讼的构成要件？①【欠债人有自由】因为债权人撤销权诉讼严重突破合同相对性，会干扰人的行为自由，还会破坏交易。②【欠债人有恋爱自由】比如甲欠了银行1万元，甲与乙谈恋爱送给乙价值1万元的戒指，如果银行在任何条件下都可以提起债权人撤销权诉讼，那么一旦甲欠了债，连"恋爱"都谈不成了。

（一）【债务人很"穷"】债务人的"逃债"行为必须达到影响债权人债权难以实现的程度，逃债后剩余财产不能还债。

1.【不要求原债权到期】不论债务人的行为是影响债权人的到期债权实现还是影响债权人的未到期债权将来实现的，债权人均可以行使撤销权。

◆ 原理：为什么代位权诉讼中要求原债权到期，而撤销权诉讼中不要求原债权到期？因为前者是"直接清除规则"，而后者是"入库规则"（钱不是直接给债权人）。

例 1：【方志平】甲对方志平有到期债权 10 万元，方志平将全部财产即价值 100 万元的房屋赠与给女友乙。方志平届期无力向甲清偿，甲怎么办？甲可对方志平提起撤销权诉讼，撤销其赠与合同。

例 2：【马云】甲对马云有到期债权 10 万元，马云将其价值 1 亿元的别墅赠与给乙。甲可否对马云提起撤销权诉讼？否。因为马云还有 500 个亿在银行趴着呢。

2.【逃债时点穷且撤销时点还穷】逃债行为导致"穷"，要求逃债时点穷，要持续到撤销时点还穷。

（二）【债务人很"坏"】债务人减少责任财产的行为叫"逃债"行为。

1.【不能"往前撤"，只能"往后撤"】（1）债权存在前，债务人的行为不是"逃债"，不能撤。（2）债权存在后，债务人的行为才可能是"逃债"，才可能撤。

例 1：【"真大方"还是"假大方"】甲公司在 2019 年 6 月 1 日欠乙公司货款 500 万元，届期无力清偿。2018 年 12 月 1 日，甲公司向丙公司赠送一套价值 50 万元的机器设备。2019 年 3 月 1 日，甲公司向丁基金会捐赠 50 万元现金。2019 年 12 月 1 日，甲公司向戊希望学校捐赠价值 100 万元的电脑。甲公司的 3 项赠与行为均尚未履行。如何评价该 3 项赠与行为？

```
乙    2019.6.1有500万债权    甲
                            丙2018.12.1赠与机器设备（不能向前撤）
                            丁2019.3.1赠与现金（不可向前撤）
                            戊2019.12.1 赠与电脑（可以向后撤）
```

（1）【债权人撤销权诉讼】从三方关系角度观察：①【原债权】乙公司在 2019 年 6 月 1 日对甲公司享有 500 万元债权。②【不能向前撤】此前，甲公司向丙公司送机器设备、向丁基金会送现金，这是"真大方"，乙公司不能启动债权人撤销权诉讼。③【可以向后撤】此后，甲公司向戊送电脑，这是"假大方"，乙公司能启动债权人撤销权诉讼。④不可撤债务人历史上的"真大方"，可撤债务人现在的"假大方"。

（2）【赠与合同的撤销权】从双方关系角度观察：①【债权人没有提撤销权诉讼则赠与合同有效】因为如果债权人不启动撤销权诉讼，则相关合同都是有效的。②【赠与合同中的任意撤销权】甲、丙赠与尚未交付设备，故甲可享有赠与合同中的任意撤销权，不送了。③【公益赠与中无任意撤销权】甲、丁赠与合同具有公益性质，甲不可主张赠与合同的任意撤销权，必须兑现。④【公益赠与中无任意撤销权】甲、戊赠与具有公益性质，甲也不得主张赠与合同的任意撤销权，必须兑现。

例 2：【"撤销"只能"往后撤销"，"代位"可以往前也可以往后】甲公司欠乙公司货款 20 万元届期未还，其资产已不足偿债。乙公司在追债过程中发现，甲公司在欠乙公司 20 万元货款之前作为保证人向某银行清偿了丙公司的贷款后一直没有向其追偿，同时还将自己对丁公司享有的 30% 的股权无偿转让给了丙公司。乙公司可否对丙公司提起代位权诉讼？乙公司可否对甲公司提起撤销权诉讼？

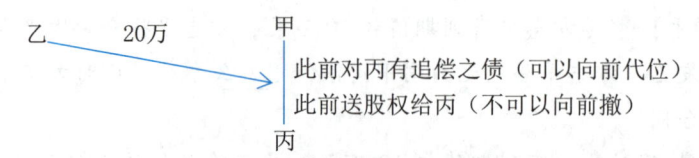

```
乙  ←— 20万 ——  甲
                 此前对丙有追偿之债（可以向前代位）
                 此前送股权给丙（不可以向前撤）
                 丙
```

①【可以向前代位】乙公司可对丙公司提起代位权诉讼，因为债权人代位权诉讼中，次债何时发生，是早于还是晚于债权，无关紧要，不是代位权诉讼的构成要件。②【不能向前撤销】乙公司不可对甲公司提起撤销权诉讼，因为债权人撤销权诉讼中，"逃债行为"必须发生在债权之后，才叫逃债行为。甲公司将股权送给丙公司时，乙公司对甲公司的20万元债权还不存在，也就谈不上甲公司送股权行为属于"逃债行为"了。③该股权赠与合同也不存在"恶意串通损害他人利益"之可能，故乙公司也不得诉确认甲丙赠与股权合同无效，这是"真大方"。

◆ 原理：为什么债权人撤销权中只能往后撤，而债权人代位权中却没有这个时间要求？①【撤销是破坏：打掉合同】因为债权人撤销权诉讼具有侵略性和破坏性，一旦上家对中家提出债权人撤销权诉讼，则会破坏中家和下家的交易关系，需要严格限定。"原债权还没有"，也就谈不上"逃债"。②【代位没破坏：还谁不是还】债权人代位权诉讼中，不存在破坏性，因为本来三方就存在三角债关系，下家"还谁不是还"。

2. 【可撤：无偿行为"逃债"】债务人以放弃其债权、放弃债权担保、无偿转让财产等方式无偿处分财产权益，或者恶意延长其到期债权的履行期限，影响债权人的债权实现的，债权人可以请求法院撤销债务人的行为（《民法典》第538条）。

例1：【放弃未到期债权的"假大方"】甲对乙享有100万元债权届期，乙无力清偿。乙对丙享有100万元债权尚未到期，乙对丙讲，"不用还了"。甲怎么办？①【撤销解决债务人积极使坏行为】甲可提起债权人撤销权诉讼，撤销乙放弃未到期债权的行为，乃积极行为，对应债权人撤销权诉讼。②【代位解决债务人懒惰问题】如乙对丙债权到期后，乙迟迟不起诉去要，乃"消极行为"，对应债权人代位权诉讼。

例2：【放弃债权担保的"假大方"】甲对乙享有100万元债权届期，乙无力清偿。乙对丙享有100万元债权，丁为该债权提供了房屋抵押并办理了抵押权登记。乙对丁讲，"放弃抵押权"。甲怎么办？①甲可提起债权人撤销权诉讼，撤销乙放弃债权担保的行为。②乙放弃抵押权，乃放弃他物保，会使得乙对丙的债权由有担保保护的债权变成无担保保护的"普通债权"，属于减少乙的责任财产的行为。

例3：【无偿处分财产的"假大方"】甲对乙享有100万元债权届期，无力清偿。乙将其对丁公司的股权赠与给弟弟丙。甲怎么办？甲可提起债权人撤销权诉讼，请求法院撤销乙赠与股权的行为。

例4：【恶意延长到期债的履行期】甲对乙享有100万元债权届期，乙无力清偿。乙对丙享有100万元届期，乙对丙说，"10年后再还吧"。甲怎么办？甲可提起债权人撤销权诉讼撤销乙恶意延长到期债权履行期的行为。

3. 【可撤：有偿行为"逃债"，受让方知情】债务人以明显不合理的低价转让财产，以明显不合理的高价受让他人财产（互易财产、以物抵债、出租或者承租财产、知识产权许可使用等），影响债权人的债权实现，债务人的相对人知道或者应当知道该情形的，债权人可以请求人民法院撤销债务人的行为（《民法典》第 539 条）。明显不合理的判断标准是市价上下浮动超过 30%，便宜换、便宜抵、便宜出租、便宜许可，或者高价接受换、高价接受抵、高价承租、高价被许可。

（1）【低于（市价×0.7）：构成明显不合理低价转让】债务人把 100 万元的财产卖 69 万元，构成以明显不合理的低价转让财产。

例 1：【100 卖 69，明显不合理低价转让】甲对乙享有 100 万元债权届期，乙无力清偿。乙将其全部财产即唯一价值 100 万元的房屋以 69 万元卖给知情的丙，签订买卖合同。甲怎么办？甲可提起债权人撤销权诉讼。

例 2：【120 卖 90，属于价格合理】杜某拖欠谢某 100 万元。谢某请求杜某以登记在其名下的房屋抵债时，杜某称其已把房屋作价 90 万元卖给赖某，房屋钥匙已交，但产权尚未过户。该房屋市值为 120 万元。如何评价三方法律关系？①【价格合理】从债权人撤销权角度观察，120 万元卖 90 万元，高于市价的 70%（市价×0.7＝84 万元），构成合理低价。谢某不得提起债权人撤销权诉讼请求法院撤销杜某、赖某的买卖合同。②【物债二分】根据区分原则，杜某、赖某买卖合同有效，房屋所有权因未办理过户登记故尚未变动，房屋所有权仍然归杜某所有。

（2）【高于（市价×1.3）：构成明显不合理高价受让】债务人用 131 万元购买价值 100 万元的财产，构成以明显不合理的高价受让他人财产。

例：【131 买 100，明显不合理高价受让】甲对乙享有 130 万元债权届期，乙无力清偿。乙用 131 万元购买知情的丙市值 100 万元的房屋，签订买卖合同。甲怎么办？甲可提起债权人撤销权诉讼。

秒杀：上下浮动 30%。低于（市价×0.7）是明显不合理低价。高于（市价×1.3）是明显不合理高价。实务中会参照这个价格来判断受让人是否属于"应当知情"。

（3）【为他人负债提供物保，拟制为有偿行为逃债】债务人将自有房屋为他人债务设定"他物保"，拟制为"有偿行为逃债"。

例：【设定"他物保"的"假大方"】甲对乙享有 100 万元债权届期，乙无力清偿。乙将其全部财产即价值 100 万元的房屋抵押给知情的丁，以担保丙欠丁的 100 万元债务。甲怎么办？①甲可提起债权人撤销权诉讼，撤销乙设定"他物保"的行为。②一旦丙不履行债务，则丁要主张抵押权，乙的房屋被变卖，乙"代偿后"可向丙追偿。③如此一来，乙就由房屋所有权人，降格为"追偿之债"的债权人，属于减少债务人乙责任财产行为，故甲有权提起债权人撤销权诉讼，丁不得主张抵押权。④如果丁不知情，则甲不得启动债权人撤销权诉讼。注意，此时乙是有权处分，因此，丁不构成善意取得，而是正常取得抵押权。

◆ 原理：为他人负债提供担保，是有偿行为吗？①拟制为有偿行为，因为担保背后隐藏了 1 个交易，需要相对方知情才可以撤。需要保护相对方的交易安全，因为相对方是基于"担保"而与主债务人发生交易的。②为自己负债事后"补"担保，是有偿行为吗？是无偿行为，不需要相对方知情。

（4）【亲属关系、关联关系"破"百分比限制】债务人与相对人存在关联关系等情形，不受 70%、30% 的限制。因为实务中存在大量的亲属交易逃债、关联交易逃债，会避开上下浮动30%。

例：【母公司转移财产给子公司】甲公司对乙公司享有1000万元到期债权，乙公司无力清偿。乙公司将其1000万价值的财产以800万转让给其子公司丙公司，甲公司是否有权提起债权人撤销权诉讼？①有权。②乙公司将财产转移给其关联公司，不受70%的限制。

4.【债权人承担举证责任】

(1)【举证"逃债"】撤销权诉讼中，债权人应当对债务人实施了"无偿行为"或"有偿行为"逃债承担举证责任。

(2)【举证有偿逃债行为的"知情"】在债务人实施"有偿行为逃债"中，债权人还应当对相对人知情承担举证责任。债权人举证亲属关系、关联关系，可推定相对人恶意。

◆ **原理：**为什么《民法典》增加债务人的相对人"应当知道"该情形？①债务人将价值36万元的东西，卖88元，显然属于明显不合理的低价，但是债权人很难证明相对人知道"债务人在逃债"。②实务中，法官会根据交易价格以及相关证据综合判定，推定相对人"应当知道"。

5.【不可撤：债务人没有增加责任财产的行为】

(1)【不可撤没有增加财产的行为】债务人放弃继承权、放弃受遗赠权、拒绝受赠、拒绝富有的要约均属于没有增加债务人责任财产行为，不属于减少债务人责任财产行为，不是"逃债"。债权人不得提起债权人撤销权诉讼。

例：【不可撤放弃遗产】甲对乙有100万元债权到期，乙无力清偿。乙放弃其父价值1000万元的遗产。甲可否对乙的放弃行为提起债权人撤销权诉讼？①不可以。②乙的放弃行为只是未增加其责任财产，并没有减少其责任财产。

(2)【不可撤身份行为】此外，债权人也不可撤销债务人的身份行为，如娶了"穷妻"嫁了"穷老公"，债务人有结婚的自由。还不可撤销债务人的事实行为，如债务人把面包吃掉的行为，因为事实行为无法撤销。

三、债权人撤销权诉讼

(一)【撤销权的除斥期间】(《民法典》第541条)

1.【主观起算：1年】撤销权自债权人知道或者应当知道撤销事由之日起1年内行使。

2.【客观起算：5年】自债务人的行为发生之日起5年内没有行使撤销权的，该撤销权消灭。

例：【短的为准】甲对乙有100万元债权届期，乙无力清偿。乙在2014年4月1日将唯一房屋赠与给丙。甲在2019年5月1日知道乙丙的赠与合同，甲是否可提起债权人撤销权诉讼？

①否。②【客观起算点计算结果】自乙的"逃债行为"发生之日即2014年4月1日到2019年5月1日，已经超过了5年，故甲的撤销权消灭。③【主观起算点计算结果】2019年5月1日起算再加1年到2020年5月1日。④【先到的为准】客观起算点计算的

"除斥期间"结点为2019年5月1日，主观起算点计算的"除斥期间"结点为2020年5月1日，客观起算点计算的结点更"早"到来，故适用客观起算点计算结果。

客观起算点：2014年4月1日，再加5年，即 2019年5月1日到期（先到期为准）。

主观起算点：2019年5月1日，再加1年，即2020年5月1日到期。

（二）【债权人撤销权诉讼的管辖】

(1)【一般】由债务人或者相对人的住所地人民法院管辖。(2)【例外】启动专属管辖。主要考虑因专属管辖是强制性的规定，不能由司法解释突破，且专属管辖便于查明案件事实，便于执行。

（三）【撤销权诉讼当事人列明】

1.【原告：债权人】两个债权人就债务人的同一行为提起撤销权诉讼，法院可以合并审理。

2.【被告：2个被告】(1)【被告1】债务人。(2)【被告2】债务人的相对人。①【受益人】因债务人放弃其债权、放弃债权担保、恶意延长其到期债权等而受益的人，即受益人。②【无偿受让人】因债务人无偿转让财产等的受让人。③【有偿的恶意相对人】因债务人以明显不合理的低价转让财产、以明显不合理的高价受让他人财产或者为他人的债务提供担保等的恶意相对人。(3)【不能越级撤销】不能越级打撤销，不能列"转得人"为被告。法院可以追加"转得人"为第三人。

◆ **原理1**：为什么撤销权诉讼中要扩张列债务人的相对人为共同被告？①撤销打的是逃债行为，目的是要财产，需要相对人配合。②民诉的三撤要打掉逃债的判决，被告就是全部的当事人，原案的原告、被告、有独三、有责无独三。第三人撤销之诉与撤销权诉讼背后法理是相通的。③撤销图的不是打掉逃债行为，而是图吐回来财产。

◆ **原理2**：为什么撤销权诉讼中不能列"转得人"为共同被告？不能越级撤。最高院认为没有规定的必要，因为撤了债务人和债务人相对人的逃债行为后，债务人相对人的行为构成无权处分了，对转得人启动善意取得制度检讨即可。

秒杀：代位权诉讼中，向谁要钱谁被告，懒人无独三。撤销权诉讼中，逃债的2个人是共同被告。

（四）【撤销权诉讼的成本】

必要费用由债务人负担。必要费用是指债权人行使撤销权所支付的合理的律师代理费、差旅费等费用。

◆ **原理**：为什么撤销权诉讼的必要费用由债务人负担？既然是"入库规则"，相当于债权人请律师帮债务人从相对人那里要回了钱，所以律师费等必要费用当然要由债务人负责。

秒杀：代位权诉讼中，"懒人"负律师费。撤销权诉讼中，"逃债"的坏人负律师费。

◆ **原理**：为什么考试中会涉及必要费用分担规则？①因为一般情况下，民事诉讼中，律师费是由原告自己付的。②而在债权人代位权诉讼和债权人撤销权诉讼中，律师费却不是由原告负，这有"鼓励"债权人提起代位权诉讼和撤销权诉讼的价值倾向。

例：【债权人撤销权"净身出户离婚逃债"】甲欠乙30万元到期后，乙多次催要未果。甲与丙结婚数日后即办理离婚手续，在《离婚协议书》中约定将甲婚前的一处住房赠与知悉甲欠乙债务的丙，并办理了所有权变更登记。乙认为甲侵害了自己的权益，聘请律师向法院起诉，请求撤销甲的赠与行为，为此向律师支付代理费2万元。如何评价本案法律关系？①【债务人穷吗？】乙对甲有30万元到期债权。乙多次催告未果，不等于甲"穷"。②【2个被告】如乙提起债权人撤销权诉讼，应以甲、丙为共同被告。③【债务人不穷】如果甲证明自己有稳定工资收入及汽车等财产可供还债，法院应驳回乙的诉讼请求。④【债务人穷】如果法院认定乙的撤销权成立，应一并支持乙提出的由甲承担律师代理费的请求。

（五）【撤销权诉讼的效力范围：逃债行为可分，则部分打掉；逃债行为不可分，则全部打掉】

1.【以原告自己的债权额为限，而不是以全部债权额为限】两个以上债权人就债务人的同一行为提起撤销权诉讼的，法院可以合并审理。

2.【能分就分开打】逃债行为可分，则部分打掉。

3.【不能分就一起打】逃债行为不可分，则全部打掉。比如，鉴于债务人对涉案房屋享有共同所有权，且该不动产在内部结构上不可分割，故债权人仍有权请求撤销该房屋的转让行为，但撤销权的行使范围应以债权人对债务人享有的债权金额为限。

（六）【撤销权诉讼的诉讼效果和执行效果】

1.【撤销权诉讼的诉讼效果】

（1）【诉讼请求1：打掉逃债的合同】债权人有权请求法院撤销债务人与相对人实施的民事法律行为。

（2）【诉讼请求2：入库规则】债权人有权请求相对人（被告2）向债务人（被告1）承担该行为被撤销后的民事责任。

（3）【诉讼请求3：还债】债权人有权同时请求债务人（被告1）向债权人履行到期债务。

秒杀：到期债权可以诉撤、入库、还债。没到期债权只可以诉撤。

2.【撤销权诉讼的执行效果】

（1）【1个原告，启动原告"3书"拿到钱：原债文书+撤销文书+申请执行文书，原告"3书"拿到钱，直接执行】债权人依据其与债务人的诉讼、撤销权诉讼产生的生效法律文书申请强制执行的，法院可以就债务人对相对人享有的权利采取强制执行措施以实现债权人的债权（《民法典合同编通则解释》第46条第3款）。

最高法院第118号指导案例：【入库要通知，否则视为没入库】"债权人撤销权诉讼的生效判决撤销了债务人与受让人的财产转让合同，并判令受让人向债务人返还财产，受让人未履行返还义务的，债权人可以债务人、受让人为被执行人申请执行；受让人未通知债权人，自行向债务人返还财产，债务人将返还的财产立即转移，致使债权人丧失申请法院采取查封、冻结等措施的机会，撤销权诉讼目的无法实现的，不能认定生效判决已经得到有效履行。债权人申请对受让人执行生效判决确定的财产返还义务的，法院应予支持。"

```
    甲                          被告1：乙
      ╲                           擅自还乙=白还=还得继续向甲还
        ╲→                     被告2：丙
```

（2）【多个原告，启动查封先后】债务人（被告1）还有其他申请执行人，则按照"查封先后"排序。

```
   甲（撤销权诉讼申请执行人）      被告1：乙 ←——— 丁（申请执行人）
                            ╲→  被告2：丙
```

四、区分可撤销合同中的撤销、债权人撤销权与赠与合同的任意撤销权

1.【可撤销：双方】可撤销合同的撤销权，维护意思表示真实，故意思表示不真实一方如受欺诈一方可请求法院或仲裁撤销该合同，乃双方结构。

2.【债权人撤销权诉讼：三方】债权人撤销权，维护的是债权的实现，故一旦发现债务人有"逃债行为"，债权人可诉到法院提起债权人撤销权诉讼，乃三方结构。

3.【赠与合同中的任意撤销权：双方】赠与合同任意撤销权，属于赠与合同特有规则，在赠与人交付动产或过户不动产给受赠人前，赠与人享有任意撤销权，"不送了"，乃双方结构。如果该赠与合同经过公证、具有公益性等，则赠与人不得主张任意撤销权。

例：【3个撤销交叉思维】甲受乙欺诈签订了房屋买卖合同，甲交付100万元购房款后发现自己被骗。乙将其唯一财产价值100万元的房屋赠与给知情的丙，尚未过户给丙。如何评价甲乙丙的关系？

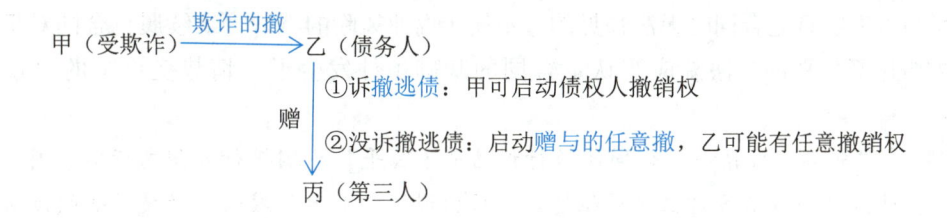

```
                     欺诈的撤
    甲（受欺诈）————————→ 乙（债务人）
                       ①诉撤逃债：甲可启动债权人撤销权
                  赠
                       ②没诉撤逃债：启动赠与的任意撤，乙可能有任意撤销权
                     ↓
                    丙（第三人）
```

①【受欺诈的撤】甲、乙买卖合同，甲意思表示不真实，甲可以受欺诈为由请求法院撤销房屋买卖合同。②【赠与的任意撤】乙、丙赠与合同，房屋尚未过户给丙，乙本可行使任意撤销权，不送了。但是如果赠与合同办理了公证，则乙不可主张赠与合同中的任意撤销权。③【逃债的撤】甲、乙、丙三方看，乙"又穷又坏"，甲可提起债权人撤销权诉讼，请求法院撤销乙丙的赠与合同。

第七章 合同的变更和转让

第一节 合同的变更

一、协商变更

1.【协议变更】当事人协商一致，可以变更合同（《民法典》第543条）。

例：【变更合同不代表放弃追究对方违约责任】甲在同一小区有01号房屋和02号房屋。甲卖01号房给乙，后甲又卖01号房给丙并且过户完毕。甲、乙同意将01号房屋买卖变更为02号房屋买卖。乙可否要求甲承担违约责任？①可以。②甲、乙变更买卖合同，不代表乙通过沉默的方式放弃了追究甲承担违约责任的权利。只有甲、乙在变更合同的同时，明确乙放弃追究甲违约责任的条款，由乙签字，甲才无须承担违约责任。

2.【拟制未变更】当事人对合同变更的内容约定不明确的，推定为未变更（《民法典》第544条）。

二、情势变更（《民法典》第533条）

（一）【情势变更的构成要件】合同严守是原则，情势变更制度只能是例外。

1、【是情势变更】合同成立后，因政策调整或者市场供求关系异常变动等原因导致价格发生当事人在订立合同时无法预见的、不属于商业风险的涨跌，继续履行合同对于当事人一方明显不公平的，法院应当认定合同的基础条件发生了"情势变更"的"重大变化"。

例：【"非典"疫情导致合同能履行但结果不公平】中国银行丹阳支行诉景国庆租赁合同案，法院认为：双方订立房屋租赁合同后出现了"非典"疫情，致使被告的饭店不能正常经营，从而使被告履行合同的能力受到了极大影响，这种情况应当认为出现了情势变更。"非典"是一种突发性的异常事件，签订合同时难以预见，不可归责于当事人的任何一方。

2.【不是情势变更】合同涉及市场属性活跃、长期以来价格波动较大的大宗商品以及股票、期货等风险投资型金融产品的，不是"情势变更"的"重大变化"。

◆ 原理：情势变更和不可抗力的区别是什么？①【情势变更】合同能履行但结果不公平。②【不可抗力】合同不能履行。③【疫情要具体分析】疫情导致合同能履行但结果不公平，是情势变更，如商铺租赁合同。疫情导致合同不能履行，是不可抗力，如封控导致不能上门搬家。

（二）【情势变更的法律效果】

1.【架空无效】当事人事先约定排除民法典第五百三十三条"情势变更"适用的，

法院应当认定该约定无效。

2.【协商前置、司法断后】(1)【协商前置】受不利影响的当事人可以与对方重新协商。(2)【司法断后】在合理期限内协商不成的，当事人可以请求人民法院或者仲裁机构变更或者解除合同。

3.【不超判】(1)【诉变更，法院判变更】。(2)【诉解除，法院判解除】。(3)【一方请求变更对方请求解除，或者一方请求解除对方请求变更，法院判变更或解除】。

4.【变更点、解除点：司法酌定，判项明确】法院应当综合考虑合同基础条件发生重大变化的时间、当事人重新协商的情况以及因合同变更或者解除给当事人造成的损失等因素，在判项中明确合同变更或者解除的时间。

第二节　合同的转让

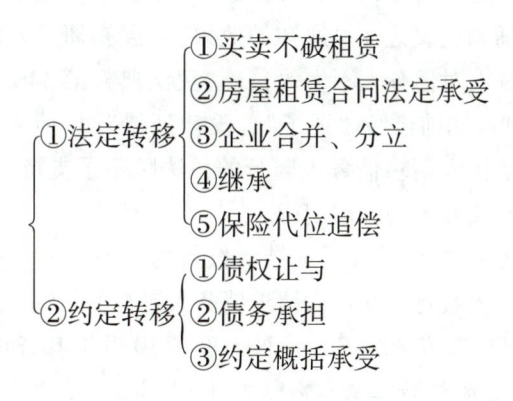

①法定转移
- ①买卖不破租赁
- ②房屋租赁合同法定承受
- ③企业合并、分立
- ④继承
- ⑤保险代位追偿

②约定转移
- ①债权让与
- ②债务承担
- ③约定概括承受

一、债权让与

案例导读：【债权转让可以换"原告"】A公司给B公司多汇了6万元服装加工款，有B开具的发票、银行转账凭证为证。现A想以不当得利名义起诉，请问该不当得利之债权能否转让给C，以C的名义去起诉B公司？可以。

（一）【特殊债权不能转让】（《民法典》第545条）

1.【按照当事人约定不得转让】

(1)【当事人约定非金钱债权不得转让：该约定不得对抗善意第三人】①【条款明晰，视为恶意】约定债权不可转让的条款在债权合同中，视为收购方知情，属于恶意第三人。②【"抽屉条款"，视为善意】约定债权不可转让的条款在"抽屉"中，收购方不知情，构成善意第三人。

例：【提车债权，善意才能收购】汽车买卖合同中出卖人甲与买受人乙约定，乙有提车请求权，不得转让给第三人。乙将该债权转让给不知情的丙。问：丙取得了债权了吗？取得。不知情的丙仍可请求甲交付汽车。

(2)【当事人约定金钱债权不得转让：该约定不得对抗第三人】金钱债权一概可以转让，即使约定也不得对抗任何第三人，因为需要促进金钱债权的流通性。

例：【金钱债权，随便收购】甲对乙有100万元债权，约定甲不能转让。后甲转让给丙，通知了乙。问：丙取得债权了吗？取得。

2. 【根据债权性质不得转让】如抚养费债权请求权不得转让。如保证债权不得单独转让。

3. 【依照法律规定不得转让】如交强险人身伤亡保险金请求权不得转让或者不得设定担保。如国防、军工等涉及国家安全和敏感信息的债权不得转让。

（二）【债权转让内外有别：内部意思主义和外部通知主义】

1. 【债权转让内部意思主义：取得债权点，卖债权的合同生效时，债权人就换人】债权让与协议在让与人与受让人之间意思表示一致时发生效力。

例：【债权转让内部意思主义】甲对乙有300万元债权，甲在10月1日将该债权卖给丙。丙何时成为新债权人？甲、丙内部，丙在10月1日成为新债权人。债权转让通知的目的是保护债务人，是否通知债务人不影响受让人对转让债权的取得。

2. 【债权转让外部通知主义之1"通知的效果"：通知债务人的，外部通知债务人对债务人生效，没通知债务人对债务人不生效】（《民法典》第546条）。

（1）【债务人：接到通知前已经"还了"，没"还错"】债务人在接到债权转让通知前已经向让与人履行，受让人请求债务人履行的，法院不予支持。因为取得点和通知点，可能存在空窗期，要保护债务人的合理期待。

（2）【债务人"听话"：接到通知后冻结清偿行为，还了也"白还"】债务人接到债权转让通知后仍然向让与人履行，受让人请求债务人履行的，法院应予支持。

例：【必须通知】甲对乙有300万元债权，甲在10月1日将该债权卖给丙，在10月15日通知了乙。如何评价债权转让法律效果？①10月1日，甲、丙债权转让协议生效，丙是新债权人。②10月15日债权转让对乙生效，丙可向乙要钱。

◆ 原理：民法中有哪些地方要坚持"通知冻结清偿行为"？为什么？①【债权出质】债权出质≈债权转让，出质通知债务人后债务人按通知来。②【保证从属性】债权转让通知保证人后，保证人向新债权人清偿。③【物上代位性】担保物权物上代位性，担保物权人通知义务人要向担保物权人清偿。④【都是权利人换人】它们都是换了权利人，换了"原告"。

（3）【债务人"信赖"：接到通知后还给受让人，一概不会错，错了也"将错就错"，构成表见让与】债务人接到债权转让通知后，让与人以债权转让合同不成立、无效、被撤销或者确定不发生效力为由请求债务人向其履行的，法院不予支持。但是，该债权转让通知被依法撤销的除外。

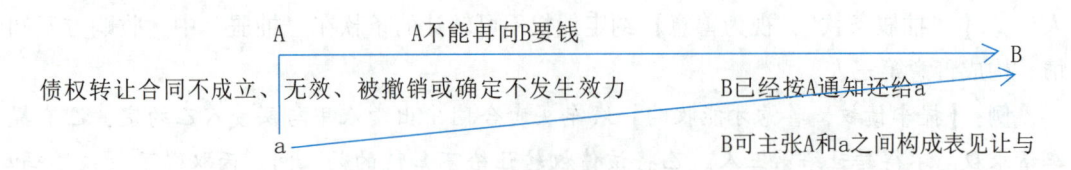

```
        A               A不能再向B要钱
                                                    →  B
债权转让合同不成立、无效、被撤销或确定不发生效力   B已经按A通知还给a
        a                                   B可主张A和a之间构成表见让与
```

◆ 原理：为什么债务人只管按通知还债，不需要审核债权转让合同的效力？①【"免费咨询"】即使债务人知道债权人换人协议有瑕疵，但是债权转让当事人没给债务人支付律师费，就不能"免费咨询"债务人让债务人免费去审债权转让合同。②【不能架空通知不得撤销规则】如果允许债权人以债权转让合同效力有瑕疵为由让通知作废，变相地架空了"只有经过受让人同意后让与人才能撤销债权转让通知"的规定。

(4)【债务人"信赖"：通知债务人后让与人不能撤销，经受让人同意可以撤销】①【让与人不能撤销债权转让通知】债权转让的通知不得撤销。如债权卖1，又债权卖2，则债务人接到第一个通知所载明新债权人，则债务人向其接到的第一个通知中载明的新债权人履行。②【经受让人同意后，让与人可撤销债权转让通知】。

(5)【债务人"诚信"：债务人确认债权真实存在后不能反悔】①【债务人确认债权真实存在后要对受让人负责】受让人基于债务人对债权真实存在的确认受让债权后，债务人不能以该债权不存在为由拒绝向受让人履行。②【受让人明知债权不存在，不能向债务人主张】。

◆ **原理**：本来不存在债权，经债务人向受让人确认债权真实存在后，债务人需要对受让人负责？让与人和债务人通谋虚伪表示不能对抗善意第三人。

3.【债权转让外部通知主义之2"怎么通知"：让与人通知、受让人起诉通知】

(1)【受让人能否意思通知】①【观点1：受让人能意思通知】能够促进交易便捷。②【观点2：受让人不能意思通知】避免给债务人赋予过重的审核义务。③【最高院：回避，留待司法实践再作进一步探索】。

(2)【受让人可以起诉通知】①【通知点：起诉状副本送达主义】让与人未通知债务人，受让人直接起诉债务人请求履行债务，法院经审理确认债权转让事实的，应当认定债权转让自起诉状副本送达时对债务人发生效力。②【扣损失：债务人可以扣减"迟延履行利息"】债务人主张因未通知而给其增加的费用或者造成的损失从认定的债权数额中扣除的，法院依法予以支持。受让人因此遭受损失，可向怠于通知债务人的让与人主张。

◆ **原理**：为什么受让人可以起诉通知债务人？如果让与人不通知，受让人又不能起诉通知，会导致僵局。起诉有双重性质，通知债权转让和请求履行债务。法院会查明债权转让事实，不会增加债务人核查负担。

4.【债权的多重转让】债权多重转让，卖的人敢卖收多份钱，买的人敢买敢付打折的收购款，启动"通知为王"，保护债务人信赖（《民法典合同编通则解释》第50条）。启动出卖人负权利瑕疵担保责任，保护收购人。

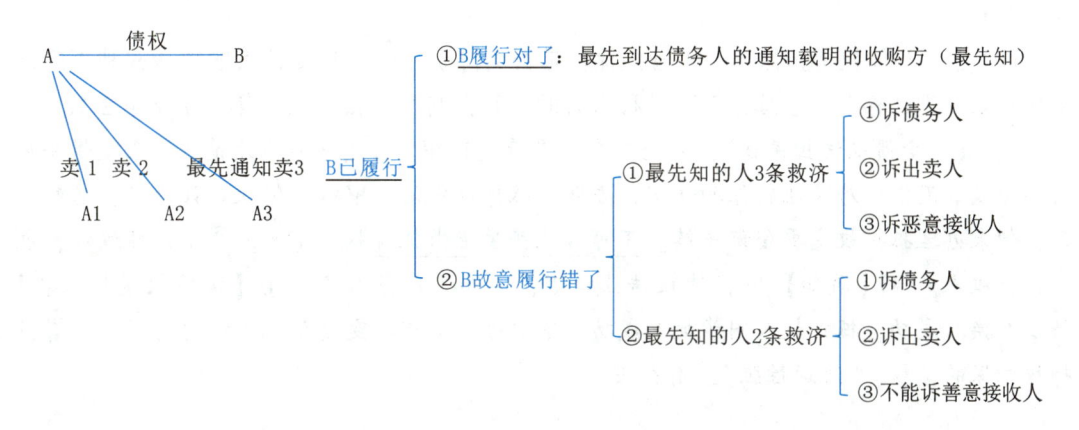

```
A ——债权—— B        ①B履行对了：最先到达债务人的通知载明的收购方（最先知）
 \\\\                                                    ①诉债务人
  \\\\                              ①最先知的人3条救济 —— ②诉出卖人
   卖1 卖2 最先通知卖3  B已履行                            ③诉恶意接收人
   A1  A2     A3
                                                         ①诉债务人
                      ②B故意履行错了 ②最先知的人2条救济 —— ②诉出卖人
                                                         ③不能诉善意接收人
```

方志平总结 3 个焦点问题：①债务人保护问题（通知为王）。②收购人谁买到了（通知为王，善意保护，恶意不保护，通过签约时是否明知自己之前还有其他受让人来判断是否善意）。③出卖人权利瑕疵担保责任（继续履行）。

方志平总结实务应对：①收购人尽快督促出卖人通知债务人。②债务人按照通知为王还债。③出让人不要多重转让以让本条解释成为睡眠法条。

◆ **原理 1**：为什么债务人向最先通知中载明的受让人履行，是履行对了？①未经这个受让人同意不能撤销债权转让通知。②债权转让是合同没有公示性，债务人不知道，只能相信通知。③债务人不负审核谁是真正债权人的义务。

◆ **原理 2**：债权多重转让中，谁买到了债权？最高院：有限度的承认最先通知的人买到了。"限度体现在"，一旦债务人履行错了，最先通知的人也不能向善意的其他接收人主张返还。排序如下：善意接收人（表见让与）＞最先通知人＞恶意接收人。收购人谁积极谁收益，激励收购人督促出卖人早发通知。

◆ **原理 3**：债权多重转让中，为什么要保护善意的接收人？由于债权转让难以有效公示，任何一个受让人都难以知道除自己之外是否还存在其他受让人，进而也无法知道自己是否为真正权利人。

（三）【收购方买到债权，买到好的，也买到坏的】

1.【买到好的：买"债权"得"担保物"】

（1）【买债权得担保物】债权人转让债权的，受让人取得与债权有关的从权利，但是该从权利专属于债权人自身的除外（《民法典》第547条第1款）。

例：【一般"债权"=换债权人同步换保证债权人】甲对乙有300万元债权，丙提供保证担保。甲将债权转让给丁，通知了乙。丁可否要求丙承担保证责任？①可以。②【通知】丁收购到甲的债权，通知了债务人乙。③【卖债权送担保物】甲既是乙的债权人，还是丙的保证债权人。④债权人自动换人，保证债权人也自动换人。⑤丁有权要求保证人丙承担保证责任。

例：【专属"担保物"=换债权人不换保证债权人】甲对乙有300万元债权，保证人丙与甲约定禁止债权转让。甲将债权转让给丁，通知了乙。丁可否要求丙承担保证责任？①不可以。②【专属担保物】因为丙属于"专属保证"，禁止债权转让。③丁收购到甲的债权，但不成取代甲成为保证债权人。④简言之，丁只能要求乙还债，丁收购到的是"普通债权"。

（2）【"买债权得担保物，不管担保物是否交付或过户"】受让人取得从权利不因该从权利未办理转移登记手续或者未转移占有而受到影响（《民法典》第547条第2款）。

例：【"卖债权送担保物"：月亮走影子跟着走】甲对乙有300万元债权，乙提供房屋自物保或者丙提供房屋他物保担保甲，办理了抵押权登记。甲将该债权转让给丁，通知了乙，但未办理抵押权变更登记手续。丁可否就房屋主张抵押权？①可。②甲是债权人，也是抵押权人。③【通知】甲将债权转让给丁，通知了债务人乙。④【卖债权送担保物】债权人换人成功，抵押权人同步换人成功，不以办理抵押权变更登记手续为前提。⑤有抵押权担保的债权，"流通性强"，有人买。

2. 【买到坏的：买"有病"的债权，会买到这个"病"】

(1)【被抗辩的"病"】债务人接到债权转让通知后，债务人对让与人的抗辩，可以向受让人主张（《民法典》第548条）。

例：【收购到"过了时效"的债权=收购到"生病"的债权】甲对乙的300万元债权已经过了诉讼时效，甲将该债权让与给丙，通知了乙。丙要求乙还300万元，乙可否提出诉讼时效届满的抗辩权？可以。否则会架空诉讼时效制度。

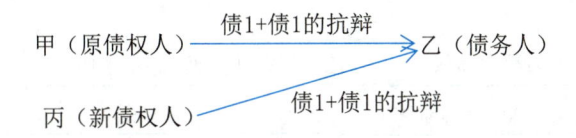

```
甲（原债权人） ——债1+债1的抗辩→ 乙（债务人）
丙（新债权人） ——债1+债1的抗辩→
```

(2)【被抵销的"病"】债务人可以向受让人主张抵销：①债务人接到债权转让通知时，债务人对让与人享有债权，且债务人的债权先于转让的债权到期或者同时到期（都到期）。②债务人的债权与转让的债权是基于同一合同产生。（《民法典》第549条）

例1：【先到期或同时到期】甲对乙有300万元借款债权，6月1日到期。乙对甲有50万元贷款债权，7月1日到期。5月1日甲将债权让与丙，在8月1日通知了乙。丙有权向乙主张300万元还是250万元？

```
甲 —6.1甲对乙有300万→ 乙
甲 ←7.1乙对甲有50万— 乙         ⎡①乙对甲在7.1日已经有50万债权
   5.1转让债权300万 8.1通知乙  8.1⎨②接到通知时双方债权都到期
丙 —8.1丙对乙主张300万→ 乙        ⎣③乙可对丙主张抵销50万：仅还250万
丙 ←8.1乙对丙抵销50万— 乙
```

①250万元。②8月1日通知乙时，乙对甲的50万元债权已经在7月1日到期，所以乙可主张抵销50万元。③如果乙对甲的50万元是9月1日到期，那么乙在接到通知时期，其50万债权不是"先到期"、也不是"同时到期"，所以乙不可主张抵销50万元。

秒杀：接到通知时，债务人有"东西"（到期债权）吗？有"东西"就可以抵销。

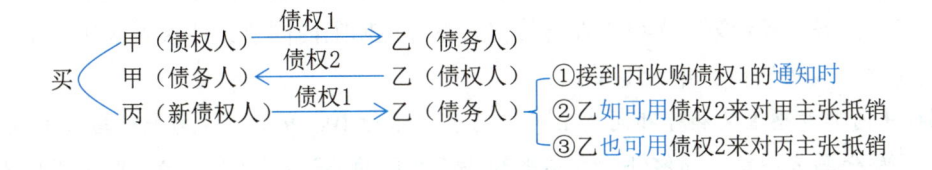

```
     甲（债权人） —债权1→ 乙（债务人）
买 ⎨ 甲（债务人） ←债权2— 乙（债权人）      ⎡①接到丙收购债权1的通知时
     丙（新债权人）—债权1→ 乙（债务人）    ⎨②乙如可用债权2来对甲主张抵销
                                            ⎣③乙也可用债权2来对丙主张抵销
```

◆ 原理：债权转让时，为什么在通知债务人时，才观察债务人能否对收购债权的人主张抵销？①【维护收购方交易安全】为了收购债权一方的信赖利益。受让人购买的是否干净的无抵销负担的债权，应该以债务人接到债权转让的通知时点为准。②【通知点是体检点】在债务人接到让与通知时，"债权有病就是有病"，此时收购方对债权进行体检。债务人收到债权人让与通知时，债务人有东西可拿来抵销吗？有就有，没有就没有。③【通知前有病是病；通知后"新病"不是病】通知债务人前"被售债权"存在抵销的毛病，收购方就买到不干净的债权，应当自担风险。通知债务人后债务人产生了对原债权人的债权，这应该另案处理，不能影响收购方的交易安全，收购方买到干净的债权。

例 2：【同一合同债权】甲对乙享有 300 万元租金债权，乙维修房屋对甲享有维修费债权 50 万元。甲将 300 万元租金债权转让给丙，通知了乙，乙可向丙主张抵销 50 万元吗？可以。甲对乙的租金债权和乙对甲的维修费债权都是基于房屋租赁合同这同一合同产生，所以，乙可向丙主张抵销 50 万元。

```
甲 ——甲对乙有300万租金债权→          ←乙对甲有50万维修房屋的债权—— 乙
丙 ——收购甲对乙的300万租金债权→      ←乙对丙主张抵销50万—— 乙：只还250万
```

秒杀 1：①【买到债权也买到它的病】债权人换人，不能让债务人的地位变得更差，债务人原有抗辩和原有抵销，都继续有。②【通知日是体检日】通知债务人时债权没病=干净债权=购买人买到干净债权。通知债务人时债权有病=不干净债权=购买人买到不干净债权。③【做题看2个点】<u>看买卖时间点，买卖债权成功，债权人换人完成。看通知债务人时间点，债权买卖对债务人生效。看通知债务人时间点，对收购的债权进行体检，有病就是有病，没病就是没病。</u>

秒杀 2：<u>债权转让做题 3 步走</u>。①新债权人什么时候产生？<u>债权转让协议生效时</u>。②新债权人什么时候可以向债务人要钱？<u>通知债务人时</u>。③新债权人买到债权的病了吗？通知债务人时，债权有病吗？有就买到了，即买到债权上负担的抗辩和买到债权上负担的抵销。

二、债务承担

(一)【免责债务承担，"换债务人"，会破坏债权人的合理期待】

1.【免责债务承担的效力】

(1)【"内部"：<u>意思主义</u>】原债务人和新债务人达成债务承担协议，该协议对当事人有约束力，但未经债权人同意，对债权人不发生效力（《民法典》第 551 条）。

(2)【"外部"：<u>同意主义</u>】债务人将债务的全部或者部分转移给第三人的，应当经债权人同意。债务人或者第三人可以催告债权人在合理期限内同意，债权人未作表示的，视为拒绝同意（《民法典》第 551 条）。

例：【内部意思主义和外部同意主义】马云欠银行 100 万元，方志平和马云达成协议，由方志平替代马云还款。<u>如何评价方志平和马云之间的协议？</u>①【内部意思主义】内部协议有效约束方志平和马云。②【外部同意主义】如经银行同意对银行发生效力，即银行只能找方志平要钱。③如未经银行同意，对银行不发生效力，银行仍然找马云要钱。④如果方志平或马云催告银行表态是否同意，银行未表态，则视为银行拒绝同意，银行继续找马云要钱。

(3)【免责债务承担协议效力具有"<u>无因性</u>"】新债务人基于什么考虑而替代旧债务

人还债，属于"原因行为"。新债务人与旧债务人达成免责债务承担协议的效力，不受"原因行为"的影响。

例：【信用卡纠纷：免责债务承担协议具有无因性】甲在乙银行办理信用卡，甲应按期还信用卡的"月供款"。甲、乙银行和丙商场三方同意，甲持信用卡在丙商场消费，丙商场同意不向甲收款，而只能向乙银行收款。假设甲持信用卡在丙商场购买了5000元的衣服，但甲并未向乙银行还款，乙银行可否因此拒绝向丙商场付款？

```
        甲（原债务人）————信用卡————乙银行（新债务人）
         ↑
         买卖合同
         丙商场              要钱
```

①不能。②【3方同意免责债务承担】新债务人乙银行取代旧债务人甲向丙商场支付甲购买衣物的款项，经过债权人丙商场同意，这属于三方签订的"免责债务承担协议"，该协议有效。③【原因行为】甲向乙银行按期还信用卡欠款，属于乙银行愿意取代甲成为债务人的原因，换言之，甲按期还信用卡"月供款"属于原因行为。④【免责债务承担协议的无因性】但是免责债务承担协议具有"无因性"，不受原因行为的影响。故乙银行应向丙商场付款，乙银行另案诉甲还信用卡款。

秒杀：所谓免责债务承担的无因性，就是说，"我不知道"你新债务人为什么愿意取代旧债务人，我债权人不管原因，你新债务人必须还钱！

2.【新债务人可援引"抗辩的病"，不能援引"抵销的病"】

（1）【新债务人可以主张"抗辩的病"】债务人转移债务的，新债务人可以主张原债务人对债权人的抗辩（《民法典》第553条）。

例：【新债务人可援引原债务人的抗辩】甲、乙签订买卖自动扶梯合同，约定甲先付款，乙后交付自动扶梯。因乙生产的自动扶梯存在质量问题导致重大安全事故，质监局介入调查。甲、乙丙三方合意，由丙取代甲向乙付款。乙要求丙付款，丙可否拒绝？

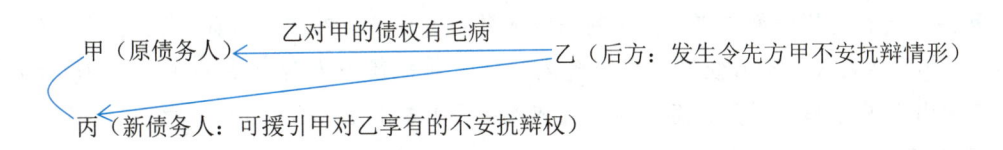

```
                 乙对甲的债权有毛病
   甲（原债务人）←——————————————乙（后方：发生令先方甲不安抗辩情形）
         丙（新债务人：可援引甲对乙享有的不安抗辩权）
```

①【债权有病】甲、乙签订了双务合同，先方甲对后方乙提出的付款请求，有"不安抗辩权"。②【新债务人可主张债权的病】甲、乙、丙三方达成免责债务承担协议，新债务人丙取代旧债务人甲，故丙可援引旧债务人甲的不安抗辩权，暂停向乙支付价款。

（2）【新债务人不可以主张"抵销的病"】原债务人对债权人享有债权的，新债务人不得向债权人主张抵销（《民法典》第553条）。

例：【新债务人不得援引原债务人的抵销】甲和乙签订买卖发电机的合同，乙向甲交付了发电机，甲尚未向乙支付100万元价款。乙曾向甲借款20万元已经届期。经乙同意，甲将债务转移给小甲。乙要求小甲支付100万元，小甲可否以甲对乙享有20万元债权为由主张抵销仅付 80 万元?

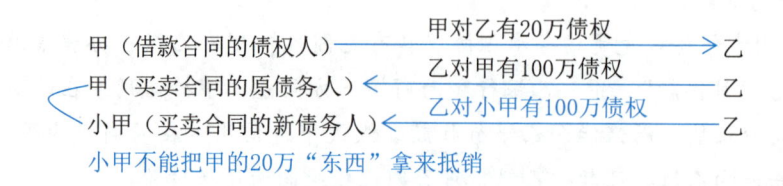

```
甲（借款合同的债权人）        甲对乙有20万债权      →乙
甲（买卖合同的原债务人）  ←  乙对甲有100万债权       乙
小甲（买卖合同的新债务人） ←  乙对小甲有100万债权    乙
```
小甲不能把甲的20万"东西"拿来抵销

①否。②【谁有东西谁可主张抵销】乙对甲有 100 万元货款债权。甲对乙有 20 万元民间借贷债权。如果甲和乙之间抵销，则乙可对甲主张 80 万元债权。③【新债务人没东西不能主张抵销】甲经乙同意将债务转移给了小甲，构成免责债务承担，甲没有对乙的 20 万债权同步转让给小甲。新债务人小甲不得援引旧债务人甲对债权人享有的抵销权，故乙有权要求小甲支付 100 万元。④甲另案要求乙归还民间借贷 20 万元。

◆ **原理**：为什么新债务人可以主张原债务人享有的抗辩的"病"，不能主张原债务人享有的抵销的"病"？①因为抗辩是这个债权本身的固有瑕疵。②【不能把别人的东西拿来作为自己的东西抵销】而抵销则必须是"有东西的"人才可以主张抵销，这个"东西"（上例中的 20 万民间借贷债权）是原债务人甲的，而不是新债务人小甲的。既然新债务人没有东西，自然不得主张抵销。

3.【原债务人已经退出："免责"】换人对债权人发生效力后，原债务人彻底退出，再回来清偿构成第三人代为清偿，第三人代为清偿后对债务人有求偿权。

例：【旧债务人再回来已成第三人】甲对乙享有 100 万元债权，甲乙丙三方同意，由丙取代乙向甲还 100 万元。岂料，乙又实际向甲还款 100 万元。如何评价乙的还款行为？①甲、乙、丙三方达成免责债务承担，丙取代乙成为新债务人，乙再回来向甲还款，属于第三人代为清偿。②甲的债权消灭，第三人乙取代甲的位置，可向新债务人丙追偿。

秒杀：免责债务承担 3 步走。①新债务人何时成为新债务人？债务换人协议生效时（意思主义）。②新债务人换人何时对债权人生效？经债权人同意后（同意主义）。③新债务人可以主张原债权什么病？可以主张原债权负担抗辩的病，但不得主张原债权负担抵销的病。

秒杀：债权转让做题 3 步走。①新债权人什么时候产生？债权转让协议生效时（意思主义）。②新债权人什么时候可以向债务人要钱？通知债务人时（通知主义）。③新债权人买到债权的病了吗？通知债务人时，债权有病吗？有就买到了，即买到债权上负担的抗辩和买到债权上负担的抵销。

综合秒杀：①换债务人必考同意。②换债权人必考通知。③换债务人是新债务人主张"抗辩的病"。④换债权人是新债权人承受"抵销的病和抗辩的病"。

（二）【并存债务承担：债务加入】

1.【加入人和债务人约定，通知债权人】新人和旧人约定新人加入债务并通知债权人。债权人在合理期限内未明确表示拒绝的，债权人可以请求第三人在其愿意承担的债务范围内和债务人承担连带债务（《民法典》第 552 条）。

例1：【新人明明白白加入】甲对乙享有 100 万元债权，乙和丙约定，丙与乙一起向甲还款，并通知了甲。甲可否拒绝？如甲不拒绝，甲可否要求乙和丙负连带责任？①甲可拒绝。②如甲不拒绝，或者甲在合理期间内未明示拒绝，则甲有权要求乙、丙负连带还款100万元。

例2：【股东加入公司的债务】甲经乙公司股东丙介绍购买乙公司矿粉，甲依约预付了100万元货款，乙公司仅交付部分矿粉，经结算欠甲50万元货款。乙公司与丙商议，由乙公司和丙以欠款人的身份向甲出具欠条。其后，乙公司未按期支付。<u>如何评价丙在欠条上签名的行为？</u>①债务加入（并存债务承担）。因为丙是当事人，有加入的意思表示。②丙是当事人，故不是第三人代为清偿。③原债务人乙公司仍然继续还债，故不是免责债务承担。④相对于乙公司而言，丙是无因管理；相对于债权人甲而言，丙不是无因管理，是依法还债（债务加入）。

2.【加入人向债权人表示加入，债权人没在合理期限内拒绝】新人向债权人表示愿意加入债务。债权人在合理期限内未明确表示拒绝的，债权人可以请求第三人在其愿意承担的债务范围内和债务人承担连带债务（《民法典》第552条）。

例：【新人偷偷摸摸加入】甲对乙享有1万元债权，丙向甲发函，同意与乙一起向甲还款。届期后甲请求丙还款，丙以其债务加入未经乙同意为由拒绝。<u>丙的理由是否成立？</u>①否。②丙直接向债权人甲表示愿意加入债务，甲没有拒绝，故甲有权要求乙丙连带还款1万元。

3.【到底是加入债务还是保证？】①【公司加入债务：参照适用公司对外担保的规则】法定代表人依照民法典第552条的规定以公司名义加入债务的，法院在认定该行为的效力时，<u>可以参照本解释关于公司为他人提供担保的有关规则处理</u>（《担保制度解释》第12条）。②【难以解释为加入债务还是保证时，解释为保证】

◆ **原理：**为什么会出现"难以解释为加入债务还是保证"这种现象？①一些民事主体为规避法律关于提供担保须经公司决议等限制，采取向债权人提供差额补足、流动性支持等类似承诺文件作为增信措施，这些增信措施如何定性？②应根据第三人提供的承诺文件的具体内容就其法律性质进行认定，第三人的意思难以解释为是债务加入还是保证时，从《民法典》平衡保护债权人与担保人的立场出发，应当推定为是保证。

4.【债务加入人的追偿权】（《民法典合同编通则解释》第51条）

（1）【按约定追偿】第三人加入债务并与债务人约定了追偿权，其履行债务后有权向债务人追偿。

（2）【无约定按不当得利追偿】①【正常的加入人可按基础关系追】没有约定追偿权，第三人依照民法典关于不当得利等的规定，有权在其已经向债权人履行债务的范围内请求债务人向其履行。②【加入人加入且履行后可追债务人，不可追原债务的担保人】因为加入人履行后，原债务消灭，担保具有消灭上从属性，担保也因此消灭了。③【恶意的加入人不能追】但是，恶意加入债务的，不可向债务人追，比如债务已经过了诉讼时效，加入人加入并且履行后，就不能向原债务人追偿。

```
A债务人 ─────────────────────── B债权人
  │           加入还清消灭债务=主债消灭    │
追偿                                  保证从债消灭
  │                                    │
C加入人                              D 保证人
```

解图：加入人进来，解放了保证人。为什么？如果允许加入人没还债就追保证人，将来保证人还要追主债务人，让纠纷复杂，加重保证人责任，导致觅保更难。

（3）【债务人的抗辩】债务人就其对债权人享有的抗辩，可以向加入债务的第三人主张。

◆ **原理**：为什么债务人对债权人的抗辩，可以向加入债务的第三人主张？①从债务人角度观察，原来"还"债权人，现在"还"第三人。②"还"谁不是"还"，原来欠多少就还多少，这很公平。

三、债权债务概括承受

（一）【意定概括承受】

当事人一方经对方同意，可以将自己在合同中的权利和义务一并转让给第三人（《民法典》第555条）。

（二）【启动债权转让和债务承担规则】

合同的权利和义务一并转让的，适用债权转让、债务转移的有关规定（《民法典》第556条）。

四、债权债务转让纠纷的诉讼第三人（《民法典合同编通则解释》第47条）

债权转让、债务转移、合同债权债务一并转让，怎么打诉讼？我向你要钱，我是原告，你是被告。可以追退出的那个人作为无独立请求权第三人，因为退出的人知根知底，知道真相，所以要来法庭一趟说一下是怎么回事。

```
   100万债           100万债            100万
A ─────→ B      A ─────→ B       A ─────→ B
  ↑              ↓                   ↑
C（收购债权人）   C（承担债务人）      C权利义务
```

1.【图1：换债权人，新债权人买到病，退出人是第三人】C收购方找B要钱，B不给，列A第三人。

2.【图2：换债务人，新债务人主张病，退出人是第三人】A找C要钱，C不给，列B第三人。

3.【图3：合同换人，到底欠多少，退出人为第三人】C找B，B不给，列A第三人。

◆ **原理**：为什么是可以追加，而不是应当追加？因为有时候"新人"提的抗辩和原来的人（旧人）没有关系，就不用追加原来的人（旧人）进来。

秒杀：债权人换人、债务人换人、合同换人，"欠多少还多少"，如果发生纠纷，可以追原来的人进来作无独三。

第八章 合同终止

导读：①【债权债务的终止】《民法典》第557条规定的是债权债务的终止，包括合同解除、债务已经履行、债务相互抵销、债务人依法将标的物提存、债权人免除债务、债权债务同归一人和法律规定或当事人约定的其他情形。②【合同的终止】债权债务终止是合同终止的上位概念。债权债务的终止规则还要适用于缔约过失之债、侵权之债、无因管理之债、不当得利之债、单方允诺之债等。③【有效合同是合同终止的前提】根据体系解释，合同终止是在合同有效之后，只有有效合同才讨论合同终止。

第一节 清偿

一、第三人代为履行

债务人不履行债务，第三人对履行该债务具有合法利益的，第三人有权向债权人代为履行，但是根据债务性质、按照当事人约定或者依照法律规定只能由债务人履行的除外。债权人接受第三人履行后，其对债务人的债权转让给第三人，但是债务人和第三人另有约定的除外（《民法典》第524条）。

◆ **原理**：怎么区分第三人履行和第三人代为履行？①都是第三人不加入债务，债权人没有拒绝权。②差别在于，由第三人履行是从约定，第三人代为履行是从法定。

（一）【哪些人属于"合法利益"第三人】（《民法典合同编通则解释》第30条）

1.【人保人和他物保人】保证人或者提供物的担保的第三人。

◆ **原理**：他们是从合同当事人，他们履行的是自己的债务，为什么能叫第三人代为履行？这就是代偿，代为清偿，就是第三人代为履行。

2.【担保财产关系人：担保财产关系人出钱破"担保"】担保财产的受让人（买方出钱破担保）、用益物权人（购买土地经营权破担保）、合法占有人（保管人可以出钱破担保）；担保财产上的后顺位担保权人（排序在后的"担保物权人"破排序在后"担保物权人"）。

3.【执行财产关系人：购房人出钱破执行】对债务人的财产享有合法权益且该权益将因财产被强制执行而丧失的第三人。

4.【投资关系人：股东出钱，为公司还债】债务人为法人或者非法人组织的，其出资人或者设立人。股东替公司还债后，股东出现身份叠加，是公司的股东，又是公司的债权人。

5.【亲属关系人】债务人为自然人的，允许近亲属对债务代为履行有利于发挥家庭的积极作用，也有利于促进家庭氛围的融洽和亲属关系的亲密。

6.【其他情形】其他对履行债务具有合法利益的第三人。

(1)【属于合法利益第三人的其他情形】①【经一房东同意的转租场合：次承租人代二房东向一房东支付租金】。②【善意取得留置权场合：所有人代交修人向维修人支付维修费】。③【房屋买卖场合：买方代卖方还债以解除对房屋的查封】。

例1：【转租场合：次承租人代承租人向出租人支付租金】甲将房屋出租给乙，乙经甲同意将房屋转租给丙。乙到期未向甲付租金，甲欲解除租赁合同。丙提出代乙向甲支付租金，<u>甲是否有权拒绝？</u>①否。②【出租】甲、乙有租1，基于合同相对性，乙是支付租金义务人。③【转租】乙、丙有转租2，基于合同相对性，次承租人丙是支付租金义务人。④【出租人和次承租人无合同关系】甲、丙无合同关系，基于合同相对性，甲无权要求丙支付租金。⑤【次承租人相对于出租合同属于有利害关系第三人】但是，从丙的角度而言，丙对乙向甲支付租金的债务具有合法利益，故丙有权代乙向甲支付租金，甲不得拒绝，以此对抗甲的解除权。⑥此后，丙代位支付的租金超出其应向乙支付转租2的租金，可向乙追偿。⑦一句话，次承租人丙可以主动给，房东甲不能主动要。

例2：【善意取得留置权场合：所有人代交修人向维修人支付维修费】甲车借由乙使用，乙借用期间交由丙维修，乙未支付维修费，丙将车留置。甲提出向丙交纳维修费，<u>丙是否有权拒绝？</u>①否。②【债：合同相对性】维修合同是承揽合同，乙、丙之间签订承揽合同，基于合同相对性，乙是支付维修费义务人。③【物：留置权】乙未支付维修费，乙并非车主，丙善意取得对车的留置权。④【车主相对于维修合同属于有利害关系第三人】甲是车主，与乙向丙履行债务具有合法利益，故甲有权代乙向丙支付维修费，丙不得拒绝，以此消灭丙的留置权，取回车。⑤此后甲再向乙追偿。⑥因甲并非承揽合同当事人，丙无权请求甲支付维修费。⑦一句话，车主甲可以主动给，留置权人丙不能主动要。

例3：【房屋买卖场合：买方代卖方还债以解除对房屋的查封】甲乙双方签订了房屋买卖合同，合同履行过程中，卖方甲因为民间债务纠纷，房屋被债权人丙申请A法院查封了。卖方甲和债权人丙经A法院调解，出具了调解书。卖方甲在还款期限内未还款，买方乙为了清除房屋买卖合同履行障碍，通过A法院和债权人丙沟通由乙代为履行，但是债权人丙明确表示除非卖方甲亲自偿还债务，否则任何第三方偿还都不认可。卖方甲知晓后也对此表示反对，称未经自己同意，外人不得代替自己还债。<u>甲丙理由是否成立？</u>①否。②【谁借的钱谁还】甲与丙之间有民间借贷法律关系，基于合同相对性，甲负有还款义务，乙不是当事人，乙不负有还款义务。③【购房人代替卖房人还钱以解除对房屋的查封】但是，乙对于甲向丙还款的债务具有合理利益，即解除对乙所购买房屋的查封以办理过户手续。乙属于有法律上利害关系第三人，有权代为清偿，债权人丙不得拒收，债务人甲无资格反对。④如买方乙代替卖方甲偿还债务，则A法院出具解除查封裁定，乙请求甲配合办理房屋过户手续，其代为履行金额可与其应向甲支付的购房款进行冲抵。

(2)【不属于合法利益第三人的情形】①【擅自转租场合：次承租人不能代二房东向一房东支付租金】。②【连环交易场合：上游、中游、下游，上游和中游的合同中，下游不是"合法利益第三人"。中游和下游的合同中，上游不是"合法利益第三人"】。③【专属债务场合：第三人不能代为履行】。④【当事人约定禁止第三人代为履行场合】。

（二）【第三人代为履行后的法律地位：法定代位】

债权人接受第三人履行后，其对债务人的债权转让给第三人，但是债务人和第三人另有约定的除外。

1.【可以代位找债务人提供的自物保】甲对乙公司有一个债权，乙公司提供房屋抵押办理了抵押权登记，丙是乙公司的股东代为履行，丙代为履行后，可以对乙公司追偿，且可主张对乙公司提供的自物保优先受偿权。

2.【能否代为找其他人提供的担保，要启动《担保制度解释》第13条规定的"面对面可分担，背对背不分担"规则】甲对乙公司有一个债权，乙公司提供房屋抵押办理了抵押权登记，丙也提供了房屋抵押办理了抵押权登记，丁提供了连带保证，丁代为履行后，可对乙公司追偿，且可主张对乙公司提供的自物保优先受偿。但是丁是否可以追偿丙提供的他物保，就取决于丙、丁提供抵押时是否有意思联络，如果存在意思联络，则丁可追丙。如果不存在意思联络，丁不可追丙。

3.【第三人部分代为履行，可以追偿债务人，但劣后于债权人追偿债务人】甲对乙公司有一个100万元的债权，丙是乙公司的股东，丙代为履行40万元后，丙可向乙公司追偿40万元。甲可对乙公司索要未受偿的60万元。丙的追偿权劣后于甲的追偿权。

秒杀：人保人、他物保人、担保财产关系人、执行财产关系人、投资关系人、亲属关系人、其他情形。

二、以物抵债（又叫"代物清偿"）

（一）【债务履行期届满后："期后"以物抵债协议是以物抵债协议】

1.【"期后"以物抵债协议是以物抵债协议】债务人或者第三人与债权人在债务履行期限届满后达成以物抵债协议。

◆ 原理：为什么要将"期后"才叫以物抵债协议？①【期后公平】知道欠多少债，也知道抵债物值多少钱，这是双双知道。期后以物抵债协议是公平的，是现在时。②【期前不公平】不知道欠多少债，也不知道抵债物在债务到期时值多少钱，这是双不知道。期前"以物抵债协议"是不公平的，是将来时，这种协议就不是以物抵债协议。

例：【抵押权实现之折价方式=代物清偿协议】甲向乙借款100万元，用自己价值100万元的房屋为乙设定抵押权办理了抵押权登记手续。甲届期无力还款，乙主张对房屋实现抵押权，双方协议用房屋折价。如何评价该折价协议？①这属于以物抵债协议。②折价时应参照市场价格，"多退少补"，如房屋市价120万元，则要退20万元给甲。③如果折价协议损害甲的其他债权人利益的，则其他债权人可以请求法院撤销该协议。

2.【诺成合同】以物抵债协议不存在影响合同效力情形的，法院应当认定该协议自当事人意思表示一致时生效。

例：【以物抵债协议是诺成合同】甲欠乙1000万元已经到期，双方约定用房屋抵债。后来甲没有将房屋过户给乙（在你手里不动了=不动产），乙请求甲过户房屋，法院是否支持？法院应该支持，债权人可请求债务人履行以物抵债协议。

民法原理

◆ **原理**：为什么"以物抵债协议"是诺成合同，而不是实践合同？①诺成合同有利于保护当事人的合意。当事人的本意是要有约束力。②诺成合同更利于实现以物抵债的目的。实践性合同的交付并不都顶用，因为用房屋、股权抵债，都不是靠交付。③诺成合同有利于鼓励诚信，实践合同的本意是给你一个合同成立前反悔的机会，以物抵债协议中，债权人已经让步了，如果再给债务人反悔的机会，等于逼迫债权人让步第 2 次。④诺成合同是原则，实践合同是例外。凡是例外，都需要法律明确规定，法律没有明确规定以物抵债协议是实践合同。法律明确规定，一般情形下，承诺到达时合同成立。⑤一般的实践合同先交付成立，成立之后要退回，还有另外一个退回的交付，这叫有来有回。如果将以物抵债合同定性为实践性合同，则只有 1 次交付，一次用尽，它与其他实践性合同就不合群了。

3.【一般情形：并存说，又称新债清偿说】

（1）【原债和新债，同在同灭】①【新债、旧债并存】。②【新债履行完毕，旧债消灭】。③【新债、旧债并存时，旧债上的担保还在】。④【以物抵债协议达成时，导致旧债时效中断】。

（2）【债权人先催告，催告未遂后才有选择权】债务人或者第三人未按照约定履行以物抵债协议，经催告后在合理期限内仍不履行，债权人有权选择请求履行原债务或者以物抵债协议。

◆ **原理1**：为什么要让债权人先催告之后才有选择权？抵债物价值会随市价波动，避免债权人随意行使选择权，过度保护会导致权利义务失衡。

◆ **原理2**：如果债权人选择"以物抵债协议"，为什么不需要就抵债物履行清算程序？"期后"以物抵债协议，债务数额和抵债物的价值均可确定，一般不存在利益失衡，因此无须履行清算程序。

◆ **原理3**：为什么债务人没有选择权？"期后"以物抵债协议是在债务人不能履行原债务的情况下，进行的一种变通，避免了债务人的违约，债权人已经作出了一些妥协。

例：【用画还100万元民间借贷】王某向丁某借款 100 万元，后无力清偿，遂提出以自己所有的一幅古画抵债，双方约定第二天交付。如何评价"古画抵债"？①100 万元债务已经届期，双方约定用古画抵债，这属于"代物清偿协议"，乃诺成性合同。②原借款合同并没有消灭。③丁某可以选择要画，也可以选择要钱。④如果王某交付古画，会导致借款之债消灭。⑤如果王某交付古画后，该画被鉴定为赝品，则王某应承担瑕疵担保责任即赔偿。

4.【例外情形从约定：取代说，又称债务更新说】期后以物抵债协议中明确约定，用以物抵债协议替换原债，则在当事人之间只剩下了以物抵债协议。

◆ **原理**：为什么采用取代说必须当事人有明确的意思表示？并存说对债权人更有利，取代说会剥夺债权人的利益，这对当事人利益影响重大，因此认定取代说需要当事人有明确消灭旧债务的合意。

例：【明确约定取代则从约定：指导案例72号"汤龙、刘新龙、马忠太、王洪刚诉新疆鄂尔多斯彦海房地产开发有限公司商品房买卖合同纠纷案"裁判要点】自然人对开发商借款债权已经到期，双方约定开发商用房屋抵借款，明确约定借款之债变成"代物清偿"即房屋买卖合同关系。法院如何认定？①【约定原债消灭】借款合同双方当事人经协商一致，终止借款合同关系，建立商品房买卖合同关系，将借款本金及利息转化为已付购房款并经对账清算的，不属于流押条款，该商品房买卖合同的订立目的，亦不属于"买卖合同担保民间借贷",该商品房买卖合同具有法律效力。②【避免架空LPR的4倍】但对转化为已付购房款的借款本金及利息数额,人民法院应当结合借款合同等证据予以审查,以防止当事人将超出法律规定保护限额的高额利息转化为已付购房款。③比如当事人借款1000万元本金,为期1年,年利率约定为40%。双方直接将市值1400万元的房屋折抵给汤某等并过户。如此一来,当事人就可以通过将民间借贷合同转化为商品房抵债协议,规避民间借贷利率制度。④本来汤某等借出去1000万元,最多年底可以回来一年期LPR的4倍("LPR"即一年期贷款市场利率的4倍,比如15.8%,即1158万元),但是通过收房却可以获得1400万元。因此,最高法院认为,超出一年期LPR的4倍的部分是无效的,故汤某等需要补购房款(1400万−1158万=242万元)。

5.【以物抵债协议启动"基3",不启动非基之"文书物权"】

(1)【以物抵债协议启动"基3"】①【有权处分】债务人有权处分抵债物。②【法律行为有效】以物抵债协议有效。③【公示】完全物权变动的公示。

(2)【以物抵债协议不启动非基之"文书物权"】以物抵债协议经法院确认或者法院根据当事人达成的以物抵债协议制作成调解书,债权人不得主张财产权利自确认书、调解书生效时发生变动或者具有对抗善意第三人效力。

◆ **原理**:为什么以物抵债协议的判决书或调解书不是在文书生效点发生物权变动?①因为它们不是形成文书或形成调解书。②无论是法院出具的司法确认书还是调解书,均是对当事人之间以物抵债协议的确认,当事人据此享有的仍然只是一个债权请求权,即请求相对人履行确认书或调解书确定的交付抵债物的权利,如相对人不履行确认书或调解书确定的义务,则当事人可以申请强制执行,但不能直接取得抵债物的所有权。

6.【无权处分他人财产签订以物抵债协议,启动非基之"善意取得"】债务人或者第三人以自己不享有所有权或者处分权的财产权利订立以物抵债协议的,启动无权处分的合同效力规则和善意取得的物权变动规则。

秒杀:代物清偿的3种考法。①【第1种考法:侵权】当事人无代物清偿协议,直接强行以物抵债,构成侵权,不是自助行为。②【第2种考法:替代】当事人有代物清偿协议,明确约定原关系消灭,新关系产生,此为"债的更新"(最高院72号指导案例)。③【第3种考法:并存】当事人有代物清偿协议,未明确约定原关系消灭,原债和新债并存。

(二)【债务履行期届满前:"期前"以物抵债协议是"让与担保合同"】

1.【"期前""以物抵债协议"是"让与担保合同"】债务人或者第三人与债权人在债务履行期限届满前达成以物抵债协议的,法院应当在审理债权债务关系的基础上认定该协议的效力。

◆ **原理1**:为什么将"期前""以物抵债协议"解读为让与担保合同?①【它不是买卖】财产转让中的出让方是通过转让财产获取相应对价,受让方则意图支付对价获取财产。②【它也不是抵债,因为还不知道债是多少】以物抵债是指债务人与债权人约定以债务人或经第三人同意的第三人所有的财产折价归债权人所有,用以清偿债务的行为,其根本目的在于消除债务,本质上并无支付对价获取财产的目的,仅以该财产作为抵销债务的标的。③【往往是为了担保】债务人或者第三人与债权人在债务履行期限届满前达成的以物抵债协议,往往是为了担保债权债务关系而订立。因当事人在债务履行期限届满前达成的以物抵债，此时债权数额尚未得到确认，往往是为双方之间的借款或其他债务关系提供担保，并非出于清偿债务目的。

◆ **原理2**：既然解读为担保，为什么还需要"法院应当在审理债权债务关系的基础上认定该协议的效力"？①审基础关系的目的是确定担保合同从关系的效力。②既然期前以物抵债协议是担保合同，凡是有担保合同的地方，必然存在主合同。所以必须先看主合同，因为主合同无效会导致担保合同无效，这叫担保合同效力上的从属性。

2. 【债"143"："期前""以物抵债协议"的让与担保合同有效】（1）【让与担保合同有效】当事人约定债务人到期没有清偿债务，债权人可以对抵债财产拍卖、变卖、折价以实现债权的，法院应当认定该约定有效。(2)【流让条款无效】当事人约定债务人到期没有清偿债务，抵债财产归债权人所有的，法院应当认定该约定无效，但是不影响其他部分的效力。债权人有权请求对抵债财产拍卖、变卖、折价以实现债权。

秒杀：约定清算从约定；约定不清算该约定无效；约定按固定价格清算该约定无效。

3. 【物"基3"：没有完成公示，不设立让与担保权；完成公示，设立让与担保权】(1)【没有完成公示，不设立让与担保权】当事人订立期前以物抵债协议后，债务人或者第三人未将财产权利转移至债权人名下，债权人主张优先受偿的，法院不予支持。（2）【完成公示，设立让与担保权】债务人或者第三人已将财产权利转移至债权人名下的，依据《担保制度的解释》第六十八条的规定处理（让与担保权）。

例：【让与担保权的"基3"案】姚某与甲公司在债务履行期届满前就达成了以物抵债协议，且约定抵债物直接归姚某所有，该约定应属无效。但是，因抵债物已经交付给姚某，以物抵债转化为让与担保，虽然法院对于姚某主张对抵债物享有所有权的诉讼请求不予支持，但双方均可参照担保物权实现的有关规定，由姚某对抵债物拍卖、变卖或折价款优先受偿。

秒杀：识别让与担保合同的3种表述方法。①【直接明了】让与担保合同。②【外观是"以物抵债协议"】债务履行期届满前的"以物抵债协议"，这不是以物抵债协议，而是让与担保合同。③【外观是"买卖合同"】用"买卖合同"来担保借款合同的履行，这不是买卖合同，而是让与担保合同。

三、清偿的抵充

（一）【"钱不够"：数项主债的抵充推定规则】

1. 【约定抵充：从约定】当事人就抵充的顺序协商一致，从该约定。

2. 【指定抵充：债务人有选择权，选择权是形成权】债务人对同一债权人负担的数个债务种类相同，债务人的给付不足以清偿全部债务的，除当事人另有约定外，由债务人在清偿时指定其履行的债务。

◆ **原理**：为何指定抵充的选择权归债务人？因为在债的关系中清偿人本已处于弱势地位，赋予其指定权，有利于保护其利益，而且这也与清偿抵充及清偿人的本来意图一致。

3. 【法定抵充：已期、无担保、负担重、到期先后、比例】（1）【已期】债务人未作指定的，应当优先履行已到期的债务。因为债务人对没到期的有期限利益，对已经到期的构成迟延履行。(2)【无担保】几项债务均到期的，优先履行对债权人缺乏担保或者担保最少的债务。因为要保护债权人，留下优质债权。(3)【负担重】担保数额相同的，优先履行债务负担较重的债务。负担重还是不重，考虑的因素有"利率高低、违约金有无、有连带债务人与否、有无执行依据。"目的是让债务人因清偿获得利益最大化。(4)【到期先后】负担相同的，按照债务到期的先后顺序履行。原因是，避免过了时效，保护债权人；减少迟延利息，保护债务人。(5)【比例】到期时间相同的，按比例履行。

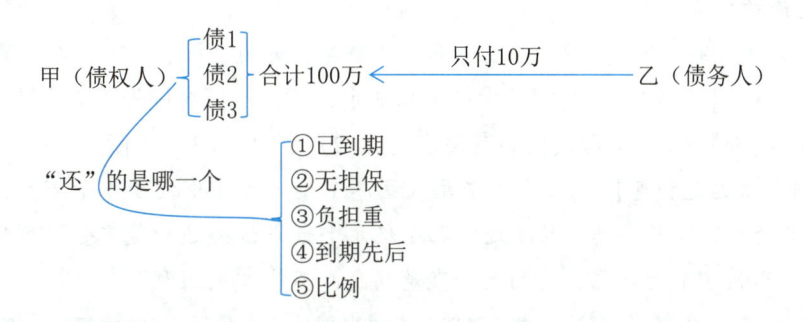

```
                     ┌ 债1
    甲（债权人）─────┤ 债2 ─合计100万 ←──只付10万──── 乙（债务人）
                     └ 债3
                                    ① 已到期
                                    ② 无担保
    "还"的是哪一个 ────────────────  ③ 负担重
                                    ④ 到期先后
                                    ⑤ 比例
```

秒杀：已期＞无担保＞负担重＞到期时间先后＞比例

例1：【已期】胡某于 2016 年 3 月 10 日向李某借款 100 万元，期限 3 年。2019 年 3 月 30 日，双方商议再借 100 万元，期限 3 年。两笔借款均先后由王某承担连带保证，未约定保证期间。李某未向胡某和王某催讨。胡某仅于 2020 年 2 月归还借款 100 万元。<u>胡某归还的 100 万元是哪个借款？</u>

```
胡某 ←──2016.3.10的100万+3年── 李某   2016.3.10的100万+3年+6个月×→ 王某（脱保）
胡某 ←──2019.3.30的100万+3年── 李某   2019.3.30的100万+3年+6个月√→ 王某（没脱保）
```
2020年2月还款：2016年的100万到期了，2019年的100万没到期，还的是2016年

(1) 2016 年的借款。(2)【2016 的已到期，2019 年的没到期】以还债时间即 2020 年 2 月为排队时间点：①2016 年的借款在 2019 年 3 月 10 日到期。②2019 年的借款在 2022 年 3 月 30 日到期。③故 2016 年借款已到期，而 2019 年的借款尚未到期，故还的是 2016 年的借款。(3)【2016 的脱保了，2019 的没脱保】：①2016 的借款届期是 2019 年 3 月 10 日，再加 6 个月保证期间，即 <u>2019 年 9 月 10 日保证期间届满</u>。②同理，2019 年的借款届期是 2022 年 3 月 30 日，再加 6 个月的保证期间，即 <u>2022 年 9 月 30 日保证期间届满</u>。③债权人李某最早只可能在 2020 年 2 月提出过履行请求，故此前一直躺在保证债权上睡觉，故 2016 的借款保证责任因保证期间届满已经消灭，而 2019 年的借款保证责任还继续存在。

例2：【已期、无担保、负担重】甲向乙订购挖掘机 1 台，约定 2019 年 8 月 1 日交货。后甲又向乙订购相同挖掘机 1 台，约定 2019 年 9 月 1 日交货，并特别约定如乙未能在 2019 年 9 月 10 日之前交付第二台挖掘机，乙应支付违约金 3000 元。2019 年 9 月 5 日，乙仅向甲交付了一台挖掘机，未做任何其他表示。<u>乙交付的是哪个合同项下的挖掘机？</u>①交

付的是9月1日的挖掘机。②【履行点】排队起点是履行债务时，即2019年9月5日。③【都到期】在9月5日时：8月1日的债务到期，9月1日的债务也到期，两笔债务均到期。④【都无担保】进入下一层次，两笔债务都无担保，且9月1日债务有违约金，但违约金不是担保，而是从债务。定金才是担保。⑤【还"还"负担重的】故进入下一层次，9月1日的债务负担更重一些，有违约金3000元。⑥故先抵充9月1日的债务，即乙向甲交付的挖掘机消灭的是9月1日的合同，同时符合9月10日前交付挖掘机的要求，免负3000元违约金责任。

(二)【"钱特别不够"：费用、从债和主债抵充推定规则】(《民法典》第561条)

1.【约定抵充】有约定从约定，无约定从法定，即约定抵充优先于法定抵充。

2.【法定抵充】(1) 实现债权的有关费用。(2) 利息。(3) 主债务。

例：【利息永远是利息】甲欠乙1亿元，利息1千万元。甲还了1千万元，到底是还利息还是还本金？还的是利息，故甲还欠乙1亿元。如果认为还的是本金，则甲欠乙9千万元，而甲还乙利息1千万元，这利息一直是利息，不能"利滚利"。

◆ 原理1：为什么"钱特别不够"时，清偿抵充的规则是"先息后本"？主债务后置，倒逼债务人赶快还费用利息，因为后头的主债务只要存在就会不断产生实现债权的费用或利息。体现了侧重保护债权人利益的立法倾向。

◆ 原理2：为什么《民法典》第561条排除了债务人指定抵充权利？侧重保护债权人。

秒杀："钱特别不够"，先"还"息后"还"本。

秒杀1：【"钱不够"】①【约定抵充】。②【债务人指定抵充】。③【法定抵充】第1步，以还债时间点为排队时间点。第2步，已期>无担保>负担重>到期时间先后>比例。

秒杀2：【"钱特别不够"】①【约定抵充】②【法定抵充：费用、利息、主债务】债务人清偿时指定。

第二节 抵销

一、约定抵销

当事人互负债务，标的物种类、品质不相同的，经协商一致，也可以抵销（《民法典》第569条）。

二、法定抵销

(一)【同种类、同品质】

1.【可以法定抵销】当事人互负债务，该债务的标的物种类、品质相同的，任何一方可以将自己的债务与对方的到期债务抵销。

例：【电视和手机不能法定抵销】甲借乙电视届期未还，乙借甲手机届期未还。甲向乙要手机，乙主张用手机与电视抵销，是否成立？①否。②甲乙无约定抵销。③甲乙不能适用法定抵销，因为标的物种类品质不同。

◆ **原理**：为什么说抵销是个别清偿，具有优先受偿（担保）的功能？①【欠很多债】甲对乙有30万元债权，乙对甲有20万元债权。乙还欠了大甲、中甲、小甲各30万元债权。②【先抵销的先受益】如果甲向乙主张抵销20万元，则意味甲提前收回了20万元，甲对乙还有剩余10万元债权未收到。③【不抵销的都平等】如果甲不向乙主张抵销20万元，则意味着乙对甲的20万元债权属于乙的"责任财产"，需要平均满足甲、大甲、中甲、小甲，1人5万元，如此一来，甲只能收回来5万元。

```
         甲对乙有30万债权
    甲 ─────────────────→ 乙 ←───── 大甲、中甲、小甲各对乙有30万元债权
         乙对甲有20万债权
    甲 ←───────────────── 乙
```

解图：甲主张抵销20万元，等于提前收回了20万元，对乙还有10万元，与其他人90万元平等。

2.【**不能法定抵销**】根据债务性质、按照当事人约定或者依照法律规定不得抵销的除外。

（1）【**必须履行的债务不得抵销**】必须履行的债务不得抵销。如应当支付给下岗工人的生活保障金，不得用以抵销工人欠企业的债务。

（2）【**具有特定人身性质或者依赖特定技能完成的债务，以及相互提供劳务的债务，不得相互抵销**】①【抚恤金债务】抚恤金债务属于与人身不可分离的债务，应认定为性质上不能抵销的债务。②【不能代位的人身性权利（从对方讲是债务）】专属于债务人自身的权利，包括抚养费、赡养费或者扶养费请求权，请求支付基本养老保险金、失业保险金、最低生活保障金等保障当事人基本生活的权利。与之相对应的是支付抚养费、赡养费或者扶养费的债务，基本养老保险金、失业保险金、最低生活保障金等保障债权人基本生活的债务等，是具有特定人身性质的债务。③【依赖特定技能完成的债务：A校老师去B校教课，B校老师去A校教课，不能抵销】。④【单纯提供劳务的债务】。

（3）【**不作为债务不得相互抵销**】此种债务不经过相互实际履行，就无法实现债权的目的。常见的例子是互不竞争之不作为债务。

（4）【**约定应当向第三人履行的债务**】约定应向第三人为给付的债务，第三人请求债务人履行时，债务人不得以自己对他方当事人享有债权而主张抵销；他方当事人请求债务人向第三人履行时，债务人也不得以第三人对自己负有债务而主张抵销。

（5）【**负有抗辩权的债权不得抵销**】对于债权人的债权，债务人享有同时履行抗辩权、先诉抗辩权等时，如果允许债权人以其对债务人所负债务与此债务抵销，则等于凭空剥夺债务人的抗辩权，使法律设定此种抗辩权以保护债务人的立法宗旨无法实现。

（6）【**侵权行为产生的债务**】因侵害自然人（排除法人）人身权益（物质性人格权或精神性人格权），或者故意、重大过失侵害他人财产权益产生的损害赔偿债务，侵权人不得主张抵销（《民法典合同编通则解释》第57条）。被侵权人仍然有权主张抵销，"穷的"主张要钱，"富的"主张抵销，被侵权人有选择权。

◆ **原理**：为什么故意、重大过失侵害财产权的损害赔偿债务，侵权人不能主张抵销？有道德风险。比如债权人在无法获得求偿的情况下，可能故意毁坏债务人的财物泄愤，并主张抵销免责。此种行为不仅造成了财产浪费，还可能对被侵权人的生产、生活造成不利影响，不符合社会主义核心

价值观的要求，应予以禁止。重大过失等同于故意的法理，可能存在道德风险。

(7)【其他根据债务性质不得抵销的债务】如相互出资的义务不得抵销，即使仅存在两个出资人。

(二) 抵销权是形成权

1.【抵销权是形成权】当事人主张抵销的，应当通知对方。抵销不得附条件或者附期限（《民法典》第568条第2款）。

2.【通知、抗辩、反诉】抵销权既可以通知的方式行使，也可以提出抗辩或者提起反诉的方式行使（《九民纪要》第43条）。

例：【攻方有就可以主动抵销】甲对乙有10万元债权，5月1日到期。乙对甲有10万元债权，10月1日到期。甲何时可以主张抵销？乙何时可以主张抵销？

```
                甲方攻击：主动债权        乙方被动债权
甲（债权人 债务人）                                      乙（债权人 债务人）
                甲方被动债权        乙方攻击：主动债权
```

①在5月1日，甲可以主张抵销，乙不可以，因为5月1日只有甲"有东西"，而乙却"没有东西"。甲主张抵销=甲自愿提前还欠乙的10万元。②在10月1日，甲和乙都可主张抵销，因为甲乙都"有东西"。

秒杀：①谁"有东西"谁可以主动抵销。②双方都"有东西"，双方都可主动抵销，对等额度内抵销。

三、抵销的法律效果

(一)【抵销采用通知到达主义，没有溯及力】

1.【抵销没有溯及力】自抵销通知到达对方时，双方互负的主债务、利息、违约金或者损害赔偿金等债务在同等数额内消灭，抵销采用通知到达主义，没有溯及力（《民法典合同编通则解释》第55条）。

◆ 原理：为什么说抵销没有溯及力会导致不太公平的现象发生？(1) 我对你有100万债权，还有1年过时效。(2) 你对我有100万债权，还有3年过时效。(3) 我认为，这已经抵销了，所以我没说话。1年后，我对你的100万过了时效了，这个时候我主张抵销，不行了，过了时效了，这叫抵销没有溯及力。(4) 所谓抵销有溯及力，是我1年后说抵销也不晚，视为最开始有抵销权时就主张抵销了。(5) 现在，抵销无溯及力，这样的设置就对我不公平。因为老百姓会认为，彼此抵销了，并不会去特意说一下抵销了，它们内心认为抵销了，彼此心有灵犀。(6) 但是法律却要求，你必须把抵销的意思表示说出来，因为抵销没有溯及力，说晚了就完了。(7) 这样的法律安排，与实际是不相符合的，是不太公平的。

2.【已经过了诉讼时效的债权，作为主动债权一方提出抵销可能被抗辩，作为被动债权被抵销就没问题】(1)【已过诉讼时效的债权≈0】已经过了诉讼时效的债权，约等于0，因为对方一旦提出诉讼时效届满的抗辩权，用不能获得清偿。(2)【0没东西，作为主动债权提抵销可能被抗辩】当事人互负债务，一方以其诉讼时效期间已经届满的债权通知对方主张抵销，对方提出诉讼时效抗辩的，人民法院对该抗辩应予支持。(3)【0没东西，作为被动债权被抵销没问题】一方的债权诉讼时效期间已经届满,对方主张抵销的,人民法院应予支持。

例:【已过诉讼时效的债权≈0】 甲对乙有1万元债权,已经过了诉讼时效,其实该1万元债权≈0。后来,乙对甲有1万元债权,未过诉讼时效。乙对甲索要1万元,<u>甲主张抵销时,乙能否以时效届满为由抗辩?</u>①能。②一开始甲就"没有东西",如果提出抵销,乙能以时效届满为由抗辩。③但是,乙可以主张抵销,因为乙"有东西"。如果乙主张抵销,意味着乙愿意放弃"诉讼时效届满的抗辩",即放弃诉讼时效届满的抗辩。

```
           甲对乙的债权(1权)已经过了诉讼时效:甲没东西
    甲 ←—————————————————————————————————————————→ 乙
           乙对甲的债权(2权)没过诉讼时效:乙有东西
```

◆ **原理:** 为什么说如果允许时效届满的债权可以抵销会诱发恶意"逃债行为","架空诉讼时效制度"?①我欠你100万元,你欠他的100万元已经过了诉讼时效(就是0,实际上你没欠)。②我花10万元从他那购买这100万元债权来和你抵销,如此一来,我少还钱,还变相地架空了诉讼时效制度。

秒杀: 你有"东西",才能拿这个"东西"来抵销。

(二)【抵销中的抵充规则:"钱不够"、"钱特别不够"】

1.【**"钱不够"**:债1、债2、债3……,启动"已期、无担保、负担重、到期先后、比例"】行使抵销权的一方负担的数项债务种类相同,但是享有的债权不足以抵销全部债务,当事人因抵销的顺序发生争议的,人民法院可以参照民法典第五百六十条的规定处理。

```
    甲(攻方)————— 对乙有1个运费债权15万 ————— 乙
    甲 ————— 对乙负有债务1是货款10万、债务2是借款30万 ————— 乙
```

解图: 先约定抵充,主张抵销的人指定抵充,再法定抵充。

2.【**"钱特别不够"**:债1的主债务、债1的利息、债1的有关费用,启动"先息后本"】行使抵销权的一方享有的债权不足以抵销其负担的包括主债务、利息、实现债权的有关费用在内的全部债务,当事人因抵销的顺序发生争议的,人民法院可以参照民法典第五百六十一条的规定处理。

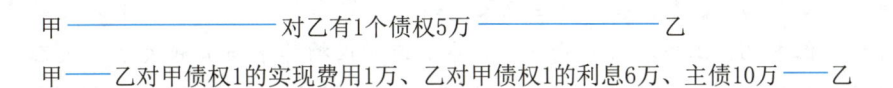

```
    甲 ————— 对乙有1个债权5万 ————— 乙
    甲 ——— 乙对甲债权1的实现费用1万、乙对甲债权1的利息6万、主债10万 ——— 乙
```

解图: 先约定抵充,再法定抵充。为何没有主张抵销的人指定抵充?《民法典》第561条排除了债务人指定抵充的权利,侧重于保护债权人利益。因此,抵充在参照适用《民法典》第561条规定时,也不允许当事人的指定。

◆ **原理:** 违约金、损害赔偿金,是利息(启动先息后本),还是主债务(最后顺位)?①【迟延的视为利息】迟延产生的违约金或损害赔偿金,视为利息,启动抵充的先息后本。②【其他的视为

主债务】其他的违约金或损害赔偿金，视为主债务，启动最后顺位。

第三节　提存、免除和混同

一、提存

（一）提存事由：债务人难以履行债务，可以将标的物提存（《民法典》第 570 条第 1 款）

1.【债权人主观原因】债权人无正当理由拒绝受领。

2.【债权人客观原因】债权人下落不明。债权人死亡未确定继承人、遗产管理人或者丧失民事行为能力未确定监护人。

（二）提存价款

1.【提存价款】标的物不适于提存或者提存费用过高的，债务人依法可以拍卖或者变卖标的物，提存所得的价款（《民法典》第 570 条第 2 款）。

2.【提存价款视为交付标的物】债务人将标的物或者将标的物依法拍卖、变卖所得价款交付提存部门时，提存成立。提存成立的，视为债务人在其提存范围内已经交付标的物（《民法典》第 571 条）。

（三）提存效果

1.【通知债权人】标的物提存后，债务人应当及时通知债权人或者债权人的继承人、遗产管理人、监护人、财产代管人（《民法典》第 572 条）。

2.【风险、孳息、费用归债权人】（1）【风险】标的物提存后，毁损、灭失的风险由债权人承担。（2）【孳息】提存期间，标的物的孳息归债权人所有。（3）【费用】提存费用由债权人负担（《民法典》第 573 条）。

3.【领取提存物】（1）【债权人领取】债权人可以随时领取提存物，但是债权人对债务人负有到期债务的，在债权人未履行债务或者提供担保之前，提存部门根据债务人的要求应当拒绝其领取提存物。（2）【债权人不领取】债权人领取提存物的权利，自提存之日起 5 年内不行使而消灭，提存物扣除提存费用后归国家所有。但是债权人未履行对债务人的到期债务，或者债权人向提存部门书面放弃领取提存物权利的，债务人负担提存费用后有权取回提存物。（《民法典》第 574 条）

例：【债务另行履行则提存物归债务人】乙在甲提存机构办好提存手续并通知债权人丙后，将 2 台专业相机、2 台天文望远镜交甲提存。后乙另行向丙履行了提存之债，要求取回提存物。但甲机构工作人员在检修自来水管道时因操作不当引起大水，致乙交存的物品严重毁损。如何评价本案法律关系？①债务消灭，提存物归债务人乙所有，不归丙所有。②乙有权诉甲提存机构违约或侵权。

二、免除和混同

（一）免除债务的行为是单方行为还是双方行为？单方行为，但是债务人有拒绝权（《民法典》第 575 条）。

(二) 债权人和债务人混同的常见情形是什么？

1. 【继承】爸爸是债权人，儿子是债务人，爸爸死亡后儿子是唯一继承人，发生混同。
2. 【收购】甲是债权人，乙是债务人，乙（或"过桥人"丙）从甲处 5 折收购债权，发生混同。

第四节　合同解除

导读：①【解除】咱俩关系不好了，可以离婚吗？这是合同的解除。②【违约责任】财产怎么分呢？这是违约责任。③【解除和违约责任互不影响】因此，合同的解除和违约责任是两个层次的问题。④【解除事由】解除包括双方协议解除和单方解除，其中单方解除包括约定的单方解除和法定的单方解除。

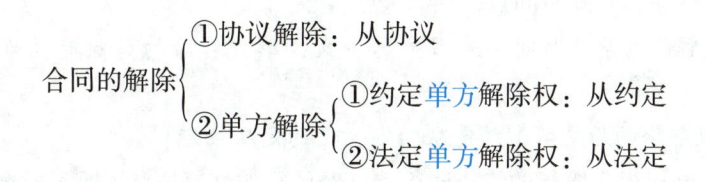

合同的解除
- ①协议解除：从协议
- ②单方解除
  - ①约定单方解除权：从约定
  - ②法定单方解除权：从法定

一、合同的解除

(一)【民法：有效合同是解除合同的前提】

有效合同才有解除的可能，无效合同不存在解除的可能。如违建房屋租赁合同无效，故不存在解除的问题。

(二)【民诉法：诉无效又诉解除，法院先审合同效力，这叫预备合并之诉】

民诉法上，如果当事人既请求确认合同无效，又请求解除合同，法院应当首先审理合同效力。法院认定合同无效的，应径行判决确认合同无效并驳回解除合同的诉讼请求。法院认定合同有效的，应对解除合同的诉讼请求进行审理，并依法判决。

(三)【解除要坚持相对性】只有当事人才有权解除合同，非当事人不存在解除合同的可能（《民法典》第 465 条）。

例：【只有当事人才有资格解除合同】如承租人未经出租人同意转租的，出租人可以解除合同，此处的"合同"是出租合同还是转租合同？①【出租人是出租合同当事人：有资格解除出租合同】必然是出租人和承租人之间的出租合同，不可能是承租人与次承租人的转租合同。②【出租人不是转租合同当事人：无资格解除转租合同】因为出租人与次承租人之间没有合同，就不存在出租人解除转租合同的可能。

二、双方协议解除

(一)【协议解除的方式 1：双方私下协议解除】当事人协商一致，可以解除合同（《民法典》第 562 条第 1 款）。

当事人就解除合同协商一致时未对合同解除后的违约责任、结算和清理等问题作出处理，一方主张合同已经解除的，人民法院应予支持。但是，当事人另有约定的除外（《民法典合同编通则解释》第52条）。

◆ **原理**：为什么解除是解除，结算是结算？①解除是解除合同法锁，让合同不再约束当事人。②结算条款是讲如何善后，单独发挥作用。③协议解除的后果从约定，如果无约定则从法定。因此协议解除协议欠缺约定后果，不影响该协议已经被解除。

（二）【协议解除的方式2：到法院协议解除】

1. 【到法院协商分手特殊情形1：只有本诉，一方无解除权却起诉解除，对方同意协议解除】本诉原告解除的要约，被告同意解除的承诺，意思表示一致时合同解除，解除时间点采用"意思主义"。

2. 【到法院协商分手特殊情形2：有本诉和反诉，双方无解除权却起诉解除，双方同意协议解除】本诉原告解除的要约，反诉被告解除的要约，他们之间构成交叉要约，意思表示一致时合同解除，解除时间点采用"意思主义"。

秒杀：协议解除的解除时间点采用意思主义，单方解除的解除时间点采用通知到达主义。

（三）【协议解除的后果：有约定从约定，无约定从法定】

1. 【法定后果】尚未履行的终止履行，已经履行的恢复原状、采取补救措施，在协商解除的场合，当事人在同意解除的同时也可以要求对方赔偿因合同终止造成的损失。

2. 【担保不消灭】主合同协商解除，不影响担保人责任，除非担保合同另有约定。

3. 【清理结算条款独立】协商解除了，合同清理结算条款还独立。协商解除后，当事人未按照清理和结算条款履行的，应当依法承担违约责任。

三、约定单方解除

（一）约定明确

当事人可以约定一方解除合同的事由。解除合同的事由发生时，解除权人可以解除合同（《民法典》第562条第2款）。

◆ **原理**：约定的单方解除，一方面是当事人约定，另一方面是单方解除无须对方同意，这不矛盾吗？①【约定为何分手：意思自治】当事人可以约定甲方享有单方解除权的事由，也可以约定乙方享有单方解除权的事由，还可以约定甲和乙双方享有单方解除权的事由。②【根据约定如何分手：无须对方同意】单方解除权之"单方"，指的是单方说了算，无须和对方商量，也无须经过对方同意，类似"谈恋爱分手"。

例：【约定单方解除权】甲公司与乙公司签订并购协议："甲公司以1亿元收购乙公司在丙公司中51%的股权。若股权过户后，甲公司未支付收购款，则乙公司有权解除并购协议。"后乙公司依约履行，甲公司却分文未付。乙公司向甲公司发送一份经过公证的《通知》："鉴于你公司严重违约，建议双方终止协议，贵方向我方支付违约金；或者由贵方提出解决方案。"3日后，乙公司又向甲公司发送《通报》："鉴于你公司严重违约，我方现终止协议，要求你方依约支付违约金。"合同何时解除？①【意思明确才是解除】《通报》送达后，并购协议解除，因为《通报》的内容明确表明乙公司解除并购协议的意思，且乙公司有约定解除权。②【意思不明确不是解除】经过公证的《通知》，其内容并非意在解除并购协议，而实质是督促甲公司依约履行义务。此处的公证只是对事实的认定，并非对事实的法律效力作出认定。《通知》经公证，只能说明它被公证过，仅此而已。

◆ **原理**：如何区分"附解除条件"的合同和"约定单方解除"的合同？（1）【附解除条件的合同：条件满足合同自动失去效力】①用约定的条件来限定合同的效力。②如果条件成就，合同失去效力。③如果条件不成就，合同继续有效。④比如甲乙房屋租赁合同约定，在出租人甲的儿子回国时，甲乙合同终止，这是附解除条件的房屋租赁合同。（2）【约定单方解除的合同：解除事由满足可解除也可不解除】①当事人约定解除的事由。②如果发生该事由，解除权人有权解除合同，不涉及合同效力问题。合同有效是解除合同的前提。③比如甲乙房屋租赁合同约定，在甲的儿子回国时，甲有权解除合同，这是约定单方解除权的合同。④此时合同可能解除，也可能不解除。

（二）【不得滥用】

1.【约定轻微违约就可解除：该约定无效】违约方的违约程度显著轻微，不影响非违约方合同目的实现，解除合同对违约方显失公平，则约定解除事由条款无效。因为任何合同的履行都会有点毛病，如果把细微毛病都约定为单方解除事由，会破坏合同秩序。

2.【轻微违约一方仍需负违约责任】非违约方有权主张由违约方承担相应的违约责任或者采取其他补救措施。

例：【违约方已履行了绝大部分主给付合同义务，守约方不得依约解除合同】甲公司与乙公司签订建设用地使用权转让合同，合同约定："如乙公司逾期支付购买款，甲公司有权解除合同"。合同履行过程中，乙公司按期支付的土地转让款达到合同总额的98.1%，剩余款项逾期支付。甲公司是否有权行使约定解除权以解除合同？①无权。②【不能随意约定】最高院认为尽管合同的约定解除权优于法定解除权，但不得滥用。③【极其轻微违约】本案中，乙公司虽逾期支付土地转让款构成违约，但其支付的土地转让款已达合同总额的98.1%，已履行了绝大部分合同义务，如因该履行瑕疵而解除合同，则不利于维护合同的稳定性和交易安全。④且乙公司已经将其兴建的别墅区出售给诸多第三人，解除合同将会损害第三人的合法权益，客观上也已经不具备解除的条件。

四、法定单方解除（《民法典》第563条）

（一）【一般法定单方解除事由】

1.【因不可抗力致使不能实现合同目的】

（1）【双方都有】双方具有"法定的单方解除权"。（2）【不可抗力具有相对性】不是任何不可抗力都启动解除权，只有对本案合同目的产生影响的不可抗力才能启动解除权。

例1：【地震震死牛】甲与乙签订买卖合同，约定甲向乙交付1头牛。交付之前，岂料地震将牛震死。乙与丙签订买卖合同，约定丙向乙交付牛饲料。乙是否有权解除买卖牛合同和买卖牛饲料的合同？①乙有权解除买卖牛的合同。②乙无权解除买卖牛饲料的合同。③【地震震死了牛】地震对甲、乙牛买卖合同造成影响，导致乙的合同目的落空，甲、乙双方均可解除合同。④【地震没震毁牛饲料】但是地震没有导致牛饲料毁损，乙、丙合同不受地震影响，完全可以继续履行，至于乙买到牛饲料是做什么用，乃缔约动机，不作考查。⑤其机理类似于，买方在淘宝购买结婚用品，后来不结婚了，买方不得以此为由解除买卖合同。

例2：【地震震毁房】甲、乙签订房屋买卖合同，甲为购房，与银行签订借款合同。甲取得房屋交付和过户后将该房屋抵押给银行并且办理了抵押权登记。后地震将房屋震毁。地震这一不可抗力对本案法律关系产生什么影响？①【地震震坏房屋】甲、乙房屋买卖合同已经履行完毕，甲成为房屋占有人和所有权人，故地震对房屋买卖合同无任何影响。②【地震没震坏借款】甲和银行签订借款合同，地震导致甲"很穷"，但是穷不是可以解除借款合同的理由，甲需要继续向银行还贷。③【地震震坏房屋影响抵押权】甲和银行签订了抵押合同，银行对房屋享有抵押权。因为抵押权已经登记，抵押合同已经履行完毕，故地震对抵押合同无影响。但是地震导致抵押物灭失，则银行作为抵押权人，可主张"物上代位性"，其抵押权效力要追及于抵押物的补偿金、保险金请求权。

秒杀：不可抗力对合同目的的影响，要坚持相对性。

2.【预期违约】在履行期限届满之前，当事人一方明确表示（明示预期违约）或者以自己的行为（默示预期违约）表明不履行主要债务。

例：【明示预期主要违约】甲、乙签订电视机买卖合同，乙应在10月1日交付电视机。乙在1月1日就提前和甲说无法交付电视机。甲是否有权解除合同？①有。②乙构成预期违约。③如乙在1月1日就提前和甲说无法交付部分电视机使用说明书，则甲无权解除合同，这不是预期违反主要债务。

3.【迟延履行经催告还迟延】当事人一方迟延履行主要债务，经催告后在合理期限内仍未履行。

例：【一般迟延履行不构成解除合同法定情形】甲、乙签订买卖潜水设备的合同，乙应在10月1日交付潜水设备，但一直未交付。甲催告乙在1周内交付。如何评价甲的催告？①乙迟延交付构成违约，但并非必然构成"根本违约"而导致甲合同目的落空，故需要甲发出催告。②乙在1周内还不交付，甲有权解除合同。

4.【致命迟延或者致命违约统称：根本违约】当事人一方迟延履行债务或者有其他违约行为致使不能实现合同目的。

（1）【致命迟延是根本违约的一种情形】一方迟延履行"定期性质的债务"，对方可以不经催告直接解除合同。如约定好的8月10日交付中秋月饼，结果并未交付，则对方可直接解除合同，无须催告。月饼买卖的合同对履行期限有特殊要求，学理上称之为"定期债务"。

（2）【导致合同目的落空的其他根本违约情形】无论是违反主给付义务、从给付义务、还是违反附随义务，只要导致对方合同目的落空，对方均可解除合同（《民法典合同编通则解释》第26条）。

例1：【违反从给付义务导致合同目的落空】2016年8月8日，玄武公司向朱雀公司订购了一辆小型客用汽车。2016年8月28日，玄武公司按照当地政策取得本市小客车更新指标，有效期至2017年2月28日。2016年底，朱雀公司依约向玄武公司交付了该小客车，但未同时交付机动车销售统一发票、合格证等有关单证资料，致使玄武公司无法办理车辆所有权登记和牌照。如何评价玄武公司的购车行为？（1）【主给付义务履行完毕】①小客车是特殊动产。②在买卖合同中，交付转移小客车所有权。③玄武公司已经取得交付，故取得所有权，即出卖人朱雀公司履行了买卖合同的主给付义务。（2）【从给付义务违反导致合同目的落空：是根本违约】①玄武公司有权要求朱雀公司交付有关单证资料，履行从给付义务。②如朱雀公司一直拒绝交付有关单证资料，将会导致玄武公司"合同目的落空"，玄武公司可主张解除购车合同，并要求朱雀公司承担违约责任。

例2：【违反从给付义务未导致合同目的落空】甲、乙约定卖方甲负责将所卖货物运送至买方乙指定的仓库。甲如约交货，乙验收收货，但甲未将产品合格证和原产地证明文件交给乙。乙已经支付80%的货款。交货当晚，因山洪暴发，乙仓库内的货物全部毁损。如何评价货物买卖行为？（1）【主给付义务尚未履行完毕】①交货。②买卖合同中货物因不可归责双方导致毁损，属于"风险"，该风险归属检出交付主义，即交付前风险归卖方，交付后风险归买方。③本案已经交付，产生2个效果，一方面意味甲已经履行了主给付义务；另一方面意味货物毁损灭失风险归乙，故乙虽然货物没了，但要继续付剩余的20%款。（2）【从给付义务违反没导致合同目的落空：不是根本违约】①甲未将产品合格证等文件交付给乙，违反从给付义务。②案情未明确交代该从给付义务违反的后果，视为没有导致"合同目的落空"，故乙不得解除合同。③但甲确实有违约行为，故乙可要求甲承担未交付合格证等材料的违约责任。

5.【法律规定的其他情形】（1）比如各个有名合同中规定的法定解除事由。（2）比如先履行义务一方行使不安抗辩权后的法定解除权。

6.【对继续性不定期合同的任意解除】以持续履行的债务为内容的不定期合同，当事人在合理期限之前通知对方后可以解除（《民法典》第563条第2款）。

例：【不定期的小时工】甲、乙签订小时工服务合同，乙给甲打扫家务，双方未约定合同期限。甲是否有权解除合同？①有。②甲在合理期限之前通知乙后可解除合同。

◆原理：为什么规定对继续性不定期合同的任意解除权？①保护个人自由、禁止永久合同。避免合同无止境地继续产生的弊端。②为了给相对方一定时间适应新情况，故解除权人需要在合理期限之前进行预告。

（二）【"非金钱债务"合同僵局的司法终止】（《民法典》第580条第2款)

1.【启动情形】非金钱债务存在《民法典》第580条第1款规定的不能继续履行情形：法律上或者事实上不能履行；债务的标的不适于强制履行或者履行费用过高；债权人在合理期限内未请求履行。

例：【违约方特殊情形可司法终止合同】甲公司在时代广场开发了商铺出卖给150家业主，另外部分商铺自用。其中01号商铺22.5平方米卖给冯某，总价36万8184元。合同签订后，冯某支付了全部价款，甲公司将商铺交付但一直未办理产权过户手续。甲公司将自有商铺出租给乙公司经营，乙公司因经营不善停业。期间，甲公司经过2次股东变更，新股东为盘活资产，拟对时代广场内的全部经营面积进行调整，重新规划布局，为此陆续与大部分小业主解除了商铺买卖合同，并开始在时代广场内施工。甲公司致函冯某终止合同，冯某不同意，因冯某坚持不退商铺，施工不能继续，6万平米建筑闲置，同时冯某也不在其商铺内经营。甲公司诉到法院要求终止合同，能否获得法院支持？①可以。②有违约行为的一方当事人请求终止合同，没有违约行为的另一方当事人要求继续履行合同，当违约方继续履约所需的财力、物力超过合同双方基于合同履行所能获得的利益（履行费用过高），合同已不具备继续履行的条件时，为衡平双方当事人利益，可以允许违约方终止合同，但必须由违约方向对方承担赔偿责任，以保证对方当事人的现实既得利益不因合同终止而减少。

◆ **原理**：金钱债务会存在合同僵局吗？①一般金钱债务是无条件要继续履行的，但是长期性合同比如房屋租赁合同，承租人会存在金钱债务不能继续履行。②比如签订了10年的房屋租赁合同，租赁了1年，想不租了。租户不交租金，就是违约方，但是房东又不解除，此时应该例外允许违约方租户提起合同僵局的司法终止。

2.【**启动效果**】（1）【**违约方没有解除权：只有司法终止起诉权**】违约方不享有单方解除合同的权利，享有的是诉请法院或仲裁机构司法终止合同的权利。（2）【**有违约行为需要负违约责任**】违约方仍应承担违约责任。（3）【**合同终止时间点**】一般采取起诉状副本送达主义（类似于单方解除的通知到达主义），例外采取法官酌定主义（类似于情势变更解除的法官酌定主义）（《民法典合同编通则解释》第59条）。

◆ **原理1**：非违约方可以启动合同僵局的司法终止吗？可以。①解除权行使受到除斥期间的限制，如果当事人在除斥期间内不行使解除权，则解除权消灭。②此时，非违约方不能通过行使解除权解除合同，但其可能仍有终止合同权利义务的需求，可以通过《民法典》第580条第2款的规定获得救济。

◆ **原理2**：为什么合同僵局中合同终止时间点不是一概采用起诉状副本送达主义？①合同权利义务终止的时间涉及利息的计算、违约责任的大小等，在很多案件中对当事人实体权利义务影响较大。②由于司法终止是基于司法权力的终止，不同于当事人行使合同解除权等其他方式导致的终止，难以完全照搬《民法典》第565条规定的合同解除时间的确定规则。

（三）【**商品房屋买卖合同中单方解除权**】

1.【**"软房屋"**】因房屋主体结构质量不合格不能交付使用，或者房屋交付使用后，房屋主体结构质量经核验确属不合格，买受人有权请求解除合同和赔偿损失。

例：【**买房出重问题则退房，出轻问题则索赔**】冯某与丹桂公司订立商品房买卖合同，购买了该公司开发的住宅楼中的一套住房。合同订立后，冯某发现该房屋存在问题，要求解除合同。冯某是否有权解除合同？①【**不能住：诉解除**】如房屋交付使用后，房屋主体结构质量经核验确属不合格，则冯某有权解除合同。②【**可以修：诉违约**】如房屋存在质量问题，在保修期内丹桂公司拒绝修复的，冯某无权解除合同，可以自行或委托他人修复，费用由出卖人承担。

2.【**"毒房屋"**】（1）【**严重问题不能住：诉解除**】因房屋质量问题严重影响正常居住使用，买受人请求解除合同和赔偿损失的，应予支持。（2）【**轻微问题可以修：诉违约**】交付使用的房屋存在质量问题，在保修期内，出卖人应当承担修复责任；出卖人拒绝修复或者在合理期限内拖延修复的，买受人可以自行或者委托他人修复。修复费用及修复期间造成的其他损失由出卖人承担。

3.【"贷款失败导致无法购房"】(1)【单方原因:对方诉解除和赔钱】商品房买卖合同约定,买受人以担保贷款方式付款、因当事人一方原因未能订立商品房担保贷款合同并导致商品房买卖合同不能继续履行的,对方当事人可以请求解除合同和赔偿损失。(2)【非当事人原因:双方诉解除和退钱】因不可归责于当事人双方的事由未能订立商品房担保贷款合同并导致商品房买卖合同不能继续履行的,当事人可以请求解除合同,出卖人应当将收受的购房款本金及其利息或者定金返还买受人。

4.【"购房失败导致不用贷款"】(1)【"不买房了",所以不借了:诉解除借款合同】因商品房买卖合同被确认无效或者被撤销、解除,致使商品房担保贷款合同的目的无法实现,当事人请求解除商品房担保贷款合同的,应予支持。(2)【不买房了,所以不借了:解除后"原路退钱"】商品房买卖合同被确认无效或者被撤销、解除后,商品房担保贷款合同也被解除的、出卖人应当将收受的购房贷款和购房款的本金及利息分别返还担保权人(银行贷款)和买受人(首付)。

秒杀:①借不了钱,穷,就买不了房。②买不了房,穷,就不用借钱。

(四)【租赁合同中单方解除权】

1.【承租人解除权】(1)【租赁物危及生命健康,承租人明知仍随时有单方法定解除权】租赁物危及承租人的安全或者健康的,即使承租人订立合同时明知该租赁物质量不合格,承租人仍然可以随时解除合同(《民法典》第731条)(2)【租赁物没了,承租人合同目的落空有单方法定解除权】因不可归责于承租人的事由,致使租赁物部分或者全部毁损、灭失的,承租人可以请求减少租金或者不支付租金;因租赁物部分或者全部毁损、灭失,致使不能实现合同目的的,承租人可以解除合同(《民法典》第729条)。(3)【出租人导致租赁物没法用,承租人可以有单方法定解除权】①租赁物被司法机关或者行政机关依法查封。②租赁物权属有争议。③租赁物具有违反法律、行政法规关于使用条件强制性规定情形。(《民法典》第724条)(4)【一房数租,"租不到"的承租人有单方法定解除权】出租人就同一房屋订立数份租赁合同,不能取得租赁房屋的承租人有权请求解除合同、赔偿损失。

2.【出租人解除权】(1)【承租人野蛮使用,出租人可解除并索赔】承租人未按照约定的方法或者未根据租赁物的性质使用租赁物,致使租赁物受到损失的,出租人可以解除合同并请求赔偿损失(《民法典》第711条)。(2)【承租人野蛮装修,房东收房并索赔】承租人擅自变动房屋建筑主体和承重结构或者扩建,在出租人要求的合理期限内仍不予恢复原状,出租人有权请求解除合同并要求赔偿损失。(3)【承租人不付租金,出租人有单方法定解除权】承租人无正当理由未支付或者迟延支付租金的,出租人可以请求承租人在合理期限内支付;承租人逾期不支付的,出租人可以解除合同(《民法典》第722条)。(4)【承租人擅自转租,出租人有单方法定解除权】①承租人未经出租人同意转租的,出租人可以解除合同。②出租人知道或者应当知道承租人转租,但是在六个月内未提出异议的,视为出租人同意转租(解除权的特别的法定期间)。(《民法典》第716条)

例:【证明责任】商业公司未获得出租人投资公司的同意,擅自将租赁房屋转租,投资公司享有法定解除权。商业公司主张投资公司对转租知情且6个月内没提出异议，投资公司否其知情。<u>谁承担证明责任？</u>商业公司应就投资公司知道或者应当知道转租，且在六个月内未提出异议承担证明责任。

(五)【借款合同中，借款人改变用途，启动出借人单方解除权】

借款人未按照约定的借款用途使用借款的，贷款人可以停止发放借款、提前收回借款或者<u>解除</u>合同（《民法典》第673条）。

(六)【情势变更原则：能履行但是会不公平，可变更可解除】（《民法典》第533条）

合同成立后，合同的基础条件发生了当事人在订立合同时无法预见的、不属于商业风险的重大变化，继续履行合同对于当事人一方明显不公平的，受不利影响的当事人可以与对方重新协商；在合理期限内协商不成的，当事人可以请求人民法院或者仲裁机构变更或者解除合同。人民法院或者仲裁机构应当结合案件的实际情况，根据公平原则变更或者解除合同。

(七)【双方享有任意解除权】

1.【<u>不定期租赁</u>合同】(1)【不定期租赁合同】①租赁期限6个月以上的，应当采用书面形式。当事人未采用书面形式，无法确定租赁期限的，视为不定期租赁（《民法典》第707条）。②租赁期限届满，承租人继续使用租赁物，出租人没有提出异议的，原租赁合同继续有效，但是租赁期限为不定期（《民法典》第734条）。③当事人对租赁期限没有约定或者约定不明确，视为不定期租赁（《民法典》第730条）。(2)【双方享有任意解除权】当事人可以随时解除合同，但是应当在合理期限之前通知对方（《民法典》第730条）。

2.【<u>委托</u>合同】(1)【双方享有任意解除权】委托人或受托人有任意解除权，但要负赔偿责任。(2)【无偿委托合同赔直接损失、有偿违约合同赔直接损失和可得利益】因解除合同造成对方损失的，除不可归责于该当事人的事由外，无偿委托合同的解除方应当赔偿因解除时间不当造成的直接损失，有偿委托合同的解除方应当赔偿对方的直接损失和合同履行后可以获得的利益（《民法典》第933条）。

◆ 原理：为什么规定委托合同的任意解除？①【处理事务】委托他人为财产管理，重在受托人供给的劳务，属于继续性合同；而委托他人为财产登记，则重在处理事务的结果，属于一时性合同。②【人身信任】委托合同是以双方信任为存在的条件，如果一方失信于另一方，继续履行合同已无必要，法律赋予了双方当事人的权利，即只要一方想终止合同，就可以随时解除合同，不需要任何理由。

3.【不定期合伙合同中，合伙人有权随时解除】合伙人可以随时解除不定期合伙合同，但是应当在合理期限之前通知其他合伙人（《民法典》第976条第3款）。

4.【保管合同】(1)【寄存人有任意解除权】<u>保管</u>合同中寄存人有任意解除权：寄存人可以随时领取保管物（《民法典》第899条第1款）。(2)【未定保管期的保管人有任意解除权】当事人对保管期间没有约定或者约定不明确的，保管人可以随时要求寄存人领取保管物（《民法典》第899条第2款）。(3)【约定保管期的保管人没有任意解除权】约定保管期间的，保管人无特别事由，不得要求寄存人提前领取保管物（《民法典》第899条第 2 款）。

（八）【单方享有任意解除权】

1.【承揽合同：定作人有，加工人没有】定作人在承揽人完成工作前可以随时解除合同，造成承揽人损失的，应当赔偿损失（《民法典》第 787 条）。

◆ 原理：为什么定作人在承揽人完成工作前有任意解除权？①【为定作人服务】承揽合同中的工作项目是为定作人的利益而进行的，如工作变得对定作人已没有意义，却仍要定作人忍受继续完成工作的结果，这不但不合理，且浪费了资源。②【不用继续】赋予定作人任意解除权的目的，并非为其免除报酬支付义务，而只是容许其阻止工作物继续给付。③【要赔偿】只要对承揽人作出充分的损害赔偿，承揽人也完全没有损失。

2.【货物未运到目的地前货运合同：托运人有，承运人没有】在承运人将货物交付收货人之前，托运人可以要求承运人中止运输、返还货物、变更到达地或者将货物交给其他收货人，但是应当赔偿承运人因此受到的损失（《民法典》第 829 条）。

3.【物业服务合同：业主有权提前 60 日通知解除合同，物业公司没有】业主依照法定程序共同决定解聘物业服务人的，可以解除物业服务合同。决定解聘的，应当提前 60 日书面通知物业服务人，但是合同对通知期限另有约定的除外。依据前款规定解除合同造成物业服务人损失的，除不可归责于业主的事由外，业主应当赔偿损失（《民法典》第 946 条）。

4.【旅游合同：游客在旅游行程开始前或者进行中均有任意解除权，旅行社没有】旅游行程开始前或者进行中，因旅游者单方解除合同，旅游者有权请求旅游经营者退还尚未实际发生的费用，或者旅游经营者有权请求旅游者支付合理费用。（《最高人民法院关于审理旅游纠纷案件适用法律若干问题的规定》第 12 条）

（九）【解除权的除斥期间】

1.【特别法定或特别约定解除权期间】法律特别规定（比如擅自转租中出租人有解除权，除斥期间是 6 个月）或者当事人特别约定解除权行使期限，期限届满当事人不行使的，该权利消灭（《民法典》第 546 条第 1 款）。

在"商品房"买卖合同中，开发商迟延交房或购房人迟延付款，有"331"规则（《商品房买卖解释》第 11 条），就是"法律特别规定"解除权期间。

(1)【催告后 3 个月启动解除权】开发商迟延交房或购房人迟延交款，守约方先催告，3 个月没动静，守约方取得解除权。

(2)【反催告后 3 个月消灭解除权】违约方再催告守约方（解除权人）解除与否，守约方 3 个月没动静，则守约方解除权归零。

(3)【没反催告则 1 年消灭解除权】违约方没催告守约方（解除权人）解除与否，则守约方解除权在 1 年后归零。

例：【331 规则】开发商 1 月 1 日应交房未交。①购房人 1 月 5 日催告+3 个月+开发商没反应=购房人 4 月 5 日有解除权。②开发商 4 月 10 日反催告+3 个月+购房人没表态是否解除=7 月 10 日购房人解除权为 0。③开发商没有反催告，则从购房人 4 月 5 日有解除权之日起+1 年=次年 4 月 5 日购房人解除权为 0。④如果开发商在次年 4 月 5 日之后才反催告=视为无催告。

```
                                    3个月
                        开发商4.10反催告    7.10：解除权消灭
   1.1   1.5购房人催告  4.5
                        开发商没反催告       次年4.5：解除权消灭
       3个月                       1年
```

2.【一般法定解除权期间】法律没有特别规定或者当事人没有约定解除权行使期限，自解除权人知道或者应当知道解除事由之日起1年内不行使，或者经对方催告后在合理期限内不行使的，该权利消灭（《民法典》第546条第2款）。

秒杀：解除权期间。特别法定＞特别约定＞一般法定（知道解除事由之日起1年或经对方催告后合理期限内不行使）。

(十)【解除权的行使方式：通知到达主义】

1.【通知主义】

(1)【解除权人应当通知】①当事人一方依法主张解除合同的，应当通知对方（《民法典》第565条）。②不通知会破坏对方的合理期待。正如恋爱分手，意念分手不是分手。

例：【向对方公司的股东发出解除通知】甲公司、乙公司和丙公司签订《合作协议书》，三方共同对目标地块进行房地产开发。乙公司有义务将持有丙公司100%股权中的10%股权转让给甲公司。协议签订时，乙公司和丙公司的股东都是梅超风和陆玄风。《合作协议书》约定如丙公司没有买到A地块，则甲公司有权解除合同。后丙公司没有买到A地块，甲公司与梅超风、陆玄风签订《合作合同书》，约定《合作协议书》终止。《合作协议书》是否已经解除？①否。②甲公司要解除《合作协议书》，应将解除通知送达相对人乙公司。甲公司与乙公司的股东之间签订的协议不能约束甲公司和乙公司。③因甲公司的解除意思没有到达乙公司，故《合作协议书》尚未解除。

◆原理：合同解除权行使这么严肃的事情为什么可以口头也可以书面呢？①民事法律行为不要式为原则，要式为例外。②行使解除权，属于单方民事法律行为，可以口头行使，有证据即可。

(2)【通知方有解除权才能发生解除效果】①【法院要审查通知一方是否有解除权】法院对通知一方的解除权进行审查。通知方享有解除权的，合同自通知到达对方时解除。通知方不享有解除权的，不发生合同解除的效力。通知解除合同一方不能仅以对方未在合理期限内提出异议为由主张合同已经解除。②【无解除权而发解除通知，恶意的构成违约，善意的构成解除的要约】明知无解除权而发解除通知，这是违约；误以为有解除权而发出解除通知，这是解除要约。

2.【通知到达主义】

(1)【通知解除】①【到达当日】合同自解除通知到达对方时解除。②【到达后的某日】通知载明债务人在一定期限内不履行债务则合同自动解除，债务人在该期限内未履行债务的，合同自通知载明的期限届满时解除。（《民法典》第565条第1款）

(2)【起诉解除】①【副本送达日】当事人一方未通知对方，直接以提起诉讼或者申请仲裁的方式依法主张解除合同,人民法院或者仲裁机构确认该主张的,合同自起诉状副本或者仲裁申请书副本送达对方时解除(《民法典》第565条第2款)。②【通知解除后又起诉解除则通知日解除】当事人通知解除合同后又向人民法院提起诉讼,请求判令解除合同的,人民法院经审查认为合同应当解除的,合同自解除通知到达对方时解除。

◆ **原理**:解除权是形成权,为什么起诉到法院解除是确认之诉,而不是形成之诉?①【确认之诉】解除权为普通形成权而非形成诉权,当事人直接起诉解除合同属于确认之诉而非形成之诉,人民法院判决的作用仅是确认解除行为的效力及法律后果,而不是代替当事人解除合同。②【起诉解除的时间点采用诉状副本到达主义】人民法院或者仲裁机构确认当事人一方解除合同的主张的,合同自起诉状副本或者仲裁申请书副本送达对方时解除。

(3)【起诉解除后又撤诉:再诉解除或再通知解除,采用到达主义】①起诉解除之后撤诉,撤诉后再次起诉解除,合同自再次起诉的起诉状副本送达对方当事人时解除。②起诉解除之后撤诉,撤诉后再次通知解除,而后又起诉的,自解除通知到达对方时解除。

◆ **原理**:为什么起诉解除后又撤诉,撤诉之后再诉解除或再通知解除,采用到达主义?①【双撤回】起诉解除之后又撤诉,这个撤诉包含程序法和实体法上双重效果,是"双撤回"。程序法上,既撤回了起诉;实体法上,撤回了解除合同的意思表示。②【重新再来】因此,起诉解除后又撤诉,就当他们是空气,一切重新再来。这样操作有利于减轻法院负担,不需要去看原来的材料。

①先通知,后起诉,通知大(通知先,所以通知大)
②先起诉,后通知,起诉大(起诉先,所以起诉大)
③先通知,后起诉,再撤诉(没诉),通知大(通知先,所以通知大) ⎱ 规律1:谁先谁大
④先通知,再撤诉(没诉),后通知,通知大(通知先,所以通知大)
⑤先通知,又通知,再通知(只有多次通知谁先谁大)
⑥先通知,再撤诉(没诉),再起诉(只有多次起诉从新)——→ 规律2:撤诉是空气

秒杀:撤诉是空气,谁先谁大。

3.【异议之诉】对方对解除合同有异议的,任何一方当事人均可以请求人民法院或者仲裁机构确认解除行为的效力(《民法典》第565条第1款)。

例:【确认是否解除】甲有解除权,发出了解除通知,乙有异议。如何处理?甲可提起确认解除之诉。乙也可以提起确认解除之诉。

◆ **原理**:甲向乙发出解除通知,无论乙是否提起异议之诉,合同解除与否的判断标准都是甲是否有解除权,那么乙提异议之诉的价值何在?"拖"。①如果甲有解除权,异议人乙提异议之诉就是"拖"。②法院判决驳回异议人乙的异议,合同解除的时间仍然是甲当初发出解除通知之日。③异议人乙拖的目的是"现金流不受影响",该向解除权人甲赔的钱一分都不能少。如1月1日甲送达解除通知,乙提起异议之诉,法院审了几个月后判决异议方乙败诉,则应从1月1日起算(而非法院判决日起算)异议人乙应向解除权人甲赔偿其利息损失。

(十一)【解除后的法律效果】

1.【结束未来的】合同解除后,尚未履行的,终止履行(《民法典》第566条第1款)。

2.【恢复过去的】合同已经履行的，根据履行情况和合同性质，当事人可以请求恢复原状或者采取其他补救措施，并有权请求赔偿损失（《民法典》第 566 条第 1 款）。

3.【违约方的违约责任继续】合同因违约解除的，解除权人可以请求违约方承担违约责任，但是当事人另有约定的除外（《民法典》第 566 条第 2 款）。守约方可要求违约方赔偿可得利益损失。

例：【退房赔偿】甲乙签订房屋买卖合同，因甲交付的房屋质量存在问题无法修复，严重影响居住使用，乙有权解除合同。合同解除后，同地段同面积的房屋市场价已经上涨了 38 万元，乙可否要求甲赔偿 38 万元？可以。

4.【担保责任继续】主合同解除后，担保人对债务人应当承担的民事责任仍应当承担担保责任，但是担保合同另有约定的除外（《民法典》第 566 条第 3 款）。

◆ 原理：为什么主合同解除后，担保人对债务人应当承担的民事责任仍承担担保责任？①【主债还在】担保合同担保的是主合同的权利义务，主合同解除后，只是主合同的法锁解除了，但是在主合同当事人之间仍然存在权利义务，即主债仍然存在。②【主债不在】当然，如果主合同因不可抗力而解除，当事人不负违约责任，没有权利义务关系，故主债消灭，担保责任具有从属性，也随之消灭。

5.【清理结算条款继续】合同的权利义务终止，不影响合同中结算和清理条款的效力（《民法典》第 567 条）（《九民纪要》第 49 条）。

例1：【仲裁条款独立】甲、乙签订股权转让协议，约定发生纠纷提交 A 市仲裁委员会仲裁。因乙构成根本违约，甲通知乙解除合同，乙不同意，向法院提起异议之诉，法院是否受理？①否。②该纠纷应该由仲裁委员会解决。

例2：【违约金条款独立】甲乙签订汽车买卖合同，因乙根本违约，甲解除合同，要求乙按合同约定支付违约金 1 万元，甲的主张是否成立？①成立。②买卖合同因违约而解除后，守约方主张继续适用违约金条款的，人民法院应予支持。③但约定的违约金过分高于造成的损失的（高于造成损失的 30%），违约方可请求法院适当降低。

第九章 合同责任

案例导读：①【缔约过失责任】甲隐瞒真实情况，将被"树葬区"环绕的房屋卖给了乙，乙以受欺诈为由撤销该房屋买卖合同，可否要求甲承担赔偿责任？答：可以，这是缔约过失责任。②【违约责任】甲将学区房卖给乙后，未办理户口迁出手续，乙可以要求甲继续履行吗？可以要求甲赔偿损失吗？可以要求甲支付违约金吗？答：应根据实际情况适用不同的违约责任承担形式（继续履行、补救措施、赔偿损失、违约金）。

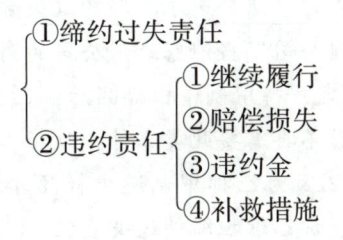

```
          ①缔约过失责任
                    ①继续履行
                    ②赔偿损失
          ②违约责任
                    ③违约金
                    ④补救措施
```

第一节 缔约过失责任

一、缔约阶段违反先合同义务

（一）【违反先合同义务】

订立合同过程中，一方当事人因违背诚实信用原则所承担的先合同义务（照顾、通知、协助、保护、保密等），造成对方信赖利益损失时所应承担的民事赔偿责任。

例：【损害信赖利益】甲乙协商签订买卖某商品的合同，在这个过程中，甲已经基于依赖，而开始生产相关产品。但在双方约定正式签订买卖合同时，乙以现在不需要商品为由，不订立合同。<u>甲怎么办？</u>可诉乙承担缔约过失责任。

（二）【缔约过失责任坚持相对性】

缔约中有过错的当事人才负缔约过失责任，受人教唆参与缔约恶意磋商时，被教唆人负缔约过失责任，教唆人不负缔约过失责任。

例：【教唆他人恶意磋商】甲、乙同为儿童玩具生产商。六一节前夕，丙与甲商谈进货事宜。乙知道后向丙提出更优惠条件，并指使丁假借订货与甲接洽，报价高于丙以阻止甲与丙签约。丙经比较与乙签约，丁随即终止与甲的谈判，甲因此遭受损失。<u>甲可向谁主张缔约过失责任？</u>①【正常磋商】丙、甲正常磋商，甲不得向丙主张缔约过失责任。②【恶意磋商】丁、甲恶意磋商，甲可向丁主张缔约过失责任。③【教唆人不负责，恶意磋商人才负责；缔约过失责任坚持相对性】乙教唆丁与甲恶意磋商，因乙甲之间无磋商关系，缔约过失责任坚持相对性，故甲不得向乙主张缔约过失责任。

```
        甲正常磋商      丁恶意磋商
    甲 ←————————→ 丙 ←————————→ 丁（被教唆人是缔约人，应负缔约过失责任）
                              |
                              受乙教唆
                              乙（教唆人不是缔约人，不负缔约过失责任）
```

二、缔约过失责任事由

（一）【恶意磋商：假借订立合同，恶意进行磋商】

例1:【恶意磋商】德凯公司拟为新三板上市造势，在无真实交易意图的情况下，短期内以业务合作为由邀请多家公司来其主要办公地点洽谈。其中，真诚公司安排授权代表往返十余次，每次都准备了详尽可操作的合作方案，德凯公司佯装感兴趣并屡次表达将签署合同的意愿，但均在最后一刻推脱拒签。期间，德凯公司还将知悉的真诚公司的部分商业秘密不当泄露。真诚公司可否诉德凯公司承担缔约过失责任？①可以。②德凯公司构成恶意磋商，应赔偿损失。③德凯公司不当泄露真诚公司的商业秘密。

例2:【正常磋商】甲乙商定，待甲制造出样品后，乙再考虑批量购买甲生产的零件。甲制造出样品后，乙因战略调整不再需要此类零件，故拒不与甲签订合同。甲是否可要求乙承担缔约过失责任？①否。②因为乙称甲制造出样品才考虑是否购买，并不一定会购买，这属于正常磋商，故甲不能诉乙承担缔约过失责任。③乙考虑后不买，这不违反甲的合理期待。

秒杀：是否损害信赖利益？损害了，则启动缔约过失责任。

（二）【欺诈缔约：故意隐瞒与订立合同有关的重要事实或者提供虚假情况】

例1:【卖汽车】最高院第17号指导案例。①【车辆被维修的事实应当披露】双方签订的《汽车销售合同》约定，合力华通公司交付张莉的车辆应为无维修记录的新车，现所售车辆在交付前实际上经过维修，这是双方共同认可的事实，故本案争议的焦点为合力华通公司是否事先履行了告知义务。②【低价出售不能豁免披露车辆被维修的事实】车辆销售价格的降低或优惠以及赠送车饰是销售商常用的销售策略，也是双方当事人协商的结果，不能由此推断出合力华通公司在告知张莉汽车存在瑕疵的基础上对其进行了降价和优惠。③【购车人对车辆被维修过不知情】合力华通公司提交的有张莉签名的车辆交接验收单，因系合力华通公司单方保存，且备注一栏内容由该公司不同人员书写，加之张莉对此不予认可，该验收单不足以证明张莉对车辆以前维修过有所了解。④【卖方构成消极欺诈：故意隐瞒】故对合力华通公司抗辩称其向张莉履行了瑕疵告知义务，不予采信，应认定合力华通公司在售车时隐瞒了车辆存在的瑕疵，有欺诈行为，应退车还款并增加赔偿张莉的损失。

例2:【卖化妆品】甲将化妆品卖给乙，乙使用后导致皮肤红肿。乙可否要求甲承担缔约过失责任？①否。②题干未交代甲有欺诈的事实。③甲构成加害给付，乙可诉甲侵权或违约。④如果题干交代甲就化妆品提供虚假信息或者隐瞒真实情况，则会构成欺诈，乙才可以对甲主张缔约过失责任，当然，也可选择主张侵权。

（三）【商业秘密：泄露或不当使用】

当事人在订立合同过程中知悉的商业秘密或者其他应当保密的信息，无论合同是否成立，不得泄露或者不正当地使用。泄露、不正当地使用该商业秘密或者信息，造成对方损失的，应当承担赔偿责任（《民法典》第501条）。

三、缔约过失责任赔偿范围

(一)【支出型缔约过失责任范围】

1.【一般违背诚信】一方在订立合同中违背诚信或者对合同不成立、无效、被撤销或确定不发生效力有过错。

2.【赔偿合理费用损失】对方有权请求有过错方赔偿其为订立合同或准备履行合同所支出的合理费用等损失。

3.【双方过错分责】对方也有过错的，由双方当事人按照过错程度分担损失。

(二)【机会型缔约过失责任范围】

1.【严重违背诚信】一方假借订立合同，恶意进行磋商，或者实施其他严重违背诚信原则的行为。

2.【赔偿缔约机会损失】对方有权请求严重背信一方赔偿其因丧失其他缔约机会而造成的损失。主张一方对"其他缔约机会的现实可能性和损失大小"承担举证责任。

例：【被骗买凶宅】甲隐瞒了其所购别墅内曾发生恶性刑事案件的事实，以明显低于市场价的价格将其转卖给乙；乙在不知情的情况下，放弃他人以市场价出售的别墅，购买了甲的别墅。几个月后乙获悉实情，向法院申请撤销合同。乙可否申请法院撤销该合同？①可以。②【受欺诈的撤销：启动缔约过失责任】甲构成消极欺诈，乙可在知道受欺诈后1年内申请法院撤销合同。③【直接损失：支出费用】如合同被撤销，甲须赔偿乙在订立及履行合同过程当中支付的各种必要费用。④【间接损失：缔约机会损失】如合同被撤销，乙有权要求甲赔偿主张撤销时别墅价格与此前订立合同时别墅价格的差价损失。⑤【不当得利】合同撤销后乙须向甲支付合同撤销前别墅的使用费。

第二节　违约责任

◆ 原理：非违约方要求违约方承担违约责任，非违约方要证明什么？①【要证明】损害事实，债务人违约行为与遭受损害事实之间的因果关系。②【不要证明】过错。违约责任采用严格责任原则，即无过错责任原则（除非不可抗力免责）。当然，缔约过失责任中原告证明被告的过错，因为缔约过失责任采用过错责任原则。

一、违约行为

(一)【预期违约】当事人一方明确表示或者以自己的行为表明不履行合同义务的，对方可以在履行期限届满之前要求其承担违约责任（《民法典》第578条）。

1.【明示预期违约】合同履行期限到来之前，一方向对方当事人明确表示不履行合同义务。

2.【默示预期违约】合同履行期限到来之前，一方虽未明示不履行债务，但以自己的行为表明其将不会或不能履行债务。

3.【预期违约存在的规范竞合】(1)【预期违约径直指向违约责任】只要乙有预期违约行为，守约方甲即可在履行期限届满前请求违约方乙承担违约责任(《民法典》第577条和578条)。(2)【严重预期违约指向解除合同】只有乙预期违反主要债务，守约方甲才可主张解除合同(《民法典》第563条和578条)。(3)【"后方预期违约"导致"先方"不安，指向不安抗辩，进而指向解除】甲应5月1日付款，乙应10月1日交货。乙在4月1日称将来不交货，在5月1日乙请求甲付款，则甲可以行使不安抗辩权，暂停付款，待乙提供担保后恢复履行。如乙不提供担保，则甲可解除合同(《民法典》第528条和578条)。

例:【先方可能启动"不安抗辩"和"预期违约"中的违约责任之法条竞合】甲、乙签订疫苗买卖合同，甲5月1日付款，乙10月1日交货。乙在4月1日被查实其所有卖的"疫苗"都是假疫苗，然后乙在5月1日要求甲付款。甲怎么办？①【不安抗辩路径下走向违约责任】甲可主张"不安抗辩"，中止履行，乙未提供担保或恢复履行能力，则甲可解除合同要求乙承担违约责任。②【预期违约路径下走向违约责任】甲也可对乙主张预期违约的违约责任，因为乙在履行期到来前，通过其行为表明不履行合同。

秒杀: 双务合同中，"先方"可能启用不安抗辩中的违约责任(《民法典》第528条)，也可能启用预期违约的违约责任(《民法典》第578条)。

(二)【现实违约】当事人一方不履行合同义务或者履行合同义务不符合约定的，应当承担继续履行、采取补救措施或者赔偿损失等违约责任(《民法典》第577条)。

1.【不履行: 拒绝履行和履行不能】(1)【拒绝履行】债务人主观上不履行(客观上能履行，主观上不履行)。如债务人将应交付于债权人的标的物又转卖他人。(2)【履行不能】债务人客观上不能履行。如当事人签订房屋买卖合同后，交付房屋前，房屋在出卖人处毁损。

2.【不适当履行: 部分履行、迟延履行和瑕疵履行】

(1)【部分履行和迟延履行】①【部分履行】如借款合同中仅支付了部分利息。②【迟延履行】债务人迟延履行。但是，债权人可能也存在迟延受领的问题，债务人按照约定履行债务，债权人无正当理由拒绝受领的，债务人可以请求债权人赔偿增加的费用。在债权人受领迟延期间，债务人无须支付利息(《民法典》第589条)。

例:【债权人迟延受领】甲、乙因合伙经商向丙借款3万元，甲于约定时间携带3万元现金前往丙家还款，丙因忘却此事而外出，甲还款未果。甲返回途中，将装有现金的布袋夹放在自行车后座，路经闹市时被人抢夺，不知所踪。丙可否要求甲乙继续还款？①可以。②甲、乙合伙对外负连带责任。③债权人丙受领迟延，但与3万元现金被抢夺无直接因果关系。④丙可要求甲、乙继续还款，但丙应向甲、乙承担受领迟延而增加的费用。

(2)【瑕疵履行】①【瑕疵给付】给付本身不完全，具有瑕疵。如给付的标的物的品质不当、数量不当。②【加害给付】因当事人一方的违约行为，损害对方人身权益、财产权益的，受损害方有权选择请求其承担违约责任或者侵权责任(《民法典》第186条)。

◆ **原理:** 加害给付和瑕疵给付的根本区别是什么？①加害给付会侵犯对方的履行利益和固有利

益，比如买的手机爆炸（履行利益）损害身体（固有利益）。②瑕疵给付损害的是对方的履行利益，比如买的手机不能用。

例1：【手机买卖】甲将手机卖给乙。如何评价手机引发的损害责任性质？①【瑕疵给付】如果手机不能充电，则甲构成瑕疵给付，乙可要求甲承担违约责任，乃合同责任。②【瑕疵给付】如果手机充电过程中爆炸，仅损坏了手机，则甲仍然构成瑕疵给付，乙仍然可要求甲承担违约责任，乃合同责任。③【加害给付】如果手机充电过程中爆炸，不但损坏了手机，还炸伤了乙的胳膊，则甲属于"加害给付"，因为甲的违约行为导致乙履行利益（手机）和"固有利益"（手臂）的损害，故乙可选择诉甲承担违约责任或侵权责任。

例2：【电热壶漏电伤人】李某用100元从甲商场购买一只电热壶，使用时因漏电致李某手臂灼伤，花去医药费500元。经查该电热壶是乙厂生产的。如何评价本案法律关系？①【合同角度】李某和商场之间有合同，商场构成加害给付，李某可选择诉违约或侵权，如诉违约则可请求商场赔偿500元，退或换电热壶。②【侵权角度】电热壶属于产品，因瑕疵导致侵权，厂家和商家对此承担不真正连带侵权责任，李某可以要求厂家和商家承担侵权责任，如最后查明瑕疵由厂家导致，则商家全额向厂家追偿；如最后查明瑕疵由商家导致，则厂家全额追商家。

◆ **原理：**"加害给付"出现违约责任或侵权责任的竞合是指什么责任方式的竞合？①【赔偿损失的竞合】是指赔偿损失的竞合，而不是其他责任方式的竞合。②【违约责任方式】继续履行、采取补救措施、支付违约金、赔偿损失。③【侵权责任方式】停止侵害、排除妨碍、消除危险、返还财产、恢复原状、赔礼道歉、消除影响、恢复名誉和赔偿损失。

二、违约责任

（一）【违约责任的法律性质】

1.【合同有效是启动违约责任的前提】（1）违约责任是违反有效合同的责任，无效合同不存在违约责任可能。（2）如违建租赁合同无效，任何一方均不可诉违约责任。

2.【违约行为侵害债权，启动违约责任而不启动侵权责任】违约行为侵害的客体是合同对方的债权，故债权受到侵害，原则上是适用违约责任制度予以解决，不启动侵权责任制度。

3.【违约责任具有填平性和任意性】（1）【填平性】违约责任以填平损失为原则，不启动惩罚性。因此，违约责任以损害赔偿为主要责任形式。（2）【任意性】违约责任可以由当事人在法律规定的范围内约定，具有一定的任意性。

（二）【违约责任的归责原则：以无过错责任为原则，以过错责任为例外】

1.【无过错责任为原则】《民法典》合同编通则规定，违约责任坚持无过错责任原则。（1）【无过错责任】所谓无过错责任，是指"过错"不是该责任的构成要件。守约方只要证明对方的违约行为就可以要求对方承担违约责任，至于对方因为什么而违约，在所不问。

（2）【违约行为启动违约责任】《民法典》合同编通则规定，一方有违约行为，即须向对方负违约责任，除非有免责事由。

例：【穷不是可以违约的理由】甲乙签订了租赁合同，乙未按期向甲支付租金。甲要求乙承担违约责任，乙称因丙欠乙货款一直未付，其不是故意违约，拒绝甲的请求。乙的主张是否成立？①否。②因为违约责任坚持无过错原则（又称严格责任），即不考虑违约方是否恶意违约，只要有违约行为均须承担违约责任。③它不注重于对过错的惩罚，而注重于补偿债权人的损失。

2.【过错责任为例外】《民法典》合同编分则中规定，有一些有名合同要适用过错责任原则。

（1）【赠与人对赠与财产瑕疵导致受赠人损失的过错责任】赠与人故意不告知瑕疵或者保证无瑕疵，造成受赠人损失的，应当承担损害赔偿责任。

（2）【保管人保管不善的过错责任】保管期间，因保管人保管不善造成保管物毁损、灭失的，保管人应当承担损害赔偿责任，但是保管是无偿的，保管人证明自己没有故意或者重大过失的，不承担损害赔偿责任。

（3）【有偿受托人过错责任、无偿受托人故意或重大过失责任】有偿的委托合同，因受托人的过错给委托人造成损失的，委托人可以要求赔偿损失。无偿的委托合同，因受托人的故意或者重大过失给委托人造成损失的，委托人可以要求赔偿损失。

（4）【租赁合同中承租人过错责任】承租人应当妥善保管租赁物，因保管不善造成租赁物毁损、灭失的，应当承担损害赔偿责任。

（5）【仓储合同保管人保管不善的过错责任】储存期间，因保管人保管不善造成仓储物毁损、灭失的，保管人应当承担损害赔偿责任。因仓储物的性质、包装不符合约定或者超过有效储存期造成仓储物变质、损坏的，保管人不承担损害赔偿责任。

（6）【客运合同承运人对旅客自带物品损失的责任】在运输过程中旅客自带物品毁损、灭失，承运人有过错的，应当承担损害赔偿责任。

3.【不可抗力是免责事由】

（1）【因不可抗力可全部或部分免责】当事人一方因不可抗力不能履行合同的，根据不可抗力的影响，部分或者全部免除责任，但是法律另有规定的除外。因不可抗力不能履行合同的，应当及时通知对方，以减轻可能给对方造成的损失，并应当在合理期限内提供证明（《民法典》第590条第1款）。

（2）【迟延履行后发生的不可抗力不可免责】当事人迟延履行后发生不可抗力的，不免除其违约责任（《民法典》第590条第2款）。

（三）【违约责任的承担方式】

1.【《民法典》第577条：一般违约责任】当事人一方不履行合同义务或者履行合同义务不符合约定的，应当承担继续履行、采取补救措施或者赔偿损失等违约责任。

秒杀：一般违约责任的4种方式。①继续履行。②赔偿损失。③违约金。④补救措施。

2.【《民法典》第582条：瑕疵担保责任】履行不符合约定的，应当按照当事人的约定承担违约责任。对违约责任没有约定或者约定不明确，受损害方根据标的的性质以及损失的大小，可以合理选择要求对方承担修理、重作、更换、退货、减少价款或者报酬等违约责任。

◆ **原理**：为什么把《民法典》第582条的规定取名为"瑕疵担保责任"？①【修理、重作、更换是违约责任】修理、重作、更换属于"补救措施"的违约责任承担方式。②【退货不是违约责任】退货属于解除合同的法律效果，不是违约责任。③【减价不是违约责任】减少价款或报酬属于行使形成权即减价权的法律效果，不是违约责任。④【落款不准确】但是，《民法典》第582条的最后落款写的是"违约责任"。⑤【瑕疵担保责任】因为该条规定的责任其实是杂糅的，学理上取了另外一个名字叫"瑕疵担保责任"。

例：【减价权是形成权：单方说了算】甲将二手车以27万元卖给乙，双方交车付款完毕，乙收车后方知该车实际为事故车，市价为20万元。乙有权主张什么法律救济措施？①【受欺诈的撤销启动缔约过失责任】以受欺诈为由撤销合同，退车退钱要求甲承担缔约过失责任（《民法典》第500条）。②【根本违约的解除启动违约责任】以合同目的落空为由解除合同，退车退钱要求甲承担违约责任（《民法典》第563、577条）。③【行使形成权：减价权，通知到达对方发生效力】要求直接减少价款，即向甲发出减价通知，减少到20万元。自通知送达甲之日，甲即应向乙退款7万元，自此日起算甲逾期退款的利息，因为减价权是形成权，自通知到达对方时发生效力。如果乙尚未付款，也可发减价通知给甲，直接付款20万元即视为履行了全部付款义务（《民法典》第582条）。

三、违约责任的第1种形式：继续履行

（一）【金钱之债一定可以请求继续履行】

当事人一方未支付价款、报酬、租金、利息，或者不履行其他金钱债务的，对方可以请求其支付（《民法典》第579条）。

例：【人穷志不短】如贷款买房，后房屋被洪水冲毁，贷款人需要继续向银行还款。

（二）【非金钱之债一般可请求继续履行，例外不可请求继续履行】

1. 【一方不履行非金钱之债，一般情况下，对方可以请求继续履行】如买方甲请求卖方乙按合同约定交付汽车并且办理过户手续。

2. 【一方不履行非金钱之债，特殊情况下，对方不可以请求继续履行】（《民法典》第580条）一方请求违约方继续履行，但是案件符合下列特殊情形，不能强制继续履行的，法院应向原告释明是否变更诉讼请求为解除合同并要求违约方承担"继续履行之外"的其他违约责任方式。当事人拒绝变更的，法院可判决驳回原告的诉讼请求。

（1）【法律上不能】

例：【房被过户：过户人>钥匙人】甲将房屋先卖给"钥匙人"乙，后又卖给了"过户人"丙。乙诉甲承担违约责任，因房屋已经不是甲的，这是"法律上不能"，故乙不能要求甲承担继续履行（过户房屋）的违约责任，只能请求甲承担其他方式的违约责任。如法院强行判决甲过户房屋，则判决处分了丙的房屋，这属于"判决错误"。

（2）【事实上不能】

例：【车被烧】甲将汽车出卖给乙，收了乙款后甲未交付汽车，因汽车被烧毁。这是

"事实不能"，乙不能请求甲继续交付汽车，只能请求甲承担其他方式的违约责任。

（3）【债务的标的不适于强制履行】

例：【不讲课】甲与乙签订授课合同，甲拒绝授课，乙诉甲承担违约责任，因讲课属于有人身性的劳务，故乙不可要求甲继续履行，可请求甲承担其他方式的违约责任。或者乙找到丙代替讲课，请甲负担费用。

（4）【履行费用过高】

例：【没开业】甲公司将3万平方米商厦分割成商铺销售给90家业主。魏某购买商铺一间，面积20平方米。双方依约付款及交铺，但一直未办理产权过户。乙公司承租商厦，后因经营不善倒闭，导致商厦停业，众业主纷纷解约。甲公司被迫回购商铺，对大厦重新布局。回购中，仅有魏某不愿退铺，导致6万平方米商厦不能完成重新布局。魏某是否有权要求甲公司继续履行合同办理商铺过户？否。履行费用过高。

（5）【债权人在合理期限内没有要求债务人履行】

例：【不开口】甲乙签订设备买卖合同，甲一直未交付设备，向乙发函表示赔钱。乙在合理期限内未表态也未要求甲继续履行。乙不得再向甲请求继续履行，只能请求甲承担其他方式的违约责任。

◆ 原理：什么是请求继续履行的合理期间"1次用尽"？①如乙在合理期间请求甲履行，则乙请求甲继续履行的权利不消灭。②甲仍不履行，则开始起算乙请求甲继续履行的3年诉讼时效，因为该请求权是债权，要适用诉讼时效。③如乙一直"躺在"权利上睡觉，一旦诉讼时效已过，则甲可提出"诉讼时效届满的抗辩"，拒不继续履行。

秒杀：执行局能执行吗？不能执行的话，审判庭就不能判继续履行，当事人也就无权请求继续履行。

（6）【预约不得请求继续履行】

预约合同中一方违反预约，对方不得请求强制继续履行预约。因为所谓强制继续履行预约，就是强制当事人签订本约，而强制签订本约是无法"执行"的。预约合同当事人违反预约，守约方可请求违反预约一方承担"继续履行之外的其他方式"的违约责任，比如赔偿损失（《民法典》第495条）。

（三）【继续履行时可由第三人替代履行：违约方负担第三人替代履行的费用】

当事人一方不履行债务或者履行债务不符合约定，根据债务的性质不得强制履行的，对方可以请求其负担由第三人替代履行的费用（《民法典》第581条）。

例：【你教我弹琴，我让你住房】甲和乙约定，甲的房屋无偿给乙住，乙无偿教甲的儿子弹钢琴。乙因为出差，有1个月没有教甲的儿子弹钢琴。甲请丙来代替花费1000元。经查，房租一个月是1200元，乙在给其他家庭孩子教弹钢琴的价格是1100元每月。问：甲可请求乙赔偿多少元？①1000元。②第三人丙替代履行费用，由违约方乙承担。

（四）【继续履行的违约责任方式与其他救济方式的关系】

1.【可以同时诉继续履行和诉索赔】当事人一方不履行合同义务或者履行合同义务不符合约定的，在履行义务或者采取补救措施后，对方还有其他损失的，应当赔偿损失（《民法典》第583条）。

2.【可以同时诉继续履行和诉迟延履行违约金】当事人就迟延履行约定违约金的,违约方支付违约金后,还应当履行债务(《民法典》第585条第3款)。

3.【不能同时诉继续履行和诉解除】(1)诉继续履行,意思就是让合同继续。(2)诉解除,意思就是让合同结束,因为解除的后果是尚未履行的终止,已经履行的要恢复。(3)所以,诉继续履行和诉解除本身就是自相矛盾的。(4)类似于一方面诉离婚,另一方面又诉要求同居,这是自相矛盾。

	赔偿损失	迟延履行违约金	合同解除	预约
继续履行	√	√	×	×

四、违约责任的第2种形式:赔偿损失

(一)【填平原则:既要完全赔偿又要禁止得利】

1.【违约赔偿损失责任的构成要件】(1)【有违约行为】即当事人一方不履行合同义务或者履行合同义务不符合约定。(2)【有损失】违约行为造成了对方的损失,如果违约行为未给对方造成损失,则不能用赔偿损失的方式追究违约人的民事责任。(3)【因果关系】违约行为与对方损失之间有因果关系,对方损失是违约行为所导致的。(4)【无免责事由】无免责事由。

2.【什么是损失?实际损失和可得利益】当事人一方不履行合同义务或者履行合同义务不符合约定,造成对方损失的,损失赔偿额应当相当于因违约所造成的损失。(1)【实际损失】固有利益和信赖利益。(2)【可得利益】履行利益。

3.【什么是实际损失中的固有利益?固有利益一概要赔】(1)【固有利益:受害人人身权或所有权遭受的损失】固有利益又被称为维持利益或者完全性利益,是指因违反保护义务,侵害相对人的身体健康或者所有权,而此种情形亦可认为得构成合同上的过失责任时,则加害人所应赔偿的,系受害人于其健康或所有权所受的一切损害,此类损害可能远逾履行合同所生的利益,却并不发生履行利益为界线的问题。(2)【加害给付】履行瑕疵引起瑕疵结果损失(加害给付)的。①【微波炉爆炸损害其他财产】比如购买的微波炉有质量瑕疵,爆炸后导致其他财产损失的,损失赔偿范围包括该部分损失。②【病鸡传染其他鸡】又如债务人交付了病鸡,导致债权人养鸡场现有的鸡也生病了,此时,债务人不仅应当赔偿债权人费用的支出,还应当赔偿债权人现有的鸡生病给债权人造成的损失。(3)【精神损害也属于固有利益损害】对于固有利益进行赔偿,就会涉及对人身损害赔偿的问题,自然也就涉及精神损害的赔偿问题。《民法典》第996条规定:"因当事人一方的违约行为,损害对方人格权并造成严重精神损害,受损害方选择请求其承担违约责任的,不影响受损害方请求精神损害赔偿。"根据该条规定,在违约责任和侵权责任存在竞合(又称"加害给付")的情形中,允许受损害方请求行为人承担违约责任时,可以在违约责任请求中请求精神损害赔偿,有利于为受害人提供不同救济渠道的选择,扩展在此类情形下精神损害的救济方法,符合加强人格权保护的比较法发展趋势。(4)【精神损害属于

固有利益情形1：违约侵犯人格权且造成严重精神损害】适用该条的一个重要前提是当事人一方的违约行为损害对方的人格权并且造成严重精神损害。(5)【精神损害属于固有利益情形2：违约侵犯了人格物造成严重精神损害】如果合同的标的物是具有人身意义的特定物，例如，具有特殊意义的照片，该标的物在普通的市场价格之外，还有精神因素和感情因素，计算赔偿数额时可予以考虑。这也与《民法典》第1183条第2款的规定精神相一致，该款规定："因故意或者重大过失侵害自然人具有人身意义的特定物造成严重精神损害的，被侵权人有权请求精神损失赔偿。(6)【精神损害属于固有利益情形3：婚礼、葬礼、旅游等以精神上满足为目的特殊类型合同计算违约赔偿数额时，要赔精神损害】对于以精神上满足为目的的特殊类型的合同，例如与婚礼、葬礼、旅游等事务相关的合同，精神损害具有可预见性，计算违约赔偿数额时，也可以对这些合同的特殊性予以考虑。

例1：【固有利益之人身损害】赵某从商店购买了一台甲公司生产的家用洗衣机，洗涤衣物时，该洗衣机因技术缺陷发生爆裂，叶轮飞出造成赵某严重人身损害并毁坏衣物。如赵某诉商店违约，可以提出什么要求？①更换洗衣机、退货、赔偿衣物损失和赔偿人身损害。②因加害给付导致人身损害（如医疗费支出），权利人可通过诉违约主张人身损害。

例2：【一般违约中的"精神损害"不是固有利益】甲乙签订汽车买卖合同，乙打算购买新车赠与心仪女神丙。甲交付给乙的车乃二手车，丙发现后黯然神伤，与乙分手。乙诉甲违约要求甲赔偿精神损害，可否支持？①否。②乙诉甲违约，但损害赔偿范围不包括此等"精神损害"。

◆ 原理：一般的违约行为中，为什么违约方不用赔偿对方的精神损害？①任何一个违约行为都会给对方造成"精神痛苦"，如果任何违约行为都要赔偿对方精神损害，就会导致当事人不敢缔约，会阻碍交易。②签约前，不可能去给对方当事人做问卷调查："你是不是一个容易痛苦的人"。

例3：【加害给付侵犯人格权：可诉违约主张"精神损害"赔偿】甲、乙签订汽车买卖合同，甲向乙交付了质量有问题的汽车，发生自燃，烧毁了乙的手机、衣物（财产权），灼伤乙的手臂（人格权）。乙诉甲违约要求甲赔偿精神损害，可否支持？可以。

例4：【加害给付损害财产权：不可主张精神损害】甲、乙签订汽车买卖合同，甲向乙交付了质量有问题的汽车，发生自燃，烧毁了乙的手机和车内衣物。乙诉甲违约要求甲赔偿精神损害，可否支持？否。

秒杀：加害给付侵犯对方人格权且造成严重精神损害，对方可诉侵权主张精神损害赔偿，也可诉违约主张精神损害赔偿。

4.【什么是实际损失中的信赖利益？回到合同不成立状态】(1)【信赖利益是什么？所受损失和所失利益】信赖利益是指一方当事人由于信赖法律行为的有效性而遭受的损害。信赖利益通常包括所受损失与所失利益。(2)【所受损失】所谓所受损失，亦称积极损害，是指因损害的发生，致使信赖人现有财产所减少之利益。所受损失包括：缔约费用、准备履行所需费用、已给付金钱的利息等。(3)【所失利益】所谓所失利益，亦称消极损害，是指因损害的发生，致信赖人之财产应增加而未增加之利益。所失利益主要是另失订约机会之损害。(4)【缔约过失责任、违约责任中都存在信赖利益赔偿】信赖利益的赔偿通常在缔约过失责任中被提及，但在违约责任场景下也存在适用的空间。(5)【违约责任中的信赖利益赔偿范围】这时的信赖利益主要是指合同当事人因信赖对方将全面履行合同而支付对价或费用，因此造成的损失，其至少应当包括：①订立合同支付的费用，如交通费、通讯费等；②准备履行合同所支出的费用，比如为运送标的或者受领对方给付所支出的合理费用等；③履行合同的费用；④机会丧失的损失。

5.【什么是可得利益？进到合同获得履行状态】（1）【可得利益】可得利益损失，即所失利益，是受害人在合同履行后本可以获得的，但因违约而无法获得的利益，是未来的、期待的利益的损失，指合同履行后债权人所能获得的纯利润，又被称为消极损失。（2）【可得利益=利润-成本】

6.【固有利益与信赖利益是什么关系？固有利益与可得利益是什么关系？信赖利益与可得利益是什么关系？】（1）【固有利益与信赖利益不存在交叉：都赔】。（2）【固有利益与可得利益不存在交叉：都赔】。（3）【信赖利益与可得利益存在交叉】要么走信赖利益赔偿，要么走可得利益赔偿。如果走可得利益赔偿，需要扣除缔约费用等合理成本。

┌①路径1：回到合同不成立状态，固有利益+信赖利益。　　┌①规律1：固有利益是本有利益，一概要赔
└②路径2：进到合同履行状态，固有利益+可得利益。　　　└②规律2：信赖利益和可得利益不能兼得

◆ 原理：为什么信赖利益与可得利益不可兼得？①【信赖利益损失赔偿：回到合同从没订立状态】信赖利益损失赔偿，是使受害人处于合同从未订立的状态。②【履行利益损失赔偿：让合同得到履行状态】履行利益损失赔偿是使其处于合同得到履行的状态。③【不能同时让合同回到从未订立状态和处于合同已经履行状态】不可能通过同时适用两种赔偿方式使非违约方既处于合同已经履行又处于合同从未订立这两种本身即有矛盾的状态。④【如果允许同时赔偿信赖利益和履行利益损失，会超过完全赔偿限度】如果允许同时赔偿，则可能导致赔偿超过完全赔偿的限度。在赔偿时，不能既赔偿其利润（履行利益）又赔偿其成本（信赖利益）。⑤【方志平秒杀】你要获得利润，必然要支出成本，不能让对方赔你利润还给你成本，类似于：利润100万，你付了签约律师费1万，我赔你101万的话等于我请律师帮你赚钱。

秒杀：①要么回到合同不成立状态，走"信赖利益路径"（固有利益+信赖利益）。②要么走进合同履行状态，走"可得利益路径"（固有利益+可得利益-信赖利益）。实际损失中的"固有利益"必须赔，因为是固有的。③给非违约方选择权，因为有时候可得利益不好证明，但信赖利益好证明。

7.【一般合同中可得利益的计算方法：利润减成本法、替代交易法、市场价格法】（《民法典合同编通则解释》第60条）

（1）【利润减成本法】法院依据《民法典》第五百八十四条的规定确定合同履行后可以获得的利益时，可以在扣除非违约方为订立、履行合同支出的费用等合理成本后，按照非违约方能够获得的生产利润（比如原材料买卖合同）、经营利润（比如承包经营合同）或者转售利润（比如连环买卖合同）等计算。

（2）【替代交易法】①【替代交易价格合理，启动替代交易价格】非违约方依法行使合同解除权并实施了替代交易，主张按照替代交易价格与合同价格的差额确定合同履行后

可以获得的利益的，法院依法予以支持。②【替代交易价格明显不合理，启动市场价格法】替代交易价格明显偏离替代交易发生时当地的市场价格，违约方主张按照市场价格与合同价格的差额确定合同履行后可以获得的利益的，法院应予支持。

例1：【买方根本违约，合同解除后】原出卖合同价格100万，替代合同90万，差额10万是卖方吃的亏（债权人）。

例2：【卖方根本违约，合同解除后】原购买合同价格100万，替代合同110万，差额10万是买方吃的亏（债权人）。

◆ 原理1：替代交易是否需要履行完毕？①不需要。②对于替代交易进行到何种程度可作为损害赔偿基准的问题，学理上一般认为用于进行替代交易的合同只要订立即可，不必已经履行。③如果仅是订立了替代交易合同，守约方应负有更重的举证责任，其应当对替代交易方的资质信用、履行能力等进行举证，同时也要加大人民法院依职权调查取证的力度。

◆ 原理2：签订了多个替代交易，以哪个替代交易的价格为准？①标的物可分，本来就需要签订多个替代交易合同，则用平均价格作为替代交易合同的价格。②标的物不可分，本来就不需要签订多个替代交易合同，则用通知解除原合同后的第一个合同作为替代交易合同。

◆ 原理3：替代交易中发生违约行为，为什么不能向原交易的违约方主张违约责任？坚持相对性。甲、乙之间签订的原合同，甲根本违约。乙和丙签订替代交易合同，乙违约，丙向乙主张违约责任，乙承担的此项违约责任不能转嫁给原交易关系中的甲，因为这时甲对于乙的违约行为并无过错，也无因果关系。

秒杀：换一个人做生意。你不卖，我找别人卖；你不买，我找别人买。替代交易价格与原合同价格的差额就是债权人（非违约方）吃的亏。

(3)【市场价格法】非违约方依法行使合同解除权但是未实施替代交易（守约方可以选择替代交易，也可以选择不进行替代交易），主张按照违约行为发生后合理期间内合同履行地的市场价格与合同价格的差额确定合同履行后可以获得的利益的，法院应予支持。

秒杀：替代交易法是具体的，市场价格法是抽象的，是否进行替代交易，由非违约方选择。

8.【特别合同之"持续履行的金钱债务"中可得利益的计算方法：一般赔偿寻找替代交易的合理期限内对应的金钱，例外赔偿合同剩余期限内对应的金钱】（《民法典合同编通则解释》第61条）

(1)【合理期限<剩余期限，从合理期限：赔偿寻找替代交易的合理期限内对应的金钱】在以持续履行的债务为内容的定期合同中，一方不履行支付价款、租金等金钱债务，对方请求解除合同，人民法院经审理认为合同应当依法解除的，可以根据当事人的主张，参考合同主体、交易类型、市场价格变化、剩余履行期限等因素确定非违约方寻找替代交易的合理期限，并按照该期限对应的价款、租金等扣除非违约方应当支付的相应履约成本确定合同履行后可以获得的利益。

例：【合理期限<剩余期限：从合理期限】甲、乙签订为期5年的租赁合同，合同履行完第1年时，乙没有支付剩余的4年的租金，甲解除合同后另寻新的承租人的合理期限是1个月，甲可向乙主张剩余4年的租金，还是可以要1个月的租金？1个月。寻找替代交易的合理期限短于剩余期限，从合理期限。

◆ **原理**：为什么要规定持续履行债务的定期合同中，按照非违约方寻找替代交易的合理期限对应的价款来计算可得利益？①持续性定期合同中非违约方负有避免减损的义务，给你一个合理期限，在此期限内你得去寻找替代交易。②该合理期限内对应的价款，找违约方赔。③该合理期限外，自己另找出路找新人做生意。

(2)【合理期限>剩余期限，从剩余期限：赔偿剩余期限内对应的金钱】非违约方主张按照合同解除后剩余履行期限相应的价款、租金等扣除履约成本确定合同履行后可以获得的利益的，法院不予支持。但是，剩余履行期限少于寻找替代交易的合理期限的除外。

例：【合理期限>剩余期限：从剩余期限】甲、乙签订为期5年的租赁合同，合同履行到第4年11个半月时，乙没有付剩余的15天租金，甲解除合同后另寻新的承租人至少需要1个月时间。甲可向乙主张要15天的租金，还是可以要1个月的租金？15天。剩余期限短于寻找替代交易的合理期限。

9.【一般合同中可得利益的计算方法"不顶用"，特别合同之"持续履行的金钱债务"中可得利益的计算方法"不顶用"，再启动"获利返还"规则】(《民法典合同编通则解释》第62条)

(1)【获利返还】非违约方在合同履行后可以获得的利益难以根据《民法典合同编通则解释》第60条、第61条的规定予以确定的，法院可以综合考虑违约方因违约获得的利益、违约方的过错程度、其他违约情节等因素，遵循公平原则和诚信原则确定。

(2)【获利返还是替补地位】违约方所获得利益作为计算非违约方可得利益时，该方法仍然处于后顺位，是替补的地位。

◆ **原理**：为什么"获利返还"计算可得利益是替补方法，而不能由非违约方优先选择适用？承认在资源有限的背景下，确实会存在违约后合同标的物发挥更大效用的可能，而且有些效用是有利于经济社会发展甚至公益的，一概将违约方对此的获利剥夺，必然会影响上述资源效用的发挥。在当前情况下将获利标准作为后位适用规则能够更好地平衡各方利益，更好地兼顾公平与效率。

秒杀：第1顺位61条可得利益计算在持续性定期合同解除场合的特殊规定。第2顺位60条可得利益计算一般规定。第3顺位62条违约方获利。

(二)【限制赔偿范围：可预见、减损、过错相抵、损益相抵】(《民法典合同编通则解释》第63条)

1.【可预见规则：赔偿额度不超过违约方签订时"可以预见"的范围】(1)【可预见规则】守约方不得向违约方索赔超过违约一方订立合同时预见到或者应当预见到的因违反合同可能造成的损失，称之为"可预见规则"(《民法典》第584条)。(2)【可预见范围】按照与违约方处于相同或类似情况的理性人标准来确定其预见能力。①【责任损失】甲、乙签订的演出合同，乙为保证演出正常进行而与丙签订了演出合同。甲违反与乙的合同，导致乙违反与丙的合同。乙因此需要对丙承担违约责任，甲对此可以预见，因此甲需要向乙赔偿该"责任损失"。②【利润损失】甲、乙签订菊花买卖合同，后甲因菊花未按期开放，违约未交付菊花。乙已经和丙花店签订了菊花转卖合同，可以获得的利润，对此甲可以预见。

例1：【恋爱损失不可预见】甲将房屋卖给乙，乙用于结婚。乙支付购房款后，甲毁约不交房。乙女友丙因此与乙分手，乙谈恋爱5年合计支出25万元。<u>乙可否要求甲赔偿恋爱支出？</u>①否。②违反了甲在签约时可以预见的范围。③为了鼓励交易，如果不限制范围，将会导致大家都不敢签约。

例2：【责任损害可预见】甲公司和乙公司在7月22日签订了《"泰晤士小镇"市场推广演出合同》，乙公司为积极履行合同，与丙演艺公司签订了演出合同，向丙公司支付了5万元定金、服装设计和制作费、公司策划费和管理费、舞蹈编导、礼仪编导、音乐编辑等费用合计1.8万元。甲公司在9月11日突然告知乙公司停止对原合同的履行，导致乙公司对丙公司构成违约承担了赔偿责任。<u>乙公司请求甲公司赔偿5万元定金以及上述费用合计1.8万元，能否获得支持</u>？①可以。②甲公司可以预见，乙公司为履行合同会与演艺公司签订演出合同等协议。③根据合同性质和商业惯例，甲公司能够预见定金的存在。④相关费用属于演出前必须支出的费用，且推广演出合同的附件有载明，甲公司能够预见。

◆ <u>原理</u>：侵权责任的赔偿范围中为什么不存在可预见规则限制？①【合同】合同是鼓励交易，控制赔偿范围。②【侵权】侵权是避免侵权，不控制赔偿范围。

2.【减损规则：非违约方负有减少损失扩大的不真正义务】当事人一方违约后，对方应当采取适当措施防止损失的扩大；没有采取适当措施致使损失扩大的，不得就扩大的损失请求赔偿。当事人因防止损失扩大而支出的合理费用，由违约方负担（《民法典》第591条）。

例：【承租人没有去寻找同类型的场地的方式减少损失，扩大部分自负】甲、乙签订租赁合同，乙违约没有交付租金，甲没有解除合同，也没有索赔。乙搬离租赁房屋后，该房屋一直空置。甲能否向乙主张房屋空置损失？①不能。②守约方负有避免损失扩大的义务，该做替代交易没做，因此导致损失扩大的，就扩大的损失由守约人自负。

3.【过错相抵规则：非违约方对损失发生有过错】当事人一方违约造成对方损失，对方对损失的发生有过错的，可以减少相应的损失赔偿额（《民法典》第592条第2款）。

例：【我违约迟延发货2天，你发错电话导致我多迟延1天：你有过错】农场向水果店商家出售一批新鲜水果，农场由于装箱耽误，发货迟延2天。又由于水果店商家误将收货人的电话号码最后一位数写错，出卖人发货后又在路上耽误了1天。最终造成水果店商家损失10万元。<u>如何评价本案"过错相抵"？</u>出卖人迟延发货、送货造成了买受人的损失，只有一个损害结果，应由出卖人承担赔偿责任，但是买受人对于该损失的造成也存在过错，裁判机构应结合具体情况，适当减轻出卖人的赔偿金额，案件处理的重点在于平衡双方利益冲突。

4.【损益相抵规则：非违约方因为违约方违约行为导致损失，又获有利益】损益相抵规则，当守约方因损失发生的同一违约行为而获有利益时，应当从违约方须支付的损失赔偿额中扣除该部分利益。适用损益相抵规则的法理依据在于禁止得利原则的要求。适用损益相抵规则可以扣除的利益包括中间利息、因违约实际减少的受害人的某些税负、商业保险金、社会保险金、以新替旧中的差额、毁损物件的残余价值、原应支付却因损害事故而免于支付的费用、原本无法获得却因损害事故的发生而获得的利益等。

秒杀：原告可以获得支持的索赔额度=可得利益总额–不可预见–减损–损益相抵–与有过失–必要的交易成本。

五、违约责任的第3种形式：违约金责任

（一）【违约金责任和损害赔偿责任的本质差异：证明事项完全不同】

1.【违约金责任】（1）【违约金条款】当事人可以约定一方违约时应当根据违约情况向对方支付一定数额的违约金（《民法典》第585条）。（2）【证明事项】原告主张违约金，只需要证明被告有违约行为、合同存在违约金条款，这个容易做到。

2.【损害赔偿责任】（1）【损害赔偿】原告主张赔偿损失，一旦当事人未约定损失赔偿额的计算方法，则要启动法定的计算规则即包括直接损害和可得利益。（2）【证明事项】原告需要证明被告有违约行为、原告的直接损害和可得利益，这个不容易做到。

例：【装修支出没发票】甲乙签订房屋租赁合同，约定租户乙有权装修房屋，乙装修后正准备入住，甲要求提前收房，愿意向乙赔钱。如果未约定违约金，则乙要证明其装修投入是非常困难的，因为乙在请人装修时，一般不会要求装修人开具发票。

秒杀：原告向被告主张违约金责任，比向被告主张损害赔偿责任更轻松。

3.【违约金与损害赔偿的关系：违约金要参照损失来确定】违约金责任"变相具有惩罚性"，因此要回归补偿性。（1）【从约定】违约金天生就脱离了"损害"。（2）【法官写判决】但是法官自由裁量又会将违约金和损失相比对。（3）【律师写合同】律师会根据法官思维对违约金进行合理的约定。如此一来，就产生了对合同自由的限制。（4）【不能乱约定】换言之，当事人可以约定违约金，但不能毫无边际。

（二）【一般违约金具有补偿性的情形1"违约金<损失"：甲方强势且在签约时觉得自己可能违约】

1.【非违约方请求增加】约定的违约金低于造成的损失的，人民法院或者仲裁机构可以根据当事人的请求予以增加（《民法典》第585条）。由非违约方承担举证责任。

2.【增加后不超过实际损失】增加后的违约金数额以不超过实际损失额为限，增加违约金以后，当事人又请求对方赔偿损失的，人民法院不予支持。

例：【违约金80，损失100】甲、乙签订合同，约定违约金80万元，甲违约造成乙损失100万元。如何评价诉讼思路？①【道路1：要违约金】乙诉甲支付违约金80万元，不能弥补全部损失，故可请求增加到100万元。②【道路2：要赔偿】乙诉甲赔偿100万元。③【哪条道路更优】道路1至少有保底的违约金80万元，道路2就没谱，因为原告提交的损失证据能被法院认定多少是个未知数。

3.【"不能都要"：不能既要违约金，又同时要损失】比如约定违约金时80万元，损害赔偿时100万元，不能同时都要。

◆**原理：**为什么不能既要违约金，又要损害赔偿？鼓励守约。①【案涉情况】约定违约金80万元，违约造成的损失是100万元，该100万元损失覆盖了守约方的可得利益。①【发生违约时】如果一方违约，另一方能获得180万元。②【没发生违约时】一方守约，另一方最多能赚到100万元。③【赌博投机】如此一来，大家都希望对方违约，因为对方发生违约才能给自己带来更多的利益，

这与鼓励守约相违背。

（三）【一般违约金具有补偿性的情形2"违约金>损失"：甲方强势且在签约时觉得自己大概率不会违约】

1.【"过分高于"：违约金是1.3倍的损失，启动"违约金的司法酌减"】约定的违约金过分高于造成的损失的，人民法院或者仲裁机构可以根据当事人的请求予以适当减少（《民法典》第585条第2款）。

（1）【什么是违约金"过分高于"造成的损失？违约金大于1.3倍的损失】约定的违约金超过造成损失的百分之三十的，人民法院一般可以认定为过分高于造成的损失。法院对违约金司法酌减的参考因素包括合同主体、交易类型、合同的履行情况、当事人的过错程度、履约背景等（《民法典合同通则解释》第65条第1、2款）。

例：【"过分高于"：违约金200，损失100】甲、乙签订合同，约定违约金为200万元，甲违约造成乙损失100万元。如何评价诉讼思路？①【道路1：要违约金】乙诉甲支付违约金200万元，甲可请求法院适当减少违约金到损失的1.3倍，即130万元。乙胜诉130万元，败诉70万元。②【道路2：要赔偿金】乙诉甲赔偿100万元。③【哪条道路更优】道路1有部分败诉风险，故谨慎计算索赔额，省诉讼费。道路2没谱，因为原告提交的损失证据能被法院认定多少是个未知数。

（2）【谁证明违约金"过分高于"造成的损失？违约一方承担结果意义上证明责任，非违约方承担行为意义上证明责任】①【违约方负结果意义上证明责任】违约方主张约定的违约金过分高于违约造成的损失，请求予以适当减少的，应当承担举证责任。②【非违约方负行为意义上证明责任】非违约方主张约定的违约金合理的，也应当提供相应的证据（《民法典合同编通则解释》第64条第2款）。

（3）【能不能启动"违约金的司法酌减"？有的能启动，有的不能启动】①【能启动：事先放弃违约金的司法酌减的条款无效】当事人仅以合同约定不得对违约金进行调整为由主张不予调整违约金的，人民法院不予支持（《民法典合同编通则解释》第64条第3款）。②【不能启动情形1：恶意违约一方不能提】恶意违约的当事人一方请求减少违约金的，人民法院一般不予支持（《民法典合同编通则解释》第65条第3款）。③【不能启动情形2：原告没诉，被告不能主动去提调减违约金】。④【不能启动情形3：违约后协商确定的违约金】最高院第166号指导案例，当事人在诉讼中达成和解，约定了很高的违约金，后来一方撤诉后对方违反和解协议，违约方不得主张减少违约金。⑤【不能启动情形4：调解书中约定的违约金】。

◆ 原理：为什么事先约定不得调整违约金的条款无效？①【司法调整不能由当事人约定排除】违约金的调整是法律赋予民事主体的一项权利，其程序虽是由当事人的请求而启动，但其终归属于司法调整的范畴，不能由当事人通过约定排除。②【避免架空违约金调整规则】避免违约金调整规则被架空。③【预先约定的条款本身就不是真的自愿】当事人预先放弃请求调整违约金权利的约定除了会受到过分自信的影响之外，还可能会面临来自强势对方的压力。④【预先放弃违约金调整条款违反违约金补偿为主、惩罚为辅的性质】预先放弃调整违约金约定或不得对违约金进行调整的约定违背立法本意。⑤【允许放弃违约金调整，就会出现天价违约金】如果允许当事人预先约定放弃调整违约金，或者约定不得对违约金进行调整，实践中会出现"天价违约金"，例如，合同标的额

10万元却在合同中约定500万元甚至更高额的违约金。如果因为当事人预先约定放弃调整违约金，法院就不再予以调整，则将违背《民法典》的基本原则，背离人民群众公平正义的朴素认知，影响司法的严肃性和人民法院的公信力。

（4）【什么方式启动"违约金的司法酌减"？反诉或者抗辩】当事人一方通过反诉或者抗辩的方式，请求调整违约金的，人民法院依法予以支持（《民法典合同编通则解释》第64条第1款）。

（5）【什么时候启动"违约金的司法酌减"？一审释明、一审没释明二审释明、一审缺席二审释明】（《民法典合同编通则解释》第66条）①【一审向被告释明】当事人一方请求对方支付违约金，对方以合同不成立、无效、被撤销、确定不发生效力、不构成违约或者非违约方不存在损失等为由抗辩，未主张调整过高的违约金的，人民法院应当就若不支持该抗辩，当事人是否请求调整违约金进行释明。②【一审没释明二审释明】第一审人民法院认为抗辩成立且未予释明，第二审人民法院认为应当判决支付违约金的，可以直接释明，并根据当事人的请求，在当事人就是否应当调整违约金充分举证、质证、辩论后，依法判决适当减少违约金。③【一审缺席二审释明】被告因客观原因在第一审程序中未到庭参加诉讼，但是在第二审程序中到庭参加诉讼并请求减少违约金的，第二审人民法院可以在当事人就是否应当调整违约金充分举证、质证、辩论后，依法判决适当减少违约金。

例：【"过分高于"：一审释明、二审继续释明】甲、乙签订合同，约定违约金为200万元，甲违约造成乙损失100万元。乙起诉要求甲支付200万元违约金，<u>法院如何处理？</u>①【一审释明】一审法院向甲释明可以要求降低违约金到130万元。②【二审释明】如果一审法院认为甲确实没违约，就不会去释明，然后判决甲赢乙输。乙提起上诉，要求甲支付200万元违约金，二审法院认为甲构成违约，直接向甲释明并改判，甲支付违约金130万元。

◆ 原理1：诉讼时效届满时，被告可以不赔一分钱，法院尚且不能释明帮"坏人"。而在违约金"过分高于"损失时，法院却要去释明帮"坏人"，让"坏人"少赔一点。为什么立法对类似情况却做了不同的处理？①【填平】回归违约金的填补性，抑制违约金的惩罚性。②【惩罚】因为损失的1.3倍违约金，意味着已经"容忍"了其惩罚性。③【不能惩罚太多】即乙损失100万元，通过索要违约金，可以获得130万元，即甲违约给乙带来的收益（130万元），高于甲不违约给乙带来的收益（100万元，因为该损失计算时已经包括了乙的可得利益）。④【不是帮坏人而是在帮制度】法院帮助的是"违约金制度"。⑤【释明没有违反处分原则】释明没有超越被告提出的事项范围，被告说自己一分钱不用赔，自然包含了对原告主张违约金数额的异议。

◆ 原理2：被告一审没来，二审来了，难道不应该在调解失败后发回重审吗？怎么二审可以直接释明且改判呢？民诉法要限制撤销原判发回重审的次数。二审释明后仍然需要当事人请求才能启动违约金酌减。二审法院还要结合案情来判酌减违约金。

2.【"高于"：违约金是1—1.3倍的损失】守约方可选择主张违约金或赔偿损失，但显然会选择违约金。

◆ 原理：守约方还是获得了1.3倍损失的违约金，还是多赚了，如何解释"违约金具有了惩罚性"这一现象？①【维权有成本】因为原告作为守约方，还得请律师，需要支付给律师代理费。②【律师拿费用】所以，原告并不能把1.3倍的损失全部装进自己腰包，有的要装进律师腰包。③【回归填平性】刨除律师拿的费用，对于守约方来讲，违约金其实仍然回归了其"填平性"、补偿性。

例：【"高于"：违约金是18万元，损失是15万元，是"高于"，不是"过分高于"】甲乙签订一份买卖合同，约定违约方应向对方支付18万元违约金。后甲违约，给乙造成损失15万元。如何评价约定的违约金？①【是"高于"，不是"过分高于"】损失15万元，1.3倍损失是19.5万元，超过19.5万元的违约金才属于"过分高于"损失，故当事人约定的18万元违约金属于"高于"损失。②【道路1：要违约金】乙诉甲要违约金18万元。③【道路2：要损失】乙诉甲要15万元损失。④【不能都要】乙不能既要违约金又要损失，因为虽然违约金是变相的惩罚，但是我们要回归其补偿性，不能让它变成真正的惩罚。

3.【"不能都要"：不能既要违约金，又要损害赔偿金】如守约方损失15万元，约定违约金18万元，守约方不能都要，即不可以要33万元。

◆ **原理：** 为什么守约方不能既向违约方要违约金，又要损害赔偿金？①甲违约，乙可以赚到33万元；甲不违约，乙才可以赚到15万元。②这违背了合同制度鼓励守约的精神，会导致当事人希望对方违约。

秒杀： ①违约金是损失的1.3倍，构成"过分高于"。②不能既要违约金，又要损害赔偿金。

（四）【特殊情形的迟延履行违约金责任具有惩罚性】

当事人就迟延履行约定违约金的，违约方支付违约金后，还应当履行债务（《民法典》第585条）。

1.【迟延履行违约金的"惩罚性"：惩罚违约方】

例：【迟延履行违约金：晚1天万分之5】甲乙签订房屋买卖合同，房屋价格为500万元。约定如甲迟延交房，每晚1日须向乙支付标的额0.1‰的违约金。后甲晚交房30日，乙接受了房屋。乙可否要求甲支付1.5万元迟延履行违约金？①可以。②乙要求甲继续履行即交付过户房屋，还可要求甲支付迟延履行违约金1.5万元。③这30天，乙未必有损失或未必有这么多损失，但仍然可以向甲主张1.5万元，这充分体现了迟延履行违约金的惩罚性。

2.【迟延履行违约金的"偏袒性"：保护守约方】

（1）【付款期限变更导致逾期付款违约金起算点变更】买卖合同对付款期限作出的变更，不影响当事人关于逾期付款违约金的约定，但该违约金的起算点应当随之变更。

例：【付款期限变更，逾期付款违约金起算点随之变更】甲、乙原来约定，乙应4月1日前付款，每晚1天要支付标的额千分之5的迟延违约金。后甲、乙协商，同意乙在10月1日前付款。后来乙在11月1日才付款。甲要求乙支付7个月的迟延履行违约金，乙称既然已经将4月1日修改为10月1日，则原迟延履行违约金条款作废。谁的主张成立？①都不成立。②【付款期限变更】甲、乙将付款期限由4月1日修改为10月1日，应尊重。③【逾期付款违约金起算点随之变更】但双方未对此前的迟延违约金条款是否作废有明确意思表示，则该迟延履行违约金条款继续有效，但10月1日才是起算点。故甲有权要求乙支付10月1日到11月1日迟延期间的迟延违约金。④【保护守约方】这其实是

"偏袒"守约方甲。

(2)【买方迟延付款，卖方可以先收再要逾期付款违约金】买卖合同约定逾期付款违约金，买受人以出卖人接受价款时未主张逾期付款违约金为由拒绝支付该违约金的，人民法院不予支持。

例：【买方迟延付款，卖方可以先收再要逾期付款违约金】甲、乙原来约定，乙应在4月1日前付款100万元，每晚1天要支付标的额千分之五迟延违约金。乙在6月1日付款，甲收取。甲还能向乙要逾期2个月付款的违约金吗？①可以。②这是法律帮助守约方甲给违约方乙"下套"，是"偏袒"守约方甲。

(3)【双方的对账单或还款协议遗漏了逾期付款违约金，卖方仍有权主张逾期付款违约金】买卖合同约定逾期付款违约金，但对账单、还款协议等未涉及逾期付款责任，出卖人根据对账单、还款协议等主张欠款时请求买受人依约支付逾期付款违约金的，人民法院应予支持，但对账单、还款协议等明确载有本金及逾期付款利息数额或者已经变更买卖合同中关于本金、利息等约定内容的除外。

(4)【逾期付款损失的法定计算方法：无约定，从法定】(《买卖合同解释》第18条)
①【有约定，从约定】买卖合同约定逾期付款违约金或者该违约金的计算方法，从约定。
②【无约定，从法定】出卖人以买受人违约为由主张赔偿逾期付款损失，违约行为发生在2019年8月19日之前的，人民法院可以中国人民银行同期同类人民币贷款基准利率为基础，参照逾期罚息利率标准计算；违约行为发生在2019年8月20日之后的，人民法院可以违约行为发生时中国人民银行授权全国银行间同业拆借中心公布的一年期贷款市场报价利率（LPR）标准为基础，加计30—50%计算逾期付款损失（1.3-1.5的一年期LPR）。

六、违约定金责任

(一)【违约定金责任来自违约定金担保合同】

1.【定金合同是从合同】定金合同是主合同的从合同。定金合同可分为立约、成约、解约和违约定金4种合同类型。

2.【违约定金责任来自违约定金合同】违约定金责任来自违约定金合同，违约定金合同是担保合同，故违约定金责任来自独立于主合同的担保合同。

(二)【违约金和违约定金：彼此排斥】

当事人既约定违约金，又约定定金的，一方违约时，对方可以选择适用违约金或者定金条款（《民法典》第588条第1款）。

例：【违约金2万元，违约定金1万元】甲、乙签订买卖合同，约定任何一方违约，须支付违约金2万元。同时乙向甲交付了1万元定金。后甲违约，乙如何主张？①【违约金：来自主合同】乙可选择要求甲支付违约金2万元，退其已经向甲交付的1万元定金（实得2万元）。②【违约定金：来自违约定金合同】乙也可选择要求甲双倍返还定金即获得2万元（实得1万元）。③【替换案情：约定的违约金比较低】如违约金约定为2000元，则乙可选择要2000元违约金，退1万定金（实得2000元）；乙也可选择要求甲双倍返还定金（实得1万元）。

秒杀：如果不选择适用定金罚则，则交付的定金是需要退还的。

（三）【违约定金和损害赔偿金：彼此排斥】

定金不足以弥补一方违约造成的损失的，对方可以请求赔偿超过定金数额的损失（《民法典》第588条第2款）。

例：【违约定金1万元，损失2万元】甲乙签订买卖合同，乙向甲支付了违约定金1万元，后甲违约导致乙损失2万元，乙如何主张？①【违约定金】乙可要求甲双倍返还定金2万元（实得1万元），因实际获得1万元低于损失，故乙还可要求甲支付1万元损失。②【损害赔偿金】乙可要求甲赔偿2万元损失。

◆ **原理**：为什么违约金、违约定金、损害赔偿金都是排斥关系？①【各自性质】违约金"变相"具有惩罚性，违约定金"天生"具有惩罚性，损害赔偿金"天生"具有补偿性。②【填平】合同责任是民事责任，民事责任要坚持填补性为原则。合同责任也应回归填补性。③【惩罚与惩罚：彼此排斥】都有惩罚性的违约金和违约定金，当事人2选1。④【惩罚与补偿：彼此排斥】违约金或违约定金太低，可以提到损失；违约金或定金高，则用违约金（损失的1.3倍）或定金。⑤【不能都要】不能同时要违约金和损害赔偿金。不能同时要违约定金和损害赔偿金。更不能同时要违约金、违约定金和损害赔偿金。

秒杀：3金只能要1个，哪个高要哪个，其中违约金可到1.3倍损失。

第十章 买卖合同

一、买卖合同

出卖人转移"标的**物**"的所有权于买受人，买受人支付价款的合同（《民法典》第595条）。卖保险、卖债权、卖股权、卖技术、卖建设用地使用权，都不是买卖合同，它们分别属于保险合同、债权让与合同、股权转让合同、技术合同、建设用地使用权出让转让合同。

（一）【所有权："基3"】
1. 不动产看登记。2. 动产看交付，除非出卖人保留所有权。

（二）【孳息：看交付】
1. 标的物在交付之前产生的孳息，归出卖人所有。2. 交付之后产生的孳息，归买受人所有。（《民法典》第630条）

例：【所有权和孳息分离】开发商与购房人签订房屋买卖合同，交付但未过户，购房人尚未支付全款。购房人将房屋出租所得租金归谁？①购房人。②所有权归开发商。③买卖合同中交付转移房屋的孳息即租金，故购房人取得租金。④这里出现了所有权人和孳息归属人的分离。

二、买卖合同标的物的风险

（一）【风险】
1.【风险】货物毁损风险归买方，则买方没有得到货物却要付款；货物毁损风险归卖方，则卖方要再交一次货。

例：【什么是风险】甲将房屋卖给乙，签订了房屋买卖合同，在办理过户的过程中，房屋突发大火被烧毁，甲要求乙继续付款，乙要求甲退还首付款，谁的主张能成立？①如风险归甲，则甲应退首付款。②如风险归乙，则乙应继续付款。③风险归谁？④先从约定，无约定则一般采用交付主义：乙拿到钥匙，风险归乙；乙没拿到钥匙，风险归甲。

2.【不能归责于甲、乙双方的原因】被盗、被骗、泥石流、暴雨、火灾、地震等。

3.【甲、乙双方需存在有效买卖合同】租赁合同租赁物不可归责承租人事由而毁损灭失，租金风险归出租人，承租人可要求减少租金或不付租金。因为只有买卖合同才根据交付确定风险，租赁合同不能根据交付来判定风险归属。

例：【过户人与钥匙人】甲将房屋卖给"钥匙人"乙，又卖给"过户人"丙。乙占有控制房屋期间，房屋失火，丙可否要求乙赔偿？①否。②乙、丙之间无合同关系，故乙、丙之间不适用买卖合同中的风险转移规则。③甲、乙之间有合同，房屋已经交付给了"钥匙人"乙，故乙相对于甲而言承担风险，乙需要向甲支付购买款，同时乙有权诉甲承担违

449

约责任。④"钥匙人"乙相对于"过户人"丙而言属于善意无权占有人，"善意不赔"，故丙无权要求乙赔偿。⑤丙向甲主张违约责任。

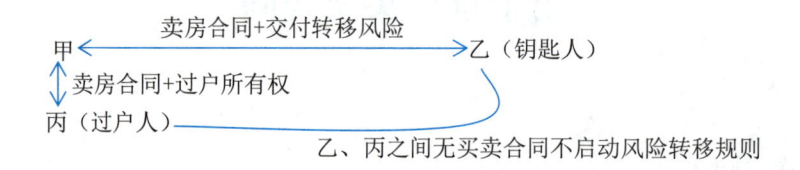

```
                卖房合同+交付转移风险
        甲 ←————————————————→ 乙（钥匙人）
        ↕ 卖房合同+过户所有权
        丙（过户人）————————————↗
                        乙、丙之间无买卖合同不启动风险转移规则
```

4.【标的物须特定化于买卖合同】当事人对风险负担没有约定，标的物为种类物，出卖人未以装运单据、加盖标记、通知买受人等可识别的方式清楚地将标的物特定于买卖合同，买受人主张不负担标的物毁损、灭失的风险的，法院应予支持。

例：【是卖哪个设备没说清】甲、乙签订设备买卖合同，约定甲将一批设备卖给乙，签约之日起风险归乙。甲在北京和深圳有2个仓库，甲、乙签订合同后，北京仓库的设备因失火毁损。甲可否要求乙付款？①否。②甲、乙签订设备买卖合同，没有将设备特定化于合同，故风险归卖方。③如果甲、乙签订设备买卖合同，明确指定是在北京的仓库的某某设备，则按约定，签约之日起风险归乙。

◆ 原理：特定物与特定化有什么区别？①【特定物】特定物是我们要卖的东西，比如买卖在途50台电脑，这50台电脑是特定物。②【特定化】在途50台电脑中，哪几台电脑是要卖给买方的，必须指出来，这叫特定化。让买方也清楚自己买的是50台中的哪几台。③【特定化的效果】一旦指定清楚，则风险归买方；一旦没指定清楚，则风险仍然归卖方。

（二）【风险转移标志1：交付主义】

1.【交付前归卖方，交付后归买方】标的物毁损、灭失的风险，在标的物交付之前由出卖人承担，交付之后由买受人承担，但是法律另有规定或者当事人另有约定的除外（《民法典》第604条）。

（1）【现实交付】甲将货物交付给乙后，在乙处毁损风险归乙，甲可要求乙付款。

（2）【简易交付：买方一直在控制】

①【一般买卖的简易交付】甲、乙之间先借用后买卖，买卖约定生效时视为交付，交付后风险归买方。

例：【简易交付转移风险】甲公司借用乙公司的一套设备，在使用过程中不慎损坏关键部件，于是甲公司提出买下该套设备，乙公司同意出售。双方还口头约定在甲公司支付价款前，乙公司保留该套设备的所有权。不料在支付价款前，甲公司生产车间失火，造成包括该套设备在内的车间所有财物被烧毁。乙可否要求甲付款？①【简易交付】甲向乙借用，后甲向乙购买，这属于简易交付。②【简易交付后风险归买方】甲、乙之间的买卖合同完成了交付，风险归买方甲，即甲仍然需要付款。③【所有权保留给了卖方】本来所有权也应该归买受人甲，但是双方约定乙保留所有权，故甲未付款前，所有权归出卖人乙。④【风险归属和所有权归属出现分离】风险因"简易交付"归买方甲；所有权因"保留"归卖方乙。

②【试用买卖的简易交付】如试用买卖合同标的物在试用期内毁损、灭失的风险由出

卖人承担（《民法典》第 640 条）。试用买卖的第一次交付是试用的交付是占有的转移但不是风险转移的"交付"，第二次交付是观念交付中的"简易交付"，只有这个简易交付才是真正的交付，才会转移风险给买方。

例：【试用买卖】甲乙签订电动车试用买卖，乙在试用期间，电动车被偷。甲可否要求乙付款？①否。②电动车被偷，乃不可归责双方事由灭失，属于"风险"。③试用的交付不是能引起"一交三转（转移所有权、转移孳息、转移风险）"的交付。后续的简易交付才是交付。④电动车是谁的谁承担风险，电动车是甲的，故甲承担损失。⑤如果乙向甲表示同意购买后，电动车才被偷，则风险归乙，因为此时启动"简易交付"，故适用买卖合同风险转移规则，简易交付后风险归乙。

秒杀：①试用买卖在试用期的交付，风险归出卖人。②简易交付后风险归购买人。

（3）【指示交付】卖方甲将对第三人的货物请求权转让给买方乙，自协议生效时视为完成指示交付，交付后风险归乙。

2.【交付地点从约定，无约定则交付给第一承运人】

（1）【从约定】①【约定在买方指定地点交付给承运人】出卖人按照约定将标的物运送至买受人指定地点并交付给承运人后，标的物毁损、灭失的风险由买受人承担，但是当事人另有约定的除外（《民法典》第 607 条第 1 款）。②【约定交付地点】

例1：【在买方指定地点交付给承运人】甲、乙签订设备买卖合同，约定设备交付到乙指定的北京中关村由丙快递公司运输。设备风险何时归乙？甲将设备交到北京，给了丙公司时，风险归乙。

例2：【约定交付地点从约定：双 11 网络购物】甲在乙网店购买灯泡，甲提交订单时将甲住址输入了快递送达地。乙网店将灯泡交由丙公司运输。运输途中风险，归谁承担？①归乙网店。②因为双方约定了要送货上门，这是约定了交付地点，故不能适用交付承运人后风险转移给买方的规则。

（2）【没有约定交付地点且货物需要运输：启动货交第一承运人规则】当事人没有约定交付地点或者约定不明确，标的物需要运输的，出卖人将标的物交付给第一承运人后，标的物毁损、灭失的风险由买受人承担（《民法典》第 607 条第 2 款）。

例：【货交第一承运人】甲乙签订设备买卖合同，未约定交付地点，设备需要运输，则甲将货物交付给第一承运人丙时，风险归乙。

3.【根据过错拟制为没有交付或者拟制为已经交付】

（1）【卖方过错】①【卖方重大过错，"已经交付烂货"：交付与否由买方说了算，如买方不要，则认定未交付货物】因标的物不符合质量要求，致使不能实现合同目的的，买受人可以拒绝接受标的物或者解除合同。买受人拒绝接受标的物或者解除合同的，标的物毁损、灭失的风险由出卖人承担（《民法典》第 610 条）。②【卖方轻微过错，"已经交付货物"，但未交付单证：认定交付了货物】出卖人按照约定未交付有关标的物的单证和资料的，不影响标的物毁损、灭失风险的转移（《民法典》第 609 条）。标的物毁损、灭失的风险由买受人承担，不影响因出卖人履行义务不符合约定，买受人请求其承担违约责任的权利（《民法典》第 611 条）。

例1：【卖方严重错：交了也可能白交】甲乙设备买卖合同，甲交付的设备不合格导致乙合同目的落空，如果乙不要设备或者解除合同，则视为未交付，风险归甲；如乙要设备，也没有解除合同，则已经交付，风险归乙。

例2：【卖方轻微错：交了就是交了】甲乙签订设备买卖合同，甲交付了设备，但未交付设备使用说明书。乙承担风险，但乙可要求甲承担未履行从给付义务的违约责任。

秒杀：①卖方严重的错，交了可能等于没交。②卖方轻微的错，交了就是交了，但有错就要负违约责任。

(2)【买方过错】①【因买方乙导致卖方甲未交付：自买方违反约定时认定交付了】因买受人的原因致使标的物未按照约定的期限交付的，买受人应当自违反约定时起承担标的物毁损、灭失的风险（《民法典》第605条）。②【因买方乙没有取货：出卖人交到目的地时认定交付了】出卖人依约（甲乙有约定）或依法（甲乙在订立合同时知道标的物在A地且标的物不需要运输则在A地交付；甲乙不知道标的物在哪里则在出卖人订立合同时营业地交付）将标的物置于交付地点，买受人违反约定没有收取的，标的物毁损、灭失的风险自违反约定时起由买受人承担（《民法典》第608条）。

例1：【买方错导致卖方无法交货】甲乙设备买卖合同，因乙的原因导致甲在4月1日无法交货，则自4月1日起风险归乙。

例2：【买方没有依法"上门提货"】甲乙设备买卖合同，无须运输，甲乙知道货物在A地，甲将货物交到A地，乙没收取；或者甲乙不知道货物在A地，则在甲的营业地交付，乙没收取。均自乙违反约定时风险归乙。

秒杀：①谁在控制，谁承担风险。②谁有导致交付障碍的错，谁承担风险。

(三)【风险转移标志2：在途货物买卖，自合同订立时转移风险】

1.【"合同成立"时风险归买方】出卖人出卖交由承运人运输的在途标的物，除当事人另有约定外，毁损、灭失的风险自合同成立时起由买受人承担（《民法典》第606条）。

◆ **原理**：为什么在途货物买卖自合同成立时由买方负担风险？①因为合同成立时，双方都不了解运输中货物的情况。②一旦运输中毁损，则卖方永远无法完成交付，风险都归卖方，这对卖方是不公平的。③如果卖方已经知道货物毁损，还再卖，则卖方不值得保护。

例1：【甲、乙、丙、丁之"连环承运人"】甲将设备卖给乙，约定甲交付到北京。甲将设备根据乙的指定交付到北京，给了承运人丙。丙在运输途中，乙将该设备卖给丁，合同签订后，该货物在运输途中因泥石流毁损。甲和乙的买卖、乙和丁的买卖标的物风险何时转移？①【货交承运人转移风险：交付主义】甲、乙之间基于交付给乙指定地点的承运人，完成了交付，风险归乙承担，故甲有权要求乙付款。②【在途货物买卖风险转移：合同订立主义】乙、丁之间属于在途货物买卖，自乙、丁合同成立时风险归丁，故乙有权要求丁付款。③【合同相对性：上家和下家无关系】基于合同相对性，甲、丁之间无合同关系，甲无权要求丁付款。

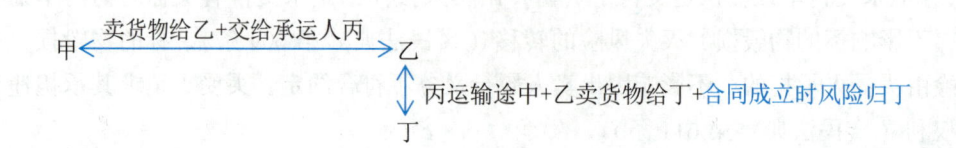

```
         卖货物给乙+交给承运人丙
    甲 ←――――――――――――――――→ 乙
                              ↕  丙运输途中+乙卖货物给丁+合同成立时风险归丁
                              丁
```

例 2：【甲、乙、丙、丁"多重在途"：在途货物的多重买卖】甲 2019 年 4 月 5 日签订合同以 120 万价格卖在途由丙运输的大蒜给乙。4 月 7 日甲签订合同以 150 万价格卖该在途大蒜给丁。甲让丙交给丁，4 月 8 日，丙运输途中遇到山洪暴发导致大蒜全部毁损。风险由谁承担？①丁。②【在途货物买卖风险转移：合同订立主义】甲、乙之间自 4 月 5 日风险归乙。③【在途货物买卖风险转移：合同订立主义】甲、丁之间自 4 月 7 日风险归丁。④换言之，甲负担 4 月 5 日前的风险。乙负担 4 月 5 日到 4 月 7 日的风险。丁负担 4 月 7 日之后的风险。⑤毁损发生在 4 月 8 日，故丁负担风险，甲可要求丁付款。⑥乙诉甲违约，因出卖人签订了"在途货物"的多重买卖合同，2 个大蒜买卖合同都有效。

```
                丙运输途中+甲卖货物给乙
     甲 ←─────────────────────────→ 乙（甲、乙合同订立后风险归乙）
     ↕ 丙运输途中+甲卖货物给丁
     丁（甲、丁合同订立后风险归丁）
```

2.【出卖人明知"在途货物"已经发生了风险则归卖方】出卖人出卖交由承运人运输的在途标的物，在合同成立时知道或者应当知道标的物已经毁损、灭失却未告知买受人，买受人主张出卖人负担标的物毁损、灭失的风险的，人民法院应予支持

例：【卖方明知"在途货物"已毁损】甲的一批货物由丙运输，货物在运输途中已经被泥石流冲毁。甲对此知情，仍与乙签订在途货物买卖合同。<u>甲可否要求乙付款？</u>①否。②风险仍然归出卖人甲。

三、买卖合同标的物瑕疵检验期

（一）【标的物瑕疵检验期：买方"一次用尽"】

◆ **原理：**为什么需要标的物瑕疵检验期？①【验货】买方收到货后，货物不合格，可能是货物本身不合格，也可能是买方使用不当导致货物不合格。②【不验货就说不清】时过境迁，谁有道理，难以说清。③【瑕疵检验期】所以，买卖合同中要求买方在一定期间内检验一下货物，即验货，我们把这个期间叫做标的物瑕疵检验期。④【没表态：货物合格】买方在检验期必须说话表态，如果没说话没表态，我们视为卖方交付的货物合格。⑤【表态：瑕疵检验期一次用尽】如果说话了表态了，则该瑕疵检验期就一次用尽，作用发挥完毕。⑥【对买方的限制】可见，瑕疵检验期本质上是对买方的限制。

1.【外观瑕疵：及时检验】

（1）【没说：发现问题未通知卖方，视为标的物符合约定】当事人对检验期限未作约定，买受人签收的送货单、确认单等载明标的物数量、型号、规格的，推定买受人已经对数量和外观瑕疵进行检验，但是有相关证据足以推翻的除外（《民法典》第 623 条）。

（2）【说了：发现问题通知了卖方，则"一次用尽"】检验期再也没有价值了。买方请求卖方承担违约责任的请求权，开始适用诉讼时效制度。

例：【手机划痕】甲将手机卖给乙，乙收到货后发现手机有划痕，未及时通知甲。甲要求乙付款，乙要求退货。<u>谁的主张成立？</u>①甲。②【外观瑕疵及时检验】乙没有在外观瑕疵检验期间内通知出卖人，则视为标的物符合约定。③【检验了则检验期 1 次用尽】如乙及时

通知了甲,则该"及时检验"期间一次用尽,乙请求甲承担违约责任的债权请求权适用3年诉讼时效。如甲拒绝赔偿,则3年内乙必须再次提出主张才能导致诉讼时效中断,否则一直躺在权利上睡觉可能会导致3年诉讼时效届满,则甲可提出"诉讼时效届满的抗辩"。

(3)【太短:约定检验期间太短,视为外观瑕疵检验期】当事人约定的检验期限过短,根据标的物的性质和交易习惯,买受人在检验期限内难以完成全面检验的,该期限仅视为买受人对标的物的外观瑕疵提出异议的期限(《民法典》第622条)。

2.【隐蔽瑕疵:质量保证期>合理期间或自收到标的物之日起2年】

(1)【没说:发现问题未通知卖方,视为标的物符合约定】当事人约定检验期限的,买受人应当在检验期限内将标的物的数量或者质量不符合约定的情形通知出卖人。买受人怠于通知的,视为标的物的数量或者质量符合约定。当事人没有约定检验期限的,买受人应当在发现或者应当发现标的物的数量或者质量不符合约定的合理期限内通知出卖人。买受人在合理期限内未通知或者自收到标的物之日起2年内未通知出卖人的,视为标的物的数量或者质量符合约定;但是,对标的物有质量保证期的,适用质量保证期,不适用该2年的规定。出卖人知道或者应当知道提供的标的物不符合约定的,买受人不受前两款规定的通知时间的限制(《民法典》第621条)。

例:【约定检验期内没异议=标的物合格】甲乙买卖1000台A型微波炉,乙代甲办托运,多装了50台B型微波炉。甲与丙签订在途货物买卖合同,1000台A型微波炉转卖给丙,约定货物质量检验期为货到后10天内。3月20日货到,4月15日丙以部分货物质量不符合约定为由拒付货款,并要求退货。丙的主张能否成立?①否。②因为过了约定的质量检验期,视为货物质量合格。

(2)【说了:发现问题通知了卖方,则"一次用尽"】①检验期再也没有价值了,买方请求卖方承担违约责任的请求权,开始适用诉讼时效制度。②买受人在合理期间内提出异议,出卖人以买受人已经支付价款、确认欠款数额、使用标的物等为由,主张买受人放弃异议的,人民法院不予支持。

例:【手机充不上电】甲将手机卖给乙,乙收到货后发现手机多次在充电过程中有问题,半年后乙通知了甲。甲要求乙付款,乙要求甲退货。谁的主张成立?①乙。②手机充电问题属于隐蔽瑕疵,最长在收到货2年内可以通知出卖人手机有瑕疵。③如手机质保期为3年,则适用3年的质量异议期。④本案中,乙通知甲后,半年检验期"一次用尽"。乙可请求甲承担违约责任,开始计算违约责任的3年诉讼时效。

(二)【不适用标的物瑕疵检验期间】

1.【卖方太坏:卖方明知货物很烂】出卖人知道或者应当知道提供的标的物不符合约定的,则不适用瑕疵异议期间规则(《民法典》第621条第3款)。

2.【卖方太狡猾:卖方事先约定货物烂也不负责】当事人约定减轻或者免除出卖人对标的物瑕疵承担的责任,因出卖人故意或者重大过失不告知买受人标的物瑕疵的,出卖人无权主张减轻或者免除责任(《民法典》第618条)。

3.【卖方禁反言:买方在检验期没提异议,卖方依然因标的物不合格向买方承担了违约责任,卖方不能反悔】出卖人自愿承担违约责任后,又以异议期间经过为由反悔的,人民法院不予支持。

(三)【标的物的检验标准：坚持相对性】

出卖人依照买受人的指示向第三人交付标的物，出卖人和买受人约定的检验标准与买受人和第三人约定的检验标准不一致的，以出卖人和买受人约定的检验标准为准（《民法典》第624条）。

例：【连环交易】甲、乙设备买卖约定检验标准A，乙、丙设备转卖约定检验标准B。乙通知甲将设备交付给丙。甲按A标准将设备交付给丙，不符合丙的合理期待。如何处理？①甲对乙不构成违约。②乙对丙构成违约。③丙可要求乙承担违约责任，但不得要求甲承担违约责任，因为丙与甲之间没有合同关系。

```
         检验标准A        检验标准B
    甲 ←————————→ 乙 ←————————→ 丙
```

四、试用买卖

(一)【试用期间多久？卖方定】

试用买卖的当事人可以约定标的物的试用期间，对试用期间没有约定或者约定不明确，依据本法第五百一十条的规定仍不能确定的（可以补充协议，不能达成补充协议的按照合同相关条款或者交易习惯确定），由出卖人确定。（《民法典》第637条）。

(二)【买还是不买？买方可以选择，沉默也是一种选择】

1. 【可以选择：是试用买卖】试用买卖的买受人在试用期内可以购买标的物，也可以拒绝购买。

2. 【不可以选择：不是试用买卖】一旦剥夺买受人选择权，则不是"试用"买卖，而是"买卖"。

(1)【应买】约定标的物经过试用或者检验符合一定要求时，买受人应当购买标的物。

(2)【应买】约定第三人经试验对标的物认可时，买受人应当购买标的物。

(3)【应买：限期可换过期不能换】约定买受人在一定期间内可以调换标的物。

(4)【应买：限期可退过期就不能退】约定买受人在一定期间内可以退还标的物。

3. 【沉默也是一种选择，且视为选择购买】

(1)【拟制购买1：试用期满没表态】试用买卖的买受人在试用期内可以购买标的物，也可以拒绝购买。试用期限届满，买受人对是否购买标的物未作表示的，视为购买（《民法典》第638条第1款）。

(2)【拟制购买2：试用期内乱作为】试用买卖的买受人在试用期内已经支付部分价款或者对标的物实施出卖、出租、设立担保物权等行为的，视为同意购买（《民法典》第638条第2款）。

例：【"无权处分"秒变简易交付】甲将设备卖给乙，双方签订试用买卖合同。试用期间，乙尚未向甲支付价款，便将该设备出质给知情的丙。丙是否取得质权？①取得。②【试用的交付】试用买卖不因交付而转移所有权,其交付的目的是"试用",而非转移所有权。③【一箭双雕:试用人无权处分视为购买,导致无权处分变成有权处分】乙在试用期间将设备出质,构成"无权处分",但同步视为乙要购买即完成了"简易交付",乙成为所有权人,即乙的无权处分瞬间转化为有权处分,丙正常取得质权。也符合甲的利益,设备终于卖出去了!

(三)【试用付钱吗?否】

试用买卖的当事人对标的物使用费没有约定或者约定不明确的,出卖人无权请求买受人支付(《民法典》第639条)。

(四)【风险归谁?看买还是不买】

1.【试用期间风险归出卖人】标的物在试用期内毁损、灭失的风险由出卖人承担(《民法典》第640条)。

2.【买方同意购买风险归买受人】买方同意购买或拟制买方购买,属于"简易交付"完成交付,即"先试用",后买卖,交付后风险归买方承担。

五、分期付款买卖:分3次或以上付款[1]

(一)【分期付款的20%规则:催告后加速到期或催告后解除】

1.【催告后"加速到期"】分期付款的买受人未支付到期价款的数额达到全部价款的五分之一,经催告后在合理期限内仍未支付到期价款的,出卖人可以请求买受人支付全部价款(《民法典》第634条)。

2.【催告后解除:出卖人请求买受人支付使用费】分期付款的买受人未支付到期价款的数额达到全部价款的五分之一,经催告后在合理期限内仍未支付到期价款的,出卖人可以请求解除合同出卖人解除合同的,可以向买受人请求支付该标的物的使用费(《民法典》第634条)。

例:【在京东分期付款买表】李某在京东商城自营店上购买了浪琴手表一块,总价款20 000元,分10期付款。在李某按期支付了6次价款(共计12 000元)时,因该手表被其损坏,李某便停止支付全部尾款。如何评价本案法律关系?(1)【物:物权变动】李某填写的收货地址是李某与京东商城约定的交付地点,自李某在该地点收到浪琴手表时,李某享有浪琴手表的所有权。(2)【债:分期付款买卖】①【催告权】李某虽已支付6期价款共计12 000元,但是剩余已到期而尚未支付的价款已达合同标的额的五分之一,出卖人京东商城有权催告李某在合理期限内支付未到期价款。②【催告无果】催告无果,李某仍未支付,则启动分期买卖规则。③【方案1=加速到期】京东商城有权要求买受人李某一次性支付剩余的全部价款8000元。④【方案2=回到原来】要求李某退表、支付使用费、支付违约金,向李某退12 000元。

(二)【分期付款买卖20%规则:约定高于20%有效;约定低于20%无效】

分期付款买卖合同的"比例",损害买受人利益,买受人主张该约定无效的,人民法

---

[1] 房屋买卖一般分2次付款(购房人付首付,尾款由购房人指令银行放给开发商),故要求分3次是有意将一般房屋买卖排除在外。

院应予支持。

例：【可以>20%，不可以<20%】甲、乙签订分期付款买卖合同，甲向乙供应灰加气砌砖，每个月付1次款，每次付1万元，合计10个月。合同特别约定，乙未付款达到1万元时，甲可以催告后要求加速到期。合同特别约定是否有效？①否。该特别约定无效。②约定为10%，小于法定20%。如果约定为乙未付款达到3万时，甲可以催告后要求加速到期，该特别约定就有效，因为30%高于20%。

秒杀： 有利于分期付款买卖中"买方"的约定有效。

（三）【分期付款买卖的标的物：可以是动产，也可以是不动产，但不能是"股权"】

例：【最高院指导性案例67号"汤长龙诉周士海股权转让纠纷案"】有限责任公司的股权分期支付转让款中发生股权受让人延迟或者拒付等违约情形，股权转让人要求解除双方签订的股权转让合同的，不适用分期付款买卖中出卖人在买受人未支付到期价款的金额达到合同全部价款的五分之一时即可解除合同的规定。为什么？①【生活消费】分期付款买卖多发、常见在经营者和消费者之间，一般是买受人作为消费者为满足生活消费而发生的交易。出卖人向买受人授予了一定信用，而作为授信人的出卖人在价款回收上存在一定风险，为保障出卖人剩余价款的回收，出卖人在一定条件下可以行使解除合同的权利。②【股权买卖不是为了生活消费】尽管案涉股权的转让形式也是分期付款，但由于本案买卖的标的物是股权，因此具有与以消费为目的的一般买卖不同的特点。③汤长龙受让股权是为参与公司经营管理并获取经济利益，并非满足生活消费。④周士海作为有限责任公司的股权出让人，基于其所持股权一直存在于目标公司中的特点，其因分期回收股权转让款而承担的风险，与一般以消费为目的分期付款买卖中出卖人收回价款的风险并不同等。⑤双方解除股权转让合同，也不存在向受让人要求支付标的物使用费的情况。

六、保留所有权买卖

（一）【保留所有权买卖】

1.【约定交付后不转移所有权，付完全款后才转移所有权】

（1）【约定交付后不转移所有权】当事人可以在买卖合同中约定买受人未履行支付价款或者其他义务的，标的物的所有权属于出卖人（《民法典》第641条）。

例：【卖方再卖是有权处分：先保留买卖，后一般买卖】甲将其1辆汽车出卖给乙，约定价款30万元。乙先付了20万元，余款在6个月内分期支付。在分期付款期间，甲先将汽车交付给乙，但明确约定付清全款后甲才将汽车的所有权移转给乙。嗣后，甲又将该汽车以20万元的价格卖给不知情的丙，并以指示交付的方式完成交付。如何评价物权变动？①【物：卖方保留了所有权】甲、乙保留所有权买卖，乙未付完全款，汽车不因交付转移物权，物权仍归甲。②【债：卖方再卖属于有权处分】甲再卖汽车给不知情丙，属于有权处分，同时为"多重买卖"，甲、丙合同有效，丙因指示交付取得物权，但属于正常取得，而非善意取得。

```
甲 ←——— 保留买卖合同+交付+约定甲保留所有权 ———→ 乙（第1买受人）
 ↕   买卖合同+指示交付
丙（第2买受人+物权人）                          指示交付
```

◆ **原理**：为什么说保留所有权买卖具有担保功能？①【要卖】卖方要卖东西，不是不要卖东西。保留东西所有权是为了担保价款。②【要促销】东西不好卖，让购买人先支付一部分款，"提前消费"，可以增加商品的销售量。③【是担保】我的东西卖给你，然后你用东西抵押给我担保价款，叫价款优先权（超级优先抵押权）。现在我的东西卖给你，然后你没付全款前我保留所有权，也是为了担保价款。④【约定交付后不转移所有权】允许动产所有权保留，即允许当事人意思自治，不违反物权法定。

（2）【仅适用于动产】根据物权法定原则，不动产物权变动采用登记生效主义，当事人不能通过约定保留所有权。货币占有即所有，也不能约定保留所有权。

（3）【不是必须采用书面形式签约】所有权保留买卖不是必须采用书面形式签约。

秒杀：所有权保留买卖：付全款时转移所有权，交付时转移孳息，交付时转移风险。

2.【出卖人保留的所有权未经登记不得对抗善意第三人】出卖人对标的物保留的所有权，未经登记，不得对抗善意第三人（《民法典》第641条第2款）。

例：【买方再卖是无权处分：卖方所有权未经登记可以对抗恶意第三人】甲、乙保留所有权买卖中，卖方甲给买方乙出具的发票上记载"货款未付清，所有权保留"，乙将货物出卖给知情的丙，丙能否取得货物所有权？①否。②甲保留所有权只有发票未登记，不可对抗善意第三人，但可对抗恶意第三人丙。③乙无权处分，丙知情构成恶意，故丙不能取得货物所有权。

秒杀：保留所有权未经登记不能对抗下列善意第三人：购买的物权人、执行债权人、保全债权人、善意的承租人、破产债权人

(二)【卖方的取回权：卖方取回东西还保有现金流】

1.【卖方有取回权的情形】

（1）【取回条件】①买方未按照约定支付价款，经催告后在合理期限内仍未支付。②未按照约定完成特定条件。③将标的物出卖、出质或者作出其他不当处分。（《民法典》第642条第1款）

（2）【取回方式】①出卖人可以与买受人协商实现取回权。②协商不成的，参照适用担保物权的实现程序（《民法典》第642条第2款）。当事人约定出卖人保留合同财产的所有权，出卖人依据民法典第642条（取回权）起诉请求取回财产的，人民法院应当向其释明，告知其参照担保物权的实现程序主张权利。出卖人拒绝的，人民法院应当驳回出卖人的诉讼请求（《担保解释》第63条）。③取回的标的物价值明显减少的，出卖人有权要求买受人赔偿损失。

（3）【取回权的独立价值之1：取回东西还保有"现金流"】出卖人取回标的物，不用退回买方已经支付的价款。

例：【卖方现金流】甲车行将车卖给乙，约定乙付清全款50万元前，汽车归甲所有。甲将汽车交付给乙后，乙只付了25万元，尾款届期未付。经甲催告，乙在合理期限内仍

未支付，甲主张取回汽车。乙主张，既然甲取回汽车了，必须退回25万元。乙的主张是否成立？①否。②【取回东西】甲有权基于"取回权"取回汽车，甲没有选择行使"法定解除权"取回汽车。③【保有现金流】合同没有解除，故买卖合同仍然有效，故甲保有25万元就有了合同依据。可见，取回权可以保障甲的现金流不受影响。

◆ 原理：取回权的实务价值是什么？①【解除后收钱的一方要退钱】根据《民法典》合同编关于法定解除权规定，买方延履行义务经卖方催告在合理期间仍未履行，卖方有法定解除权，解除合同后要求买方返还财产。②【为何还需要取回权】既然如此，为什么还需要单独给卖方赋予一个"取回权"呢？给卖方赋予取回权具有独立价值，因为卖方取回货物是基于其选择行使"取回权"，而未选择行使"法定解除权"。③【取回权让卖方优势地位更佳】因为合同没有被解除，故合同关系仍然约束买卖双方当事人。故卖方取回标的物，无须向买方退回已经收取的货款。卖方既控制了货物，又控制了钱（现金流），故保留买卖的整个制度架构，维护的是卖方的利益。

（4）【取回权的独立价值之2：取回权是权利，而非义务】出卖人可以行使取回权，也可以不行使取回权而要求买方继续履行金钱之债。

例：【取回权是权利而非义务】4月1日，甲公司与乙公司签订了一份购销废铁合同。合同约定：甲公司在收到乙公司支付的货款之前，该批货的所有权仍属甲公司。甲公司分批给乙公司发废铁1000余吨，总价款1000万元。乙公司仅支付货款100万元，尚欠甲公司货款900万元。甲公司在多次索要货款未果的情况下，考虑到此时废铁已成为滞销产品，且大幅度降价，如果按合同中所有权保留条款的约定，从乙公司处取回与其所欠货款相应的废铁，有损自己的利益，即向法院提起诉讼，请求法院判令乙公司偿付所欠货款，并承担违约和赔偿损失的责任，而没有请求乙公司退还货物。乙公司称，自己未付全款，所有权仍然归甲公司，因此甲公司应取回废铁，不能要求乙公司付款。乙公司主张是否成立？①否。②所有权保留中的取回权实现方式，是参照适用担保物权实现程序。③因此，所有权保留买卖本质上是一种对卖方取得价款的担保。④既然是担保，债权人当然有权选择要求债务人继续履行债务了，债权人有权利但无义务去实现担保物权。

秒杀：①【东西好，就取回】卖方选择取回"钻石"。②【东西不好，就不取回】卖方选择不取回"废铁"而要求买方付款。

2.【卖方无取回权的情形】

（1）【第三人善意取得："破"出卖人取回权】第三人已经善意取得所有权或者其他物权，卖方不得主张取回权（《买卖解释》第26条第2款）。

例：【银行善意取得抵押权"破"出卖人取回权】甲公司与乙公司签订了保留所有权的买卖合同，约定在买方乙公司付清货款前，甲公司保留纺织机械所有权，未办理保留所有权登记。甲公司交货后，乙公司未支付尾款。此后，乙公司将上述纺织机抵押给不知情的银行且办理了抵押权登记。银行诉乙公司还款并主张行使抵押权，甲公司知情后以有独立请求权第三人身份参加诉讼，要求"取回"纺织机。甲公司的"取回"主张能否成立？不能。①甲公司保留的所有权没有登记，不能对抗银行。②银行善意取得纺织机的抵押权。③甲公司不能主张取回权。

（2）【买方已经支付了75%价款："破"出卖人取回权】买受人已经支付标的物总价

款的75%以上，卖方不得主张取回权（《买卖解释》第26条第1款）。

例：**【分期付款买卖和保留所有权买卖叠加】**甲、乙签订分期付款买卖，分4次付款，1次付1000元，乙付完全款前甲保留所有权。乙付了3次，还差1次。甲的救济路径有什么？①【分期买卖规则】未付占全部的1/4，超过20%，催告后还不付，甲有解除权。②【保留买卖规则】已付占全部3/4，超过75%，甲不能主张取回权。

秒杀：分期买卖看未付占比多少（20%以上启动解除权）。保留买卖看已付占比多少（75%以上破取回权）。

（三）【买方的回赎权：亡羊补牢】

出卖人取回标的物后，买受人在双方约定或者出卖人指定的合理回赎期限内，消除出卖人取回标的物的事由的，可以请求回赎标的物（《民法典》第643条第1款）。

（四）【卖方的再卖权：多退少补】

买受人在回赎期限内没有回赎标的物，出卖人可以以合理价格将标的物出卖给第三人，出卖所得价款扣除买受人未支付的价款以及必要费用后仍有剩余的，应当返还买受人；不足部分由买受人清偿（《民法典》第643条第2款）。

例：**【保护卖方应得总价款：再卖所得-未得价款=买方应补价款】**甲车100万元卖给乙，约定乙未付全款前所有权归甲。汽车交付给乙后，乙仅付了20万元，经甲催告仍未支付剩下的80万元。甲依法取回了汽车。乙没有回赎。假设甲分别再卖，所得价款扣除必要费用后分别为100万元、80万元、60万元，甲、乙之间如何处理"多退少补"关系？

```
           保留买卖+交车+价款100万元+乙只付了20万元+乙没有回赎
甲 ←──────────────────────────────────────────────────→ 乙
   ↑ ①甲再卖获得100万元：100-80=20。甲退乙20万元。乙亏0元。
   │ ②甲再卖获得80万元：80-80=0。甲退乙0元。乙亏20万元。
   ↓ ③甲再卖获得60万元：60-80=-20。乙补给甲20万元。乙亏40万元（20+20）
   丙
```

①【再卖得100万：退20万】如甲再卖得100万元，则退20万元给乙，乙没亏。②【再卖得80万：退0元】如再卖得80万元，则退0元给乙，乙亏了20万元。③【再卖得60万：乙补20万元】如再卖得60万元，则还可以向乙再要20万元，乙亏了40万元。④【如果卖价明显低于市价，拟制市价就是卖价】如按市价卖本来扣除必要费用剩余是70万元，甲再却仅卖得60万元，怎么处理？"拟制"甲卖得70万元，还可要求乙再付10万元，乙亏30万元。

七、商品房买卖合同

（一）【商品房买卖合同的订立】

1、**【售楼广告的内容具体、对缔约和价格有重大影响：视为要约】**（1）**【视为要约】**商品房的销售广告和宣传资料为要约邀请，但是出卖人就商品房开发规划范围内的房屋及相关设施所作的说明和允诺具体确定，并对商品房买卖合同的订立以及房屋价格的确定有重大影响的，构成要约。（2）**【视为进入合同】**该说明和允诺即使未载入商品房买卖合同，亦应当为合同内容，当事人违反的，应当承担违约责任。

2.【立约定金规则：可能启动也可能不启动定金罚则】（1）【单方原因不立约启动定金罚则】出卖人通过认购、订购、预订等方式向买受人收受定金作为订立商品房买卖合同担保的，如果因当事人一方原因未能订立商品房买卖合同，应当按照法律关于定金的规定处理。（2）【不可归责双方原因不立约则不启动定金罚则】因不可归责于当事人双方的事由，导致商品房买卖合同未能订立的，出卖人应当将定金返还买受人。

3.【购房协议：可能是预约也可能是本约】

（1）【协议内容不完整：协议属于预约，不是商品房买卖合同】

例：【认购书是预约】甲公司未取得商铺预售许可证，便与李某签订了《商铺认购书》，约定李某支付认购金即可取得商铺优先认购权，商铺正式认购时甲公司应优先通知李某选购。双方还约定了认购面积和房价，但对楼号、房型未作约定。李某依约支付了认购金。甲公司取得预售许可后，未通知李某前来认购，将商铺售罄。李某可否诉甲公司承担违约责任？①可以。②【预约】甲公司还未收取购房款，认购书内容不完整，不具备商品房买卖合同内容，故应属于"预约"。③【预约有效】签订预约不需要甲公司取得商品房预售许可证，预约有效，甲公司违反预约须负违约责任。

（2）【协议内容完整且出卖人收取购房款的合同：协议属于本约，是商品房买卖合同】商品房的认购、订购、预订等协议具备商品房买卖合同的主要内容，并且出卖人已经按照约定收受购房款的，该协议应当认定为商品房买卖合同。

（二）【商品房买卖合同的效力】

1.【预售许可证】（1）【没有预售许可证：合同无效】出卖人未取得商品房预售许可证明，与买受人订立的商品房预售合同，应当认定无效。（2）【起诉前取得预售许可证：合同有效】签订合同时没有预售许可证，但在起诉前取得商品房预售许可证明的，可以认定有效。

例：【西安开发商神操作：举报自己违规】2016年4月25日，李女士与闻天公司签订《紫杉庄园内部认购合同》一份，认购闻天公司开发建设的位于长安区兴隆街办西沣路以西紫杉庄园项目商品房。内部认购合同约定：认购房源销售面积约200平方米，认购房源销售总价172万元；乙方李女士选择总房价款100%付款比例，根据付款比例，开发商给予总房价款7折优惠，优惠后总价120.4万元；李女士应于2016年4月25日一次性向甲方闻天公司支付该认购房源100%房价款。合同还约定，合同签订后，甲方须为乙方保留该房屋至签订正式《商品房买卖合同》时，且不得与第三方签订该房屋的《商品房内部认购合同》或《商品房买卖合同》，并承诺在乙方携本合同与甲方签订《商品房买卖合同》时，甲方将完全履行本合同约定的房屋位置、面积、价款、户型等条款。合同签订当天，李女士即缴纳120.4万元购房款，闻天公司出具了收据。2018年，房价由原来7000元/㎡，上涨为2.5万元/㎡。闻天公司先是接受房管局处罚72万元，后诉到法院请求确认内部认购协议无效。经查，与李女士相同遭遇的有12人，买的都是联排别墅。法院如何处理？①【本约】内部认购协议符合商品房买卖合同内容，属于本约，不是预约。②【没有预售许可证】商品房买卖合同需要具备预售许可证，闻天公司已经办理了"4证"，就差这个"第5证",且在一审判决无效后第4天获得预售许可证。③【违反诚信视为取得预售许可证：恶意阻止条件成就视为条件成就】二审法院认定,闻天公司诉合同无效的真正目的是取得超出合同预期更大利益,能够办理预售许可证而不办理,违背了诚实信用原则,视为其已经办理了预售许可证,故判决合同有效。

2.【备案】(1)【没有备案不导致合同无效】当事人以商品房预售合同未按照法律、行政法规规定办理登记备案手续（俗称"网签"）为由,请求确认合同无效的,不予支持。该合同不是"要式合同"。(2)【约定备案是合同生效条件从该约定】当事人约定以办理登记备案手续为商品房预售合同生效条件的,从其约定。(3)【约定备案是合同生效条件却未备案但双方实际履行的：合同有效】当事人约定以办理登记备案手续为商品房预售合同生效条件的,从其约定,但当事人一方已经履行主要义务,对方接受的除外。

例：【履行行为修改了备案作为生效条件的约定】钱某与开发商签订商品房预售合同,约定商品房预售合同自签订之日起30日内,办理登记备案手续：如按期办理备案,由网签系统生成合同备案编号,同时在网签系统的商品房楼盘表内显示该套商品房已售。如未按期办理备案,交易系统中商品房买卖合同记录信息自动解除,并自动恢复为"可售"房源状态。钱某交付首付后,因对按揭方式有异议,在开发商将合同办理网签备案前,要求开发商退首付款。钱某主张是否成立？①否。②【备案是生效条件】双方约定网签备案为合同生效条件,从约定。③【没备案但已经实际履行故合同生效】但钱某已经支付了首付款,开发商已经接受,故合同已经生效。④开发商后续可以将该合同办理网签备案。

3.【一房2卖】(1)【一般有效】出卖人将房屋卖给第一个买受人,后又卖给第二个买受人,两个合同都有效。(2)【恶意串通的无效】买受人以出卖人与第三人恶意串通,另行订立商品房买卖合同并将房屋交付使用,导致其无法取得房屋为由,请求确认出卖人与第三人订立的商品房买卖合同无效的,应予支持。

(三)【商品房包销合同】

1.【包销人"包销"】出卖人与包销人订立商品房包销合同,约定出卖人将其开发建设的房屋交由包销人以出卖人的名义销售的,包销期满未销售的房屋,由包销人按照合同约定的包销价格购买,但当事人另有约定的除外。

◆原理：包销人的法律地位是什么？①【卖得掉的房屋：包销人是代理人】包销人不可能取得预售许可证,故不能以自己名义签订出卖合同,因此是代理人。②【卖不掉的房屋自己包销：包销人是购房人】如果卖不掉房屋,则包销人负有购买剩下商品房的义务,包销人身份由代理人变成了购房人。③【包销人"自己消化"后再卖：包销人是出卖人】如包销人购入后再行转让,则该买卖属于二手房买卖,而非一手房买卖。④【包销人图"利差"】包销人与开发商包销合同约定7500元/平方米,对外销售多卖所得归包销人,少卖部分由包销人补。

2.【出卖人"再卖"：物债二分】出卖人包销出去后不得自行销售,但不属于无权处分。(1)【债：出卖人违约应赔偿】出卖人自行销售已经约定由包销人包销的房屋,包销人请求出卖人赔偿损失的,应予支持,但当事人另有约定的除外。(2)【物：出卖人属于有权处分】包销人包销的房屋登记在出卖人名下,出卖人另行出售,属于有权处分,完成过户登记,则购买人属于基于法律行为取得不动产物权。

例：【**出卖人自卖属于有权处分但构成违约**】甲公司与乙公司签订商品房包销合同，约定甲公司将其开发的 10 套房屋交由乙公司包销。甲公司将其中 1 套房屋卖给丙。乙公司可否要求甲公司承担违约责任？①可以。②甲公司将包销出去的房屋出卖，属于有权处分，但需要对包销人负违约责任。

第十一章 赠与合同

一、赠与财产的合同

（一）【双方法律行为】

1. 【赠与合同要求2个意思表示一致】赠与合同是诺成合同，合同是双方民事法律行为，双方民事法律行为需要有2个意思表示，即赠与的要约和接受赠与的承诺，这2个意思表示一致，赠与合同才成立。

2. 【赠与合同是无偿合同】赠与合同是赠与人将自己的财产无偿给予受赠人，受赠人表示接受赠与的合同（《民法典》第657条）。

例：【你送我要：双方行为】甲愿替乙向丙还债500元，对乙称不用还了，乙表示一定奉还。甲还了250元后甲和乙交恶，甲要求乙退250元，乙要求甲继续还剩余的250元。谁的主张成立？①甲的主张成立。乙应退250元给甲。②赠与合同是双方民事法律行为，需要双方意思表示一致，甲、乙双方未就赠与达成意思表示，赠与合同不成立。

（二）【无偿赠与财产】

1. 【无偿赠与财产的合同才是赠与合同】赠与合同的对象限于"财产"，如房屋、汽车、股权、知识产权财产权。

2. 【无偿提供劳务可能是帮工】无偿提供劳务，可能构成帮工，彼此之间不存在合同关系。比如甲免费为乙搬家，甲、乙之间没有合同关系。

3. 【无偿提供劳务的合同可能是委托合同】甲免费为乙去办理工商登记手续，这不是赠与合同，而是无偿委托合同。

4. 【无偿提供劳务的合同可能是保管合同】甲免费为乙看管汽车，这不是赠与合同，这是无偿保管合同。

5. 【无偿提供借款的合同是自然人之间的借款合同】甲将100元交给乙，不收利息，这不是赠与合同，这是无偿借款合同。

秒杀：①赠与合同必然是无偿的。②可以有偿也可以无偿的合同：委托合同、保管合同、自然人之间的借款合同。

二、赠与合同的撤销权：通知即可无须诉讼

（一）【任意撤销权：一般赠与人有；"三公"赠与人无】

1. 【一般赠与人"有"任意撤销权】赠与人在赠与财产的权利转移之前可以撤销（《民法典》第658条第1款）。动产交付之前可任意撤销；不动产过户之前可以任意撤销。通知即可，无须诉讼，因为所谓任意撤销权，就是说一句："我不送了！"毕竟财产还在赠与人手里。

◆ **原理1：** 为什么说赠与合同是诺成合同？①如果合同不成立，不需要撤销。②既然转移财产前可以任意撤销，反对该合同已经成立，故赠与合同是诺成合同，一诺即成。

◆ **原理2：** 为什么要赋予一般赠与人"任意撤销权"？因为赠与合同是无偿合同，故在财产转移前，赋予赠与人"任性"撤销权。

例：【恋爱赠与】甲男与乙女签订赠与合同，同意赠与10万元给乙购车。甲未赠与，乙可否要求甲交付10万元？①否。②因为赠与财产权利尚未转移，甲有"任意撤销权"。③如甲已经交付了10万元，但分手后不能要求乙退10万元，因为赠与财产权利已经转移，甲无"任意撤销权"。

2.【"三公"赠与人"无"任意撤销权："公证、公德、公益"】

（1）【"三公"赠与的赠与人不能任意撤销】经过公证的赠与合同或者依法不得撤销的具有救灾、扶贫、助残等公益、道德义务性质的赠与合同，赠与人不得享有任意撤销权（《民法典》第658条第2款）。

◆ **原理：** 夫妻之间婚前或婚后赠与"房屋"，属于"道德义务赠与"吗？不属于。①【特别规定】因为婚姻编司法解释有特别规定，虽然我个人认为这个规定不合理，但是司法解释比我牛，该司法解释内容为：婚前或者婚姻关系存续期间，当事人约定将一方所有的房产赠与另一方，赠与方在赠与房产变更登记之前撤销赠与，另一方请求判令继续履行的，人民法院可以按照任意撤销权规定处理。②【请老公去公证处走一趟】该规定赋予赠与人（实务中一般是"老公"）有任意撤销权。经验教训，结婚送房屋只要没过户都是"口嗨"，都可以反悔，只有经过"公证"才能锁死该赠与，妻子才能诉老公继续履行该赠与，将房屋予以过户。

（2）【"三公"赠与的受赠人有权请求交付】经过公证的赠与合同或者依法不得撤销的具有救灾、扶贫、助残等公益、道德义务性质的赠与合同，赠与人不交付赠与财产的，受赠人可以请求交付（《民法典》第660条第1款）。

（3）【"三公赠与的受赠人"有权请求赔偿】"三公赠与"中应当交付的赠与财产因赠与人故意或者重大过失致使毁损、灭失的，赠与人应当承担损害赔偿责任（《民法典》第660条第2款）。

例：【侵权还是违约】甲与希望学校签订赠与合同，捐赠一批电脑。情形1：交付前，甲毁坏电脑，拒不赠与。情形2：交付后，甲毁坏电脑。这两种情形有何差异？①【交付前拒不赠与是违约】交付前，赠与人故意导致赠与财产毁损，受赠人可请求赠与人承担"违约损害赔偿责任"，不是侵权责任，因为电脑的所有权人归甲，而非希望学校。②【交付后毁坏赠与物是侵权】交付后，赠与人故意毁坏电脑，因电脑的所有权人是希望学校，故受赠人可请求赠与人甲承担侵权损害赔偿责任。

秒杀： ①一般赠与中，赠与财产转移前，受赠人无权请求交付或赔偿。②"三公"赠与中，赠与财产转移前，受赠人有权请求交付或赔偿。③"三公"，公证、公德、公益。

（二）【法定撤销权：适用于一般赠与和"三公"赠与】

◆ **原理：** 赠与人的法定撤销权为什么属于形成权？该权利行使后，会使当事人从有赠与合同关系变成无赠与合同关系。该权利行使会导致赠与合同关系消灭，故法定撤销权属于形成权。通知即可，无须诉讼。

1. 【法定撤销权的事由】(《民法典》第 663 条第 1 款)

(1)【受赠人坏：恩将仇报】严重侵害赠与人或者赠与人近亲属的合法权益。

例：【"三公"赠与的受赠人恩将仇报】甲与乙签订赠与合同经公证，约定甲赠乙车。后乙将甲的儿子故意打成重伤。甲有撤销权吗？①【无任意撤销权】甲无任意撤销权，因为赠与合同经过公证。②【有法定撤销权】甲有法定撤销权，因为受赠人乙严重侵犯了赠与人甲近亲属的合法权益。

(2)【受赠人懒：违反法定义务或者违反约定义务】①【违反法定义务】对赠与人有扶养义务而不履行。爸爸给房屋给儿子，儿子有法定赡养义务。爷爷送房屋给孙子，孙子无法定赡养义务。②【违反约定义务】不履行赠与合同约定的义务。

◆ 原理：赠与合同中，为什么不适用解除规则？①一般赠与合同中有任意撤销权规则，一般赠与合同和"三公"赠与合同都有法定撤销权规则。②如果受赠人诉赠与人转移赠与物，启动任意撤销权规则。③如果赠与人诉受赠人退还赠与物，启动法定撤销权规则。④以上属于赠与合同的纠纷，无须援用解除规则。⑤赠与合同是单务合同，不适用解除规则。因此，解除规则适用于双务合同。

秒杀：法定撤销权，通知即可，无须诉讼，没给的可以不给，给了的可以要求退回。

2. 【法定撤销权的期间】

(1)【赠与人：知情后 1 年】赠与人的撤销权，自知道或者应当知道撤销事由之日起 1 年内行使（《民法典》第 663 条第 2 款）。

(2)【赠与人的继承人或法定代理人：知情后 6 个月】因受赠人的违法行为致使赠与人死亡或者丧失民事行为能力的，赠与人的继承人或者法定代理人可以撤销赠与。赠与人的继承人或者法定代理人的撤销权，自知道或者应当知道撤销事由之日起 6 个月内行使（《民法典》第 664 条）。

例：【赠与人有法定撤销权就轮不到其他人】甲与乙签订赠与合同经公证，约定甲赠与乙车。后乙将甲的儿子小甲故意打成重伤。小甲可以撤销赠与吗？①不可以。②甲自己才有法定撤销权。③甲的儿子小甲没有法定撤销权。

◆ 原理：形成权可以继承吗？为什么？①形成权可以继承。比如赠与人被受赠人打死了，赠与人享有法定撤销权，该法定撤销权由赠与人的继承人继承。还比如父亲对外签订合同，对方根本违约，父亲享有法定解除权，父亲死亡后，该法定解除权由继承人继承。②形成权是一种财产，继承编的"遗产"是广义的，包括形成权。

(三)【穷困抗辩权：适用于一般赠与和"三公"赠与】

1. 【穷困：不再履行赠与义务】赠与人的经济状况显著恶化，严重影响其生产经营或者家庭生活的，可以不再履行赠与义务（《民法典》第 666 条）。给了就算了，没给可以不给，以免赠与人穷。

例：【赠与人婆婆比受赠人儿媳更惨】婆婆和儿媳（丧偶）签订土地承包合同，合同约定，婆婆将其分得的 8 亩土地无偿交给儿媳耕种，为期 3 年。婆婆年近 8 旬，主要依靠村集体经济组织分配的口粮田满足生活温饱问题。婆婆诉请要求收回土地承包经营权，应否支持？①支持。②【赠与合同】双方签订的是赠与合同，赠与标的是农村土地承包经营权。③【穷困抗辩权】赠与人经济状况显著恶化，可主张穷困抗辩权，不再履行赠与义务，将土地承包经营权收回。

2.【东山再起：继续履行赠与义务】赠与人无经济能力了，可以不履行赠与义务。赠与人东山再起，又有经济能力了，应继续履行赠与义务，不能主张穷困抗辩权。当然，如果满足任意撤销权条件（不是"三公"赠与且赠与财产没转移），是可以行使任意撤销权的。

三、附义务的赠与、附条件的赠与和遗赠抚养协议

（一）【附义务的赠与】

1.【赠与人完成赠与】赠与人先完成赠与，受赠人后履行义务。

2.【受赠人履行义务】赠与附义务的，受赠人应当按照约定履行义务（《民法典》第661条）。

3.【受赠人不履行约定义务：赠与人有法定撤销权】受赠人不履行赠与合同约定的义务，赠与人享有法定撤销权，可撤销赠与（《民法典》第663条）。

例：【赠与人送车后，受赠人有参加考试的义务】甲、乙约定，甲赠乙1车，乙取得该车后需参加研究生考试。甲交付车，乙未参加研究生考试，甲要求退车，乙拒绝。<u>甲能否要求退车？</u>①能。②【附义务赠与】甲、乙签订了附义务的赠与合同，乙参加研究生考试是赠与合同约定的受赠人应履行的义务。③【法定撤销权】受赠人未履行赠与合同约定的义务，赠与人享有"法定撤销权"。

（二）【附条件的赠与】

1.【附生效条件的赠与】条件成就，赠与合同生效。

例：【参加考试才送车：附生效条件的赠与】甲、乙约定，如乙参加研究生考试，甲赠乙1车。乙未参加研究生考试，<u>可否要求甲交车？</u>①否。②甲、乙签订了附生效条件的赠与合同。③乙参加研究生考试与否是不确定事实，将该不确定事实来限定合同的生效，故为附生效条件的赠与合同。④乙没有参加研究生考试，生效条件没有成就，故赠与合同不生效，乙无权要求甲赠车。⑤既然赠与合同不生效，就谈不上任意撤销的问题了。因此乙无权要求甲赠车的原因是赠与合同未生效，而不是甲行使任意撤销权导致。

2.【附解除条件的赠与】条件成就，赠与合同失效，赠与人要求退还赠与财产。

例：【先送车没参加考试要退车：附解除条件的赠与】甲、乙约定，甲赠乙车，如乙未参加研究生考试，则退车。乙未参加研究生考试，<u>甲可否要求退车？</u>①可。②甲、乙签订了附解除条件的赠与。③乙参加研究生考试与否是不确定事实，将该不确定事实来限定生效合同的失效，故为附解除条件的赠与合同。④乙未参加研究生考试，解除条件成就，故赠与合同失去效力，甲有权要求乙退车。

◆ 原理：负义务赠与和附解除条件的赠与的根本差异是什么？①【附义务的赠与启动法定撤销权才会失去效力】附义务赠与合同是已经生效的合同，受赠人违反义务，则启动赠与人法定撤销权，该撤销权必须行使。赠与人需要通知受赠人，才可要求退回赠与财产。②【附解除条件的赠与在条件满足时自动失去效力】附解除条件赠与合同也是已经生效的合同，条件成就，则赠与合同自动失去效力，赠与人什么也不用说什么也不用做，有权直接要求退回赠与财产。

（三）【遗赠抚养协议："生养死葬"】赠与人生前，受赠人对赠与人履行抚养义务。赠与人死后，受赠人安葬赠与人并取得其遗产。

例：【"生养死葬"】甲、乙签订遗赠抚养协议，约定乙对甲生养死葬，甲死亡后遗产均归乙。甲、乙签订的协议是遗赠抚养协议，适用《民法典》继承编规则，不适用合同编规则。

四、赠与人的瑕疵担保责任

（一）【看"对价"】

1.【无"对价"的赠与人不承担瑕疵担保责任】赠与的财产有瑕疵的，赠与人不承担责任（《民法典》第662条第1款）。

2.【有"对价"的赠与人要承担瑕疵担保责任】附义务的赠与，赠与的财产有瑕疵的，赠与人在附义务的限度内承担与出卖人相同的责任（《民法典》第662条第1款）。如甲赠与乙1车存在质量问题，给乙附了义务，帮甲的儿子找份工作。履行义务的乙可向甲索赔。

（二）【看"过错"】赠与人故意不告知瑕疵或者保证无瑕疵，造成受赠人损失的，应当承担损害赔偿责任（《民法典》第662条第2款）。

例：【赠与带病毒电脑】甲赠带病毒的电脑给乙，乙使用电脑时因病毒导致文件被删除。乙可否要求甲承担赔偿责任？（1）【先看对价】①无对价则乙无权向甲索赔。②有对价则乙有权向甲索赔，如甲赠与乙时给乙附了义务，履行了义务的乙有权向甲索赔。（2）【再看过错】无论是否有对价，只要甲故意不告知病毒或保证无病毒，则乙有权向甲索赔。

秒杀：赠与的民法考点。①"限人"可签纯受益的赠与合同。②赠与合同不启动善意取得。③赠与财产"逃债"启动债权人撤销权。

第十二章 借款合同

一、借款合同的成立

（一）【个人与个人：实践性合同】自然人之间的借款合同，自贷款人提供借款时成立（《民法典》第679条）。

1. 以现金支付的，自借款人收到借款时。
2. 以银行转账、网上电子汇款等形式支付的，自资金到达借款人账户时。
3. 以票据交付的，自借款人依法取得票据权利时。
4. 出借人将特定资金账户支配权授权给借款人的，自借款人取得对该账户实际支配权时。
5. 出借人以与借款人约定的其他方式提供借款并实际履行完成时。

（二）【其他：诺成性合同】当事人达成借款合意，借款合同即成立。

二、民间借贷合同的效力

（一）【民间借贷合同无效】

1. 套取金融机构贷款转贷的合同无效：(1) 甲企业与银行借款合同有效。(2) 甲企业将该借款转贷给乙的转贷合同无效。
2. 以向其他营利法人借贷、向本单位职工集资，或者以向公众非法吸收存款等方式取得的资金转贷的：(1) 甲企业与员工的借款合同有效。甲企业非法集资与老百姓的借款合同有效。(2) 甲企业将该借款转贷给乙的转贷合同无效。

◆ 原理：为何民间借款中法院要依据职权审查出借人的资金来源？因为如果资金是从银行套取、从老百姓套取，再转贷的合同是无效的。

3. 未依法取得放贷资格的出借人，以营利为目的向社会不特定对象提供借款的合同无效。"职业放贷人"即使是自有资金，去放贷，该借款合同也无效，因为主体不合格。
4. 出借人事先知道或者应当知道借款人借款用于违法犯罪活动仍然提供借款的。借钱用于走私毒品，该借款合同无效，前提是出借人知情，类似于恶意串通损害国家利益。
5. 违反法律、行政法规强制性规定的。
6. 违背公序良俗的。

（二）【民间借贷合同有效：生产经营的都有效】

1. 法人之间、非法人组织之间以及它们相互之间为生产、经营需要订立的民间借贷合同。
2. 法人或者非法人组织在本单位内部通过借款形式向职工筹集资金，用于本单位生产、经营订立的民间借贷合同。

三、借款合同的利息

（一）【没有约定利息：不需要支付利息】借款合同对支付利息没有约定的，视为没有利息（《民法典》第680条第2款）。

（二）【明确约定了利息：需要支付利息】

例：【%1：约定明确，要支付利息】张某向李某借了10万元，出具借条一张，借条具体内容如下："今从李某处借到人民币现金壹拾万元整，月息%1，借期一年。张某，2022.10.1"。后李某逾期不还，张某具状起诉至法院。之前双方无借贷往来。审理中，张某认为借条中的"月息%1"为约定不明，视为没有利息。张某主张是否成立？①否。②解释在先，不明在后，只有解释不清，才能曰"不明"。③故所谓的"约定不明"，只能是指用通常的合同解释方法已无法解释明白的情况下，才能认定为"约定不明"。④本案中，根据合同目的及符号意思完全可以推定出其就是"百分之一"的意思，其表达效果应视为等同于"1%"的表达效果。

（三）【约定了利息但约定得不明确：自然人之间不用支付利息；其他情形要支付利息】

1.【自然人之间借款约定利息不明确，视为没有利息，不用支付借期内利息】（《民法典》第680条第3款）。

例：【约定支付利息但没说标准：约定不明确，不用支付借期内利息】张某向好友李某出借了20万元，双方约定借期为1年，借期内李某应当向张某支付利息，但双方未约定利息支付标准。借期届满后李某不还钱，张某起诉至法院，要求李某归还借款支付利息。张某的主张能否成立？①张某有权要求李某归还本金。②张某无权要求支付1年借期内的利息。③但是张某有权要求支付逾期利息，"参照当时一年期贷款市场报价利率标准（LPR）计算"。

2.【其他借款约定利息不明确：仍然要支付利息】按照当地或者当事人的交易方式、交易习惯、市场利率等因素确定利息（《民法典》第680条第3款）。

（四）【约定利率：上限是4倍的LPR】

1.【4倍LPR】出借人请求借款人按照合同约定利率支付利息的，人民法院应予支持，但是双方约定的利率超过合同成立时一年期贷款市场报价利率（LPR）四倍的除外。

例：【假设一年期LPR的4倍是15%】甲向乙借款100万元，为期一年，约定利息是20万元，如何评价？法院支持年底回收115万元，另外5万元利息无效应作为不当得利予以返还。

2.【LPR】"一年期贷款市场报价利率"，是指中国人民银行授权全国银行间同业拆借中心自2019年8月20日起每月发布的一年期贷款市场报价利率。

秒杀：一年期LPR？一年期贷款市场报价利率。LPR，每个月第20日发布1次。

（五）【"利滚利"：上限是4倍的LPR】

借贷双方对前期借款本息结算后将利息计入后期借款本金并重新出具债权凭证，如果前期利率没有超过合同成立时一年期贷款市场报价利率4倍，重新出具的债权凭证载明的金额可认定为后期借款本金。超过部分的利息，不应认定为后期借款本金。

按前款计算，借款人在借款期间届满后应当支付的本息之和，超过以最初借款本金与以最初借款本金为基数、以合同成立时一年期贷款市场报价利率 4 倍计算的整个借款期间的利息之和的，人民法院不予支持。

例：【"可以利滚利"但不能超过上限"4 倍 LPR"】甲向乙借款 100 万元，为期 5 年，约定 10% 的利率，并且实行"利滚利"，即前期本金和利息作为后期的本金。如何评价？①按约定利率计算，不能突破 4 倍 LPR。②在 4 倍 LPR 以内的部分有效，超过的无效。③假设 4 倍 LPR 是 15%，再假设本金 100，计算结果：第 1 年上限是 115，第 2 年上限是 130，第 3 年上限是 145，第 4 年上限是 160，第 5 年上限是 175。④只要最终结果不超过上限，可按照约定的利率与方法来计算利息。

（六）【"逾期利息"：上限是 4 倍的 LPR】

1.【约定了逾期利息：从约定】借贷双方对逾期利率有约定的，从其约定，但是以不超过合同成立时一年期贷款市场报价利率 4 倍为限。

例：【假设一年期 LPR 的 4 倍是 15%：如何计算利息】甲乙签订借款合同，甲出借 100 万元给乙并交付，年利率为 10%，为期 1 年，逾期利率为 40%。乙第 2 年尚未还款，甲可要求乙还多少款？①本金 100 万元，借期内利息 10 万元，逾期内利息 15 万元（逾期利率为 40% 超过 LPR 的部分无效则按"LPR"的 4 倍即 15% 计算）。②甲可要求乙还 125 万元。

2.【没约定逾期利息：按借期利率；按 LPR】

（1）【有借期利率：按借期利率】约定了借期内利率但是未约定逾期利率，出借人主张借款人自逾期还款之日起按照借期内利率支付资金占用期间利息的，人民法院应予支持。

（2）【无借期利率：按 LPR】既未约定借期内利率，也未约定逾期利率，出借人主张借款人自逾期还款之日起参照当时一年期贷款市场报价利率标准（LPR）计算的利息承担逾期还款违约责任的，人民法院应予支持。

（七）【"巧立名目利息"：上限是 4 倍的 LPR】

出借人与借款人既约定了逾期利率，又约定了违约金或者其他费用，出借人可以选择主张逾期利息、违约金或者其他费用，也可以一并主张，但是总计超过合同成立时一年期贷款市场报价利率 4 倍的部分，人民法院不予支持。

（八）【"不能砍头息"】

借据、收据、欠条等债权凭证载明的借款金额，一般认定为本金。预先在本金中扣除利息的，人民法院应当将实际出借的金额认定为本金。

例：【10 万变 9 万】甲乙约定出借 10 万元，约定年利率 10%，甲先收取利息，甲交付了 9 万元。年底，甲有权要求乙还多少款？9 万元是本金，年利率是 10%，故年底还款 9.9 万元。

（九）【"提前还款算实际利息"】

借款人可以提前偿还借款，但是当事人另有约定的除外。借款人提前偿还借款并主张按照实际借款期限计算利息的，人民法院应予支持。

四、借款合同的还款人

（一）【大 BOSS】

1. 【企业借款用于大 BOSS：一起还】

法人的法定代表人或者非法人组织的负责人以单位名义与出借人签订民间借贷合同，有证据证明所借款项系法定代表人或者负责人个人使用，出借人请求将法定代表人或者负责人列为共同被告或者第三人的，人民法院应予准许。

2. 【大 BOSS 借款用于企业：一起还】

法人的法定代表人或者非法人组织的负责人以个人名义与出借人订立民间借贷合同，所借款项用于单位生产经营，出借人请求单位与个人共同承担责任的，人民法院应予支持。

（二）【担保人】

1. 【让与担保合同】

（1）【诉履行买卖合同：按借贷合同审理】当事人以订立买卖合同作为民间借贷合同的担保，借款到期后借款人不能还款，出借人请求履行买卖合同的，人民法院应当按照民间借贷法律关系审理。当事人根据法庭审理情况变更诉讼请求的，人民法院应当准许。

（2）【按借贷合同审理：没有让与担保权故出借人是普通债权人，没有优先受偿权】

按照民间借贷法律关系审理作出的判决生效后，借款人不履行生效判决确定的金钱债务，出借人可以申请拍卖买卖合同标的物，以偿还债务。就拍卖所得的价款与应偿还借款本息之间的差额，借款人或者出借人有权主张返还或者补偿。

例：【借款与买卖】自然人甲、乙签订借款合同，乙向甲借款1000万元。同时双方签订房屋买卖合同，如乙不还款，甲有权请求乙过户房屋。乙届期未还款，且乙尚欠丙1000万元。甲诉乙过户房屋，能否获得支持？①否。②法院按照民间借贷法律关系审理。③如甲变更诉讼请求为要求还借款，法院应准许。④法院判决甲胜诉，甲可以申请拍卖乙名下的房屋，如卖1200万元，则甲得1000万元，多出的200万元退给乙。如卖得800万元，则甲得800万元，剩余200万元未获得清偿可以请求乙继续还款。⑤在此过程中，甲并无优先于丙的权利。如丙诉乙也获得胜诉判决，则在执行阶段，丙可申请参与分配，与甲平均分1200万元或者800万元，剩余未获得部分都变成了"普通债权"。

2. 【保证担保】

（1）【只告一般保证人，释明后裁定驳回起诉】一般保证人为借款人提供一般保证，债权人未就主合同纠纷提起诉讼或者申请仲裁，仅起诉一般保证人的，法院释明后原告不听则裁定驳回起诉（《担保制度解释》第 26 条第 1 款）。

（2）【连带保证中的"乱告"】保证人为借款人提供连带责任保证，出借人仅起诉借款人的，人民法院可以不追加保证人为共同被告；出借人仅起诉保证人的，人民法院可以追加借款人为共同被告。

（3）【不是保证人】他人在借据、收据、欠条等债权凭证或者借款合同上签名或者盖章，但是未表明其保证人身份或者承担保证责任，或者通过其他事实不能推定其为保证人，出借人请求其承担保证责任的，人民法院不予支持。

五、借款合同的履行地：原告地

(一)【接受货币一方所在地是合同履行地】

借贷双方就合同履行地未约定或者约定不明确，事后未达成补充协议，按照合同相关条款或者交易习惯仍不能确定的，以接受货币一方所在地为合同履行地。

(二)【诺成性借款合同中，借款人诉出借人交借款，借款人是收款一方】

1. 诉"交"借款案中，借款人一方是收款一方，而收款一方所在地是合同履行地，故借款人一方所在地是合同履行地。

2. 借款人一方是原告，故原告地是合同履行地。

(三)【诺成性或实践性借款合同中，出借人诉借款人还借款，出借人是收款一方】

1. 诉"还"借款案中，出借人一方是收款一方，而收款一方所在地是合同履行地，故出借人一方所在地是合同履行地。

2. 出借人一方是原告，故原告地是合同履行地。

例：【借款合同纠纷：原告地（合同履行地）和被告地】唐某和甲公司签订借款合同，约定唐某将100万元借给甲公司。如何确定合同履行地？①唐某和甲公司的借款合同属于诺成性合同，不是实践性合同。②【诉出借：原告（借款人）地是履行地】如甲公司诉唐某出借100万元，则甲公司所在地为合同履行地。③【诉还款：原告（出借人）地是履行地】如唐某诉甲公司还款100万元，则唐某所在地为合同履行地。④【合同纠纷：合同履行地和被告地法院可以管辖】因为合同履行地就是收钱一方，就是原告地。因此，借款合同无论怎么诉，原告地和被告地法院都可以管辖。

原告唐某诉甲公司"交"借款：原告地唐某地是履行地
唐某 ←—————————————————————→ 甲公司
原告甲公司诉唐某"还"借款：原告地甲公司地是履行地

秒杀：①实践性借款合同纠纷中，诉交借款，原告地和被告地法院都可管辖。②诺成性借款合同纠纷中，诉交借款或诉还借款，原告地和被告地法院都可管辖。

第十三章　租赁合同

第一节　租赁合同

一、租赁权是债权

（一）【转让使用权】

1.【租赁合同】租赁合同是出租人将租赁物交付承租人使用、收益，承租人支付租金的合同（《民法典》第 703 条）。

2.【租赁权是债权】租赁合同出租人可以不是租赁物的所有权人，因为该合同让渡的是租赁物的使用权，而非所有权。

◆ 原理：出租违法建筑的合同为何是无效的？①违法建筑上没有所有权，也没有使用权，只有占有利益。②违法建筑应该要拆除的，如果允许租赁违法建筑的合同有效，会变相鼓励违法建筑。③举重明轻，违法建筑买卖、抵押都无效，何况租赁，更加应该无效。④合同无效返还使用费（不能叫租金，因为合同无效），请求权基础是"不当得利"。

例：【偷车出租给不知情者】丙公司将该汽车停放在停车场时，该车被丁盗走。丁很快就将汽车出租给不知该车来历的自然人戊。丁与戊的租赁合同是否有效？①有效。②因为尽管丁不享有所有权或处分权，但是并不影响租赁合同效力。③其所得的租金属于不当得利。

（二）【一房数租：交、记、先】

1、【交、记、先】一房多租，按顺序排列请求继续履行租赁合同：（1）【交】已经取得交付而合法占有租赁房屋的。（2）【记】已经办理登记备案手续的（备案登记不是租赁合同法定生效要件）。（3）【先】合同成立在先的。

2.【诉解除和赔偿】不能取得租赁房屋的承租人有权请求解除合同、赔偿损失。

二、租赁期限

（一）【租期期限最长 20 年】

1.【20 年】租赁期限不得超过 20 年。超过 20 年的，超过部分无效（《民法典》第 705 条第 1 款）。

2.【续期还是 20 年】租赁期间届满，当事人可以续订租赁合同，但是约定的租赁期限自续订之日起不得超过 20 年（《民法典》第 705 条第 2 款）。20 年到期自动续期条款无效。

◆ 原理：为什么规定租赁期限超过 20 年的无效？①租赁权是债权，避免租赁权的物权化。②比如居住权，就可以让居住权人住到死为止，允许超过 20 年，因为居住权是物权。

例：【**超过 20 年部分损失利息**】A 公司承租 B 公司下属某加油站。《租赁协议》约定，租期 48 年，租金共计 500 万元，在租赁开始时一次性支付。2019 年 B 公司以租期超过 20 年不受法律保护为由，要求法院认定协议无效，判令 A 归还加油站。A 公司提起反诉，要求返还超过 20 年部分租金及利息。法院如何处理？①法院认定超过 20 年部分无效，其他部分仍具有法律效力。②A 公司租赁到满 20 年止，B 公司返还 20 年以后租金。③虽然 A 公司收回了超出 20 年以后的租金，但还是损失了利息，错在自己，承担缔约过失责任。

（二）【**不定期租赁**】

1. 【**租期 6 个月以上没采用书面形式也无证据证明多久租期**】租赁期限 6 个月以上的，应当采用书面形式。当事人未采用书面形式，无法确定租赁期限的，视为不定期租赁（《民法典》第 707 条）。

2. 【**到期不说话继续租赁**】租赁期限届满，承租人继续使用租赁物，出租人没有提出异议的，原租赁合同继续有效，但是租赁期限为不定期（《民法典》第 734 条第 1 款）。

3. 【**未约定租期**】当事人对租赁期限没有约定或者约定不明确，不能协商也无法解释的，视为不定期租赁（《民法典》第 730 条）。

4. 【**彼此提前通知对方任意解除**】当事人可以随时解除合同，但是应当在合理期限之前通知对方（《民法典》第 730 条）。

（三）【**死亡不破租赁：换租户**】

承租人在房屋租赁期限内死亡的，与其生前共同居住的人或者共同经营人可以按照原租赁合同租赁该房屋（《民法典》第 732 条）。

三、出租人的义务

（一）【**出租人有适租义务**】

1. 【**租赁物符合约定用途**】出租人应当按照约定将租赁物交付承租人，并在租赁期限内保持租赁物符合约定的用途（《民法典》第 708 条）。

例：【**出租人违反适租义务，承租人明知还签约也有过错**】陆某承租徐矿集团房屋的目的在于经营幼儿园，而根据相关规定，申请注册幼儿园的，除提交申请报告等材料外，举办者在登记注册时还应当提交公安机关消防部门提供的消防安全证明、建筑部门提供的房屋安全合格意见书等。案涉房屋验收报告及消防验收报告系徐矿集团负责办理并掌握，如徐矿集团不提供相关材料，陆某就无法注册经营幼儿园，其订立合同的目的无法实现。经查，双方订立租赁合同时均知晓案涉房屋的现状，当时并没有办理房屋竣工验收及消防验收等手续，陆某对此并未提出异议，双方也未约定何时提供上述材料。法院如何处理？综合考虑徐矿集团的违约情形及陆某的经营情况，法院酌定双方各自承担合同约定标准的 50% 的损失。

2. 【**租赁物没有第三人主张权利**】因第三人主张权利，致使承租人不能对租赁物使用、收益的，承租人可以请求减少租金或者不支付租金。第三人主张权利的，承租人应当及时通知出租人（《民法典》第 723 条）。

(二)【出租人有维修义务】

1.【一般情况：要么出租人修，要么承租人代修】（《民法典》第 713 条第 1 款）。

（1）【出租人修】出租人应当履行租赁物的维修义务，但是当事人另有约定的除外。承租人在租赁物需要维修时可以要求出租人在合理期限内维修。

（2）【承租人代修】出租人未履行维修义务的，承租人可以自行维修，维修费用由出租人负担。

例：【转租中二房东是出租人，有维修义务】甲将房屋出租给乙，经甲同意乙将房屋转租给丙。房屋热水器坏了，谁负担维修义务？①乙。②也可以由丙更换热水器，费用由乙承担。

（3）【维修影响使用：减少租金或补充租期】因维修租赁物影响承租人使用的，应当相应减少租金或者延长租期。

2.【特殊情况：承租人过错损坏租赁物应由承租人自己修】因承租人的过错致使租赁物需要维修的，出租人不承担维修义务（《民法典》第 713 条第 2 款）。

例：【维修后 2 次损害】甲将别墅出租给乙，别墅瓦片漏水，甲未维修，乙代为维修后新换瓦片继续漏水，导致损害。乙是否有权要求甲赔偿？①否。②【一般情况房东修】乙代修后可请求甲支付维修费，因维修影响使用可请求相应减少租金或延长租期。③【特殊情况租户自己弄坏了自己修】但是新换瓦片继续漏水，应由租户乙自己维修，与出租人甲无关。

四、租户义务 1：支付租金

(一)【承租人无理由不付租金】

1.【出租人有权解除合同】承租人无正当理由未支付或者迟延支付租金的，出租人可以请求承租人在合理期限内支付；承租人逾期不支付的，出租人可以解除合同（《民法典》第 722 条）。

2.【次承租人享有代为支付租金请求权】承租人拖欠租金的，次承租人可以代承租人支付其欠付的租金和违约金，但是转租合同对出租人不具有法律约束力的除外（比如擅自转租）（《民法典》第 719 条第 1 款）。

(二)【承租人有理由不付或者少付租金】

1.【租赁物没了，用不了】因不可归责于承租人的事由，致使租赁物部分或者全部毁损、灭失的，承租人可以请求减少租金或者不支付租金。因租赁物部分或者全部毁损、灭失，致使不能实现合同目的的，承租人可以解除合同（《民法典》第 729 条）。

2、【租赁物坏了要维修，影响使用】因维修租赁物影响承租人使用的，应当相应减少租金或延长租期（《民法典》第 713 条）。

3.【第三人来"抢"租赁物，影响使用】因第三人主张权利，致使承租人不能对租赁物使用、收益的，承租人可以请求减少租金或者不支付租金（《民法典》第 723 条）。

五、租户义务2：不得擅自装修

(一)【经同意装修的装修费用】

1.【合同无效：协商不成按过错】(1)【协议折价】已形成附合的装饰装修物，出租人同意利用的，可折价归出租人所有。(2)【过错分担】不同意利用的，由双方各自按照导致合同无效的过错分担现值损失。

2.【合同解除：谁导致谁负责】(1)【房东违约，房东赔】因出租人违约导致合同解除，承租人请求出租人赔偿剩余租赁期内装饰装修残值损失的，应予支持。(2)【租户违约，租户负】因承租人违约导致合同解除，承租人请求出租人赔偿剩余租赁期内装饰装修残值损失的，不予支持。但出租人同意利用的，应在利用价值范围内予以适当补偿。(3)【双方违约，过错双方分担】因双方违约导致合同解除，剩余租赁期内的装饰装修残值损失，由双方根据各自的过错承担相应的责任。(4)【其他事由，公平分担】因不可归责于双方的事由导致合同解除的，剩余租赁期内的装饰装修残值损失，由双方按照公平原则分担。

秒杀：经房东同意装修，装修费用分担，按过错来，谁有错谁承担责任。

3.【正常结束：承租人自负】承租人经出租人同意装饰装修，租赁期间届满时，承租人请求出租人补偿附合装饰装修费用的，不予支持。但当事人另有约定的除外。

(二)【擅自装修】

1.【装修费用由租户自负】承租人未经出租人同意装饰装修或者扩建发生的费用，由承租人负担。

2.【房东可请求恢复原状或赔偿损失】承租人未经出租人同意，对租赁物进行改善或者增设他物的，出租人可以请求承租人恢复原状或者赔偿损失（《民法典》第715条第2款）。

六、租户义务3：不得擅自扩建

(一)【经同意扩建的扩建费】

1.【扩建合法，房东付扩建费】办理合法建设手续的，扩建造价费用由出租人负担。

2.【扩建非法，房东和租户过错分担扩建费】未办理合法建设手续的，扩建造价费用由双方按照过错分担。

(二)【擅自扩建：法律效果与擅自装修相似】

1.【扩建费由租户自负】

2.【出租人可请求承租人恢复原状或者赔偿损失】

七、租户义务4：不得擅自转租

(一)【经出租人同意转租：同意转租】

1.【租1和转租2的合同效力："各玩各的"】

(1)【租1和转租2都有效】承租人经出租人同意，可以将租赁物转租给第三人。承租人转租的，承租人与出租人之间的租赁合同继续有效；第三人造成租赁物损失的，承租人应当赔偿损失（《民法典》第716条第1款）。

(2)【转租2超出租1的租期部分对出租人不发生效力】承租人经出租人同意将租赁物转租给第三人，转租期限超过承租人剩余租赁期限的，超过部分的约定对出租人不具有法律约束力，但是出租人与承租人另有约定的除外（《民法典》第717条）。

2.【转租2的收益：归转租人】

(1)【"中间商赚差价"】在租赁期限内因占有、使用租赁物获得的收益，归承租人所有，但是当事人另有约定的除外（《民法典》第720条）。

(2)【次承租人有代为支付租金请求权】承租人拖欠租金的，次承租人可以代承租人支付其欠付的租金和违约金，但是转租合同对出租人不具有法律约束力的除外（《民法典》第719条第1款）。因此，如果承租人擅自转租，次承租人不得主张代为支付租金。

3.【次承租人导致租赁物损害】

(1)【租1的合同责任】次承租人造成租赁物损害，出租人可诉承租人负合同上的赔偿责任，相对于租赁合同，这属于因第三人（次承租人）原因导致的承租人的违约责任。出租人不能诉次承租人违约，因为他们之间没有合同关系。

(2)【转租2的合同责任】次承租人造成租赁物损害，转租人可诉次承租人负合同上的赔偿责任。

(3)【侵权责任】出租人是所有权人，具有对世性，出租人可诉次承租人承担侵权赔偿责任。

例：【次承租人野蛮装修】居民甲将房屋出租给乙，乙经甲同意对承租房进行了装修并转租给丙。丙擅自更改房屋承重结构，导致房屋受损。甲可主张什么民事责任？①【房东诉次承租人侵权】甲可请求丙承担侵权责任。②【房东诉转租人违约】甲可请求乙承担违约责任。③【房东不能诉次承租人违约】基于合同相对性，不可请求丙承担违约责任。

(二)【未经出租人同意转租：擅自转租】

1.【租1和转租2的合同效力："各玩各的"】

(1)【租1和转租2的合同都有效】①转租2的合同属于擅自转租，就是无权出租他人之物。②因为无权出卖他人之物的合同都是有效的（无权处分合同的效力不受无权处分的影响），举重明轻，无权出租他人之物的合同更加是有效的。

(2)【出租人享有6个月内的法定解除权】承租人未经出租人同意转租的，出租人可以解除合同（《民法典》第716条第2款）。出租人知道或者应当知道承租人转租，但是在6个月内未提出异议的，视为出租人同意转租（《民法典》第718条）。

例：【擅自转租之出租人解除租1】丁某将其所有的房屋出租给方某，方某将该房屋转租给唐某。如何评价丁某、方某、唐某的法律关系？①丁某、方某租1有效；方某、唐某转租2有效。②如方某未经丁某同意转租，则丁某有权解除租1后请求唐某返还房屋。如丁某在知道方某擅自转租后6个月内没说话，则视为同意转租。

(3)【租1和转租2的合同坚持相对性】①次承租人对承租人属于有权占有，因为有转租2的合同作为依据。②租1的合同解除后，转租2的合同中次承租人对房屋的占有不连续，出租人可请求次承租人返还原物。

例：【加油站擅自转租】A公司与B公司签订《合作经营协议》承租某加油站，租赁费一次性支付。该加油站土地为B公司承租的C公司划拨地。3年后，C公司以B公司擅自转租为由解除出租合同，通过诉讼收回了B公司承租的加油站土地，并拆除该加油站。A公司如何救济？A公司有权请求B公司退还剩余年限租赁费和赔偿损失。实务中，B公司可能已无可执行资产，A公司损失巨大。

```
                   转租合同2              租赁合同1
A（次承租人）←——————→B（承租人擅自转租）←——————→C（出租人）
```

2.【擅自转租的收益：归出租人】不归承租人，因为承租人擅自转租，基于转租合同所得收益，相对人于次承租人来讲是有转租合同作为依据的。但是该收益，相对于出租人来讲是不当得利。

3.【擅自转租中的次承租人导致租赁物损害】次承租人导致租赁损害怎么办？

(1)【租1的合同责任】次承租人造成租赁物损害，出租人可诉承租人负合同上的赔偿责任，相对于租赁合同，这属于因第三人（次承租人）原因导致的承租人的违约责任。出租人不能诉次承租人违约，因为他们之间没有合同关系。

(2)【转租2的合同责任】次承租人造成租赁物损害，转租人可诉次承租人负合同上的赔偿责任。

(3)【侵权责任】出租人是所有权人，具有对世性，出租人可诉次承租人承担侵权赔偿责任。

秒杀： 同意转租与擅自转租的核心差异是什么？①中间商是不是可以赚差价。②出租人是不是有解除租1的权利。③其他规则都一样：租1和转租2都有效；导致损害都是出租人诉承租人违约，承租人诉次承租人违约，出租人诉次承租人侵权。

八、房屋租赁权

（一）【房屋承租人有优先购买权：房屋承租人才享有】

◆**原理：** 为什么只有房屋承租人有优先购买权？其他租赁物的承租人没有优先购买权？房屋住久了会对房屋产生感情，围绕房屋为中心形成了附近的生活圈和经济圈。其他租赁物没这个特点。

1.【房屋承租人有优先购买权的情形】

(1)【房屋承租人享有优先购买权】①【出租人卖房应履行通知义务】出租人出卖租赁房屋的，应当在出卖之前的合理期限内通知承租人，承租人享有以同等条件优先购买的权利（《民法典》第726条）。②【不能约定排除房屋承租人优先购买权】当事人约定排除房屋承租人优先购买权的，该约定无效。③【房屋承租人和次承租人都有优先购买权】承租人包括出租合同的承租人和转租合同的次承租人。房屋次承租人的优先购买权，要优先于房屋承租人的优先购买权。

例：【房屋承租人和房屋次承租人都有优先购买权】甲将房屋出租给乙，乙经甲同意转租给丙，租期内甲将房屋出卖给丙，则承租人乙和次承租人丙都有优先购买权，都要购买则次承租人丙的优先购买权优先。

◆ **原理**：承租"部分房屋"的承租人在出租人"整体出卖"房屋时是否对"整体房屋"享有优先购买权？《最高人民法院关于承租部分房屋的承租人在出租人整体出卖房屋时是否享有优先购买权的复函》：1、【从房屋使用功能上看】①【可以分割则享有部分优先购买权】如果承租人承租的部分房屋与房屋的其他部分是可分的、使用功能可相对独立的，则承租人的优先购买权仅及于其承租的部分房屋。②【不可分割则享有全部优先购买权】如果承租人的部分房屋与房屋的其他部分是不可分的、使用功能整体性较明显的，则其对出租人所卖全部房屋享有优先购买权。2、【从承租人承租的部分房屋占全部房屋的比例看】①【占比不到一半则享有部分优先购买权】承租人承租的部分房屋占出租人出卖的全部房屋不到一半的，不宜认定其对全部房屋享有优先购买权。②【占比超过一半则享有全部优先购买权】承租人承租的部分房屋占出租人出卖的全部房屋一半以上的，则其对出租人出卖的全部房屋享有优先购买权。

（2）【房屋出租人侵犯承租人优先购买权："房东背着租户偷偷摸摸卖房"】

①【租户向房东索赔，因为房东构成侵权】出租人未通知承租人或者有其他妨害承租人行使优先购买权情形的，承租人可以请求出租人承担赔偿责任（《民法典》第728条）。购买人如果明知道存在房屋承租人，构成共同侵权。购买人如果不知道存在房屋承租人，则购买人不构成侵权。

②【租户不得解除合同，因为合同目的没落空】房屋承租人虽然因为没有机会行使优先购买权，房屋被其他人购买。基于"买卖不破租赁"，其他人还要继续法定承受租赁关系，对房屋承租人来讲，还是可以继续享有租赁权，无非是"换了房东"而已。租户承租房屋是为了使用房屋，其缔约目的没有落空，不得主张解除租赁合同。

例：【租户的目的是租房屋而不是租房东】甲将房屋租给乙，在租赁期内未通知乙就把房屋出卖并过户给不知情的丙。乙得知后劝丙退出该交易，丙拒绝。乙可采取什么民事救济措施？①乙可主张由甲承担赔偿责任，因甲出卖房屋未通知乙而侵犯了乙的优先购买权。②乙不可主张解除租赁合同，因为乙租赁房屋的合同目的没落空。③乙不可请求丙承担侵权责任，丙不知情故不构成侵权。④乙不可诉甲丙买卖合同无效。

③【租户不得主张侵犯房屋承租人优先购买权的"买卖合同"无效】出租人与第三人订立的房屋买卖合同的效力不受影响（《民法典》第728条）。

例：【房东背着租户卖房】甲将房屋出租给了乙。租期内，甲将房屋卖给丙。如何评价乙的优先购买权？①甲应在合理期限内通知乙。无须经乙同意。②如果甲未通知乙，侵犯了乙的优先购买权，则乙可请求甲赔偿。③乙、丙的房屋买卖合同有效。

2. 【房屋承租人没有优先购买权的情形】

（1）【按份共有人的优先购买权："破掉"房屋承租人的优先购买权】①房屋按份共有人行使优先购买权，则房屋承租人不得主张优先购买权（《民法典》第726条第1款）。②【物权>债权】因为房屋按份共有人的优先购买权是基于物权（共有权），而房屋承租人的优先购买权是基于债权（租赁权），物权优先于债权，故房屋按份共有人优先购买权更加"优先"。

（2）【房屋卖给近亲属："破掉"房屋承租人的优先购买权】①出租人将房屋出卖给近亲属，则房屋承租人不得主张优先购买权（《民法典》第726条第1款）。②【近亲属卖得更便宜】房东将房屋卖给近亲属,可能价格会更加便宜,如果此时还支持房屋承租人优先购买权,无异于强行让房东"认租户为近亲属"。

(3)【物权优先于债权:购房人取得过户破掉房屋承租人优先购买权】购房人取得过户登记,是物权人,房屋承租人是债权人,物权优先于债权。

(4)【租户接到买卖房屋通知后15日内没说话:视为放弃优先购买权】出租人履行通知义务后,承租人在15日内未明确表示购买的,视为承租人放弃优先购买权(《民法典》第726条第2款)。

(5)【租户接到拍卖房屋通知后5日内没参加:视为放弃优先购买权】出租人委托拍卖人拍卖租赁房屋的,应当在拍卖5日前通知承租人。承租人未参加拍卖的,视为放弃优先购买权(《民法典》第727条)。

秒杀:房屋承租人没有优先购买权:①受让人(物权人或近亲属)太猛。②房屋承租人弃权。

(二)【**房屋承租人优先承租权**:房屋承租人才享有】

租赁期间届满,房屋承租人享有以同等条件优先承租的权利(《民法典》第734条第2款)。

例1:【加油站承租人优先承租权】A公司承租B公司某加油站,租赁协议中约定"合同期满后,A公司有优先承租权"。2015年A公司得知,B公司已约定在2019年租赁期满后将另行租赁给C公司,并收取了定金。A公司可否继续租赁加油站?①加油站是不动产,也是"房屋",承租人A公司可对B公司主张优先承租权。②C公司找B公司要求双倍返还定金。

例2:【房屋承租人优先购买权、优先承租权、买卖不破租赁】甲将房屋出租给乙,租期内,甲将房屋出卖给丙。如何评价甲、乙、丙三方关系?①乙作为房屋承租人,有优先购买权。②如乙不优先购买,则"买卖不破租赁",乙与丙形成租赁关系,住到租期结束为止。③如果租期正常结束,丙要求将房屋出租给丁,则乙在同等条件下有优先承租权。

◆ **原理**:侵犯优先承租权的租赁合同效力如何?①有效。②侵犯优先购买权,房屋承租人都不能诉买卖合同无效。举重明轻,侵犯优先承租权,房屋承租人更加不能诉出租合同无效。③房屋承租人享有优先承租权。新承租人基于租赁合同诉出租人承担违约责任。

九、租赁权:所有权变动不破租赁("换出租人")

(一)【所有权变动"不破"租赁:租赁权>所有权】

1.【所有权变动不破租赁】(1)租赁物在承租人依据租赁合同占有期间发生所有权变动的,不影响租赁合同的效力(《民法典》第725条)。(2)俗称"买卖不破租赁",租赁物包括房屋、汽车等一切租赁物。(3)对承租人来讲是"买卖不破租赁",对出租人和购买人来讲是"债权债务的法定转移"。

2.【租赁先于买卖:双重在先】(1)租赁合同先于买卖合同。(2)交付租赁物先于买卖合同。

例1：【先租赁，后买卖：买卖不破租赁】 甲将设备（房屋）出租并交付给乙，租赁期间甲将设备（房屋）转让给丙（设备指示交付或者房屋过户）。丙可否要求乙返还设备或者房屋？

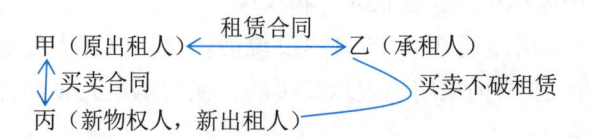

```
           租赁合同
甲（原出租人）←——————→乙（承租人）
  ↕买卖合同          买卖不破租赁
丙（新物权人，新出租人）
```

①否。②"买卖不破租赁"。③【先租赁】因为乙和甲的租赁合同在先，乙占有租赁物也在先。如甲、乙租赁合同在先，甲、丙买卖合同在中间，甲、乙完成交付租赁物在后，则"买卖要破租赁"，购买人取得租赁物物权后可要求承租人返还租赁物。④【先租赁：租赁合同先于买卖合同+交付租赁物先于买卖合同】要求承租人不但租赁合同在先，还要求占有租赁物在先，目标是为了避免"租赁合同时间倒签"，损害买方利益。

例2：【先租赁，再转租，后买卖：买卖不破租赁合同，也不破转租合同】 甲将房屋出租给乙（月租金5000元），乙经甲同意将该房屋转租给丙并交付给丙占有（月租金5500元），租赁期间，甲将房屋出卖给丁并且过户。如何评价甲、乙、丙、丁四方关系？

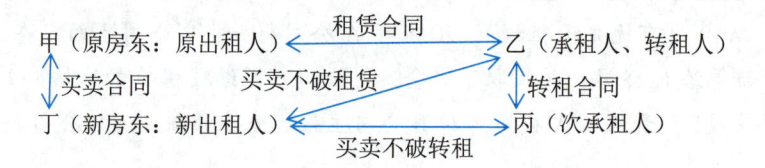

```
              租赁合同
甲（原房东：原出租人）←————→乙（承租人、转租人）
  ↕买卖合同  买卖不破租赁        ↕转租合同
丁（新房东：新出租人）←————→丙（次承租人）
              买卖不破转租
```

①【租赁合同】甲、乙租赁关系，乙是债权人即租赁权人（超级钥匙人）。②【转租合同】乙、丙转租关系，丙是债权人即次租赁权人（超超级钥匙人）。出租人甲和次承租人丙没有法律关系。③【买卖合同】甲、丁买卖关系，丁是物权人。④【买卖不破租赁、买卖不破转租】甲、丁买卖不破甲、乙租赁、也不破乙、丙转租，丁取代甲成为出租人，即丁是新出租人，乙是承租人，丙是次承租人。乙相对于丁是有权占有，而丙相对于乙是有权占有，故基于"占有连续"，丙相对于丁也是有权占有，故丁不能要求乙或丙返还租赁房屋，只能在租期结束后要求他们退房。⑤【直接占有和间接占有】次承租人丙是直接占有人，转租人乙是第一阶层间接占有人，新房东丁是第二阶层间接占有人。⑥【房屋次承租人优先购买权>房屋承租人优先购买权】根据《民法典》合同编规定，在甲卖房时，乙和丙都有同等条件下的优先购买权，发生冲突，丙作为次承租人，其优先购买权要优先于承租人乙。⑦【承租人购买房屋发生混同】如果承租人乙购买了涉案房屋，则乙取代甲成为出租人，租赁关系演变为：乙——乙——丙，发生混同，故只有乙、丙的租赁关系，丙每个月给乙5500元租金。⑧【次承租人购买房屋不发生混同】如果次承租人丙购买了涉案房屋，则丙取代甲成为出租人，租赁关系演变为：丙——乙——丙，不发生混同，因为中间有乙的利益要保护，丙给乙5500元每月，乙再给丙5000元每月。即转租人乙作为"中间商赚差价"，每月赚500元。

例3：【先租赁，后继承：继承不破租赁】 甲将房屋出租给乙并转移占有，租赁期间，甲死亡，其继承人小甲继承了房屋。如何评价小甲和乙的关系？

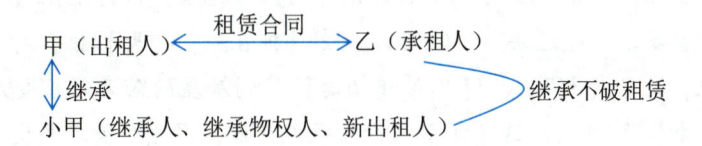

```
        租赁合同
甲（出租人）←――――――→乙（承租人）
  ↕                        ↗
  继承              继承不破租赁
  ↕
小甲（继承人、继承物权人、新出租人）
```

①【租赁】甲、乙有租赁关系，乙是租赁权人（超级钥匙人），租赁权是债权。甲死亡后，小甲继承房屋，同时法定承受甲的租赁合同债务。②【继承不破租赁】小甲取代甲成为出租人，与乙之间形成租赁关系。小甲作为物权人，不能要求乙返还租赁物，因为乙相对于小甲属于有租赁权的占有。

例4：【先租赁，再继承，后买卖：继承不破租赁、买卖不破租赁】甲将房屋卖给"钥匙人"乙（完成交付），"钥匙人"将房屋出租给"超级钥匙人"丙并交付。甲死亡，小甲继承房屋，在租赁期间将房屋卖给"过户人"丁（完成过户）。如何评价甲、乙、丙、丁四方关系？

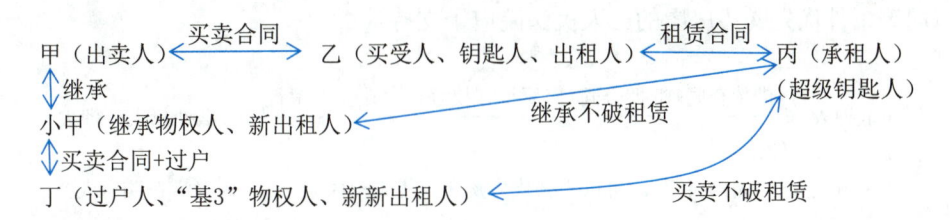

```
         买卖合同               租赁合同
甲（出卖人）←――→乙（买受人、钥匙人、出租人）←――→丙（承租人）
 ↕继承                                           （超级钥匙人）
小甲（继承物权人、新出租人）←―继承不破租赁―↗
 ↕买卖合同+过户
丁（过户人、"基3"物权人、新新出租人）←―买卖不破租赁―
```

①【买卖】甲、乙买卖关系，乙是债权人。②【租赁】乙、丙租赁关系，丙是债权人即租赁权人。租金归乙而非归房屋所有权人甲，租金是房屋孳息，因为在甲、乙买卖合同中，交付转移标的物的孳息，故房屋交付给乙后孳息归乙。③【出卖人、钥匙人、承租人：占有连续】乙相对于甲是有权占有，丙相对于乙是有权占有，构成"占有连续"，租赁权人丙相对于甲是有权占有。租赁关系为：甲（卖方）——乙（买方）——丙（承租人）。④【继承：继承不破租赁】甲死亡后，小甲基于继承取得房屋所有权，"继承不破租赁"，小甲取代甲后租赁关系为：小甲（卖方）——乙（买方）——丙（承租人）。⑤【买卖：买卖不破租赁】小甲将房屋过户给丁，基于买卖不破租赁，丁取代小甲后租赁关系为：丁（过户人）——乙（钥匙人）——丙（承租人超级钥匙人）。⑥【过户人>钥匙人】基于物权优先于债权，丁可要求乙返还房屋（"间接占有人换人"，即乙、丙租期结束时，丙将房屋直接给丁，而无需给乙）。⑦【过户人<超级钥匙人】基于所有权变动不破租赁，丁不可要求丙返还房屋。⑧【带租继承，再带租卖房】丁买到了房屋，也买到了"租户"。

秒杀：租期内出租人"换人"：买卖不破租赁、继承不破租赁。

（二）【所有权变动"破"租赁：抵押权>租赁权。查封债权>租赁权】

1. 【先抵押后租赁：抵押权>租赁权】

（1）【押大】房屋在出租前已设立抵押权，因抵押权人实现抵押权发生所有权变动，则房屋受让人无须承受原租赁合同。

例:【先抵押后租赁:抵押权>租赁权】甲向银行借款100万元,将房屋抵押登记给了银行。甲将房屋出租给了乙并交付。甲届期无力向银行还款,银行主张实现抵押权,房屋由丙买到。丙可否要求乙返还房屋?①可以。②【押在先:押大】银行对房屋抵押权登记早于乙的租赁权,故"押大"。③【不带租拍卖】买到房屋的丙无须承受原租赁关系。丙买到的是"无负担"的房屋,这样便于银行实现抵押权,因为房屋容易变价以及价格会卖得比较好。

```
              借款合同+抵押合同+房屋抵押权登记"在先"
甲 ─────────────────────────────────────────────→ 银行(抵押权人:押大)
↕ 出租合同"在后"
乙(租赁权人)────────抵押破租赁+丙可要求乙返还房屋────────丙(新物权人)
```

(2)【虽然押大,但是房屋承租人有优先购买权】①虽然在先抵押后租赁的场合,抵押权优先于租赁权,但是在出卖房屋时,房屋承租人仍然享有优先购买权。②法条:出租人与抵押权人协议折价、变卖租赁房屋偿还债务,应当在合理期限内通知承租人。承租人请求以同等条件优先购买房屋的,人民法院应予支持。

```
              借款合同+抵押合同+房屋抵押权登记"在先" 银行
甲(抵押人)←─────────────────────────────────→ (抵押权人:押大)
↕ 出租合同"在后"
乙(租赁权人+优先购买权+乙可以主张优先购买权优先于丙)    丙(潜在购房人)
```

◆ **原理:** 先抵押,后租赁,应该保护抵押权。但是抵押权人实现抵押,拍卖房屋时,为什么房屋承租人还有优先购买权呢?①【价高者得】因为保护房屋承租人的优先购买权,本质上是"保护"抵押权,因为房屋承租人参与"竞买",会使得房屋变价更"高"。②【买者越多则卖价更高】银行作为抵押权人,看重的不是谁买这个房屋,而是房屋可以卖多少钱。

2.【先查封后租赁:查封债权>租赁权】房屋在出租前已被法院依法查封的,则法院依据查封债权人申请出卖房屋后,房屋受让人无须承受原租赁合同。

例:【先查封后租赁:查封债权>租赁权】甲欠乙100万元届期无力清偿,乙申请法院查封了甲的房屋后,甲将房屋出租给了丙。后房屋经拍卖被丁买得,丁可否请求丙返还房屋?①可以。②乙作为查封债权人,先将房屋查封。③甲后将房屋出租给丙,则房屋受让人丁无须承受原租赁合同。

```
              欠债+甲的房屋被查封"在先"+封大
甲(债务人)←─────────────────────────────────→ 乙(查封债权人)
↕ 出租合同"在后"
丙(租赁权人+优先购买权优先于丁)              丁(潜在购房人)
```

秒杀:①【押大】抵押(登记)先于租赁,押大。②【封大】封先于租赁,封大。
综合秒杀:①房屋承租人启动3点,优先购买权、优先承租权、买卖不破租赁。②其他承租人启动1点,买卖不破租赁。

第二节　融资租赁合同

一、3方结构的一般融资租赁合同

融资租赁合同是出租人<u>根据承租人对出卖人、租赁物的选择</u>，向出卖人购买租赁物，提供给承租人使用，承租人支付租金的合同（《民法典》第735条）。

```
                买卖合同
甲（出卖人）←─────────→ 乙（购买人）　乙（出租人）
                                    ↕ 融资租赁合同
                                    丙（承租人：穷的只有脑子）
```

◆ **例：**【买卖合同和融资租赁合同】甲厂与乙融资公司签订买卖设备合同，乙融资公司和丙租户签订融资租赁合同。乙从甲处购买设备的目的是租给丙，并非为了自用。如何评价案涉法律关系？①【买卖合同】甲、乙之间签订买卖合同。②【融资租赁合同】乙、丙之间签订融资租赁合同。③【关联】买卖合同签订的目的是融资公司乙可以向承租人丙履行交付租赁物的义务。

◆ **原理1：** 为什么说融资租赁合同具有"融资"和"融物"相结合的特点？①【融资】丙以分期支付租金的方式，取得了一个价值巨大的租赁物的使用权，故对于丙来讲，融资租赁合同有"融资"性质。②【融物】乙出巨款购买一个高价值设备，出租给丙，取得回报。乙必须真切地去购买了一个"物"，再租给丙收取租金获得回报。从乙的角度来讲，必须去购买实物，再出租实物，才能形成融资租赁合同，所以具有"融物"性质。

◆ **原理2：** "租赁合同"和"融资租赁合同"的差别是什么？①【租赁合同是"超市"】承租人可以看到琳琅盲目的租赁物，比如我们可以看到路边很多小黄车，这都是租赁物，承租人可以挑一个租赁物承租，意味着出租人需要将租赁物置备，需要大量的现金流沉淀。②【融资租赁合同是"海外代购"】承租人你看不到琳琅满目的租赁物，你承租人告诉我出租人，你需要租什么，我去给你买来专门租给你，所以融资公司不需要大量购置租赁物，不需要沉淀大量资金。

二、2方结构的"售后回租"融资租赁合同

（一）【是售后回租的融资租赁合同：有"融资"也有"融物"】

承租人将其自有物出卖给出租人，再通过融资租赁合同将租赁物从出租人处租回的，承租人和出卖人是同一人不影响融资租赁合同的成立。

◆ **例：**【"售后回租"的融资租赁合同：盘活资产】甲融资租赁公司与乙公司签订融资租赁合同，约定乙公司向甲公司转让一套生产设备，转让价为评估机构评估的市场价200万元，再租给乙公司使用1年，乙公司向甲公司支付租金300万元。合同履行过程中，因乙公司拖欠租金，甲公司诉至法院。<u>甲、乙之间签订的是什么合同？</u>①融资租赁合同。②【不是民间借贷而是融资租赁】不是民间借贷合同，不适用民间借贷的利率规则。甲投入200万元，1年后收回300万元，回报率每年50%，可以获得法院全部支持。<u>融资公司本质上就是可以"合法"的和银行抢生意"放高利贷"</u>。③【占有改定】"先买卖后租回"，乙

485

公司一直在占有设备，从所有权人的占有变成租赁权人的占有。我们称之为"占有改定"，甲融资公司通过"占有改定"成为设备所有权人。④【盘活资产】乙公司"盘活"了自己的资产，既通过卖设备赚到了钱，还通过融资租赁合同可以继续使用这个设备。

```
                    买卖合同+出卖人乙取得200万现金流
乙公司（出卖人）←─────────────────────────→甲融资公司（买受人）
   │占有改定（乙公司由所有权人的占有变为租赁权人的占有）
                    融资租赁合同+出租人取得300万回报
乙公司（承租人）←─────────────────────────→甲融资公司（出租人）
```

(二)【不是售后回租的融资租赁合同而是借贷合同：只有"融资"没有融物】

例：【假融资租赁：只有"融资"，没有"融物"】市政府乙国有资产投资公司将现有固定资产"市府大道"卖给甲融资公司，甲融资公司将市府大道出租给乙公司，乙公司付租金。市府大道账面价值2亿，甲融资公司购买价格为1亿元。甲、乙公司是否成立融资租赁合同？①不成立。②【买卖无效】租赁物市府大道，没有说是市府大道占用的土地所有权还是附着于占地之上的沙石混合物的所有权。如果是土地所有权，国有，不能交易。如果是砂石混合物，显然不值1亿元。③【只有融资没有融物】本案中只有融资，没有融物。从租金构成上看，1亿元的价款与市府大道的实物价值并无对价关系。④【是民间借贷】双方实际为借款合同关系。

```
                买卖市府大道获得1个亿
乙公司（出卖人）─────────────────────甲融资公司（购买人）
   市府大道不能卖故买卖合同无效（没有融物只有融资）
                租回市府大道向融资公司付租金
乙公司（承租人）─────────────────────甲融资公司（出租人）
                向甲公司借款1个亿再向甲公司支付利息
乙公司（借款人）─────────────────────→甲融资公司（出借人）
```

三、租户主导型融资租赁合同：3方结构的融资租赁

(一)【承租人的权利突破合同相对性】

融资租赁合同中的承租人，享有对买卖合同中的出卖人的受领权、索赔权、远程控制权。既突破了融资租赁合同的相对性，也突破了买卖合同中的相对性。

1.【融资租赁合同中的承租人对买卖合同中的出卖人有受领权】

(1)【有受领权】

出租人根据承租人对出卖人、租赁物的选择订立的买卖合同，出卖人应当按照约定向承租人交付标的物，承租人享有与受领标的物有关的买受人的权利（《民法典》第739条）。

(2)【有拒绝受领权】

出卖人违反向承租人交付标的物的义务，有下列情形之一的，承租人可以拒绝受领出卖人向其交付的租赁物：①租赁物严重不符合约定；②出卖人未在约定期间或者合理期间内交付租赁物，经承租人或者出租人催告，在催告期满后仍未交付。③承租人拒绝受领租

赁物的,应当及时通知出租人。(《民法典》第 740 条)

2.【融资租赁合同中的承租人对买卖合同中的出卖人有索赔权】

(1)【承租人向出卖人索赔,由融资公司协助】

出租人、出卖人、承租人可以约定,出卖人不履行买卖合同义务的,由承租人行使索赔的权利。承租人行使索赔权利的,出租人应当协助(《民法典》第 741 条)。

(2)【承租人向出卖人索赔,但自己要向融资公司付租金】

承租人对出卖人行使索赔权利,不影响其履行支付租金的义务。但是,承租人依赖出租人的技能确定租赁物或者出租人干预选择租赁物的,承租人可以请求减免相应租金(《民法典》第 742 条)。

(3)【承租人因融资公司过错导致其向出卖人索赔失败,可向融资公司索赔】

出租人有下列情形之一,致使承租人对出卖人行使索赔权利失败的,承租人有权请求出租人承担相应的责任:①明知租赁物有质量瑕疵而不告知承租人;②承租人行使索赔权利时,未及时提供必要协助。③出租人怠于行使只能由其对出卖人行使的索赔权利,造成承租人损失的,承租人有权请求出租人承担赔偿责任。(《民法典》第 743 条)

3.【融资租赁合同中的承租人对买卖合同的内容有远程控制权】

承租人的出租人根据承租人对出卖人、租赁物的选择订立的买卖合同,未经承租人同意,出租人不得变更与承租人有关的合同内容(《民法典》第 744 条)。

(二)【租赁物所有权】

1.【归融资公司】

(1)【明确约定归融资公司所有】当事人约定租赁期限届满租赁物归出租人所有,因租赁物毁损、灭失或者附合、混合于他物致使承租人不能返还的,出租人有权请求承租人给予合理补偿(《民法典》第 758 条第 2 款)。

(2)【无约定则归融资公司】出租人和承租人可以约定租赁期限届满租赁物的归属;对租赁物的归属没有约定或者约定不明确,租赁物的所有权归出租人(《民法典》第 757 条)。

(3)【登记对抗主义】出租人对租赁物享有的所有权,未经登记,不得对抗善意第三人(《民法典》第 745 条)。

秒杀:融资公司对租赁物的所有权没有登记,不能对抗 5 种人:善意购买人、执行债权人、保全债权人、善意租赁权人、破产债权人。

2.【归承租人】

(1)【明确约定归承租人所有:融资公司可就租赁物变价款优先受偿】

①【约定租赁物归承租人所有:融资公司要剩余租金,就租赁物变价款优先受偿】融资租赁的当事人约定租赁期限届满后租赁物归承租人所有,承租人支付部分租金后未支付剩余租金,出租人请求承租人支付剩余租金,并就租赁物优先受偿的,人民法院可以参照适用担保物权的实现程序处理(《担保解释》第 65 条第 1 款)。

②【约定租赁物归承租人所有:融资公司解除合同收回租赁物,就租赁物变价款优先受偿】《担保解释》第 65 条第 2 款,融资租赁的当事人约定租赁期限届满后租赁物归承租

人所有，承租人支付部分租金后未支付剩余租金，出租人请求解除合同并收回租赁物的，人民法院可以参照适用担保物权的实现程序处理。承租人主张收回的租赁物价值超过欠付租金及其他费用的，人民法院应当按照融资租赁合同的约定确定租赁物价值；融资租赁合同未约定或者约定不明的，可以参照融资租赁合同约定的租赁物折旧以及合同到期后租赁物的残值确定租赁物价值。

（2）【视为约定归承租人所有：约定租期届满后承租人支付象征性价款】当事人约定租赁期限届满，承租人仅需向出租人支付象征性价款的，视为约定的租金义务履行完毕后租赁物的所有权归承租人（《民法典》第759条）。

3.【租赁合同无效】（《民法典》第760条）

（1）【租赁合同无效，不影响租赁物归属约定的效力】融资租赁合同无效，当事人就该情形下租赁物的归属有约定的，按照其约定。

（2）【无约定，租赁物所有权归出租人】没有约定或者约定不明确的，租赁物应当返还出租人。

（3）【承租人原因导致合同无效，出租人可选择要钱，租赁物归承租人】但是，因承租人原因致使合同无效，出租人不请求返还或者返还后会显著降低租赁物效用的，租赁物的所有权归承租人，由承租人给予出租人合理补偿。

秒杀：①租赁物的所有权无论是租期内、租期外、还是合同无效，都归融资公司。②3种例外情形下租赁物归承租人：约定、租期届满租户支付象征性价格、因租户导致租赁合同无效而出租人不要租赁物。

(三)【租赁物问题】

1.【租赁物质量问题导致租户损失：由租户自负】租赁物不符合约定或者不符合使用目的的，出租人不承担责任。但是，承租人依赖出租人的技能确定租赁物或者出租人干预选择租赁物的除外（《民法典》第747条）。

例：【租户主导型融资租赁东西坏了租户自负】甲与顺利融资租赁公司签订融资租赁合同，租赁淀粉加工设备一台，约定租赁期限届满后设备归承租人所有。合同签订后，出租人按照承租人的选择和要求向设备生产商丁公司支付了价款。如租赁期间因设备自身原因停机，造成承租人损失。应如何处理？①租户甲主导型融资租赁，故甲继续支付租金。②甲要求丁公司承担维修义务和赔偿责任，顺利融资公司有协助义务。

2.【租赁物坏了：由租户维修】承租人应当妥善保管、使用租赁物。承租人应当履行占有租赁物期间的维修义务（《民法典》第750条）。

3.【租赁物侵权：由租户负责】承租人占有租赁物期间，租赁物造成第三人人身损害或者财产损失的，出租人不承担责任（《民法典》第749条）。

4.【租赁物毁损灭失的风险：由租户承担】

（1）【合同继续，租户按合同分期向融资公司照付租金】承租人占有租赁物期间，租赁物毁损、灭失的，出租人有权请求承租人继续支付租金，但是法律另有规定或者当事人另有约定的除外（《民法典》第751条）。

（2）【合同解除，租户一次性付钱补偿融资公司】融资租赁合同因租赁物交付承租人后意外毁损、灭失等不可归责于当事人的原因解除的，出租人可以请求承租人按照租赁物折旧情况给予补偿（《民法典》第756条）。

◆ **原理**：为什么租赁物灭失风险归承租人？①【出租交付视为买卖交付】出租人将租赁物交付给买方，视为"买卖"合同中的交付。出租人虽然是"出租交付"，但是出租人享有的所有权象征意义多于实际功能，将其推定为"买卖交付"也有道理。②【承租人能了解租赁物】并且，承租人对租赁物质量、技术标准比出租人更熟悉。实质上，出租人是"出借钱"，不是"出租物"。③【租赁物有保险】出租人一般会从融资交易一开始就对租赁物投保，将保险费摊入各期租金中，"保险"随带租赁物一起租给了承租人。所以，承租人因为有投保的保险保障，实质上是"零"风险。

第十四章 保理合同

一、保理合同

（一）【保理合同】

1.【保理合同的主体】从保理商的分类来看，主要包括银监会审批监管的银行类保理机构和商务部、地方商务主管机关审批监管的商业保理公司。

2.【保理合同的内容】保理合同是应收账款债权人将现有的或者将有的应收账款转让给保理人，保理人提供资金融通、应收账款管理或者催收、应收账款债务人付款担保等服务的合同（《民法典》第761条）。应收账款包括已经发生的和<u>将来发生的债权</u>。

```
                 基础关系100万
A（出卖人：应收账款债权人）←――――――→B（买受人：应收账款债务人）
  ↕ 保理合同：C给A80万，C再找B要100万
C（保理商：一般是银行，先把80"贷"给A，收取2万利息和8万管理费）
如果是有追索权保理：C从B要到了100万，自留80万+2万+8万，退给A10万。
如果是无追索权保理：C从B要到了100万，全部自留。
```

◆ **原理**：保理合同最大的受益者是谁？甲（出卖人），因为他通过保理可以从银行获得"贷款"，否则一般是很难从银行获得贷款的。

3.【有追索权保理：回购型保理】

（1）【保理人有选择权】①【C选择诉A或者B：起诉应收账款债权人<u>或者</u>应收账款债务人】当事人约定有追索权保理的，保理人可以向应收账款债权人主张返还保理融资款本息或者回购应收账款债权，也可以向应收账款债务人主张应收账款债权（《民法典》第766条）。②【C选择诉A和B连带：应收账款债权人和应收账款债务人负连带责任】当事人约定有追索权的保理，保理人以应收账款债权人和债务人为共同被告提起诉讼，请求承担<u>连带责任</u>的，人民法院应予支持（《担保解释第66条第2款》）。

（2）【保理人多拿的要退】①【多拿要退】保理人向应收账款债务人主张应收账款债权，在扣除保理融资款本息和相关费用后有剩余的，<u>剩余部分应当返还给应收账款债权人</u>（《民法典》第766条）。②【多拿要退】保理人从应收账款债务人处获得的应收账款债权超过保理融资款本息和相关费用，应收账款债权人请求保理人返还超过部分及其利息的，人民法院应予支持（《担保解释第66条第3款》）。

秒杀：①有追索权的保理，保理人可选择要求债权人回购，也可选择要求债务人还款。②多收到的钱要退给债权人。

4.【无追索权保理：买断型保理】

当事人约定无追索权保理的，保理人应当向应收账款债务人主张应收账款债权，保理

人取得超过保理融资款本息和相关费用的部分，无需向应收账款债权人返还（《民法典》第767条）。

例：【保理人只能向债务人要且"自负盈亏"】浦发银行与湾天公司签订无追索权的《保理合同》：湾天公司将其对中联公司的应收账款债权1000万元以200万元的价格转让给浦发银行。浦发银行可否选择要求湾天公司或中联公司承担还款责任？①不可以。②浦发银行只能向中联公司要求还款，假设获得了1000万元，则浦发银行可以保有该1000万元，而无需向湾天公司返还多得部分。

秒杀：无追索权保理，保理人没有选择权，只能要求债务人还款，多拿的不用退给债权人。

（二）【保理合同的签订方式】

1.【2方签约的保理】（1）【保理人和应收账款债权人签约】应收账款债权人与保理人签订保理合同，转让应收账款债权。（2）【保理人通知应收账款债务人】保理人向应收账款债务人发出应收账款转让通知的，应当表明保理人身份并附有必要凭证（《民法典》第764条）。

例：【债权人和保理人2方签约+通知债务人】甲因向乙供货而对乙有应收账款100万元，甲将该应收账款转让给银行，签订保理合同。如何通知债务人乙？①甲可通知债务人乙。②银行也可通知债务人乙，但银行通知债务人乙时应标明保理人身份并附必要凭证。③债务人乙对甲的抗辩或抵销，可对银行主张。换言之，银行"买到债权也买到该债权的病"。

2.【3方签约的保理】【保理人、应收账款债权人、应收账款债务人签约】应收账款债权人、应收账款债务人、与保理人签订保理合同，转让应收账款债权。

例：【3方签约】甲因向乙供货而对乙有应收账款100万元，甲将该应收账款转让给银行，甲乙银行三方签订了保理合同。是否还需要通知债务人乙？①不需要。②因为乙已经是当事人了。

（三）【基础关系和保理合同】

1.【变动基础关系的限制：基础交易合同不能发生不利于保理人的变化】应收账款债务人接到应收账款转让通知后，应收账款债权人与债务人无正当理由协商变更或者终止基础交易合同，对保理人产生不利影响的，对保理人不发生效力（《民法典》第765条）。

例：【债务人知道有保理后：债权人不能免除债务】甲对乙有应收账款，保理给了银行，通知乙后，甲对乙免除债务，该免除对保理人不发生效力。

2.【虚构基础关系的效果：虚构应收账款不得对抗善意保理人】应收账款债权人与债务人虚构应收账款作为转让标的，与保理人订立保理合同的，应收账款债务人不得以应收账款不存在为由对抗保理人，但是保理人明知虚构的除外（《民法典》第763条）。

例1：【债权人和债务人虚构，保理人不知情：合起来骗银行仍是保理】甲与乙虚构应收账款，保理银行不知情，甲从银行获得"融资款"，如何评价甲、银行的关系？是保理合同，银行可要求乙履行债务。

例2：【债权人和债务人虚构，保理人知情：借款合同】甲与乙虚构应收账款，保理银行也知情，甲从银行获得"融资款"，如何评价甲、银行的关系？不是保理合同，而是借款合同。银行不能要求乙还款，只能要求甲还款。

二、同一应收账款存在多个保理人，如何排队？登记、通知、比例

应收账款债权人就同一应收账款订立多个保理合同，致使多个保理人主张权利的，已经登记的先于未登记的取得应收账款；均已经登记的，按照登记时间的先后顺序取得应收账款；均未登记的，由最先到达应收账款债务人的转让通知中载明的保理人取得应收账款；既未登记也未通知的，按照保理融资款或者服务报酬的比例取得应收账款（《民法典》第768条）。

例：【一债多保理】甲对乙因供货享有应收账款1000万元，甲将该债权先后转让给保理人丙、丁、戊，签订了无追索权的保理合同，先后向乙发出了债务催收函。保理人戊的债权登记了，丙丁无登记，保理人都向乙主张1000万元，则如何排序？每个保理合同都是有效的。排队：戊（登记）>丙（通知在先）>丁。

秒杀：一债多保理，"记"（登记）、"知"（通知）、"比"（比例）。

三、同一应收账款同时存在保理和"质押"，如何排队？登记、通知、比例

《担保解释》第66条第1款，同一应收账款同时存在保理、应收账款质押，当事人主张参照民法典第七百六十八条的规定（登记、通知、比例）确定优先顺序的，人民法院应予支持。

例：【一债多处分】甲对乙有应收账款债权100万元，甲先保理给A，通知了乙（第1通知）。甲后出质登记给了B（第1登记）。甲再保理给了C做了保理登记（第2登记）。甲最后将债权又转让给了D，通知了乙（第2通知）。如何排序？1个债权被处分了4次。B>C>A>D。

第十五章　承揽合同

一、承揽合同

(一)【承揽合同的内容】

1. 【定作人支付报酬，承揽人交付成果】承揽合同是承揽人按照定作人的要求完成工作，交付工作成果，定作人支付报酬的合同。承揽包括加工、定作、修理、复制、测试、检验等工作（《民法典》第770条）。

2. 【有形成果】维修汽车、搬家、装修房屋、加工服装、雕刻印章、印刷书籍、农村建房等。

3. 【无形成果】宣传、演戏、评估、看护、设计等。

秒杀：努力无成果，构成违约。

(二)【承揽合同的相对性】

1. 【主要工作转承揽】（《民法典》第772条）

(1) 【经定作人同意才可以转承揽】坚持相对性，固定承揽合同1和转承揽合同2当事人各自违约责任。

(2) 【未经定作人同意转承揽】定作人可解除承揽合同1。

例：【500套转出去100套=主要工作转承揽】育才中学委托利达服装厂加工500套校服，约定材料由服装厂采购，学校提供"样品"，取货时付款。为赶时间，利达服装厂私自委托恒发服装厂加工100套。育才中学按时前来取货，发现恒发服装厂加工的100套校服不符合样品要求，遂拒绝付款。利达服装厂则拒绝交货。如何评价承揽合同1和转承揽合同2的法律关系？(1)【转承揽问题】①利达服装厂擅自外包100套服装，属于主要工作转承揽。②未经定作人育才中学同意，故育才中学有权解除承揽合同1。③基于合同相对性，育才中学与恒发服装厂无合同关系，故不得向恒发服装厂主张违约责任。(2)【同时履行抗辩权和留置权问题】①双方约定取货时付款，这属于双务合同中同时履行义务的约定。②如育才中学不解除承揽合同1，在未付酬金时请求利达服装厂交付服装，则利达服装厂可主张同时履行抗辩权拒绝交付校服。③如育才中学不解除承揽合同，拒不支付酬金，则利达服装厂可对样品行使留置权（乱留）。不存在对服装行使留置权问题，因为服装还没交付则物权仍然是利达服装厂的，不能留置自己的东西。

2. 【辅助工作转承揽】（《民法典》第773条）

(1) 【无须经定作人同意就可以转承揽】坚持相对性，固定承揽合同1和转承揽合同2当事人各自违约责任。

(2) 【承揽人对定作人负责，第三人对承揽人负责】承揽人将其承揽的辅助工作交由第三人完成的，应当就该第三人完成的工作成果向定作人负责。

二、"图成果"的定作人的两个权利和"图报酬"承揽人的两个权利

（一）【"图成果"的定作人的 2 个权利】

1.【定作人任意变更权】定作人中途变更承揽工作的要求，造成承揽人损失的，应当赔偿损失（《民法典》第 777 条）。

2.【定作人任意解除权】定作人在承揽人完成工作前可以随时解除合同，造成承揽人损失的，应当赔偿损失（《民法典》第 787 条）。

（二）【"图报酬"的承揽人的 2 个权利】

1.【承揽人的同时履行抗辩权】定作人应当按照约定的期限支付报酬。对支付报酬的期限没有约定或者约定不明确，定作人应当在承揽人交付工作成果时支付；工作成果部分交付的，定作人应当相应支付（《民法典》第 782 条）。

2.【承揽人的留置权】定作人未向承揽人支付报酬或者材料费等价款的，承揽人对完成的工作成果享有留置权或者有权拒绝交付，但是当事人另有约定的除外（《民法典》第 783 条）。

第十六章 建设工程合同

一、发包、转包、分包

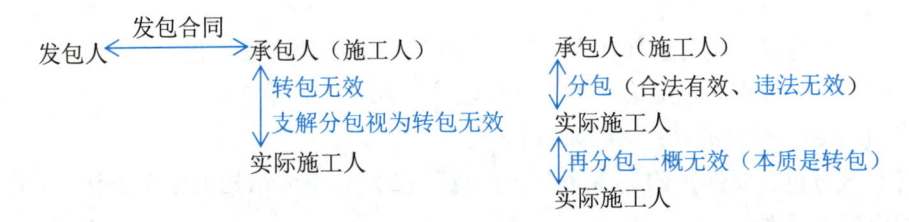

```
                发包合同
发包人 ←――――――→ 承包人（施工人）        承包人（施工人）
                  ↕ 转包无效              ↕ 分包（合法有效、违法无效）
                  ↓ 支解分包视为转包无效    实际施工人
                实际施工人                ↕ 再分包一概无效（本质是转包）
                                         实际施工人
```

（一）【发包：一级市场】

1.【发包合同：又叫承包合同】建设工程合同是承包人进行工程建设，发包人支付价款的合同。建设工程合同包括工程勘察、设计、施工合同（《民法典》第788条）。

2.【承包人无资质、超越资质、借用资质的发包合同无效】

（1）【无资质、超越资质、借用资质】承包人未取得建筑施工企业资质或者超越资质等级的、没有资质的实际施工人借用有资质的建筑施工企业名义的，发包合同无效。但是，承包人超越资质等级许可的业务范围签订建设工程施工合同，在建设工程竣工前取得相应资质等级，发包合同有效。

◆ 原理：无资质、借用资质和超越资质，为何只有超越资质可补救？①借用资质即借用人无资质。无资质的企业盖的楼谁敢住，不能让无资质的企业先盖楼后"补票"。②超越资质说的是有资质，超越等级了，好歹还是有资质的，竣工前允许补。

（2）【借用资质的连带责任】缺乏资质的单位或者个人借用有资质的建筑施工企业名义签订建设工程施工合同，发包人请求出借方与借用方对建设工程质量不合格等因出借资质造成的损失承担连带赔偿责任的，人民法院应予支持。

◆ 原理：为什么借用资质当事人负连带责任？①本质上是无资质挂靠有资质企业。挂靠人干活，被挂靠人收取管理费，因此挂靠都是连带责任。②因为施工合同无效，故负连带的缔约过失责任。

3.【缺乏规划审批手续的发包合同无效】

（1）【例外1：起诉前补正的发包合同有效】当事人以发包人未取得建设工程规划许可证等规划审批手续为由，请求确认建设工程施工合同无效的，人民法院应予支持，但发包人在起诉前取得建设工程规划许可证等规划审批手续的除外。

（2）【例外2：拟制补正的发包合同有效】发包人能够办理审批手续而未办理，并以未办理审批手续为由请求确认建设工程施工合同无效的，人民法院不予支持。

4.【与阳合同矛盾的阴合同内容无效】

（1）【阴合同内容无效】招标人和中标人另行签订的建设工程施工合同约定的工程范

围、建设工期、工程质量、工程价款等实质性内容，与中标合同不一致，一方当事人请求按照中标合同确定权利义务的，人民法院应予支持。

（2）【变相的阴合同内容无效】招标人和中标人在中标合同之外就明显高于市场价格购买承建房产、无偿建设住房配套设施、让利、向建设单位捐赠财物等另行签订合同，变相降低工程价款，一方当事人以该合同背离中标合同实质性内容为由请求确认无效的，人民法院应予支持。

5.【建设工程必须进行招标而未招标的或者中标无效的，签订发包合同无效】

（二）【转包：一概无效】

承包人不得将其承包的全部建设工程转包给第三人或者将其承包的全部建设工程支解以后以分包的名义分别转包给第三人（《民法典》第791条第2款）。

（三）【分包：有的有效；有的无效】

1.【有效分包3要件】（1）经发包人同意。（2）非主体结构的施工工作。（3）分包人具备相应资质条件。

2.【有效分包的内容】土石方工程、建筑装修装饰工程、消防设施工程、建筑防水工程、送变电工程、暖气工程、上下水工程。

3.【实际施工人的再分包一概无效】禁止分包单位将其承包的工程再分包。

◆ 原理：为何再分包一概无效？①再分包本质上就是转包，故一概无效。②如果允许再分包就会导致"分包链条过长"，层层盘剥，最后施工人员无利可图只能偷工减料。

4.【实际施工人和施工人对发包人负连带责任】第三人就其完成的工作成果与承包人向发包人承担连带责任。

秒杀：①转包无效。②支解分包实质为转包无效。③违法分包无效。④再分包无效。⑤转包无效、违法分包无效、再分包无效，它们不会导致上游的发包合同无效。

◆ 原理：转包无效、违法分包无效、再分包无效，它们为什么不会导致上游的发包合同无效？①承包人将建设工程转包（无效）、违法分包（无效）的，发包人可以解除合同（发包合同有效是解除的前提）。②合同解除后，已经完成的建设工程质量合格的，发包人应当按照约定支付相应的工程价款。

（四）【劳务分包：分包人有资质就有效】

1.【劳务分包合同的内容】将简单劳动从复杂劳动剥离出来单独进行承包施工的劳动。包括木工、砌筑、抹灰、石制作、油漆、钢筋、混凝土、脚手架、模板、焊接、水暖、钣金、架线。

2.【劳务分包合同的性质】属于建设工程施工合同，其既不是劳动合同，也不是在发包人与承包人之间劳务关系的合同。

3.【劳务分包合同的效力】施工单位一般都有自己的劳务公司，为规避用工风险会把劳务分包，劳务公司只要有资质，该劳务分包合同都有效。

二、无效建设工程施工合同的法律后果

（一）【合同无效，工程合格：补偿工程价款】（《民法典》第793条第1款）

建设工程施工合同无效，但是建设工程经验收合格的，可以参照合同关于工程价款的

约定折价补偿承包人。

（二）【合同无效，工程不合格：修复好了补偿工程价款；修复不好没有工程价款】（《民法典》第793条第2款）

1. 【修复好了补偿工程款】建设工程施工合同无效，且建设工程经验收不合格的，修复后的建设工程经验收合格的，发包人可以请求承包人承担修复费用。

2. 【修复不好没有工程款】建设工程施工合同无效，且建设工程经验收不合格的，修复后的建设工程经验收不合格的，承包人无权请求参照合同关于工程价款的约定折价补偿。

例：【无资质但工程合格】甲房地产开发公司开发一个较大的花园公寓项目，作为发包人，甲公司将该项目的主体工程发包给了乙企业，签署了建设工程施工合同。乙企业一直未取得建筑施工企业资质。现该项目主体工程已封顶完工。如何评价合同效力及工程价款？①乙企业无资质，故工程合同无效。②如该项目主体工程经竣工验收合格，则乙企业可参照合同约定请求甲公司补偿工程价款。③如该项目主体工程经竣工验收不合格，经修复后仍不合格的，乙企业不能主张工程价款。

◆ **原理**：为何是参照适用？因为施工合同无效，楼又盖得很好，可以要钱，这个钱不是工程价款，是参照适用，叫"折价补偿款"。钱还是那个钱，叫法不同。

三、工程质量：涉及"广大购房人"利益

（一）【工程不合格的对外侵权关系：工程不合格对外致人损害，承包人对外负侵权责任】

因承包人的原因致使建设工程在合理使用期限内造成人身损害和财产损失的，承包人应当承担赔偿责任（《民法典》第802条）。

（二）【工程不合格的对内合同关系：承包人诉工程款纠纷和发包人诉工程质量纠纷】

1. 【工程不合格的对内合同关系：承包人诉工程款纠纷，看修复后合格不合格】

（1）【修复后合格：承包人对内可主张工程款，自负修复费用】修复后的建设工程经竣工验收合格的，发包人可以要求承包人承担修复费用；

（2）【修复后不合格：承包人对内不可主张工程款】修复后的建设工程经竣工验收不合格的，承包人不能要求参照合同关于工程价款的约定折价补偿。

2. 【工程不合格的对内合同关系：发包人诉工程质量纠纷，突破合同相对性】

因建设工程质量发生争议的，发包人可以以总承包人、分包人和实际施工人为共同被告提起诉讼（《建设工程施工合同纠纷案件适用法律问题的解释（一）》第15条）。这些被告负连带责任。

四、工程价款：涉及"广大农民工"的利益

（一）【工程价款的确定】

1. 【工程垫资款】（1）【明确约定为借款，为借款】当事人明确约定垫资款为借款，则适用民间借贷规则。（2）【未明确约定为借款，为工程款】当事人未明确约定垫资款为借款，则垫资款视为工程欠款，受优先权保护。对垫资利息无约定，则无利息（《建设工

程施工合同纠纷案件适用法律问题的解释（一）》第 25 条）。

2.【多个合同多个价款】

（1）【以招标方式签订施工合同情形："阴阳合同"中按"阳合同"结算工程款】当事人就同一建设工程另行订立的建设工程施工合同（"阴合同"）与经过备案的中标合同（"阳合同"）实质性内容不一致的，应当以备案的中标合同作为结算工程价款的根据。

◆ 原理：为什么应该以备案的中标合同为准？①如果不按备案中标合同来，还可以乱修改，那费那么大劲搞招投标就变成了"路演"了。②比如私下协议约定施工人无偿加盖配套如地下车库、盖楼后要求施工人"高价购买"，这都是变相的降低工程款，是对备案中标的合同修改，无效。

（2）【数份合同都无效】（1）【先按实际履行的合同结算工程款】当事人就同一建设工程订立的数份建设工程施工合同均无效，但建设工程质量合格，一方当事人请求参照实际履行的合同结算建设工程价款的，人民法院应予支持。（2）【实际履行合同难以确定，再按最后签订的合同结算工程款】实际履行的合同难以确定，当事人请求参照最后签订的合同结算建设工程价款的，人民法院应予支持。

（二）【工程价款优先权】

1.【优先权的性质：法定优先】

（1）【法定优先权】发包人未按照约定支付价款的，承包人可以催告发包人在合理期限内支付价款。发包人逾期不支付的，除根据建设工程的性质不宜（比如"鸟巢"）折价、拍卖外，承包人可以与发包人协议将该工程折价（"以物抵债"），也可以请求人民法院将该工程依法拍卖。建设工程的价款就该工程折价或者拍卖的价款优先受偿（《民法典》第 807 条）。类似承揽合同承揽人享有法定留置权。

（2）【优先权>抵押权>其他债权】承包人根据民法典第 804 条规定享有的建设工程价款优先受偿权优于抵押权和其他债权（《建设工程施工合同纠纷案件适用法律问题的解释（一）》第 36 条）。

秒杀： 购房人超级优先权>施工人优先权>银行抵押权>其他债权。

（3）【优先权不能任由当事人约定而被排除】发包人与承包人约定放弃或者限制建设工程价款优先受偿权，损害建筑工人利益，发包人根据该约定主张承包人不享有建设工程价款优先受偿权的，人民法院不予支持。一般的放弃有效，但损害农民工利益的就是无效的。

2.【优先权的主体：坚持相对性】（《建设工程施工合同纠纷案件适用法律问题的解释（一）》第 37 条）

（1）【与发包人签订建设工程施工合同的施工人享有：楼是我盖的】与发包人订立建设工程施工合同的承包人的承建工程的价款就工程折价或者拍卖的价款可主张优先受偿，故下游的实际施工人无优先权。

（2）【与发包人签订装饰装修工程合同的施工人享有：楼是我装的】装饰装修工程具备折价或者拍卖条件，装饰装修工程的承包人请求工程价款就该装饰装修工程折价或者拍卖的价款优先受偿的，人民法院应予支持。此处装修工程合同限于和发包人签订，而不包括与第三人比如承包人签订。

3. 【优先权的条件：工程质量合格】

（1）【建设工程质量合格】建设工程质量合格，承包人请求其承建工程的价款就工程折价或者拍卖的价款优先受偿的，人民法院应予支持。施工合同无效，不影响优先权，只要楼盖好了就有优先权。

（2）【未竣工的建设工程质量合格】未竣工的建设工程质量合格，承包人请求其承建工程的价款就其承建工程部分折价或者拍卖的价款优先受偿的，人民法院应予支持。

4. 【优先权的范围：工程价款】

（1）【包括：成本、利润、税金】承包人建设工程价款优先受偿的范围依照国务院有关行政主管部门关于建设工程价款范围的规定确定。

（2）【不包括：利息、违约金、损害赔偿金】承包人就逾期支付建设工程价款的利息、违约金、损害赔偿金等主张优先受偿的，人民法院不予支持。因此，施工人的这些债权属于普通债权。

◆ 原理：为什么优先权范围不包括利息、违约金、损害赔偿金？因为如果优先权保护过多，对后头的抵押权人（银行）不利。我们需要保护国有银行的利益。

5. 【优先权的期间：法定担保物权有存续期间】

（1）【一般情形：自应付工程款之日起算18个月】承包人应当在合理期限内行使建设工程价款优先受偿权，但最长不得超过18个月，自发包人应当给付建设工程价款之日起算（《建设工程施工合同纠纷案件适用法律问题的解释（一）》第41条）。

（2）【破产情形：自合同解除之日起算18个月】指导案例73号"通州建总集团有限公司诉安徽天宇化工有限公司别除权纠纷案"之裁判要点：符合《破产法》第18条[1]规定的情形，建设工程施工合同视为解除的，承包人行使优先受偿权的期限应自合同解除之日起计算。

（二）【实际施工人工程价款的保护】

1. 【实际施工人起诉与自己有合同关系的对方当事人】实际施工人以转包人、违法分包人为被告起诉的，人民法院应当依法受理（《建设工程施工合同纠纷案件适用法律问题的解释（一）》第43条第1款）。

2. 【实际施工人起诉与自己无合同关系的发包人】

（1）【直接突破合同相对性，直接起诉发包人：应追加转包人或违法分包人为第三人】实际施工人以发包人为被告主张权利的，人民法院应当追加转包人或者违法分包人为本案第三人，在查明发包人欠付转包人或者违法分包人建设工程价款的数额后，判决发包人在欠付建设工程价款范围内对实际施工人承担责任（《建设工程施工合同纠纷案件适用法律问题的解释（一）》第43条第2款）。

（2）【间接突破合同相对性，代位权诉讼起诉发包人：应当追加"懒惰"的转包人或

---

[1]《企业破产法》第18条规定，人民法院受理破产申请后，管理人对破产申请受理前成立而债务人和对方当事人均未履行完毕的合同有权决定解除或者继续履行，并通知对方当事人。管理人自破产申请受理之日起2个月内未通知对方当事人，或者自收到对方当事人催告之日起30日内未答复的，视为解除合同。管理人决定继续履行合同的，对方当事人应当履行；但是，对方当事人有权要求管理人提供担保。管理人不提供担保的，视为解除合同。

违法分包人为第三人】实际施工人依据民法典第535条（代位权诉讼）规定，以转包人或者违法分包人怠于向发包人行使到期债权或者与该债权有关的从权利，影响其到期债权实现，提起代位权诉讼的，人民法院应予支持。(《建设工程施工合同纠纷案件适用法律问题的解释（一）》第44条)。

◆ **原理**：直接突破相对性起诉发包人与间接突破合同相对性通过代位权诉讼起诉发包人的路径有何差异？前者不需要证明代位权诉讼的构成要件，比如无须证明转包人或违法分包人"又穷又懒"。

第十七章 运输合同、保管合同、仓储合同、委托合同、行纪合同、中介合同

一、运输合同

(一)【客运合同】

1.【承运人救人义务】承运人在运输过程中,应当尽力救助患有急病、分娩、遇险的旅客(《民法典》第822条)。旅客包括一切依法上车的人,比如免票的儿童。

2.【承运人对旅客人身伤亡承担无过错责任】如果伤亡是旅客自身健康原因造成的、故意或重大过错造成的,承运人免责(《民法典》第823条)。

3.【承运人对旅客自带物品负过错责任,对旅客托运行李负无过错责任】(《民法典》第824条)。随身携带的物品比如钱包被偷,承运人没过错不用赔。托运行李本质是货运合同,采用无过错责任。

4.【实名制客票丢失承运人不得再次收钱】实名制客运合同的旅客丢失客票的,可以请求承运人挂失补办,承运人不得再次收取票款和其他不合理费用(《民法典》第815条)。

(二)【货运合同】

1.【承运人对货损负无过错违约责任】如果是不可抗力、货物本身的自然性质或者合理损耗以及托运人、收货人的过错造成,承运人免责(《民法典》第832条)。

2.【承运人的留置权】托运人或者收货人不支付运费、保管费以及其他运输费用,承运人对相应的运输货物享有留置权,但当事人另有约定的除外(《民法典》第836条)。

3.【托运人有任意变更权和解除权】托运人可要求中途要求承运人中止运输、返还货物、变更到达地或将货物交给其他收货人,但要赔偿承运人因此受到的损失(《民法典》第829条)。

4.【单式联运突破相对性】(1)【总承运人对托运人负全责】两个以上承运人以同一运输方式联运的,与托运人订立合同的承运人应当对全程运输承担责任。(2)【损失区段承运人就区段损失与总承运人负连带责任】损失发生在某一运输区段的,与托运人订立合同的承运人和该区段的承运人承担连带责任(《民法典》第834条)。

例:【车运1、车运2、车运3】甲与乙签订货物运输合同,由乙将货物运输用车辆运输。乙车运输1段,丙车运输2段,丁车运输3段。货物在3段因翻车受损,甲如何索赔?甲可要求乙(车运1)和丁(区段车运3)负连带责任。

5.【多式联运坚持相对性】(1)【总承运人对托运人负责】多式联运经营人对全程运输负责(《民法典》第838条)。(2)【损失区段承运人对总承运人负责】多式联运经营人

501

可以与参加多式联运的各区段承运人就多式联运合同的各区段运输约定相互之间的责任；但是，该约定不影响多式联运经营人对全程运输承担的义务（《民法典》第 839 条）。

```
                车2                        飞机
托运人 → 车1总              托运人 → 车
                车3                        轮船
```

二、保管合同

（一）【实践性合同】保管合同自保管物交付时成立，但是当事人另有约定的除外（《民法典》第 890 条）。

（二）【保管合同中保管人的过错责任】（《民法典》第 897 条）

1.【有偿的保管合同，保管人负一般的过错责任】

2.【无偿的保管合同，保管人负故意或重大过失的过错责任】

例：【无偿管书】贾某因装修房屋，把一批古书交朋友王某代为保管，王某将古书置于床下。一日，王某楼上住户唐某家水管被冻裂，水流至王某家，致贾某的古书严重受损。王某是否需要赔偿？①不需要。②因为贾某、王某之间签订的是无偿保管合同，无偿保管人王某没有过错，故不赔偿。③贾某可诉唐某承担过错侵权责任。

3.【无约定则视为无偿保管】当事人对保管费没有约定或者约定不明确，保管是无偿的（《民法典》第 889 条）。

（三）【保管合同当事人的任意解除权】（《民法典》第 899 条）

1.【寄存人有任意解除权】寄存人可以随时领取保管物。

2.【保管人有半个任意解除权】（1）【有保管期时保管人不能任意解除】约定了保管期间，保管人不得要求寄存人提前领取保管物。（2）【无保管期时保管人能任意解除】未约定保管期间，保管人可随时要求寄存人领取保管物。

三、仓储合同

（一）【仓储合同是有偿、诺成合同】

1.【有偿】仓储合同是保管人储存存货人交付的仓储物（动产），存货人支付仓储费（有偿）的合同（《民法典》第 904 条）。

2.【诺成】仓储合同自保管人和存货人意思表示一致时成立（《民法典》第 905 条）。

（二）【提取仓储物】

1.【仓单是物权凭证】存货人或者仓单持有人在仓单上背书并经保管人签名或者盖章的，可以转让提取仓储物的权利（《民法典》第 910 条）。

2.【有储存期间：违约时收"占仓费"】存货人或者仓单持有人逾期提取的，应当加收仓储费；提前提取的，不减收仓储费（《民法典》第 915 条）。

3.【无储存期间：双方都有任意解除权】存货人或者仓单持有人可以随时提取仓储物。仓储人可以随时要求存货人或者仓单持有人提取仓储物，但是应当给予必要的准备时间（《民法典》第914条）。

四、委托合同

(一)【委托事务成果归委托人】

1.【处理事务】委托合同是委托人和受托人约定，由受托人处理委托人事务的合同（《民法典》第919条）。

2.【成果归委托人】受托人处理委托事务取得的财产，应当转交给委托人（《民法典》第927条）。

例：【委托代买彩票】甲去购买彩票，其友乙给甲10元钱让其顺便代购彩票，同时告知购买号码，并一再嘱咐甲不要改变。甲预测乙提供的号码不能中奖，便擅自更换号码为乙购买了彩票并替乙保管。开奖时，甲为乙购买的彩票中了奖，二人为奖项归属发生纠纷。奖项归谁？①归乙。②因为乙是委托人，委托事务成果归委托人，而非归受托人。

(二)【委托合同中受托人的过错赔偿责任】

1.【有偿的委托合同，受托人负一般的过错责任】有偿的委托合同，因受托人的过错给委托人造成损失的，委托人可以要求赔偿损失。

2.【无偿的委托合同，受托人负故意或重大过失的过错责任】无偿的委托合同，因受托人的故意或者重大过失给委托人造成损失的，委托人可以要求赔偿损失（《民法典》第929条）。

(三)【委托合同当事人的任意解除权】（《民法典》第933条）

1.【双方都有任意解除权】委托人或者受托人可以随时解除委托合同。

例：【无用律师】某律师事务所指派吴律师担任某案件的一、二审委托代理人。第一次开庭后，吴律师感觉案件复杂，本人和该事务所均难以胜任，建议不再继续代理。但该事务所坚持代理。一审判决委托人败诉。律师事务所是否有权解除合同？①有。②律师事务所有权单方解除委托合同，但须承担赔偿责任。③即使一审胜诉，委托人也可解除委托合同，但须承担赔偿责任。

2.【双方行使任意解除权需承担赔偿责任】

(1)【无偿委托合同赔直接损失】因解除合同给对方造成损失的，除不可归责于该当事人的事由外，无偿委托合同的解除方应当赔偿因解除时间不当造成的直接损失。

(2)【有偿委托合同赔直接损失和可以利益】有偿委托合同的解除方应当赔偿对方的直接损失和可以获得的利益。

五、行纪合同

(一)【行纪合同坚持相对性】行纪人与第三人订立合同的，行纪人对该合同直接享有权利、承担义务（《民法典》第958条第1款）。

委托人 ⟵行纪合同（劳务）⟶ 行纪人 ⟵贸易合同（商品）⟶ 相对人

例：【行纪合同坚持相对性】某配件厂（甲方）委托某销售公司（乙方）代销产品，卖给超市（丙方），乙接受甲的委托并以自己的名义代甲销售，代销价款归甲方，乙方收取代销费。如何评价案涉法律关系？①甲为委托人，乙为行纪人，丙为相对人。②行纪合同坚持相对性：甲、乙是行纪合同当事人（劳务）；乙、丙是行纪行为当事人（交易）。

◆ **原理**：行纪人以自己名义对外签订合同，间接代理中受托人也是以自己名义对外签订合同，差异何在？行纪人一直都是合同当事人。间接代理中受托人未必是合同当事人。

（二）【委托人的权利：行纪结果赚了归委托人，亏了由行纪人补】

1. 【赚了，归委托人】行纪人高于委托人指定的价格卖出或者低于委托人指定的价格买入的，可以按照约定增加报酬；没有约定或者约定不明确，该利益属于委托人（《民法典》第955条第2款）。

例：【行纪合同】甲将10吨大米委托乙商行出售。双方只约定，乙商行以自己名义对外销售，每公斤售价2元，乙商行的报酬为价款的5%。如何评价甲乙的关系？①甲与乙商行之间成立行纪合同关系。②乙商行为销售大米支出的费用应由自己负担。③如乙商行与丙食品厂订立买卖大米的合同，则乙商行对该合同直接享有权利、承担义务。④如乙商行以每公斤2.5元的价格将大米售出，双方对多出价款的分配无法达成协议，该利益归甲。

2. 【亏了，行纪人补】行纪人低于委托人指定的价格卖出或者高于委托人指定的价格买入的，应当经委托人同意；未经委托人同意，行纪人补偿其差额的，该买卖对委托人发生效力（《民法典》第955条第1款）。

（三）【行纪人的权利和义务：介入权、留置权和自负费用】

1. 【行纪人有介入权】行纪人卖出或者买入具有市场定价的商品，除委托人有相反的意思表示外，行纪人自己可以作为买受人或者出卖人。行纪人有前款规定情形的，仍然可以请求委托人支付报酬（《民法典》第956条）。

2. 【行纪人有留置权】行纪人完成或者部分完成委托事务的，委托人应当向其支付相应的报酬。委托人逾期不支付报酬的，行纪人对委托物享有留置权，但是当事人另有约定的除外（《民法典》第959条）。

3. 【行纪人自负行纪费用】行纪人处理委托事务支出的费用，由行纪人负担，但是当事人另有约定的除外（《民法典》第952条）。

六、中介合同

（一）【中介人】

1. 【报告中介和媒介中介】中介合同是中介人向委托人报告订立合同的机会或者提供订立合同的媒介服务，委托人支付报酬的合同（《民法典》第961条）。

2. 【中介人应如实报告】中介人应当就有关订立合同的事项向委托人如实报告。中介人故意隐瞒与订立合同有关的重要事实或者提供虚假情况，损害委托人利益的，不得请求支付报酬并应当承担赔偿责任（《民法典》第962条）。

（二）【中介报酬与中介费用】

1. 【成功可以要报酬不能要费用】（1）【可以要报酬】中介人促成合同成立的，委托人应当按照约定支付报酬。对中介人的报酬没有约定或者约定不明确，根据中介人的劳务合理确定。因中介人提供订立合同的媒介服务而促成合同成立的，由该合同的当事人平均负担中介人的报酬。(2)【不能要费用】中介人促成合同成立的，中介活动的费用，由中介人负担（《民法典》第963条）。

2.【失败不可以要报酬但可以要必要费用】(1)【不能要报酬】中介人未促成合同成立的，不得请求支付报酬。(2)【可以要必要费用】中介人未促成合同成立的，可以按照约定请求委托人支付从事中介活动支出的必要费用（《民法典》第964条）。

(三)【委托人跳单：应付报酬】

委托人在接受中介人的服务后，利用中介人提供的交易机会或者媒介服务，<u>绕开中介人</u>直接订立合同的，应当向中介人支付报酬（《民法典》第965条）。

例：【不是跳单】指导案例1号"上海中原物业顾问有限公司诉陶德华居间合同纠纷案"之裁判要点：房屋买卖居间合同中关于禁止买方利用中介公司提供的房源信息却绕开该中介公司与卖方签订房屋买卖合同的约定合法有效。但是，当卖方将同一房屋通过多个中介公司挂牌出售时，买方通过其他公众可以获知的正当途径获得相同房源信息的，买方有权选择报价低、服务好的中介公司促成房屋买卖合同成立，其行为并没有利用先前与之签约中介公司的房源信息，故不构成违约。

第十八章　物业服务合同

一、物业服务合同

(一)【物业服务合同】

物业服务合同是物业服务人在物业服务区域内，为业主提供建筑物及其附属设施的维修养护、环境卫生和相关秩序的管理维护等物业服务，业主支付物业费的合同。物业服务人包括物业服务企业和其他管理人（《民法典》第937条）。

(二)【公开承诺进入合同】

物业服务人公开作出的有利于业主的服务承诺，为物业服务合同的组成部分（《民法典》第938条第2款）。

(三)【多数人说了算】

建设单位依法与物业服务人订立的前期物业服务合同，以及业主委员会与业主大会依法选聘的物业服务人订立的物业服务合同，对业主具有法律约束力（《民法典》第939条）。

二、【前期物业服务合同】

建设单位依法与物业服务人订立的前期物业服务合同约定的服务期限届满前，业主委员会或者业主与新物业服务人订立的物业服务合同生效的，前期物业服务合同终止（《民法典》第940条）。

三、【新物业服务合同】

(一)【解聘原物业服务人】

业主依照法定程序共同决定解聘物业服务人的，可以解除物业服务合同。决定解聘的，应当提前60日书面通知物业服务人，但是合同对通知期限另有约定的除外。依据前款规定解除合同造成物业服务人损失的，除不可归责于业主的事由外，业主应当赔偿损失（《民法典》第946条）。

(二)【续聘原物业服务人】

物业服务期限届满前，业主依法共同决定续聘的，应当与原物业服务人在合同期限届满前续订物业服务合同。物业服务期限届满前，物业服务人不同意续聘的，应当在合同期限届满前90日书面通知业主或者业主委员会，但是合同对通知期限另有约定的除外（《民法典》第947条）。

(三)【原物业既没被解聘也没被续聘，视为不定期物业服务合同】

物业服务期限届满后，业主没有依法作出续聘或者另聘物业服务人的决定，物业服务人继续提供物业服务的，原物业服务合同继续有效，但是服务期限为不定期。当事人可以随时解除不定期物业服务合同，但是应当提前60日书面通知对方（《民法典》第948条）。

（四）【事实上物业服务合同】

1.【原物业服务人提供过渡服务：可以收物业费】物业服务合同终止后，在业主或者业主大会选聘的新物业服务人或者决定自行管理的业主接管之前，原物业服务人应当继续处理物业服务事项，并可以请求业主支付该期间的物业费（《民法典》第950条）。

2.【原物业提供"耍赖"服务：不可以收物业费】物业服务合同终止的，原物业服务人应当在约定期限或者合理期限内退出物业服务区域，将物业服务用房、相关设施、物业服务所必需的相关资料等交还给业主委员会、决定自行管理的业主或者其指定的人，配合新物业服务人做好交接工作，并如实告知物业的使用和管理状况。物业服务人违反前款规定的，不得请求业主支付物业服务合同终止后的物业费；造成业主损失的，应当赔偿损失（《民法典》第949条）。

四、转托物业服务合同（《民法典》第941条）

（一）【可以部分转托】

物业服务人将物业服务区域内的部分专项服务事项委托给专业性服务组织或者其他第三人的，应当就该部分专项服务事项向业主负责。

（二）【不得全部转托】

物业服务人不得将其应当提供的全部物业服务转委托给第三人，或者将全部物业服务支解后分别转委托给第三人。类似转包合同，一概无效。

五、当事人的义务

（一）【业主的义务】

1.【支付物业费】物业服务人已经按照约定和有关规定提供服务的，业主不得以未接受或者无需接受相关物业服务为由拒绝支付物业费。业主违反约定逾期不支付物业费的，物业服务人可以催告其在合理期限内支付；合理期限届满仍不支付的，物业服务人可以提起诉讼或者申请仲裁。物业服务人不得采取停止供电、供水、供热、供燃气等方式催交物业费（《民法典》第944条）。业主和承租人约定承租人支付物业费，他们对外连带，内部从约定。物业费不是支付给业委会，是支付给物业服务人。

2.【告知信息】业主装饰装修房屋的，应当事先告知物业服务人，遵守物业服务人提示的合理注意事项，并配合其进行必要的现场检查。业主转让、出租物业专有部分、设立居住权或者依法改变共有部分用途的，应当及时将相关情况告知物业服务人（《民法典》第945条）。

（二）【物业服务人的义务】

物业服务人应当定期将服务的事项、负责人员、质量要求、收费项目、收费标准、履行情况，以及维修资金使用情况、业主共有部分的经营与收益情况等以合理方式向业主公开并向业主大会、业主委员会报告（《民法典》第943条）。

第十九章 合伙合同

一、合伙合同

(一)【合伙合同】

1.【定期合伙合同】合伙合同是两个以上合伙人为了共同的事业目的,订立的共享利益、共担风险的协议(《民法典》第967条)。

2.【不定期合伙合同】合伙人对合伙期限没有约定或者约定不明确,视为不定期合伙。合伙期限届满,合伙人继续执行合伙事务,其他合伙人没有提出异议的,原合伙合同继续有效,但是合伙期限为不定期。合伙人可以随时解除不定期合伙合同,但是应当在合理期限之前通知其他合伙人(《民法典》第976条)。

◆ 原理:《民法典》为何要规定合伙合同?合伙合同是民事合伙的存在形式,数量多于商事合伙,商事合伙是要走向合伙企业的,需要取名字做登记等比较繁琐的程序。

(二)【合伙的"人合"性】

1.【合伙人对合伙债务负连带责任】合伙人对合伙财产不足以清偿的合伙债务,承担连带责任(《民法典》第973条)。

2.【新人入伙:人投一致决】除合伙合同另有约定外,合伙人向合伙人以外的人转让其全部或者部分财产份额的,须经其他合伙人一致同意(《民法典》第974条)。

3.【人死则合伙合同终止】合伙人死亡、丧失民事行为能力或者终止的,合伙合同终止;但是,合伙合同另有约定或者根据合伙事务的性质不宜终止的除外(《民法典》第977条)。

4.【合伙财产法定共同共有】合伙人的出资、因合伙事务依法取得的收益和其他财产,属于合伙财产。合伙合同终止前,合伙人不得请求分割合伙财产(《民法典》第969条)。

5.【合伙人的债权人不能代位合伙权利,可以代位合伙利益】合伙人的债权人不得代位行使合伙人依照本章规定和合伙合同享有的权利(共益权),但是合伙人享有的利益分配请求权除外(自益权)(《民法典》第975条)。共益权:合伙人对合伙的管理权,比如表决、查账、监督权。自益权:分红权。

例:【不能代位合伙权利,可以代位合伙利益】甲乙签订合伙合同,开设"湘菜公主"餐馆。甲欠丙10万元届期无力清偿。丙是否有权主张代替甲享有合伙人权利?①部分成立,部分不成立。②丙不得主张自己是"合伙人"。③丙可以代位行使甲对合伙产生的利益分配请求权。

二、合伙事务

(一)【合伙事务决策：人头一致决】

合伙人就合伙事务作出决定的，除合伙合同另有约定外，应当经全体合伙人一致同意(《民法典》第 970 条第 1 款)。

(二)【合伙事务执行：按约定来】

合伙事务由全体合伙人共同执行。按照合伙合同的约定或者全体合伙人的决定，可以委托一个或者数个合伙人执行合伙事务；其他合伙人不再执行合伙事务，但是有权监督执行情况。合伙人分别执行合伙事务的，执行事务合伙人可以对其他合伙人执行的事务提出异议；提出异议后，其他合伙人应当暂停该项事务的执行。(《民法典》第 970 条第 3 款)

(三)【执行人不拿报酬】

合伙人不得因执行合伙事务而请求支付报酬，但是合伙合同另有约定的除外(《民法典》第 971 条)。

三、合伙盈亏

(一)【对内：约定>协商>实缴出资比例>平均】

合伙的利润分配和亏损分担，按照合伙合同的约定办理。合伙合同没有约定或者约定不明确的，由合伙人协商决定。协商不成的，由合伙人按照实缴出资比例分配、分担。无法确定出资比例的，由合伙人平均分配、分担。(《民法典》第 972 条)

(二)【对外：先合伙财产，再合伙人连带，后合伙人内部分担】

合伙人对合伙财产不足以清偿的合伙债务，承担连带责任。清偿合伙债务超过自己应当承担份额的合伙人，有权向其他合伙人追偿(《民法典》第 973 条)。

第二十章　技术合同

一、技术合同

（一）【技术合同】

技术合同是当事人就技术开发、转让、许可、咨询或者服务订立的确立相互之间权利和义务的合同（《民法典》第843条）。

（二）【技术开发合同】

技术开发合同是当事人之间就新技术、新产品、新工艺、新品种或者新材料及其系统的研究开发所订立的合同。技术开发合同包括委托开发合同（广义委托合同）和合作开发合同（《民法典》第851条）。

（三）【技术转让合同】

技术转让合同是合法拥有技术的权利人，将现有特定的专利、专利申请、技术秘密的相关权利让与他人所订立的合同（《民法典》第862条第1款）。技术转让合同包括专利权转让、专利申请权转让、技术秘密转让等合同（《民法典》第863条第1款）。

（四）【技术许可合同】

技术许可合同是合法拥有技术的权利人，将现有特定的专利、技术秘密的相关权利许可他人实施、使用所订立的合同（《民法典》第862条第2款）。技术许可合同包括专利实施许可、技术秘密使用许可等合同（《民法典》第863条第2款）。

（五）【技术咨询合同】

技术咨询合同是当事人一方以技术知识为对方就特定技术项目提供可行性论证、技术预测、专题技术调查、分析评价报告等所订立的合同（《民法典》第878条第1款）。

（六）【技术服务合同】

技术服务合同是当事人一方以技术知识为对方解决特定技术问题所订立的合同，不包括承揽合同和建设工程合同（《民法典》第878条第2款）。

二、技术的归属："技术在呼叫主人"

（一）【职务技术成果：归单位，但完成人有报酬奖励和优先购买权】

1.【职务技术成果】（1）【工作任务：你拿工资花了单位的钱】执行法人或者非法人组织的工作任务，不论该任务是上班、下班还是旅游过程中完成。如员工原来的任务是研发鼠标，老板交代新任务研发键盘，则新任务成果也是职务技术成果。（2）【物质条件：你花了单位的钱】①主要是利用法人或者非法人组织的物质技术条件所完成的技术成果，不论是否工作任务。②例外1：如果用了单位实验室，交了使用费，就没花单位的钱，做出来的成果就不是职务技术成果。③例外2：用了单位物质技术条件来验证员工个人技成果，该技术成果不是职务技术成果。（3）【跳槽太短】离职后 1 年（技术遗忘期）内继续从事与其原所在法人或者其他组织的岗位职责或者交付的任务有关的技术开发工作（《民法典》第 847 条第 2 款）。

2.【职务技术成果归单位，完成人有报酬奖励和优先购买权】（《民法典》第 847 条第 1 款）

（1）【归单位】职务技术成果的使用权、转让权属于法人或者非法人组织的，法人或者非法人组织可以就该项职务技术成果订立技术合同。

（2）【完成人有获得报酬奖励权和优先购买权】①法人或者非法人组织应当从使用和转让该项职务技术成果所取得的收益中提取一定比例，对完成该项职务技术成果的个人给予奖励或者报酬。②法人或者非法人组织订立技术合同转让职务技术成果时，职务技术成果的完成人享有以同等条件优先受让的权利。

秒杀：①为单位干活技术成果归单位。②"理工男"拿"报酬奖励"还可以"优先购买"。

（二）【委托开发的发明创造：归开发人，但委托人能免费实施和优先购买】（《民法典》第 859 条）

1.【归开发人】委托开发完成的发明创造，除法律另有规定或者当事人另有约定外，申请专利的权利属于研究开发人。研究开发人可同时主张约定报酬。

2.【委托人能免费实施和优先购买】研究开发人取得专利权的，委托人可以依法实施该专利。研究开发人转让专利申请权的，委托人享有以同等条件优先受让的权利。

（三）【合作开发的发明创造：归合作人共有】（《民法典》第 860 条）（类似于"共有"）

1.【合作人共有专利申请权】合作开发完成的发明创造，申请专利的权利属于合作开发的当事人共有。

2.【一方转让，他方优先购买】当事人一方转让其共有的专利申请权的，其他各方享有以同等条件优先受让的权利。

3.【一方放弃，他方可申请专利，放弃方可免费实施该专利】合作开发的当事人一方声明放弃其共有的专利申请权的，除当事人另有约定外，可以由另一方单独申请或者由其他各方共同申请。申请人取得专利权的，放弃专利申请权的一方可以免费实施该专利。

4.【合作人对申请专利的一票否决权】合作开发的当事人一方不同意申请专利的，另一方或者其他各方不得申请专利。

◆ 原理：为什么合作人可以对合作开发的发明创造申请专利行使一票否决权？①【专利短期回报】专利的本质是通过公开，借助"垄断"，卖专利或许可他人实施专利获得回报。如果选择通过专利保护技术，意味着要公开，才可以获得短期（最长 20 年）"垄断"。②【秘密长期回报】秘密的本质是通过保密来垄断，图的是自己使用秘密获得回报。如果选择通过秘密保护技术，则不需要公开，可一直"垄断"。最牛的技术都是秘密，比如制造核武器的技术。③【到底是走专利保护还是走秘密保护】孰优孰劣，事关重大，既然合作开发的发明创造是归合作人共有，而共有"物"重大事项应该一致决，故给予合作人一票否决权。

（四）【委托开发或合作开发之技术秘密成果："大家见者有份雨露均沾"】（《民法典》第861条）

1.【技术秘密成果】（1）【技术秘密成果的归属】不区分委托开发或合作开发，适用相同规则。（2）【发明创造的归属】要区分委托开发和合作开发，适用不同的规则。（3）【技术秘密成果和发明创造走向不同】技术秘密成果一般不走向专利申请，发明创造一般走向专利申请。

2.【大家没有约定技术秘密成果归属：大家都有，视为共有】没有约定或者约定不明确，在没有相同技术方案被授予专利权前，当事人均有使用和转让的权利。

（1）【大家都能自己使用、普通许可他人使用】大家都可以自己使用、普通许可他人使用并获得收益。

（2）【任何人不能独占许可他人使用、不能排他许可他人使用】①任何人都不能将技术秘密成果独占许可他人使用、也不得排他许可他人使用。②所谓独占许可使用即只有被许可人可以用，其他人都不能用。③所谓排他许可使用即只有许可人和被许可人可用，其他人都不能用。

许可人可用 ─ 普通许可1
　　　　　　 普通许可2　　　许可人可用——排他许可1　　　许可人不可用——独占许可1
　　　　　　 普通许可3

秒杀：①普通许可是全部人可以用。②排他许可是2个人可以用。③独占许可是1个人可以用。

◆ 原理：为什么技术秘密成果任何人不能独占许可或排他许可给他人使用？①因为技术秘密成果是大家都能用。②独占许可只有1人可以用，排他许可只有2人可以用。他们与技术秘密成果"大家都能用"是矛盾的。

（3）【委托开发的技术秘密成果要遵循"同一起跑线原则"】委托开发的研究开发人不得在向委托人交付研究开发成果之前，将研究开发成果转让给第三人。

◆ 原理：为什么委托开发的技术秘密成果合同中，开发人不能在向委托人交付成果前将成果转让给第三人？①因为开发人没有将成果交付给委托人，委托人就不知道。②委托人就无法做到"雨露均沾大家都有"使用权和转让权。③因此，只有在开发人和委托人都知道这个成果后，大家才在同一起跑线上，享有使用权和转让权。④在合作开发的技术秘密成果合同中就不存在"同一起跑线"要求，因为既然是合作开发，开发出来后，合作各方自然都知道技术成果。

例：【委托开发技术秘密成果的"同一起跑线"规则】甲公司委托乙公司开发一种浓缩茶汁的技术秘密成果，未约定成果使用权、转让权以及利益分配办法。甲公司按约定支付了研究开发费用。乙公司按约定时间开发出该技术秘密成果后，在没有向甲公司交付之前，将其转让给丙公司。如何评价该技术秘密成果归属和乙丙转让合同的效力？①委托开发的技术秘密成果合同，未约定归属，则大家都有，甲公司和乙公司均有该技术秘密成果的使用权和转让权。②受托人乙未向甲交付技术秘密成果前就将其转让给外人丙，违反了同一起跑线规则，故无效。

（五）【后续改进技术成果无约定则归改进方享有】转让或许可他人使用专利技术或技术秘密中，后续改进的技术成果归属无约定则归改进方，其他各方无权分享（《民法典》第875条）。

三、技术合同的无效：妨碍技术进步的非法垄断技术的技术合同一概无效（《民法典》第850条）

（一）【不让改进】

限制当事人一方在合同标的技术基础上进行新的研究开发或者限制其使用所改进的技术，或者双方交换改进技术的条件不对等，包括要求一方将其自行改进的技术无偿提供给对方、非互惠性转让给对方、无偿独占或者共享该改进技术的知识产权。

（二）【不让选择】

限制当事人一方从其他来源获得与技术提供方类似技术或者与其竞争的技术。

（三）【不让实施】

阻碍当事人一方根据市场需求，按照合理方式充分实施合同标的技术，包括明显不合理地限制技术接受方实施合同标的技术生产产品或者提供服务的数量、品种、价格、销售渠道和出口市场。

（四）【不让拒绝】

要求技术接受方接受并非实施技术必不可少的附带条件，包括购买非必需的技术、原材料、产品、设备、服务以及接收非必需的人员等。

（五）【不让配套】

不合理地限制技术接受方购买原材料、零部件、产品或者设备等的渠道或者来源。

（六）【不让抗议】

禁止技术接受方对合同标的技术知识产权的有效性提出异议或者对提出异议附加条件。

四、技术的变动：类似于物权变动

（一）【无权处分共有技术的合同：侵害熟悉他人技术秘密合同，效力待定】

1.【擅自转让技术秘密的"转让权"】委托开发或者合作开发的技术秘密合同中，单方擅自将技术秘密成果的转让权让与他人。

2.【将技术秘密"独占或排他"许可他人】委托开发或者合作开发的技术秘密合同中，单方以独占或者排他使用许可的方式许可他人使用技术秘密。

（二）【无权处分偷来技术的合同：侵害陌生他人技术成果的技术合同，无效】

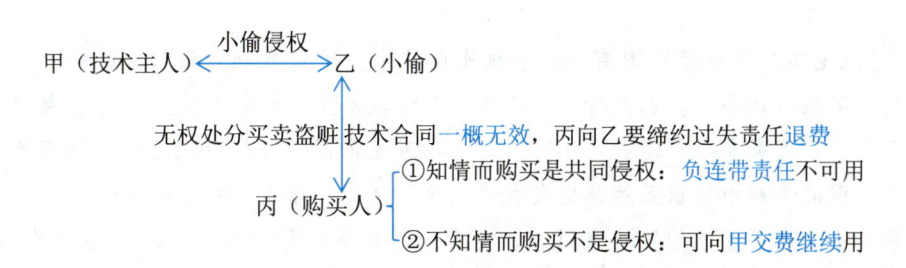

```
甲（技术主人）←—小偷侵权—→乙（小偷）
                    ↑
                    │    无权处分买卖盗赃技术合同一概无效，丙向乙要缔约过失责任退费
                    │    ①知情而购买是共同侵权：负连带责任不可用
                    ↓    ②不知情而购买不是侵权：可向甲交费继续用
                  丙（购买人）
```

1.【乙、丙"盗赃"技术转让合同无效：小偷乙构成对技术主人甲的侵权。不论购买人丙是否知情，盗赃技术转让合同一概无效】。

2.【丙知情而购买构成共同侵权：小偷乙、购买人丙对技术主人甲负连带责任，购买人丙不得继续使用该技术】。

3.【丙不知情而购买则购买人丙不构成侵权：购买人丙可以向技术主人甲补交全部使用费后继续使用该技术，购买人丙可以要求小偷乙承担缔约过失赔偿责任】。

例：【无权处分盗赃技术的合同无效】乙公司向丙公司转让了一项技术秘密。技术转让合同履行完毕后，经查该技术秘密是乙公司通过不正当手段从甲公司获得的，但丙公司对此并不知情，且支付了合理对价。如何评价乙、丙之间技术秘密转让合同？①无效。②丙公司不知情，无须对甲公司负侵权责任。③丙公司可在其取得时的范围内继续使用该技术秘密，但应向甲公司支付合理的使用费。④丙公司有权要求乙返还其支付的对价，以及要求乙公司赔偿其因此受到的损失。

秒杀：①从小偷那里买技术合同一概无效。②善意购买可以付费使用。③恶意购买是共同侵权需要负连带侵权责任。

（三）【有权"处分"自己的技术】

1.【专利申请权转让合同】

（1）【"区分原则"：区分专利申请权转让合同与专利申请权转让】①【合同采用意思主义】专利申请权转让合同自成立时生效。②【专利申请权采用登记生效主义】专利申请权转让自过户登记时生效。

例：【新药专利申请权转让】甲研究院研制出一种新药技术，向我国有关部门申请专利后，与乙制药公司签订了专利申请权转让合同，并依法向国务院专利行政主管部门办理了登记手续。如何评价合同效力？①专利申请权的转让合同自成立时生效，乙公司依法获得药品生产许可证不是该合同生效要件。②专利申请权的转让自向国务院专利行政主管部门登记之日起生效。

（2）【"欠缺新颖性"导致专利申请被驳回的风险转移：过户前，归卖方；过户后，归买方】以是否办理专利申请权转让登记为标准。

例：【过户转移风险】甲有一项手机充电技术，甲将专利申请权转让给乙，双方签订了专利申请权转让合同，乙支付了购买费。因该技术是公开的技术，没有新颖性，其专利申请被驳回。乙是否可以要求甲退钱？①如专利申请权尚未过户，则风险归甲，乙可解除合同要求甲退钱。②如专利申请权已经过户，则风险归乙，乙不可解除合同要求甲退钱。

（3）【"抵触申请"导致专利申请被驳回的不公平交易：受让人可申请法院撤销该交易】

例：【注定不公平可撤】甲有一项手机充电技术，甲将专利申请权转让给乙，双方签订了专利申请权转让合同，乙支付了购买费。因该技术是丙申请在先，故专利部门将专利授予给了丙。乙可否要求甲退钱？①可以。②乙可主张撤销合同要求退钱。③因为既然丙申请在先，甲的专利申请权必然是要失败的，这"不是风险"，注定不公平。

秒杀：①欠缺新颖性的风险采用过户主义，过户前风险归卖方，过户后风险归买方。

②因抵触申请被驳回导致注定不公平采用撤销规则。

2.【专利权转让合同】

（1）【转让后转让人不能再实施】订立专利权转让合同或者专利申请权转让合同前，让与人自己已经实施发明创造，在合同生效后，受让人要求让与人停止实施的，人民法院应当予以支持，但当事人另有约定的除外。

（2）【买卖不破在先许可】让与人与受让人订立的专利权、专利申请权转让合同，不影响在合同成立前让与人与他人订立的相关专利实施许可合同或者技术秘密转让合同的效力。

3.【专利实施许可合同】

（1）【独占实施许可】让与人在约定许可实施专利的范围内，将该专利仅许可一个受让人实施，让与人依约定不得实施该专利。

（2）【排他实施许可】让与人在约定许可实施专利的范围内，将该专利仅许可一个受让人实施，但让与人依约定可以自行实施该专利。排他许可的被许可人自己能力有限，则可以普通许可外人实施，可将此视为被许可人自己实施。

（3）【普通实施许可】让与人在约定许可实施专利的范围内许可他人实施该专利，并且可以自行实施该专利。

（4）【推定普通许可】当事人对专利实施许可方式没有约定或者约定不明确的，认定为普通实施许可。专利实施许可合同约定受让人可以再许可他人实施专利的，认定该再许可为普通实施许可，但当事人另有约定的除外。

（5）【专利实施许可期限超过专利权保护限的部分无效】专利实施许可合同只在该专利权的存续期间内有效。专利权有效期限届满或者专利权被宣布无效的，专利权人不得就该专利与他人订立专利实施许可合同。

5.【技术秘密转让合同】技术秘密转让合同的让与人应当按照约定提供技术资料，进行技术指导，保证技术的实用性、可靠性，承担保密义务。技术秘密转让合同的受让人应当按照约定使用技术，支付使用费，承担保密义务。

6.【技术秘密的使用许可合同】独占、排他和普通3种许可使用方式。

◆ 原理：当事人签订技术秘密许可使用合同后，许可人就该技术秘密申请专利，原技术秘密许可使用合同如何处理？①【秘密要公开】因为许可人就技术秘密申请专利，需要公开这个技术，一旦公开，就不再是秘密技术了。②【技术秘密公开前】适用技术秘密转让合同规则。③【技术秘密公开后到专利授权前】参照适用专利许可合同。④【技术秘密获得专利授权后】原技术秘密许可合同为专利实施许可合同，适用专利许可合同。

方志平记忆19种有名合同：①买电保保保。②承建租租借。③仓委赠技纪。④运输中合物。⑤解析：买（买卖合同）电（买电合同）保（保证合同）保（保管合同）保（保理合同），承（承揽合同）建（建设工程施工合同）租（租赁合同）租（融资租赁合同）借（借款合同），仓（仓储合同）委（委托合同）赠（赠与合同）技（技术合同）纪（行纪合同），运输（运输合同）中（中介合同）合（合伙合同）物（物业服务合同）。

第四编　人格权编

> **人格权编说明**：①殡仪馆把骨灰摆错了，家属痛哭半天才发现哭错了，侵犯了<u>一般人格权</u>。②人死了吗？<u>生命权</u>。③人残了吗？<u>身体权和健康权</u>。④妹妹用姐姐的名字结婚，结果姐姐被结婚了，老公是妹夫，妹妹侵犯了姐姐的<u>姓名权</u>。⑤我的照片，你擅自拿去作广告"照骗"，你侵犯了我的<u>肖像权</u>。⑥你说我是个女汉纸，我的内心是崩溃的，这是名誉感，不是<u>名誉权</u>。⑦我爱你，你把这个信息告诉她，结果她说："我也收到了一样的……"，你侵犯了我的<u>隐私权</u>。⑧你把我的个人信息出卖了，骗子打我电话把我钱给骗了，你侵犯了我的<u>个人信息权</u>。⑨你鞭尸说某死人是因花柳病而薨，死者近亲属不爽，这是侵犯了<u>死者人格利益</u>。

◆ **原理**：为什么不叫人身权编，而叫人格权编？①人身权包括人格权和身份权。②人格权是人人都有的一种权利。③身份权不是每个人都有，而是基于特定身份才有的权利，分为 3 个：配偶权、亲子权、亲属权。配偶权，结婚才有；亲子权，生孩子才有；亲属权，有家庭亲属关系才有。身份权分布在婚姻家庭编中，没必要在人格权编规定。

一、一般人格权

自然人享有基于<u>人身自由</u>（自由被限制，比如非法拘禁）、人格尊严（自我评价降低，比如被私下辱骂）产生的其他人格权益（《民法典》第 990 条）。

例 1：【发现自己的屁股】甲身材丰满。某日，看到乙网店居然贴出了一张图片，截取了甲照片中的臀部，用于说明乙网店销售的一款弹力内裤。<u>乙侵犯了甲的什么权利？</u>①一般人格权。②因为我们无法通过甲的臀部识别出来甲，故臀部不是甲的肖像。

例 2：【性骚扰：侵犯一般人格权】甲女美貌如花，乘坐地铁上班，乙男在并不拥挤的地铁车厢，多次恶意触碰甲的胸部（或者故意装睡用头靠在女方肩膀上）。<u>乙是否构成侵权？</u>①构成。②《民法典》第 1010 条规定，"<u>违背他人意愿</u>，以言语、文字、图像、肢体行为等方式对他人实施性骚扰的，受害人有权依法请求行为人承担民事责任。机关、企业、学校等<u>单位应当采取合理</u>的预防、受理投诉、调查处置等<u>措施（单位承担部分责任）</u>，防止和制止利用职权、从属关系等实施性骚扰"。<u>性骚扰侵犯的是一般人格权</u>。

◆ **原理**：为什么需要一般人格权？①缓解具体人格权法定带来的法律困境。②为了避免<u>具体人格权爆炸</u>，方便案由归类，我们将人格权具体化为法律规定的几种类型，比如生命权、健康权、身体权等。以免当事人被打歪了嘴去以接吻权受害为由起诉到法院或者以吃饭权、喝酒权等受害为由诉到法院。③但是，人格权法定带来另外一个问题：有些案件当事人的人格尊严受到损害，但是却无与之匹配的具体人格权。比如兄弟不睦，哥哥擅自将父母坟墓迁移，导致弟弟不知道去哪里"上坟"。立法上不存在"祭奠"权，故弟可以一般人格权受害为由诉到法院。

分类：具体人格权有哪些？①物质性具体人格权（肉身）：<u>生命权</u>、<u>身体权</u>、健康权。②精神性具体人格权：姓<u>名权</u>、名<u>称权</u>、肖<u>像权</u>、荣誉权、名誉权、隐<u>私权</u>。

秒杀："出生后身体健康，名称，像荣誉隐。"（"出生后身体健康，名称，像荣毅仁"）

二、物质性具体人格权：生命权、身体权、健康权

（一）生命权

自然人享有生命权，有权维护自己的生命安全和生命尊严。生命权是人格权中唯一一项对其侵害只能由被侵权人之外的第三人主张赔偿请求权的权利。（《民法典》第1002条）

例：【安乐死构成侵犯生命权】丙应丁要求，协助丁完成自杀行为，丙是否构成侵权？①构成。②丙侵犯丁的生命权。

（二）身体权

自然人享有身体权，有权维护自己的身体完整和行动自由。（《民法典》第1003条）

例1：【假肢不是"肢"】彭某因车祸双腿截肢，安装了假肢，晚上睡觉时将假肢取下。某晚，唐某误以为假肢是贵重物品将其偷走。唐某侵犯了彭某什么权利？①所有权。②与人身体已经分离的部分，如取下的假肢、剪掉的头发、拔去的牙齿、捐献的血液、精子或其他人体器官，属于独立的物，如果受到侵害，属于所有权而非人格权受害。

例2：【假肢是"肢"】彭某因车祸双腿截肢，安装了科技含量高、只能由专业人员拆卸的假肢，一日与李某发生口角，李某一怒之下将彭某的假肢打碎。彭某有权提出什么主张？①可主张身体权受到侵害、可主张精神损害赔偿。②不可主张所有权受到侵害、不可主张生命健康权受到侵害。

例3：【不得搜身】甲在乙超市购物，乙超市工作人员认为甲偷盗其货品，对甲进行强行搜身。乙超市侵犯了甲的什么权利？①身体权。②甲有权维护自己的行动自由。③以非法拘禁等方式剥夺、限制他人的行动自由，或者非法搜查他人身体的，受害人有权依法请求行为人承担民事责任。

（三）健康权

自然人享有健康权，有权维护自己的身心健康。（《民法典》第1004条）

例1：【侵害生理健康】如将带有病毒的血液输入他人体内致感染疾病；如故意殴打他人致脏器损伤；如美容机构过失致他人毁容。

例2：【侵害心理健康】。如甲谎称乙父死亡请殡仪馆人前来接尸，致乙极为愤怒。如装修工人在装修房屋内上吊自杀，致业主受到惊吓。

①砍掉他人手臂：侵犯了身体权、健康权，没有侵犯生命权
②强行剪去他人头发：侵犯了身体权，没侵犯健康权、生命权
③打聋他人耳朵：没侵犯身体权、生命权，侵犯了健康权
④医院误摘患者肾脏，患者在索赔期间死亡：侵犯了身体权、健康权和生命权

三、精神性具体人格权

（一）姓名权

自然人享有姓名权，有权依法决定、使用、变更或者许可他人使用（自然人姓名不得

转让，单位名称权可转让）自己的姓名，但是不得违背公序良俗。任何组织或者个人不得以干涉、盗用、假冒等方式侵害他人的姓名权。(《民法典》第 1012、1014 条)

1.【"取名"】自然人的姓氏应当随父姓或者母姓。有 3 个例外：从外婆姓（选取其他直系长辈血亲的姓氏）；从养父姓（因由法定扶养人以外的人扶养而选取扶养人姓氏）；其他正当理由（有不违反公序良俗的其他正当理由）(《民法典》第 1015 条)。

例：【北雁云依和王者荣耀】父亲姓吕、母亲姓张，给女儿取名为"北雁云依"，来自诗经，寓意北方美丽的女子，派出所说：不可以。父亲姓王、母亲姓张，给儿子取名为"王者荣耀"，派出所说：可以。

2.【"改名"】依法办理登记手续，改名前实施的民事法律行为继续有效(《民法典》第 1016 条)。

例：【小强变小果】唐某向张某借款 10 万元，小强出具担保书，愿意承担保证责任，张某同意。后小强将名字变更为小果，则小果是否需要承担保证责任？①需要。②民事主体变更姓名的，变更前实施的民事法律行为对其具有法律约束力。

3.【"艺名"】具有一定社会知名度，被他人使用足以造成公众混淆的笔名、艺名、网名、译名、字号、姓名和名称的简称等，参照适用姓名权和名称权保护的有关规定(《民法典》第 1017 条)。

例：【Angelababy】杨某参与一档电视娱乐节目《跑男》而为公众知悉，其艺名为 Angelababy。甲公司申请将 Angelababy 注册在茶叶上，在宣传其所售普洱茶时广告如下："知名商标 Angelababy，一饼 59 元普洱带来的艳遇，免费把 Angelababy 抱回家，想怎么泡就怎么泡，直到泡到没味为止，今天，你泡了我吗？"甲公司是否构成侵权？①构成。②侵犯了杨某的姓名权。

4.【盗用他人姓名】未经姓名权人同意，擅自以姓名权人的名义实施民事活动。

例：【刘德华来了】甲公司要举办一场大型活动，但是没有赞助单位，于是谎称明星"刘德华"将来参加，出于不同的目的，不少单位都出了钱来赞助。甲公司是否构成侵权？①构成。②"以刘德华的名义"，而不是说"自己是刘德华"，属于盗用他人姓名，侵犯了刘德华的姓名权。

5.【假冒他人姓名】使用他人的姓名，冒充他人进行活动。行为人自称是"他人"，参加民事活动。

例：【冒名顶替上大学】湖南邵东县学生罗彩霞被当地公安局政委的女儿王佳俊冒名顶替，失去在贵州师范大学读书的机会。王佳俊冒名顶替罗彩霞后，被贵州师范大学以定向招生形式补录为本科生，再后顺利入党、毕业、工作。王佳俊是否构成侵权？①构成。②假冒他人，侵犯了姓名权。

(二) 名称权

法人、非法人组织享有名称权，有权依法使用、变更、转让或者许可他人使用自己的名称。任何组织或者个人不得以干涉、盗用、假冒等方式侵害他人的名称权。(《民法典》第 1013、1014 条)

例：【企业名称简称受法律保护】指导案例 29 号：天津中国青年旅行社诉天津国青国

际旅行社擅自使用他人企业名称纠纷案。①对于企业长期、广泛对外使用，具有一定市场知名度、为相关公众所知悉，已实际具有商号作用的企业名称简称，可以视为企业名称予以保护。②擅自将他人已实际具有商号作用的企业名称简称作为商业活动中互联网竞价排名关键词，使相关公众产生混淆误认的，属于不正当竞争行为。

（三）肖像权

自然人享有肖像权，有权依法制作、使用、公开或者许可他人使用自己的肖像。肖像是通过影像、雕塑、绘画等方式在一定载体上所反映的<u>特定自然人可以被识别的外部</u>形象（《民法典》第 1018 条）。对<u>自然人声音</u>的保护，参照适用肖像权保护的有关规定（《民法典》第 1023 条）。

1.【侵权责任法保护肖像权：消极防御】（《民法典》第 1019 条）

（1）【丑化他人肖像构成侵权】任何组织或者个人不得以<u>丑化、污损</u>，或者利用信息技术手段伪造等方式侵害他人的肖像权。

（2）【一般人擅自使用构成侵权：<u>不再限于侵权人以营利为目的使用他人肖像</u>】未经肖像权人同意，<u>不得制作、使用、公开</u>肖像权人的肖像，但是法律另有规定的除外。

例：【无法识别则不侵犯肖像权："没脸"】甲到乙医院做隆鼻手术效果很好。乙为了宣传，分别在美容前后对甲的鼻子进行拍照（<u>仅见鼻子和嘴部</u>），未经甲同意将照片发布到丙网站的广告中，介绍该照片时使用甲的真实姓名。丙网站在收到甲的异议后立即作了删除。<u>如何评价本案侵权问题？</u>①乙医院侵犯了甲的姓名权。②乙医院<u>没有侵犯甲的肖像权</u>。③丙网站不承担责任，因其及时做了删除。

（3）【著作权人擅自使用构成侵权】未经肖像权人同意，肖像作品权利人不得以发表、复制、发行、出租、展览等方式使用或者公开肖像权人的肖像。

◆ **原理：** 照片上通常会存在的哪 3 个权利？物权、肖像权和摄影作品的著作权。①照片这张纸，指向物权，归物的主人。②照片上的人，指向肖像权，归照片主人。③照片属于摄影作品，承载了智力创造成果，指向著作权，归摄影者。

例 1：【乱用他人图片】摄影爱好者李某为好友丁某拍摄了一组生活照，并经丁某同意上传于某社交媒体群中。蔡某在社交媒体群中看到后，擅自将该组照片上传于某营利性摄影网站，获得报酬若干。<u>如何评价蔡某的行为？</u>①侵害了丁某的肖像权。②侵害了李某的著作权中的信息网络传播权和获得报酬权。

例 2：【嫁接半裸照片】甲女委托乙公司为其拍摄一套艺术照。不久，甲女发现丙网站有其多张半裸照片，受到众人嘲讽和指责。经查，乙公司未经甲女同意将其照片上传到公司网站做宣传，丁男下载后将甲女头部移植至他人半裸照片，上传到丙网站。<u>如何评价本案侵权关系？</u>①甲女"受到众人嘲讽和指责"，说明该照片可以识别甲女，甲女社会评价降低名誉权受害。②甲女有肖像权，乙公司侵犯了甲女的肖像权。③甲女有名誉权，丁男侵犯了甲女的名誉权和肖像权。④甲女有权就肖像权和名誉权受害，主张精神损害赔偿。⑤乙公司有著作权，丁男侵犯了乙公司的著作权，侵犯了乙公司著作权中的信息网络传播权和获得报酬权。

2.【肖像权许可使用合同：积极使用】(《民法典》第1021、1022条)(对姓名、名称等的许可使用，参照适用肖像许可使用的有关规定)

(1)【许可使用条款解释规则】当事人对肖像许可使用合同中关于肖像使用条款的理解有争议的，应当作出有利于肖像权人的解释(《民法典》第1021条)。

(2)【许可使用期限规则】(1)【不定期则双方可任意解除】当事人对肖像许可使用期限没有约定或者约定不明确的，任何一方当事人可以随时解除肖像许可使用合同，但是应当在合理期限之前通知对方。(2)【定期则肖像权人有正当理由可解除】：当事人对肖像许可使用期限有明确约定，肖像权人有正当理由的，可以解除肖像许可使用合同，但是应当在合理期限之前通知对方。因解除合同造成对方损失的，除不可归责于肖像权人的事由外，应当赔偿损失。(《民法典》第1022条)

例：【易烊千玺】易烊千玺与著名品牌"范思哲"签订了肖像权许可使用合同，为期3年。"范思哲"旗下一款系列T恤，将中国香港、中国澳门划分至"国家"，引起了广大中国同胞的不满。易烊千玺是否有权解除肖像许可使用合同？有正当理由故有权解除。

3.【未经肖像权人同意，合理使用其肖像，不侵权，也无须付酬】(《民法典》第1020条)

(1) 为个人学习、艺术欣赏、课堂教学或者科学研究，在必要范围内使用肖像权人已经公开的肖像。(2) 为实施新闻报道，不可避免地制作、使用、公开肖像权人的肖像。(3) 为依法履行职责，国家机关在必要范围内制作、使用、公开肖像权人的肖像。(4) 为展示特定公共环境，不可避免地制作、使用、公开肖像权人的肖像。(5) 为维护公共利益或者肖像权人合法权益，制作、使用、公开肖像权人的肖像的其他行为。

(四) 荣誉权

民事主体享有荣誉权。任何组织或者个人不得非法剥夺他人的荣誉称号，不得诋毁、贬损他人的荣誉。获得的荣誉称号应当记载而没有记载的，民事主体可以要求记载；获得的荣誉称号记载错误的，民事主体可以要求更正(《民法典》第1031条)。

例：【"优秀学生干部"与"三好学生"】1998年毕业于锦州中学的贾跃参加高考，由于发挥失常，仅以2分之差未能进入重点大学。但是，贾跃在高中期间一向品学兼优，年年被评为"三好学生"并荣获锦州市"优秀学生干部"称号。按当年高考招生政策规定，获市级以上优秀学生干部的考生可享受加十分的待遇。而锦州市教委在整理审核学生档案时，把"优秀学生干部"换成了"三好学生"，致使该生不能享受到这种荣誉待遇。锦州市教委侵犯了贾跃什么权利？①荣誉权。②锦州市凌河区人民法院判决，责令锦州市教委向受害者赔礼道歉，恢复其荣誉，并赔偿受害者经济和精神损失8万余元。

(五) 名誉权

民事主体享有名誉权。任何组织或者个人不得以侮辱、诽谤等方式侵害他人(自然人、法人、非法人组织)的名誉权。名誉是对民事主体的品德、声望、才能、信用等的社会评价(社会评价降低才会侵犯名誉权)(《民法典》第1024条)。

1.【"侮辱"方式侵犯名誉权】

用语言（包括书面和口头）或行动，公然损害他人人格、毁坏他人名誉的行为。如用大字报、小字报、漫画或极其下流、肮脏的语言等形式辱骂、嘲讽他人、使他人的心灵蒙受耻辱等。

例：【当街泼粪】甲、乙夫妻，因甲与第三者丙同居，乙当场将丙拖至街上，在众目睽睽之下，向丙泼粪。*如何评价乙的行为？*以侮辱方式侵犯了丙的名誉权。

2.【"诽谤"方式侵犯名誉权】

捏造并散布某些*虚假的事实*，破坏他人名誉的行为。如毫无根据或捕风捉影地捏造他人作风不好，并四处张扬、损坏他人名誉，使他人精神受到很大痛苦。

例：【被当妈】张某旅游时抱着当地一小女孩拍摄了一张照片，并将照片放在自己的博客中，后来发现该照片被用在某杂志的封面，并配以"母女情深"的文字说明。张某并未结婚，朋友看到杂志后纷纷询问张某，熟人对此也议论纷纷，张某深受困扰。*如何评价本案侵权问题？*①张某未结婚被当妈且社会评价降低，故杂志社侵犯了张某的名誉权。②未经张某同意，使用其肖像，故杂志社侵犯了张某的肖像权。③张某有权基于名誉权和肖像权受害，要求杂志社赔偿精神损害。④张某去外地旅游的隐私信息通过其发布微博而被放弃，故杂志社没有侵犯张某的隐私权。

(1)【文学艺术作品】(《民法典》第1027条)。①【含沙射影，指向明确】行为人发表的文学、艺术作品*以真人真事或者特定人*为描述对象，含有侮辱、诽谤内容，侵害他人名誉权的，受害人有权依法请求该行为人承担民事责任。②【如有雷同，纯属巧合】行为人发表的文学、艺术作品不以特定人为描述对象，仅其中的情节与该特定人的情况相似的，不承担民事责任。

(2)【媒体报道内容】(《民法典》第1028条)。①如实报道，影响他人名誉，不构成侵权。②失实报道，影响他人名誉，构成侵权：民事主体有证据证明报刊、网络等媒体报道的内容失实，侵害其名誉权的，有权请求该媒体及时采取更正或者删除等必要措施。

(3)【新闻报道内容】(《民法典》第1025条)。①正当舆论监督，影响他人名誉，不构成侵权（媒体比喻报道"国土局成了贪污局"）。②不正当舆论监督，影响他人名誉，构成侵权。捏造事实、歪曲事实；对他人提供的*严重*失实内容未尽到合理核实义务；使用侮辱性言辞等贬损他人名誉。

3.【信用错误评价侵犯名誉权】

民事主体可以依法查询自己的信用评价；发现信用评价不当的，有权提出异议并请求采取更正、删除等必要措施。信用评价人应当及时核查，经核查属实的，应当及时采取必要措施（《民法典》第1029条）。

例：【欠款人逾期，保证人信用遭殃】张桂平从农商行处借款10万元，期限1年。刘某为该笔借款提供连带责任保证。张桂平届期未还，案外人张来平与农商行签订《个人借款合同》一份，张来平用其从农商行借来的钱，履行了张桂平欠农商行的本息。因刘某所担保的张桂平贷款已逾期，成为不良贷款，刘某便产生了不良担保记录。因张桂平已经不欠农商行的本息，*刘某是否有权要求农商行删除不良担保记录？*①否。②刘某无法再在银行申请贷款，不能办理信用卡，社会信用评价降低，本案为名誉权纠纷。③张桂平的贷款本息还清，无法消除其曾有的不良贷款记录，以及刘某曾经有的不良担保记录。

（六）隐私权

自然人享有隐私权。任何组织或者个人不得以刺探、侵扰、泄露、公开等方式侵害他人的隐私权。隐私是自然人的私人生活安宁和不愿为他人知晓的私密空间、私密活动、私密信息（《民法典》第1032条）。

1.【侵犯隐私权情形：非法侵入他人生活安宁、空间、活动等】（1）以电话、短信、即时通讯工具、电子邮件、传单等方式侵扰他人的私人生活安宁；（2）进入、拍摄、窥视他人的住宅、宾馆房间等私密空间；（3）拍摄、窥视、窃听、公开他人的私密活动；（4）拍摄、窥视他人身体的私密部位；（5）处理他人的私密信息；（6）以其他方式侵害他人的隐私权（《民法典》第1033条）。

2.【不侵犯隐私权情形】（1）【被放弃的"隐私"不是隐私】权利人主动公布个人信息，则就该信息不得再主张隐私权保护。（2）【公布非真实信息没有侵犯隐私权】非真实信息不是隐私，故未侵犯隐私权。如造成被害人社会评价降低，则构成"诽谤方式"侵犯被害人名誉权。

例：【宁可在宝马车里哭也不愿意在自行车后座笑】女青年马某因在一档电视相亲节目中言辞犀利而受到观众关注，一时应者如云。有网民对其发动"人肉搜索"，在相关网站首次披露马某的曾用名、儿时相片、家庭背景、恋爱史等信息，并有人在网站上捏造马某曾与某明星有染的情节，导致评价被降低。如何评价网民的"人肉搜索"行为？①"首次披露"相关信息，故网民侵犯了马某隐私权。②捏造有染情节，故网民用诽谤方式侵犯马某名誉权。③擅自使用马某儿时相片，故网民侵犯了马某肖像权。④不存在盗用或假冒姓名行为，故网民未侵犯姓名权。

（七）个人信息利益

未经自然人同意或自然人监护人同意处理个人信息。个人信息的处理包括个人信息的收集、存储、使用、加工、传输、提供、公开等（《民法典》第1035条）。

例：【买卖个人信息】张某因出售公民个人信息被判刑，孙某的姓名、身份证号码、家庭住址等信息也在其中，买方是某公司。从人格权法上如何评价张某和某公司的行为？①买卖个人信息违反效力性强制性规定，该合同无效。②张某侵害了孙某对其个人信息享有的民事权益。③某公司构成共同侵权，应负连带责任。

四、精神损害赔偿

自然人在人身权或者"人格物"受到不法侵害，致使其人身利益或者财产利益受到损害并遭到精神痛苦时，受害人本人、本人死亡后其近亲属有权要求侵权人给予损害赔偿的民事法律制度。

（一）【主体】

1.【自然人】（1）自然人才有权提出精神损害赔偿。（2）法人或非法人组织不得提出精神损害赔偿请求权。

2.【顺序】（1）如果自然人因被侵权而死亡，则死者的配偶、子女、父母有权向加害人提出精神损害赔偿请求（他们的配偶权、亲子权、亲属权等身份权遭受侵犯）。（2）如果不存在这些人，才由死者的近亲属提出精神损害赔偿。

（二）【客体】

1.【对象】（1）人身权受害或者"人格物"（如冷冻卵子、冷冻胚胎、骨灰盒）受害，才可以提出精神损害赔偿请求权。（2）财产权受害不得主张精神损害赔偿。

2.【程度】受害达到严重程度，受害人才可主张精神损害赔偿。

（三）【路径】

加害给付侵害人格权可诉违约主张精神损害赔偿（《民法典》第996条）。

（四）【双重】

1.【死者生前自己的痛苦】加害人书面承诺同意赔偿精神损害或者受害人已经提出了精神损害赔偿诉讼，受害人死亡的，则受害人的精神损害赔偿请求权可以作为遗产发生继承。

2.【死者死亡后近亲属的痛苦】自然人因受害死亡，痛苦留给了近亲属，故近亲属可提出精神损害赔偿，当然，要符合顺序要求。

例：【错拿"腰子"】张某因病住院，医生手术时误将一肾脏摘除。张某向法院起诉，要求医院赔偿治疗费用和精神损害抚慰金。法院审理期间，张某术后感染医治无效死亡。如何评析本案？①医院构成加害给付，侵犯了张某的健康权和生命权。②张某请求精神损害赔偿，既可在侵权之诉提出，又可在合同之诉提出。③张某已经就其痛苦诉到法院，故张某死亡后，张某继承人有权继承张某的精神损害抚慰金请求权，当然，自然可以继承张某的医疗费赔偿请求权。④张某死后其配偶、父母和子女有权另行起诉，请求医院赔偿自己的精神损害。

五、死者人格利益

死者的姓名、肖像、名誉、荣誉、隐私、遗体（"除了生命和健康"）等受到侵害的，其配偶、子女、父母有权依法请求行为人承担民事责任；死者没有配偶、子女且父母已经死亡的，其他近亲属（"三代"）有权依法请求行为人承担民事责任（《民法典》第994条）。

例：【鞭尸】宋某实名制微博发布文章，称已经过世的著名导演谢某生前与婚外第三人有私生子，且罹患花柳病而死亡。宋某所言查无实据，均系子虚乌有。谢某配偶徐某以宋某侵犯谢某名誉为由，将宋某诉至法院。徐某提出的哪些诉讼请求能够获得法院的支持？①停止侵权，撤下相关博客。②说明事实真相并赔礼道歉。③请求经济损失赔偿。④请求精神损害赔偿。⑤法院后来支持了停止侵权、赔礼道歉、经济损失8.9万元，精神损害赔偿金20万元。

六、人格权统一规则

（一）【人格权具有人身性】

1.【不得放弃、转让、继承】人格权不得放弃、转让、继承（《民法典》第992条）。

2.【姓名、名称、肖像等可以许可他人使用】民事主体可以将自己的姓名、名称、肖像等许可他人使用,但是依照法律规定或者根据其性质不得许可的除外(《民法典》第993条)。

(二)【人格权请求权】

1.【诉讼时效】(1)损害赔偿请求权适用诉讼时效。(2)停止侵害、排除妨碍、消除危险、消除影响、恢复名誉请求权不适用诉讼时效(《民法典》第995条)。

2.【替代履行】行为人拒不承担前款规定的民事责任的,法院可以采取在报刊、网络等媒体上发布公告或者公布生效裁判文书等方式执行,产生的费用由行为人负担(《民法典》第1000条)。

第五编　婚姻家庭编

> **婚姻家庭编说明：** ①先进入婚姻，涉及婚姻**效力**问题。②后逃离婚姻，涉及**离婚**问题。③在离婚中需要解决"**4子**"问题，"房子"即夫妻财产问题、"条子"即夫妻债务问题、"银子"即夫妻经济关系问题、"孩子"即孩子抚养问题。

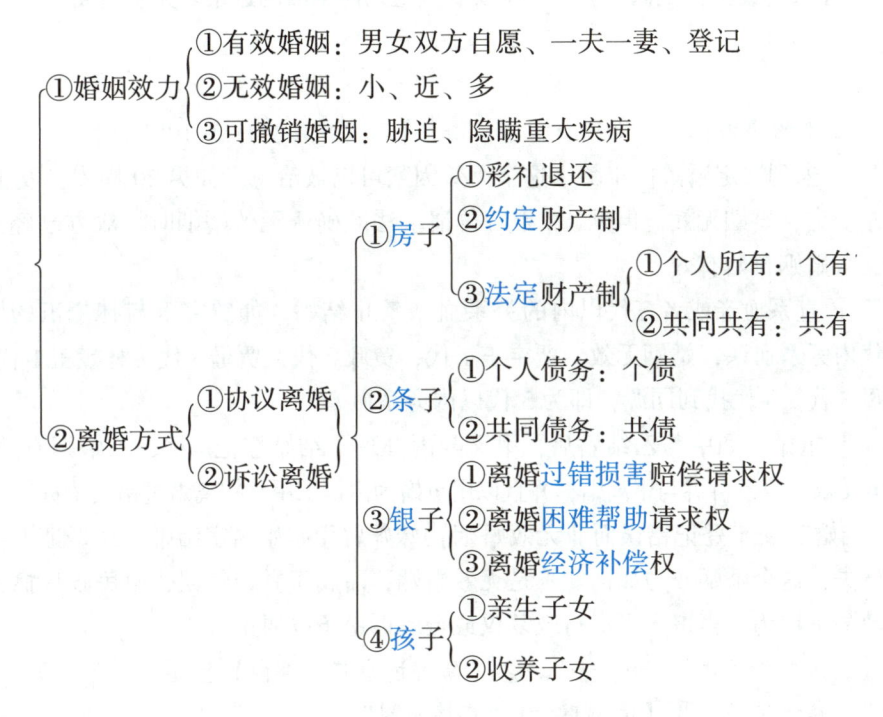

```
           ┌①有效婚姻：男女双方自愿、一夫一妻、登记
①婚姻效力 ┤②无效婚姻：小、近、多
           └③可撤销婚姻：胁迫、隐瞒重大疾病
                           ┌①彩礼退还
                           │②约定财产制
                     ┌①房子┤                    ┌①个人所有：个有
                     │     └③法定财产制┤
                     │                          └②共同共有：共有
           ┌①协议离婚     ┌①个人债务：个债
②离婚方式 ┤           ┤②条子┤
           └②诉讼离婚     └②共同债务：共债
                           ┌①离婚过错损害赔偿请求权
                     ┌③银子┤②离婚困难帮助请求权
                     │     └③离婚经济补偿权
                     │     ┌①亲生子女
                     └④孩子┤
                           └②收养子女
```

一、有效婚姻

1. 【**单偶**】必须符合一夫一妻制（《民法典》第1041条）。

2. 【**异性**】必须**男女**双方完全自愿（《民法典》第1046条）。

3. 【**年龄**】男女双方必须达到法定的结婚年龄，男不得早于22周岁，女不得早于20周岁（《民法典》第1047条）。

4. 【**登记**】男女双方亲自到婚姻登记机关申请结婚登记。完成结婚登记，即确立婚姻关系（《民法典》第1049条）。

◆ **原理：**什么是民法上的事实婚姻？（1）1994年2月1日之前，因为婚姻登记条例尚未出台，所以没有婚姻登记，当事人也没有补办登记。（2）法律上认可此种未办理登记的婚姻为"事实婚姻"。

问题1：什么是非法同居？（1）婚前同居是正常同居。（2）婚外同居是非法同居，一般来讲，共同居住3个月以上视为非法同居。（3）**婚外同居导致离婚，无过错方可向有过错方索赔，第三者不负赔偿责任**。

问题2：没有结婚，只有同居，由此产生的争议如何处理？（1）法院不受理同居关系的解除。这类似"谈恋爱"的情谊行为，民法不调整。（2）法院受理同居产生的子女关系和财产关系。（3）同居期间的财产，为按份共有，各自收入归各自。（4）同居所生子女属于非婚生子女，与婚生子女法律地位相同。

问题 3：什么是亲属、近亲属和家庭成员？（1）【亲属】亲属包括配偶、血亲（血缘关系）和姻亲（"血亲的配偶"比如舅母、姨父）（"配偶的血亲"比如小舅子、小姨子）。（2）【近亲属】配偶、父母、子女、兄弟姐妹、祖父母、外祖父母、孙子女、外孙子女为近亲属。（3）【家庭成员】配偶、父母、子女和其他共同生活的近亲属为家庭成员。

二、无效婚姻

（一）【无效婚姻的事由：小、近、多，事由法定】（《民法典》第 1051 条）

1. 【"小"】未到法定婚龄。年龄小这个无效因素可以被治愈。如男 20 周岁，女 18 周岁办理了结婚登记，婚姻无效。但是，2 年后再请求法院确认无效婚姻时，双方已经达到了法定婚龄，故婚姻自始有效。

2. 【"近"】直系血亲或者三代以内的旁系血亲禁止结婚。如贾宝玉与林黛玉的婚姻，即属于 3 代内旁系血亲，婚姻无效。贾宝玉 1 代，贾政 2 代，贾母 3 代。林黛玉 1 代，贾敏 1 代，贾母 3 代。3 代找到同源，即为 3 代以内旁系血亲。

3. 【"多"】重婚。如甲与乙结婚后，甲又与丙办理了结婚登记。甲、乙婚姻有效，甲、丙属于重婚无效。且乙可诉与甲离婚，并且以甲重婚为由请求甲承担离婚过错赔偿责任。

问：【"被结婚"属于登记错误而非无效婚姻】妹妹冒用姐姐名字结婚，结婚证上显示的是姐姐和妹夫，这个婚姻效力如何？不是无效婚姻，而属于登记错误，由民政局撤销登记。如果民政局不作为，当事人可提行政复议或行政诉讼予以纠正。

秒杀：①【无效婚姻事由】"小近多"。②【离婚过错赔偿事由】重婚、与他人同居、家暴、虐弃家人、其他过错。③【离婚事由】"感情破裂"。

（二）【无效婚姻的强制性】

1. 【不能撤诉】（1）"告"无效婚姻，则不能任由原告撤诉。（2）"告"离婚，发现无效婚姻，法院审查确属无效婚姻，则判婚姻无效。

2. 【无效婚姻>"离婚"】申请无效与诉讼离婚同时出现，无效婚姻优先。涉及财产分割和子女抚养，继续审理。

3. 【"死了都无效"】（1）利害关系人是原告，婚姻关系当事人双方为被告。（2）夫妻一方死亡的，生存一方为被告。

◆ **原理**：为什么人死了还要去宣告婚姻无效？①【争财产】一旦夫妻婚姻无效，则彼此不得继承财产。②【无效婚姻：2 份】比如爸爸的个人房屋，死后有爷爷、孩子和老婆，如婚姻无效，则房屋由爷爷和孩子分成 2 份来继承。③【有效婚姻：3 份】如婚姻有效，则房屋由爷爷、孩子和老婆分成 3 份来继承。

（三）【无效婚姻的法律效果（可撤销婚姻被撤销后也是无效的）】（《民法典》第 1054 条）

1. 【婚姻关系自始无效】无效的或者被撤销的婚姻自始没有法律约束力，当事人不具有夫妻的权利和义务。

2.【财产关系照顾无过错方】同居期间所得的财产，由当事人协议处理；协议不成的，由人民法院根据照顾无过错方的原则判决。对重婚导致的无效婚姻的财产处理，不得侵害合法婚姻当事人的财产权益。

3.【亲子关系非婚生子女】非婚生子女和婚生子女处于同一法律地位。当事人所生的子女，适用本法有关父母子女的规定。

4.【"缔约过失责任"】婚姻无效或者被撤销的，无过错方有权请求损害赔偿。

◆ 原理：有效婚姻与无效婚姻中处理"共有财产"的原则有何差异？（1）有效婚姻要照顾子女、女方和无过错方权益。（2）无效婚姻要照顾无过错方。

三、可撤销婚姻

（一）【胁迫】（《民法典》第 1052 条）

1.【受胁迫方】因胁迫结婚的，受胁迫的一方可以向法院请求撤销该婚姻。包括当事人胁迫或第三人胁迫。

2.【除斥期间】请求撤销婚姻的，应当自胁迫行为终止之日起 1 年内提出。被非法限制人身自由的当事人请求撤销婚姻的，应当自恢复人身自由之日起 1 年内提出。

（二）【隐瞒重大疾病】（《民法典》第 1053 条）

1.【受欺诈方】一方患有重大疾病（比如不育不孕、精神疾病等）的，应当在结婚登记前如实告知另一方；不如实告知的，另一方可以向人民法院请求撤销婚姻。

2.【除斥期间】请求撤销婚姻的，应当自知道或者应当知道撤销事由之日起 1 年内提出。

问：可撤销婚姻和可撤销民事法律行为，它们的撤销权的除斥期间，存在什么差异？可撤销婚姻没有客观起算最长 5 年的规则，只有主观起算 1 年规则。

四、离婚方式

（一）【协议离婚】

1.【离婚冷静期】（《民法典》第 1077 条）

（1）【冷静 30 日】自婚姻登记机关收到离婚登记申请之日起 30 日内，任何一方不愿意离婚的，可以向婚姻登记机关撤回离婚登记申请。

（2）【拿离婚证 30 日】前款规定期限届满后 30 日内，双方应当亲自到婚姻登记机关申请发给离婚证；未申请的，视为撤回离婚登记申请。

◆ 原理：冷静期内应增加什么条款？约定冷静期期间财产归属，避免"躺赢"。

2.【协议离婚与财产分割】

（1）【协离成功才多得财产】以协议离婚登记为财产分割协议前提，如未办理协议离婚登记，则财产分割协议不生效，当事人转为诉讼离婚时应重新依法分割共有财产。

◆ 原理：为什么财产分割协议对财产做让步？协议离婚快，诉讼离婚慢。

（2）【协离成功但财产被骗】协议离婚中的财产分割协议存在欺诈、胁迫等时，对方可在拿离婚证后请求撤销该协议。

（3）【协议成功但遗漏离婚过错赔偿】离婚过错损害赔偿可在拿到离婚证后提出，但协议离婚时明确放弃该权利的除外。

(二)【诉讼离婚】调解前置，感情破裂（《民法典》第1079条）

1.【感情破裂情形】（1）重婚或者与他人同居。（2）实施家庭暴力或者虐待、遗弃家庭成员。（3）有赌博、吸毒等恶习屡教不改。（4）因感情不和分居满2年。（5）一方被宣告失踪，另一方提起离婚诉讼的，应当准予离婚。（6）经人民法院判决不准离婚后，双方又分居满一年，一方再次提起离婚诉讼的，应当准予离婚。（7）生育权纠纷（生育权归女方）。（8）其他导致夫妻感情破裂的情形（他在里面坐牢，不能让我在外头"坐牢"）。

2.【离婚保护制度】（1）【女方三期保护】怀孕、生产1年、流产半年，女方可主动离，男方一般不可以主动离（《民法典》第1082条）。（2）【精神病人保护】无行为能力之精神病人被配偶虐待、遗弃等，其他监护人要求变更监护关系取得监护权，后代理精神病人提起离婚诉讼。（3）【军婚保护】现役军人的配偶要求离婚，应当征得军人同意，但是军人一方有重大过错的除外（《民法典》第1081条）。

例：【大学同学结婚后离婚】董楠（男）和申蓓（女）是美术学院同学，共同创作一幅油画作品《爱你一千年》。毕业后二人结婚育有一女。董楠染上吸毒恶习，未经申蓓同意变卖了《爱你一千年》，所得款项用于吸毒。因董楠恶习不改，申蓓在女儿不满1周岁时提起离婚诉讼。如何评价该离婚案？①【女方3期保护】申蓓虽在分娩后1年内提出离婚，法院应予受理。②【离婚事由之吸毒恶习不改】如调解无效，应准予离婚。③【侵权】董楠出售《爱你一千年》侵犯了申蓓的物权和著作权。

五、"房子"：夫妻财产

(一)【返还彩礼返还】

1.【什么是彩礼】（1）【特定目的的赠与】以结婚为目的给付彩礼。（2）【依据习俗】依据习俗给付彩礼。（3）【法院裁量认定彩礼范围】法院在审理涉彩礼纠纷案件中，可以根据一方给付财物的目的，综合考虑双方当地习俗、给付的时间和方式、财物价值、给付人及接收人等事实，认定彩礼范围（给钱最好当着众多亲友的面……给彩礼就得张扬，不要太低调）。

2.【什么不是彩礼】（1）【520】一方在节日、生日等有特殊纪念意义时点给付的价值不大的礼物、礼金。（2）【日常支出】一方为表达或者增进感情的日常消费性支出。（3）【金额较小】其他价值不大的财物。

秒杀：特殊的、日常的、钱少的，给了就不能要求退……

3.【返还彩礼诉讼当事人】（1）【谁给了，谁是原告】婚约一方及其实际给付彩礼的父母可以作为共同原告。（2）【谁收了，谁是被告】婚约另一方及其实际接收彩礼的父母可以作为共同被告。（3）【离婚诉讼中返还彩礼，男方原告，女方被告】离婚诉讼中返还彩礼，男方原告，女方被告。

秒杀：谁给了谁原告；谁收了谁被告；离婚诉讼中主张返还彩礼由男方告女方。

4.【退彩礼：闪婚闪离"骗彩礼"的要退彩礼】（1）正常情况下，登记结婚且共同生活，而后离婚，一般是不退彩礼的。（2）但是，如果是闪婚闪离"骗彩礼"的或者给得太多导致给得人自己都活不下去了，还是要退的。①【例外1：登记结婚但共同生活时间较短，要退彩礼】但是，如果共同生活时间较短且彩礼数额过高的，法院可以根据彩礼实际使用及嫁妆情况，综合考虑彩礼数额、共同生活及孕育情况、双方过错等事实，结合当地习俗，确定是否返还以及返还的具体比例。法院认定彩礼数额是否过高，应当综合考虑彩礼给付方所在地居民人均可支配收入、给付方家庭经济情况以及当地习俗等因素。②【例外2：登记结婚但给付彩礼导致给付人生活困难而后离婚，要退彩礼】拿结婚证但婚前给付并导致给付人生活困难的，后离婚。

5.【不退彩礼：不结婚"同居"的要付出代价】（1）正常情况下，没登记结婚，是要退彩礼的。（2）但是，如果是"同居"，就不能要求退全部彩礼了。双方未办理结婚登记但已共同生活，一方请求返还按照习俗给付的彩礼的，法院应当根据彩礼实际使用及嫁妆情况，综合考虑共同生活及孕育情况、双方过错等事实，结合当地习俗，确定是否返还以及返还的具体比例。

秒杀：退不退彩礼，与是否登记结婚脱钩，关键看接收彩礼方是否有所"付出"，女的不能骗彩礼，男的不能"同居"。

（二）【夫妻约定财产制】

1.【"乱约定"】男女双方可以约定婚姻关系存续期间所得的财产以及婚前财产归各自所有、共同所有或者部分各自所有、部分共同所有（《民法典》第1065条第1款）。

◆**原理**：约定财产制有什么实际意义？①减少老年人再婚的障碍。②儿女说：不要和那个狐狸精在一起。③爹说：我也是个老狐狸，"她不是奔我的财产来的"，有约定为证。

2.【"乱约定"有效】夫妻对婚姻关系存续期间所得的财产以及婚前财产的约定，对双方具有法律约束力（《民法典》第1065条第2款）。

例：【爱老婆】甲、乙结婚第10年，甲父去世留下遗嘱，将其拥有的一套房子留给甲，并声明该房屋只归甲一人所有。甲、乙如约定将房屋变为共同财产，该协议有效。

3.【债主知道夫妻约定财产AA制则属于个债】夫妻对婚姻关系存续期间所得的财产约定归各自所有，夫或者妻一方对外所负的债务，相对人知道该约定的，以夫或者妻一方的个人财产清偿（《民法典》第1065条第3款）。

（三）【夫妻法定财产制1：个人所有】（《民法典》第1063条）

1.【一方的婚前财产】

（1）【婚前财产在婚内自然增值归个人】婚前个人财产在婚后的孳息（存款利息、果树果实）和自然增值（房屋增值、玉石升值），仍然归个人所有。

例：【不是投资】甲婚前全款买了一个房子，现结婚了，该房归谁？如婚后甲将该房屋出售，卖房款归谁？如甲用该卖房款又买了新的房产，后买的房产归谁？①甲、甲、甲。②婚前的房变成婚后的货币、婚前的货币变成婚后的房，都是个人财产，对方无贡献，因为不能把购房行为本身视为投资行为，正如不能把去银行存钱视为投资行为一样。

（2）【婚前财产在婚内投资归共有】如在婚后投资所得，本金归个人所有，投资所得归双方共有。

例：【是投资】男方的钱，从银行，挪到房市，再挪到股市，本钱归男方。收益给女方和男方。亏损归男方。女方稳赚不赔。

◆ **原理：** 为何婚前个人财产在婚内用于投资，投资所得归双方共有？①【劳动创造价值】幸福是奋斗出来的。我喜欢你这个人，不是喜欢你的钱。虽然你很能赚钱。②【你投资，我有劳动贡献】你在炒股，我在给你做饭洗衣服。你在炒股，你没陪我逛街。

2.【一方人身赔偿所得】一方因受到人身损害获得的赔偿或者补偿。

3.【一方遗嘱或受赠所得】遗嘱或者赠与合同中确定只归一方的财产。

◆ **原理：** 为什么富人倾向于立遗嘱财产归儿子不归儿媳妇？这条规定会倒逼富人立遗嘱，因为如果不立遗嘱，则公公的财产归儿子和儿媳妇，财产会"流入外戚"。

4.【一方专用生活用品】

5.【其他应当归一方的财产】

秒杀：（1）个人的、人身的、专用的，均归个人。（2）树木结果、房屋增值、玉石增值，均归婚前个人。（3）但股市投资收益，归夫妻共有。

（四）【夫妻法定财产制2：夫妻共有】（《民法典》第1062条）

1.【婚内的工资、奖金、劳务报酬】如双方实际取得或者应当取得的住房补贴（"安家费现金"）、住房公积金（约等于"工资"）；还如男女双方实际取得或者应当取得的养老保险金、破产安置补偿费。

2.【婚内的生产、经营、投资收益】如婚前10万股市投资得利5万，该5万归夫妻共有。

3.【婚内的知识产权收益】婚内知识产权收益，实际取得或已经明确可以取得的财产性收益。如婚前发表的小说，在婚内收到10万元，该10万元归夫妻共有。

例：【3本小说】男方创作了3本小说：①小说《昨天》在婚前发表，婚后收益归共有（婚内实际取得）；②小说《今天》婚内发表（婚内明确可以取得），离婚后收益归共有；③小说《明天》离婚后发表，离婚后收益归"个有"。

秒杀： 知产收益，发表点或收益点"落入"婚内，就是共有。

4.【婚内继承或者受赠的财产，但明确归一方的除外】

◆ **原理：** 为何富人一般会立遗嘱财产归儿子不归儿媳妇？不立遗嘱，财产由儿子继承，儿子如果与儿媳妇有婚姻，是儿子婚内所得，乃夫妻共有，会导致"财产流向外戚"。

5.【婚内的债权】夫妻之间订立借款协议，以夫妻共同财产出借给一方从事个人经营活动或用于其他个人事务的，应视为双方约定处分夫妻共同财产的行为，离婚时可按照借款协议的约定处理。

秒杀： 把"债主"娶回家，债权人债务人没有混同，还得继续还债。

例：【老公向"老婆和老公"借款】甲（男）、乙（女）结婚后，甲承诺，在子女出生后，将其婚前所有的一间门面房，变更登记为夫妻共同财产。后女儿丙出生，但甲不愿兑现承诺，导致夫妻感情破裂离婚，女儿丙随乙一起生活。后甲又与丁（女）结婚。未成年的丙因生重病住院急需医疗费20万元，甲与丁签订借款协议从夫妻共同财产中支取该20万元。如何评价本案？①门面房赠与，过户前可以反悔，甲可不送门面房。②甲与丁签订借款协议，应视为双方约定处分共同财产。甲丁共有的20万元货币，变成了甲丁共同对甲有20万元债权，该债权归甲丁夫妻共有，如甲、丁离婚，有关医疗费按借款协议约定处理。③如丁不同意甲支付医疗费，甲有权主张在婚内分割共有财产。

6.【婚内其他应当归共同所有的财产】如共同财产投保商业保险，保险金归夫妻共同所有。

7.【军人复员费、自主择业费等一次性费用】分摊到（70周岁—入伍年龄）得出每年额度，乘以结婚年限（"军功章有你的一半"），得出的数额归夫妻共有。

例：【保护军人财产】甲20岁入伍，退伍时获得100万元复员费和自主择业费。退伍前甲与乙结婚，再过10年离婚。离婚时乙可从该100万元获得多少？①100万元要分摊到预期寿命70年-20岁，即每年2万元。②2万元×10年，即20万元，为夫妻共有。③乙可分得10万元。④如甲、乙结婚50年后离婚，则乙可分得50万元。

秒杀：共有：①【时间标准】"婚内"工资奖金、住房补贴住房公积金、知产收益、继承遗赠收益、军人复员费择业费。②【贡献标准】生产经营、投资收益、个人缴付费用的养老保险金。

8.【婚内处分共有财产】

（1）【小额财产，日常家事代理】夫妻一方因家庭日常生活需要而实施的民事法律行为，对夫妻双方发生效力，但是夫妻一方与相对人另有约定的除外。夫妻之间对一方可以实施的民事法律行为范围的限制，不得对抗善意相对人（《民法典》第1060条）。

（2）【大额财产，启动善意取得】大额无权处分，启动第三方适用善意取得制度，无权处分方须向配偶他方负侵权之债，因婚姻关系存续导致诉讼时效中止。

例：【老公和过桥人坑"老婆"】房屋登记在老公名下而实际是双方共有即名实不符，老公背着老婆卖房给不知情的第三人，房屋市价100万，出卖价格为70万元。如何评价本案？（1）【善意取得】第三人＝"过桥人"。①70万买到100万房屋，30万由第三人和老公分，其中15万是老婆的。因为离婚时，老婆本来可以分到100万中的50万，但是因为老公的行为，导致老婆只能分到35万。其中15万被老公和"过桥人"给分了。②如果过桥人是老公的爹，法院不会认可其构成善意，而是推定其恶意。③如果过桥人是一个"好基友"，那么，过桥人可以装傻，老婆很难证明其恶意（民法善意是推定的，知道不知情就是善意）。因为过桥人会相信老公说自己并非已婚，过桥人对交易信息的审查义务是有限的，不能让过桥人做太多的审查，否则会增加交易成本。毕竟过桥人要买的是房屋，而不是八卦，没有义务去查卖房人的祖宗八代。（2）【侵权责任】老婆可以告老公侵权。①离婚时老婆原来可以分房屋，现在只能分70万，损失就是那15万。②两个男人坑一个女人，女人由物权人降格为债权人。③这个过程就是善意取得制度所发挥的作用，保护了动态财产交易安全，牺牲了静态财产归属。（3）【诉讼时效】老公背着老婆卖房5年后，老婆离婚，要和前夫算旧账。老公提出3年时效已过的诉讼时效届满的抗辩。老婆说，中国法不承认婚内赔偿，此前没法索赔。所以，我们说，诉讼时效中止，因为"臣妾做不到啊"。

9.【婚内分割共有财产】

婚姻关系存续期间,有下列情形之一的,夫妻一方可以向人民法院请求分割共同财产(《民法典》第1066条)。

(1)【"蚂蚁搬家"】一方有隐藏、转移、变卖、毁损、挥霍夫妻共同财产或者伪造夫妻共同债务等严重损害夫妻共同财产利益的行为;

(2)【"你妈是你妈"】一方负有法定扶养义务的人患重大疾病需要医治,另一方不同意支付相关医疗费用。

例:【不给老婆看病】甲与乙结婚多年后,乙患重大疾病需要医治,甲保管夫妻共同财产但拒绝向乙提供治疗费,致乙疾病得不到及时治疗而恶化。如何评价甲的行为?①构成虐待,乙有权请求公安机关对甲进行行政处罚。②乙在婚内可请求"多"分割夫妻共同财产。③乙可提起离婚诉讼并且提出离婚过错赔偿。

10.【离婚分割共有财产】

(1)【协议】离婚时,夫妻的共同财产由双方协议处理。

(2)【3照顾:子女、女方、无过错方】协议不成的,由人民法院根据财产的具体情况,按照照顾子女、女方和无过错方权益的原则判决(《民法典》第1087条)。

◆原理1:如果夫妻离婚时孩子跟妈妈一起生活,孩子跟妈妈(子女)、妈妈(女方)和妈妈没过错(无过错方),则如何处理对女方的"三重照顾"(要照顾子女、女方和无过错方)?①法官有红线思维,因为家事法官有执业风险。②判财产"55开"是安全但违法;判"64开"是胆大;判"91开"是不怕死(法官存在一定人身风险)。③法条是法官的护身符,故法官判决会比较保守,避免"得罪人"。

◆原理2:照顾无过错方是不是意味着惩罚有错方?①是。②罚的方法是扣财产,这其实违背了处罚与所有权分离原则。③比如对交通违章,不能没收车主的所有权;比如犯罪,不能将罪犯的房屋充公;比如马车卖苹果,城管不能把苹果带食堂吃了。④婚姻中,男的家暴,却要罚男的,方法是扣财产。这违背了法理,但是符合老百姓的预期,是民法典重大的修改。

11.【死亡分割共有财产】夫妻共同共有财产,遗产继承时,应一分为二,分出后才可确定遗产范围。

(五)【房产归属】

1.【房比情坚】婚前或者婚姻关系存续期间,男人说赠房屋给女人,只要没过户,就是要流氓,因为可以任意撤销。

2.【中产夫妻】共有货币变成共有房屋,虽然登记为一方,但是归共有房产。

3.【富二代】(1)【婚前一般视为送给个人】当事人结婚前,父母为双方购置房屋出资的,该出资应当认定为对自己子女个人的赠与,但父母明确表示赠与双方的除外。(2)【婚后一般视为送给双方】当事人结婚后,父母为双方购置房屋出资的,依照约定处理;没有约定或者约定不明确的,按照民法典第1062条第1款第4项规定的原则处理(归共有)。

4.【白手起家】婚前付首付,婚后还月供,登记为个人名下房产归个人,仅还贷钱和对应房屋增值部分为共同共有。

例：【首付方=借款方=房屋方=抵押方】甲婚前首付20万元，贷款80万元，买价格100万元房屋，登记在甲名下。如甲、乙婚后用工资还贷20万元。现在房屋价格上涨为300万元。则离婚时如何分割？（1）房屋物权归属=甲所有。（2）欠银行60万元借款=甲负担。（3）乙可分得：①还贷20万元中10万元归乙。②10/100×（300－100）=20万（乙还贷款项对应房屋增值部分）。③甲补给乙30万。

◆ 原理：为什么支付首付一方最后获得房屋所有权？支付首付一方，签订房屋买卖合同、借款合同、抵押合同。

5.【共有房屋的分割】（1）【双方抢房屋：竞价】出价高者获得房屋，对方获得钱。（2）【一方要房，一方得钱】一方获得房屋，一方获得钱。（3）【没人要房，分钱】房屋卖掉变成钱，双方分钱。

（六）【分有限公司股权：入股或者分钱】

1.【分股权】其他人不优先购买，老公把股权分给老婆。2.【分钱】其他股东优先购买出资额，老公和老婆分钱。

（七）【分合伙份额：入伙或分钱】尊重合伙的无限责任。

1.【分合伙】一致同意，老公把合伙份额分给老婆。2.【分钱】不同意，但购买，老公和老婆分钱。3.【分钱】不同意，不购买，退伙，老公和老婆分钱。4.【视为分合伙】不同意、不购买、不退伙，老公把合伙份额分给老婆。

（八）【分独资企业】不涉及其他人利益。

1.【分钱】一方要企业，我得企业你得钱。2.【分钱】双方抢企业，竞价，我得企业你得钱。3.【分钱】没人要企业，卖了企业结算分钱。

（九）【少分或不分共有财产："一方对财产使坏"】

夫妻一方隐藏、转移、变卖、毁损、挥霍夫妻共同财产，或者伪造夫妻共同债务企图侵占另一方财产的，在离婚分割夫妻共同财产时，对该方可以少分或者不分。离婚后，另一方发现有上述行为的，可以向法院提起诉讼，请求再次分割夫妻共同财产（《民法典》第1092条）。自发现之日起算3年诉讼时效期间。

例：指导案例66号"雷某某诉宋某某离婚纠纷案"之裁判要点：一方在离婚诉讼期间或离婚诉讼前，隐藏、转移、变卖、毁损夫妻共同财产，或伪造债务企图侵占另一方财产的，离婚分割夫妻共同财产时，可以少分或不分财产。

秒杀：离婚诉讼期间或离婚诉讼前，对财产使坏，你要什么，我就让你要不到什么。

六、条子

（一）【共债与个债】（《民法典》第1064条）

1.【共债】（1）【共同签字】夫妻双方共同签字或者夫妻一方事后追认等共同意思表示所负的债务，属于夫妻共同债务。（2）【共同生活】夫妻一方在婚姻关系存续期间以个人名义为家庭日常生活需要所负的债务，属于夫妻共同债务。日常生活如为抚养子女、治疗疾病等。（3）【共同经营】债权人能够证明该债务用于夫妻共同生活、共同生产经营或者基于夫妻双方共同意思表示的，则属于夫妻共同债务。

2.【个债】(1)【数额大，没用于家里】夫妻一方在婚姻关系存续期间以个人名义<u>超出家庭日常生活需要所负</u>的债务，不属于夫妻共同债务。(2)【财产 AA 制，债主知道该约定】夫或妻对外个债，夫妻约定财产归各自所有，债权人知道该约定，则夫或妻个人财产清偿该个债。

◆ 原理：为什么用"日常生活"来判断"个签"是个债还是共债？(1)【一致对外阶段】①用离婚逃债坑债主。②故启动"个签都是共债"，即只要是婚姻存续期间发生以老公个人名义发生的债务，妻子都要负连带责任。(2)【里应外合阶段】老公和债主用"个签都是共债"来坑老婆。(3)【根据价值判断做法律选择】①债主利益（不特定人）和老婆利益（不特定人）。②所以这是一个价值判断问题，而不是法律规则问题。(4)【看金额】因为法律规则很清楚，按照金额大小来判断个债还是共债。金额高，谁借谁还。金额低，连带还。

(二)【共债：内外有别】

1.【离了也连带】

(1)【外部连带】①离婚时，夫妻共同债务，应当共同偿还。共同财产不足清偿或者财产归各自所有的，由双方协议清偿；协议不成的，由法院判决（《民法典》第1089条）。②当事人的离婚协议或者法院的判决书、裁定书、调解书已经对夫妻财产分割问题作出处理的，<u>债权人仍有权就夫妻共同债务向男女双方主张权利。</u>

◆ 原理：为何法院判了夫妻如何清偿债务，债权人还能起诉夫妻主张权利？①判项对当事人做出，对当事人有既判力。②判项由法院做出，对法院有既判力，即一事不再理。③判项没有针对第三人，故对案外人无既判力。

(2)【内部追偿】一方就共同债务承担连带清偿责任后，基于离婚协议或者法院的法律文书可向另一方主张追偿的。

例：【净身出户协议：内部有效，外部连带】黄某与唐某自愿达成离婚协议并约定财产平均分配，婚姻关系存续期间的债务全部由唐某偿还。经查，黄某以个人名义在婚姻存续期间向刘某借款10万元用于购买婚房。<u>如何评价该10万元债务？</u>①属于夫妻共同债务。②离婚后仍然是夫妻共同债务。③【外部】刘某可要求黄某或唐某偿还。④【内部1】如果黄某偿还了10万元，则内部可向唐某追偿10万元，而不是只追偿5万元，因为内部约定唐某承担全部债务是有效的。⑤【内部2】如果唐某还了10万元，则唐某不能向黄某追偿5万元，因为唐某同意自己承担全部的10万元，不存在追偿问题。

2.【死了也连带】夫或妻一方死亡，生存一方应当对婚姻关系存续期间的共同债务承担连带清偿责任。

例：【夫妻对外负担共债没还清：老公死了】债权人如何主张权利？①【诉老婆】老婆负连带责任，是债务人，老婆还了后再追老公的遗产。②【诉"老公"】债权人不能告"鬼"，故应该列继承人为被告，无继承人或无人继承则列遗产管理人为被告。

七、"银子"（赔、帮、补）

(一)【离婚过错损害赔偿请求权：赔】

1.【事由法定】有过错方导致离婚，<u>无过错方有权请求损害赔偿</u>：(1)重婚。(2)

与他人同居。(3) 实施家庭暴力。(4) 虐待、遗弃家庭成员。(5) 有其他重大过错（《民法典》第 1091 条）。

◆ **原理**：为什么会要限定离婚过错赔偿事由？①我们允许离婚"自由"，如果离婚不自由，则降低结婚意愿。②任何一个婚姻解体，当事人都是有过错的，因此，要将一般过错排除在外。

2.【其他限定】(1)【无过错一方】索赔一方自己没过错。如你家暴，我出轨，半斤八两，乌龟对王八，天生一对，不适用离婚过错赔偿。(2)【离婚为前提】不诉离婚，就没有离婚过错赔偿。(3)【内容法定】包括物质损害赔偿和精神损害赔偿。

3.【诉讼表达】(1)【"受害人告状"】被家暴一方起诉离婚，起诉要求离婚过错赔偿。(2)【"恶人先告状"】家暴一方起诉离婚：①被家暴方可能一审中直接诉离婚过错赔偿。②被家暴方可能在一审未诉离婚过错赔偿，在二审才诉离婚过错赔偿，则法院调解，如调解失败，告知在离婚后 1 年内另诉。目的是确保离婚过错赔偿案获得二审终审的机会（"审级利益"）。

(二)【离婚困难帮助请求权：帮】

离婚时，如果一方生活困难，有负担能力的另一方应当给予适当帮助。具体办法由双方协议；协议不成的，由人民法院判决（《民法典》第 1090 条）。常见的比如用"居住权"帮助对方。

(三)【离婚经济补偿权：补】

夫妻一方因抚育子女、照料老年人、协助另一方工作等负担较多义务的，离婚时有权向另一方请求补偿，另一方应当给予补偿。具体办法由双方协议；协议不成的，由人民法院判决（《民法典》第 1088 条）。

◆ **原理**：家庭妇女或家庭妇男可以获得补偿，会导致什么倾向？①男方上班 6 小时，加班 3 小时，如果赚 9 元。女方上班 6 小时，家里付出 3 小时，如果赚 6 元。夫妻合计赚 15 元，离婚时，要给女方多补偿比如 3 元，剩余 12 元由男方和女方各得 6 元。合计女方获得 9 元，男方获得 6 元。②男方在单位加班，女方在家里加班，都是加班，还是在家里加班更划算。④但是长期在家里加班，会慢慢失去"再就业"能力，因此需要多补偿！

八、孩子

(一)【谁是"孩子"】

1.【非婚生子女：与婚生子女地位同，叫"孩子没错"】(1) 非婚生子女享有与婚生子女同等的权利，任何组织或者个人不得加以危害和歧视。(2) 不直接抚养非婚生子女的生父或者生母，应当负担未成年子女或者不能独立生活的成年子女的抚养费（《民法典》第 1071 条）。

例：【人工授精女方受孕为婚生子女】指导案例 50 号"李某、郭某阳诉郭某和、童某某继承纠纷案"之裁判要点：①夫妻关系存续期间，双方一致同意利用他人的精子进行人工授精并使女方受孕后，男方反悔，而女方坚持生出该子女的，不论该子女是否在夫妻关系存续期间出生，都应视为夫妻双方的婚生子女。②如果夫妻一方所订立的遗嘱中没有为胎儿保留遗产份额，该部分遗嘱内容无效。分割遗产时，应为胎儿保留继承份额。

2. 【收养子女：与亲生子女地位同，叫"拟制血亲"】自收养关系成立之日起，养父母与养子女间的权利义务关系，适用父母子女关系的规定（《民法典》第1111条）。

3. 【有抚养关系的继子女：与亲生子女地位同，叫"后爸后妈"】继父或者继母和受其抚养教育的继子女间的权利义务关系，适用本法关于父母子女关系的规定（《民法典》第1072条）。

4. 【"隔代关系"】（1）【长辈对隔代晚辈抚养】有负担能力的祖父母、外祖父母，对于父母已经死亡或者父母无力抚养的未成年孙子女、外孙子女，有抚养的义务。（2）【晚辈对长辈隔代赡养】有负担能力的孙子女、外孙子女，对于子女已经死亡或者子女无力赡养的祖父母、外祖父母，有赡养的义务（《民法典》第1074条）。

秒杀：父母在，爷爷奶奶对孙子女无法定抚养义务。

5. 【"长兄如父"】（1）【兄姐对弟妹："伏地魔"】有负担能力的兄、姐，对于父母已经死亡或者父母无力抚养的未成年弟、妹，有扶养的义务。（2）【弟妹对兄姐】由兄、姐抚养长大的有负担能力的弟、妹，对于缺乏劳动能力又缺乏生活来源的兄、姐，有扶养的义务（《民法典》第1075条）。

（二）【"谁的"孩子？】

1. 【夫妻离婚不影响孩子】

（1）【父母与子女间的关系，不因父母离婚而消除】①【还是父母子女】离婚后，子女无论由父或者母直接抚养，仍是父母双方的子女（《民法典》第1084条）。②【要掏钱】离婚后，子女由一方直接抚养的，另一方应当负担部分或者全部抚养费。负担费用的多少和期限的长短，由双方协议；协议不成的，由人民法院判决。③前款规定的协议或者判决，不妨碍子女在必要时向父母任何一方提出超过协议或者判决原定数额的合理要求（《民法典》第1085条）。

◆ 原理：为什么父母约定如何支付孩子的抚养费之后，孩子还可以再要？①抚养费的请求权是孩子的权利，不是大人的权利。②所以，一方面说，契约必守，大人要认自己的签字。另一方面，要保护第三方即孩子的权利，体现公平。③判了还可以再判继续要，发生了新的事实和新的情况。④在孩子长大了、孩子生病了等情况可以多要抚养费。

（2）【夫妻离婚孩子跟谁？】①离婚后，不满2周岁的子女，以由母亲直接抚养为原则。②已满2周岁的子女，父母双方因抚养问题发生争执不能达成协议的，由人民法院根据双方的具体情况，按照**最有利于未成年子女**的原则判决。③子女已满8周岁的，应当尊重其真实意愿。（《民法典》第1084条第2、3款）

2. 【亲子鉴定】

（1）【父或母启动】对亲子关系有异议且有正当理由的，父或者母可以向人民法院提起诉讼，请求**确认或者否认**亲子关系（《民法典》第1073条第1款）。请求确认亲子关系，对方不配合视为有亲子关系；请求否认亲子关系，对方不配合视为没有亲子关系。

◆ 原理：为什么要限制消极的确认之诉？①不限制则容易导致诉讼泛滥。②比如我确认汤唯不是我女儿，则可以在法院见到汤唯。如果不限制，就会打开诉讼的闸门。

（2）【成年子女启动】对亲子关系有异议且有正当理由的，成年子女可以向人民法院提起诉讼，请求确认亲子关系（《民法典》第 1073 条第 2 款）。

(三)【如何"养"孩子？】

1.【离婚之后要探望孩子】（《民法典》第 1086 条）

（1）【限于"父或母"】离婚后，不直接抚养子女的父或者母，有探望子女的权利，另一方有协助的义务。为什么不规定祖父母、外祖父母有探望权？分歧太大，如果规定会加剧家庭矛盾。故先行搁置。

◆ 原理：为什么不把探望权规定为探望义务？孩子不是对象，孩子是主体，所以，规定为"被探望权"更宜。

（2）【探望方式】行使探望权利的方式、时间由当事人协议；协议不成的，由人民法院判决。①不能对子女的人身进行强制执行。②对拒不履行协助另一方行使探望权的有关个人和单位采取拘留、罚款等强制措施。③父或者母探望子女，不利于子女身心健康的，由人民法院依法中止探望；中止的事由消失后，应当恢复探望。

例：【孩子随父】屈赞与曲玲协议离婚并约定婚生子屈曲由屈赞抚养，另口头约定曲玲按其能力给付抚养费并可随时探望屈曲。如何评价探望问题？①曲玲有探望权，屈赞应履行必要的协助义务。②探望并非父或母的法定义务，故曲玲连续几年对屈曲不闻不问，谈不上违反义务问题。③屈赞拒不履行协助曲玲探望的义务，经由裁判可依法对屈赞采取拘留、罚款等强制措施。④屈赞拒不履行协助曲玲探望的义务，法院不得强制从屈赞处接领屈曲与曲玲会面。

2.【对坑爹的孩子要一起对外负责任】父母有教育、保护未成年子女的权利和义务。未成年子女造成他人损害的，父母应当依法承担民事责任（《民法典》第 1068 条）。孩子打人，全家"连坐"，会有 3 个被告，孩子，爸爸，妈妈。

3.【给不能独立生活的成年子女抚养费】父母不履行抚养义务的，未成年子女或者不能独立生活的成年子女，有要求父母给付抚养费的权利（《民法典》第 1067 条第 1 款）。（与此对应孩子也要关照老人，第 2 款规定，"成年子女不履行赡养义务的，缺乏劳动能力或者生活困难的父母，有要求成年子女给付赡养费的权利。"）

九、收养孩子：必须办理收养登记

(一)【陌生人收养】（《民法典》第 1098 条）

1. 最多收养"3"个孩子（自己没有小孩的话，最多可收养 3 个孩子）。2. 收养人年满"30"周岁。3. 单身的异性相差"40"周岁。

(二)【继父母收养继子女】只要经孩子生父母同意即可随便收养，没有什么条件限制（《民法典》第 1103 条）。

(三)【"华侨"收养"三代以内同辈旁系血亲"子女】（《民法典》第 1099 条第 2 款）

1. 送养人（生父母）可以很有钱。2、异性之间不需要年龄相差 40 周岁。3、"华侨"可以有多个自己的孩子。4、自己年满 30 周岁。

(四)【收养"三代以内同辈旁系血亲"子女】（《民法典》第 1099 条第 1 款）

1. 送养人（生父母）可以很有钱。2、异性之间不需要年龄相差 40 周岁。3、最多收养3个，自己年满30周岁。

（五）【任何人收养孤、残、弃婴】收养孤儿、残疾未成年人或者儿童福利机构抚养的查找不到生父母的未成年人（《民法典》第1100条）

1. 可以收养多个。2、收养人可以有子女。3、自己年满30周岁，异性差异40周岁。

（六）【"单亲"家庭送养，启动长辈优先抚养权】（《民法典》第1108条）

1. 爸爸早亡，妈妈送养孩子，爷爷奶奶有优先抚养权。2、妈妈早亡，爸爸送养孩子，外公外婆有优先抚养权。

（七）【孩子8周岁以上，收养需要征得孩子同意】（《民法典》第1104条）。

例：【寡母改嫁送养孩子给大姨，爷爷抢】小强现年9周岁，生父谭某已故，生母徐某虽有抚养能力，但因准备再婚决定将其送养。徐的姐姐要求收养，其系华侨富商，除已育有一子外符合收养人的其他条件；谭某父母为退休教师，也要求抚养。如何抢孩子？①虽然生母徐某有抚养能力，但其送养给姐姐，属于三代以内旁系血亲，故徐某仍可以送养。②徐某姐姐是华侨，故有自己的子女不影响其收养小强。③爷爷即谭某父亲有优先抚养的权利。④小强9周岁>8周岁，故收养应征得小强同意。

秒杀：①亲属没有异性年龄差限制。②孤残没有人数限制。③华侨亲属没有异年龄差限制，没有人数限制。④他们都要求收养人年满30周岁。⑤继母收养继子，没有一切限制。

（八）【送养人：孤儿的监护人、儿童福利院、生父母】

（九）【被收养人：18周岁以下】

（十）【收养法律效果：被收养人与生父母关系消灭，与养父母形成父母子女关系】

（十一）【收养的解除：送养人和收养人协议解除、收养方根本违约送养人单方解除、养父母与成年子女关系恶化不能共同生活的双方协议解除】

（十二）【收养解除后的补偿：成年养子女对缺乏劳动能力没有生活来源的养父母、成年养子女虐待遗弃养父母、生父母单方解除收养关系】

第六编　继承编

继承编说明： ①继承的发生，即人死的时候发生。②继承的方式，即遗赠抚养协议、遗赠、遗嘱继承、法定继承。③遗产的分割，即"内人"如何分割和"外人"如何获得。④债务的清偿，即概括继承和限定继承，也就是说继承人继承死者遗产，也需要在该遗产限度内清偿死者生前所负债务。

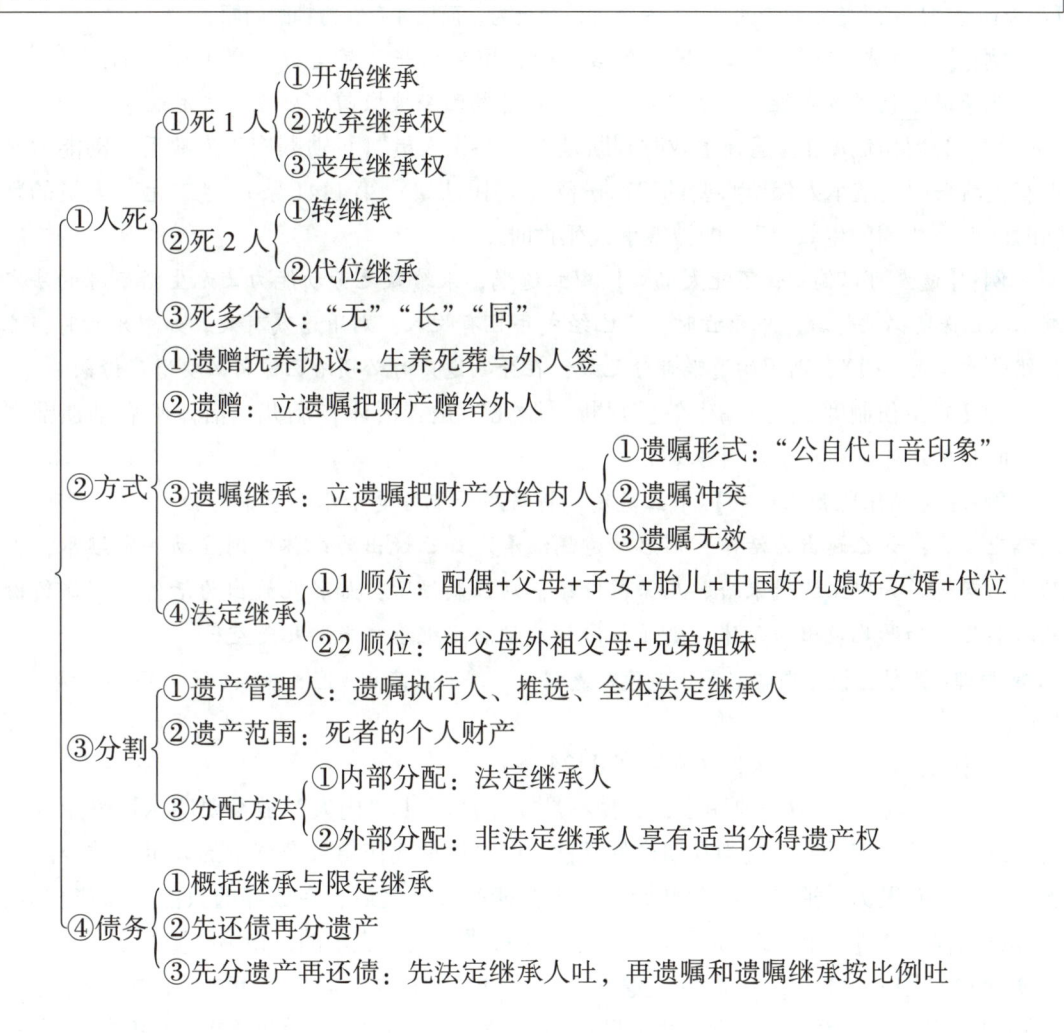

①人死
- ①死1人
  - ①开始继承
  - ②放弃继承权
  - ③丧失继承权
- ②死2人
  - ①转继承
  - ②代位继承
- ③死多个人："无""长""同"

②方式
- ①遗赠抚养协议：生养死葬与外人签
- ②遗赠：立遗嘱把财产赠给外人
- ③遗嘱继承：立遗嘱把财产分给内人
  - ①遗嘱形式："公自代口音印象"
  - ②遗嘱冲突
  - ③遗嘱无效
- ④法定继承
  - ①1顺位：配偶+父母+子女+胎儿+中国好儿媳好女婿+代位
  - ②2顺位：祖父母外祖父母+兄弟姐妹

③分割
- ①遗产管理人：遗嘱执行人、推选、全体法定继承人
- ②遗产范围：死者的个人财产
- ③分配方法
  - ①内部分配：法定继承人
  - ②外部分配：非法定继承人享有适当分得遗产权

④债务
- ①概括继承与限定继承
- ②先还债再分遗产
- ③先分遗产再还债：先法定继承人吐，再遗嘱和遗嘱继承按比例吐

一、人死

（一）【死1个人】

1.【开始继承】

（1）【被继承人死亡时开始继承】①自然死亡或宣告死亡（《民法典》第1121条第1款）。②"活死人"立遗嘱不因被宣告死亡而无效。

例：【活死人的遗嘱】甲先立遗嘱遗产归妻子乙，后甲被宣告死亡，再后甲自然死亡，乙通过何种方式继承遗产？遗嘱继承。

(2)【被继承人死亡时遗嘱和遗赠生效】

①【生前行为撤回遗嘱】立遗嘱后，遗嘱人实施与遗嘱内容相反的民事法律行为的，视为对遗嘱相关内容的撤回（《民法典》第1142条）。

◆原理：为什么叫撤回而不叫撤销？①【死因行为】遗嘱是单方法律行为，在立遗嘱人完成遗嘱时成立，在立遗嘱人死亡时才生效，故又称遗嘱行为为"死因行为"。②【只能叫撤回】既然人死前遗嘱没生效，如果通过意思表示或通过行为修改遗嘱，那就是对应"撤回"，而不能叫撤销。③【不能叫撤销】因为撤销对应的是一个有效的法律行为，而后才存在撤销的问题。

例：【行为破遗嘱】甲立遗嘱房屋给儿子，甲生前将房屋卖掉获得100万元，甲死亡后，儿子通过何种方式继承？法定继承。因为遗嘱已经被撤回，应适用法定继承。

②【必留份制度1：遗嘱生效时判断是否"二无人员"】遗嘱应当为缺乏劳动能力又没有生活来源的继承人保留必要的遗产份额（《民法典》第1141条）。"二无"人员的判断时间点是"遗嘱生效时"，即被继承人死亡时。

例：【遗嘱可以偏心但不能太偏心】甲立遗嘱，未给缺乏劳动能力又无生活来源的法定继承人乙保留必要份额，甲死亡时，乙已经成年且有收入，则甲遗嘱有效。如甲死亡时，乙仍然是"二无人员"，则甲的遗嘱部分无效，在分割遗产时必须给乙保留必要遗产份额。

③【必留份制度2：遗嘱生效后判断"胎儿"是否活体】胎儿是活体则启动遗嘱继承；胎儿是死体则启动法定继承。

例：【遗嘱保留胎儿份额】甲立遗嘱，将房屋分配给妻子乙怀孕中的胎儿，后甲死亡。遗嘱生效后，如乙娩出为活体，则启动遗嘱继承。如乙娩出为死体，则启动法定继承，当胎儿是空气。如甲立遗嘱未给胎儿保留份额，则强制保留，如胎儿娩出为活体，则保留份额归胎儿；如胎儿娩出为死体，则保留份额启动法定继承，当胎儿是空气。

◆原理：为什么设立遗嘱必留份制度？遗嘱自由，可以偏心，但不能太偏心。不存在绝对的自由。

2.【放弃继承权】（《民法典》第1124条）

(1)【"内人"：放弃要明示，沉默不是放弃】①【"内人"放弃要明示】继承开始后，继承人放弃继承的，应当在遗产处理前，以书面形式作出放弃继承的表示，放弃的意思表示具有溯及力，追溯到继承开始时。如在遗产分割之后，在放弃的只能是遗产权利，而非继承权。②【"内人"沉默不是放弃而是接受】没有表示的，视为接受继承。

◆原理1：人一旦死亡，瞬间就发生继承，为什么继承权可以放弃？①如甲死亡，其房屋就发生继承物权变动，法定继承人乙已经成为物权人，按逻辑，乙不可能再放弃继承权，放弃的应该是所有权。②但是，解释上认为，乙放弃继承权的意思表示溯及于甲死亡时，即甲死亡的瞬间乙就放弃了继承权，"解决了时间差问题"。

◆原理2：区分放弃继承权和区分放弃所有权的意义何在？①如果一个人负债累累而放弃继承权，债权人不能对放弃继承权的行为提起撤销权诉讼。②但是其放弃所有权的行为，减少其财产，债权人对此可以提起撤销权诉讼。

(2)【"外人"：接受要明示，沉默是放弃】①【"外人"接受要60日内明示】受遗赠人应当在知道受遗赠后60日内，作出接受或者放弃受遗赠的表示。②【"外人"沉默是放弃】到期没有表示的，视为放弃受遗赠。

3.【继承人丧失继承权】(《民法典》第1125条)

(1)【丧失继承权的情形：受遗赠权同理】①故意杀害被继承人（不要求动机、不管既遂未遂）：如隋炀帝杨广杀隋文帝杨坚。②为争夺遗产而杀害其他继承人（要求动机、不管既遂未遂）：如唐太宗李世民杀李建成（"一箭双雕"，即丧失对父母遗产继承权，又丧失对兄弟的二顺位继承权）。③遗弃被继承人，或者虐待被继承人情节严重。④伪造、篡改、隐匿或者销毁遗嘱，情节严重。⑤以欺诈、胁迫手段迫使或者妨碍被继承人设立、变更或者撤回遗嘱，情节严重。

(2)【可以被宽恕的情形】①隋炀帝（故意杀害被继承人）和唐太宗（为争夺遗产而杀害其他继承人）不存在宽恕问题。②其他情形存在宽恕问题，被继承人表示宽恕或者事后在遗嘱中将其列为继承人的，该继承人不丧失继承权。

(3)【丧失继承权具有相对性】丧失对父亲遗产继承权，不直接导致同步丧失对母亲遗产继承权。如儿子故意杀害父亲未遂，后父亲自然死亡，则儿子丧失对父亲遗产的继承权，但不因此丧失对母亲遗产的继承权。

(4)【没有继承权就没有代位继承的问题】父亲丧失了对爷爷遗产继承权，在父亲先死亡，爷爷后死亡时，孙子对爷爷的遗产不可以"代位继承"。

(二)【死2个人】

1.【转继承】继承开始后，继承人于遗产分割前死亡，并没有放弃继承的，该继承人应当继承的<u>遗产转给</u>其继承人，但是<u>遗嘱另有安排的除外</u>(《民法典》第1152条)。

例1：【转继承】①爷爷、爸爸和孩子。②爷爷先死，爸爸后死，来不及拿爷爷遗产爸爸就死了。③爸爸的法定继承人来分爸爸的遗产。④其中爸爸从爷爷那来不及拿的部分属于转继承。⑤爸爸自己的那部分遗产属于正常继承。

```
                                                    继3：转继承公公遗产
           继1                          继1          继3：继承老公遗产
爷爷（先死）←──爸爸（后死）       爷爷（先死）←──爸爸（后死）←──妈妈
              ↑                                  ↑
              继2：转继承爷爷遗产                 继2：转继承爷爷遗产
              继2：继承爸爸遗产                   继2：继承爸爸遗产
              孩子                                孩子
```

◆ 原理：为什么说转继承具有普世性？老爷爷、老奶奶、8套夫妻共有房屋、3个孩子、老爷爷先过世。房屋怎么分割？

```
                                        ┌ 孩子1：1/3（转继承）+4/3
                老奶奶后死：继承1+自己的4 ┤ 孩子2：1/3（转继承）+4/3
                                        └ 孩子3：1/3（转继承）+4/3
老爷爷先死 4 ┌ 孩子1：继承1
            │ 孩子2：继承1
            └ 孩子3：继承1
```

①老爷爷先过世,老奶奶后过世。②老爷爷过世时发生遗产继承,应将老爷爷和老奶奶的夫妻共有房屋作分割,其中4套房屋是遗产,然后由老奶奶,和3个孩子一起来分这4套。③一旦分割,老奶奶将"无家可归"。因此,孩子们一定不会去分割老爷爷的遗产。④后来,老奶奶过世了,此时,孩子们开始来分割老奶奶的遗产包括这套房屋。⑤老爷爷的遗产是4套房屋,一共4个法定继承人(老奶奶+3个孩子),这么分配:老奶奶得1;3个孩子分别得到1。⑥老奶奶的遗产是(1+4=5),一共3个法定继承人(3个孩子),这么分配:每人得5/3。⑦其中,老奶奶从老爷爷处分得的1,尚未到手,老奶奶就死亡了,这部分由3个孩子来分,即属于转继承。⑧老奶奶自己的4套,这部分由3个孩子来分,即属于正常继承。⑨没有哪个孩子会在父亲过世时着急分房子然后将自己老妈从房屋里轰出来,故"转继承"必然发生,因为夫妻之间一般不会同年同月同日同时死。

例2:【妈妈通过女婴转继承爸爸的遗产】 熊某与杨某结婚后,杨某与前夫所生之子小强由二人一直抚养,熊某死亡,未立遗嘱。熊某去世前杨某孕有一对龙凤胎,于熊某死后生产,产出时男婴为死体,女婴为活体但旋即死亡。<u>假设熊某遗产为3套面积相同的房屋,对熊某遗产如何继承?</u>①熊某死亡时有2个法定继承人(妻子杨某和有抚养关系的继子小强),还有2个胎儿,男婴为死体,女婴为活体,故合计3个法定继承人(杨某+小强+女婴),1人1套房屋。②为男婴保留的遗产份额,复位到熊某遗产范围,仍然是3个法定继承人来分(杨某+小强+女婴)。③女婴死亡后,发生法定继承,其法定继承人只有其母亲杨某(小强属于同母异父的兄弟,乃第2顺序法定继承人,因存在第1顺序法定继承人,故轮不到小强)。女婴来不及拿其1套房屋就死亡,故其母杨某通过转继承分得女婴的这1套房屋。④总结:杨某得到2套房屋,小强得到1套房屋。

熊某死亡3房 { ①妻子杨某1套 ②男婴为死体0套 ③女婴出生后旋即死亡1套:由妈妈杨某转继承 ④有抚养关系的继子小强1套 } 妈妈杨某2套

2.【代位继承】代位继承人一般只能继承被代位继承人有权继承的遗产份额(《民法典》第1128条第3款)。

例1:【"白发人送黑发人"的代位继承1:<u>孙子代替爸爸继承爷爷</u>的遗产】 被继承人的子女先于被继承人死亡的,由被继承人的子女的直系晚辈血亲代位继承(《民法典》第1128条第1款)。(白发人送黑发人的孙子)

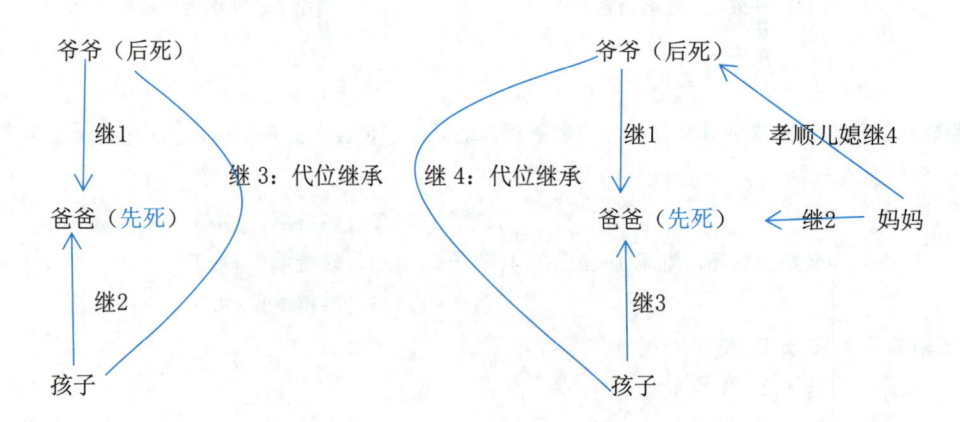

◆ **原理1**：为什么说代位继承是继承不可逆的例外？本来爸爸已经死亡，没有继承资格的，但是因为爸爸有后代所以后代可以代位继承。

◆ **原理2**：为什么法定继承人中没有规定孙子女、外孙子女？①因为当祖父母、外祖父母死亡时，当然是爸爸妈妈作为继承人继承，轮不到孙子女外孙子女，他们可以通过爸爸妈妈获得保护。②如果爸爸妈妈先过世，则孙子女与外孙子女可以通过代位继承获得保护。因此没有必要单独规定孙子女外孙子去继承爷爷奶奶外公外婆的遗产。

(2)【"三无叔叔"的代位继承2：侄子代替爸爸继承叔叔的遗产】被继承人的兄弟姐妹先于被继承人死亡的，由被继承人的兄弟姐妹的子女代位继承（《民法典》第1128条第2款）。

```
            无爷爷奶奶
    爸爸（先死）→ 叔叔（光棍最后死）    叔叔无配偶
    侄子代位爸爸继承叔叔
    爸爸有孩子              叔叔无孩子
```

例：【"三无叔叔"的代位继承：侄子代替爸爸继承叔叔遗产】叔叔无老婆无子女，爷爷奶奶已经死亡，爸爸已经死亡，爸爸留有孩子，即叔叔的侄子。叔叔死亡时，没有法定继承人，叔叔遗产是否属于无人继承遗产？①否。②因侄子不是法定继承人，但侄子可通过代位继承取得叔叔的遗产。③这么规定，会变相扩大我国"法定继承人"的范围。

◆ **原理**：什么是"三无叔叔"的代位继承？①电影《西虹市首富》的主要情节。②爸爸是叔叔的第二顺位法定继承人，意味叔叔没有第一顺位继承人，才轮到爸爸作为叔叔的哥哥作为第二顺位继承人继承。③爸爸死亡早于叔叔，故让侄子代位继承的结果。④叔叔无父母；叔叔无老婆；叔叔无孩子。简称"三无叔叔"，类似还有"三无伯伯""三无姑姑""三无大姨""三无小姨""三无舅舅"。

(3)【遗嘱作废后启动的代位继承：遗嘱是空气】爷爷偏心立遗嘱遗产都给爸爸，但爸爸先于爷爷死亡，遗嘱继承转化为法定继承，法定继承再转化为代位继承。（《民法典》第1154条第3项）

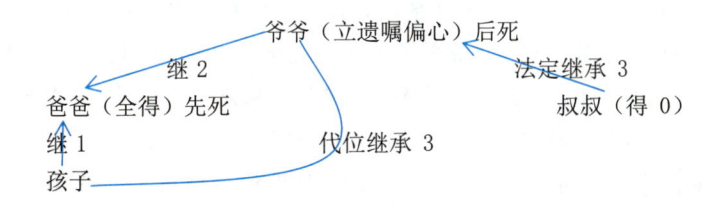

```
                爷爷（立遗嘱偏心）后死
        继2 ↙                    ↘ 法定继承3
    爸爸（全得）先死                 叔叔（得0）
    继1 ↓              代位继承3
    孩子 ↗
```

例：【遗嘱是空气】爷爷、爸爸、叔叔、孩子。爷爷立遗嘱，遗产全部给爸爸，不给叔叔。岂料，爸爸先死，爷爷后死，如何继承？(1)【爸爸遗产】爸爸死亡时爸爸的遗产归爷爷和孩子继承。(2)【爷爷遗产】①爷爷死亡时，因爸爸已经死亡，故爷爷的遗嘱是空气，转化为法定继承。②爷爷的遗产分成2份，由叔叔得1份，孩子代位爸爸的那1份。③可见，代位继承还有鼓励"爸爸"生孩子的功能，如果"爸爸"没有后代，他这一脉就断了，不会发生代位继承了。

◆ **原理**：为什么遗嘱变成了空气？①遗嘱继承中，要求遗嘱继承人、受遗赠人要活得够久，要晚于立遗嘱人死亡。"你妈喜欢你，不等于喜欢你的老婆"。②如果他们早于立遗嘱人死亡，则遗嘱中处分给他们的财产回复到法定继承。③因为立遗嘱人爸爸将遗产给了孩子1，是喜欢孩子1，不代表他会喜欢孩子1的孩子（孙子）。④一旦孩子1先死亡，则遗嘱是空气，因为爸爸还有孩子2、孩子3、孩子4，他们应该得到遗产，因为孩子1、2、3、4是爸爸与自己老婆生的，而孩子1的孩子是孩子1与他老婆生的。

秒杀：①遗嘱偏心，偏好的人死太早。②遗嘱是空气。③要谁早死，就给他送一个遗嘱。④一旦遗嘱是空气，启动法定继承。⑤因为一般是白发人送黑发人，故法定继承中又对接代位继承。

3.【转继承与代位继承】

(1)【代位继承】①"白发人送黑发人"的代位继承。②"三无叔叔"的代位继承。③只适用于法定继承，不适用于遗嘱继承。比如爷爷立遗嘱财产给爸爸，爸爸死亡早于爷爷，遗嘱就作废了，转化为法定继承，此时孙子代替爸爸法定继承爷爷的遗产，叫代位继承。

(2)【转继承是普世现象】①爷爷先死不分遗产，待老奶奶后死时分遗产，奶奶从爷爷那里继承但未分的遗产，叫转继承。②适用于法定继承和遗嘱继承。比如A立遗嘱遗产给B，A死亡遗产尚未分割时B就死亡，B的全体法定继承人对A遗嘱继承中归B的遗产进行"转继承"。

秒杀：①第1步，死2个人要么是转继承，要么是代位继承。②第2步，先检讨代位继承（代位的是"位置"身份）："白发人送黑发人"孙子代替爸爸继承爷爷吗？有"三无叔叔"侄子代替爸爸继承叔叔吗？③第3步，再检讨转继承（转的是遗产份额）：接手过世者已经继承了的他人的遗产份额，是转继承。

(三)【死多个人："无""长""同"】

相互有继承关系的数人在同一事件中死亡，难以确定死亡时间的，推定没有其他继承人（"无"）的人先死亡。都有其他继承人，辈份不同的，推定长辈（"长"）先死亡；辈份相同（"同"）的，推定同时死亡，相互不发生继承（《民法典》第1121条第2款）。

◆ **原理**：什么是推定没有"其他"继承人的人先死亡？①【团灭】甲（爸爸）、乙（妈妈）、丙（女儿）一家3口因为交通意外、煤气中毒等原因被"团灭"，甲有大哥，乙有妹妹。②【其他】甲、乙、丙相互有继承关系，虽然彼此为继承人，但是他们都死了，不属于"其他"继承人。甲、乙是有其他继承人的，丙没有（叔叔和阿姨不是），推定丙先死亡。

例：【3口之家】王某与李某系夫妻，二人带女儿外出旅游，发生车祸全部遇难，但无法确定死亡的先后时间。如何确定继承死亡时间？①都无继承人，故推定长辈王某和李某先于晚辈女儿死亡。②推定同辈王某和李某同时死亡，互不继承。③王某遗产归女儿；李某遗产归女儿。④女儿死亡时其全部遗产无人继承又无人受遗赠，故归国家所有。

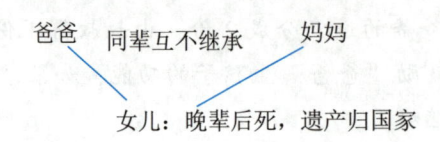

爸爸　　同辈互不继承　　妈妈

女儿：晚辈后死，遗产归国家

(四)【综合试题：死亡3人，遗嘱继承、法定继承、代位继承、转继承和"无长同"】
甲自书遗嘱将所有遗产全部留给长子乙，并明确次子丙不能继承。乙与丁婚后育有一女戊、一子己。后乙、丁遇车祸，死亡先后时间不能确定。甲悲痛成疾，不久去世。丁母庚健在。本案遗产应如何继承？

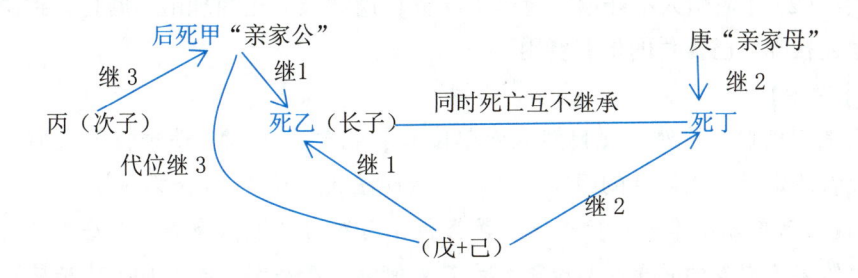

```
                        后死甲"亲家公"                  庚"亲家母"
          继 3                ↓ 继 1          同时死亡互不继承    ↓ 继 2
                        死乙（长子）  ←——————————————→  死丁
     丙（次子）
          代位继 3              ↑ 继 1                    ↑ 继 2
                              （戊+己）
```

(1)【先看死者乙、丁】①乙丁夫妻在车祸中死亡，属于互有继承关系的人不能确定死亡先后情形，启动"无、长、同"。②乙丁都有法定继承人，属于同辈，故同时死亡，彼此互不继承。③乙的遗产归：父亲甲+女儿戊+儿子己。④丁的遗产归：母亲庚+女儿戊+儿子己。⑤因为乙不可以继承丁的，故甲不能转继承儿媳丁的。⑥因为丁不可以继承乙的，故庚不能转继承女婿乙的。

(2)【再看死者甲的遗产】①甲立遗嘱全部遗产给长子乙，但乙却"死得太早"，遗嘱为空气，故对甲遗产启动法定继承，并且因乙死后有子女戊和己，启动代位继承。②甲的遗产由丙得到 1/2，然后戊己代位另外 1/2。

(3)【总结】亲家公甲和亲家母庚，各家继承各家的。亲家公甲的遗嘱变空气转化为法定继承再启动代位继承。

二、方式

(一)【遗赠抚养协议】

1.【遗赠抚养协议是老大】遗赠扶养协议＞遗嘱继承（遗赠）＞法定继承（《民法典》第 1123 条）。

例：【遗赠抚养人大】甲与保姆乙约定：甲生前由乙照料，死后遗产全部归乙。乙一直细心照料甲。后甲女儿丙回国，与乙一起照料甲，半年后甲去世。丙认为自己是第一顺序继承人，且尽了义务，主张甲、乙约定无效。甲的遗产归谁？①归乙。②因甲、乙之间签订了遗赠抚养协议。③遗赠抚养协议优先于法定继承。

2.【法定继承人之间不能签订遗赠抚养协议】自然人可以与继承人以外的组织或者个人签订遗赠扶养协议。按照协议，该组织或者个人承担该自然人生养死葬的义务，享有受遗赠的权利（《民法典》第 1158 条）。

例：【父子之间的遗赠抚养协议无效】甲与其子乙签订遗赠抚养协议，效力如何？无效。只能与继承人之外的人签订遗赠抚养协议。

3.【遗赠抚养协议是双务有偿行为、是生前行为也是死因行为】(1)【双务有偿】遗赠方和扶养方都应承担相应的义务。"内容可以是部分财产对应部分抚养义务"。(2)【生前法律行为、死后法律行为】扶养人应对遗赠人尽扶养义务，这是其在生前的效力。但财产的赠与在遗赠人死亡后才能发生效力。

4.【遗赠抚养协议中途"变卦"怎么办？】（1）【养的人不守信，供养费"白出"】扶养人无正当理由不履行，致协议解除的，不能享有受遗赠的权利，其支付的供养费用一般不予补偿。（2）【遗赠人不守信，应退供养费】遗赠人无正当理由不履行，致协议解除的，则应偿还扶养人已支付的供养费用。

(二)【遗赠】

1.【立遗嘱把财产给外人（自然人或单位）】自然人可以立遗嘱将个人财产赠与国家、集体或者法定继承人以外的组织、个人（《民法典》第1133条第3款）。

例：【遗赠乃单方法律行为】爷爷、爸爸和5周岁的孙子，爷爷有1房1车，立遗嘱将房屋分配给其5周岁的孙子。后爷爷死亡。如何继承房屋和汽车？（1）【房屋】①孙子不属于法定继承人，故这属于遗赠。②遗嘱属于单方法律行为，它是爷爷的意思，无须其他人的意思，故该遗赠房屋的意思表示在爷爷死亡时发生效力。③孙子接受遗赠属于意思表示，需要由法定代理人代为作出。如果爸爸没表态，则视为放弃受遗赠，孙子不能得到房屋。（2）【汽车】①如爸爸还在世，则汽车归爸爸继承。②如爸爸早于爷爷过世，则5周岁的孙子可代位爸爸继承爷爷的汽车，乃代位继承人，属于第一顺位法定继承人。③如爸爸来不及拿汽车就死亡，则5周岁的孙子可转继承爷爷的汽车。

秒杀：一般的孙子是外人；代位的孙子是内人。

2、【受遗赠人要接受遗赠、还要活得够久、有义务还要履行】

(1)【受遗赠人要说话接受遗赠】受遗赠人应当在知道受遗赠（双知道=知道人死+知道遗赠）后60日内，作出接受或者放弃受遗赠的表示。到期没有表示的，视为放弃受遗赠（《民法典》第1124条第2款）。

例：【内人不表态与外人不表态】甲的法定继承人为其子乙。立有遗嘱，存款赠与侄女丙。乙和丙被告知3个月后参与甲的遗产分割，知道遗产分割时，乙和丙均沉默。存款归谁？①乙。②甲立遗嘱存款给外人丙，丙到期未表示是否接受遗赠，故视为放弃受遗赠。③故本案启动法定继承，法定继承人没表态，视为接受继承。

(2)【受遗赠人要活得够久】否则遗赠作废（《民法典》第1154条第3项）。

例：【受遗赠人短命】甲立遗嘱，将汽车赠给朋友乙，岂料乙先于甲死亡，甲死亡时，乙的继承人可否主张继承汽车？①否。②受遗赠人先于立遗嘱人死亡，则遗嘱是空气，启动法定继承。

(3)【受遗赠人要履行遗赠所附义务】没有正当理由不履行义务的，经利害关系人或者有关组织请求，人民法院可以取消其接受附义务部分遗产的权利。

(三)【遗嘱继承】

1.【立遗嘱把财产给内人（自然人）】自然人可以立遗嘱将个人财产指定由法定继承人中的一人或者数人继承（《民法典》第1133条第2款）。通过意思自治修改法定继承规则。

例：【遗嘱继承是死后生效的单方法律行为】爸、妈和5周岁的孩子，爸个人有1车

1房，立遗嘱车给妈妈，房给孩子。爸死亡时如何分配遗产？①妈妈获得车，孩子获得房。②立遗嘱是单方法律行为，不需要遗嘱继承人具有民事行为能力，因为遗嘱是爸爸的意思，无须考虑妈妈或孩子的意思。

2.【没有遗赠抚养协议、没有丧失继承权、没有放弃继承权、遗嘱继承人活得够久】才能启动遗嘱继承（《民法典》第1154条）。

秒杀： 如遗嘱继承人"死太早"，则遗嘱是"空气"。

3.【遗嘱的形式："公自代口音印像"，公子带口音印象】

◆ **原理：** 为何遗嘱属于要式法律行为？因为"死无对证"，故对形式要求高。

(1)【"公"证遗嘱】公证遗嘱由遗嘱人经公证机构办理（《民法典》第1139条）。

(2)【"自"书遗嘱】自书遗嘱由遗嘱人亲笔书写，签名，注明年、月、日（《民法典》第1134条）。

(3)【"代"书遗嘱】代书遗嘱应当有两个以上"无利害关系"见证人在场见证，由其中一人代书，并由遗嘱人、代书人和其他"无利害关系"见证人签名，注明年、月、日（《民法典》第1135条）。

◆ **原理：** 为什么遗嘱必须注明年、月、日？①根据时间判定立遗嘱人立遗嘱时是否有完全民事行为能力。②如果有多个遗嘱，根据时间判定哪个遗嘱是离死亡点最近的遗嘱。

(4)【"口"头遗嘱】①遗嘱人在危急情况下，可以立口头遗嘱。②口头遗嘱应当有两个以上"无利害关系"见证人在场见证。③危急情况消除后，遗嘱人能够以书面或者录音录像形式立遗嘱的，所立的口头遗嘱无效（《民法典》第1138条）。

例：【危急情况解除后口头遗嘱作废】甲有乙、丙和丁三个女儿。甲于2019年1月1日亲笔书写一份遗嘱，写明其全部遗产由乙继承，并签名和注明年月日。同年3月2日，甲又请张律师代书一份遗嘱，写明其全部遗产由丙继承。同年5月3日，甲因病被丁送至医院急救，甲又立口头遗嘱一份，内容是其全部遗产由丁继承，在场的赵医生和李护士见证。甲病好转后出院休养，未立新遗嘱。如甲死亡，其遗产的继承权人是？①乙。②1月1日是自书遗嘱遗产给乙。③3月2日是无效代书遗嘱，见证人还差1人。④5月3日口头遗嘱紧急情况消除后是无效遗嘱。

◆ **原理：** 为什么口头遗嘱这么弱？①"口头遗嘱不靠谱"。因为容易出现版本1、版本2、版本3，……版本N。未必是死者生前本意。②"口头遗嘱糊弄鬼"。老爷爷1套房，老大找2个村民见证说有口头遗嘱该房归老大；老二找另外2个村民见证说有口头遗嘱该房归老二；老三找另外另外2个村民见证说有口头遗嘱该房归老三；老四……，老N……老大请来的2个村民对法官说，"我们不生产遗嘱，我们只是遗嘱的搬运工"；老二请来的另外2个村民也对法官说，"我们也不生产遗嘱，我们也只是遗嘱的搬运工"……"糊弄鬼呢"！

秒杀： 口头遗嘱有效的条件：情况紧急、2人见证、马上挂掉。

(5)【录"音"遗嘱】以录音录像形式立的遗嘱，应当有两个以上"无利害关系"见证人在场见证。遗嘱人和"无利害关系"见证人应当在录音录像中记录其姓名或者肖像，以及年、月、日（《民法典》第1137条）。

(6)【打"印"遗嘱】打印遗嘱应当有两个以上"无利害关系"见证人在场见证。

遗嘱人和"无利害关系"见证人应当在遗嘱每一页签名，注明年、月、日（《民法典》第1136条）。

(7)【录"像"遗嘱】以录音录像形式立的遗嘱，应当有两个以上"无利害关系"见证人在场见证。遗嘱人和"无利害关系"见证人应当在录音录像中记录其姓名或者肖像，以及年、月、日（《民法典》第1137条）。

秒杀："遗嘱的形式，公（公证）子（自书）代（代书）口（口头）音（录音）印（打印）象（录像）"。公子带口音印象：方公子带口音的印象。

4、【意思破遗嘱、行为破遗嘱、遗嘱破遗嘱、违反义务破遗嘱】（《民法典》第1142条）

(1)【意思破遗嘱：用意思表示撤回旧遗嘱】遗嘱人可以撤回、变更自己所立的遗嘱。

(2)【行为破遗嘱：用行为撤回旧遗嘱】立遗嘱后，遗嘱人实施与遗嘱内容相反的民事法律行为的，视为对遗嘱相关内容的撤回。

例：【行为破遗嘱】老夫妇王冬与张霞有一子王希、一女王楠，王希婚后育有一子王小力。王冬和张霞曾约定，自家的门面房和住房属于王冬所有。2018年8月9日，王冬办理了公证遗嘱，确定门面房由张霞和王希共同继承。2019年7月10日，王冬将门面房卖给他人并办理了过户手续。2019年12月，王冬去世，不久王希也去世。对住房和出售门面房价款如何继承？(1)【住房启动法定继承】①妻子张霞+儿子王希+女儿王楠。②儿子王希来不及拿就死了，故孙子王小力可以转继承父亲王希对爷爷王冬的遗产份额。(2)【行为破遗嘱：门面房价款也启动法定继承】①公证遗嘱将门面房给妻子张霞和儿子王希。②但是立遗嘱人王冬生前将门面房出售，通过行为撤回了公证遗嘱，故转化为法定继承。③门面房价款的处理方式与住房的处理方式一样。

(3)【遗嘱破遗嘱：用新遗嘱取代旧遗嘱】立有数份遗嘱，内容相抵触的，以最后的遗嘱为准。

(4)【违反义务破遗嘱：遗嘱继承人要履行遗嘱中附的义务】没有正当理由不履行义务的，经利害关系人或者有关组织请求，人民法院可以取消其接受附义务部分遗产的权利（《民法典》第1144条）。

例：【附义务的遗嘱】王某立有遗嘱，表示将遗产50万元留给妹妹甲，但此款须全部用于资助贫困大学生。王某死后，甲取得王某的50万元遗产，但并未履行资助义务且无正当理由。王某有一子一女。本案如何处理？①王某所立遗嘱为附义务遗嘱。②遗嘱继承人未履行义务，则王某的儿子或女儿可以请求法院取消甲取得遗产的权利。③王某的儿子或女儿必须按照王某的要求履行义务，才能取得王某的遗产。④如何理解其与物权法定原则中"所有权权能不受当事人自由意思的限制"的关系？第一，如还没获得遗产，未履行义务，则取消其取得遗产的权利。第二，已经获得遗产，未履行义务，还将该遗产出卖给第三人，这属于有权处分（因为不能限制所有权的权能，附义务不发生"物权效力"），但是王某儿子或女儿需要将所得款项退回遗产管理人（附义务发生债的效力）。

5.【无效遗嘱：遗嘱无效涉及的遗产，启动法定继承】（《民法典》第1143条）

(1)【"无人""限人"立的遗嘱无效】。(2)【受胁迫、欺骗所立遗嘱无效】。(3)【伪造的遗嘱无效】。(4)【遗嘱被篡改的，篡改的内容无效】。(5)【违反必留份制度的部分无效："遗嘱可以偏心但不能太偏心"】遗嘱应当为缺乏劳动能力又没有生活来源的继承人保留必要的遗产份额。遗产分割时，应当保留胎儿的继承份额。胎儿娩出时是死体的，保留的份额按照法定继承办理。(6)【"危急情况消除"后的口头遗嘱无效】。(7)【遗嘱指定财产给2种丧失继承权情形的继承人："故意杀害被继承人的恶人"或者"为争夺遗产杀害其他继承人的人"】。(8)【遗嘱处分了别人的财产，比如为他人代持的财产，这部分内容无效】。

例：【儿子太乐观，立遗嘱处分爸爸的遗产："谁先谁后还不知道呢"】贡某立公证遗嘱：死后财产全部归长子贡文所有。贡文知悉后，自书遗嘱：贡某全部遗产归弟弟贡武，自己全部遗产归儿子贡小文。贡某随后在贡文遗嘱上书写：同意，但还是留10万元给贡小文。其后，贡文先于贡某死亡。如何评价本案2个遗嘱？

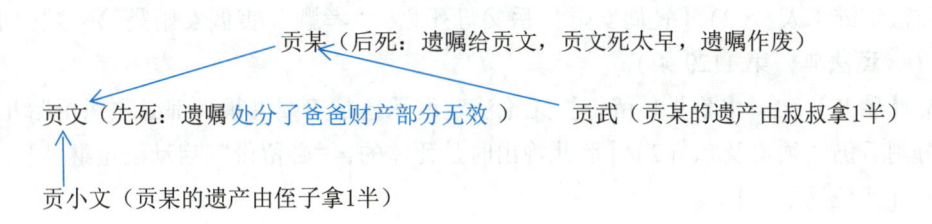

贡某（后死：遗嘱给贡文，贡文死太早，遗嘱作废）

贡文（先死：遗嘱处分了爸爸财产部分无效）　　贡武（贡某的遗产由叔叔拿1半）

贡小文（贡某的遗产由侄子拿1半）

(1)【贡某】①先立公证遗嘱，财产给贡文。②后立贡某在他人遗嘱上签字，不属于自书遗嘱。③遗嘱继承人贡文"死太早"，故公证遗嘱是空气。④贡某遗产启动法定继承，贡武得1/2，贡小文代位继承1/2。"叔叔一半，侄子一半"。(2)【贡文】①自书遗嘱处分自己的遗产给贡小文，有效。②自书遗嘱处分贡某财产，不好意思，因为贡文先死，即在贡文死亡那一刻，贡某还活着，故贡文处分了他人财产，该部分遗嘱无效。③贡某在贡文遗嘱上写字，属于篡改贡文遗嘱，故篡改部分无效，不影响贡文遗嘱其他部分效力。

遗嘱继承转法定继承 ①遗嘱继承人死太早：早于立遗嘱人死亡
②遗嘱继承人放弃继承权
③遗嘱继承人丧失继承权
④遗嘱无效
⑤受遗赠人60日内不说话

(四)【第一顺位法定继承人】(《民法典》第1127条)

1.【配偶】配偶一方死亡，配偶他方是第一顺序法定继承人。(1)【老婆】老公死亡，老婆是法定继承人。(2)【老公】老婆死亡，老公是法定继承人。

2.【"5种"子女】父母死亡，子女是父母的第一顺序法定继承人。(1)【婚生子女】。(2)【非婚生子女】。(3)【养子女：养子女一边法定继承、一边适当分得遗产】。①【享有对养父母的继承权】养父母死亡，收养子女是养父母的第一顺序法定继承人。生父母死亡，则被他人收养的孩子不是生父母的第一顺序法定继承人。②【享有对生父母的适当分得遗产权】但如养子女对生父母扶养较多的，生父母死亡，则养子女可作为生父母法定继承人以外的人适当分得生父母遗产。(4)【有扶养关系的继子女：继子女的双边继承】。①【继承继父母的】与继子女有抚养关系的继父母死亡，继子女是继父母的第一顺序法定继承人。②【继承生父母的】如生父母死亡，其同时也是生父母的第一顺序法定继承人。(5)【爷爷收养孙子女仍为养子女】白发爷爷依法收养孙女，则仍为父女关系，爷爷死亡，孙女是"子女"为爷爷的第一顺序法定继承人。

3. 【"3种"父母】子女死亡，父母是子女的第一顺序法定继承人，"白发人送黑发人"。

(1)【生父母】生子女死亡，其亲生父母是第一顺序法定继承人。(2)【养父母】自己收养的子女死亡，养父母是第一顺序法定继承人。(3)【有抚养关系的继父母】有抚养关系的继子女死亡，继父母是第一顺序法定继承人。

4. 【中国好儿媳、中国好女婿】(1)【丧偶儿媳】公婆死亡，"孝顺"丧偶儿媳是第一顺位法定继承人。(2)【丧偶女婿】岳父母死亡，"孝顺"丧偶女婿是第一顺位法定继承人（《民法典》第1129条）。

5. 【胎儿】(1)【胎儿必留份】无论法定继承还是遗嘱继承，都必须保留胎儿份额，遗产分割后仍"须追及"。(2)【胎儿娩出时是死体的，"必留份"启动法定继承】

6. 【代位继承人】

(1)【白发人送黑发人的代位继承：孙子代替爸爸继承爷爷】被继承人的子女先于被继承人死亡的，由被继承人的子女的晚辈直系血亲代位继承（《民法典》第1128条第1款）。"继"来的孙子不能代位继承。

◆ 原理：为什么"继过来的孙子"不可以代位继承？①【非自愿】虽然继子是爷爷自愿形成的，但是继孙不是爷爷自愿形成的。②【不亲近】继孙和爷爷关系是比较远的。③【有亲爹】继孙有自己的亲生父亲抚养，可以找亲爹。

秒杀："继过来的孙子"不得主张代位继承。其他孙子可主张代位继承。

(2)【"三无叔叔"的代位继承：侄子代替爸爸继承叔叔】被继承人的兄弟姐妹先于被继承人死亡的，由被继承人的兄弟姐妹的子女代位继承（《民法典》第1128条第2款）。

(3)【代位继承的额度：被代位人可以得到多少，代位继承人就代位继承多少】代位继承人一般只能继承被代位继承人有权继承的遗产份额（《民法典》第1128条第3款）。但如代位继承人是"二无"人员或尽了主要赡养义务，则可以多分。

秒杀1：死1个人，其"上""下""左右"都是第一顺序法定继承人。"上"=父母。"下"=子女。"左右"=配偶的老公或老婆。

秒杀2：一般的孙子不是法定继承人，代位的孙子是第一顺位法定继承人。

(五)【第二顺位法定继承人】(《民法典》第1127条)

1. 【第一顺位法定继承人均死亡才轮到第二顺位法定继承人】继承开始后，由第一顺序继承人继承，第二顺序继承人不继承。没有第一顺序继承人继承的，由第二顺序继承人继承。

2. 【"5种"兄弟姐妹：第一顺位都死亡才轮到兄弟姐妹】(1)【同父同母的兄弟姐

妹}。(2)【同父异母的兄弟姐妹】。(3)【同母异父的兄弟姐妹】。(4)【养兄弟姐妹】。(5)【有扶养关系的继兄弟姐妹】AB 生了 a，CD 生了 b，BC 结婚后，ab 就是继兄弟姐妹。如果 a 扶养了 b，则 ab 属于有扶养关系的继兄弟姐妹。

3.【祖父母、外祖父母：第一顺位都死绝了才轮到祖父母外祖父母】。爸爸妈妈过世，孙子女、外孙子女过世，此时，爷爷奶奶外公外婆可以继承孙子女、外孙子女的遗产。

◆ **原理**：为什么第二顺位法定继承人里没有孙子女、外孙子女？①如果祖父母、外祖父母死亡，先由父、母继承，轮不到孙子女、外孙子女，此时规定他们是第二顺位毫无意义。②如果父、母早死亡，启动孙子女、外孙子女的代位继承，他们就一跃而起成为第一顺位法定继承人。③孙子女、外孙子女要么不是法定继承人，要么是第一顺位法定继承人。

三、分割

(一)【遗产的管理人】

1.【遗产管理人】(1)【被继承人指定遗嘱执行人】自然人立遗嘱指定遗嘱执行人，继承开始后，遗嘱执行人为遗产管理人。(2)【继承人推选】没有遗嘱执行人的，继承人应当及时推选遗产管理人。(3)【全体继承人】继承人未推选的，由继承人共同担任遗产管理人。(4)【民政或村委兜底】没有继承人或者继承人均放弃继承的，由被继承人生前住所地的民政部门或者村民委员会担任遗产管理人（《民法典》第1145条）。(5)【遗产管理人担任原告或者被告】收账、还债、分割等（《民法典》第1147条）。

秒杀：遗嘱执行人>推选>全体>民政部门或村委会

2.【遗产管理人报酬权和重大过错责任】(1)【取得报酬】遗产管理人可以依照法律规定或者按照约定获得报酬（《民法典》第1149条）。(2)【重大过错才负责】遗产管理人应当依法履行职责，因故意或重大过失造成继承人、受遗赠人、债权人损害的，应当承担民事责任（《民法典》第1148条）。

◆ **原理**：遗产管理人可以拿报酬，其意义是什么？①既然可以拿报酬，即使死者"资不抵债"，继承人也没必要放弃继承，因为可以担任遗产管理人，可以先分到一笔报酬。②如此一来就可以"架空"兜底遗产管理人制度，避免民政部门动不动成为被告。

(二)【遗产的范围】

1.【先析产】(1)【夫妻析产】夫妻共同所有的财产，除有约定的外，遗产分割时，应当先将共同所有的财产的一半分出为配偶所有，其余的为被继承人的遗产（《民法典》第1153条第1款）。(2)【家庭析产】遗产在家庭共有财产之中的，遗产分割时，应当先分出他人的财产（《民法典》第1153条第2款）。

例：【夫妻析产】王某与张某结婚育有二子，王甲和王乙。王甲生有王小甲。王甲在2018年5月车祸身亡。王某于2019年10月病故，留有与张某婚后修建的面积相同的房屋6间。王某过世后留下的6间房屋由哪些人分配？①6间房屋中3间是遗产，另外3间归张某。②遗产之法定继承人有：张某（配偶）、王乙（儿子）、王小甲（孙子，代位继承权人）。③分配结果：张某分得4间，王乙、王小甲各分得1间。

2.【是死者个人财产】（1）【个人财产及替代物】如房屋被拆迁，拆迁款是遗产。还比如死者生前的医疗费赔偿请求权。（2）【死者享有的精神损害赔偿请求权】死亡前享有的精神损害赔偿请求权，对方已经书面同意赔偿，或者死者申请已经提起了诉讼。（3）【死者生前的保险合同未指定受益人】保险金均归入死者遗产发生继承。

3.【不是死者个人财产】（1）【死亡赔偿金归死者近亲属】。（2）【抚恤金归死者近亲属】。（3）【第三人支付医疗费、丧葬费形成的债权归第三人】。（4）【死者对农地的家庭承包经营权不能继承，但承包收益可以继承】承包经营权是家庭承包不是个人承包，家庭成员死亡1人还有其他成员继续耕种，全部死亡则收归集体。（5）【死者的宅基地使用权不能继承，但房屋可以继承】宅基地是户为单位，家庭成员死亡1人还有其他人，全部死亡则收归集体。（6）【死者的人身权不能继承，但著作权中的发表权可以继承】。

（三）【遗产的分配方法】

1.【"内人"基于法定继承权分得遗产】（1）【大家平分】同一顺序继承人继承遗产的份额，一般应当均等。（2）【"2无"人员应当多分】对生活有特殊困难又缺乏劳动能力的继承人，分配遗产时，应当予以照顾。（3）【"孝顺"人员可以多分】对被继承人尽了主要扶养义务或者与被继承人共同生活的继承人，分配遗产时，可以多分。（4）【"不孝"人员应当不分或少分】有扶养能力和有扶养条件的继承人，不尽扶养义务的，分配遗产时，应当少分或者不分。（5）【意思自治为王：大家同意不按以上分从约定】（《民法典》第1130条）。

秒杀：①困难应当多分。②孝顺可以多分。③不孝应该少分或不分。

2.【"外人"基于"适当分得遗产权"分得遗产】（《民法典》第1131条）。（1）【"你爱的人"】对继承人以外的依靠被继承人扶养的人，可以分割适当的遗产。（2）【"爱你的人"】继承人以外的对被继承人扶养较多的人，可以分给适当的遗产。（3）【"适当分得遗产权"优先于国家或集体】有了适当分得遗产权人，就不属于遗产无人继承又无人受遗赠的情形。

例1：【"你爱的人"：收养未登记】甲收养乙，未办理收养登记，乙依靠甲抚养。甲死亡后，乙不是甲的法定继承人，但可主张适当分得遗产。

例2：【"爱你的人"：双边子】甲收养乙，乙对其生父丙尽了赡养义务。丙死亡，乙不是丙的法定继承人，但可以主张适当分得遗产。甲死亡，乙是甲的第一顺位法定继承人。

◆ 原理1：为什么说"适当分得遗产权"是继承编中"最温暖"的法条？①解决好人有好报、解决母胎单身养老问题。对你好的人就可以获得遗产，依据不是继承权，而是"对你好"或"你对他好"。②属于继承编中解决法定继承人范围过窄的调节阀。③《民法典》第1131条，"依依相依"，是与爱有关的法条，任何人都可以爱你，你可以爱任何人。

3.【无人继承又无人受遗赠的遗产】归国家所有，用于公益事业。死者生前是集体所有制组织成员的，归所在集体所有制组织所有（《民法典》第1160条）。

四、债务

(一)【"二无人员">债权人】

遗产分割前,应当支付丧葬费、遗产管理费,清偿被继承人的债务,缴纳所欠税款。但是,应当为缺乏劳动能力又没有生活来源的继承人保留适当的遗产(《民法典》第1159条)。

(二)【概括继承和限定继承】

继承人以所得遗产实际价值为限清偿被继承人依法应当缴纳的税款和债务。超过遗产实际价值部分,继承人自愿偿还的不在此限。继承人放弃继承的,对被继承人依法应当缴纳的税款和债务可以不负清偿责任(《民法典》第1161条)。

(三)【"债"指向"钱"(遗产):先还债(家风好)】

1. 遗产归各继承人共同共有,债务属于共有人对外负连带责任。2. 各继承人的债务范围以其所能继承的"财产"为限。

(四)【"债"追及"钱"(遗产):先分遗产(家风不好)】

1. 先由法定继承人(多人则按比例)"吐回去"。2. 再由遗嘱继承人和受遗赠人按比例"吐回去"(《民法典》第1163条)。

◆ **原理**:为什么基于遗赠抚养协议得到遗产的抚养人不用退?因为抚养人是劳动所得,本该归他。

例:【"吐回去"】徐某死后留有遗产100万元。徐某立有遗嘱,将价值50万元的房产留给女儿,将价值10万元的汽车留给侄子。遗嘱未处分的剩余40万元存款由妻子刘某与女儿按照法定继承各分得一半。遗产处理完毕后,张某通知刘某等人,徐某死亡前1年向其借款,本息累计70万元至今未还。经查,张某所言属实,此借款系徐某个人债务。女儿应向张某偿还多少钱?

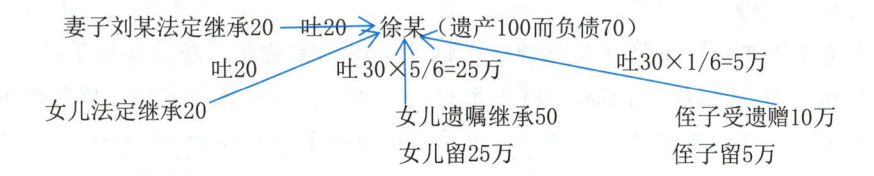

```
妻子刘某法定继承20 ── 吐20 → 徐某(遗产100而负债70)
        吐20        吐30×5/6=25万         吐30×1/6=5万
女儿法定继承20      女儿遗嘱继承50       侄子受遗赠10万
                    女儿留25万            侄子留5万
```

①45万元。②徐某负债70万元,遗产100万元,实际遗产是30万元。③本案继承人是先分遗产,后还债,故启动"吐回去"规则。④【先法定继承人吐】妻子刘某吐回去20万元。女儿吐回去20万元。合计40万元,还有30万元的缺口。⑤【后遗嘱继承和遗赠按比例吐回去】女儿占比5/6,侄子占比1/6。故女儿吐回去5/6×30=25万元,侄子吐回去1/6×30=5万元。⑥女儿合计吐回去20万元+25万元=45万元。⑦最后,女儿获得70-45=25万元;侄子获得10-5=5万元;老婆刘某得0。

第七编 侵权责任编

> **侵权责任编说明**：①【过错责任】甲法考得了第1名，导致乙无法获得第1名，乙受"损害"而甲无须承担侵权责任，因为甲没有过错，过错责任是侵权责任的基石。②【过错推定责任】孩子在幼儿园受害，幼儿园不能证明自己没有过错，需要承担侵权责任，这属于过错推定责任。③【无过错责任】丙厂排污导致环境污染，丙厂排污符合国家标准，没有过错，但需要承担侵权责任，因为这属于无过错责任。④【公平责任】高空掉下苹果致人损害，找不到谁家抛的，由可能抛的家庭来公平分担损失，这叫公平责任。⑤【四大责任】过错责任、过错推定责任、无过错责任和公平责任，是侵权责任的4大主线。⑥【侵权责任的体系结构】先介绍侵权责任的基础概念；再体系梳理过错责任、过错推定责任、无过错责任、公平责任；再介绍特殊形态之物件致人损害、多数人侵权；最后介绍侵权责任承担方式。以上体系结构，是着眼于法考做题和便于记忆而独创编排。

第一节 侵权责任基础

一、【侵权责任中的"权"：民事权益】（《民法典》第1164条）

（一）【包括绝对权】生命权、健康权、姓名权、名誉权、荣誉权、肖像权、隐私权、婚姻自主权、监护权、所有权、用益物权、担保物权、著作权、专利权、商标专用权、股权、继承权等。

问：什么叫绝对权？绝对权是1个权利人与N个义务人，比如人身权、物权、股权、继承权、知识产权等。

例：【侵犯抵押权】甲将房屋抵押给乙银行办理抵押借款，房屋办理了抵押权登记。丙公司与甲达成拆迁协议，约定将100万元拆迁款给甲，双方履行完毕。甲将该100万元付给丁清偿其欠丁的到期债务。乙银行可否要求丙公司承担侵权责任？①可以。②丙公司侵犯了乙银行对房屋的抵押权。③担保物权是绝对权，属于侵权责任中所要保护的"权"。

◆ 原理：什么是"等"？①【等内等】比如性骚扰、比如悼念纠纷，不是上述权利范围，但属于与人格权利相关，即一般人格权，属于"等内等"，故属于侵权责任的"权"。②【等外等】比如死者人格利益、商业秘密等，属于侵权责任的"权"。③【一般不包括债权】我们允许侵权责任的"权"爆米花，但不允许"爆炸"。

（二）【一般不包括相对权，例外包括相对权】

问：什么叫相对权？相对权是1个权利人与1个义务人，这是债权，债权"受害"，即债权没有受偿，启动债的规则比如无因管理、不当得利、合同、缔约过失。

1.【一般情况下，侵权责任中的"权"不包括债权】如债权受到"侵害"，则分别启动合同责任、不当得利返还与无因管理规则解决。

例：【多重买卖】甲、乙签订买卖房屋合同，乙付款后甲交付了房屋。后甲将房屋出卖给知情的丙并且完成了过户登记手续。乙请求甲办理过户房屋的债权受到了"侵权"，可否要求甲或丙承担侵权责任？①否。②乙只能请求甲承担违约责任。

◆ **原理1：** 为什么侵权责任的"权"一般不包括债权？侵犯债权为何不启动侵权责任？①【债权不公开】债权不具有公开性，外人不知道债权的存在。②【合同与侵权二分】如果债权也启动侵权责任，那么任何一个违约行为都是"侵犯债权"，也要适用侵权责任，就会导致侵权和违约"打架混淆"。合同责任与侵权责任二分，就类似于物债二分一样，是我们的立法体系。

◆ **原理2：** 为什么说侵权责任本身是债权？①从责任角度观察，是义务人应承担的责任。②从权利角度观察，是权利人享有的债权请求权，要求侵权人承担侵权责任。

2.【特殊情况下，侵权责任中的"权"包括债权】侵权人故意以悖于善良风俗的方法侵害债权，不法阻扰债务人履行债务。

例1：【演出恶意侵害竞争对手的债权】甲演出公司故意将奔赴演唱会路途中的歌星控制，使乙演出公司请求歌星演出的债权受到侵害，乙演出公司可否诉甲演出公司承担过错侵权责任？①可以。②甲公司属于故意以违反善良风俗的方法侵害乙的债权。③乙演出公司请求歌星履行演出合同的债权请求权受害。④甲公司固然侵犯了歌星的人格权，歌星可以诉侵权。但是，乙公司利益却无从得到保护，只能求助于侵权责任规则即"甲公司恶意侵害乙公司债权"，获得救济。

例2：【银行恶意侵害原告的债权】原告对被告合同债权10万元已经胜诉，法院查封被告在银行（或者保险公司或者证券公司）账户10万元。银行（或者保险公司或者证券公司）却擅自放款，则侵犯了原告对被告的合同债权。

（三）【包括民事利益】

1.【人身利益】（1）如死者之名誉、隐私、肖像、具有人格象征意义的特定纪念物品上的人格利益。（2）近亲属作为原告起诉，故一般限于"三代"。涉及公共利益，则没有限制，可启动公益诉讼。

2.【财产利益】（1）【商业秘密】不为公众所知悉、能为权利人带来经济利益、具有实用性并经权利人采取保密措施的技术信息和经营信息。（2）【占有】占有人对不动产或者动产的实际控制。（3）【一般不包括纯粹经济上损失，例外包括纯粹经济上损失】在受害人的人身和财产的固有利益没有受到侵害的情形下，"单独"发生的损害。

例1：【纯粹经济上损失】A车追尾B车导致交通拥堵，因此导致我上班迟到被扣全勤奖金（或者导致我错过签约机会），我人身权和财产权都没有遭受损害，但是我确实亏了钱，我的损失在侵权法原理上叫什么？"纯粹经济上损失"。

例2：【一般情况下，侵权责任的"权"不包括纯粹经济上损失：交通事故连锁反应】甲在高速公路因违规驾车撞到乙车，致乙人伤车损。另因车祸而导致交通车中断，丙因此迟延向丁交货需要向丁赔偿损失10万元，丁因此上班迟到被单位扣500元，戊因此搭乘飞机延误付出改签费300元。乙、丙、丁、戊可否要求甲承担侵权责任？①【人身权和财产权是侵权对象】甲违规驾车撞到乙车，直接导致乙人身和财产损害，故乙可要求甲承担侵权责任，乙的"人身和财产"属于侵权责任中的"权"。②【纯粹经济上损失不是侵权对象】丙、丁、戊人身或财产没有受到直接损害，但是其有各项费用损失，属于"纯粹经济上损失"，纯粹经济上损失不是侵权责任中的"权"，故甲对丙、丁、戊不构成侵权，既然不成立侵权，也就谈不上侵权赔偿了。

例3：【特殊情况下，侵权责任的"权"包括纯粹经济上损失，这需要法律明文规定：法盲律师代书遗嘱】律师给甲草拟一份遗嘱，甲欲将全部财产500万元分配给长子乙，不给次子丙。因律师业务不熟悉，指导甲书写遗嘱时，没有告诉要注明年、月、日，导致甲死后遗嘱被法院认定无效。甲死亡后，乙丙各自分得250万元。乙可否要求律师承担侵权责任赔偿250万元？①可以。②律师提供的服务瑕疵，没有导致乙身体或财产直接损失，但是使得乙间接损失了250万元，这250万元即属于纯粹经济上损失。③法律规定，注册会计师、律师、公证机构、资产评估机构、产品质量检验机构等因专业服务致人纯粹经济上损失，须负侵权责任。④乙可要求律师承担侵权责任，赔偿纯粹经济上损失。

二、一般侵权责任的4大构成要件是什么？

（一）【过错】行为人违反"注意义务"，实施侵权行为导致被侵权人损害。

1.【故意和过失】（1）【故意】行为人明知自己的行为可能产生违法后果，仍有意促成该违法后果的发生。（2）【过失】行为人对自己的行为可能产生的违法后果应当预见而未预见到，或者虽然预见到了却轻信其不会发生，以致造成违法后果。

例1：【陌生人注意义务1】甲、乙相约一夜情，乙因过于激动导致心脏病发，甲"落荒而逃"，乙因无人呼救而死亡。乙家属是否有权请求甲承担侵权责任？①可以。②甲违反应该进行呼救的注意义务。③乙自负部分损失。

例2：【恋人注意义务2】甲、乙谈恋爱，乙生气称要跳桥自杀，甲不但没阻止，还称有本事跳就跳，乙跳桥自杀死亡。乙家属是否有权请求甲承担侵权责任？①可以。②甲违反应该进行劝阻的注意义务。③乙自负部分损失。

例3：【夫妻注意义务3】甲、乙夫妻吵架，乙称要跳楼自杀，甲非但未阻止，还进行怂恿，乙跳楼自杀死亡。岳父岳母是否有权请求甲承担侵权责任？①可以。②甲违反应该进行劝阻的注意义务。③乙自负部分损失。

例4：【朋友不劝酒】甲、乙、丙相约喝酒，庆祝丙出狱。当日甲乙力劝丙喝酒，导致丙酒精中毒死亡。丙家属可否要求甲乙承担侵权责任？①可以。②甲乙违反了不得劝酒的注意义务。③丙自负部分损失。

秒杀1：侵权责任表述的是陌生人之间的关系，要求陌生人之间要尽到基本的注意义务，即通常情形下一般人注意到而行为人却没有注意到，即可判定行为人违反了注意义务，主观上存在过错。

秒杀2：【门槛较低】女友、驴友、酒友、球友。一般人做到了而你没做到，你就有过错。

2.【区分重大过失和一般过失】根据职业特点来区分过错程度进而断定行为人是重大过失还是一般过失。

例1：【职业的人"干活"：重大过失】搬家公司的工人给业主搬家，工人忘记给车门上锁导致东西掉落受损，工人是否重大过失？是。①【承揽合同关系】搬家公司和业主之间成立承揽合同关系，承揽活动致人损害启动过错责任。②【搬家工人是重大过失】搬家工人经常搬家，忘记给车门上锁，这属于重大过错。③【公司对外员工不对外】公司对业主负责。公司内部向有"重大过失"的工人追偿。

例2：【普通的人"干活"：一般过失】办喜事请人帮工看猪圈，帮工人忘记关猪圈，导致猪跑出来致人损害，帮工人是否重大过失？不是重大过失而是一般过失。①【被帮工人对外】被帮工人对外负责，负责后只能向故意或重大过失的帮工人追偿。②【帮工人是一般过失】本案帮工人是一般过失，不是重大过失，故被帮工人不能向帮工人追偿。

（二）【行为】行为人实施了侵害他人权益的行为。

1.【积极的侵权行为】加害人以积极"作为"的形式致人损害的行为。如殴打他人、发表污蔑他人的文章、偷窃他人的财物、损坏别人的汽车、纵火烧毁房屋等。

2.【消极的侵权行为】加害人以消极"不作为"的形式致人损害的行为。如夫妻之间应该履行保护义务而未履行、如恋人之间应该尽到注意义务而未注意、如成年人带孩子去游泳则对孩子溺水有积极救助义务而未救助。

（三）【结果】被侵权人的权益被侵害

例：【权益被侵害】甲擅自印制了乙注册商标标识，准备出售这些标识给丙用。后因被举报，伪造的商标标识未出售即被工商局查封和销毁。乙可否要求甲承担侵权责任？①可以。②甲的行为并未给乙造成任何经济损失。③甲的行为属于《商标法》上的"擅自制造他人注册商标标识"的侵权行为。④甲的行为导致了乙的注册商标专用权受害。

（四）【因果关系】

1.【责任成立的因果关系】行为与权益受侵害之间的因果关系，考量的问题是责任的成立。（1）如行为与结果之间有直接因果关系，则侵权责任成立。（2）如行为与结果之间无直接因果关系，则侵权责任不成立。

例：【乱装防盗窗】一小偷利用一楼住户甲违规安装的防盗网，进入二楼住户乙的室内，行窃过程中将乙打伤。乙可否要求甲承担侵权责任？①不可以。②甲违规安装防盗网，与乙被小偷打伤不存在直接因果关系，故乙不可要求甲承担侵权责任。③乙可要求小偷承担侵权责任。

2.【责任范围的因果关系】权益受侵害与损害之间的因果关系，涉及的是责任成立后责任形式以及大小的问题。（1）【共性损害在责任范围内】如损害是共性损害，则属于责任范围。每一个遭受同类侵害的人，都会发生这些损害，如因人身受害而支出医药费。（2）【个性损害不再责任范围内】如损害是个性损害，则不属于责任范围。不同的人遭受同类侵害，不一定都会发生这些损害，如因人身受害而住院治疗，住院期间家中财产被盗窃遭受损失（为何这不是纯粹经济上损失？因为该人真的人身受害了，所以不符合纯粹经济损失要求人身或财产的固有利益不受害这个前提条件）。

例：【被撞住院损失】甲驾车撞伤乙，乙支出医药费，住院期间感染传染病，家中财物被盗。乙可否要求甲承担侵权责任？乙可要求甲赔偿医药费、感染传染病的费用和家中财物被盗的损失吗？（1）【责任成立：侵权了】因甲驾车撞伤乙，满足责任成立因果关系，乙可要求甲承担侵权责任。(2)【责任范围：赔医疗费损失，但不赔家里失窃的财产】①甲驾车撞伤乙与乙支出的医疗费存在直接因果关系，满足责任范围因果关系，甲应赔偿。②甲驾车撞伤乙与乙住院期间感染传染病的费用、家中财产被偷的损失之间不存在直接因果关系，不满足责任范围因果关系，甲无须赔偿。感染传染病的费用找医院；家中财产被偷找小偷。

3.【责任范围因果关系与纯粹经济上损失的差别】(1)【责任范围因果关系】是在"固有利益受害"，侵权责任成立的前提下，判断某损失是否属于赔偿范围。如甲驾车撞倒乙，乙因为住院导致家中失窃，甲撞倒乙构成侵权，但是赔偿范围不包括家中失窃。(2)【纯粹经济上损失】是在"固有利益不受害"，判断是否成立侵权责任。如甲驾车撞倒乙，乙住院，因交通事故导致拥堵丙上班迟到被扣250元，丙固有利益不受害，丙的损失属于纯粹经济上损失。甲对乙构成侵权，要赔偿乙的损失。但是，甲对丙不构成侵权，因为此类"纯粹经济上损失"不是侵权责任的"权"，既然甲对丙不构成侵权，自然无须对丙承担赔偿责任了。(3)【本质差异】责任范围因果关系讨论的是侵权责任成立后讨论责任范围多大；纯粹经济上损失讨论的是侵权责任是否成立。

例：【树木折断砸坏车，车主不高兴就没去谈合同，区分讨论责任范围因果关系和纯粹经济上损失】某公司管理范围内的树木折断砸坏了甲的车，甲觉得不吉利，因此没有去和乙谈关于签订保理合同的相关事宜。假设如果该合同签订，甲可得利100万元，乙可得利50万元。如何评价甲和乙的损失？①【甲：固有利益受害，被侵权的，但无责任范围因果关系，不属于"责任范围"故不赔】公司对甲构成侵权，不赔偿甲的可得利益100万元，因为不符合责任范围因果关系，即甲不去谈合同与树木折断砸坏车辆没关系。②【乙：固有利益不受害，没被侵权，纯粹经济上损失不构成侵权，不构成侵权故不赔】公司对乙不构成侵权，乙遭受的损失属于纯粹经济上损失。

秒杀1：区分责任范围因果关系和纯粹经济上损失：①【责任范围因果关系：侵权但超范围故不赔】侵权了你的权，但不赔个性损害，这叫没有责任范围因果关系。②【纯粹经济上损失：没侵权故不赔】没你的侵权，不赔你纯粹经济上损失，这叫纯粹经济上损失不是侵权对象。

秒杀2：确定责任范围因果关系的方法：①赔大家都会遭受的共性损害。②不赔个别人才会遭受的个性损害。

三、侵权责任的归责原则

(一)【过错责任原则】行为人的主观过错是构成侵权责任的必备要件的归责原则

◆ 原理：为什么说过错责任是侵权责任的基石？①人的行为都有外部性，都会带来损害，你抢了他的女友，必然会给他带去损害。你获得了考试第一名，就给其他人带去损害，剥夺他们获得第一名的机会。②因此，不是有损害就有侵权，而应该是有过错才有侵权。③过错的判断是侵权责任的基石。④如果拿不论是否有过错，见到损害就配置侵权责任，则人与人之间的关系会非常紧张。⑤去打个篮球，出现意外伤害，也要赔偿，没人会结伴打篮球。

1.【过错责任】行为人因过错侵害他人民事权益造成损害的，应当承担侵权责任

(《民法典》第1165条第1款)。

2. 【过错推定责任】依照法律规定推定行为人有过错，其不能证明自己没有过错的，应当承担侵权责任（《民法典》第1165条第2款）。过错推定责任是以过错作为承担责任的基础，不是一项独立的归责原则，只是过错责任原则的一种特殊形式。

◆ 原理：为什么出现了过错推定责任？①【举证责任倒置】有一些责任形态，受害人去证明加害人的过错比较困难，比如孩子在幼儿园受害，家长很难去证明幼儿园有过错，因此我们就推定幼儿园有过错，由幼儿园去证明自己没有过错，这叫举证责任倒置。②因此，过错责任是由原告举证被告有过错；过错推定责任是由被告举证自己没有过错，出现了举证责任倒置。③【过错推定责任由法律明文规定】因为这种举证责任倒置是特殊例外情形，需要法律明确规定，故过错推定责任限于法条明文规定的情形，该类型法条措辞中会出现"……不能证明自己没有过错的，应当承担侵权责任"。

3. 【过错责任侵权类型的构成要件】(1) 过错。(2) 行为。(3) 结果。(4) 因果关系。

(二)【无过错责任原则】行为人实施了加害行为，虽然其主观上无过错，但根据法律规定仍应承担责任的归责原则。

◆ 原理：既然有了过错责任，为什么还需要无过错责任？现代社会科技发展，给人类带来利益也带来了风险，比如产品责任事故、机动车事故、高压电的危险事故、环境污染等，要去证明行为人的过错难度是很高的，所以需要运用无过错责任来维护广大老百姓利益。

1. 【无过错责任】行为人造成他人民事权益损害，<u>不论行为人有无过错</u>，法律规定应当承担侵权责任的，依照其规定（《民法典》第1166条）。原告或被告都不需要证明"过错"。②但一般而言，原告要对行为、结果、因果关系承担证明责任。

2. 【无过错侵权类型的构成要件】(1) 行为。(2) 结果。(3) 因果关系。

例：【行人闯灯被撞致死】行人闯红灯有过错，机动车撞到闯红灯的行人，机动车一方没过错，<u>需要承担责任吗？</u>要。①承担不超过10%的责任。②机动车致人损害是无过错责任，机动车一方没过错也需要承担责任，"过错"不是该责任构成要件。

◆ 原理：在无过错责任中，为什么"过错"对侵权责任的判定还有意义？①如果加害人有过错，受害人也可以诉加害人承担过错侵权责任。在产品质量侵权的无过错责任中，加害人有过错，明知缺陷产品还生产或销售，造成他人死亡或健康严重受损，受害人才有权请求加害人承担相应的惩罚性赔偿责任。②如果受害人有过错，在无过错侵权中，加害人可主张减轻自己的责任。

(三)【公平责任原则】损害双方的当事人对损害结果的发生都没有过错，但如果受害人的损失得不到补偿又显失公平的情况下，由人民法院依法要求当事人分担损害后果。

1. 【公平责任】受害人和行为人对损害的发生都没有过错，<u>依照法律的规定</u>由双方分担损失（《民法典》第1186条）。

2. 【万不得已才启动公平责任】如能适用过错责任，则启动过错归责。如有过错推定，则适用过错推定。如属于无过错责任，则启动无过错归责。

◆ 原理：为什么将原来的依照"实际情况"，修改为现在的"依照法律"？①避免公平责任被滥用。②如没有法律明文依据，法官断案不得启动公平责任来处理。

秒杀：①无过错侵权"依法"认定。②过错推定侵权"依法"认定。③公平归责

"依法"认定。④过错侵权依"法官"认定。

第二节 过错责任

一、两个"王牌"法条

(一)【加害人过错】行为人因过错侵害他人民事权益造成损害的,应当承担侵权责任(《民法典》第1165条)。

例1:【好意分享食物,没有过错】刘婆婆回家途中,看见邻居肖婆婆带着外孙小勇和另一家邻居的孩子小囡(均为4岁多)在小区花园中玩耍,便上前拿出几根香蕉递给小勇,随后离去。小勇接过香蕉后,递给小囡一根,小囡吞食时误入气管导致休克,经抢救无效死亡。刘婆婆、肖婆婆、小勇父母,需要承担侵权责任吗?①否。②好意分享食物,当事人没有过错,不成立侵权责任。

例2:【根据生活经验对日常生活中过错进行判断】有4个事例:①张某驾车违章发生交通事故致搭车的李某残疾;②唐某参加王某组织的自助登山活动因雪崩死亡;③吴某与人打赌举重物因用力过猛致残;④何某心情不好邀好友郑某喝酒,郑某畅饮后驾车撞树致死。如何评价上述案例?(1)【好意搭乘,乃情谊行为】①当事人之间不成立合同法律关系,不成立违约责任。②当事人之间仍应负侵权责任法上的注意义务,如有违反,会产生侵权责任。③在搭乘关系中,搭乘提供人和搭乘人之间并非不能产生民事法律关系。搭乘提供人应承担一般注意义务,安全、合法、合规驾驶,确保车上人员、财产和车外人员、财产的安全。④无论是有偿搭乘还是无偿搭乘,搭乘提供人的这一基本注意义务不能免除。(2)【自助游】①旅游者形成共同体,相互有注意、照料、救助的义务,如有违反,即属于不作为侵权。②如队员旅游中发生意外,组织者有积极救助的义务。③王某作为自助登山活动的组织者,对参与人员唐某因雪崩意外死亡,无需承担赔偿责任。(3)【打赌】①成年人能够预见到损害结果的发生,而未尽注意义务,导致损害,因负过错侵权责任。②吴某与人打赌,举重物致残,参赌人员均有过错,吴某自己应对损害承担部分责任,但与吴某打赌的人也应承担部分责任。(4)【喝酒】①"聚餐喝酒",参与者对喝醉者负有注意、照料、通知喝醉者家人等义务,如有违反,则构成不作为侵权。各方均应负过错责任。②何某虽无劝酒但对郑某酒驾有劝阻义务。

(二)【受害人过错】被侵权人对同一损害的发生或者扩大有过错的,可以减轻侵权人的责任(《民法典》第1173条)。

例1:【逗狗被狗咬:受害人有过错】张某挑逗唐某的狗因此被咬伤,张某是否可要求唐某承担侵权责任?①可以。②但受害人张某有重大过错,可以减轻唐某责任。③受害人张某并非找狗"碰瓷",不属于故意造成损害,故不能免除狗饲养人责任。

例2:【受害人体质差:受害人没过错】指导案例24号:"交通事故的受害人没有过错,其体质状况对损害后果的影响不属于可以减轻侵权人责任的法定情形。"

秒杀:①身体"不抗撞"不是错。②但撞不出来"糖尿病"。

二、承揽活动致人损害的过错侵权责任

1. 【承揽人负过错侵权责任：全部责任】（1）承揽人在完成工作过程中造成第三人损害的，法院依照民法典第1165条的规定认定承揽人的民事责任（《侵权编解释》第18条）。（2）造成损害的有过错的承揽人应承担全部责任。

2. 【定作人负定作、指示、选任过错责任：过错范围内责任】（1）定作人对定作、指示或者选任有过错的，应当承担相应的责任（《民法典》第1193条）。（2）定作人在定作、指示或者选任过错范围内与承揽人共同承担责任，但责任主体实际支付的赔偿费用总和不应超出被侵权人应受偿的损失数额。（3）定作人先行支付赔偿费用后，就超过自己相应责任的部分向承揽人追偿的，法院应予支持，但双方另有约定的除外。

例1：【承揽活动导致他人损害：承揽人负责和定作人相应负责】甲请不具备装修资质的A公司装修。装修工张某因操作失误将水管砸坏，漏水导致邻居乙家具损坏约5000元。乙可要求谁承担侵权责任？①甲和A公司之间属于承揽合同。②A公司员工张某执行工作任务致人损害，应由A公司对外负侵权责任。③定作人甲有选任过错，应承担与其过错相应的责任。

例2：【承揽活动导致承揽人自己损害：自负责任】甲公司经营空调买卖业务，并负责售后免费为客户安装。乙为专门从事空调安装服务的个体户。甲公司因安装人员不足，临时叫乙自备工具为其客户丙安装空调，并约定了报酬。乙在安装中因操作不慎坠楼身亡。如何评价本案侵权关系？①甲公司与乙之间不是雇佣合同，而是承揽合同。②甲公司、乙之间的合同的目的是完成安装空调这一工作，而不是仅仅在于提供劳务，只有安装好了空调，乙才可以取得相应的报酬。③因此，甲公司和乙之间的合同属于承揽合同。④甲公司作为定作人，乙是专门从事空调安装服务的个体户，故甲公司无选任过错。⑤承揽人乙完成工作中造成自己损害，应该自己负责。

三、网络过错侵权责任

（一）【侵权责任视野下区分2种网站："内容网站"和"技术网站"】

1. 【第1种网站：内容网站】内容由"网站"提供，网站可以直接控制该内容。如中国知网、新闻网站、学术网站、在线播放影音作品的网站。

例：【人民网是内容网站】人民网，属于典型的内容网站，其刊登的各种文章，都经过网站编辑组织、筛选、审查后发表，网络内容由网站提供和直接控制，网民不可以左右这些内容。

2. 【第2种网站：技术网站】内容由"网民"提供，网站可以间接控制该内容。如豆瓣网、高效BBS论坛、腾讯QQ、微信订阅号、百度、谷歌。

例：【豆瓣网是技术网站】豆瓣网，属于典型的技术网站，其刊登的各种影评，由网民投稿发表，网络内容由网站间接控制。

◆ 原理：为什么要区分"内容网站"和"技术网站"？①【方志平特意取名】这2个名字是我取的，目的是要解决问题。②【内容网站】自己提供内容，该内容是否侵权，内容网站要尽到更高的

注意义务。③【技术网站】网民提供内容，这些信息是海量的，不能强求技术网站尽过高的注意义务，否则会阻碍信息网络的发展，故会给技术网站启动特有的"避风港规则"和"红旗规则"。④【是内容网站又是技术网站】一个网站有可能既是内容网站，又是技术网站。比如爱奇艺网站，其有自制的综艺节目《奇葩说》，也有网民自己创作后上传的短视频。关于其自制内容，启动内容网站规则；关于网民制作内容，启动技术网站规则。

（二）【网民的过错侵权责任】

网络用户利用网络侵害他人民事权益的，应当承担侵权责任（《民法典》第1194条）。

（三）【"内容网站"的过错侵权责任】

网络服务提供者利用网络侵害他人民事权益的，应当承担侵权责任（《民法典》第1194条）。

（四）【网民过错侵权，"技术网站"的"避风港"规则和"红旗"规则】

1.【技术网站的"避风港"规则】协调技术网站的发展与受害者权益保护

```
              网站
④转发不侵权声明  ①通知   ②转发通知   ③不侵权声明
     原告                      被告
```

（1）【被告发帖侵犯原告的民事权益】①网络用户利用网络服务实施侵权行为。②侵犯他人的人身权益。如发帖诽谤他人侵犯他人名誉权。③侵犯他人的信息网络传播权：作者、表演者、录音录像制作者的信息网络传播权。如擅自将他人录制好的歌星演唱会发布到优酷网站，侵犯了词曲作者的信息网络传播权、表演者歌星的信息网络传播权、录制者的信息网络传播权。

（2）【原告向网站发出"通知"】①通知网络服务提供者采取删除、屏蔽、断开链接等必要措施。②通知应当包括构成侵权的初步证据及原告的真实身份信息（《民法典》第1195条第1款）。

（3）【网站采取必要措施且向被告"转送该通知"】①网络服务提供者接到通知后，<u>应当及时将该通知转送相关网络用户</u>。②并根据构成侵权的初步证据和<u>服务类型</u>采取必要措施。③未<u>及</u>时采取必要措施的，对损害的扩大部分与该网络用户承担连带责任。（《民法典》第1195条第2款）

例：【给同事泼污水】甲、乙是同事，因工作争执甲对乙不满，写了一份丑化乙的短文发布在丙网站。乙发现后要求丙删除，丙不予理会，致使乙遭受的损害扩大。<u>谁对扩大的损害承担责任？</u>甲和丙承担连带责任。

◆ 原理：为什么叫避风港？①【原告错误通知、网站错误删除：原告要负责】假设原告通知错误，导致网站采取必要措施也错误。因错误通知造成网络用户或者网络服务提供者损害的，应当承担侵权责任（《民法典》第1195条第3款）。②【原告错误通知、网站错误删除：网站不负责，被告不能诉网站违约或侵权】被告不能要求网站承担违约责任或侵权责任。发布的信息被采取删除、屏蔽、断开链接等措施的网络用户，主张网络服务提供者承担违约责任或者侵权责任，网络服务提供者以收到通知为由抗辩的，人民法院应予支持。③【被告能要求网站恢复】被错误采取措施的网络用户请求网络服务提供者采取相应恢复措施的，人民法院应予支持，但受技术条件限制无法恢复的除外。

(4)【被告向网站发出"声明"】①被告接到转送的通知后，可以向网络服务提供者提交不存在侵权行为的声明。②声明应当包括不存在侵权行为的初步证据及自己的真实身份信息。(《民法典》第1196条第1款)

(5)【网站向原告"转送该声明"】①网络服务提供者接到声明后，应当将该声明转送发出通知的权利人。②告知原告可以向有关部门投诉或者向人民法院提起诉讼。(《民法典》第1196条第2款)

(6)【原告在接到转送的声明后的合理期限内投诉或者起诉】①原告投诉了或起诉了，则网站已经采取的"必要措施""继续"。②原告没投诉也没起诉，则网站及时终止所采取的"必要措施"。(《民法典》第1196条第2款)

秒杀：原告发通知→网站采取必要措施且转发通知给被告→被告发声明→网站转发声明给原告→原告合理期限内投诉或起诉了吗？诉了则网站必要措施继续；没诉网站终止必要措施。

2.【"红旗规则"：连带责任】网络服务提供者知道或者应当知道网络用户利用其网络服务侵害他人民事权益，未采取必要措施的，与该网络用户承担连带责任（《民法典》第1197条）。

◆ **原理**：为什么叫"红旗规则"？网民的侵权行为显而易见，如辱骂他人，技术网站有义务直接删除侵权内容，不得以等待原告通知为由拒绝删除或者迟延删除侵权内容。

秒杀：侵犯人身权更多的是启动红旗规则。侵犯著作权更多的是启动避风港规则。

四、安全保障义务人的过错侵权责任

(一)【场所直接侵权】(《民法典》第1198条第1款)

1.【安保义务人】宾馆、商场、银行、车站、机场、体育场馆、娱乐场所等经营场所、公共场所的经营者、管理者或者群众性活动的组织者，未尽到安全保障义务，造成他人损害的，应当承担侵权责任。

例：【洗澡，洗残】某洗浴中心大堂处有醒目提示语："到店洗浴客人的贵重物品，请放前台保管。"甲在更衣时因地滑摔成重伤，并摔碎了手上价值20万元的定情信物玉镯。经查明：因该中心雇用的清洁工乙清洁不彻底，地面湿滑导致甲摔倒。如何处理本案侵权关系？(1)人身损害：①洗浴中心有过错，应负过错侵权责任。②员工乙不对外。③受害人甲无过错。(2)财产损害：①洗浴中心有过错，应负过错侵权责任。②员工乙不对外。③受害人甲有过错，未将贵重玉镯放前台保管，减轻洗浴中心的责任。(3)甲也可诉洗浴中心承担合同责任。人身全赔，财产要过错分责。

2.【受害人】(1)可能与安保义务人有合同关系，如住宿合同、储蓄合同、买卖合同。(2)也可能曾有合同但已消灭，如在饭店吃饭并结账正准备离开。(3)还可能压根无合同关系，如到宾馆拜访朋友的人。(4)不能是安保义务人自己的管理人或组织者工作人员，因为他们受害启动工伤保险（社会保障法），而非启动侵权责任（民法）。

(二)【第三人介入侵权】(《民法典》第1198条第2款)

1.【第三人侵权第三人负责】因第三人的行为造成他人损害的,由第三人承担侵权责任。(1)第三人实施的侵权行为,可能是过错责任:如犯罪分子进入宾馆抢劫并杀害客人。(2)第三人实施的侵权行为,也可能是无过错责任:如某人携带烈性犬进入宾馆将住客咬伤。

2.【安保义务人过错相应补充责任】经营者、管理者或者组织者未尽到安全保障义务的,承担相应的补充责任(有过错才承担责任)。如宾馆公共区域未安装摄像头、门卫未在岗导致凶手上下5次电梯如入无人之境,将客人杀害。宾馆负相应的补充责任。

例1:【室内:吃饭被隔壁打】甲在某酒店就餐,邻座乙、丙因喝酒发生争吵,继而动手打斗,酒店保安见状未出面制止。乙拿起酒瓶向丙砸去,丙躲闪,结果甲头部被砸伤。甲支出的医疗费可以向谁要?①【无关第三人丙】丙与乙吵架、丙躲闪,相对于甲的损害,丙无过错、无侵权行为,其丙行为与甲的损害之间无直接因果关系,丙不负责。②【第三人乙】乙用酒瓶砸到甲,有过错、有侵权行为、与损害有直接因果关系,故乙构成过错侵权。③【安保义务人酒店】酒店保安未制止,酒店作为安保义务人应承担与其过错相应的补充赔偿责任。保安是员工,不对外。④酒店承担责任后,可向乙追偿,承担多少追多少。

例2:【室内:借用商场厕所被撞】小偷甲在某商场窃得乙的钱包后逃跑,乙发现后急追。甲逃跑中撞上欲借用商场厕所的丙,因商场地板湿滑,丙摔成重伤。丙可向谁主张侵权责任?①【无关第三人追小偷的人乙】乙急追小偷,无过错、无侵权行为、该行为与丙的损害结果无直接因果关系,故乙不负责。②【第三人小偷甲】甲逃跑撞上乙,有过错、有侵权行为、该行为与丙的损害结果有直接因果关系,故甲要负侵权责任。③【商安保义务人商场】安保义务场所地板湿滑有相应过错,故商场承担与其过错相应的责任。④商场承担责任后,可向小偷甲追偿,承担多少追多少。

例3:【户外:游客互挤】某旅行社导游李某带团游览一处地势险峻的景点时,众人争相拍照,李某未提示注意安全,该团游客崔某不慎将唐某撞下陡坡摔伤。唐某可向谁主张侵权责任?①【第三人游客崔某】崔某不慎推倒唐某,有过错、有侵权行为、与损害有直接因果关系,故崔某构成过错侵权。②【安保义务人旅行社】导游李某未提示,旅行社作为安保义务人应承担与其过错相应的补充赔偿责任。导游是员工,不对外。③旅行社承担责任后,可向崔某追偿,承担多少追多少。

3.【经营者、管理者或者组织者承担补充责任后,可以向第三人追偿】安保义务人的责任是一种替代责任,因为最终要向第三人追偿。

◆ **原理:** 为什么允许安保义务人向"肇事第三者"追偿?①第三者在一般场合侵权对受害人负全责;第三者在安保义务场所对受害人也应该是负全责。②如果不允许安保义务人向第三者追偿,将会导致矛盾和不合理现象:第三者在街上偷东西要赔500元,第三者在"酒店"偷同样的东西可能只要赔250元,因为另外的由酒店赔。

第三节 过错推定责任

联想记忆: 园(幼儿园:教育机构对"无人"遭受损害的赔偿责任)、园(动物园:

动物园的动物致害责任)、园（医院：违规诊疗、破坏病历)、掉（脚下的"窨井"等地下设施"在施工"中致人损害责任)、掉（头上的林木："林木"折断致人损害责任)、掉（头上的搁置物悬挂物：建筑物、构筑物等及其搁置物、"悬挂物"致人损害责任)（堆放物："堆放物"倒塌致人损害责任)。

秒杀："园园院掉掉掉"。

一、"幼儿园"："无人"受害

教育机构对无人遭受损害的赔偿责任。教育机构包括幼儿园、小学、初中、高中和中等职业教育学校、培训学校、补习学校、特殊教育学校、公办学校、民办学校。

（一）【无人受害：学校过错推定责任】

无民事行为能力人在幼儿园、学校或者其他教育机构学习、生活期间受到人身损害的，幼儿园、学校或者其他教育机构应当承担侵权责任；但是，能够证明尽到教育、管理职责的，不承担侵权责任（《民法典》第1199条）。

◆ **原理**：什么是在教育机构学习、生活期间？①在校内。②在校外但由学校控制期间如春游。③在上学和放学回家路上，不属于在教育机构学习生活期间。

（二）【限人受害：学校过错责任】

限制民事行为能力人在学校或者其他教育机构学习、生活期间受到人身损害，学校或者其他教育机构未尽到教育、管理职责的，应当承担侵权责任（《民法典》第1200条）。

（三）【外人致害：外人负责，学校承担与过错相应的补充责任】

1.【外人负责，学校负过错补充责任】(1)【外人负责】"无限"人在幼儿园、学校或者其他教育机构学习、生活期间，受到幼儿园、学校或者其他教育机构以外的第三人人身损害的，由第三人承担侵权责任。(2)【教育机构过错补充】幼儿园、学校或者其他教育机构未尽到管理职责的，承担相应的补充责任。(3)【教育机构可向第三人追偿】幼儿园、学校或者其他教育机构承担补充责任后，可以向第三人追偿（《民法典》第1201条）。

例1：【校外：春游被小贩打】某小学组织春游，队伍行进中某班班主任张某和其他教师闲谈，未跟进照顾本班学生。该班学生李某私自离队购买食物，与小贩刘某发生争执被打伤。李某如何主张侵权责任？①小学组织春游，视为孩子在学校学习生活期间。②学生被小贩刘某打，刘某属于第三人，应负过错侵权责任。③班主任张某未跟进照顾本班学生，视为学校有过错，员工不对外，应由学校承担与其过错相应的补充责任。④学校赔偿后，可向小贩刘某追偿，赔多少追多少。

2.【被告1是外人，被告2是学校，法院判决要明确学校享有"先执行抗辩权"】(1)【必须一起告】被侵权人仅起诉教育机构的，法院应当向原告释明申请追加实施侵权行为的第三人为共同被告。(2)【教育机构有先执行抗辩权】法院应当在判决中明确，教育机构在法院就第三人的财产依法强制执行后仍不能履行的范围内，承担与其过错相应的补充责任（《侵权编解释》第14条）。(3)【第三人不确定时只能告教育机构】第三人不确定的，未尽到管理职责的教育机构先行承担与其过错相应的责任；教育机构承担责任后向已经确定的第三人追偿。

秒杀：安保义务人的补充责任、教育机构作为安保义务人的补充责任、物业公司作为安保义务人的补充责任，和一般保证人的补充责任类似，都享有"先执行抗辩权"。

二、"动物园"：动物园的动物致害责任

动物园的动物造成他人损害的，动物园应当承担侵权责任；但是，能够证明尽到管理职责的，不承担侵权责任（《民法典》第1248条）。

三、"医院"：违规诊疗、不提供病历、破坏病历，医疗致人损害责任

◆ **原理**：为什么医疗侵权以过错侵权为原则，过错推定侵权为例外？医院需要照顾。医疗活动都有风险。

（一）【一般情况下医疗过错责任】

1.【"过错"】(1) 患者在诊疗活动中受到损害，医疗机构或者其医务人员有过错的，由医疗机构承担赔偿责任（《民法典》第1218条）。(2) 医务人员在诊疗活动中未尽到与当时的医疗水平相应的诊疗义务，造成患者损害的，医疗机构应当承担赔偿责任（《民法典》第1221条）。

2.【说明和取得明确同意义务】（《民法典》第1219条）

（1）【患者】医务人员在诊疗活动中应当向患者说明病情和医疗措施。需要实施手术、特殊检查、特殊治疗的，医务人员应当及时向患者具体说明医疗风险、替代医疗方案等情况，并取得其明确同意。

（2）【患者近亲属】不能或者不宜向患者说明的，应当向患者的近亲属说明，并取得其明确同意。

（3）【有损害结果】医务人员未尽到前款义务，造成患者损害的，医疗机构应当承担赔偿责任。

3.【紧急处置义务】（《民法典》第1220条）

因抢救生命垂危的患者等紧急情况，不能取得患者或者其近亲属意见的，经医疗机构负责人或者授权的负责人批准，可以立即实施相应的医疗措施。

（二）【特殊情况下"医疗过错推定"责任】（《民法典》第1222条）

1.【不是水平不行，而是不守规矩】违反法律、行政法规、规章以及其他有关诊疗规范的规定。

2.【不提供病历】隐匿或者拒绝提供与纠纷有关的病历资料。

3.【销毁病历】遗失、伪造、篡改或者违法销毁病历资料。

秒杀：①【教育和医疗很类似】一般是过错责任，例外是过错推定责任。②【教育】限人对应学校的过错责任；无人对应幼儿园的过错推定责任。③【医疗】一般医疗对应过错责任；特殊情形对应过错推定责任。

（三）【医疗责任中医疗机构免责事由】（《民法典》第1224条）

1.【不配合】患者或者其近亲属不配合医疗机构进行符合诊疗规范的诊疗。医疗机构

或者其医务人员也有过错的，应当承担相应的赔偿责任；

2.【已尽力】医务人员在抢救生命垂危的患者等紧急情况下已经尽到合理诊疗义务；

3.【能力有限】限于当时"中国"的医疗水平难以诊疗。

(四)【与医院有关不属于医疗责任的侵权责任】

1.【医疗产品致人损害责任】(《民法典》第1223条)

(1)【外部"连带"】因药品、消毒产品、医疗器械的缺陷，或者输入不合格的血液造成患者损害的，患者可以向药品上市许可持有人、生产者、血液提供机构请求赔偿，也可以向医疗机构请求赔偿。

(2)【内部"全额追偿"】患者向医疗机构请求赔偿的，医疗机构赔偿后，有权向负有责任的药品上市许可持有人、生产者、血液提供机构追偿。

例1：【医疗产品致人损害责任的侵权责任】田某突发重病神志不清，田父将其送至医院，医院使用进口医疗器械实施手术，手术失败，田某死亡。田父认为医院在诊疗过程中存在一系列违规操作，应对田某的死亡承担赔偿责任。如何评价本案侵权责任？①医疗损害适用过错责任原则，由患方承担举证责任。②如医疗器械缺陷致害，患方可向生产者主张赔偿，也可向医疗机构主张赔偿，生产者和医疗机构属于不真正连带侵权责任人。③如医院拒绝提供病历，则须承担相应后果，即启动过错推定归责原则。

例2：【医疗产品质量的违约责任】甲因工伤导致左手被切断，在乙医院做了安装假肢手术。出院后，甲发现假肢经常出问题，无法正常使用。甲可否要求乙医院承担侵权责任？①否。②假肢不能使用，而非假肢这一产品本身导致甲损害，故甲不得主张医疗侵权责任，甲仅可要求乙医院承担违约责任。

2.【医疗机构侵害患者隐私权或个人信息】(《民法典》第1226条)

医疗机构及其医务人员应当对患者的隐私和个人信息保密。泄露患者的隐私和个人信息，或者未经患者同意公开其病历资料的，应当承担侵权责任。

3.【医疗机构作为安保义务人承担过错侵权责任】(《民法典》第1198条)

例：【住院期间摔跤】甲在医院住院，晚上去上厕所时，因地面湿滑而摔倒，导致右腿骨折。甲如何主张侵权责任？①甲可要求安保义务人医院承担过错侵权责任。②如甲在医院被乙殴打，在场医务人员未劝止，则第三人侵权人乙负侵权责任，安保义务人医院承担与其过错相应的责任。

四、脚下的井盖在"施工"：窨井等地下设施致人损害责任

(一)【脚下的井盖】

窨井等地下设施造成他人损害，管理人不能证明尽到管理职责的，应当承担侵权责任(《民法典》第1258条第2款)。

例：【被粪坑淹死】4名行人正常经过北方牧场时跌入粪坑，1人获救3人死亡。据查，当地牧民为养草放牧，储存牛羊粪便用于施肥，一家牧场往往挖有三四个粪坑，深者达三四米，之前也发生过同类事故。如何评价牧场的侵权责任？①之前发生过同类事故，可见这不是不可抗力，因为可以预见、可以克服、也可以避免。②粪坑属于地下设施致人

损害，适用过错推定责任。③牧场管理人可通过证明自己尽到管理职责而免责。

（二）【施工】

在公共场所或者道路上挖掘、修缮安装地下设施等造成他人损害，<u>施工人不能证明已经设置明显标志和采取安全措施的</u>，应当承担侵权责任（《民法典》第1258条第1款）。

五、头上的"林市"：林市折断致人损害责任

因林木折断、倾倒或者果实坠落等造成他人损害，林木的所有人或者管理人<u>不能证明自己没有过错的</u>，应当承担侵权责任（《民法典》第1257条）。

六、头上的"搁置物、悬挂物"：建筑物、构筑物等及其搁置物、悬挂物致人损害责任

建筑物、构筑物或者其他设施及其搁置物、悬挂物发生脱落、坠落造成他人损害，<u>所有人、管理人或者使用人不能证明自己没有过错的</u>，应当承担侵权责任。所有人、管理人或者使用人赔偿后，有其他责任人的，有权向其他责任人追偿（《民法典》第1253条）。

七、"堆放物"：堆放物倒塌致人损害责任

堆放物倒塌、滚落或者滑落造成他人损害，<u>堆放人不能证明自己没有过错的</u>，应当承担侵权责任（《民法典》第1255条）。

第四节 无过错责任

联想记忆：见（监护人责任）人（用人单位）帮（被帮工人责任）产（产品责任）车（机动车致人损害责任）高（高度危险作业责任）污（环境污染责任）狗（饲养动物致人损害）。

秒杀："见人帮产车高污狗"。

一、监护人责任

（一）【"坑爹"】

1.【一般监护：孩子坑爹】"无限人"造成他人损害的，由监护人承担侵权责任。监护人尽到监护职责的，可以减轻其侵权责任（《民法典》第1188条第1款）。

（1）【第1层次：孩子的侵权责任】孩子是否需要承担侵权责任，要根据情况判断。如孩子打人，孩子存在过错，是过错侵权。如孩子驾驶汽车撞人，是无过错侵权。

（2）【第2层次："监护人无过错替代侵权责任"】监护人尽到监护职责也只是可减轻侵权责任，不能免除监护责任，故即使监护人没错，也需负侵权责任，我们称之为"监护人为孩子的行为承担无过错替代侵权责任"。

例：【餐厅中的"霸凌"】小刘（16岁）因获奖请小王（15）和小李（15）在曾某开的餐厅里吃饭，期间小王与小李闹矛盾，服务员并未劝阻，而后小王趁小李去洗手间期

间，用一瓶大汽水砸小李脑袋致其脑震荡。小李如何主张侵权责任？①【小刘】无过错，无侵权行为，无须负侵权责任。②【小王】小王打小李，存在过错，构成侵权。但这属于"坑爹"，故由小王监护人负无过错替代侵权责任。③【餐馆】安保义务人承担与其过错相应的补充责任。

2.【委托监护：监护人承担无过错责任，有过错的受托人承担相应责任】（《民法典》第1189条）。

（1）【监护人负全责】。（2）【有过错受托人负过错范围内的责任】。（3）【他们存在部分重合，但责任主体实际支付的赔偿费用总和不应超出被侵权人应受偿的损失数额】。（4）【内部分担规则】①【有偿委托情形，监护人可向有过错的受托人追偿】。②【无偿委托情形，监护人可向有故意或重大过失的受托人追偿；一般过失的受托人可向监护人追偿】。

秒杀：共同承担责任，重合部分是不真正连带，其他部分由责任人自己负责。

例：【坑爹妈，坑托管班】小明9周岁是小学4年级学生，因为小学放学比较早，小明父母便将小明托管在甲公司开设的课后兴趣班，每次托管2个小时。岂料在托管班中，托管班老师疏于看管，小明打了小亮导致后者住院治疗花去1万元。谁承担侵权责任？①小明父母将监护职责委托给了甲公司，每次为期2小时。②小明打了小亮，属于过错侵权。③小明父母作为监护人，应承担无过错替代侵权责任，赔1万元。④甲公司作为受托人，承担与其过错相应的责任，假设该相应责任是2千元，则就该2千元而言监护人和甲公司属于"重合"。⑤原告选择情形1：监护人赔8千元，受托人赔2千元。⑥原告选择情形2：监护人赔了1万元。监护人内部可向受托人追偿2千元。

（二）【"富二代坑爹"：先用"无限人"的财产赔，不足部分再用监护人财产赔】（《民法典》第1188条第2款）。

1.【监护人负的是全部责任】受害人起诉要求监护人承担全部责任，法院应支持，并在判决中明确，赔偿费用可以先从被监护人财产中支付，不足部分由监护人支付。

2.【监护人负的不是补充责任】因此，监护人承担的不是补充责任，而是全部责任。（《侵权编解释》第5条）

例：【富二代坑爹】甲的儿子乙（8岁）因遗嘱继承了祖父遗产10万元。某日，乙玩耍时将另一小朋友丙的眼睛划伤。丙的监护人要求甲承担赔偿责任2万元。后法院查明，甲已尽到监护职责。本案如何赔偿？①乙过错侵害了丙，构成过错侵权。②乙的监护人甲承担无过错替代侵权责任，但因孩子乙自己有财产10万元，足够赔偿丙监护人索赔的2万元，故本案用乙的财产赔偿就足矣。③根据民诉规则，"无限人"造成他人损害的，"无限人"和监护人为共同被告。④故本案在程序法上，应该这么列当事人：原告丙，原告丙的法定诉讼代理人是其监护人。被告1是乙，被告2是甲。

（三）【"坑爹时是孩子，被告时是大人"：依然视为"无限人"侵权，由监护人负全部责任，法院判决明确赔偿费用可以先从孩子财产中支付，不足部分由监护人支付】（《侵权编解释》第6条）

1.【当被诉时18周岁是空气】行为人在侵权行为发生时不满十八周岁，被诉时已满十八周岁的,被侵权人请求原监护人承担侵权人应承担的全部责任的,法院应予支持,并在判决中明确,赔偿费用可以先从被监护人财产中支付,不足部分由监护人支付。

2.【固有必共】被侵权人仅起诉行为人的,法院应当向原告释明申请追加原监护人为共同被告。

（四）【民诉法上的共同被告：被告1是孩子，被告2是监护人（爸爸和妈妈）、被告3是受托履行监护职责的人】

1.【一般情形：被告1孩子、被告2爸爸、被告3妈妈】未成年子女造成他人损害,被侵权人请求父母共同承担侵权责任的,法院支持（《侵权编解释》第7条）。

2.【存在受托监护情形：被告1孩子、被告2监护人、被告3受托监护人】无民事行为能力人、限制民事行为能力人造成他人损害,被侵权人请求监护人承担侵权责任,或者合并请求监护人和受托履行监护职责的人承担侵权责任的,法院应当将无民事行为能力人、限制民事行为能力人列为共同被告（《侵权编解释》第4条）。

3.【离异家庭情形：被告1孩子、被告2爸爸、被告3妈妈】（1）【对外共同负责】夫妻离婚后,未成年子女造成他人损害,被侵权人请求离异夫妻共同承担侵权责任的,法院予以支持。一方以未与该子女共同生活为由主张不承担或者少承担责任的,法院不予支持。（2）【内部按份分】离异夫妻之间的责任份额,可以由双方协议确定;协议不成的,法院可以根据双方履行监护职责的约定和实际履行情况等确定。实际承担责任超过自己责任份额的一方向另一方追偿的,法院应予支持（《侵权编解释》第8条）。

4.【重组家庭情形：被告1孩子、被告2亲爸、被告3亲妈】未成年子女造成他人损害的,未与该子女形成抚养教育关系的继父或者继母不承担监护人的侵权责任,由该子女的生父母承担侵权责任（《侵权编解释》第9条）。

5.【教唆帮助情形：被告1孩子、被告2爸爸、被告3妈妈、被告4教唆人或帮助人】（《侵权编解释》第13条）

二、用人者责任

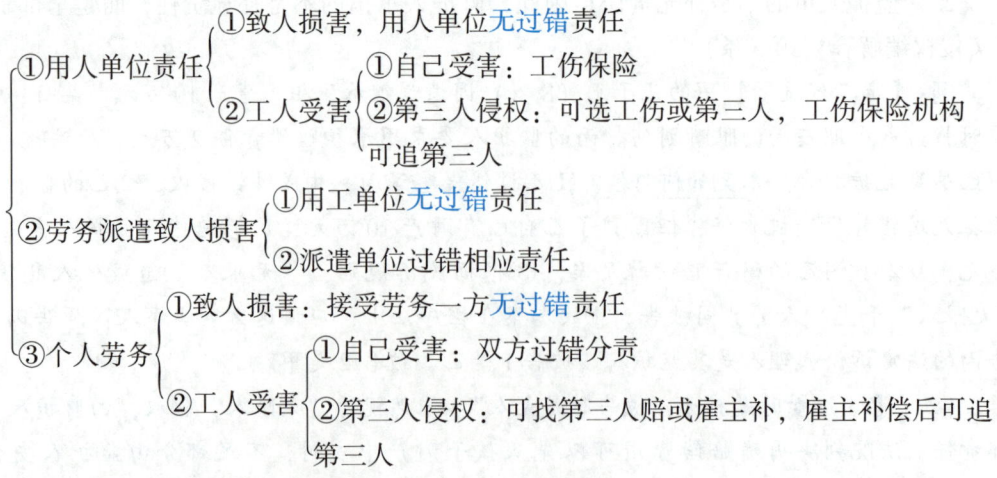

①用人单位责任 ｛ 致人损害,用人单位**无过错**责任 ； ②工人受害 ｛ ①自己受害：工伤保险 ； ②第三人侵权：可选工伤或第三人,工伤保险机构可追第三人 ｝ ｝

②劳务派遣致人损害 ｛ ①用工单位**无过错**责任 ； ②派遣单位过错相应责任 ｝

③个人劳务 ｛ ①致人损害：接受劳务一方**无过错**责任 ； ②工人受害 ｛ ①自己受害：双方过错分责 ； ②第三人侵权：可找第三人赔或雇主补,雇主补偿后可追第三人 ｝ ｝

（一）【"单位"用人者责任】（《民法典》第1191条）

1.【员工"坑"单位】（1）【单位对外,员工不对外】用人单位的工作人员因执行工作任务造成他人损害的，由用人单位承担侵权责任。工作人员在执行工作任务中实施的违法行为造成他人损害，构成自然人犯罪的，工作人员承担刑事责任不影响用人单位依法承担民事责任。用人单位应当承担侵权责任的，在刑事案件中已完成的追缴、退赔可以在民事判决书中明确并扣减，也可以在执行程序中予以扣减（《侵权编解释》第17条）。
(2)【单位找有错员工算账】用人单位承担侵权责任后，可以向有故意或者重大过失的工作人员追偿。(3)【用人单位、工作人员、执行工作任务】①【广义"用人单位"】自然人之外，都是单位，比如个体工商户也是单位。②【"工作人员"】与用人单位形成劳动关系的工作人员、执行用人单位工作任务的其他人员（比如单位的公务员、公司的返聘人员，虽然与单位无劳动关系，但执行单位任务）。③【"执行工作任务"】第一，授权或指示范围内的活动，如代驾公司司机代驾致人损害，代驾公司负责。如酒店为客人安排代驾致人损害，酒店负责。第二，超出授权或指示范围的活动，但与执行任务客观关联：如快递公司快递员利用从事快递机会窃取邮件中的财物，应属于与执行工作任务具有相关性。

秒杀：员工是执行工作任务吗？是岗位职责吗？是客观关联吗？是的话，由单位对外，员工永远不对外。单位内部向有过错的员工追偿。

例：【运货"顺路"回家撞人：构成客观关联】甲是乙运输公司的雇员，乙派甲承担一批货物的长途运输任务。由于途经甲的老家，甲便想顺路回家看看。在回家途中，因车速过快与丙驾驶的轿车相撞，造成丙车毁人伤，交通部门认定甲负全责。丙如何主张侵权责任？①交通部门认定甲负全责是从行政责任角度作的认定，即本起事故是甲引起的。②民事侵权责任的判定，要看甲是"为谁开车"。③甲运输货物是执行工作任务，顺路回家是与执行工作任务构成客观外观关联，故仍应由乙运输公司对外承担无过错替代侵权责任。④乙运输公司承担责任以后，可向甲追偿。追偿多少，由法院自由裁量。

◆ **原理1**：为什么叫用人单位承担无过错替代责任？①因为员工惹祸，单位负责，这叫替代责任。②无论单位是否有过错，都要承担责任，这叫无过错责任。③合起来叫无过错替代责任。

◆ **原理2**：为什么员工"坑"单位，员工不对外，由单位对外承担无过错替代侵权责任？①【单位能控制风险】被使用者要听从用人者的指令，受用人者的管理和控制。控制方法如扣发工资、奖金甚至解雇等处分，形成威慑力。②【单位得到好处】用人者使用他人为自己服务，扩展了业务范围，增加了获利机会，享受了社会分工带来的好处。用人者享受利益时也应承担相应的风险。③【单位赔偿能力大】大部分情况下，用人者的赔偿能力强于被使用者。作为公司、企业来讲，其因此产生的成本完全可以通过提高产品与服务的定价、投保责任保险等措施予以分散。

2.【派遣员工"坑"2个单位】(1)【用工单位无过错责任：用工单位对外，员工不对外】劳务派遣期间，被派遣的工作人员因执行工作任务造成他人损害的，由接受劳务派遣的用工单位承担全部侵权责任。(2)【派遣单位承担过错责任】劳务派遣单位在不当选派工作人员、未依法履行培训义务等过错范围内，与接受劳务派遣的用工单位共同承担责任，但责任主体实际支付的赔偿费用总和不应超出被侵权人应受偿的损失数额。劳务派遣单位先行支付赔偿费用后，就超过自己相应责任的部分向接受劳务派遣的用工单位追偿的，法院应予支持，但双方另有约定的除外（《侵权编解释》第16条）。(3)【被告列明：

类似于一般保证纠纷中被告列明】①原告可以告用工单位。②可以告用工单位和派遣单位。③如只告派遣单位则必须追加用工单位为共同被告。

例：【派去搬家摔坏电视机】甲公司为劳务派遣单位，根据合同约定向乙公司派遣搬运工。搬运工丙脾气暴躁常与人争吵，乙公司要求甲公司更换丙或对其教育管理，甲公司不予理会。一天，乙公司安排丙为顾客丁免费搬运电视机，丙与丁发生激烈争吵故意摔坏电视机。丁如何主张侵权责任？①乙公司是用工单位，甲公司是派遣单位，丙是派遣员工。②丙搬运电视机而摔坏电视机，不是岗位职责，但是与执行任务客观关联，属于在执行工作任务致人损害。③应由用工单位乙负责，派遣单位甲公司承当与其过错相应的责任。

3.【员工"坑"自己】（1）【员工"坑"自己】如工人在操作机床时不慎被机器切断了手，启动工伤保险。（2）【员工被第三人侵权】如快递小哥送快递被人撞。除医疗费用外，员工可以兼得工伤保险和第三人侵权赔偿。医疗费用不可兼得，故工伤保险机构可向第三侵权人追偿。

(二)【"个人"用人者责任】（《民法典》第1192条）

1.【保姆"坑"雇主】（1）【外部：雇主对外，保姆不对外】个人之间形成劳务关系，提供劳务一方因劳务造成他人损害的，由接受劳务一方承担侵权责任。（2）【内部：雇主向有过错的保姆追偿】接受劳务一方承担侵权责任后，可以向有故意或者重大过失的提供劳务一方追偿。

例：【误将游泳者当小偷】甲在乙承包的水库游泳，乙的雇工丙、丁误以为甲在偷鱼苗将甲打伤。甲向谁主张侵权责任？①丙、丁受乙雇佣，形成个人劳务关系。②丙、丁劳务显然不包括打人，但是其打人与劳务客观关联，故应由接受劳务一方乙承担无过错替代侵权责任。③乙赔偿后，可向丙、丁追偿，追偿多少，由法官裁量。

2.【保姆"坑"自己】（1）【保姆"坑"自己：双方按过错分责】提供劳务一方因劳务受到损害的，根据双方各自的过错承担相应的责任。（2）【保姆被第三人侵权：第三人负责、雇主公平补偿、雇主补偿后追第三人】提供劳务期间，因第三人的行为造成提供劳务一方损害的，提供劳务一方有权请求第三人承担侵权责任，也有权请求接受劳务一方给予补偿。接受劳务一方补偿后，可以向第三人追偿。

◆ **原理：** 有的个人提供劳务对外致人损害，启动接受劳务一方的无过错责任；另一些个人提供劳务对外致人损害，由劳务个人自己负责，为什么会有这样的差异？①【单纯提供劳务合同：接受劳务方负无过错责任】干活的过程由雇主控制，时间、地点、方式，雇主有很强的控制力，因此对雇主启动无过错责任。②【处理事务或完成成果的劳务合同：劳务者自己负责】比如委托、中介、行纪、仓储合同，是处理事务的合同；比如承揽合同是完成成果的合同。这些劳务中，接受劳务一方对劳务一方没有控制力，而是由劳务者自己觉得怎么干活。所以，由劳务者自己负责。

三、被帮工人责任

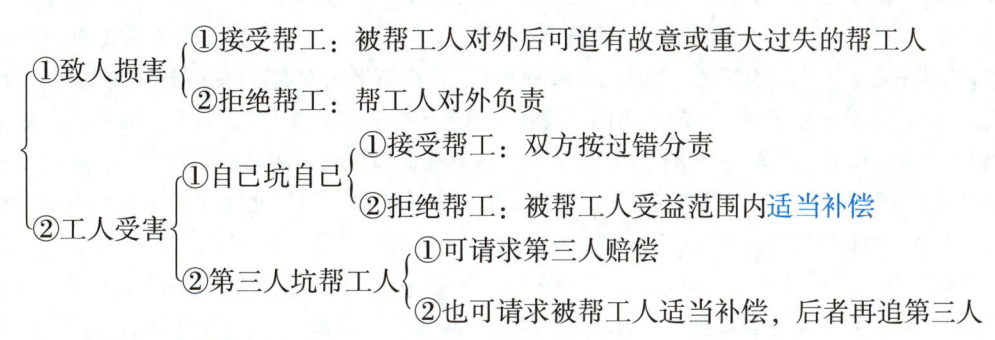

①致人损害 ｛ ①接受帮工：被帮工人对外后可追有故意或重大过失的帮工人
　　　　　　②拒绝帮工：帮工人对外负责

②工人受害 ｛ ①自己坑自己 ｛ ①接受帮工：双方按过错分责
　　　　　　　　　　　　　②拒绝帮工：被帮工人受益范围内适当补偿
　　　　　　②第三人坑帮工人 ｛ ①可请求第三人赔偿
　　　　　　　　　　　　　　　②也可请求被帮工人适当补偿，后者再追第三人

（一）【帮工对外害人】

1. **【被帮工人接受帮工：被帮工人负无过错责任，赔偿后向有错的帮工人追偿】** 无偿提供劳务的帮工人，在从事帮工活动中致人损害的，被帮工人应当承担赔偿责任。被帮工人承担赔偿责任后向有故意或者重大过失的帮工人追偿的，法院应予支持（《人身损害解释》第4条）。

2. **【被帮工人拒绝帮工：被帮工人不负责，由帮工人负责】** 被帮工人明确拒绝帮工的，不承担赔偿责任（《人身损害解释》第4条）。为什么拒绝你，就是因为你不靠谱，所以你自己对自己的行为负责。

例：【帮代驾撞人】 甲酒后不能开车，便请朋友乙帮忙代驾。乙违章驾驶撞伤了丙，交通部门认定乙负全责。丙如何主张侵权责任？①甲邀请乙帮工，乙对外致人损害，由甲负无过错侵权责任，乙有重大过失，故甲承担对丙承担侵权责任，此后甲可向乙追偿。②如甲拒绝乙帮工，乙强行要求帮忙，则由乙对丙负侵权责任。

秒杀： 帮工对外害人≈员工执行任务致人损害（《民法典》第1191条第1款）。

（二）【帮工对内害己】

1. **【被帮工人接受帮工：双方过错分责】** 无偿提供劳务的帮工人因帮工活动遭受人身损害的，根据帮工人和被帮工人各自的过错承担相应的责任（《人身损害解释》第5条第1款）。

2. **【被帮工人拒绝帮工：被帮工人在受益范围内公平补偿】** 被帮工人明确拒绝帮工的，被帮工人不承担赔偿责任，但可以在受益范围内予以适当补偿（《人身损害解释》第5条第1款）。

3. **【第三人导致侵犯帮工人：第三人负责，被帮工人适当补偿，补偿后向第三人追偿】** 帮工人在帮工活动中因第三人的行为遭受人身损害的，有权请求第三人承担赔偿责任，也有权请求被帮工人予以适当补偿。被帮工人补偿后，可以向第三人追偿（《人身损害解释》第5条第2款）。

例：【第三人害帮工人】 甲为父亲祝寿宴请亲友，请乙帮忙买酒，乙骑摩托车回村途中被货车撞成重伤，公安部门认定货车司机丙承担全部责任。乙如何主张侵权责任？①乙是在帮工过程中遭受第三人侵权，由第三人丙负侵权责任。②也可要求被帮工人甲予以适当补偿，甲补偿后，可向第三人丙追偿。

秒杀：帮工人自己受害≈个人劳务中保姆受害（《民法典》第1192条）。

◆ **原理**：如何区分好意施惠、无因管理、帮工侵权？(1)【好意施惠：不需要"花钱"】"一上来"就说"帮忙"把老人扶起来，乃好意施惠，此处的"帮忙"是日常生活用语层面的"帮忙"。(2)【未事先沟通是"无因管理"】①【必要费用】"未经与老人沟通"即"帮忙"把老人扶起来然后送去医院看病代垫了钱，这属于无因管理过程中支出的"必要费用"，属于无因管理。②【遭受损失】"未经与老人沟通"，"帮忙"把老人扶起来送去医院的过程中自己累骨折了，这属于无因管理过程中遭受的"损失"，仍然启动无因管理之债。③【法律适用】此处"帮忙"是指未与老人有意思沟通，即直接帮忙，乃无法律上原因即"无因"管理的"无因"，指向适用《民法典》合同编的"准合同"。(3)【有事先沟通则属于"帮工"】①【帮工侵权】"经与老人沟通"即"帮忙"把老人扶起来过程中自己累骨折了，启动帮工侵权。既然"经沟通"，就不是无因管理，而是"有因"管理。法律适用指向《民法典》侵权责任编的"帮工侵权"（在人身损害解释中）。②【无名合同】"经与老人沟通"，即"帮忙"代垫医药费，这是一个无名合同，存在意思表示，将来需要还，只是暂时代垫。法律适用指向《民法典》的合同编一般规定。

终极秒杀口诀：①老板（用人单位、雇主、被帮工人）一致对外。②自己自害，过错分责。③外人加害，外人负责，老板补，补完可追。

四、产品责任

（一）【产品、缺陷】

1.【产品】(1) 加工制作的动产。(2) 未经过加工、制作的动产，如原煤、原油和矿石，不适用产品责任。(3) 没有用于销售的产品，不适用产品责任。如果是只供自己试验、测试用，未进入流通领域，不会对他人造成损害。(4) 不动产责任不适用产品责任，而适用建筑物致人损害责任。(5) 动物不是产品，不适用产品责任，而适用动物致人损害规则。

2.【缺陷】(1) 产品存在危及人身、他人财产安全的不合理的危险。(2) 无视缺陷的3种情形：未投入流通；产品投入流通时，引起损害的缺陷尚不存在；将产品投入流通时的科学技术水平尚不能发现缺陷的存在。(3)【流通后发现存在产品缺陷的补救】①【不卖、警示、召回】产品投入流通后发现存在缺陷的，生产者、销售者应当及时采取停止销售、警示、召回等补救措施；未及时采取补救措施或者补救措施不力造成损害扩大的，对扩大的损害也应当承担侵权责任（《民法典》第1206条第1款）。②【厂家商家负担费用】采取召回措施的，生产者、销售者应当负担被侵权人因此支出的必要费用（《民法典》第1206条第2款）。

（二）【生产者、销售者无过错连带侵权责任：不真正连带责任】

1.【外部：受害人选择主张】(1) 因产品存在缺陷造成他人损害的，被侵权人可以向产品的生产者请求赔偿，也可以向产品的销售者请求赔偿（《民法典》第1203条第1款）。(2) 因产品存在缺陷造成买受人财产损害，买受人请求产品的生产者或者销售者赔偿缺陷产品本身损害以及其他财产损害的，法院予以支持。

2.【内部：向终局责任人追偿】产品缺陷由生产者造成的，销售者赔偿后，有权向生产者追偿。因销售者的过错使产品存在缺陷的，生产者赔偿后，有权向销售者追偿（《民法典》第1203条第2款)。

例：【大学生看球赛被电视炸】大学生甲在寝室复习功课，隔壁寝室的学生乙、丙到甲寝室强烈要求甲打开电视观看足球比赛，甲只好照办。由于质量问题，电视机突然爆炸，甲乙丙三人均受重伤。三人遭受的损害如何主张侵权责任？①电视机是产品，学校是购买者，电视机质量问题爆炸导致了电视机之外的损害，属于产品责任。②受害人不是学校，而是与商家无合同关系的甲乙丙，故甲乙丙可诉电视机商家或厂家承担不真正连带的无过错侵权责任。③甲的损害不能诉乙丙，因为乙丙无过错。乙丙不能诉甲，因为甲无过错。④甲乙丙不能诉学校，因为这不是学校过错。

（三）【产品缺陷的侵权责任（产品责任）、产品瑕疵的违约责任（产品质量）的竞合】

1.【产品缺陷的侵权责任（产品责任）】通常我们讲的产品责任，其实限于产品缺陷导致的侵权责任，比如购买的电视机爆炸，侵犯了人身权或财产权，这属于产品责任。

2.【产品瑕疵的违约责任（产品质量）】通常我们讲的产品瑕疵，其实是限于违约责任，比如购买手机，无法充电，启动产品瑕疵责任，是产品质量问题，是商家违约。

（四）【运输者、仓储者不是产品侵权责任被告】

因运输者、仓储者等第三人的过错使产品存在缺陷，造成他人损害的，产品的生产者、销售者赔偿后，有权向第三人追偿（《民法典》第1204条）。

（五）【产品侵权责任中的对恶意者启动惩罚性赔偿】

明知产品存在缺陷仍然生产、销售，或者没有对流通后发现产品存在缺陷采取补救措施，造成他人死亡或者健康严重损害的，被侵权人有权请求相应的惩罚性赔偿（《民法典》第1207条）。

例：【召回不当没造成健康严重损害】甲系某品牌汽车制造商，发现已投入流通的某款车型刹车系统存在技术缺陷，即通过媒体和销售商发布召回该款车进行技术处理的通知。乙购买该车，看到通知后立即驱车前往丙销售公司，途中因刹车系统失灵撞上大树，造成伤害。乙如何主张侵权责任？①产品存在缺陷，厂家采取召回措施不当造成损害，启动产品责任。②受害人乙可诉厂家甲、商家丙承担无过错侵权责任。③受害人可诉商家丙承担违约责任。④本案未导致人死亡或健康严重损害，故不启动惩罚性赔偿。

秒杀：产品责任：①告商家违约。②告商家和厂家侵权。③不能告物流或仓储侵权。④厂家或商家主观恶意且造成人身损害的，才启动惩罚性赔偿。

五、机动车致人损害责任

（一）【机动车责任保险】

1.【交强险>商业三者险>侵权】机动车发生交通事故造成损害，属于该机动车一方责任的，先由承保机动车强制保险的保险人在强制保险责任限额范围内予以赔偿；不足部分，由承保机动车商业保险的保险人按照保险合同的约定予以赔偿；仍然不足或者没有投保机动车商业保险的，由侵权人赔偿。（《民法典》第1213条）

◆ **原理：**为什么说交强险是车顶的"蛋糕"？甲车撞乙致害，甲车"顶"上有蛋糕（交强险）。①先分这块蛋糕，不管责任不责任，一定要分。②不过，如果车方有责任，那么蛋糕大；③如果车方无责任，蛋糕小。④用"蛋糕"补偿受害人。⑤如果损失全部填补完毕，那么结案。

2.【机动车责任保险：交强险和商业三责险】

（1）【交强险：强制投保】①【责任人和投保义务人不是同一人：责任人负全部侵权责任，投保人义务人在交强险限额内与责任人共同承担责任】交通事故责任人承担侵权人应承担的全部责任；投保义务人在机动车强制保险责任限额范围内与交通事故责任人共同承担责任，但责任主体实际支付的赔偿费用总和不应超出被侵权人应受偿的损失数额。投保义务人先行支付赔偿费用后，就超出机动车强制保险责任限额范围部分向交通事故责任人追偿的，法院应予支持（《侵权编解释》第21条）。②【司机离开本车因为没采取制动导致被车碾压，司机不是交强险中的受害第三者】机动车驾驶人离开本车后，因未采取制动措施等自身过错受到本车碰撞、碾压造成损害，机动车驾驶人请求承保本车机动车强制保险的保险人在强制保险责任限额范围内，以及承保本车机动车商业第三者责任保险的保险人按照保险合同的约定赔偿的，法院不予支持，但可以依据机动车车上人员责任保险的有关约定支持相应的赔偿请求（《侵权编解释》第22条）。

例：甲有车，必须投保交强险，才能上路。甲车撞了行人乙。甲投保的交强险如何运行？（1）【如甲有责，则交强险限额是20万元】①死亡伤残限额18万元。②医疗费用限额1.8万元。③财产限额2000元。（2）【如甲无责，则交强险限额是1.99万元】①死亡伤残限额1.8万元。②医疗费用限额1800元。③财产限额100元。（3）【如甲没投交强险就上路，甲车撞了行人乙】①如交警认定甲有责，甲必须先就交强险20万元范围内赔偿受害人乙。如果乙损失20万元，则甲全部赔偿，即使交警可能认定甲只有30%责任。②如交警认定甲无责，甲必须先就交强险1.99万元范围内赔偿受害人乙。③未投交强险就上路，则必须就交强险范围内负全部赔偿，不考虑交警认定的责任比例。超出交强险范围则启动交警认定的责任比例。

（2）【商业三责险：选择投保】

例：甲有车，投保了交强险后，还另外购买了60万元的第三者责任险。甲车撞了行人乙导致人身损失100万元。交警认定甲有70%责任。如何理赔？①先用交强险19.8万元赔偿乙，乙还有80.2万元未获得赔偿。②因为甲有70%责任，故甲需赔偿56.14万元，该责任由保险公司通过商业三者险（上限60万元）全部赔偿。如此一来，本起交通事故，甲不用再掏钱。③假设交警认定甲负全责，则交强险之外甲需要赔偿80.2万元，商业三者险只能赔到60万元，则剩余20.2万元就需要甲自己掏腰包了。④可见，侵权责任在有机动车责任保险制度框架下，发挥的作用是确定交强险的限额、确定商业三责险赔偿比例。

◆ **原理**：为什么说责任保险从被保险人中心主义，转向受害人中心主义？（1）【责任保险的初衷】责任保险的起初宗旨是转移"被保险人"的责任风险，即为了甲的利益，既然如此，就应该由甲选择是否投保，是否转移其责任风险给保险公司。（2）【责任保险的发展】但是机动车要上路行驶，会影响到不特定的人，故其产生的风险具有公共性。故法律将机动车责任保险区分为：强制责任保险，简称"交强险"，强制甲投保。商业第三者责任保险，简称"三责险"，由甲自愿投保。（3）【受害人中心主义】交强险的价值是保护"路人"获得赔偿，三责险的价值是转移"车方"风险。

（二）【机动车致人损害责任】

1. 【车撞车：过错分责】（1）【A车全错，A车全责】。（2）【A车B车各自错，A车B车按过错分责】。（3）【A车无错，A车无责】。

2. 【车撞"车外人"：无过错责任】（1）【车方无错，车方无过错责任】车方负无过错责任，不超过全部损失的10%。（2）【受害人有错：减轻车方责任】受害人有部分错，减轻车方责任，本质上是双方分责。（3）【受害人故意：车方无责】人故意"碰瓷"，车方免责。

3. 【车撞导致"本车内人"损害：合同启动无过错责任；侵权启动过错责任】（1）【合同启动无过错责任】有合同关系，启动无过错违约责任。（2）【侵权启动过错责任】①本车方有过错，受害人可要求本车方承担侵权责任。②本车方无过错，受害人不可要求本车方承担侵权责任。③提供好意搭乘一方导致搭乘人损害，负侵权责任，但应减轻其责任。如果提供方有故意或重大过失则不应减轻其责任。

例：【坐车内被石头砸中】小牛在从甲小学放学回家的路上，将石块扔向路上正常行驶的出租车，致使乘客张某受伤，张某经治疗后脸上仍留下一块大伤疤。出租车为乙公司所有。张某向谁主张索赔？①【合同启动无过错责任】张某可诉乙公司承担违约责任，因为张某和乙公司之间有合同关系，合同责任采用无过错责任原则。②【侵权启动过错责任：车方无过错不负责】张某不可诉乙公司承担侵权责任，因为乙公司不存在过错，不负侵权责任。③【监护人无过错责任】张某可诉小牛和小牛的监护人承担侵权责任，因为小牛实施了侵权行为，小牛监护人承担无过错替代侵权责任。④放学回家路上孩子致人损害而发生的侵权，与学校无关。⑤乙公司承担违约责任后，可向小牛和小牛监护人追偿（他们是终局责任人）。

4. 【无偿搭乘致害减轻车方责任】非营运机动车发生交通事故造成无偿搭乘人损害，属于该机动车一方责任的，应当减轻其赔偿责任，但是机动车使用人有故意或者重大过失的除外（《民法典》第1217条）。

终极秒杀：①先走交强险。②然后，"车车"事故，过错责任。③"车和车外人"事故，车方有10%的无过错责任。人过错，减轻车方责任。人"碰瓷"，车方无责。④"车和车内人事故"，合同启动无过错责任，侵权启动过错责任。

（三）【机动车致人损害的"车方"】

◆ **原理**：为什么要区分物权视野和侵权视野下的机动车？①物权视野是机动车的所有权归属；侵权视野是机动车制造的事故风险归属。②机动车致人损害的风险是来自于使用，而非所有。

1. 【租借机动车致人损害】租赁人、借用人是车方，所有人、管理人负与过错相应的赔偿责任（《民法典》第1209条）。（1）【租借人是车方】因租赁、借用等情形机动车所有人、管理人与使用人不是同一人时，发生交通事故造成损害，属于该机动车一方责任的，由机动车使用人承担赔偿责任。（2）【车主是过错责任】机动车所有人、管理人对损害的发生有过错的，承担相应的赔偿责任。①车有病；②用车人喝酒有病；③用车人没驾照。

2、【买卖机动车致人损害：买方"钥匙人"是车方，借用身份证购车，取得交付方是车方】当事人之间已经以买卖或者其他方式转让并交付机动车但是未办理登记,发生交通事故造成损害,属于该机动车一方责任的,由受让人承担赔偿责任(《民法典》第1210条)。

例:【买卖合同中取得交付的人是车方】周某从迅达汽车贸易公司购买了1辆车,约定周某试用10天,试用期满后3天内办理登记过户手续。试用期间,周某违反交通规则将李某撞成重伤。现周某困难,无力赔偿。李某有权向谁主张侵权责任?①周某。②汽车基于买卖合同已经交付给了周某,故周某是车方。

3.【非法买卖机动车致人损害:买卖双方负连带责任】(1)以买卖或者其他方式转让拼装或者已经达到报废标准的机动车,发生交通事故造成损害的,由转让人和受让人承担连带责任(《民法典》第1214条)。(2)转让人、受让人以其不知道且不应当知道该机动车系拼装或者已经达到报废标准为由,主张不承担侵权责任的,法院不予支持(《侵权编解释》第20条)。

4.【挂靠机动车致人损害:挂靠人和被挂靠人是车方负连带责任】以挂靠形式从事道路运输经营活动的机动车,发生交通事故造成损害,属于该机动车一方责任的,由挂靠人和被挂靠人承担连带责任(《民法典》第1211条)。

5.【套牌机动车致人损害:套牌人是车方】套牌机动车致人损害,套牌人为"车方"。如被套牌人同意套牌则套牌人和被套牌人负连带责任。

例:【同意套牌连带】指导案例19号裁判要点:机动车所有人或者管理人将机动车号牌出借他人套牌使用,或者明知他人套牌使用其机动车号牌不予制止,套牌机动车发生交通事故造成他人损害的,机动车所有人或者管理人应当与套牌机动车所有人或者管理人承担连带责任。

6.【偷开机动车致人损害:偷开人是车方,所有人、管理人负与过错相应的赔偿责任】

未经允许驾驶他人机动车,发生交通事故造成损害,属于该机动车一方责任的,由机动车使用人承担赔偿责任;机动车所有人、管理人对损害的发生有过错的,承担相应的赔偿责任,但是法律另有规定的除外(《民法典》第1212条)。

7.【盗抢机动车致人损害:盗抢人是车方】(《民法典》第1215条)(1)【盗抢人是车方】盗窃、抢劫或者抢夺的机动车发生交通事故造成损害的,由盗窃人、抢劫人或者抢夺人承担赔偿责任。(2)【盗抢人A与实际用车人B负连带责任】盗窃人、抢劫人或者抢夺人与机动车使用人不是同一人,发生交通事故造成损害,属于该机动车一方责任的,由盗窃人、抢劫人或者抢夺人与机动车使用人承担连带责任。(3)【交强险垫付盗抢车致害的抢救费用后追偿】保险人在机动车强制保险责任限额范围内垫付抢救费用的,有权向交通事故责任人追偿。

8.【试乘机动车致人损害:提供试乘人是车方】试乘车致人损害,则提供试乘服务方负侵权责任。导致试乘人损害,提供试乘服务人负过错侵权责任。

9.【试驾机动车致人损害:试驾人是车方】试驾致人损害,驾驶人承担责任。提供试驾服务一方有过错,承担相应责任。

10.【驾校机动车致人损害：驾校是车方】驾校学员驾驶培训车致人损害，驾校是"车方"。

六、高度危险责任（《民法典》第1239、1240、1241、1242条）

(一)【高度危险物致害：无过错责任】

占有或者使用易燃、易爆、剧毒、高放射性、强腐蚀性、高致病性等高度危险物造成他人损害的，占有人或者使用人应当承担侵权责任；但是，能够证明损害是因受害人故意或者不可抗力造成的，不承担责任。被侵权人对损害的发生有重大过失的，可以减轻占有人或者使用人的责任。

(二)【高度危险作业致害：无过错责任】

从事高空、高压、地下挖掘活动或者使用高速轨道运输工具造成他人损害的，经营者应当承担侵权责任；但是，能够证明损害是因受害人故意或者不可抗力造成的，不承担责任。被侵权人对损害的发生有重大过失的，可以减轻经营者的责任。

例：【放风筝被电死】12周岁的吴某放风筝，突然风筝挂到了路边的电线杆上，于是吴某爬上电线杆欲取下风筝。电线杆上的变压器早前已被挪走，但尚有装变压器的平台和横杆没有拆除，故吴某顺利爬了上去，突然吴某被一股强劲的电流击中并从电线杆跌落，后经抢救无效死亡。吴某父母起诉某电力公司，主张该电力公司从事高速危险作业致吴某某死亡应当承担侵权损害赔偿责任。吴某父母主张能否成立？①能。②电力公司属于从事高度危险作业者，应承担无过错责任。③吴某对损害的发生有重大过失，故应减轻电力公司责任。

(三)【"乱丢"高度危险物致人损害：无过错责任】

遗失、抛弃高度危险物造成他人损害的，由所有人承担侵权责任。所有人将高度危险物交由他人管理的，由管理人承担侵权责任；所有人有过错的，与管理人承担连带责任。

(四)【"非法侵占"高度危险物致人损害：非法侵占人无过错责任，管理人过错推定的连带责任】

非法占有高度危险物造成他人损害的，由非法占有人承担侵权责任。所有人、管理人不能证明对防止非法占有尽到高度注意义务的，与非法占有人承担连带责任。

七、环境污染和生态破坏责任

(一)【"污染方"负无过错责任】

因污染环境、破坏生态造成他人损害的，侵权人应当承担侵权责任（《民法典》第1229条）。

(二)【"连带污染方"负连带责任】

1.【主观共同故意】两个以上污染者共同实施污染行为造成损害，被侵权人有权请求污染者承担连带责任。

例：【1故意+1故意=连带】甲厂和乙厂共同故意排污导致丙养殖鱼类死亡，甲乙构成故意加害行为。丙如何主张权利？丙可诉甲乙承担连带侵权责任。

2.【客观共同导致全部损害结果】两个以上污染者分别实施污染行为造成同一损害，

每一个污染者的污染行为都足以造成全部损害，被侵权人有权请求污染者承担连带责任。

例：【1=全部损害结果；1=全部损害结果；1+1="2个"全部损害结果】甲厂排污、乙厂也排污，彼此之间无意思沟通。但是甲厂排放的污水足以导致丙养殖鱼类死亡，乙厂排放的污水也足以导致丙养殖鱼类死亡，"鱼死了2次"。丙如何主张权利？丙可诉甲、乙负连带侵权责任。

3.【客观共同导致部分重合结果】两个以上污染者分别实施污染行为造成同一损害，部分污染者的污染行为足以造成全部损害，部分污染者的污染行为只造成部分损害，被侵权人有权请求足以造成全部损害的污染者与其他污染者就共同造成的损害部分承担连带责任，并对全部损害承担责任。

例：【1=全部损害结果；1=部分损害结果；1+1=重合部分损害结果负连带】甲厂排污、乙厂也排污，彼此之间无意思沟通。但是甲厂排污足以导致丙养殖鱼类全部死亡，乙厂排放污水会导致丙养殖鱼类部分死亡。丙如何主张权利？就重合部分丙可诉甲、乙负连带责任，就剩余部分丙要求甲负侵权责任。

（三）【"按份污染方"负按份责任】

1.【按份责任】两个以上污染者分别实施污染行为造成同一损害，每一个污染者的污染行为都不足以造成全部损害，被侵权人有权请求污染者承担按份责任。

2.【份额确定】两个以上侵权人污染环境、破坏生态的，承担责任的大小，根据污染物的种类、浓度、排放量，破坏生态的方式、范围、程度，以及行为对损害后果所起的作用等因素确定（《民法典》第1231条）。

例：【1+1+1=损害结果】甲、乙、丙三家公司生产三种不同的化工产品，生产场地的排污口相邻。某年，当地大旱导致河水水位大幅下降，三家公司排放的污水混合发生化学反应，产生有毒物质致使河流下游丁养殖场的鱼类大量死亡。经查明，三家公司排放的污水均分别经过处理且符合国家排放标准。后丁养殖场向三家公司索赔。如何评价本案侵权纠纷？①三家公司无过错，但要承担环境污染侵权责任。②三家公司应按照污染物的种类、排放量等因素承担责任。③损害赔偿请求权诉讼时效期间为3年。

（四）【"恶意污染方"负惩罚性赔偿责任】

侵权人违反法律规定故意污染环境、破坏生态造成严重后果的，被侵权人有权请求相应的惩罚性赔偿（《民法典》第1232条）。

（五）【导致污染的"第三人"与"污染方"负不真正连带责任】

因第三人的过错污染环境、破坏生态的，被侵权人可以向侵权人请求赔偿，也可以向第三人请求赔偿。侵权人赔偿后，有权向第三人追偿（《民法典》第1233条）。

例：【偷油污染农田】小偷甲豁开中石油埋在地下的管道偷油，导致原油泄漏污染了乙的农田。乙如何主张权利？乙可诉中石油和小偷承担责任，如中石油赔偿，则可向小偷甲全额追偿，这属于"不真正连带责任"。

（六）【环境污染、破坏生态纠纷的证明责任分配】

1.【原告证明】(1) 被告的污染行为。(2) 原告的损害结果。

2.【被告证明】(1) 存在减免责事由。(2) 被告行为与原告损害结果无因果关系。

(《民法典》第1230条)

八、饲养动物损害责任

(一)【"违例动物"的绝对责任:仅受害人故意可免责】

1. 【违反管理规定,未对动物采取安全措施致人损害】违反管理规定,未对动物采取安全措施造成他人损害的,动物饲养人或者管理人应当承担侵权责任;但是,<u>能够证明损害是因被侵权人故意造成的,可以减轻责任</u>(《民法典》第1246条)。

2. 【禁止饲养的烈性犬等危险动物致人损害】(1)禁止饲养的烈性犬等危险动物造成他人损害的,动物饲养人或者管理人应当承担侵权责任(《民法典》第1247条)。(2)禁止饲养的烈性犬等危险动物造成他人损害,动物饲养人或者管理人主张不承担责任或者减轻责任的,法院不予支持(《侵权编解释》第23条)。

例:【孩子翻墙被藏獒咬】甲8周岁的儿子翻墙进入邻居院中玩耍,被院内藏獒咬伤,<u>邻居应否承担侵权责任?</u>①应承担侵权责任。②藏獒,为烈性、危险动物,指向绝对责任,只有一个减责事由,即受害人故意。③甲8周岁的儿子没有找藏獒"碰瓷",不构成故意。

(二)【"家养动物"的无过错责任:受害人故意可免责、受害人重大过失可减责】

饲养的动物造成他人损害的,动物饲养人或者管理人应当承担侵权责任;但是,能够证明损害是因被侵权人<u>故意(碰瓷:"让动物咬死自己的方式自杀")</u>或者<u>重大过失(如果是一般过失则不能减责)</u>造成的,可以不承担或者减轻责任(《民法典》第1245条)。

例1:【小猪绊人】丁下夜班回家途经邻居家门时,未看到邻居饲养的小猪趴在路上而绊倒摔伤,<u>邻居应否承担侵权责任?</u>①应承担侵权责任。②小猪是家养动物,启动无过错侵权责任。③动物的危险来自饲养人和管理人,因为它会"动",一会这儿,一会那儿,管理不当使得危险发生。可见,动物积极行为和动物消极行为,均属于侵权的不同表现形态。④丁可要求邻居承担无过错侵权责任。

例2:【牛斗牛:受害人过错】甲乙各牵一头牛于一桥头相遇。甲见状即对乙叫道:"让我先过,我的牛性子暴,牵你的牛躲一躲"。乙说"不怕",继续牵牛过桥,甲也牵牛上桥。结果二牛在桥上打架,乙的牛跌入桥下摔死。<u>乙如何主张侵权责任?</u>①甲牛导致乙牛死亡,属于动物致人损害侵权责任,即动物致人财产损害。②甲牛是家养牛,启动无过错侵权责任。③乙作为受害人,明知可能发生损害而没有采取措施去避免,对损害结果的发生有一定过错,应减轻甲的责任。

(三)【"动物园动物"的过错推定责任:受害人故意可免责、受害人重大过失可减责、动物园尽到管理职责可免责】

动物园的动物造成他人损害的,动物园应当承担侵权责任;但是,能够证明尽到管理职责的,不承担侵权责任(《民法典》第1248条)。

例:【动物园老虎笼子破损】戊带女儿到动物园游玩时,动物园饲养的老虎从破损的虎笼蹿出将戊女儿咬伤,<u>动物园应否承担侵权责任?</u>①应承担侵权责任。②老虎,是动物园动物,启动过错推定责任。③虎笼破损,可见动物园管理失职的过错。

(四)【因第三人过错致动物致人损害：动物饲养人或管理人，与第三人负不真正连带责任】

因第三人的过错致使动物造成他人损害的，被侵权人可以向动物饲养人或者管理人请求赔偿，也可以向第三人请求赔偿。动物饲养人或者管理人赔偿后，有权向第三人追偿（《民法典》第 1250 条）。

例 1：【第三人"挑逗狗"是过错】 小学生乙和丙放学途经养狗的王平家，丙故意逗狗，狗被激怒咬伤乙，乙如何主张侵权责任？①家养狗，启动无过错侵权责任。②王平负无过错侵权责任。③受害人乙没有过错，不减轻加害人责任。④丙故意逗狗导致狗被激怒咬人，属于第三人过错导致动物造成他人损害，丙也需要承担侵权责任。⑤乙可要求王平或丙承担侵权责任，如王平赔偿后，可向丙追偿。

例 2：【第三人"壮胆"不是过错】 小女孩甲（8 岁）与小男孩乙（12 岁）放学后常结伴回家。一日，甲对乙讲："听说我们回家途中的王家昨日买了一条狗，我们能否绕道回家？"乙答："不要怕！被狗咬了我负责。"后甲和乙路经王家同时被狗咬伤住院。该案赔偿责任应如何承担？①家养狗，启动无过错侵权责任。②王家负无过错侵权责任。③受害人甲没有过错，不减轻加害人责任。④乙给甲壮胆，并无挑逗激怒狗的过错，不属于第三人导致动物致人损害，故乙无须承担侵权责任。

(五)【流浪狗咬人：原主人或管理人赔】

遗弃、逃逸的动物在遗弃、逃逸期间造成他人损害的，由动物原饲养人或者管理人承担侵权责任（《民法典》第 1249 条）。

秒杀： ①是家养动物吗？无过错责任。②是动物园动物吗？过错推定责任。③是违规动物吗？无过错责任中的绝对责任。④是第三人逗狗吗？不真正连带责任。⑤是流浪狗吗？原饲养人或管理人承担责任。

第五节 公平责任

联想记忆： ①楼上掉下来一个孩子（"高空"抛物或坠物：由可能加害的建筑物使用人对受害人补偿），②有的人见义勇为（见义勇为：受助人对被侵权人补偿），③因此帮倒忙害了自己（帮工两种情形下的被帮工人对帮工人公平补偿：帮工人受自己或他人害），④有的人紧急避险（自然原因引起紧急避险：避险人对受害人公平补偿），⑤有的人当做没看见（完全民事行为能力人突发无意识："完人"对受害人公平补偿）。

秒杀： "高见帮避人"。

一、不是"根据实际情况"，而是"依照法律的规定"启动公平责任（《民法典》第 1186 条）

例 1：【电梯内劝禁烟气死人】 医生在小区电梯内劝阻一吸烟老人不要吸烟，吸烟老人愤怒之下与劝阻吸烟者发生争吵，随后老人回家后心脏病发作身亡。事后，老人家属将杨欢告上法庭，要求赔偿 40 余万元。医生要赔吗？否。对公共场合吸烟者，任何人都有劝阻的权利。

例2：【交通肇事逃逸跳站台】唐山小伙朱振彪追踪交通肇事逃逸者的过程中，逃逸者逃入火车铁道被火车撞死，逃逸者家属竟然将追踪者朱振彪告上法庭，要求其赔偿各项费用60万元人民币。朱振彪要赔吗？否。对交通肇事逃逸者，见义勇为人有追踪的权利。

例3：【英雄救美】一个成年男人在KTV酒后乱性试图性侵同行女子，在女子受伤流血之后仍不停手，最后遭众人殴打。这人还不服气非要追到二楼，怒踹房门想要找别人报复，结果门没踹开，自己被反弹回来掉楼下摔死了。然后这个男人的全家（父母妻女）将同行者们告上法院，要求打他的人赔偿经济损失130万元。英雄要赔吗？否。对侵犯他人权益者，任何人都有提供援助之手的权利。

例4：【盗开小黄车被撞】一个11周岁的小孩子，捅开了共享单车的密码锁，骑着车在大街上发生了交通意外身亡。然后小孩儿的父母将共享单车公司告上了法庭，索赔精神损害赔偿金以及死亡赔偿金760多万元。索赔的理由很简单，家长认为共享单车公司的车锁太容易被打开，存在安全隐患，所以才导致了孩子出现了安全事故。单车公司要赔吗？否。非法侵占他人财产导致自己受害，自甘风险。

例5：【公园爬树摔倒害自己】一个65周岁的老人，在公园爬树偷摘柿子，岂料树枝枯老被压断，老人摔下受伤，要求公园赔偿医疗费支出5万元。公园要赔吗？否。不得破坏公园公物，风险自负。

总结： 法院不能因为一方死人了、一方受伤了，就觉得结果不公平，因此滥用公平责任。以上情形均无适用公平责任的依据。

二、高空抛物或坠物：由可能加害的建筑物使用人对受害人的补偿（《民法典》第1254条）

（一）【找到侵权人，由侵权人负责，物业管理人负安保义务人责任：物业享有先执行抗辩权】

具体侵权人、物业服务企业等建筑物管理人作为共同被告的，法院应当在判决中明确，未采取必要安全保障措施的物业服务企业等建筑物管理人在法院就具体侵权人的财产依法强制执行后仍不能履行的范围内，承担与其过错相应的补充责任（《侵权编解释》第24条）。

（二）【找不到侵权人，物业管理人负与其过错相应的责任，被侵权人的剩余损害由可能加害的建筑物使用人给予补偿】

1.【找不到具体侵权人，先让有过错的物业管理人负部分责任】物业服务企业等建筑物管理人未采取必要的安全保障措施防止从建筑物中抛掷物品或者从建筑物上坠落的物品造成他人损害，经公安等机关调查，在民事案件一审法庭辩论终结前仍难以确定具体侵权人的，未采取必要安全保障措施的物业服务企业等建筑物管理人承担与其过错相应的责任（《侵权编解释》第25条）。

2.【找不到具体侵权人，先让有过错的物业管理人负部分责任，剩余部分由可能加害的业主公平补偿】被侵权人其余部分的损害，由可能加害的建筑物使用人给予适当补偿。

"被冤枉"的业主只要证明自己不是侵权人即可，无需找到真凶。

◆ **原理**：为什么叫公平补偿，而不是叫赔偿？既然找不到真正的侵权人，让相关人补偿，注定有好人被冤枉。用赔偿的话，一般老百姓接受不了。与此同时，证明与自己无关就可以，让好人不要被冤枉。

例：【高空抛砚台】张小飞邀请关小羽来家中做客，关小羽进入张小飞所住小区后，突然从小区的高楼内抛出一块砚台，将关小羽砸伤。如何评价砸伤关小羽的责任承担？①张小飞没有过错，不负侵权责任。②如顶层业主通过证明当日家中无人，可以免责。③如查明系从10层抛出，则10层以上业主无需承担责任。④小区物业并未违反安全保障义务，因为案件事实不存在建筑物管理人应采取必要安全措施而未采取的情形。

3.【具体侵权人确定后，物业管理人和被冤枉的业主可追具体侵权人】具体侵权人确定后，已经承担责任的物业服务企业等建筑物管理人、可能加害的建筑物使用人有权向具体侵权人追偿（《侵权编解释》第25条）。

三、见义勇为：受助人对被侵权人的补偿

（一）【受益人可以给"英雄"适当补偿】

因保护他人民事权益使自己受到损害的，由侵权人承担民事责任，受益人可以给予适当补偿（《民法典》第183条）。

例1：【英雄救美反被揍】甲调戏美女乙，丙路见不平拔刀相助，甲将丙痛打继续将美女乙调戏完毕。丙因受伤支出医疗费1万元。如何评价本案侵权关系？①甲故意侵害丙的人身，须对丙负侵权责任。②乙作为受益人，可以给丙适当补偿，不要求"见义勇为"必须成功。

例2：【救小学生反被马踢伤】李某赶着马车运货，某食品店开业燃放爆竹（该地并不禁止燃放爆竹），马受惊，带车向前狂奔，李某拉扯不住，眼看惊马向刚放学的小学生冲去，张某见状拦住惊马，但是被惊马踢伤。张某可怎么主张侵权责任？①马是家养动物，致人损害，启动无过错侵权责任。②张某为保护小学生权益而自己受害，故张某可要求李某承担侵权责任，同时，受益人即小学生可给予适当补偿。③食品店燃放爆竹，没有挑逗马的过错，不属于第三人过错导致动物致人损害，无须承担责任。

（二）【受益人应当给"英雄"适当补偿】

没有侵权人、侵权人逃逸或者无力承担民事责任，受害人请求补偿的，受益人应当给予适当补偿（《民法典》第183条）。

例：【救落水者成功而救人者死亡】甲将不慎落水的乙救起，甲自己死亡。如何评价本案侵权关系？甲保护他人民事权益而使自己受害，没有侵权人，故受益人乙应当给予适当补偿。

秒杀：鼓励见义勇为，允许自不量力。

四、帮工中帮工人受害，两种情形下的被帮工人对帮工人的公平补偿

（一）【被帮工人拒绝帮工】被帮工人拒绝帮工，帮工人因帮工活动遭受人身损害，

被帮工人不承担赔偿责任，但可以在受益范围内适当补偿。

（二）【第三人侵犯帮工人】帮工人受第三人侵权，第三人不能确定或者没有赔偿能力，可以由被帮工人予以适当补偿。

秒杀：帮工人受害，无论是自己导致还是第三人导致，都可能启动公平补偿。

五、自然原因引起紧急避险由避险人对受害人公平补偿

（一）【"人祸"，由险情引起人承担民事责任】

因紧急避险造成损害的，由引起险情发生的人承担民事责任（《民法典》第182条第1款）。

（二）【"天灾"，避险人可以给予适当补偿：启动公平补偿】

危险由自然原因引起的，紧急避险人不承担民事责任，可以给予适当补偿（《民法典》第182条第2款）。

六、"完人"突发无意识致人损害对受害人公平补偿（《民法典》第1190条）

（一）【"完人"因过错突发无意识致人损害，应负过错侵权责任】

完全民事行为能力人对自己的行为暂时没有意识或者失去控制造成他人损害有过错的，应当承担侵权责任。

（二）【"完人"因明显过错突发无意识致人损害，应负过错侵权责任】

完全民事行为能力人因醉酒、滥用麻醉药品或者精神药品对自己的行为暂时没有意识或者失去控制造成他人损害的，应当承担侵权责任。

（三）【"完人"无过错而突发无意识致人损害，完人给受害人适当补偿：启动公平补偿】

完全民事行为能力人对自己的行为暂时没有意识或者失去控制造成他人损害没有过错的，根据行为人的经济状况对受害人适当补偿。

例：【突发癫痫病致人损害】李某患有癫痫病。一日李某骑车行走时突然犯病，将一在路边玩耍的6岁儿童撞伤，用去医疗费200元。如何评价本案侵权纠纷？①李某是完人，突然丧失意识致人损害。②李某对其突然丧失意识并无过错，故启动公平补偿，根据李某的经济状况对受害人儿童适当补偿。③6岁儿童在路边玩耍，没有过错。

◆ **原理**：为什么根据行为人的经济状况对受害人适当补偿，而非根据双方的经济状况对受害人适当补偿？因为如果根据双方经济状况对受害人适当补偿，会背离公平责任的初衷。

第六节 建筑物和物件损害责任

理解：①产品、医疗产品、机动车、高度危险物、狗，都是东西，也就是物件。②因此，物件致人损害，属于兜底"大箩筐"。③物件损害责任是指为自己管领下的物件造成他人损害，应当由物件的所有人、管理人或者使用人承担侵权责任的特殊侵权责任。

一、2个无过错责任：公共道路遗撒物等妨碍通行的物品致人损害

（一）【堵路人的无过错责任，公路管理人过错推定责任】

在公共道路上堆放、倾倒、遗撒妨碍通行的物品造成他人损害的，由行为人承担侵权责任。公共道路管理人不能证明已经尽到清理、防护、警示等义务的，应当承担相应的责任（《民法典》第1256条）。

（二）【建筑物倒塌致害责任的无过错责任】

1. 【建筑物等自己倒塌致人损害：建设单位和施工单位负连带责任】

建筑物、构筑物或者其他设施倒塌、塌陷造成他人损害的，由建设单位与施工单位承担连带责任，但是建设单位与施工单位能够证明不存在质量缺陷的除外。建设单位、施工单位赔偿后，有其他责任人的，有权向其他责任人追偿（《民法典》第1252条第1款）。

2. 【楼被撞倒了的侵权责任：撞的人承担侵权责任】

因所有人、管理人、使用人或者第三人的原因，建筑物、构筑物或者其他设施倒塌、塌陷造成他人损害的，由所有人、管理人、使用人或者第三人承担侵权责任（《民法典》第1252条第2款）。

二、5个过错推定责任："上往下掉、下往地下掉"

（一）【建筑物及其搁置物、悬挂物等脱落、坠落致害责任】（《民法典》第1253条）

1. 【所有人、管理人、或使用人负过错推定责任：所有人、管理人或使用人，谁对坠落有过错，谁负责】建筑物、构筑物或者其他设施及其搁置物、悬挂物发生脱落、坠落造成他人损害，所有人、管理人或者使用人不能证明自己没有过错的，应当承担侵权责任。

例1：【所有人、管理人或使用人是同1人：谁对坠落有过错，谁负责】甲公司建设的楼，甲公司自己提供物业服务，甲公司自己使用，墙皮脱落致人损害，谁负责？甲公司对坠落有过错，甲公司负责。

例2：【所有人、管理人或使用人分离：谁对坠落有过错，谁负责】甲、乙、丙共有房屋，约定轮流居住，甲居住期间，墙皮掉落致人损害，谁负责？甲、乙、丙对外负连带责任，过错推定，所有人甲、乙、丙有过错。使用人甲没过错。

例3：【所有人、管理人与使用人分离：谁对坠落有过错，谁负责】甲公司建设的楼，甲公司自己提供物业服务，甲公司自己用1、2、3层，乙公司租用第4层。第4层墙皮掉落致人损害，谁负责？所有人甲公司负责，因为甲公司是所有人、管理人，有过错。第4层乙公司放的花盆掉落致人损害，谁负责？使用人乙公司负责，乙公司作为使用人，有过错。

◆ 原理：所有人、管理人或者使用人为什么不是负连带责任？①措辞是"或者"，而不是"和"。②而且这3人可能是同一个人。自己的楼自己提供物业服务自己使用，就三合一，谈不上连带责任。③谁对坠落有过错，谁负责。

2. 【再向上找其他责任人追偿】所有人、管理人或者使用人赔偿后，有其他责任人的，有权向其他责任人追偿。

例：【装好的广告牌掉落：物件使用人有过错要负责，再向上追安装公司】大华商场

委托飞达广告公司制作了一块宣传企业形象的广告牌，并由飞达公司负责安装在商场外墙。某日风大，广告牌被吹落砸伤过路人郑某。经查，广告牌的安装存在质量问题。如何评价本案侵权纠纷？①广告牌制作完毕，不属于承揽合同履行过程中发生的侵权，也不是施工中发生的侵权。②本案属于物件致人损害的侵权。③大华商场作为所有人应负过错推定责任。④大华商场赔偿后，可以向飞达广告公司追偿。

（二）【堆放物倒塌致人损害：堆放人过错推定责任】

堆放物倒塌、滚落或者滑落造成他人损害，堆放人不能证明自己没有过错的，应当承担侵权责任（《民法典》第1255条）。

（三）【林木折断致害责任：所有人或者管理人过错推定责任】

因林木折断、倾倒或者果实坠落等造成他人损害，林木的所有人或者管理人不能证明自己没有过错的，应当承担侵权责任（《民法典》第1257条）。

（四）【窨井等地下设施致害责任：管理人过错推定责任】

窨井等地下设施造成他人损害，管理人不能证明尽到管理职责的，应当承担侵权责任（《民法典》第1258条第2款）。

（五）【挖坑、修缮安装地下设施致害责任：施工人过错推定责任】

在公共场所或者道路上挖掘、修缮安装地下设施等造成他人损害，施工人不能证明已经设置明显标志和采取安全措施的，应当承担侵权责任（《民法典》第1258条第1款）。

例：【施工人负责】甲开发商将工程发包给乙施工，乙施工中致人损害，谁承担侵权责任？①乙。②施工致人损害，由施工人负过错推定侵权责任，发包人并不负侵权责任。

秒杀：上往下掉；下往地下掉。

三、1个公平责任：抛掷物或坠落物致害责任

禁止从建筑物中抛掷物品。从建筑物中抛掷物品或者从建筑物上坠落的物品造成他人损害的，由侵权人依法承担侵权责任；经调查难以确定具体侵权人的，除能够证明自己不是侵权人的外，由可能加害的建筑物使用人给予补偿。可能加害的建筑物使用人补偿后，有权向侵权人追偿（《民法典》第1254条第1款）。

第七节　多数人侵权

案例：甲货车在路上高速行驶把高压线撞下来了，后乙货车路过此地再次撞到高压线致无过错行人丙受伤，问甲、乙该如何担责？按份责任。

①有意思联络数人侵权
- ①共同侵权
  - ①共同加害行为
  - ②成年人教唆帮助成年人的侵权行为
- ②准共同侵权：共同危险行为

连带责任

②无意思联络数人侵权
- ①每个原因力均足以导致全部损害：连带责任（聚合因果关系）
- ②单个原因力不足以导致全部损害：按份责任（累积因果关系）

一、有意思联络数人侵权：连带责任

（一）【共同加害行为3情形】二人以上共同实施侵权行为，造成他人损害的，应当承担连带责任（《民法典》第1168条）。

1. 【共同故意的共同加害行为：连带责任】

例：【共同殴打】甲、乙共同殴打丙，致丙支出医疗费500元。如何评价甲、乙的行为？甲乙之间有意思联络，共同殴打丙，构成共同故意的加害行为，甲、乙应对丙负连带责任。

2. 【共同过失的共同加害行为：连带责任】

例：【挑夫共同过失】甲、乙在登泰山的过程中共同挑货物，甲发现扁担快断了，提示乙，乙说放心，甲没理会。不料扁担断了，货物掉落砸伤了游客。如何评价甲、乙的行为？甲乙之间有意思联络，构成共同过失的加害行为，甲、乙负连带责任。

3. 【一方故意另一方过失的共同加害行为：连带责任】

例：【网民故意和网站过失】网民甲在网站上传播侵犯乙著作权的作品《狂飙》，网站接到通知后没有采取断开链接等合理措施。如何评价甲、网站的行为？甲是故意侵权，网站是过失，就扩大部分损失网站和甲负连带责任。

（二）【成年人教唆帮助成年人：连带责任。此情形才是共同侵权】教唆、帮助他人实施侵权行为的，应当与行为人承担连带责任（《民法典》第1169条第1款）。如30岁的甲教唆30岁的乙打30岁的丙，甲、乙负连带责任。

例：【糊弄"打小偷"】赵某在公共汽车上因不慎踩到售票员而与之发生口角，售票员在赵某下车之后指着他大喊："打小偷！"赵某因此被数名行人扑倒在地致伤。如何评价案侵权纠纷？①售票员与赵某发生口角，指使他人殴打乘客，不属于执行工作任务，应由售票员对外承担过错侵权责任。②售票员与数名行人属于教唆与被教唆关系，应对赵某负连带侵权责任。③售票员和数名行人内部责任份额上，分配责任时应考虑行为人的主观状态。售票员属于故意，且其动机为恶意报复，应当承担主要的赔偿责任；行人属于过失，且其动机为见义勇为，应当承担次要责任。

（三）【共同危险行为】

二人以上实施危及他人人身、财产安全的行为，其中一人或者数人的行为造成他人损害，能够确定具体侵权人的，由侵权人承担责任；不能确定具体侵权人的，行为人承担连带责任（《民法典》第1170条）。

例：【楼上扔酒瓶】甲、乙、丙均未成年人，各拿一酒瓶从3楼往下扔，以比试谁扔得远，岂料2个酒瓶掉地上，1个击中2岁的丁致其死亡。无法查明砸中丁的酒瓶是谁扔的，丁的监护人如何主张侵权责任？①甲、乙、丙明知其行为可能导致危险，而放任危险的发生，彼此之间有意思联络，构成共同危险的侵权行为。②如果能够确定砸中丁的酒瓶是谁扔的，则由其承担侵权责任。③如果不能确定是谁砸中丁，则由甲、乙、丙负连带责任。甲、乙、丙内部各1/3责任。

◆ **原理：**如何区分共同加害行为、共同危险行为和高空抛物行为？①【共同加害行为，大家一起实施加害行为】甲、乙、丙在楼上扔啤酒瓶，都向丁砸去，结果甲的酒瓶砸中了丁，甲、乙、丙构成共同加害行为，负连带责任。②【共同危险行为，大家一起制造了危险】甲、乙、丙在楼上扔啤酒瓶，看谁扔得最远，岂料丁恰巧经过被砸中。甲、乙、丙都实施了共同危险行为，负连带责任。找到真凶才能脱责。③【高空抛物行为，不知道是谁家制造了危险】可以锁定一层楼，但不知道是哪个人干的，启动公平责任，只要证明不是自己干的就可脱责，无须找到真凶。

（四）【原告起诉部分共同侵权人：法院应当追加，原告放弃多少算多少】（《人身损害解释》第 2 条）

```
              ┌①共同加害行为 ┌①共同故意的加害行为
              │              ┤②共同过失的加害行为
①共同侵权 ──┤              └③一方故意另一方过失的加害行为
              │②成年人教唆帮助成年人的教唆帮助
②准共同侵权：共同危险行为
```

◆ **原理**：为什么说共同危险行为是"准"共同侵权？①共同侵权行为是多因一果，多个原因导致一个结果。②共同危险行为是一因一果，只是不知道具体哪个因，所以启动连带责任试图倒逼找出这一个因来。因此，把共同危险行为叫"准共同侵权"。

1、【原告起诉 1 人，法院追加其他人】赔偿权利人起诉部分共同侵权人的，人民法院应当追加其他共同侵权人作为共同被告。

2.【原告放弃 1 人，其他人对这部分不负责】赔偿权利人在诉讼中放弃对部分共同侵权人的诉讼请求的，其他共同侵权人对被放弃诉讼请求的被告应当承担的赔偿份额不承担连带责任。责任范围难以确定的，推定各共同侵权人承担同等责任。

3.【法院向原告释明放弃的后果】人民法院应当将放弃诉讼请求的法律后果告知赔偿权利人，并将放弃诉讼请求的情况在法律文书中叙明。

二、无意思联络数人侵权

（一）【每个原因力均足以导致全部损害，大家负连带责任】

二人以上分别实施侵权行为造成同一损害，每个人的侵权行为都足以造成全部损害的，行为人承担连带责任（《民法典》第 1171 条）（学理上叫聚合因果关系或等价因果关系）。

例：【可以让人死 2 次】甲、乙"不约而同"投放剂量均足以导致人死亡的毒药于丙早餐，丙因此死亡。如何评价甲乙的侵权责任？①甲要置丙于死地、乙也要置丙于死地。②甲乙之间无意思联络，不属于共同加害行为。③甲乙之间属于无意思联络数人侵权。④甲的原因力可以导致全部损害，乙的原因力也可以导致全部损害，故甲乙应负连带侵权责任。

（二）【单个原因力不足以导致全部损害，大家负按份责任】

二人以上分别实施侵权行为造成同一损害，能够确定责任大小的，各自承担相应的责任；难以确定责任大小的，平均承担责任（《民法典》第 1172 条）（学理上叫累积因果关系或部分因果关系）。

例：【羊A和羊B"啃"中药】甲、乙、丙三家毗邻而居，甲、乙分别饲养山羊各一只。某日二羊走脱，将丙辛苦栽培的珍稀药材悉数啃光。如何评价甲、乙的责任？①山羊属于家养动物，启动无过错责任。②甲羊致人损害，乙羊致人损害，甲、乙之间无意思联络，且任何一只羊都不足以导致全部损害，故甲、乙应负按份责任。③如果不能确定二羊各自啃食的数量，则甲、乙平均承担相应赔偿责任。

秒杀：①原因力1或原因力2可以独当一面，则负连带责任。②原因力1和原因力2一起才能导致全部损失，则按份责任，无法确定份额，则对半开。

综合秒杀：①一起帮助、教唆、加害，大家负连带责任。②多个危险行为，大家负连带责任，能确定具体谁，才可免责。③原因力合计才侵权，大家负按份责任。④原因力单独即侵权，大家负连带责任。

第八节　侵权责任的承担

一、非损害赔偿

侵权行为危及他人人身、财产安全的，被侵权人有权请求侵权人承担停止侵害、排除妨碍、消除危险等侵权责任（《民法典》第1167条）。

二、损害赔偿

（一）【人身损害赔偿】

1.【物质性人格权受害的损害赔偿：侵犯生命权、身体权、健康权】

（1）【常规赔偿项目】侵害他人造成人身损害的，应当赔偿医疗费、护理费、交通费、营养费、住院伙食补助费等为治疗和康复支出的合理费用，以及因误工减少的收入（《民法典》第1179条）。

（2）【残疾赔偿项目】造成残疾的，还应当赔偿辅助器具费和残疾赔偿金（《民法典》第1179条）。

（3）【死亡赔偿项目】造成死亡的，还应当赔偿丧葬费和死亡赔偿金（《民法典》第1179条）。①【同命同价】因同一侵权行为造成多人死亡的，可以以相同数额确定死亡赔偿金（《民法典》第1180条）。②【原告的列明】要么是近亲属：被侵权人死亡的，其近亲属有权请求侵权人承担侵权责任。要么是掏医疗费或丧葬费的人：被侵权人死亡的，支付被侵权人医疗费、丧葬费等合理费用的人有权请求侵权人赔偿费用，但是侵权人已经支付该费用的除外。

2.【精神性人格权受害的损害赔偿：名誉权、肖像权、姓名权等精神性人格权受害】

（1）【侵权人赔偿额度：受害人损失或侵权人得益】（《民法典》第1182条）。

（2）【侵权人赔偿额度：难以取得受害人损失或侵权人得益则法院定】（《民法典》第1182条）。

（3）【侵犯监护权的赔偿】：非法使被监护人脱离监护，监护人有权请求赔偿为恢复监护状态而支出的合理费用等财产损失】(《侵权编解释》第 1 条)。

3.【精神损害赔偿】

(1)【自然人的人身权益受害导致严重精神损害】侵害自然人人身权益造成严重精神损害的,被侵权人有权请求精神损害赔偿(《民法典》第 1183 条第 1 款)。

(2)【自然人的人格物受害导致严重精神损害】因故意或者重大过失侵害自然人具有人身意义的特定物造成严重精神损害的,被侵权人有权请求精神损害赔偿(《民法典》第 1183 条第 2 款)。

(二)【财产损害赔偿】

1.【填平性赔偿:损失发生时市场价格】侵害他人财产的,财产损失按照损失发生时的市场价格或者其他合理方式计算(《民法典》第 1184 条)。

例 1:【试戴手镯不慎摔坏】姚某旅游途中,前往某玉石市场参观,在唐某经营的摊位上拿起一只翡翠手镯,经唐某同意后试戴,并问价。唐某报价 18 万元(实际进货价 8 万元,市价 9 万元),姚某感觉价格太高,急忙取下,不慎将手镯摔断。姚某的赔偿责任范围是多少?①9 万元。②姚某不慎摔断手镯,须负过错侵权责任。③财产损失按照损害发生时的市场价格计算。

例 2:【不慎摔坏假"古董"】王某以 5 万元从甲商店购得标注为明代制品的瓷瓶一件,放置于家中客厅。李某好奇把玩,不慎将瓷瓶摔坏。经鉴定,瓷瓶为赝品,市场价值为 100 元,甲商店系知假卖假。王某可提出何种索赔主张?①王某可向甲商店提出惩罚性赔偿。经营者提供商品或者服务有欺诈行为的,应当按照消费者的要求增加赔偿其受到的损失,增加赔偿的金额为消费者购买商品的价款或者接受服务的费用的三倍。故王某可请求甲商店增加赔偿 15 万元。②李某不慎导致瓷瓶摔坏,负过错侵权责任,赔偿范围为损失发生时市场价格,即 100 元。

2.【惩罚性赔偿】(1)【产品】明知缺陷产品还生产或销售导致人身损害的生产者、销售者应承担惩罚性赔偿责任。(2)【知产】故意侵害他人知识产权情节严重的应承担惩罚性赔偿责任(《民法典》第 1185 条)。(3)【环境】故意污染环境的应承担惩罚性赔偿责任。

三、不承担责任或免除责任的事由

不可抗力(《民法典》第 180 条)、正当防卫(《民法典》第 181 条)、紧急避险(《民法典》第 182 条)、见义勇为(《民法典》第 183 条)、紧急救助(《民法典》第 184 条)、自助行为(《民法典》第 1177 条)、受害人故意或同意(《民法典》第 1174 条)和自甘风险(《民法典》第 1176 条)。其中,自甘风险比较爱考,是指自愿参加具有一定风险的文体活动,因其他参加者的行为受到损害的,受害人不得请求其他参加者承担侵权责任;但是,其他参加者对损害的发生有故意或者重大过失的除外。活动组织者的责任适用"安保义务侵权"规则。比如打篮球比赛合理冲撞导致损害,不负侵权责任。但是如果球迷闹事导致人受害,安保义务人要负过错侵权责任。

侵权责任编终极秒杀做题步骤:①第 1 步,看是否无过错责任(法定类型)(监人帮产车高污狗)。②第 2 步，看是否过错推定责任（法定类型）（园园院掉掉掉）。③第 3 步，看是否公平责任（法定类型）（高见帮避人）。④第 4 步，看是否有过错责任（法官自由裁量定）。⑤第 5 步，以上各步都要考虑受害人是否自己有过错，如果有，要减轻被告的责任。

民法结构图

作者引：提高读题效率、破案效率、思维效率，一键直达，火速达到终点，特总结民法常见结构图以飨读者。内容包括：民法三方结构图、民法四方结构图、民法叠加结构图。如果你能够看到图反射到法律关系和处理方案，你就可以出师了，思维敏捷、大开大合、气吞山河。

一、民法三方结构图

（一）民总的三方结构图

1、创业签约的结构中，相对人丙是第三人＊＊＊＊

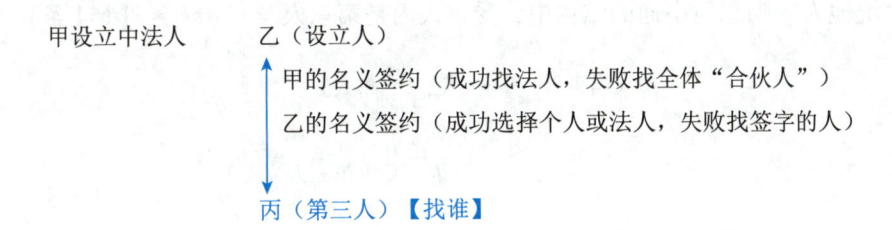

    甲设立中法人   乙（设立人）
    ↑
    | 甲的名义签约（成功找法人，失败找全体"合伙人"）
    | 乙的名义签约（成功选择个人或法人，失败找签字的人）
    ↓

    丙（第三人）【找谁】

2、代表的结构中，相对人丙是第三人＊＊＊＊＊【61 条】

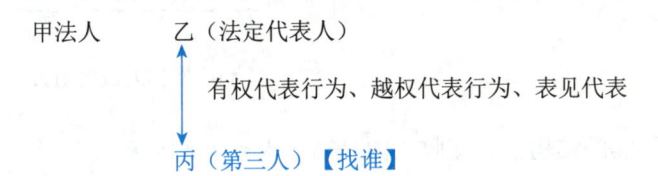

    甲法人   乙（法定代表人）
            有权代表行为、越权代表行为、表见代表
    ↓

    丙（第三人）【找谁】

3、直接代理结构中，相对人丙是第三人＊＊

    甲（被代理人）   乙（代理人）（以被代理人甲的名义）
         ↘
              丙（第三人）

4、间接代理结构中，相对人丙是第三人＊＊

    甲（被代理人）   乙（代理人）（以代理人乙自己的名义）
         ↘
              丙（第三人）（知情叫显名间代，不知情叫隐名间代）

5、效力待定（无权代理）的结构中，相对人丙是第三人＊＊＊＊＊【171条】

```
甲（父母或被代理人）——→乙（孩子或无权代理人）
                        ↕
                    丙（第三人）
```

6、"吃里扒外"型恶意串通的结构中，被代表、被代理的公司丙是第三人＊＊＊＊＊＊【164条】

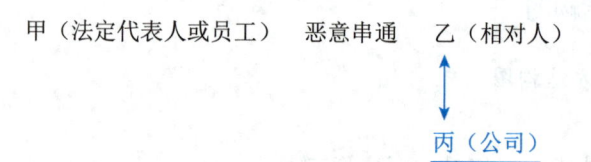

```
甲（法定代表人或员工）  恶意串通  乙（相对人）
                                    ↕
                                丙（公司）
```

7、"坑他人"型恶意串通的结构中，受害人丙是第三人＊＊＊＊＊【154条】

```
甲（当事人）——乙（当事人）

        丙（受害第三人）
```

8、第三人欺诈、胁迫的结构中，丙是第三人＊＊＊【149、150条】

```
甲（合同当事人之权利人）←——→乙（合同当事人之受欺诈人）

                            丙（欺诈人或胁迫人）
```

9、无权处分买卖的结构中，接收人丙是第三人＊＊＊＊＊

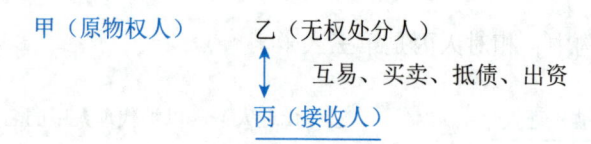

```
甲（原物权人）  乙（无权处分人）
        ↕      互易、买卖、抵债、出资
        丙（接收人）
```

10、多重买卖的结构中，后一个买方丙是第三人＊＊＊＊＊

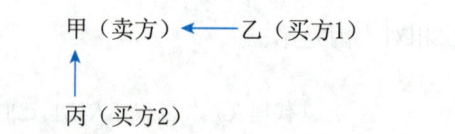

```
甲（卖方）←——乙（买方1）
    ↑
丙（买方2）
```

(二) 物权的三方结构图

1、物权优先于债权的结构中，过户人优先于钥匙人，过户人丙是第三人＊＊＊＊

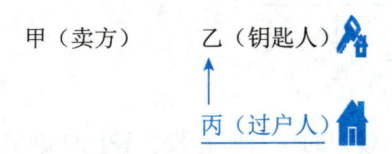

　　　　　　　甲（卖方）　　乙（钥匙人）🏠
　　　　　　　　　　　　　　　↑
　　　　　　　　　　　　丙（过户人）🏠

2、占有保护的结构中，侵占人后手丙是第三人

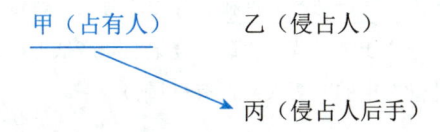

　　　　　　　甲（占有人）　　乙（侵占人）
　　　　　　　　　　　　＼
　　　　　　　　　　　　　丙（侵占人后手）

3、特殊动产所有权登记对抗的结构中，钥匙人优于过户人，过户人丙是第三人。钥匙人和付款人可以破执行，申请执行人丙是第三人＊＊＊＊

　　　甲（卖方）　　乙（钥匙人）🏠　　甲 ←――― 乙（钥匙人+付款人）
　　　　　　　　　　↑　　　　　　　　　↑　　破执行
　　　　　　　丙（过户人）🏠　　　　　丙（债权人，申请执行人）

4、善意取得（所有权、抵押权、质权、留置权、让与担保权）的结构中，善意取得人丙是第三人＊＊＊＊【311条】

　　　　　　　甲（原物权人）　　乙（无权处分人）
　　　　　　　　　　　　＼
　　　　　　　　　　　　　丙（善意取得人）

5、遗失物买卖的结构中，购买遗失物的人丙是第三人＊＊＊＊【312条】

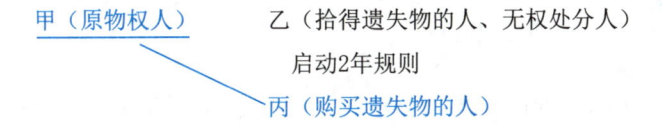

　　　　　　　甲（原物权人）　　乙（拾得遗失物的人、无权处分人）
　　　　　　　　　　　　　　　启动2年规则
　　　　　　　　　　　　　丙（购买遗失物的人）

6、按份共有份额优先购买权的结构中，外面的购买人丙是第三人＊＊＊

　　　　　　　甲（内人份额人）←―――乙（内人份额人）

　　　　　　　丙（外人购买人）

7、他物保的结构中，又称物上保证人，第三物保人丙是第三人＊＊＊＊

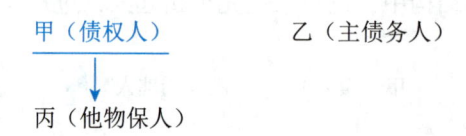

```
    甲（债权人）          乙（主债务人）
        ↓
    丙（他物保人）
```

8、登记的动产抵押权、登记的保留所有权、登记的融资租赁物所有权之"正常经营"的结构中，购买人丙是第三人＊＊＊＊【404条】

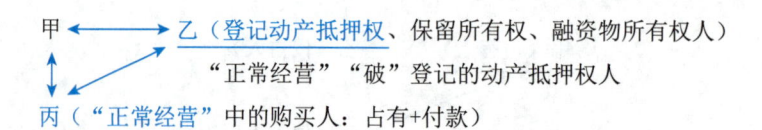

```
  甲 ←→ 乙（登记动产抵押权、保留所有权、融资物所有权人）
   ↕↙   "正常经营""破"登记的动产抵押权人
  丙（"正常经营"中的购买人：占有+付款）
```

9、未登记的动产抵押权、未登记的保留所有权、未登记的融资租赁物所有权之"买执保租破"的结构中，"买执保租破"人丙是第三人＊＊＊＊＊＊（买执保租破）【《担保制度解释》第54条】

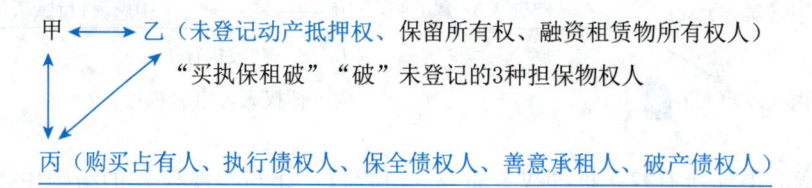

```
  甲 ←→ 乙（未登记动产抵押权、保留所有权、融资租赁物所有权人）
   ↕↙   "买执保租破""破"未登记的3种担保物权人
  丙（购买占有人、执行债权人、保全债权人、善意承租人、破产债权人）
```

10、动产抵押权、保留所有权、融资租赁物所有权的"价款优先"的结构中，第2个担保物权人丙是第三人＊＊＊＊【416条】

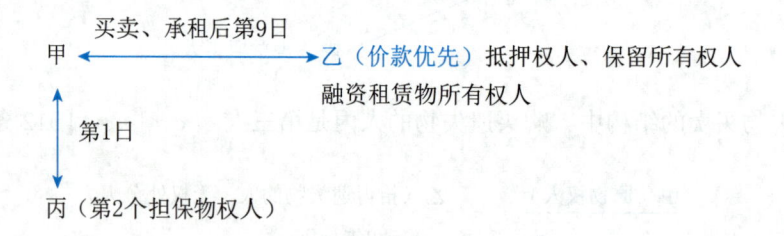

```
         买卖、承租后第9日
  甲 ←――――――――――→ 乙（价款优先）抵押权人、保留所有权人
   ↕                    融资租赁物所有权人
   │第1日
   ↓
  丙（第2个担保物权人）
```

11、动产（不动产）抵押权之"公示先后、债权比例"的结构中，第2个抵押权人丙是第三人＊＊＊＊【414条】

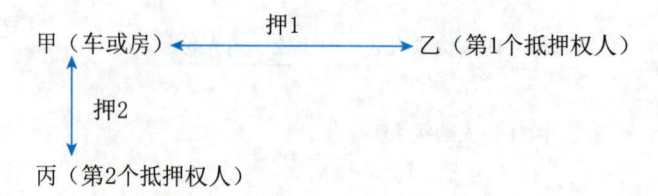

```
              押1
  甲（车或房）――――→ 乙（第1个抵押权人）
   │
   │押2
   ↓
  丙（第2个抵押权人）
```

12、抵押物转让的结构中，受让人丙是第三人＊＊＊【406条】

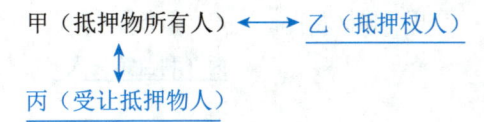

　　　　　　甲（抵押物所有人）◀━━▶乙（抵押权人）

　　　　　　　　　　↕

　　　　　　丙（受让抵押物人）

13、债权质权的结构中，债务人丙是第三人＊＊＊

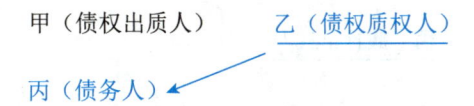

　　　　　　甲（债权出质人）　　乙（债权质权人）

　　　　　　丙（债务人）◀━━━━━

（三）合同的三方结构图

1、债权人代位权的结构中，相对人丙是第三人＊＊＊＊＊【535条】

　　　　　　甲（债权人）　　乙（债务人）
　　　　　　　　　　↘
　　　　　　　　　　丙（相对人）

2、债权人撤销权的结构中，相对人丙是第三人＊＊＊＊＊【538、539条】

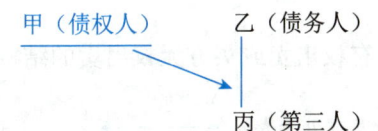

　　　　　　甲（债权人）　　乙（债务人）
　　　　　　　　　　↘　　　　│
　　　　　　　　　　丙（第三人）

3、债权转让的结构中，受让人丙是第三人＊＊＊＊＊

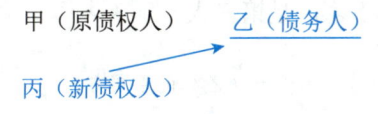

　　　　　　甲（原债权人）　　乙（债务人）
　　　　　　　　　　　↗
　　　　　　丙（新债权人）

4、免责债务承担的结构中，新债务人丙是第三人＊＊＊＊＊

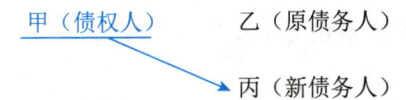

　　　　　　甲（债权人）　　乙（原债务人）
　　　　　　　　　　↘
　　　　　　　　　　丙（新债务人）

5、债务加入的结构中，新债务人丙是第三人＊＊＊＊＊

　　　　　　甲（债权人）━━━▶乙（债务人）
　　　　　　　　　　　　　　　连带之债
　　　　　　　　　　━━━━▶丙（债务加入人）

6、向第三人履行的结构中，坚持相对性，丙是第三人＊＊＊

　　　　　　　　甲（债权人）　　　乙（债务人）

　　　　　　　　　　　　　　　　丙（利益第三人）

7、由第三人履行的结构中，坚持相对性，丙是第三人＊＊＊

　　　　　　　　甲（债权人）　　　乙（债务人）

　　　　　　　丙（履行第三人）

8、有利害关系第三人代为清偿的结构中，清偿人丙是第三人＊＊＊

　　　　　　甲（债权人）──→乙（债务人）
　　　　　　　　　　　　　　　↑
　　　　　　　丙（代为清偿第三人：投资关系人、亲属关系人、担保关系人）

9、无权处分（所有权保留）中的结构中，买方丙是第三人＊＊＊

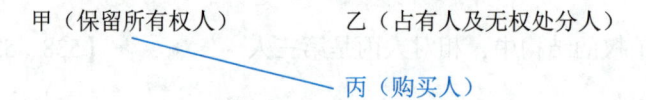

　　　　　　　甲（保留所有权人）　　　乙（占有人及无权处分人）
　　　　　　　　　　　　　　　丙（购买人）

10、所有权保留买卖卖方有权出卖或买方无权出卖的结构中，买方丙是第三人＊＊＊

　　　　　　甲（保留所有权人/有权处分人）←──→乙（占有人/无权处分人）
　　　　　　丙（正常购买人）　　　　　　　　　"丙"（善意取得人）

11、连环买卖的结构中，下家丙是第三人＊＊＊＊

　　　　　　　　甲（卖方）←──→乙（前手买方）
　　　　　　　　　　　　　　　　↕
　　　　　　　　　　　　　　　丙（下手买方）

12、货交承运人的结构中，承运人丙是第三人＊＊

　　　　　　　　甲（卖方）←──→乙（买方）
　　　　　　　　　　　　　　　丙（承运第三人）

13、在途货物买卖的结构中，买方丙是第三人＊＊＊

　　　　　　　甲（卖方）←──→（买方）乙（卖方）
　　　　　　　　　　　　　　　　↕
　　　　　　　　　　　　　　　丙（购买在途货物买方）

14、公益赠与合同的结构中，指定受益人丙是第三人 *

　　　　　　　　甲（赠与人）⟷ 乙（受赠人）

　　　　　　　　　　　　　　　 丙（受益人）

15、保证的结构中，保证人丙是第三人 * * * * *

　　　　　　　　甲（债权人）⟶ 乙（债务人）
　　　　　　　　↓
　　　　　　　　丙（保证人）

16、转租的结构中，次承租人丙是第三人 * * * *

　　　　　　　　甲（房东）⟷ 乙（租户/二房东）
　　　　　　　　　　　　　　　↕ 转租
　　　　　　　　　　　　　　丙（次承租人）

17、买卖（抵押）不破租赁的结构中，购买人丙是第三人 * * * *

　　　　　　　　甲（房东）⟷ 乙（租户）
　　　　　　　　│　　　　　　↗
　　　　　　　　丙（新房东）

18、死亡不破租赁的结构中，同居人或共同经营人丙是第三人 * * * *

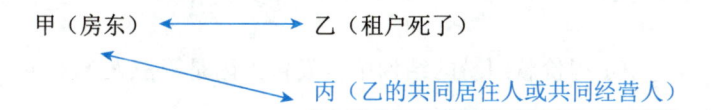

　　　　　　　　甲（房东）⟷ 乙（租户死了）
　　　　　　　　↖
　　　　　　　　　　　　　　丙（乙的共同居住人或共同经营人）

19、房屋承租人优先购买权的结构中，购买人丙是第三人 * * * *

　　　　　　　　甲（房东）⟷ 乙（租户）
　　　　　　　　↕
　　　　　　　　丙（购买人）

20、房屋承租人优先承租权的结构中，"欲承租人"丙是第三人 * * * *

　　　　　　　　甲（房东）⟷ 乙（租户）：同等条件优先承租权
　　　　　　　　↕
　　　　　　　　丙（欲承租人）

21、融资租赁合同的结构中，承租人丙是第三人 *

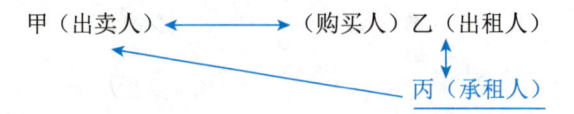

    甲（出卖人）⇄（购买人）乙（出租人）
           ⇅
          丙（承租人）

22、保理的结构中，债务人丙是第三人 * * *

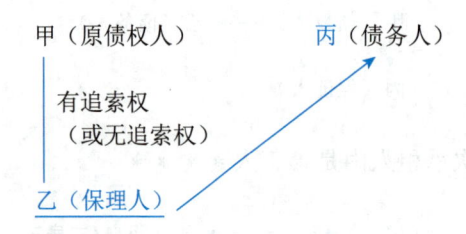

    甲（原债权人） 丙（债务人）
    │ 有追索权
    │（或无追索权）
    乙（保理人）

23、转承揽的结构中，次承揽人丙是第三人 *

    甲（定作人）⇄ 乙（承揽人）
          ⇅
        丙（次承揽人）

24、转包、分包的结构中，次承包人丙是第三人 * * *

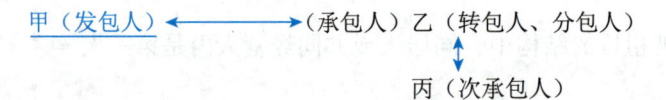

  甲（发包人）⇄（承包人）乙（转包人、分包人）
           丙（次承包人）

25、转包、分包中工程价款纠纷的结构中，发包人丙是第三人 * * *

    甲（实际施工人） 乙（承包人）
           丙（发包人）

26、转包、分包中工程质量纠纷的结构中，实际上施工人丙是第三人 * * *

    甲（发包人） 乙（承包人）
          丙（实际施工人）

27、责任保险的结构中，受害人是第三人 *

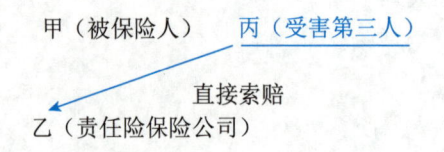

    甲（被保险人） 丙（受害第三人）
          直接索赔
    乙（责任险保险公司）

28、财产保险代位追偿的结构中,肇事者是第三人＊＊

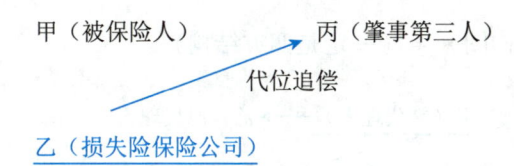

甲（被保险人）　　丙（肇事第三人）
　　　　　　　代位追偿
乙（损失险保险公司）

(四) 婚姻、继承、侵权的三方结构图

1、夫妻欠外人钱的结构中,债权人丙是第三人＊＊

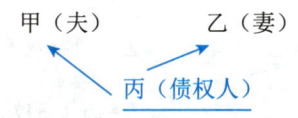

甲（夫）　　乙（妻）
　　丙（债权人）

2、外人欠夫妻钱的结构中,债务人丙是第三人＊＊

甲（夫）　　乙（妻）
　　丙（债务人）

3、代位继承的结构中,代位继承人丙是第三人＊＊＊＊

大甲（后死）　　　叔叔（三无：无父母、无配偶、无子女）
甲（先死）　　　　　↑
小甲（代位继承人）　侄子

4、转继承的结构中,转继承人丙是第三人＊＊＊＊

爷爷（先死）←爸爸（后死）←儿媳妇（转继承人丙）
　　　　　　　↑
　　　　孙子（转继承人丙）

5、第三人侵权的不真正连带责任的结构中：动物侵权中第三人；环境污染中第三人；产品责任中第三人；医疗产品中第三人＊＊＊

甲（侵权人）←乙（受害人）
　　　　　　　↓
　　　　　丙（第三肇事者）

二、民法四方结构

1、复代理的四方结构图＊＊（一定是四方结构）

```
甲（被代理人）─→乙（原代理人）
           ↘ 丙（复代理人）
           ↘ 丁（相对人）
```

2、留老大的四方结构图＊＊（8个法律关系：3+3+2）（一般是四方结构）

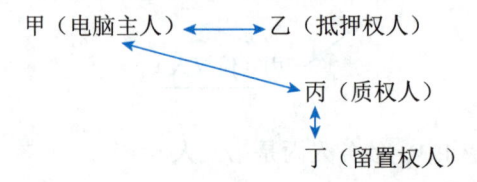

```
甲（电脑主人）←→乙（抵押权人）
           ↘
            丙（质权人）
            ↕
            丁（留置权人）
```

3、地役权中，需役地换人考从属性，供役地换人考对抗性的四方结构图＊（一定是四方结构）

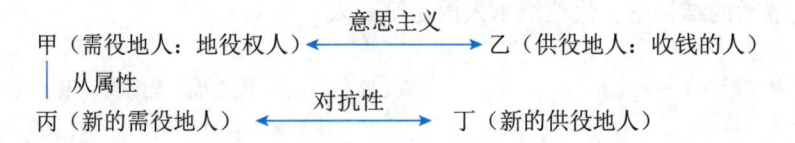

```
甲（需役地人：地役权人）←—意思主义—→乙（供役地人：收钱的人）
  │从属性
丙（新的需役地人）←——对抗性——→丁（新的供役地人）
```

4、一房多卖的四方结构图＊＊＊＊

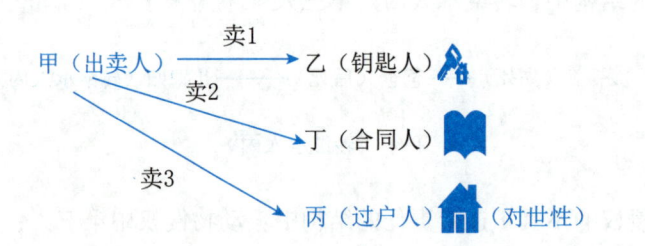

```
            卖1
甲（出卖人）─────→乙（钥匙人）🏠
         卖2
         ─────→丁（合同人）📖
         卖3
         ─────→丙（过户人）🏠（对世性）
```

5、继承物权一房多卖的四方结构图＊＊＊＊（一定是四方结构）

```
            卖1
甲（死人）←─────→乙（钥匙人）🏠
  ↕
丙（活人）──诉违约──↗
  ↕ 卖2
丁（过户人）🏠（对世性）
```

6、多重买卖的四方结构图＊＊＊＊＊（动产：交钱先；特殊动产：交记先）

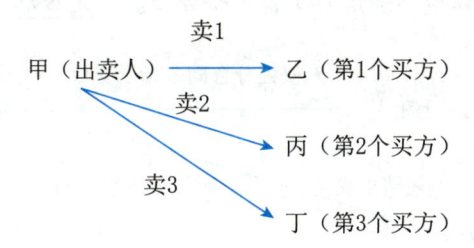

```
              卖1
    甲（出卖人）——→ 乙（第1个买方）
          \  卖2
           ——→ 丙（第2个买方）
            卖3
           ——→ 丁（第3个买方）
```

7、一债多卖的四方结构图：通知为王＊＊＊＊＊（一定是四方结构）

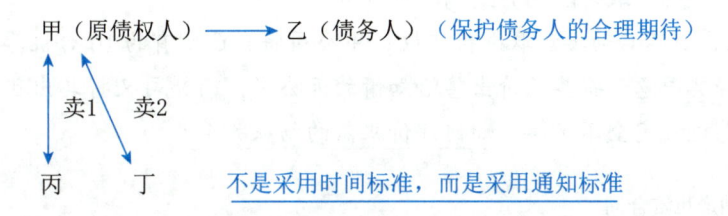

```
    甲（原债权人）——→ 乙（债务人）  （保护债务人的合理期待）
     ↑↓    ↘
     卖1   卖2
     ↓      ↓
     丙     丁    不是采用时间标准，而是采用通知标准
```

8、一债多保理的四方结构图：登记>通知＊＊＊＊（一定是四方结构）

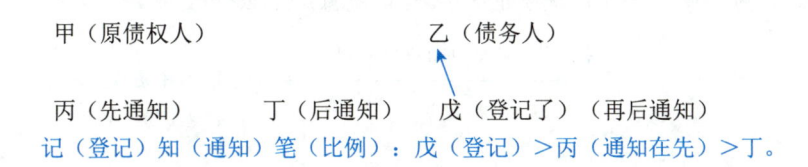

```
    甲（原债权人）              乙（债务人）
                                ↑
    丙（先通知）   丁（后通知）   戊（登记了）（再后通知）
```

记（登记）知（通知）笔（比例）：戊（登记）>丙（通知在先）>丁。

9、处分的交叉的四方结构图：甲乙均无权处分或甲无权处分乙有权处分或甲有权处分乙无权处分＊（一定是四方结构）

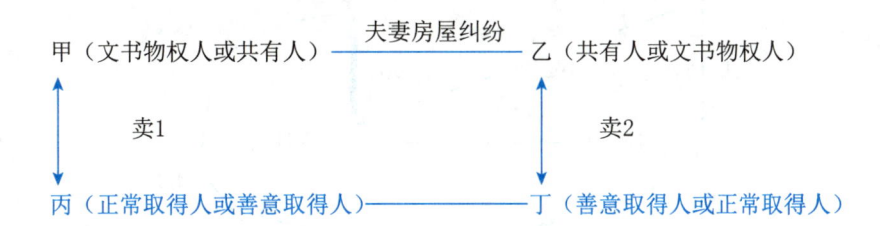

```
    甲（文书物权人或共有人）—夫妻房屋纠纷—乙（共有人或文书物权人）
         ↑↓                              ↑↓
         卖1                              卖2
         ↓                                ↓
    丙（正常取得人或善意取得人）———丁（善意取得人或正常取得人）
```

10、善意取得变性为正常取得的四方结构图＊＊＊（一定是四方结构）

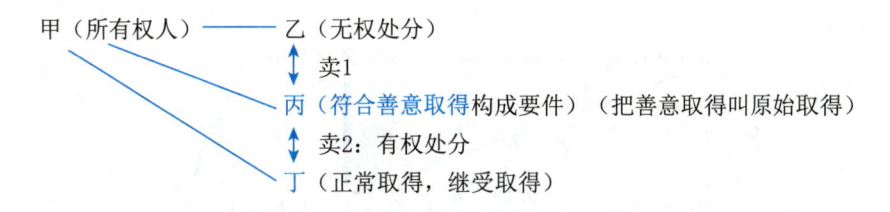

```
    甲（所有权人）———— 乙（无权处分）
     ↑↓            ↘ 卖1
     丙（符合善意取得构成要件）（把善意取得叫原始取得）
     ↑↓            ↙ 卖2：有权处分
     丁（正常取得，继受取得）
```

11、指示交付作为善意取得公示方式必然存在的四方结构图＊＊＊（一定是四方结构）

【指示交付】转让人与受让人之间有关转让返还原物请求权的协议生效时，发生物权变动。

例：【指示交付的善意取得：3+1】甲电脑出租给乙，乙出借给丙保管。乙将其对丙的"返还原物请求权"转让给不知情的丁，价格合理。丁是否取得电脑所有权？

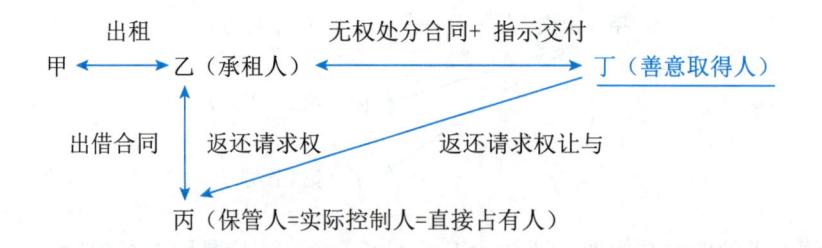

```
             出租              无权处分合同+指示交付
       甲 ←——————→ 乙（承租人） ←————————————————→ 丁（善意取得人）
                    ↕
             出借合同   返还请求权    返还请求权让与
                    
                   丙（保管人=实际控制人=直接占有人）
```

12、债权不能善意取得的四方结构图＊＊＊

例：【无权出租不启动善意取得租赁权】甲公司将自己所有的 10 台机器出租给了乙公司，乙公司未经其同意，将其低价出售给知情的丙公司，丙公司又将其出租给丁公司。丁公司对上述交易过程完全不了解。如何评价机器的物权关系？

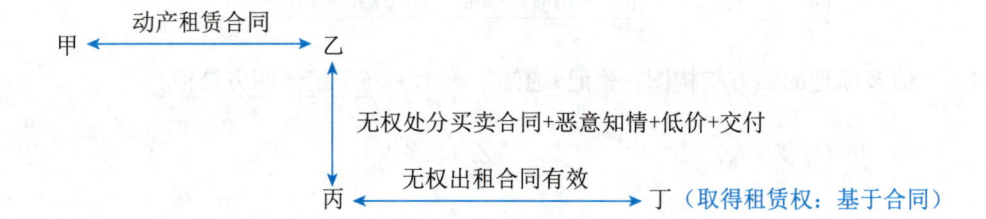

```
           动产租赁合同
     甲 ←——————————→ 乙
                     ↕  无权处分买卖合同+恶意知情+低价+交付
                     
                    丙 ←————无权出租合同有效————→ 丁（取得租赁权：基于合同）
```

13、人保与人保的四方结构图＊＊＊＊（一定是四方结构）

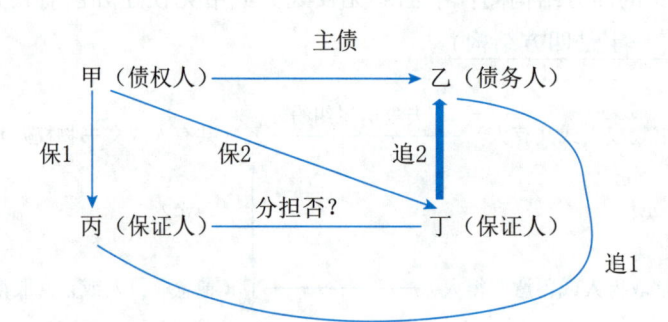

```
                   主债
         甲（债权人）——————→乙（债务人）
            |           ↑
         保1|  保2    追2|
            ↓           |
         丙（保证人）—分担否?—丁（保证人）
                                  ↘
                                   追1
```

14、他物保与他物保的四方结构图＊＊＊＊（一定是四方结构）

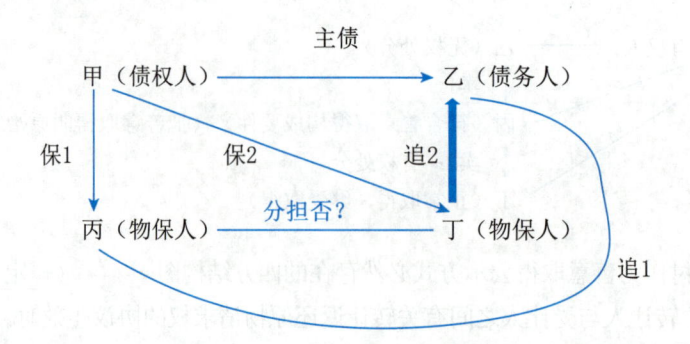

```
                   主债
         甲（债权人）——————→乙（债务人）
            |           ↑
         保1|  保2    追2|
            ↓           |
         丙（物保人）—分担否?—丁（物保人）
                                  ↘
                                   追1
```

15、混合担保的四方结构图 * * * *（一般是四方结构）

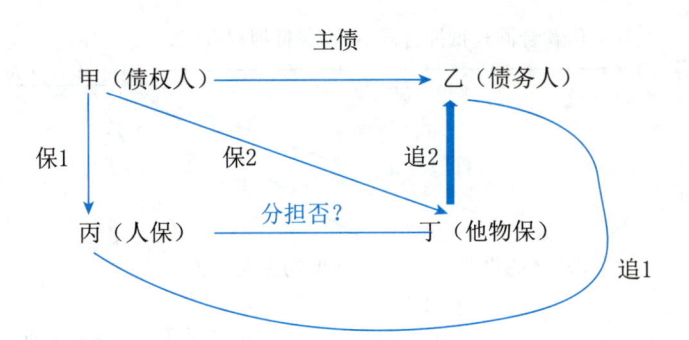

```
                    主债
       甲（债权人）─────────→ 乙（债务人）
         │  ╲                    ↑
       保1   保2              追2│
         ↓      ╲                │
       丙（人保）──分担否?──丁（他物保）
              ╲                      ╲
               ╲──────追1──────────────
```

16、《担保制度解释》第 14 条是第 13 条<u>护航法条</u>的四方结构图 * * * * *（<u>一定是四方结构</u>）

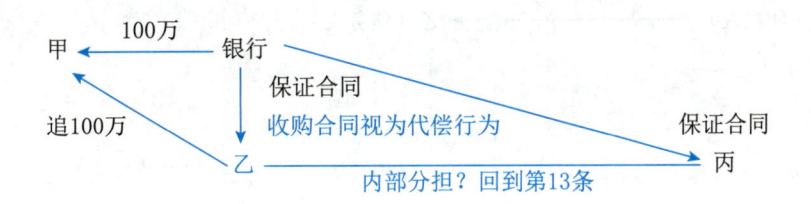

```
              100万
       甲 ←─────── 银行
       │            │  ╲
    追100万      保证合同  ╲ 保证合同
       ↓   收购合同视为代偿行为 ╲
       乙 ──内部分担?回到第13条──→ 丙
```

17、"过桥人"通过破《担保制度解释》第 14 条，再破第 13 条的 5 方结构图 * * * * *

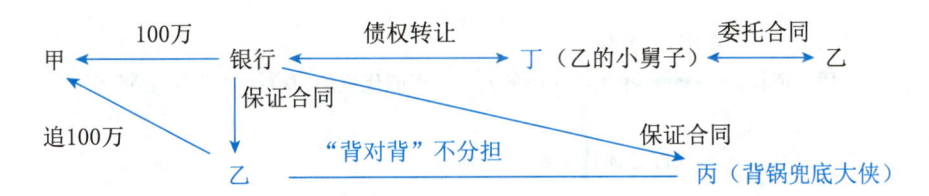

```
         100万          债权转让           委托合同
    甲 ←────── 银行 ←─────── 丁（乙的小舅子） ←─────── 乙
    │           │                                    ╱
  追100万    保证合同                              保证合同
    ↓           ↓                                ╱
    乙 ──"背对背"不分担──────────────→ 丙（背锅兜底大侠）
```

解图 1：乙丙是背对背担保，乙自己收购后不能找丙分担，因为收购等于代偿。乙找小舅子丁来收购，丁是"过桥人"。换一个人收购。丁收购后，基于担保转让上从属性，可以找丙。

解图 2：如果丙能证明乙丁恶意串通，则乙丁的委托合同无效，我们要将丁的行为视为乙的行为，仍然视为是代偿，所以还是不能找丙分担。当然，丁和银行的收购行为是没问题的。

18、混合担保的六方结构图＊＊＊＊（1+4 模式：5 个保）

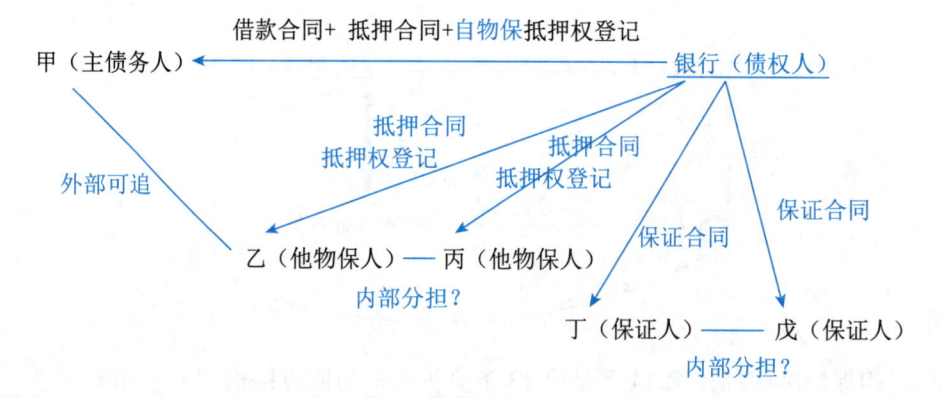

```
                借款合同+ 抵押合同+自物保抵押权登记
   甲（主债务人）◄─────────────────────────── 银行（债权人）
        │                 │        │       │       │
        │            抵押合同    抵押合同   │       │
   外部可追         抵押权登记  抵押权登记  │       │
        │                 │        │    保证合同  保证合同
        ▼                 ▼        ▼       │       │
                    乙（他物保人）— 丙（他物保人）  │       │
                          内部分担？         ▼       ▼
                                        丁（保证人）— 戊（保证人）
                                              内部分担？
```

19、反担保的四方结构图＊＊（反担保一定是 4 个人）（一定是四方结构）

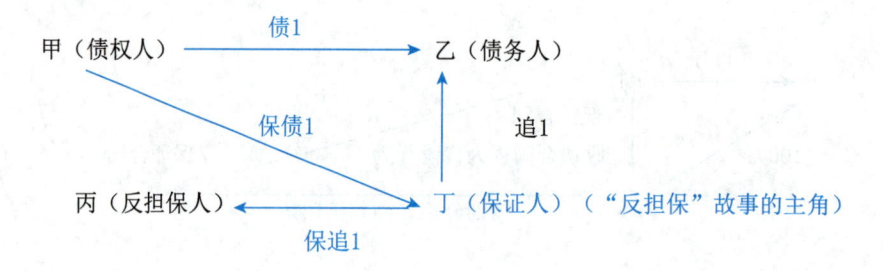

```
                    债1
   甲（债权人）─────────────►乙（债务人）
                    │              ▲
               保债1│              │追1
                    ▼              │
   丙（反担保人）◄──── 丁（保证人）（"反担保"故事的主角）
                 保追1
```

20、"越级"代位的四方结构图＊＊（过于突破合同相对性，手伸得太长）（一定是四方结构）

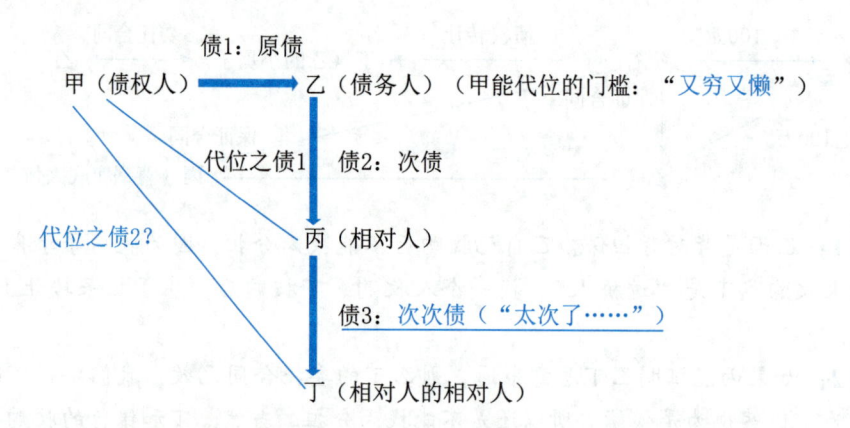

```
              债1：原债
   甲（债权人）═══════►乙（债务人）（甲能代位的门槛："又穷又懒"）
        │        代位之债1  ║
        │                  ║ 债2：次债
        │                  ▼
   代位之债2？          丙（相对人）
        │                  ║
        │                  ║ 债3：次次债（"太次了……"）
        ▼                  ▼
                     丁（相对人的相对人）
```

实体法观点：甲不可以对丁提代位，<u>实体法上这 4 方结构走不通</u>。

程序法路径：甲先提代位之诉胜诉后，拿着此判决，可以启动民诉法上<u>代位申请执行</u>。<u>程序法上这 4 方结构走得通</u>。

21、债权转让和免责债务承担的四方结构图：债权和债务都换人＊＊＊＊（一定是四方结构）

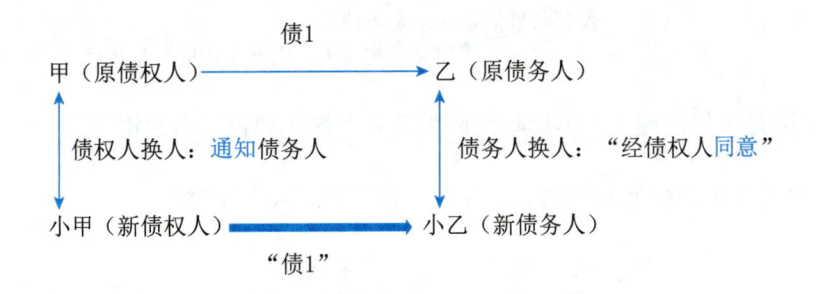

```
                       债1
   甲（原债权人）─────────────→ 乙（原债务人）
        ↕                              ↕
   债权人换人：通知债务人        债务人换人："经债权人同意"
        ↕                              ↕
   小甲（新债权人）━━━━━━━━━━ 小乙（新债务人）
                      "债1"
```

22、债务人换人自物保继续、他物保换人的四方结构图：主债务人换人＊＊＊＊（一定是四方结构）

例：【换主债务人，自物保人继续担保】甲向银行贷款100万元，以自己房屋为银行设定抵押并办理登记。银行同意甲将债务转移给小甲。如何评价本案债务转移对抵押权的影响？

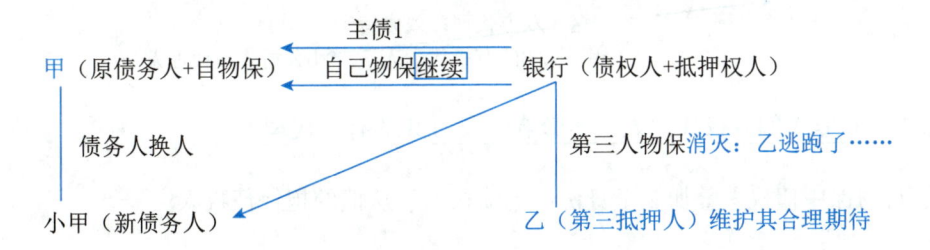

```
                         主债1
   甲（原债务人+自物保）←──自己物保继续── 银行（债权人+抵押权人）
        │                                    
        │                          第三人物保消灭：乙逃跑了……
   债务人换人                              ↖
        ↓                                    
   小甲（新债务人）                 乙（第三抵押人）维护其合理期待
```

①【换主债务人】甲和小甲之间达成免责债务承担协议，经债权人银行同意，该协议对银行发生效力，即银行只能要求小甲还款。②【自物保继续】免责债务承担中，自物保人的担保责任继续，并且与此同时，原来的自物保，"秒变"他物保，因为此时主债务人是小甲，而提供抵押担保的是甲。③甲"有病"，其实并未"解套"，机关算尽太聪明，聪明反被聪明误。

三、民法叠加结构图（思维要清晰，线路要清晰）

(一) 身份的叠加（这个"不影响"那个）

1、法定代表人叠加2个身份：个人和公司

```
                                  → 甲是个人，约定连带
   A公司（合同一方当事人）←────
                                  → 甲又是B公司法定代表人
```

总结：甲是B公司的法定代表人，不影响甲还是一个个人。

2、无权代理中的行为人叠加 2 个身份：无权代理人和相对人

　　　　　A公司（被代理人）　　　甲是无权代理人
　　　　　　　　　　　　　　　　无权代理的合同：无效待定
　　　　　　　　　　　　　　　　　　甲又是相对人：必然不构成表见代理

总结：甲是无权代理人，不影响他成为案涉无权代理合同中的相对人。

3、有权代理中的行为人叠加 2 个身份：有权代理人、相对人

　　　　　A公司（被代理人）　　　甲是有权代理人
　　　　　　　　　　　　　　　　这叫自己代理：效力待定
　　　　　　　　　　　　　　　　甲又是相对人

总结：甲是有权代理人，不影响他成为案涉有权代理合同中的相对人。

4、有权代理中的行为人叠加 2 个身份：有权代理人、有权代理人

　　　　　A公司（被代理人）　　　甲是A的有权代理人
　　　　　　　　　　　　　　　　这叫双方代理：效力待定
　　　　　　　　　　　　　　　　甲又是B的有权代理人　　　B公司（被代理人）

总结：甲是 A 的有权代理人，不影响他成为 B 的有权代理人。

5、自物保中债权人叠加 2 个身份：主债权人、从债的担保债权人

　　　　　A公司（债务人、提供自物保的人）←→甲是主债权人
　　　　　　　　　　　　　　　　　　　　　→甲又是担保债权人

总结：甲是主债权人，不影响他成为担保债权人。A 是主债务人，不影响他成为提供自物保的人。

6、自物保中主债务人叠加 2 个身份：主债务人、提供自物保的人

　　　　　A公司（债务人、提供自物保的人）←→甲是主债权人
　　　　　　　　　　　　　　　　　　　　　→甲又是提供担保债权人

总结：甲是主债务人，不影响他成为提供物保的人。

7、第三担保人代偿后叠加 2 个身份：法定追偿权人、法定代位权人

　　　　　A公司（债务人）←A提供了自物保　B公司（债权人）
　　　　　　　普通追偿权
　　　　　　　法定代位权　　　　　　　　　甲是第三担保人

总结：甲是法定追偿权人，不影响他成为法定代位权人。

8、第三担保人在债权转让中叠加 2 个身份：第三担保人、受让债权的人

```
A公司（债务人）      B公司（债权人）
              甲是第三担保人    甲又收购B公司债权视为代偿
```

总结：甲是第三担保人，影响他试图收购主债权的行为。

9、反担保中的囚徒困境：保证人是保证合同的保证人，又是反担保合同中的债权人，还是自物保反担保中的担保物权人。启动"一灭全死"。

原理：什么是反担保中的"囚徒困境"？甲向银行借款 10 万元，乙提供保证。为担保乙对甲的追偿之债，乙要求甲提供反担保，甲便将自己的房屋为乙设定了抵押权并办理了登记。甲届期无力向银行还款，银行要求拍卖甲的房屋。乙能否以抵押权对抗银行的主张？

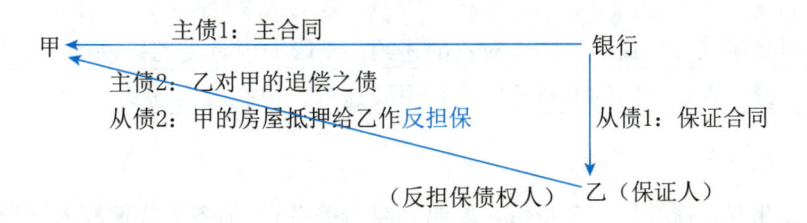

```
甲 ← 主债1：主合同 ——————— 银行
甲 ← 主债2：乙对甲的追偿之债
    从债2：甲的房屋抵押给乙作反担保        从债1：保证合同
                          乙（保证人）
              （反担保债权人）
```

总结：甲的房屋是甲的责任财产，在呼叫银行；甲的房屋又是甲的特殊责任财产，在呼叫乙（代偿后有对甲的追偿权）。谁抢得赢？表面上看，银行是普通债权人；乙是有担保物权保障的债权人。穿透，应该先让银行找房屋。

10、代位权诉讼和保证：既是代位权诉讼中的相对人，又是保证中的保证人

例：【代位和保证的交叉】甲对乙有 10 万元到期债权，乙对丙有 8 万元到期债权。丙对乙欠甲的 10 万元债权提供了连带保证。乙无力向甲清偿又怠于向丙主张，如何评价丙的法律地位？

```
甲 —10万主债→ 乙        甲 —主债— 乙
              ↓8万              ↓保证合同
  代位8万    丙（次债务人）    丙（保证人）
```

总结：丙是代位权诉讼中的次债务人，不影响丙成为保证人。左边是代位权诉讼的三方结构，右边是保证的三方结构。

①【债权人代位权：丙是次债务人】从债权人代位权角度，甲是 10 万元债权人，乙是 8 万元债权人，丙是相对人，甲可对丙提起代位权诉讼，要求丙还 8 万元，甲的剩余 2

万元继续向乙要。②【保证：丙是保证人】从保证人角度，甲是 10 万元债权人，丙是连带保证人，甲可要求丙还 10 万元，丙代偿后可向乙追偿 10 万元，但是乙对丙有 8 万元债权，对等额度抵销掉 8 万元，故丙可向乙追偿 2 万元。③【2 个三方结构叠加】甲乙丙有 2 个三方结构思维，甲乙丙有代位权的三方结构，甲乙丙还有保证的三方结构。甲会选择第二条路径，即要求丙承担保证责任。

11、因第三人原因导致违约，第三人是交易对方控制的子公司，且构成人格混同：守约对方、守约对方控制的第三方导致违约方违约

民法典第五百九十三条 当事人一方因【第三人】的原因造成违约的，应当依法向【对方】承担违约责任。当事人一方和第三人之间的纠纷，依照法律规定或者按照约定处理。如果该【第三人】与【对方】存在人格混同，当事人一方是否还需向对方承担违约责任？

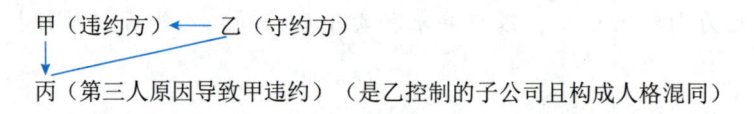

甲（违约方）⟵ 乙（守约方）
↓
丙（第三人原因导致甲违约）（是乙控制的子公司且构成人格混同）

总结：丙是第三人导致了甲陷入对乙的违约；不影响丙是受乙控制的人。一句话：丙约等于乙。穿透：真正违约的人是乙。乙找甲要违约，甲找丙要违约（丙≈乙），故启动抵销。

12、夫妻相互负债叠加 2 个身份：配偶（身份关系）、债务人或债权人（财产关系）

夫（身份关系）（债权人或债务人）⟵⟶ 妻（身份关系）（债务人或债权人）

总结：把债主娶回家，她是债主，不影响她是你老婆。

(二) 瑕疵的叠加（思考哪个瑕疵是先决问题）

1、无效瑕疵叠加可撤销瑕疵：先思考效力问题，按无效事由处理。

甲（受欺诈）⟵买卖毒品⟶ 乙

总结：无效是先决问题

2、无效瑕疵叠加无权处分瑕疵：先思考效力问题，按无效事由处理。

甲（无权处分）⟵将丙的毒品卖给了乙⟶ 乙

总结：无效是先决问题

3、无效瑕疵叠加无权代理瑕疵：先思考效力问题，按无效事由处理。

　　　　　　　　　　　　以丙的名义将丙的毒品卖给了乙
　　　　　　　甲（无权代理）←────────────────→ 乙

总结：无效是先决问题

4、可撤销瑕疵叠加无权处分瑕疵：先思考效力问题，先思考是否撤，后思考无权处分问题。

　　　　　　　　　　　　　　　　受欺诈将丙的电脑出卖给乙
　　　　　　　甲（无权处分）（受欺诈）←────────────→ 乙（欺诈人）

总结："可撤"是先决问题

5、可撤销（合同效力?）瑕疵叠加无权代理（合同主体?）瑕疵：先思考效力问题，先思考是否撤，后思考无权代理问题。

　　　　　　　　　　　　　受乙欺诈以丙的名义将丙的电脑卖给乙
　　　　　　　甲（无权代理）（受欺诈）←────────────→ 乙（欺诈人）

总结："可撤"是先决问题（撤：对接缔约过失责任）（不撤：对接违约责任）。后解决"无权代理问题"，到底是谁去提出主张。

6、无权处分瑕疵叠加多重买卖瑕疵：先思考效力问题，因此要先思考债，无权处分不影响合同效力、多重买卖不影响合同效力。后思考物，是否构成善意取得？是否存在交钱先、交记先、登记+交钱先？

　　　　　　　　　　　　　　　将丙的电脑卖给乙
　　　　　　　甲（无权处分）（多重买卖）─────────→ 乙
　　　　　　　　　　　　　　　将该电脑卖给小乙
　　　　　　　　　　　　　　　─────────→ 小乙

总结：先易后难，所以，先思考多重买卖，再思考无权处分（因为它还需要解决善意取得问题）。

7、可撤销瑕疵叠加解除瑕疵：先思考效力问题，先思考是否撤，后思考解除问题。

　　　　　　　　　　　　　　　受乙欺诈从乙购买了二手车
　　　　　　　甲（受欺诈）（合同目的落空）←──────────→ 乙（欺诈人）
　　　　　　　甲本来要购买新车

总结："可撤"是先决问题。

（三）结构的叠加：代位权诉讼的 3 方结构是民法的精灵，是民法思维的巅峰（三角债）

1、【三生万物】

（1）123 方，任何时候都可以与代位权挂上钩，只要符合代位权诉讼的门槛条件。

（2）1 生 2，2 生 3，3 生万物。这就是民法世界。道家思想的体现，都在民法里头。

（3）物债 2 分是民法思维的起点。代位权 3 方结构思维是民法思维的精灵。

（4）基本上，你给我 1 个 3 方结构，我都可以给你设计一个代位权诉讼套你进去。

2、【连环交易与代位权诉讼】

```
         交易1
    甲（上）←——→乙（中）：中间赚差价     甲    乙：又穷又懒
                  ↕ 交易2                    代位权诉讼
                丙（下）                    ↘ 丙（相对人）
```

（1）连环交易可以和代位权 3 方结构挂上钩。

（2）甲（上家）卖给乙，乙没付款。乙（中家）卖给丙（下家），丙没付款。乙又穷又懒，你看，马上启动代位权诉讼。

（3）连环交易现象很多，包括转卖、转租、转承揽、转包、转保管、转质等。

3、【善意取得（物权的问题）与代位权诉讼（债的问题）】

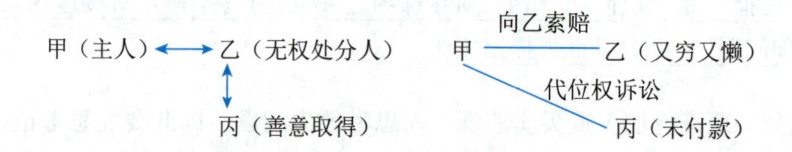

```
                              向乙索赔
    甲（主人）←——→乙（无权处分人）  甲————乙（又穷又懒）
              ↕                        代位权诉讼
            丙（善意取得）              ↘ 丙（未付款）
```

（1）无权处分善意取得可以和代位权 3 方结构挂上钩。

（2）甲，物主，乙，无权处分人，丙善意取得人。甲告乙侵权赔钱，丙善意取得却没向乙付款，乙又穷又懒，你看，马上启动代位权诉讼。

4、【多重买卖与代位权诉讼】

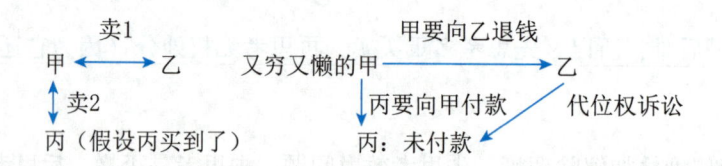

```
       卖1                 甲要向乙退钱
    甲————乙          又穷又懒的甲————乙
     ↕ 卖2                丙要向甲付款    代位权诉讼
    丙（假设丙买到了）       丙：未付款    ↘
```

（1）多重买卖可以和代位权 3 方结构挂上钩。

（2）甲卖东西给乙，收了乙的钱。甲又卖给丙，丙得到物权（过户不动产或交付动产），但丙尚未付款。甲又穷又懒，你看，马上启动代位权诉讼。

5、【反担保与代位权诉讼】银行、债务人甲、担保人乙，反担保人丙。银行（债权人）可以找反担保人丙要钱吗？

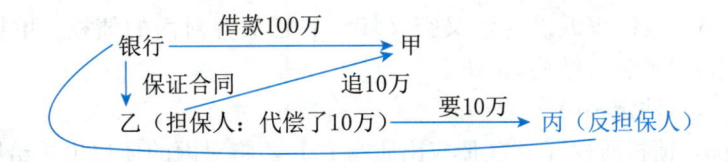

```
        借款100万
   银行 ─────────→ 甲
     │  保证合同    追10万
     ↓           ────────→
     乙（担保人：代偿了10万） 要10万  丙（反担保人）
     └─────────────────────────────→
```

乙又穷又懒，银行代位乙起诉丙

（1）债权人银行，债务人甲，担保人乙，反担保人丙。

（2）债权人银行只能找甲和乙。

（3）债权人银行找乙，这里发生了1个奇妙的问题，只有乙代偿后，乙才能找反担保人丙。

（4）从银行（上家）、担保人乙（中家）、反担保人丙（下家）角度观察，是三角债，可能启动代位权诉讼。

（5）但是，银行必须实际找到乙承担责任（比如执行一半），即乙代偿后，才对反担保人有追偿权；此时乙懈怠"懒惰"，则银行才可以对反担保人丙提起代位权诉讼（要另外一半）。

6、【世界是普遍联系的，三角债是普遍的，在掌握结构的叠加之后，在三角债之中，原告甲向丙要钱的路径有几条？11条路径。这些路径有什么差异？自己分析】

【民法的分析思维：怎么收账！！！欠账的人号称自己也穷……一堆账收不回来……我们怎么为客户分忧解难。下图中的甲就是我们的客户，就是我们的大金主……以下体系思维……串联三角债的思维……】

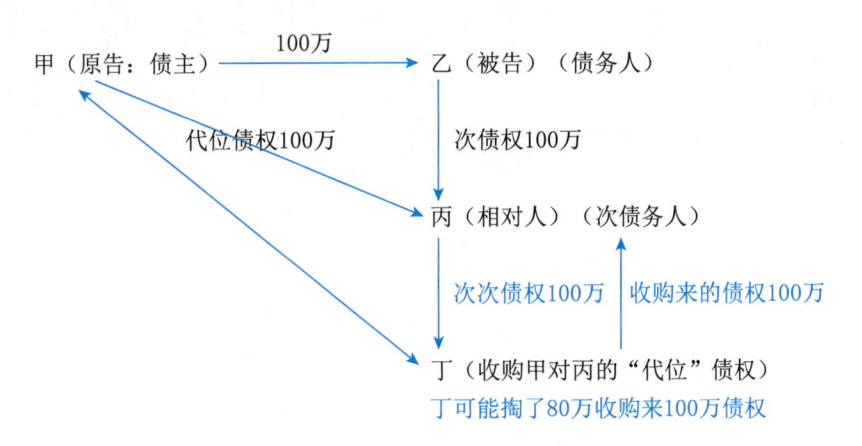

```
                  100万
   甲（原告：债主）──────→ 乙（被告）（债务人）
        ↑                      │
        │   代位债权100万        │ 次债权100万
        │                      ↓
        │                  丙（相对人）（次债务人）
        │                      ↑
        │      次次债权100万    │ 收购来的债权100万
        │                      │
        └────────── 丁（收购甲对丙的"代位"债权）
```

丁可能掏了80万收购来100万债权

（1）【路径1：债权（"次债权"）的转让】乙将债权转让给甲。启动债权转让的三方结构。

（2）【路径2：债务（"原债务"）的承担】乙的债务由丙承担。启动免责债务承担的三方结构。

（3）【路径3："丙"债务加入】丙加入到债务中。启动债务加入的三方结构。

……以上……从约定……

（4）【路径4：代位权诉讼（乙又穷又懒）】甲对丙提起代位权诉讼。启动代位权诉讼的三方结构。

(5)【路径5：撤销权诉讼（乙又穷又坏）】乙放弃对丙的债权，甲提起撤销权诉讼。启动撤销权诉讼的三方结构。

……以上……从法定……

(6)【路径6：债权质权（"次债权出质"）】乙将对丙的债权出质给甲。启动债权出质的三方结构。

(7)【路径7：由第三人（"丙"）履行】甲、乙约定由第三人丙履行。启动由第三人履行的三方结构。

(8)【路径8：向第三人（"甲"）履行】乙、丙约定向第三人甲履行。启动向第三人履行的三方结构。

(9)【路径9：第三人代为履行】有利害关系第三人丙代为履行。启动第三人代为履行的三方结构。

(10)【路径10：债权转让和抵销】甲将对丙的次债权转让给丙的债务人丁，丙丁抵销。启动债权转让和抵销的三方结构。

(11)【路径11：程序法上甲对丙申请代位执行】甲起诉乙之后拿到胜诉判决，申请代位执行丙。

扫码加入民法原理带读课将讲解之